IIILegalteca

IIIARANZADI LA LEY

AF749931

Activa tu IIILegalteca

Código de activación *: 2025XDC

Accede a la versión electrónica de este libro en la Biblioteca Digital IIILegalteca siguiendo estas instrucciones:

1. Escanea este código QR
   o abre tu navegador de internet y accede a
   https://www.aranzadilaley.es/activatulegalteca

2. Inserta el **Código de activación** que aparece al inicio de esta página y pulsa **Validar código.**

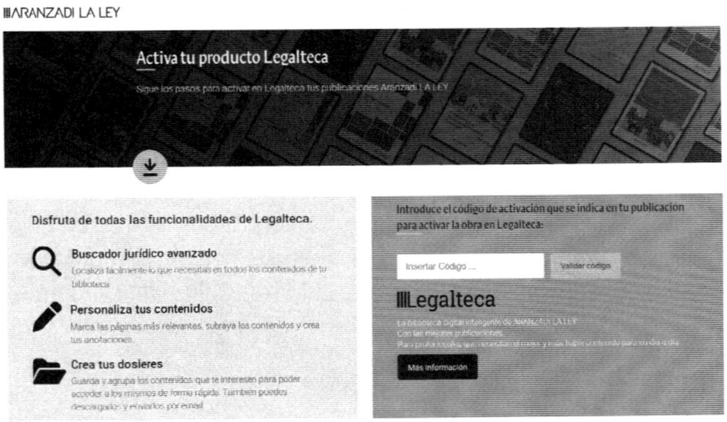

3. Una vez validado el código aparecerá una nueva pantalla, en la que debes identificarte con tu usuario y contraseña o definirla si no eres usuario, a continuación, pulsa **Activar.**

Completado el proceso, podrás entrar en tu biblioteca para ver el libro en tu estantería.

* Este código podrá ser utilizado para una descarga, dejará de estar operativo a partir del momento en el que exista una edición posterior o descatalogación. Te recomendamos que procedas a la descarga de la obra en **IIILegalteca** lo antes posible.

FUNCIONALIDADES DE UN LIBRO ELECTRÓNICO EN **PROVIEW**

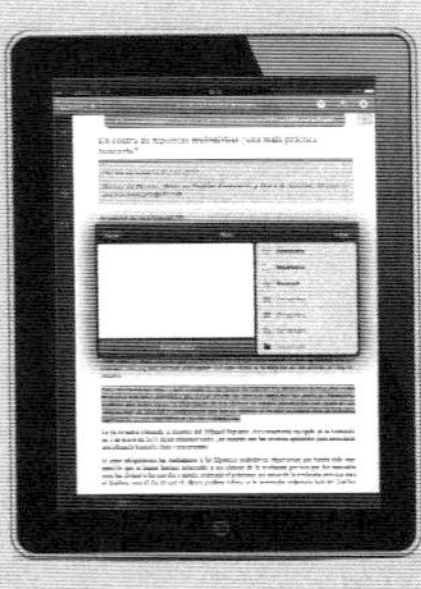

SELECCIONE Y DESTAQUE TEXTOS
Haga anotaciones y escoja los colores para organizar sus notas y subrayados

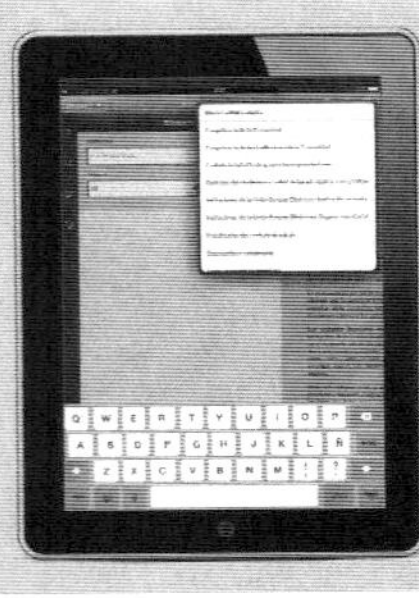

USE EL TESAURO PARA ENCONTRAR INFORMACIÓN
Al comenzar a escribir un término, aparecerán las distintas coincidencias del índice del Tesauro relacionadas con el término buscado

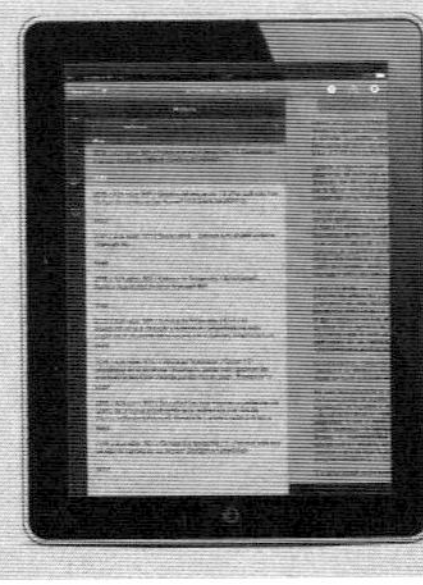

HISTÓRICO DE NAVEGACIÓN
Vuelva a las páginas por las que ya ha navegado

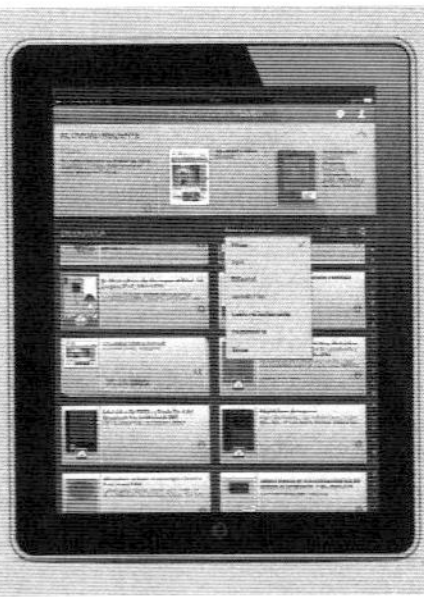

ORDENAR
Ordene su biblioteca por: Título (orden alfabético), Tipo (libros y revistas), Editorial, Jurisdicción o área del derecho, libros leídos recientemente o los títulos propios

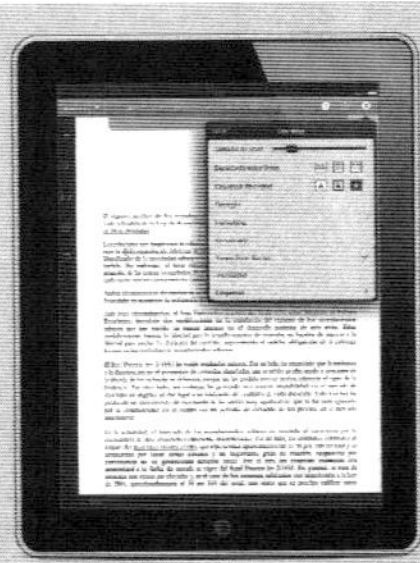

CONFIGURACIÓN Y PREFERENCIAS
Escoja la apariencia de sus libros y revistas en ProView cambiando la fuente del texto, el tamaño de los caracteres, el espaciado entre líneas o la relación de colores

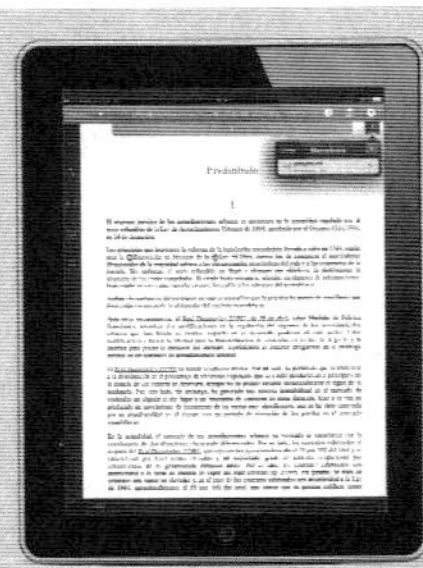

MARCADORES DE PÁGINA
Cree un marcador de página en el libro tocando en el icono de Marcador de página situado en el extremo superior derecho de la página

BÚSQUEDA EN LA BIBLIOTECA
Busque en todos sus libros y obtenga resultados con los libros y revistas donde los términos fueron encontrados y las veces que aparecen en cada obra

IMPORTACIÓN DE ANOTACIONES A UNA NUEVA EDICIÓN
Transfiera todas sus anotaciones y marcadores de manera automática a través de esta funcionalidad

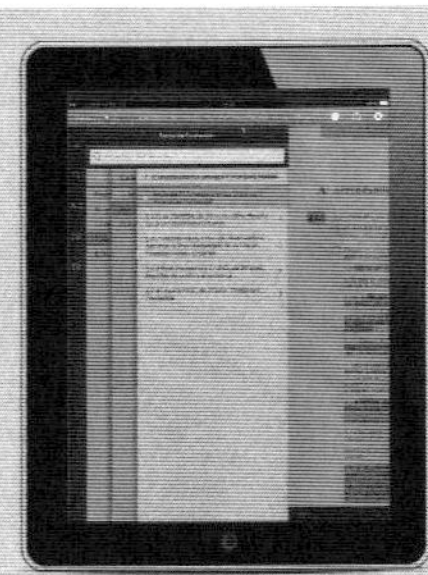

SUMARIO NAVEGABLE
Sumario con accesos directos al contenido

INFORMACIÓN IMPORTANTE: Si ha recibido previamente un correo electrónico con el asunto **"Proview – Confirmación de Acceso",** para acceder a Thomson Reuters Proview™ deberá seguir los pasos que en él se detallan.

Estimado cliente,

Para acceder a la versión electrónica de este libro, por favor, acceda a **http://onepass.aranzadi.es**

Tras acceder a la página citada, introduzca su dirección de correo electrónico (*) y el código que encontrará en el interior de la cubierta del libro. A continuación pulse enviar.

Si se ha registrado anteriormente en **"One Pass"** (**), en la siguiente pantalla se le pedirá que introduzca la contraseña que usa para acceder a la aplicación **Thomson Reuters ProView™.** Finalmente, le aparecerá un mensaje de confirmación y recibirá un correo electrónico confirmando la disponibilidad de la obra en su biblioteca.

Si es la primera vez que se registra en **"One Pass"** (**), deberá cumplimentar los datos que aparecen en la siguiente imagen para completar el registro y poder acceder a su libro electrónico.

- Los campos **"Nombre de usuario"** y **"Contraseña"** son los datos que utilizará para acceder a las obras que tiene disponibles en **Thomson Reuters Proview™** una vez descargada la aplicación, explicado al final de esta hoja.

Cómo acceder a **Thomson Reuters Proview™:**

- **iPad:** Acceda a AppStore y busque la aplicación **"ProView"** y descárguela en su dispositivo.
- **Android:** acceda a Google Play y busque la aplicación **"ProView"** y descárguela en su dispositivo.
- **Navegador:** acceda a **www.proview.thomsonreuters.com**
- **Aplicación para ordenador:** acceda a **http://thomsonreuters.com/site/proview/download-proview** y en la parte inferior dispondrá de los enlaces necesarios para descargarse la aplicación de escritorio para ordenadores Windows y Mac.

(*) Si ya se ha registrado en **Proview™** o cualquier otro producto de Thomson Reuters (a través de One Pass), deberá introducir el mismo correo electrónico que utilizó la primera vez.

(**) **One Pass:** Sistema de clave común para acceder a Thomson Reuters Proview™ o cualquier otro producto de Thomson Reuters.

ARANZADI | CIVITAS | LEX NOVA

THOMSON REUTERS

TEORÍA DEL DERECHO

Fundamentos de Teoría Comunicacional del Derecho

Volumen I

GREGORIO ROBLES
Catedrático de Filosofía del Derecho

TEORÍA DEL DERECHO

Fundamentos de Teoría Comunicacional del Derecho

Volumen I

Introducción.–El Derecho y la Teoría comunicacional del Derecho

Primera Parte.–Teoría formal del Derecho

SEXTA EDICIÓN

CIVITAS

THOMSON REUTERS

Primera edición, 1998
Segunda edición, 2006
Tercera edición, 2010
Cuarta edición, 2012
Quinta edición, septiembre 2013
Sexta edición, mayo 2015

PROVIEW

THOMSON REUTERS PROVIEW™ eBOOKS
Incluye versión en digital

Editorial Aranzadi, SA
Camino de Galar, 15
31190 Cizur Menor (Navarra)
ISBN: 978-84-470-5282-0
Depósito Legal: NA 783/2015
Printed in Spain. Impreso en España
Fotocomposición: Editorial Aranzadi, SA
Impresión: Rodona Industria Gráfica, SL
Polígono Agustinos Calle A. Nave D-11
31013 - Pamplona

A mis hijos, Gregorio y Elisa
A mis alumnos, de ayer, de hoy, de mañana

SUMARIO

CAPÍTULO 4

LAS DECISIONES EN EL DERECHO

CAPÍTULO 5

ORDENAMIENTO Y SISTEMA

CAPÍTULO 6

DOGMÁTICA JURÍDICA Y TEORÍA COMUNICACIONAL DEL DERECHO

PRIMERA PARTE.–TEORÍA FORMAL DEL DERECHO

CAPÍTULO 7

LAS NORMAS JURÍDICAS

CAPÍTULO 8
JERARQUÍA DE COMPETENCIAS Y NORMAS

CAPÍTULO 9
LA ACCIÓN EN EL DERECHO

CAPÍTULO 10
VALIDEZ DE LOS ACTOS Y DE LAS NORMAS

CAPÍTULO 11
COACTIVIDAD

CAPÍTULO 12
POSITIVIDAD

CAPÍTULO 13
PODERES Y DEBERES EN EL DERECHO

CAPÍTULO 14
EL ÁMBITO JURÍDICO

CAPÍTULO 15
LAS SITUACIONES JURÍDICAS

CAPÍTULO 16
LAS RELACIONES JURÍDICAS: ASPECTOS GENERALES

CAPÍTULO 17
LAS RELACIONES JURÍDICAS INTERPERSONALES: LOS DERECHOS SUBJETIVOS. ASPECTOS GENERALES Y TEORÍAS

CAPÍTULO 18
LOS DERECHOS SUBJETIVOS ANTE LA TEORÍA COMUNICACIONAL DEL DERECHO

CAPÍTULO 19
LAS RELACIONES INTERORDINALES: DERECHO, MORAL, USOS SOCIALES, RELIGIÓN

CAPÍTULO 23
SUJETO JURÍDICO Y PERSONA EN LA TEORÍA COMUNICACIONAL DEL DERECHO

¿Cómo usar este libro?

*Este libro es, ante todo, un libro de texto. Puede ser usado lo mismo para la asignatura «***Teoría del Derecho***» (o con denominaciones similares: «Teoría general del Derecho», «Introducción al Derecho», etc.) que para la asignatura «***Filosofía del Derecho***». El autor no hace una diferenciación sustancial entre ambas materias.*

Está **adaptado al Plan Bolonia***, lo cual supone que está pensado para que el alumno sea el protagonista. Es también apto para las Universidades a Distancia.*

Debido a que los actuales planes de estudio son diversos en cuanto a los créditos otorgados a las disciplinas, a continuación proponemos –como mero consejo, que obviamente podrá ser seguido o no por el profesor que imparta esta materia– las lecciones que parecen ajustarse mejor a las diversas programaciones. Téngase en cuenta que en el texto las lecciones van ordenadas de acuerdo a la numeración romana.

Para una **Asignatura de 4.5 créditos** *aconsejamos, como materia de los exámenes, las siguientes lecciones: todas las de los capítulos 3, 4 y 5. Del capítulo 7, todas menos la 21 y la 22. Del capítulo 8, todas. Del 9, de la 34 a la 36 y de la 40 a la 42. Del capítulo 10, de la 43 a la 49 y la 52. Todas del capítulo 11. Del capítulo 13, las lecciones 60, 61 y 64. Del capítulo 15, la lección 71. Del capítulo 16, la lección 75. Del capítulo 18, las lecciones 85 a 87. Por último, del capítulo 23, las lecciones 117 a 121. Es conveniente la lectura de los dos primeros capítulos, a fin de comprender aspectos del punto de partida.*

Para una **Asignatura de 6 créditos** *aconsejamos, como materia de los exámenes, las siguientes lecciones: del capítulo 2, la sexta. Todas las del capítulo 3. Del capítulo 4, todas menos la 11. Del 5, todas. Del capítulo 7, todas menos la 22. Del 8, todas. Del 9, las lecciones 34 a 36, y 40 a 42. Del capítulo 10, lecciones 43 a 49 y 52. Todas las del capítulo 11. Del 13, las lecciones 60 a 64. Del 15, lecciones 70 y 71. Del 16, lección 75. Del capítulo 17, lección 77. Del capítulo 18, lecciones 85 a 91. Del capítulo 20, todas. Del 22, la lección 114. Por último, del capítulo 23, las lecciones 117 a 121. Es conveniente la lectura completa de los dos primeros capítulos..*

Para una **Asignatura de 9 créditos** *aconsejamos: todas las lecciones excepto las siguientes: del capítulo 15, lecciones 67 a 69. Del capítulo 16, lecciones 72 a 74. Del capítulo 17, lecciones 82 a 84. Del capítulo 19, lecciones 99 a 104.*

Respecto de la asignatura denominada **Filosofía del Derecho** *–que suele impartirse en los cursos superiores del grado– el profesor elegirá aquellas lecciones que le parezcan más adecuadas atendiendo a lo aprendido por los alumnos en el curso de Teoría del Derecho. Parece especialmente adecuado para un curso de Filosofía del Derecho centrarse en aquellas lecciones más difíciles que no han sido objeto de estudio. Sugiero los capítulos 13 y siguientes completos –entre los que destaca el capítulo 19–, dedicado a las relaciones entre sistemas jurídicos.*

Para una **Asignatura de Maestría (Máster) o Doctorado** *aconsejamos el estudio de todas las lecciones. Los profesores, de acuerdo con el tipo de estudios de que se trate, sabrán dar preferencia, en cada caso, a unas lecciones o a otras.*

Al final del libro hay un índice programático de materias, que sirve como Programa de la Asignatura. La numeración arábiga de las lecciones corresponde a los epígrafes en números romanos del texto.

Si bien, como decimos, este libro está pensado ante todo como un libro de texto, es asimismo una exposición amena de la concepción del autor, a la que ha denominado ***Teoría comunicacional del Derecho****.*

Prólogo a la sexta edición

En esta sexta edición se ha añadido al Capítulo 7 un *Apéndice* titulado "Normas y principios jurídicos", en el cual se examina brevemente la autodenominada teoría de los principios jurídicos y se sitúa este último concepto dentro de la teoría de las normas jurídicas propia de la Teoría comunicacional del Derecho.

Palma de Mallorca, julio de 2015

Prólogo a la quinta edición

En la quinta edición me he limitado a actualizar algo la bibliografía, a corregir las erratas y a introducir algunos breves añadidos, entre los que destaca el cuadro, incorporado al final del capítulo 7, que lleva por título «Clasificación de las normas jurídicas en la Teoría comunicacional del Derecho, atendiendo a su *función* y a su *verbo* característico». Asimismo, para mostrar mejor la organización interna de la obra, se han introducido los epígrafes siguientes, que también se han incorporado en parte al subtítulo de portada: «Introducción: El Derecho y la Teoría comunicacional del Derecho. Primera Parte: Teoría formal del Derecho».

En la actualidad trabajo en la elaboración del segundo volumen, que llevará los subtítulos: «Segunda Parte: Teoría de la Dogmática jurídica. Tercera Parte: Teoría de las Decisiones jurídicas».

Deseo expresar mi más vivo agradecimiento al profesor Paulo De Barros Carvalho (Sao Paulo) por la acogida que ha dado a esta obra y por impulsar los estudios de Teoría del Derecho en la dirección marcada por ella.

Palma de Mallorca, junio de 2013

Prólogo a la cuarta edición

En esta edición se han añadido los siguientes capítulos: el 20, que trata de las relaciones interordinales: Derecho, moral, usos sociales y normas religiosas; el 21, que aborda muy brevemente la analogía entre el Derecho y el juego; el 22, que tiene por objeto el estudio de las personas y los sujetos jurídicos en el seno de la filosofía jurídica; y, por último, el 23, que estudia la distinción entre sujeto jurídico y persona desde la perspectiva de la Teoría comunicacional del Derecho.

Con dichos capítulos creo haber cerrado el primer volumen de esta obra, cuyo cometido ha sido presentar los rasgos y conceptos básicos de una de las partes de la Teoría comunicacional, en concreto de la parte denominada «teoría formal del Derecho». Queda para el segundo volumen la exposición de las otras dos partes: la teoría de las decisiones jurídicas y la teoría de la dogmática o ciencia del Derecho.

Recientemente ha visto la luz una obra colectiva, compuesta por 28 contribuciones, cuyo propósito es el comentario crítico de algunas de las tesis propuestas por la Teoría comunicacional del Derecho[1]. Expreso aquí mi agradecimiento más cálido a todos los autores, en especial al profesor Paulo DE BARROS CARVALHO.

Se me dice a veces que este libro no es sencillo y que, en consecuencia, los alumnos de la Facultad de Derecho pueden tener serias dificultades para entenderlo. Comprendo este argumento, pero no lo comparto. Mi experiencia con los alumnos de la Universidad de las Islas Baleares lo desmiente categóricamente: no sólo lo entienden, sino que además llegan a sabérselo bastante bien, muchos de ellos con el rigor que exijo para obtener las máximas calificaciones.

Por fin, pero para mí en primer lugar, dejo constancia de nuevo de mi gratitud hacia la profesora Virginia MARTÍNEZ BRETONES, por sus ayudas correctoras y por sus sugerencias, que siempre tengo en cuenta.

Palma de Mallorca, junio de 2012

---

1. Gregorio ROBLES & Paulo DE BARROS CARVALHO (coords.), *Teoria Comunicacional do Direito: Diálogo entre Brasil e Espanha*, Editora NOESES, São Paulo, 2011.

Prólogo a la tercera edición

Esta tercera edición duplica en tamaño la edición anterior. Se han añadido los capítulos 13 a 19. Para completar esta parte (volumen I, dedicado a la teoría formal) de la Teoría comunicacional del Derecho quedan aún por abordar dos temas: las relaciones del Derecho con los demás órdenes normativos (moral, etc.), y la persona. Ante la premura del editor, los dejo para la siguiente edición.

Agradezco a la profesora Virginia MARTÍNEZ BRETONES su ayuda en las correcciones de las pruebas de imprenta.

Palma de Mallorca, julio de 2010.

Prólogo a la segunda edición

En la segunda edición no he introducido cambios sustanciales. Me he limitado a corregir las erratas y a poner al día la bibliografía general. También he cambiado algo los Prólogos («para estudiantes» y «para profesores») que vienen a continuación de éste.

Caigo en la cuenta, con cierta dosis de pavor, de que desde que vio la luz la primera edición han pasado casi ocho años y de que no he cumplido mi propósito, firme cuando lo manifesté, de publicar el segundo volumen en un breve plazo. Como «descargo de conciencia» puedo mencionar, sin embargo, dos circunstancias que explican (no sé si también justifican) mi incumplimiento.

La primera puede sonar algo extraña. Es de carácter literario. Desde hacía mucho tiempo tenía yo con personas muy cercanas y queridas que lo solicitaban con insistencia el compromiso de escribir una novela. No voy a entrar ahora a exponer la pequeña intrahistoria que subyacía a tan peculiar solicitud. Pero lo cierto es que, concluido este libro de Teoría del Derecho en 1998, de inmediato me puse a la tarea de la que surgieron dos novelas que han sido publicadas en orden inverso al que fueron escritas: *Piel de limaco* (Editorial «Biblioteca Nueva», Madrid, 2002) y *La familia de Íñigo Zubiaurre* (Editorial «Biblioteca Nueva», Madrid, 2004).

La segunda circunstancia también es de naturaleza intelectual, esta vez referida a la sociología jurídica. Mi empeño por deslindar claramente el método jurídico y el método sociológico y la necesidad de profundizar en la obra de los «padres fundadores» de la Sociología del Derecho me han llevado a dedicar estos últimos años a investigar a fondo en los escritos de Eugen EHRLICH y de Émile DURKHEIM. Fruto de estos desvelos es la monografía sobre el primero titulada *Ley y Derecho vivo. Método jurídico y Sociología del Derecho en Eugen Ehrlich* (Centro de Estudios Políticos y Constitucionales, Madrid, 2002), así como varias sobre DURKHEIM: *Crimen y castigo. Ensayo sobre Durkheim* (Editorial «Civitas», Madrid, 2001), que es un repaso crítico a la Sociología del Derecho penal del sociólogo francés; *La influencia del pensamiento alemán en la Sociología de Émile Durkheim* (Editorial Thomson-Aranzadi, Cizur Menor, Navarra, 2005); y también la edición, con estudio preliminar y cronología, de *Las reglas del método sociológico* (Editorial «Biblioteca Nueva», Madrid, 2005, traducción de Virginia MARTÍNEZ BRETONES).

Creo con toda sinceridad, querido lector, que no se me puede reprochar haber perdido de todo el tiempo. Mas como el propósito incumplido pesa sobre mi espalda cual agobiante carga, mañana mismo me pondré a la tarea de continuar esta *Teoría del Derecho*. Deséame suerte, que lo cumpla y ambos lo veamos.

Palma de Mallorca, julio de 2006.

Prólogo para estudiantes

Me dices, querida amiga, que aunque no lo tienes todavía claro, es probable que sigas mis consejos «pragmáticos» y te decidas por hacer la carrera de Derecho. Para eso falta aún algo más de un año, por lo que tienes tiempo para pensarlo, aunque a veces pensar las cosas demasiado no produce sino mareo. Que conste que mis consejos son meramente eso, consejos. Tú tienes la última palabra, es tu vida, y a ti te toca decidir lo que quieres ser y a lo que quieres dedicarte. Me dices que eso del Derecho te suena algo extraño, como lejano, y que, además, no te emociona demasiado. No me sorprende.

El Derecho tiene, mirado desde fuera, un cierto aspecto antipático. Suena a burocratismo, papeleo, e incluso a algo mucho peor, como cárceles y castigos. A mí también me ha producido siempre esa sensación. Fíjate que llevo más de treinta y cinco años metido en este mundillo, y aún así no puedo sacudirme de encima esa impresión. Pero también he de decirte que, una vez que estás dentro, descubres un panorama intelectual que ni sospechabas. Y es que conectas con todo, con la realidad social, con la economía, con la historia, con la lingüística, con la antropología, con la ética y, ¡cómo no!, también con la filosofía. La realidad jurídica es de una complejidad desconcertante y abrumadora, un verdadero reto para cualquier cabeza que quiera comprender el mundo que nos rodea.

A ti te encanta la literatura. Pues bien, te gustará saber que el famoso novelista francés STENDHAL, el autor de *Lo rojo y lo negro* y de *La cartuja de Parma* encontraba su «tono literario» todas las mañanas leyendo algunos artículos del Código Civil (el que fue promulgado en tiempos de Napoleón Bonaparte, por lo que es conocido como el Código de Napoleón). Antes de ponerse a escribir sus obras literarias, Stendhal encontraba su estilo en la prosa descarnada y vigorosa, de una precisión implacable, de ese cuerpo de normas jurídicas. Te gustará saber también que Miguel DELIBES, nuestro novelista vallisoletano que describe como nadie el microcosmos social, comenzó a aficionarse al uso del lenguaje preciso y correcto estudiando un libro de lo que no te puedes ni imaginar. Pues sí, de Derecho, y además de una rama que puede parecer absolutamente lejana al mundo de la literatura: nada menos que de Derecho mercantil. El libro era el texto de Joaquín GARRIGUES, un espléndido «Curso» que yo también tuve la suerte de estudiar cuando fui alumno de la Facultad.

Bueno, dejemos los preliminares literarios y vayamos al grano. Te quiero decir esto: independientemente de lo que decidas hacer en el terreno profesional, algo que depende exclusivamente de ti misma, mi intención es presentarte en estas páginas un panorama de algunos de los aspectos más destacados del Derecho, o, por lo menos, que a mí así me lo parecen. No pretendo otra cosa que explicarte lo más claro que me sea posible algunos de los problemas de los que trata mi asignatura que, como sabes, se llama *Teoría del Derecho* o *Filosofía del Derecho.*

Algunos autores separan radicalmente la «Teoría del Derecho» de la «Filosofía del Derecho», entendiendo que son dos disciplinas con objeto diferente. Yo creo que esa opinión es errónea o disfuncional (o sea, que no funciona bien), aunque ahora permíteme que no te explique por qué pienso así; tiempo habrá. Para entendernos, te diré que lo que vas a leer en estas páginas tiene que ver con los problemas teóricos o filosóficos del Derecho. Qué es el Derecho, cómo surge, para qué existe, cuál es su relación con la justicia, cómo es por dentro el Derecho (esto es, cuál es su «anatomía»), cómo actúa el legislador, cómo el juez, qué es interpretar el Derecho, y qué aplicarlo, etc. Como ves, todas estas cuestiones se refieren al Derecho *en general,* y no al Derecho español, al alemán, o al peruano.

Sucede algo parecido a cuando has estudiado «Lengua», que a ti tanto te gusta. Al estudiar «Lingüística» no has tenido que aprender una lengua, como el español o el alemán, sino que lo que has aprendido es *lo general* de cualquier lengua. Quiero decir con esto que en la lingüística lo que estudias es, por ejemplo, qué es el sujeto, el predicado, qué tipos de predicados hay, qué funciones tiene el verbo, etc.; cuestiones todas ellas que son aplicables a cualquier lengua, por lo menos de las de nuestro entorno de civilización. La lingüística no se ocupa de una lengua concreta, sino de todas; estudia lo que les es común a las lenguas. Con el Derecho ocurre algo parecido a lo que sucede con el lenguaje. «Lo general» del Derecho lo estudias en la *Teoría del Derecho.* Y «lo particular», esto es, cada Derecho concreto (por ejemplo, el Derecho español), en otras asignaturas, como son el Derecho penal, el administrativo o el mercantil.

¿Qué es lo que constituye «lo general» en el Derecho? Pues todos aquellos conceptos que forman el entramado básico de los ordenamientos que están vigentes (como el español, o el alemán) o que han estado vigentes (como el Derecho romano). Conceptos como los de decisión jurídica, institución, norma, sanción, autoridad, responsabilidad, interpretación de las normas, actos jurídicos, etc., son nociones que nos sirven de «instrumentos» de análisis para los ordenamientos jurídicos concretos. El Derecho español está compuesto de normas creadas por decisiones, y esas normas regulan determinados actos o conductas. Lo mismo sucede con el Derecho brasileño, o con el romano, o con cualquiera otro.

Lo que yo pretendo es ofrecerte esta obra para tu uso personal, y, por extensión, para beneficio de todos aquellos que se encuentran en una situación similar a la tuya, como alumnos míos o de otros profesores. No he pretendido, al escribirlo, hacer un libro estrictamente «científico» (esto es, con una presentación muy rigurosa y acabada), sino más bien algo que te sirva para tomar contacto con el extraño y, al mismo tiempo, apasionante mundo jurídico. Sólo quiero ofrecer la obra que me hubiera gustado leer en los años de mi formación universitaria. Una obra explicativa, y a poder ser amena, no del todo sistemática ni obsesionada por el «método expositivo». Y aunque es prácticamente seguro que no he conseguido mi propósito (no es tan fácil la tarea), no podrás dudar de que lo he intentado y que, en todo caso, el objetivo, contando con mis limitaciones, no puede ser más laudable.

He intentado presentar la materia de manera que, al tiempo que expongo mi propia concepción de los problemas, no se desatiendan del todo las referencias informativas básicas a las teorías dominantes o más llamativas. Las alusiones históricas no son otra cosa que pinceladas breves cuyo objeto es llamar la atención sobre el hecho de que el pensamiento jurídico actual no es fruto primerizo, sino resultado de un laborioso proceso de grandes pensadores. He pretendido también unir una cierta sencillez en la manera de exponer con la llamada de atención sobre la complejidad de los problemas. He huido del fácil recurso al libro meramente introductorio, cuya receta puede formularse en un «¡aprenda teoría del Derecho en siete días!», y todavía he tenido mayor cuidado en no hacer un libro de texto que sea, a su vez, el resumen o compendio de otros libros de texto.

Como comprobarás, las lecciones (señaladas con números romanos) son breves y carentes de epígrafes. La brevedad está pensada en aras de la facilidad del estudio. Al dividir la materia en pequeñas unidades, mi intención ha sido situarte en una posición psicológica favorable, pues siempre que acabamos una de ellas nos encontramos tonificados y en la mejor disposición para seguir un ritmo de estudio preestablecido. A tal efecto, es conveniente que, teniendo en cuenta el número de lecciones y tu disponibilidad de tiempo, te impongas a ti misma un programa razonable de estudio. La carencia de epígrafes dentro de cada lección tiene la finalidad de hacerte trabajar activamente: eres tú quien tiene que poner esos epígrafes concretos que faltan. Hazlo en el mismo libro, y hazlo también en los esquemas que prepares de cada capítulo. De todos modos, al final del libro encontrarás el Programa detallado de todas las lecciones.

A la tarea de estudio también te ayudarán los ejercicios que siguen a cada lección; algunos de ellos son francamente difíciles, pero la mayoría no plantean especiales dificultades después de haber estudiado las páginas correspondientes.

En fin, sólo me queda pedirte disculpas por las dificultades que en la exposición, a pesar de mi buen propósito, no haya sabido o podido resolver; y desearte que, en este viaje por los problemas filosóficos del Derecho, venzan la ilusión y el afán de saber a los naturales enemigos de la concentración y el estudio.

Prefacio para profesores

El objeto de esta obra no es otro que presentar una exposición didáctica y asequible a todos los alumnos de las asignaturas *Teoría del Derecho* y *Filosofía del Derecho*; dualidad terminológica que, como he expuesto en varias ocasiones, para mí no tiene mucho sentido.

De la misma manera que carecía de serio fundamento epistemológico la antigua distinción «Derecho Natural-Filosofía del Derecho», así sucede con ésta de ahora. Pues si entonces decíamos que si se era iusnaturalista o positivista al explicar Derecho Natural, no se podía dejar de ser cualquiera de las dos cosas al enfrentarse a la Filosofía del Derecho, siendo el Derecho Natural una expresión concreta de la filosofía jurídica, ahora hay que advertir que «Teoría» y «Filosofía» son términos que se implican recíprocamente hasta poder entenderse como sinónimos. Todos los intentos de reducir la Teoría del Derecho a uno de los aspectos de éste, usualmente el «formal» o el «empírico», reservando para la Filosofía del Derecho la cuestión de los valores o de la justicia, no es sino una operación de cirugía académica, consecuencia de la división disciplinar que un legislador algo despistado introdujo en su día. No es infrecuente, sin embargo, que el legislador se equivoque, como sucede en este asunto. Por eso, habría sido más acertado que en un primer ciclo de los estudios se tuviera una asignatura titulada «Introducción al estudio del Derecho», en la cual se abordara con criterio elemental, más pedagógico que otra cosa, los conceptos jurídicos básicos; y que se reservara para el segundo ciclo, con la denominación que se quisiera, la Teoría o Filosofía del Derecho. Como he expuesto en otra obra, la Teoría del Derecho es la denominación que ha triunfado en los últimos decenios para designar a la filosofía jurídica del pos-positivismo; o sea, a la filosofía jurídica que asume la crisis epistemológica del positivismo, censurando el estrecho margen que éste concede a la razón y abriendo sus puertas a la conjunción de las dos tradiciones de pensamiento: la hermenéutica y la analítica.

En este libro se han resaltado más el entramado de las ideas y de los problemas teóricos tratados, que el de los diversos autores y corrientes de pensamiento; si bien unas ciertas referencias han sido necesarias para procurar una información suficiente. El estilo casi personalizado y cálido con que empieza la obra se va convirtiendo, con el paso de las páginas, en un tono más impersonal y objetivo. Con ello no se busca otra cosa que facilitar al alumno la asimilación de la materia, presentándola con la cara más risueña que he sido capaz de dibujar. Espero se me disculpe esta manera expositiva que algunos colegas han denominado, creo que con acierto, «interactiva», pero que por inusual puede parecer algo sorprendente.

Esta obra está pensada en dos volúmenes, cuya continuidad prometo en un plazo no muy lejano. Puede servir como libro de texto tanto para la disciplina que en la actualidad se llama *Teoría del Derecho* como para la que se denomina *Filosofía del Derecho*; que se utilice para una u otra depende de cuál sea el enfoque se dé a estas materias en cada Facultad concreta.

El conjunto de la Teoría del Derecho se despliega en tres grandes apartados: la teoría formal del Derecho, la teoría de la decisión jurídica y la teoría de la dogmática o ciencia del Derecho. En este volumen se estudia la primera, dejando el resto para la continuación de la obra.

El subtítulo responde a la concepción de fondo que subyace a lo aquí expuesto: entiendo la Teoría jurídica como una teoría «comunicacional», en el sentido de que contempla el Derecho como un conjunto de procesos de comunicación (o de mensajes) que se articula en torno a los diversos lenguajes de los juristas. Éstos participan en la generación del ordenamiento y actúan también como intermediarios privilegiados en la construcción del sistema, el cual refleja el «texto bruto» del ordenamiento. Al caracterizar la Teoría del Derecho como análisis del lenguaje de los juristas, se pretende entender el Derecho como texto, analizable tanto en sus aspectos formales como pragmáticos y semánticos, con lo que no sólo se aborda el problema de la estructura formal del Derecho, sino también los aspectos formales y materiales de las decisiones, lo cual conlleva un desarrollo de la teoría de la justicia, así como el análisis del modo de proceder de la dogmática en la construcción y presentación del sistema. El método de la Teoría comunicacional del Derecho es el método hermenéutico-analítico.

Se ha descargado el libro de citas y tan sólo se han conservado algunas que permitan al alumno entender mejor las cuestiones tratadas y situarlas adecuadamente en el diálogo de las posiciones doctrinales. Espero y deseo que la escasez de citas no se interprete fuera de este contexto. Una obra en la que se entrara en debates prolijos y citas de cortesía habría alcanzado dimensiones no soportables en un libro de texto.

En fin, me gustaría pensar que, con esta obra, he contribuido, en la medida de mis posibilidades, a ampliar un poco el panorama de exposiciones de Teoría y Filosofía del Derecho escritas en español, que tan excelente nivel ha alcanzado, en su conjunto, en nuestros tiempos y que augura un futuro no menos magnífico.

Bibliografía general

En atención al carácter de esta obra como libro de texto para estudiantes de la Facultad de Derecho, la lista bibliográfica que a continuación se recoge se limita a las exposiciones generales y a algunas monografías que tratan materias propias de este volumen, destinado a la teoría formal, y que, por su contenido, trascienden el interés meramente particular sobre un aspecto concreto. La bibliografía sobre teoría de la decisión y de la justicia, y sobre la dogmática jurídica, se recogerá en el segundo volumen. Se ha dado preferencia a las obras en español y a las extranjeras traducidas, salvo –en este último caso– algunas excepciones de libros no traducidos pero especialmente relevantes. Con todo, no se pretende ni de lejos la exhaustividad (pido disculpas por las omisiones injustificadas, en todo caso inconscientes), sino tan sólo proporcionar al estudiante una lista de libros que le permita profundizar en los problemas de la Teoría del Derecho, y contrastar las diversas opiniones de los autores con las que mantengo personalmente. En qué medida las obras citadas hayan podido influir en las tesis expuestas en este libro es algo que hay que dejar al escrutinio de la mirada atenta de los especialistas, aunque creo que los autores que más me han podido inspirar son aquellos con los que se entra en diálogo a lo largo de las páginas del libro. Al existir polémica acerca de la distinción entre las disciplinas denominadas «Doctrina general del Derecho» (también llamada en España «Teoría general del Derecho»), «Teoría del Derecho» y «Filosofía del Derecho», he optado por no diferenciarlas en la bibliografía, habida cuenta de que, a pesar de que sus respectivos enfoques puedan ser diferentes, coinciden en gran parte en cuanto a los temas desarrollados. Parece, sin embargo, conveniente dejar constancia aquí de que muchas de las obras que se presentan como «Teoría del Derecho» no responden a un modelo epistemológico diferente al propio de la positivista «Doctrina general del Derecho», lo que, a mi modo de ver, no parece que tenga justificación suficiente.

AARNIO: *Denkweisen der Rechtswissenschaft-Einführung in die Theorie der rechtswissenschaftlichen Forschung*, Viena/Nueva York, 1979.

ADOMEIT: *Introducción a la Teoría del Derecho*, trad. de BACIGALUPO, Madrid, 1984.

ALARCÓN (ed.): *Estudios de deóntica*, Sevilla, 1995.

– *Lecciones de Lógica jurídica*, Sevilla, 2000.

– *Fenomenología, Semiótica y Derecho*, Sevilla, 2000.

ALBERT: *Derecho y valor*, Córdoba, 2004.

ALCHOURRON/BULYGIN: *Introducción a la Metodología de las Ciencias jurídicas y sociales*, Buenos Aires 1974.

– *Análisis lógico y Derecho*, Madrid, 1991.

ALMOGUERA: *Lecciones de Teoría del Derecho*, Madrid, 1995.

ÁLVAREZ/MUÑOZ DE BAENA: *Introducción filosófica al Derecho*, Madrid, 1989.

ÁLVAREZ GARDIOL: *Introducción a una Teoría general del Derecho*, Buenos Aires, 1975.

ANSUÁTEGUI: *Fragmentos de Teoría del Derecho*, Madrid, 2005.

APARISI: *Derecho a la paz y derecho a la guerra en Francisco de Vitoria*, Granada, 2007.

ATIENZA: *Introducción al Derecho*, Barcelona, 1985.

ATIENZA/RUIZ MANERO: *Las piezas del Derecho. Teoría de los enunciados jurídicos*, Barcelona, 1996.

AUSTIN: *Lectures on Jurisprudence, or the Philosophy of positive Law*, Londres, 1885 (reimpr. Darmstadt, 1972).

– *El objeto de la Jurisprudencia*, trad. y estudio preliminar de PÁRAMO, Madrid, 2002.

AYUSO (ed.): *Cuestiones fundamentales de Derecho Natural*, Madrid, 2009.

BALLESTEROS: *Sobre el sentido del Derecho*, Madrid, 2ª ed., 1986.

BARRERE/CAMPOS/EZQUIAGA/IGARTUA: *Lecciones de Teoría del Derecho*, Valencia, 1998.

BAYÓN: *La normatividad del Derecho: deber jurídico y razones para la acción*, Madrid, 1991.

BELLOSO/SANTAMARÍA: *Materiales para Prácticas de Teoría del Derecho*, Madrid, 1997.

BETEGÓN/GASCÓN/PÁRAMO/PRIETO: *Lecciones de Teoría del Derecho*, Madrid, 1997.

BIERLING: *Juristische Prinzipienlehre*, 5 volúmenes, Tubinga (1894, 1898, 1905, 1911, 1917), reimpr. Aalen.

BINDING: *Die Normen und ihre Übertretung-eine Untersuchung über die rechtsma ssige Handlung und die Arten des Delikts*, 5 vols., a partir de 1872, reimpr. Aalen, 1991.

BOBBIO: *Teoría general del Derecho*, trad. de Rozo, Madrid, 1991.

– *Contribución a la Teoría del Derecho*, ed. a cargo de Ruiz Miguel, Madrid, 1980.

– *Della struttura alla funcione-Nuovi studi di teoria del diritto*, Milán, 1977.

BODENHEIMER: *Teoría del Derecho*, México, 1942.

BOTERO/ESTRADA: *Temas de Filosofía del Derecho*, Medellín (Colombia), 2003.

BRUFAU: *Teoría fundamental del Derecho,* Madrid, 4ª ed. 1990.

CALSAMIGLIA: *Introducción a la Ciencia jurídica,* Barcelona, 3ª ed. 1990.

CALVO GARCÍA: *Teoría del Derecho,* Madrid, 1992.

CALVO GONZÁLEZ: *Derecho y narración,* Barcelona, 1996.

CAPELLA: *El Derecho como lenguaje,* Barcelona, 1968.

CARNELUTTI: *Teoría general del Derecho,* trad. por OSSET, Madrid, 1955.

CARPINTERO: *Una Introducción a la Ciencia jurídica,* Madrid, 1988.

– *Los inicios del positivismo jurídico en Centroeuropa,* Madrid, 1993.

CARPINTERO/MEGÍAS/RODRÍGUEZ PUERTO/DE MORA: *El derecho subjetivo en su historia,* Cádiz, 2003.

CARRIÓ: *Notas sobre Derecho y lenguaje,* 2ª ed., Buenos Aires, 1979.

CARVALHO, Paulo de Barros: *Direito Tributário. Linguagem e Método,* 3ª ed., São Paulo, 2009.

CARVALHO, Paulo de Barros/ROBLES: *Teoria Comunicacional do Direito: Diálogo entre Brasil e Espanha,* São Paulo, 2011.

CARZO/JACKSON: *Semiotics, law and social science,* Roma, 1985.

CASANOVAS y otros autores (Coords.): *Lecturas sobre Derecho y Web semántica,* Granada, 2012.

CASANOVAS/MORESO: *El ámbito de lo jurídico-lecturas de pensamiento jurídico contemporáneo,* Barcelona, 1994.

CASTIGNONE/GUASTINI/TARELLO: *Introduzione teorica allo studio del Diritto,* 4ª ed., Génova, 1984.

CATHREIN: *Filosofía del Derecho-El Derecho natural y el positivo,* trad. por JARDÓN y BARJA, 7ª ed., Madrid, 1958.

COING: *Fundamentos de Filosofía del Derecho,* trad. de MAURI, Barcelona, 1961.

CORTS: *Curso de Derecho Natural,* Madrid, 5ª ed. 1974.

COSSÍO: *La Teoría egológica del Derecho,* Buenos Aires, 2ª ed. 1964.

COTTA: *¿Qué es el Derecho?,* trad. por BLASCO, Madrid, 1993.

CRISTÓBAL/ESCALONA/GAYO/GÓMEZ ADANERO/GÓMEZ GARCÍA/DE-GREGORIO/MUÑOZ DE BAENA/UTRERA: *Teoría del Derecho,* Madrid, 2003.

DABIN: *Teoría general del Derecho,* trad. de OSSET, Madrid, 1955.

DURÁN: *Notas de Teoría del Derecho,* Castellón de la Plana, 1997.

DE ÁNGEL: *Una Teoría del Derecho (Introducción al estudio del Derecho),* 6ª ed., Madrid, 1993.

DE ASÍS: *Manual de Filosofía del Derecho. Derecho Natural,* Granada, 1959.

DE CARVALHO: *Curso de Teoría Geral do Direito*, 2ª ed., São Paulo, 2010.

DE CASTRO: *Manual de Teoría del Derecho*, Madrid, 2004.

DE LUCAS (coord.)/AÑON/APARISI/BEA/FERNÁNDEZ/GARCÍA AÑON/MARTÍNEZ DE VALLEJO/RUIZ/VIDAL: *Introducción a la Teoría del Derecho*, 3ª ed., Valencia, 1997.

DE OLIVEIRA (coord.): *O novo em Direito e Política*, Porto Alegre, 1997.

DEL VECCHIO: *Filosofía del Derecho*, 9ª ed., Barcelona 1980.

DELGADO: *Estudios de Filosofía del Derecho*, Madrid, 2006.

DÍAZ: *Curso de Filosofía del Derecho*, Madrid/Barcelona, 1998.

DÍEZ-PICAZO: *Experiencias jurídicas y Teoría del Derecho*, 3ª ed., Madrid, 1993.

D'ORS: *Una Introducción al estudio del Derecho*, Madrid, 1973.

DUBISCHAR: *Vorstudium zur Rechtswissenschaft*, Stuttgart, 1974.

EHRLICH: *Grundlegung der Soziologie des Rechts*, Berlín, 1913.

ELÍAS DE TEJADA: *Tratado de Filosofía del Derecho*, 2 volúmenes, Sevilla, 1974 y 1977.

ENGISCH: *Introducción al pensamiento jurídico*, trad. de GARZÓN, presentación de GARCÍA SAN MIGUEL, Madrid, 1967.

– *La idea de concreción en el Derecho y en la ciencia jurídica actuales*, trad. y estudio preliminar de GIL CREMADES, Pamplona, 1968.

ESCUDERO: *Los calificativos del positivismo jurídico. El debate sobre la incorporación de la moral*, Madrid, 2004.

ETCHEVERRY/SERNA: *El caballo de Troya del positivismo jurídico*, Granada, 2010.

FARIÑAS: *El problema de la validez jurídica*, Madrid, 1991.

FARRELL: *La metodología del positivismo lógico-su aplicación al Derecho*, Buenos Aires, 1979.

FERNÁNDEZ, E.: *Filosofía política y Derecho*, Madrid, 1995.

FERNÁNDEZ-ESCALANTE: *Los Imperantes (y su séquito) y el Imperio de la –«su»– Ley*, Granada, 1991.

FERNÁNDEZ GALIANO/DE CASTRO: *Lecciones de Teoría del Derecho y Derecho Natural*, Madrid, 1993.

FERRAZ: *Introducción al estudio del Derecho*, Madrid, 2009.

FERREIRA DA CUNHA: *Introduçao à Teoria do Direito*, Oporto, s/a.

FINCH: *Introducción a la Teoría del Derecho*, trad. de LAPORTA, Barcelona, 1977.

FLUSSER: *Língua e Realidade*, 2ª ed., São Paulo, 2004.

FRIEDRICH: *La Filosofía del Derecho*, trad. de ÁLVAREZ FRANCO, México, 1964.

GALÁN: *Teoría del Derecho y del Estado*, Valladolid, 1950-1955.

GALINDO: *El acceso a textos jurídicos (Introducción práctica a la filosofía del Derecho)*, Zaragoza, 1993.

GALLEGO: *Fundamentos para una Teoría del Derecho*, Madrid, 2003.

GALLEGO/SANTOS: *Approaching Legal Theory*, Madrid, 2012.

GARCÍA DE ENTERRÍA: *La lengua de los derechos*, Madrid, 1994.

GARCÍA MAYNEZ: *Introducción al estudio del Derecho*, 19ª ed., México, 1971.

– *Filosofía del Derecho*, 9ª ed., México, 1997.

GARCÍA SAN MIGUEL: *Notas para una crítica de la razón jurídica*, 2ª ed., Madrid, 1985.

– *Los fundamentos del Derecho*, Madrid, 2003.

GARZÓN/LAPORTA (ed.): *El Derecho y la Justicia*, Madrid, 1996.

GEIGER: *Estudios de Sociología del Derecho*, trad. de CAMACHO, HIRATA y OROZCO, México, 1983.

GIL CREMADES: «Derecho e Ideología», *REP*, Madrid, 1968.

– «Rechtstheorie und Rechtspraxis», *ARSP*, 1970.

GOLDSCHMIDT: *Introducción filosófica al Derecho*, 6ª ed., Buenos Aires, 1983.

GÓMEZ ARBOLEYA: *Estudios de Teoría de la sociedad y del Estado*, Madrid, 1962.

GONZÁLEZ SOLER/LIMA/MARÍN/PRADA/ROMERO: *Cuestiones y Textos de Filosofía y Teoría del Derecho*, Madrid, 1993.

GONZÁLEZ VICÉN: *Estudios de Filosofía del Derecho*, La Laguna, 1979.

GRAU: *O Direito posto e o Direito pressuposto*, 7ª ed., São Paulo, 2008.

GUASP: *Derecho*, Madrid, 1971.

GUIBOURG: *El fenómeno normativo*, Buenos Aires, 1987.

HARET, F. y CARNEIRO, J. (Coords.): *Vilém Flusser e Juristas*, São Paulo, 2009.

HART: *El concepto de Derecho*, trad. de CARRIÓ, Buenos Aires, 1968.

– *The Concept of Law*, second edition with a Postscript edited by Bulloch and Raz, Oxford, 1994.

HERNÁNDEZ GIL: *Metodología de la Ciencia del Derecho*, 3 vols., Madrid, 1971.

HERNÁNDEZ MARÍN: *Teoría del Derecho y de la Ciencia jurídica*, Barcelona, 1989.

– *Introducción a la Teoría de la norma jurídica*, Madrid, 1998.

HERVADA: *Lecciones propedéuticas de Filosofía del Derecho*, 2ª ed., Pamplona, 1995.

HOLLAND: *The Elements of Jurisprudence*, 13ª ed., Oxford, 1924; reimpr. Aalen, 1979.

JACKSON: *Semiotics and Legal Theory*, Londres/Nueva York, 1985.

JHERING: *El Espíritu del Derecho Romano* (Abreviatura por Fernando VELA), Madrid, 1997.

JORI (ed.): *Ermeneutica e filosofia analitica-Due concezioni del diritto a confronto*, Turín, 1994.

JORI/PINTORE: *Manuale di Teoria generale del Diritto*, 2ª ed., Turín 1995.

KAUFMANN: *Rechtsphilosophie*, 2ª ed., Munich, 1997.

KAUFMANN/HASSEMER (ed.): *El pensamiento jurídico contemporáneo*, ed. esp. a cargo de ROBLES (traducciones de FARIÑAS, GARCÍA AMADO, MARTÍNEZ BRETONES, PUIGPELAT, RABBI-BALDI y ROBLES), Madrid, 1992.

KAUFMANN (Armin): *Teoría de las normas-Fundamentos de la Dogmática penal moderna*, trad. por BACIGALUPO y GARZÓN VALDÉS, Buenos Aires, 1977.

KELSEN: *Teoría pura del Derecho*, traducción de la primera edición (1934) por ROBLES y SÁNCHEZ, introducción de ROBLES, Madrid, 2011.

– *Teoría pura del Derecho*, segunda edición, trad. de VERNENGO, México, 1979.

– *Teoría general del Derecho y del Estado*, trad. de GARCÍA MAYNEZ, México, 1949.

– *Allgemeine Theorie der Normen*, Viena, 1979.

KRAWIETZ: *Recht als Regelsystem*, Wiesbaden, 1984.

– *El concepto sociológico del Derecho y otros ensayos*, México, 1982.

LACLAU: *La historicidad del Derecho*, Buenos Aires, 1994.

LAMSDORFF-GALAGANE: *Teoría del Derecho*, Barcelona, 1989.

LARENZ: *Metodología de la Ciencia del Derecho*, trad. por RODRÍGUEZ MOLINERO, Barcelona, 1994.

LATORRE: *Introducción al Derecho*, 4ª ed., 5ª ed., Barcelona, 1972.

LEGAZ: *Filosofía del Derecho*, 5ª ed., Barcelona, 1979.

LEVI: *Teoria generale del Diritto*, Padua, 1967.

LISSARRAGUE: *Introducción a los temas centrales de la Filosofía del Derecho*, Barcelona, 1948.

LÓPEZ CALERA: *Filosofía del Derecho (2 vols.)*, Granada, 1997, 1998.

– *Teoría del Derecho*, Granada, 2000.

LÓPEZ RUIZ: *Fuentes del Derecho y Ordenamientos Jurídicos*, Valencia, 1997.

LORCA: *Temas de Teoría y Filosofía del Derecho*, Madrid, 1994.

– *Filosofía del Derecho-perfiles sistemático-metodológicos*, Madrid, 1985.

LOSANO: *Sistema e struttura nel diritto*, Milano, 2002.

LUMIA: *Principios de Teoría e Ideología del Derecho*, trad. por RUIZ MIGUEL, Madrid, 1978.

LLANO: *El formalismo jurídico y la Teoría experiencial del Derecho*, Valencia, 2009.

LLEDÓ/ZORRILLA: *Teoría del Derecho*, Madrid, 1998.

MACCORMICK/WEINBERGER: *An Institutional Theory of Law-New Approaches to legal Positivism*, 1986.

MACIÁ: *Investigaciones filosófico-jurídicas. I. El fenómeno jurídico*, Oviedo, 1973.

MANTILLA: *Filosofía del Derecho*, Bogotá, 1996.

MARTÍNEZ BRETONES: *La Filosofía del Derecho de Gustav Radbruch*, Madrid, 1994.

– *Gustav Radbruch. Vida y obra*, 2ª ed. México, 2003.

MARTÍNEZ DE PISÓN: *Curso de Teoría del Derecho*, 2ª ed., Logroño, 1995.

MARTÍNEZ DORAL: *La estructura del conocimiento jurídico*, Pamplona, 1963.

MARTÍNEZ MORÁN/DE CASTRO: *17 lecciones de Teoría del Derecho*, Madrid, 2010.

MARTÍNEZ ROLDÁN/FERNÁNDEZ SUÁREZ: *Curso de Teoría del Derecho*, Barcelona, 1997.

MASSINI: *Filosofía del Derecho*, Buenos Aires, 1994.

MAZZARESE: *Logica deontica e linguaggio giuridico*, Padua, 1989.

MEDINA, D./ALBERT, M.: *Problemas de Teoría y Sociología del Derecho*, Córdoba, 2006.

MEDINA, D.: *Temática filosófico-jurídica. Sobre el conocimiento filosófico del Derecho*, Granada, 1993.

– *El derecho subjetivo en Kelsen*, Córdoba, 2005.

MEDINA, J.: *Situación presente de la Filosofía jurídica*, Madrid, 1935.

MENDONCA: *Introducción al análisis normativo*, Madrid, 1992.

– *Las claves del Derecho*, Barcelona, 2000.

MIRETE: *Introducción a la Filosofía jurídica*, Barcelona, 1991.

MONTORO: *Análisis estructural y conocimiento jurídico*, Murcia, 1982.

– *Aproximación al estudio de la Lógica jurídica*, Murcia, 1986.

– *El Derecho como sistema normativo: naturaleza y función del Derecho*, Murcia, 1993.

– *Sistema de Teoría fundamental del Derecho*, tomo I, Valencia, 1999.

– *Supuestos teológico-políticos de la idea de ordenamiento jurídico*, Madrid, 2001.

MORESO: *Normas jurídicas y estructura del Derecho*, México, 1997.

MORESO/VILAJOSANA: *Introducción a la Teoría del Derecho*, Madrid, 2004.

NAWIASKY: *Teoría general del Derecho*, trad. de ZAFRA, Madrid, 1962.

NINO: *Introducción al Análisis del Derecho,* Barcelona, 1983.

OLIVECRONA: *El Derecho como hecho-La estructura del ordenamiento jurídico,* trad. por LÓPEZ GUERRA, Barcelona, 1980.

OLLERO: *¿Tiene razón el Derecho?,* Madrid, 1996.

– *El Derecho en teoría,* Cizur Menor (Navarra), 2007.

– *Derechos humanos y metodología jurídica,* Madrid, 1989.

PASUKANIS: *Teoría general del Derecho y marxismo,* trad. por ZAPATERO, Barcelona, 1976.

PATTARO: *Introduzione al Corso di Filosofia del Diritto,* Bolonia, 1986.

PECES-BARBA: *Introducción a la Filosofía del Derecho,* Madrid, 1983.

PECES-BARBA/FERNÁNDEZ/DE ASÍS (Coords.): *Curso de Teoría del Derecho,* 2ª ed., Madrid, 2000.

PÉREZ LUÑO (con la colaboración de ALARCÓN, GONZÁLEZ-TABLAS y RUIZ DE LA CUESTA): *Teoría del Derecho-Una concepción de la experiencia jurídica,* 10ª ed., Madrid, 2011.

– *Lecciones de Filosofía del Derecho-respuestas para una filosofía de la experiencia jurídica,* Sevilla, 1998.

– *Trayectorias contemporáneas de la Filosofía y la Teoría del Derecho,* 5ª ed., (a cargo de GONZÁLEZ TABLAS y LLANO), Madrid, 2007.

– *El desbordamiento de las fuentes del Derecho,* Madrid, 2011.

PETTORUTI/SCATOLINI: *Elementos de Introducción al Derecho,* Buenos Aires, 2005.

POOLE: *El Derecho de los juristas,* Madrid, 1998.

PRECIADO: *Lecciones de Filosofía del Derecho,* 4ª ed., México, 1965.

PRIETO: *Apuntes de Teoría del Derecho,* 2ª ed., Madrid, 2007.

PUIGPELAT (coord., con GARCÍA AMADO y ROBLES): *Teoria del Dret,* Barcelona, 1996.

PUY: *Tratado de Filosofía del Derecho,* Madrid, 1972.

PUY/LÓPEZ MORENO (coords.)/CARPINTERO/MARÍN/MARTÍNEZ-SICLUNA/NAVARRO/MEDINA/ROLDÁN: *Manual de Teoría del Derecho,* Madrid, 1999.

RADBRUCH: *Filosofía del Derecho,* trad. por MEDINA, 4ª ed., Madrid, 1959.

– *Introducción a la Filosofía del Derecho,* trad. por ROCES, México, 1951.

– *Introducción a la Ciencia del Derecho,* trad. por RECASÉNS, Madrid, 1930.

RAMIS BARCELÓ: *Derecho natural, historia y razones para actuar,* Madrid, 2012.

RAMOS/RODILLA: *El positivismo jurídico a examen. Estudios en Homenaje a José Delgado Pinto,* Salamanca, 2006.

RAZ: *El concepto de sistema jurídico,* trad. por TAMAYO, México, 1986.

REALE: *Introducción al Derecho,* trad. por BRUFAU, Madrid, 1976.

RECASÉNS: *Filosofía del Derecho,* 3ª ed. México, 1965.

– *Introducción al Estudio del Derecho,* México, 1970.

REHBINDER: *Einführung in die Rechtswissenschaft,* 5ª ed., Berlín/Nueva York, 1983.

– *Sociología del Derecho,* trad. por ROBLES, Madrid, 1981.

REINACH: *Los fundamentos a priori del Derecho civil.* Edición, traducción y estudio preliminar de CRESPO, Granada, 2010.

RIVAS: *El retorno a los orígenes de la tradición positivista. Una aproximación a la filosofía jurídica del positivismo ético contemporáneo,* Cizur Menor (Navarra), 2007.

ROBLES: *Las Reglas del Derecho y las Reglas de los Juegos,* Palma de Mallorca, 1984; también México, 1988.

– *Introducción a la Teoría del Derecho,* Madrid, 1988; 6ª ed., Barcelona, 2003.

– *Sociología del Derecho,* 2ª ed., Madrid, 1997.

– *El Derecho como texto-Cuatro estudios de Teoría comunicacional del Derecho,* Madrid, 1998; 2ª ed., Madrid, 2006.

– *Pluralismo jurídico y relaciones intersistémicas,* Cizur Menor (Navarra), 2007.

– *Hans Kelsen, Vida y Obra.* Civitas, 2014.

ROBLES/MEDINA (Coords.): *Ensayos sobre el Derecho y la Justicia* (Libro Homenaje a Ana CEBEIRA MORO), Córdoba, 2009.

ROBLES/CARVALHO (Coords.): *Teoria Comunicacional do Direito. Diálogo entre Brasil e Espanha,* São Paulo, 2011.

RODRÍGUEZ MOLINERO: *Introducción a la Ciencia del Derecho,* Salamanca, 1991.

– *Introducción a la Filosofía del Derecho,* Madrid, 2000.

RODRÍGUEZ PANIAGUA: *Ley y Derecho,* Madrid, 1976.

– *Lecciones de Derecho Natural como Introducción al Derecho,* 2ª ed., Madrid, 1985.

– *Derecho y Sociedad,* Madrid, 1979.

RÖHL: *Allgemeine Rechtslehre,* Colonia, etc., 1995.

ROMANO: *El ordenamiento jurídico,* trad. de S. MARTÍN-RETORTILLO y L. MARTÍN-RETORTILLO, Madrid, 1963.

– *Fragmentos de un Diccionario jurídico,* trad. de SENTÍS y AYERRA, Buenos Aires, 1964.

ROSS: *Sobre el Derecho y la Justicia,* trad. por CARRIÓ, Buenos Aires, 1963.

– *Lógica de las normas,* trad. por HIERRO, Madrid, 1971.

RUIZ SANZ: *Sistemas jurídicos y conflictos normativos,* Madrid, 2002.

– *La construcción coherente del Derecho,* Madrid, 2009.

SÁNCHEZ CÁMARA: *Derecho y lenguaje. La filosofía de Wittegenstein y la Teoría jurídica de Hart,* La Coruña, 1996.

SÁNCHEZ DÍAZ: *Decisión judicial y ciencia jurídica. La propuesta de Karl N. Llewellyn,* Granada, 2002.

SÁNCHEZ-MAZAS: *Cálculo de las normas,* Barcelona, 1973.

SAUCA: *Cuestiones lógicas en la derogación de las normas,* México, 2001.

SCARPELLI (ed.): *La teoria generale del diritto-Problemi e tendenze attuali,* Milán, 1983.

SCARPELLI/DI LUCIA: *Il linguaggio del diritto,* Bolonia, 1994.

SCHMILL: *Lógica y Derecho,* México, 1993.

– *Reconstrucción pragmática de la Teoría del Derecho,* México, 1997.

SCHMITT: *Sobre los tres modos de pensar la Ciencia jurídica,* trad. por HERRERO, Madrid, 1996.

SCHREIBER: *Lógica del Derecho,* trad. de GARZÓN, México, 1991.

SCHREIER: *Conceptos y formas fundamentales del Derecho-Esbozo de una teoría formal del Derecho y del Estado sobre base fenomenológica,* trad. por GARCÍA MAYNEZ, México, 1975.

SEGURA: *Teoría del Derecho,* Madrid, 1998.

SERNA: *Filosofía del Derecho y paradigmas epistemológicos,* México, 2006.

SOMLÓ: *Juristische Grundlehre,* 2ª ed., Leipzig, 1927.

SOPER: *Una Teoría del Derecho,* trad. por CARACCIOLO, Madrid, 1993.

SORIANO: *Compendio de Teoría general del Derecho,* 2ª ed. Barcelona, 1993.

– *Sociología del Derecho,* Barcelona, 1997.

SORIANO/MORA (Coords.): *Teoría y fundamentos del Derecho. Perspectivas críticas,* Madrid, 2011.

SQUELLA: *Introducción al Derecho,* Santiago-Chile, 2000.

STAMMLER: *Tratado de Filosofía del Derecho,* trad. por ROCES, México, 1980.

STRÖMHOLM: *Allgemeine Rechtslehre,* Gotinga, 1976.

SUMMERS: *Essays on the Nature of Law and legal Reasoning,* Berlín, 1992.

TAMAYO: *Elementos para una Teoría general del Derecho,* 2ª ed., México, 1998.

– *Sobre el sistema jurídico y su creación,* México, 1976.

– *Introducción analítica al estudio del Derecho,* México, 2008.

TAMAYO/CÁCERES (coord.): *Teoría del Derecho y conceptos dogmáticos,* México, 1987.

TERRÉ: *Introduction générale au Droit*, París, 1991.

THON: *Rechtsnorm und subjektives Recht-Untersuchungen zur allgemeinen Rechtslehre*, Weimar, 1878; reimpr. Aalen, 1964.

TWINING/MIERS: *How to do things with rules*, 3ª ed., Londres, 1991.

URBINA: *Perspectivas en la Filosofía del Derecho*, Palma de Mallorca, 1988.

– *Lecciones de Filosofía del Derecho*, Valencia 2006.

VALLET DE GOYTISOLO: *Metodología de la determinación del Derecho*, 2 vols., Madrid, 1994, 1996.

– *Metodología de las leyes*, Madrid, 1991.

– *Manuales de Metodología jurídica*, 4 vols., Madrid, 2004.

VERNENGO: *Curso de Teoría general del Derecho*, Buenos Aires, 1998.

VIGO: *Perspectivas iusfilosóficas contemporáneas*, Buenos Aires, 1991.

VILANOVA: *As estructuras lógicas e o sistema do Direito positivo*, Presentación de P. de BARROS CARVALHO, 1997.

VILLEY: *Philosophie du Droit*, 2 vols., París, 1975, 1979.

VIOLA/ZACCARIA: *Derecho e interpretación. Elementos de Teoría hermenéutica del Derecho*, ed. y prólogo de ROBLES, traducción de CEBEIRA, RICHART y PRADA, Madrid, 2007.

– *Le ragioni del diritto*, Bolonia, 2003.

VINOGRADOFF: *Introducción al Derecho*, trad. por HERRERO, 2ª ed., México, 1957.

VON WRIGHT: *Norma y acción-Una investigación lógica*, trad. por GARCÍA FERRERO, Madrid, 1970.

VVAA: *Estudios de Filosofía del Derecho y Filosofía Política*, Homenaje a Alberto Montoro Ballesteros. Murcia, 2013.

WALTER: *La estructura del orden jurídico*, Bogotá, 1984.

WELZEL: *Introducción a la Filosofía del Derecho-Derecho natural y justicia material*, trad. por GONZÁLEZ VICÉN, Madrid, 1971.

ZACCARIA: *Questioni di interpretazione*, Padua, 1996.

– *Razón jurídica e interpretación*, Madrid, 2004.

ZULETA: *Paradigma dogmático y Ciencia del Derecho*, Madrid, 1981.

– *Teoría del Derecho: una introducción crítica*, Buenos Aires, 1987.

* * * * * * * *

Obras de GREGORIO ROBLES (sólo se citan obras con formato independiente; quedan excluidos capítulos de libros, artículos y recensiones)

– *Sociedad, Historia y Derecho en la obra de Ortega y Gasset*, Tesis doctoral, Madrid, 1975 (parcialmente publicada en *Revista de Estudios Políticos*, 1977).

– *Epistemología y Derecho*, Madrid, 1982.

– *Las Reglas del Derecho y las Reglas de los Juegos*, Palma de Mallorca, 1984, México, 1988.

– *Rechtsregeln und Spielregeln*, Nueva York-Viena, 1987.

– *Los derechos fundamentales en la Comunidad Europea*, Madrid, 1988.

– *Introducción a la Teoría del Derecho*, Madrid, 1988, 6ª ed., Barcelona, 2003.

– *Las limitaciones de la Teoría pura del Derecho*, México, 1989.

– (ed. de la versión esp.) *El pensamiento jurídico contemporáneo*, Madrid, 1992.

– *Los derechos fundamentales y la ética en la sociedad actual*, Madrid, 1992.

– *Sociología del Derecho*, Madrid, 1993; 2ª ed. revisada y ampliada, 1997.

– *Derecho español de marcas-Adaptación al Derecho comunitario*, Madrid, 1995.

– *Elementos de Derecho comunitario*, Madrid, 1996.

– *Teoría del Dret* (con PUIGPELAT y GARCÍA AMADO), Barcelona, 1996.

– *La función del Derecho en la economía*, Madrid, 1997.

– *El Derecho como texto (Cuatro estudios de Teoría comunicacional del Derecho)*, Madrid, 1ª ed., 1998; 2ª ed., 2006.

– *Teoría del Derecho (Fundamentos de Teoría comunicacional del Derecho)*, Madrid, 1ª ed., 1998; 2ª ed., 2006.

– *Crimen y castigo. Ensayo sobre Durkheim*, Madrid, 2001.

– *Ley y Derecho vivo. Método jurídico y Sociología del Derecho en Eugen Ehrlich*, Madrid, 2002.

– *O Direito como Texto. Quatro Estudos de Teoria comunicacional do Direito*, con Prefacio de Paulo de Barros CARVALHO, São Paulo, 2005.

– *Os Direitos Fundamentais e a Ética na Sociedades Atual*, São Paulo, 2005.

– (ed.) de É. DURKHEIM, *Las reglas del método sociológico*, trad. por V. MARTÍNEZ BRETONES, con Estudio Preliminar («El método sociológico en Durkheim») y Cronología de ROBLES, Madrid, 2005.

– *La influencia del pensamiento alemán en la sociología de Émile Durkheim*, Cizur Menor (Navarra), 2005.

– *Pluralismo jurídico y relaciones intersistémicas*, Cizur Menor (Navarra), 2007.

– *Note di Sociologia Giuridica*, Troina (En), 2007 (con D. MEDINA).

– *Introduzione alla Sociologia Giuridica*, Troina (En), 2007 (con D. MEDINA).

– *Teoria del Diritto. Fondamenti di Teoria comunicazionale del Diritto*, a cura di G. Zaccaria, trad. di S. GEROTTO, Torino, 2007.

– *Comunicación, Lenguaje y Derecho*, Real Academia de Ciencias Morales y Políticas, Madrid, 2009. También: Editorial Fontamara. México DF, 2012.

– *La Justicia en los Juegos. Dos ensayos de Teoría Comunicacional del Derecho*, Madrid, 2009.

– *Teoría del Derecho (Fundamentos de Teoría Comunicacional del Derecho)*, 3ª ed., muy ampliada, Cizur Menor (Navarra), 2010.

– *Teoría Comunicacional do Direito: Diálogo entre Brasil e Espanha* (ROBLES/CARVALHO [Coord.]) São Paulo, 2011.

– *Teoría del Derecho (Fundamentos de Teoría Comunicacional del Derecho)*, 4ª edición ampliada, Cizur Menor (Navarra), 2012.

– Hans Kelsen: *Biografía*. Versión electrónica. Thomson-Reuters/Civitas. Cizur Menor (Navarra), 2013.

Es *autor* también de dos *novelas*, publicadas ambas en la Editorial «Biblioteca Nueva», Madrid:

– *Piel de Limaco* (2002).

– *La familia de Íñigo Zubiaurre* (2004).

INTRODUCCIÓN.–EL DERECHO Y LA TEORÍA COMUNICACIONAL DEL DERECHO

CAPÍTULO 1

EL PROBLEMA DEL CONCEPTO DE DERECHO

I. ¿POR QUÉ NO HAY ACUERDO EN LA DEFINICIÓN DEL CONCEPTO DE DERECHO?

La mayor parte de los libros, como tendrás ocasión de comprobar a lo largo de tus estudios, comienzan su andadura expositiva tratando de responder a la pregunta ¿qué es el Derecho? Es lo que se llama la cuestión acerca del *concepto* de Derecho. Usualmente dan una definición más bien corta, y luego analizan sus distintos componentes. Este procedimiento tiene un inconveniente, que no es otro que el de incapacitarse para ver la enorme complejidad que el Derecho encierra en sí mismo. Por eso, el número de definiciones dadas por los distintos autores se eleva casi hasta el infinito (bien es verdad que esta afirmación es algo exagerada), y se llega a la conclusión de que no es posible una definición simple y acabada del Derecho.

Un autor al que tú has debido de estudiar algo, Immanuel KANT, dice irónicamente en una de sus obras, refiriéndose precisamente a este fenómeno de la multitud de definiciones de Derecho: «Todavía buscan los juristas un concepto de Derecho», dando a entender que sobre él se han escrito ríos de tinta sin llegar a una conclusión definitiva. KANT hacía estas afirmaciones en el siglo XVIII. Pues bien, estamos ya en el siglo XXI y la situación no es diferente. Todavía los autores siguen tratando de ponerse de acuerdo sobre una definición de Derecho que a todos satisfaga. Pero no lo logran. ¿Por qué?

Aunque te parezca raro, esta pregunta (¿por qué no es tan fácil o, para ser más exactos, por qué es prácticamente imposible ponerse de acuerdo sobre el concepto de Derecho?) encierra un calado filosófico profundo. Hay realidades que son difícilmente definibles, o incluso imposibles de definir. Podrá darse un concepto aproximado, pero siempre dejará «flecos» que no han sido introducidos en la definición. Esto no pasa sólo con el Derecho. Piénsese en lo difícil que resulta definir estas palabras: hombre, arte, historia, política...

Son todas ellas palabras muy usadas en la vida diaria. Precisamente ahí radica la dificultad de su definición, dificultad que se convierte realmente en imposibilidad: tienen esas palabras tantos *usos* distintos en el lenguaje ordinario que toda definición que demos podrá corresponder, en todo caso, a un uso del lenguaje, pero no a otros. Son palabras multívocas, polisémicas, analógicas, ambiguas, porosas..., o como quieras llamarlas (aproveche el lector la ocasión para consultar en el diccionario el significado de esas palabras).

Así, podemos convenir en que el concepto de Derecho es un concepto «poroso». Se emplea en diferentes usos del lenguaje ordinario (en diferentes «discursos»), con diferentes significados, es multívoco o polisémico (en el supuesto de que el lector haya consultado ya el significado de estas palabras, ya sabe lo que quiero decir).

Esta idea de que el Derecho es un concepto «poroso», con todo lo que implica, la ha resaltado un autor inglés del siglo XX, Herbert HART, precisamente en un libro que se titula *El concepto de Derecho.* Debería haberse titulado este libro *El problema del concepto de Derecho,* porque en realidad no da un concepto de Derecho, sino que lo que hace es demostrar la porosidad del mismo, su ambigüedad, su multivocidad. HART dice, y creo que en esto lleva razón, que lo único que puede hacerse con el concepto de Derecho es «elucidarlo», esto es, arrojar luz sobre él, aclararlo. Pero no encerrarlo en una fórmula estereotipada, porque siempre nos quedaremos cortos y siempre destacaremos unos aspectos en detrimento de otros.

En resumidas cuentas, el objetivo de la Teoría del Derecho no es otro que éste, aclarar lo que es el Derecho, cómo funciona por dentro. Toda la Teoría del Derecho se ocupa de «elucidar» el concepto de Derecho.

Pero, préstese atención, *toda* teoría (y, por tanto, también toda Teoría del Derecho) es una «toma de postura» ante el mundo que nos rodea. Tratamos de entender la complejidad de éste a partir de determinadas premisas que damos por ciertas. Entonces surge otro problema (distinto al de la pluralidad de los usos de lenguaje), que es el problema de las diversas concepciones filosóficas desde las cuales se aborda el mundo (y, dentro de éste, el Derecho).

Un ejemplo de esto último que parece tan complicado. Habrás conocido a lo largo de tu vida a muchas personas dotadas de distintos caracteres y que, además, ven las cosas de maneras muy diversas. Cuando en clase se discute, por ejemplo, sobre el aborto, es muy probable que algunos compañeros lo defiendan contra el derecho a la vida; puede suceder, incluso, que ataquen personalmente a quien no esté de acuerdo con ellos. Ésta es una experiencia bastante cruda de lo que se suele llamar «lucha ideológica». El aborto tiene que ver con el Derecho, y también el divorcio, el reparto de los bienes, el acceso a la educación, la distribución del poder, y un montón de temas que afectan directamente a nuestras vidas. Hablar de Derecho es, muchas veces, hablar de ese tipo de problemas. Y lo que ocurre es que es muy frecuente llevar ese debate ideológico, con toda su pasión y con todas sus tergiversaciones, al plano de la teoría. Algunos autores, como el famoso KELSEN, pretenden deslindar claramente lo que corresponde a la «teoría» y lo que pertenece a la «ideología». Pero eso sólo es posible, como veremos más adelante, en los aspectos más «formales», es decir, cuando no hay que hablar de problemas *reales*.

NOTAS Y COMENTARIOS

– La cita de KANT «todavía buscan los juristas una definición para su concepto del Derecho» *(noch suchen die Juristen eine Definition zu ihrem Begriff vom Recht)* pertenece a su obra *Crítica de la razón pura*, publicada en 1781, y su segunda edición en 1787. Aparece en la parte final, titulada «Metodología trascendental», y concretamente en un pasaje en el que el ilustre filósofo aborda el problema de las definiciones. El comentario de KANT sobre la aparente incapacidad de los juristas para encontrar una definición del Derecho que a todos satisfaga no sólo es irónico, sino que es una consecuencia de su análisis precedente de las *definiciones*. KANT sostiene que sólo son susceptibles de definición los conceptos matemáticos, y que no es posible definir ni los conceptos empíricos ni los «conceptos dados *a priori*» como sucede en este último caso con los conceptos de sustancia, causa y Derecho. Estos conceptos no pueden ser definidos, sino «explicados», en razón de que no se pueden perfilar todos sus contornos apodícticamente, esto es, con una certeza absoluta. *Vid.* KANT, *Kritik der reinen Vernunft*, Werkausgabe Band IV, ed. por Wilhelm Weischedel, Frankfurt, 1968, pgs. 623 y ss. Esta tarea de explicación, aclaración o «elucidación» es la que pone de relieve, dentro ya del marco de la filosofía analítica contemporánea, el trabajo de Richard WOLLHEIM, «The Nature of Law», en *Political Studies*, 2, 1954, pgs. 128-141; hay trad. al italiano de L. GIANFORMAGGIO, en *Diritto e analisi del linguaggio* (a cura di Uberto SCARPELLI), Milán, 1976, pgs. 73-92. Similar dirección, a mi modo de ver correcta, es la que adopta Herbert HART en su obra *The Concept of Law*, Oxford, 1961, que comienza con el epígrafe titulado «perplejidades de la teoría jurídica» con estas palabras: «Pocas cuestiones concernientes a la sociedad humana han sido planteadas con tanta persistencia y respondidas por serios pensadores en maneras tan diversas, extrañas, e incluso paradójicas, como la pregunta "¿Qué es Derecho?". Incluso limitando nuestra atención a la teoría jurídica de los últimos ciento cincuenta años, y dejando de lado la especulación clásica y medieval sobre la "naturaleza" del Derecho, encontraremos una situación que no tiene paralelo en ningún otro objeto que sea sistemáticamente estudiado como disciplina académica independiente. A preguntas como "¿qué es la química?" o "¿qué es la medicina?" no se ha dedicado en modo alguno una literatura tan amplia como ha sucedido con la cuestión "¿qué es Derecho?"» (pg. 1). Si bien esto es cierto respecto del Derecho, creo que algo similar sucede con las grandes cuestiones que afectan a las ciencias sociales: ¿qué es la filosofía?, ¿qué es la historia?, o ¿qué es la sociedad? son preguntas que no se quedan a la zaga respecto de la inquietud que han suscitado y suscitan en la amplia bibliografía a ellas consagrada.

- Partidario de la *necesidad de la determinación previa* del concepto de Derecho es Federico DE CASTRO Y BRAVO: «A pesar de las dificultades de la tarea, es necesario precisar el concepto del Derecho al comenzar el estudio del Derecho civil. Se quiera o no, cada vez que se toma partido en una cuestión jurídica y, en cada caso, al decidirnos por esta o aquella solución, nos apoyamos en una u otra idea del Derecho» (*Derecho Civil de España, Parte General I,* Madrid, 1955, pgs. 11-12). Pero creo que al ilustre civilista le preocupaba más la delimitación de la concepción global desde la que se consideraba cualquier fenómeno jurídico, que el problema de la definición estricta del concepto de Derecho; por eso, se refiere, más que al concepto, a la «concepción», a la «idea» de fondo. Así lo prueba también el tratamiento del problema en las páginas siguientes de la obra citada.
- Una conclusión que puede extraerse es que si no es posible una definición precisa y completa del Derecho que a todos satisfaga, sí puede permitirse hablar de un *concepto* de Derecho, entendiéndolo como una noción global o aproximativa, o como punto de partida para el análisis. En tal caso, el concepto de Derecho implica una *concepción* del mismo.
- Nota bibliográfica.–DREIER, «Der Begriff des Rechts», *NJW*1986, pgs. 890-896; también en DREIER, *Recht-Staat-Vernunft (Studien zur Rechtstheorie, 2),* Frankfurt, 1991; GARCÍA MAYNEZ, *La definición del Derecho,* México, 2ª ed. 1960; KANTOROWICZ, *The Definition of Law,* con introducción de Goodhart, Londres, 1958; ed. esp. en Ed. «Revista de Occidente»; LEVY-ULLMANN, *La definición del Derecho,* trad. por CAMARGO (prólogo de SALDAÑA), Madrid, 1925.

EJERCICIOS

1. Resume muy brevemente el contenido de esta lección, tratando de contestar a estas preguntas: *a)* ¿cuál es la idea básica de la lección?; *b)* ¿responde suficientemente a la pregunta que se formula como título de la lección? y *c)* desglosa las dos razones básicas de por qué no hay acuerdo sobre el concepto de Derecho.

2. Busca en libros que se titulen *Introducción al Derecho, Teoría general del Derecho, Teoría del Derecho, Filosofía del Derecho, Introducción a la Ciencia jurídica,* e incluso en libros de Derecho positivo (especialmente tratados de Derecho civil) cinco o seis definiciones de Derecho, y trata de ver entre

ellas las similitudes y diferencias. Para hacer esta práctica tienes que ir a la biblioteca.

3. Localiza la cita de KANT (¿en qué obra de este autor está?) y ponla en relación con el contexto en el que aparece, comentando su significado.

4. ¿Qué quiere decirse al afirmar que las palabras «hombre», «arte», «historia», «política», son conceptos *porosos*? ¿Te parece eso correcto, o no? Trata de definir esas palabras y compáralas con las definiciones de tres o cuatro compañeros. Hazlo también con otras palabras (por ejemplo, cuatro más) que les suceda lo mismo, es decir, que impliquen conceptos porosos.

5. Localiza pasajes en la obra de HART (*The Concept of Law*, Oxford University Press 1961, trad. esp. *El Concepto de Derecho*, Ed. Abeledo-Perrot, Buenos Aires, 1963) en los que se confirme la idea de los conceptos porosos en relación con el uso de las palabras. Toma nota de ellos y ponlos en relación.

6. La idea de la porosidad la tomó HART de WITTGENSTEIN. Trata de encontrar elementos en la obra de este último que te permitan desarrollar esa conexión. Esta práctica es algo difícil, pero si tienes tiempo atrévete con ella.

7. Menciona algunas palabras que tengan que ver con el Derecho y que conlleven una gran carga emocional (palabras «ideológicas»). ¿Por qué las palabras elegidos tienen carga emocional?

8. Piensa sobre el tema «Derecho e ideología» y escribe unas líneas sobre él.

9. KELSEN pretende separar absolutamente la teoría de la ideología. Lee la primera página de su obra *Reine Rechtslehre, Teoría pura del Derecho*, primera edición (1934), versión española de G. Robles y F. Sánchez, Editorial Trotta, Madrid 2011, y extrae tus conclusiones. Por escrito, claro.

Ya sé que hay muchas cosas de estas que pregunto sobre las que el estudiante aún no tiene un criterio determinado. Es lo normal. Que lo tuviera ahora, al comienzo de sus estudios, sería lo extraño. Pero esforzándose en pensar se adelantará a muchos temas sobre los que volveremos. Hace falta hacer trabajar a la mente. Así se asimila mucho más. Contesta lo que puedas ahora. Más adelante serás capaz de completarlo.

II. ¿CÓMO HA SURGIDO EL DERECHO?

Así pues, como no me atrevo a dar una definición del Derecho para aumentar la lista de las definiciones y no conseguir prácticamente nada, no queda más remedio que hacer caso al consejo que diera en su día nuestro gran filósofo José ORTEGA Y GASSET. Solía decir ORTEGA, con aquel donaire que caracterizaba su peculiar estilo, que los problemas filosóficos no se resuelven acometiéndolos de frente, entrando directamente a las cuestiones, como el toro entra al trapo, sino que hay que afrontarlos dando vueltas en torno de ellos, como dice la Sagrada Escritura que los israelitas conquistaron la ciudad de Jericó. Dando y dando vueltas, al toque de las trompetas. Todo problema filosófico es como Jericó, una bella y enigmática fortaleza que espera ser conquistada a golpe del sonido de trompeta, pero sobre todo con la gran paciencia de pasarse días y días deambulando entusiásticamente en su derredor, con la esperanza de que, al final, las torres de Jericó se derrumbarán y podremos entrar en la ciudad. Algo así sucede con el gran tema de qué sea el Derecho, la Jericó de los juristas y de los filósofos del Derecho. Todos aquellos que se precipitan y pretenden conquistar la fortaleza encarándola de un modo directo y sin otras músicas, esto es, dando una definición, cometen un grave error de estrategia.

Nuestro camino ha de ir por otros derroteros. Caminaremos en torno a la idea de Derecho incansablemente, haciendo sonar nuestras trompetas, esto es, planteándonos cuestiones y cuestiones, dando vueltas y vueltas. Ese va a ser nuestro método (palabra que, proveniente del griego, no significa otra cosa que «camino»). El camino es circular en espiral, estrechando cada vez más el círculo, y paciente, muy paciente, da las vueltas que sean necesarias.

Lo primero que nos preguntamos en esta acción de rodeo y acoso es esta pregunta: ¿cómo ha surgido el Derecho?

Claro, me dirás que esta pregunta (¿cómo ha surgido *el Derecho*?) presupone de alguna manera que manejemos una cierta idea de lo que el Derecho es. Si no, es imposible preguntarnos cómo ha surgido. Si no sabemos lo que es, difícilmente podremos llegar a saber cómo ha surgido, cuál es su origen, cómo se produce.

Sin embargo, te asombrará saber que la respuesta a la pregunta «¿cómo ha surgido el Derecho?» también ha sido, y es múltiple, con semejante complejidad en la respuesta que la pregunta «¿qué es el Derecho?». Por eso, conviene aclarar el alcance de la pregunta que ahora nos hacemos.

Tenemos una noción intuitiva o vulgar, que no tiene pretensiones de cientificidad, acerca de lo que sea el Derecho. Es la noción que tiene la gente de la calle, los que no se plantean problemas teóricos, pero que, sin embargo, «saben» lo que es el Derecho porque entienden cuál es el «uso» habitual de esa palabra. La pregunta «¿cómo ha surgido el Derecho?» presupone esa concepción vulgar, esa idea intuitiva. La gente entiende por Derecho un medio que tiene la sociedad para organizarse, para poder convivir, para que la sociedad misma exista, y que suele usar de la fuerza, en caso necesario, para imponerse. La gente relaciona el Derecho con la policía, las cárceles, las multas, los tribunales, el Estado, los notarios, los abogados, etc., esto es, con todo un complejo entramado de cosas que hacen posible que la sociedad funcione.

Ahora creo que tenemos enmarcada la pregunta bastante bien. Preguntarse cómo ha surgido el Derecho sería lo mismo que preguntarse cómo han surgido todas esas cosas que acabamos de mencionar y que posibilitan que la sociedad, mal que bien, funcione.

Pero piensa un poco. Todas esas cosas que acabo de mencionar existen en el mundo moderno; si quieres podemos remontarnos un par de milenios o tres. Pero la humanidad tiene, como sabes, una larga historia, y ha habido épocas en las que no existían las cosas mencionadas, o al menos no existían como las hemos conocido posteriormente. Los tribunales, tal como hoy los conocemos, tuvieron que ser inventados en algún momento, y lo mismo sucede con los notarios y los abogados. ¿O es que piensas que a lo largo de toda la historia humana ha habido siempre notarios y abogados?

Nos encontramos entonces ante una especie de dilema. O bien decimos que el Derecho es propio únicamente de la etapa *civilizada* de la humanidad, y que antes de la civilización no podemos hablar de la existencia de Derecho, en cuyo caso el Derecho no existiría en toda sociedad, sino sólo en algunas sociedades dotadas de caracteres especiales (que resumimos con la palabra «civilización»). O bien, por el contrario, pensamos que el Derecho es una realidad que acompaña a la humanidad, cualquiera que sea el tipo de sociedad, «civilizada» o no, en cuyo caso al ser el Derecho una realidad siempre presente, se nos plantea el problema de su diversidad profunda si comparamos las etapas precivilizadas de la humanidad con las civilizadas.

Dicho brevemente. Hay que ponerse de acuerdo sobre si llamamos Derecho a la forma de organizarse de *toda* sociedad, por muy primitiva que sea, o sólo a un tipo de sociedad, que suele llamarse civilizada.

Aquí, como en casi todo, hay opiniones para todos los gustos. Aunque nosotros intentaremos quedarnos con la que parezca más razonable.

Ciertos autores sostienen que sólo está permitido hablar de la existencia de Derecho en las sociedades civilizadas. Lo que sea «civilización» y no lo sea, y cuándo una sociedad es civilizada o cuándo no, es un tema en el que no vamos a entrar ahora, pero que no puede dejarse pasar sin decir que tampoco hay acuerdo sobre él. Por la sencilla razón de que se puede afirmar que una comunidad humana, por muy primitiva que sea, tiene también su «civilización», esto es, sus formas de comportarse, sus creencias, sus jefes, etc. Lo que ocurre es que hay autores que sostienen que sólo se puede hablar de civilización a partir de un cierto nivel, y no antes. Por ejemplo, si una comunidad humana no conoce la rueda, o el fuego, lo cual implica un desarrollo muy rudimentario de sus facultades mentales (y, consiguientemente, también de su capacidad organizativa), habría que sostener –según esos autores– que carece de civilización.

Según la opinión que podemos llamar *restrictiva* (esto es, que restringe el concepto de «civilización») sólo determinadas comunidades humanas poseerían Derecho propiamente dicho. Esto es, una forma de organización de la sociedad suficientemente racional. Por el contrario, las sociedades primitivas, al no haber alcanzado el nivel mínimo de racionalidad exigido, no tendrían Derecho, sino en todo caso una amalgama de costumbres enlazadas con creencias míticas, carentes de todo signo de racionalidad y, por decirlo así, de «modernidad». La ventaja que tiene esta manera de ver las cosas es que al restringir el tipo de sociedad en la que aparece el Derecho, hace más fácil hallar los caracteres comunes del fenómeno jurídico.

Enfrentada con esa postura hay otra, quizá mayoritaria, y a la que yo me adscribiría, no porque sea mayoritaria, sino porque me convence más. Dicha postura es la que viene expresada con un aforismo latino que encontrarás citado por doquier: *Ubi societas, ibi ius*, donde hay sociedad hay Derecho, o sea, donde hay una comunidad humana mínimamente organizada, habrá Derecho. Por tanto, también en las sociedades primitivas o aún sin «civilizar». Y llegando aún más lejos, se suele emplear otro «latinajo», éste: *Ubi homo ibi societas, ubi societas ibi ius*, donde hay hombres hay sociedad, donde hay sociedad hay Derecho, luego: donde hay hombres hay Derecho. Esta postura, que podemos calificar de *amplia*, en contraposición con la restrictiva, supone aceptar que el Derecho es un fenómeno *humano* y que, en consecuencia, no puede descartarse su existencia en modelos de comunidades humanas escasamente desarrolladas.

Esta postura «amplia» se encuentra, obviamente, con la dificultad de que al extender la existencia de Derecho a cualquier sociedad de la que históricamente se tenga noticia, y también a las comunidades humanas primitivas cuyo estudio pertenece a la Antropología, presupone una noción de Derecho que sea adaptable a tipos de sociedad muy dispares. Esto es lógico. Cuanto más se amplían el número y variedad de objetos que «caen» bajo una palabra, más difícil es encontrar los caracteres comunes a todos ellos y que puedan especificar los elementos necesarios que corresponden a la palabra en cuestión.

Por ejemplo, WITTGENSTEIN nos llama la atención sobre la dificultad de dar una noción (¿o definición?) que a todos satisfaga de la palabra *juego*. ¿Por qué es tan difícil definir «el» juego, cuando todos *sabemos* lo que es, y la prueba es que sabemos jugar? WITTGENSTEIN dice, con razón, que no podemos definir *el* juego porque aplicamos esa palabra a «juegos» muy distintos, tan distintos que aparentemente no tienen nada en común; tienen tan sólo en común quizá el hecho de que a todos ellos los llamamos «juegos». Tienen, dice WITTGENSTEIN, un «parecido de familia».

Este parecido o aire de familia es lo que tienen en común el Derecho de una comunidad tribal primitiva y el Derecho de la sociedad contemporánea. (Además, y toma nota de esto, no pienses que en esta última, en la sociedad actual, todos los sistemas jurídicos son homogéneos, inspirados en los mismos principios. Junto al Derecho del continente europeo, donde estamos nosotros y por ejemplo, Francia y Alemania, y otros muchos países, está el llamado Derecho del *common law*, típico de los países angloamericanos, y además los sistemas musulmán, chino, japonés, etc.). La variedad del Derecho, como ves, no se extiende sólo a la diferencia entre unos sistemas y otros históricamente, a lo largo del tiempo, sino también a nuestro mundo actual, a lo ancho del espacio. Por eso ocurre como con los juegos. Es prácticamente imposible precisar una definición, pero sentimos o intuimos un cierto parecido de familia entre los diferentes sistemas, y por eso es usual aplicar la palabra «Derecho» a sistemas tan distintos como pueden ser el propio de la comunidad *dayak*, de Borneo, y el ordenamiento jurídico español actual, o el ordenamiento de la UE (Unión Europea). ¿Te das cuenta lo difícil que es dar una definición que sea aplicable a realidades tan dispares? Pero, por otra parte, ¿verdad que tienen entre sí cierto aire de familia, cierta semejanza? Por eso, sin duda, les aplicamos la palabra «Derecho».

Así que nos quedamos con esa concepción amplia (no restrictiva) que implica aceptar que toda sociedad humana organizada tiene *su* Derecho.

Dicho esto, volvemos a nuestra pregunta del principio. ¿Cómo surge el Derecho? ¿Cuál es su origen? ¿A qué íntima necesidad de toda sociedad responde, dado que aparece en toda sociedad?

Una vez más tenemos que ser humildes y aceptar que no sabemos exactamente cómo surgió el Derecho en la historia de la humanidad. No tenemos noticias de los primeros estadios de la misma. Incluso no sabemos exactamente desde cuándo estamos poblando el Planeta Azul. Por eso, no nos queda más remedio que dar una respuesta razonable a la pregunta, o sea, probablemente verdadera. Sería estupendo poder remontarnos en el túnel del tiempo. Pero ya sabes que, hoy por hoy, eso es imposible; aunque quién sabe si mañana...

Pero para poder conocer los estadios primitivos de la humanidad disponemos de un material impresionante elaborado por los antropólogos, que son los científicos que estudian las sociedades primitivas, sus costumbres, sus creencias, sus castigos, sus formas de organización social en cuanto afectan al poder y a la distribución de la tierra, su economía, sus relaciones de parentesco, etc. En cuanto la Antropología se centra en el estudio del Derecho propio de ese tipo de comunidades humanas primitivas, recibe el nombre de *Antropología jurídica*. Ahora no podemos detenernos a ver cómo ha surgido esa disciplina en los estudios jurídicos y cuáles son sus principales escuelas o ramas. Basta con retener que la Antropología jurídica investiga el Derecho en las sociedades o comunidades primitivas. Hay que suponer (ten en cuenta que una suposición no es una «certeza») que el Derecho que la Antropología estudia en esas sociedades es similar al de los comienzos de la humanidad. Por lo menos, convendrás conmigo que está más próximo a los comienzos que la última ley que aprobaron ayer los diputados españoles en las Cortes.

Pues bien, ¿qué nos dice la Antropología respecto a nuestra pregunta, respecto al porqué del surgimiento del Derecho? Pues nos dice que el Derecho surge para *resolver los conflictos* entre los hombres (y las mujeres, claro), y de paso impone un determinado *orden estable* en la sociedad.

La función primordial del Derecho es resolver los conflictos que surgen cuando dos hombres quieren la misma cosa y no se ponen pacíficamente de acuerdo. O sea, el Derecho es un mecanismo que la sociedad se inventa para poner *paz* entre sus miembros.

Nos encontramos, por tanto, con estas palabras clave: conflicto, orden y paz. El Derecho es una respuesta al conflicto. Impone el orden en el grupo social. Y con ello consigue la paz.

¿Cómo podemos definir el conflicto? Dos hombres entran en conflicto cuando ambos quieren la misma cosa exclusivamente para sí. Los ejemplos de la vida diaria se multiplican, y casi no hace falta ni mencionarlos, pues todos tenemos experiencia sobrada de ellos. A la hora de ver la televisión hay quien quiere el fútbol, quien una película. Los dos equipos de fútbol que compiten quieren ganar al contrario. Dos señores están enamorados de la misma dama y aspiran a casarse con ella. Las empresas productoras de plumas estilográficas aspiran, todas ellas, a vender más que sus competidoras, desplazándolas del mercado. Dos propietarios de sendas heredades discuten por un terreno cuya propiedad se adscriben; si pertenece al uno no pertenece al otro. Un individuo secuestra a otro, arrebatándole su libertad. Etcétera.

El número de conflictos en la vida humana es infinito, como las arenas del mar. ¿Quiere entonces decirse que el Derecho da respuesta a todos y cada uno de esos infinitos conflictos? En modo alguno. El Derecho *selecciona* aquellos conflictos que son especialmente relevantes para el mantenimiento de la paz social, y les da una respuesta. Hay, por consiguiente, conflictos a los que el Derecho responde, y conflictos a los que no responde. Para saber cuáles sean los unos y cuáles los otros, habrá que atender a cómo efectivamente funciona un sistema jurídico en una determinada sociedad. Observando qué conflictos se producen y cuáles son respondidos por el Derecho, podremos averiguar los «conflictos jurídicos» en esa sociedad, o sea, los conflictos jurídicamente relevantes. Los demás serán jurídicamente irrelevantes. Por ejemplo, el que dos hombres estén enamorados de la misma mujer, si no pasa a mayores, no es una situación de conflicto jurídico, sino todo lo más de «conflicto sentimental».

Imagínate algo muy difícil de imaginar: un mundo en el que no hubiera conflictos, en el que toda la gente fuera tan generosa que todos quisiéramos poner a los demás por delante de nuestros deseos. En ese mundo idílico no existiría el Derecho, sino la bienaventuranza.

El Derecho surge, en su primer momento, para resolver los conflictos, es un instrumento de resolución de conflictos (lo cual implica la imposición de la paz). Ahora bien, ¿cómo consigue el Derecho dar respuesta al conflicto? O planteado de otra forma, ¿en qué consiste el Derecho como instrumento resolutorio de conflictos?

La respuesta es muy sencilla. El Derecho resuelve los conflictos mediante *decisiones*.

Ante una rencilla determinada, por ejemplo, dos cazadores que se disputan la misma pieza que cada uno cree haber matado, teniendo derecho a ella, acuden ante una *autoridad* para que *decida* quién de los dos lleva razón. La autoridad, que puede ser el jefe de la tribu o un hechicero (o, lo más frecuente, ambas cosas a la vez), pone fin a la disputa decidiendo a quién corresponde la res. La decisión de la autoridad pone punto final al conflicto y restablece la paz, adscribiendo la pieza a uno de los dos cazadores. Se dice entonces que la decisión *crea* Derecho al establecer lo que se debe hacer.

Otro ejemplo, pero esta vez no referente a dos personas concretas, sino a dos tribus vecinas. Llega la alarmante noticia de que la tribu del otro lado del río, que es más numerosa que la de aquende, se prepara para la invasión de parte del territorio de esta última, con objeto de tener más pastos para su ganado y más tierra para su cultivo. Los jefes y sacerdotes se reúnen y deciden un plan de defensa. Algo no muy lejano a esto sucedió cuando los alemanes nazis decidieron invadir las naciones vecinas y los aliados decidieron unirse en su defensa. Como ves, la historia se repite, aunque nos creamos muy «modernos». Pues bien, en ambos casos la decisión de invadir y la decisión de defenderse son decisiones creadoras de Derecho.

Podemos decir, entonces: Al comienzo, en el Derecho, está siempre la decisión. ¿Cómo ha surgido el Derecho? Por decisiones, que se suelen llamar «decisiones jurídicas».

NOTAS Y COMENTARIOS

- La imagen de Jericó en relación a los problemas filosóficos la emplea Ortega y Gasset en su conocida obra *¿Qué es Filosofía?*, del año 1957 (*vid.* la edición de Espasa Calpe de 1995, con Introducción de Sánchez Cámara, de donde se extrae la cita). Dice así: «En filosofía no suele ser la vía recta el camino más corto. Los grandes temas filosóficos sólo se dejan conquistar cuando se los trata como los hebreos a Jericó yendo hacia ellos curvamente, en círculos concéntricos cada vez más estrechos e insinuantes. Por eso, todos los asuntos que toquemos, aun los que tengan un primer aspecto más bien literario, reaparecerán una vez y otra en círculos posteriores de radio más estrecho y exigente. Con frecuencia hallarán ustedes que lo que un día tuvo sólo el cariz de una pura frase o de un adorno metafórico, surgirá otro día con el más grave gesto de riguroso problema» (pg. 50). Lo dicho por el admirado maestro como método idóneo de exposición para la filosofía, sirve igualmente para todas las disciplinas teóricas, incluida naturalmente la Teoría del Derecho.
- La *Antropología jurídica* tiene por misión investigar el Derecho de las comunidades humanas primitivas, esto es, de aquellas en las que aún no disponen de escritura. Bibliografía básica: Broekman, *Antropología y Derecho*, trad. de Burgos, Madrid, 1993 Elías de Tejada y otros autores: *Estudios de Derecho bantú*, Sevilla, 1974; Elías de Teja-

DA, «Bemerkungen über die Grundlagen des Banturechtes», *ARSP*, 1960; LLEWELLYN/HOEBEL, *The Cheyenne Way-Conflict and Case Law in Primitive Jurisprudence*, Oklahoma, 1941; MALINOWSKI, *Crimen y costumbre en la sociedad salvaje* (1926), Barcelona, 1969; POSPÍSIL, *Anthropology of Law. A comparative theory*, New Haven, 1974; ROULAND, *Antropologie juridique*, Paris, 1988.

- Sobre los *dayak* puede verse el trabajo de ELÍAS DE TEJADA, «El "Adat" de los dayak de Borneo ante la filosofía del Derecho», Madrid (REP), 1972. El concepto de «Adat» equivale a una cierta combinación de nuestro Derecho consuetudinario (de *consuetudo*, costumbre) y de la noción moral de «conducta recta»; tiene, pues, un significado ético-jurídico.
- Sobre la dificultad, por no decir imposibilidad, de definir *el* juego ha llamado la atención WITTGENSTEIN en sus *Philosophische Untersuchungen:* «¿Cómo explicaríamos, pues, a alguien lo que es el juego? Creo que le describiríamos *juegos*, y añadiríamos a esa descripción lo siguiente: "a esto, y *a lo que se le parezca*", se los llama "juegos"» (núm. 69). Esto parece ser aplicable a la noción de «Derecho», ya que los juristas hablan lo mismo del Derecho estatal, que del internacional, el comunitario, o el canónico; y los hay que amplían incluso más el campo de su aplicación.
- Sobre la relación entre conflicto y Derecho véase la monografía de MONTORO, *Conflicto social, Derecho y proceso*, Murcia, 1980.

EJERCICIOS

1. Explica el significado de la metáfora empleada por ORTEGA Y GASSET sobre Jericó. Y también su relación con la Teoría del Derecho.

2. Distingue entre *definición* del concepto de Derecho y *noción* intuitiva o vulgar de Derecho.

3. Relaciona la idea de «noción del Derecho» con el llamado «uso habitual del lenguaje».

4. Busca en libros de Antropología el concepto de *civilización*, y relaciónalo con el de *cultura*.

5. ¿Qué opinión te convence más, la restrictiva o la amplia? Da razones de tu respuesta.

6. Comenta en un folio el dicho *Ubi homo...*

7. Haz un esquema de los temas básicos que estudia la Antropología. Para ello puedes consultar estos dos libros básicos: Philip K. BOCK, *Introducción a la moderna antropología cultural*, Fondo de Cultura Económica, México/Madrid/Buenos Aires, 1977; y M. HARRIS, *Antropología cultural*, Alianza Ed., Madrid, 1990.

8. Busca en la obra de WITTGENSTEIN referencias al juego y a su noción del «parecido de familia», y aplica lo que dice al tema del Derecho.

9. De los diversos sistemas jurídicos, agrupados en «familias» se ocupa una disciplina que se llama *Derecho comparado*. Busca libros sobre el tema y haz un esquema de los problemas que tratan. Te recomiendo especialmente la obra de René DAVID, *Los grandes sistemas jurídicos contemporáneos*, Ed. Aguilar, Madrid, 1973; y la de Mario G. LOSANO, *Los grandes sistemas jurídicos*, Ed. Debate, Madrid, 1982. Ten en cuenta, al hacer el esquema, que el Derecho soviético ya no existe, ni tampoco la URSS.

10. La Antropología jurídica es una rama de la Antropología general, pues tiene por objeto el estudio del Derecho en las sociedades primitivas. Esa rama ha alcanzado cierta independencia disciplinar y ha sido incorporada a algunas Facultades de Derecho extranjeras (de las españolas no tengo noticia que haya sido incorporada a los planes de estudio). Asómate al libro de Leopold POSPÍSIL, *Anthropology of Law. A comparative theory*, Ed. HRAF Press New Haven, 1974, y lee algo relativo al Derecho de los Papúas.

11. Relaciona estos cuatro conceptos: *Derecho, conflicto, decisión y paz.*

12. Pon ejemplos de «conflictos jurídicos» y «conflictos no jurídicos». Razona en cada caso por qué son lo uno o lo otro.

13. Pon en relación el concepto de *autoridad* con el de *decisión* y con el de *Derecho*. Esta pregunta es algo difícil de contestar ahora mismo, ya que no la he explicado suficientemente. Pero si piensas sobre ella un poco, habremos avanzado algo de comprensión para la próxima lección.

CAPÍTULO 2

EL ORDENAMIENTO JURÍDICO

III. DECISIONES, NORMAS Y AUTORIDADES

Volvamos a nuestra comunidad tribal y primitiva, que nos describen los antropólogos como una comunidad humana por la que parecen no haber pasado los años. Algo evolucionaron desde el hombre del Paleolítico, pero no mucho; y además, llegados a un cierto nivel de la evolución, esos hombres se estancaron y continuaron como hoy los vemos (aunque quedan ya pocas comunidades de ese tipo), como eran hace milenios de años. Nos ayudan a descifrar el origen de la humanidad y, en definitiva, a comprendernos mejor a nosotros mismos. Pues el ser humano, por muy tecnificado que esté, por muchos coches, televisiones y aviones que haya inventado y puesto en circulación, en el fondo continúa siendo el mismo. E incluso podemos decir que hoy somos más peligrosos, debido a nuestra capacidad de destrucción, producto de la técnica. Pero dejemos de lado estas explicaciones algo superfluas y volvamos a nuestro tema.

Te decía que en esa comunidad primitiva los conflictos que hay entre sus miembros se resuelven mediante decisiones, esto es, mediante actos concretos de determinados miembros del grupo que tienen capacidad para resolverlos. Esos miembros del grupo que tienen capacidad o autoridad para hacerlo pueden ser individuos concretos, pero también pueden ser grupos de individuos. En ambos casos, se trata de individuos que tienen la capacidad o competencia para hacerlo porque el grupo tribal se la reconoce. En esto radica la idea de *autoridad*: la comunidad delega en un individuo o en un grupo de individuos la posibilidad de poner fin a un conflicto mediante la correspondiente decisión.

Puede ocurrir también que sea todo el grupo tribal el que decida, reunido en asamblea, el conflicto planteado. Pero eso sólo será posible siempre que la comunidad en cuestión sea muy pequeña, pues en cuanto tenga una población que se pueda considerar ya numerosa, la reunión será prácticamente imposible, por lo que se impondrá la delegación en un individuo o grupo de individuos.

En el supuesto de que sea un individuo, probablemente será el jefe de la tribu, o el hechicero, o un individuo nombrado al efecto como «juez».

Cuando se trata de un grupo de individuos, normalmente será el clan o familia de la víctima, que se tomará la justicia por su mano de acuerdo a criterios concretos ya arraigados en la comunidad.

Sea un «juez», o sea el clan, el que tome la decisión que pone fin al conflicto, lo hará *de acuerdo con lo que hasta entonces se ha venido haciendo en casos similares.*

Por ejemplo, si a la víctima se le ha robado un animal, es probable que la *norma o regla* en la comunidad sea que al infractor (o a su familia) se le prive de un animal de la misma especie (o de un bien que se considere equivalente) para dárselo a quien fue objeto del robo. Otro ejemplo: si la víctima ha sido asesinada, es más que probable que su familia esté autorizada para matar al asesino o, en caso de que localizarle sea difícil, el acto de la *venganza* puede recaer sobre cualquier otro miembro de la familia o del clan al que pertenece el infractor. Fíjate bien en este detalle, sobre el que volveremos en alguna otra ocasión: en el Derecho primitivo la responsabilidad por un acto ilícito no recae únicamente en el individuo que ha cometido el acto, sino en el clan al que pertenece; son responsables todos los miembros del clan aunque no hayan hecho nada que directamente tenga que ver con el delito cometido.

Por tanto, las decisiones se adoptan en virtud de criterios ya establecidos, siguiendo *normas,* es decir, pautas de conducta que es preciso observar en la resolución de conflictos.

Una cuestión que surge inmediatamente es qué es lo que sucede con las primeras decisiones que se tomen, cuando aún la comunidad no tiene normas. Es una buena pregunta, que sólo tiene una respuesta. En las primeras decisiones, cada vez que surja un conflicto nuevo, se verán obligados a «crear» la norma que parece más razonable para resolverlo. Y a la luz de los resultados alcanzados aplicando la norma creada, irán modificándola de acuerdo con las circunstancias. Téngase en cuenta esto: cada vez que creen una norma, tendrán que pensar en cuál es el criterio más *razonable,* o por lo menos simplemente razonable. A lo razonable lo podemos llamar también lo *justo.*

Ahora bien, *toda creación de una norma implica una decisión.* En efecto, se decide qué es lo prudente o razonable en determinada situación, y se actúa en consecuencia. Al plantearse un determinado problema o conflicto, del cual no se tiene experiencia, los miembros de la comunidad (al menos, los calificados para tal cometido) discutirán acerca de cuál es la solución *correcta* o acertada, y llegados a un cierto convencimiento, *decidirán* que de ahora en adelante ese tipo de litigios se resolverán de acuerdo con el criterio adoptado. Vemos, por consiguiente, que las decisiones no sólo aparecen a la hora de resolver los conflictos concretos, sino también en el momento de establecer los criterios que han de resolver los conflictos, es decir, cuando hay que crear normas.

Esto lo podemos dibujar en el siguiente cuadro:

decisión 1

↓

norma

↓

decisión 2

↓

conflicto

A la decisión 1 la podemos llamar también *decisión normativa*, porque su misión es crear la norma o criterio general para resolver conflictos. La decisión normativa contempla el conflicto en sus líneas generales (por ej., el asesinato, el robo), y no conflictos concretos (el asesinato cometido por Pedro sobre Juan, o el robo perpetrado por Antonio sobre los bienes de Gervasio).

Y la decisión 2 puede denominarse *decisión resolutoria*, ya que su tarea consiste en resolver o solucionar un conflicto concreto, aplicando la norma al caso.

Este mecanismo aparece en todo ordenamiento jurídico, en todo sistema de Derecho, a lo largo de la historia. Responde, puede decirse, a la naturaleza misma de las cosas sociales. Si no hubiese conflictos no habría necesidad de decidir criterios para resolverlos, y, en consecuencia, no habría necesidad del Derecho. El conflicto es el punto de referencia central para entender por qué surge el Derecho y cuál es su función principal en relación con la sociedad.

Otra consecuencia, que extraemos de lo expuesto hasta aquí, es que *toda norma es el resultado de una decisión*. No hay norma sin decisión. Alguien dotado de autoridad tiene que decidir, de entre los posibles criterios para resolver conflictos, cuál parece el más adecuado, oportuno, justo, o como se le quiera llamar. Incluso también, cuál le parece el más conveniente a sus intereses, aunque no sea razonable ni justo; así sucede si quien crea la norma tiene poder (por ejemplo, porque es un dictador) para imponer por la fuerza su criterio, aunque no sea razonable.

Que toda norma es resultado de una decisión quiere decir que no es posible pensar una norma sin un creador que la genere, el cual, mediante un «acto de voluntad» (esto es, un acto expresivo de lo que «quiere») da a luz a la norma. Ésta, la norma, será después objeto de aplicación al caso o conflicto concreto mediante otra decisión, es decir, mediante otro «acto de voluntad» (del «juez») que «quiere» aplicar la norma al caso y, por eso, dicta la sentencia concretando la solución.

Como vas viendo, la exposición se va haciendo un poco más compleja. No te extrañes. Como ya te he dicho, el mundo del Derecho es bastante complicado, y hay que tomarse las cosas con un poco de paciencia, aplicando la técnica de los conquistadores de Jericó. Volveremos sobre algunos puntos que quedan aquí algo en el aire, especialmente lo que significa *acto de voluntad.* No te puedes hacer idea del trasfondo filosófico de esta cuestión, nada menos que toda la disputa entre «voluntaristas» y «racionalistas», que atraviesa la historia del pensamiento occidental. Pero penetrar en ello en este momento requeriría una preparación de la que ahora no dispones, y aparte de esto, tampoco es necesario para nuestro propósito. Lo que me interesa es que te quede clara la conexión existente entre el concepto de decisión y de norma, por una parte, y entre el de decisión y conflicto, por otra.

Pero me dices, con razón, que en este esquema falta algo, no es un esquema completo. Yo te digo que falta mucho, ya lo verás. Y añades: sí, pero lo que falta de modo absoluto es saber *quién* decide. O sea, quién toma la decisión normativa, y quién la decisión resolutoria. ¿Cómo se determina el «quién» de la decisión? Este es el tema que te preocupa. Veamos.

Si piensas un poco te darás cuenta de algo que ya hemos estudiado: quien toma una decisión en el seno del Derecho es quien puede hacerlo, quien tiene autoridad para ello. Por tanto, una primera respuesta a tu pregunta sería ésta: es la *autoridad* quien decide, esto es, quien crea la norma (en el caso de la decisión normativa) o quien ordena la solución del conflicto decidiendo, por ejemplo, el contenido de una sentencia (en el supuesto de la decisión resolutoria). Aunque hay más autoridades, sobre todo en el Derecho moderno, podemos decir que autoridades jurídicas son el legislador, que crea la ley, y el juez, que la aplica para resolver conflictos.

Sin embargo, si me quedara ahí, sin dar un paso adelante, tu pregunta no quedaría contestada del todo. Pues en el fondo de la cuestión me estás pidiendo que te diga cómo es posible en el Derecho la existencia de autoridades, por qué, por ejemplo, determinados señores reunidos en asamblea pueden promulgar una ley que todos tienen que obedecer, y no podéis hacerlo tú y tus amigos por muchas veces que os reunáis y por buenas ideas que defendáis.

Pues bien, las autoridades existen en el Derecho porque hay normas cuya función consiste en establecerlas o determinarlas. Hay normas que no tienen la misión de regular comportamientos, estableciendo lo que se debe hacer o no hacer, sino que su tarea es diferente. Ya veremos la variedad de cosas que pueden hacer las normas. De momento, y refiriéndome exclusivamente a tu pregunta, respondo: las autoridades jurídicas lo son porque determinadas normas dicen que lo son. El hechicero de la tribu es autoridad porque hay una norma en el ordenamiento jurídico que rige las relaciones de esa comunidad que establece que el hechicero está *autorizado* para, por ejemplo, dar normas y resolver conflictos. Las Cortes españolas son autoridad porque nuestra Constitución establece que tienen competencia para promulgar leyes que todos los españoles debemos obedecer. El juez es autoridad en el sentido de que puede dictar sentencias (lo que no podemos ni tú ni yo, porque no somos jueces), porque hay normas que establecen que determinadas personas que cumplan determinados requisitos (como por ej. haber aprobado unas oposiciones) pueden dictar sentencias.

Si nos ceñimos exclusivamente al legislador y al juez (aunque hay muchas más autoridades, por ejemplo, el gobierno, los funcionarios, etc.) se podrá decir que el primero está autorizado para legislar, y el segundo para dictar sentencia, en razón de que hay normas que determinan que son autoridades con esa función, y no con otra. El legislador no puede dictar sentencia, ni el juez legislar. Cada uno es autoridad en una parcela determinada, esto es, dentro de su *competencia*. ¿Cómo sabremos entonces la competencia que corresponde a cada autoridad? Pues sencillamente a través de una norma que así lo establezca. No podemos inventarnos nosotros, según nos parezca, la parcela de poder que corresponde a las distintas autoridades. Sólo lo sabremos porque habrá normas jurídicas que nos lo digan.

Pero, claro, ahora te estás dando cuenta de lo complicado que es esto del Derecho. Si las autoridades lo son porque lo imponen así determinadas normas, y éstas a su vez son normas porque lo imponen determinadas autoridades, parece que nos encontramos ante un *circulus vitiosus*, parece que partimos de un sitio para después acabar en el mismo lugar. Es como un laberinto sin salida. Intentaremos salir del laberinto en la próxima lección.

NOTAS Y COMENTARIOS

- Los antropólogos tienden a describir el Derecho de las comunidades primitivas partiendo del *orden* ya establecido; lo que no puede ser de otra manera, ya que se han encontrado con dicho orden ya configurado y no han podido asistir a su proceso de formación mediante decisiones. Pero indudablemente las normas que rigen la comunidad primitiva han sido resultado de decisiones previas que no siempre pueden ser constatadas. Las que sí son susceptibles de observación directa son las decisiones que resuelven los conflictos concretos. MALINOWSKI subraya que muchas veces la sanción de los crímenes está tan interiorizada por los habitantes de las islas Trobriand (a los que dedicó numerosos estudios) que no es preciso su imposición mediante un *acto de decisión* externo, sino que es el propio infractor el que incluso llega al suicidio o al ostracismo, al no soportar el reproche social de que es objeto. *Vid.* de este autor, *Crimen y costumbre en la sociedad salvaje*, Barcelona, 1969, pgs. 114 y ss.
- A la decisión no se le ha prestado especial atención como concepto central de la Teoría del Derecho. Este último ha sido definido como un conjunto de normas, o de instituciones, o de relaciones, o de hechos sociales, y se ha reservado la palabra «decisión» para aludir a la aplicación de la norma general al caso concreto, paradigmáticamente en el seno de la función judicial. En este sentido, la obra de Hermann ISAY, *Rechtsnorm und Entscheidung*, Berlín, 1929.

– Carl Schmitt ha subrayado el carácter de la constitución como decisión: «La esencia de la Constitución no está contenida en una ley o en una norma. En el fondo de toda normación reside una *decisión política del titular del poder constituyente*, es decir, del Pueblo en la Democracia y del Monarca en la Monarquía auténtica» (*Teoría de la Constitución*, versión española de Ayala con presentación del mismo y epílogo de García-Pelayo, Madrid, 1982, pg. 47). Algo parecido puede sostenerse de cualquiera otra norma.

EJERCICIOS

1. ¿Por qué tenemos tanto interés en saber cómo eran las sociedades primitivas?

2. Explica la idea de *autoridad*.

3. ¿Qué te parece que en el Derecho primitivo la responsabilidad por la comisión de un delito recaiga en el clan o familia del infractor? Piensa, a ver si encuentras un supuesto similar en el Derecho moderno.

4. ¿Qué significado puede tener el que la *venganza* tenga en el Derecho primitivo la condición de «acto jurídico»? Para ello será conveniente que, antes, definas el concepto de venganza.

5. Explica la idea de *norma o regla*.

6. Relaciona la idea de *justicia* con la de *razonabilidad*.

7. ¿Qué relación hay entre la *justicia* y la *decisión normativa*?

8. Diferencia entre *decisión normativa y decisión resolutoria*.

9. ¿Por qué razón el concepto de *conflicto* es tan importante para entender el Derecho?

10. Relaciona *norma y decisión*.

11. ¿Qué es un «acto de voluntad»? ¿Qué puede querer decir que la norma es el resultado de un «acto de voluntad»?

12. Relaciona *autoridad y norma*.

13. ¿En qué consiste el «laberinto» formado por normas y autoridades? ¿Qué significa la expresión «círculo vicioso»? Para ayudarte te diré que en español disponemos de una metáfora no menos llamativa: «pescadilla que se muerde la cola».

IV. LA SOLUCIÓN DEL LABERINTO: EL ORDEN DEL ORDENAMIENTO

La solución del laberinto es ésta: no estamos ante un círculo, sino ante una escalera. Ante lo que se suele llamar una *estructura escalonada*. Vamos a ver lo que significa esto.

Existiría círculo vicioso si el entramado autoridad-decisión-norma-autoridad, y vuelta a empezar, se diera en el mismo plano. Para que se produzca un «círculo» en la geometría hay que emplear, efectivamente, un único plano. Pero esto, como digo, no refleja la estructura interna del Derecho.

Para entender esa estructura interna, nada mejor que recurrir a cómo se producen las órdenes dentro del ejército. El comandante ordena al capitán, el cual ordena al teniente, el cual a su vez ordena al alférez, éste al sargento, el cual ordena a los cabos y éstos a los soldados rasos. A medida que se baja de graduación, va descendiendo también la orden. La orden dada por un teniente es «inferior» (tiene menos fuerza o valor) que la dada por el capitán, y la dada por este último es de menor jerarquía que la que emite el comandante. Resumiendo: en el ejército las órdenes dadas por los mandos tienen la *jerarquía* que tienen estos últimos. La jerarquía de las órdenes es el reflejo de la jerarquía de las autoridades (militares).

Exactamente lo mismo sucede en el Derecho. Se produce una ordenación jerárquica, en escalera, de las autoridades jurídicas, y según se va descendiendo en la escala, va descendiendo también la jerarquía de las normas. Lo que quiere decir, entre otras cosas, que la norma de jerarquía inferior *cede* ante la norma de jerarquía superior. O dicho a la inversa: la norma de jerarquía superior *se impone* sobre la norma de jerarquía inferior.

Puede dibujarse el siguiente diagrama:

	decisión (1)					
Autoridad (1)	→	norma (1)				
		↓	decisión (2)			
		autoridad (2)	→	norma (2)		
				↓	decisión (3)	
				autoridad (3)	→	norma (3)

La autoridad indica el *quien* toma la decisión. La autoridad lo es porque una norma jurídica la establece, la crea, otorgándole una competencia, es decir, un marco concreto para su acción, para que a su vez tome sus decisiones, entre las cuales las habrá que sean normativas.

La decisión es el *acto* generador de la norma. También se le suele designar (como hemos visto) «acto de voluntad», puesto que se supone que la autoridad «quiere» algo y por eso decide el contenido de la norma que expresa precisamente lo que quiere. Pero, en todo caso, haya o no haya detrás del acto de decisión una voluntad real, lo indiscutible es que dicho acto es un *acto de habla*, esto es, una expresión de comunicación realizada mediante un signo (oral, escrita o mímica). Las decisiones jurídicas son actos de habla, resultado de los cuales son las normas.

La norma, que es el resultado de la proferencia de un acto de habla, no es otra cosa (lógicamente) que la frase o expresión lingüística resultante. Ahora bien, fíjate que una norma no puede ser cualquier expresión, proferencia o *proposición lingüística* dada por una autoridad. Por ejemplo, si un ministro da su opinión en la televisión, o en una rueda de prensa, en ese momento no está emitiendo una norma, sino simplemente dando una opinión. Para que sea norma, tiene que actuar como poder normativo dentro de su competencia.

La norma, en todo caso, se caracteriza, aparte de ser una expresión de lenguaje emitida por una autoridad competente, por que su sentido intrínseco o inmanente es dirigir u orientar la *acción* humana.

En una sociedad primitiva, el entramado de autoridades, decisiones y normas es bastante sencillo, como sencillo suele ser el resto de su vida. A medida que la humanidad ha ido avanzando en la historia y haciéndose más compleja su forma de vivir, la complejidad, como no podía ser de otra forma, también se ha extendido a las formas de organización social. Y entre ellas, al Derecho, que es la principal forma de organización de la sociedad.

En los sistemas jurídicos actuales, la complejidad, como tendrás ocasión de comprobar a lo largo de tus estudios, es francamente enorme. Por esta razón, el entramado de autoridades, decisiones y normas es una red endiablada muchas veces difícil de descifrar. Es preciso un análisis minucioso de cada ordenamiento para entender bien los hilos que conectan unos elementos con otros. Los juristas conocen algo de esa complicada tramoya. Los que no lo son, la suelen contemplar desde fuera con verdadero susto.

Aunque los conceptos que vamos descubriendo los estudiaremos más detalladamente, contentándonos ahora con retener una noción provisional, y algo imperfecta (ya que seguimos dando vueltas a las torres de Jericó), seguro que te quedará la impresión de que todos estos elementos (autoridades, decisiones, normas, acciones reguladas) no se producen aisladamente, sino que tienen una relación entre sí. Esa intuición que tienes es muy certera.

Igual que con las órdenes militares se da por supuesto la existencia de un todo unitario, sin el cual carecerían de sentido las órdenes concretas, y ese todo unitario es el ejército en su conjunto, así sucede en el Derecho. A ese todo unitario del Derecho, que nos permite ver los distintos elementos conectados entre sí en un entramado complejo, se le llama *ordenamiento jurídico*.

También se le suele designar *orden jurídico y sistema jurídico*.

Prácticamente, «ordenamiento» y «sistema» son palabras sinónimas. «Sistema», sin embargo, añade matices importantes en los que ahora mismo no entramos. Por decirlo muy brevemente, y para que no te quedes con la duda total, «sistema» es algo así como un «ordenamiento elaborado», puesto en claro, ordenado completamente, sistematizado. Muchos autores emplean ambas palabras como sinónimos, y aunque no sea muy correcto, como tendremos ocasión de ver, tampoco está mal del todo. El ordenamiento es tal y como sale de la boca del legislador, o en el «BOE» (Boletín Oficial del Estado), o más exactamente de todas las autoridades creadoras de normas, mientras que el sistema es ese mismo texto ordenado de tal manera que no presente imperfecciones ni contradicciones. El sistema es el texto que resulta de ordenar «científicamente» el texto del ordenamiento, que por necesidad es algo desordenado (por lo menos, no completamente ordenado).

Toma nota de esta nueva palabrita que nos hemos encontrado ahora: *texto.* Tanto el «ordenamiento» como el «sistema» son «textos». Como ves, a cada paso nos encontramos con un concepto nuevo, con una sorpresa. Y es que la Teoría del Derecho (¡aquí tenemos otra: «Teoría del Derecho»! Así se llama la asignatura de primer curso de la carrera, y para mí no es otra cosa que el nombre de la actual Filosofía del Derecho), la Teoría del Derecho, digo, es como un rompecabezas en el que hay que encajar todas las piezas para ver el panorama completo en su conjunto. Bueno, pero ahora dejemos de lado lo que significa que el Derecho (o el ordenamiento, o el sistema) «es texto», y también qué sea la Teoría del Derecho.

Nuestro punto de atención en este momento es destacar la idea de que el Derecho se presenta en la realidad como *ordenamiento.* O mejor, para hablar con más propiedad, como «ordenamientos», en plural. Porque, efectivamente, hay muchos ordenamientos en nuestro mundo. Está el ordenamiento jurídico español, el ordenamiento jurídico francés, el ordenamiento jurídico alemán, el peruano, el argentino, el chileno, el chino, el australiano, el nigeriano, etc. Esto es, todos los Estados tienen su ordenamiento jurídico. Pero no sólo son ordenamientos jurídicos los propios de los Estados. También tenemos el ordenamiento jurídico internacional, el comunitario o de la Unión Europea (UE), el de la Iglesia Católica (que es el llamado ordenamiento jurídico canónico) y el de otras iglesias... O sea, el mundo jurídico se compone de una *pluralidad de ordenamientos jurídicos,* entre los que destacan los que hemos mencionado, aunque la lista no sea exhaustiva, sino meramente ejemplificatoria.

Hay muchos ordenamientos jurídicos en la realidad, pero sólo una idea o noción de ordenamiento. Cualquier ordenamiento es el resultado de las decisiones tomadas por autoridades. Cualquier ordenamiento es un conjunto de normas. Todo ordenamiento organiza la sociedad, una determinada sociedad. Todo ordenamiento regula, a través de sus normas, las acciones humanas. En resumidas cuentas, los diversos elementos de los que venimos hablando se entrelazan y adquieren su significado dentro *siempre* de *un* ordenamiento.

Las decisiones, las autoridades, las normas, las acciones reguladas, todos estos elementos no se presentan aislados en el Derecho, sino que *pertenecen* necesariamente a *un* ordenamiento jurídico. La idea de «pertenencia» es esencial para comprender cualquier cosa en el Derecho.

Dicho de otra forma. El Derecho se presenta *siempre* bajo la forma de ordenamiento. El ordenamiento jurídico constituye, de esta manera, el concepto central de los estudios jurídicos. Pues cualquier cosa que se trate de indagar o saber que tenga relación con el Derecho necesariamente tendrá que ver con algún ordenamiento. Hablar, por ejemplo, de «Derecho español» es lo mismo que hablar de «ordenamiento jurídico español». O si decimos «Derecho comunitario o de la UE» es lo mismo que si utilizamos la expresión «ordenamiento jurídico comunitario u ordenamiento jurídico de la UE». Todos los fenómenos jurídicos se producen en relación a un ordenamiento, o a varios ordenamientos (por ejemplo, las relaciones internacionales son relaciones entre los distintos ordenamientos nacionales). Todos los conceptos jurídicos adquieren su sentido en conexión con el concepto de ordenamiento jurídico. En suma: nada existe que sea jurídico que no guarde relación con algún ordenamiento.

El ordenamiento jurídico es el todo, el conjunto que da sentido a sus partes. Estas, sus partes, son heterogéneas. Hay, como hemos visto, normas, decisiones, autoridades, etc. Todas estas partes no existen de por sí, como realidades independientes, sino que su sentido sólo lo poseen porque forman parte de un ordenamiento.

Por tanto, el concepto de ordenamiento jurídico (o, como explicaré más adelante, el de sistema jurídico) es el concepto central de la Teoría del Derecho. Una distinción en la que ahora no entramos pero de gran importancia en la Teoría comunicacional del Derecho es la diferenciación entre ordenamiento, sistema y ámbito; conceptos que reflejan realidades comunicacionales distintas pero conectadas. Véanse los capítulos 5, 6 y 14.

EJERCICIOS

1. Explica qué quiere decir que, en el ejército, la jerarquía de las órdenes es reflejo de la jerarquía de las autoridades.

2. ¿Qué quiere decir que la norma jurídica jerárquicamente inferior *cede* ante la superior? Atrévete a poner algún ejemplo (ya sé que te es difícil, pero no importa, inténtalo).

3. Dibuja la *escalera* jurídica (sin mirar el diagrama que has visto aquí) y explica su significado.

4. ¿Qué quiere decir que, en el Derecho, la decisión es un *acto de habla*?

5. En la biblioteca tienes el libro de John SEARLE, *Actos de habla (Ensayo de Filosofía del lenguaje)*, Ed. Cátedra, Madrid, 1980. Lee el capítulo primero, especialmente los epígrafes 1.4 («¿por qué estudiar los actos de habla?») y

1.5 («el principio de expresabilidad»). Haz un resumen de las principales ideas y, si quieres y tienes tiempo, un comentario personal.

6. Explica qué quiere decir que la norma es una *expresión lingüística.*

7. Relaciona *norma y acción.*

8. Comenta algo acerca de la complejidad de los sistemas jurídicos actuales.

9. Diferencia *ordenamiento jurídico y sistema jurídico.*

10. Aclara lo que quiere decir que ordenamiento jurídico y sistema jurídico son *textos.*

11. ¿Hay en el mundo en que vivimos un único ordenamiento? Razona la respuesta.

12. Relaciona, con el concepto de ordenamiento jurídico, los siguientes conceptos: decisiones, normas, autoridades, acciones reguladas.

13. ¿Por qué el concepto de ordenamiento jurídico (o, mejor, de sistema jurídico) es el concepto central de la Teoría del Derecho?

14. Utiliza la expresión «ordenamiento jurídico» como sustitutiva de la palabra «Derecho» en los siguientes casos: Derecho español, Derecho canónico, Derecho comunitario, Derecho internacional. Trata de explicar lo que tienen en común y lo que tienen de específico las expresiones que has obtenido.

Soy consciente de que esta lección es demasiado densa, ya que contiene un buen montón de nociones nuevas. Estúdiatela bien, y no te preocupes de las dudas que te queden en el aire. Toma nota de ellas y espera a las próximas lecciones a ver qué pasa. Si, aún así, no llegas a aclarar tus dudas, pregúntamelas directamente. En la siguiente lección volveremos sobre el concepto de ordenamiento jurídico que, como has podido comprobar, tiene una importancia extraordinaria. Más adelante estudiaremos la diferencia entre ordenamiento y sistema. De este modo podremos dar más vueltas sobre ideas y conceptos que he apuntado en este capítulo, pero de manera bastante escueta.

V. EL ORDENAMIENTO JURÍDICO: CONCEPTOS IMPLICADOS

La idea más importante, que hay que tener siempre presente en el análisis de cualquier problema jurídico, es la idea, que ya hemos estudiado (pero sobre la que es preciso volver), de que toda realidad jurídica adquiere su sentido en el marco de un determinado ordenamiento. No existen normas o decisiones jurídicas aisladas, sino que las normas y las decisiones son jurídicas en la medida en que pertenecen a un ordenamiento jurídico determinado. No existen autoridades jurídicas, sino en relación con un ordenamiento. Los conflictos que han de resolverse por el Derecho se resuelven siempre a la luz o desde la perspectiva de un ordenamiento. En suma, el ordenamiento, cada ordenamiento concreto, es la realidad de referencia siempre presente a la hora de hacer cualquier análisis que pueda ser calificado de jurídico.

Para expresar la idea de ordenamiento jurídico, los autores han recurrido a imágenes varias que, aunque dispares, todas ellas tienen en común el presentarlo como *un conjunto de elementos* que adquiere su sentido en su entrelazamiento recíproco. Así se ha recurrido a la imagen del organismo biológico, a la del árbol y a la de la pirámide.

Un organismo biológico, como ya sabes, es un todo compuesto por unidades elementales, que se llaman células, las cuales, a su vez, configuran tejidos varios y órganos que realizan diferentes funciones. El organismo es un conjunto de elementos que no puede entenderse sin éstos, y a su vez, los elementos no pueden entenderse sin el organismo. Son realidades que se implican recíprocamente. Las células, fuera del organismo al que pertenecen, mueren, dejan de existir. Los órganos lo son porque se insertan en el organismo, su modo natural de ser consiste en estar insertos en el todo biológico que es el organismo.

Algo similar sucede con la imagen del árbol, que en definitiva no es otra cosa que un tipo de organismo. Aquí la metáfora va dirigida a resaltar la existencia de «ramas» y de «hojas». El Derecho (ordenamiento jurídico) sería como un árbol con sus ramas (Derecho constitucional, administrativo, penal, etc.) en las que se insertarían unidades más pequeñas como las instituciones (sobre las cuales diremos algo en esta lección) o las normas. Igual que no hay hojas sino en el árbol, así no hay normas sino en el ordenamiento. De la misma manera que las hojas que se desprenden del árbol dejan de serlo, porque mueren, así sucede con toda norma que se desgaja del ordenamiento, deja de ser norma jurídica, porque ha perdido su inserción en el todo vivo, en el ser realmente existente. Las hojas viven porque les penetra la savia de la planta; las normas tienen validez (¡anota esta palabra, que ya verás el trabajo que nos da!) porque la adquieren de su inserción en el ordenamiento, de su pertenencia al mismo.

La imagen de la pirámide, utilizada sobre todo, como tendremos ocasión de ver más despacio, por la llamada Escuela de Viena, acentúa la misma idea, aunque con algunos añadidos importantes referidos a la jerarquía de las normas. Pero, en definitiva, para lo que ahora nos interesa resaltar, vuelve a insistir en la representación del Derecho como un todo compuesto por elementos. El todo es el ordenamiento y las partes son sólo las normas (por esa razón, a la escuela mencionada se le adscribe una postura puramente «normativista»).

Como puedes ver, se atienda a una imagen o a otra de las señaladas, el trasfondo y la enseñanza es la misma. No existen elementos aislados en el Derecho. Las normas, las decisiones y las instituciones lo son en el marco de un ordenamiento. Fuera de ese marco no son nada, de la misma forma que las hojas se marchitan al caer del árbol que las sustenta.

Por muy extraño que te parezca, esta idea, que como ves no es nada complicada, sino más bien de sentido común, es una idea que se ha desarrollado bastante recientemente. El pensamiento jurídico se ha solido centrar en alguno de los elementos del Derecho, haciendo de la Teoría del Derecho, por ejemplo, una teoría de la norma o una teoría de la institución. Pero rara vez se ha hecho el análisis del Derecho *desde el concepto de ordenamiento*. La Teoría del Derecho ha estado obsesionada por descubrir el misterio de lo jurídico en una realidad sencilla, en una unidad elemental, olvidando que el punto de partida y el concepto permanente en el Derecho es el del todo, el del conjunto, el ordenamiento jurídico.

Ha sucedido en el Derecho algo así como si en la biología los científicos se hubiesen pasado la vida investigando la vida de la célula, su composición, su evolución interna, olvidándose de las relaciones intercelulares y de la conexión de la célula individual con el conjunto del organismo.

Al perder de vista al todo, no se puede alcanzar la verdad, pues ésta radica precisamente en la comprensión del todo. El análisis de lo particular ha de hacerse sin perder de vista nunca la conexión de lo particular con la totalidad en que se inserta. El Derecho hay que contemplarlo siempre como una totalidad. Esa idea de totalidad es la que expresa el concepto de ordenamiento jurídico.

En el fondo de ese descuido de la idea de totalidad en el Derecho (representada por el concepto de ordenamiento jurídico) está, sin duda, la creencia de que el Derecho no es sino una «suma» de unidades elementales y que, en consecuencia, basta con analizar la unidad elemental para llegar a la comprensión del todo. Se ha partido del supuesto de que dichas unidades elementales (normas, por ejemplo) eran homogéneas, parecidas en su estructura y en su función, y que el ordenamiento jurídico no era sino la mera agregación de esos elementos homogéneos.

Como veremos con mayor detenimiento, las cosas no son así. Exactamente igual que en los organismos biológicos desarrollados las células no son iguales ni homogéneas, sino que configuran tejidos y órganos diferentes, teniendo estructura dispar y cumpliendo funciones distintas, así sucede con las unidades elementales del Derecho, llámense normas, decisiones, o como quiera que se denominen.

Es más lógico partir de la idea de ordenamiento si se concibe que las unidades del mismo no son homogéneas. Por el contrario, si se adopta el punto de partida de que las unidades son homogéneas entre sí, entonces es fácilmente comprensible por qué razón el análisis se ha centrado en el estudio de la unidad: si el ordenamiento es un mero agregado de unidades homogéneas, es evidente que teniendo éstas tendremos aquél, por la mera «suma» o «yuxtaposición» de sus elementos.

Como ves, en resumidas cuentas hay que convenir que las dos ideas fundamentales para la Teoría del Derecho son: Primera, que el concepto central de referencia constante es el de ordenamiento jurídico, por lo que toda teoría del Derecho ha de ser, sobre todo, una teoría del ordenamiento (o, más propiamente, del sistema, como se verá). Segunda, que el ordenamiento, como toda realidad compleja, está compuesto por elementos, que constituyen las unidades básicas del Derecho; por tanto, toda Teoría del Derecho ha de preguntarse cuál es esa unidad básica y cómo es.

Preguntémonos, en primer lugar, cuál es la *unidad básica o elemental* de todo ordenamiento jurídico, la «célula del Derecho», el «átomo jurídico».

En este tema las respuestas de los autores han sido muy diversas. Hay recetas para todos los gustos, y quizá todas ellas tengan parte de verdad, porque en la Teoría del Derecho a partir de cualquier concepto se va enlazando con todos los demás. Probablemente no haya una respuesta absolutamente correcta, en el sentido de ser la única posible. Creo más bien que en este asunto estamos ante la necesidad de elegir, como elemento central del Derecho, un concepto que nos permita mejor que otros hacer el recorrido; un concepto que sea omnipresente porque sin él no se pueda explicar todo el conjunto del Derecho. El problema, con todo, es que pueden ser varios los conceptos que cumplan esa función pragmática de servir de pivote o punto de referencia constante en el análisis de lo que es un ordenamiento.

De estos conceptos que pueden servir de «llave» para entender la realidad jurídica yo destacaría los siguientes: el concepto de decisión, el de norma, el de acción, el de institución y el de relación.

Si te fijas un poco, todos estos conceptos están presentes siempre en cualquier ordenamiento jurídico. Efectivamente, mediante las decisiones se crean las normas y se solucionan los conflictos; las normas sirven para adoptar decisiones (dicen quién y cómo hay que tomarlas) y para regular la acción; ésta, la acción (donde aparece englobado también el concepto de conducta), es el referente constante de toda norma, pues no tienen sentido las normas sino en relación con las acciones humanas; a su vez, las normas forman «conglomerados» más amplios dentro del ordenamiento regulando parcelas concretas de la vida: esos «conglomerados» normativos son las llamadas instituciones (por ejemplo, la institución del matrimonio, o la institución del municipio); por último, lo que regulan las normas (que han sido creadas por decisiones) y las instituciones que ellas forman son relaciones interhumanas de determinado género.

Como puedes apreciar, esto del Derecho es un *puzzle* donde todas las piezas tienen que encajar y todo está relacionado entre sí. Los conceptos básicos mencionados son, todos, imprescindibles y, en ese sentido, pueden ser punto de partida para una Teoría del Derecho. De eso no me cabe la menor duda. Una teoría decisionista (esto es, que parte del concepto de decisión como concepto central) es tan sostenible como una teoría normativista, o una teoría institucionalista, o una teoría asentada en el concepto de acción o de relación jurídica. Y ello por la sencilla razón de que a partir de cualquiera de estos conceptos necesariamente se llega a los otros. Todo está relacionado. También aquí puede decirse que todos los caminos conducen a Roma.

La primera consecuencia de todo esto es que no se puede desechar una teoría simplemente porque sea decisionista, normativista o relacionista. Habrá que desecharla porque su análisis no sea correcto, porque sea demasiado simple, o porque no explique suficientemente la realidad (fíjate bien: las teorías son para explicar la realidad; toda teoría es un intento de hacerlo; una teoría es mejor que otra si explica mejor, no si es más fácil o más abstrusa, está de moda, o la sostiene un señor muy importante).

En principio, por tanto, el punto de partida que se adopte, dentro de que efectivamente el concepto elegido sea central u omnipresente, es algo indiferente.

Luego está, además, la posibilidad de combinar varios, dependiendo del punto de vista que se adopte en cada momento, no como solución ecléctica o de compromiso, sino como facetas inescindibles de una realidad poliédrica.

Bueno, llegados a este punto me interrumpes impacientemente y me dices que ya está bien de dar vueltas y vueltas a lo mismo sin que me defina. Me pides que diga cuál es mi opinión y que me deje de más «rollos». Los jóvenes siempre nos exigís, a los que ya no lo somos, concreción, claridad y compromiso. Y hacéis muy bien, después de todo a determinada edad uno tiene que comprometerse en algo (aunque conocemos gente que nunca se compromete con nada, pasando por la vida en estado de perpetua indefinición). Pero, de momento, dejemos el tema para la próxima lección. Ahora te toca a ti: estúdiate bien ésta.

EJERCICIOS

1. Vete a la biblioteca y reúne sobre tu mesa los siguientes textos jurídicos: la Constitución Española, el Código Civil, el Código de Comercio y el Código Penal. Ojéalos un poco, sobre todo sus índices, así te darás cuenta de lo que tratan. Quizás sea tu primer contacto con estos importantísimos textos. La pregunta ahora es: ¿Sabes de qué ordenamiento jurídico forman parte estos textos? ¿Y sabes por qué?

2. Lee el artículo 1088 del Código Civil. Dice así: «Toda obligación consiste en dar, hacer o no hacer alguna cosa». Primero, aclárate qué quiere decir el texto. Para ayudarte puedes acudir a cualquier tratado de Derecho civil que se titule *Obligaciones y Contratos* (DÍEZ-PICAZO, ALBALADEJO, etc.) y leer el comentario correspondiente. Intenta en concreto saber con exactitud qué significa aquí la palabra «obligación» (también puedes consultar en un libro de Derecho romano, como el de IGLESIAS, ARIAS RAMOS o FUENTESECA el significado de la palabra *obligatio*). Pero mi pregunta es: ¿A

qué ordenamiento jurídico pertenece este precepto? ¿Pertenece también al ordenamiento jurídico francés, habida cuenta de que en este ordenamiento nos encontramos con un precepto que, aunque en francés, dice exactamente lo mismo? Razona la respuesta.

3. ¿Qué es un organismo biológico? Explica su relación figurada con el concepto de ordenamiento jurídico.

4. Explica también la relación del concepto de ordenamiento con la imagen del árbol.

5. Trata de aclarar cuál es el significado de la palabra *validez*, aplicada a las normas, en la siguiente frase que aparece en el texto: «las normas tienen validez porque la adquieren de su inserción en el ordenamiento, de su pertenencia al mismo».

6. ¿Por qué se dice que la Escuela de Viena es «normativista»? ¿Sabes quiénes forman parte de esa escuela? Busca los libros que te lo indiquen y haz una lista de los principales representantes y una breve biografía de cada uno.

7. ¿Cuál es la causa de que en el campo de la Teoría del Derecho se hayan centrado sus cultivadores en investigar lo que han considerado la unidad elemental del Derecho, descuidando el conjunto del ordenamiento?

8. Analiza la idea de conjunto y la de totalidad. Respecto de la primera recuerda qué era un conjunto para las matemáticas.

9. Menciona algunas de las respuestas que se han dado a la pregunta de cuál es la unidad básica del ordenamiento jurídico.

10. ¿Cuáles son los conceptos alrededor de los cuales gira o puede girar la Teoría del Derecho?

11. Lee mi trabajo «¿Qué es la Teoría comunicacional del Derecho?», publicado en el libro *El Derecho como Texto (Cuatro estudios de Teoría comunicacional del derecho)*, 2ª ed., Madrid, 2006. Resume las ideas. ¿Te parece que hay cambios entre lo que digo en este trabajo y lo que digo en el texto? Razona la contestación.

12. Relaciona los siguientes conceptos: decisión, norma, institución, acción, relación y ordenamiento jurídico. Ya sé que la pregunta es difícil, pero de esa manera piensas sobre temas sobre los que volveremos una y otra vez.

13. ¿Qué quiero decir cuando afirmo que la Teoría del Derecho es un *puzzle*?

14. ¿Cuándo una teoría es mejor que otra? Pero antes tienes que contestar a estas otras preguntas: ¿Qué es una teoría? ¿Para qué sirve una teoría?

15. Léete el opúsculo de KANT, *Sobre el dicho común «Eso puede ser verdad en la teoría, pero no vale para la práctica»*. Resúmelo y coméntalo.

16. Las teorías las hacen los autores. ¿Tú sabes por qué a unos autores se cita más que a otros? Distingue entre «clásicos» y «personajes del momento».

VI. EL ORDENAMIENTO JURÍDICO: DECISIONES, NORMAS E INSTITUCIONES

Hemos visto en la lección anterior que, a la hora de analizar la composición interna del ordenamiento jurídico, son varias las posibilidades que se ofrecen. Apuntábamos algunos conceptos «llave» a partir de los cuales es esto posible. Tales conceptos eran, como ya sabes, los de decisión, norma, institución, acción y relación. También dejamos claro que es posible no sólo elegir un único concepto como elemento de análisis, sino también la combinación de varios.

Hay teorías que han elegido un único concepto llave para enfrentarse al análisis del Derecho. Ahí van algunos ejemplos.

La Escuela de Viena (KELSEN, MERKL, VERDROSS) sostiene que dicho concepto central es el de norma jurídica, por lo que todo en el Derecho lo traduce en términos de normas. La norma, por decirlo así, agota lo jurídico. La norma es el elemento necesario y suficiente para conocer el fenómeno jurídico. Y ciertamente hay que decir que es un concepto fundamental y que su capacidad analítica es enorme. Similar postura ha sido adoptada por muchos autores, entre los que sobresale HART. Todos ellos pueden ser denominados «normativistas».

Otros prefieren el concepto de institución jurídica, porque alrededor de este concepto –dicen– es como se puede entender el verdadero significado de las normas. Estas, las normas jurídicas, no viven solas, desconectadas entre sí, sino formando parte de grupos articulados en torno a una idea organizativa común. Por ejemplo, las normas que regulan el matrimonio adquieren su pleno sentido en cuanto se las conecta con lo que el matrimonio es. No hay que ver a las normas desgajadas unas de otras, como compartimentos estancos, sino unidas en unidades más amplias de tipo orgánico. Las normas que regulan la sociedad anónima sólo son plenamente inteligibles si son contempladas como un conjunto de normas (dentro del conjunto más amplio del ordenamiento) con su propio «espíritu», que proviene de las características propias de ese tipo de sociedad comercial y que habrá de penetrar el sentido de las normas individuales. Esta postura «institucionalista» u «ordinamentalista» (en el sentido de que contempla cada institución como un «ordenamiento» de una determinada figura u organización social) ha sido defendida sobre todo por HAURIOU y por ROMANO, y en parte por SCHMITT.

Los «relacionistas» prefieren el concepto de relación jurídica, porque entienden que la materia del Derecho son las relaciones humanas. Sostienen que todo en el Derecho presupone la presencia como mínimo de dos personas, de dos sujetos, esto es, de una relación. La relación se hace claramente manifiesta en muchas ocasiones, por ejemplo en un contrato de compraventa, bajo la forma de relación entre comprador y vendedor; en el matrimonio, la relación entre los esposos. Pero incluso cuando no hay esa presencia manifiesta de las dos partes, subrayan que también se produce la relación. Así, por ejemplo, el propietario de una casa aparentemente no se relaciona con nadie, sino con la cosa de la que es propietario (en apariencia sólo existe él y la cosa), pero en la realidad jurídica profunda el propietario se relaciona con los no propietarios en el sentido de que les puede exigir que se abstengan de inmiscuirse sin su permiso en su propiedad; las demás personas (no propietarias de la cosa) están presentes de una manera latente o potencial, pero presentes al fin y al cabo. En resumidas cuentas, todo sería relación para estos autores. Entre los relacionistas hay que citar al italiano Alessandro LEVI y a Jaime GUASP, catedrático este que fue de Derecho procesal de la Universidad Complutense, donde yo tuve el placer de tratarle (dicho sea de paso, una de las cabezas más destacadas de la ciencia jurídica española).

Y así podríamos seguir con los otros conceptos de acción y de decisión, y deberíamos entonces hablar de los «pragmatistas» (cuyo concepto central es el de acción) y de los «decisionistas»...

Pero no temas. No te voy a seguir «aburriendo» con más nombres egregios. Lo importante es, como siempre, la idea. Y ésta es, una vez más, que las diversas teorías se construyen habitualmente tomando un concepto central, que se considera el básico, el más explicativo, el más cómodo para operar con él, tratando de analizar a su costa el resto de la realidad del Derecho. El problema que suele surgir es que, al tomar uno u otro concepto, se alumbran unas zonas del Derecho y se oscurecen otras, porque el fenómeno jurídico es un fenómeno polivalente o poliédrico.

Me interrumpes bruscamente, y me dices que ya está bien, que tengo que dejarme de discursos inútiles, que está claro que hay posturas diversas para analizar el Derecho, y que de una vez te diga cuál es mi posición. No tengas prisa, no tengas prisa, aguarda un poco... Para los problemas teóricos, como para los de la vida ordinaria, hay que tener una miaja de paciencia. En caso contrario no se llega lejos... Aunque, por otro lado, estoy de acuerdo contigo en que me está llegando la hora de definirme.

Me tendrás que permitir, sin embargo, que dé un nuevo rodeo a las torres de Jericó, estrechando un poquito más el círculo, acercándome con cautela al objetivo. Y en esa vuelta antes de definirme (no te impacientes, se trata sólo de una vuelta) vamos a tratar de una cuestión que aparentemente (sólo aparentemente) no tiene nada que ver con el problema que dejo pendiente y cuya respuesta tú, con razón, me reclamas.

La cuestión es ésta: ¿Cuándo puede decirse que ya estamos en presencia de un ordenamiento jurídico, cuál es su composición mínima, necesaria y suficiente? ¿A partir de qué momento podemos decir que ha nacido un nuevo ordenamiento jurídico? ¿Cuáles son los elementos del momento inicial del Derecho?

Haciendo uso de nuestro símil con el organismo biológico, es como si nos preguntáramos: ¿Cuándo se produce el momento inicial de formación de un nuevo organismo? Creo que, en el caso del organismo del hombre, yo contestaría: a partir de la fecundación del óvulo por el espermatozoide; la fecundación es el inicio del nuevo organismo; antes de la fecundación no hay organismo nuevo; después, sí.

Pues bien, a la pregunta de cuándo nos encontramos ante un nuevo ordenamiento jurídico, creo que se puede contestar: cuando se acuerda en una sociedad quién manda, quién tiene el poder supremo. A partir de ahí se irá desarrollando todo el ordenamiento jurídico, precisamente mediante los mandatos de ese poder establecido.

Y como establecer en una sociedad quién manda es lo mismo que establecer su *constitución*, puede decirse que un ordenamiento jurídico comienza a existir cuando se genera una nueva constitución. El contenido mínimo de una constitución es el establecimiento de qué hombre o grupo de hombres tienen el poder sobre los miembros de esa sociedad determinada. Un poder que ha de ser supremo, no supeditado a ningún otro, pues de no ser así, sería este último poder superior el origen del ordenamiento.

La constitución *mínima*, por consiguiente, implica la determinación del poder supremo. Ahora bien, ¿cómo sucede esto? Mediante una decisión, que es la llamada *decisión constituyente*, que es la decisión que toma el llamado «poder constituyente» (que es un hombre o conjunto de hombres, normalmente representantes del pueblo, o el mismo pueblo).

La decisión constituyente crea la *norma constitucional*, que no es otra cosa que una norma, es decir, una expresión lingüística, una frase, un acto de habla, cuyo contenido de significado no es otro que determinar quién manda (jurídicamente hablando) en esa sociedad concreta.

Vemos claramente cómo se nos aparecen en el primer acto creador del ordenamiento los conceptos de decisión y de norma. La constitución es, sencillamente, una norma (naturalmente pueden ser varias, pero seguro una como mínimo). Sigamos.

La norma constitucional, creada por la decisión constituyente, crea a su vez y cuando menos una *institución* constitucional, el gobierno (entendida esta palabra en el sentido de «forma de gobierno», y no con el significado que se atribuye actualmente como consejo de ministros); podemos decir también: el poder supremo.

Ya tenemos entonces tres elementos básicos en ese primer momento fundacional: la decisión, la norma y la institución.

¿Qué pasa entonces con los otros dos, con la acción y con la relación? ¿Podemos prescindir de ellos, en el sentido de que no son estrictamente necesarios para definir el núcleo esencial y mínimo de un ordenamiento jurídico? ¿O, por el contrario, tienen que ser incorporados también en el análisis como elementos imprescindibles, igual que parecen imprescindibles la decisión, la norma y la institución? Vayamos por partes, enfrentándonos primero al concepto de relación, y después al de acción.

El concepto de relación jurídica resalta el vínculo entre personas, bien de igualdad o coordinación (como en el caso de la relación existente entre dos contratantes, por ejemplo, el comprador y el vendedor), bien de desigualdad o subordinación (en cuyo caso una de las partes es superior jurídicamente hablando y la otra inferior, como sucede con la relación entre padre e hijo, o en la existente entre gobernante y gobernado). Pues bien, mi idea es que las relaciones jurídicas, sean de un tipo u otro, se entienden dentro del marco de una determinada institución.

Así, en el primer ejemplo las relaciones entre contratantes adquieren su pleno significado dentro del marco de la institución jurídica que denominamos «contrato». Como una de las características esenciales del contrato es la igualdad formal o jurídica de las partes para acordar libremente el consentimiento, puede decirse que en el mismo concepto de contrato se lleva implícita la relación jurídica contractual o relación jurídica entre los contratantes.

Algo similar sucede en el supuesto de la relación paterno-filial o de la relación jurídica que existe entre gobernantes y gobernados, y que puede ser calificada de relación de obediencia política. Las relaciones del primer tipo se inscriben dentro del marco que llamamos «familia» o «institución familiar». Las del segundo, dentro de la institución político-jurídica del Estado. La familia y el Estado son instituciones dentro de las cuales se producen diversos géneros de relaciones.

En resumidas cuentas, por tanto, creo que aunque el concepto de relación es muy importante analíticamente (como tendremos ocasión de ver más adelante), una vez admitida como pieza clave la noción de institución, dentro de la cual aquel concepto adquiere su sentido, podemos afirmar que no es el de relación un concepto imprescindible en el análisis *como punto de partida*. Además, hay que tener en cuenta que hay sectores del Derecho en los que el concepto de relación jurídica se diluye hasta casi desaparecer; esto sucede en el Derecho penal. A este respecto hay que aclarar, sin embargo, que aunque no es usual entre los penalistas recurrir al concepto de relación jurídica, es pertinente hablar de la relación jurídico-penal existente en el derecho primitivo entre el ofensor y la familia de la víctima; y en el derecho moderno, de la relación jurídico-penal que existe entre el delincuente y el Estado.

Las cosas son algo más complicadas en cuanto se refiere al concepto de acción. Creo que la acción está omnipresente en el Derecho, aunque el problema es que lo está de maneras muy variadas. El problema es de complejidad.

Para simplificar diré que hay dos tipos básicos de acciones en el Derecho: la acción creadora de normas o acción normativa (que coincide con lo que hemos llamado decisión jurídica) y la acción que no crea una norma, sino que es «regulada» por una norma. Hay acciones regulantes y acciones reguladas. A las primeras las hemos llamado decisiones jurídicas; a las segundas las llamaré simplemente acciones (jurídicas).

Ejemplos de acciones regulantes (o sea, decisiones jurídicas): el acto de establecer la constitución, el acto de legislar, el acto de dictar sentencia por un juez, el acto de celebrar un contrato por los contratantes, etc. Todas las acciones que generan elementos normativos, que se incorporan al conjunto del ordenamiento, son acciones regulantes (o decisiones jurídicas).

Ejemplos de acciones reguladas (que son aquellas que son «contempladas» por las normas): el acto de matar premeditadamente a una persona, el acto de pagar el alquiler de un piso, el acto de cumplir las formalidades para matricularse en la Facultad de Derecho. Todas estas acciones se caracterizan porque no crean nuevos elementos normativos (no crean normas), sino que son acciones *calificadas* por normas preexistentes. Así al acto de matar premeditadamente se le califica de asesinato; al de cumplir con el arrendador, pago del alquiler; al de cumplir las formalidades de matrícula, inscripción como alumno. Todas estas acciones se caracterizan por que, a diferencia del grupo anterior que eran acciones creadoras de normas, éstas no lo son, sino que se limitan a «cumplir» con lo que prescriben las normas.

Mi propuesta es entonces la siguiente con respecto al concepto de acción. Aunque ocupa un lugar central en el Derecho, hasta el punto de que se puede decir que todo lo jurídico tiene que ver, directa o indirectamente, con la acción, por su complejidad, especialmente porque se muestra en momentos tan dispares como los señalados, prefiero analizarlo en sus dos momentos básicos, que son el de acción regulante y acción regulada. A la primera la llamo decisión jurídica, resaltando así su carácter dinámico y creador; a la segunda, meramente acción (jurídica), demostrando con ello su condición de «regulada».

No dudo, sin embargo, que sea posible elaborar una Teoría del Derecho en base a una concepción que ponga como pivote central de su análisis el concepto de acción. Además, sostengo que dicho análisis no tiene por qué ser incompatible con el que propongo, centrado en los tres conceptos clave de decisión, norma e institución. Repito lo que he dicho antes: todos los caminos conducen a Roma.

Bien, pues con eso queda contestada tu ansiada pregunta. Aunque, ¡quién lo duda!, los interrogantes se agolpan sobre nosotros. Pero... paciencia, paciencia. No se conquistó Zamora en una hora.

NOTAS Y COMENTARIOS

– Los normativistas han hecho del concepto de norma jurídica el concepto central, y casi se puede decir que único, de la Teoría del Derecho. Aunque el normativismo se desarrolló ya en la Escolástica, con su doctrina de las leyes (ley eterna, ley natural y ley humana), si nos restringimos al positivismo jurídico contemporáneo, constituyen hitos especialmente relevantes las obras de BINDING, THON, BIERLING, KELSEN, HART y BOBBIO. Aunque a ROSS y a OLIVECRONA hay que situarlos en una línea de pensamiento sociologista, también han hecho importantes aportaciones a la teoría de las normas. BINDING destaca por su obra *Die Normen und ihre Übertretung* («Las normas y su trasgresión»), en cinco volúmenes, está orientada hacia los problemas del Derecho penal; el primer volumen es de 1872 y en él aborda la distinción conceptual, por él consagrada, entre «normas» y «leyes penales». De August THON hay que destacar su importante obra *Rechtsnorm und subjectives Recht-Untersuchungen zur allgemeinen Rechtslehre* («Norma jurídica y derecho subjetivo-Investigaciones de Teoría general del Derecho»), Weimar, 1878. Este autor ya maneja el concepto de ordenamiento jurídico, y afirma que está compuesto de normas, que define como «imperativos» (*vid.* pgs. 3 y ss.). BIERLING es conocido por su obra *Zur Kritik der juristischen Grundbegriffe* («Crítica de los conceptos jurídicos fundamentales»), dos vols., Gotha, 1877-1883, reimpr. Aalen 1965, y, sobre todo, por su monumental *Juristische Prinzipienlehre* («Teoría de los principios jurídicos»), en cinco volúmenes, Tübingen, 1894, 1898, 1905, 1911, 1917. Para BIERLING, «los principios y conceptos que (...) deben formar el objeto de la Teoría de los principios jurídicos sólo pueden ser esencialmente *formales*» (I, pg. 5), siendo el «concepto genérico más amplio el concepto de norma» (pg. 20), que entiende también como «imperativo» (pg. 26). «El Derecho –dice BIERLING– consiste en normas: aquello que no se puede reducir a normas, no forma parte del Derecho» (pg. 30). Sobre BIERLING puede verse mi trabajo, «La Teoría general del Derecho de E. R. Bierling», en *Liber Amicorum Antonio Fernández-Galiano*, coord. por AYLLÓN, ESCALONA y GAYO, Madrid, 1995, pgs. 757 y ss. La orientación normativista de KELSEN es patente desde su primera obra de teoría jurídica, *Hauptprobleme der Stuatsrechtslehre, entwickelt aus der Lehre vom Rechtssatze*, Tübingen, 1911, 2ª ed. 1923 (trad. esp. de ROCES, con notas, revisión y presentación de Schmill, México, 1987) en el propio título: «Problemas básicos de la Doctrina del Derecho estatal, desarrollados a partir de la doctrina de la proposición jurídica» o norma jurídica. KELSEN, en esta obra, defiende una concepción «plana» del Derecho, que identifica con la ley, compuesta por proposiciones o normas jurídicas *(Rechtssätze)*. Critica toda forma de imperativismo, por representar éste una manera de psicologismo (*vid.* p. ej. pg. 210). En la primera edición de *Reine Rechtslehre*, Leipzig/Viena, 1934, sostiene que la norma jurídica, a diferencia de la norma moral, es un «juicio hipotético» *(hypothetisches Urteil)* «que expresa la específica vinculación de un hecho condicionante con una consecuencia condicionada» (pg. 22). En la segunda edición de este libro (Viena, 1960), KELSEN no define el concepto de «norma jurídica», sino el de «norma», en general: «Con la palabra "norma" se designa: que algo *debe* ser o suceder, en especial que una persona debe comportarse de determinada manera» (pg. 4). La norma es entendida ahora de manera imperativista como el sentido de un acto de voluntad *(Willensakt)* (pg. 5); y el «ordenamiento jurídico» *(Rechtsordnung)* como «un sistema de normas» *(ein System von Normen)*, cuya unidad viene constituida por tener el mismo fundamento de validez, representado por una «norma fundamental» *(Grundnorm)*. En su obra póstuma *Allgemeine Theorie der Normen* («Teoría general de las normas»), ed. por RINGHOFER y WALTER, Viena, 1979, acentúa más el aspecto imperativista y psicologista (*vid.* pgs. 23 y ss.), al sostener que las normas expresan un deber que tienen su origen en la voluntad *(kein Sollen ohne Wollen)*, de ahí deriva la imposibilidad de aplicar la lógica a las normas (pgs. 150 y ss.). La voluntad la considera KELSEN tan estrechamente vinculada al concepto de norma que incluso se ve obligado a defender que detrás de la famosa norma fundamental, que ahora presenta como una norma «ficticia, en el sentido de la obra de Vaihinger» (*Die Philosophie des Als-Ob*, 7ª ed. Leipzig, 1922) hay también un acto de voluntad ficticio *(ein fingierter Willensakt)*. Para las aportaciones de HART al normativismo me remito a la exposición de este texto, en el cual se comenta su principal aportación en *The Concept of Law*, Oxford, 1961, 2ª ed., 1994, que es la diferenciación entre «reglas primarias» *(primary rules)* y «reglas secundarias» *(secondary rules)*. De Norberto BOBBIO, magnífico expositor, es preceptiva la lectura de *Teoria della norma giuridica*, Turín, 1958, *y Teoría dell'ordinamento giuridico*, Torino, 1960; ambas unificadas en versión española bajo el título *Teoría general del Derecho*, Madrid, 1991.

- Jaime GUASP ha desarrollado su teoría relacionista en su obra *Derecho*, Madrid, 1971. Define el Derecho como «el conjunto de relaciones entre hombres que una cierta sociedad establece como necesarias» (pg. 7). Para este autor, «dado su concepto, el Derecho no puede estar compuesto, naturalmente, sino por relaciones, y por relaciones entre hombres, una clase especial de las cuales es, en efecto, la que debe recibir el nombre singular de relaciones jurídicas. (...) Ninguna explicación de lo jurídico, llevada a sus planteamientos esenciales, puede rehuír el enfrentarse, en último término, con esta figura de la relación de Derecho. Y, a la inversa, en el desarrollo de la idea de la relación jurídica se encuentra, por lo menos en germen, todo lo que de cualquier realidad de esta clase puede decirse con verdadero rigor científico. (...) Sería un grave error afirmar que el concepto de relación jurídica permanece al margen de ciertos sectores del Derecho, aunque en otros pueda desempeñar un papel de imposible sustitución. Porque la posición de la relación jurídica y su significación irreemplazable no está fundada en dimensiones parciales, que sólo comprendan algunos territorios jurídicos sino en la idea común del Derecho, en lo que ésta tiene de esencial y en lo que permite que se hable universalmente del mismo. (...) La figura de la relación jurídica se instala, en consecuencia, en el corazón de toda teoría del Derecho. Viene a desplazar, inexcusablemente, a otras pretendidas nociones básicas, las cuales, sea cualquiera su importancia ulterior, no ocupan el puesto medular que ha de reconocerse en ella» (pgs. 83 y ss.).

– La teoría institucionalista destaca la necesidad de contemplar las normas y las relaciones jurídicas en el marco concreto de las instituciones. SAVIGNY concibe el Derecho como un sistema dotado de unidad orgánica, cuyas unidades son precisamente los institutos jurídicos *(Rechtsinstitute)*, en cuya contemplación como unidad adquieren pleno sentido tanto las reglas de Derecho, como las relaciones jurídicas y los derechos subjetivos (*System des heutigen römischen Rechts*, vol. 1, cap. II). Dice RODRÍGUEZ PANIAGUA, comentando el pensamiento del fundador de la llamada Escuela Histórica del Derecho: «La institución jurídica muestra también un carácter orgánico (como la relación jurídica): lo mismo en la viva relación mutua de sus partes o elementos constitutivos que en el desarrollo de su evolución. Y a su vez la totalidad de las instituciones jurídicas constituyen un sistema, que muestra asimismo carácter orgánico, en cuyo conjunto han de considerarse las diversas instituciones jurídicas, si se las quiere comprender adecuadamente. Es precisamente este sistema de las instituciones jurídicas, en su conexión orgánica, no las normas abstractas, la forma en que el Derecho está vivo en la conciencia popular; de modo que es a partir de esa visión global de las instituciones de donde ha de derivarse por un proceso artificial (o técnico) la norma, cuando se hace necesario conocerla en la forma lógica» (*Historia del Pensamiento jurídico*, vol. II, 8ª ed. 1997, pg. 430). La teoría institucionalista tuvo éxito en Francia, con HAURIOU, y en Alemania, con SCHMITT, quien acuñó el término de «pensamiento del orden concreto» *(Konkretes Ordnungsdenken)*. Puede verse la obra general de RUIZ-GIMÉNEZ, *La concepción institucional del Derecho*, Madrid, 1944. En los últimos tiempos ha adquirido nuevo empuje, sobre todo por cierta influencia de la sociología. *Vid.* MACCORMICK/WEINBERGER, *Grundlagen des Institutionalistischen Rechtspositivismus*, Berlin, 1985. En Italia destaca la obra de Santi ROMANO, al que estudiaremos más adelante.

EJERCICIOS

(Esta lección, como habrás tenido ocasión de comprobar, es un pelín difícil. Hay en ella muchos conceptos aún insuficientemente explicados. Pero no te apures, pues a ellos dedicaremos mucha atención. Ahora se trata de que hagas un esfuerzo para asimilar lo que puedas. En la segunda lectura que hagas, una vez concluido todo el libro, verás cómo entiendes todo.)

1. Consulta la obra de KELSEN, *Teoría pura del Derecho* (a poder ser la edición de Eudeba, Buenos Aires, que es más sencilla que la edición posterior publicada por UNAM, México); extrae algunos párrafos donde se demuestra la postura «normativista» del autor.

2. Haz lo mismo con la obra de HART, *El Concepto de Derecho*, Ed. Abeledo-Perrot, Buenos Aires, 1961.

3. Pon ejemplos de normas jurídicas. Para ello ayúdate de los textos jurídicos, tales como la Constitución Española, el Código Civil, el Código de Comercio, o el Código Penal.

4. ¿Qué es una institución jurídica? Relaciona los conceptos de institución y de norma.

5. Consulta la obra de HAURIOU, *La Teoría de la institución y de la fundación*, Abeledo-Perrot, Buenos Aires, 1968. Encuentra en este libro el concepto de *institución* y coméntalo.

6. Te encuentras en el parque con un letrero que dice: «prohibido cortar las flores bajo multa de 300 euros». ¿Qué autoridad es la que probablemente ha establecido la prohibición? ¿Estamos ante una norma jurídica? ¿Dónde está en este caso la relación jurídica?

7. Trata de dar un concepto de *relación jurídica*. Aunque aún no lo encuentres claramente perfilado en lo que has estudiado hasta ahora, inténtalo. Además, pon ejemplos de relaciones jurídicas (explica los ejemplos del libro y pon otros distintos y explícalos).

8. Consulta las primeras páginas del libro de Jaime GUASP, *Derecho*, Madrid, 1971 (en concreto los dos primeros capítulos), extrae su definición del Derecho conectándola con el concepto de relación jurídica. Este ejercicio te resultará difícil, pero piensa que todo aprendizaje requiere un cierto esfuerzo.

9. ¿Por qué razón crees que para definir mi postura trato antes de contestar a la pregunta acerca de cuál es el contenido mínimo de todo ordenamiento jurídico?

10. ¿Cuáles son los elementos mínimos para poder afirmar la existencia de un ordenamiento jurídico?

11. Explica la relación entre *ordenamiento jurídico y constitución*.

12. ¿En qué consiste la constitución «mínima»?

13. Relaciona los siguientes conceptos: poder constituyente, decisión constituyente, norma constitucional, institución constitucional.

14. Puede decirse que toda constitución crea un nuevo ordenamiento jurídico imponiendo una *forma de gobierno*. Explica esta idea.

15. ¿Por qué razón el concepto de relación jurídica se subsume en el de institución?

16. El concepto de relación jurídica ¿no sirve entonces para el análisis del Derecho?

17. Distingue entre *acción regulante y acción regulada.* Pon ejemplos de ambos conceptos.

18. ¿Es posible elaborar una Teoría del Derecho centrada en el concepto de *acción*?

19. ¿Cuáles son en definitiva los tres elementos conceptuales básicos para analizar el Derecho? Explícate.

CAPÍTULO 3

EL DERECHO COMO TEXTO

VII. DERECHO Y LENGUAJE

De lo que hemos estudiado hasta ahora, seguro que has retenido ya con claridad la idea de que el Derecho ha surgido para resolver los conflictos que se generan entre los seres humanos y que, aparte de servir para resolver conflictos o situaciones difíciles, el Derecho también es la forma en que la sociedad se organiza: establece quién manda y de acuerdo con qué procedimientos, cómo se distribuyen los bienes, cómo se adquieren o transmiten, qué hay que hacer cuando alguien no respeta «mi derecho», cómo está organizado el Estado, etcétera.

En suma, puede afirmarse que el Derecho es la forma más relevante de organización social que sirve para resolver los conflictos e implantar la paz.

Estas funciones del Derecho no se consiguen siempre en total plenitud. En toda sociedad habrá permanentemente una cierta dosis de desorganización y de conflicto no resuelto definitivamente. Pero lo que importa es que, en general, se pueda constatar el cumplimiento de esos objetivos básicos. Si la desorganización social es total y el Derecho no sirve para resolver medianamente los conflictos más destacados, entonces apenas se podrá afirmar que en esa situación reina el Derecho; más bien lo que reina es la anarquía. Ésta, como lo indica su propio nombre, es ausencia de poder que impone un orden, mientras que el Derecho es todo lo contrario: orden impuesto desde el poder mediante las decisiones de éste.

Por eso decíamos en lecciones pasadas que donde hay sociedad, hay Derecho. Pero fíjate ahora bien en lo que voy a decirte. Donde hay sociedad, hay Derecho. Muy cierto. Pero *también* donde hay sociedad hay lenguaje. La misma naturaleza de la sociedad se hace imposible sin la existencia del lenguaje. Sólo hay sociedad allí donde los hombres están en disposición de entenderse entre sí, y eso sólo sucede merced a la existencia de un lenguaje común que lo permita. Toda acción colectiva o acción en común (y acción de este tipo es el mero convivir) precisa de la existencia de un sistema de signos (eso es el lenguaje) que asegure la *comunicación* entre sus miembros. Sin comunicación, la sociedad no es posible. Es más, en un sentido muy contundente podemos afirmar que la sociedad es un sistema de comunicación, un *sistema comunicativo* entre sus miembros.

Los componentes de una sociedad se comunican entre sí en niveles muy diferentes. Se comunican, en primer lugar, en lo que es el ámbito de las *relaciones privadas* o estrictamente personales. Y también se comunican en el marco de las relaciones no estrictamente privadas, sino en las *económicas*, en las *políticas*, en las *religiosas*, etc. Pues bien, cada sociedad selecciona cuáles son las relaciones del más diverso género que introduce en el Derecho, haciéndolas además relaciones *jurídicas*.

Quiero decir con esto que el Derecho lo mismo penetra la vida privada que la económica, la política o la religiosa, y también otros ámbitos distintos de éstos. Incluso aquellos aspectos de la vida humana que parecen más alejados, como puede ser el amor, son elevados a categoría jurídica en el matrimonio y en las relaciones paternofiliales.

A lo que voy ahora es a subrayar la idea de que el Derecho es un sistema de organización social que penetra todos los ámbitos de la vida humana. Esto puede expresarse también diciendo que el Derecho es el sistema de comunicación social más relevante en nuestros días. Gracias al Derecho podemos entendernos en nuestras relaciones, aunque varíen nuestras mentalidades y nuestras costumbres personales.

Y si la comunicación es posible porque hay lenguaje, algo tendrá que ver con éste también el Derecho.

En efecto, no es posible expresar el Derecho sino mediante el lenguaje. El lenguaje es la forma en que el Derecho primariamente se manifiesta. La manera en que el Derecho existe en sociedad es, sobre todo, como un conjunto de expresiones o proposiciones de lenguaje cuya misión es regular o dirigir las acciones humanas.

No es concebible una sociedad sin lenguaje, como tampoco es concebible sin Derecho. Sociedad, lenguaje y Derecho son realidades que siempre han ido unidas. Para organizarse y resolver los conflictos es preciso poder comunicarse, y para poder comunicarse es imprescindible usar un lenguaje.

Son muchos los autores que han puesto en contacto esos tres conceptos y que han resaltado la conexión entre Derecho y lenguaje. A pesar de eso, son pocos los que han hecho del lenguaje el centro de sus reflexiones sobre el Derecho. Un gran número se han centrado en la conexión del Derecho con la sociedad. Otros en los conceptos que necesariamente implica un ordenamiento jurídico. Otros, en fin, en los criterios de justicia que han de presidir las decisiones jurídicas. No han caído en la cuenta quizá de que las diferentes facetas del Derecho son iluminadas de una manera más intensa si se las enfoca relacionándolas con la idea central de que *el único modo de expresión del Derecho es el lenguaje.*

Esa es precisamente mi perspectiva. Desde que comencé a escribir sobre estos temas he concebido la Teoría del Derecho como *análisis del lenguaje de los juristas* o, lo que es lo mismo (como tendremos ocasión de comprobar), como una *Teoría comunicacional del Derecho.* Son estas dos fórmulas una manera de abreviar el sentido último de lo que entiendo por Teoría del Derecho, que ahora no me voy a detener a explicar, pero que sí es conveniente que retengas. La Teoría del Derecho es análisis del lenguaje; y además, del lenguaje de los juristas. La razón está en que el Derecho es un sistema de comunicación, por lo que la Teoría del Derecho es una teoría *comunicacional.*

El punto de partida de esta concepción de la Teoría del Derecho es que éste se nos aparece en nuestra vida como un sistema de comunicación entre los humanos cuyo objetivo consustancial es la organización de la convivencia social. Es un sistema de comunicación que usa de las *palabras* para expresarse. Incluso aquellos mandatos sociales que se generan mediante la costumbre, esto es, mediante actos de la comunidad (y no mediante la proferencia de palabras, como sucede con la ley que promulga el legislador), incluso esos elementos del Derecho generados por vía consuetudinaria, son *expresables en palabras.* Todos los elementos que componen el Derecho son *verbalizables.* La lingüisticidad es la forma natural de aparición fenoménica del Derecho. En ese sentido puede afirmarse que el Derecho *es lenguaje.*

La experiencia cotidiana nos enseña esto, además. El legislador promulga una nueva ley, y lo hace con palabras. El juez dicta sentencia, y para ello emplea asimismo palabras. Los contratantes celebran un contrato de compraventa de un piso, y para ello firman ante el notario un contrato que está hecho de palabras. Palabras, palabras, palabras..., todo son palabras en el Derecho.

Me dirás que hay también órdenes jurídicas (esto es, órdenes dadas por autoridades jurídicas) que no son transmitidas mediante palabras, sino mediante signos. Ejemplo: la señal del semáforo o, en general, las señales de tráfico. Evidentemente, estas señales constituyen un sustituto de las palabras. El rojo del semáforo nos dice: «debe usted parar»; y el verde: «puede usted pasar». Las señales son sustitutos de las palabras.

Todo en el Derecho es susceptible de ponerse por escrito. De ahí que en las sociedades civilizadas la tendencia natural es que el Derecho aparezca unido a la escritura. El Derecho escrito es la característica más relevante del Derecho moderno.

El Derecho primitivo de las comunidades tribales, aunque no sea Derecho escrito, o no nazca como tal, usa también del lenguaje, en este caso del lenguaje oral, por lo que igualmente es susceptible de ponerse por escrito. La lingüisticidad es una característica esencial del Derecho, por lo que todo Derecho es, potencialmente, Derecho escrito.

Todo lo anterior podemos resumirlo en esta frase: *el Derecho es texto.* O también: todo ordenamiento jurídico es un gran texto unitario que se compone de textos parciales (las distintas leyes, decretos, reglamentos, sentencias judiciales, etc.).

Pero, bueno, esto lo trataremos en la próxima lección. Por hoy es suficiente.

EJERCICIOS

1. Relaciona los siguientes conceptos: Derecho, poder, orden y anarquía.

2. Relaciona: sociedad, Derecho y lenguaje.

3. ¿Qué significa que la sociedad es un *sistema comunicativo*?

4. Consulta en mi libro *Sociología del Derecho* el capítulo correspondiente a las funciones sociales del Derecho. Relaciona la función comunicacional con las otras funciones que se estudian en ese capítulo.

5. ¿Qué puede significar la afirmación de que «el Derecho es el sistema de comunicación socialmente más relevante en nuestros días»?

6. Explica lo que quiere decir que «el único modo de expresión del Derecho es el lenguaje».

7. Para ampliar lo que entiendo por *Teoría del Derecho* puedes consultar mis obras *Las Reglas del Derecho y Las Reglas de los Juegos,* Palma de Mallorca, 1984, Apéndice II; y también, *Introducción a la Teoría del Derecho,* Barcelona, 1988, 6ª edición, 2003, capítulo VI. De todas formas, volveremos sobre este tema aquí, de modo que si no te llama la curiosidad especialmente, lo puedes dejar para más adelante.

8. Explica qué significa el vocablo *lingüisticidad* y relaciónalo con *verbalización.*

9. Dibuja ejemplos de señales de tráfico y escribe al lado sus significados respectivos.

10. Relaciona las siguientes palabras: *verbalización, lingüisticidad y escritura.* Explica por qué razón todo ordenamiento jurídico es susceptible de ponerse por escrito.

VIII. EL DERECHO COMO TEXTO

Veíamos en la lección anterior cómo, de cualquier forma que se mire, es verdad que el Derecho, en todas sus formas (o sea, como ley, como costumbre, como actos de los particulares) se manifiesta en lenguaje o, para ser más exactos, es susceptible de manifestarse en lenguaje. De ahí deducíamos que el Derecho *es* lenguaje.

Se trata de una propuesta teórica muy modesta, que no debe ser malinterpretada. Decir que el Derecho es lenguaje no supone defender una posición ontológica «fuerte» (algo así como una definición de su «esencia»). Significa tan sólo aceptar que esta cualidad del Derecho puede servirnos como punto de partida para su análisis. Incluso es posible combinar la idea de que el Derecho se manifiesta siempre en lenguaje con una tesis «fuerte» acerca de la esencia del Derecho (como pueden ser, por ejemplo, la tesis de que el Derecho es «hecho social» o es «idea de justicia»).

Aquí, por tanto, no estamos defendiendo una postura acerca de la «esencia» última del Derecho, sino tan sólo un *punto de partida* para su análisis posterior. No nos importa demasiado la «esencia» o «sustancia» del Derecho, lo que «sea» en último término. Sólo nos preocupa encontrar una vía de investigación que nos permita contemplar su pluridimensionalidad. Esta vía nos la ofrece el análisis del lenguaje. Lo cual no significa, hay que decirlo una vez más, que todo lo jurídico se reduzca, en su complejidad fenoménica, a lenguaje.

Se tenga la concepción que se tenga de lo que el Derecho «es» en su íntima esencia, puede aceptarse como incontrovertible el hecho de que la forma en que se presenta en nuestras vidas es la de la *escritura*. No significa esto que todo Derecho nazca escrito; pues no nace escrita la costumbre, que puede ser también fuente de normas jurídicas. Sin embargo, aunque no todo el Derecho nace escrito, su característica de sistema de comunicación le hace susceptible de ser puesto por escrito.

Todo ordenamiento jurídico es, en definitiva, un *texto*. Bien porque ya el legislador (y los otros centros de producción de normas) nos lo ofrezca como algo ya escrito, bien porque nosotros mismos (o el investigador del Derecho de una sociedad) lo podamos poner por escrito, recopilando los usos y costumbres que se tienen como jurídicos en esa sociedad (lo cual quiere decir que se tienen como obligatorios y se imponen, si es preciso, por la fuerza).

La experiencia cotidiana avala, por lo demás, esta idea del Derecho como texto. Tanto los profesionales del Derecho, como quienes no lo son, saben perfectamente que para averiguar cómo es el Derecho que regula la compraventa de un piso, la adopción, o la constitución de una sociedad de responsabilidad limitada, tienen que dirigirse a determinados textos como son el Código Civil (para los dos primeros ejemplos) y la Ley de Sociedades de Responsabilidad Limitada (para el tercero). El trato con el Derecho conduce siempre, inexorablemente, al manejo de textos.

Tanto la Constitución Española, como el Código Civil (que es una ley ordinaria) o la Ley de Sociedades de Responsabilidad Limitada, son textos parciales de un gran texto «total», que es el Derecho español actualmente en vigor. Todos los textos jurídicos de ese tipo, hoy válidos, configuran lo que se llama ordenamiento jurídico.

El ordenamiento jurídico no es sino un gran texto formado por los textos concretos de la constitución, las leyes, los tratados internacionales, las normas dictadas por la administración, las sentencias de los jueces, los convenios colectivos, las condiciones generales de contratación (que suelen recogerse en la «letra pequeña» de los contratos), los negocios jurídicos productores de normas (aparte de los convenios colectivos entre trabajadores y sindicatos, son negocios de este tipo los contratos y los testamentos).

El hacer profesional de los juristas siempre transcurre entre textos. El legislador, cuando promulga una ley, lo que hace es aprobar un texto, al que le da el valor de «ley». El juez, cuya misión es dictar sentencia para resolver el caso que se le ha planteado, no hace otra cosa que aplicar los textos (sea el creado por el legislador, o por la costumbre) al supuesto concreto, y al mismo tiempo al dictar sentencia está generando un nuevo texto, que se incorpora al texto global del ordenamiento. El abogado, en su despacho, organiza la estrategia del pleito que tiene en sus manos acudiendo a los textos, porque sabe que el juez que ha de resolver lo hace también teniendo a la vista el texto jurídico aplicable al caso.

Y así podríamos continuar con el resto de los operadores jurídicos: notarios, registradores, representantes diplomáticos, consultores, gestores de empresas, funcionarios de todo tipo... Todos ellos se caracterizan porque, en su profesión, tienen que manejar textos jurídicos o normativos concretos, que forman parte de un texto global o conjunto, que es el ordenamiento jurídico.

Puedes entender ahora muy fácilmente que *todo ordenamiento jurídico es un gran texto, compuesto de múltiples textos parciales.* Tengo interés en subrayar que todo ordenamiento es *un* texto, del cual forman parte la constitución, las diversas leyes, etc. La unidad de conjunto, la unidad global de todos los textos parciales radica en la unidad del ordenamiento. Los textos parciales cambian, pero el ordenamiento continúa. Por ejemplo, cambia la LSRL (Ley de Sociedades de Responsabilidad Limitada), como efectivamente ha cambiado hace unos años, pero el ordenamiento jurídico a que dicha ley *pertenece* sigue siendo el mismo, el ordenamiento jurídico español. Por tanto, cuando usamos la expresión «Derecho español» u «ordenamiento jurídico español» estamos empleando una expresión globalizadora para referirnos de un manera unitaria al conjunto de los textos que lo componen, que configuran una unidad textual, un gran texto global.

La imagen biológica también nos puede servir para entender más gráficamente estas ideas. El organismo está compuesto por tejidos celulares muy diferentes, pero lo que les da unidad es su pertenencia al todo que es el organismo. Igualmente, las células mueren y son sustituidas por otras, hay cambio interno permanentemente; a pesar de lo cual el organismo sigue siendo el mismo. Pues bien, de la misma manera que puede decirse que la realidad fundamental en la biología es el organismo, así también puede afirmarse que la realidad básica, el concepto fundamental, al que se tienen que referir todos los demás conceptos en el Derecho, es el ordenamiento jurídico. Este es un texto compuesto de múltiples textos concretos.

Usando de los medios informáticos de los que hoy disponemos, es posible (y también deseable) hacer realidad ese gran texto global que es el ordenamiento. Con la ayuda de procesadores podríamos obtener «en pantalla» todos los textos concretos y parciales que configuran el ordenamiento jurídico español. Basta con archivar los que están hoy en vigor y con ir cambiándolos a medida que el legislador los modifique, añadiendo los nuevos textos concretos que se vayan generando.

Pero piensas, y con razón, que tú has manejado en tus estudios muchos textos, y que por ahora ninguno era «jurídico». Has manejado textos literarios, históricos, religiosos, científicos... incluso textos musicales. Y que entonces te gustaría saber la diferencia existente entre los diversos tipos de textos. Reconozco que es esta una tarea demasiado ardua como para tratar de resolverla en un curso de introducción a la Teoría del Derecho o a la Filosofía del Derecho, y que merecería un estudio más particularizado. Así que ahora sólo te diré cuatro cosas que satisfagan algo tu curiosidad.

Para simplificar al máximo, podemos hablar de tres tipos de textos: los constatativos, los emotivos y los regulativos. (En una exposición más completa habría que añadir otros, como los textos interrogativos –es el caso de un trabajo en el que se plantea un problema–, los textos persuasivos –como pueden ser los textos políticos cuya función básica es convencer al auditorio–, etc.).

Los *constatativos* son aquellos textos cuya misión es constatar o describir cómo son las cosas, cómo han sucedido determinados eventos, cómo suceden o cómo sucederán; describen o constatan un estado de cosas que pertenece bien al pasado, bien al presente, bien como imaginamos que será en el futuro (aunque, en este último caso, mejor sería hablar de texto «predictivo»). La constatación o descripción consiste en relatar o contar cómo son las cosas en cualquiera de sus dimensiones temporales (cómo han sido, cómo son, cómo serán). Y esta operación descriptiva o constatativa puede realizarse tanto para cosas que han pasado o pasan en la realidad, como para las que no pasan en la realidad, sino que, por decirlo así, pasan en la ficción.

Dentro de este tipo de textos los hay, a su vez, de gran variedad. Lo mismo encontramos el relato histórico (que describe qué sucedió en el pasado), como el relato novelado (la novela clásica describe o narra una historia de ficción aunque verosímil), y también la exposición de una teoría científica, que nos «explica», por ejemplo, por qué razón suben o bajan los precios en la sociedad de mercado.

Capítulo aparte merecerían los textos constatativos o descriptivos de acontecimientos futuros, que son lo que llamamos «predicciones». Pero aquí no nos vamos a meter en demasiados dibujos. Baste decir que el texto predictivo se limita a «decir de antemano» (eso significa «pre-decir») cómo sucederán las cosas. Por ejemplo, qué tiempo hará mañana, o qué partido político será el más votado en las próximas elecciones. La predicción es algo parecido a una descripción anticipada, aunque propiamente no es una descripción o constatación, porque para describir o constatar hay que tener en cuenta lo ya sucedido.

El lenguaje de este tipo de textos es lo que los lingüistas llaman lenguaje *descriptivo*. También dicen que el lenguaje cumple una función descriptiva o constatativa cuando se limita a describir o constatar un estado de cosas. Quien utiliza el lenguaje de este tipo realiza un acto de habla (oral o escrito) que tiene la intención de *dar a conocer* un estado de cosas al destinatario (esto es, a la persona que escucha o que lee).

Ejemplos de frases que cumplen esta función de dar a conocer, o lo que es lo mismo, emplean un lenguaje descriptivo (y, por tanto, pertenecen a un texto constatativo): «está nublado»; «son las diez y media de la mañana»; «veo venir a Juan a través del parque»; «el Barcelona ha sido este año campeón de Europa»; «en un lugar de La Mancha de cuyo nombre no quiero acordarme...»; «Colón descubrió América»; «el cuadrado de la hipotenusa es igual a la suma de los cuadrados de los catetos»; «mañana lloverá»; «X ha robado un coche a punta de pistola»; y otros muchos ejemplos que tú puedes inventarte. En todos ellos, el hablante, al emitir su acto de habla está transmitiendo conocimiento acerca de un estado de cosas, real o ficticio. El propósito del hablante es que el destinatario, el oyente, conozca o sepa algo, y por eso su función es la de dar a conocer.

En segundo lugar, están los textos *emotivos*, que son aquellos cuya función no es constatar o describir algo, sino transmitir un sentimiento, un estado de ánimo, una sensación (de entusiasmo, de dolor, de tristeza, de amor, etc.). El lenguaje emotivo es empleado por el hablante para provocar en el destinatario ese sentimiento.

Expresiones tales como «Gervasio es una excelente persona», «¡qué injusticia!», «¡viva España!»; «no puedo vivir sin ti»... y de este estilo, son frases que no tratan de describir (al menos prioritariamente), sino de suscitar un sentimiento en el destinatario, provocando una reacción anímica de cariño, de indignación, de entusiasmo, de amor, de misericordia, etcétera.

Paradigma de texto emotivo en la literatura es la poesía lírica.

Para terminar, tenemos los textos *regulativos o prescriptivos*. En ellos se usa el lenguaje en su función regulativa o prescriptiva, lo que quiere decir que el hablante se dirige a su destinatario o destinatarios para mover su voluntad a realizar determinado tipo de acciones (o a abstenerse de realizarlas). Incluso puede dirigirse a sí mismo, como cuando hace una promesa, que le obliga a quien la hace a cumplir determinado comportamiento (la promesa va dirigida también a otra persona, que es a quien se promete algo). El lenguaje prescriptivo, por consiguiente, lo mismo se aplica para dirigir la acción ajena que la propia. Es el lenguaje propio de las órdenes, de los mandatos, de las promesas, de los ruegos, de los consejos, y también de las normas.

Ejemplos de expresiones en las que se emplea el lenguaje en su función prescriptiva: «¿me pasas el salero, por favor?» (depende quien lo diga, es un ruego o una orden, pero no una pregunta; ¡cosas curiosas del lenguaje!); «deberías aprender a nadar» (puede ser una orden o un consejo, dependiendo de la situación); «te prometo que te escribiré todos los días» (no hace falta devanarse los sesos para saber que esta frase es una promesa); «¡la bolsa o la vida!» (es una orden o mandato, que un ladrón emite amenazante); «al homicida se le impondrá la pena de prisión de diez a quince años» (aunque viene expresada en el tiempo futuro, no es una predicción, sino una norma que impone al juez el deber de imponer una pena determinada si encuentra que la persona que juzga es responsable del delito de homicidio).

Todas estas oraciones, y otras parecidas que te puedes inventar tú (y que te pediré que hagas en los EJERCICIOS), se caracterizan por que no van dirigidas prioritariamente a dar a conocer algo, o a informar acerca de algo (aunque, sin duda, también informan; pero no es esa su función prioritaria); tampoco tratan de provocar sentimiento alguno (aunque probablemente lo produzcan). Su función intrínseca o consustancial es conseguir que el destinatario, la persona a quienes se dirige el hablante o emisor de la frase, actúe de determinada manera; van dirigidas estas oraciones a que los destinatarios realicen determinada acción, o se abstengan de realizarla.

El lenguaje prescriptivo, característico de los textos regulativos o prescriptivos, es, por tanto, un lenguaje *dirigido a la acción*. Ésta puede consistir en un «hacer» o en un «no hacer», en una acción «positiva» o en una «negativa», en una acción (propiamente dicha) o en una omisión (o abstención).

Ya sé que están saliendo muchos conceptos que necesitarían de mayor explicación, como estos últimos de «acción» y «omisión». Hay que tener paciencia. Ya sabes que Jericó es duro de pelar y que no nos queda más remedio que ser pacientes, y seguir avanzando, siempre dando vueltas...; en una de esas nos volveremos a encontrar con estas palabras.

Volvamos a lo nuestro. En este panorama bastante simplificador del tema, pero suficiente para nuestro propósito, hemos visto que pueden distinguirse tres tipos de textos, a los que corresponden otros tantos tipos de lenguaje (o mejor, de funciones del lenguaje): textos constatativos o descriptivos, textos emotivos y textos regulativos o prescriptivos.

La pregunta es entonces: ¿a cuál de estos tipos de textos pertenece el texto jurídico? Aceptarás que no hay que romperse la cabeza para contestarla. El texto jurídico (que es todo ordenamiento) es una modalidad de texto regulativo o prescriptivo.

El Derecho no se propone describir ni constatar situaciones o estados de hecho; no nos cuenta lo que ha pasado, ni tampoco establece predicciones; no narra acontecimientos reales o ficticios. Eso no quiere decir que no tenga en cuenta situaciones o acontecimientos. Claro que los tiene en cuenta, pero no para describirlos, sino para tomarlos como referente de una acción concreta. Por ejemplo, la norma que prohíbe el homicidio tiene en mente una situación que se produce en el ámbito de los hechos: la muerte de una persona. Pero la norma no «describe» la muerte de la persona que ha sufrido la agresión, sino que lo que hace es ordenar la imposición de una sanción a quien ha cometido el delito. La norma ordena una acción (la imposición de una sanción) si el juez llega a la convicción de que el acusado ha realizado efectivamente el acto homicida.

El Derecho tampoco se propone suscitar sentimientos, no es esa su función. Aunque realmente los suscita. Por ejemplo, cuando hay una manifestación contra una ley determinada, o cuando oímos que alguien se queja porque no existe una norma que regule una situación concreta y que, de acuerdo con su criterio, debería estar regulada (es lo que se llama una «laguna»: no hay norma donde debería haberla). Los sentimientos se producen en los individuos de manera muy dispar. Lo que a unos les parece bien, a otros les parece mal. Lo que a unos puede producir indignación, a otros les produce complacencia. En cualquier caso, la función del Derecho no es suscitar sentimientos o reacciones emocionales, sino regular las acciones humanas. Los sentires o emociones que provoque es una cuestión que puede ser calificada de «externa», ajena al Derecho en sí mismo considerado.

El texto jurídico es, en su esencia, un texto regulativo o prescriptivo.

EJERCICIOS

1. Resume las ideas básicas del capítulo y haz un esquema o cuadro de ellas.

2. En el texto recalco que la tesis de que el Derecho es lenguaje no es una *posición ontológica «fuerte»*. Explica qué es lo que quiero decir con ello.

3. ¿Qué significa que la *escritura* es el modo de presentación normal del Derecho?

4. Explica la idea de que «el Derecho es texto». Pon ejemplos de textos jurídicos concretos que conforman el texto jurídico global que llamamos «ordenamiento jurídico español».

5. Aunque volveremos a estudiar este concepto, busca ahora en libros de Derecho civil el tema del *negocio jurídico*, y trata de contestar la pregunta: ¿qué es un negocio jurídico?, ¿qué relación existe entre la noción de negocio jurídico y la de texto?

6. Busca la etimología de la palabra «negocio». Es una palabra que se utiliza mucho en español, con diferentes significados: búscales en el DRAE y pon ejemplos.

7. Explica la idea de «textos jurídicos parciales» y su relación con el «texto jurídico global» que es el ordenamiento.

8. Los profesionales del Derecho se relacionan siempre con textos jurídicos. Pon ejemplos de esto.

9. Haz un cuadro que resuma los tipos de textos y su relación con los tipos de lenguaje y sus respectivas funciones.

10. Pon ejemplos de textos constatativos.

11. Si tienes tiempo puedes leer mi estudio «El Derecho como texto (en torno a la fundamentación de una Teoría comunicacional del Derecho)», en *Persona y Derecho*, vol. 35, 1996, pgs. 195 y ss.; ahora también en el libro *El Derecho como texto*, 2ª ed., Madrid, 2006. Haz un resumen de las ideas más importantes y relaciónalas con lo que has estudiado aquí.

12. Explica qué peculiaridades tiene la novela como texto constatativo (me refiero a la novela típica, como p. ej. *Fortunata y Jacinta*, de Benito PÉREZ GALDÓS).

13. Trata de definir el concepto de *predicción*. Pon ejemplos de predicciones. ¿Por qué introduzco ese concepto dentro del lenguaje descriptivo?

14. Da ejemplos de frases que supongan el uso de lenguaje emotivo.

15. Pon ejemplos de frases que impliquen el uso del lenguaje prescriptivo y trata de averiguar qué es cada una (si un ruego, un consejo, una norma, etc.). No te preocupes si no aciertas, pues sobre este asunto volvemos en una próxima lección. Sólo inténtalo, y al estudiar la lección 21 te darás cuenta si has acertado.

16. ¿Por qué el Derecho excluye el lenguaje descriptivo?

17. Relaciona el concepto *texto regulativo o prescriptivo* con el concepto de *acción*.

18. Si tienes tiempo averigua algo más sobre teoría de los textos y teoría de la comprensión de textos en las obras de GADAMER y RICOEUR.

IX. CARACTERES DEL TEXTO JURÍDICO

Hemos quedado en la lección anterior en que el Derecho no es un texto constatativo, ni emotivo, sino regulativo o prescriptivo. Su misión permanente es orientar o dirigir la acción humana. Por eso se dice que regula la acción o que prescribe la acción (o, en plural, las acciones). También se le puede denominar «texto *práctico*», empleando la palabra «práctica» o *praxis* como algo que tiene que ver con la «acción o conjunto de acciones». «Texto práctico» es aquel que adquiere su sentido en relación con la acción.

Dentro del género «texto regulativo» (o bien «texto prescriptivo», o «texto práctico»), el Derecho no se encuentra solo, pues esos términos pueden ser aplicados lo mismo a la moral, a los usos sociales, a las normas religiosas, o a los juegos. Ahora no es el momento de emprender el estudio de las diferencias que separan estos conceptos, tarea que dejo para más adelante. Simplemente conviene tener presente que el Derecho no es el único conjunto de normas que regula la vida humana, sino que hay otros; y en tal sentido, junto al texto regulativo o prescriptivo del Derecho, hay también otros textos que también son regulativos o prescriptivos.

Por lo que respecta al Derecho, el término «regulativo» conlleva el de «organizativo». Pues, en efecto, el Derecho no se limita *sólo* a regular directamente las acciones humanas (como sucede con la moral, que prescribe siempre «haz esto o aquello»), sino que *también* crea el *marco institucional u organizativo* que permite identificar a los actores productores de preceptos, con sus competencias y procedimientos. En el Derecho hay «organización», «instituciones»; en la moral o en los usos sociales, no. Por esa razón, el texto jurídico no sólo regula acciones, sino también instituciones.

Bajo el concepto de «regulativo», por tanto, se engloba tanto la regulación de la acción humana como la regulación de las instituciones jurídicas. Ejemplos de lo primero: todos los preceptos del Código Penal que prohíben los distintos delitos (al proscribir determinadas acciones –homicidio, asesinato, robo, violación–, las regulan). Ejemplos de lo segundo: todos los preceptos que se refieren a instituciones.

Así, el artículo 66 de la Constitución Española en su primer párrafo establece: «Las Cortes Generales representan al pueblo español y están formadas por el Congreso de los Diputados y el Senado». Este precepto no regula una acción determinada. Su función consiste en adscribir la representación del pueblo español a una institución concreta, que el mismo precepto *crea* (en el sentido de «generar», «producir», «dar a luz»), determinando también su composición en dos cámaras, a las que da nombre: Congreso de los Diputados y Senado (el hecho de que históricamente se hayan llamado así no impide aceptar la idea de que la nueva Constitución ha «bautizado» a ambas cámaras, pues podría haberles dado otro nombre).

Es evidente que este artículo de la Constitución no regula acciones humanas, sino que se limita a regular una institución.

Otro ejemplo de la misma Constitución: el artículo 12. Dice así: «Los españoles son mayores de edad a los dieciocho años». Este precepto *crea* la mayoría de edad, ordena que sea a los 18 años. Es claro que no prescribe acción alguna, pues no se puede hacer nada concreto para ser mayor de edad; simplemente se tienen 18 años o no se tienen. Este precepto, pues, no regula una acción, sino que lo que hace es regular una condición jurídica de las personas, de tal manera que puedan distinguirse los que son mayores de los que son menores de edad. Esa distinción tiene consecuencias prácticas importantes; los mayores, por ejemplo, pueden vender bienes inmuebles de los que son propietarios, pero no los menores (lee el art. 323 del Código Civil). La distinción tiene consecuencia para la realización de acciones, y por ello puede decirse que está conectada *indirectamente* con la acción. Pero directamente el precepto que establece la mayoría de edad (y, consecuentemente, también la minoría) no regula una acción, sino un *aspecto institucional* del ordenamiento jurídico, cual es el señalizar quiénes son los sujetos con plena capacidad de obrar. La palabra «institución» no hay que entenderla sólo en referencia a los mecanismos del poder político o jurídico, sino también en su sentido meramente *organizativo*, como sucede en este ejemplo, ya que el artículo citado se limita a señalar quiénes son destinatarios de determinadas normas.

Podemos concluir del análisis precedente que *el texto jurídico es un texto regulativo institucional*. La palabra «institucional» matiza el significado de «regulativo» que, como ya he señalado, comprendería ya en sí lo institucional, sin necesidad de decirlo. Pero al explicitar el matiz lo que pretendo es diferenciar un texto regulativo como el Derecho de otros, como la moral, en los cuales no hay «instituciones» propiamente dichas. En la moral no hay «órganos», ni «organizaciones», ni «certificados»; tampoco hay «procedimientos», «procesos», «sentencias», «penas», etc., aun cuando en ocasiones empleemos analógicamente estas y otras palabras similares.

Además de estas características, el texto jurídico (al menos en el Derecho actual) es el resultado de un conjunto de *decisiones*. Quiero decir que, por ejemplo, el Código Civil o el Código Penal han surgido porque un conjunto de hombres reunidos en las Cortes españolas han decidido su contenido y han decidido (porque tienen poder para ello) imponerlos como obligatorios para todos los españoles. Y lo mismo sucede con los actos de la Administración (entre ellos los del Gobierno, que es la cúspide de la misma) que generan nuevo texto jurídico, que se incorpora al texto global, que es el ordenamiento. O con los tratados internacionales, o las sentencias de los jueces, especialmente de los de máxima jerarquía, como son el Tribunal Constitucional y el Tribunal Supremo. En suma, todos los textos jurídicos que aparecen publicados en el «BOE» (Boletín Oficial del Estado) son el resultado de la decisión de un órgano o institución competente en la materia de que se trate y que han adoptado la decisión de acuerdo con un procedimiento preestablecido.

Incluso puede considerarse que el Derecho «no escrito», el que no aparece publicado en el «BOE», como el llamado Derecho consuetudinario, es resultado también de una decisión o de un conjunto de decisiones, si bien el sujeto queda aquí desdibujado al pertenecer a un pasado remoto. Al comienzo de todo Derecho consuetudinario hay siempre la decisión de alguien, aunque no quede registrado en un documento, ni se tenga exacta noticia de cómo se generó una determinada costumbre.

El acto de decidir implica la elección entre varias posibilidades. Quien decide el contenido de un texto jurídico (por ejemplo, aceptando el divorcio), elige una opción posible de las existentes. Por tanto, excluye las demás (como la de no aceptar el divorcio; o la de no aceptar el matrimonio, ya que en tal caso sería superfluo regular el divorcio).

Me interesa que te detengas un poco a pensar en esto de la decisión. Toda decisión implica una elección y, consiguientemente, la exclusión de las otras posibles alternativas. Decidir es elegir. Para elegir hay que estar convencido de que no se yerra o, al menos, de que la elección hecha es la menos mala. Para elegir entre varias alternativas hay que comparar. Y para comparar hay que valorar. El tema de la decisión nos lleva irremediablemente al de los *valores*, que son precisamente las pautas desde las cuales se valora o se enjuicia y, por tanto, se elige, esto es, se decide.

Piensa un poco en el ejemplo de antes, el del matrimonio y el divorcio. Lo primero que el legislador tiene que elegir es entre regular, o no, el matrimonio. Esto implica, entre otras cosas, decantarse por una idea determinada del matrimonio; por ejemplo, si acepta las llamadas ahora «parejas de hecho» (en especial, parejas homosexuales) como auténticos matrimonios. Esto ya implica una elección, que a su vez presupone una valoración. Supongamos que el legislador se decanta por la idea del matrimonio entre heterosexuales, dando un tratamiento diferente a las «parejas de hecho». Una vez que se ha decidido por el matrimonio en el sentido de siempre (lo que supone una valoración determinada), se planteará si admite el divorcio o no, y entonces ante la necesidad de elegir entre las dos alternativas posibles, tendrá que valorar qué es mejor, o menos malo, y eso desde puntos de vista muy dispares (el legislador tendrá en cuenta los aspectos morales, pero no sólo: también considerará la mentalidad social, la cuestión de los hijos, etc.). Y atendiendo a esas valoraciones, bastante complejas, adoptará la decisión que estime conveniente.

Pero, ¡cuidado!, estamos hablando del legislador como si fuera una sola persona que piensa razonablemente sobre cómo regular una sociedad. En la actualidad ya sabes que el legislador es una asamblea y no una única persona. Esta circunstancia introduce todo un complejo panorama que afecta, no ya a los problemas que se debaten en sí mismos considerados, que también, sino al modo de decidir, al procedimiento, a las discusiones que tienen lugar en las cámaras que componen el cuerpo legislativo, etc. Como puedes ver, alrededor del tema de la decisión en el Derecho hay toda una problemática riquísima e interesante. Nosotros abordaremos algo de ella a lo largo de estas páginas. Así que paciencia...

En resumidas cuentas, de acuerdo con lo que he expuesto llegamos a la conclusión de que *todo ordenamiento jurídico es un texto regulativo, institucional y decisional*.

Regulativo, porque *regula*, dirige u orienta las acciones humanas mediante reglas (palabra que viene del latín, *regula*) o mediante normas («reglas» y «normas» son términos que podemos utilizar como sinónimos).

Institucional, debido a que es un texto que *organiza* el conjunto del ordenamiento y, consiguientemente, de la sociedad que aquél regula, estructurando los diversos poderes (político, económico, social, etc.) bajo forma jurídica.

Decisional, habida cuenta de que el texto jurídico, que es el ordenamiento, es resultado de un amplio abanico de decisiones conscientes, tomadas por quienes tienen poder para ello (por tanto, desde el poder constituyente, que toma la decisión constituyente y crea así la constitución, pasando por el poder legislativo, que genera la ley, así como la administración, los jueces, los funcionarios más diversos, e incluso las simples personas físicas, como tú y yo, que podemos tomar decisiones con validez jurídica, como sucede cuando hacemos un contrato que nos obliga con otra persona).

EJERCICIOS

1. Resume las ideas centrales del capítulo.

2. Aclara el significado de las siguientes palabras: «prescribir» y «proscribir».

3. ¿Qué significa que el Derecho es un texto *práctico*? Averigua el sentido de esta palabra en un diccionario de filosofía (p. ej., FERRATER MORA).

4. Aclara los significados de las expresiones: «texto regulativo», «texto prescriptivo», «texto práctico». Ponlos en relación.

5. Explica la idea de que el Derecho es un «texto *institucional*».

6. Pon ejemplos de textos jurídicos que regulen conductas y de textos jurídicos que regulen instituciones. Busca los ejemplos en la Constitución Española, en el Código Civil y en el Código Penal.

7. ¿Qué quiero decir cuando afirmo que el artículo 66 de la Constitución Española *crea* las Cortes Generales? ¿Y que el artículo 12 de la misma Constitución *crea* la mayoría de edad? Aclara qué significa aquí «creación».

8. Relaciona la idea de que algunas normas están relacionadas indirectamente con la acción, con la idea de «aspecto institucional».

9. ¿Por qué el «texto *moral*» no es un texto «institucional»?

10. Explica la idea de que el Derecho (el «texto jurídico») es el *resultado* de un conjunto de *decisiones*.

11. Entra en la página web del «BOE». Da un vistazo a su contenido y haz un esquema de sus diversas partes. Extrae ejemplos de «textos jurídicos regulativos» (esto es, de normas, no de convocatorias o de simples notificaciones).

12. Razona por qué también el Derecho consuetudinario puede ser entendido como el resultado de una decisión o de un conjunto de decisiones. Piensa en qué se diferencia la decisión que da lugar al Derecho legislado y la que genera el Derecho consuetudinario.

13. Relaciona los siguientes conceptos: decisión, elección, valoración y valores.

14. Razona el tema de la decisión y la valoración de alternativas, en relación con el matrimonio y el divorcio. Pon otro ejemplo y razónalo.

15. Explica con tus palabras la afirmación de que «todo ordenamiento jurídico es un texto regulativo, institucional y decisional».

CAPÍTULO 4

LAS DECISIONES EN EL DERECHO

X. LA DECISIÓN CONSTITUYENTE

La creación del Derecho se produce mediante las *decisiones jurídicas*. Éstas dan lugar a la normas jurídicas, las cuales, a su vez, al agruparse conforman unidades amplias de tipo organizativo a las que se conoce con el nombre de instituciones. Ya hemos dicho que estos tres aspectos (decisiones, normas e instituciones) van íntimamente entrelazados, de tal modo que no es posible entender plenamente un concepto jurídico o explicarse una determinada construcción si no se tiene presente estos tres aspectos.

Las decisiones constituyen el aspecto generador o *dinámico* del ordenamiento jurídico, ya que son ellas las que generan nueva sustancia, nueva materia. Sin decisiones no habría Derecho, no habría normas ni instituciones. Estas últimas las ha creado alguien de alguna manera. Ese «alguien» es quien ha tomado la decisión; y «de alguna manera» significa aquí precisamente la decisión misma en cuanto que entraña un procedimiento. Las decisiones crean las normas y las instituciones, y asimismo las modifican. Las decisiones crean el ordenamiento y, una vez creado, lo cambian, lo amplían o lo restringen. Sin decisión no hay norma ni institución.

Toda norma jurídica es el resultado de una decisión. No hay excepciones. Siempre que nos encontremos con una norma, habrá una decisión que la haya generado. La norma que llamamos ley (como, por ejemplo, el Código Civil, o la Ley de Arrendamientos Urbanos) existe como tal porque el legislador ha decidido promulgarla, y además ha decidido sus contenidos concretos, y no otros. La norma que llamamos sentencia forma parte del ordenamiento en razón de que el juez la ha generado mediante su decisión; si el juez no hubiera decidido como lo ha hecho, la sentencia no existiría como tal sentencia, o tendría otro contenido diferente. El contenido de un contrato entre Cayo y Sempronio es el que ambos, poniéndose de acuerdo, han decidido, pudiendo haber decidido otro contenido diferente, en cuyo caso el contrato tendría obviamente otras cláusulas, y no las que tiene. Abstrayéndonos de los ejemplos concretos, y volviendo a repetir la idea para que quede definitivamente clara, podemos concluir que las normas que componen un ordenamiento jurídico son el resultado de un conjunto de decisiones. El ordenamiento se genera mediante ese conjunto de decisiones.

Si el ordenamiento es el *texto generado*, el texto global que tenemos introducido en el ordenador, las decisiones son los *actos de habla* de los creadores del Derecho. El legislador «habla» cuando promulga la ley. El juez «habla» al dictar sentencia. Los contratantes «hablan» cuando fijan el contenido del contrato que les ha de vincular en su relación. En suma, todos los creadores o generadores de normas «hablan», emiten «actos de habla» al concretar las normas. La decisión es un acto de habla, un acto de lenguaje. La decisión jurídica es un acto de habla que, por ser emitido por quien tiene un *poder* especial (jurídico) para hacerlo, adquiere la cualidad de pasar a formar parte del ordenamiento jurídico, con todo lo que esto implica.

De igual modo, lo que acabamos de ver respecto de las normas puede ser aplicado a las instituciones, al ser éstas unidades de organización conformadas por normas. Las instituciones jurídicas son el resultado de decisiones jurídicas.

El legislador, al legislar, crea instituciones, las configura, las da vida y forma propia. Así, por ejemplo, el legislador decide crear la institución del matrimonio y la crea de una determinada manera (admitiendo sólo la monogamia, y no la poligamia o poliandria, instituyendo el divorcio, etc.). Los jueces también participan en esa configuración concreta de contenidos de las instituciones, si bien hay que reconocer que en un nivel muy inferior al legislador. Aunque se limiten a concretar el sentido de disposiciones legislativas que conforman la institución, no puede despreciarse su papel, pues en definitiva las instituciones son lo que los jueces (y en general, los «aplicadores» de la ley) hacen que sean. Y también sucede que hay instituciones de pura creación jurisprudencial (es decir, a través de reiteradas sentencias de los jueces, que se han decantado a lo largo del tiempo en el mismo sentido, generando una institución).

Por lo que respecta a los particulares, hay que decir que, aunque tienen capacidad de generar normas *inter partes* (que les afecta a las partes que establecen el negocio), siempre dentro de los límites permitidos por la ley, su capacidad de configurar instituciones es escasa, en el sentido de que siempre estará sometida a la última palabra de los jueces. Puede entenderse que la costumbre genere una institución, y por tanto sea el pueblo, la gente, los particulares quienes la han dado vida; pero es incompleto verlo así, pues tal institución sólo existe realmente en el Derecho cuando los jueces la consideran como tal, es decir, cuando aplican las normas que la conforman.

Así pues, las decisiones configuran el aspecto dinámico del ordenamiento, mientras que las normas y las instituciones forman el aspecto estático. Las normas son los elementos últimos en que se puede descomponer el ordenamiento, mientras que las instituciones son las mismas normas, pero relacionadas unas con otras en un contexto más amplio organizador de una determinada realidad. Las instituciones reflejan «órdenes concretos» dentro del «orden global» que es un ordenamiento. (P. ej., la institución «matrimonio» es un «orden concreto» dentro del «orden global» que es el ordenamiento jurídico español).

Si se contempla el ordenamiento jurídico tan sólo como un conjunto de normas se adopta una *perspectiva estática y analítica.* Estática, porque se le contempla como «texto jurídico» acabado. Analítica, porque el ordenamiento es visto en la composición de sus elementos básicos.

Si se contempla el ordenamiento jurídico como un conjunto de instituciones, se estará adoptando una *perspectiva estática y sintética.* Lo primero, por la razón que ya he señalado: se considera al ordenamiento como algo ya acabado. Sintética, porque se le contempla en su dimensión de organización interna en unidades funcionales, en «órdenes concretos».

Pero si el ordenamiento es contemplado desde el punto de vista de las decisiones que lo generan día a día, lo estaremos viendo en su *perspectiva dinámica,* como algo vivo que se está haciendo, en su creación y transformación. La función de las decisiones jurídicas es crear normas (y, con ello, instituciones), y modificar o derogar las ya existentes; en definitiva, dar vida al ordenamiento, hacer de éste una realidad dinámica.

Volviendo al símil biológico que tantas veces he usado ya, las normas serían las células del Derecho, mientras que las instituciones serían los órganos y los tejidos, y las decisiones habría que compararlas con los «hechos fisiológicos» que tienen lugar en el organismo.

Del conjunto de decisiones que generan el ordenamiento jurídico hay *una* que destaca, sin lugar a dudas, como la más importante, pues es el «comienzo» de todo, el punto de partida de la existencia del ordenamiento y, con ello, de las decisiones posteriores. Es la llamada *decisión constituyente o extraordinamental (o extrasistémica).*

Se la denomina «constituyente» porque mediante dicha decisión se «constituye» o «crea» el ordenamiento jurídico. Es el *fiat* del Derecho (de manera similar a cómo el *fiat* divino da lugar a la generación del mundo, el *fiat* jurídico que es la decisión constituyente produce el Derecho). Antes de la decisión constituyente no hay aún Derecho. La decisión constituyente se llama así porque «constituye» o «crea» el nuevo ordenamiento, dando a luz su *constitución.*

Los calificativos «extraordinamental» o «extrasistémico» abundan en la misma idea. El primero supone que la decisión constituyente se produce «fuera» o «antes» del ordenamiento, que todavía no existe; el segundo, «fuera» o «antes» del sistema (concepto este que, como veremos más adelante, es próximo al de ordenamiento).

Una vez emitida la decisión constituyente y, por tanto, generada la constitución, el *resto* de las decisiones jurídicas se producen en el marco constitucional y, en consecuencia, ordinamental. Todas las demás decisiones que no son la decisión constituyente son las *decisiones constituidas* (en el sentido de «constitucionales», lo que quiere decir adoptadas según lo exigido por la constitución generada por la decisión constituyente). También las podemos denominar decisiones *intraordinamentales o intrasistémicas* (o sea, decisiones jurídicas emitidas «dentro» del ordenamiento o del sistema).

Así pues, las decisiones jurídicas pueden dividirse en dos categorías claramente establecidas: decisión constituyente o extrasistémica y decisiones constitucionales o intrasistémicas. *Tertium non datur:* no es posible una tercera categoría.

La decisión extrasistémica o constituyente es la decisión que crea el ordenamiento jurídico, dándole una constitución. Antes de la decisión constituyente, el ordenamiento no existe. Hay que preguntarse entonces: para el Derecho ¿qué es lo que existe antes de dicha decisión? La respuesta no puede ser otra sino ésta: puede existir *otro* ordenamiento jurídico, o puede no existir ningún ordenamiento en absoluto.

El primer caso es relativamente frecuente. Sucede cuando se produce una *revolución* que rompe radicalmente con el ordenamiento jurídico anterior e instaura un nuevo esquema de poderes, una nueva constitución. Se pasa entonces de un ordenamiento jurídico a otro, después de un período más o menos traumático. El nuevo ordenamiento rompe con el anterior, no se apoya en él, lo rechaza y lo sustituye.

También es posible que no exista ordenamiento alguno y que un grupo de hombres hayan llegado a un lugar, cada uno por su cuenta, y se propongan vivir juntos. Cada uno de estos hombres ha roto con los lazos que le ligaban al país de donde procede y se encuentra ahora en una situación en la que tiene que llegar a un acuerdo con los demás para instaurar un nuevo orden jurídico que les permita la convivencia. Tal es el caso de los colonos que llegaban a los territorios del oeste americano, al *far west* alejado de la civilización. Hasta que se instauraba un nuevo orden jurídico se vivía en una situación prejurídica, intermedia entre el caos y la anarquía romántica. Esta situación la describe muy bien la película «La leyenda de la ciudad sin nombre», protagonizada por Clint Eastwood, Lee Marvin y Jean Seberg (¡Cuidado! Estos tres no son «autores» sino «actores». No vaya a suceder que en el examen los adscribas a cualquiera de las teorías jurídicas que estudias en este libro...).

Así pues, antes de la decisión constituyente el ordenamiento jurídico no existe. Existirá quizá otro ordenamiento, pero no el que genera la decisión constituyente. O bien no existirá ordenamiento alguno. Sea cual sea la situación precedente, lo cierto es que mediante la decisión constituyente se alumbra un nuevo ordenamiento jurídico, un nuevo Derecho.

EJERCICIOS

1. Haz un resumen de las ideas principales del capítulo.

2. Carl Schmitt sostiene que los tres aspectos del Derecho –norma, decisión e institución– dan lugar a tres formas de pensamiento jurídico inconciliables: el normativismo, el decisionismo y el institucionalismo (o «pensamiento del orden jurídico concreto», como él llama a este último). Razona por qué esta idea de Schmitt está equivocada.

3. Lectura del libro de Carl Schmitt, *Sobre los tres modos de pensar la ciencia jurídica*, Ed. Tecnos, Madrid, 1996 (77 páginas). Haz un resumen de las ideas de Schmitt. Sitúa al autor en su época e indaga su ideología política. ¿Tiene que ver su ideología con lo que sostiene en la obra? Haz un comentario de las ideas expuestas en el libro que más te hayan llamado la atención.

4. Explica la idea de que las decisiones jurídicas son «actos de habla».

5. Explica la idea de que el legislador *crea* instituciones mediante sus «actos de habla».

6. ¿Por qué los particulares, como tú y como yo, tienen escasa capacidad para crear instituciones?

7. Relaciona estos dos grupos de conceptos: *a)* «decisiones, normas e instituciones», y *b)* «aspecto dinámico y aspecto estático del Derecho».

8. Explica qué quiere decir «orden global» y «órdenes concretos» pertenecientes al orden global.

9. Aclara los siguientes conceptos: *a)* «perspectiva estática y analítica»; *b)* «perspectiva estática y sintética», y *c)* «perspectiva dinámica».

10. ¿Cuál es la división fundamental de las decisiones jurídicas?

11. Explica lo que es la *decisión constituyente* y aclara el significado de sus diversos nombres.

12. «*Fiat* divino» y «*fiat* jurídico»: razona el porqué de esta analogía.

13. Relaciona el concepto de *revolución* con el de *decisión constituyente*. Trata de encontrar ejemplos en la Historia.

14. Por fin una tarea placentera: ve la película «La leyenda de la ciudad sin nombre» y relaciónala con el tema de la lección. ¿Crees que el cine nos puede enseñar mucho o poco sobre el Derecho? Razona la contestación.

XI. EL PODER CONSTITUYENTE. EL PROCESO CONSTITUYENTE

Imagínate las dos situaciones que en la lección anterior te refería: la situación, que se da de vez en cuando en la historia, de un pueblo que cambia de constitución porque cambia de estructuras político-jurídicas (por ejemplo, en la Revolución francesa de 1789, o en la soviética de 1917) y, en definitiva, de ordenamiento jurídico; y, en segundo lugar, la situación en la cual no es posible romper con un ordenamiento anterior, ya que éste no existe (es el caso de los colonos que llegan, cada uno por su cuenta, a la misma región y en ella se establecen; hay un momento en que se produce la necesidad de establecer la convivencia sobre la base de unas normas que a todos vinculen, es el momento de la instauración del Derecho, de la creación de un ordenamiento jurídico).

En las dos situaciones descritas, de las cuales la primera supone una ruptura con el ordenamiento anterior, y la segunda un comienzo desde la «nada jurídica», se genera un nuevo ordenamiento que *no* proviene de otro anterior. En el primer caso, porque se rompe con el que había; si se rompe, es evidente que el nuevo ordenamiento no puede apoyarse en el ordenamiento que existía antes; la ruptura supone comenzar de nuevo.

En el segundo caso, es todavía más evidente que el nuevo ordenamiento no puede apoyarse en el anterior por la sencilla razón de que éste no existe. Podría decirse que estamos, todo lo más, ante una situación «prejurídica» o de «regulación social», la cual hace posible un determinado género de convivencia en el seno de las familias y unas ciertas «buenas relaciones de vecindad» con los poseedores de los predios colindantes. Pero lo que no se puede afirmar es que exista un ordenamiento jurídico mientras esa situación no se haya consolidado en un sistema general de normas jurídicas.

Fíjate bien entonces que estamos ante dos situaciones que podemos llamar de *ruptura* y *ex nihilo* (desde la «nada» o a partir de la «nada»; se entiende la «nada jurídica»). Las dos suponen el nacimiento de un nuevo ordenamiento jurídico, las dos inauguran una nueva regulación de las relaciones interhumanas. La diferencia estriba en que en el caso de la ruptura, el nuevo ordenamiento sustituye a otro, mientras que si nace *ex nihilo*, no hay tal suplantación. El nacimiento *ex nihilo* surge partiendo de una situación de «nada jurídica», de vacío de normas de Derecho (aunque, como digo, pueda admitirse una situación «prejurídica», cuyos caracteres son difíciles de determinar).

De estas dos situaciones de *comienzo* de un nuevo ordenamiento jurídico hay que distinguir otra, que no implica comienzo de un *nuevo* ordenamiento, sino *transformación* del ya existente.

La transformación es algo cotidiano en todo ordenamiento jurídico. Cada día se promulgan nuevas leyes, se dictan nuevos decretos, se pronuncian nuevas sentencias. El cambio incesante es una característica esencial y cotidiana del Derecho. Pero en este momento no me refiero a esta transformación habitual. Me refiero a la transformación que afecta a la estructura organizativa general (por ejemplo, si se modifica el sistema electoral en un Estado, o las competencias del poder ejecutivo), que haga que se modifique sustancialmente la configuración de los poderes superiores. Cuando esto sucede *sin romper* con la situación jurídica anterior, no se sustituye un ordenamiento por otro, sino que simplemente se transforma el ya existente.

Otra palabra que podemos emplear para este fenómeno de la transformación es la de *reforma*. Ambos términos apuntan a un significado común: el ordenamiento jurídico se transforma o se reforma y se convierte así en el mismo ordenamiento transformado o reformado. No hay creación *a nativitate* (desde el nacimiento), ya que propiamente no hay nacimiento de un nuevo ordenamiento. Lo que se produce es una modificación, una nueva *versión* del ya existente.

Resumiendo. Las tres situaciones posibles en el *cambio* de un ordenamiento son:

a) Comienzo de un nuevo ordenamiento *ex nihilo* (desde la «nada jurídica»).

b) Comienzo de un nuevo ordenamiento por *ruptura* (que es la «revolución jurídica»).

c) Transformación o modificación de un ordenamiento ya existente mediante *reforma*.

Esta última, la reforma, supone que el ordenamiento cambia de acuerdo con lo establecido en el mismo ordenamiento. La transformación efectuada puede afectar a una ley, o a varias, a normas dictadas por la administración pública, o a cualquier otro aspecto.

También puede afectar a la constitución, en cuyo caso se habla de reforma constitucional, que consiste en cambiar normas de la constitución por el mecanismo que la propia constitución ha previsto. Pero cuando hay una reforma constitucional no estamos en presencia de un nuevo proceso constituyente que genere una constitución nueva, sino en un mero proceso de reforma de la constitución. Incluso cuando las reformas son muy importantes. Se pueden generar *cadenas constitucionales*, lo cual sucede cuando son varias las constituciones que históricamente han tenido vigencia y que teniendo un punto de partida en una constitución concreta se han ido reformando en etapas sucesivas.

Un ejemplo característico de cadena constitucional lo tenemos en la formada por las cinco constituciones de la República Francesa.

Cuando verdaderamente se produce el *proceso constituyente* es en los supuestos de comienzo de un nuevo ordenamiento jurídico en cualquiera de sus dos formas (*ex nihilo*, o por ruptura), y el sujeto protagonista de dicho proceso es el *poder constituyente*.

Se denomina poder constituyente al poder que crea el nuevo ordenamiento jurídico. Esto es posible gracias a que, mediante su decisión (que es la decisión constituyente), se crea la constitución del nuevo ordenamiento. Poder constituyente, decisión constituyente y constitución son conceptos que siempre van unidos (salvo en el caso de que la nueva constitución provenga de la reforma de una constitución anterior).

Proceso constituyente es el conjunto de actos, realizados por el poder constituyente, que tienen por objeto preparar y decidir el contenido normativo e institucional concreto de la nueva constitución.

Puede ser el proceso constituyente más o menos largo y más o menos complicado, dependiendo de múltiples factores, como pueden ser la composición del poder constituyente, la situación política, la lucha ideológica, etc. Pero haciendo abstracción de las peculiaridades del caso concreto, hay que subrayar la idea de que el proceso constituyente no es sino *un conjunto de actos* que desembocan en la generación de una nueva constitución.

El sujeto protagonista de ese conjunto de actos es el poder constituyente. Es un poder anterior a la existencia del ordenamiento jurídico y su función es cabalmente dar comienzo a la vida del ordenamiento. Por tanto, no es un poder sometido al Derecho (en el sentido que habitualmente los juristas dan a este término, equiparándolo a «Derecho positivo» o «puesto» por la voluntad humana). Es un poder que tiene libertad de acción para dar a luz el nuevo Derecho, el nuevo ordenamiento.

El poder constituyente *originario* es el pueblo, entendido como el conjunto de individuos que quieren vivir juntos sometidos a un mismo ordenamiento jurídico, o a una misma constitución. La voluntad del pueblo es la voluntad primera de la que deriva la fuerza del Derecho.

Pero como el pueblo, dadas sus habituales proporciones, tiene grandes dificultades para reunirse en asamblea y deliberar y decidir el contenido de la nueva constitución, lo normal es que delegue su poder en un hombre o en un conjunto de hombres que, actuando como representante, haga posible acordar la nueva constitución, y con ella el nuevo ordenamiento jurídico. A ese hombre o asamblea de hombres que ha recibido el encargo de elaborar la constitución se les puede denominar poder constituyente *derivado o delegado*. Este último no es el verdadero poder constituyente, sino sólo el encargado de preparar la nueva constitución, que habrá de ser decidida en última instancia por el poder originario popular.

En efecto, el procedimiento normal en el proceso constituyente es que se encargue la elaboración de una constitución a un grupo reducido de personas, integrantes representativos de las diferentes fuerzas políticas y sociales que *de hecho* tienen presencia relevante (y, por tanto, peso político) en la sociedad que pretende darse la nueva constitución. Ese grupo de personas debatirán los contenidos concretos de la futura constitución, y, una vez pactada entre ellos, la someterán a su aprobación definitiva por el verdadero poder constituyente, que es el pueblo, mediante referéndum o plebiscito.

El pueblo es, por tanto, el verdadero poder constituyente. Haciendo uso de su soberanía o poder supremo, *se da forma jurídica a sí mismo mediante la constitución por él aprobada, creando con ella el marco jurídico dentro del cual habrá de insertarse el resto del ordenamiento.*

Tal ha sido el procedimiento empleado para la instauración de la Constitución Española de 1978. Fueron siete los representantes de las distintas «fuerzas políticas» los que fueron encargados de preparar los contenidos concretos (normativos) de la nueva Constitución: los llamados «padres de la Constitución»; que más que «padres» fueron «tutores», o, mejor aún, «comisarios», porque nuestra Constitución tiene un solo y único «padre», que no es otro que el pueblo español, protagonista de su propia historia. En el seno de esa *comisión* se discutieron los criterios de justicia y los principios de organización política que habrían de incorporarse al contenido normativo constitucional, llegando finalmente al *pacto* (el «pacto constitucional») que reflejaba el *consenso* de las diferentes posiciones políticas. Una vez pactado el documento constitucional, se le sometió a la aprobación popular mediante referéndum. El pueblo español, único protagonista de su historia y poder constituyente originario, superaba de esta forma, haciendo uso de su soberanía, la situación jurídica proveniente de la guerra civil, instalando definitivamente la paz entre todos los españoles.

Ahora bien, date cuenta de una cosa. He afirmado, con gran énfasis, que el poder constituyente verdadero es el pueblo. Lo afirmo porque así lo creo. *Pero* en el marco de las diversas posibilidades de *legitimación* del poder se pueden manifestar otras opiniones. Así, hay gente que no cree en la legitimación democrática del poder político y que, consecuentemente, no reconocerán al pueblo la condición de poder constituyente originario. El régimen político surgido en España tras la guerra fratricida se apoyó en la legitimación «carismática» del *Caudillo*, de igual modo a como sucedió en la Alemania del *Führer*, o en la Italia del *Duce*. Existe, por consiguiente, la posibilidad de que el poder constituyente originario sea una sola persona, o un grupo concreto de personas no identificado necesariamente con el pueblo.

Sea cual sea el modo en que se produzca el proceso constituyente, y sea cual sea el sujeto que ostente la cualidad de poder constituyente, lo cierto es que todo desemboca en la decisión constituyente, generadora de la nueva constitución y, consiguientemente, del nuevo ordenamiento jurídico. La decisión constituyente es la acción creadora de las normas básicas del ordenamiento (constitución), sin las cuales no es posible la existencia de éste.

La decisión constituyente se concreta en un conjunto de normas (las normas constitucionales), que organizan los poderes máximos del Estado y sus principios políticos (instituciones constitucionales). Las normas constitucionales son la expresión verbalizada o lingüística de la constitución. Las instituciones constitucionales son esas mismas normas contempladas en unidades organizativas y regulativas más complejas.

Ejemplos de instituciones constitucionales: la Corona, el Gobierno, las Cortes Generales, los derechos fundamentales. Todas estas instituciones representan una contemplación unitaria de complejos concretos de normas constitucionales. Así, por ejemplo, la Corona es una institución regulada en el Título II, artículos 56 y siguientes.

El conjunto de lo que hemos dicho, podemos exponerlo simplificadamente en este cuadro:

PODER CONSTITUYENTE	
Poder extrasistémico o extrajurídico; «antes» del Derecho positivo; sometido a la idea de Justicia.	En las democracias, es el pueblo; en las dictaduras, el dictador.
PROCESO CONSTITUYENTE	
Conjunto de actos del poder constituyente, o su delegado, que desemboca en la decisión constituyente.	Reuniones y debates sobre criterios de justicia y de política, hasta llegar al consenso.
DECISIÓN CONSTITUYENTE	
Decisión extrasistémica o extraordinamental, creadora de la constitución.	Equivale al «quiero» definitivo del poder constituyente.
NORMAS CONSTITUCIONALES	
O, sencillamente, constitución.	Expresión verbalizada del contenido de la decisión constituyente.
INSTITUCIONES CONSTITUCIONALES	
La misma constitución, vista en su aspecto organizativo y programático.	Expresión unitaria de grupos de normas en torno a unidades organizativas o programáticas.

EJERCICIOS

1. Haz un resumen del capítulo.

2. Distingue las dos situaciones básicas de comienzo de un nuevo ordenamiento jurídico.

3. Describe una situación de *ruptura constitucional* de la mano de un ejemplo histórico.

4. Haz lo mismo con el nacimiento de un nuevo ordenamiento jurídico *ex nihilo.*

5. Define el concepto de *transformación o reforma* de un ordenamiento jurídico y diferéncialo del de nacimiento de un nuevo ordenamiento jurídico.

6. El paso del ordenamiento jurídico del régimen del general Franco al ordenamiento jurídico que genera la Constitución Española, ¿cómo se puede calificar, de ruptura o de reforma? Razona la respuesta.

7. Explica la «cadena» de constituciones de la República Francesa. Para ello sírvete de un libro de Derecho Constitucional en el que se estudie el tema.

8. ¿Qué es el *poder constituyente*?

9. Define y explica el concepto de *proceso constituyente.*

10. ¿Qué significa que el poder constituyente no está sometido al Derecho?

11. Distingue entre el poder constituyente *originario* y el *derivado.*

12. ¿Por qué razón es el *pueblo* el poder constituyente originario? ¿Es posible que otras entidades sean el poder constituyente?

13. Explica el proceso constituyente de la Constitución Española de 1978. Ayúdate a tal efecto de un tratado de Derecho Constitucional español.

14. Explica los conceptos de *normas constitucionales* e *instituciones constitucionales.* Pon ejemplos de ambos, extraídos de la Constitución Española.

15. Explica el cuadro del final de la lección que relaciona los siguientes conceptos: poder constituyente, proceso constituyente, decisión constituyente, normas constitucionales e instituciones constitucionales.

XII. LA CONSTITUCIÓN

De acuerdo con lo expuesto hasta ahora, podemos afirmar que la constitución es el resultado de la decisión constituyente, el contenido de esta última. Es la misma decisión constituyente, pero vista no en su aspecto dinámico, en su *fieri* (en su hacerse), sino en su aspecto estático y consumado. La constitución es *lo que* se ha decidido mediante la decisión constituyente, al concluir el proceso constituyente.

Hay que preguntarse entonces: ¿qué es una constitución, cuáles sus caracteres esenciales? Esta pregunta es, lógicamente, similar a esta otra: ¿cuál es el contenido de la decisión constituyente?

La dificultad que encontramos en esta cuestión, como tantas veces sucede, es que la palabra «constitución» no es unívoca, sino plurivalente. Se la emplea con significados distintos que es preciso deslindar para poder contestar a esa pregunta.

Dejaremos de lado los usos de la palabra en aquellos contextos que no tienen que ver directamente con nuestro problema, aunque haya un cierto «aire de familia» en determinadas expresiones con el significado que nosotros tratamos de averiguar. Así, por ejemplo, cuando hablamos de «la constitución del cuerpo humano», o «la constitución de un edificio», nos estamos refiriendo a la estructura o armazón fundamental de esas realidades. Al decir que «un grupo de personas se constituyó en asamblea» estamos indicando que dejó de ser un grupo cualquiera para transformarse en una entidad que llamamos asamblea (fíjate bien que en este caso estamos empleando la palabra en su forma verbal: «constituir» o «constituirse»).

También es frecuente el uso del término «constitución» en el lenguaje jurídico en referencia a realidades que no son la que aquí estudiamos. Por ejemplo, la «constitución» de una sociedad civil o mercantil.

Nuestro objeto de interés no es averiguar ahora todas esas significaciones, y sus conexiones en el plano lingüístico, una tarea por lo demás sumamente interesante. Nos centraremos exclusivamente en desentrañar el significado de «constitución» en el contexto que estamos tratando, esto es, en relación con el ordenamiento jurídico y en relación con el proceso y la decisión constituyentes.

Aun así, hay que distinguir cuatro nociones emparentadas entre sí: el uso de la palabra «constitución» en el sentido de «documento constitucional»; su uso en el sentido político, como concepto que implica una determinada connotación ideológica; su uso en el sentido meramente formal; y, por último, su uso en el sentido jurídico ordinario. Son cuatro significados conectados entre sí, pero diferentes. Cuando empleamos la palabra «constitución» solemos referirnos preferentemente a uno de ellos. Habrá que averiguar, en cada caso, a cuál.

a) Como *documento,* la constitución es el libro escrito donde se recogen las normas (y las instituciones que éstas configuran) que una determinada comunidad política se ha dado a sí misma para regular los aspectos fundamentales de su convivencia.

La mayor parte de las constituciones existentes hoy día son constituciones *escritas,* que vienen recogidas en documentos o textos que llevan el nombre de «Constitución» o similares («Ley fundamental», «Leyes fundamentales», etc.).

Ejemplos: nuestra Constitución, la *Constitución Española* de 1978, la *Costituzione italiana* de 1947, la *Grundgesetz* («Ley Fundamental» o «Ley Fundamental de Bonn») de 1949, la *Constitution française,* la *Constitution of United States of America,* etc. Todos estos documentos están plasmados en libros que forman parte de nuestras bibliotecas.

Una nota curiosa: la constitución alemana no lleva el nombre de «Constitución» *(Verfassung),* en atención a que después de la II Guerra Mundial, dividida Alemania, se estimó que no se podía hablar de constitución hasta que el país no estuviera reunificado. Otra nota curiosa: en la España de Franco se empleó la expresión de «Leyes fundamentales» para evitar la aureola «liberal» que el término «constitución» tiene (y del que hablaremos después).

Pero no toda constitución (en el sentido de norma fundamental del ordenamiento) tiene que ser necesariamente una constitución escrita y recogida en un único documento que se promulga de una vez en un momento determinado. No toda constitución tiene que venir recogida en un documento.

Esto sucede en el caso de las llamadas *constituciones consuetudinarias*, esto es, de aquellas constituciones que no están expresadas en normas escritas, sino en costumbres. Tal es el caso de la «constitución» de un ordenamiento jurídico que regula la vida de una comunidad primitiva. Tal es el caso también de la «constitución» del ordenamiento jurídico internacional, formado esencialmente por inveteradas costumbres reguladoras de las relaciones interestatales. Hay que subrayar esta idea de que *también* un ordenamiento primitivo o el ordenamiento internacional tienen su *propia constitución*, esto es, sus normas básicas en las que se insertan el resto de las normas que componen dichos ordenamientos. Pero, a pesar de ello, no poseen un documento escrito en el que se recojan esas normas, o al menos no tienen un documento escrito que haya sido generado formalmente y se denomine «constitución».

Y también se da el caso de que la constitución de un Estado esté compuesta por un conjunto heterogéneo de documentos escritos, de distintos momentos a lo largo de la historia, *mezclados* con un conjunto de prácticas consuetudinarias. Tal acontece en la Gran Bretaña, que posee una constitución que ostenta la característica de estar compuesta por un conjunto de documentos de diversa época y que siguen vigentes (*Magna Charla* de 1215, *Bills of Rigths*, etc.) y un conjunto de costumbres. El conglomerado de todo ello conforma la *british Constitution.*

En conclusión: el documento constitucional es la forma habitual o usual en que vienen expresadas las constituciones, al menos en la Edad Contemporánea, pero no es un requisito o condición esencial de las mismas. El concepto de «constitución» no se identifica, por consiguiente, con el concepto de «documento constitucional».

b) Junto a la constitución entendida como documento, tenemos un segundo sentido de esta palabra que corresponde al concepto *político* (o ideológico) de constitución. Este concepto político o ideológico exige que la constitución cumpla determinadas características ideológicas para poder ser considerada como una auténtica constitución.

El ejemplo paradigmático de concepto político o ideológico de constitución lo suministra el artículo 16 de la Declaración francesa de los Derechos del Hombre y del Ciudadano de 1789, el primer documento acordado al comienzo de la Revolución francesa. Dice así el mencionado precepto:

«Toda sociedad en la cual la garantía de los derechos no está asegurada ni la separación de poderes establecida no tiene Constitución».

Según este precepto, el concepto de constitución exige que se cumpla el requisito de garantizar los derechos individuales y la separación de los tres poderes del Estado: legislativo, ejecutivo y judicial. Un Estado que no garantice los derechos individuales o la separación de poderes, carece de constitución. El concepto de constitución va íntimamente ligado a esos postulados políticos, propios del liberalismo, de tal modo que si la norma fundamental de un Estado no los protege, no puede decirse que ese Estado tenga una auténtica constitución. A la constitución se la exige no sólo que contenga las normas básicas del ordenamiento jurídico (reguladoras de los poderes máximos del Estado), sino que, *además*, entre esas normas figuren algunas cuyo contenido específico sea la garantía de los derechos individuales y la separación de poderes.

Estos dos postulados resumen la esencia del llamado Estado liberal de Derecho. Todo Estado que no sea calificable de Estado «liberal» (por no asumir esos postulados) carecería de constitución.

El concepto político o ideológico de constitución exige que ésta incorpore *determinada concepción de la justicia* (la liberal), y si no es así, exige que no se adscriba el nombre de constitución a las normas que regulan los poderes del Estado. Serán otra cosa, pero no constitución. La constitución es, en su esencia, liberal.

Este concepto político o ideológico de constitución provoca serias críticas, que parecen insuperables.

La primera consiste en subrayar el carácter particularista y relativo del concepto político de constitución. Pues, en efecto, desde otras perspectivas ideológicas, como ha sucedido y sucede aún en los Estados comunistas, se aduce que el llamado Estado liberal no es sinónimo de Estado *justo*, sino expresión de los intereses de una clase social: la burguesía. Una constitución que merezca tal nombre habría de reunir otros requisitos: en concreto, que garantizase la igualdad real de los ciudadanos, por encima de las «libertades formales» del capitalismo. En consecuencia, desde la ideología comunista el concepto de constitución sería otro bien distinto.

Al ideologizar el concepto nos incapacitamos para definirlo abstractamente. Toda definición será tan sólo una apología, una defensa de determinada ideología.

La segunda crítica se desprende de la anterior. El concepto político o ideológico de constitución es inapropiado para describir la estructura de *cualquier* ordenamiento jurídico. Han existido y existen ordenamientos que no pueden ser calificados de Estados liberales de Derecho, pues en ellos ni se han garantizado los derechos individuales ni la separación de poderes. Si se emplea el concepto de constitución con ese significado restringido que exige el citado artículo de la *Déclaration*, nos privamos de un instrumento conceptual analítico de gran importancia para describir la estructura de *todo* ordenamiento jurídico. Habría que inventar otra palabra para designar las normas fundamentales.

Sin embargo, parece razonable pensar que la palabra «constitución» es la que mejor expresa el conjunto de normas que *constituyen* (en el sentido de «crear») cualquier ordenamiento. Se emplea así la palabra en su sentido neutro o formal, no requiriendo la presencia de determinados caracteres políticos o ideológicos. Y puesto que la Teoría del Derecho ha de saber dar cuenta de *todo* ordenamiento, de *cualquier* ordenamiento, y no de unos pocos ni incluso de la mayoría, es más lógico aceptar que el concepto de constitución que tiene que manejar no puede ser el político o ideológico, sino uno neutro o formal, aplicable universalmente.

No hay que perder de vista, sin embargo, que es muy frecuente en el uso común, e incluso en el seno de la ciencia jurídica, emplear la palabra «constitución» en su sentido político, como sinónimo de «constitución *liberal*». La razón radica en que el uso generalizado de la palabra aparece vinculado al liberalismo político y al movimiento doctrinal llamado *constitucionalismo*, que no es otra cosa que la traducción de los postulados liberales en el marco del Derecho público, y concretamente en el Derecho constitucional.

La «constitución» defendida por el movimiento constitucionalista es la constitución liberal. El uso generalizado de la palabra coincide con la aparición de ese movimiento político, característico de la burguesía que habrá de derrocar las estructuras políticas del Antiguo Régimen. Que el concepto político de constitución esté tan generalizado aún hoy día responde a la gran fuerza expansiva de las ideologías.

c) La Teoría del Derecho, de acuerdo con lo dicho, está legitimada para usar en un sentido neutro, meramente formal, el concepto de constitución, de manera que dicho concepto sea aplicable a todo ordenamiento jurídico y no únicamente a aquellos ordenamientos que cumplan determinados requisitos de índole ideológica, por muy respetables que éstos sean (dicho sea entre paréntesis: para mí los más respetables). De esta manera, el concepto de constitución se universaliza, convirtiéndose en instrumento analítico. Para hacer esta operación es preciso prescindir de los contenidos políticos o ideológicos de las constituciones concretas.

El concepto formal de constitución prescinde, por tanto, de toda connotación de tipo político o ideológico, y se limita a destacar que todo ordenamiento jurídico tiene su *propia* constitución. Puede definirse ésta como el conjunto de normas, producto de la decisión constituyente, que establecen las instituciones (de la máxima jerarquía) encargadas de producir las decisiones intrasistémicas (esto es, las decisiones jurídicas internas del ordenamiento).

Reitero otra vez la idea básica de que, desde el punto de vista de la Teoría del Derecho, *todo ordenamiento jurídico tiene su propia constitución.*

Esto nos lleva a preguntarnos la cuestión acerca de cuándo nos encontramos ante un ordenamiento jurídico. El problema es arduo y puede conducir a un debate sin final. Hay opiniones para todos los gustos. Los hay que sostienen que sólo existe *un* ordenamiento jurídico en el mundo que se despliega en múltiples ramas u ordenamientos (mejor sería llamarlos «subordenamientos») particulares. Otros son partidarios de defender la existencia de dos ordenamientos: el estatal y el internacional. Otros, por fin, la existencia de múltiples ordenamientos. Sin perjuicio de que volvamos sobre este tema en una lección concreta, ahora sólo puedo decirte que lo más razonable es adoptar una solución *pragmática* (útil), sosteniendo que el punto de referencia tiene que ser aquí, como en tantos otros asuntos, el uso habitual del lenguaje de los juristas.

Todo lo que el común de los juristas denomina «Derecho», refiriéndose a una unidad reguladora de determinada sociedad, sea ésta la que sea, puede ser calificado como «ordenamiento»: el Derecho del Estado, en primer lugar, pero también el Derecho canónico (que es el Derecho de la Iglesia), el Derecho de la Unión Europea (también llamado Derecho Comunitario), el Derecho Internacional, etcétera.

La única condición para que exista ordenamiento jurídico es que posea *autonomía institucional*. Ésta supone la existencia de instituciones que no dependen de otras, y en eso radica la independencia del ordenamiento jurídico. Producto o reflejo de la autonomía institucional es la *autonomía de fuentes del Derecho* (esto es, autonomía de modos concretos de producción de las decisiones intrasistémicas, que, como sabemos, son las que dan lugar a las normas jurídicas).

Autonomía institucional y autonomía de fuentes del Derecho son las dos características esenciales de toda constitución.

En realidad basta con la primera, con la autonomía institucional. Pues la de fuentes es una derivación lógica. Si hay instituciones auténticamente autónomas, sólo ellas podrán generar las normas que componen el ordenamiento. La autonomía de fuentes es consecuencia de la autonomía de instituciones («autonomía» viene del griego: *autos*, a sí mismo; *nomos*, norma, por tanto, «autonomía» significa que «se da normas a sí mismo», es decir, que es «independiente»).

La autonomía de fuentes del Derecho (esto es, de las diversas maneras en que las normas surgen) es una consecuencia de la autonomía institucional, ya que una vez creadas las instituciones competentes para crear normas, éstas serán el resultado de aquellas. Dicho más vulgarmente: lo decisivo es determinar quién manda autónomamente, la norma (como mandato del que manda) viene después.

Llegamos así a la idea de que, efectivamente, la constitución tiene la función esencial de *crear el aparato institucional de la máxima jerarquía* en el ordenamiento, que es lo mismo que decir los *actores constitucionales*.

Por ejemplo, en un sistema jurídico democrático esos actores son el Parlamento, el Gobierno y el Poder Judicial.

La función de estos actores constitucionales es producir las decisiones jurídicas intrasistémicas, actuando dentro de sus competencias y de acuerdo con los procedimientos establecidos.

Normalmente la constitución no se limita a crear y organizar internamente esas instituciones constitucionales. Aunque con ello sería suficiente para poder hablar ya de existencia de una constitución, es frecuente que también establezcan las respectivas competencias y procedimientos para decidir. De este modo, la autonomía institucional da paso a la autonomía de fuentes del Derecho (o autonomía de producción normativa).

Son los actores constitucionales los que establecen el Derecho, por medio de sus decisiones, que crean nuevas normas supeditadas a la constitución y hacen así posible el desarrollo del ordenamiento jurídico.

En la terminología tradicional de la ciencia jurídica se denomina «fuentes del Derecho» a las diversas formas en que se expresan las decisiones normativas (leyes, reglamentos, sentencias judiciales...).

Toda constitución está compuesta de *normas organizativas* que, si nos referimos al Estado, delinean su forma de gobierno, lo que implica la distribución del *poder jurídico* en su máximo nivel jerárquico.

«Poder jurídico» es una expresión sinónima de esta otra: «poder de tomar decisiones jurídicas».

d) Pero además, junto a ese contenido mínimo, propio del concepto formal, en la constitución se suelen precisar normalmente los *límites* de dicho poder jurídico, al definir la relación de los individuos sometidos al poder con el poder mismo.

Por muy absoluto que sea el poder soberano de un Estado, siempre tendrá determinados límites (por ejemplo, el respeto a los contratos que celebren entre sí los particulares). De otro modo sería imposible la convivencia, y con ello el propio Estado.

En las constituciones demoliberales modernas la relación de los individuos con el poder (por tanto, los límites de este último) se articula por medio del establecimiento de los *derechos fundamentales*, que en conjunto no representan otra cosa que la esfera o ámbito de actuación libre del individuo (vida, libertad y propiedad); esfera en la que el poder público no puede penetrar normalmente. Excepcionalmente, sí es posible esa penetración de los poderes públicos en el ámbito reservado a los individuos; pero esto sólo es posible mediante una declaración previa de *suspensión* de dichos derechos fundamentales. La suspensión se realiza mediante el llamado *estado de excepción*. La declaración del estado de excepción ha de estar prevista en la constitución, ya que implica que permite dejar sin efecto temporalmente algunos de sus preceptos.

Por último, en las constituciones modernas suelen incorporarse también *normas de carácter político programático*, cuya función es establecer las líneas políticas fundamentales por las que ha de discurrir la acción de los poderes públicos.

En general, estas normas suelen establecer deberes dirigidos a los poderes del Estado (o de la organización que se trate: Iglesia, Unión Europea, etc.) para que orienten su acción *política* en la dirección de conseguir determinados *fines* establecidos también constitucionalmente. Estos fines constitucionales se suelen concretar en los llamados *valores superiores* o fundamentales, junto a otros de menor entidad axiológica en el sistema constitucional. Dichos valores se expresan normativamente por medio de los llamados *principios* constitucionales.

El conjunto de fines constitucionales conforman un elemento esencialmente político o ideológico de la constitución. Tienen gran trascendencia en la adopción de las decisiones intrasistémicas. Desde el punto de vista formal no tienen por qué configurar el núcleo esencial de la constitución, que, como ya hemos visto, tiene un carácter institucional y organizativo. Pero el poder constituyente puede muy bien, mediante su decisión generadora de la constitución, elevarlos a la máxima jerarquía normativa, a la misma altura que la constitución en su sentido meramente formal.

Resumiendo las últimas ideas, puedo afirmar que la constitución en sentido meramente formal se limita a designar y organizar las autoridades máximas del ordenamiento jurídico (los actores constitucionales), asignándoles competencias y procedimientos para tomar decisiones jurídicas. Una vez hecho esto por el poder constituyente, el ordenamiento jurídico queda *constituido.*

En el sentido jurídico ordinario, que es el que tiene a la vista un ordenamiento jurídico concreto, la constitución no sólo recoge este núcleo esencial, sino también sus límites (derechos de los individuos) y los fines programáticos de la entidad política de que se trate. Todo lo que el poder constituyente eleve a categoría de «constitución» tendrá tal carácter. Habrá de expresar el contenido mínimo, pero no sólo éste, pues lo ordinario es que introduzca normas materiales de gran contenido político y axiológico.

La constitución en sentido jurídico no se identifica tampoco necesariamente con el documento constitucional, pues es posible la existencia de normas constitucionales que no figuren expresamente en el documento, sino que sean consuetudinarias o incluso que se encuentren en leyes ordinarias, como puede interpretarse que sucede, al menos para algunos efectos, con el Título preliminar del Código Civil, de aplicación a todo el ordenamiento jurídico y no sólo al Derecho civil.

La constitución en sentido jurídico implica entonces la referencia a un ordenamiento jurídico *concreto* y sería el resultado de una tarea de construcción hermenéutica, llevada a cabo por la ciencia dogmática del Derecho, la cual permitiría saber cuál es realmente la constitución de ese ordenamiento concreto.

EJERCICIOS

1. Haz el esfuerzo de resumir las ideas principales de este denso capítulo.

2. Averigua la etimología de la palabra «constitución», y haz un elenco de sus diversos usos en la actualidad. Si quieres, hazlo no sólo con el espa-

ñol, sino con los idiomas que conoces. Para este ejercicio necesitarás los diccionarios.

3. ¿Cuál es el (los) significado (s) de la palabra «constitución» cuando nos referimos a una sociedad mercantil? Te aconsejo que consultes el *Curso de Derecho Mercantil*, de Joaquín GARRIGUES, Madrid, 1976 (7ª ed.), pgs. 310 y ss.

4. Explica el concepto de *constitución* entendida como «documento».

5. ¿Por qué razón los alemanes no emplearon en 1949 el término «constitución» *(Verfassung)*? ¿Qué término escogieron?

6. Explica el concepto de constitución consuetudinaria.

7. Razona por qué el ordenamiento jurídico internacional posee su propia constitución, y analiza cómo es ésta.

8. Define la constitución en sentido político o ideológico.

9. Comenta el artículo 16 de la *Déclaration*.

10. ¿Es aceptable el concepto político de constitución en el marco de la Teoría del Derecho? Razona la contestación.

11. ¿Qué sentido tiene el manejo de un concepto meramente formal de constitución?

12. ¿Qué es el *constitucionalismo*? Amplía, consultando otros libros, lo que has aprendido aquí. Relaciona «constitucionalismo» y «liberalismo político».

13. Define la constitución en su sentido meramente formal.

14. Explica esta frase: «todo ordenamiento jurídico tiene su propia constitución».

15. ¿Qué tesis se mantiene en el capítulo en cuanto al número real de ordenamientos jurídicos existentes: monista, dualista o pluralista? ¿En base a qué criterio se ha elegido?

16. Explica la idea de *autonomía institucional*.

17. Haz lo mismo con la idea de *autonomía de las fuentes del Derecho*.

18. Relaciona los dos conceptos anteriores con el de constitución.

19. ¿Qué son los *actores constitucionales*?

20. Relaciona los siguientes conceptos: constitución, poder jurídico, normas organizativas.

21. ¿Por qué razón la constitución establece de ordinario los *límites* del poder jurídico?

22. Explica la función de los derechos fundamentales en las constituciones modernas.

23. Define el *estado de excepción.*

24. ¿Por qué las constituciones normalmente contienen también normas programáticas de contenido político?

25. Relaciona los siguientes conceptos: constitución, fines constitucionales, valores superiores.

26. Define lo que se entiende por concepto jurídico ordinario de constitución.

27. ¿Qué quiere decirse cuando se afirma que el concepto meramente formal de constitución implica un contenido mínimo aplicable a cualquier ordenamiento, mientras que el concepto jurídico ordinario tiene en cuenta tan sólo un ordenamiento concreto?

28. ¿Por qué motivo la constitución de un ordenamiento jurídico concreto sólo puede «obtenerse» mediante una labor de construcción hermenéutica, propia de la dogmática jurídica?

XIII. LAS DECISIONES JURÍDICAS INTRASISTÉMICAS

Generado el ordenamiento jurídico mediante la implantación de una constitución, pueden comenzar las autoridades o poderes establecidos (los «actores constitucionales») a tomar decisiones. A partir del momento en que la constitución ha sido acordada, todas las decisiones que se produzcan dentro de su marco son decisiones intrasistémicas o intraordinamentales. La decisión constituyente ha creado la constitución. Una vez establecida ésta, las demás decisiones que se vayan produciendo serán decisiones constituidas, dentro del ordenamiento.

Normalmente la constitución no sólo establece cuáles son las autoridades máximas del nuevo orden, sino también sus competencias y procedimientos para tomar nuevas decisiones. Haciendo uso de esas competencias y esos procedimientos, los «actores constitucionales» adoptarán sus decisiones intrasistémicas o intraordinamentales.

Se produce así en las sociedades modernas todo un torrente de decisiones, muchas de las cuales adoptan la forma de decisiones *normativas,* esto es, generadoras de nuevas normas.

A las decisiones generadoras de normas, incluyendo en este concepto tanto la decisión constituyente como las constituidas, la filosofía del Derecho y la doctrina las ha denominado tradicionalmente *«fuentes del Derecho».*

Es esta una expresión metafórica. De igual manera a como el agua brota de las fuentes, así el Derecho surge también abundante de sus propias fuentes. Hay que reconocer que es una metáfora muy sugerente. Pero es algo engañosa, pues suscita la imagen de que el Derecho proviene de una instancia no decisional, sino más bien natural. La fuente brota en la roca y da agua cristalina de manera espontánea; el hombre lo único que hace, en todo caso, es construir o canalizar la fuerza de tan preciado líquido.

No sucede así en el Derecho. No hay norma ni institución jurídica sin decisión. La decisión está en el origen de todo lo jurídico. La decisión no canaliza un Derecho previamente existente, como canaliza el hombre con su construcción artificial el agua que brota espontáneamente. La decisión es ella misma Derecho. El agua existe independientemente de la fuente, pero el Derecho no existe independientemente de la decisión. Por estas razones, sería más apropiado hablar del «sistema de decisiones normativas» en lugar del «sistema de fuentes» de un ordenamiento jurídico dado. Mas la tradición impone también su peso en las cuestiones terminológicas. El empleo de la expresión «fuentes del Derecho», aunque no sea estrictamente apropiado, es por ello casi ineludible. Aparece en casi todos los tratados de estudio del Derecho positivo (como tendrás, o has tenido ya, ocasión de comprobar al estudiar las diversas asignaturas de la carrera).

Cada ordenamiento jurídico tiene *su propio* sistema de decisiones normativas, o su propio sistema de fuentes del Derecho. En este punto también muestra cada ordenamiento concreto su propia idiosincrasia. Cada ordenamiento regula sus propias fuentes y las relaciones que existen entre ellas. Por este motivo, la Teoría del Derecho no está capacitada, como teoría *general* que es, para ofrecer un cuadro único del sistema de decisiones normativas o fuentes del Derecho, aplicable a todos los ordenamientos jurídicos. La pluralidad fenoménica de las fuentes lo imposibilita.

Corresponde a la disciplina denominada *Derecho comparado*, que también suele designarse con el nombre de «Sistemas jurídicos», el estudio de las diversas «familias» de ordenamientos jurídicos existentes en el mundo, y dentro de ese marco se aborda el tema de los diferentes sistemas de fuentes. Pues aunque cada ordenamiento concreto tenga el suyo propio, hay afinidades de unos con otros, que reflejan su similar tradición histórica, su tronco común o su influencia mutua.

En Europa se distingue entre el sistema jurídico continental y el sistema del *common law*. El primero se caracteriza, en el tema que nos ocupa, por que las fuentes del Derecho giran en torno a la ley, mientras que el sistema inglés gira en torno al precedente judicial. El Derecho continental es, sobre todo, un Derecho legislado, mientras que el inglés es predominantemente un Derecho jurisprudencial o Derecho de jueces. En el continente el legislador es la figura central, y en el Derecho anglosajón lo es el juez.

Si acudimos a otras «familias» jurídicas, más lejanas, nos encontraremos con peculiaridades que afectan al sistema de fuentes que nos pueden resultar bastante sorprendentes. Así es, por ejemplo, el hecho de que el Derecho islámico cuente al mismo Corán como la fuente más importante de todo su sistema.

No es nuestro cometido estudiar el panorama de los diversos sistemas de fuentes en las distintas familias, tarea que, como digo, corresponde al

Derecho comparado. Tan sólo he traído a colación esa diversidad de sistemas de fuentes para hacerte caer en la cuenta de que una Teoría del Derecho no puede presentar *un* único modelo de fuentes (o de decisiones normativas, para emplear la terminología más correcta) como si con ese modelo se representara la estructura interna de cualquier ordenamiento jurídico. Lo que suelen hacer las teorías generales del Derecho, en este punto, es reflexionar sobre las fuentes adaptándose al modelo que el autor más conoce. Esto es correcto siempre que no se presente entonces el resultado teórico alcanzado como expresivo de la teoría de las fuentes del Derecho de cualquier ordenamiento. El modo de proceder contrario implica la pretensión de presentar como general lo que no es sino una manifestación concreta de un ordenamiento o de una «familia» de ordenamientos.

Además, hay que subrayar que no sólo son los Estados los que tienen su propio ordenamiento y, consiguientemente, su propio sistema de decisiones normativas o fuentes. Todos los ordenamientos jurídicos, incluidos los que no reflejan el orden de los Estados, como la Iglesia, la Unión Europea, o la Comunidad internacional, tienen su propio esquema de fuentes del Derecho.

Así pues, la pluralidad de los sistemas de fuentes del Derecho (o sistemas de decisiones normativas) es simplemente el reflejo de la pluralidad de ordenamientos jurídicos. Existen múltiples ordenamientos en el mundo. Cada ordenamiento tiene su propio sistema de fuentes. Luego es natural que exista también una multiplicidad abundante de sistemas de fuentes.

Partiendo de lo dicho, es lógico que nosotros nos centremos en la teorización de los temas de fuentes tal y como se reflejan en el mundo jurídico al que pertenecemos, que no es otro que el denominado sistema continental europeo, en el cual predomina la idea del Derecho legislado, unida a una determinada concepción del Estado (soberanía popular, separación de poderes, principio de legalidad, respeto de los derechos fundamentales, etc.). Pero centrarnos en el sistema continental no implica que afirmemos que no hay que tener en cuenta todas las familias jurídicas de los Estados que existen, así como los ordenamientos jurídicos no estatales. Se impone, en este tema de las fuentes, un estudio comparatista que ponga sobre el tapete tanto los elementos comunes a todos ellos como sus caracteres diferenciadores.

Teniendo en cuenta todas estas circunstancias podemos afirmar entonces que en los ordenamientos jurídicos de nuestro entorno (Derecho continental europeo), una vez establecida la constitución, se produce un verdadero torrente de decisiones, muchas de las cuales dan lugar a nuevas normas jurídicas de los tipos que vamos a comentar a continuación.

Ya he dicho que la constitución crea las máximas autoridades, que en nuestros Estados se dividen en poder legislativo, ejecutivo y judicial. Pues bien, el torrente normativo que se produce a partir de la constitución establecida tiene como protagonistas precisamente estos tres poderes.

El poder legislativo (Parlamento, Cortes) desarrolla la constitución mediante la promulgación de *leyes*. Pertenecen a este género de «leyes» tanto los códigos como las llamadas leyes especiales. El poder legislativo promulga el Código Civil, el Código de Comercio, el Código Penal, las llamadas Leyes de Enjuiciamiento (civil y penal), que conforman auténticos «códigos» de las correspondientes leyes procesales. También promulga el poder legislativo las Leyes especiales, denominadas de esta forma por su característica de centrar su regulación en materias concretas que no han tenido el suficiente desarrollo en los Códigos, o puede ser que ninguno.

Un ejemplo de ley especial es la Ley de Propiedad Horizontal (Ley 49/1960, de 21 de julio, sobre Propiedad Horizontal, reformada posteriormente por Ley de 6 de abril de 1999; observa cómo se cita una ley: el núm. 49 indica el número de orden en que se promulgó la citada ley ese año 1960; después viene el día, y después el nombre propiamente dicho que indica la materia que regula la ley en cuestión).

En el Preámbulo de la Ley podemos leer que su promulgación viene justificada por la necesidad de adaptarse a la realidad social y por ser insuficiente la regulación que de la materia hace el Código Civil:

> «Si en términos generales toda ordenación jurídica no puede concebirse ni instaurarse a espaldas de las exigencias de la realidad social a que va destinada, tanto más ha de ser así cuando versa sobre una institución que, como la propiedad horizontal, ha adquirido, sobre todo en los últimos años, tan pujante vitalidad, *pese a no encontrar más apoyo normativo que el abiertamente insuficiente representado por el artículo 396 del Código Civil*».

El mencionado precepto del Código Civil regula la propiedad horizontal o propiedad por pisos, pero lo hace, a tenor de las necesidades del tiempo, de manera desfasada e incompleta. De ahí la necesidad de completar la «laguna» que ostenta el Código mediante una ley especialmente dedicada a la materia.

Otro ejemplo de ley especial (de entre los muchos que podemos citar) es el de la Ley de Marcas (Designación oficial: Ley 17/2001, de 7 de diciembre, de Marcas), que contempla la regulación de dos de los llamados «signos distintivos de la empresa» (esto es, las marcas y los nombres comerciales), que están absolutamente ausentes del Código de Comercio. En este caso, por tanto, a diferencia del anterior de la propiedad horizontal, no es que la regulación del Código sea incompleta, sino que sencillamente no existe. Como el Código de Comercio fue promulgado en 1885, el legislador se vio obligado a regular la propiedad industrial en el llamado Estatuto de la Propiedad Industrial del año 1929, el cual regula otras materias además de las marcas (p. ej., patentes, competencia, etc.). Con el paso del tiempo, el legislador ha tenido que ampliar la regulación de esta materia «especial» que es la propiedad industrial, y lo ha hecho no en una sola ley, como sucedía con el Estatuto, sino en varias: ley de marcas, ley de patentes, ley de competencia desleal, etc. Todas estas últimas leyes son leyes especiales.

Te adelanto, además, complicando un poco más las cosas, que a su vez la doctrina suele destacar el carácter del Derecho Mercantil (al que pertenece el Derecho de Marcas) como Derecho *especial* con respecto al Derecho civil, que sería el Derecho *común*. Esta distinción entre Derecho especial y Derecho común la estudiaremos más adelante. Ahora quiero que retengas la idea de que la palabra «especial» tiene dos significados distintos, aunque ciertamente ambos significados tienen algo en común.

Así pues, según lo dicho, el poder legislativo promulga mediante sus decisiones normas de gran alcance que llamamos *leyes*.

Pero no sólo el legislativo emite normas. También lo hace el poder *ejecutivo*, esto es, la Administración, en cuya cúspide se encuentra el Gobierno. La Administración en su conjunto (y el Gobierno, por tanto) tiene la función de «ejecutar» o aplicar la constitución y las leyes promulgadas en el Parlamento. Esa ejecución consiste en concretar mediante acciones que lleven a la realidad lo ordenado genéricamente. Para ello, el ejecutivo realizará acciones, muchas de las cuales serán decisiones normativas, es decir, decisiones de las que generan normas. A todo el conjunto de normas dictadas por la Administración lo llamaremos *normas de la Administración, o normas del poder ejecutivo*. Entre ellas destaca el reglamento, pero también los decretos en sus diversas modalidades, y otros géneros como las circulares administrativas (las cuales tienen, más bien, carácter «interno» al ir dirigidas de un órgano a otro dentro de la propia Administración).

Por último, el poder *judicial* interviene en caso de conflicto para poner orden y restablecer el Derecho que ha sido infringido. Los jueces se encargan de resolver los litigios. Aplican a los casos concretos de la vida las normas que han sido decididas por el constituyente, el legislativo y el ejecutivo, de tal manera que resuelven cada litigio a partir de la constitución, las leyes y las normas de la Administración.

Aquí la pregunta que se plantea siempre es ésta: ¿Crean los jueces Derecho? Que es lo mismo que cuestionar: ¿Las sentencias judiciales son normas? En algunos ordenamientos jurídicos, el legislador no tiene reparo en admitir el carácter creativo de Derecho de las sentencias judiciales. Así sucede en los ordenamientos del *common law*, pero también en otros pertenecientes al mundo jurídico del continente europeo, como en el Derecho suizo, cuyo artículo 1 del Código Civil permite al juez que en caso de laguna (esto es, cuando el legislador no se ha pronunciado en la regulación de una materia que debería haber regulado) se pronuncie como lo hubiera hecho si fuese él mismo el legislador.

Hay otros ordenamientos, sin embargo, en los que el legislador es remiso, o incluso absolutamente renuente, a conceder a los jueces potencialidad de creación normativa. En estos casos el legislador viene a decir al juez: «usted limítese a aplicar estrictamente la ley; no ponga nada de su propia cosecha; si lo hace incumple la ley y cae sobre usted la responsabilidad de la infracción».

La cuestión que hay que plantearse en este punto es la de si es suficiente esta orden «prohibitiva» del legislador dirigida al juez, cerrándole el paso a la creatividad normativa, para afirmar que efectivamente así sucede, que el juez no crea nunca Derecho. De que el legislador *quiera* que el juez no emita normas, e incluso de que el juez mismo *crea* que no las emite, no se deriva necesariamente que sea siempre así. Hay todo un conjunto de «recursos mentales» generados para satisfacer la idea de que el juez «encuentra» la norma en el ordenamiento y se limita a aplicarla sin poner de su parte contenidos que no preexistan ya en el ordenamiento. Muchas veces esos «recursos mentales» no son sino simples artilugios para encubrir la verdadera realidad, que no es otra sino que los jueces también generan normas en sus decisiones.

Y a todas estas formas de decisiones normativas hay que agregar las que provienen de la voluntad de los particulares. Cuando hacemos un contrato o un testamento estamos configurando relaciones jurídicas no prefiguradas por la ley u otras normas en todos sus contenidos. Es lo que se ha llamado la *autonomía de la voluntad*, es decir, la capacidad de la voluntad individual para darse normas (esto es lo que significa, como ya he dicho antes, la palabra «autonomía»: darse normas –*nomos*– por sí mismo –*auto*–).

El testamento y el contrato son ejemplos típicos de *negocios jurídicos*; figura esta última que encarna, mejor que ninguna otra, el principio de autonomía de la voluntad.

NOTAS Y COMENTARIOS

- GUASP critica la denominación de «Derecho comparado» y propone sustituirla por la de «Geografía del Derecho». «La *Geografía del Derecho*, usual, pero equivocadamente denominada *Derecho comparado*, es, pues, aquel pensamiento que señala aquellos mismos contenidos jurídicos individuales a la luz de su adscripción a un cuadro también individual: el entorno del espacio concreto en que dichos contenidos se producen». (*Derecho*, Madrid, 1971, pgs. 449 y ss.). Manifiesto, no obstante, mi escepticismo ante esta propuesta de cambio terminológico que hace nuestro admirado procesalista.
- Dos libros importantes de Derecho comparado: DAVID, *Los grandes sistemas jurídicos contemporáneos* (trad. BRAVO), Madrid, 1973; LOSANO, *Los grandes sistemas jurídicos* (trad. RUIZ MIGUEL), Madrid, 1982.

EJERCICIOS

1. Haz un cuadro-resumen del capítulo, resaltando sus puntos básicos.

2. Define el concepto de *decisión jurídica intrasistémica.*

3. Explica por qué la expresión «fuentes del Derecho» es metafórica.

4. ¿Cuáles son las razones por las que el empleo de la expresión «fuentes del Derecho» no es totalmente certera para reflejar la realidad del Derecho?

5. ¿Es posible una teoría auténticamente *general* de las fuentes del Derecho? Razona la respuesta.

6. Explica qué es el *Derecho comparado* y qué función puede cumplir en el tema de las fuentes.

7. Consulta el libro de René DAVID, *Los grandes sistemas jurídicos contemporáneos*, Aguilar, Madrid, 1973. Echa una ojeada a los temas que trata y redacta en un folio un resumen.

8. Consulta en mi libro *Elementos de Derecho Comunitario*, MAPFRE, Madrid, 1996, las razones por las cuales el Derecho de la Unión Europea constituye un ordenamiento jurídico autónomo.

9. Relaciona la idea del *pluralismo jurídico* con la diversidad de sistemas de fuentes del Derecho.

10. ¿A qué se denomina *sistema jurídico continental*?

11. Diferencia entre *Códigos y Leyes especiales.*

12. Busca en la biblioteca alguna Ley civil o mercantil especial y trata de encontrar en su Preámbulo la justificación de su promulgación.

13. ¿Qué doble sentido tiene el término «especial»? Razona la respuesta relacionando la Ley de Marcas respecto al Código de Comercio, y el Derecho Mercantil respecto al Derecho Civil.

14. ¿Qué es la Administración? ¿Qué tipos de normas emite?

15. Expón tu opinión razonada acerca de si los jueces crean Derecho.

16. Explica la idea de la *autonomía de la voluntad.*

Nota.–Muchos conceptos de esta lección serán objeto de una exposición ulterior. Ahora quedan simplemente apuntados. Por ello, se trata en los EJERCICIOS de que te esfuerces por pensar en temas sobre los que se volverá con mayor detenimiento.

XIV. MÁS SOBRE LAS DECISIONES INTRAORDINAMENTALES

Todos los tipos de decisiones que hemos visto hasta ahora (la decisión constituyente, la legislativa, la ejecutiva, la judicial y la negocial) generan texto jurídico bruto o material jurídico. Prácticamente todo el texto jurídico producido a través de las decisiones mencionadas será texto *escrito.* Sin embargo, como sabemos, la decisión constituyente puede plasmarse en una constitución total o parcialmente consuetudinaria, lo que implicaría que, en tal caso, el texto producido no viene escrito directamente de la mano del poder constituyente, sino que será necesario una labor de «traducción» que traslade el sentido de los «hechos normativos» que forman la costumbre al lenguaje propio de las normas.

Algo similar sucede en el ámbito negocial propio de la autonomía de la voluntad. El contrato oral tiene tanta validez como el escrito. También se ha expresado en palabras y es susceptible de ponerse por escrito.

Menos problemas plantean, en este sentido concreto al que nos estamos refiriendo ahora, el texto jurídico en bruto proporcionado por la ley, las normas de la Administración y las sentencias de los jueces. Al menos en el Derecho moderno, todas estas fuentes normativas se manifiestan de manera escrita.

En esta lección voy a completar un poco el cuadro descrito hasta ahora con otros elementos muy importantes para tener el panorama conjunto del texto del Derecho. Me referiré en primer lugar a los tratados internacionales, y en conexión con ellos haré una referencia a las formas de producción normativa que tienen su origen no en instituciones del Estado, sino en instituciones supranacionales o supraestatales, como es el caso de la Unión Europea. Aunque todos estos temas más complejos los vamos a estudiar con mayor detenimiento más adelante, es conveniente empezar a tomar contacto con ellos para que vaya sonando la «música».

En segundo lugar, me voy a referir también a otros géneros de «decisiones» que tienen una naturaleza algo diferente a la de las decisiones que hemos abordado hasta ahora. Me refiero a la costumbre y a los llamados principios jurídicos (o principios generales del Derecho), que constituyen formas de generación de normas jurídicas que completan el cuadro del ordenamiento.

Un *tratado internacional* es, sencillamente, un contrato entre Estados. Para ser más exactos habría que añadir que los sujetos del tratado pueden ser no sólo los Estados, sino cualquier sujeto al que el Derecho internacional le otorgue la cualidad de sujeto internacional. Las organizaciones internacionales (como la ONU) o supranacionales (como la UE), la Iglesia católica, pueblos carentes de Estado (como los palestinos) son ejemplos de sujetos de Derecho internacional no identificables con el Estado.

El tratado es una norma de Derecho internacional. En consecuencia, por su propia naturaleza pertenece al ordenamiento jurídico internacional. Ahora bien, además puede formar parte del Derecho interno del Estado como una norma más del ordenamiento. En tal caso, la decisión «negocial» que es el tratado («negocial», porque tiene su origen en la declaración de voluntad de los Estados, de manera similar a como un contrato expresa la voluntad de los contratantes) genera nuevo texto jurídico bruto, nuevas disposiciones normativas.

El lugar que ocupen esas disposiciones en el sistema de las fuentes del ordenamiento estatal es un problema que éste ha de resolver. Exactamente igual que sucede con todas las fuentes de producción normativa, el ordenamiento especificará qué lugar adscribe a las disposiciones generadas por vía internacional mediante tratados.

El actual ordenamiento español resuelve estos problemas en los artículos 93 a 96 de la Constitución. Concretamente en el artículo 96 puede leerse:

«Los tratados internacionales válidamente celebrados, una vez publicados oficialmente en España, formarán parte del ordenamiento interno».

Para que un tratado forme parte del ordenamiento interno español ha de haberse celebrado válidamente (según las normas del Derecho internacional y las exigencias del Derecho interno estatal) y ha de haber sido publicado en el «BOE». Si se cumplen ambas condiciones, el texto generado por el tratado formará parte del texto bruto que es el ordenamiento en su conjunto.

Todo lo dicho hasta ahora se refiere a los tratados internacionales *ordinarios.* Hay, además, otro tipo de tratados, cuya función no se limita a establecer meras relaciones de reciprocidad entre Estados, sino que, yendo mucho más allá, tienen el cometido de *crear* organizaciones supraestatales o supranacionales que, a su vez, ostenten la característica de poder generar decisiones normativas que tengan incidencia en el Derecho de los Estados miembros de dichas organizaciones.

Así sucede, paradigmáticamente, con la Unión Europea.

Fue creada mediante tratados entre los Estados miembros, que al comienzo (CECA: 1951, CEEA, CEE: 1957) fueron seis. El «invento» consistió en crear una organización con instituciones propias que mediante sus decisiones generasen el texto normativo comunitario, el Derecho comunitario, el cual tiene la característica sobresaliente de que *no sólo es Derecho de la Unión Europea, sino también de todos y cada uno de los Estados miembros.*

La técnica utilizada es bastante sencilla. Los Estados miembros *renuncian* a ejercer parcelas propias de su soberanía en determinadas materias, lo que significa que renuncian a decir la última palabra, o mejor sería decir la última norma, en aquellas materias que han sido acotadas por los tratados fundacionales. La última palabra le corresponde a la Unión Europea, que a través de sus instituciones genera sus propias decisiones normativas en las materias acotadas. Se produce de esa manera nuevo texto jurídico en bruto que pasa a formar parte del texto total que es el ordenamiento interno de cada Estado.

Es, en definitiva, una forma de legislar supranacional, pero cuyos efectos no se quedan en el nivel de lo supranacional, sino que penetran en el ámbito del ordenamiento estatal, formando parte del Derecho interno.

Tanto los tratados ordinarios como los que crean organizaciones supranacionales aportan nuevo material al ordenamiento jurídico en forma *escrita,* no diferenciándose en ello de la manera en que se expresa la ley o las normas de la Administración. El texto escrito es producto de decisiones concretas. En el supuesto del tratado ordinario, el texto es el resultado del acuerdo de voluntades entre los Estados, manifestado por sus representantes. Es similar al texto de un contrato cualquiera. En los tratados generadores de entidades supranacionales se genera, en primer lugar, el texto de los tratados fundacionales, que obliga a los Estados, y después el texto de las disposiciones concretas generadas por las decisiones de las instituciones de la organización supranacional.

El *Derecho consuetudinario* abre el capítulo del Derecho *no escrito.*

La costumbre, por sí misma, es tan sólo una repetición de actos en la misma dirección. Puede ser individual o colectiva y en el caso de que sea colectiva su grado de obligatoriedad es muy variable. La costumbre colectiva implica un comportamiento fáctico del conjunto de los miembros de un grupo que, a medida que se consolida, va adquiriendo carácter vinculatorio. En sí, es una *norma social.* Se transforma en *jurídica* cuando se incorpora al texto jurídico bruto del ordenamiento, lo cual sucede ordinariamente mediante un acto de decisión de algún órgano con competencia para hacerlo.

Es evidente que la costumbre no surge como texto escrito, sino como un conjunto de hechos; o, para ser más exactos, de acciones humanas. No es la costumbre resultado de una decisión instantánea que tome un órgano, no va acompañada de «promulgación» y ni siquiera se puede fijar con exactitud el día en que comenzó a tener vigencia. La indeterminación temporal de sus orígenes es una de sus principales características.

No se manifiesta en texto escrito, pero sí en el *lenguaje de las acciones humanas.* La costumbre es una repetición de actos que, cuando se transforma en norma social y después jurídica, adquieren el carácter de obligatorios. Dichos actos no son meros movimientos físicos («fácticos»), sino que se definen por su *significado.*

Como estudiaremos más adelante, el concepto de acción no es identificable con el de «movimiento físico», sino con el *sentido o significado* que, en un contexto de significado más amplio, tiene un movimiento o conjunto de movimientos.

Por ejemplo, si vemos a una persona en la calle que levanta su mano, no sabremos lo que realmente está haciendo si no entendemos el significado de ese movimiento que realiza. «Levantar la mano» es un mero movimiento físico. Pero la persona que levanta la mano ordinariamente está haciendo algo más que levantar la mano. Está quizá llamando a un taxi, o despidiéndose de alguien, o saludando, o diciendo ¡basta! Llamar a un taxi, despedirse, saludar y decir ¡basta! son acciones diferentes. Sin embargo, para realizarlas puede utilizarse el mismo gesto físico. Esto es una prueba palpable de que acción y movimiento no se identifican. También lo es de que la acción es el significado del movimiento.

Sólo es posible entender una acción si somos capaces de entender el movimiento en el conjunto de la situación en que se produce. Es preciso «leer» el movimiento e interpretarlo, y de esa manera podremos saber en qué consiste la acción concreta. En definitiva, que es a lo que voy ahora, la *acción es también un texto*, porque es un significado. No es un texto que se manifieste en forma escrita, sino que lo hace en forma de movimientos que han de ser leídos e interpretados para hallar su sentido.

Como la acción es texto, es *susceptible de ser expresada por escrito*, y decir, por ejemplo, que Fulano, al levantar la mano, estaba saludando a un vecino que pasaba por la otra acera. Una vez que hemos entendido la acción, no hay ningún obstáculo para registrarla por escrito.

Esto es aplicable punto por punto a la costumbre. Surgida de la repetición de actos con carácter vinculante, la costumbre no es sino el *significado normativo* de dicha repetición de actos. En determinada materia, *se debe* actuar de una manera establecida, *porque* hasta ahora se ha actuado así. Aunque no surja escrita, la costumbre es susceptible de ser puesta por escrito, ya que es un significado. Y aunque no haya una decisión concreta detrás de ella, al menos en su origen, sí la hay para incorporarla al ordenamiento.

Así pues, la tesis de que el Derecho es texto no se contradice con la existencia de la costumbre como «fuente» generadora de normas jurídicas. El argumento es susceptible de extenderse al Derecho primitivo, caracterizado por carecer de normas escritas. El hecho de que el Derecho primitivo carezca de normas escritas no debe ser obstáculo para afirmar que el Derecho primitivo también es texto. Aunque no esté escrito, no plantea inconveniente alguno para escribirlo.

El último problema al que me voy a referir en esta lección es el de los *principios jurídicos*. Suelen recibir también otros nombres, como «principios generales del Derecho», «principios del Derecho», o «ideas normativas básicas». Se pueden utilizar estas expresiones como sinónimas. Todas se refieren a un tipo de normas que por su gran contenido general son aplicables a ámbitos muy distintos del Derecho, incluso a todo el Derecho en su conjunto. Como volveremos a estudiarlos con algo de detenimiento, ahora no voy a adelantar una definición ni a introducirme en uno de los temas que más polémica ha ocasionado en el último decenio en la filosofía jurídica, cual es la cuestión de si los principios son algo radicalmente distinto en su naturaleza de las normas. Lo que aquí me propongo es simplemente una breve reflexión sobre si estos principios forman parte del texto jurídico en bruto y si son también objeto de decisión. Por tanto, abordaré estos dos puntos, dejando para el volumen II de esta obra profundizar en el concepto y naturaleza de los principios, para lo cual nada mejor que poner algunos ejemplos que hagan ver intuitivamente en qué consisten los principios.

Un principio jurídico aceptado universalmente es el de la buena fe. El Derecho exige que se actúe de buena fe, esto es, con buena intención o, por lo menos, con intención de no dañar. La buena o mala fe, la buena o mala intención es una cualidad de la conducta, no una conducta. Una persona puede actuar con buena o mala fe al celebrar un contrato, al casarse, o al presentar una querella. Lo que es evidente es que la buena o mala fe acompaña a las acciones concretas de las que se exige la buena fe. Es una cualidad que se exige de la acción, pero no la acción misma. Otra característica de este principio es que se aplica a todos los ámbitos del Derecho. Ya en el Derecho civil, mercantil, administrativo o penal, el juez debe valorar la presencia o ausencia de buena fe y dictar sentencia castigando la mala fe y premiando la buena.

Vemos, por consiguiente, que el principio de buena fe se caracteriza por que su ámbito de acción es prácticamente todo el Derecho y por que, además, no regula una conducta determinada, sino una modalidad de conducta, una cualidad de la acción. Como veremos, para mí se trata de una norma de caracteres especiales, pero norma al fin y al cabo.

El problema que se plantea en el contexto de nuestra exposición actual es el siguiente. Supongamos que no hay ningún precepto explícito en un ordenamiento jurídico concreto que imponga el deber de respetar el principio de buena fe. El legislador lo ha omitido y nada dice al respecto. No ha sido dicho principio incorporado al texto jurídico en bruto mediante una decisión concreta. ¿Podremos decir entonces que el principio de buena fe no forma parte del Derecho que ese ordenamiento expresa? Creo que no, no podremos decir eso.

Aunque el principio no aparezca formulado explícitamente en una disposición o en varias disposiciones concretas, no puede pensarse un ordenamiento que no tenga en cuenta la buena o mala fe. Sobre todo, no puede pensarse que un ordenamiento sea indiferente al elemento subjetivo de la acción. Ciertamente hay que añadir a esta afirmación que sólo es válida respecto a los ordenamientos de las sociedades llamémoslas civilizadas. Un ordenamiento asentado en un formalismo extremo, perfectamente pensable y de los que tenemos buenas muestras en la historia, podría prescindir de dicho principio, aunque quizá no de una manera total y absoluta.

Dando por supuesto que en una sociedad moderna su Derecho no puede prescindir del principio de buena fe, habrá que convenir que la norma principial es objeto de *decisión implícita*. Si el principio no ha sido objeto de decisión explícitamente formulada, probablemente ha sido porque al legislador le resulta tan evidente que lo da por puesto sin necesidad de decirlo. Esto lo sostenían los iusnaturalistas de la manera más bella: son principio de Derecho Natural que se imponen por sí mismos en atención a la «fuerza de la razón».

Además, de la misma manera que sabemos de la existencia de la costumbre, y de su contenido concreto en cada caso, así sucede con los principios. Leyendo las decisiones de los diversos órganos del ordenamiento, sean esos órganos administrativos o judiciales, es posible encontrar el contenido concreto y la aplicación a múltiples casos de los principios. En los actos de decisión concretos encontramos el *test* de su existencia.

NOTAS Y COMENTARIOS

Los tratados en España.

Corresponde al *Gobierno* la función de dirigir la política exterior del Estado (art. 97 de la Constitución), dentro de la cual se integra la facultad de negociar y concluir tratados internacionales.

Los artículos 93 a 96 establecen una *tipología* de tratados: 1) tratados por los que se atribuya a una organización internacional el ejercicio de competencias derivadas de la Constitución (o sea, propias de la soberanía del Estado); 2) tratados de especial relevancia *ratione materiae*: los de carácter político, militar, los que afecten a la integridad territorial del Estado, los que afecten a los derechos y deberes fundamentales, los que impliquen obligaciones financieras para la Hacienda Pública, los que supongan modificación o derogación de alguna ley, y los que exijan medidas legislativas para su ejecución; 3) los demás tratados. Los primeros requieren de autorización de las *Cortes Generales* mediante ley orgánica; los segundos, autorización de las Cortes Generales, de acuerdo con los procedimientos establecidos en el Reglamento del Congreso de los Diputados y en el Reglamento del Senado; los terceros no requieren de dicha autorización, pero el Congreso y el Senado habrán de ser informados inmediatamente.

Por último, al *Rey* «corresponde manifestar el consentimiento del Estado para obligarse internacionalmente por medio de tratados, de conformidad con la Constitución y las leyes» (artículo 63.2 de la Constitución).

Los tratados no pueden infringir la Constitución. Por eso, el *Tribunal Constitucional* puede ser requerido por el Gobierno o cualquiera de las Cámaras parlamentarias para que aquel declare si existe contradicción entre los preceptos de un tratado y la Constitución. En el supuesto que existan dicha contradicción, o bien no se celebrará el tratado, o bien en caso contrario se procederá a la previa revisión constitucional (artículo 95 de la Constitución).

Cumplidos los requisitos mencionados, los tratados formarán parte del Derecho interno español una vez que se hayan *publicado* oficialmente en España (art. 96 de la Constitución, art. 1°.5 del Código Civil).

EJERCICIOS

1. Explica por qué razón la constitución consuetudinaria también es texto jurídico bruto.

2. Define lo que es un tratado internacional.

3. Diferencia entre tratados ordinarios y tratados que generan organizaciones internacionales.

4. ¿Cómo es posible que un tratado, que es una norma perteneciente al Derecho internacional, pueda formar parte también del texto jurídico bruto del ordenamiento estatal?

5. ¿Qué requisitos exige el Derecho español para que un tratado tenga la consideración de Derecho interno?

6. Explica de qué manera produce texto jurídico la Unión Europea, y qué incidencia tiene ese texto en el ordenamiento jurídico de los Estados miembros, entre ellos España.

7. Explica qué se entiende por *Derecho consuetudinario.*

8. Relaciona los siguientes conceptos: costumbre, norma social y norma jurídica.

9. Explica en qué consiste el *lenguaje de las acciones humanas.*

10. Relaciona estos conceptos: movimiento físico y acción.

11. ¿Qué significa que la acción *es texto*?

12. Pon ejemplos de movimientos físicos que puedan interpretarse como acciones diversas.

13. ¿Qué quiere decir que el Derecho consuetudinario *es texto*? Aplica la idea al Derecho primitivo.

14. Reflexiona sobre el principio de buena fe; ¿en qué sentido el principio de buena fe es una norma?

15. Explica la afirmación de que los principios jurídicos son objeto de decisión explícita o *implícita.*

16. Resume los distintos componentes del texto jurídico en bruto o material jurídico.

17. ¿Cuál es el *test* de que disponemos para encontrar los principios jurídicos de un ordenamiento?

CAPÍTULO 5

ORDENAMIENTO Y SISTEMA

XV. ORDENAMIENTO Y SISTEMA

Ya sabemos lo que significa el concepto *texto jurídico en bruto o material jurídico.* De todo el conjunto de las decisiones generadoras de normas va surgiendo un conjunto de textos concretos que, añadiéndolos unos con otros, constituyen un gran texto, que es al que denominamos *ordenamiento jurídico.*

El ordenamiento es el texto jurídico en bruto en su totalidad, compuesto por textos concretos, los cuales son el resultado de decisiones concretas.

El texto jurídico en bruto que es el ordenamiento comienza con el texto de la constitución, resultado de la decisión constituyente. Dicho texto constitucional es un texto muy concreto, fácil de determinar, sobre todo en el caso de las constituciones escritas. Al texto constitucional le siguen los textos que llamamos legales, tanto los códigos como las leyes especiales. Los códigos no son sino leyes de gran extensión que regulan aspectos destacados de la vida social. En España disponemos de tres códigos: el Código Civil, el Código de Comercio y el Código Penal. La Ley de Enjuiciamiento Civil y la Ley de Enjuiciamiento Criminal son como códigos que regulan los procesos jurisdiccionales civiles y penales, respectivamente. A estos textos legales hay que añadir un sinfín de leyes concretas, cuya característica es que llevan el nombre de «Ley» y regulan aspectos concretos que previamente ya han sido regulados parcialmente por los Códigos, o que no han sido regulados por éstos. Ejemplos: la Ley de Arrendamientos Urbanos, la Ley de Propiedad Horizontal, la Ley del Seguro, la Ley de Patentes, etcétera.

Las leyes no pueden contradecir lo establecido en la constitución, ya que se considera que ésta es *superior,* posee mayor jerarquía, mayor potencia normativa. La constitución se impone a cualquier otra norma. Para controlar la *constitucionalidad* de las leyes se suele encargar a un órgano determinado (en España, el Tribunal Constitucional; en Estados Unidos, el Tribunal Supremo) que vigile este aspecto, de tal manera que las leyes que aprueba el Parlamento sean susceptibles de ser «anuladas» total o parcialmente por dicho órgano cuando son inconstitucionales.

El Tribunal constitucional (o el órgano que corresponda) actúa, pues, como un *legislador negativo*: no legisla, pero puede declarar la inconstitucionalidad de una ley y conseguir así su nulidad como ley.

Los tratados internacionales se suman al conjunto normativo de las leyes, aunque tengan un origen y un tratamiento distinto.

La Administración (más apropiado es hablar de «Administraciones» puesto que son varias, pero aquí de momento simplificamos) también emite decisiones normativas de distinto género.

Las normas de la Administración son sometidas también a un *control de legalidad*, con objeto de que no contradigan lo establecido en la ley.

A todas las normas señaladas hay que añadirles la *costumbre*, que se puede dar en todos los escalones. Hay una costumbre constitucional, otra que se sitúa en el nivel de la ley para completarla y (a veces) para contradecirla, otra que actúa en relación con los tratados (la costumbre internacional), y también la costumbre administrativa.

Algo parecido sucede con los *principios del Derecho*. Están en la misma constitución y en las leyes y normas generales de la más diversa especie. Los principios no son normas que se añaden a las normas escritas y a las costumbres, sino que se encuentran en estas mismas, inspirándolas, dotándolas de sentido.

Luego están las normas de carácter más individualizador: las sentencias de los jueces, los actos administrativos y los negocios jurídicos. Completan todo el cuadro decisional productor de normas y acercan las normas generales a los casos y problemas de la vida real.

Pues bien, todo este conjunto de normas, producto de las decisiones jurídicas, está representado por un texto escrito o susceptible de ser escrito, que es el que llamamos texto jurídico en bruto o, sencillamente, ordenamiento.

Los textos concretos que componen el ordenamiento han ido surgiendo a lo largo del tiempo y han sido generados por distintos autores. El ordenamiento es un texto heterogéneo en cuanto a su origen, al tiempo y al propio lenguaje utilizado. No es de extrañar que presente imperfecciones, lagunas, solapamientos, contradicciones, paralelismos infundados, disparidad de conceptos y concepciones. Téngase en cuenta que la maquinaria legislativa funciona todos los días, y lo mismo sucede con la maquinaria judicial. Vivimos, ya desde hace decenios, una época de «motorización legislativa», de creación desmesurada de textos jurídicos que se van acumulando. El «BOE» sale todos los días (excepto fiestas) cargado de nuevas normas. Los boletines jurisprudenciales aumentan de día en día los anaqueles de las bibliotecas y amenazan con hacerse inabarcables. La vida jurídica está sumergida bajo una mole inmensa de papel impreso que rige nuestros destinos, nuestra familia, nuestros bienes, nuestros negocios.

El texto jurídico en bruto que es el ordenamiento puede ser procesado informáticamente y convertirse en un documento, al que llamaremos ORD («Ordenamiento»).

En ORD introduciremos todos los días las nuevas disposiciones producidas y eliminaremos las derogadas. Así lo tendremos al día, de tal manera que podamos decir: «aquí tienen ustedes el documento ORD, en el que se encuentra recogido todo el ordenamiento jurídico español vigente al día de hoy».

ORD es un texto desorganizado, *bruto*, compuesto por todos los textos tal como han salido de las decisiones de los generadores de normas, puestos unos después de otros, sin conexión entre ellos. Todo lo más, puede ser ordenado por materias, poniendo primero la constitución, luego las normas referentes a materia civil, después las comerciales, las penales, etc. ORD es una mera acumulación de materiales normativos tal y como salen del «BOE». Tiene un cierto orden, aunque a veces no es fácil verlo. Más bien se adivina que debajo de esa inmensa masa de textos *debe haber* un orden compacto y riguroso. O, al menos, *debería haberlo...*

La mente humana exige orden en el desconcierto, coherencia en la confusión. Ante el caos fenoménico del mundo de la naturaleza, se ha inventado la física, que pone orden y concierto en el mundo externo. La física permite que nos aclaremos con lo que sucede a nuestro alrededor, posibilita que presentemos el mundo de la realidad natural como *un todo ordenado.*

Un cometido parecido desempeña en el Derecho la llamada *ciencia jurídica*, que antiguamente se llamaba *jurisprudencia* y después *dogmática jurídica.* Son tres maneras de designar lo mismo: el conocimiento sistemático, ordenado y coherente del Derecho. La ciencia del Derecho, jurisprudencia o dogmática jurídica tiene una larga historia, en la que no vamos a entrar ahora, cuyo rasgo común es que su tarea consiste en interpretar el texto jurídico en bruto y presentarlo sistematizadamente y de manera depurada en un *texto jurídico elaborado* que se llama *sistema.*

Para entender lo que es el sistema, y la relación de éste con el ordenamiento, nos vamos a permitir la realización de un pequeño experimento.

En nuestra mesa de trabajo, que dejaremos expedita totalmente, vamos a colocar a la izquierda el Código Civil español, y a la derecha los once volúmenes del tratado de CASTÁN, titulado *Derecho Civil Español, Común y Foral.* A nuestra izquierda tenemos parte del ordenamiento. A nuestra derecha, parte del sistema. Pongamos ahora a la izquierda el Código de Comercio, y a la derecha el tratado de URÍA, *Derecho Mercantil*; continuemos poniendo a la izquierda el Código Penal, y a la derecha un tratado relevante de la materia, y así hasta cubrir todas las disciplinas. Al final del experimento (hay que reconocer que la mesa no nos va a ser suficiente para tanto libro) nos encontraríamos con que a nuestra izquierda tenemos el ordenamiento jurídico (tal y como ha salido del «BOE»), y a la derecha tenemos el sistema jurídico. Como es obvio, la pila de libros de la derecha tendrá un volumen notablemente superior a la de la izquierda. Si comparamos el volumen que ocupa el Código Civil con el que ocupa el tratado de CASTÁN, tendremos una prueba evidente. Y es que sucede que el sistema, por su propia naturaleza, es mucho más completo y extenso que el ordenamiento.

Hay que tener claras estas dos ideas: primera, el sistema es *resultado* de la elaboración doctrinal o científica del texto jurídico en bruto que es el ordenamiento; segunda, el sistema *refleja* el ordenamiento, pero al reflejarlo dice muchas más cosas que el ordenamiento.

El sistema es el resultado de la elaboración doctrinal o científica del texto bruto del ordenamiento. El sistema implica la ordenación del material jurídico y su interpretación. Es la presentación del Derecho de una manera sistemática, conceptualmente depurada, libre de contradicciones y de ambigüedades. Si el ordenamiento lo proporciona el legislador o, para ser más exactos, los «operadores jurídicos» que tienen competencia o capacidad para emitir decisiones normativas, el sistema es el producto de la labor de los *juristas científicos*, de la *doctrina*.

El legislador, al «definir» un concepto, puede cometer un error y definirlo mal; la doctrina lo corrige y elabora el concepto correctamente. El legislador, al regular una materia, puede hacerlo entrando en contradicción con otras decisiones tomadas previamente; frente a la contradicción de decisiones, la doctrina actúa disolviéndola o, al menos, revelando que existe y ofreciendo las distintas posibilidades alternativas que permiten los preceptos que entran en colisión. El legislador a veces emplea distintos términos para referirse a la misma cosa, o la misma palabra en alusión a conceptos diferentes; otras veces deja aspectos sin regular que precisan de regulación, o se solapa con lo ya regulado. La doctrina viene en ayuda de todos estos problemas, introduce la racionalidad del sistema, que es coherencia y armonía entre sus partes, y disuelve de esta forma las imperfecciones.

El texto que resulta de la labor de los juristas, de la doctrina, es el *texto jurídico elaborado.* A ese texto jurídico elaborado lo llamamos *sistema jurídico.*

Segundo, el sistema refleja el ordenamiento, pero, al reflejarlo, dice muchas más cosas que el ordenamiento. Dicho metafóricamente, el sistema es más «inteligente» que el ordenamiento.

Que refleja el ordenamiento quiere decir que el sistema no trata de «inventarse» nada que no esté, de una u otra manera, en el ordenamiento. Lo que ocurre es que, dada la limitación del lenguaje y la necesidad de expresión «escueta» del legislador, y otras condiciones como la necesidad de legislar prontamente, la sucesión de decisiones normativas sobre la misma materia, etcétera, el ordenamiento contiene *potencialmente* elementos que han de ser desentrañados, revelados, extraídos y puestos de manifiesto de manera *patente.* El sistema expresa mejor que el ordenamiento lo que éste mismo dice. Y, al expresarlo mejor, dice más cosas, pero esas cosas que dice no están en contradicción con el texto del ordenamiento, sino todo lo contrario: el sistema permite el ajuste de los significados de todos los elementos textuales que componen el ordenamiento.

La mejor prueba de que esto sucede así efectivamente es que cuando el juez o el abogado tienen un problema a la hora de aplicar el ordenamiento jurídico a un caso concreto, no acuden a consultar sólo el Código Civil, o el Código de Comercio, aunque también consulten estos cuerpos legales. Lo que consultan, ante todo, es la doctrina, el tratado sistemático que «refleja» la materia. Saben que es en el tratado, o en la monografía doctrinal, donde es probable (al menos, más probable) que encuentren la solución del problema planteado. Y la razón de esa creencia es la experiencia que tienen de que es precisamente en el sistema, elaborado por los juristas científicos, donde suelen encontrar la clave para descifrar los problemas.

El ordenamiento es punto de partida para llegar al sistema. Pero, en la realidad, es este último el que aplican los jueces, el que consultan los abogados. Porque el sistema *es* el Derecho, mientras que el ordenamiento es la materia para construir hermenéuticamente el sistema. No obstante, como veremos más adelante en este mismo volumen, las cosas son aún un poco más complejas, pues hay que tener en cuenta el ámbito jurídico, concepto que engloba el ordenamiento, el sistema, los procesos comunicacionales que tienen lugar entre ambos, y asimismo otros procesos de comunicación que, sin pertenecer al ordenamiento ni al sistema, tienen a éstos como su referente (ejemplos: el proceso de debate que tiene lugar para aprobar una ley; la controversia que se produce en un proceso judicial; el asesoramiento que un abogado presta a un empresario). El conjunto de todos los procesos comunicacionales que se dan dentro de un ámbito forman parte de lo que llamamos el Derecho de un país; aunque aquí, obviamente, estamos empleando la palabra «Derecho» en un sentido diferente, más comprensivo, que cuando decimos que el Derecho es el sistema que refleja el ordenamiento.

De igual modo que es posible el proceso informatizado del ordenamiento, así también podemos procesar el texto jurídico elaborado que es el sistema. Será, como queda dicho, un documento mucho más amplio que ORD, más estructurado, más sistemático, con un lenguaje más ajustado y riguroso. A ese documento lo llamamos SIS.

EJERCICIOS

1. Resume las ideas del capítulo en medio folio.

2. Recuerda el concepto de *texto jurídico en bruto.*

3. Define el concepto *inconstitucionalidad de la ley.*

4. ¿Cómo funciona el Tribunal Constitucional español para declarar la inconstitucional una ley? Para contestar esta pregunta, consulta la Constitución, la Ley Orgánica del Tribunal Constitucional, y un buen tratado de Derecho Constitucional español.

5. ¿Cuáles son los tipos de normas propias de la Administración, según el Derecho español?

6. Explica por qué razón tanto la costumbre como los principios jurídicos pueden afectar a todos los niveles de la producción normativa.

7. El texto jurídico en bruto que es el ordenamiento, ¿es homogéneo o hoterogéneo? Razona la respuesta.

8. ¿Qué es ORD?

9. Explica el motivo por el cual se compara en el presente capítulo la física y la ciencia del Derecho.

10. ¿Cuáles son las tres maneras de designar a la ciencia del Derecho?

11. ¿Cuál es la tarea de la ciencia del Derecho?

12. Explica el «experimento» del Código y del tratado doctrinal sobre la mesa.

13. ¿Qué significa que el sistema es el resultado de la elaboración doctrinal o científica del ordenamiento?

14. Explica lo que es el *texto jurídico elaborado.*

15. ¿Qué son los «operadores jurídicos»? ¿Y los «juristas científicos»?

16. Define lo que es la *doctrina jurídica.*

17. ¿Qué quiere decir que el sistema *refleja* el ordenamiento, pero que es «más inteligente» que éste?

18. Los jueces, ¿aplican el ordenamiento o aplican el sistema?

19. ¿Qué es SIS?

XVI. LA RELACIÓN ENTRE ORDENAMIENTO Y SISTEMA COMO RELACIÓN HERMENÉUTICA «EN ESPIRAL»

De lo que hemos expuesto en la lección anterior se desprenden muchas consecuencias importantes, algunas de las cuales voy a abordarlas en ésta. La diferenciación entre ordenamiento y sistema es algo compleja y, además, según creo, no ha sido objeto de la suficiente teorización. Normalmente los autores equiparan ambos conceptos empleándolos como sinónimos. Se suele decir incluso que el ordenamiento es un sistema, en el sentido de que se da por supuesto que el ordenamiento se presenta en forma sistemática de una manera, por decirlo así, natural.

La propuesta que hago se separa de este modo de concebir el Derecho. El ordenamiento no es, en mi manera de ver las cosas, un sistema. El sistema es el resultado de una labor de reconstrucción hermenéutica del ordenamiento. El ordenamiento ofrece la materia jurídica, que proviene de las decisiones generadoras de texto jurídico. Esa materia jurídica presenta, sin duda, un cierto orden, por ejemplo el orden del código, o el de la ley. Pero siempre precisa de una presentación más completa y elaborada. Esa es la función de la doctrina o ciencia jurídica, que genera el texto jurídico elaborado que es el sistema.

La indiferenciación entre ordenamiento y sistema es característica del positivismo jurídico. Es lógico que sea así, ya que la concepción que maneja el positivismo del conocimiento es una concepción *descriptivista*, según la cual la ciencia «describe» su objeto, y no lo «construye». La ciencia jurídica, para la mentalidad positivista, describe el Derecho que viene *dado de antemano* en la realidad como un sistema.

Así, dice KELSEN en su obra *Teoría general del Derecho y del Estado*:

«El Derecho es un orden de la conducta humana. Un "orden" es un conjunto de normas. (...) Es un conjunto de normas que tienen el tipo de unidad a que nos referimos cuando hablamos de un sistema».

Según el autor citado, la ciencia jurídica ha de limitarse a describir las normas que componen el sistema. Normas y sistema vendrían «dados» en la realidad. El científico se limitaría a describirlos.

Esta concepción es inaceptable. Primero, porque es absurda la tesis de que la ciencia jurídica sea descriptivista. Segundo, porque el Derecho no presenta en cuanto ordenamiento o texto jurídico en bruto la unidad y coherencia que se atribuye a un sistema.

Que la ciencia jurídica no es descriptivista se puede probar fácilmente puesto que no es posible la operación consistente en «describir normas». La acción de «describir» no puede ejercitarse sobre textos, y las normas son textos. Se pueden describir los accidentes geográficos, el rostro de una persona, las cualidades de un objeto..., pero no un texto (a no ser que se entienda por tal la información sobre el número de sus líneas, el formato material en que está contenido, y el tipo de letra usado; es evidente que los «descriptivistas» no se refieren a estas cualidades meramente externas).

Supongamos que yo pidiera a alguien que describa el artículo 1.261 del Código Civil. Esa persona iría al texto legal y leería el contenido del precepto: «No hay contrato sino cuando concurren los requisitos siguientes: 1. Consentimiento de los contratantes. 2. Objeto cierto que sea materia del contrato. 3. Causa de la obligación que se establezca». ¿Qué podría hacer entonces para describir este precepto? Pues no se me ocurre otra cosa que ésta: repetirlo; volver a decir lo mismo que dice el precepto. Pues desde el momento que se pusiera a explicar su contenido, indicando lo que ha de entenderse por consentimiento, objeto cierto y causa de la obligación, habría sobrepasado el límite de lo que puede entenderse por «descripción», internándose en la tarea interpretativa y constructiva del precepto.

La ciencia jurídica no es descriptiva, porque no puede serlo, sino *constructiva o interpretativa.* Empleando una palabra ya vieja, pero que está muy de moda últimamente: la ciencia jurídica es *hermenéutica.*

El material que le viene dado de antemano a la ciencia del Derecho es el ordenamiento, el texto jurídico en bruto. Constituye dicho texto el punto de partida para la construcción interpretativa. La ciencia jurídica trabaja con el texto en bruto, y genera, como producto típico suyo, el texto jurídico elaborado que llamamos sistema. No describe el Derecho, sino que lo «construye». El resultado de la construcción es el sistema.

Además de lo expuesto respecto de la relación entre la ciencia jurídica y el material con el que trabaja, hay otra razón para negar la identificación entre ordenamiento y sistema. El texto jurídico que resulta de las decisiones (del poder constituyente, del legislador, etc.) no tiene la unidad y coherencia internas suficientes como para poder hablar de sistema. Esas cualidades sólo se alcanzan tras un arduo esfuerzo de interpretación y de adaptación de los diversos y dispersos materiales textuales que componen el texto que llamamos ordenamiento. Son materiales que proceden de momentos distintos, de dispar creador, con finalidades no siempre coincidentes ya que suelen encarar situaciones disímiles. Creer en la coherencia y en el carácter completo del ordenamiento, tal como surge de las decisiones, es un prejuicio característico de la etapa codificadora (especialmente, el siglo XIX) que llegó a pensar que «el Derecho es el Código», porque el legislador es omnisciente y nunca se equivoca.

Pensar que el ordenamiento es, sin más, sistema, es efectivamente un prejuicio de la mentalidad legalista, que identifica el Derecho con la ley, y se hace del texto de ésta una imagen que no es real, adscribiéndole las cualidades de coherencia, plenitud (en el sentido de ser completo), perfección del lenguaje, rigor conceptual, etc. Esta imagen del ordenamiento corresponde a una imagen del legislador que hace tiempo entró en crisis. Se concibió en el siglo XIX al legislador como una persona o asamblea de personas capaces de prever el futuro en todas sus dimensiones y de regular con perfección técnica y sabiduría de la vida todos los aspectos problemáticos de la realidad social. Esta imagen mítica del legislador omnisciente, propia de la mentalidad iluminista que apoyó la Revolución francesa, produjo otra imagen, no menos mítica: la de la perfección de la ley. A la exaltación de la ley se le ha llamado «legalismo». La mentalidad legalista tiende a identificar Derecho y ley, por considerar que en ésta viene expresado el Derecho en su perfección.

En el siglo XX el mito del legislador omnisciente y de la perfección de la ley se ha venido abajo estrepitosamente. La realidad ha demostrado ser menos abarcable que lo que suponían los ingenuos iluministas. El lenguaje de la ley, menos perfecto de lo que se pensaba. La evolución social, más rápida y sorprendente de lo que se creía. La idea de que el Derecho está, simplemente, en la ley, ha pasado a mejor vida.

Aun así, el positivismo normativista (KELSEN, ROSS, HART), si bien no identifica Derecho y ley, ya que abre el concepto de ordenamiento al incluir en él otros tipos de normas, además de la ley, sigue pensando el Derecho en términos de «lo puesto» por los órganos de decisión y, por tanto, como una realidad que nos viene dada «de antemano». De ahí su actitud *descriptivista*. Si las normas nos vienen dadas de antemano, y eso es el Derecho, es lógico sostener que la ciencia jurídica se limita a «describir» dichas normas.

Para el positivismo normativista, la ciencia jurídica o dogmática no construye el Derecho, sino que se lo encuentra ya hecho y acabado en la realidad de las normas generadas por el Estado. El Derecho lo produce el Estado o, como dice KELSEN, el Derecho *es* el Estado. De esta manera, amplía el concepto de legislador a todo el Estado. Pero sigue manteniendo una idea mitificada del legislador (esta vez extendida al conjunto del Estado).

Es cierto, por otra parte, que el ordenamiento posee ya un cierto orden, una cierta ordenación de sus materias. El hecho de que se legislen los distintos códigos para las distintas materias, y el hecho de que las leyes especiales se centren también en materias concretas, es suficientemente expresivo de esa idea de orden que preside la labor de los productores de normas. Hay un cierto orden en el ordenamiento desde el momento en que hay distintos cuerpos legales que se ocupan de las distintas materias. El Código Civil, para el Derecho civil; el Código de Comercio, para el Derecho que regula la empresa y sus relaciones; el Código Penal, para los delitos y las penas. Y lo mismo sucede con las leyes especiales, cada una de las cuales se ocupa de una materia concreta.

Además, el ordenamiento en el conjunto de sus textos concretos viene también condicionado por el orden propio de la dogmática, en el sentido de que los códigos y las leyes suelen elaborarse teniendo a la vista estudios doctrinales, tratados de la materia correspondiente. Los textos legales suelen copiar el orden expositivo de los tratados doctrinales de Derecho, o al menos se inspiran en dicho orden.

Cuando el legislador se encuentra ante la tarea de preparar una ley sobre una materia determinada, encarga a los técnicos en Derecho del Parlamento la preparación de un *proyecto* de la misma ley, que, una vez concluido, será objeto de debate por parte de los distintos grupos parlamentarios, hasta su aprobación definitiva. Quienes elaboren el proyecto necesariamente utilizarán en su trabajo leyes sobre la misma materia vigentes en otros países (en el supuesto de que tales leyes existan) y también manejarán los tratados y monografías doctrinales que los juristas científicos o dogmáticos hayan publicado sobre el tema.

A partir de un estudio concienzudo del Derecho comparado (esto es, del examen de las leyes extranjeras reguladoras de la materia sobre la que se trata de preparar el proyecto de ley) y de la doctrina jurídica (libros escritos por juristas científicos sobre el tema), prepararán el «proyecto» que, más tarde, con las debidas correcciones, se podrá convertir en ley.

El legislador normalmente no actúa sin «andamios» a la hora de llevar a cabo su tarea, que es legislar. Busca inspiración y orientación en los diversos materiales existentes, para, a partir de ellos, y a la luz de las experiencias adquiridas en otros países, y teniendo en cuenta las peculiaridades del propio país, poder promulgar una ley que se adecue a las necesidades realmente existentes. De esa manera, el texto legal resultante de su labor no está sostenido «en el aire» tan sólo por la buena voluntad del legislador, sino que se encuentra apoyado por otras experiencias legislativas y por la exposición científica de los autores. En el caso de que no haya ley extranjera previa, lo que siempre sucede al principio, cuando se regula una materia por primera vez (la primera ley de marcas, al ser la primera no puede inspirarse en otra), el único soporte que tendrá el legislador será la doctrina científica de los juristas.

Esto que estoy describiendo es lo que ha sucedido también con los códigos. El orden expositivo del Código Civil no es producto del azar, sino de múltiples trabajos realizados a lo largo de siglos por la doctrina, por la dogmática jurídica. Incluso hay casos en los cuales el Código refleja la estructura expositiva de una determinada obra de un autor que, por su perfección técnica, sirvió de guía y modelo a la hora de legislar.

Un ejemplo característico de este «paralelismo» entre la obra doctrinal previa y el Código «copiado» de ella lo constituye el BGB (*Bürgerliches Gesetzbuch,* Código Civil alemán) en relación con la espléndida obra de Bernhard WINDSCHEID, *Tratado del Derecho de Pandectas (Lehrbuch des Pandektenrechts),* cuyo primer volumen fue publicado en 1862.

El tratado de Derecho Civil de WINDSCHEID es una obra que reúne unas características especiales. Al orden expositivo impecable hay que añadirle su sencillez de estilo y, sobre todo, el haber sintetizado admirablemente todo el Derecho Civil alemán en un cuerpo doctrinal único y coherente. No es de extrañar que el legislador alemán lo adoptara como libro de referencia constante y que elaborara el Código Civil siguiendo el hilo expositivo y conceptual de la obra.

La obra de WINDSCHEID, a su vez, no surge de la mente del autor como de la nada, sino que, por el contrario, es el resultado sintetizador y compendioso de muchísimos esfuerzos anteriores, tanto de textos jurídicos legislados o consuetudinarios, como de trabajos doctrinales.

Si observamos el conjunto del proceso de la elaboración de un Código, podremos ver que entre los trabajos de la dogmática jurídica y el texto legislado hay una relación evidente. El texto del Código refleja el orden del estudio dogmático. Diciéndolo en las palabras que estamos empleando: el ordenamiento refleja el sistema. Primero existía el libro de WINDSCHEID, y sobre él se elabora el Código Civil alemán. Primero existía el sistema doctrinal, y después el ordenamiento se elabora en base a la contemplación del sistema.

Esto parece estar en contradicción con lo que he sostenido antes, a saber: que el sistema refleja el ordenamiento.

No hay contradicción, ya que el verbo «reflejar», si bien está empleado en ambos casos correctamente, tiene un significado diferente. Cuando digo que, históricamente hablando (esto es, teniendo en cuenta la génesis del texto legal), el ordenamiento «refleja» el sistema, quiero decir que los autores del texto del Código se han inspirado en el trabajo de la doctrina científica y han resumido en normas escuetas, de la mejor manera de que han sido capaces, el contenido de dicha doctrina científica. Han «incorporado» al ordenamiento elementos que no estaban en él y que han sido generados por la dogmática, es decir, por el sistema. En cambio, cuando digo que el sistema «refleja» el ordenamiento estoy expresando que el sistema construido sobre el texto jurídico en bruto ya acabado refleja este último mejor, al darlo de manera completa, acabada.

Entre ordenamiento y sistema hay una relación «circular» o, mejor dicho, «en espiral», que se produce a lo largo del tiempo. Sobre el ordenamiento inicial se elabora el sistema inicial, el cual a su vez influye en la confección posterior del ordenamiento, que es elaborado de nuevo en sistema, el cual vuelve a influir sobre el ordenamiento... Y así sucesivamente sin fin.

Esta *relación hermenéutica «en espiral»* puede ser representada en el siguiente gráfico:

ORD (1) ——→ SIS (1)

ORD (2) ——→ SIS (2)

ORD (3) ——→ SIS (3)

....

ORD (n) ——→ SIS (n)

El ordenamiento inicial (ORD 1) es reflejado en su perfección en SIS (1), el sistema. Éste, a su vez, influye en la configuración posterior del ordenamiento en una segunda etapa generando el ordenamiento 2 (ORD 2), el cual es reflejado en una nueva construcción sistemática (SIS 2), y así sucesivamente hasta llegar al estado actual del ordenamiento y la doctrina, representados respectivamente por ORD (n) y SIS (n).

ORD (n) es el ordenamiento actual, el texto jurídico en bruto en vigor en la actualidad: Constitución, Códigos y Leyes, normas de la administración, jurisprudencia de los jueces, etc. SIS (n) es el sistema elaborado doctrinalmente que refleja ORD (n) de una manera acabada, sin imperfecciones.

El proceso descrito muestra también la evolución y, por consiguiente, la historicidad tanto del ordenamiento como del sistema.

NOTAS Y COMENTARIOS

- La cita de KELSEN aparece al comienzo justo de su obra, como presidiendo el carácter eminentemente descriptivista de su teoría. *Vid. Teoría general del Derecho y del Estado,* trad. de García Maynez, México, 1969, pg. 3 (la versión original, *General Theory of Law and State,* data de 1945). En la página 29 subraya la misma idea: «El orden jurídico es un sistema de normas».
- La idea de que tanto las normas como el sistema son el resultado de la construcción ya la expuse, aunque someramente, en mi trabajo «La teoría de la norma jurídica en Hans KELSEN. Consideraciones críticas» (*Revista de la Facultad de Derecho de la Universidad de Madrid,* 1980), publicado posteriormente en *Epistemología y Derecho,* Madrid, 1982, pgs. 131 y ss.; *vid.* pgs. 147 y ss.

EJERCICIOS

1. Resume en un cuadro las ideas básicas del capítulo.

2. Explica la tesis que identifica ordenamiento y sistema.

3. Busca en la obra de KELSEN, *Teoría pura del Derecho,* lugares en los que se refleje: *a)* la postura metódica descriptivista; *b)* la identificación entre ordenamiento y sistema.

4. Resume el epígrafe 1 del capítulo V («La crisis epistemológica del positivismo») de mi libro *Introducción a la Teoría del Derecho,* en el cual critico el descriptivismo positivista.

5. Explica las razones por las cuales no es posible «describir normas».

6. ¿Qué significa que la ciencia del Derecho es *constructiva*?

7. Explica por qué la creencia en el carácter completo y coherente del ordenamiento es un prejuicio característico del positivismo *legalista* propio de la codificación. Para contestar a esta pregunta consulta algún libro sobre esta última.

8. ¿Qué es el positivismo normativista? Haz una lista de sus principales representantes con sus obras más importantes.

9. ¿En qué sentido el positivismo normativista mitifica el Estado?

10. Comenta la idea de *orden del ordenamiento* atendiendo a un criterio externo (materias reguladas) e interno (sistematización).

11. Explica sucintamente cómo se elaboran las leyes.

12. ¿Cuáles son los «andamios» del legislador?

13. Comprueba la relación existente entre el *Tratado* de WINDSCHEID y el BGB.

14. Investiga qué modelos (legislativos y doctrinales) siguió el legislador español al promulgar el Código Civil. Sírvete para ello de libros de Derecho Civil en los que se explique la génesis del Derecho Civil español.

15. Explica el *doble* sentido del verbo «reflejar» en la frase: «el ordenamiento refleja el sistema, y el sistema refleja el ordenamiento».

16. Explica la relación «en espiral» entre ORD y SIS.

XVII. EL SISTEMA COMO «FICCIÓN» Y LA «DOCTRINA DOMINANTE»

Como habrás podido vislumbrar en el capítulo anterior, las relaciones entre ordenamiento y sistema son bastante complicadas. Además, la teoría no se ha hecho cargo de explicarlas, muy probablemente porque, siguiendo el esquema característico del positivismo normativista, ha tendido a identificar ambos conceptos. Subrayar la diferencia y hacer de ella un punto básico de toda la construcción teórica, como hago en estas lecciones, no responde, creo, a un juego de sutilezas intelectuales, sino al convencimiento de que la distinción permite aclarar muchos problemas de la Teoría del Derecho que se oscurecen o se pasan por alto si no se tiene en cuenta la diferenciación.

Vamos ahora a centrarnos en algunas cuestiones que se suscitan con la distinción entre ordenamiento y sistema, cuestiones cuyo tratamiento completarán el cuadro de lo que hemos estudiado hasta el momento.

El primer problema que se suscita cuando hablamos de «*el* sistema», como resultado de la construcción hermenéutica, es que los textos jurídicos en bruto están abiertos a múltiples posibilidades interpretativas, como la experiencia demuestra, por lo cual parece algo aventurada la referencia al sistema en singular, como si sólo hubiese una posibilidad interpretativa del ordenamiento jurídico.

La dificultad puede formularse de esta manera: mientras que el texto jurídico del ordenamiento nos viene dado por las decisiones normativas de modo unívoco, el texto elaborado del sistema, precisamente porque es producto de la labor de construcción hermenéutica, es susceptible de adquirir expresiones concretas muy dispares. El ordenamiento es una realidad objetivamente dada, y el sistema es producto de la interpretación de los juristas. Al no coincidir éstos en sus interpretaciones de las disposiciones concretas, es lógico pensar que el sistema no posea la univocidad expresiva que caracteriza al ordenamiento.

La objeción es seria y, además, irrebatible. No hay una única doctrina interpretativa del texto jurídico en bruto, sino un abanico de posiciones que, muchas veces, se manifiestan contradictorias entre sí. Todo estudiante de Derecho percibe enseguida, cuando es introducido en las materias de dogmática jurídica, que para casi todo hay interpretaciones encontradas. Cualquiera que penetre en un problema del Derecho positivo y quiera estudiarlo con un poco de detenimiento, comprobará que los autores discrepan unos de otros, si no en todos los puntos, sí en muchos de ellos.

Si las posiciones doctrinales que interpretan el ordenamiento son tan dispares entre sí, hay que preguntarse: ¿tenemos derecho a seguir manteniendo la idea de que el ordenamiento aparece perfeccionado en la elaboración que presenta la doctrina al construir *el* sistema? Dicho de otra manera, ¿nos está permitido emplear la expresión «el sistema» en singular, de igual modo a como parece indudable que podemos referirnos, en singular, al ordenamiento?

Aquí, en la dogmática jurídica, parece que también tiene validez aquello de que «cada maestrillo tiene su librillo». Basta consultar los diversos tratados de una materia determinada para tener que aceptar la evidencia de la *disparidad de las opiniones de los autores.*

Como ejemplo, si nos referimos al Derecho civil, y comparamos los tratados al uso (CASTÁN, DÍEZ-PICAZO/GULLÓN, PUIG BRUTAU, ALBALADEJO, LACRUZ), hay que aceptar que si bien es uno el Código Civil español, múltiples son las disparidades interpretativas y múltiples son los «sistemas» construidos por los autores. Hasta tal punto es así que uno de los caracteres sobresalientes de todo libro de Derecho es que buena parte de sus páginas van dedicadas a exponer y rebatir las opiniones ajenas.

¿Cómo entonces es posible hablar de «el sistema jurídico» en singular, haciendo caso omiso de la existencia de múltiples construcciones interpretativas?

Como sucede tantas veces en el plano de la teoría (y no sólo jurídica, sino en todos los campos del saber) estamos aquí ante una construcción teórica que, aunque no responde a la realidad estrictamente, es operativa para dar respuesta a un problema. La Teoría del Derecho tiene que operar con el concepto de sistema como si, efectivamente, tal sistema en singular existiera. Es como si la teoría dijera: «suponiendo que sólo existe un sistema, entonces este sistema tiene estas y aquellas características...».

Se trata de una *ficción* propia de la teoría que, simplificando la realidad, más compleja, permite la elaboración de un *modelo teórico.* Esto mismo sucede en todas las ciencias: se elabora un modelo para explicar la realidad, aunque ésta siempre es más compleja que el modelo.

La Teoría del Derecho trabaja con la ficción de un sistema unitario de igual manera a como, por ejemplo, la Teoría económica trabaja, al analizar la economía de mercado, con un modelo que no refleja de forma absolutamente fiel la realidad. En la realidad de los hechos económicos nunca se da la economía pura de mercado. Ésta es una abstracción que, a pesar de no reflejar fielmente la compleja realidad, sirve por su potencialidad analítica, lo que quiere decir que sirve para analizar la realidad. Lo mismo sucede en el campo de la física. Esta ciencia «simplifica» la realidad centrándose en el estudio de modelos teóricos que hacen abstracción de unos hechos para fijarse en los acotados. Es usual en todas las ciencias abordar el estudio de la realidad acotada empezando con estas palabras: «manteniendo todos los demás elementos invariables...». Nadie cree en realidad que los elementos que la teoría declara invariables, para llevar a cabo su análisis, permanezcan efectivamente invariables. La afirmación se hace para simplificar la realidad y permitir el acotamiento de la misma en un modelo teórico que, por la sencillez de sus líneas, permita su acceso a la mente humana.

Pues bien, la Teoría del Derecho opera de la misma manera. Parte de esta premisa: «suponiendo que es posible la existencia de un único sistema que refleje el ordenamiento jurídico, entonces el sistema tiene estas y aquellas características, y se relaciona con el ordenamiento de esta y aquella manera». Si no suponemos esta premisa, entonces nos incapacitamos para manejar el concepto de sistema y también para averiguar qué es lo que pasa realmente en el Derecho. Se da, pues, la paradoja de que, a pesar de que la hipótesis no es real, permite entender mejor la realidad.

En el terreno de cualquier teoría esto sucede siempre de manera parecida. Por ejemplo, a pesar de que la economía de mercado no existe en su forma pura, sino que se encuentra siempre en la realidad de los hechos mezclada con otros elementos (economía intervencionista, monopolios u oligopolios, etc.), el modelo empleado por la Teoría económica permite entender mejor la realidad. Los modelos teóricos hay que medirlos por su potencialidad analítica, por que permitan explicar la realidad, no por otra cosa.

Dentro del modelo teórico expuesto aquí, el concepto de sistema es esencial para entender la formación del conjunto de las categorías jurídicas, así como para comprender los procesos de interpretación y aplicación del Derecho. Reconozco que aceptar la existencia de *un* sistema que refleja al ordenamiento constituye una simplificación de la realidad. Pero se trata de una simplificación legítima, similar a otras simplificaciones que realiza el pensamiento en los distintos campos de la ciencia.

Además, la pluralidad de «sistemas», producto de la diversidad de interpretaciones de los autores, tiene una limitación muy importante. No todos los «sistemas» construidos por los distintos autores tienen la misma *relevancia explicativa* del ordenamiento.

Por no poner un ejemplo del presente, sino del pasado, lo que permite contemplar las cosas con mayor objetividad, creo que puede afirmarse que en la época en que José CASTÁN era el decano indiscutido de los civilistas españoles, sus «opiniones» valían más que las de otros civilistas; el «sistema» construido por CASTÁN en su monumental tratado era el más consultado por jueces, notarios, abogados y demás «operadores» jurídicos para resolver los problemas que se les planteaban. CASTÁN era la máxima *autoridad* en la materia. Al ser, además, presidente del Tribunal Supremo, no sólo tenía la posibilidad de hacer valer sus opiniones por la vía de la autoridad *científica* de su tratado, sino también por la de la autoridad *institucional* de ser el presidente del máximo tribunal de España. Los «operadores» eran conscientes del *peso* de las opiniones doctrinales de CASTÁN, y por esa razón acudían a sus escritos en busca de luz para iluminar la cuestión concreta de la que estuvieran tratando. Esto quiere decir, sencillamente, que el sistema expresado en el tratado de CASTÁN tenía más valor de convicción que otros. Era «la autoridad» en materia de Derecho civil.

Los juristas tienen una antigua expresión para designar al sistema doctrinal que, por poseer mayor peso de convicción o mayor autoridad, se impone sobre los demás. Es la de *doctrina dominante.* También se la designa como *opinión dominante.* Cuando es compartida por la generalidad de los autores, ya no sólo es dominante por «calidad», sino también por «cantidad», y entonces recibe el nombre de *opinión o doctrina común (communis opinio).*

La doctrina dominante, cuando es de un solo autor o de pocos, domina por su autoridad cualitativa. Cuando es dominante porque la generalidad de los autores se adscribe a ella, se impone a las demás (doctrinas minoritarias) en base a una autoridad cuantitativa (que, obviamente, también puede ser cualitativa).

La doctrina dominante es la que, en general, obtiene mayor acatamiento a la hora de aplicar el Derecho, que es lo mismo que decir a la hora de concretar el sentido del texto del ordenamiento. La doctrina dominante expresa el sistema que predomina.

Es obvio que en el Derecho moderno un solo autor no puede cubrir con sus obras todo el campo de lo jurídico. La doctrina dominante no está entonces compuesta por la opinión de un solo autor. Para obtener el sistema «dominante» habrá que ir investigando en cada parcela del Derecho quién o quiénes son los juristas que, en general, son seguidos a la hora de aplicar el Derecho.

Para averiguar quiénes son los juristas representativos de la doctrina dominante en las diversas materias del Derecho, no hay mejor manera que la de examinar las sentencias de los jueces, en especial las de los tribunales superiores (que en España son el Tribunal Supremo, el Tribunal Constitucional, y los Tribunales Superiores de Justicia de las Comunidades Autónomas). Sólo así se puede tener certeza de quiénes son las «autoridades» en las distinta materias.

El sistema dominante sería entonces resultado de la suma o yuxtaposición de las distintas doctrinas dominantes en las diferentes ramas del Derecho (civil, mercantil, penal, administrativo, etc.).

Esta operación, de «suma constructiva» de las doctrinas dominantes, ofrece un cuadro simplificado de la pluralidad de interpretaciones realmente existentes en la bibliografía jurídica. Se produce también aquí una simplificación de la complejidad. Si las interpretaciones ofrecidas en el «mercado de interpretaciones», generado por todos los autores, son múltiples y variadas, la figura de la doctrina dominante obliga a seleccionar y sustituye la complejidad de la variación por una cierta uniformidad.

La idea de doctrina dominante permite que la realidad de los «sistemas» hermenéuticos existentes se aproxime a la idea de «*el* sistema» que maneja como modelo teórico la Teoría del Derecho.

Aunque *el* sistema no existe en la realidad de los hechos, sí existe en ésta una aproximación. No todas las «ofertas» de sistema son igualmente relevantes. Para determinar las relevantes y, en definitiva, construir el sistema, tenemos como guía la jurisprudencia de los tribunales. Por eso también se emplea la expresión *jurisprudencia dominante* o, con mayor precisión, *doctrina jurisprudencial dominante*. Refleja ésta, en efecto, la doctrina jurídica elaborada normalmente por los autores (juristas científicos) que es incorporada a las sentencias de los jueces como fundamentación de los fallos (decisiones) que emiten. En España también se denomina *doctrina legal*, en atención a que es la doctrina que sobre la ley mantiene el Tribunal Supremo.

Como tendremos ocasión de estudiar, las sentencias judiciales tienen básicamente un formato de tres partes: exposición de los hechos, fundamentos de Derecho y fallo. En los «fundamentos de Derecho» es el lugar donde se recogen los argumentos que fundamentan o motivan la decisión final o fallo, y es ahí donde los jueces introducen su doctrina. A esa doctrina que aparece expuesta en las sentencias judiciales se la llama doctrina jurisprudencial.

Lo normal es que los jueces no se «inventen» la doctrina que exponen, sino que la hayan «aprendido» en las obras de los juristas científicos (los «autores»), o bien acudan a dichas obras para consultar sus opiniones y poder así aplicar el Derecho al caso concreto.

En resumen. Tenemos, por una parte, la pluralidad de interpretaciones de los autores, la variedad de «sistemas». Pero, por otra, esa pluralidad se ve reducida mediante la aplicación de la doctrina dominante, que hace posible la construcción de un sistema dominante, el cual a su vez permite que pensemos que la noción de sistema utilizado en el marco de un modelo teórico se aproxima más de lo que pensábamos a la realidad de los hechos.

La pluralidad de interpretaciones o sistemas realmente existentes alimenta la actitud de relativismo o escepticismo frente a la llamada *seguridad jurídica*. Si las interpretaciones ofrecidas son múltiples, no hay modo se saber cuál será en definitiva la decisión judicial. La idea de sistema dominante reduce esa inseguridad, aunque sin llegar a eliminarla por completo, pues, en efecto, tal sistema dominante es fluctuante e impreciso. No tiene límites absolutamente concretos, aunque sí posee un fondo básico bastante permanente.

La idea de completa seguridad jurídica es un mito entre muchos más, que proviene también de la etapa de triunfo del legalismo. Si se supiera cómo van a ser las decisiones judiciales, sobrarían los abogados. La doctrina dominante viene a ser un mecanismo que reduce esa inseguridad.

NOTAS Y COMENTARIOS

– Sobre el concepto y la función de la *doctrina dominante* se puede leer con provecho el libro de PUIGPELAT, *Funciones y justificación de la opinión dominante en el discurso jurídico*, 1994. Véase también el trabajo de ZIMMERMANN, *Die Relevanz einer herrschenden Meinung für Anwendung, Fortbildung und wissenschafliche Erforschung des Rechts*, Berlin, 1983.EJERCICIOS

1. Haz un resumen de las ideas del capítulo.

2. ¿Por qué razón la Teoría general del Derecho no se ha ocupado de la diferenciación entre ordenamiento y sistema (al menos, en el sentido aquí expuesto)?

3. Explica la idea de que el sistema carece en la realidad de expresión singular.

4. Aplica el dicho popular «cada maestrillo tiene su librillo» a la dogmática jurídica.

5. ¿A qué crees que se debe la disparidad de opiniones de los autores?

6. Explica qué quiere decir que las ciencias utilizan *ficciones*.

7. Compara la idea de «sistema» de la Teoría del Derecho con la de «mercado» de la Teoría económica.

8. ¿Qué es un modelo teórico? ¿Cuál es su utilidad?

9. Explica por qué razón, a pesar de que la hipótesis de la existencia de un solo sistema no es real, permite entender mejor la realidad.

10. Averigua quién era José CASTÁN TOBEÑAS, su biografía y el influjo que tuvo en el Derecho Civil español.

11. ¿Qué significa que una opinión doctrinal tiene más peso que otra?

12. Explica la idea de *doctrina dominante*.

13. Haz lo mismo respecto de *doctrina común*.

14. Distingue la autoridad cualitativa y la autoridad cuantitativa de una opinión doctrinal.

15. ¿Cuál es el método idóneo para averiguar la doctrina dominante en cada parcela del Derecho?

16. Define el concepto de *sistema dominante*. Explica la «aproximación» operada con este concepto a la idea de sistema propia del modelo teórico propuesto.

17. Relaciona los siguientes conceptos: sistema dominante, doctrina jurídica dominante, doctrina jurisprudencial dominante, doctrina legal.

18. ¿En qué lugar de las sentencias judiciales aparece la doctrina jurisprudencial dominante?

19. Relaciona la pluralidad de «sistemas» hermenéuticamente construidos con la idea de *seguridad jurídica*.

CAPÍTULO 6

DOGMÁTICA JURÍDICA Y TEORÍA COMUNICACIONAL DEL DERECHO

XVIII. LA DOGMÁTICA JURÍDICA COMO CIENCIA CONSTRUCTIVA Y PRÁCTICA: NORMAS Y SISTEMA

La diferenciación entre ordenamiento y sistema, tal como ha quedado expuesta en las lecciones precedentes, introduce un planteamiento novedoso en los esquemas característicos de la Teoría general del Derecho, de talante positivista. Como ya he señalado, la teoría positivista ha centrado sus esfuerzos en *describir* el Derecho positivo. Dentro del amplio capítulo del positivismo, cada versión concreta se ha fijado en un aspecto para centrar la definición del fenómeno jurídico. Así, unos han hecho hincapié en las «normas», mientras que otros se han centrado en los «hechos jurídicos» De ahí la división fundamental del positivismo entre los llamados «normativistas» y los llamados «sociologistas».

Con el planteamiento introducido, se abandona la concepción de la ciencia jurídica como una ciencia descriptivista de una realidad que viene dada de antemano. Se abandona igualmente la concepción de una ciencia no valorativa. Dicho brevemente: se abandona el positivismo. Veamos por qué.

Dos tesis son las que me propongo desarrollar ahora y que creo concretan muy bien las dos ideas básicas alrededor de las cuales es como ha de entenderse la ciencia del derecho o dogmática jurídica que, como ya sabemos, es la que genera el sistema por medio de la interpretación constructiva del ordenamiento.

Estas dos tesis son: en primer lugar, la tesis de que la ciencia jurídica es una ciencia *constructiva*, y no descriptiva, pues las normas no vienen dadas de antemano en el ordenamiento, sino que se insertan en el sistema, el cual, como queda dicho, es resultado de la construcción. En segundo término, la tesis de que la ciencia jurídica es una ciencia *práctica*, puesto que, como consecuencia de la construcción del sistema, es ella la que produce las normas completas en su sentido, las verdaderas normas jurídicas que reflejan el ordenamiento y, al mismo tiempo, lo completan.

La ciencia jurídica (en el sentido de «dogmática»), es una ciencia constructiva y práctica, y no una ciencia descriptiva y teórica.

La tesis del *constructivismo* de la dogmática hay que explicarla –como se opera con cualquier tesis teórica– en su doble vertiente, negativa y positiva, esto es, determinando lo que niega y lo que afirma.

En el primero de los aspectos, la concepción constructivista implica la negación del rasgo básico destacado por el positivismo, para el cual, como queda dicho, toda ciencia es descriptiva de la realidad y, por consiguiente, la ciencia del Derecho se limita a describir el Derecho. Frente a esto, hay que subrayar que es imposible «describir» cualquier fenómeno de cultura. El Derecho no es una realidad describible, sino interpretable. La dogmática no se limita a «repetir» sencillamente lo que dice la autoridad jurídica, especialmente el legislador. Toma como punto de partida lo mandado por la autoridad para, a partir de ahí, construir el Derecho.

En el descriptivismo se unen dos ideas que, incubadas en la Ilustración, son dominantes en el siglo XIX y que han penetrado todo el pensamiento jurídico del XX: la idea epistemológica propia de la mentalidad positivista, según la cual la ciencia ha de limitarse a conocer la realidad, siendo «conocer» sinónimo de «describir», y la idea política de que el legislador, como representante omnisciente del pueblo soberano y de la voluntad general, dice lo que es el Derecho, y el juez se limita a ser la *bouche de la loi*, según la famosa expresión de MONTESQUIEU.

La idea epistemológica de la descripción objetiva penetra toda la época. El jurista ha de limitarse a contemplar el Derecho, que se le ofrece como una realidad dada de antemano, y describirlo con total asepsia, sin introducir en sus análisis elementos que no estén en el texto generado por la autoridad. La necesidad de describir asépticamente los preceptos impuestos por la autoridad implica la de abstenerse de valorar, ya que emitir juicios valorativos supone una actividad mental contrapuesta a la meramente descriptivista. Por este camino se llega a la negación de la interpretación, pues interpretar es una función intelectual que implica elegir entre varias posibilidades que se le ofrecen al observador y *decidirse* por una de ellas. Ahora bien, siempre que nos decidimos por algo, después de considerar las posibles alternativas, es que valoramos ese algo como lo más adecuado.

Incluso aun cuando se diga que lo «más adecuado» corresponde a lo que el jurista cree ser la voluntad del legislador, no sería correcto afirmar que entonces se está meramente «describiendo» la mencionada voluntad. En realidad, se está decidiendo la interpretación «correcta» de lo que el legislador quiere, lo que implica una valoración.

El positivismo descriptivista ha oscurecido ese fenómeno intelectual que subyace al proceso formativo de la ciencia jurídica. Ha generado un prejuicio pseudoobjetivista que no corresponde a la realidad y lo ha encubierto bajo el velo del sagrado nombre de «ciencia», entendida de aquella manera mayestática que lo ha hecho célebre.

La idea política propia del positivismo se resume en la creencia de que el Derecho viene dado por el texto bruto que genera el legislador o, para emplear unos términos más amplios que engloben todos los procesos de decisión generadores de texto, por el texto producido por la *autoridad* jurídica.

El llamado positivismo legalista (Escuela francesa de la Exégesis), de tanta influencia en toda Europa, tiende a identificar el Derecho con la Ley, con el texto legal. Es el resultado de la concepción ilustrada de que el legislador representa al pueblo soberano y de que la ley es la manifestación expresa de la voluntad general, la cual, a su vez, es infalible. Lo que hace el positivismo normativista (Escuela de Viena) es ampliar el texto al englobar a toda autoridad jurídica que genere decisiones: no sólo el legislador, sino también las autoridades administrativas y judiciales. Pero, en definitiva, el planteamiento es similar, ya que ambas corrientes positivistas implican la tesis de fondo de que el Derecho no es otra cosa que el texto bruto, ya sea sólo del legislador, ya sea de toda autoridad jurídica.

Tanto el legalismo como el normativismo son descriptivistas, pues adscriben a la dogmática una mera función de descripción del texto jurídico bruto. Para el primero, la ciencia jurídica tiene que describir las leyes. Para el segundo, tiene que describir las normas. En ambos casos, se supone que el producto generado por la autoridad (leyes, normas) viene ya acabado y completo y que la dogmática ha de limitarse a describir su contenido. Para las dos corrientes, el Derecho es sencillamente la voluntad del Estado y la ciencia jurídica no tiene ningún papel destacado en la configuración del Derecho.

La concepción constructivista de la dogmática implica la negación de estas tesis. El Derecho *no viene dado de antemano* a la ciencia a través de la voluntad del legislador o de la autoridad. El Derecho no se identifica con el texto bruto, con el ordenamiento. Antes al contrario, el Derecho es el sistema que resulta de la construcción, es decir, el texto elaborado sobre la base del texto bruto que proporciona la autoridad. El Derecho es una realidad «construida» y no una realidad «dada».

Penetramos así en el aspecto positivo de la tesis constructivista, que podemos expresar de esta manera: la ciencia jurídica o dogmática no describe el Derecho, sino que lo construye. No cumple una labor pasiva de «reflejar» asépticamente el objeto estudiado, sino que lo configura, lo conforma, lo articula, lo completa, lo perfecciona. El Derecho no es el ordenamiento, sino el sistema. Éste, como queda anotado, se construye sobre la base del primero, pero no se identifica con él.

Para precisar más aún la idea, podemos decir no que el Derecho no sea el ordenamiento, y sí únicamente el sistema, sino más bien que es una realidad compleja que se despliega en dos momentos distintos y conectados. En un primer momento las decisiones generan el texto bruto, el ordenamiento. En el segundo, ese texto bruto es presentado de manera completa, armónica y desarrollada en el texto elaborado, en el sistema. El ordenamiento sería así Derecho, pero en una forma menos completa que el sistema. Éste constituye la plenitud del Derecho, su configuración «definitiva» (entiéndase esta palabra en sus justos términos, pues el sistema se va rehaciendo continuamente; se trataría de una configuración definitiva en cada momento temporal).

El sistema es un conjunto de proposiciones lingüísticas que tiene como referente constante otro conjunto de proposiciones, las del ordenamiento. En el ordenamiento encontramos las órdenes dadas por la autoridad, por el legislador; en el sistema, la construcción acabada de las mismas.

El ordenamiento está compuesto de disposiciones o preceptos (mandatos de la autoridad jurídica). El sistema está compuesto de normas jurídicas.

La norma jurídica acabada, en su plenitud de sentido, la encontramos únicamente en el texto elaborado, en el sistema. Para construirla será preciso recurrir a los materiales que proporciona el ordenamiento o texto bruto, y, a partir de él, precisar todos los elementos de la norma.

Esto quiere decir, por consiguiente, que tanto el sistema como las normas que lo componen son el resultado de la labor constructiva, propia de la dogmática. La norma no viene dada de antemano, sino que, exactamente igual que sucede con el sistema, es también resultado de una labor hermenéutica que la configura definitivamente en su sentido pleno. No podía ser de otra forma, al ser el sistema resultado de la construcción. Si llamamos normas jurídicas a los elementos componentes del sistema, y éste es producto de una función dogmática de elaboración constructiva, lo mismo acontecerá necesariamente con sus componentes.

Con las disposiciones, preceptos y demás material «en bruto» (sentencias judiciales, etc.) puede construirse la norma. Ante un artículo del Código Civil o del Código Penal no podemos decir: ¡he aquí una norma!, sino que en él veremos sólo una disposición, un precepto, una orden de la autoridad.

Ahora bien, si una disposición del texto bruto no coincide con una norma, entonces se hace evidente que para construir el sistema es necesario partir de una determinada concepción de las normas jurídicas, de su concepto y de sus tipos. Una *teoría de las normas jurídicas* es previa a toda construcción dogmática, puesto que sólo así será posible la reordenación del material que proporciona el texto jurídico bruto.

Al no venir la norma *dada* ya en el ordenamiento, sino sólo disposiciones o preceptos con los cuales construirla, es necesario para esa labor de construcción saber previamente qué es una norma del sistema y cuáles son sus diversas manifestaciones, sus clases. El jurista que elabora el contenido completo de una norma de Derecho, tomando como punto de partida y de referencia constante los materiales proporcionados por las disposiciones emanadas de la autoridad, maneja, aunque no lo sepa, una determinada teoría de las normas jurídicas. En caso contrario, no podría ordenar el material del ordenamiento en el conjunto de proposiciones lingüísticas que es el sistema.

La tesis del constructivismo nos lleva de la mano a la segunda tesis, a saber: la de que la dogmática jurídica o ciencia del Derecho es una ciencia *práctica*. No se limita esta ciencia a situarse frente a la realidad para «contemplarla», sino para «construirla» y, por tanto, para «crearla» aunque sea parcialmente. Por tanto, la dogmática tiene un efecto generativo, productor de normas.

La construcción hermenéutica del sistema y de las normas que lo componen es, como ha quedado expuesto, la meta de la dogmática. Al operar sobre el texto jurídico en bruto, que constituye el ordenamiento, ciertamente que la dogmática se ve limitada por la existencia de dicho material, y en ese sentido no podrá nunca «inventarse» *ex nihilo* las normas ni el sistema. Ahora bien, el ordenamiento es el punto de partida de la interpretación, cuya fase final es la generación del sistema y de las normas que lo componen. En el camino que va desde el ordenamiento al texto jurídico elaborado, que es el sistema, hay todo un trabajo de perfeccionamiento, armonización y acabado, que no puede ser calificado sino de «creativo».

Esto no sólo sucede cuando la autoridad jurídica (el Estado, el legislador) reconoce valor creador a las opiniones de los juristas (o de determinados juristas), como sucedió paradigmáticamente en la etapa del *ius respondendi* del Derecho romano.

La dogmática es creativa de normas (esto es, es ciencia *práctica*) incluso cuando el legislador no la menciona como fuente del Derecho, o cuando la prohíbe como productora de normas. No depende de la opinión o de la voluntad del legislador, que normalmente verá con recelo las construcciones científicas, ya que escapan a su control.

En la historia del Derecho hay momentos en los cuales el legislador ha prohibido la interpretación, precisamente para cortar el alcance creativo de los juristas dogmáticos y de los jueces, planteando así un conflicto de poderes. Pero más allá del conflicto político, los procesos de aplicación de la ley a los casos concretos siempre han exigido una instancia intermedia interpretativa.

EJERCICIOS

1. Desarrolla la idea del descriptivismo positivista. ¿Qué quiere decir que cada versión del positivismo se fija en un aspecto del Derecho y lo toma como punto de referencia para la descripción?

2. Explica la contraposición entre «constructivo» y «descriptivo».

3. ¿Por qué razón no es posible «describir» una norma?

4. ¿Qué quiere decir que la dogmática jurídica no repite los contenidos de los preceptos que da el legislador?

5. Explica las dos ideas (epistemológica y política) que confluyen en la mentalidad positivista.

6. Relaciona descriptivismo y avalorismo.

7. Desarrolla la idea de «lo dado de antemano».

8. ¿Por qué toda interpretación supone una valoración?

9. Averigua qué es el positivismo legalista, su origen y sus principios doctrinales.

10. Haz lo mismo con el positivismo normativista.

11. ¿En qué se diferencian el positivismo legalista y el normativista?

12. ¿Cómo contemplan ambas corrientes la tarea de la ciencia del Derecho?

13. Resume las ideas básicas de la tesis constructivista.

14. Diferencia entre realidad «dada» y realidad «construida».

15. Relaciona los siguientes conceptos: Derecho, ordenamiento y sistema.

16. Diferencia y relaciona estos conceptos: disposiciones y normas.

17. ¿Qué significa que la norma jurídica es resultado de la construcción?

18. Explica la necesidad de una teoría de las normas jurídicas previa a la tarea dogmática.

19. Explica el concepto de «ciencia *práctica*».

20. Indaga qué es el *ius respondendi.* Para ello, consulta un manual de Derecho romano.

21. ¿Puede el legislador prohibir la interpretación creativa de la ciencia del Derecho y de la jurisprudencia (sentencias de los jueces)? ¿Con qué efecto?

XIX. UN EJEMPLO: LAS «FUENTES DEL DERECHO»

Por ser las lecciones anteriores demasiado abstractas, y quizás algo difíciles para ser asimiladas en breve tiempo, conviene que nos detengamos un poco para reconsiderar algunas de las principales ideas expuestas de la mano de un ejemplo. Lo que me propongo, por tanto, en esta lección no es añadir nueva materia a lo hasta ahora estudiado, sino tan sólo insistir en lo que considero fundamental: en que las normas jurídicas no vienen «dadas» directamente por el texto bruto del ordenamiento, sino que sólo alcanzan su verdadero ser tras una operación de construcción hermenéutica, que es la que proporciona el texto jurídico elaborado del sistema.

Nuestro ejemplo se refiere a las «fuentes del Derecho» en el ordenamiento jurídico español.

Si alguien nos preguntara cuáles son las fuentes del Derecho español, tendríamos que remitirle al artículo 1° del Código Civil, que en su párrafo primero prescribe lo siguiente:

> «Las fuentes del ordenamiento jurídico español son la ley, la costumbre y los principios generales del derecho».

Informado de esto, tendríamos que advertir inmediatamente a nuestro interlocutor que, a pesar de la claridad del precepto y de su aparente contundencia enumerativa, en realidad las fuentes del Derecho español no son sólo la ley, la costumbre y los principios generales.

Tendríamos que advertir que el precepto citado no menciona la Constitución que, como todo el mundo sabe, está por encima de la ley. Aunque se argumente que la Constitución es un tipo de ley y que, en consecuencia, habría que entenderla incluida bajo la palabra «ley» del precepto citado, este añadido implica ya, como es fácilmente comprensible, una determinada interpretación de dicha palabra «ley» y, por tanto, la construcción del precepto. Si nos atenemos a la mera literalidad, la disposición sólo menciona la ley, y no la Constitución. Al interpretar que aquélla engloba ésta, estaríamos introduciendo un elemento interpretativo importante que añade un dato que no se desprende sin más de lo que el precepto «parece» decir.

Tampoco menciona el artículo 1°.1 los tratados internacionales, aunque si lo hace en otro precepto del mismo artículo (en concreto, el párrafo quinto del art. 1°), que dice:

> «Las normas jurídicas contenidas en los tratados internacionales no serán de aplicación directa en España en tanto no hayan pasado a formar parte del ordenamiento interno mediante su publicación íntegra en el "Boletín Oficial del Estado"».

Esta disposición, como puede apreciarse sin dificultad, no dice en modo alguno que los tratados sean «fuente» del Derecho español. Se limita a señalar *cuándo* las normas de los tratados son «de aplicación directa en España».

La construcción hermenéutica del precepto tiene que plantearse si esa manera de expresarse es equivalente a admitir que los tratados internacionales son «fuente» del Derecho en el ordenamiento interno. El precepto no lo dice directamente. Será la doctrina, o dogmática, la que tenga que decantarse al afirmar, pongo por caso, que los tratados son también fuente del Derecho interno del Estado una vez que han sido publicados íntegramente en el «BOE».

Entonces la pregunta será: ¿pero acaso la ley no ha de ser también íntegramente publicada en el «BOE» para poder ser considerada verdadera «ley» y, consecuentemente, fuente del Derecho español? Si la ley ha de ser publicada también (como lo exige el art. 2º.1 del Código Civil), ¿qué razón existe para dar un tratamiento específico a los tratados?

La respuesta es obvia para quien tiene un cierta formación jurídica (lo que quiere decir que ha estudiado la dogmática jurídica). Los tratados obligan a los Estados en cuanto que éstos, a través de sus representantes, los hayan suscrito. Pero esa vinculación es «interestatal» o «internacional»: les vincula a los Estados que han celebrado el contrato, es una vinculación «externa». Mientras que hacia «adentro» del ordenamiento español sólo se produce el efecto de que el tratado posea carácter normativo o vinculante a partir de que se cumpla efectivamente el requisito impuesto de la publicación íntegra en el «BOE». El legislador, en el artículo 1º.5, ha tenido en cuenta esta diferenciación de aspectos que afecta a los tratados, aunque no la mencione explícitamente.

Todas estas operaciones intelectuales que conlleva la aclaración de lo que quiere decir el artículo 1º.5 del Código Civil y cómo hay que vincularlo al párrafo primero del mismo artículo, no nos vienen dadas por el texto bruto del ordenamiento, que por necesidad ha de ser parco en palabras. Es al jurista a quien corresponde esa difícil tarea de esclarecimiento, lo cual supone, obviamente, una labor hermenéutica constructiva. El artículo 1º.5 da por supuesto que se sabe lo que es un tratado internacional y que, por tanto, se distingue su faceta de pertenencia al Derecho internacional y su otra faceta de posible pertenencia al Derecho interno del Estado. Ese trasfondo de ideas y conceptos no viene explicitado en el texto bruto, ni mucho menos. El texto bruto los presupone, los contiene de una manera implícita. Para hacerlos manifiestos y entender de esa forma plenamente la literalidad de los preceptos es preciso explicitarlos, sacarlos a la luz. Ésta es una labor que corresponde a la dogmática como ciencia interpretativa y que el legislador se ahorra, pues de otro modo las leyes serían inacabables en extensión.

Pero las cosas son todavía más complejas en esta materia de los tratados, pues resulta que hay un tipo de tratados que tienen unos efectos muy diferentes a los ordinarios. Son los tratados creadores de entidades supranacionales como la Unión Europea. No se limitan a establecer relaciones internacionales, sino que su función es generar una nueva entidad jurídica que produzca Derecho supranacional que se integra o introduce en el Derecho interno de los Estados. Mediante este tipo de tratados se desplaza parte de la soberanía del Estado a la entidad supranacional creada para que sea ésta la que genere nuevos preceptos que, además de pertenecer al ordenamiento comunitario, también formarán parte del Derecho interno de los Estados miembros.

Como puede apreciarse claramente por la lectura del artículo 1º del Código Civil, parecería como si, en materia de fuentes, el Derecho comunitario no existiera ni tuviera nada que ver. Ni siquiera menciona la existencia de dicho Derecho. Si uno se fía únicamente de las disposiciones de ese artículo, que es el específicamente consagrado a las fuentes del ordenamiento jurídico español, tendría que decir que las normas de Derecho comunitario no son normas del ordenamiento español. Nada, sin embargo, más alejado de la realidad.

Para encontrar la pista de la solución a este problema de los tratados que dan lugar a entidades supranacionales, y a cómo se articula el Derecho por ellas generado, hay que acudir a la Constitución, que en su artículo 93 dice lo que sigue:

> «Mediante ley orgánica se podrá autorizar la celebración de tratados por los que se atribuya a una organización o institución internacional el ejercicio de competencias derivadas de la Constitución. Corresponde a las Cortes Generales o al Gobierno, según los casos, la garantía del cumplimiento de estos tratados y de las resoluciones emanadas de los organismos internacionales o supranacionales titulares de la cesión».

Parece evidente que, en este precepto, apenas encontramos solución para las interrogantes planteadas; pues se limita a autorizar la celebración de tratados atributivos de competencias «derivadas de la Constitución» a determinadas entidades, sin que se nos aclare qué significa el concepto de «competencias derivadas de la Constitución», ni tampoco cómo se articulan las normas que provengan de la nueva entidad con las del ordenamiento español.

¿Adónde acudiremos para resolver nuestras dudas, que no resuelve ni el artículo 1° del Código Civil, el cual parece desconocer la existencia del Derecho Comunitario, ni tampoco la Constitución, pues parece que se limita a autorizar al Parlamento a que, mediante ley orgánica, se pueda celebrar determinados tipos de tratados? Obviamente, para despejar nuestras dudas no tenemos otro remedio que acudir a la doctrina, a la expuesta en los libros de dogmática jurídica y a la expuesta en las sentencias judiciales, especialmente en este caso, en las sentencias del Tribunal de Justicia de la Unión Europea. No tenemos otra salida. Ni el poder constituyente ni el poder legislativo nos dan la solución. Ambos se limitan a suministrar el texto bruto del ordenamiento. La respuesta a las dificultades sólo se obtendrá, tras ardua labor constructiva, en el sistema expuesto doctrinal y jurisprudencialmente.

La norma que dice que el Derecho comunitario es fuente del Derecho interno de los Estados miembros de la Unión Europea y que, además, prevalece sobre el Derecho de éstos que se le oponga, no viene en ningún texto jurídico bruto, sino que es el resultado de la construcción hermenéutica, primero de la doctrina, y después de la jurisprudencia del Tribunal de Justicia que, ante la laguna del texto bruto, la ha incorporado a los fundamentos de sus sentencias. (Véanse los epígrafes XCIX y C de esta obra).

¿Quién puede dudar de que dicha norma, a pesar de estar ausente de los «textos jurídicos» emanados del legislador, sin embargo forma parte real del Derecho español? No lo puede dudar nadie, sobre todo viendo cómo se aplica por los tribunales todos los días. Se manifiesta en este ejemplo concreto el modo en que el sistema añade elementos no explicitados en el texto bruto del ordenamiento, generando una norma que no está en este último.

De manera que, para completar la lista enumerativa de las fuentes que proporciona el artículo 1º.1, y que tan sencilla parece, hemos de sumarle todo lo que corresponde a los tratados internacionales y, además, distinguir dos tipos, los ordinarios y los que dan lugar a entidades supranacionales, pues tienen efectos diversos en un caso y en otro. Lo que dice el párrafo quinto del artículo no es suficiente, por lo que tenemos que remitirnos al artículo 93 de la Constitución que, aunque no aborda directamente el tema de las fuentes del Derecho español, sí nos da pistas importantes para reconstruir el *puzzle*.

Vemos, pues, la manera en que vamos «sumando preceptos» y «redondeando» su significado y sus conexiones, con la meta última de llegar a saber con certeza cuáles son las fuentes del Derecho español. Esto es lo que hacen los juristas en su tarea diaria. A medida que «suman» preceptos y «extraen» normas implícitas, es decir, no manifestadas en el texto bruto del ordenamiento, delimitan conceptos y pulen expresiones que pueden ser interpretadas de modo muy diverso.

Así, el artículo 93 mencionado maneja conceptos que precisan de una determinación en cuanto a su contenido concreto. Cuando habla de «organización o institución internacional», podemos preguntarnos: ¿cuál es el significado preciso de la expresión «organización internacional», y cuál el de «institución internacional»?; ¿son lo mismo o constituyen realidades diferentes?; ¿qué significado ha de atribuirse a la partícula disyuntiva «o» que une ambas expresiones?

Cuando el mismo precepto se refiere a las «competencias derivadas de la Constitución», ¿qué quiere decir con esta extraña expresión?; ¿acaso no sucede que todas las competencias de los órganos del Estado no derivan en último término de la Constitución?; ¿a qué competencias se refiere, y por qué?

La enumeración de las fuentes del Derecho español no acaba aquí. Hay que seguir completándola. Primero, con las leyes autonómicas, que son las promulgadas por los Parlamentos de las Comunidades Autónomas.

Después, habrá que enunciar los diferentes tipos de fuentes normativas emanadas de los órganos de la Administración o, para ser más exactos, de las Administraciones públicas. Los reglamentos, los decretos, las órdenes ministeriales... El artículo 1º del Código Civil no menciona estos actos normativos, de tanta importancia en la vida diaria de los administrados. Algunos autores sostienen que bajo el concepto «ley» se englobarían todos estos preceptos provenientes de las Administraciones. Con ello tenemos que bajo dicho concepto de «ley» quedarían englobados no sólo los conceptos de ley en sus diversas modalidades (ordinaria, orgánica, etc.), sino también la Constitución y, además, los actos normativos de las Administraciones.

Parece ciertamente una desmesura esa interpretación, y es mucho más realista aceptar que la norma que establece las fuentes del Derecho español no está incluida en el artículo 1º.1, sino que necesita de una construcción hermenéutica que englobe los distintos elementos.

Con lo dicho es suficiente para nuestro propósito actual, aunque no lo sea para tener claro el esquema de las fuentes de nuestro Derecho, puesto que habría que seguir la enumeración de otros tipos de disposiciones (por poner un ejemplo, piénsese en los convenios colectivos), además de aclarar qué función cumple en el cuadro de fuentes la doctrina jurisprudencial, y cómo hay que entender la función propia de la costumbre y la de los principios.

En esta lección no me he propuesto analizar el tema de las fuentes, cosa que haré más adelante (en ese sentido, lo aprendido aquí sirve de preparación para abordar con más fluidez lo que será objeto de exposición posterior), ya en otro volumen. Sólo he pretendido demostrar cómo la *norma jurídica* que establece cuáles son las «fuentes del Derecho» en el ordenamiento jurídico español, no viene «dada» en el texto bruto del ordenamiento (que, en este caso, es el art. 1º del Código Civil), sino que es preciso una labor compleja de construcción hermenéutica que ofrezca su total configuración.

La norma jurídica que determina el cuadro completo de las fuentes del Derecho ha de ser *obtenida* a partir de las disposiciones del texto bruto del ordenamiento. Eso sucede con todas las normas que configuran el sistema.

Normas y sistema jurídicos son, por tanto, *el resultado de la construcción.*

EJERCICIOS

1. ¿Cuál es el propósito de esta lección?

2. Explica el significado de la expresión «fuentes del Derecho».

3. Lee el artículo 1º del Código Civil y haz un esquema del mismo.

4. ¿Crees que el párrafo primero del mencionado artículo enumera de manera completa las fuentes del ordenamiento jurídico español? Razona la respuesta.

5. ¿Qué te parece que algunos autores ofrezcan una interpretación muy amplia del concepto de «ley», que engloba la Constitución y las disposiciones dictadas por las Administraciones públicas?

6. ¿Cuál crees que puede ser la razón de que el artículo 1º no mencione la Constitución?

7. Lee el párrafo 5 del artículo 1º del Código Civil, y explica lo que quiere decir que los preceptos de los tratados internacionales son de *«aplicación directa»* en España siempre que cumplan el requisito que la disposición exige.

8. Explica los *dos* aspectos de la obligatoriedad de los tratados y la influencia de esa dualidad en la redacción del precepto (art. 1°.5).

9. Diferencia entre tratados ordinarios y tratados que generan una entidad jurídica supranacional.

10. ¿Cómo contempla el artículo 1° del Código Civil al Derecho comunitario, y cuál es la solución doctrinal al respecto?

11. ¿Por qué se habla en la lección de *puzzle*?

12. ¿Cuáles son las «operaciones» que permiten componer el *puzzle*?

13. Explica la noción de «normas implícitas».

14. ¿Qué dos funciones puede cumplir la disyuntiva «o» en la frase «organización o institución internacional» del artículo 93 de la Constitución?

15. Vuelve a explicar la idea de fondo, de que tanto las normas jurídicas como el sistema se obtienen mediante la construcción.

XX. LA TEORÍA COMUNICACIONAL DEL DERECHO

Llegados a este punto de la exposición, y teniendo en cuenta todos los elementos a los que me he referido hasta aquí, parece el momento adecuado de plantear qué se entiende por *Teoría del Derecho* o, para ser más exactos, qué entiendo yo por tal, pues basta con echar una rápida ojeada a la bibliografía existente para percibir que los enfoques pueden ser muy diversos e incluso contradictorios.

No voy a decir nada nuevo que, en sus trazos esenciales, no haya dicho ya en mis trabajos anteriores. Me remito especialmente a *Las Reglas del Derecho y las Reglas de los Juegos* (1984), en cuyo apéndice 2 se recoge mi concepción de la Teoría del Derecho y que había sido publicado el año anterior en una revista de la especialidad (*Doxa*, 1983); a *Introducción a la Teoría del Derecho* (1988, 6ª ed., 2003), obra en la que intento justificar el programa de investigación propuesto para esta disciplina; a *Sociología del Derecho* (1993; 2ª ed., 1997), en la cual me propongo trazar las líneas de demarcación entre la Teoría del Derecho y la Sociología jurídica; al opúsculo *El Derecho como texto, cuatro estudios de Teoría comunicacional del Derecho* (1998, 2ª ed., 2006); y a *Comunicación, Lenguaje y Derecho (Algunas ideas básicas de la Teoría comunicacional del Derecho)*, Real Academia de Ciencias Morales y Políticas, Madrid 2009; editado posteriormente por Ed. Fontamara, México D.F. 2012.

Tengo que decir además que, en general, todos mis trabajos vienen presididos por esta idea constante de construir una Teoría comunicacional del Derecho en base al modo de ver que estoy exponiendo también aquí, en esta obra.

En España se han publicado en los últimos tiempos un buen número de libros con el título «Teoría del Derecho» que vienen a reflejar el modelo de lo que bajo el rótulo de «doctrina general del Derecho» o «teoría general del Derecho» se ha venido haciendo durante todo el siglo XX. A pesar del cambio de título por exigencias del plan de estudios de la carrera de Derecho, la materia y el modo de tratarla suelen ser los propios de la doctrina general desarrollada dentro de los esquemas del positivismo. Con frecuencia se ha cambiado el título, pero no las ideas.

La denominación de «Teoría del Derecho» irrumpe hace algunos años sin tener claramente definidos sus contornos, pero con el propósito de superar la «doctrina general del Derecho» de raigambre positivista. También intenta salir del callejón sin salida que la disputa entre iusnaturalismo y positivismo se había generado en el seno del pensamiento jurídico.

Mi propuesta concreta de Teoría del Derecho se basa en contemplar este último como un *conjunto de procesos de comunicación* entre los hombres cuya misión inmanente es dirigir la acción humana. Como tal conjunto de procesos de comunicación, es analizable como lenguaje, como una pluralidad de mensajes y de *signos*.

Ésta es la idea básica de lo que he denominado Teoría *comunicacional* del Derecho.

No se pone el acento en la idea de que el Derecho es un «hecho social», aunque nadie lo niegue. Tampoco se pone el acento en la idea de que el Derecho es «norma», si bien no se niega que el aspecto normativo es fundamental para entenderlo. Ni se desprecia la dimensión de la justicia, perspectiva principal desde la que el iusnaturalismo enfoca prácticamente todos los problemas. Simplificando algo las cosas, puede afirmarse que lo característico del Derecho es el ser un sistema de signos que tienen una función prescriptiva, la cual, como sabemos, abarca tanto el aspecto organizativo como el meramente directivo.

Otra forma de afirmar que el Derecho es un sistema de signos la logramos diciendo que el Derecho *es lenguaje*.

La tesis de que el Derecho es lenguaje no debe ser considerada como una tesis ontológica fuerte, algo así como si quisiéramos decir que el Derecho es sólo lenguaje. Esta tesis de la *lingüisticidad* del Derecho no implica una respuesta acerca de la cuestión de cuál sea la «esencia» del Derecho. Simplemente trata de resaltar un hecho que no parece controvertible, a saber: el hecho de que el fenómeno jurídico se manifiesta, ante todo, como un conjunto de procesos de interrelación comunicativa; o, dicho de otra manera, como un conjunto de procesos de comunicación.

El símil con el juego, al que he dedicado el libro citado antes, puede ayudar a entender lo que quiero decir. En todo juego donde sean varios los jugadores (como varios son siempre los «jugadores» en el Derecho), lo primero que es preciso para poder participar en el juego, o simplemente para poder entenderlo, es estar al corriente de lo que significa cada cosa dentro de él. Saber el significado de cada cosa dentro del juego es lo mismo que «estar en el secreto» de un determinado sistema comunicativo.

En efecto, el juego es un texto generado por decisiones (las del creador o creadores del mismo) que precisa de una construcción hermenéutica que permita la comprensión. Esta, la comprensión, es requisito previo para la realización de acciones pertenecientes al juego.

Salvadas las distancias, lo mismo sucede con ese gran «juego» que es el Derecho.

El sistema comunicativo viene generado primero por el ordenamiento, que se transforma después en sistema, según hemos visto en los capítulos precedentes. Toma como punto de partida el texto jurídico en bruto del ordenamiento, el cual es producto de múltiples decisiones de las autoridades. El texto bruto es sometido a un profundo tratamiento por los juristas, quienes presentan el texto jurídico elaborado que es el sistema. Éste no es otra cosa que un sistema de comunicación. Va dirigido a multitud de personas para que éstas se entiendan *entre sí.* No sólo es un sistema «científico», acuñado con el rigor propio de la ciencia del Derecho. Es también un sistema «práctico», puesto que su función primordial es dirigir las acciones de los miembros de la sociedad.

La Teoría comunicacional del Derecho parte de la idea de que el Derecho es un sistema comunicativo o sistema de signos con caracteres peculiares. Dicho sistema es el *sistema jurídico* generado por la dogmática y que refleja el texto del ordenamiento.

La decisión ostenta una prioridad temporal respecto de los demás elementos (normas e instituciones), ya que es mediante decisiones como se genera el ordenamiento. La función pragmática de la decisión condiciona el texto ORD y, consiguientemente, también el texto elaborado SIS. Ahora bien, como hemos podido comprobar en el capítulo anterior referente a las fuentes del Derecho, la propia estructura interna del ordenamiento no viene «dada» por éste, sino que precisa de una tarea de construcción hermenéutica. El «sistema de decisiones jurídicas» se refleja mejor en SIS al adquirir una dimensión de objetividad que no posee en ORD.

Para ser plenamente conscientes de cuáles son los procesos de decisión generadores de texto jurídico bruto se hace necesaria una indagación reconstructiva.

Si hacemos caso, por ejemplo, a lo que dice el artículo 1º del Código Civil, tendremos una visión distorsionada del sistema de fuentes que efectivamente tiene vigencia en España. Esto puede parecer un contrasentido, pero no lo es si se tiene en cuenta que cada autoridad que produce nuevo texto puede tener una idea diferente del sistema de fuentes. Que el legislador «quiera» un determinado sistema de fuentes, y así lo diga expresamente en uno de sus preceptos, no significa que en realidad el sistema jurídico funcione en efecto como él lo ha establecido. Del ejemplo analizado en el capítulo anterior se deduce precisamente lo contrario. Se llega así a la conclusión de que el sistema de las decisiones también hay que contemplarlo dentro del texto elaborado global del sistema jurídico y no dentro del ordenamiento.

Otra demostración de lo dicho, todavía más palpable que el ejemplo de las fuentes del Derecho español, la encontramos en las fuentes del Derecho comunitario (o de la Unión Europea). En vano se intentará encontrar un precepto en el cual se especifique el sistema de fuentes y su respectiva jerarquía. Tal precepto, sencillamente, no existe en el ordenamiento. La doctrina, ante esta carencia, se ha visto en la necesidad de elaborar, a la vista del funcionamiento real del Derecho comunitario, dicho sistema de fuentes. No hay exposición doctrinal de dicho Derecho que no contenga un capítulo sobre las fuentes, como es lógico. Esto constituye otra prueba de que el sistema de decisiones jurídicas también precisa de la labor de la construcción hermenéutica.

Así pues, si el concepto de sistema jurídico es el concepto central, alrededor del cual gira todo lo demás, la Teoría del Derecho no puede ser otra cosa que una teoría de dicho sistema comunicativo y de sus relaciones con los diversos procesos comunicacionales que se generan dentro de un ámbito jurídico.

Se puede empezar por el estudio de la génesis del sistema, para pasar después a la estructura interna del mismo. Pero también es posible el camino inverso, consistente en abordar primero qué es el sistema jurídico y cuáles son sus elementos, para centrarse después en los procesos de decisión jurídica. Aquí he elegido este último proceder, atendiendo sobre todo a los usos en el estudio de esta disciplina, inspirados en pasar de lo más simple a lo más complejo.

Además de esta razón pedagógica de pasar de lo más sencillo a lo más complejo, hay otra no menos poderosa para comenzar por la teoría de las normas jurídicas, que podemos denominar la razón de la *prioridad lógica* de las normas. De igual modo a como quien habla lo hace en prosa, aunque no lo sepa, y de acuerdo con las reglas de la gramática, así sucede con las decisiones y las instituciones: están presuponiendo ambas la idea de norma jurídica. La teoría de las normas jurídicas cumple un papel similar al que cumple la gramática respecto del que habla o escribe.

Respecto de todo texto pueden ser realizadas tres tipos de operaciones de análisis que los estudiosos del lenguaje llaman sintáctica, semántica y pragmática. La primera estudia las formas del lenguaje; la segunda, los significados, y la tercera, los usos.

A la sintáctica del Derecho la llamaremos *Teoría formal del Derecho* a la semántica jurídica, *Teoría del la Dogmática jurídica*; y a la pragmática aplicada al Derecho, *Teoría de la Decisión jurídica.*

La Teoría formal del Derecho (o Teoría *pura* del Derecho) tiene el cometido de exponer los conceptos formales de todo sistema jurídico, ofreciendo una teoría de las normas jurídicas, de la estructura interna del sistema, de las relaciones entre sistemas y de los conceptos jurídicos formales que todo sistema presupone. Su concepto central es el concepto de *norma jurídica.*

La Teoría de la Dogmática jurídica tiene por objeto analizar cómo se genera el sistema dogmático, sistematizando el material del ordenamiento en torno al concepto central de *institución jurídica.*

La Teoría de la Decisión jurídica estudia los diferentes procesos de decisión creadores del ordenamiento jurídico, así como la teoría de la justicia que va incorporada a dichos procesos de decisión. Parece obvio que el concepto central es el de *decisión jurídica.*

NOTAS Y COMENTARIOS

- El debate sobre la actual Teoría del Derecho ha sido amplio y enriquecedor en los últimos años. Es recomendable la lectura de los números 31 y 32 de la Revista «Persona y Derecho», que bajo el título de *El estatuto de la Teoría del Derecho* recoge pluralidad de enfoques y aportaciones. Véase especialmente los trabajos de FERREIRA, GALINDO, OSUNA, PUY, CARPINTERO, MUÑOZ DE BAENA y SERNA.
- Sobre la Teoría comunicacional del Derecho dice el conocido tributarista y teórico del Derecho brasileño Paulo DE BARROS CARVALHO:

«O direito, tomado como um grande facto comunicacional, é concepçao relativamente recente, tendo em vista a perspectiva histórica, numa análise longitudinal da realidade. Situa-se, como não poderia deixar de ser, no marco da filosofia da linguagem, mas pressupõe interessante combinação entre o método analítico e o hermenêutico, fazendo avançar seu programa de estruturação de uma nova e instigante Teoria do Direito, que se ocupa das normas jurídicas enquanto *mensangens* produzidas pela äutoridade competente e dirigidas aos integrantes da comunidade social.» (pg. VII)

«Tenho a firme convicção de que essa proposta epistemológica é sumamente enriquecedora, oferecendo perspectivas valiosas para quem se aproxima do direito em atitude cognoscente. E o testemunho vivo desse reconhecimento já está consignado em numerosos escritos da dogmática brasileira, principalmente no campo do Direito Tributário, em que sua influência, per uma série de razões, foi mais forte e incisiva. A investigação do feno meno jurídico, com os recursos da Teoria Comunicacional, possibilitou atingir níveis mais profundos de observação e também desenvolver uma análise mais fina e penetrante do trábalo construtivo da Ciência.» (pg. VIIII)

(«Prefácio» en G. ROBLES, *O Direito como Texto,* trad. de R. BARBOSA ALVES, Sao Paulo, 2005).

EJERCICIOS

[Lo expuesto de una manera excesivamente sintética y simplificada viene desarrollado con mayor amplitud y profundidad en las obras citadas al principio del capítulo, por lo que el lector interesado puede acudir a ellas.]

1. Consulta las obras del autor citadas en el capítulo, especialmente aquellas partes que dedica a exponer su idea de la Teoría comunicacional del Derecho.

2. Explica qué quiere decir que el Derecho es un conjunto de procesos de comunicación.

3. Relaciona la tesis de la lingüisticidad del Derecho con la idea, expuesta en los capítulos precedentes, de que el Derecho es texto.

4. ¿En qué sentido el juego es un sistema de comunicación?

5. ¿Por qué el autor elige el camino de estudiar primero la estructura del sistema jurídico para pasar después a la génesis del mismo?

6. Define los siguientes conceptos: sintáctica, semántica y pragmática.

7. Relaciona sintáctica con Teoría formal del Derecho.

8. Relaciona semántica y Teoría de la Dogmática jurídica.

9. Relaciona pragmática y Teoría de la Decisión jurídica.

10. ¿Por qué la norma jurídica es el concepto central de la Teoría formal del Derecho?

11. ¿Por qué la institución jurídica es el concepto central de la Teoría de la Dogmática jurídica?

12. ¿Qué significa que la decisión jurídica es el concepto central de la Teoría de la decisión jurídica?

13. Explica por qué razón se entiende mejor la jerarquía de fuentes de un ordenamiento después de la elaboración doctrinal en el sistema.

14. Indaga el ejemplo aludido en el texto: las fuentes del Derecho de la Unión Europea. Puedes ayudarte con mi libro *Elementos de Derecho Comunitario*, Madrid, 1996.

15. ¿Qué quiere decir que la teoría de las normas jurídicas ostenta una prioridad *lógica* respecto al estudio de las decisiones y de las instituciones?

PRIMERA PARTE.–TEORÍA FORMAL DEL DERECHO

CAPÍTULO 7

LAS NORMAS JURÍDICAS

XXI. DIRECTIVAS Y NORMAS

Para introducirnos en el gran tema de la teoría de las normas jurídicas y, por tanto, también en la teoría del sistema jurídico, es necesario que antes podamos tener una noción de lo que es *la norma* en general, prescindiendo de su calificación como norma «jurídica», «moral», «social», etc. Existen varios *órdenes normativos* que rigen las acciones humanas. Junto al Derecho, tenemos la moral, los usos sociales, las normas religiosas, e incluso las reglas de los juegos. Todos estos órdenes (u ordenamientos) tienen la característica común de estar compuestos de normas. Tiene que haber, pues, un concepto genérico de norma que sea aplicable a los diversos órdenes normativos.

Ahora bien, la norma a su vez constituye una modalidad de un género más amplio, que llamaremos el género de las *directivas*. Dentro de las directivas caben múltiples modalidades: consejos, órdenes, advertencias, amenazas, admoniciones, ruegos, promesas...

Directiva es toda expresión lingüística cuyo sentido (o función inmanente) es «dirigir» la acción humana.

Siempre que damos un consejo o una orden, o proferimos una amenaza, realizamos un acto de habla cuyo sentido va vinculado a la intención de «dirigir» la acción de otra persona. En el caso de una promesa, es el mismo sujeto que la realiza el que queda comprometido, es su propia acción la que queda «dirigida» y vinculada por la promesa. Esta característica de dirigir la acción es también propia de toda norma, incluida la jurídica. En este sentido, la norma es una especie de directiva, y la directiva es el concepto más amplio que engloba modalidades varias.

En esta lección no pretendo un estudio exhaustivo de las diversas modalidades directivas, sino simplemente dejar constancia de algunas y destacar su diferencia con las normas, las cuales, como es lógico, serán objeto de un tratamiento más detenido.

Lo que más se parece a una norma es una *orden o mandato.* Tan es así, que hay autores que han definido las normas jurídicas como una especie de órdenes o mandatos.

Entre ellos destaca John AUSTIN, importante teórico del Derecho y principal representante del positivismo jurídico inglés. Afirma al comienzo de su obra *Lectures on Jurisprudence or the Philosophy of positive Law* («Lecciones de Teoría general del Derecho o Filosofía del Derecho positivo»), publicada en 1885:

> «Every *law* or *rule* (...) is a *command.* Or, rather, laws or rules, properly so called, are a *species* of commands» (pg. 88).

Podemos traducirlo así: «Toda ley o regla es un mandato. O, mejor, las leyes o las reglas, en su sentido propio, son una especie de mandatos».

A continuación AUSTIN especifica qué es lo que entiende por mandato, separando este concepto del de «deseo». Señala que si alguien expresa un deseo de que yo haga un acto determinado, o me abstenga de realizarlo, y que me afectará con un mal si no cumplo el deseo, esta expresión de deseo es un mandato. Lo que diferencia el mandato u orden del simple deseo es, pues, que aquél viene respaldado por una amenaza por parte de quien lo expresa, amenaza que va dirigida a la persona a la que se dirige el mandato.

Tenemos, entonces, que los elementos de un mandato u orden son los siguientes: la persona que emite la orden, el destinatario de la misma y el mensaje, consistente en la expresión del deseo de la persona que emite la orden; deseo que va respaldado por una amenaza, esto es, por la intención de causar un mal a la persona destinataria del mandato si no lo cumple.

La amenaza presupone que la persona que da la orden tenga efectivamente la posibilidad de cumplirla. Se trata de una amenaza «en serio», creíble por parte de la persona a la que se dirige la orden. En caso contrario, si la persona que emite el mandato no tiene capacidad para cumplir la amenaza, no se está ante una amenaza de verdad y, por tanto, tampoco se estará ante una orden.

Para que exista una orden, la persona que ordena tiene que tener algún tipo de superioridad sobre la persona a la que se dirige la orden para que la cumpla.

El ladrón que me para en la calle a punta de pistola y me espeta: «¡la bolsa o la vida!», me está dando una orden. Me ordena que le entregue el dinero que lleve encima en ese momento, y los objetos de valor, porque si me resisto es capaz de dispararme a quemarropa. Está claro lo que quiere, y también está clara su amenaza. Es una amenaza seria, porque tiene los medios para realizarla. El ladrón es superior a mí en capacidad de destrucción física. Por eso, su acto de habla no expresa un mero deseo, sino una verdadera orden.

AUSTIN, sin embargo, no tiene razón al afirmar que las normas son órdenes, sin más. Es evidente que la orden del asaltante que me amenaza con la pistola es una orden (o mandato). Pero difícilmente puedo decir que sea una norma.

La clave está en que la norma es una orden dada por una *autoridad*. El ladrón que me asalta no es una autoridad. Su superioridad sobre mí es meramente física. La superioridad física no le *legitima* para exigirme el dinero, y mucho menos para conminarme con una amenaza.

Para que una orden o mandato se transforme en norma tiene que ser pronunciada por una autoridad dentro de su propia competencia. Así, el inspector de Hacienda que me exige una cantidad de dinero y me advierte que si no pago en un plazo determinado, podrán embargarme mis bienes para cobrar lo que debo al Fisco, no me está dando una mera orden, sino que está emitiendo algo que tiene valor vinculante, normativo.

No tiene razón, pues, AUSTIN al identificar norma y orden. Una orden sólo puede tener carácter normativo si realmente proviene de una autoridad competente.

Además, es posible que una norma no prevea una sanción o amenaza para el caso que se incumpla. La sanción no es un requisito imprescindible de toda norma, sino sólo de algunas. Esta es una característica que tendremos ocasión de comprobar en varias ocasiones, por lo que ahora mismo no profundizo más en ella.

En el *consejo* también nos encontramos ante dos personas que se sitúan en diferentes planos: el consejero y el aconsejado. El primero emite su mensaje (el consejo) dirigido al segundo, en el entendimiento que el consejero es superior al aconsejado en el ámbito o materia a que pertenece el consejo.

No tiene ningún sentido que yo aconseje a una persona en materia de automóviles, pues se da la circunstancia de que no sé distinguir unas marcas de otras, y no digamos nada de los modelos; ahí simplemente me pierdo. Sería absurdo que en una conversación entre amigos me hiciese el entendido y me atreviera a aconsejar a alguien que tiene la intención de comprar un coche. Pero si esa misma persona tiene interés en estudiar Teoría del Derecho, creo que algo sí podría decirle respecto a por dónde empezar y cuáles son los libros que merece la pena leer y profundizar en ellos. Mi «competencia» proviene del simple hecho de que hace más de treinta y cinco años que me dedico a esta materia.

La superioridad del consejo no es una superioridad física, sino de otro carácter: experiencia de la vida, cultura, ciencia, práctica de una actividad... El consejero, por su propia naturaleza, debe saber más que el aconsejado. En caso contrario, no será un consejero de verdad, sino un personaje ridículo.

Normalmente, el consejo lo da el consejero a instancias del aconsejado. Es éste el que va en busca de alguien que le guíe en atención a que no sabe muy bien por dónde dirigir sus pasos. «Buscar consejo» o «pedir consejo» es la actitud inicial. También es posible dar un consejo sin que el aconsejado lo haya solicitado, pero en tal caso el consejo está muy próximo a la advertencia, o sea, a la llamada de atención.

La esencia del consejo está en que el consejero lo da *en interés* o en beneficio del aconsejado. Con el consejo se trata de conseguir el bien del aconsejado, y no del consejero. Se supone que éste es un hombre «sabio» y «bueno» que, por consiguiente, quiere el bien de la persona que se le acerca para pedirle consejo. Un consejo dado en beneficio del consejero no es un verdadero consejo, sino un engaño hecho bajo la forma de una sugerencia más a menos fuerte. Para que el consejo sea verdadero ha de ser sincero, lo que quiere decir que el consejero debe querer el bien del aconsejado.

Por último, el consejo está presidido por la idea de *libertad*. Tanto la petición de consejo como su seguimiento han de ser actos libres del aconsejado. Especialmente el seguimiento. El consejo implica que el consejero le dice al aconsejado qué es lo que éste debe hacer para alcanzar su propio bien (el cual puede tener diverso carácter: religioso, ético, material, etc.) y, al mismo tiempo, le deja en completa libertad para que siga el consejo o no lo siga.

Por esta razón no tiene sentido decir que se ha «infringido» un consejo. Al no haber obligación de seguir el consejo, no tiene sentido hablar de una posible infracción.

Los consejos se dan para que el aconsejado los tenga en cuenta, los incorpore al conjunto de reflexiones previas a la decisión que tiene que adoptar; pero la decisión sigue siendo exclusivamente del aconsejado. Y, por tanto, también la responsabilidad por la decisión tomada. Realizada una acción determinada, el sujeto de la misma no puede traspasar la «culpa» a la persona que le aconsejó, pues es él quien libremente decidió actuar de la manera en que lo hizo.

El consejo excluye la noción de orden. Si alguien me aconseja, no me ordena. Y si me ordena, no me aconseja. Sin embargo, no hay que confundir la esencia con la apariencia. A veces, lo que se presenta como consejo no es sino una orden. Pero rara vez lo que se presenta como orden es en realidad un consejo. Dar órdenes bajo forma exterior de consejo puede ser una forma cortés de ordenar. Por ejemplo, el ladrón «cortés» que, pistola en ristre, dice a su asustada víctima: «le aconsejo que me entregue el dinero sin rechistar...», en realidad no le está aconsejando, sino que le está mandando que le dé el botín. También en este caso será necesaria una construcción hermenéutica del verdadero sentido de la frase.

En el Evangelio encontramos múltiples consejos (los llamados «consejos evangélicos»), pero no sucede lo mismo en el Derecho. Las normas van dirigidas a sus destinatarios con un carácter impositivo, por lo que en general son susceptibles de infracción. Cuando en una norma encontramos una expresión lingüística que «suena» a consejo, en realidad estamos ante una norma que impone un deber «débil». Impulsa a su destinatario a actuar de determinada manera, si bien no conecta una sanción específica para el caso de infracción.

Mientras que en la orden y en el consejo la persona que emiten ambos es superior a la persona destinataria, lo contrario ocurre en el *ruego*. Quien dirige un ruego a otra persona es porque considera que esta última es capaz de proporcionarle aquello que solicita. El ruego es una petición, lo que implica que el que pide ocupa un lugar inferior, o al menos así lo cree él, respecto de quien es rogado. Es también una directiva, puesto que va dirigido a conseguir una determinada acción concretamente la acción que favorezca al rogante. Este actúa en beneficio de sí mismo. Hacer un ruego es pedir un favor.

Un ruego, evidentemente, no es una norma, ya que ésta viene dada «desde arriba» o, por lo menos, desde igual nivel, mientras que el ruego se dirige «desde abajo». Ahora bien, los ruegos tienen que ver con las normas. Por ejemplo, es de buena educación pedir bajo forma de ruego y no imperiosamente; lo que se explica por la existencia de una norma social que impone el ruego como forma habitual de dirigirnos a los demás. El ruego es entonces objeto de la norma, pero no se puede confundir ruego y norma.

El Derecho también prevé mecanismos que tienen que ver con los ruegos. Quien solicita algo de la Administración pública lo hace bajo la forma de ruego. Esto mismo puede decirse en la incoación de un proceso judicial mediante la acción procesal oportuna. Ahora bien, es discutible que se trate en estos casos de ruegos genuinos. Si tengo derecho a presentar peticiones a la Administración o a incoar un proceso, no puedo decir que en sentido estricto esté planteando un ruego, aunque sea esa la forma «literaria» que emplee por razones de cortesía, buena educación o simplemente conveniencia.

Las admoniciones, las advertencias y las amenazas son actos lingüísticos que pertenecen a la misma familia y que sólo varían en cuanto a la intensidad. Conceptualmente están próximas a las órdenes, especialmente las amenazas. Cuando se amenaza a alguien si no realiza determinado comportamiento, en realidad se está emitiendo una orden. La admonición y la advertencia son modalidades más suaves de amenaza. Por su parecido con las órdenes ostentan la misma estructura que éstas.

Este género de directivas son frecuentes en el mundo de las normas, especialmente en el Derecho, donde aparecen bajo forma de *sanciones*.

Me referiré por último a la *promesa*, de gran importancia en todos los ámbitos de la vida humana.

Por medio de la promesa una persona («promitente») se dirige a otra para obligarse a sí misma a realizar determinada acción. La persona a la que se dirige puede ser beneficiaria de la acción, lo que constituye el caso normal, pero esta característica no es absolutamente imprescindible. También se da la promesa que, dirigida a otra persona, supone un beneficio para el promitente (ejemplo: el hijo que promete a su padre estudiar más). Lo que sí debe haber por parte de la persona destinataria de la promesa es algún tipo de interés en que el promitente realice su promesa, ya que no tendría sentido prometer algo a alguien para quien es indiferente la promesa.

Un *cruce de promesas* no es sino dos o más promesas realizadas por varias personas en beneficio recíproco. Por ejemplo, una persona promete a otra acudir a una cita, la cual a su vez hace lo mismo.

La promesa es un instrumento habitual en los diferentes ámbitos normativos para crear diversos tipos de obligaciones o deberes. Mediante promesa se generan lazos morales, sociales o jurídicos.

Por ejemplo, si una persona promete a otra que va a dejar la bebida, está adquiriendo con dicha persona un compromiso moral del que tendrá que darle cuenta.

En el Derecho la promesa desempeña un papel muy importante, sobre todo cuando se cruza con otras promesas. Así sucede en la relación jurídica matrimonial, que nace a la luz mediante un cruce de promesas, y en el Derecho contractual, pues todo contrato puede ser considerado también como un cruce de promesas entre las partes contratantes.

NOTAS Y COMENTARIOS

- John AUSTIN (1790-1859) es el principal representante del positivismo jurídico inglés decimonónico, de corte utilitarista. Inspirado por los avances de la ciencia jurídica alemana de la época, intentó cambiar, con escaso éxito, el sistema educativo de los juristas en Inglaterra, asentado tradicionalmente en la práctica y con escasa afición por los problemas y enfoques teóricos. En la Universidad de Londres, fundada en 1826, se le adscribió la cátedra de *Jurisprudence* (nombre que equivale al germano *Allgemeine Rechtslehre*, «Doctrina general del Derecho»); impartió dicha cátedra durante cuatro años, tras los cuales la abandonó, debido a que sus planteamientos teóricos no despertaron el interés suficiente. El éxito vino después, cuando su viuda editó su obra *Lectures on Jurisprudence or the Philosophy of positive Law* entre 1861 y 1863. Las seis primeras lecciones habían sido publicadas ya en vida de AUSTIN con el título *The province of Jurisprudence determined* («La delimitación del campo de la Doctrina general del Derecho»), en el año 1832. Las *Lectures* supusieron un escrupuloso y paciente trabajo de su mujer, Sara, para recomponer todo el material; para ello se ayudó de los apuntes de clase del alumno más distinguido de AUSTIN: John Stuart MILL, hijo de James

MILL. La influencia en su obra de los juristas y pensadores alemanes es evidente, y la manifiesta sin lugar a duda la bibliografía citada: SAVIGNY, EICHHORN, HUGO, THIBAUT, KANT, SCHLEIERMACHER, FEUERBACH (Anselmo), SCHOPENHAUER, etc. Pero también entronca con el utilitarismo inglés de BENTHAM y James MILL. La concepción del Derecho de AUSTIN está marcada por el imperativismo de HOBBES, quien, en contraste con el racionalismo de la Escolástica (según el cual, por ejemplo para AQUINO, la ley es «dictamen de la razón»), había sostenido el principio básico *Auctoritas, non veritas facit legem* («lo que genera la ley es la autoridad, no la verdad»). Para AUSTIN el concepto de mandato u orden *(command)* es «la *llave* para las ciencias de la jurisprudencia y de la moral», y el sentido de ese término lo manifiesta de la siguiente manera: «Si usted expresa o da a conocer su deseo de que yo haga un acto determinado, o me abstenga de hacerlo, y que en el caso de que no cumpla su deseo usted me afligirá con un mal, la expresión o declaración de su deseo constituye un mandato» (*Lectures*, 5ª ed., revisada y editada por Campbell, Londres, 1885, pgs. 88-89).

– Sobre el *consejo* podemos leer en la obra de Domingo DE SOTO: «aconsejar, como no tiene fuerza alguna que obligue, tampoco tiene carácter alguno de ley; por lo cual no es oficio exclusivo del gobernante, sino que también puede hacerlo cualquier persona particular» (*De Iustitia et Iure*, Salamanca, 1556, versión española de GONZÁLEZ ORDÓÑEZ, edición facsimilar, Madrid, 1967, vol. 1, pg. 21). Posteriormente, Francisco SUÁREZ, puntualiza: «La Glosa pensó que el consejo tenía fuerza de ley. Pero esa glosa la reprueban generalmente BÁRTOLO y los otros. SOTO se ríe de ella, ya que el consejo se distingue ciertamente del precepto y consiguientemente de la ley, que es también el pensamiento de Santo Tomás. Esta opinión, en sentido riguroso y propio, es verdadera, como ya dije más arriba. Y la razón de Santo Tomás es muy buena: que el consejo no requiere un poder superior, sino que puede darlo incluso un particular; luego de suyo no requiere la autoridad propia de la ley. Puede objetarse que el mismo Santo Tomás pone los consejos evangélicos como partes de la ley de gracia. Respondo –en primer lugar– que a veces el nombre de ley abarca todo el plan o cuidado del legislador acerca del gobierno de sus súbditos, y en este sentido a él le toca no solamente dar preceptos, sino también consejos sobre lo mejor. Así lo hizo Cristo nuestro Señor en la ley evangélica, y así se hace también muchas veces en el Derecho humano, sobre todo en el canónico, como aparece en las Decretales. Existen muchos textos jurídicos semejantes para cuya inteligencia muchas veces es necesario tener en cuenta esto. Así que, en este sentido, no dijo mal la Glosa que la ley no sólo manda, sino también aconseja, aunque en realidad esto no lo hace en funciones de ley como tal sino por añadidura. Añado además que cuando la ley aconseja un efecto, se sigue otro, a saber: que la obra aconsejada no puede ya prohibirse con justo título ni ser tenida por mala, y en cuanto a esto puede decirse que esa ley conserva su fuerza de ley y obliga. En este sentido, con mayor propiedad se dice que los consejos evangélicos pertenecen a la ley de gracia, dado que han sido aprobados y establecidos por ella. Por esta razón, a favor de los consejos evangélicos, condenamos a los herejes que reprenden la pobreza o la castidad como contrarias a la naturaleza. En conclusión, no existe ley o disposición de superior que participe del concepto de ley si no es en cuanto impone obligación» (*Tractatus de Legibus ac Deo legislatore*, «Tratado de las Leyes y de Dios legislador», Coimbra, 1612, versión esp. de EGUILLOR, reproducción anastática, Madrid, 1967, pg. 70). Por su parte, Thomas HOBBES dedica al concepto de consejo un sustancioso capítulo (el XXV) de *Leviatán* (1651), donde puede leerse: «Mandato es cuando un hombre dice *haz esto o no hagas esto* sin esperar razón distinta de la voluntad de quien lo dice. De ello se sigue manifiestamente que quien manda pretende por ello su propio beneficio. Porque la razón de su mandato es únicamente su propia voluntad, y el objeto apropiado de la voluntad de todo hombre es algún bien para sí. Consejo es cuando un hombre dice *haz o no hagas esto* y deduce sus razones del beneficio que esto produciría a quien se lo dice. Y por ello es evidente que quien da consejo sólo pretende (sea cual fuere su intención) el bien de aquel a quien se lo otorga» (*Leviatán*, ed. de Moya y Escohotado, Madrid, 1979, pg. 338).

EJERCICIOS

1. Diferencia entre directivas y normas.

2. Relaciona el concepto de «acto de habla» y los conceptos «directiva» y «norma».

3. Explica la idea que tiene el teórico del Derecho John AUSTIN sobre el concepto de norma.

4. Detalla los elementos que componen una orden o mandato.

5. Diferencia entre la expresión de un deseo y la expresión de una orden.

6. Razona los motivos por los que no es aceptable la tesis de AUSTIN.

7. Define el *consejo* y enumera sus elementos.

8. ¿Puede un alumno aconsejar a un profesor en una materia distinta de la asignatura que éste explica? Razona la respuesta y pon ejemplos.

9. Diferencia un «buen consejo» de un «mal consejo».

10. ¿Tiene sentido decir que el aconsejado que no sigue el consejo lo «ha infringido»? Explica qué quiere decir la palabra *infracción*.

11. Razona por qué motivo el consejo excluye la orden.

12. Define la noción de *ruego* o petición y analiza sus elementos.

13. Analiza la estructura de la *promesa*.

14. ¿Es esencial que la persona a la cual se dirige la promesa tenga algún tipo de interés en que la promesa se cumpla? Razona la respuesta y pon ejemplos.

15. Define lo que es un «cruce de promesas».

16. ¿Crees que puede haber normas que sean ruegos? Razona la respuesta.

17. ¿En qué sentido puede decirse que las normas jurídicas «advierten» a los destinatarios?

18. Relaciona el concepto de promesa con el vínculo jurídico matrimonial.

19. Analiza la estructura interna del contrato de compraventa como si fuera un cruce de promesas entre dos personas. ¿Quiénes son dichas personas? ¿Cuál es el contenido respectivo de sus promesas?

XXII. LOS ÓRDENES NORMATIVOS: UNA CUESTIÓN APLAZADA

Lo característico de la norma y lo que la diferencia de las demás directivas, es que la norma no se presenta aislada, como sucede con los consejos, los ruegos, las advertencias y las promesas.

Las directivas de las que hemos tratado en el capítulo anterior tienen vida aislada e independiente. No pertenecen, por lo general, a un cuerpo de directivas similares del que formen parte como un elemento más junto a otros muchos.

La promesa que hago hoy, por ejemplo, no tiene por qué estar vinculada a otras promesas que he podido hacer en el pasado; incluso puede suceder que yo nunca haya hecho una promesa y la que hago hoy sea la única que haga en mi vida. A pesar de eso, es una auténtica promesa. No necesita de otras para serlo.

Respecto de los ruegos puede decirse lo mismo, y de las advertencias y amenazas también. Los consejos pueden presentarse juntos, como sucede con los evangélicos. Pero esta no es una condición necesaria para que exista consejo, ya que éste puede darse en la realidad de manera absolutamente aislada.

A diferencia de las directivas aisladas, las normas siempre se presentan como formando parte de un conjunto.

El fundamento de esta característica se encuentra en la propia noción de *norma*: norma es un mandato u orden dado por una autoridad. La referencia a la autoridad implica *necesariamente* la existencia, por lo menos, de otra norma: la norma que establece la autoridad. Además, la autoridad supone la posibilidad de emitir múltiples normas, ya que es un concepto que implica el de competencia.

Así pues, lo que distingue a las normas de las otras directivas analizadas es que las normas se presentan siempre formando *conjuntos*. A estos conjuntos les denominaremos *órdenes normativos*. Con este nombre evitamos la utilización de los términos «ordenamiento» y «sistema», que reservamos para el «orden normativo jurídico», según ha sido expuesto hasta ahora.

Los autores señalan como órdenes normativos típicos los siguientes: el Derecho, la moral, los usos sociales, las normas religiosas y los juegos.

Todos estos «órdenes» se caracterizan por ser conjuntos de normas que son el resultado de decisiones tomadas por autoridades con objeto de regular la acción humana. Pero existen grandes diferencia entre ellos, que afectan a sus diversos elementos.

Los autores pertenecientes al campo de la filosofía jurídica y la teoría general del Derecho se han ocupado tradicionalmente de distinguir las características diferenciadoras de los diversos órdenes normativos. Pero al hacerlo han tomado, por lo general, un camino equivocado. Se ha solido reducir el problema a la tarea de distinguir *la* norma jurídica de *la* norma moral, de *la* religiosa, etc. Han supuesto que en el seno de cada uno de los distintos órdenes normativos las normas eran homogéneas en cuanto poseedoras de la misma configuración y características; y en consecuencia, han reducido el problema al análisis de las diferencias entre los distintos tipos de normas. Así, la diferencia entre Derecho y moral se reduce a la que existe entre la norma jurídica y la norma moral. A su vez, la diferencia con los usos sociales se limita a destacar la diferenciación entre la norma jurídica, la norma moral y el uso social, todo en singular. De la misma forma se operaría con las normas religiosas y con las reglas de los juegos, aunque respecto de estas últimas hay que destacar que han merecido poca atención, como demuestra una ojeada a los tratados y manuales de uso habitual.

¿Por qué razón es éste un camino equivocado? Básicamente porque adoptarlo presupone contestar de antemano a cuestiones que precisan de una investigación. Si se parte de que los distintos órdenes normativos están compuestos, cada uno de ellos, por normas similares entre sí, nos incapacitamos para entender uno de los problemas más importantes, a saber: el problema de cómo son las normas realmente en cada orden. Se da la respuesta de antemano, diciendo: «en el Derecho todas las normas son similares, y lo mismo sucede en la moral, en los usos, en la religión y en los juegos; veamos ahora en qué se distinguen la norma jurídica, de la moral, de la religiosa, del uso social, de la regla del juego; de esta diferenciación entre los distintos tipos de normas, correspondientes a los diversos órdenes normativos, extraeremos el conocimiento de los caracteres diferenciadores que existen entre éstos».

El argumento parece impecable, pero es falaz, pues presupone que en cada orden normativo todas las normas son iguales. Parte de esta afirmación sin demostrarla. Aceptado ese presupuesto, todo se reduce a analizar cada «tipo» de norma y de ahí se deriva la diferencia entre órdenes normativos. Todas las diferencias entre los distintos órdenes normativos estarían reflejadas en los distintos tipos de normas. No se comparan los «conjuntos», sino las «unidades» de dichos conjuntos, y en esta operación se parte de la idea de que dichas unidades en cada conjunto tienen la misma estructura, las mismas características. Se parte, pues, de una idea que es justamente la que hay que demostrar.

Creo que la explicación de este proceder hay que encontrarla en la propia historia del pensamiento. La teoría de las normas no surge en un primer momento en el seno de lo que hoy entendemos como filosofía jurídica, sino que se produce en el marco de la filosofía moral y, más en concreto, de la teología moral.

A todo lo largo y ancho del pensamiento escolástico encontramos un amplio desarrollo de la teoría de las normas, usualmente bajo el rótulo de «tratado de las leyes», u otro similar.

Limitándonos a dos ejemplos de los muchos que podríamos aludir, en la obra de Tomás de Aquino y en la del español Francisco Suárez encontramos desarrollada ampliamente esa concepción de las leyes desde el punto de vista de la teología moral, con la diferenciación entre la *lex divina*, la *lex aeterna*, la *lex naturalis* y la *lex humana*.

Hasta época relativamente reciente, el dominio de la ética (bajo la forma de teología moral o de ética desligada de la teología o no dominada completamente por ella) sobre la teoría del Derecho ha sido un rasgo característico del pensamiento jurídico. La consecuencia es que las categorías éticas han impregnado el desarrollo de los conceptos jurídicos.

Una de estas consecuencias es que como en la ética el concepto nuclear es el concepto de *deber* y todas las normas morales no son sino expresiones concretas de ese concepto, a la hora de analizar el Derecho se ha visto en sus normas también tan sólo expresiones de deber. El argumento en el fondo es así de llano: como el Derecho pertenece al mundo ético, y las normas morales son todas ellas expresivas de deber, las normas jurídicas necesariamente han de ser también expresiones de deber. La influencia que las categorías teológicas y morales han tenido en el pensamiento jurídico es extraordinaria. Aunque a partir de la Edad Moderna se inicia un proceso de desteologización, y más tarde de deseticización, de la ciencia jurídica, las categorías básicas ya acuñadas, o al menos muchas de ellas, ya vienen forjadas bajo el influjo de la teología y la ética. Así se explica que el análisis de las normas jurídicas parta del supuesto acrítico de que todas ellas sean manifestación del deber y tengan por objeto una conducta, que es lo característico de la norma moral.

La influencia mencionada no sólo ha afectado al desarrollo de las categorías jurídicas, sino también a la teorización de los demás órdenes normativos. Pues, en efecto, el examen de las diferencias entre estos órdenes se ha llevado a cabo en la filosofía jurídica de la mano de la diferenciación entre los diversos tipos de normas, los cuales a su vez imponen diferentes tipos de deberes. Partiendo de la idea, propia de la ética, de que toda norma es simplemente la expresión del deber, es lógico plantear el análisis de los diversos órdenes normativos fijándose en que la norma y el deber expresado en ella se manifiesta de manera distinta en cada tipo de orden. Todo ello tiene su origen en la teología moral, en la cual existen las leyes morales y las leyes jurídicas como una especie de las morales, y sobre ese fundamento no se concibe la posibilidad de hablar de leyes que no sean expresivas de deberes.

Al hacer de la norma, considerada aisladamente, el centro de la reflexión teórica, se ha perdido de vista lo que realmente debería importar, que es el conjunto en sí mismo.

Por volver a imágenes que ya hemos utilizado, no podemos entender lo que es un organismo si perdemos de vista su estructura compleja, la interrelación de sus elementos y nos fijamos tan sólo en «la» célula. Lo mismo nos sucederá si, al estudiar el árbol, nos desentendemos de sus diversos componentes y su configuración compleja, y nos quedamos simplemente en el estudio de las hojas.

La unidad con la que ha de enfrentarse toda Teoría del Derecho es el conjunto de éste, el ordenamiento y el sistema. En la misma línea, una teoría de los órdenes normativos que se asiente en la comparación de «la» norma característica de cada uno de ellos, eludiendo entrar en el verdadero tema, que es comprender la diferente estructura del conjunto, se encuentra incapacitada para dar respuesta al problema.

Si se contemplan los órdenes normativos en su conjunto, como unidades complejas, lo primero que salta a la vista es que el Derecho tiene un aspecto muy importante que no aparece en la moral (ni tampoco en los usos sociales), que es el conjunto de *órganos y procedimientos* de acuerdo con los cuales han de actuar dichos órganos. Todo el *aparato institucional* del Estado no tiene equivalente en ningún orden moral.

Pensar que la regulación de ese aparato institucional se lleva a efecto mediante normas de «deber» simplemente, como intenta la concepción más extendida, y que ese «deber» sería similar al «deber» de las normas de conducta, es cerrarse la puerta a la comprensión de la estructura compleja del Derecho.

La evolución de la Teoría del Derecho en los últimos tiempos entraña la sustitución de una concepción homogénea de las normas jurídicas por una concepción heterogénea, que ha sabido entender la diversidad lingüística y funcional de los distintos tipos de normas *dentro* del orden normativo del Derecho.

Para abordar con pleno fundamento el tema de la diferenciación entre los distintos órdenes normativos, no vamos a proceder como se ha venido haciendo hasta ahora al partir del concepto de «la» norma en singular, sino que será preciso adentrarnos en la comprensión de la estructura global del sistema jurídico para, después, poder enfrentarla a los demás órdenes, también considerados como conjuntos.

El camino es un poco largo. Lo comenzaremos con el análisis de la concepción homogénea y nos extenderemos después en el paradigma heterogéneo, dentro del cual ofreceré una tipología de normas que reflejan la pluralidad mencionada. De esa manera, al entender el Derecho en su conjunto estaremos en mejor disposición para tratar de sus diferencias con los demás órdenes normativos.

EJERCICIOS

1. ¿Cuál es la diferencia básica entre las normas y los demás tipos de directivas?

2. Define qué son los órdenes normativos.

3. Enumera los órdenes normativos.

4. Distingue entre «orden normativo», «ordenamiento jurídico» y «sistema jurídico».

5. Describe el modo tradicional de abordar el tema de las diferencias entre los diversos órdenes normativos.

6. Comprueba este modo tradicional de proceder en la obra de Luis RECASÉNS SICHES (*Tratado de Filosofía del Derecho o Introducción al Estudio del Derecho,* ambas en la Editorial Porrúa, de México).

7. Explica las razones por las que no es correcto el modo tradicional de diferenciar los distintos órdenes normativos.

8. Cuál es entonces el método «correcto» para enfrentarse a este tema, y por qué.

9. Examina la doctrina de las leyes en Tomás DE AQUINO, a la luz de la tesis que se defiende en el capítulo. Expón tus reflexiones en un folio.

10. Explica la idea de la «eticización» de las categorías jurídicas.

11. ¿Cuál es el aspecto del Derecho que más resalta a primera vista si se lo compara con la moral?

12. ¿Qué quiere decirse con la afirmación de que el Derecho tiene una estructura compleja?

13. Explica la idea del paso de una concepción homogénea de las normas jurídicas a una concepción heterogénea.

14. Explica por qué el capítulo se titula como se titula (esto es, «los órdenes normativos: una cuestión aplazada»).

XXIII. LA CONCEPCIÓN HOMOGÉNEA DE LAS NORMAS JURÍDICAS

El sistema jurídico, sincrónicamente considerado (esto es, concluido en su proceso de formación *aquí y ahora*; mañana será otro distinto al habérsele agregado nuevas normas, pero la consideración sincrónica sólo tiene en cuenta el «aquí y ahora») puede ser definido como un *conjunto de normas*.

Las normas jurídicas lo son por pertenecer a un sistema. No hay normas jurídicas aisladas. De igual forma a como las células no existen aisladas, sino que componen conjuntos, que llamamos organismos; así sucede con las normas. No podemos pensar estas últimas sino en su inserción en el conjunto al que pertenecen.

Lo que caracteriza a una norma es su *pertenencia* al ordenamiento o sistema. Sin normas no puede haber ordenamiento ni sistema, pero sin sistema tampoco existirán las normas.

Una norma es *jurídica* porque pertenece a un ordenamiento o sistema jurídico. La juridicidad de una norma viene determinada por su pertenencia a un sistema jurídico concreto.

Esto conlleva, entre otras cosas, que la norma no es jurídica porque tenga este u otro contenido, sino tan sólo porque pertenece a un ordenamiento o sistema jurídico.

En la historia del pensamiento jurídico ha sido muy frecuente caracterizar la norma como jurídica en atención a las cualidades de la norma aisladamente considerada. Así, por ejemplo, se ha dicho que la norma jurídica, a diferencia de otras como la norma moral, es una norma sancionatoria. Se derivaría de esta cualidad de previsión de la sanción el rasgo distintivo de la juridicidad. Esta manera de ver no es, sin embargo, correcta. Una norma puede ser sancionatoria y no ser jurídica (por ejemplo, la norma social que sanciona con el aislamiento a quien se conduzca extravagantemente). Además, hay normas que sabemos que son jurídicas y que, a pesar de ello, no son sancionatorias (por ejemplo, las normas que conceden derechos subjetivos).

La *clave de la juridicidad* de una norma no está en ella misma, sino en su inserción en el sistema. La pertenencia al sistema es el criterio de la juridicidad.

Si se atiende al criterio de la cantidad, hay que decir que los ordenamientos jurídicos actuales están compuestos de multitud de normas, que aumentan en número todos los días en la práctica. En sociedades menos complejas que las modernas el número de normas es menor, y en las comunidades tribales primitivas es más bien escaso. Desde el punto de vista meramente teórico, olvidándonos de la realidad y como una elucubración abstracta, sería pensable un ordenamiento que tuviera una única norma, que necesariamente habría de ser una constitución (p. ej., «es obligatorio jurídicamente obedecer a *Rex*»). Tal posibilidad es más teórica que real, pues en la vida todos los ordenamientos o sistemas están compuestos por un conjunto de normas más o menos numeroso.

Como ya he señalado en la lección precedente, la reflexión en torno al ordenamiento o sistema jurídico, tal y como lo podemos entender hoy, es algo relativamente reciente.

Por influjo del iusnaturalismo, que penetró en las doctrinas positivistas, el concepto central de la Teoría general del Derecho ha sido el de norma, y más específicamente el de *ley* (que es la norma general y abstracta, producto de la decisión del legislador, que normalmente es el Parlamento).

En el siglo XX se va abriendo paso el estudio de las normas *en relación con el ordenamiento.*

En la obra del alemán Rudolf BIERLING se preludia el tema muy claramente, ya que este autor estudia la existencia de normas de jerarquía superior y de jerarquía inferior en el seno del Derecho (a las que denomina, respectivamente, normas «superordinadas» o de orden superior, y normas «subordinadas» o de orden inferior). Emplea además la expresión *Rechtsordnung* («orden jurídico», que es lo mismo que «ordenamiento jurídico»), aunque esto sucede en el último tomo de su obra principal, publicada en 1917.

Hay que mencionar también las obras de Felix SOMLÓ, húngaro, y de Santi ROMANO, italiano, aparecidas ambas en 1917. Por su importante influjo en España, sobre todo en el campo del Derecho público, merece subrayarse la aportación de este último, cuya obra, titulada *L'ordinamento giuridico,* fue publicada traducida al español en 1963.

Perfeccionaron la idea de ordenamiento los estudios de los componentes de la llamada Escuela de Viena. Especialmente el administrativista y teórico del Derecho Adolf MERKL, quien construyó su teoría de la estructura jerárquica piramidal de las normas apoyándose en las ideas desarrolladas por BIERLING; y, posteriormente, Hans KELSEN, el cual incorpora la idea al sistema teórico de su *Teoría pura del Derecho* (primera edición en 1934; segunda en 1960).

Siguiendo la estela de KELSEN, aunque con leves modulaciones propias y con una gran destreza expositiva, se sitúa la obra del italiano Norberto BOBBIO, con sus obras *Teoria della norma giuridica,* en 1958, y *Teoria dell'ordinamento giuridico,* en 1960, traducidas ambas al español y recogidas bajo el título conjunto de *Teoría general del Derecho,* en 1987.

Citaré por último a Herbert HART, que también se siente influido por la teoría kelseniana, si bien su línea directa es la de la jurisprudencia analítica representada por sus compatriotas John AUSTIN y Jeremy BENTHAM. HART publicó en 1961 su obra más importante, *The Concept of Law,* en la cual introduce algunos elementos muy interesantes a los que aludiré en estas páginas.

Ahora bien, lo que caracteriza a este conjunto de autores citados es que abordan el estudio del ordenamiento *a partir* del concepto de norma jurídica; quizá con la excepción de Santi ROMANO, pues éste acentúa tanto el aspecto ordinamentalista del Derecho (dándole, además, un sentido sociológico) que se olvida de las normas. A los autores mencionados se les puede calificar, por tanto, de «normativistas». El concepto central para ellos es el concepto de norma jurídica. Así lo proclaman expresamente con no poca reiteración. El ordenamiento es abordado en un segundo momento como realidad secundaria que es el resultado de la «suma» de las normas. Podría sintetizarse su visión del Derecho en este lema: *desde la norma al ordenamiento.* Parten de la unidad elemental del Derecho, la norma, para llegar al todo. De ahí que su teoría del Derecho sea, ante todo, una teoría de *la* norma jurídica.

Este modo de ver las cosas es, como ya sabemos, erróneo, ya que induce a perder de vista la verdadera realidad del Derecho, que es una realidad compleja y que sólo adquiere sentido contemplada como un todo. Es preciso dar un giro al planteamiento normativista, y sustituir el lema «desde la norma al ordenamiento» por este otro: *desde el ordenamiento y el sistema a la norma.* A lo cual habrá que añadir, para completar el cuadro, otros dos lemas complementarios y coincidentes con la idea básica: *desde el sistema a las decisiones y desde el sistema a las instituciones.*

En definitiva, se trata de caer en la cuenta de que no es posible comprender plenamente la complejidad del Derecho sin tener presente de modo permanente el concepto de sistema jurídico, el cual, a su vez, presupone el de ordenamiento jurídico. Aunque a la hora de estudiar un concepto concreto, a efectos puramente analíticos se haga un paréntesis en la consideración ordinamentalista o sistémica, la realidad plena del concepto estudiado sólo adquiere su pleno sentido en conexión con el conjunto, pues el sistema aparece siempre como «telón de fondo» o punto de referencia permanente.

Para los normativistas, el punto de referencia constante es *la* norma jurídica, aisladamente considerada. Pero, a tenor de lo expuesto, es mucho más lógico que lo sea el concepto de sistema, incluso también, y sobre todo, cuando lo que ha de investigarse es el concepto de norma jurídica.

Si se parte del concepto de norma jurídica, para llegar al ordenamiento y al sistema, se está aceptando implícitamente que todas las normas jurídicas tienen la misma configuración lingüística, y la tarea de la Teoría del Derecho se centrará entonces en averiguar la naturaleza y estructura de *la* norma jurídica. El ordenamiento y el sistema no serán otra cosa que el resultado que se obtiene sumando las unidades homogéneas que son las normas. La postura «normativista» conduce, pues, a una concepción homogénea de las normas.

Por el contrario, si se parte del concepto de sistema jurídico, se renuncia implícitamente a aceptar la concepción homogénea de las normas, y se abre paso el estudio de modelos que supongan que las normas que componen el sistema tienen distinta configuración lingüística que reflejan su diversa función en el seno del sistema y que, por tanto, no son susceptibles de ser contempladas desde el modelo homogeneizador. La concepción ordinamentalista o sistémica conlleva la tesis de la heterogeneidad lingüística de las normas jurídicas.

La Teoría del Derecho ha evolucionado durante el siglo XX desde una concepción homogénea de las normas jurídicas a una concepción heterogénea. Nos centraremos a continuación en la exposición de la primera, para pasar más adelante al estudio de la segunda.

La *concepción homogénea* de las normas jurídicas está representada ejemplarmente por la Escuela de Viena, especialmente por KELSEN, durante los años en que dicha Escuela funcionó como tal. Tomando apoyo en otros autores, KELSEN sostiene, en la primera edición de su *Teoría pura del Derecho* (1934), que la norma jurídica es un juicio hipotético que vincula un supuesto de hecho y una sanción a través de un nexo lógico de *deber o deber ser (sollen).*

Toda norma jurídica tendría entonces la siguiente configuración:

Si H es, debe ser S.

H representa el hecho ilícito o supuesto fáctico (por ejemplo, un homicidio, el impago del alquiler, conducir a más velocidad que la permitida). Este hecho o supuesto fáctico es un hecho ilícito que la norma contempla como sancionable.

S es la sanción o consecuencia jurídica de carácter negativo que debe imponerse al sujeto responsable del hecho ilícito. Por ejemplo, la pena de privación de libertad de tantos años al responsable del homicidio; el desahucio y el embargo del inquilino moroso; la multa a quien conduce con velocidad excesiva.

La expresión propia de la norma «Si H es, debe ser S» significa lo siguiente: «Si sucede efectivamente H, esto es, el hecho calificado por la norma como ilícito, entonces se debe imponer la sanción S al sujeto responsable de dicho hecho».

Para el KELSEN de la primera edición de *Teoría pura del Derecho,* la norma jurídica es un *juicio hipotético* ya que parte de una «hipótesis» que emplea el condicional «si» («*si* tiene lugar tal hecho, considerado ilícito»). Dicho juicio conecta el supuesto de hecho y la sanción por medio de un nexo de *deber* («*debe* imponerse la sanción establecida»).

A diferencia de la norma jurídica, la norma moral, según KELSEN, no sería hipotética, sino *categórica,* ya que se expresa sin condiciones: «haz esto»; «debes conducirte de esta forma» (p. ej.: «¡no mientas!; ¡sé leal! ¡no cedas a la injusticia!»).

El Derecho no sería otra cosa que un conjunto de normas, todas las cuales poseerían esa misma estructura. Estaría formado por normas que conectan supuestos fácticos, considerados como ilícitos, con las sanciones correspondientes. *Toda* norma jurídica sería, por tanto, *coactiva* al incorporar en sí misma una sanción, como acto de respuesta debido ante la realización del ilícito. Por su misma estructura esencial, la norma jurídica sería una norma sancionatoria, a diferencia de otras, como las morales. El Derecho, como resultado o suma de las normas jurídicas que poseen todas las mismas características, no sería otra cosa que el conjunto de normas coactivas que sancionan las conductas previstas como ilícitas. El Derecho sería un orden coactivo de la conducta humana en atención a que *todas y cada una* de sus normas son coactivas, lo que significa que todas y cada una de las normas jurídicas prevén una sanción.

El supuesto fáctico o hecho ilícito se conecta con la sanción por medio de un nexo lógico de *deber o deber ser.* Si sucede el hecho ilícito, entonces se debe imponer la sanción prevista. Esto significa, entre otras cosas, que es posible que en la realidad de los hechos tenga lugar el supuesto ilícito y, sin embargo, no se produzca la sanción. No hay una conexión *necesaria* entre el supuesto de hecho y la sanción. Sólo existe entre ambos elementos una conexión *debida*; lo que implica que en la realidad es posible que no se produzca. Tal es el caso cuando no se sabe quién ha sido el actor de la conducta ilícita. Aparece un cadáver flotando en la bahía de Palma; se inician las investigaciones para averiguar quién ha cometido el crimen, pero sin fruto concreto; pasa el tiempo y el delito se queda sin castigo. También puede suceder que, aunque se puedan tener serios indicios de quién es el autor del acto sancionable, no se tengan pruebas suficientes y el juez o el jurado no lleguen a un convencimiento suficiente como para imponer una pena al sospechoso.

La característica de la norma jurídica no es que la sanción haya de suceder indefectiblemente siempre que se produzca el hecho ilícito, sino que *debe* suceder.

El «deber» que conecta supuesto de hecho y sanción es un *nexo lógico*, y no axiológico. Lo que quiere decir que entre los dos elementos de la norma se produce la vinculación por medio del verbo «deber», que no necesariamente tiene por qué coincidir con el «deber» que representa un determinado sistema de valores, esto es, con el deber moral.

Aclararé esto mediante un ejemplo. Supongamos que en un ordenamiento hay una norma que dice: «Al miembro de un partido político se le debe imponer la pena de cinco años de prisión». La conexión entre el hecho y la sanción es una conexión de «deber» en el sentido puramente verbal o lógico. No es una conexión de «deber» axiológico porque nos parece injusto el contenido de la norma. El «deber» axiológico tiene un carácter *moral.*

Ahora bien, hay que preguntarse: ¿a quién va dirigido ese deber expresado en la norma «Si H es, debe ser S»?; ¿cuál es el sujeto destinatario de la norma así formulada? Evidentemente, este sujeto no puede ser sino alguien que tiene como función imponer sanciones a los actos ilícitos, lo que se llama habitualmente un «órgano de aplicación» de las normas; paradigmáticamente, dicho órgano es el juez.

El deber de imponer la sanción afecta, efectivamente, al órgano de aplicación de la norma. Por ello, puede formularse la norma de esta otra manera:

> «Si el juez llega a la convicción de que efectivamente H ha sucedido en la realidad, debe imponer al responsable la sanción S».

La norma así formulada es susceptible de ser «leída» por el ciudadano corriente de otra manera, que complementa la anterior. El ciudadano, esto es, todos nosotros, extraemos la conclusión de que si hacemos H, un juez tiene el deber de imponernos la sanción S. Esta norma implícita va dirigida al ciudadano (también al juez en cuanto que es ciudadano) y le impone el *deber* de abstenerse de hacer H, el deber de abstenerse de cometer el hecho ilícito. Si H es el acto ilícito, el destinatario normal (el ciudadano) *debe* no-H. Por ejemplo, si H es «homicidio», la norma implícita es una norma que se expresa así:

«No debes H», o bien

«Debes no-H».

Así, según lo expuesto, el complejo concepto «norma jurídica» se despliega, según Kelsen (siguiendo en ello doctrinas muy extendidas en su época), en dos normas conectadas, que denomina *norma primaria y norma secundaria.*

La norma secundaria es la que va dirigida al destinatario habitual o normal (el ciudadano), como por ejemplo «no debes cometer homicidio», «debes pagar la deuda en el plazo convenido»; se exige al destinatario un determinado comportamiento de acción u omisión: «haz esto, no hagas aquello». Esta norma secundaria se expresa mediante la fórmula «Debes no-H».

La norma primaria entra en funcionamiento cuando la secundaria no ha sido suficiente. Si el ciudadano no cumple con su deber (de no cometer homicidio, de pagar la deuda en el plazo convenido, etc.), entonces se impone al juez el deber de sancionarle. Esta norma primaria se expresa mediante la fórmula: «Si es H, debe ser S».

El cuadro completo de la norma jurídica sería el siguiente:

Debes no-H (norma secundaria)

Si H, debe ser S (norma primaria)

Señala, además, el principal representante de la Escuela vienesa que la norma secundaria, al venir implícita en la primaria, es superflua. Pues basta enunciar la primaria para que también se tenga ya la secundaria, mediante una inferencia muy simple. No sucede lo mismo a la inversa, pues si se enuncia sólo la secundaria no se sabrá el contenido de un elemento importante cual es la sanción.

La consecuencia que se deriva de lo expuesto, y así lo recalca KELSEN, es que el ordenamiento o sistema jurídico (para él son la misma cosa) puede ser *descrito* en su integridad mediante la enumeración y «descripción» de las normas primarias exclusivamente, esto es, de los juicios que enlazan supuestos ilícitos y sanciones. En la descripción del Derecho se puede prescindir de las normas secundarias, que se convierten en algo superfluo.

En resumidas cuentas, el Derecho, para KELSEN, no es sino un conjunto de normas primarias, todas las cuales se caracterizan por tener idéntica estructura, el ser juicios hipotéticos que conectan mediante un nexo de «deber» supuestos de hecho y sanciones. Todas las normas serían normas coactivas en atención a que todas ellas prevén una sanción. El Derecho, por tanto, sería un orden coactivo en el sentido de que todas sus normas lo son. Los elementos característicos del Derecho vienen dados ya en su unidad elemental, la norma. El Derecho es la suma de normas homogéneas.

NOTAS Y COMENTARIOS

- La idea de jerarquía normativa aparece en el primer volumen en la obra de BIERLING, *Juristische Prinzipienlehre* (1894), pero curiosamente no emplea, que yo sepa, el término «Rechtsordnung», ordenamiento jurídico, sino simplemente el de «Derecho», o el de «Derecho positivo». La idea del conjunto normativo ya está en la obra, pero no así el término correspondiente. Emplea la palabra «Ordnung», «orden», pero no para referirse al conjunto del ordenamiento, sino para designar los distintos niveles de las normas en su jerarquía: «normas de primer orden», «de segundo orden», son expresiones que indican meramente su nivel jerárquico en el sistema. Sin embargo, en el tomo V de la misma obra (1917) ya emplea los términos «Rechtsordnung» y «Rechtssystem» (*vid.* pgs. 26, 33 y ss., 45). A pesar de lo cual, parece que el autor no da excesiva importancia al uso de esos términos, habida cuenta de que no los recoge en el índice analítico de materias.

- El término «ordenamiento jurídico» lo pone en boga la importante obra de SANTI ROMANO, *El Ordenamiento jurídico*, obra que aparece en dos números de los «Annali delle Universita` Toscane» (1917 y 1918), y, simultáneamente, en un volumen publicado en Pisa en 1918. La traducción al español de Sebastián MARTÍN-RETORTILLO y Lorenzo MARTÍN-RETORTILLO se ha realizado de la reimpresión de la segunda edición italiana, Florencia, 1951, y va precedida de un estudio preliminar del primero de ellos («La doctrina del ordenamiento jurídico, de Santi ROMANO, y algunas de sus aplicaciones en el campo del Derecho administrativo»). ROMANO defiende una concepción *institucionalista* del Derecho y resalta el aspecto organizativo de éste frente al meramente normativo. En contra del normativismo se decanta desde la primera página de su obra: «Las definiciones hasta ahora formuladas del concepto de Derecho en sentido objetivo, tienen en todas, sin excepción alguna, un elemento común que representa el *genus proximum* al que aquel concepto se reduce. Todas coinciden en afirmar que el Derecho constituye una regla de conducta, aunque se diferencian en mayor o menor grado al tratar de precisar la *differentia specifica* que distingue la norma jurídica de aquellas otras que no lo son. La primera y principal finalidad de este trabajo quiere ser la de demostrar que tal modo de definir el Derecho, aunque en cierto sentido y para ciertos fines no sea equivocado, considerado en sí mismo, resulta sin embargo insuficiente, siendo necesario por ello completarlo con otros elementos que normalmente no se tienen en cuenta y que son, por el contrario, los más característicos y esenciales» (pgs. 87-88). Y continúa más adelante: «Es evidente que si se quiere definir un ordenamiento jurídico en su totalidad, no pueden considerarse sólo sus partes individuales o aquellas que se consideren como tales, esto es, las normas que en él se comprenden, para señalar después que aquél es el conjunto de tales partes, sino que precisamente es necesario dar la nota característica, la naturaleza de ese conjunto o de ese todo» (pg. 96). «El concepto que nos parece necesario y suficiente para expresar en términos exactos el concepto de derecho como ordenamiento jurídico, considerado global y unitariamente, es el concepto de institución. Cada ordenamiento jurídico es una institución e, inversamente, toda institución es un ordenamiento jurídico; la correspondencia entre estos dos conceptos es necesaria y absoluta» (pg. 113).

– Desde una concepción normativista, Felix SOMLÓ, en su obra *Juristische Grundlehre* («Doctrina fundamental del Derecho») (1ª ed. 1917; 2ª ed. con prólogo de MOÓR, Leipzig, 1927) expresa muy claramente el concepto de «ordenamiento jurídico» como el conjunto de la multiplicidad de las normas que conforman una unidad (pgs. 97 y ss.).

EJERCICIOS

1. Explica la idea de que el sistema jurídico, *sincrónicamente* considerado, es un conjunto de normas.

2. Aclara el concepto de *juridicidad*. ¿Cuál es el criterio de juridicidad de una norma? Razona la respuesta.

3. La siguiente frase: «El marido protegerá a la mujer y la mujer obedecerá al marido», ¿es una norma jurídica? Razona la respuesta.

4. Explica por qué motivo la coactividad de una norma no es suficiente para determinar su juridicidad.

5. El normativismo ya surgió en el seno del pensamiento iusnaturalista. Explica qué quiere decirse con esta afirmación.

6. Indaga la relación entre BIERLING, MERKL y KELSEN en el tema de la teoría de las normas jurídicas. Para ello puedes acudir a mi estudio «La Teoría general del Derecho de E. R. Bierling», publicado en *Liber Amicorum Antonio Fernández-Galiano*, UNED, Madrid, 1995.

7. Explica la idea de que los normativistas parten del concepto de norma para llegar, desde él, al concepto de ordenamiento.

8. ¿Cuál es la diferencia básica entre la concepción homogénea y la concepción heterogénea de las normas jurídicas?

9. Consulta la primera edición de *Teoría pura del Derecho*, editorial Trotta, Madrid, 2011, y copia en un folio las afirmaciones de KELSEN sobre la estructura de la norma jurídica.

10. Explica qué quiere decir «juicio hipotético». Diferéncialo de los «juicios categóricos».

11. ¿Qué quiere decir que para KELSEN y otros muchos autores *la* norma jurídica es coactiva?

12. Explica la idea de «nexo lógico» de *deber*. Diferencia el «deber» en sentido lógico del «deber» en sentido axiológico.

13. Distingue norma primaria y norma secundaria.

14. ¿Cuál de las dos es superflua y por qué?

15. ¿Quién es el destinatario de la norma secundaria, y quién lo es de la primaria?

16. Explica la afirmación de KELSEN de que para *describir* un orden jurídico es suficiente con la «descripción» de las normas primarias.

XXIV. HACIA UNA CONCEPCIÓN HETEROGÉNEA DE LAS NORMAS JURÍDICAS

La dificultad que planteaba el modelo homogéneo de las normas jurídicas era que parecía estar calcado de las normas del Derecho penal, y que desconocía o no daba el suficiente relieve a las normas características de otras ramas del Derecho.

Efectivamente, la concepción descrita en el capítulo anterior, que puede ser considerada como paradigmática del modelo homogéneo de las normas, está inspirada en el Derecho sancionatorio, concepto este que engloba al de Derecho penal como el más característico.

Las normas penales tienen, en su gran mayoría, esa estructura bimembre y sancionatoria descrita. H es el delito o falta, y S la sanción penal imponible. Da la impresión de que al tomar como modelo de *la* norma jurídica a la norma penal, propia tan sólo de un sector del ordenamiento jurídico, se había dejado de lado las normas pertenecientes a otros ámbitos del Derecho (como el Derecho civil, administrativo, constitucional, procesal) en los que tienen prevalencia otros elementos distintos al propiamente sancionatorio. La pena o sanción es el elemento más sobresaliente del Derecho penal, hasta el punto de que de ella toma su nombre.

No sucede así en otros sectores del Derecho, en los cuales la sanción pasa a un plano secundario e incluso puede llegar a no tener relevancia alguna, al menos directa.

En el Derecho civil lo que sobresale es la idea de que las personas son sujetos de derechos subjetivos y deberes jurídicos y que, por medio de las manifestaciones de su propia voluntad, son capaces de crear relaciones jurídicas (principio de la autonomía de la voluntad).

En el Derecho constitucional y administrativo prevalece la idea de organización, ya que el primero determina la forma de gobierno y el segundo estructura el cuadro de competencias y procedimientos de los órganos de las Administraciones públicas.

En el Derecho procesal las normas organizan el poder judicial y establecen las reglas del juego de los diversos tipos de enjuiciamientos que tienen como objeto la adopción de decisiones judiciales.

Contemplar el ordenamiento jurídico tan sólo en términos de normas sancionatorias del tipo descrito, «Si H es, debe ser S», no era el mejor camino para presentar un cuadro convincente del Derecho en su conjunto, ni siquiera adoptando aquel esquema como punto de partida del análisis. Por esta razón pronto se empezó a modificar el *modelo simple*, planteando propuestas sustitutorias a favor de un *modelo complejo*.

La evolución del modelo simple al modelo complejo viene preludiada en época anterior a la que me voy a referir, pero apenas presenta continuidad (como botón de muestra, en Bierling ya encontramos en gran parte esta transición hacia un modelo complejo, que se anticipa al Kelsen de la segunda edición de *Teoría pura del Derecho*). La evolución mencionada adopta múltiples facetas, pero aquí me limitaré, por razones de pedagogía de la exposición, a centrarla en torno a las aportaciones del Kelsen maduro y a la concepción desarrollada por Hart.

El Kelsen maduro es el de la segunda edición de la Teoría pura, del año 1960, al que hay que añadir algunos aportes de su obra póstuma, *Teoría general de las normas*, del año 1979.

En la segunda edición de su obra más importante, Kelsen sostiene un concepto de *norma* más general:

> «Con la palabra "norma" se designa que algo debe ser o suceder, en especial que una persona debe comportarse de determinada manera».

Ésta es la definición que adscribe al concepto genérico de norma. Obsérvese que se trata del concepto de «norma», y no del concepto de «norma jurídica», el cual no aparece formulado de manera explícita en esta segunda edición de la Teoría pura. Es ésta una circunstancia muy sorprendente, habida cuenta de que el concepto de norma jurídica, y no simplemente el de norma, constituye el concepto central de una teoría general del Derecho de corte normativista.

De esta definición hay que destacar algunos aspectos:

a) Para KELSEN, la norma viene definida por expresar un *deber*, pertenece al mundo ontológico del «deber ser», como contrapuesto al del «ser» (que representa la facticidad). En esta idea, obviamente, no se diferencia de la concepción defendida en la primera edición de su *Teoría pura.*

b) Ahora bien, a diferencia de la primera edición, en esta segunda incorpora la idea de que la norma no siempre va dirigida a un comportamiento. Ésta es la razón de que afirme que la norma expresa que *algo* deba ser o suceder; las conductas que deben ser o suceder tan sólo representan una especie concreta de ese «algo». Se apunta así a la idea de que la norma no siempre ni necesariamente tiene como objeto la regulación directa de una conducta. Sin embargo, KELSEN no desarrolla posteriormente esta idea desperdiciando así su gran potencialidad analítica.

c) Desaparece de la definición de *norma* la referencia a la consecuencia jurídica o sanción. Pero de esta circunstancia no debe extraerse la conclusión de que para el KELSEN maduro las normas jurídicas no son coactivas. Ya he señalado que la definición que estamos analizando es una definición de la norma en general, y no de la norma *jurídica.* KELSEN, al referirse únicamente a la norma en general, prescinde del elemento sancionatorio, pero cuando aborda en otros lugares de su obra el tema de la norma jurídica completa vuelve a exigir la sanción como elemento esencial de la misma. Según esto, la sanción no constituiría un elemento esencial de *toda* norma, sino que lo sería sólo de la norma jurídica completa.

De lo dicho se desprende que el KELSEN maduro maneja un concepto genérico de norma (y no de «norma jurídica») y, a continuación, distingue entre normas jurídicas completas e incompletas. Obsérvese el «salto en el vacío» que supone pasar en el análisis del concepto genérico de norma a los tipos de normas jurídicas, sin detenerse en el punto intermedio que, como es evidente, es el concepto de «norma jurídica».

La ausencia de un concepto unívoco de norma jurídica introduce en la obra madura de KELSEN una gran ambigüedad y no pocas contradicciones. Desde el concepto genérico de norma desciende a analizar los diversos tipos de normas jurídicas, sin comprometerse de antemano con un concepto de la norma *jurídica.* Este «salto» es una pequeña «trampa» que nos tiende el sutil vienés y que demuestra que algo falla en su teoría. Si el concepto central de la Teoría pura del Derecho, según su principal expositor, es el de norma jurídica, carece de toda lógica que se exponga en ella un concepto genérico de norma (aplicable, por tanto, también a la moral y a las normas sociales en general) y brille por su ausencia el de norma jurídica.

Teniendo en cuenta este «salto», hemos de suponer, a tenor de la exposición global de KELSEN, que el concepto de norma jurídica que maneja, pero no hace explícito, también englobaría un «deber ser» en sentido amplio, dentro del cual cabrían, según su propia exposición (que sintetizo, con algunos aportes interpretativos de mi propia cosecha), las siguientes modalidades o tipos de normas:

1. Las *normas imperativas*, que son aquellas que expresan un «deber» en sentido estricto. Por ejemplo, «al homicida se le debe imponer la pena de prisión de diez a quince años», «el deudor debe pagar la deuda a su acreedor en el plazo convenido». Van dirigidas a regular un comportamiento o conducta, ya sea de forma positiva, y entonces son mandatos («debes hacer esto»), ya de forma negativa, en cuyo caso son prohibiciones («no debes hacer aquello»). Mandato y prohibición son convertibles recíprocamente: un mandato puede convertirse en una prohibición (p. ej., «paga la deuda» es lo mismo que «te está prohibido no pagar la deuda»), y una prohibición, en un mandato («no debes matar» se trasforma en «debes respetar la vida ajena»).

2. Las *normas potestativas*, que son las que conceden un «poder». Por ejemplo, «el propietario tiene derecho a enajenar la cosa de la que es propietario».

3. Las normas *permisivas*, que son las que conceden un permiso y se expresan mediante la formulación verbal de «estar permitido». KELSEN no aclara la diferenciación entre «poder» y «estar permitido».

4. Las normas *derogatorias*, que se caracterizan por que no se dirigen a regular una conducta, sino que tienen por objeto declarar la extinción de la validez de otra norma preexistente. La norma derogatoria se expresa en los siguientes términos: «Queda derogada la norma N». KELSEN dice que la derogatoria es la negación de otra norma, por lo que sostiene que su forma de expresión es un «no-deber» *(Nicht-Sollen)*. Si toda norma se expresa mediante un deber, la derogatoria, que es la negación de otra norma, se expresará negando el deber, o sea, como un «no-deber».

Tenemos entonces el siguiente cuadro (que refleja los tipos de normas jurídicas, según lo que he denominado aquí el KELSEN maduro):

Normas Jurídicas (*deber* en sentido amplio)	Imperativas (*deber* en sentido estricto) Potestativas *(poder)* Permisivas *(estar permitido)* Derogativas *(no-deber)*

A la vista de este cuadro, parecería lógico concluir que no todas las normas jurídicas son coactivas, sino sólo aquellas que establecen deberes conectados con sanciones; lo que viene a ser lo mismo que decir que sólo serían coactivas las normas imperativas que efectivamente, además de estatuir un «deber», como corresponde a su naturaleza, conecten el posible incumplimiento de ese deber con una sanción.

Atendiendo a este cuadro, estarían excluidas de ser coactivas o sancionatorias todas las demás normas que no cayeran en la categoría de normas imperativas con imposición de sanción. Por tanto, quedarían excluidas las normas potestativas, las permisivas y las derogatorias, lo que constituye sin duda un buen número de normas de un ordenamiento; pero también estarían excluidas las normas imperativas que se limitaran a exigir un deber sin conectar esa exigencia con una sanción para el caso de incumplimiento.

Sin embargo, a pesar de que esta conclusión se desprende sin dificultad alguna de la tipología kelseniana, lo cierto es que su autor no la extrae, sino que, por el contrario, sigue aferrado a la idea de que la norma jurídica es sancionatoria, lo cual es incompatible con la diferenciación en los distintos tipos. Para intentar salvar este escollo, KELSEN saca de su «chistera» otro de sus «trucos mágicos» al distinguir entre normas jurídicas completas y normas jurídicas incompletas (distinción, hay que decirlo, que también se encuentra bien desarrollada en la obra de BIERLING).

A las normas jurídicas completas también las llama independientes (o autónomas); y, lógicamente, a las incompletas las denomina dependientes.

Normas jurídicas *completas o independientes* son aquellas normas de Derecho que expresan de manera absolutamente perfilada todos los elementos de la norma jurídica, a saber: supuesto de hecho y sanción. El sentido de la norma viene expresado sin necesidad de tener que recurrir a otra norma del ordenamiento que proporcione algún elemento o matiz.

Por contraposición, normas jurídicas *incompletas o dependientes* son aquellas normas que no expresan todos los elementos de la norma jurídica acabada o «perfecta», sino que precisan de otras normas para completarse.

Mediante la suma de varias normas dependientes se obtiene una norma jurídica independiente.

El caso más sencillo de esa suma sería aquel en el que una de las normas dependientes se limita a establecer el comportamiento exigido (N1: «se debe hacer no-H»), y otra norma establece la sanción para el caso de infracción de la primera (N2: «el infractor de N1 debe ser sancionado con S»). Tanto N1 como N2 son normas incompletas o dependientes; dependen recíprocamente la una de la otra. Para obtener la norma completa e independiente será preciso «sumarlas»: N = N1 + N2.

Esta diferenciación entre normas independientes y dependientes, en el fondo, implica la idea de que la «verdadera» norma jurídica es la completa o independiente. La dependiente lo que hace es suministrar material con el que construir la independiente. Las dependientes no tienen, por decirlo así, sentido por sí mismas, sino que lo adquieren en su plenitud cuando se las conecta con otras normas de tal manera que sea posible la construcción de la independiente. Con lo cual estamos en el punto de partida de la primera edición de *Teoría pura del Derecho*. La norma jurídica en sentido estricto o propio seguiría siendo la norma que prevé supuesto fáctico y sanción, mientras que todas las demás que no tengan esa estructura completa no serían otra cosa que «elementos» de la norma jurídica completa.

Por otra parte, hay que observar cómo KELSEN abandona su método *descriptivista* y echa mano, inconscientemente, de la necesaria *construcción*. Pues la norma jurídica completa no se da en el texto jurídico en bruto del ordenamiento. En éste encontramos «materiales» con los que construir la norma. A esos materiales, KELSEN les llama también normas (sólo que incompletas o dependientes), pero en realidad sólo son «elementos» de la norma completa e independiente. KELSEN juega, por tanto, con dos conceptos incompatibles de norma jurídica (y esa es la razón por la que no se compromete a dar una definición de la norma jurídica) y también juega con dos métodos incompatibles, cuales son la descripción y la construcción.

Además de la contradicción que late por debajo de este doble juego (dos concepciones de la norma, dos métodos), que ya de por sí sería suficiente para declarar inaceptable la concepción kelseniana, la contradicción salta también a la vista cuando se considera el cuadro de las modalidades deónticas ofrecidas por el maestro vienés.

Como hemos visto, por una parte afirma que *toda* norma es expresión de un *deber*, pero, por otra, sostiene que junto a las normas imperativas están las potestativas, las permisivas y las derogatorias. Las imperativas se manifiestan bajo el verbo «deber», pero las potestativas lo hacen con el verbo «poder», las permisivas con el verbo «estar permitido», y las derogatorias con la modalidad «no deber».

Salta a la vista que el «deber» que caracteriza *toda* norma no puede ser idéntico al «deber» característico de la imperativa. Por esa razón, yo, en otros trabajos –y no KELSEN, que no hace la distinción–, distingo, interpretando al maestro, entre el «deber *en sentido amplio* o genérico», que sería el propio de toda norma, y el «deber *en sentido estricto* o propio», que sería el deber/deber, lo que se entiende habitualmente por deber.

Obviamente, el deber en sentido amplio no significa deber/deber, sino que es una caracterización genérica y ambigua, ya que incorpora junto al deber/deber otras modalidades deónticas que difícilmente pueden ser conciliadas con el deber, cuales son el poder, el estar permitido y el no-deber.

La razón por la que KELSEN se introduce en este nuevo juego intrincado de trampas del lenguaje me parece que radica en que no quiere abandonar la idea, muy extendida en la cultura filosófica y jurídica de su época, de que la norma, por definición, es siempre expresión del deber. Si algo parece tener claro KELSEN es la diferenciación entre el mundo del ser *(sein)*, o de la facticidad, y el mundo del deber ser *(sollen)*, o de las normas. Esta distinción constituye para él un verdadero punto arquimédico incuestionable, a partir del cual hay que construir todo lo demás. Para KELSEN, la distinción entre *Sein y Sollen* es un dogma inamovible, casi tanto como para el cristiano lo puede ser un dogma de fe.

La rigidez de fondo de los planteamientos filosóficos del maestro vienés le impide avanzar por el camino correcto, que es el de la diferenciación de modalidades deónticas y el de la aceptación de las consecuencias que de esa diferenciación se deriven. KELSEN introduce las modalidades deónticas, pero sin abandonar su rígido esquema epistemológico de origen neokantiano. Por esa vía, no ha logrado sino construir una teoría contradictoria.

Pues, en efecto, contradictorio es contemplar el «poder», el «estar permitido» y el «no-deber» (característicos, como ya he resaltado, de las normas potestativas, de las permisivas y de las derogatorias, respectivamente) como modalidades del deber, aunque sea éste entendido en sentido amplio (matiz que he introducido para tratar de hacer más «digerible» el esquema kelseniano, pero que el propio KELSEN, como ya he observado, no adopta).

El poder y el estar permitido excluye el deber, cada uno a su manera, como tendremos ocasión de ver (KELSEN no distingue el poder del permiso, del poder de la norma autorizativa; o, mejor dicho, los distingue nominalmente, pero no conceptualmente). Y no digamos nada del «no-deber». ¿Cómo es posible afirmar que una de las manifestaciones de la norma es el no-deber, cuando se ha dicho previamente que toda norma expresa un deber? Si toda norma expresa un deber, ¿cómo es posible que haya un tipo de norma que sea la negación de éste?

Para concluir esta lección, sólo me resta destacar lo fútil de la distinción entre normas dependientes e independientes, tal como KELSEN la presenta. Si empleamos el esquema que él nos ofrece para analizar los textos jurídicos (Códigos, leyes), veremos que no es posible encontrar apenas en ellos tan sólo *una* norma de la que podamos decir que es independiente o completa. *Siempre será necesaria la construcción.*

Incluso el texto que determina el supuesto de hecho y la sanción («al homicida se le impondrá la pena de prisión menor», según el antiguo Código Penal) no ofrece ambos elementos en todas sus dimensiones, sino que siempre será preciso recurrir a otros textos que nos suministren elementos que faltan. Así, habrá que acudir a los textos que establecen la mayoría de edad penal, y también a las distintas modalidades de autoría y participación en el homicidio, así como a las disposiciones que establecen los diversos grados de culpa, como las agravantes, las atenuantes o las eximentes. En lo que respecta al segundo de los elementos, el sancionatorio, no nos bastará con saber que es «prisión menor», sino que tendremos que recurrir a otros preceptos para averiguar en qué consiste dicha sanción, y a otros distintos para saber quién debe imponer la sanción y bajo qué condiciones procesales, así como quién debe ejecutarla y en qué condiciones. Como puede apreciarse, la construcción de una norma aparentemente tan sencilla como la que castiga el homicidio, que podría dar la falsa apariencia de contener en ella todos los elementos de la norma independiente, lleva al intérprete de un lugar a otro. Sólo después de complicadas operaciones intelectuales podremos tener lo que KELSEN llama la «norma completa». Pero eso nos hace ver claramente que en los textos del ordenamiento jurídico apenas se encontrará una norma jurídica que pueda ser calificada de esa manera.

NOTAS Y COMENTARIOS

– Sobre la crítica a las posiciones kelsenianas puede verse mi estudio *Las limitaciones de la Teoría pura del Derecho*, México, 1989.

EJERCICIOS

1. Explica la objeción principal a la concepción homogénea de las normas jurídicas.

2. En los diversos sectores del ordenamiento jurídico no siempre predomina la idea de sanción. Explica la idea predominante en el Derecho civil, en el Derecho constitucional y en el Derecho procesal.

3. ¿A qué nos referimos cuando hablamos del «KELSEN maduro»?

4. Analiza el concepto genérico de «norma» de la segunda edición de *Teoría pura del Derecho.*

5. ¿Cuál puede ser la razón de que en la segunda edición de *Teoría pura del Derecho* no aparezca expresamente formulado el concepto de «norma *jurídica*» y sí el concepto genérico de «norma»?

6. Explica la idea del «deber ser» en sentido amplio.

7. Define las normas imperativas y pon ejemplos.

8. Razona por qué mandatos y prohibiciones son convertibles recíprocamente. Pon ejemplos.

9. Pon ejemplos de normas potestativas (con textos jurídicos en la mano).

10. Haz lo mismo con las normas permisivas.

11. Define la norma derogatoria y razona por qué KELSEN la considera como expresión del «no-deber».

12. ¿Por qué sólo pueden ser sancionatorias las normas imperativas?

13. ¿Son todas las normas imperativas sancionatorias?

14. ¿Por qué crees que KELSEN se aferra a la idea de que una norma jurídica, para ser completa, ha de ser sancionatoria?

15. Indaga en la obra de BIERLING la diferenciación entre normas independientes y normas dependientes.

16. Con el Código Civil en la mano, busca normas dependientes y normas independientes (en el sentido kelseniano).

17. ¿Cuál es, para KELSEN, la «verdadera» norma jurídica, la dependiente o la independiente? ¿Por qué razón se aferra KELSEN a este «juego» de conceptos?

18. Razona lo que quiere decir que KELSEN mezcla el método descriptivo y el método constructivo, y por qué no parece consciente de ello.

19. Analiza el cuadro de las modalidades deónticas propuestas por KELSEN, resaltando sus contradicciones.

20. Razona por qué en el texto del ordenamiento jurídico no es posible encontrar apenas una norma jurídica completa en el sentido de KELSEN.

XXV. UN NUEVO PASO ADELANTE EN LA CONCEPCIÓN HETEROGÉNEA

En la Teoría del Derecho del siglo XX la concepción homogénea de las normas jurídicas va dejando paso poco a poco a la concepción heterogénea, al principio con balbuceos, oscilaciones y contradicciones. Pero con mayor claridad y contundencia se va imponiendo un modelo de normas caracterizado por la diversidad estructural de sus tipos.

Un nuevo paso adelante en este proceso de «cambio de paradigma» lo constituye la importante obra de Herbert HART, *The Concept of Law,* obra publicada en 1961 (2ª ed. 1994), por tanto un año después de la segunda edición de *Teoría pura del Derecho,* y que sería traducida al español por el filósofo del Derecho argentino Genaro Carrió, viendo la luz la obra en la editorial Abeledo-Perrot en el año 1968. Aunque HART escribió más obras, creo que es correcta la afirmación de que *El Concepto de Derecho* constituye su obra más destacada, pues representa una verdadera (aunque, hay que decirlo, muy incompleta) Teoría general del Derecho. La obra de HART hay que situarla en la línea de influencia del positivismo jurídico inglés (la línea BENTHAM-AUSTIN), si bien la influencia de KELSEN es muy relevante (aunque al parecer desconocía la segunda edición de *Teoría pura del Derecho,* que fue publicada un año antes de la mencionada obra).

Pues bien, como digo, HART da un nuevo paso adelante en cuanto se refiere a poner de manifiesto la heterogeneidad de las normas jurídicas. Pero, como vamos a tener ocasión de ver enseguida, se queda corto en el análisis, ya que se limita prácticamente a señalar las distintas *funciones* de algunos tipos de normas, al igual que ya había hecho KELSEN en la segunda edición de *Teoría pura del Derecho,* sin que esta diversa funcionalidad de las normas tenga consecuencias para el análisis de su distinta configuración lingüística.

En su libro *El Concepto de Derecho* destaca HART que la clave para entender el Derecho es la unión entre las *reglas primarias (primary rules)* y las *reglas secundarias (secondary rules)*. Téngase en cuenta que en la Teoría del Derecho anglosajona (a la que los autores llaman también *jurisprudence*) apenas se emplea el término *«norms»*; lo usual es la utilización de la palabra *«rules»*, que es lo mismo que «normas». Yo mismo he empleado el término «regla» con idéntico sentido al de «norma» en mi libro *Las Reglas del Derecho y las Reglas de los Juegos*. Sin embargo, hay autores que reservan la palabra «regla» para la norma de carácter general.

Pues bien, según HART, como digo, es la unión entre dos tipos de normas, que él denomina «reglas primarias» y «reglas secundarias», lo que constituye la característica peculiar de un sistema jurídico. Emplea la expresión *legal system*, igual que KELSEN, como conjunto de normas que vienen dadas ya en el Derecho; en lo que he denominado aquí «texto jurídico en bruto» u «ordenamiento jurídico».

Las reglas primarias son aquéllas por medio de las cuales se exige a las personas hacer o no hacer, esto es, se les exige realizar determinadas acciones o abstenerse de realizarlas. Son, pues, reglas que exigen determinados comportamientos o determinadas conductas.

En contraste con las reglas primarias, las secundarias se caracterizan por que son «parasitarias» *(parasitic)* de las primarias, ya que, según HART, su función es hacer posible que las personas introduzcan nuevas reglas del tipo de las primarias, extingan o modifiquen reglas anteriores, determinen de diversos modos la incidencia de las reglas primarias o controlen sus efectos.

Las reglas secundarias, en cualquiera de sus especies (a las que nos referiremos dentro de un momento), no son reglas que exijan determinadas conductas, sino que son reglas que tienen por objeto otras reglas, son «reglas de las reglas».

La esencia de las reglas primarias es la de imponer deberes *(duties)*, mientras que lo que caracteriza a las reglas secundarias es conferir derechos *(powers)*, ya sean públicos o privados.

HART critica lo que él denomina el «modelo simple» de la teoría jurídica, representado por la teoría de John AUSTIN. Según el modelo simple, el Derecho es un sistema homogéneo de órdenes o mandatos *(commands)* respaldados por amenazas o sanciones. Para dicho modelo todo el Derecho está compuesto por este género de órdenes, entendiendo por tales los mandatos que el soberano dirige a sus súbditos para que éstos realicen determinada conducta. Sin embargo, argumenta HART, «no todas las leyes ordenan al pueblo hacer o no hacer cosas». Subraya HART que, por el contrario, hay leyes que se limitan a conferir *poderes (powers, facilities)*, como, por ejemplo, las que conceden el poder de hacer testamento, para celebrar contratos o para contraer matrimonio.

Junto a estas leyes que conceden poderes a los particulares *(private individuals)*, están también aquellas que conceden poderes a los funcionarios y a los órganos del Estado *(officials)*, tales como las que establecen el poder de los jueces para juzgar los casos, o de los ministros para emitir normas administrativas.

El argumento principal que HART esgrime contra el «modelo simple» de teoría del Derecho es que, junto a las órdenes respaldadas por amenazas, hay que admitir también la existencia de otro tipo de reglas que no pueden entenderse como órdenes respaldadas por amenazas.

Las órdenes o mandatos, por su propia naturaleza, constituyen la expresión de la voluntad de quien manda para que el destinatario de la orden se comporte de determinada manera, bajo la amenaza de una sanción. Las normas del «modelo simple», por tanto, no podrían ser otra cosa que normas que establecen deberes. Esta concepción le parece a HART insuficiente, con razón, ya que hay por lo menos otros tipos de normas que lo que hacen es conceder derechos o poderes y, por tanto, no pueden ser entendidas en términos de órdenes respaldadas por amenazas.

Las reglas secundarias son, según HART, de tres tipos, a saber: reglas de cambio, reglas de adjudicación y reglas (o regla) de reconocimiento.

Las *reglas de cambio (rules of change)* son aquellas que permiten la dinamicidad del sistema jurídico, pues gracias a su existencia es posible la modificación de las reglas del sistema. A diferencia del «modelo simple» descrito por AUSTIN, que es un modelo estático, al ser simplemente un conjunto de reglas que imponen obligaciones (y otro tanto puede decirse del modelo descrito por el KELSEN de la primera edición de *Teoría pura del Derecho*), el modelo complejo tiene en cuenta la posibilidad que tiene el ordenamiento jurídico de crear nuevas normas y de cambiar las existentes.

La «forma más simple» de regla de cambio es la que «faculta o dota de poder a un individuo o cuerpo de personas para introducir nuevas normas primarias... o eliminar normas viejas».

Además de determinar las personas que han de legislar, pueden establecer también el procedimiento, más o menos rígido, que han de seguir para realizar esa función. Gracias a ellas, el sistema jurídico puede transformarse a sí mismo.

Estas reglas de cambio corresponden a dos de las categorías que KELSEN recoge en la segunda edición de su obra principal: las normas potestativas y las derogatorias, que integrarían también en ellas mismas el procedimiento para modificar el sistema.

El concepto es aplicable tanto a los órganos legislativos, como a los poderes otorgados a los individuos. Éstos, al celebrar contratos u otorgar testamentos, actúan ejercitando unos «poderes legislativos limitados».

El segundo tipo de reglas secundarias lo constituyen las llamadas *reglas de adjudicación (rules of adjudication)*. Son aquellas reglas que definen los poderes y procedimientos jurisdiccionales. Identifican los individuos que tienen la tarea de juzgar y especifican los procedimientos que se han de seguir en esa función.

Dice HART que las reglas de adjudicación «definen» conceptos tales como juez o tribunal, jurisdicción y sentencia. Este tipo de reglas tiene por objeto «definir» los poderes y los procedimientos jurisdiccionales, mientras que las reglas de cambio «definen» los poderes y los procedimientos legislativos.

HART emplea reiteradamente el término «definir» para referirse a la función que realizan las reglas de cambio y las de adjudicación. Tanto unas como otras «definen» poderes y procedimientos; las primeras definen los poderes y procedimientos para legislar, y las segundas definen los poderes y procedimientos para dictar sentencias.

Si tomamos al pie de la letra esta forma de expresarse, puede afirmarse que las reglas de cambio y de adjudicación son *definiciones*. El Derecho estaría formado entonces, en su sustancia, por definiciones y normas primarias (que son las que establecen los deberes). Simplificando más aún, el Derecho estaría formado por normas y definiciones. Ésta es precisamente la tesis defendida por los autores argentinos ALCHOURRÓN y BULYGIN en su estudio *Definiciones y normas*.

Por último, el tercer tipo de reglas secundarias está formado por las *reglas de reconocimiento (rules of recognition)*. Unas veces habla HART de «reglas de reconocimiento» en plural, y otras lo hace de «regla de reconocimiento», en singular; lo que demuestra que el concepto no está suficientemente perfilado.

Simplificando al máximo este concepto, que el propio HART no deja suficientemente claro, baste con decir que la regla de reconocimiento es aquella que sirve para identificar las reglas que componen un sistema jurídico determinado. Identificar las normas que componen el sistema es lo mismo que «reconocerlas». Es un criterio o conjunto de criterios cuya función exclusiva es acotar las normas que pertenecen a un sistema jurídico de aquellas otras normas que no le pertenecen. Cuáles sean esos criterios concretos dependerá del sistema jurídico de que se trate. Puede ser un texto dotado de autoridad, la promulgación legislativa, la práctica consuetudinaria, determinadas declaraciones de determinadas personas, las decisiones judiciales de un tribunal o de varios... No es posible concretar de antemano dichos criterios de identificación de las normas primarias, pues pueden ser muy diversos. Habrá que tener en cuenta las peculiaridades de cada sistema jurídico.

Según eso, aunque la regla de reconocimiento sirva para identificar las normas que configuran un sistema jurídico, lo que no es posible saber de antemano es cómo identificaremos nosotros esos criterios, ya que HART no dice claramente cómo es posible reconocer la regla de reconocimiento.

Escudriñando en los vericuetos de la intrincada obra de HART he llegado a la convicción (que expuse en mi estudio «H. L. A. Hart algunos puntos críticos») de que la regla de reconocimiento expresa simplemente un *hecho social:* el hecho del «reconocimiento social», o aceptación generalizada en una sociedad, de las normas que componen un ordenamiento jurídico. Mediante la observación fáctica de este hecho de aceptación social generalizada sería posible determinar el conjunto de normas que, efectivamente, han sido aceptadas en el seno de una sociedad. Esas normas son las que configurarían el sistema jurídico.

Los criterios de identificación de las reglas que componen un sistema jurídico no son perceptibles fuera de este fenómeno de la aceptación social generalizada. Es esta aceptación la que constituye el criterio de identificación, lo que explicaría la variabilidad de la regla de reconocimiento, pues el fenómeno de la aceptación también es variable.

En último término, el criterio propuesto por HART no se diferencia mucho del que ya ofreciera BIERLING. Precisamente, además, con la misma palabra: «reconocimiento» *(Anerkennung).* Si bien BIERLING, a diferencia de HART, no habla de «regla» de reconocimiento.

A tenor de lo expuesto, podemos ofrecer el siguiente cuadro de las reglas jurídicas según HART:

- Reglas jurídicas
  - Primarias (reglas de conducta)
  - Secundarias (reglas de las reglas)
    - Reglas de cambio
    - Reglas de adjudicación
    - Regla(s) de reconocimiento

Para concluir esta lección, reiteraré lo ya dicho. Esta tipología de las reglas jurídicas constituye el punto más relevante de la obra hartiana y representa un paso adelante en la orientación teórico-jurídica que he señalado: la evolución de la Teoría del Derecho del siglo XX desde una concepción homogénea de las normas jurídicas hasta alcanzar una concepción heterogénea.

Desde el punto de vista crítico, me limitaré a destacar dos aspectos:

Primero, HART se limita a diferenciar los distintos tipos de reglas jurídicas atendiendo únicamente a su distinta función dentro del sistema y descuidando su diversa conformación lingüística. Lo cual no deja de resultar sorprendente en alguien que se dice inspirado por la filosofía analítica del lenguaje.

Y segundo, sus distinciones conceptuales son, con demasiada frecuencia, excesivamente oscuras o poco perfiladas. No es fácil diferenciar netamente entre las reglas de cambio y las de adjudicación, ya que ambos tipos de reglas se limitan a señalizar competencias y procedimientos, por lo que parecería razonable englobarlas en un único tipo de «reglas de competencia». Llama la atención, además, la borrosidad o carácter confuso de la regla de reconocimiento, y contrasta la importancia del concepto con la falta de claridad con la que es expuesto.

NOTAS Y COMENTARIOS

- Bibliografía sobre HART: DE PÁRAMO, *H. L. A. Hart y la Teoría analítica del Derecho,* Madrid, 1984; RAMOS, *La regla de reconocimiento en la Teoría jurídica de H. L. A. Hart,* Madrid, 1989; ORREGO, *H. L. A. Hart, Abogado del positivismo jurídico,* Pamplona, 1996; SÁNCHEZ CÁMARA, *Derecho y lenguaje. La filosofía de Wittgenstein y la Teoría jurídica de Hart,* La Coruña, 1996.
- Carlos E. ALCHOURRÓN & Eugenio BULYGIN, «Definiciones y normas», en: *El Lenguaje del Derecho.* Homenaje a Genaro R. Carrió. Abeledo-Perrot, Buenos Aires 1983, pp. 11-42.
- Gregorio ROBLES, «H.L.A. Hart: algunos puntos críticos», editado en CDRom por el XVII Congreso de Filosofía Jurídica y Social de Buenos Aires y La Plata en agosto de 1997.

EJERCICIOS

1. Sitúa a HART en la línea de la *analytical jurisprudence.* Sírvete para ello de un libro de historia de la filosofía jurídica (p. ej., el de RODRÍGUEZ PANIAGUA, *Historia del pensamiento jurídico,* tomo II, 8ª ed., Madrid, 1997, pgs. 647 y ss.).

2. Echa una ojeada a los temas de los que trata *El Concepto de Derecho.* Extrae del prólogo algunas ideas sobre el carácter de la obra.

3. ¿Qué quiere decirse con que HART se limita en su análisis de las reglas a destacar su diversa funcionalidad dentro del sistema jurídico, pero que no penetra en la distinta configuración lingüística de aquéllas?

4. ¿Cuál es, para HART, la «clave de bóveda» del concepto de sistema jurídico?

5. Define el concepto de *reglas primarias.*

6. Explica la idea de que las reglas secundarias son «las reglas de las reglas».

7. Desarrolla la conexión entre reglas secundarias y poderes.

8. Explica las razones por las que HART critica la teoría de AUSTIN.

9. ¿A qué llama HART el «modelo simple»?

10. Define los caracteres de las reglas de cambio.

11. Diferencia reglas de cambio y reglas de adjudicación. ¿No podrían ser englobadas bajo un tipo unitario que abarque a ambas?

12. Lee el trabajo de ALCHOURRÓN y BULYGIN, «Definiciones y normas», recogido en el volumen *El lenguaje del Derecho*, Ed. Abeledo-Perrot, Buenos Aires, 1983.

13. Trata de definir la *regla de reconocimiento* de HART.

14. Relaciona «regla de reconocimiento» y aceptación social generalizada.

15. Conecta la idea de «reconocimiento» de BIERLING con la regla de reconocimiento hartiana.

XXVI. LAS NORMAS JURÍDICAS EN LA TEORÍA COMUNICACIONAL DEL DERECHO: CONCEPTO DE NORMA JURÍDICA

La evolución que se produce en el seno de la teoría de las normas jurídicas, y que he descrito centrándome en el desarrollo de las concepciones de KELSEN y de HART, es, sin duda ninguna, mucho más compleja en la realidad de la riquísima historia del pensamiento jurídico en el siglo XX, por lo que no sería excesivamente difícil encontrar algunos contraejemplos. Téngase en cuenta que mi propósito no ha sido otro que el de mostrar, lo más sencilla y pedagógicamente que me es posible, cómo en este tema de las normas jurídicas se produce en los últimos tiempos un desplazamiento del centro de interés y que, a su vez, ese desplazamiento viene caracterizado claramente en la dirección de entender el Derecho como un complejo de normas heterogéneas. Si he escogido a los autores mencionados es por la sencilla razón de que son ellos los que han dado el «tono» a la Teoría jurídica de este siglo. Constituyen algo así como el testimonio de las ideas dominantes en la ciencia jurídica. Un estudio más detenido de la Teoría jurídica del siglo XX arrojaría un resultado menos nítido. Podríamos ver, por ejemplo, cómo el propio BIERLING o el mismo JELLINEK, que fue maestro de KELSEN en Colonia, ya introdujeron en sus concepciones teóricas amplias dosis de análisis de las distintas modalidades deónticas.

Llegados a este punto de la exposición es preciso que exponga mi idea de la mano de los esquemas básicos de la Teoría comunicacional del Derecho que han sido expuestos hasta este momento.

Lo primero que hay que hacer es enfrentarse con el concepto de *norma jurídica*. Como se ha podido ver en lecciones anteriores, KELSEN en la segunda edición de su obra principal elude pronunciarse expresamente y definir el concepto de norma jurídica (aunque sí proporciona un concepto de la norma, en general). HART tampoco se distingue por la claridad en este punto, pues salta directamente al tema de la conjunción entre las reglas primarias y las secundarias. Creo que el teórico tiene que enfrentarse ante sus conceptos básicos con la valentía con que los míticos héroes se enfrentaban a monstruos y dragones: directamente, y con la espada en la mano. Nuestro caminar alrededor de las torres de Jericó no está reñido con que, llegado el momento, tengamos que plantar cara al «enemigo». Pues bien, este «enemigo» nuestro es ahora el concepto de norma jurídica.

Partiremos de la pareja de conceptos «ordenamiento jurídico» y «sistema jurídico», que tanto trabajo nos ha dado en lecciones precedentes.

Ya sabemos que el ordenamiento jurídico es un texto, el «texto jurídico en bruto» que encontramos normalmente en papel impreso, en el «BOE» y en otros medios de comunicación jurídica. Normalmente, los textos concretos que componen el material jurídico en bruto vienen ordenados en *artículos* (dejemos ahora de lado que estos artículos componen secciones, capítulos, títulos, o lo que sea).

En cada artículo se recogen una o más *disposiciones.*

Por ejemplo, el artículo 1094 del Código Civil expresa la siguiente disposición:

> «El obligado a dar alguna cosa lo está también a conservarla con la diligencia propia de un buen padre de familia».

En cambio, el artículo 1098 del mismo Código recoge varias disposiciones:

> «Si el obligado a hacer alguna cosa no la hiciere, se mandará ejecutar a su costa.
>
> Esto mismo se observará si la hiciere contraviniendo al tenor de la obligación. Además podrá decretarse que se deshaga lo mal hecho».

Este artículo lo podemos descomponer en tres disposiciones. La primera le dice al juez que en caso de que el obligado no hiciere lo que debía, tiene el juez el deber de mandar que se ejecute a costa de dicho obligado. La segunda impone el mismo deber al juez para el caso en que el obligado haya hecho algo en contra de la obligación a la que está sometido. Por último, para ese mismo supuesto en que el obligado haya hecho algo mal, se dispone que el juez puede ordenar que se deshaga lo mal hecho.

Este análisis sencillo se puede hacer con todos los artículos que componen los textos jurídicos en bruto, tal como salen de las prensas del legislador. Cada frase o sentencia con sentido puede considerarse una *disposición.*

Ahora bien, toda disposición necesita ser puesta en conexión con otras para alcanzar un sentido plenamente inteligible. En los ejemplos propuestos habrá que aclarar qué significa para el Código Civil la palabra «obligado» y cuáles son las diversas formas bajo las cuales es posible contraer una «obligación». También habrá que averiguar qué es lo que significa exactamente el término «dar», por ejemplo, si es preciso la entrega física de la cosa que se da, o no es precisa tal entrega. También hay que perfilar el sentido de «cosa», y saber la diferencia, por ejemplo, entre dar una cosa mueble y dar una cosa inmueble. Etcétera.

Con las disposiciones se construyen las normas. El jurista va «sumando» las disposiciones de aquí y de allá para, de esa manera, llegar a las normas. Las disposiciones, aisladamente consideradas, no tienen un sentido completo, precisan de complementos.

Muchas veces no se encontrará en el mismo texto legal el complemento que se busca, y entonces habrá que buscarlo en la jurisprudencia de los Tribunales o extraerlo del espíritu de la ley. Será preciso una labor de *construcción creadora* sobre la base del texto jurídico del ordenamiento. Como sabemos, el *sistema* es justamente el resultado de esa labor de construcción hermenéutica que pule el texto del ordenamiento, transformándolo y presentándolo en un todo armonioso y ordenado.

Pues bien, llamaremos *normas jurídicas* a las unidades que configuran el sistema jurídico. Como ya hemos estudiado, tanto el sistema como las normas que lo conforman son resultado de la construcción.

Las normas jurídicas no vienen dadas de antemano. Por esa razón, es necesario un modelo teórico de las normas en virtud del cual se pueda comprender mejor la estructura interna del sistema y la conexión de sus diversos elementos. Sólo a partir de un modelo de las normas jurídicas que se estime el más adecuado para entender el sistema, es posible la ordenación del material del ordenamiento.

Cuál de los diversos modelos de normas jurídicas sea mejor, es una cuestión que probablemente no tiene una solución definitiva. La Teoría del Derecho no tiene un referente empírico que sirva como control de verdad o falsabilidad de las teorías concretas que dentro de ella se proponen. El material del texto jurídico en bruto, que es el ordenamiento, puede ser ordenado atendiendo a criterios dispares, cada uno de los cuales implicará una determinada teoría de las normas jurídicas. El problema de cuándo una teoría de las normas es mejor que otra, no tiene una solución apriorística. En este terreno sólo es posible el debate entre las diversas concepciones. A la larga se impondrá el modelo que más convenza o del que se tenga de hecho mayor conocimiento. La aceptación de un modelo teórico en el campo de las ciencias sociales no siempre es consecuencia de que dicho modelo sea el «mejor». Muchas veces sucede que dicha aceptación es resultado de la simplicidad de una teoría, o de que sea defendida por teóricos que de hecho ejercen una gran influencia social o política en el medio en que la teoría ha de imponerse.

Todas estas consideraciones metateóricas sólo tienen por objeto relativizar el valor de los modelos teóricos en el campo de las ciencias sociales y, más en concreto, en el de la Teoría del Derecho. La propuesta que hago aquí no reclama validez absoluta e incondicional, sino que es una propuesta más, la que a mí más me convence.

El texto jurídico elaborado, que es el sistema, se descompone en un conjunto de unidades lingüísticas elementales. A dichas unidades las llamaremos normas o reglas.

Lo que hace que esas unidades lingüísticas (o proposiciones lingüísticas) sean *jurídicas* es el hecho de que pertenecen a un texto jurídico, al sistema. La *juridicidad* de las normas no depende, pues, del contenido de las mismas aisladamente considerado, sino simplemente de su *pertenencia* al sistema jurídico. Una norma no es jurídica porque tenga este u otro contenido (por ejemplo, porque sea sancionatoria), sino por el hecho de venir inserta en un sistema.

Las normas jurídicas no existen aisladas, sino que necesariamente forman parte de un sistema jurídico, el cual, a su vez, refleja de manera acabada y total un determinado ordenamiento. Por ello, la teoría de la norma jurídica no es sino un aspecto de la teoría del sistema jurídico, y no es posible estudiar la norma desligada del ordenamiento.

Las normas jurídicas no se diferencian de las normas morales o de las sociales (usos sociales) por tener una distinta estructura aisladamente considerada. Así, por ejemplo, la norma que prohíbe el homicidio es simultáneamente una norma jurídica, una norma moral y una norma social (respecto de esta última puede decirse, con un punto de ironía, que «matar es de muy mala educación»). La diferencia entre estos distintos tipos normativos no radica en que las normas digan cosas distintas, sino sobre todo en que pertenecen a sistemas normativos diferentes. La norma es jurídica porque la establece el sistema que refleja las disposiciones del Código Penal.

Hechas estas aclaraciones, y de acuerdo con las ideas expuestas, podemos definir la norma o regla jurídica como una *proposición lingüística perteneciente a un sistema proposicional expresivo de un ordenamiento jurídico, dirigida (por su sentido) directa o indirectamente a orientar o dirigir la acción humana.* (Esta definición ya la propuse en *Teoría del Dret (1996)*, ya citada, lo mismo que las precisiones que siguen a continuación).

Detengámonos un poco en el sentido de esta definición.

La norma jurídica es una «proposición lingüística», es decir, una expresión de lenguaje dotada de un determinado significado o sentido. Como se deduce del resto de la definición, ese sentido es el de dirigir la acción de las personas. También puede emplearse los verbos «regular» o «normar» (aunque este último es poco usual).

Como expresión lingüística, la norma no aparece aislada, sino formando parte de un conjunto de proposiciones lingüísticas, que es el sistema. Éste es el texto jurídico elaborado sobre la base del texto jurídico en bruto del ordenamiento. Por tanto, la norma jurídica es una «frase» que aparece *dentro* de un conjunto de frases, de modo que su significado sólo puede averiguarse en conexión con el todo textual al que pertenece, que es el *sistema proposicional* que refleja el ordenamiento jurídico de que se trate.

El *sentido* de la proposición lingüística, que es la norma jurídica, es orientar o dirigir la acción humana. Es un sentido *prescriptivo o directivo.* Por eso, no puede ser entendida sino en relación con la *acción.*

La acción constituye un elemento esencial. Sin ella no puede entenderse nada en el Derecho, ni la norma concreta ni el sistema como conjunto de normas.

Ahora bien, la conexión de la norma jurídica con la acción puede ser directa o indirecta. Es directa cuando la norma jurídica contempla en sí misma una acción determinada. Es indirecta cuando no sucede esto, sino que lo que hace es contemplar algún elemento que es previo o condicionante de la acción.

La norma que prescribe que el deudor debe pagar la deuda al acreedor en el plazo convenido, es una norma directa de la acción, ya que exige de manera directa un comportamiento determinado: el comportamiento del deudor consistente en la acción de pagar la deuda. Lo mismo sucede con la norma dirigida al juez para que aplique la sanción en caso de que el deudor no pague su deuda. Esta norma va dirigida a regular directamente una actuación judicial y, por eso, es una norma directa de la acción.

También es una norma de este tipo la que establece el procedimiento para realizar un acto jurídico válido, por ejemplo, un testamento. En tal caso la norma no dice que se deba testar, sino cómo hay que hacerlo. Expresa qué acción es necesario realizar para que el testamento sea válido, y por eso regula directamente una acción.

Y, para concluir estos ejemplos, también es una norma directa de la acción la que concede un derecho subjetivo a su titular, como la norma que establece las facultades que tiene el titular de una marca.

Junto a las normas directas de la acción, están las indirectas. Por ejemplo, la norma que establece la mayoría de edad a los 18 años. Esta norma no regula, en sí misma considerada, acción alguna, sino que se limita a establecer una determinada edad a la cual se alcanza la mayoría de edad, cualidad esta que el ordenamiento jurídico exige para poder realizar determinados tipos de actos jurídicos: participar en las elecciones, vender bienes inmuebles, etcétera.

Las normas indirectas de la acción no contemplan una acción, sino que establecen *condiciones, requisitos o presupuestos* de la misma acción (y que afectan a los sujetos de ésta, al tiempo y espacio en que ha de realizarse, etc.) o de las normas que la regulan directamente.

El ser mayor de edad es una condición o requisito para poder votar en España en las elecciones generales. La norma que establece la mayoría no exige una acción. Sería superfluo, e incluso ridículo, que existiera un precepto que exigiera hacer algo para alcanzar la mayoría de edad. Se es mayor o se es menor, y no se puede «hacer» nada para ser lo uno o lo otro.

En la definición propuesta de norma jurídica, como vengo diciendo, resalta el concepto de *acción*. Este concepto hay que distinguirlo netamente del de *conducta*.

El concepto de acción es más amplio que el de conducta. Toda conducta implica alguna acción, pero no toda acción es una conducta.

La conducta supone una acción o conjunto de acciones en cuanto que son contempladas desde el prisma de la existencia de un deber. Sólo cuando hay un deber por medio se estará en presencia de una conducta.

En la moral todas las normas son normas de conducta, pero no en el Derecho.

La acción del deudor consistente en pagar su deuda dentro del plazo convenido es una conducta, en razón de que el deudor debe pagar la deuda. Sin embargo, la acción del alumno que se matricula en primero de la carrera de Derecho no constituye una conducta en sí misma, ya que en principio esa persona no tiene el deber de hacerlo, al menos desde el punto de vista jurídico. Si ha hecho una promesa de matricularse tendrá un deber moral, y, por tanto, su acción será una conducta moral, pero no jurídica. Desde el punto de vista del Derecho, es indiferente que el alumno se matricule o no, su acción no constituye una conducta. Si se matricula, su acción tiene efectos jurídicos, es una acción jurídica. Pero esa acción no es una conducta jurídica, porque no entraña el cumplimiento de un deber ni su infracción.

La acción que entraña el cumplimiento del deber es una *buena* conducta. La que supone su infracción, una *mala* conducta. Cuando una acción la calificamos de «buena» o «mala», desde el prisma de un determinado sistema normativo, es que la estamos considerando como conducta.

EJERCICIOS

1. Explica el sentido general de la idea de evolución desde una concepción homogénea a una concepción heterogénea de las normas jurídicas.

2. Comprueba en las obras de BIERLING y JELLINEK sus respectivas concepciones de la teoría de las normas jurídicas.

3. ¿Por qué razón un teórico del Derecho está obligado a definir el concepto de norma jurídica?

4. Busca en las obras de KELSEN (2ª ed. de *Teoría pura del Derecho*) y HART *(El Concepto de Derecho)* el concepto de norma jurídica. Relata el resultado a que has llegado tras la búsqueda.

5. Explica las disposiciones contenidas en los artículos 1094 y 1098 del Código Civil.

6. Analiza en términos de disposiciones algunos artículos del Código de Comercio (a tu elección). Diferencia conceptualmente entre artículo y disposición.

7. Relaciona los siguientes conceptos: artículos, disposiciones y normas jurídicas.

8. Recuerda la relación que hay entre las normas jurídicas y el sistema jurídico.

9. Explica la idea de que tanto las normas como el sistema jurídico son resultado de la construcción hermenéutica.

10. Explica el concepto de «modelo teórico» de las normas jurídicas.

11. ¿Cuándo una teoría de las normas jurídicas es mejor que otra?

12. ¿Qué quiere decirse al afirmar que las teorías jurídicas son «propuestas»?

13. ¿Cuál es el criterio de la *juridicidad* de una norma jurídica? ¿Podemos saber si una norma es jurídica atendiendo únicamente a su contenido? Razona la respuesta.

14. Relaciona el concepto de norma jurídica con los verbos «regular», «normar», «orientar», «dirigir», «exigir», «conceder».

15. Explica lo que significa que el sistema jurídico es un sistema «proposicional».

16. Explica la idea de que la norma jurídica es una directiva.

17. Pon ejemplos de normas directas de la acción.

18. Pon ejemplos de normas indirectas de la acción.

19. Comenta el artículo 34 de la Ley 17/2001, de 7 de diciembre, de Marcas desde la perspectiva de la diferencia entre normas directas e indirectas de la acción.

20. Diferencia los conceptos de *acción y conducta*, y pon ejemplos de ambos.

XXVII. TIPOS DE NORMAS JURÍDICAS: LAS NORMAS INDIRECTAS DE LA ACCIÓN

Para la Teoría comunicacional, el Derecho es un *sistema de signos* o un *sistema proposicional* que expresa el texto elaborado como consecuencia del trabajo de los juristas y que refleja, y al mismo tiempo completa y da forma definitiva, al texto jurídico bruto propio del ordenamiento. El sistema jurídico, en su conjunto, tiene una «intención inmanente» consistente en organizar la vida colectiva o, lo que viene a ser lo mismo, dirigir las acciones de los hombres. El sistema jurídico es, pues, un sistema *comunicacional prescriptivo,* ya que transmite mensajes cuya función intrínseca es orientar o dirigir, directa o indirectamente, las acciones mencionadas.

El modelo de normas jurídicas, que una Teoría comunicacional del Derecho ha de proponer, debe reflejar tanto la diversidad funcional de las normas en el seno del sistema, como la diversidad de su configuración lingüística. Al ser la norma unidad de mensaje, es preciso caracterizar sus distintos tipos atendiendo a las dos características señaladas. El mensaje, por una parte, sirve para algo, va dirigido a algo. Ese «servir para algo» o «ir dirigido a algo» es lo que llamamos *función* del mensaje. Y como la norma jurídica es una proposición lingüística, su distinta función ha de reflejarse necesariamente en la estructura y modo de expresión de dicha proposición. Junto a la función hay que tener en cuenta, por tanto, la distinta *configuración lingüística* de las normas. Combinando las dos características, se obtiene la tipología de normas que voy a describir a continuación.

En lo esencial ya expuse los distintos tipos de normas, desde el punto de vista de una Teoría comunicacional del Derecho, en mi libro *Las Reglas del Derecho y las Reglas de los Juegos,* Palma de Mallorca, 1984, y posteriormente en *Teoría del Dret,* Universitat Oberta de Catalunya, 1996.

Desde el punto de vista de la función primordial de toda norma jurídica, consistente en dirigir u orientar la acción humana, hay que distinguir, como ya hemos señalado, dos tipos: las normas directas y las normas indirectas de la acción. Las normas directas de la acción contemplan acciones de manera directa. Entre esas acciones se encuentran algunas que son calificables de conductas, pero también hay acciones que no son conductas. El concepto de acción es más amplio que el de conducta. Toda conducta implica una o varias acciones, pero hay acciones que no son calificables como conductas. Las normas indirectas de la acción establecen condiciones o presupuestos para la existencia de las normas directas y, por tanto, de las acciones reguladas por éstas.

Comenzaremos por las normas indirectas, pues son previas a las directas. Aludiré primero a su caracterización general, y después me detendré en su estudio pormenorizado.

Son *normas indirectas* de la acción, además de las que determinan cuáles *son* las fuentes del ordenamiento jurídico (ver lección XIX):

a) Las normas que establecen cuáles *son* los elementos espaciales del ordenamiento jurídico y, por tanto, del sistema que lo refleja.

b) Las que establecen cuáles *son* los elementos temporales del sistema jurídico.

c) Las que señalan quiénes *son* los sujetos destinatarios de las normas que componen un determinado sistema jurídico y, por consiguiente, señalan quiénes son los sujetos potenciales de las acciones jurídicas que dicho sistema prevé.

d) Las que establecen cuáles *son* las capacidades o competencias de los sujetos mencionados anteriormente, lo que equivale a señalizar cuáles *son* las acciones que, potencialmente, pueden realizar dichos sujetos.

Si se compara el Derecho con el juego del ajedrez en este punto concreto, las reglas de este juego que son reglas indirectas de la acción son: la regla que determina cuál *es* el reglamento del ajedrez; la que crea el espacio («el tablero es un cuadrado, ocho por ocho»); la que establece el tiempo («el tiempo de cada partida es indefinido, desde su comienzo hasta que se produce el resultado de jaque-mate o tablas»); la regla que establece los sujetos del juego («los jugadores son dos», ya sean individuales ya colectivos, y han de mover las fichas alternativamente); por último, la regla que señala las acciones potenciales de cada jugador («la acción del jugador cada vez es mover una ficha del equipo de fichas correspondiente»).

Todas estas normas indirectas de la acción se caracterizan por estas dos notas:

1. Desde el punto de vista funcional, no regulan acciones, sino que se limitan a establecer o crear los presupuestos o condiciones previas para la regulación directa de las acciones. Establecen el marco en el que la acción ha de tener lugar, pero no contemplan la acción misma. Así, antes de saber lo que está prohibido o permitido, lo que se debe hacer u omitir, es necesario saber en qué espacio hay que realizar la acción, durante qué tiempo, quiénes son los sujetos potenciales de dichas acciones, y cuáles son las acciones posibles.

2. Desde el punto de vista lingüístico, lo que caracteriza a las normas indirectas de la acción es que el verbo que mejor las expresa es el verbo *ser*.

El verbo «ser» tiene en la norma una función directiva y no descriptiva. La regla del juego de ajedrez que dice: «el tablero es un espacio de 64 cuadros», no establece deber alguno, sino que simplemente se limita a *crear* el espacio de dicho juego. El verbo «ser», en el contexto de la regla, no es «descriptivo», sino directivo o prescriptivo, ya que el sentido de la regla no se completa sino en su conexión con el resto de las reglas que regulan ese juego; y puesto que el conjunto de las reglas tiene esa función directiva o prescriptiva, lo mismo sucede con cada uno de sus elementos, con cada una de sus reglas.

Lo mismo pasa en este ejemplo de norma jurídica: «son mayores de edad los mayores de 18 años». La norma crea la mayoría de edad, estableciéndola a los 18 años, y no a los 20 o 21. No es una norma directa de la acción, pues no contempla directamente una acción, y no se puede hacer nada concreto para «cumplirla». Se tiene 18 años, en cuyo caso se será mayor de edad, o no se tiene esa edad, en cuyo caso se será menor. La norma crea una condición previa para la realización de otras acciones (como vender un inmueble). El verbo «ser» de la norma no implica una descripción, sino que tiene una función directiva o prescriptiva: el legislador ordena que son mayores de edad los mayores de 18 años.

De manera análoga, el verbo «ser» tiene carácter prescriptivo o directivo en la frase que aparece en el Génesis: «¡sea la luz!». Dios ordenó la creación de la luz, le dio el ser por medio de su mandato, de la misma forma que el legislador da el ser a la mayoría de edad por medio del suyo.

Por expresarse mediante el verbo directivo *ser*, las normas indirectas de la acción son *normas ónticas* (de *ontos*, que en griego significa «ser»). La norma que da el ser a algo, al crear o constituir ese algo, es lógico que se denomine norma óntica.

Ahora me voy a detener un poco en cada tipo del género «normas ónticas» (o normas indirectas de la acción). Además de las normas que establecen cuáles son las «fuentes del Derecho», tenemos:

Primero, están las normas que establecen el espacio o, para ser más exactos, los elementos espaciales del sistema. En efecto, todo ordenamiento jurídico nace para regular las acciones que tengan lugar en un marco espacial determinado. Ese espacio coincide, en el caso de los Estados, con el territorio en el que se dice que dichos Estados son soberanos. El espacio del ordenamiento jurídico internacional, hoy por hoy, comprende todo el globo terráqueo, incluidos lógicamente los mares. Algo parecido sucede con el espacio del ordenamiento jurídico de la Iglesia católica (ordenamiento canónico), aunque en éste el elemento espacial pasa a un segundo plano en relación al elemento «personal». El Derecho canónico llega allí donde llegan los fieles católicos; no domina propiamente sobre un espacio, sino sobre unas personas que se dicen creyentes de una fe. No es este el caso del Derecho del Estado, ni del Derecho internacional, en los cuales la referencia a los espacios respectivos es relevante e, incluso, esencial.

Pues bien, las normas que establecen el espacio de un determinado ordenamiento jurídico y, consiguientemente, del sistema jurídico que lo refleja, son del tipo de las normas indirectas o normas ónticas. La señalización espacial no va dirigida directamente a la acción. Ésta habrá de tener lugar «dentro» del espacio acotado. Por eso, no tiene sentido que este tipo de normas se expresen mediante el verbo «deber». El espacio no «debe ser» éste o aquél, sino que *es* este espacio determinado.

Son, por tanto, normas ónticas espaciales aquellas normas que delimitan las fronteras del Estado respecto de otros Estados, así como las que señalizan los límites entre las Comunidades Autónomas, o entre las provincias, o las que delimitan los distintos ámbitos municipales. Todas estas normas no regulan acción alguna, sino que se limitan a destacar el marco espacial dentro del cual han de producirse las acciones contempladas por otras normas.

A este tipo de normas pertenecen también las normas que establecen la capitalidad, como «Madrid es la capital de España», «Barcelona es la capital de Cataluña», «Palma es la Capital de las Islas Baleares», etc. El empleo del verbo «ser» es también aquí muy lógico, ya que en este tipo de normas tampoco viene exigida acción alguna. Su función se limita a establecer cuáles son las respectivas capitales. En sentido propio, *crean* la capitalidad en una ciudad determinada. La norma no dice, en efecto, que Madrid «deba ser» la capital de España, sino lisa y llanamente establece que Madrid *es* la capital. Este «ser», expresado en la norma, no tiene significado atributivo, calificativo o descriptivo. Su significado es directivo. La norma crea la capital en el sentido jurídico (para el Derecho el único relevante). Es evidente que no crea la ciudad en su sentido «físico», esto es, como conjunto de casas, calles, parques, etc. Obsérvese que el concepto de «capitalidad» es jurídico y no físico.

Por igual razonamiento, pertenecen a este tipo de normas ónticas espaciales las normas relativas a la localización de las personas, tanto físicas como jurídicas, por ejemplo, las que señalizan el domicilio, la residencia, etc., y las relativas a la localización de actos jurídicos.

Un ejemplo de esto último es el llamado «principio de territorialidad de las normas penales». El artículo 8 del Código Civil establece que:

> «Las leyes penales, las de policía y las de seguridad pública obligan a todos los que se hallen en territorio español».

Esta norma establece el ámbito espacial de las leyes penales, lo que quiere decir que las acciones contempladas por éstas serán sancionables, siempre que se hayan realizado en territorio español. El artículo mencionado lo que hace, en realidad, es sacar la consecuencia inmediata del principio de territorialidad. Este principio se expresa así: «el espacio de aplicación de las leyes penales es el espacio estatal». De ahí se extrae la consecuencia de que las leyes penales obligan a todos los que se encuentren en territorio estatal.

Dejamos para la siguiente lección el resto de tipos de normas ónticas. [Vide epígrafe LXXXIX]

EJERCICIOS

1. Explica la idea de que el Derecho es «un sistema de signos».

2. ¿Cuál es la «intención inmanente» de todo sistema jurídico?

3. Enuncia las dos condiciones que debe reunir el modelo teórico de las normas jurídicas según la Teoría comunicacional del Derecho.

4. Consulta mi libro *Las Reglas del Derecho y las Reglas de los Juegos*, Palma, 1984. Si tienes tiempo, haz un resumen de las ideas más importantes.

5. Enumera los diversos tipos de normas indirectas de la acción.

6. Ejemplifica los diversos tipos de normas indirectas de la mano de las reglas del fútbol.

7. Explica qué quiere decir que las normas jurídicas indirectas establecen el marco dentro del cual la acción ha de tener lugar.

8. Razona por qué el verbo *ser* (con sentido prescriptivo) es el que mejor cuadra a las normas indirectas.

9. Analiza la norma: «Es mayor de edad el mayor de 18 años», desde el punto de vista funcional y del de su estructuración lingüística.

10. Define las normas ónticas.

11. Define las normas ónticas espaciales. ¿Por qué razón se las considera normas indirectas de la acción?

12. Relaciona el concepto de territorio estatal con el concepto de soberanía del Estado.

13. Comenta la peculiaridad del Derecho canónico en la cuestión del espacio.

14. Comenta la función directiva de la norma «Madrid es la capital de España». ¿En qué sentido se dice que esta norma «crea» la capitalidad?

15. Define el principio de territorialidad de las leyes penales.

16. Comenta el artículo 8 del Código Civil desde el punto de vista de su doble función como norma indirecta de la acción.

XXVIII. MÁS SOBRE LAS NORMAS JURÍDICAS INDIRECTAS

El segundo grupo de normas indirectas de la acción (desde el punto de vista funcional) y que, por tanto, son normas ónticas (al expresarse mediante el verbo directivo «ser») está formado por las normas que regulan los elementos temporales del ordenamiento jurídico.

Si no es pensable un ordenamiento jurídico *real* que carezca de presencia espacial, tampoco lo es sin que se extienda a lo largo de un tiempo determinado. El Derecho, como fenómeno humano real, no puede escapar a las coordenadas de espacio y tiempo. Sí es posible pensar un sistema jurídico en abstracto que carezca de dichas coordenadas; trataríase entonces de un sistema inespacial y atemporal. Aunque es pensable, no lo consideraremos puesto que la Teoría comunicacional, si bien su objeto es estudiar el Derecho *posible*, no debe alejarse de la realidad jurídica vivida por los hombres en sociedad.

Todo ordenamiento jurídico surge en un momento determinado y, como sucede con cualquier otra realidad humana, se extingue o desaparece en otro determinado momento temporal. Nada humano es eterno. El ordenamiento y el sistema jurídico poseen esa dimensión temporal.

Esa misma cualidad temporal la tienen los elementos que componen el Derecho, las normas y las instituciones. Aunque el ordenamiento jurídico permanezca siendo el mismo, sus normas e instituciones particulares (y, por ende, las decisiones que les dan origen) van cambiando a lo largo del tiempo mientras el ordenamiento está en vigor. Pasa algo parecido a lo que ocurre con un organismo biológico. Las células cambian constantemente. Aunque la persona sea la misma, puede decirse que todas sus células han ido cambiando con el transcurso del tiempo.

Hay normas jurídicas cuya función consiste justamente en regular el lapso temporal de la vida de otras normas particulares, o de un conjunto de normas, e incluso de todo un ordenamiento. Son normas que establecen los elementos temporales del ordenamiento.

Este tipo de normas no regulan directamente la acción humana, sino que se limitan a establecer cuál es el tiempo durante el cual otras normas, o el ordenamiento en su conjunto, tienen existencia como tales normas. Su función es regular lo que se llama el ámbito de validez temporal de otras normas. Exactamente igual que las anteriores no se expresan mediante el verbo «deber», sino mediante el directivo «ser». La razón de esto radica en que es el «ser temporal» el que es objeto de la regulación.

A las normas ónticas temporales pertenecen los siguientes tipos:

a) Las normas de la constitución que inauguran o dan comienzo a la existencia de un nuevo ordenamiento jurídico. Cuando esta norma no venga formulada expresamente habrá que suponerla como implícita. El caso normal, no obstante, será que la constitución contenga una disposición que diga cuándo entra en vigor, lo que supone determinar cuál *es* el día del nacimiento del nuevo ordenamiento jurídico.

b) Las normas que determinan el día de la entrada en vigor de un conjunto normativo, como una ley o cualquier otro agregado de disposiciones (un tratado, un reglamento, un decreto, etc.).

Con carácter general dispone el artículo 2º.1 del Código Civil que:

> «Las Leyes entrarán en vigor a los veinte días de su completa publicación en el *Boletín Oficial del Estado*, si en ellas no se dispone otra cosa».

Esta disposición tiene carácter general y subsidiario; sólo si la propia ley no establece a partir de qué fecha entra en vigor se aplican los veinte días. Puede ser reformulada así: «el primer día de existencia de las leyes es el vigésimo primero a partir del de su publicación».

c) Las normas que establecen el lapso temporal que habrá de durar un ordenamiento o un conjunto de disposiciones concretas o, simplemente, una disposición.

No es usual que un ordenamiento prevea su propia «muerte»; casi siempre nacen los ordenamientos con el «propósito» de perdurar *sine die*; o, al menos, omiten poner un plazo fijo a su existencia.

Un ejemplo de ordenamiento que pone plazo a su propia existencia lo tenemos en el artículo 97 del Tratado de la CECA (Comunidad Europea del Carbón y del Acero) de 18 de abril de 1951, que dice:

«El presente Tratado se concluye por un período de cincuenta años a partir de su entrada en vigor».

Esta norma tiene la función de establecer el lapso temporal concreto durante el cual el conjunto normativo que constituye el Tratado de la CECA tendrá existencia jurídica. Podría haberse formulado así: «el tiempo de validez de este Tratado es un período de cincuenta años».

d) Las normas derogatorias.

La función de este tipo de normas no es regular ninguna acción, sino que se limitan a «suprimir» otra norma o normas ya existentes y que forman parte del sistema. La norma derogatoria o derogante elimina a la norma derogada.

Toda norma derogatoria puede expresarse de la siguiente manera: «la norma N ya no *es* norma», lo que viene a significar que dicha norma N (que, obviamente, es la derogada) ya no tiene existencia jurídica dentro del ordenamiento. La norma derogatoria cumple justo el cometido contrario de la norma que establece la entrada en vigor de otra. Ambas son del mismo tipo en cuanto que su objetivo es establecer el lapso temporal de validez de otra norma. Su función es común: regular la vida temporal de otras normas. Pero, dentro de que su función es común, su cometido concreto es de signo inverso: mientras que la norma que declara la entrada en vigor de otra norma, determina el día de su «nacimiento», la norma derogatoria establece el día de su «defunción».

La derogación puede ser explícita o implícita.

Es explícita cuando la norma derogatoria viene expresamente formulada en el ordenamiento jurídico. Es el mismo legislador (o, en su caso, otro creador de la norma) quien ha previsto las derogaciones de normas anteriores y así lo manifiesta, lo manda, expresamente.

La derogación implícita no viene expresada en una disposición del ordenamiento, sino mediante una proposición normativa del sistema jurídico. Al suceder que disposiciones posteriores regulan la misma materia que la regulada por disposiciones anteriores, sin que el legislador haya dicho nada al respecto en el propio texto legal, el jurista interpreta que el legislador «quiere» prescindir de la regulación anterior. Dice entonces que hay una derogación implícita. La construcción hermenéutica que se realiza permite hablar de una norma derogatoria dentro del sistema jurídico. Como ya sabemos, el sistema manifiesta mejor y de manera más completa el conjunto de mensajes del ordenamiento. Éste es un caso en el que se ve con claridad la función de la construcción sistémica. La derogación implícita tiene tanto valor derogatorio como la explícita.

Es muy frecuente que una ley nueva contenga una «disposición derogatoria» con alcance general de este tenor: «quedan derogadas todas las disposiciones que se opongan a la presente Ley». Estamos entonces ante una derogación explícita *genérica*, que hay que diferenciar de la derogación explícita concreta porque en ésta se determinan exactamente las disposiciones concretas que quedan derogadas. La derogación explícita genérica no elude en absoluto la necesidad de la interpretación, pues habrá que averiguar en concreto cuáles son las disposiciones que, por su incompatibilidad con las nuevas, han de entenderse derogadas.

Sea cual sea el tipo de derogación, la función derogante siempre consiste en lo mismo: establecer el límite último del *ser temporal* de otras normas. Las normas derogatorias son normas sobre otras normas que tienen el «efecto» de señalar el momento temporal de su extinción.

e) Por último, hay que destacar las normas relativas a los plazos, en especial las que determinan los plazos de prescripción y caducidad.

Los ejemplos, como cabe imaginar, son numerosos. Véanse las disposiciones del Código Civil relativas a la prescripción y sus plazos (arts. 1930 y ss.) y las del Código Penal que establecen los plazos de prescripción de los delitos y de las penas y medidas de seguridad (arts. 131 a 135).

El tercer grupo de normas indirectas de la acción (por tanto, expresables mediante el directivo *ser*) está formado por aquellas normas que establecen *quiénes son* los sujetos de las acciones contempladas por las normas directas. Estas normas señalizan los sujetos de las acciones relevantes para el Derecho. Dichas acciones relevantes jurídicamente son las acciones que contemplan las normas directas de la acción. Por tanto, los sujetos de las acciones jurídicamente relevantes por necesidad han de ser los sujetos de los destinatarios de las normas.

Las normas jurídicas se dirigen a los sujetos al facultarles para la realización de determinado tipo de acciones (por ejemplo, el propietario puede vender, regalar la cosa, gravarla, etc.) o para exigirles que realicen acciones (p. ej., el deudor debe pagar la deuda) o que se abstengan de realizarlas (p. ej., prohibido robar). Pues bien, las normas que se limitan a señalar quiénes son esos sujetos no son, obviamente, normas que regulan directamente las acciones humanas. Determinan tan sólo un elemento necesario y previo a la acción: su sujeto.

Este tipo de normas se parecen a las reglas de los juegos que determinan quiénes son los jugadores. Sabiendo quiénes son los que están capacitados para jugar, se puede diferenciar los jugadores de los no jugadores. De manera similar sucede en el Derecho. Si sé, por ejemplo, quiénes son los mayores de edad, sabré también qué personas pueden realizar determinados actos que los menores no pueden.

A las normas ónticas e indirectas de la acción que determinan los sujetos de ésta pertenecen:

a) Las normas que establecen quiénes son personas físicas o naturales. El Código Civil preceptúa a este respecto lo siguiente:

«El nacimiento determina la personalidad; pero el concebido se tiene por nacido para todos los efectos que le sean favorables, siempre que nazca con las condiciones que expresa el artículo siguiente» (art. 29).

«Para los efectos civiles, sólo se reputará nacido el feto que tuviere figura humana y viviere veinticuatro horas enteramente desprendido del seno materno» (antiguo art. 30). Este artículo 30, en su versión actual, dice lo siguiente: «La personalidad se adquiere en el momento del nacimiento con vida, una vez producido el entero desprendimiento del seno materno».

A partir de estas disposiciones, se puede construir la norma óntica que determina quiénes *son* personas naturales en el Derecho español: inténtalo.

b) Las normas que establecen cuáles son las organizaciones que son personas jurídicas (p., el art. 35 del Código Civil; este precepto empieza precisamente con el verbo directivo *ser*: «*son* personas jurídicas...»; lee el artículo e intenta aprendértelo).

c) Las normas que determinan quiénes son ciudadanos de un Estado (nacionales) y quiénes son extranjeros (p. ej., el art. 17.1 del Código Civil; ocurre como en el precepto anteriormente citado; también éste comienza con el directivo *ser*: «*son* españoles de origen...»).

d) También hay que contar en este grupo las normas que instituyen la estructura orgánica de las personas jurídicas, como sucede con las normas que establecen cuáles son los órganos de las diversas Administraciones (por ejemplo, la Administración del Estado), o los órganos de las sociedades (por ejemplo, de la sociedad anónima).

Este último supuesto se refiere a los órganos de personas jurídicas. En su sentido más estricto, son estas últimas los verdaderos «sujetos» del Derecho, pero para simplificar podemos considerar también «sujetos» a los órganos, ya que éstos también son destinatarios de las normas. La palabra *sujeto* la empleamos, por tanto, en un sentido amplio, ya que engloba tanto los sujetos de Derecho en sentido estricto (las personas), como los órganos de las personas jurídicas.

Para concluir lo relativo a este tipo de normas que establecen los sujetos, es conveniente hacer alguna consideración general.

Las normas de este tipo son, como sabemos, todas aquellas que señalan cuáles son los sujetos a los que van destinadas las normas del ordenamiento. Decir de alguien que es persona significa, para el Derecho, que el ordenamiento jurídico le reconoce la cualidad de ser sujeto destinatario de normas y, por tanto, de derechos y deberes. Si se dice de una persona concreta que, además, es nacional de un Estado, con ello se da a entender que aparte de reconocerle los derechos y deberes que el Estado reconoce a todas las personas, a ésta en concreto le reconoce unos derechos y deberes específicos (por ejemplo, los derechos y deberes políticos) que no reconoce a los extranjeros. El ordenamiento, mediante este tipo de disposiciones, lo que hace es determinar el círculo de destinatarios de sus normas.

De una persona concreta puede decirse, por ejemplo, que es mayor de edad, casado, padre y profesor de un centro privado. Le afectarán las disposiciones que van dirigidas a los mayores de edad, a los casados, a los padres y a los trabajadores que están sometidos al Derecho laboral. No le afectarán las normas dirigidas a los menores, ni las dirigidas a los profesores de centros públicos que tienen la condición de funcionarios.

La determinación de la cualidad jurídica de un sujeto permite saber cuáles son las normas que le son aplicables o, lo que viene a ser lo mismo, de qué normas es destinatario.

El cuarto y último grupo de normas indirectas (ónticas) de la acción está formado por todas aquellas que señalan las *capacidades o competencias* de los sujetos.

Estas normas delimitan cuáles *son* las acciones que el sistema jurídico adscribe, *como posibles*, a los sujetos determinados previamente por las normas examinadas antes. El sujeto destinatario de un conjunto de normas es sujeto potencial de un conjunto de acciones. La norma que especifica esas acciones es una norma previa a la norma que determina, por ejemplo, que las acciones son debidas o permitidas. Antes de saber que una acción es debida para un sujeto, será preciso saber que el sujeto es capaz de realizar la acción.

Las acciones posibles que se adscriben al sujeto son tanto las lícitas como las ilícitas. Para llevar a cabo una acción lícita es preciso que el ordenamiento reconozca al sujeto esa posibilidad (por ejemplo, el mayor de edad plenamente capaz puede vender inmuebles). Lo mismo sucede con las acciones ilícitas. Tiene que haber una disposición que establezca la capacidad para realizar una acción ilícita. Por ejemplo, el mayor de 18 años, que es la edad exigida por el Código Penal, es sujeto potencial de los delitos y faltas contemplados en dicho cuerpo legal. Estos delitos y faltas son acciones ilícitas que entran dentro de la capacidad jurídica del sujeto que se encuentra en edad penal, al ser mayor de 18 años. A los menores se les aplican otras normas. Véase el artículo 19 del Código Penal.

Podemos definir entonces este grupo de normas como aquellas que establecen cuáles *son las acciones* (lícitas o ilícitas) que el ordenamiento jurídico adscribe como *posibles* a los diversos tipos de sujetos jurídicos. Dichas acciones, repitámoslo una vez más, pueden ser lícitas o ilícitas. La licitud o ilicitud no viene determinada por este tipo de normas que examinamos ahora, sino por otros, a los que aludiremos enseguida.

Si decimos, por ejemplo, que el juez es «competente» para dictar sentencia, implicamos en esa frase la idea de que también es «competente» para dictar sentencia prevaricadora. Es evidente, pues sólo es el juez el que puede dictar sentencia y, por consiguiente, sólo es él quien puede prevaricar. Quien no es juez, no es competente para dictar sentencia y, por tanto, tampoco lo es para emitir una sentencia prevaricadora. Sólo el juez es sujeto potencial de una sentencia de este tipo. La sentencia lícita y la ilícita son acciones que el orden jurídico atribuye como potenciales a los jueces, y no a otros órganos ni a los simples ciudadanos.

Estas normas que señalizan las capacidades y competencias pueden expresarse mediante el verbo directivo *ser* y también mediante el verbo *poder*. Bien entendido, sin embargo, que en tal caso este verbo «poder» no implica «autorización». Así, por ejemplo, el mayor de edad penal «puede» cometer un delito, pero no está «autorizado» para ello. El juez «puede» dictar sentencia prevaricadora, pero no está autorizado para ello. El «poder» de este tipo de normas no es el mismo del característico de las normas autorizativas o potestativas, que luego estudiaremos. Expresa sencillamente que el sujeto (el mayor de edad, el juez) es el sujeto *necesario* de determinadas acciones posibles. Es un *poder adscriptivo* y no autorizativo.

El sujeto «necesario» del delito es el mayor de edad penal. El sujeto «necesario» de la sentencia prevaricadora es el juez. La razón es bien clara: para que haya delito tiene que haber un mayor de edad; para que haya sentencia prevaricadora, tiene que haber sentencia, y para que haya sentencia tiene que haber juez.

El sistema jurídico es rico en normas que delimitan las acciones potenciales de los sujetos.

En el caso de las personas físicas y jurídicas, al conjunto de acciones potenciales delimitadas se le denomina *capacidad de obrar*. Para algunas personas jurídicas (como la Administración), y también para los órganos de todo tipo de personas jurídicas, se emplea el término *competencia*. Pero su sentido, en gran parte, es similar.

Cuando afirmamos que una persona física o jurídica es «capaz» civilmente, estamos diciendo que es «competente» para realizar las acciones que las normas del Derecho civil le adscribe como posibilidades, sean esas acciones lícitas o ilícitas.

Así, quien goza de plena capacidad civil de obrar puede contraer matrimonio válido, comprar y vender, adquirir deudas y pagarlas; pero también «puede» casarse estando casado y cometer de esta forma bigamia; comprar o vender con engaño; no pagar la deuda en el plazo convenido. Es sujeto potencial de acciones lícitas e ilícitas. Para las acciones ilícitas no está *autorizado*, pero sí es *capaz*.

El concepto de capacidad (lo mismo que el de competencia) engloba tanto aquellas acciones para las que el sujeto está autorizado como aquellas para las que no lo está. La norma que establece la capacidad no tiene la función de autorizar, sino la de delimitar el conjunto de las acciones posibles (lícitas e ilícitas) que se adscriben a los diversos tipos de sujetos.

EJERCICIOS

1. Explica en qué consiste la dimensión de *temporalidad* del ordenamiento jurídico y de sus elementos componentes.

2. ¿A qué tipo de normas pertenecen las normas jurídicas que regulan los elementos temporales del sistema?

3. Enuncia los diferentes tipos de normas jurídicas que delimitan el ámbito temporal.

4. ¿Cuándo entran en vigor las leyes en España?

5. Define la derogación.

6. Distingue derogación explícita y derogación implícita.

7. Distingue derogación explícita genérica y derogación explícita concreta.

8. Razona por qué las normas que establecen los sujetos de la acción son normas indirectas ónticas.

9. Enumera los tipos de normas ónticas que señalizan los sujetos.

10. Distingue el sentido amplio y el sentido estricto del concepto «sujeto de Derecho».

11. Explica la función de las normas que establecen los sujetos.

12. Define las normas de capacidad de obrar o normas de competencia.

13. Explica el significado del verbo «poder» como expresivo de las normas jurídicas que establecen capacidades y competencias.

14. Distingue «poder adscriptivo» y «poder autorizativo».

15. Relaciona los conceptos de capacidad y competencia.

16. Resume en un cuadro todos los tipos de normas indirectas de la acción.

XXIX. NORMAS DIRECTAS DE LA ACCIÓN: LAS PROCEDIMENTALES

Si lo que caracteriza a las normas indirectas de la acción humana es que no contemplan a ésta de manera directa, sino que se limitan a establecer presupuestos o condiciones de la misma, lo propio de las normas jurídicas directas de la acción es que en su misma expresión se manifiesta la relación inmediata con la acción que regulan. Por esa razón, mientras que las indirectas se manifiestan por medio del verbo directivo *ser*, que en sí mismo implica constitutividad (esto es, creación de elementos del sistema) y que excluye la regulación directa de la acción, las normas directas manifiestan su contenido necesariamente por medio de una modalidad verbal típicamente regulativa, tales como *deber, poder, estar permitido, tener que, y otros similares*.

La tarea de la Teoría del Derecho, en este punto concreto, es simplificar las diversas posibilidades deónticas que ofrecen las normas y presentar un cuadro de tipos que sea, a la vez que lo más sencillo posible, suficientemente explicativo.

Los tipos de normas directas de la acción pueden ser reducidos a los tres siguientes: *a)* las normas cuya función consiste en establecer la acción misma, que son las normas procedimentales; *b)* aquellas que declaran que la acción es lícita, autorizándola, que son las normas potestativas; y, por fin, *c)* las normas que tienen por objeto exigir la acción como debida, que podemos llamar normas deónticas (palabra esta proveniente del griego *deontos*, que significa lo que es debido, y que Bentham popularizó acuñando el término «deontología» como «ciencia de los deberes»).

Examinemos ahora estos tres tipos de normas directas, cuya característica común, como sabemos, es que regulan o contemplan la acción humana de manera inmediata. Al caracterizar los diversos tipos atenderemos tanto a la función que cada uno de ellos cumple dentro del sistema como a su expresión verbal típica. En cuanto a esta última, conviene recordar que la norma no siempre viene enunciada en la disposición del ordenamiento con el verbo que la caracteriza. El verbo típico de la norma inserta ya en el sistema supone una construcción hermenéutica del significado de la norma.

Dentro de las normas directas de la acción, el tipo que las contempla de manera más directa es el de las normas jurídicas *procedimentales*.

La norma procedimental establece, constituye, crea la acción misma.

Una acción es, sencillamente, un procedimiento. La norma que establece el procedimiento establece la acción misma. Que la acción sea debida o permitida, lícita o ilícita, es una cuestión posterior a la existencia de la acción misma. Antes de declarar que es debida o permitida, que es lícita o ilícita, es preciso establecer sencillamente en qué consiste la acción. Esa es la función de la norma procedimental.

Más coloquialmente suele decirse que la norma procedimental establece un procedimiento para realizar la acción. Esta forma de hablar no es enteramente correcta, pues la norma lo que hace es establecer el procedimiento en que consiste la acción.

Mediante una expresión algo impropia también suele decirse que la norma procedimental «define» la acción. Con mayor propiedad se habla al afirmar que dicha norma *crea* la acción, no, desde luego, como una realidad «natural», sino como una realidad *jurídica*.

Así, por ejemplo, la norma que establece en qué consiste un concreto tipo contractual lo que hace es señalar cuál es el procedimiento para celebrar el contrato que sea. El artículo 1445 del Código Civil determina en qué consiste la acción que calificamos como contrato de compraventa:

> «Por el contrato de compra y venta uno de los contratantes se obliga a entregar una cosa determinada y el otro a pagar por ella un precio cierto, en dinero o signo que lo represente».

En esta disposición encontramos lo que podemos llamar el procedimiento de la compraventa. Para que una acción sea calificable de compraventa, el comprador ha de obligarse a pagar un precio por la cosa y ese precio ha de ser en dinero o signo que lo represente, mientras que el vendedor ha de obligarse a entregar la cosa. En sentido más estricto, la compraventa supone dos acciones, la del vendedor y la del comprador, pero para nuestro análisis basta con lo dicho. Cada tipo contractual supone el establecimiento por la norma de los requisitos de la acción o acciones correspondientes.

También es procedimental la norma jurídica que establece en qué consiste un determinado tipo delictivo. Por ejemplo, el artículo 139 del Código Penal determina las condiciones que ha de reunir una acción para que sea considerada como asesinato:

> «Será castigado con la pena de prisión de quince a veinte años, como reo de asesinato, el que matare a otro concurriendo alguna de las circunstancias siguientes:

1. Con alevosía.
2. Por precio, recompensa o promesa.
3. Con ensañamiento, aumentando deliberada e inhumanamente el dolor del ofendido».

El asesinato es una acción ilícita. Lo sabemos porque el precepto dice que el reo «será castigado con la pena de prisión de quince a veinte años». Es una acción prohibida, pero es, por ello y ante todo, una acción. La determinación de la acción misma es objeto de una norma procedimental, que es la transcrita. La acción de asesinato para el sistema jurídico español es la acción de matar siempre que concurra alguna de las características destacadas en el precepto.

Todo el Derecho está plagado de normas procedimentales, que son aquellas que establecen lo que hay que hacer para que lo hecho tenga *existencia* jurídica.

El sector del Derecho en que probablemente abundan más las normas procedimentales es el Derecho procesal. Las actuaciones de las partes que intervienen en el proceso, así como de los órganos jurisdiccionales, son actuaciones contempladas por las normas procedimentales de los procesos.

Desde el punto de vista lingüístico, la norma procedimental se caracteriza por expresarse mediante la forma verbal *tener que*, en el sentido de «es necesario que» o «no queda otro remedio que».

Tiene la siguiente forma lingüística: «si alguien quiere X tiene que hacer Y». O también: «Para conseguir X tienes que hacer Y». También puede expresarse mediante frases como éstas: «es necesario hacer Y para conseguir X» o «es requisito esencial Y para que sea X».

La norma procedimental supone que un sujeto quiere realizar una acción que sea considerada como tal en un determinado ámbito. La norma le dice sencillamente lo que tiene que hacer o, lo que es lo mismo, en qué consiste la acción.

Si quiero jugar al ajedrez, lo que implica que quiero mover las fichas, lo habré de hacer de acuerdo con las reglas del juego que me indican cómo se mueve cada una de ellas. Mover el alfil es una acción que se expresa en un procedimiento determinado. No puedo mover el alfil de cualquier manera, sino, necesariamente, del modo que me impone la regla. Ahora bien, la regla que me indica cómo tengo que mover el alfil, no me impone deber alguno de moverlo. Si no quiero moverlo, moveré otra ficha, y no pasa nada. Y si no quiero mover ficha alguna, porque ya no sé por dónde salir frente al ataque contrario, y me levanto de la mesa y abandono el juego, no se puede decir que he incumplido deber alguno, sino que simplemente he perdido la partida.

Si un señor quiere casarse, aparte de tener una novia que tenga el mismo deseo, tiene que presentar determinados papeles en el juzgado o en la parroquia y, después, tendrá que contestar a ciertas preguntas algo comprometidas ante el juez o el cura. No le queda otro remedio... si quiere casarse. Nadie le obliga a casarse (desde el punto de vista jurídico), no tiene el deber jurídico de casarse, pero si quiere hacerlo tiene que cumplir determinados requisitos y realizar determinados actos. Para que su acción de contraer matrimonio tenga existencia jurídica, no le queda otro remedio que cumplir los requisitos y realizar los actos que le imponen las normas procedimentales.

Otro ejemplo. La norma que prescribe qué tiene que hacer una persona para matricularse en la Facultad de Derecho establece un conjunto de actos (consistentes en presentar determinados papeles en la secretaría de la Facultad dentro de un plazo concreto) que necesariamente ha de cumplir si quiere conseguir la acción consistente en «matricularse en la Facultad de Derecho». Esa persona no tiene deber (jurídico) alguno de matricularse, pero, si quiere hacerlo, no le queda otro remedio que realizar los actos mencionados. Esos actos constituyen *requisitos necesarios* para realizar la acción de «matricularse».

Si la persona que ha de casarse no se presenta ante el juez o el cura, es evidente que no se casa (salvo el matrimonio por poder, para el cual existe otro procedimiento). No es que haya incumplido un deber (jurídico). Simplemente no logra el resultado que se le presuponía como intención. Lo mismo sucede con el alumno que quiere matricularse, pero no presenta a tiempo los papeles, por olvido o negligencia. No ha incumplido ningún deber, no hay infracción de nada; simplemente, no se ha matriculado.

La consecuencia de no cumplir la norma procedimental no es la infracción de un deber, sino la no realización de la acción que, presumiblemente, se pretendía realizar. Se puede hablar entonces, bien de inexistencia de la acción, bien de nulidad de la misma. Hay inexistencia cuando ni siquiera hay la apariencia de acción. Por ejemplo, si alguien pretende haber movido una ficha sin hacer movimiento alguno; o si un alumno pretende haberse matriculado sin haber hecho nada. Hay nulidad cuando, habiendo apariencia de acción, falta un requisito esencial. La apariencia entonces ha de desmontarse mediante una declaración de nulidad y dar paso así a la verdadera realidad jurídica. Por ejemplo, quien se casa sin consentimiento libre lo hace sólo aparentemente; realiza actos externos que pueden interpretarse como que se está casando. «Desmontar la apariencia» es el objeto de un juicio de nulidad.

Ni la inexistencia ni la nulidad pueden considerarse como sanciones de manera directa, a no ser que, por el sentido específico del precepto concreto, haya de entenderse que el legislador las impone como un mal objetivo a quien no ha cumplido la norma.

La inexistencia de la acción se produce cuando no hay que desmontar una apariencia relevante. El novio no ha acudido a la cita ante el juez o el sacerdote, por lo que el acto de contraer matrimonio no ha llegado a celebrarse. La consecuencia de esto es que el matrimonio sigue siendo inexistente, y no es preciso desmontar apariencia alguna. La norma procedimental no se ha cumplido de una forma manifiesta, contundente. Al no aparecer el novio en el lugar de la celebración del matrimonio, no es preciso declarar su «nulidad», ya que simplemente no existe tal matrimonio. Esa «no existencia» es tan clara y absoluta que ni siquiera tiene la posibilidad de aparentar lo contrario.

Ahora bien, supongamos que el novio acude al acto de celebración y presta allí su consentimiento; pero oculta que padece una impotencia absoluta. Lo ha ocultado a su novia y no dice nada, ni antes ni durante el acto de celebración. El matrimonio celebrado tiene toda la apariencia de ser un matrimonio válido. Sin embargo, al no ser el novio apto físicamente, resulta que en realidad no lo es. Hay una apariencia de matrimonio, pero le falta un requisito esencial. Pueden suceder entonces dos cosas: que la nueva esposa quiera tanto a su esposo que prefiera vivir con él a perder su compañía, o que la nueva esposa se sienta engañada y quiera tener relaciones sexuales y tener hijos, por lo que decida deshacer la apariencia mediante el correspondiente juicio de nulidad.

En el primer supuesto, al continuar la apariencia de matrimonio sin que haya ni juicio ni declaración de nulidad, es evidente que, para el Derecho, el matrimonio es válido. Al no haber declaración de nulidad de un matrimonio que podría haber sido anulado, ese matrimonio no ha dejado nunca de ser válido.

En el segundo supuesto, la declaración de nulidad hace nulo el matrimonio, deshace la apariencia.

La conclusión parece obvia: para que un acto jurídico sea nulo es preciso otro acto que lo declare como nulo. O dicho de otra manera: un acto jurídico que tenga la apariencia de válido, lo es mientras no haya una declaración de nulidad. Esto no ocurre con el acto inexistente que, al no tener apariencia jurídica de validez, no precisa de otro acto que lo declare nulo.

La inexistencia no es, obviamente, una sanción.

La nulidad, en principio, tampoco representa sanción alguna. Pero es posible que la norma jurídica en determinados casos contemple la nulidad con un matiz o efecto sancionatorio.

En conclusión, la norma procedimental lo que hace es señalar los *requisitos necesarios* que una acción ha de cumplir para ser una acción jurídica. Se entiende por requisito necesario aquél sin el cual no se produce la acción. Puede haber requisitos no necesarios, de carácter accidental o contingente, pero éstos son irrelevantes para la validez de la acción.

NOTAS Y COMENTARIOS

- Sobre el concepto de *carga.* Hay que distinguir la carga procedimental de la carga real. *a)* La carga procedimental. Es frecuente asimilar el concepto de carga procedimental al concepto de «deber», al concebirla como un deber «necesario» para alcanzar un objetivo que pretende una persona. Así describe este concepto SANTORO PASSARELLI, que afirma que «la carga es un deber en un sentido completamente diferente tanto de la obligación como de la sujeción» (*Doctrinas generales del Derecho civil,* trad. por LUNA, Madrid, 1964, pg. 74). Ahora bien, este «deber necesario» no es otra cosa que el «tener que» característico de la norma procedimental. La carga no es propiamente un deber sino un *requisito necesario* convencionalmente establecido para alcanzar un resultado. Por ello, no puede venir expresada mediante una norma deóntica, sino por medio de una norma procedimental. Así hay que interpretar, por ejemplo, la llamada «carga de la prueba». Quien demanda a otro, no tiene el «deber», sino la «necesidad» de probar lo fundado de su petición para que ésta le sea reconocida por el juez. *b)* La carga real. Es aquella que afecta a los derechos reales, como, por ejemplo, una servidumbre o una hipoteca. A pesar de recibir el mismo nombre de «carga», su naturaleza es diferente a la de la carga procedimental. Pues «carga» significa ahora que el derecho real sobre el que pesa viene limitado en el disfrute de su titular por un deber de hacer o no hacer. Así, el propietario de un fundo sometido a una servidumbre de paso tiene el deber de dejar pasar a través de dicho fundo. La carga real, por consiguiente, se expresará por medio de una norma deóntica. (*Vide* epígrafe LXXXIX).

EJERCICIOS

1. Explica la idea de que mientras que las normas indirectas se expresan mediante el verbo directivo «ser», que implica constitutividad, las normas directas manifiestan su contenido por medio de una modalidad verbal «típicamente regulativa».

2. Enumera los tres tipos de normas directas de la acción.

3. ¿Por qué las normas procedimentales contemplan la acción de manera «más directa» que las otras normas?

4. Define la norma procedimental.

5. Explica la idea de norma procedimental en relación con los distintos tipos contractuales. Pon un ejemplo que no sea el de la compraventa.

6. ¿Por qué razón la norma que establece lo que es el asesinato es una norma procedimental?

7. Explica la idea de que el delito tiene «existencia jurídica».

8. ¿Qué forma verbal caracteriza a la norma procedimental? Razona la respuesta.

9. La norma procedimental, ¿impone deberes? Explica la respuesta.

10. Ilustra los dos ejemplos de norma procedimental a que se alude en el libro: el matrimonio y la matrícula en la Facultad de Derecho.

11. Distingue entre inexistencia de la acción y nulidad de la misma.

12. ¿Puede ser la nulidad una sanción?

13. Explica la diferencia entre el matrimonio inexistente y el matrimonio nulo.

14. Relaciona norma procedimental y requisitos de la acción.

XXX. NORMAS DIRECTAS DE LA ACCIÓN: POTESTATIVAS Y DEÓNTICAS

El objetivo de la norma procedimental es tan sólo establecer la acción misma señalando cuáles son los requisitos necesarios de la misma. Ya he dicho que la norma procedimental lo mismo se extiende a las acciones lícitas que a las ilícitas, pues, sean lo uno o lo otro, son acciones antes que nada, y puesto que la norma procedimental se limita a establecer en qué consiste la acción, con dicha norma únicamente no puede saberse si se trata de una acción lícita o ilícita, debida o prohibida. Lo característico de la norma procedimental es «crear» o «constituir» la acción relevante para el

Derecho, de la misma manera que las reglas procedimentales de los juegos establecen en qué consiste la acción de juego.

Corresponde a otros tipos de normas el establecer el carácter lícito o ilícito, debido, permitido o prohibido de las acciones de que se trate. La licitud o ilicitud de la acción es una cualidad que no viene determinada por la norma de procedimiento, sino por las normas autorizativas o potestativas y por las normas deónticas.

Las normas *potestativas o autorizativas* son aquellas normas que tienen la función de conceder los poderes o autorizaciones, lo que implica la determinación del ámbito de las acciones *lícitas* de una clase de sujetos. Este tipo de normas establece lo que dichos sujetos *pueden* hacer.

Ahora bien, este verbo directivo «poder» tiene en las normas potestativas un significado muy diferente de la misma palabra «poder» referida a las normas de capacidad o competencia. El «poder» adquiere en las normas potestativas una significación fuerte que no es equiparable con el «poder» que caracteriza a las normas que establecen capacidades.

El «poder» en sentido fuerte (característico de las normas potestativas) supone la delimitación de las acciones que un sujeto (o una clase de sujetos) puede realizar como *lícitas*. Lo cual implica su separación del resto de las acciones que, aunque entren también en la capacidad de obrar del sujeto, son consideradas como ilícitas.

Dentro del concepto de capacidad jurídica (especialmente la capacidad de obrar), y también del de competencia, cabe el conjunto de las acciones *posibles* jurídicamente relevantes, tanto lícitas como ilícitas. El objeto de la norma que establece la competencia o capacidad determina ese conjunto de acciones posibles. La norma potestativa o autorizativa establece las acciones lícitas.

El «poder» de la norma potestativa es más restringido, lógicamente, que el «poder» de la norma indirecta que establece la capacidad o competencia.

Por ejemplo, el mayor de edad plenamente capaz puede (en el sentido amplio de la norma de capacidad) realizar todo tipo de negocios jurídicos, por tanto, los lícitos y los ilícitos, pero sólo está autorizado por la norma para realizar los lícitos, sólo «puede» (en el sentido restringido o fuerte) llevar a cabo aquellos negocios que la ley le autoriza.

El mayor de edad penal es el sujeto potencial de delitos, no así el menor de edad que no ha cumplido los 18 años (véase el art. 19 del Código Penal). Un acto ilícito cometido por un menor no tiene la misma consideración jurídica que el delito, por lo que puede afirmarse que el menor no es sujeto activo del delito ni, por tanto, responsable de la pena contemplada en el Código Penal. La mayoría de edad penal determina quiénes son los sujetos potenciales de acciones delictivas. El mayor de edad penal «puede» cometer un delito, no así un niño de seis años. Pero que «pueda» cometer delito, en el sentido de tener la posibilidad, no quiere decir que «pueda» en el sentido de que esté autorizado para cometerlo. Más exacto, sin embargo, sería afirmar que el menor, aunque «pueda» cometer acciones delictivas, no es responsable criminalmente de la misma manera que lo es el mayor.

Otro ejemplo. El juez, y sólo el juez, puede dictar sentencia. Lo que implica, con lógica aplastante, que tan sólo el juez puede dictar sentencia prevaricadora (esto es, injusta a sabiendas de que lo es). La norma de competencia que establece las acciones posibles que se adscriben al juez permite afirmar que la acción de emitir una sentencia es adscribible únicamente al juez, y esa adscripción afecta lo mismo a las sentencias lícitas como a las ilícitas. La prevaricadora es una sentencia ilícita, pero es una sentencia, y por tanto pertenece al ámbito de acciones posibles del juez. Pertenece al verbo adscriptivo «poder» en su significado amplio como conjunto de acciones posibles, tanto lícitas como ilícitas («poder adscriptivo»). Ahora bien, el juez sólo está autorizado a dictar sentencias lícitas, no prevaricadoras. Sólo «puede» dictar este tipo de sentencias. En este sentido el directivo «poder» adquiere su significado más preciso y restricto.

Las normas autorizativas son, en definitiva, las normas jurídicas que establecen las acciones lícitas de los diversos sujetos jurídicos (entendiendo estos últimos tanto en referencia a las personas como a los órganos, según la caracterización amplia a la que ya hice alusión). Hay que conectarlas con las normas de competencia o capacidad para entender su alcance.

Cuando la acción es contemplada como debida nos encontramos con la norma *deóntica* (como se ha notado, el calificativo «deóntico» viene del griego *deontón*, que significa lo debido). Normas deónticas son las normas jurídicas que establecen *deberes*. Son normas directas de la acción cuya función es *exigir* a los destinatarios que realicen determinada acción.

También pueden exigir una abstención, un no hacer. Es lo característico de las *prohibiciones*. Toda prohibición expresa el deber de no hacer algo. Por ejemplo, «no debes matar» es un precepto que ordena no matar. La partícula negativa «no» no va con el verbo «debes», sino con «matar». Puede formularse de esta otra manera: «debes no matar».

No hay diferencia sustantiva entre las normas deónticas expresadas positivamente y las expresadas negativamente. Todo mandato puede ser convertido en una prohibición, y toda prohibición en un mandato. Por ejemplo, el mandato «el deudor debe pagar la deuda» se puede convertir en esta prohibición: «el deudor no debe de abstenerse de pagar». La prohibición «no debe aparcar aquí» puede formularse de esta otra manera: «debe abstenerse de aparcar aquí».

La acción, cuando es contemplada desde la perspectiva de su relación con el deber, toma el nombre de *conducta*. Por esa razón, las normas deónticas son todas ellas *normas de conducta*.

La norma procedimental que establece la acción, sin consideración a ningún deber, no puede ser considerada norma de conducta. Quien deja de acudir ante el cura para casarse y da plantón a su pareja podrá incumplir un deber moral (y en ese sentido habrá realizado una mala conducta moral), pero desde el punto de vista jurídico no hay nada que reprocharle. Al no existir una norma jurídica que le obligue a contraer matrimonio, su acción de no acudir a la cita no puede interpretarse como una «conducta», de igual manera a como no puede interpretarse como conducta la acción contraria de acudir a la celebración para prestar el consentimiento. La norma procedimental se limita a establecer la acción. La acción en sí misma no es una conducta, sino un procedimiento. Sólo si la acción es, además, contemplada por una norma deóntica se transforma en conducta.

Esto mismo es aplicable a la norma potestativa. Quien, por ejemplo, hace uso de un derecho subjetivo que le concede la norma, no por ello lleva a cabo una conducta, sino que simplemente realiza una acción que «puede» realizar. El propietario de un piso decide venderlo y así lo hace en cuanto encuentra un comprador con el que se aviene. No puede decirse que ese acto de compraventa implique una conducta. Es tan sólo una acción, porque sobre él no pesa ningún deber.

La conducta puede ser «buena» o «mala». Es buena cuando la acción efectivamente realizada se adecúa a lo exigido por la norma deóntica. Esto es, la conducta es buena cuando implica el cumplimiento del deber exigido por la norma. Es mala en caso contrario. La conducta mala es denominada, en el Derecho, *ilícito*.

El acto ilícito, o simplemente «ilícito» sin más, puede ser penal, civil, administrativo, etc. La calificación concreta del ilícito dependerá del propio ordenamiento jurídico. Además de los ilícitos calificados como tales por los ordenamientos estatales, hay que contar obviamente con los ilícitos correspondientes a los otros ordenamientos: el ilícito internacional, el ilícito comunitario, el ilícito canónico, etcétera.

Todo acto ilícito supone la *infracción* de un deber jurídico. Si no hay deber jurídico, no hay posibilidad de acto jurídico ilícito.

El acto jurídico ilícito es un acto jurídicamente existente, ya que el Derecho lo contempla y normalmente le adscribe determinadas consecuencias, en especial las sanciones.

La consecuencia de haber infringido una norma deóntica no es la nulidad (salvo casos excepcionales en que el legislador así lo pueda imponer). Por ejemplo, la acción consistente en asesinar a alguien es una infracción de la norma penal que prohíbe el asesinato, y es evidente que el asesinato no es un acto nulo. Es un acto «antijurídico», porque va contra la norma que lo prohíbe, pero en otro sentido es un acto «jurídico» al ser un acto contemplado por la norma.

Las normas deónticas, a su vez, son de tres tipos diferentes (aunque de ordinario vienen enlazados entre sí en la realidad del Derecho positivo):

a) En primer lugar, tenemos la norma deóntica que va dirigida a exigir una conducta al destinatario habitual, que son las personas; a este tipo lo llamo *norma de conducta propiamente dicha.*

Por ejemplo, la norma que prohíbe el asesinato y que puede formularse así: «si eres un sujeto con capacidad penal, entonces no debes cometer asesinato».

El asesinato es un tipo de acción. La norma que dice en qué consiste el asesinato («el asesinato es...») es una norma procedimental, ya que en sí misma no lo prohíbe, sino que se limita a destacar sus elementos o requisitos. La norma que prohíbe el asesinato es una norma deóntica y supone, lógicamente, la existencia de una norma procedimental que establezca en qué consiste el tipo delictivo.

Toda norma de conducta propiamente dicha se formula como la conexión entre una hipótesis y un deber. La hipótesis hace referencia a la situación del sujeto o sujetos a los que va dirigido el deber. La frase «si usted es un sujeto con capacidad penal...» expresa esa situación.

Llamo a este tipo norma de conducta «propiamente dicha», porque la conducta de las personas es la que primordialmente merece esa denominación. Aunque el término se puede aplicar a los comportamientos de los órganos, la conducta genuina es la de las personas.

b) En segundo lugar, nos encontramos con la *norma de decisión.* Es aquella norma que, dirigida a un órgano de decisión, le impone el deber de decidir una determinada consecuencia jurídica (una sanción, pero no necesariamente) contra quien ha infringido la norma de conducta.

Siguiendo con el ejemplo del asesinato, la norma de decisión sería: «si un sujeto penalmente capaz comete un asesinato, usted, señor juez, debe ordenar al órgano de ejecución que se le imponga a ese sujeto la sanción tal». El juez no ejecuta él mismo la sanción, sino que se limita a ordenar su ejecución. Decide si ha habido efectivamente un asesinato, decide si el sujeto acusado es el actor responsable y decide asimismo la sanción que le impone. La norma de decisión es una norma deóntica, ya que el juez tiene el deber jurídico (profesional) de decidir todos esos extremos de acuerdo con el Derecho y con su conciencia.

También en este caso, con la norma de decisión se halla imbricada necesariamente una norma de procedimiento, que establece cuáles son los pasos exigidos como necesarios para efectuar la decisión. El procedimiento establece en qué consiste la decisión, es decir, la acción de decidir, cuáles son los requisitos que ha de cumplir. La norma deóntica determina el deber de la decisión.

c) Cierra todo el proceso normativo la *norma de ejecución*, que es resultado de la anterior y que también ha de formularse mediante el correspondiente juicio hipotético: «si el órgano de decisión ha ordenado efectivamente la consecuencia jurídica, entonces el órgano de ejecución debe realizar la acción en que consiste dicha consecuencia».

Si la consecuencia jurídica consiste en la sanción de pena de privación de libertad, el órgano de ejecución deberá actuar para meter en la cárcel al condenado por el juez, y lo hará aunque dicho condenado se resista. En el caso de que la consecuencia jurídica sea el embargo de bienes y la venta en subasta pública de los mismos, para así poder satisfacer las deudas a los acreedores, el órgano de ejecución deberá llevar a cabo un conjunto de actuaciones materiales para concretar esa finalidad, y esas actuaciones las hará aunque se oponga el deudor con todas sus fuerzas.

En estas normas de ejecución es donde vemos aparecer el aspecto *coactivo* del Derecho. Un ordenamiento jurídico que careciese de normas de ejecución sería un ordenamiento jurídico que habría renunciado al uso de la fuerza. No se conocen ejemplos históricos de ordenamientos de semejantes características, pues ni siquiera el Derecho canónico renuncia absolutamente al uso de la fuerza (entendida ésta en su sentido amplio, englobante de la coacción «psíquica»).

****

***Clasificación de las normas jurídicas en la Teoría comunicacional del Derecho** –atendiendo a su* función *en relación con las acciones y a su* verbo *característico*

A) Normas *indirectas* de la acción (N. *ónticas*). Verbo *ser*. Establecen:

1. las fuentes del Derecho
2. el espacio y los elementos espaciales
3. el tiempo y los lapsos temporales
4. los sujetos
5. las capacidades de obrar y competencias (conjunto de actos lícitos e ilícitos)

B) Normas *directas* de la acción. Establecen:

1. los procedimientos: N. *procedimentales.* Verbo *tener que*
2. los poderes (actos lícitos): N. *potestativas.* Verbo *poder*
3. los deberes (mandatos y prohibiciones): N. *deónticas.* Verbo *deber*
    a) los deberes de conducta: N. deónticas de conducta.
    b) los deberes de decisión: N. deónticas de decisión.
    c) los deberes de ejecución: N. deónticas de ejecución.

APÉNDICE AL CAPÍTULO 7.– NORMAS Y PRINCIPIOS JURÍDICOS

En los últimos años se ha suscitado una polémica en torno a la cuestión de si el Derecho está compuesto exclusivamente por normas o si, junto a las normas, hay que contar necesariamente con los principios. Es ésta una cuestión que en algunos países, como España e Italia, ha tenido en tiempos pasados un amplio desarrollo, y que todos creíamos en cierto modo concluida. El debate de los últimos años lo ha suscitado Ronald DWORKIN, profesor de Oxford, el cual se ha pronunciado en contra de la tesis de su antecesor, Herbert HART, de que el Derecho sea reducible a un conjunto de normas primarias y secundarias. Para DWORKIN, las *rules* no agotan el Derecho, sino que es preciso completarlas con los *principles*. Sostiene que estos últimos no son normas, sino que poseen una naturaleza diferente: mientras que las normas pueden ser acatadas o incumplidas de una manera completa (por ejemplo, el deudor paga la deuda, o no la paga), los principios permiten grados de cumplimiento. Posteriormente esta tesis la ha matizado Robert ALEXY, quien en sus escritos –sobre todo en *Theorie der Grundrechte*– defiende que los principios son normas, lo cual a mi modo de ver es más ajustado. Añade ALEXY que los principios son «mandatos de optimización», esto es, se pueden cumplir en un grado más o menos amplio, mientras que las normas que no son principios o se cumplen o se incumplen.

La posición de DWORKIN fue anticipada ya por ESSER en una importante obra publicada en 1956 (*Principio y norma en la elaboración jurisprudencial del Derecho privado,* trad. esp. de Valentí Fiol, Barcelona, 1961). Puede afirmarse además que en algunas naciones de la Europa continental la discusión sobre la naturaleza de los principios tiene larga data (como prueba la existencia de abundante bibliografía al respecto). No podía ser de otra forma, si se tiene en cuenta que la mayor parte de los Códigos civiles hacen referencia, al establecer el sistema de las fuentes, a los *principios generales del Derecho.* Tal sucede con el *Codice civile* italiano de 1865, que se refiere a los «principi generali del Diritto», y con el Código Civil español de 1889 que, en el párrafo segundo de su artículo sexto decía: «Cuando no haya ley exactamente aplicable al punto controvertido, se aplicará la costumbre del lugar y, en su defecto, los principios generales del Derecho» (en la versión actual, después de la reforma del Título Preliminar llevada a cabo en 1974, se recoge la alusión en el artículo 1°.1: «Las fuentes del ordenamiento jurídico español son la ley, la costumbre y los principios generales del Derecho»). El máximo teorizador en España de los principios jurídicos ha sido Federico DE CASTRO Y BRAVO, que ya en 1942, en la primera edición de su obra fundamental, *Derecho Civil de España. Parte General,* expuso con gran precisión y claridad el concepto y caracteres de la mencionada noción. Se anticipó así a ESSER nada menos que en catorce años, y a DWORKIN en treinta y cinco años, ya que este último publicó su obra *Taking Rights Seriously* en el año 1977. Sin embargo, se da la circunstancia –llamémosla así– de que mientras que los académicos españoles tenemos el «deber académico» de conocer otras lenguas para poder leer y citar a los autores extranjeros, no sucede lo mismo con los alemanes y, sobre todo, con los ingleses y los norteamericanos, que van siempre "sobrados" con saber lo suyo y citar a sus compatriotas.

En la obra mencionada Federico De Castro dedica un amplio capítulo a los principios generales del Derecho (el capítulo IV). Tras estudiar la historia del concepto y examinar críticamente las diversas teorías, presenta su propia concepción. Dice así: «la expresión principios generales del Derecho permite comprender en ella a todo el conjunto normativo no formulado, o sea, aquel que no se manifiesta en forma de ley o de costumbre. Esta es su ventaja respecto de otros términos, como principios de Justicia, principios del Derecho natural, equidad o razón natural. Con ella se alude también a los demás tipos de normas no formuladas, principios tradicionales y principios políticos, cuya existencia es igualmente cierta. Unos y otros, a pesar de su distinto origen y naturaleza, coinciden en tener igual significado en el ordenamiento jurídico respecto al Derecho formulado y se caracterizan, del mismo modo, en que la evidencia de su realidad y eficacia hace innecesaria su concreción en una regla formulada. En este amplio significado son: "las ideas fundamentales informadoras de la organización jurídica de la Nación". La eficacia de los principios generales es incalculablemente superior a la de una norma subsidiaria. Es fundamental para el Derecho positivo, en cada uno de sus aspectos: constituyen la base de las normas jurídicas legales y consuetudinarias, ofrecen los medios con que interpretarlas y son, en fin, el recurso siempre utilizable en defecto de normas formuladas» (*Derecho Civil de España. Parte General.* Tomo Primero. Editorial Casa Martín. Valladolid 1942, p. 351).

Si se examinan las obras de los civilistas alemanes, como por ejemplo la de Karl Larenz, sorprenderá no encontrar en ellas ni siquiera referencias a los principios jurídicos. El motivo de esta «ausencia» es que el Código civil alemán (el BGB) no los menciona, a diferencia de lo que sucede con los Códigos civiles mencionados. Mientras que en España y en Italia se entiende que las fuentes del Derecho son la ley, la costumbre y los principios, en Alemania la doctrina las reduce a dos: la ley y la costumbre.

Del Derecho privado se trasladará la idea de la aplicación de los principios al Derecho público, primero en el campo del Derecho administrativo y después en el del Derecho constitucional. En la primera dirección por obra, sobre todo, del Consejo de Estado francés; en la segunda a impulso de la labor del Conseil Constitutionnel y del Tribunal Constitucional alemán. Incluso han sido reconocidos en el campo del Derecho internacional, ya que el Estatuto del Tribunal Internacional de Justicia cita expresamente como fuentes, junto a los tratados y a la costumbre, a «los principios generales del Derecho reconocidos por las naciones civilizadas» (art. 38.1).

En el Derecho público francés es preciso distinguir, en cuanto a la incidencia de los principios generales del Derecho, entre la labor del Conseil d´État y la del Conseil Constitutionnel; lo que equivale a diferenciar la función de dichos principios en el ámbito del Derecho administrativo y en el ámbito del Derecho Constitucional. Considerados en su conjunto, los principios generales del Derecho forman hoy día un elemento básico del Derecho francés, cuyo desarrollo se extiende a lo largo del último siglo, consolidándose una doctrina jurisprudencial de gran influjo en el Derecho comunitario europeo (sobre todo, aunque no sólo, en materia de protección de los derechos fundamentales).

El Derecho público alemán experimentaría, por su parte, una profunda transformación tras la segunda guerra mundial. Se funda la República Federal de Alemania coronada por un texto constitucional – la Ley Fundamental de Bonn o *Grundgesetz* de 1949, que instaura en su texto un sistema de valores político-jurídicos con incidencia directa en el resto del ordenamiento. Los valores fundamentales (*Grundwerte*) conforman un orden constitucional (*Verfassungsordnung*) de aplicación directa a los casos y cuya salvaguardia y desenvolvimiento se deja a cargo de un Tribunal Constitucional Federal (*Bundesverfassungsgericht*), que tendrá un papel decisivo en el desarrollo de los principios constitucionales. Influido por la mentalidad iusnaturalista (recuérdese el movimiento intelectual denominado «renacimiento del Derecho natural», de la posguerra), triunfante en el pensamiento filosófico-jurídico tras la debacle del nacional-socialismo y la ruina de Alemania, tanto el texto de la Constitución como el enfoque metódico del Tribunal Constitucional apuntan en esta dirección.

La *Grundgesetz* (en su artículo 20.3) establece que «la legislación está sometida al orden constitucional, el poder ejecutivo y la jurisprudencia de los tribunales a la ley y al Derecho». La doctrina se encargará de destacar la dualidad «Ley-Derecho» como síntoma inequívoco de superación de la estrechez del positivismo legalista (que se limitaba a identificar el Derecho con la ley). Ahora se viene a indicar en el texto constitucional que el Derecho no se identifica con la ley ni se agota en ella, si bien ésta constituye una pieza fundamental de aquel. Por encima de la ley se encuentra la Constitución, que expresa con carácter imperativo los valores esenciales del «Estado de Derecho» («*Rechtsstaat*»), término que ya había hecho fortuna en la época de la República de Weimar y en cuyos contenidos concretos profundizará el Tribunal Constitucional por medio de su «jurisprudencia de valores».

Este concepto de «Estado de Derecho» implica principios jurídicos de gran trascendencia para el conjunto del ordenamiento. Algunos vienen recogidos en la propia *Grundgesetz*: principio de separación de poderes, principio de igualdad, etc. La jurisprudencia del Tribunal Constitucional ha concretado sus contenidos, y ha desarrollado asimismo otros principios no mencionados expresamente en la *Grundgesetz*, pero supuestos o implícitos en ella. Entre los principios desarrollados por el Tribunal Constitucional alemán suelen mencionarse –sobre todo en referencia a los que han sido incorporados al Derecho comunitario europeo– los siguientes: el principio de seguridad jurídica, el de protección de las expectativas legítimas, el de proporcionalidad, y el de irretroactividad de las disposiciones que imponen cargas o sanciones.

Las constituciones de la posguerra han dado lugar, a partir de los años cincuenta, a una bibliografía abundante en materia de principios en el Derecho público, sobre la base del comentario de la jurisprudencia de los tribunales constitucionales. Así, la jurisprudencia constitucional alemana ha tenido notable influencia en la española. De la mano del fenómeno autodenominado «neoconstitucionalismo» han surgido tendencias y modos de ver que persiguen cambiar el mapa teórico e incluso tienen la pretensión de construir una nueva Teoría del Derecho, aunque sea de alcance limitado (por poderse aplicar sólo a algunos ordenamientos jurídicos). Por eso, se suele hablar, más que de una nueva Teoría del Derecho, de una «Teoría jurídica regional».

En este contexto constitucional y jurisprudencial hay que situar la aportación de Robert ALEXY con su «teoría de los principios jurídicos». Sus tesis pueden resumirse del siguiente modo: A) El Derecho está compuesto por normas, las cuales pueden ser reglas o principios. B) Las normas se cumplen o se incumplen: sí o no, mientras que los principios pueden cumplirse en diversos grados. C) Los principios son «mandatos de optimización» (*Optimierungsgebote*) en el sentido de PARETO. D) En caso de principios que entren en colisión el procedimiento para solucionar el conflicto es la «ponderación» (*Abwägung*), consistente en sopesar los principios enfrentados para dar mayor peso a uno o a otro. D) La ponderación se expresa en la llamada «ley del peso» (*Gewichtsgesetz*), fórmula matemática que contempla un cociente entre seis factores cuantificables, tres en el dividendo y tres en el divisor. E) Sostiene una concepción moral del Derecho que denomina «no-positivismo» (*Nicht-positivismus*), por lo que los principios jurídicos son concebidos como principios morales, y asimismo tienen carácter moral la optimización y la argumentación que conlleva la resolución de casos; y, por consiguiente, tanto la ponderación como la ley del peso han de ser entendidas en términos morales.

Mi idea del Derecho contrasta radicalmente con las tesis defendidas por ALEXY. A continuación las expondré brevemente en los siguientes puntos (para mayor detalle me remito a un trabajo que aparecerá muy pronto en un volumen de la «Colección Actas», publicado por la Fundación Jiménez Abad de Estudios Parlamentarios y del Estado Autonómico, Zaragoza, y que se titula "Comentario a la ponencia de Robert Alexy, titulada «El concepto no-positivista de los derechos fundamentales. Teoría de los principios, derechos fundamentales y moral»).

A) La respuesta a la cuestión teórica de si los principios son normas o no, dependerá del concepto de norma que se adopte. En el contexto de la teoría de las normas aquí desarrollada, creo que los principios pueden ser contemplados como normas de uno u otro género, dependiendo de su función dentro del sistema y de su configuración lingüística (de igual manera, entonces, que el resto de las normas). Así, por ejemplo, el principio de irretroactividad de las leyes sancionadoras sería para mí una norma deóntica que expresa el deber del legislador de no promulgar leyes sancionatorias retroactivas. Puede formularse así: «el legislador tiene el deber de no promulgar leyes impositivas de sanciones con efecto retroactivo». Estamos entonces ante una norma expresiva de deber y, por consiguiente, reguladora directamente de una acción, en este caso la acción de legislar. Otro ejemplo: el principio de que la ley posterior deroga la anterior no sería sino un supuesto de norma derogatoria y, por tanto, en cuanto que afecta al tiempo de validez de otras normas, se trataría de una norma óntica e indirecta de la acción. El principio de legalidad en materia penal o se cumple o no se cumple. La cuestión de si el acto enjuiciado está tipificado como delito en la ley penal es una cuestión que se contesta con un sí o un no, en modo alguno puede entenderse como un concepto elástico susceptible de cumplimiento en un grado mayor o menor. Por eso, dicho principio puede ser considerado como una norma dirigida al juez que se expresaría así: «el juez debe imponer una sanción penal en el caso de que la acción u omisión enjuiciada esté tipificada como delito en la ley penal vigente en el momento de realizarse la acción o tener lugar la omisión».

El argumento de Dworkin y de Alexy de que los principios se ponderan pero no se cumplen o incumplen de una manera completa, no me parece, por tanto, convincente. *En cada caso concreto* el principio en cuestión se cumple o se incumple, exactamente igual que cualquier otra norma. Lo que caracteriza a las normas principiales es su gran potencialidad aplicativa a distintos campos del Derecho, incluso a todos. Tienen, por lo común, una gran carga axiológica, pues concretan normativamente los valores del ordenamiento. La potencialidad aplicativa de los principios es superior al común de las normas en el sentido de que aquellos suelen contemplar situaciones y acciones muy dispares. Piénsese, por ejemplo, en el principio de la buena fe. Es aplicable en general a todas las ramas del ordenamiento y a conductas muy diferentes. Por otro lado, los principios no siempre vienen formulados expresamente en disposiciones normativas, sino que a veces se les da por supuestos en la medida en que configuran el núcleo de valores del ordenamiento. Por eso, aunque no «estén» expresamente en el texto bruto de este último, sí aparecen en el texto elaborado del sistema, siendo, como el resto de las normas, producto de la construcción hermenéutica llevada a cabo por los juristas.

Hay que añadir que, desde el punto de vista formalista, un ordenamiento jurídico no sólo está compuesto por reglas y principios, sino asimismo por normas de carácter individual, tales como las sentencias judiciales, los actos administrativos y los negocios jurídicos (si no todos, buena parte de ellos).

B) La afirmación de que los principios son mandatos (*Gebote*) equivale a decir que son normas, lo cual es correcto –como hemos visto. Al añadir «de optimización» se apunta a la idea de que pueden ser cumplidos en grados o medidas diversos. Esta característica, como he señalado en el punto anterior, no es aceptable. Los principios, una vez determinado su contenido para aplicarlos al caso concreto mediante la interpretación, no se los aplica «más» o «menos», en mayor o en menor medida. La dificultad de su aplicación es similar a muchas normas no principiales, como sucede con aquellas que contemplan conceptos jurídicamente indeterminados.

Respecto de la idea de «optimización» sobresale el parentesco terminológico con PARETO, economista y sociólogo italiano, que estudió ingeniería y para obtener el título de ingeniero presentó un trabajo dedicado a «los principios básicos de la teoría de la elasticidad», en relación con el «peso de equilibrio». Los conocimientos de física y matemáticas los aplicó después a la economía y a la sociología, campos en los que acuñó el denominado principio de optimización –también llamado principio de PARETO. El traslado de esta idea al campo de la moral y del Derecho sólo puede hacerse, a mi juicio, como una analogía, pero no presentarlo como un procedimiento riguroso, a no ser que las variables que se manejen –por ejemplo, cantidades de dinero– sean cuantificables.

C) La ponderación consiste en sopesar argumentos, razones, pros y contras a la hora de adoptar una decisión. Es, en efecto, característica de toda autoridad jurídica cuando se enfrenta ante la obligación o necesidad de decidir. Pero no sólo las autoridades: todos los individuos, cuando nos enfrentamos a la necesidad de elegir entre varias alternativas posibles, solemos sopesar cada una de ellas para inclinarnos por la que nos parece mejor. Los argumentos o razones considerados en la reflexión no son únicamente de naturaleza moral, sino también de naturaleza económica, social, política, religiosa, educativa, o incluso de mera oportunidad. El sopesar los pros y los contras de una decisión no es un monopolio de los tribunales, ni de las autoridades en general, sino que es una actividad que acompaña a todo proceso decisional.

D) La ponderación está invadida de criterios meramente subjetivos («residuos», en la terminología paretiana), por lo que la pretendida objetividad de la ley del peso (*Gewichtsgesetz*) constituye una ilusión difícilmente realizable –con la salvedad quizás de que, como ya he señalado, en la decisión se manejen exclusivamente variables de naturaleza cuantificable.

E) La precisión científica exige que las «auto-calificaciones» o «auto-designaciones» sean lo más rigurosas y ajustadas posibles. El término «no-positivismo» (*Nicht-Positivismus*) no cumple esta condición. Existen hoy en día y han existido en la historia concepciones iusfilosóficas «no-positivistas» de muy diversa especie. Afirmar que la propia concepción es «no-positivista» es decir bien poca cosa; deja abiertas múltiples posibilidades; falta concreción y compromiso teórico.

F) Para la Teoría comunicacional los principios son jurídicos desde el momento en que son introducidos en un contexto de lenguaje jurídico, esto es, sobre todo en los procesos de decisión jurídica –ya sea el proceso constituyente, el legislativo, el judicial, o cualquier otro. Aunque puedan tener un origen y/o contenido moral, se transforman en jurídicos al abandonar el marco del discurso meramente ético y formar parte del discurso jurídico.

G) La argumentación jurídica *puede tener* conexión con la argumentación moral, o puede que no. Muchos argumentos jurídicos tienen contenido moral, pero otros muchos lo tienen de otra naturaleza: económica, social, política, religiosa, educativa, de mera conveniencia, etc. Frecuentemente los argumentos de distinta índole se mezclan en un mismo proceso comunicacional. De hecho, los jueces argumentan en el mejor de los casos como Dios les da a entender (dicho con otras palabras: como su saber y conciencia les dicta), y no se detienen, que se sepa, a hacer cálculos excesivamente complicados aplicando «fórmulas del peso».

NOTAS Y COMENTARIOS

Sobre los principios jurídicos véanse los tratados españoles de Derecho civil. Son abundantes los estudios españoles sobre los principios. Lugar preferente ocupa la obra de Federico DE CASTRO Y BRAVO, *Derecho Civil de España. Parte General I.* Instituto de Estudios Políticos. Madrid 1955 (la primera edición, como se recoge en el texto, apareció en Valladolid en 1942). Para el Derecho público presenta gran interés el libro de Eduardo GARCÍA DE ENTERRÍA, *Reflexiones sobre la Ley y los principios generales del Derecho.* Civitas. Madrid 1984 (El primero de los trabajos que componen en libro, del mismo título que éste, fue publicado en la Revista de Administración Pública en el año 1963. También Pío CABANILLAS GALLAS, *Consideraciones sobre los principios generales del Derecho.* Real Academia de Jurisprudencia y Legislación. Madrid 1977. Joaquín ARCE Y FLÓREZ-VALDÉS, *Los principios generales del Derecho y su formulación constitucional.* Civitas. Madrid 1990. En la bibliografía italiana hay también abundante bibliografía. Destaca el libro de Giorgio DEL VECCHIO, *I principi generali del diritto.* Traducción española y apéndice de Juan Osorio Morales, con prólogo de Felipe Clemente de Diego. Tercera edición. Bosch. Barcelona 1978 (la obra original data de los años veinte). Véase también ESSER, *Principio y norma en la elaboración jurisprudencial del Derecho privado,* Barcelona, 1961; DWORKIN, «¿Es el Derecho un sistema de normas?», en: DWORKIN (compilador), *La Filosofía del Derecho,* trad. por Sainz de los Terreros, México 1980, y del mismo autor, *Los derechos en serio,* trad. por Guastavino, Barcelona, 1984 (precedido de «Ensayo sobre Dworkin», de CALSAMIGLIA); LARENZ, *Derecho justo. Fundamentos de Ética jurídica,* trad. por Díez-Picazo, Madrid, 1990. ALEXY, *Theorie der Grundrechte.* Suhrkamp. Frankfurt am Main 1986.

A la noción, características y funciones de los principios jurídicos me he referido en el marco del Derecho comunitario europeo. Puede verse a este respecto ROBLES, *Los derechos fundamentales en la Comunidad Europea,* Madrid, 1988, pgs. 94 y ss.; *Elementos de Derecho Comunitario,* Madrid, 1996, pgs. 173 y ss.; y «La influencia de los principios generales del Derecho en el ordenamiento jurídico de la Unión Europea y la importancia de la jurisprudencia de Tribunal de Justicia», en: José Mª BENEYTO PÉREZ, *Tratado de Derecho y Políticas de la Unión Europea. Tomo IV. Las fuentes y principios del Derecho de la Unión Europea,* Coordinadores: Jerónimo MAILLO GONZÁLEZ-ORÚS & Belén BECERRIL ATIENZA. Aranzadi / Thomson Reuters, Cizur Menor (Navarra) 2011, pp. 345-440.

EJERCICIOS

1. Define la función de la norma procedimental y relaciónala con la función de las demás normas directas de la acción.

2. ¿Qué es una acción ilícita?

3. Define las normas potestativas.

4. Diferencia el directivo «poder», propio de las normas potestativas, del «poder» característico de las normas de capacidad o competencia.

5. ¿Qué es una acción jurídicamente relevante?

6. Relaciona las acciones jurídicamente relevantes con las acciones lícitas y las ilícitas.

7. Comenta el ejemplo de la mayoría de edad penal.

8. Comenta el ejemplo de la sentencia prevaricadora.

9. Pon otros ejemplos distintos a los del libro.

10. Define la norma deóntica.

11. Relaciona los conceptos de acción y omisión con los de mandato y prohibición.

12. Pon ejemplos de conversión de un mandato en una prohibición, y de una prohibición en un mandato.

13. Define qué es la conducta. Diferencia acción y conducta.

14. Explica por qué toda norma deóntica presupone necesariamente una norma procedimental.

15. Define el acto ilícito.

16. Explica que quiere decir que un asesinato es un «acto jurídicamente existente».

17. Haz un cuadro de los tres tipos de normas deónticas.

18. ¿A qué llamamos «conducta» propiamente dicha?

19. Explica por qué todas las normas deónticas son hipotéticas.

20. ¿Dónde aparece el elemento coactivo en el Derecho?

21. Sin mirar el esquema de final de la lección, intenta hacer un cuadro general de todos los tipos de normas jurídicas (directas e indirectas) en la Teoría comunicacional del Derecho., señalando la función y el verbo que les es característico.

22. ¿Cuál es la postura de la Teoría comunicacional respecto a los principios jurídicos?

CAPÍTULO 8

JERARQUÍA DE COMPETENCIAS Y NORMAS

XXXI. LA IDEA DE LA JERARQUÍA DE LAS NORMAS EN EL SISTEMA JURÍDICO

En lecciones precedentes hemos visto que el ordenamiento jurídico o, mejor, el sistema proposicional que lo representa, tiene una estructura interna como consecuencia de ser el resultado de un conjunto de decisiones. La primera de éstas es, como ya sabemos, la decisión constituyente o extrasistémica, creadora de la constitución. Una vez generada ésta, se producen las decisiones intrasistémicas, que van produciendo, en un proceso imparable, el resto del sistema. Vamos a abordar ahora, un poco más de cerca este problema de la estructura interna del ordenamiento. Es muy fácil comprender que esta cuestión ha sido objeto de análisis desde diversas perspectivas, pero para centrarnos en ella, la más adecuada es la que contempla el Derecho como un entramado jerárquico de normas. Al describir la estructura del ordenamiento jurídico, la Teoría general del Derecho ha centrado sus esfuerzos en desvelar las relaciones jerárquicas existentes entre las normas jurídicas.

Para el positivismo normativista, el Derecho posee una estructura escalonada, cuyos escalones o gradas están representados por normas que, desde la constitución, como norma suprema, van descendiendo en jerarquía, hasta llegar a los meros actos de aplicación de las normas individuales (esto es, de las que contemplan situaciones particulares, como ocurre con las sentencias judiciales).

Esta concepción suele denominarse «teoría de la concepción piramidal del ordenamiento jurídico», en atención a que la forma del ordenamiento (y del sistema que lo refleja) recordaría la forma de una pirámide, en cuya parte superior se encuentran las normas de mayor jerarquía, y a medida que se va descendiendo en la pirámide, se va bajando también en la jerarquía de las normas que ocupan los escalones inferiores.

La idea de la jerarquía de las normas que rigen una sociedad acompaña al ser humano. No se conoce comunidad, por primitiva que sea, que carezca de autoridades jerárquicamente organizadas. Sin embargo, la teorización de la idea tiene su origen, como tantas otras cosas, en la especulación sobre el Derecho de la filosofía escolástica.

Una de las tesis básicas de la escolástica, que sigue en ello el pensamiento iniciado por Agustín de TAGASTE, es entender el Derecho como una realidad que se despliega en tres momentos diferentes que guardan entre sí una relación de jerarquía. Estos tres momentos son las denominadas, por los pensadores escolásticos, *lex aeterna, lex naturalis y lex positiva (o humana).*

La ley eterna es la ley dada por Dios para regular el cosmos, que es el todo creado, tanto en sentido físico como moral; establece el orden cósmico. La ley natural no es sino la concreción de la ley eterna en todo aquello que se refiere a la «criatura racional», es decir, al ser humano. El orden natural, que establece esta ley, constituye una derivación o aplicación del orden cósmico en lo que afecta al hombre, que por sus caracteres especiales se distingue del resto de la creación. La ley natural establece el orden moral. En el último escalón aparece la ley positiva o ley humana, cuya función es concretar, mediante la decisión del legislador humano, las exigencias del orden moral expresado en la ley natural. La ley positiva establece el orden de la *civitas*, del Estado. Configura el orden político-jurídico de la comunidad humana concreta y, al hacerlo, adapta la ley natural a las particularidades de dicha comunidad. La ley positiva cierra, de esta manera, todo el proceso formativo del Derecho.

Lo que caracteriza la relación existente entre estos tres tipos de leyes o normas es que la inferior no puede contradecir a la superior, sino que siempre es continuación o derivación de esta última. Por eso, dice Tomás DE AQUINO que si la ley positiva (esto es, la que tiene su origen en la voluntad del poder humano) contradice a la ley natural, que es la ley racional y moral, no es verdadera ley, sino «corrupción de ley» *(corruptio legis)* De ley no tiene la ley inmoral sino la apariencia externa, al haber sido promulgada siguiendo los requisitos formales establecidos. Pero su contenido contraría su propia esencia, ya que, al atentar contra la ley natural, transgrede la justicia.

Esta idea de la escolástica es, primero, secularizada, lo que implica su desvinculación de la teología; y, después, será referida exclusivamente al ámbito del Derecho positivo, y alcanzará su desarrollo más pleno en el marco del positivismo normativista.

En KANT ya puede encontrarse la idea de la jerarquía normativa en su *Metafísica de las costumbres* (1797). Pero sólo a fines del siglo XIX comienza a ser objeto de detenido análisis en el ámbito de la Teoría general del Derecho.

Hay que adscribir este mérito a BIERLING, profesor de una pequeña ciudad a orillas del Báltico (Greifswald), y hoy apenas recordado, pero que escribió una obra de enorme mérito, a la que me he referido ya en varias ocasiones.

Apoyándose en la obra de BIERLING, la idea de la estructura jerárquica sería elaborada por un jurista austriaco, el administrativista Adolf MERKL (que no hay que confundir con Adolf MERKEL, uno de los fundadores de la «Teoría general del Derecho»). Componente de la Escuela de Viena, MERKL expuso su concepción en diversos trabajos, y de manera acabada en sus *Prolegómenos a una teoría de la construcción gradual del Derecho* (1931). MERKL reconoce en esta obra que la paternidad de la idea corresponde a BIERLING.

La teoría de la estructura gradual o escalonada del ordenamiento jurídico sería incorporada posteriormente a la *Teoría pura del Derecho* (1934), de Hans KELSEN, obra sintética que expresa el pensamiento de la Escuela y en la que quedan opacadas las aportaciones particulares de sus componentes y, mucho más aún, los desarrollos doctrinales precedentes. Al haber sido la *Teoría pura* la obra más traducida y conocida de todos los componentes de la Escuela de Viena, suele adscribirse la idea al propio KELSEN. Es en la forma dada a conocer por este último autor como la idea ha pasado a formar parte del patrimonio común del pensamiento jurídico. Ello hay que atribuirlo a la claridad expositiva y a la difusión extraordinaria de que ha gozado y goza la obra del maestro vienés. Aunque KELSEN había sostenido, en sus primeras obras (especialmente en su *Problemas capitales de la teoría jurídica del Estado*, 1911) una concepción «plana» del Derecho, al identificarlo pura y simplemente con la ley, al estilo del llamado positivismo legalista, pronto adoptaría la tesis de la estructura jerárquica, teorizada primero por BIERLING y, después, con mayor precisión, por MERKL.

En la elaboración más acabada de la Escuela de Viena y que, como digo, está resumida en la «obra-tótem» que es *Teoría pura del Derecho* (en sus dos versiones, de 1934 y 1960), se diferencia entre el concepto de sistema estático y el de sistema dinámico.

Un sistema normativo es denominado estático cuando las normas que lo componen no proceden de «actos de voluntad», sino que se derivan unas de otras mediante un procedimiento de deducción lógica.

Prototipo de sistema estático es la moral.

Así, por ejemplo, si un sistema moral adopta como principio o norma básica el que ordena «haz a los demás lo que quieras que te hagan a ti mismo», el resto de los preceptos concretos de dicho sistema moral será obtenido mediante una mera derivación lógica o deductiva a partir de dicho principio. Si no acepto que me mientan, no puedo mentir a los demás. Si quiero que me traten con cortesía y educación, tendré que hacer lo mismo con respecto a mi prójimo. Los preceptos morales se limitan a concretar, en la situación determinada de que se trate, la exigencia propia del principio general del que derivan aquéllos.

Por el contrario, un sistema es dinámico cuando todas y cada una de sus normas se producen gracias a «actos de voluntad» que las crean y que hacen posible su incorporación al conjunto normativo. En el sistema dinámico, las normas no se generan por deducción lógica, no son producto de la acción del pensamiento, sino de la voluntad. Alguien (una autoridad) quiere que las personas se comporten de determinada manera, y así lo expresa, y genera con ello la norma que es resultado de ese acto de volición.

El Derecho es un sistema dinámico. Sus normas son resultado de actos de voluntad, y no son obtenidas por deducción lógica.

De una norma jurídica de jerarquía superior se pasa a otra norma inferior a través de un «acto de voluntad» que crea esta última. El «acto de voluntad» se interpone entre la norma superior y la inferior, de modo que esta última no proviene de aquélla por deducción lógica. Las normas jurídicas no se concatenan entre sí por lazos lógicos. De lo que prescribe una norma no puede ser deducido lo que prescribe otra inferior. Lo decisivo no es el «razonamiento», sino que el creador de la norma inferior «quiera» efectivamente el contenido de la norma inferior y, consecuentemente, la cree. La ley es norma jurídica, no porque derive su contenido de la constitución, de una manera lógica o deductiva, sino sencillamente porque el legislador emite un «acto de voluntad» que la genera. La sentencia judicial es norma (individual, dirigida a resolver un caso), no porque «derive» de la ley que el juez aplica, sino porque es el resultado de un «acto de voluntad» del juez.

Este «voluntarismo», que KELSEN había desechado en sus primeras obras, pero que después abrazó con gran convicción, alcanza su cota máxima en su póstuma *Teoría general de las normas* (1979). Sostiene en ella que «no hay deber sin querer» *(kein Sollen ohne Wollen)* y que, por tanto, la lógica no es aplicable a las normas. Esta tesis alcanza asimismo a los sistemas estáticos, puesto que la norma moral también es expresiva de un «deber». Por lo cual, la diferenciación entre sistemas estáticos y dinámicos se disolvería. Pero no nos preocupemos ahora demasiado de las contradicciones que surgen del conjunto de la obra kelseniana, y retornemos a nuestro tema, dando por buena la distinción entre sistema estático y dinámico.

Para la Escuela de Viena, el sistema dinámico del Derecho tiene la forma de una pirámide, una estructura gradual o escalonada *(Stufenbau)*.

En la cúspide de la pirámide se encuentra la *norma fundamental (Grundnorm)*, también denominada «norma fundante» y «norma básica» (los ingleses traducen el concepto como *basic norm*).

Es una norma muy especial, ya que *no es* una norma positiva. No está «puesta» por el legislador humano, ni por el poder constituyente. Es una norma «presupuesta», «fingida».

Se la puede formular en los siguientes términos: «se debe obedecer al poder constituyente»; o, lo que viene a ser lo mismo, en estos otros: «se debe obedecer la constitución».

Esa norma fundamental es realmente «norma», ya que expresa un deber (el de obedecer la constitución), pero no es «positiva», porque no viene formulada explícitamente, sino que viene sobreentendida. Es, sencillamente, un presupuesto necesario para admitir la fuerza obligatoria del Derecho.

Si no se supone su «existencia» (una existencia muy especial, ya que es una ficción), entonces no es posible afirmar el carácter obligatorio de la constitución. Si queremos pensar la constitución como obligatoria, entonces es que pensamos que existe el deber de obedecerla. La norma fundamental no es sino la expresión normativa de ese deber de obedecer la constitución. ¿Por qué debemos obedecer la constitución? La respuesta para KELSEN no es sino ésta: porque tenemos el deber (jurídico) de obedecerla. Como ese deber no está explicitado en una norma positiva, entonces no queda otro remedio que aceptar que lo impone una norma supuesta o ficticia. La norma fundamental es un truco del pensamiento para dotar de obligatoriedad a la constitución y, por tanto, al resto del sistema jurídico.

Obviamente, la obligatoriedad que viene expresada en el *deber* característico de la norma fundamental tiene carácter meramente jurídico. Dicha norma no concede obligatoriedad moral. Ésta es algo «extrajurídico».

Lo malo de la norma fundamental es que es como un sombrero que sirve para cualquier cabeza, lo mismo para la del hombre bueno y justo que para la del pendenciero y matón.

Al bajar desde la cúspide de la pirámide, lugar donde está enclavada esa extravagancia que es la norma fundamental, nos encontramos con el primer escalón de normas positivas, que es la *constitución*.

En el peldaño siguiente se encuentra la *ley*, la cual desarrolla los contenidos de la constitución. La ley «aplica» la constitución, ya que concreta y dota de contenidos las normas de esta última; y al aplicar la constitución, al mismo tiempo, genera nuevas normas que se introducen en el ordenamiento: las normas legales.

Más abajo, en el siguiente escalón de la pirámide, se encuentran las normas dictadas por la Administración en el ejercicio de su potestad normativa: reglamentos, decretos, órdenes ministeriales, etc. Estas normas «aplican» las leyes y, al mismo tiempo, «crean» nuevo Derecho. Como veremos, algunas de estas normas tienen rango de ley (decretos-leyes, decretos legislativos), pero esto constituye una peculiaridad excepcional.

Los tres escalones mencionados (constitución, leyes, normas de la Administración) tienen en común el estar ocupados por normas de carácter general. Son normas que, por lo común, regulan supuestos de hechos genéricos y van dirigidas a todos los ciudadanos o a tipos genéricos de personas (por ejemplo, los empresarios en el caso de las leyes mercantiles).

Ya en el escalón siguiente, nos encontramos con normas de carácter individual o concreto, que son las sentencias judiciales, los actos administrativos y los negocios jurídicos. Estas normas concretan los contenidos de las normas generales al caso o a la situación individual, a los problemas de la vida real. Como el asunto precisa de mayor entendimiento, lo dejamos para la próxima lección.

NOTAS Y COMENTARIOS

- AQUINO trata de los tipos de leyes y su jerarquía en su *Suma Teológica*, 1-2, cuestiones 91 a 97.
- La jerarquía normativa no está en KANT claramente formulada, sino apuntada en relación con los tres poderes del Estado. Véase KANT, *Die Metaphysik der Sitten* (2ª ed. 1798), «Gesamtausgabe», ed. por Weischedel, Frankfurt, 1977, vol. VIII, pgs. 434 y ss.
- BIERLING aborda el problema de la jerarquía normativa poniéndolo en relación con el tema de la validez de las normas, exactamente igual que después hará KELSEN. Ya en el volumen I de *Juristische Prinzipienlehre* (1894) dice que las normas jurídicas, atendiendo al «fundamento de validez» *(nach dem Grund der Geltung)*, pueden dividirse en dos clases: aquellas cuya validez consiste en el inmediato reconocimiento por parte de los miembros de la comunidad *(Rechtsgenossen)*, y aquellas otras normas cuya validez hay que reconducir a la validez o cumplimiento de otras normas jurídicas. Las normas del primer grupo las denomina «normas de primer orden» o grado *(Rechtsnormen erster Ordnung)*, mientras que las otras son las normas «de segundo, tercer grado, etc.» *(zweiter, dritter u.s.w. Ordnung)* y tienen en común que son producidas mediante un acto de voluntad añadido o acto de creación de normas *(durch einen weiteren Willensakt-Normensetzung–)*. Estas normas de segundo, tercer grado, etc., lo son «atendiendo a que la fuerza obligatoria del acto que las crea se apoye en normas del primer o sucesivos órdenes» o grados (pg. 107). Mientras las normas del primer orden son las que tienen por objeto «constituir un nuevo ser comunitario» (pg. 111), que son básicamente las normas constitucionales, y gozan de reconocimiento directo, las normas de los órdenes sucesivos van derivando de los anteriores y gozan de reconocimiento indirecto (pg. 112). «Así, las leyes surgidas constitucionalmente (...) contienen normas de segundo orden; así, las normas propias de los negocios jurídicos de derecho privado (como pg. ej. los testamentos), cuya validez se fundamenta en normas contenidas en la ley, es decir, de segundo orden, contienen normas de tercer orden (...)» (pg. 112). «Normas subordinadas –dice BIERLING– son aquellas normas de un orden posterior (...) en relación a la norma (...) o normas de orden anterior (...) de las que depende la validez de aquéllas; denominamos asimismo a las normas del orden superior "normas superordinadas" siempre que su validez condicione la validez de todas o de determinadas normas de orden inferior (...)» (pgs. 114 y ss.). En el volumen segundo (1898), señala BIERLING la diferencia entre los distintos tipos de normas (leyes, reglamentos, resoluciones, órdenes) que, aparte de que indican la «especial competencia de los diversos órganos del Estado», se re-

fieren también, lo que en su parecer es mucho más importante, a «la imposición de normas de diferente orden y con distinta fuerza jurídica *(rechtliche Kraft)*»; «mientras la ley está subordinada inmediata y exclusivamente a la constitución, y consiguientemente contiene normas de segundo orden, las normas de los reglamentos y disposiciones administrativas (...) están subordinadas a la ley que las autoriza y son, por tanto, normas de tercer orden. De manera similar sucede con aquellas disposiciones de cualesquiera órganos del Estado que deben su validez a la autorización que les concede un reglamento o una disposición de un órgano estatal superior (...)» (II, pg. 198).

- Son varias las obras del administrativista y teórico del Derecho Adolf MERKL, en las que desarrolla su tesis de la estructura escalonada del ordenamiento jurídico *(Stufenbautheorie);* sobre todo, hay que citar «Das doppelte Rechtsantlitz. Eine Betrachtung aus der Erkenntnistheorie des Rechts» («La doble cara del Derecho. Reflexión desde la perspectiva de la teoría del conocimiento jurídico»), en *Juristische Bla tter,* 47 (1918); *Die Lehre von der Rechtskraft-entwickelt aus dem Rechtsbegriff* («La doctrina de la fuerza jurídica –desarrollada a partir del concepto de Derecho–»), Leipzig y Viena, 1923; y, por último, «Prolegomena einer Theorie des rechtlichen Stufenbaues» («Prolegómenos a la teoría de la estructura escalonada del Derecho»), en *Gesellschaft, Staat und Recht,* Viena, 1931. Sobre el tema puede verse la monografía del discípulo de MERKL, Robert WALTER, *Der Aufbau der Rechtsordnung. Eine rechtstheoretische Untersuchung auf Grundlage der Reinen Rechtslehre* («La estructura del ordenamiento jurídico. Investigación teórico-jurídica basada en la Teoría pura del Derecho»), 2ª ed. Viena, 1974.
- Sobre la controvertida norma fundamental: PÉREZ DE TUDELA, *Hans Kelsen y la Teoría pura del Derecho: El problema de la norma fundamental.* Tesis doctoral, Madrid, 1992; GARCÍA AMADO, *Kelsen y la norma fundamental,* Madrid, 1996.

EJERCICIOS

1. Describe los rasgos básicos de la estructura piramidal del ordenamiento jurídico.

2. Relaciona la idea de la jerarquía normativa, propia del positivismo normativista, con la de la jerarquía de las leyes en la escolástica.

3. Explica las relaciones entre *lex aeterna, lex naturalis y lex humana.*

4. Define lo que es la *corruptio legis.*

5. Aclara qué es lo que tiene que ver el concepto de *corruptio legis* con la idea de jerarquía de las leyes.

6. ¿En qué consiste la «secularización» del esquema escolástico de las tres leyes?

7. Busca en la obra de KANT, *Metafísica de las Costumbres*, el pasaje o los pasajes donde se puede encontrar la idea de jerarquía normativa en un sentido parecido al de la Escuela de Viena. Copia los pasajes en un folio y coméntalos.

8. Haz lo mismo con la obra de BIERLING, *Juristische Principienlehre*, tomo I.

9. Examina el trabajo de Adolf MERKL, *Prolegomena einer Theorie des rechtlichen Stufenbaus* (1932) (también en italiano, en A. MERKL, *Il duplice volto del diritto [il sistema kelseniano e altri saggi]*, Milán, 1987). Extrae sus ideas básicas y fíjate en las referencias a BIERLING.

10. Comprueba el tratamiento que da KELSEN a la idea de la jerarquía normativa en la segunda edición de *Teoría pura del Derecho*.

11. ¿Qué significa, para KELSEN, que la moral es un sistema estático? ¿Estás de acuerdo en esa apreciación?

12. Explica los caracteres del Derecho como sistema dinámico.

13. ¿Por qué razón KELSEN incurre en una contradicción al afirmar que la moral es un sistema estático y decir, simultáneamente, que «no hay deber sin querer»?

14. ¿Se puede aplicar la deducción lógica a las normas? Da tu opinión y razona la respuesta.

15. ¿Qué otras denominaciones recibe la norma fundamental? Analiza los matices distintivos de cada denominación.

16. ¿Qué quiere decir KELSEN al sostener, en su obra póstuma *Teoría general de las normas*, que la norma fundamental es una «ficción»?

17. ¿Qué función cumple, en el esquema teórico de la Escuela de Viena, el concepto de norma fundamental?

18. Explica qué quiero decir con este párrafo: «Lo malo de la norma fundamental es que es como un sombrero que sirve para cualquier cabeza, lo mismo para la del hombre bueno y justo que para la del malo y matón».

19. ¿Cuáles son los escalones de la pirámide normativa que siguen a la norma fundamental?

XXXII. MÁS SOBRE JERARQUÍA DE LAS NORMAS

En la cascada de las normas que componen el ordenamiento (o sistema) jurídico encontramos, como último escalón, el de las llamadas normas individuales o concretas, ya que contemplan situaciones particulares de la vida. Hay autores que les niegan carácter normativo, en atención a que no poseen la nota de generalidad. Si el concepto de norma –se dice– implica el de regla de carácter general, aplicable a pluralidad de casos, no es posible llamar «norma» a las sentencias de los jueces, a los actos administrativos o a los negocios jurídicos. Sin embargo, la Escuela de Viena y, en general, las llamadas corrientes normativistas, que contemplan todo el Derecho en términos de normas, prefieren introducir ese concepto de norma individualizada o particular, que prescinde de la necesidad del carácter general. En mi opinión, no debe haber obstáculo en aceptar la tesis normativista siempre y cuando se sepa distinguir adecuadamente las normas generales de las individuales.

Prototipos de las normas individuales son las sentencias de los jueces, los actos de la administración y los negocios jurídicos de los particulares.

La sentencia judicial es resultado de la decisión del juez, de manera similar a como la ley es resultado de la decisión del legislador. La sentencia, de ordinario, aplica las normas generales (por ejemplo, la ley) a un supuesto litigioso concreto, dando a cada una de las partes que intervienen en el litigio lo que les corresponde de acuerdo con dichas normas generales. La sentencia es una norma individual emitida por el juez para resolver un conflicto.

El acto administrativo es el acto emitido por un órgano de la Administración, por el que se ejecuta una norma general en una situación concreta. Semejante a la sentencia, en cuanto que también aplica la norma general, se diferencia de ella porque su función no es la resolución de un conflicto (al menos, no lo es de forma principal o primaria).

Todos los actos de la Administración son «actos reglados», lo que quiere decir que vienen contemplados por las normas generales (ley, reglamento, etc.). La actuación ejecutiva de la Administración se despliega en un conjunto de actos, como pueden ser la realización de un concurso-oposición, el emitir una ordenanza municipal, el ejecutar un embargo... Entre ellos, los hay que tienen carácter de creación de nuevas normas (como sucede con la ordenanza municipal, que obliga con sus mandatos) y los hay que tan sólo son meramente ejecutivos, como en el ejemplo del embargo. Al escalón normativo tan sólo pertenecerán los actos creadores de nuevas normas y no los meramente ejecutivos, cuyo lugar, como veremos después, está en la base de la pirámide normativa, formada por los llamados «actos de aplicación», que ponen fin a todo el proceso de la producción «en cascada» del ordenamiento.

Por último, encontramos en el escalón de las normas individualizadas al negocio jurídico. Puede ser definido como la norma individual creada por la voluntad de los particulares. Son éstos los que crean normas de alcance limitado, en cuanto sólo tienen aplicación en ámbitos que dependen de su propio señorío o dominio. Para designar este fenómeno se ha acuñado la fórmula de «autonomía de la voluntad», que indica que la voluntad (privada) es capaz de darse normas jurídicas a sí misma.

El legislador suele reconocer este principio, y así lo ha hecho el español en el importante artículo 1255 del Código Civil:

> «Los contratantes pueden establecer los pactos, cláusulas y condiciones que tengan por conveniente, siempre que no sean contrarios a las leyes, a la moral ni al orden público».

Aunque el precepto sólo se refiere a una de las modalidades de la autonomía de la voluntad privada, que es la del contrato, se entiende que también es aplicable a otras modalidades de expresión de dicha voluntad. En general, se puede definir el negocio jurídico como la declaración de voluntad a la que el ordenamiento jurídico (normalmente, la ley) adscribe determinados efectos jurídicos.

Junto al contrato, la otra figura típica de negocio jurídico es el testamento.

El contrato es un acuerdo de voluntades entre dos o más personas (llamadas contratantes) por medio del cual se crea una norma o conjunto de normas que regulan una relación jurídica particular, la relación que queda establecida entre los contratantes. De esa relación surgen un conjunto de derechos y deberes de las partes implicadas, que adquieren «fuerza de ley». Así lo reconoce el artículo 1091 del Código Civil:

> «Las obligaciones que nacen de los contratos tienen fuerza de ley entre las partes contratantes, y deben cumplirse al tenor de los mismos».

El testamento es una declaración de voluntad, por la cual una persona (llamada testador) ordena la transmisión de su patrimonio a otras personas (llamadas herederos) para después de su muerte.

A diferencia del contrato, que es un negocio jurídico bilateral o plurilateral, ya que se requiere el concurso de varias voluntades, el testamento es un negocio unilateral, ya que se perfecciona por la mera declaración del testador, aunque posteriormente a la muerte del causante el heredero no acepte la herencia.

Al igual que en el contrato, también la ley concede efectos a la voluntad individual del testator o causante. Con claridad lo dice el artículo 658 del Código Civil:

> «La sucesión se defiere por la voluntad del hombre manifestada en testamento, y, a falta de éste, por disposición de la ley».

Vemos, pues, cómo la ley permite que los particulares puedan crear normas individuales, que afectan a personas muy determinadas, dentro del marco que la propia ley precisa.

El negocio jurídico, en cualquiera de sus formas, conlleva la «aplicación» de normas jerárquicamente superiores, y al mismo tiempo crea o genera las normas concretas que regulan relaciones jurídicas individuales.

Al descender a la base de la pirámide, nos encontramos con los llamados *actos de ejecución* de las normas individuales, que dan fin a todo el proceso dinámico del Derecho. Estos actos de aplicación (como pueden ser que el deudor pague la deuda contraída en un contrato, tenga lugar efectivamente la transmisión de la herencia, se ejecute el embargo decretado por el juez, o se haga la carretera diseñada por el Ministerio de Obras Públicas o de Fomento) agotan el fenómeno que había comenzado con la norma fundamental. De ésta, que era la cúspide del sistema jurídico, se ha ido descendiendo gradualmente hasta llegar a la base, constituida por los actos concretos de aplicación.

A medida que se va descendiendo en la pirámide normativa, se pasa de lo más general a lo más particular, se produce un proceso de concreción o determinación del fenómeno normativo, hasta llegar, finalmente, a los actos individualizados de aplicación.

Cada escalón, al descender en la pirámide, implica la «aplicación» de las normas del escalón superior y la «creación» de las nuevas normas que conforman el escalón del nuevo tipo normativo. Así, la ley «aplica» la constitución, ya que desarrolla su contenido, y al mismo tiempo, «crea» las normas legales. El reglamento «aplica» la ley, y, simultáneamente, «crea» las normas reglamentarias. La sentencia judicial «aplica» la constitución, la ley o el reglamento, o cualquier otra norma administrativa de carácter general, y a la vez, genera la nueva norma que constituye la sentencia.

Esta visión dinámica del Derecho, sostienen con razón MERKL y KELSEN, relativiza la diferenciación entre los conceptos de *aplicación y creación* del Derecho, no pudiéndose sostener, como se hacía antes, la idea de una separación radical entre ambas funciones. Esta idea de separación tajante entre aplicación y creación del Derecho es la propia del llamado positivismo legalista, para la cual la ley es la que crea el Derecho, y la sentencia judicial se limita a aplicarlo mecánicamente, sin aportar ningún elemento nuevo, por pequeño que sea. Creación y aplicación del Derecho constituirían así dos funciones radicalmente diferenciadas. La teoría de la estructura piramidal del ordenamiento jurídico relativiza la distinción y contempla ambos aspectos como las dos caras de una misma realidad.

Esta contemplación dinámica del ordenamiento jurídico, que concibe el Derecho como un sistema de normas en cascada, revela también claramente que todo sistema jurídico se genera a sí mismo, en el sentido de que las propias normas que lo conforman prevén mecanismos para generar nuevas normas y para transformar las ya existentes. La autorreproducción es una de las características sustanciales del Derecho. Esta cualidad ha sido denominada recientemente *autopoiesis* por el sociólogo LUHMANN. Que el ordenamiento jurídico es un sistema «autopoiético» quiere decir que se crea a sí mismo en un proceso continuo de cambio interno y renovación.

El concepto de «autopoiesis» (autogeneración, hacerse a sí mismo) lo ha tomado Luhmann de la biología, donde fue popularizado por los biólogos VARELA y MATURANA. Los organismos biológicos son también autopoiéticos, ya que se autogeneran o regeneran al cambiar sus células a lo largo de su vida.

La renovación normativa se extiende a todos los escalones de la pirámide, desde la constitución hasta las normas individuales. Pero no alcanza a la norma fundamental, que es una norma –como hemos visto– que se limita a exigir obediencia al poder constituyente o, lo que viene a ser lo mismo, a la constitución, independientemente de cuál sea aquel poder y de cuál sea el contenido concreto de la constitución. La formulación de la norma fundamental («se debe obedecer lo prescrito en la constitución») revela que es una norma meramente formal, carente de contenido concreto. Su formulación es siempre la misma, con independencia de cuál sea el poder constituyente y de cómo sea la constitución que hay que obedecer.

Puede decirse, entonces, que la norma fundamental es siempre la misma, una norma invariable en su formulación, meramente formal como una cáscara vacía, y que sirve de apoyatura a cualquier ordenamiento jurídico, lo mismo al que respeta los derechos esenciales de las personas que a los que no. Al no recoger en sí misma ninguna exigencia material de justicia, no sirve siquiera para distinguir los Estados legítimos de las «bandas de ladrones».

Pero incluso desde el punto de vista formal, tal concepto de norma fundamental resulta paradójico. Pues, ¿cómo es posible que un ordenamiento jurídico sea independiente, esto es, una unidad en sí mismo, si la norma jerárquicamente superior del sistema es exactamente la misma para todos los ordenamientos posibles? Mal se puede conciliar la idea de que cada ordenamiento tiene su propia norma fundamental si, a continuación, se sostiene que dicha norma no expresa otra cosa que la obligación de obedecer la constitución, sea cual sea ésta. La misma norma serviría así para fundamentar tanto un sistema democrático de libertades y respetuoso del Derecho internacional, como un sistema negador de la dignidad humana y de la comunidad pacífica entre todos los pueblos, que sucediera al anterior tras un cruento golpe de Estado. Difícilmente puede llamarse «fundamento de validez» a una norma que justifica jurídicamente cualquier sistema.

Otras críticas, no menos contundentes que la anterior, se suscitan si se ponen en relación la teoría de la estructura piramidal del ordenamiento con la diferenciación entre normas completas (o independientes) y normas incompletas (o dependientes). Tesis ambas, como sabemos, generadas en el seno de la Escuela de Viena y que su máximo representante presenta como compatibles.

Recuérdese que las normas dependientes son aquellas que no expresan de manera completa los elementos característicos de la norma jurídica, el supuesto fáctico y la sanción, mientras que las normas independientes sí los reúnen de manera acabada.

Pues bien, aplicando la distinción, se comprueba de inmediato que los escalones superiores de la pirámide normativa están compuestos por normas incompletas o dependientes. Tanto la norma fundamental como la constitución son normas que no pueden caracterizarse como «completas», en el sentido del positivismo normativista.

La norma fundamental se limita, como se ha visto, a establecer que se debe obedecer lo que mande el poder constituyente. Es evidente que en su expresión no aparecen ni supuestos de hecho ni, sobre todo, sanciones. Le falta evidentemente la especificación de ambos elementos, por lo que será necesario completarla con el resto de las normas del sistema. Puesto que la norma fundamental lo que viene a exigir es que se cumpla el ordenamiento jurídico, es claro que es preciso la remisión a este último en su integridad.

La norma fundamental es una norma meramente formal y, además, «circular», cuya función es proporcionar un «cierre normativo» al sistema de las normas jurídicas. Esa función la cumple a costa de remitirse al sistema que trata de fundamentar. Depende, pues, de las restantes normas del sistema para adquirir el sentido de norma independiente. Pero la cuestión, aún incontestada quizás porque carezca de respuesta, es ésta: ¿Cómo una norma que es incompleta y dependiente podrá fundamentar a las normas jerárquicamente inferiores, derivadas de ella, si precisa de esas mismas normas inferiores para adquirir el sentido de una norma independiente o completa? Y ¿cómo es posible que lo dependiente pueda fundamentar aquello de lo que depende?

El razonamiento que subyace a la norma fundamental es un *circulus vitiosus*, una «pescadilla que se muerde la cola», un recurso tautológico estéril que pretende enmascarar la ideología meramente estatalista de la llamada Teoría pura del Derecho.

Similares argumentos pueden ser esgrimidos respecto de las normas constitucionales.

Las normas de la constitución, si por algo se caracterizan, es por tener un carácter organizativo y programático. No tienen la función de establecer supuestos fácticos ni sanciones a ellos conectadas. Atendiendo a su estructura, las normas constitucionales serían normas incompletas o dependientes, en el sentido defendido por KELSEN. A pesar de esto, no se les puede negar su naturaleza de verdaderas normas jurídicas. Tampoco KELSEN les niega ese carácter. La contradicción entonces resulta evidente: ¿cómo es posible que las normas constitucionales, que son las normas positivas de jerarquía superior, sean normas dependientes que, para ser completas, necesiten de otras normas jerárquicamente inferiores?

Habida cuenta de que las normas que han de completar a las dependientes normas constitucionales han de ser, necesariamente, normas de rango jerárquico inferior, se llega a la absurda conclusión de que la constitución depende, para ser norma jurídica independiente, de aquellas normas inferiores de las cuales es fundamento. Es la misma contradicción que he señalado con respecto a la norma fundamental, con el agravante de que en el caso de las normas constitucionales no se trata de normas que representen un «presupuesto epistemológico», o una «hipótesis» o «ficción» del pensamiento, sino de auténticas normas del Derecho positivo.

En conclusión, no parece que la construcción escalonada de Merkl y Kelsen quede a salvo de contradicciones internas que demuestran la incoherencia de la teoría. Bajo su aparente simplicidad esconde demasiados puntos oscuros.

EJERCICIOS

1. ¿Por qué algunos autores niegan carácter normativo a las sentencias judiciales o a los negocios jurídicos?

2. Razona en qué sentido son «normas» las normas individuales, y en qué sentido, no.

3. Define lo que es la sentencia judicial.

4. Analiza en qué consiste un acto administrativo.

5. Distingue entre los actos administrativos que tienen carácter «normativo» y los que son meramente ejecutivos. Pon ejemplos de ambas clases de actos.

6. Define el concepto de negocio jurídico.

7. Explica el principio de la autonomía de la voluntad privada.

8. Comenta el artículo 1255 del Código Civil. Fíjate en los límites que este precepto impone al principio de la autonomía privada.

9. Analiza el contrato como negocio jurídico. Pon ejemplos de contratos y desmenuza sus elementos relacionándolos con la autonomía de la voluntad.

10. Comenta el artículo 1091 del Código Civil y busca preceptos análogos en otros ordenamientos jurídicos.

11. Distingue entre negocio jurídico bilateral, multilateral y unilateral.

12. Los actos de ejecución conforman la base de la pirámide jurídica. Explica lo que son y pon ejemplos.

13. ¿Cómo concibe el positivismo legalista la distinción entre creación y aplicación del Derecho? Razona por qué la concibe así.

14. Explica la relativización de la diferencia entre creación y aplicación del Derecho.

15. Explica la idea de «autopoiesis».

16. ¿Por qué digo en el texto que la norma fundamental es siempre «la misma»?, ¿y qué inconvenientes plantea por ello?

17. ¿Se puede conciliar la tesis de la norma fundamental con la de la diferenciación entre normas completas e incompletas? Razona la respuesta.

18. ¿Qué quiere decir que el razonamiento que subyace al concepto de norma fundamental constituye un *circulus vitiosus*? Distingue a este respecto entre «*circulus vitiosus*» y «círculo hermenéutico».

19. Resume las contradicciones de la Teoría pura en relación con las normas constitucionales.

XXXIII. LA IDEA DE DISTRIBUCIÓN Y JERARQUÍA DE LAS COMPETENCIAS

La idea de jerarquía normativa, que hemos analizado en las dos lecciones precedentes, es correcta en general; pero es insuficiente. Aparte de las contradicciones concretas que plantea la concepción de la Escuela de Viena, por su concepto de norma jurídica ambiguo y poco convincente, la idea de jerarquía normativa por sí sola no puede explicar el complejo marco de un sistema jurídico. No es que haya que desechar el esquema de la estructura jerárquica, sino que se impone su adecuada combinación con un principio que da mejor en la diana: el principio de la distribución y jerarquía de las competencias. (Esta idea ya la expuse en *Teoría del Dret*, 1996, y aquí me limito a recoger lo allí expuesto, con algunas matizaciones).

Es cierto que tanto el ordenamiento jurídico como el sistema que lo refleja y completa tienen una configuración jerárquica. Pero esta configuración jerárquica está basada primariamente sobre una *distribución y jerarquía de competencias*, y no sobre la mera jerarquía de normas.

La jerarquía de las normas es la resultante de la previa distribución y jerarquía de las competencias.

Pues para entender en qué plano están situadas las normas, es preciso saber antes dentro de qué marco competencial ha tenido lugar su formación. Esto implica, obviamente, la idea de *jerarquía de autoridades* o poderes, puesto que la idea de competencia va unida necesariamente a la del sujeto que ostenta la competencia.

Así es explicable que la constitución consista precisamente en la designación de los «actores constitucionales» y de sus respectivas competencias, y que a partir del momento en que se han constituido dichos actores, el ordenamiento pueda empezar a funcionar, sin que sea preciso ninguna norma independiente o completa en el sentido kelseniano. La razón de esta posibilidad radica en que las normas que determinan los sujetos constitucionales y les atribuyen sus respectivas competencias, están completas ya en sí mismas y no precisan de aditamentos ni complementos ulteriores, ni de razonamientos circulares.

Para aclarar estas ideas nada mejor que recurrir a algún ejemplo que nos permita ver a su trasluz la complejidad del entramado competencial y normativo.

El primero se refiere al Tribunal Constitucional, que es un órgano creado por la Constitución Española en sus artículos 159 y siguientes. En dichos artículos se establecen las disposiciones organizativas y competenciales de dicho Tribunal. Entre sus competencias destaca la de conocer de los recursos de inconstitucionalidad contra leyes y disposiciones normativas con fuerza de ley. Según el artículo 164, las decisiones del Tribunal Constitucional son «sentencias». Si se aplicara el esquema teórico propuesto por MERKL y KELSEN, habría que decir que dichas sentencias están supeditadas a la ley; lo cual contradiría gravemente a la naturaleza del Tribunal Constitucional. Todo el mundo sabe que sus sentencias no están subordinadas a la ley. Si el Tribunal Constitucional tiene competencia para declarar inconstitucional una ley, es evidente que, en lo que se refiere a esa competencia concreta, no se encuentra supeditado a la ley, sino sólo a la Constitución.

Tenemos, entonces, que la sentencia que declara la constitucionalidad, o inconstitucionalidad, de una ley, es superior, lógicamente, a la ley misma. La competencia del Tribunal Constitucional para declarar si una ley es constitucional o no lo es, es superior a la competencia del Parlamento. Éste, en efecto, podrá promulgar una ley, pero no es competente para declararla constitucional ni inconstitucional, una vez promulgada. Es esta una competencia que corresponde en exclusiva al Tribunal Constitucional. En ese sentido, la competencia de este último es superior, puesto que el Tribunal tiene poder para controlar los actos legislativos del Parlamento.

Según esto, en la jerarquía de las normas, la sentencia del Tribunal Constitucional que declara la inconstitucionalidad de una ley está por encima de esta última, y ello en razón del principio de distribución y jerarquía de las competencias. La competencia es necesariamente previa a la norma que crea el órgano competente, por lo que la jerarquía de las normas es una derivación de la jerarquía de las competencias, lo cual implica también la jerarquía de las autoridades o sujetos que son titulares de esas competencias.

Otro ejemplo, no menos importante y llamativo, y de extraordinario alcance para la aplicación cotidiana del Derecho español, es el de la distribución de competencias entre los Estados miembros de la Comunidad (o Unión) Europea y la Comunidad misma.

Los Tratados constitutivos de las Comunidades Europeas (CEEA y CE) y otros Tratados, entre los que destacan el Acta Única Europea, el Tratado de la Unión Europea y otros posteriores (al conjunto de todos estos documentos normativos se les suele designar con el nombre de «Constitución europea»), delimitan un conjunto de materias sobre las que es competencia de la Comunidad Europea dictar normas jurídicas. Los Estados miembros han renunciado al ejercicio de competencias que derivan de su soberanía, y han transferido dichas competencias a la Comunidad Europea. Se ha operado, de esta forma, una distribución de competencias libremente pactada entre los Estados miembros. En las materias que han sido acotadas para que en ellas ejerza la Comunidad Europea su competencia, los Estados no pueden contradecir, con sus normas de Derecho interno, lo que haya sido establecido por el Derecho comunitario.

El Derecho comunitario, además, se integra en el Derecho interno del Estado; las normas comunitarias pasan a ser *también* normas estatales. En este fenómeno de *integración* jurídica, el Derecho comunitario tiene *primacía* sobre el Derecho creado por las autoridades nacionales (principio de primacía del Derecho comunitario sobre el Derecho de los Estados miembros).

Pues bien, la razón de esta primacía del Derecho comunitario sobre el Derecho interno de los Estados miembros no radica, como podría creerse aplicando mecánicamente la idea de jerarquía normativa, en que las normas comunitarias sean superiores jerárquicamente a las estatales. La razón radica, obviamente, en el principio de distribución de competencias.

El Derecho comunitario tiene primacía sobre el Derecho interno de los Estados miembros, no porque aquél sea jerárquicamente superior a éste, sino porque es competencia de la Comunidad Europea producir normas en las materias reservadas a esta última. Consecuencia de esta distribución competencial es que el Derecho estatal cede ante las normas comunitarias. El Estado no puede llevar la contraria a la Comunidad Europea en los ámbitos materiales que corresponden a la competencia comunitaria. En suma, el Derecho comunitario tiene «primacía» no porque sea «jerárquicamente superior», sino sencillamente porque la Comunidad Europea es la «competente». La razón del principio de primacía no está en la jerarquía de normas, sino en la distribución de competencias.

Los mencionados mecanismos de integración del Derecho europeo en el Derecho interno de los Estados miembros vendrán regulados en las constituciones de éstos, que es el lugar adecuado para establecer la distribución de competencias al máximo nivel. La Constitución Española resuelve el problema en el artículo 93:

> «Mediante ley orgánica se podrá autorizar la celebración de tratados por los que se atribuya a una organización o institución internacional el ejercicio de competencias derivadas de la Constitución».

El precepto se limita a establecer el procedimiento para llevar a cabo la renuncia competencial en favor de la organización internacional de que se trate. En nuestro ejemplo, la Comunidad Europea.

Contempladas así las cosas, se entiende con facilidad que la tarea del poder originario o constituyente, al crear la constitución, es estatuir los poderes o competencias de los sujetos máximos del orden jurídico. En toda constitución aparecen conjuntamente las dos ideas de jerarquía y de competencia. En la constitución se instituyen los poderes «máximos» (idea de jerarquía) y se les atribuye sus respectivas competencias (idea de la distribución de competencias).

Si se aúnan ambos elementos, habrá que afirmar que en la constitución se establecen las competencias máximas o competencias jerárquicamente superiores.

Ciertamente que la instauración de autoridades y competencias tiene lugar por medio de normas, pero no hay que olvidar que el originario poder constituyente no está sometido a norma jurídica alguna. Dicho poder es el que crea la *norma normarum*, la constitución, la cual, en su esencia, no es otra cosa que la designación de los actores constitucionales y de sus competencias. Una vez creada la constitución se prolonga, por medio de otras normas, el proceso de generación de nuevas instituciones y órganos a los que se adscriben sus respectivas competencias.

Para quien quiera averiguar el grado jerárquico que en un determinado ordenamiento jurídico corresponde a una norma, el camino más seguro es el de indagar qué lugar ocupa, en la jerarquía de los «sujetos» y, por tanto, de las competencias, el sujeto, institución u órgano que ha creado la norma. Más que en una pirámide de normas, en lo que hay que pensar es en una pirámide de autoridades. Al saber el lugar que ocupa cada autoridad en un determinado sistema jurídico, podremos saber también el lugar que les corresponde a las normas que cada autoridad genere. La teoría de la estructura piramidal del ordenamiento jurídico no hay por qué desecharla, pero es preciso combinarla con el principio de distribución de las competencias.

Así pues, todo el esquema de la jerarquía normativa tiene que completarse, en un cuadro más amplio, vinculándolo a los sujetos u órganos, las competencias y las decisiones que, dentro de las últimas, adopten. Al no ser la norma sino el resultado último, expresado en palabras, de un proceso de decisión, carece de sentido desvincular la estructura normativa del sistema del resto de sus componentes, que, además, son previos a las normas mismas.

En cada acto creador de normas, podemos observar el siguiente esquema:

Órgano o institución	Sujeto
Competencia	Conjunto de acciones posibles
Acto de decisión	Acción, procedimiento
Norma	Proposición lingüística

La norma, como proposición lingüística generada en un acto de decisión concreto, tendrá la jerarquía que corresponda al sujeto de dicho acto, al actuar dentro de su competencia. La jerarquía de la norma depende de la del sujeto que la crea.

Como hemos visto, una sentencia puede ser jerárquicamente superior a una ley, cuando esa sentencia está emitida por un tribunal cuya competencia se sitúa precisamente por encima de la ley. Eso es lo que sucede obviamente con el Tribunal Constitucional en el marco de su competencia para declarar la inconstitucionalidad de las leyes. Por tanto, no podremos saber de antemano cuál es la jerarquía de una sentencia determinada si ignoramos el rango jerárquico que corresponde al órgano que la dicta. Justo al contrario es como hay que proceder. Partiendo de la jerarquía del sujeto, que implica también la determinación de la jerarquía de su competencia, tendremos asimismo especificada la jerarquía de la norma que emane de dicho sujeto. El panorama teórico, comenzado por Bierling y desarrollado por la Escuela de Viena, se hace bastante más complejo, y de esa manera se gana en precisión y adaptación pragmática a la realidad del Derecho.

EJERCICIOS

1. Relaciona la jerarquía de las normas jurídicas con la idea de distribución y jerarquía de las competencias.

2. Relaciona también las ideas anteriores con la de jerarquía de las autoridades.

3. En ese contexto, ¿qué papel hay que adscribir al concepto de constitución?

4. Analiza la función del Tribunal Constitucional en relación con la jerarquía de las normas.

5. Comenta la incidencia del Derecho comunitario europeo en el sistema jurídico de cada Estado miembro.

6. ¿Qué significa que los Estados miembros han renunciado al ejercicio de competencias que derivan de su soberanía?

7. Explica por qué razón el principio de primacía del Derecho comunitario europeo sobre el Derecho interno de los Estados miembros, no puede explicarse haciendo uso de la idea de la jerarquía normativa.

8. ¿Cuál es el motivo por el que el mecanismo de la integración jurídica del Derecho comunitario europeo tiene que resolverse en las constituciones de éstos?

9. Comenta el artículo 93 de la Constitución Española.

10. Explica por qué razón en toda constitución se combina el principio de jerarquía normativa con el principio de distribución y jerarquía de competencias.

11. ¿Está sometido el poder constituyente a alguna norma jurídica? ¿Es un poder «jurídico»? Razona la respuesta.

12. ¿Qué significa que la constitución es *norma normarum*?

13. ¿Cómo se averigua el grado jerárquico de una norma en un ordenamiento jurídico? Razona la contestación.

14. ¿Qué es la «pirámide de autoridades»?

15. Conecta los siguientes conceptos: sujeto, competencia, decisión y norma; y relaciónalos con la idea de jerarquía.

16. Resume en un folio las ideas de los tres últimos capítulos.

CAPÍTULO 9

LA ACCIÓN EN EL DERECHO

XXXIV. LA ACCIÓN EN EL DERECHO

Si el lector se toma la molestia de volver la vista atrás y, en rápida, pero certera panorámica, resume en su mente los principales puntos que hemos ido desentrañando a lo largo de las páginas que ha leído, podrá comprobar que todos los elementos estudiados tienen un punto de conexión en común: el estar referidos a la acción humana.

No podía ser de otra forma. Al ser el ordenamiento un texto cuya función inmanente es dirigir la acción de los hombres, no puede caber la duda de que esta última constituirá un elemento omnipresente. Así sucede con las normas que componen el sistema, las cuales, como sabemos, regulan de una manera directa o indirecta la acción. Ya sea directa o indirecta, la norma sólo adquiere su pleno sentido en cuanto que va referida a la acción. Sin dicha conexión, la norma deja de serlo. En esto no se diferencia el Derecho de los demás sistemas normativos, como son la moral, los usos sociales o las reglas de los juegos. Todo sistema de normas adquiere su sentido en conexión con las acciones que regula.

Obviamente, lo mismo puede decirse respecto de los diversos componentes conceptuales contemplados por las normas. El espacio y el tiempo constituyen las coordenadas dentro de las cuales las acciones jurídicamente relevantes han de tener lugar. Los sujetos son los sujetos de la acción. Las capacidades y competencias delimitan el conjunto de acciones posibles para un sujeto. Y no digamos nada, por ser innecesario al saltar inmediatamente a la vista, de los poderes, los procedimientos y los deberes, conceptos que son impensables sin la referencia directa y explícita a las acciones que configuran su objeto.

No necesita, pues, de especial demostración la tesis de que la acción constituye un elemento central en el Derecho, tan central como pueden serlo los conceptos de norma, decisión o institución, o incluso más central que éstos, puesto que los tres últimos sólo tienen sentido en cuanto que presuponen el concepto de acción.

A pesar de la importancia destacadísima del concepto, la Teoría del Derecho apenas se ha ocupado de darle un tratamiento unitario y global, aplicable a todas las ramas del ordenamiento jurídico; hasta el punto de que puede afirmarse que falta una auténtica teoría general de la acción en el Derecho.

De la acción se han ocupado, sobre todo, las diversas disciplinas jurídicas particulares, donde han alcanzado, sin duda, desarrollos extraordinarios, pero no extrapolables a las demás disciplinas.

La dogmática del Derecho penal se ha centrado en el concepto de «acción» como elemento característico del delito, al que define como la «acción típica, antijurídica y culpable»; el tratamiento penalista del concepto de acción viene sesgado por su inclinación a estudiar la acción *ilícita*, y deja en la sombra los caracteres de la acción lícita. En el campo penalista destacan mucho las aportaciones en torno al concepto de *omisión*, puesto que hay delitos que lo son no por hacer, sino por no hacer (como, por ejemplo, el no prestar socorro a quien es víctima de un accidente).

Lo contrario ha ocurrido en el campo del Derecho privado (civil y mercantil). Aquí toda la reflexión se ha centrado en el concepto de «acto», y especialmente como acto lícito, en su forma más típica en esa rama del Derecho, que es el negocio jurídico. Mientras en el Derecho penal la teoría de la acción va referida sustancialmente a la acción delictiva, en el Derecho civil la perspectiva de estudio se dirige al acto negocial, que es, como sabemos, un acto que expresa la voluntad manifestada de los particulares.

En el Derecho administrativo ha cobrado especial relieve el llamado «acto administrativo», que refleja la *actuación* de las autoridades del Estado. Ese carácter de actuación aleja el tratamiento del acto administrativo del que la acción recibe en el Derecho civil o en el penal.

Por último, en el Derecho procesal el término acción tiene un significado muy específico, que viene de los romanos. La acción procesal es el mecanismo que inicia un proceso ante un órgano jurisdiccional. No cabe duda de que la acción procesal es una acción jurídica, pero hay otras muchas acciones jurídicas en el proceso que no son «acciones procesales». Todas las actuaciones de las partes y de los jueces dentro del proceso son también acciones jurídicamente relevantes, aunque no sean acciones procesales en el sentido técnico o estricto. La terminología procesalista restringe demasiado el concepto de acción, e introduce con ello una cierta confusión conceptual. A estas alturas de la historia del Derecho no vamos a cambiar el término «acción» para referirnos a la *actio* en su sentido procesal; aunque en otras lenguas se emplea otro término menos contundente (así, en alemán *Klage*, queja, es el acto que inicia el proceso), en el ámbito cultural occidental el término «acción» en su sentido técnico procesal está generalizado.

La diversidad de términos empleados en las distintas ramas del Derecho (acción, acto, actuación), la diversa perspectiva empleada en el tratamiento, y el tomar la parte por el todo, son las principales causas del despiste doctrinal a la hora de elaborar una teoría general de la acción que sea aplicable a todos los campos del Derecho.

En la Teoría pura de KELSEN se le presta escasa atención. Pero resulta sobremanera llamativa la ausencia casi total en las teorías generales del Derecho de HART, DABIN o BOBBIO. Obsesionados por el elemento regulante del Derecho, por la norma y el ordenamiento, han dejado de lado el elemento regulado, la acción. Una teoría del Derecho que se olvide de lo regulado es tan parcial e imperfecta como la que se olvidara de lo regulante. Sin normas, no hay Derecho; pero sin acción, no hay normas.

Una excepción a esta ausencia de tratamiento del concepto de acción la constituye la Teoría general del Derecho de Francesco CARNELUTTI, quien, al contrario, presta demasiada poca atención a las normas.

Pero vayamos ya al tema enfrentándonos con el concepto de acción. Para no complicarnos demasiado, identificaré el concepto de acción y el de acto. Aunque hay autores, como CARNELUTTI, que destacan la diferencia reservando la palabra acción para la formulación genérica del ejercicio de una actividad, y la palabra *acto* para la ejecución concreta de la acción, no veo que no se puedan emplear ambos términos como sinónimos. Lo mismo «acto» que «acción» pueden ser considerados en su dimensión genérica, como modo de proceder general (así, puede decirse que el homicidio, en general, es un acto o una acción que consiste en esto o aquello); o en su dimensión específica o concreta de ejecución o realización (así, si afirmamos que Sempronio ha matado a Ticio, puede sostenerse lo mismo que ha realizado la acción como, igualmente, que ha realizado el acto de matar a Ticio).

Sí es preciso diferenciar, por el contrario, el concepto de acción del de *actividad*. Ésta implica una repetición de acciones o actos, incluso, en determinados casos, una habitualidad, que la diferencia de la acción concreta e individual. La actividad se compone de un conjunto de acciones iguales o similares.

Actividad típica es la actividad profesional, la cual analíticamente es desglosable en un conjunto indefinido de acciones similares a lo largo del tiempo. La actividad del médico consiste en atender a sus pacientes en la consulta, diagnosticar y recetar medicinas, aconsejar determinadas operaciones quirúrgicas, operar, etc. Todo este cúmulo de acciones concretas, que tienen lugar día a día, configuran el ejercicio de una actividad.

El Derecho tiene en cuenta muchas veces las actividades. Todo el Derecho laboral está centrado en torno a una actividad concreta, la actividad del trabajo por cuenta ajena. Todo el Derecho mercantil tiene su referencia constante en la actividad del empresario o, como prefiere decir el Código de Comercio, en la actividad del comerciante.

El Libro Primero del Código de Comercio se titula precisamente «de los comerciantes y del comercio en general», destacando con ello la actividad (el comercio) y los sujetos que la realizan (los comerciantes o empresarios). Y en su artículo primero prescribe que hay que entender como comerciantes.

> «los que, teniendo capacidad legal para ejercer el comercio, se dedican a él habitualmente».

La dedicación habitual es la forma característica de toda profesión. Es, también, una forma de actividad, quizá la más intensa e importante en la vida de las personas, aunque, desde luego, no la única. También constituyen actividades las aficiones a la caza, a los juegos, al teatro, a la lectura... Lo que caracteriza a la actividad no es otra cosa que la repetición de acciones semejantes. Puede decirse, por tanto, que la diferencia entre acción (o acto) y actividad es que ésta constituye una pluralidad de acciones que tienen en común una «dirección unitaria», mientras que la acción es en sí misma una «unidad».

El Código de Comercio, una vez que ha definido su sujeto (el comerciante o empresario) por su dedicación habitual al comercio, esto es, por su actividad, se dedica a lo largo de su articulado a regular los diversos «actos de comercio». La actividad empresarial consiste, para el Derecho, en la realización habitual de esos actos. ¿Quién es comerciante? Quien realiza los actos de comercio previstos en el Código. La actividad del comerciante se desglosa en un conjunto de actos que son los regulados en el Código y leyes mercantiles.

De la misma manera que hay actividades que tienen que ver con el Derecho (el ejercicio del comercio), y otras que no (leer novelas), así hay acciones que están contempladas por el Derecho y otras que no lo están (o, al menos, no lo están de modo directo). El comerciante que vende una mercancía está realizando una acción que las normas jurídicas contemplan (contrato de compraventa mercantil), y lo mismo sucede con quien mata a otra persona (homicidio, o asesinato); pero quien lee una novela en su habitación, o declara su amor a una persona, realiza una acción que no tiene que ver con el Derecho, o que si tiene que ver, es de una manera muy lejana y coyuntural.

Cuando nos planteamos el problema de la definición de *la acción*, sin calificarla de acción jurídica, moral, acción de juego, etc., aludimos al concepto *genérico* de acción, del cual los demás no son sino especificaciones o concreciones. Antes de ser jurídica, moral o lúdica, una acción es simplemente acción. ¿En qué consiste la acción simple, el acto *nudo*, genérico, sin calificar?

En otros lugares de mi obra he definido la acción, en su sentido genérico, como un conjunto de movimientos dotado de significado unitario. La acción, como he dicho antes, es una «unidad». Ahora añado: es una unidad *de significado*, cuyo referente es, simplemente, un conjunto de movimientos.

Sin movimientos, no hay acción. Ahora bien, el concepto de movimiento hay que entenderlo aquí en su significado amplio englobante lo mismo del movimiento exterior que del interior. El movimiento es un fenómeno físico-psíquico, un complejo de elementos de carácter externo e interno. El puro «acto de pensamiento» constituye también un movimiento, pero sólo de carácter interno, ya que no se manifiesta al exterior. Los actos meramente internos no tienen relevancia para el Derecho, pero sí para la moral, como tendremos ocasión de estudiar más adelante. Del acto puro de pensamiento sólo tiene conciencia el sujeto pensante, y lo mismo sucede con otros tipos de actos meramente internos, como el acto de desear, de fantasear, la intención sin manifestarse al exterior, etcétera.

También hay actos meramente externos, que no conllevan un elemento interno, como sucede con los actos reflejos o aquellos otros que realiza una persona en estado de durmiente o sujeto a la hipnosis o a cualquier otra situación en la que el sujeto no es «dueño de sus actos».

La acción en sentido propio posee los dos elementos, el externo y el interno. El movimiento o conjunto de movimientos que la caracterizan constituye un entramado físico y psíquico, externo e interno.

Ahora bien, la acción no es un movimiento o conjunto de movimientos simplemente. No es un mero fenómeno físico-psíquico. Es su *significado.*

Esto se demuestra sin grave dificultad desde el momento en que un mismo complejo de movimientos puede tener diversos significados. O dicho de otra forma: un mismo conjunto de movimientos puede constituir distintas acciones.

Como hemos visto en lecciones anteriores, el mero movimiento de levantar el brazo puede significar cosas muy dispares: llamar un taxi, saludar, despedirse, comprobar si llueve, llamar a un conocido, prestar juramento, etc. Cada uno de estos «significados» del mismo fenómeno físico-psíquico constituye una acción diferente, en razón de que su sentido es distinto. Es evidente que no es lo mismo llamar a un taxi que despedirse de un amigo. Son dos acciones diversas que poco tienen que ver entre sí.

Todo lo más puede decirse que la acción «básica» de todas estas acciones es, sencillamente, la acción de levantar el brazo. Ahora bien, cuando alguien levanta el brazo, ¿qué está haciendo al levantarlo? Además de realizar esa acción básica, ese mero movimiento, está haciendo algo más. Ese «algo más» es la acción en sentido propio.

Si quien alza el brazo sostiene que al hacerlo, no hace otra cosa sino alzar el brazo, habrá que convenir que, en ese caso, la acción coincide con el movimiento. O, para ser más exactos, afirmaremos que el sentido de levantar el brazo, en ese caso, es sólo levantar el brazo, sin un sentido añadido. Pero incluso en ese supuesto, estaremos precisando de una interpretación que nos proporcione este sentido simple y directo.

NOTAS Y COMENTARIOS

- La obra de Francesco Carnelutti, *Teoría general del Derecho* (trad. de F. J. Osset, de la tercera edición italiana), Madrid, 1955, sigue siendo un libro fundamental, a pesar de que apenas se le cita. Fue un gran jurista que se ocupó de múltiples ramas del Derecho, pero sobre todo destacó como procesalista. Resulta llamativo hoy que Norberto Bobbio le dedicara una fuerte crítica, reprochándole que no restringiera la Teoría general a la descripción de la estructura del Derecho e incluyera en ella el estudio de la función del Derecho. Será el propio Bobbio quien, después de muchos años, plantee la necesidad de combinar ambos aspectos, como puede verse en su obra *Dalla struttura alla funzione-Nuovi studi di teoria del Diritto*, Milán, 1977.

EJERCICIOS

1. Demuestra, con argumentos variados, que la acción es un elemento omnipresente en el Derecho.

2. Conecta los elementos jurídicos indirectos de la acción con esta última.

3. ¿Cómo se explica que la Teoría del Derecho apenas haya desarrollado una teoría general de la acción?

4. Consulta un libro de Derecho penal, y resume lo relativo a la acción y a la omisión.

5. Haz lo mismo con un libro de Derecho civil que trate del acto jurídico.

6. Consulta en el libro de García de Enterría y Fernández, *Curso de Derecho Administrativo*, tomo I, lo relativo al acto administrativo, y resúmelo en un folio.

7. En un tratado de Derecho procesal encontrarás el tratamiento de la acción procesal. Resume las ideas básicas y diferencia ese concepto del de «actuaciones procesales».

8. Comprueba si, efectivamente, en las teorías generales del Derecho de Hart, Dabin, Bobbio y Nino, es verdad que la teoría general de la acción brilla por su ausencia.

9. Resume las ideas básicas de la exposición de Carnelutti en su obra *Teoría general del Derecho* sobre los actos jurídicos.

10. Explica la razón de identificar acto y acción.

11. ¿Cómo entiende Carnelutti la diferenciación entre acción y acto?

12. Define el concepto de actividad. Distingue este concepto del de acción, y pon ejemplos de actividades.

13. Comenta el artículo primero del Código de Comercio.

14. Relaciona la actividad de comerciante con los actos de comercio.
15. Pon ejemplos de acciones no contempladas por el Derecho.
16. Explica la definición del concepto genérico de acción.
17. Relaciona movimiento y acción.
18. Explica qué quiere decir que la acción es un significado.
19. Explica qué es un mero «acto de pensamiento».
20. ¿Qué es un «acto reflejo»?
21. Explica el concepto de acción básica.

XXXV. ACCIÓN Y PROCEDIMIENTO

Nuestro concepto de acción es, pues, un concepto *hermenéutico-analítico o comunicacional.* La acción no constituye un fenómeno meramente natural, que es tal como se la contempla desde el ámbito del positivismo. El dato que observamos, el conjunto de movimientos exteriores que es perceptible a través de los sentidos, no forma por sí mismo una acción.

Vemos a una persona sentada en un estrado mover los labios y emitir unos sonidos; está hablando, y se dirige a un pequeño grupo de personas sentadas tras una mesa; éstas le escuchan muy atentamente y de vez en cuando toman notas. Además hay otro grupo de personas que se sientan en los bancos en un nivel algo inferior del que ocupan las personas del pequeño grupo que escuchan atentamente y toman notas. Por el mero acontecer externo no podríamos saber, en modo alguno, lo que está pasando realmente en esa sala. Sólo porque somos capaces de interpretar acontecimientos, sabemos que en ese momento asistimos a la declaración de un testigo en un juicio. El testigo habla dirigiéndose a los miembros del tribunal, que le atienden con gran concentración, mientras que el público que asiste al juicio está expectante sentado en los bancos.

Sin apenas darnos cuenta del proceso mental que acompaña a nuestra percepción, decimos que estamos asistiendo a un juicio y que, en ese momento, un testigo está prestando su declaración. La acción no se identifica entonces con el mero acontecer físico observable, sino justamente con el *significado o sentido* de ese acontecer.

Por eso digo que la acción es el significado de un conjunto de movimientos, y no el conjunto de movimientos sin más. Estos acompañan a la acción, son el soporte externo de la misma, pero la acción es el *resultado de un proceso interpretativo.*

Con mayor precisión, hay que decir que la acción *concreta* es el resultado de un proceso de interpretación. Precisamente porque sabemos de antemano en qué consiste un juicio ante un tribunal y qué es una declaración testifical, somos capaces de interpretar ese acontecimiento concreto al que asistimos como espectadores y entender lo que está pasando.

Lo mismo sucede con los diversos actos concretos que se pueden realizar al alzar un brazo. ¿Cómo sabemos que el testigo, al levantar la mano, está prestando juramento, y no saludando a una persona del público? Obviamente, porque sabemos que ese movimiento concreto en esa situación concreta significa prestar juramento, y no saludar a un amigo. Tenemos en nuestra mente la idea de en qué consiste prestar juramento ante un tribunal, y también en qué consiste saludar a un amigo, y sabemos diferenciar ambas *acciones genéricas* en virtud de la *situación concreta* que vivimos.

La pregunta que surge entonces es ésta: ¿en qué se diferencia la acción genérica, que tenemos en mente de manera previa a la percepción de unos movimientos determinados, de la acción concreta, que es el significado que adscribimos a dichos movimientos? ¿Qué es la acción genérica y qué es la acción concreta, y cómo se relacionan?

Nuestra experiencia común nos enseña que somos capaces de *calificar* unos mismos movimientos de levantar la mano, como el acto de saludar a un amigo, o de prestar juramento, porque, previamente a la percepción, sabemos en qué consiste jurar y saludar. La calificación de un movimiento como una acción concreta es posible gracias a que disponemos de un *modelo genérico de acción* en el que encaja el significado de aquel movimiento.

Ahora bien, ese modelo genérico de acción se expresa, toma cuerpo, en un *procedimiento* también genérico.

Sabemos que el juramento se presta ante determinadas personas, que constituyen un tribunal, en un lugar determinado, en un momento determinado del proceso y con unas palabras concretas. Todos esos elementos constituyen *requisitos* del procedimiento de jurar. El mismo acto de levantar la mano, pero sin cumplir los requisitos señalados, significará otra cosa. Si voy por la calle, y me cruzo con un conocido y levanto la mano sonriéndole, es evidente que estoy saludándole, y no prestando un juramento. Ya que esa acción no cumple los requisitos que requiere la acción denominada «prestar juramento».

Dicho con la máxima brevedad: *la acción es el procedimiento.*

La acción genérica es el procedimiento genérico; y la acción concreta, que es la actuación en la realidad de la acción genérica, es el procedimiento concreto, el cual, a su vez, implica llevar a la práctica los requisitos exigidos por el procedimiento concreto.

Así, podemos expresarlo en el siguiente cuadro:

Acción genérica		Procedimiento genérico
↓	(Mecanismo de realización)	↓
Acción concreta		Procedimiento concreto

La acción genérica puede ser plural, esto es, permitir diversas manifestaciones también de signo genérico. Por ejemplo, la acción genérica de saludar es posible mediante diversas maneras genéricas de comportarse: levantar la mano, decir ¡hasta luego! u otra expresión similar, sonreír mirando a la persona saludada con gesto de simpatía, etc. Las diversas formas sociales de saludo constituyen otros tantos procedimientos genéricos que, después, se especifican en el acto concreto de saludo de Cayo a Ticio.

Hay acciones genéricas menos formalizadas que otras, lo que quiere decir que el procedimiento genérico que expresa la acción se despliega en unos casos en una serie de posibilidades más amplia que en otros.

El saludo, en nuestra cultura actual, es un buen ejemplo de acción genérica escasamente formalizada, sobre todo en el seno de algunos grupos sociales (especialmente, los jóvenes). Por el contrario, las reglas del ajedrez imponen procedimientos genéricos bastante formalizados, aunque dentro de su carácter estricto también permiten un margen para la decisión. Si quiero mover el alfil lo tengo que hacer necesariamente en diagonal. Es una regla rígida esta regla del juego que me impone esa determinada manera de mover la ficha. En ese sentido, la acción de juego está muy formalizada. No obstante, puedo mover a mi capricho hacia un escaque u otro en la línea diagonal.

En general, las normas jurídicas también establecen acciones genéricamente estereotipadas o formalizadas; al menos, más que las normas que rigen el trato social o las normas morales, en las que puede decirse que la formalización brilla por su ausencia. Lo importante en la moral es la intencionalidad del agente, por lo que el elemento exterior, que es el formalizable o estereotipable, pasa a un segundo plano.

Pero volvamos de nuevo a la afirmación tajante de que la acción es el procedimiento.

Esta afirmación, que expresa lo que podemos llamar una «tesis fuerte» parecería que choca con el modo habitual de expresarnos cuando nos referimos a la acción y al procedimiento. Solemos decir, en efecto, frases como ésta: «el procedimiento para realizar esta acción es el siguiente...»; con lo que, implícitamente, manejaríamos un concepto de acción que no se identifica con el concepto de procedimiento. Esa frase reflejaría la idea de que el procedimiento no es propiamente la acción, sino, todo lo más, un *medio* para realizarla. El procedimiento sería el conjunto de elementos antecedentes a la acción misma.

Por ejemplo, decimos en el lenguaje habitual: «para prestar juramento tienes que hacer esto y aquello»; «para saludar tienes que hacer este gesto o este otro»; «para mover la ficha tienes que hacerlo de esta manera concreta, y no de ninguna otra». Parecería que prestar juramento es algo distinto de hacer esto o aquello; que saludar es diferente de hacer este gesto o aquel otro; o que mover la ficha se distingue de realizarlo de una manera concreta y no de ninguna otra.

La razón de este juego de lenguaje, que lleva a la separación de acción y procedimiento, y a entender éste como el medio para alcanzar aquélla, no es otra que el hecho de que empleamos la palabra «acción» con dos significados básicos diferentes.

Estos dos significados que, inconscientemente, atribuimos a la palabra «acción» y que a veces intercambiamos, también sin conciencia de hacerlo, se refieren a la acción como un producto acabado y a la acción como un proceso de actuación.

La acción como producto acabado la expresamos normalmente con un sustantivo: el saludo, el juramento, la jugada. Vemos la acción en su estar consumada, como una realidad ya acabada y completa en sí misma, como algo estático.

En cambio, la acción como un proceso dinámico de actuación la expresamos a través de un verbo: jurar o prestar juramento, saludar, jugar. En este caso, la acción no la vemos como un todo acabado, como algo ya realizado, sino como algo *in feri*, como algo haciéndose.

Hay, por tanto, dos perspectivas diferentes de considerar la acción: la estática y la dinámica.

Esto se aplica obviamente también al Derecho. Está el asesinar y el asesinato; el comprar y vender, y la compraventa; el declarar del órgano administrativo y el acto declarativo ya consumado. Toda acción jurídica puede ser contemplada en su hacerse o en su estar, dinámica o estáticamente.

La cuestión que hay que plantearse es entonces la siguiente: ¿cuál de las dos acepciones de la acción es la prioritaria, la estática o la dinámica?, ¿cuál de las dos es «anterior»?, ¿cuál permite la explicación de la existencia de la otra?

Me parece evidente que para que podamos hablar de juramento primero tiene que producirse el jurar; para hablar de saludo, antes es preciso que haya tenido lugar el saludar; el asesinato presupone el asesinar. Dicho con la máxima concisión: el sustantivo presupone el verbo; el concepto estático presupone el dinámico; lo actuado presupone la acción.

La acepción estática de acción (como algo acabado y consumado, como lo que ya ha sido actuado) da por supuesta la acepción dinámica (el proceso de actuación, la acción como proceso de elementos de carácter sucesivo).

Vistas así las cosas, parece fuera de duda que la acción, en su acepción prioritaria, que es la dinámica, no puede ser otra cosa que el procedimiento.

Cuando decimos la frase «el procedimiento de la acción», estamos empleando la palabra «acción» en su sentido estático, como algo acabado. Traducida en proposiciones concretas, es como si dijéramos: «el asesinar del asesinato», «el saludar del saludo», «el jurar del juramento», puesto que con los verbos «asesinar», «saludar» y «jurar» estamos designando sendos procedimientos, y con los sustantivos «asesinato», «saludo», «juramento» nos referimos a las correspondientes acciones consumadas. Pero, ¿qué es «asesinar», «saludar» y «jurar» sino la designación verbal de otros tantos procedimientos?

Si no nos dejamos engañar por el embrujo de las palabras y sabemos conectar sus acepciones con lo que ellas significan, no es difícil darse cuenta de que una acción no es otra cosa que un procedimiento, aunque también empleamos el término «acción» para el procedimiento ya acabado. Pero sin procedimiento no hay acción de ningún tipo, ni mucho menos la hay en el sentido estático de la palabra.

Llegados a este punto, sólo falta plantearse la pregunta de qué sea el procedimiento. Y no podemos encerrarnos en el círculo vicioso de contestar que el procedimiento es la acción; y ésta, aquél; y vuelta a empezar. Habrá que salir de esta situación embarazosa, de esta maraña de palabras.

El procedimiento, a mi modo de ver, no es otra cosa que una *regla o norma* que establece lo que un sujeto *tiene que* hacer para realizar una acción (en su sentido estático). Dicho de otra forma: todo procedimiento se expresa verbalmente (comunicativamente) por medio de una regla o norma que establece los requisitos necesarios del hacer en que consiste una determinada acción.

Si quiero hacer una tortilla tengo que realizar un conjunto de operaciones básicas, sin las cuales la tortilla no sale airosa (todo lo más me encontraré al final de mi intento con una tortilla «frustrada»). Toda receta de cocina no es sino una regla o norma que nos dice los pasos que hay que dar para conseguir preparar el plato que nos hemos propuesto. Si quiero jugar al fútbol, sé que tengo que atenerme a determinadas «reglas del juego», las reglas del procedimiento para jugar a ese juego. Igual que en el caso de la tortilla, no me queda otro remedio que actuar conforme a las reglas, porque son éstas las que me enseñan los procedimientos para jugar. Si no sigo las reglas simplemente no estoy jugando, igual que si no sigo la receta de cocina, no me sale la tortilla.

Si quiero realizar la acción de escribir en el ordenador, también sé que hay unas determinadas reglas que no puedo saltarme. Tengo que apretar las teclas una después de otra y además de tal manera que su orden corresponda al exigido por la gramática, lo cual implica conocer las reglas del idioma en el que escribo. En el acto de escribir estoy, pues, siguiendo fielmente reglas que me imponen una especie de necesidad técnica (apretar una tecla después de otra; si aprieto varias al mismo tiempo, la cosa no funciona), y también sigo las reglas del idioma, sin las cuales no me podría hacer entender. Tanto unas como otras reglas son expresivas de procedimientos (técnicos o gramaticales en este caso) que permiten que la acción que realice sea «exitosa», esto es, en definitiva que sea una verdadera acción de escribir.

Y lo mismo puedo afirmar de las acciones a las que antes me refería: el saludo, el juramento o el asesinato. Hay reglas que me dicen cómo tengo que proceder para realizar un saludo, cómo para prestar juramento y cómo para cometer asesinato. Desde luego, es evidente que la regla que establece el procedimiento del asesinato no me está incitando a que lo cometa. Sólo se limita a comunicarme en qué caso estaré realizando una acción calificable de asesinato. Pues ninguna regla de procedimiento establece, en sí misma, un deber de proceder de la manera que dice. Se limita a señalar los pasos o requisitos necesarios para realizar un determinado tipo de acción.

Podemos concluir esta lección diciendo que la regla de procedimiento establece la acción genérica, el modelo o estereotipo de acción, del que la acción concreta no constituye sino la actuación de un sujeto determinado en una situación determinada de dicha acción genérica. Ésta se manifiesta verbalmente en un procedimiento genérico que es el que establece la regla.

NOTAS Y COMENTARIOS

- Sobre el concepto de acción en general puedes consultar: RICOEUR, *El discurso de la acción* (trad. de P. CALVO), Madrid, 1981, WHITE (ed.), *La filosofía de la acción* (trad. de Block), Madrid, 1976. Sobre la acción en el Derecho, en la línea de la Teoría comunicacional, véase: Mercedes GÓMEZ ADANERO, «Acción, relación e institución», en: VVAA, *Teoría del Derecho,* Universidad Nacional de Educación a Distancia, Madrid 2003, pp. 241 y ss; «La acción en la Teoría comunicacional del Derecho. La acción como texto», en: Gregorio ROBLES & Paulo de Barros CARVALHO, *Teoria Comunicacional do Direito*: Diálogo entre Brasil e Espanha, Ed. NOESES, São Paulo 2011; pp. 533 y ss. En este mismo libro, Fernando Rister de Sousa LIMA, «A açao natural, lógica e convencional», pp. 563 y ss.

EJERCICIOS

1. ¿En qué consiste el concepto hermenéutico-analítico o comunicacional de acción?

2. Distingue los «acontecimientos naturales» que tienen lugar en la declaración en juicio de un testigo, de su «significado».

3. Pon un par de ejemplos que demuestren que la acción es un sentido o significado.

4. ¿Qué quiere decir que la acción es el resultado de un proceso interpretativo?

5. Define lo que es una acción concreta.

6. Diferencia entre acción genérica y acción concreta.

7. ¿En qué consiste el acto de calificar determinados movimientos como una acción concreta?

8. Define la noción de «modelo genérico» de acción.

9. Relaciona acción y procedimiento.

10. ¿En qué sentido se identifica la acción y el procedimiento?

11. Relaciona los siguientes conceptos: acción genérica, procedimiento genérico, acción concreta, procedimiento concreto.

12. Explica la existencia de acciones genéricas más o menos formalizadas.

13. Pon ejemplos de acciones formalizadas.

14. ¿Por qué razón en la acción moral la formalización brilla por su ausencia?

15. Explica las dificultades que conlleva la comprensión de la tesis de que la acción es el procedimiento.

16. Distingue acción en sentido estático y acción en sentido dinámico.

17. Aplica esa distinción a los actos jurídicos, y pon algunos ejemplos.

18. ¿Por qué la acepción estática de la acción presupone la acepción dinámica?

19. Explica el significado gramaticalmente profundo de la frase «el procedimiento de la acción».

20. Explica la tesis de que el procedimiento genérico es una regla o norma.

XXXVI. LA ACCIÓN COMO TEXTO

La conclusión a la que hemos llegado en la lección anterior es que sin procedimiento no hay acción, y sin regla no hay procedimiento; *ergo* sin regla no hay acción. Realizar acciones, pues, es actuar de acuerdo a reglas.

Cuando realizamos una acción concreta estamos actuando de acuerdo con un procedimiento genérico que viene expresado en una regla o norma. Ésta no es otra cosa que la expresión lingüística o verbalizada del procedimiento. La regla o norma nos dice sencillamente *en qué consiste* el procedimiento, lo cual es equivalente a decir en qué consiste la acción. Es indiferente el tipo de acción que sea, jurídica o no jurídica, lúdica o no lúdica. *Toda* acción es expresable en términos lingüísticos mediante una regla que dice cuál es el procedimiento en que consiste la acción.

Conviene insistir en esta idea que identifica acción genérica, procedimiento, y norma o regla. Por experiencia sé muy bien que muchos lectores opondrán cierta resistencia al pensamiento de que, cuando actúan en su vida diaria, lo estén haciendo según reglas establecidas. Piensan que ellos son libres cuando actúan y que al hacerlo no están sometidos a regla alguna. Lo primero en lo que hay que caer en la cuenta, es que seguir reglas de procedimiento no implica, en absoluto, que no se actúe con libertad. El hombre es libre en la medida en que puede elegir las acciones que realiza; justamente en eso consiste su libertad, en ser libre de elegir, en ser libre para decidir lo que va a hacer en el momento siguiente de su vida.

Puedo elegir ahora mismo, por ejemplo, entre seguir escribiendo, levantarme de la mesa y encender un cigarrillo, o ponerme los zapatos e irme a la calle a callejear y disfrutar del sol y del ambiente bullicioso de las calles de la ciudad. Yo decido lo que voy a hacer ahora mismo, en eso radica mi libertad. Pero lo que no seré capaz de alterar es el procedimiento para hacer cualquiera de esas cosas. Seguir escribiendo, levantarme de la mesa, fumar, ponerse los zapatos y andar por la calle, constituyen otras tantas acciones cuyas respectivas definiciones vienen dadas por sus correspondientes procedimientos genéricos; los cuales, a su vez, se expresan verbalmente bajo forma de reglas o normas.

Tomemos un par de acciones de las descritas: fumar y callejear.

Soy libre para decidir si fumo un cigarrillo, o no lo fumo. Pero si decido hacerlo, no soy libre respecto del procedimiento. *Tengo que* abrir el paquete, extraer un cigarrillo del mismo, ponérmelo en la boca por el lado de la boquilla, a continuación tendré que encender el mechero (o tomaré fuego de un objeto equivalente) y, acto seguido, tendré que prender el cigarrillo. Una vez hecha la operación del encendido, realizaré en cada calada el acto de aspiración y espiración del humo. Todo este conjunto de operaciones lo llamamos «fumar». Implican un procedimiento, una serie de pasos en que consiste el fumar. A su vez, el procedimiento se expresa verbalmente en una frase que es una regla o norma: «si quieres fumar tienes que realizar los siguientes movimientos...». O bien, de forma más impersonal: «para fumar hay que operar de esta manera...».

Por eso digo que la norma de procedimiento expresa verbalmente la acción genérica, ya que nos comunica en qué consiste la acción. No nos obliga a realizar esa acción. Puedo decidir no fumar. Pero, si queremos llevarla a cabo, no tenemos otro remedio que actuar de acuerdo con lo que dicha norma prescribe. No somos libres respecto del procedimiento, puesto que éste constituye la acción misma. Si pretendemos realizar la acción, habremos de operar de acuerdo con el procedimiento, esto es, siguiendo la norma o regla que lo establece.

El mismo análisis es trasladable a la acción que hemos llamado «callejear», andar por las calles sin rumbo, por el mero placer de ir de aquí para allá, sintiendo el deleite de la vida que transcurre y de la contemplación de las gentes y los paisajes urbanos. Es esta una acción que, en sí misma, lleva el germen de la libertad, del disfrute de ésta y del tiempo libre. Nada, pues, más alejado de toda constricción y de toda idea de sujeción. Y, sin embargo, también aquí nos topamos con la necesidad de seguir el procedimiento. Callejear consiste en andar sin rumbo fijo; si tengo un destino concreto

(p. ej., voy al cine) ya no estoy callejeando. Callejear implica un proceder meramente externo, el andar, y una actitud o motivación interna, el no ir a ninguna parte concreta. Ambos «movimientos», el físico y el psíquico, constituyen esta acción genérica que llamamos callejear y que nos procura deleites sencillos, pero profundos.

Realizar una acción es seguir la norma de procedimiento correspondiente. Donde hay acción, hay procedimiento, y también hay norma. Son tres conceptos que se coimplican, que van acompañados siempre. No es posible pensar uno sin relacionarlo de inmediato con los otros dos.

La consecuencia de todo ello es obvia. Si la acción se expresa mediante una regla o norma, quiere decirse que la acción es, también, un *texto*, un fenómeno comunicativo. Esto encaja perfectamente con la idea, expuesta antes, de que la acción es una unidad de sentido, una unidad de significado, atribuible a un sujeto que realiza un conjunto de movimientos.

Pero conviene diferenciar aquí, para entender esta tesis, entre la acción genérica y la acción concreta.

Como sabemos, la acción genérica es la que se expresa en la norma de procedimiento, la cual no establece otra cosa que un procedimiento genérico para realizar determinado *tipo* de acciones. La norma de la acción que expresa en qué consiste fumar es, ella misma, la manifestación lingüística de un procedimiento genérico. En cuanto que se manifiesta en lenguaje, es, obviamente, texto, y como tal, susceptible de todas las operaciones intelectuales que es posible ejecutar con los textos (leer, interpretar, comprender, comunicar, etc.).

Más dificultad para aceptar su carácter de «texto» puede plantear la acción concreta, esto es, el conjunto de movimientos que un sujeto realiza en una situación dada. Pudiera parecer que, *prima facie*, esa acción concreta que realiza un determinado individuo no es sino un mero acto ejecutivo de la acción genérica (o del procedimiento en que ésta se expresa). Y realmente se trata de un mero acto ejecutivo, puesto que se limita a trasladar a la realidad fáctica lo establecido mediante el procedimiento genérico. Pero no se puede dudar de que ese «mero acto ejecutivo», para poder ser entendido como tal por el observador externo, precisa de una labor previa de *interpretación*.

Ante un conjunto de movimientos concreto, nos preguntamos qué tipo de acción está realizando el sujeto agente. ¿Se trata de un acto de fumar?, ¿de callejear?; ¿ha cometido el sujeto un homicidio, un asesinato, o quizás un parricidio? (respecto de este último, hay que decir que en la vieja formulación del Código Penal venía tipificado como delito; actualmente, el parentesco se considera una «circunstancia mixta» que, dependiendo de la naturaleza, los motivos y los efectos del delito, puede atenuar o agravar la responsabilidad). ¿Qué es lo que realmente ha hecho el sujeto agente de la acción al realizar el mero acto ejecutivo de la misma, esto es, lo que llamamos acción concreta?

La única forma de saber lo que realmente hace, con sus movimientos concretos, un sujeto determinado, es contemplar ese conjunto de movimientos y, al mismo tiempo, encontrar su significado. Esto sólo es posible mediante la interpretación de los movimientos realizados. Con la acción concreta realizamos operaciones intelectuales similares a las que empleamos respecto a los textos literarios: vemos los caracteres físicos de la acción, «leemos» la acción concreta y tratamos de encontrar su *sentido*.

Esto es lo que hacemos, consciente o inconscientemente, en todas las ocasiones en las que nos relacionamos con los demás. La situación concreta y, sobre todo, nuestra experiencia de la vida, es la que nos da la pauta para acertar en nuestra interpretación. Podemos equivocarnos, y de hecho nos sucede con alguna frecuencia, aunque no excesiva, que interpretamos inadecuadamente una determinada actitud de una persona o una forma de proceder. Tiene lugar, entonces, lo que se denomina un *malentendido*, que no es otra cosa que una interpretación errónea o incorrecta de lo que hemos visto, oído o experimentado en el trato con otra persona.

Cómo se produce la interpretación de los movimientos, en virtud de qué factores culturales y ambientales tiene lugar el fenómeno, son cuestiones que exceden de la tarea que me he propuesto en un texto expositivo de los puntos básicos de la Teoría comunicacional del Derecho. Baste señalar aquí que la interpretación de las acciones de los miembros de una sociedad sólo es posible merced a la comprensión del *mundo social* al que pertenecen los sujetos, tanto el agente, el que realiza la acción, como quien la contempla.

Sin la «instalación previa» en el mundo social de que se trate, no es posible acertar en la interpretación de los actos ajenos. Se hace absolutamente necesaria una *precomprensión* del mundo sociocultural en el cual se producen las acciones, gracias a la cual el intérprete será capaz de situar adecuadamente los acontecimientos externos.

Pensemos en el explorador que llega a una tribu aislada del resto de la humanidad. Si no conoce, aunque sea muy superficialmente, su lengua, sus costumbres y sus concepciones de la naturaleza y de la vida, no cabe la menor duda de que pasará bastante tiempo durante el cual entenderá muy poco de lo que sucede a su alrededor. A medida que vaya aprendiendo y comprendiendo los factores simbólicos, culturales y lingüísticos de esa pequeña comunidad, irá comprendiendo las acciones concretas de las que sea espectador o partícipe.

El significado de la acción es, pues, un significado *social*. El sentido que tiene un conjunto concreto de movimientos no depende sólo, ni principalmente, del sentido subjetivo que intente darle el sujeto agente que realiza la acción. El sentido del movimiento como acción viene dado por la atribución social de significado. Las acciones significan lo que socialmente está aceptado que significan.

Si un individuo realiza un movimiento determinado al que adscribe un sentido peculiar, y que se desvía o no tiene nada que ver con el sentido social de dicho movimiento, que es su sentido «normal», puede decirse que la acción que realiza dicho individuo no es la que él pretende o dice llevar a efecto, sino la que socialmente se entiende que ha realizado.

Con un ejemplo se aclarará enseguida esta cuestión, que sólo en apariencia es difícil. Voy por la calle y me encuentro a un individuo al que conozco, quien, al verme, gira su cabeza en sentido contrario al lugar en que me encuentro. Yo interpreto ese movimiento brusco, y en dirección contraria a mí, como una negación manifiesta de saludo. Sin embargo, luego me entero, al recriminarle a dicha persona su extraña actitud, que él, según afirma, saluda de esa manera. Pretende ser «original» en su forma de comportarse, y lo es hasta el extremo de que no saluda como todo el mundo lo hace «normalmente». Tiene este individuo, evidentemente, un comportamiento «excéntrico», y lo más probable es que tenga problemas de relación con los demás. Incluso puede suceder que, si es así de «excéntrico» en la generalidad de sus conductas, estemos en presencia de una persona con cierta carga patológica. La razón no es otra sino que esa persona tiene un *lenguaje gestual* que no corresponde con el socialmente admitido, que es el «normal».

La pauta interpretativa de un conjunto de movimientos que permite llegar a la interpretación correcta, y determinar el tipo de acción realizado, es la pauta social *normal*. «Normal» viene de «norma»; normal es lo que sigue la norma, se entiende: la pauta social habitual. Interpretamos los movimientos constitutivos de las acciones de acuerdo con esas pautas, las cuales permiten que, de esa manera, comprendamos lo que hacen los demás.

Al fin y al cabo, los actos no son sino una forma más del lenguaje. La acción humana es la forma genuina de comunicación.

También es cierto que el lenguaje sólo tiene lugar mediante actos, que son los *actos de habla*.

Estos últimos se manifiestan al exterior también como un conjunto de movimientos. El hablante mueve una serie de músculos y emite sonidos. Sólo quien sepa de antemano el significado de esos sonidos guturales, podrá comprender el mensaje que el hablante le transmite. Para ello, el destinatario del acto de habla ha de estar necesariamente instalado en la precomprensión de la lengua en la que el hablante le habla. Ahora bien, la lengua es un fenómeno *social*, no privado. Quien sólo hablara un lenguaje «privado», no se haría entender, ya que la esencia del acto de habla es justamente la comunicación interindividual.

Los modelos o pautas de interpretación, que permiten comprender los movimientos y «traducirlos» en su sentido de acciones, se adquieren a lo largo de un proceso de *aprendizaje* que dura toda la vida. Comprender el mundo que nos rodea es comprender los diversos fenómenos de comunicación. Esos modelos o pautas de interpretación son reglas, como hemos visto. Comprender el mundo es comprender esas reglas.

Se impone, por tanto, que pasemos en la siguiente lección al estudio de las reglas o pautas que permiten la interpretación de los movimientos, esto es, su comprensión como acciones.

EJERCICIOS

1. Relaciona los siguientes conceptos: acción, procedimiento y regla (o norma).

2. Comenta la idea de libertad como libertad de elección o de decisión.

3. Relaciona el concepto de libertad con la idea de sometimiento al procedimiento que constituye la acción.

4. Describe en qué consiste la acción de fumar. Relaciona esta acción con el concepto de regla y el de libertad.

5. Haz lo mismo con la acción de callejear.

6. ¿En qué se diferencia «callejear» de «ir andando al trabajo»?

7. Pon ejemplos de otras acciones y analízalas de manera similar a como se analizan en el texto.

8. Comenta la tesis de que la acción es texto.

9. ¿Qué es «leer» una acción concreta?

10. ¿Por qué se producen los «malentendidos»? Explícalo en términos de la Teoría comunicacional.

11. Relaciona el concepto de mundo social con el de comprensión de la acción.

12. ¿Qué quiere decir que, para entender una acción concreta, es necesario la «precomprensión»?

13. Explica la idea de que la acción es un significado social y no meramente individual.

14. ¿Cuál es el sentido de la palabra «normal»?

15. Junto al lenguaje hablado o escrito, está el lenguaje gestual. Pon ejemplos de este último.

16. ¿Qué es un acto de habla?

17. ¿En qué se diferencia un acto de habla de otro que no sea de habla? Y ¿qué es lo que tienen ambos en común?

18. ¿Es posible la existencia de un lenguaje meramente privado?

19. Explica el proceso en virtud del cual aprendemos las pautas o reglas de interpretación de los movimientos que nos permiten saber qué tipos de acciones constituyen.

XXXVII. ACCIÓN CAUSAL, ACCIÓN LÓGICA Y ACCIÓN CONVENCIONAL

De lo expuesto en los capítulos anteriores se desprende que el concepto de acción genérica es intercambiable con el de procedimiento, y que éste se manifiesta siempre por medio de una regla o norma procedimental. Los tres conceptos (acción, procedimiento y norma procedimental) se asimilan hasta tal punto que casi son intercambiables.

No obstante, conviene señalar que cada una de esas nociones subraya o enfatiza algún aspecto determinado. La palabra «acción» nos sugiere la idea de un fenómeno ya acabado, contemplado en su totalidad como una realidad producida. «Procedimiento» es una palabra que sugiere el conjunto de pasos necesarios para que pueda producirse la acción. Por último, la norma procedimental es la expresión lingüística de dicho procedimiento, su manifestación explícita por medio de palabras.

Dejando a salvo esas diferencias de matiz, que, en mi opinión, no alteran la tesis de la sustancial unidad de las nociones mencionadas, nos vamos a centrar en esta lección en el estudio de los distintos tipos de normas procedimentales, lo cual implicará, obviamente, la diferenciación de los procedimientos y de las respectivas modalidades de acción. Partimos de la norma procedimental debido a que es más fácil analizar la expresión lingüística en que toma cuerpo el procedimiento característico de la acción, que emprender otro camino. Pero, antes de hacerlo, será conveniente que nos detengamos algo en el concepto genérico de norma procedimental.

Ya nos hemos encontrado con este concepto al estudiar los distintos tipos de normas jurídicas. El planteamiento de ahora es algo más amplio. Nos interesa una reflexión general sobre la norma procedimental, cualquiera que sea ésta, para ver después sus distintos tipos, y así bajar a la arena de las normas jurídicas procedimentales. Ese será el momento adecuado para ampliar las nociones que hemos visto ya. Soy fiel así, de nuevo, a la estrategia del avance en espiral, que consiste en pasar varias veces por el mismo sitio con diferente perspectiva.

Una norma procedimental, *cualquier* norma procedimental (por tanto, no sólo las jurídicas) es una regla que establece los requisitos necesarios de una acción, que es lo mismo que decir que establece el procedimiento, ya que éste no es otra cosa que el conjunto de requisitos necesarios de una acción.

La formulación lingüística de la norma procedimental puede concretarse en maneras dispares, todas ellas convertibles recíprocamente. Veamos algunas de esas manifestaciones concretas.

Una primera formulación puede ser ésta:

«La acción *a* consiste en...»

(y a continuación se especifican los movimientos concretos que han de realizarse en un espacio y tiempos concretos por un sujeto capaz).

El verbo «consistir en» puede ser sustituido por el más simple verbo «ser». Tendríamos entonces: «La acción *a* es...».

También puede emplearse el verbo «tener que», el cual tiene la ventaja de que acierta en expresar la norma procedimental como una norma directa de la acción, tan directa que en ocasiones la constituye o crea.

Este «tener que», a su vez, es susceptible de presentarse de una manera impersonal o de una manera personal, dirigido a un sujeto.

Significado impersonal tiene el «tener que» en expresiones de este tipo: «para que se dé la acción *a* tienen que cumplirse los siguientes requisitos...».

Por el contrario, el significado personal supone un sujeto que se plantea una finalidad determinada, justamente la de realizar la acción: «si alguien quiere hacer *a* tiene que operar de la siguiente manera...».

Como sinónimo del «tener que», impersonal o personal, se emplea asimismo la frase «es necesario». Así: «para conseguir la acción *a* es necesario hacer esto o aquello...»; o también, de manera personalizada: «si Cayo quiere hacer *a* es necesario que cumpla estos requisitos y haga esto y aquello...».

A partir de esta pluralidad expresiva de la norma procedimental, no plantea dificultad mayor entender su concepto, que es uno. La norma procedimental es una proposición lingüística que establece los *requisitos necesarios* de la acción. Como norma que es, va dirigida a un sujeto, o, mejor, a una pluralidad de sujetos.

En la generalidad de los casos se trata de un sujeto *libre*, esto es, capaz de elegir por sí mismo una finalidad como meta. En tal caso, la norma puede formularse así: «si un sujeto S quiere realizar la acción *a* tiene que proceder de la siguiente manera...». O también: «si un sujeto S pretende realizar la acción *a* es necesario que proceda de la siguiente manera...».

La norma procedimental es del tipo de las llamadas reglas *técnicas*, ya que establecen la técnica, el proceder necesario para realizar una acción o alcanzar un resultado. Su expresión característica se consigue mediante el verbo *tener que*, aunque ya sabemos que es posible otro tipo de formulaciones, entre las que destaca la de *es necesario que*.

Toda norma procedimental establece, pues, no un deber, sino una *necesidad.*

Quien quiere que el coche corra, no le queda otro remedio que apretar el acelerador. La norma procedimental, en este caso, presupone la libertad del sujeto en cuanto a querer que el coche corra. El sujeto puede querer, efectivamente, que su coche corra, o puede querer lo contrario, que esté quieto. Pero si quiere que corra *tiene que, no le queda otro remedio*, le *es necesario* apretar el acelerador. No es libre para elegir el medio para conseguir su finalidad.

Se trata, en este ejemplo, de una necesidad *causal.* Efectivamente, la causa de que se consiga la finalidad (que el coche corra) es que se aprieta el acelerador. Entre apretar el acelerador y que el coche corra hay una relación de causalidad. Sólo *porque* se aprieta el acelerador, el coche corre.

La norma de procedimiento que expresa una necesidad causal lo que hace es convertir la causa en medio y el efecto en finalidad. Es la regla técnica que supone la reformulación de una ley causal en términos de una regla de la acción.

La ley causal se expresa así: «si la causa *c* es, es el efecto *e*»; lo que quiere decir que si se produce un fenómeno que llamamos causa, necesariamente se produce otro fenómeno que llamamos efecto. Entre causa y efecto existe una relación de causalidad. Siempre que se produce *c* se produce *e.*

La regla técnico-causal o procedimental-causal se inspira en la fórmula de la ley causal, o, mejor, se basa en ella; hace de la causa el medio para conseguir en efecto, que es el fin del sujeto.

Así se formulará en los siguientes términos: «si un sujeto S quiere conseguir la finalidad *e* tiene que actuar el medio *c*».

Lo que es causa en la ley causal, se transforma en medio en la regla procedimental. Y lo que es efecto en la primera, es finalidad del sujeto en la segunda.

La necesidad causal, empero, no agota, ni mucho menos, todo el campo de la necesidad. En un trabajo publicado en 1981 («Norma y regla técnica») distinguí la necesidad causal, la necesidad lógica y la necesidad convencional. Y, correlativamente, los tres tipos de normas o reglas procedimentales: la norma procedimental causal, la norma procedimental lógica y la norma procedimental convencional.

El concepto de regla técnica lo emplearon los neokantianos en relación tan sólo con la necesidad causal, como una reformulación de la ley causal en cuanto que es traducible en términos de reglas dirigidas a la acción humana. En esta tarea, corregirían a Kant, para quien el «imperativo de habilidad», que es el término empleado por el gran filósofo, consistía en el *deber (sollen)* de emplear el medio adecuado para conseguir la finalidad propuesta. Para Kant, el imperativo de habilidad era una especie más de las normas de deber. Los neokantianos dan un paso adelante y conciben la regla técnica, ya con este nombre, como una expresión no del deber, sino del *tener que (müssen)*. Se resalta así, en la expresión lingüística, el carácter necesario que vincula al medio con el fin. A la relación entre estos dos términos la denominaron *relación teleológica*, por entender que el *telos* o finalidad es el concepto central. Algunos desconocieron, en este punto, que la relación teleológica así descrita no era sino una manifestación de la ley causal; otros, sin embargo, acertaron a comprender que la llamada relación teleológica no era sino la misma relación casual formulada de otra manera.

El error de los neokantianos, en este punto, fue creer que el concepto de regla técnica agotaba su potencialidad analítica como regla técnico-causal, como una mera formulación distinta de la ley causal en cuanto que es formulada como dirigida a la acción humana.

El esquema básico de la regla técnica, como expresión de *müssen o tener que*, se reproduce asimismo en las reglas de procedimiento que pertenecen al campo de la lógica (al menos de la lógica formal) y podría ampliarse también a la matemática.

Las figuras lógicas representan, cada una de ellas, formas concretas de razonamiento lógico que hay que seguir necesariamente para que el razonamiento sea lógicamente «correcto». Si pretendo que mi pensamiento sea lógicamente correcto, tengo necesariamente que atenerme a las reglas de la lógica. Éstas son también reglas de procedimiento que se expresan mediante un «tener que». El sujeto pensante no es libre respecto a dichas reglas apodícticas, se le imponen necesariamente, siempre que pretenda que su razonar sea correcto. Si no pretende esto último, entonces no es preciso que siga las reglas procedimentales de la lógica.

Por ejemplo, en mi razonar tengo que respetar determinados principios lógicos, como el principio de no contradicción (o tercio excluso) o el principio de identidad. En virtud de este último sabemos que si *a* es igual a *b* y *b* es igual a *c*, entonces *a* es igual a *c*. Por el de contradicción, sabemos que *a* no puede ser *a* y no-a al mismo tiempo. Si mi razonar no respeta, en algún momento de mi discurso, cualquiera de estos dos principios, es evidente que la conclusión a la que llegaré será lógicamente incorrecta. La incorrección lógica es el resultado del incumplimiento de la regla lógica. De la misma manera que no soy libre de apretar el acelerador si quiero que el coche corra, tampoco soy libre de razonar de acuerdo con los principios de la lógica si pretendo un razonamiento lógicamente correcto.

La *necesidad lógica*, expresada por la regla o principio lógico, es tan «necesidad» como la causal, pero, a diferencia de esta última, su ámbito no pertenece al mundo de los fenómenos fácticos, sino al de los fenómenos lógicos.

En el razonamiento lógico no es muy adecuado el empleo de la palabra «causa». Cuando se dice, por ejemplo, que la premisa mayor, en el silogismo, es «causa» de la conclusión, se está empleando, evidentemente, ese término con un sentido metafórico o figurado, que poco tiene que ver con el significado que adquiere en el terreno de las ciencias naturales.

En el ejemplo clásico de silogismo, «todos los hombres son mortales» (premisa mayor), «Sócrates es hombre» (premisa menor), «luego, Sócrates es mortal» (conclusión), ni la premisa mayor ni la menor son «causa» de la conclusión en el mismo sentido que lo es el que la fuerza de la gravedad origina la caída de los cuerpos dejados libres en el espacio. Cuando, a veces, se dice que las premisas «causan» la conclusión, no se quiere decir otra cosa sino que ésta deriva de aquellas de modo necesario, de manera similar a como el efecto sucede a la causa. Pero se trata, obviamente, de una necesidad de signo distinto. La necesidad causal expresa la conexión entre dos fenómenos que pertenecen al mundo de los *acontecimientos o eventos*, mientras que la necesidad lógica se refiere exclusivamente a la concatenación formal de los argumentos, y no a fenómeno exterior alguno.

Este abuso de la palabra «causa» es manifiesto en el lenguaje jurídico, que la emplea en múltiples contextos, tanto para referirse al fundamento de un negocio jurídico («causa» del negocio) como en otros contextos aún más metafóricos, como cuando se afirma que la ley es «causa» de los deberes y los derechos, queriendo decir con ello que es su fundamento o fuente; o cuando en el razonamiento forense se vinculan unos argumentos con otros empleando el consabido término.

Aunque sea admisible ese uso figurado del término «causa», no lo es la posible creencia de que en todos los contextos significa lo mismo. Es tarea de la Teoría del Derecho dilucidar los significados precisos y educar a los futuros juristas en el hábito del uso adecuado de las palabras.

Con la palabra «causa» sucede como con tantas otras que tienen una larga historia y profunda tradición en la filosofía y en las ciencias. Para entender sus significados dispares habría que remontarse a la concepción metafísica de Aristóteles de las cuatro causas, que harían propia los escolásticos, transmitiendo así su amplio uso a la ciencia y a la filosofía moderna. Después de la delimitación del concepto en el marco de la ciencia natural, el empleo correcto de la palabra ha de restringirse al mundo de lo fenoménico fáctico, pero no al ámbito de la lógica. Así, de «causas» habrá que hablar en relación con los hechos de la naturaleza, con los hechos sociales y con los hechos psíquicos; pero no con el procedimiento interno del razonamiento. La lógica tiene sus propias leyes, que no expresan causas y efectos, sino antecedentes lógicos (como las premisas) y consecuentes (como la conclusión).

EJERCICIOS

1. Recuerda la relación existente entre los siguientes conceptos: acción, procedimiento, norma procedimental; diferencia sus matices distintivos.

2. Repasa lo relativo a las normas jurídicas procedimentales (materia que ya has estudiado en el epígrafe XXIX).

3. Define la noción general de norma procedimental, de la que la norma jurídica procedimental es tan sólo una especie.

4. Haz un esquema de las diferentes formas lingüísticas que puede adoptar cualquier norma procedimental.

5. ¿Qué son los requisitos necesarios de una acción? ¿Qué tienen que ver con el procedimiento? ¿Y con la norma procedimental?

6. ¿Por qué el verbo «tener que» expresa, mejor que ningún otro, el carácter típico de la norma procedimental?

7. Explica qué es lo que tiene que ver la libertad del hombre con el procedimiento y con la acción.

8. Relaciona las expresiones «es necesario que...» y «tener que».

9. Diferencia «deber» de «tener que».

10. Aclara el concepto de «necesidad», subyacente a toda regla de procedimiento.

11. Explica en qué consiste la necesidad causal.

12. Define el concepto de regla técnica.

13. Relaciona ley causal y regla técnica.

14. ¿Es toda regla técnica una regla técnico-causal? Razona la respuesta.

15. Analiza el concepto de causa.

16. Pon ejemplos de expresiones que conectan causa y efecto, y que son convertibles en otras que conectan medios y fines.

17. ¿Por qué razón el concepto de regla técnica que manejaron los neokantianos es excesivamente estrecho?

18. Busca lo que dice Kant sobre el «imperativo de habilidad» en su obra *Introducción a la Metafísica de las costumbres;* resúmelo en un folio y coméntalo.

19. ¿Qué es la relación teleológica? ¿Qué tiene que ver con la relación causal?

20. ¿Por qué el concepto de regla técnica es aplicable al campo de la lógica?

21. Define la regla técnico-lógica.

22. ¿Cuándo decimos que un razonamiento es «lógicamente correcto»?

23. Define la necesidad lógica y diferénciala de la necesidad causal.

24. Explica el uso abusivo de la palabra «causa».

25. ¿Cuál puede ser la razón de este abuso?

26. Averigua los significados del término «causa» en Aristóteles y en Tomás de Aquino; haz un cuadro explicativo.

27. ¿Por qué motivo en la lógica no es adecuado el uso de la palabra «causa»?

28. Pon ejemplos del Derecho en los que se emplea impropiamente la palabra «causa», como sinónimo de fundamento, justificación, razón o similares.

XXXVIII. ACCIÓN CONVENCIONAL

Junto a la regla técnico-causal y la regla técnico-lógica, que hemos estudiado en la lección anterior, tenemos, por último, la regla técnico-convencional. También podemos llamarla norma procedimental convencional.

De igual manera a como la primera de las reglas mencionadas establece la acción causal, y la segunda, la acción lógica, esta última establece la acción convencional.

Para entender en qué consiste la acción convencional, nada mejor que referirnos a la que tiene lugar en los juegos. En éstos encontramos la acciones convencionales por excelencia.

Una acción de juego es aquella que viene determinada por una regla del juego de manera, puede decirse, «arbitraria». La regla de juego que establece en qué consiste la acción, no deriva ni de la naturaleza ni de la lógica, no extrae su ser de una realidad previa. El creador de la regla de juego bien podría haber decidido que fuera otro su contenido, pero decidió que fuera el que es, y no ningún otro. La regla de la acción de juego tiene su origen en la decisión del creador del juego. Esa decisión no está apoyada en una instancia previa que imponga sus condiciones. Sólo, quizás, hay una condición a la hora de crear juegos, a saber: que sea posible llevar a efecto la acción programada (por ejemplo, no es posible un juego en el que los jugadores tengan que jugar, sin posibilidad de ser sustituidos, durante tres días seguidos al fútbol).

Fijémonos en las acciones características del ajedrez. Cada acción consiste en mover una ficha por una de las partes contendientes. Ahora bien, a cada ficha le corresponde un procedimiento diferenciado del que corresponde a las demás. Los peones se mueven hacia adelante, pero comen en diagonal, la torre se mueve y come en línea recta en las cuatro direcciones, el alfil en diagonal, la reina en todas las direcciones posibles en línea recta, etcétera.

¿Cuál es la razón de que a cada ficha le corresponda su propio procedimiento y que éste sea, en cada caso, precisamente el que es, y no ningún otro? Esta pregunta no puede contestarse de manera similar a como hay que responder a la cuestión, similar, de cuál sea la razón de que las reglas de procedimiento de la acción causal y de la acción lógica sean precisamente las que son, y no otras.

Mientras que los procedimientos típicos de la acción causal y de la lógica vienen predeterminados por la existencia de una realidad previa que impone dichas reglas, no sucede algo parecido con las normas procedimentales que crean o constituyen acciones de carácter convencional. Estas normas no derivan de una realidad previa, no son la reformulación de una «ley» anterior (como sucede con las leyes causales y con las leyes lógicas). Su origen hay que encontrarlo en la mera *decisión* creadora del juego. Empleando una terminología algo antigua, puede decirse que el origen de dichas normas está en la «voluntad» de su creador. Éste ha establecido unos procedimientos específicos para cada tipo de ficha. Ha determinado de igual manera el tablero y la duración, esto es, el espacio y el tiempo, así como los sujetos que intervienen en el juego, con sus competencias.

La acción de juego es, según eso, una construcción meramente artificial, ya que no deriva de algo previo. Sólo es preciso que se mantenga una «coherencia interna» entre las reglas creadas, de manera que lo que exija una no se vea contradicho por lo exigido por otra. Por ejemplo, una vez determinado que el tablero de ajedrez tiene 64 cuadrados (escaques), ocho por ocho, y que los dos equipos de fichas han de colocarse en el inicio de cada partida en lados opuestos en dos filas, es evidente que cada equipo ha de tener 16 fichas. La coherencia interna del sistema de reglas de un juego no elimina, sin embargo, el carácter fundamentalmente convencional de dichas reglas y, consiguientemente, de las acciones que establecen. El procedimiento podría ser otro, pero es justo el que se ha establecido, y cabalmente tan sólo *porque* se ha establecido que así sea.

La norma procedimental de carácter convencional expresa, al igual que toda regla técnica, una «necesidad»; no, por supuesto, una necesidad causal, ni una necesidad lógica, sino una *necesidad convencional*.

Esta expresión («necesidad convencional») parece una *contradictio in terminis*, pues podría pensarse que lo necesario es lo contrario de lo convencional, que es lo mismo que decir que lo que necesariamente ha de tener lugar no depende de la libertad de decisión. Este enfoque supone, sobre todo, la idea de que toda necesidad es típicamente causalista. Lo característico de la «necesidad convencional» es que se establece algo como necesario de manera convencional. Lo establecido podría haberse establecido de otra manera muy diferente; pero, una vez fijado el procedimiento mediante la correspondiente regla, se impone de manera tan necesaria como pueda imponerse el procedimiento causal o el lógico.

¿Por qué tengo que mover el alfil en diagonal? Pues sencillamente porque se ha establecido que ese es el procedimiento para mover el alfil en el ajedrez. Mover el alfil en diagonal expresa una necesidad de acción tan «necesaria» como la de apretar el acelerador para que el coche corra. La diferencia entre ambas acciones radica en que mientras que apretar el acelerador para lograr que el coche ande implica un procedimiento que se deriva de las «leyes de la mecánica», mover el alfil en diagonal no deriva de una ley anterior, inexistente, sino que es la acción necesaria para realizar la acción de juego. Tan carácter necesario tiene una acción como otra.

La formulación lingüística de la norma procedimental convencional no se diferencia en nada de los otros tipos de normas procedimentales. Como regla técnica que es, se manifiesta mediante el verbo *tener que*, que es sinónimo de «es necesario», «es imprescindible», «no queda otro remedio que», etcétera.

La norma procedimental convencional expresa los requisitos que se han de cumplir para que la acción realizada pertenezca al ámbito convencional que se establece precisamente mediante un conjunto de normas o reglas.

Si muevo el alfil en diagonal y lo coloco en un determinado cuadro o escaque del tablero, he realizado un movimiento que cumple los requisitos de la norma procedimental del ajedrez. Me tocaba a mí mover y lo he hecho realizando el movimiento consistente en desplazar el alfil en diagonal, que es como tiene que ser movida esa ficha; he colocado el alfil en un determinado cuadro del tablero, y con ello he concluido mi acción de jugar. He realizado una *acción de ajedrez*. He llevado a efecto una acción que pertenece a un determinado ámbito, que es, en este caso, el ajedrez. La acción no pertenece al mundo de la naturaleza (aunque también puede ser interpretada tan sólo como un acto meramente físico, como una «acción básica» de contracción de músculos y desplazamiento de una figura de madera de un lugar a otro). Tampoco pertenece al mundo de la lógica (aunque desde otra perspectiva he realizado esa acción de mover el alfil siguiendo quizás una determinada estrategia). Pertenece sencillamente al mundo de lo convencionalmente establecido, como es el mundo que llamamos «juego».

Todo juego es como un microcosmos que ha sido generado por la invención artificial del hombre mediante el establecimiento de reglas o normas. La función inmanente de dichas normas es constituir un ámbito convencionalmente delimitado en el que se realice determinado tipo de acciones, que son las acciones pertenecientes a ese juego.

A cada juego pertenece un tipo (o varios) de acciones. Cuando el jugador lleva a cabo una jugada, sabemos que es una acción de juego porque «leemos» el movimiento realizado desde la perspectiva de las reglas del juego. Si el movimiento cumple los requisitos de la regla procedimental, entonces decimos que la acción realizada pertenece al juego. En caso contrario, esto es, si el movimiento no cumple los requisitos procedimentales exigidos, diremos que dicho movimiento no es una acción de juego, no pertenece a éste.

Lo que quiero decir con todo esto es que la norma procedimental convencional dota de sentido al movimiento realizado. Es imposible percatarse qué tipo de acción ha realizado un jugador si no se domina el conjunto de las reglas del juego; esto es, si no se domina el lenguaje de ese juego.

Llegados a este punto, creo que ya estamos preparados para plantearnos esta pregunta: ¿a qué clase de normas procedimentales pertenecen las normas que establecen las acciones jurídicas? O expresado de otra manera: ¿qué tipo de norma procedimental es la norma jurídica procedimental?; ¿es causal, es lógica, o es convencional?, ¿o constituye acaso un cuarto tipo no encuadrable en ninguno de los estudiados hasta el momento?

Para contestar estas preguntas, es conveniente que nos detengamos antes en comentar algunos ejemplos de acciones jurídicas.

Actos jurídicos son: solicitar la renovación del permiso de conducir, matricularse en un curso de la Facultad de Derecho, cometer un asesinato, celebrar un contrato de compraventa de un piso, rellenar y firmar un cheque, no prestar socorro a una persona a quien se ha atropellado, no pagar la deuda dentro del plazo convenido en el contrato, declarar la guerra un Estado a otro, legislar, dictar sentencia, lanzar una OPA (oferta pública de acciones), presentar una demanda ante un tribunal, etcétera.

Como puede observarse de inmediato, los actos jurídicos son de naturaleza muy heterogénea. Por eso, su clasificación es una tarea ardua que sólo puede contemplarse en el seno de las disciplinas jurídicas particulares (Derecho administrativo, civil, penal, procesal, internacional, etc.); gran parte del estudio de éstas se destina precisamente a determinados actos jurídicos. Bajo el concepto de acto jurídico lo mismo se engloban actos meramente declarativos, que solicitudes o actos de ejecución; actos con valor de norma y actos meramente aplicativos; actos que consisten en un hacer «positivo» y actos que consisten en un omitir (o hacer «negativo»); actos de los particulares y actos del Estado y de las instituciones; actos de la persona física y de la persona jurídica; actos lícitos y actos ilícitos... Toda una gama variopinta que expresa la enorme complejidad del Derecho.

A pesar de la diversidad, empleamos el mismo término: acto o acción jurídicos. ¿Cuál es el elemento común a todos esos diversos tipos de actos que permite que se les pueda calificar como «jurídicos»? La respuesta, aparentemente, es bastante sencilla: serán actos jurídicos los contemplados por las normas del Derecho. Pero, ¿qué queremos decir con la palabra «contemplados»?; ¿estamos afirmando con ello que los actos tienen una entidad previa y que, tras ser «contemplados» por las normas jurídicas, se convierten en actos jurídicos?; ¿o quiere decirse, por el contrario, que sólo porque las normas establecen en qué consisten esos actos jurídicos existen éstos realmente?

Tomemos el ejemplo de matar a un individuo humano, que, en sí mismo, es una acción meramente física. Una persona aprieta el gatillo, introduce varias balas en el cuerpo de otra, y, como consecuencia, ésta fallece. Se ha producido una cadena de acontecimientos meramente físicos que pueden ser descritos y explicados en términos meramente causalistas. La tensión de los músculos al apretar el gatillo varias veces, el mecanismo del fusil que impulsa la bala, la penetración de ésta en el cuerpo de la víctima y su alojamiento en zonas vitales, el desencadenamiento del proceso biológico de la muerte... Podremos quizás describir también el proceso psíquico que acompaña a los movimientos de la persona que dispara, proceso que forma parte también del complejo fenoménico que constituye la acción. Lo cierto es que a todo el conjunto de fenómenos que tienen lugar los llamamos, resumiéndolos en una palabra, pura y simplemente «matar». No hemos necesitado norma jurídica alguna para poder calificar esa acción concreta como «matar».

«Matar», en sí mismo, no es una acción jurídica. Sólo se transforma en acción jurídica cuando el matar es contemplado a la luz de alguna norma del Derecho. Lo único que ocurre es que el Derecho nunca contempla el acto de matar *en sí*, sino que siempre lo considera en el marco de determinadas condiciones. Establece el Derecho una tipología del matar. Así, matar puede ser un acto de cumplimiento del deber (jurídico), como sucede en el caso de la ejecución de una pena capital, o en el caso del soldado que se halla en el frente de batalla. Puede ser también un acto lícito, como sucede con quien actúa matando al repeler un ataque físico que pone en peligro su propia vida, lo que se llama legítima defensa. Por último, el Derecho establece las diversas formas delictivas que tienen como común denominador el matar: asesinato, homicidio, infanticidio, parricidio, aborto... (el actual Código Penal español ha simplificado esta tipología; *vid.* artículos 138 y ss.). Cada uno de estos *tipos* delictivos tiene sus propios caracteres y su pena distinta, porque, aunque todos conllevan el matar, cada uno lo es de distinta forma. Incluso se medirá el grado de intencionalidad, calificando cada tipo, cuando proceda, de «doloso» (con dolo, o intención de causar daño) o «culposo» (con imprudencia). En este punto hay que decir que el actual Código Penal ha sustituido la cláusula general de imprudencia, del artículo 565 del antiguo Código, por la tipificación particular de cada forma delictiva imprudente.

Aunque «matar» existiría *antes* de toda norma jurídica, no ocurre lo mismo con las acciones de ejecutar una pena capital, actuar en legítima defensa, cometer homicidio, cometer asesinato, etc. «Matar», en sí mismo, no constituye un acto con significado jurídico. Sólo en contacto con las normas del Derecho podremos saber qué tipo de acción *jurídica* se ha realizado (se da una posibilidad similar con las morales y con otros tipos de normas, pero éste es un tema que estudiamos más adelante).

La norma jurídica establece en qué consiste la ejecución de la pena capital, y también en qué consiste la legítima defensa, el asesinato, el homicidio, etcétera.

Sobre la base de una realidad natural, como es el mero «matar», se diferencian, mediante sendas normas de procedimiento, los diversos tipos de actos jurídicos cuyo conjunto de movimientos físicos expresamos con el término «matar». Puede decirse que en este caso, y otros similares, la acción jurídica es construida o establecida por la norma procedimental partiendo de una realidad natural previa.

Pero existen muchos casos en los que no existe la mencionada realidad natural previa. Por ejemplo, el acto delictivo de falsificar un cheque, o el acto de matricularse un alumno en la Facultad de Derecho. ¿Cómo opera entonces la norma procedimental, al no poder contemplar ninguna realidad natural previa?

EJERCICIOS

1. ¿Por qué es posible encontrar en los juegos las acciones convencionales por excelencia?

2. Explica la idea de «arbitrariedad» en relación con la creación de las reglas de un juego.

3. Relaciona los términos «arbitrario» y «convencional».

4. ¿Qué tiene que ver la decisión con la arbitrariedad?

5. Busca el reglamento del ajedrez, y escribe en un folio algunas de sus reglas principales.

6. ¿Qué quiere decir que a cada ficha del ajedrez le corresponde un procedimiento?

7. ¿Cuál es la diferencia básica entre la acción causal y la acción lógica, por una parte, y la acción convencional?

8. Relaciona el concepto de decisión con el de norma procedimental convencional.

9. Explica la idea de la «coherencia interna» de las reglas de un juego.

10. ¿Por qué la expresión «necesidad convencional» parece una *contradictio in terminis*?

11. Compara la regla que impone mover el alfil en diagonal, con la que impone apretar el acelerador para que el coche corra.

12. Busca ejemplos de reglas procedimentales del juego y formúlalas con sus expresiones características: tener que, no tener otro remedio que, es necesario que, etcétera.

13. Explica el concepto de «ámbito convencional».

14. ¿Cuándo una acción pertenece a un ámbito convencional?

15. Diferencia entre «acción básica» y «acción convencional».

16. Relaciona «ámbito convencional» y «sistema de reglas o normas».

17. ¿Cuándo pertenece una acción a un ámbito convencional?

18. Analiza el concepto de «pertenencia» referido a la acción.

19. Relaciona «reglas del juego» y «lenguaje del juego».

20. Enumera actos jurídicos distintos a los mencionados en el texto.

21. ¿Qué tienen en común los actos de «cometer un asesinato» y «celebrar un contrato de compraventa»?

22. Explica un poco en qué consiste la enorme heterogeneidad de los actos jurídicos.

23. ¿Qué significa que los actos jurídicos son «contemplados» por las normas jurídicas?

24. Analiza el significado básico de «matar», y demuestra que, desde el punto de vista jurídico, el mismo acto básico de matar puede constituir acciones muy dispares.

25. Pon algún ejemplo de acto jurídico que no «contemple» una realidad natural previa.

XXXIX. LA ACCIÓN JURÍDICA COMO ACCIÓN CONVENCIONAL

En la lección anterior hemos visto cómo el Derecho estructura acciones que para él son relevantes (como el homicidio, el asesinato, el homicidio imprudente, etc.) tomando como referente una realidad previa, la de la acción causal de matar. La acción de matar, decíamos, no es en sí misma considerada un acto con significado jurídico. Puede tener un sentido u otro, dependiendo de la norma que establece cada uno de los actos delictivos. Incluso puede que la acción «natural» de matar tenga el significado de la realización de un deber, como sucede con el verdugo que ejecuta la pena de muerte.

En todos los casos en que el Derecho contempla una acción natural o causal, lo que hace la norma procedimental que establece el procedimiento en que consiste la acción jurídica, es determinar los elementos específicos, de carácter físico y psíquico, que, relacionados con el sentido de la norma procedimental, dan la clave del significado de la acción.

Así, el verdugo que acciona el mecanismo para ejecutar al reo realiza un conjunto de movimientos físicos que a ello conducen, a la vez que quiere conseguir el resultado de la muerte. Su intencionalidad meramente psíquica es la misma que la del asesino que dispara a quemarropa con intención de causar la muerte. Puede decirse que, desde un puro punto de vista naturalista o causalista, ambas acciones son idénticas. Sin embargo, su sentido es absolutamente divergente cuando se contempla ese conjunto de movimientos físico-psíquicos *en relación* con las normas que los establecen. Pues mientras que en un caso nos encontramos ante la comisión de un asesinato, en el otro estamos ante el cumplimiento de un deber. Este diverso significado del mismo fenómeno psíquico sólo es posible si se admite que los actos jurídicos tienen un carácter convencional, que es lo mismo que decir que son el resultado de un proceso de *interpretación* de los movimientos a la luz de las normas jurídicas. Estas crean la acción jurídica en base al tratamiento interpretativo de un mismo fenómeno físico-psíquico.

Que el acto jurídico es un «constructo» del Derecho, o sea, de las normas procedimentales, se ve con mayor evidencia aún cuando el acto no tiene un soporte causalista, sino que sólo es explicable en el esquema de un conjunto de meras convenciones.

Por ejemplo, el pago mediante dinero o mediante cheque es un acto que, en sí mismo, no tiene una explicación meramente causalista. Soy deudor de una suma de dinero, y por ello entrego a mi acreedor dicha suma dentro del plazo acordado para saldar mi deuda, o bien le hago entrega de un cheque debidamente cumplimentado. Desde el punto de vista natural, el dinero que entrego no es sino un conjunto de papeles cuyo valor no reside en el papel mismo, en su materialidad, sino en el que ha sido convenido, mediante decisión jurídica. Lo mismo sucede con el cheque, que no es otra cosa que un instrumento de pago girado a un banco en el que tengo un depósito de dinero. Visto desde fuera, como fenómeno meramente físico, lo único que hago es entregar un papel a otra persona. Quien sea ajeno a las convenciones de nuestra cultura no podrá hacerse idea de la importancia social y jurídica de mi acto. Cuando se entere de lo que significa, podrá incluso pensar que se trata de un acto mágico, ya que, entregando un mero papelito, me libero de deudas y deberes y respiro tranquilo.

El simple acto de entregar un cheque como medio de pago de una deuda entraña un conjunto amplio de convenciones, que no tienen como referente ninguna realidad natural. No existe relación causal alguna entre la entrega del cheque y el pago de la deuda, ya que ninguno de los dos conceptos (entrega de cheque, pago de deuda) designa un acontecimiento natural. Cuando los civilistas dicen que la entrega del cheque es la «causa» de la extinción de la deuda, están empleando, sin duda, un lenguaje no naturalista; la palabra «causa» adquiere entonces un sentido figurado o metafórico.

El esquema interpretativo que subyace a todo ese fenómeno jurídico es que las normas procedimentales han establecido diversas formas de pago de deudas, una de las cuales consiste precisamente en la entrega de un cheque. A su vez, el cheque tiene una configuración meramente convencional, y la regla procedimental correspondiente exige que se rellene con la expresión de determinados datos, sin los cuales el cheque no podrá cumplir su función. Pues bien, todas las normas que establecen en qué consiste el cheque, o sea, qué elementos o datos tiene que contener, y cómo, mediante su entrega, se extingue una obligación, son normas jurídicas procedimentales sin referente causalista alguno. Si no existieran las normas que crean el cheque, éste no existiría.

A diferencia de los delitos antes citados contra la vida (asesinato, homicidio, aborto, homicidio imprudente...), que tienen un referente natural previo, como es el «matar», el pago por cheque no tiene dicho referente natural. Algún exagerado puede decir que sí que existe un referente natural, cual es el papel en el que se corporeiza el cheque y el acto natural de entrega del documento. Admitámoslo que es así. Pero también habrá que aceptar que el cheque no es el mero papel, ni que la entrega del documento «causa» la extinción de la obligación. Pues un documento no es un papel cualquiera, sino más bien el significado que tiene un papel dotado de determinadas características; y, por otra parte, el concepto de «extinción de la obligación» no puede ser considerado como un «efecto» en el sentido causal, sino simplemente como una «consecuencia» convencionalmente establecida por las normas.

Aunque es frecuente que los autores, e incluso los propios textos legales, utilicen la palabra «efecto», con ello no se están refiriendo, por lo general, al típico efecto de una acción causal, sino a las consecuencias previstas por la norma jurídica cuando se realiza una acción jurídica, la cual a su vez está también prevista por las normas procedimentales. Los *efectos jurídicos* no pertenecen al mundo de la realidad natural o causal, sino al de la realidad convencional que es el Derecho. Tienen, por ello, un carácter también convencional.

Lo mismo sucede con la palabra *eficacia*, que es empleada como sinónimo de «efectos». La eficacia en el Derecho, lo mismo que los efectos, tiene un mero carácter jurídico y, por tanto, convencional. No hay que confundirla con la «eficacia» extrínseca o social, término que se usa con gran profusión en la Sociología jurídica, y que se refiere a lo que sucede efectivamente en la realidad social; y así se dice que una norma es eficaz si se cumple por lo general, esto es, si los actos que efectivamente se han realizado corresponden a lo que la norma exige. Se trata entonces de un «efecto social» de las normas. En cambio, cuando los juristas dicen que la eficacia general de las normas consiste en su obligatoriedad y que la ignorancia de las leyes no excusa de su cumplimiento, no se están refiriendo a «efectos externos» al propio sistema jurídico, sino a «consecuencias internas» que derivan de la existencia misma de las normas.

Un buen ejemplo del sentido de esta eficacia interna y convencional, característica del sistema jurídico, inmanente al mismo, nos lo proporciona el capítulo III del Título Preliminar del Código Civil, que se titula precisamente «eficacia general de las normas jurídicas». En este capítulo se regulan aspectos internos al propio sistema jurídico: ignorancia de las leyes, error de Derecho, actos contrarios a la ley, etc.; se determina en relación a todos estos conceptos el «efecto interno» de las normas. No se hace referencia para nada al efecto externo, como puede ser la incidencia que pueden tener dichas normas en los diversos aspectos de la vida de una sociedad y de sus miembros.

Como volveremos sobre el concepto de eficacia «extrínseca» o social en otra lección, aquí lo que me interesa subrayar es, sencillamente, la idea de que los «efectos intrínsecos», esto es, los que se producen dentro del sistema jurídico, están previstos por las normas y, por tanto, son también convencionales. No son efectos en el sentido causalista. De igual modo que el concepto de «causa» en el Derecho no tiene el mismo significado que en las ciencias naturales, así sucede con el de «efecto».

Ante la pregunta ¿cuál es el efecto de esta norma?, habrá que diferenciar previamente si se refiere al efecto intrínseco o al extrínseco. El primero es inmanente al sistema jurídico, y puede consistir en las distintas funciones que las normas cumplen (obligar, permitir, exceptuar, imputar una conducta, etc.). El segundo se conecta con el mundo social del Derecho, y así podrá afirmarse que la norma tiene efectos perniciosos para la inversión privada, o que, por el contrario, tiene efectos saludables en el desarrollo de la economía y en la incentivación de las inversiones de los particulares. Se trata, en este último caso, de un efecto externo al sistema jurídico en sí mismo. Los efectos externos tienen que ver con el tema de las funciones del Derecho en la sociedad, tarea cuya investigación corresponde a la Sociología jurídica.

Después de lo expuesto, será fácil aceptar la idea de que tanto las causas como los efectos dentro del sistema jurídico tienen carácter convencional, y que, por tanto, mejor sería llamarles a las primeras «condiciones» o «fundamentos», y a los segundos, «consecuencias»; palabras estas últimas que tienen un menor acento causalista o naturalista. Como nosotros no vamos a cambiar de la noche a la mañana el uso tradicional de los términos, dejémoslos como están, pero al hacerlo tengamos conciencia de su verdadero sentido. Téngase siempre presente que una de las «cargas» de los juristas que quieren hacer ciencia, es que se encuentran con palabras cuya resonancia histórica es muy profunda. Acuñadas en etapas históricas ya lejanas, y sometidas por ello al influjo del pensamiento coetáneo, se han transmitido invariables a lo largo de los siglos, pero han sido comprendidas de modos diferentes merced al influjo de nuevas formas del pensar. Es tarea ineludible de la Teoría del Derecho hacer esta crítica semántica que posibilite tomar conciencia de los usos de los términos jurídicos y de su verdadero significado.

La acción jurídica es una acción típicamente convencional, establecida o creada por una norma o regla procedimental. Ésta determina los requisitos necesarios de la acción jurídica, y esa determinación la hace *ex conventione*, no porque provenga de la naturaleza física o lógica (como sucede con las reglas procedimentales causales y lógicas).

Esa regla procedimental que crea la acción jurídica puede tener en cuenta una acción natural previa, o no tenerla en cuenta. El homicidio, el asesinato, el parricidio, el aborto y la ejecución de la pena capital, son acciones jurídicas que tienen todas en común su referencia a la acción básica de «matar». Sobre esta acción básica o causal de «matar», el legislador constituye o crea los diversos tipos de acciones. En el caso del pago de la deuda con la entrega del cheque, resalta más el carácter convencional de la acción, ya que no hay una acción básica o causal a la que se pueda hacer referencia. La regla procedimental, en este caso, no se construye sobre una acción natural, sino sobre una acción que es también convencional, el pago. El «pagar» es un acto jurídico que no tiene un referente naturalista previo. «Pagar» siempre es resultado de una convención, como lo es también el medio de pago por excelencia, que es el dinero.

Llamamos normas jurídicas procedimentales aquellas normas que constituyen, crean o establecen las acciones o actos jurídicos. Dichas normas establecen los requisitos necesarios para la existencia del acto. *Constituyen* o crean el acto. Esa creación puede tener un referente causalista previo, o no tenerlo. Si lo tiene, la norma se limita a seleccionar los rasgos concretos de la acción causal, y establece de esa manera los distintos *tipos* de acción jurídica. Si no tiene referencia causalista previa, la norma crea el acto, por decirlo así, *ex nihilo.*

También puede aceptarse que las normas procedimentales *definen* los actos jurídicos, si bien el término «definición» hay que tomarlo aquí en un sentido metafórico o impropio. Más apropiado es decir que la norma procedimental crea o constituye el acto jurídico.

Son actos jurídicos los actos humanos a los que el Derecho conecta consecuencias jurídicas o efectos jurídicos de carácter interno. Los actos jurídicos pueden ser lícitos o ilícitos. La ilicitud de un acto no impide su carácter jurídico, antes bien, lo supone.

Entre los actos jurídicos lícitos destacan los creados por las autoridades en virtud de sus respectivas potestades: legislar, dictar sentencia, dar fe en una escritura. También los creados por los particulares, especialmente los negocios jurídicos.

Los tipos contractuales son tipos de acciones jurídicas.

Entre los actos jurídicos ilícitos destacan los delitos. Estos no son otra cosa que actos jurídicos ilícitos contemplados por las normas del Derecho penal.

Suele decirse, impropiamente, que el delito es un acto «antijurídico». Con ello se quiere dar a entender que el delito atenta contra los fines del Derecho, pero no que no sea un acto contemplado por normas jurídicas. El delito, en efecto, es un acto *jurídico* desde el momento en que las normas del Derecho establecen cada uno de sus tipos. Todo tipo delictivo es creado por una norma jurídica *procedimental*, que establece en qué consiste su acción característica.

Además de los ilícitos penales, están los ilícitos civiles, los administrativos, los internacionales, etcétera.

El tema de la licitud e ilicitud de los actos es un asunto en el que no conviene entrar antes de dejar claro una diferenciación muy importante de conceptos. Me refiero a la distinción entre acción, conducta y omisión.

EJERCICIOS

1. ¿En qué se diferencia la acción causal de «matar» de la acción convencional que llamamos asesinato?

2. Explica qué fundamento tiene la afirmación de que la acción causal de matar no sólo puede ser en el Derecho base para la definición de un delito, sino también para establecer el contenido de un deber.

3. ¿Cómo opera la norma jurídica procedimental en relación con la acción causal?

4. Relaciona la idea del carácter convencional de los actos jurídicos con la idea de que éstos son el resultado de un proceso interpretativo.

5. Explica las convenciones existentes en el acto jurídico del pago de una deuda.

6. Razona por qué el dinero es una convención.

7. Interpreta el pago con cheque en términos de acción convencional.

8. Explica por qué en la frase «la entrega del cheque es la causa de la extinción de la obligación» se emplea la palabra «causa», no en un sentido causalista, sino meramente convencional.

9. Explica lo que se quiere decir al afirmar que «si no existieran normas jurídicas que crean el cheque, éste no existiría».

10. Distingue el «documento» del «papel» material en el que el documento está escrito. Analiza el valor jurídico de ambos.

11. ¿Qué es un «efecto jurídico»? Razona la respuesta.

12. Distingue, en el concepto de «eficacia», su significado intrínseco y extrínseco.

13. Relaciona los dos sentidos de «eficacia» con la distinción entre Teoría del Derecho y Sociología jurídica.

14. Lee el capítulo III del Título Preliminar del Código Civil, y coméntalo desde el punto de vista de que en dicho capítulo se regulan los efectos jurídicos de las leyes.

15. Analiza la relación entre efectos externos y funciones sociales del Derecho. Para ello puedes servirte de mi *Sociología del Derecho,* 2ª ed. (Civitas), Madrid, 1997.

16. ¿Por qué es una tarea de la Teoría del Derecho el hacer la «crítica semántica» de los términos jurídicos? ¿Qué se consigue con ello?

17. Relaciona norma jurídica procedimental y acción jurídica.

18. Relaciona acción causal básica, acción convencional y norma procedimental.

19. ¿Qué significa que la norma procedimental «constituye» o «crea» la acción jurídica?

20. ¿En qué sentido puede afirmarse que la norma jurídica procedimental «define» los actos jurídicos?

21. ¿En qué sentido todo acto jurídico ilícito es un acto jurídico y no un acto antijurídico? ¿Qué quiere decirse al afirmar que el delito es un acto antijurídico?

22. Relaciona norma jurídica procedimental y delito.

XL. ACCIÓN Y CONDUCTA

Como hemos estudiado, toda acción genérica viene expresada bajo la forma lingüística de una norma procedimental, que tiene la función de establecer los requisitos necesarios, a los que se les llama también procedimiento. La acción, en definitiva, es un procedimiento, y la norma que expresa lingüísticamente éste no hace sino constituir o crear la acción. Ya somos conscientes también del significado que estas últimas palabras tienen en relación con las llamadas acciones convencionales, que son las que interesan sobre todo en el Derecho.

Pasemos ahora a estudiar la relación entre la acción y la conducta. A esta última también se la denomina comportamiento.

Es evidente que toda conducta conlleva la realización de una o varias acciones. El concepto de conducta implica el de acción. No puede pensarse la conducta desligada de la acción.

Cuando en el lenguaje usual se dice de alguien que observa una buena conducta, es obvio que se está afirmando algo acerca de las acciones de esa persona.

El término «conducta» (o «comportamiento», que constituye su sinónimo) tiene un significado valorativo: es el acto o conjunto de actos vistos desde el prisma de su valor o, lo que es lo mismo, del deber.

Aparece la conducta siempre que una acción es objeto de regulación por una norma deóntica, esto es, por una norma que establece un deber. Para que haya conducta tiene que producirse la conjunción de una acción y de una norma que establezca el deber de cumplirla. Si no se presenta esa conexión, entonces se estará en presencia de una mera acción, pero no de una conducta. Veamos con un poco de detenimiento estos dos supuestos.

Primero, que la acción se presente sin conexión con una norma de deber. Tal es el caso, por ejemplo, de la acción de matricularse en la Facultad de Derecho. Nadie tiene un deber (jurídico) de matricularse en dicha Facultad. Quien quiera hacerlo y cumpla el requisito de haber aprobado el examen de la selectividad, puede hacerlo. Si así lo decide, tan sólo tiene que cumplir los trámites exigidos para la matrícula. Su acción de matricularse viene expresada genéricamente (esto es, como acto genérico) en una norma procedimental, la cual se limita a establecer una serie de requisitos necesarios para formalizar la matrícula: presentación de una solicitud cumplimentada y de determinados documentos en determinado lugar (la secretaría de la Facultad) y dentro de un plazo determinado. A todo estudiante que cumpla los requisitos exigidos como necesarios por esa norma procedimental se le considera alumno matriculado; se transforma en un alumno de la Facultad de Derecho y, en concreto, de determinadas disciplinas académicas.

Esa persona que se ha matriculado no ha cumplido, al hacerlo, ningún deber jurídico. Ha realizado un mero acto jurídico que bien podría no haber realizado, ya que no pesaba sobre ella ninguna obligación jurídica de hacerlo.

Por ello, la acción realizada no constituye conducta, y carece de sentido que el estudiante se vaya a su casa, tras el acto de la matrícula, pensando que ha tenido una buena conducta jurídica al hacerla. Simplemente se ha matriculado, pero, al hacerlo, no ha cumplido deber jurídico alguno. Era libre de hacerlo o no hacerlo, y sencillamente ha decidido en un terreno que dependía exclusivamente de su decisión.

Cuando hay acción sin conducta, la única regla que entra en funcionamiento es la norma procedimental. Para ser más exactos, habría que añadir que, junto a la regla procedimental, hay que tener en cuenta las que se refieren al espacio, tiempo, sujeto y capacidad. Para simplificar, nos conformaremos con referirnos sólo a la norma procedimental. Lo decisivo en este punto que tratamos es caer en la cuenta de que hay acciones jurídicas que no implican la realización de un deber y que, por tanto, no vienen contempladas por normas deónticas.

El segundo supuesto se produce cuando la acción es objeto de una norma que establece un deber, bien para ordenarla o bien para prohibirla. La norma imperativa o la prohibitiva contemplan la acción para ordenar su realización o prohibirla, pero no crean o constituyen la acción misma. Esta es generada siempre por una norma procedimental que establece sus requisitos necesarios.

Con un par de ejemplos se entenderá bien todo lo anterior. La norma que obliga a realizar el pago de una obligación dentro de un plazo convenido es una norma imperativa que establece el deber de «pagar», esto es, el deber de realizar una acción, la acción de pago. Esta acción, a su vez, es, como ya sabemos, objeto de una norma procedimental que establece en qué consiste. Por tanto, la norma que obliga a pagar es una norma deóntica que, necesariamente, presupone una norma procedimental. La norma procedimental establece *la acción*, el pago, mientras que la norma deóntica establece *el deber* de realizar esa acción. Nos encontramos, pues, ante dos normas: la de procedimiento, que «define» la acción, y la deóntica o de deber, que establece la obligación jurídica de realizarla. Es obvio que, en este supuesto, se da la conjunción de dos normas, una de las cuales se limita a señalar un deber, y la otra, a establecer en qué consiste la acción que es objeto de aquel deber.

Si el ejemplo anterior lo es de una norma imperativa que impone un deber de hacer algo, el que voy a poner a continuación se refiere a una norma prohibitiva, que impone el deber de no hacer algo. Casi todas las normas penales son prohibitivas, aunque no todas, como veremos después. Este ejemplo segundo es el del homicidio.

La norma del Código Penal establece que «el que matare a otro será castigado, como reo de homicidio, con la pena de prisión de diez a quince años». Como ya sabemos, esta norma se desglosa en tres, la primera de las cuales es que las personas tienen el deber de no cometer homicidio; además de esta norma de conducta, están la norma de decisión y la de ejecución; véase el epígrafe XXX.

Esta norma establece un deber, el de no realizar una acción que viene tipificada bajo el término de «homicidio». Lo que sea el homicidio nos lo proporciona una regla procedimental que no viene explicitada en el Código Penal, pero que no por ello es inexistente. El homicidio es un tipo específico de acción convencionalmente establecida por una norma. Junto a la norma procedimental que «define» el homicidio, aparece la norma deóntica que lo prohíbe, esto es, que estatuye el deber de no realizarlo.

También se dan en el ejemplo las dos normas del anterior, la norma procedimental y la norma deóntica. La primera determina los requisitos de la acción genérica llamada homicidio; la segunda se limita a prohibirlo.

Tanto las normas imperativas, como las prohibitivas, tienen por objeto la regulación de acciones. Cada tipo de acción regulada supone la existencia de una norma procedimental. Además, sobre el tipo de acción ya definida recae un deber, que es el que viene expresado por la norma imperativa o prohibitiva. Ambos tipos son normas deónticas, cuya función es establecer deberes, bien de hacer en las imperativas (mandato positivo), bien de no hacer en las prohibitivas (prohibiciones).

La acción contemplada por una norma deóntica se transforma en *conducta.* Toda conducta implica una o varias acciones. Pero no sucede lo mismo a la inversa: no toda acción constituye una conducta. Para que una acción sea también conducta, es preciso que sea objeto de un deber jurídico.

La conducta o comportamiento real del destinatario de la norma deóntica puede adecuarse a lo que le exige ésta, o no adecuarse. Pero tan conducta es la que cumple el deber como la que lo infringe. Si se produce una conducta infractora de la norma deóntica, en la generalidad de los casos entrarán a funcionar las normas de decisión y de ejecución (que ya hemos estudiado).

Un tipo muy llamativo de conductas es el de las conductas *profesionales*. La mayor parte de las profesiones consisten en la realización cotidiana de un conjunto específico de reglas técnicas. Pensemos en lo que hace el piloto de aviación, el médico o el arquitecto. Su actividad profesional se centra en llevar a la práctica, con la mayor pericia posible, todo un conjunto de acciones con el propósito de conseguir determinados fines. El piloto, llevar el pasaje a su lugar de destino; el médico, conseguir sanar al enfermo; el arquitecto, construir el inmueble en condiciones de habitabilidad. Los profesionales actúan de acuerdo con *técnicas* que han asimilado y practicado durante su período de aprendizaje. El título que ostentan les presupone dichos conocimientos y, por eso, les habilitan para el ejercicio profesional.

Todos ellos tienen el deber de conocer las técnicas de su profesión y de llevarlas a la práctica con la diligencia exigida a un buen profesional. En eso radica su responsabilidad ante posibles daños.

Las técnicas que han de conocer y practicar pertenecen, sobre todo, a las llamadas técnicas causales. Por eso, se puede decir que su actividad consiste en aplicar un conjunto de reglas técnico-causales. Distintas son, sin duda, las reglas de la práctica de la medicina, de la arquitectura o de la aviación. Pero todas ellas tienen en común el que, básicamente, consisten en técnicas donde opera el esquema de la causa como medio para conseguir un efecto que el sujeto se ha propuesto como fin; en definitiva, son técnicas causales.

Sobre los profesionales pesa un *deber*, el de conocer y aplicar correctamente dichas reglas técnico-causales. Aquí nos encontramos también ante la dualidad antes descrita de la existencia de una norma deóntica, que es la que establece el deber profesional, y, por otra parte, una pluralidad de reglas procedimentales, que son las que delimitan los tipos de acción técnica que han de realizar.

Hay también actividades profesionales que se limitan a aplicar técnicas convencionales. Así sucede, por ejemplo, con el juez. Éste actúa siguiendo las normas procedimentales de los diversos tipos de procesos que ante él se plantean. A diferencia del arquitecto o del médico, el juez aplica normas procedimentales convencionales. Tiene además, exactamente igual que los otros profesionales, el deber de conocer y de aplicar dichas reglas procedimentales.

Desde el punto de vista de la articulación normativa de las «conductas profesionales», puede afirmarse que el esquema es siempre el mismo. La norma deóntica impone el deber de conocer las técnicas correspondientes a cada profesión (las llamadas técnicas profesionales); las cuales, a su vez, se desglosan en un conjunto de normas procedimentales, que son las que establecen los tipos de acción que corresponden a la actividad profesional. Ahora bien, esos tipos de acción pueden pertenecer al mundo físico, o al mundo de las convenciones establecidas. En el primer caso, se tratará de acciones causales y las reglas procedimentales que las delimitan serán del género de las reglas técnico-causales. En el segundo caso, las acciones que constituyen la actividad profesional serán convencionales, por lo que las normas que las contemplan serán asimismo normas procedimentales convencionales.

Una buena conducta profesional es equivalente al conocimiento profundo y la aplicación correcta de las técnicas características de la actividad que define la profesión. Por contra, la mala conducta profesional es aquella que implica un conocimiento defectuoso o una práctica incorrecta, o ambas características, al ser una consecuencia de la otra (mal se pueden aplicar las técnicas si no se las conoce suficientemente).

Al haber niveles muy diferentes de conocimiento de las técnicas profesionales y de aplicación correcta de las mismas, lo que hace, por lo general, el Derecho, es señalar un nivel adecuado que es exigible a todo profesional. Esto lo hace mediante las correspondientes normas deónticas que establecen los deberes de conocimiento y pericia, y a cuya infracción se conecta la exigencia de responsabilidades.

En lo que se refiere a las profesiones jurídicas, hay que decir que todas ellas, como es lógico, presuponen el conocimiento del Derecho y su correcta aplicación. Jueces, abogados, notarios, funcionarios en general, tienen el deber jurídico de conocer el Derecho y de aplicarlo correctamente. Están sometidos, en consecuencia, a la responsabilidad que se deriva de este deber. Sus manifestaciones son múltiples, y van desde la exigida al funcionario que descuida un expediente, hasta la que se dirige al órgano prevaricador, esto es, a quien decide injustamente a sabiendas de que su decisión es injusta. Si todos los profesionales del Derecho tienen el deber de conocerlo, este deber alcanza su punto álgido en el caso de los jueces, pues si ellos no conocen suficientemente las normas, ¿cómo podrá funcionar un sistema jurídico? De ahí el dicho latino *iura novit curia*.

En conclusión, esta lección se resume en la tesis de que la conducta es la acción o actividad contemplada en relación con normas deónticas, es decir, normas que establecen deberes. Será conducta jurídica cuando sea contemplada por norma de Derecho; será moral, cuando las normas de referencia sean morales.

La conducta es la acción mandada como deber por una norma imperativa o prohibida por una norma prohibitiva. Puede consistir en un hacer («pagar la deuda») o en un no hacer («no cometer homicidio»). En todo caso, es necesario la delimitación de la acción mandada o prohibida, delimitación que sólo es posible gracias a una norma procedimental, sea ésta del tipo que sea.

EJERCICIOS

1. Recuerda lo que significa la afirmación de que la norma procedimental «constituye» o «crea» la acción.

2. Define el concepto de conducta.

3. ¿Qué se quiere decir al afirmar que el término conducta implica un significado valorativo?

4. Comenta el acto de matricularse en una Facultad, desde el punto de vista de la dualidad acción-conducta.

5. Pon un ejemplo de una acción (jurídica) sobre la que no pese ningún deber.

6. Una acción que no constituye conducta, ¿por qué tipo de norma viene regulada?

7. Explica por qué en la regulación de la conducta intervienen normas de diverso tipo; ¿cuáles son estos tipos?

8. Analiza la conducta de «pagar», teniendo en cuenta las normas que la regulan.

9. Analiza la disposición penal «al homicida se le impondrá la pena de prisión de diez a quince años»; señala las normas que vienen implicadas en esa disposición.

10. Relaciona los siguientes conceptos: mandato, prohibición y conducta.

11. Haz lo mismo con este conjunto: mandato, prohibición, procedimiento, acción y conducta.

12. ¿Hay diferencia entre el concepto de conducta y el de comportamiento? Razona la respuesta.

13. Define el concepto de actividad profesional.

14. Describe alguna de las técnicas que utilizan en su profesión los pilotos de aviación, los médicos y los arquitectos.

15. Diferencia actividad profesional y conducta profesional.

16. ¿Qué relación tiene el conocimiento de las técnicas profesionales con la aplicación correcta de las mismas?

17. Explica el significado del concepto «diligencia profesional».

18. Relaciona este último concepto con el de «responsabilidad por daños».

19. Pon algún ejemplo de profesión (no citado en el texto) que emplee técnicas causales.

20. Analiza en qué consiste la actividad judicial.

21. Analiza la conducta profesional del juez en términos de normas.

22. ¿Qué significa el dicho *iura novit curia*?

23. Diferencia conducta jurídica y conducta moral. Analiza ambos conceptos en términos de normas.

XLI. LA OMISIÓN

Se suelen contraponer los conceptos de acción y omisión. Si la acción consiste en un *hacer*, la omisión, por el contrario, consiste en un *no hacer*. La primera transforma el estado del mundo mediante una intervención del agente que, al actuar, introduce alguna modificación (causal o convencional) en la situación anterior. La omisión supone que se dejan las cosas como están, que no hay intervención de la persona a la que se atribuye.

Si una persona comete un homicidio, modifica el estado de cosas anterior, introduce un factor nuevo que antes no existía. Esa modificación afecta al mundo físico y, como consecuencia, a las situaciones jurídicas. El fallecimiento de una persona, que es el resultado del homicidio, es un acontecimiento natural que implica una variación respecto del estado de cosas natural anterior. Antes de la realización de la acción homicida, vivía la persona que habría de ser objeto del delito. Después del delito, ya no vive, está muerto; y ese cambio natural trae como consecuencia determinados efectos jurídicos (respecto de los herederos; imputación de la acción criminal al homicida, proceso e imposición de la pena, etc.).

En cambio, quien no comete un homicidio no modifica el estado de cosas, sino que lo deja estar. Al no llevar a cabo esa acción delictiva, la persona que podría haber sido la víctima sigue viviendo; no se introduce un cambio en el mundo exterior, ni tampoco se producen cambios en las situaciones jurídicas.

Tomemos un segundo ejemplo, esta vez referido a una acción jurídica meramente convencional, como es el acto de matricularse en la Facultad. El cambio producido es, esencialmente, un cambio de la situación jurídica. Apenas puede verse una modificación de las circunstancias físicas, como no sea que, al hacer la matrícula, ha aumentado el grosor de papel en la secretaría. La omisión, en este caso, consiste obviamente en no presentar los papeles requeridos. No se hace nada, y de la nada no puede derivarse ningún cambio, tampoco en la realidad meramente convencional.

Ahora bien, así como la acción implica un procedimiento, no sucede lo mismo con la omisión. No-hacer es un concepto vacío de procedimiento.

«No matar» es una omisión que puede realizarse en infinitas maneras: una persona, en vez de matar, pasea, lee, se toma una cerveza en un bar, va al cine, duerme, etc. Lo mismo puede afirmarse respecto de «no matricularse»: en lugar de acudir con los papeles de la matrícula a la secretaría, se pueden hacer infinitas cosas. Quiero decir que el no hacer «algo» (homicidio, matrícula) implica que se hace otra cosa distinta a ese «algo», por la sencilla razón de que no se puede estar sin hacer nada.

Desde este punto de vista, la omisión consiste en hacer una de las infinitas cosas posibles que no consistan precisamente en hacer aquello que se omite. El no-hacer «algo» es igual a hacer cualquier cosa menos ese «algo».

Y a la inversa, el hacer «algo» implica que se están omitiendo infinitas posibles acciones. Yo, ahora mismo, estoy escribiendo este capítulo sobre la omisión, lo que conlleva, entre otras cosas, que no estoy escribiendo ningún otro capítulo; tampoco estoy escribiendo una novela, ni estoy jugando al ajedrez, ni viendo un partido de fútbol, ni hablando con mis hijos, etc., etc.; así podría continuar indefinidamente mencionando acciones posibles que en este momento no estoy realizando, es decir, que estoy omitiendo.

Lo que trato de demostrar es que si al concepto de acción se le contrapone el de omisión, y este último lo traducimos en términos de acciones posibles, mientras la acción viene determinada por un procedimiento, la omisión es equivalente a infinidad de acciones y sus correspondientes procedimientos que sólo tienen en común el que ninguno coincide con el de la acción que se omite.

La omisión, entendida como la no-acción, es equivalente a un conjunto indefinido (quizá infinito) de acciones. Para ser más exactos: la omisión consiste en todas las acciones posibles *menos* la acción que se dice omitir.

Representemos el conjunto de *todas* las acciones posibles de un sujeto de esta forma:

a1, a2, a3, a4,... an

Supongamos que la acción de cometer homicidio sea la acción a50. Esta acción a50 está definida por la norma procedimental correspondiente, exactamente igual que el resto de las acciones que componen el conjunto mencionado.

La omisión de homicidio consiste en no hacer la acción a50. Cuando no hacemos algo determinado, es que estamos haciendo otra cosa, o sea, otra acción (entendida esta palabra ahora en su sentido más amplio; así, «dormir» también quedaría englobado en este «hacer»). No hacer la acción a50 equivale a hacer cualquiera de las otras posibles acciones, pues mientras se hacen esas acciones que no son a50, obviamente se está omitiendo esta última.

Tendremos entonces que la omisión consistente en no hacer la acción a50, es equivalente a realizar cualquier otra acción posible. Lo que podemos formular de la siguiente manera, si a la omisión mencionada la llamamos o50:

o50 = (a1, a2, a3, a4,... an) – a50.

Lo cual puede leerse de la siguiente forma: la omisión o50 que es la omisión de realizar la acción a50, *equivale* a un conjunto infinito de acciones posibles *menos* la acción a50.

Si el sujeto realiza a1, está omitiendo a50, y, por tanto, está «realizando» la omisión o50. Si realiza a2, también está omitiendo a50, y por tanto «realiza» la omisión o50... Y así sucesivamente respecto a todos los elementos del conjunto.

De esto se derivan múltiples consecuencias.

La primera es que los conceptos de acción y omisión no son paralelos o equivalentes. Mientras que la acción se refiere a un procedimiento concreto delimitado por la norma procedimental, la omisión encierra un número indefinido de posibilidades de acción. No se puede decir, entonces, como a veces se hace, que la acción represente un «acto positivo», mientras que la omisión es un «acto negativo»; o bien que la acción es un «hacer positivo», y la omisión un «hacer negativo». Con la palabra omisión se dicen dos cosas: primero, que no se hace una acción concreta; segundo, que se hace otra acción, de las posibles, que son infinitas. Omitir una acción es hacer cualquier otra cosa menos esa acción concreta.

Además, el concepto de omisión, a pesar de no ser equivalente al de acción, sí es un concepto que implica la referencia a una acción. Lo que se omite es precisamente una acción, pero al hacerlo las posibilidades de realizar otras acciones distintas a la que se omite son infinitas.

Mientras que la acción tiene un sentido independiente en sí mismo la omisión siempre es omisión de una acción. Puede decirse, por tanto, que el concepto de omisión es «relacional», a la par que el de acción es «autónomo», se explica desde sí mismo.

Pero también es cierto que la realización de una acción concreta implica la omisión de un conjunto infinito de acciones posibles del sujeto. Por ejemplo, si ahora estoy escribiendo este capítulo, esto constituye una acción concreta. Al escribir, estoy omitiendo la realización de todas las demás acciones. La decisión del sujeto a favor de una de las acciones posibles excluye todas las demás, que pasan a ser objeto de omisión.

Ahora bien: supongamos que mientras escribo este capítulo está sucediendo que un niño se ahoga en la piscina de aquí al lado. ¿Puedo yo reprocharme entonces, y podría alguien reprocharme que he omitido realizar la acción de salvamento que hubiese mantenido al niño con vida?

Si aplicamos el esquema descrito anteriormente, es claro que tal reproche sería posible. Al entrar en consideración, para determinar la omisión concreta, todo el conjunto de acciones posibles, parece evidente que entre éstas también habría que contar la de salvar a un niño que se ahoga en la piscina de aquí al lado. Si no lo he hecho, es correcto decir que he omitido realizar la acción de salvamento.

No se le escapa al lector que esta manera de razonar nos lleva al absurdo. Pues, en efecto, al ser posible para un sujeto la realización de infinitas acciones, podría decirse de él que omite realizar acciones a lo largo de toda la geografía del mundo. Por ejemplo, mientras escribo estoy omitiendo llevar comida a un moribundo hambriento del Africa central, y también estoy omitiendo dar una clase de Teoría del Derecho en la Universidad católica de Santiago de Chile.

Por estas razones, el concepto de omisión expuesto, esto es, el que lo hace equivalente a un conjunto infinito de acciones posibles menos la acción omitida, aunque desde un punto de vista abstracto puede ser considerado como impecable, no resuelve, a efectos prácticos, el problema de la omisión. Por ello, junto a esta noción genérica o abstracta, es preciso encontrar una noción estricta y operativa, que permita situar el concepto de omisión en un nivel más tangible y más ajustado a la realidad del Derecho.

Hay autores que sostienen que la omisión consiste en no hacer la acción *esperada*.

Por ejemplo, nadie espera que una persona que se encuentra escribiendo en su casa aparezca de repente a salvar a un niño que se está ahogando en una piscina alejada de su casa lo suficiente como para no tener idea de lo que en ella está pasando. Pero si esa misma persona se encuentra en la piscina y está observando lo que sucede, se espera de ella que haga algo para salvar al niño. Si no lo hace, entonces se dice que ha omitido el prestar socorro.

Si alguien es invitado a cenar a una casa ajena, se espera de él que lleve algún obsequio a la señora de la casa (una caja de bombones, una planta, un libro, etc.); y si no lo hace, puede decirse que se ha omitido traer un obsequio. La omisión consistiría de nuevo en no hacer la acción que se espera de una persona en una circunstancia concreta.

Todo esto está muy bien visto; pero no me parece que en el campo del Derecho tengamos que utilizar la palabra «esperanza». Un análisis más profundo de esas esperanzas o expectativas, que solemos tener respecto de otras personas, nos hará caer en la cuenta de que, debajo de ellas, hay siempre normas. Pueden ser normas sociales, como en el supuesto del invitado a cenar en casa ajena, o normas jurídicas, como las que afectan a la persona que es testigo de un ahogamiento en la piscina, o cualquier otro género de normas.

Todas estas normas tienen algo en común: se trata de normas deónticas, de normas que imponen deberes.

La persona que no lleva un obsequio cuando es invitada, infringe un deber social (débil), por lo que causa la decepción consiguiente (débil también). Quien no presta socorro al niño que se ahoga infringe un deber jurídico castigado en el Código Penal. En ambos casos hay un deber por medio. Y ese deber es impuesto por una norma, ya social, ya jurídica.

Llegados a este punto, creo que estamos en condiciones de contestar a esta pregunta: ¿a qué llamamos omisión en el Derecho?; o sea, ¿a qué llamamos omisión en un sistema de normas de las características que hemos estudiado?

Obviamente, la respuesta sólo puede ser ésta: llamamos omisión a la no realización de la acción *debida*.

Hemos bajado del concepto genérico y abstracto de omisión, al concreto y operativo. Para el Derecho no puede hablarse de omisión sino cuando no se lleva a cabo la acción que debe realizarse en virtud de la existencia de una norma que impone un deber jurídico.

El deudor debe pagar y no paga: omite la acción de pago, que es la acción debida. Quien asiste a un ahogamiento, debe socorrer y no socorre: omite la acción de socorro, que es la acción debida. La persona que no suministra el medicamento al enfermo, de tal forma que éste muere, omite la acción de asistencia al enfermo, que es la acción debida.

Todas las acciones omitidas son previamente acciones debidas. *Sin deber no hay omisión.* Y, puesto que sin norma deóntica no hay deber, habrá que decir también que sin norma deóntica no hay omisión.

Como ya sabemos, la acción contemplada desde el prisma de la existencia de un deber, recibe el nombre de *conducta.* Si tengo el deber de socorrer, el acto de socorrer es una conducta, e igualmente, el acto de no socorrer es una conducta. En el primer caso, será una conducta que se adecua al deber; en el segundo, será una conducta que infringe un deber. En esto consiste la omisión: en una conducta que infringe un deber de hacer.

La omisión, por tanto, en este sentido específico y estricto, es una modalidad de la conducta, y no de la acción. Es la conducta consistente en no hacer la acción que se debería hacer.

EJERCICIOS

1. Relaciona el concepto de acción con el de «cambio en el estado de cosas».

2. Haz lo mismo con el concepto de omisión y el de «invariación del estado de cosas».

3. ¿En qué consiste el cambio introducido por una acción jurídica?

4. ¿Y por una acción jurídica meramente convencional?

5. Si la acción implica un procedimiento, ¿por qué no sucede lo mismo con la omisión?

6. ¿En qué consiste el «no hacer algo»?

7. Explica el sentido en que puede decirse que la omisión es «lo contrario» de la acción.

8. Razona por qué la omisión de una acción es equivalente a un conjunto de acciones posibles.

9. ¿Cuál es ese conjunto?

10. Explica la fórmula: o50 = (a1, a2, a3, a4, an) – a50.

11. ¿Por qué los conceptos de acción y omisión no son paralelos o equivalentes?

12. Explica qué es lo que quiere decirse al afirmar que el concepto de omisión es relacional.

13. Critica el concepto abstracto de omisión.

14. ¿Por qué es necesario sustituir el concepto abstracto de omisión por otro más estricto y operativo?

15. Razona la tesis de algunos autores de que la omisión consiste en no hacer la acción «esperada».

16. Critica el concepto autónomo de «esperanza», esto es, sin relación alguna con las normas.

17. Relaciona omisión y deber.

18. Relaciona los siguientes conceptos: acción, omisión, norma y deber.

19. Define la omisión jurídica.

20. Relaciona omisión, acción y conducta.

21. ¿Sabes lo que es la «comisión por omisión»? Busca este concepto en un tratado de Derecho penal (parte general), y relaciónalo con lo que has aprendido en esta lección.

XLII. ELEMENTOS EXTERNOS E INTERNOS DEL ACTO JURÍDICO

Con lo que hemos expuesto en los capítulos anteriores en torno al concepto de acción, no queda, ni mucho menos, agotada esta materia que es, en sí misma, sumamente compleja y con multitud de derivaciones. En este libro no pretendo otra cosa que proporcionar una idea general del concepto de acción en el Derecho y de su importancia para comprender el sistema jurídico. Cada disciplina jurídica particular amplía esta idea general y la matiza en la dirección que estudia. Ocurre, como ya he subrayado, que el tema de los actos, como tantos otros temas, es abordado en cada rama de la dogmática de manera independiente de las demás, y el resultado no puede ser entonces otro que la pérdida de la visión de conjunto. Esto explica también que, a pesar de que el concepto de acción, como creo haber demostrado, es central en el Derecho, no haya sido objeto de la atención debida por parte de la gran mayoría de los autores de la Teoría general del Derecho.

Todavía nos quedan algunos asuntos que tratar en relación con los actos jurídicos, especialmente los que se refieren a su invalidez o ineficacia (interna) y a su eficacia externa; pero esto lo veremos en lecciones posteriores, dedicadas a la validez, en conjunción con la de las normas, y también a la eficacia social del Derecho.

Ahora, en esta lección, vamos a centrarnos en algunos flecos que han quedado sueltos en nuestra exposición y que un tratamiento más detenido nos llevaría quizá demasiado esfuerzo para un Curso de las características del presente.

Como se recordará, he definido la acción como el conjunto de movimientos dotados de significado unitario atribuible a un sujeto. También ha quedado claro que la acción es un procedimiento; y que la acción jurídica es el procedimiento que establece una norma de carácter convencional. Vamos a ver ahora cómo la norma jurídica procedimental puede exigir tanto requisitos de carácter externo como interno. En lo que sigue, pues, me centraré exclusivamente en las acciones jurídicas.

Primero, es de destacar la relación existente entre el concepto de acción y el de decisión.

Téngase presente que la palabra «decisión» se emplea con dos significados distintos. Así, cuando decimos la «decisión judicial» para referirnos a una sentencia, se emplea la palabra «decisión» para designar el conjunto del acto que ha realizado el juez, y es, en tal caso, lo mismo que decir «sentencia judicial»; es una acción ya acabada, la acción que ha efectuado el juez al emitir sentencia. Pero si decimos «el juez decidió actuar y mandó apresar a los presuntos terroristas», entonces estamos empleando el verbo «decidir» con un significado diferente al anterior, puesto que ahora la decisión es, por decirlo así, el «motor» o comienzo de la acción concreta que ha de realizarse.

Según la primera acepción, la decisión jurídica es un tipo de acción. En este libro la empleamos, sobre todo, para referirnos a las acciones extrasistémicas e intrasistémicas, que ya hemos estudiado: decisión constituyente, decisión legislativa, decisión judicial, etc. La decisión constituyente es una acción, la acción constituyente; la decisión legislativa también es una acción, la acción legislativa. Y lo mismo puede predicarse del resto de las decisiones intrasistémicas que se producen en el Derecho. La dinámica del Derecho se traduce así, como no podía ser menos, en un conjunto entrelazado de acciones, cuyo comienzo está constituido también por una acción, la del poder constituyente.

La acción constituyente es la acción creadora de la constitución y, por consiguiente, del ordenamiento jurídico. Al principio del Derecho no está la norma, sino la acción. La cual adopta la forma de una decisión, la decisión constituyente, y cuyo resultado es la producción de una norma, la constitución.

Quedémonos, pues, con la idea de que las decisiones jurídicas, en el sentido expuesto, no son sino acciones. Son acciones que podemos llamar acciones *normativas*, ya que su función es generar nuevas disposiciones que entren a formar parte del ordenamiento jurídico.

El segundo significado de la palabra «decisión» se refiere a uno de los elementos internos de la acción. Una persona, por ejemplo, «se decide» a comprar un piso, y, como consecuencia de su decisión, celebra un contrato de compraventa con el dueño. La decisión actúa aquí como «motor» del acto. Es el elemento subjetivo que concreta una *intención* determinada, la de llevar a efecto una acción concreta. La decisión precederá a la acción, pero, al mismo tiempo, se mantiene mientras se actúa, transformándose en el elemento intencional de la acción. Si durante el proceso de la acción, ya iniciado, se cambia de intención, es porque se adopta una decisión de signo contrario a la que se había adoptado en un principio, al comienzo de la acción. Si, por ejemplo, la persona que había decidido comprar el piso y ya ha comenzado a entablar negociaciones para ello, cambia su actitud y decide no comprarlo, es evidente que cambia de intención, y ello es posible porque a la decisión inicial de celebrar el contrato, le ha seguido una decisión de signo contrario de no celebrarlo.

Puede suceder incluso que el elemento intencional cambie de signo cuando ya es irremediable el resultado de la acción. Así, el suicida que se arroja desde las alturas y que inmediatamente se arrepiente, pero ya sin remedio; o el que dispara con intención de matar, pero justo al apretar el gatillo del revólver cambia su intención.

Si todo actuar viene precedido por una decisión, ésta puede tener muy diversa intensidad psicológica: desde la decisión firme y sin fisuras de quien todo lo prepara minuciosamente, hasta la producida en un momento de arrebato o turbación de la mente. En este tema, el Derecho penetra en los más oscuros pasadizos de la psicología.

Para definir las diferentes acciones relevantes jurídicamente, las normas procedimentales establecen sobre todo sus requisitos externos; pero también, con gran frecuencia, sus requisitos internos, esto es, los que atañen a la decisión interna y la intencionalidad.

Hay acciones jurídicas que vienen perfiladas exclusivamente por la definición de los elementos externos, esto es, por que tengan lugar determinados movimientos realizados por un sujeto al que se le atribuyen.

Quien presenta correctamente sus papeles para la matrícula en la Facultad, queda matriculado. Se le supone la intención de matricularse; pero el Derecho no ordena la investigación de este extremo. Es irrelevante que la intención *real* del firmante sea simplemente contentar a su padre. El hecho es que el resultado alcanzado es que la matrícula «vale», independientemente de la intención última del que la realiza.

Quien abre una cuenta corriente en un banco realiza un acto válido, aun cuando esa cuenta le sirva para ingresar el dinero que obtiene en sus robos. La cuenta corriente, en sí misma, no es sino un contrato de depósito que ha de reunir determinadas características externas y que prescinde de la intencionalidad última.

Otras veces, entre los requisitos externos exigidos por la norma jurídica procedimental se encuentra un determinado *resultado* de la acción. Así, para que haya homicidio tiene que haber muerte de la víctima a causa de un acto violento (entiéndase esta última palabra en su sentido más amplio, que englobe acciones como la «pacífica» del envenenamiento). Sin muerto no hay homicida; y tampoco hay asesino, ni infanticida ni parricida. Puede ocurrir que el agente del acto no haya querido la muerte de la víctima, y entonces habrá que dilucidar qué tipo de acción delictiva se ha cometido. Pero lo que no puede dudarse es que si hay muerto, ya no habrá un simple delito de lesiones, sino que se estará en presencia de aquellos delitos que requieren una muerte para su calificación. El elemento externo del resultado de la acción, que es la muerte de la víctima, condiciona fuertemente el tipo de delito realizado.

A los elementos internos pertenece, sobre todo, la intención o intencionalidad del agente al realizar el acto. El Derecho trata de medir dicha subjetividad para castigar de forma diferente la intención dañina y la ausencia de ella. Un mismo resultado (p. ej., la muerte de una persona) puede ser producido por una acción con intención de producirlo, y también con otra sin dicha intención. Compárese la acción de la persona que aprieta el gatillo y dispara a quemarropa con intención de matar, después de haber esperado a la víctima durante dos horas agazapado en las sombras del portal de su casa, de la de quien, a altas horas de una noche lluviosa, después de tomarse unas copas, atropella a un peatón en una carretera estrecha y escasamente señalizada. Se ha producido el mismo resultado en ambos casos: la muerte de una persona. Pero en el primero estaremos ante un asesinato, que es un típico delito *doloso*; mientras que en el segundo, estaremos en presencia de un delito *imprudente o culposo.*

Ambos conceptos (dolo y culpa o imprudencia) designan los dos modos posibles de *culpabilidad.* Que una persona es culpable de una determinada acción quiere decir que esa persona es a quien se le imputa la realización de la misma y, por tanto, es el *responsable* del daño producido, por lo que deberá sufrir una *sanción.*

La culpabilidad (o culpa en sentido amplio) adquiere, como digo, estas dos formas básicas: dolo e imprudencia (o culpa en sentido estricto).

Hay dolo cuando el agente de la acción ha decidido realizarla de una manera consciente, a sabiendas del daño que su acción producirá. El dolo es lo que usualmente se llama intención dañina. Su expresión más pura se da en el ámbito del Derecho penal, aunque originariamente surge en el marco del Derecho civil, especialmente en materia de contratos.

Nuestro Código Civil define el dolo de la siguiente manera:

> «Hay dolo cuando con palabras o maquinaciones insidiosas de parte de uno de los contratantes, es inducido el otro a celebrar un contrato que, sin ellas, no hubiera hecho» (art. 1269).

Como puede apreciarse, el concepto civilista de dolo apunta a la idea de engaño intencional dirigido a conseguir que la otra parte contratante acepte el negocio. Es sinónimo de artificio conducente al engaño o fraude.

Produce la nulidad del negocio siempre que sea grave y no haya sido empleado por las dos partes contratantes (art. 1270), pues, en tal caso, se produce una compensación de dolos que se neutralizan.

Aunque el Código Civil trata del dolo en el marco de la regulación de los contratos, se aplica por extensión a todos los actos jurídicos, pues el dolo es la negación de la buena fe y del uso normal de los derechos que tienen las personas.

Así se desprende del importante artículo 7 del Código Civil, sobre el cual volveremos más adelante cuando tratemos de los derechos subjetivos y su ejercicio. Dicho precepto exige la *buena fe* y prohíbe el *abuso* del derecho o el ejercicio antisocial del mismo. Buena fe y prohibición del abuso son dos exigencias de carácter general que se imponen a cualesquiera actos jurídicos. El dolo es la negación de ambos conceptos, ya que implica mala fe y, en ocasiones, abuso del propio derecho. La esencia del dolo civil es el engaño, mediante el cual quien realiza la acción dolosa pretende causar un mal a la otra parte y, supuestamente, extraer un beneficio para sí mismo.

En el Derecho penal el dolo adquiere una relevancia extraordinaria, ya que la diferencia entre delitos dolosos y culposos es decisiva para la imposición de una pena u otra, más grave, como es lógico, en los primeros que en los segundos.

La culpa o imprudencia es objeto de gradación, distinguiéndose la imprudencia grave o temeraria, de la leve y la levísima. Todas ellas se caracterizan porque el agente no quiso conscientemente causar el daño, pero éste era *previsible*, por lo que es responsable del mismo, aunque en un grado menor que cuando hay dolo. Las diversas modalidades de imprudencia responden, por un lado, al elemento objetivo de lo previsible de acuerdo con la experiencia común, y, por otro, a las condiciones concretas de la situación. Por ejemplo, es objetivamente previsible que conducir a 120 km/h por las calles de una ciudad concurrida puede conllevar daños para las personas. Pero si quien así conduce lo hace persiguiendo al secuestrador de un familiar, no cabe duda de que su imprudencia tiene una intensidad distinta que la de quien simplemente juega a las carreras.

A las omisiones también se les aplica la distinción entre dolo y culpa; así, hay omisiones dolosas y omisiones culposas.

Omisión dolosa es, por ejemplo, la de quien, a sabiendas de que es probable que se producirá la muerte, no suministra el medicamento al enfermo. La omisión dolosa consiste en no realizar la acción a la que se está obligado con la intención de conseguir un determinado resultado dañino.

La omisión culposa o imprudente se caracteriza por que quien omite realizar la acción debida, la omite por *negligencia*. Esta es una forma de imprudencia. Quien siendo vigilante de la playa, no se percata, por estar jugando al fútbol, de que una persona se está ahogando, no actúa con la intención de conseguir la muerte de esa persona, sino con negligencia grave, ya que está incumpliendo el cometido básico de su profesión, que es vigilar a los bañistas y actuar ante cualquier percance.

La negligencia es una forma muy característica de incumplimiento de las obligaciones civiles.

Para medir la responsabilidad penal, el Derecho también concreta una serie de circunstancias en virtud de las cuales se exime al sujeto de la acción de dicha responsabilidad, o bien se la atenúa o se la agrava. Son las llamadas eximentes, atenuantes y agravantes de la responsabilidad penal. Aquí no vamos a entrar en su estudio, pues esta materia pertenece al Derecho penal, pero es preciso resaltar que muchas de esas circunstancias tienen un carácter psíquico o interno.

Para resumir la idea básica de este capítulo, diré que sólo he pretendido con él aclarar el concepto de «movimiento» como elemento integrante de la definición del acto jurídico. Los movimientos que componen el acto no son sólo de carácter exterior, perceptibles por la vista, sino también de naturaleza interior, psíquica. La acción es el significado de todo ese entramado de «movimientos» externos e internos, y las normas jurídicas procedimentales lo que hacen es precisar los elementos constitutivos de la acción de que se trate. Lo que siempre hay que tener presente es que, ya sean las acciones lícitas o ilícitas, antes que nada son simples acciones, que en sí mismas vienen delimitadas por normas procedimentales. Cuando estudiemos la licitud y la ilicitud tendremos ocasión de comprobar cómo las acciones, definidas por normas procedimentales, son también objeto de regulación por otras normas, esta vez de carácter deóntico, que son las que hacen que sean lícitas o ilícitas.

EJERCICIOS

1. Recuerda el dispar tratamiento que las distintas disciplinas dogmáticas (Derecho civil, penal, administrativo, etc.) dan al concepto de acción.

2. ¿Qué dificultades encuentra la Teoría del Derecho para presentar una concepción global de la acción?

3. Especifica los dos sentidos que tiene el término «decisión».

4. ¿Qué quiere decir que las decisiones creadoras del Derecho son acciones?

5. Caracteriza en ese sentido la acción constituyente.

6. ¿Por qué podemos llamar a las decisiones jurídicas acciones normativas?

7. Relaciona «decisión» e «intención» de realizar un acto.

8. Explica el fenómeno «cambio de intención».

9. ¿Qué quiere decir que la decisión de realizar un acto determinado puede ostentar diversa intensidad psíquica?

10. Diferencia requisitos externos e internos del acto jurídico.

11. Pon ejemplos de acciones respecto de las que el Derecho prescinde de exigir elementos internos.

12. Define el resultado de la acción como elemento externo.

13. Relaciona los siguientes conceptos: culpabilidad, responsabilidad y sanción.

14. ¿Cuáles son las dos formas de culpabilidad?

15. Trata de diferenciar el dolo civil y el dolo penal.

16. ¿Qué significa la expresión «maquinaciones insidiosas»?

17. ¿Qué es la «compensación de dolos» en el Derecho civil? ¿Es posible en el Derecho penal? Razona la respuesta.

18. Relaciona dolo y buena fe.

19. ¿Qué significa «abuso del derecho»?

20. Diferencia entre delitos dolosos y culposos (o imprudentes).

21. Define la imprudencia y especifica sus clases.

22. Relaciona la prudencia y la negligencia.

23. Explica la diferencia entre omisión dolosa y culposa.

24. Busca en el Código Penal la regulación de las eximentes, las agravantes y las atenuantes. Haz un cuadro explicativo de todas ellas, y destaca las que tienen carácter interno.

25. Explica la conclusión del capítulo.

26. Repasa tus esquemas de las lecciones dedicadas a las acciones. Trata de encontrar cuestiones que no han sido contestadas o ni siquiera tratadas (son muchas; algunas las veremos en los capítulos que siguen).

CAPÍTULO 10

VALIDEZ DE LOS ACTOS Y DE LAS NORMAS

XLIII. VALIDEZ: TRES CONCEPCIONES

Después del estudio de los principales aspectos de la teoría de las normas jurídicas y de los actos jurídicos, nuestra próxima tarea se va a centrar en la exposición de algunos rasgos característicos del Derecho que, como es lógico, también lo son de las normas o de los actos, o de ambos a la vez. Estos caracteres, que la Teoría del Derecho ha ido perfilando a lo largo de la historia, son los siguientes: validez, eficacia (externa), coactividad y positividad. Cuatro palabras que resumen, quizás mejor que ninguna otra, rasgos del Derecho que han sido objeto de gran polémica, y siguen siéndolo. Intentaremos, al abordarlos, extraer el mejor partido posible de dichas polémicas, así como presentar estos conceptos de modo consecuente con lo expuesto hasta ahora. Se completará de esta forma lo que atañe a estos caracteres de la teoría de las normas y de los actos jurídicos que no han sido perfilados suficientemente en nuestra exposición o que ni siquiera han sido mencionados.

Comenzaremos, pues, con la primera característica de todo ordenamiento jurídico: la validez; cuestión problemática donde las haya, pues en torno a su concepto se centran, como vamos a tener ocasión de ver enseguida, todas las concepciones teóricas sobre el Derecho. Depende de qué postura filosófica se mantenga para que la respuesta a este problema de la validez sea una u otra. Cierto que esto sucede con casi todos los interrogantes de la ciencia jurídica, pero, por decirlo así, en el tema de la validez se hace aún más patente; pues en él, en el fondo, se está debatiendo sobre la misma naturaleza del Derecho en su conjunto.

El uso lingüístico de la palabra «validez» y de sus términos emparentados, como el verbo «valer», el adjetivo «válido» y el adverbio «válidamente», no sólo tiene su campo en el mundo jurídico, sino que se extiende a los más diversos ámbitos de la vida cotidiana.

Decimos, por ejemplo: «este traje no me vale»; «el billete de lotería conserva aún su validez»; «es una persona muy válida»; «¿te vale que empecemos a trabajar mañana?»; «el árbitro ha declarado el gol inválido»; «es un inválido: no se vale por sí mismo»; «vale, puedes irte»; «este destornillador está roto, no vale para nada»; e incluso como despedida decían antiguamente: «¡vale!». También tiene relación con la economía: «¿cuánto vale esto?»; «el necio confunde valor y precio» (famosa frase de Antonio Machado en boca de su inolvidable Juan de Mairena).

La etimología de la palabra la emparenta con «valiente». Cuando decimos, por ejemplo, «¡valiente respuesta me ha dado!», estamos aludiendo a que hemos recibido una respuesta «inválida»; por extraño que pueda parecer, en ese género de exclamaciones la palabra «valiente» no tiene sentido positivo, de «válido», sino negativo, de «inválido».

«Válido» también se emplea muchas veces como sinónimo de «valioso»; entonces lo que es válido es que tiene un «valor», y lo que es inválido es que es «disvalioso», tiene «disvalor» (si es que el disvalor es algo que se tiene).

«Valor» es la cualidad de lo válido, lo valioso, y lo valiente.

Estoy seguro de que convendrás conmigo en que una palabra dotada de tantas aplicaciones semánticas en el lenguaje común no podía augurar un uso pacífico en la Teoría del Derecho. El problema principal proviene de que «válido» puede significar tanto «lo que vale» como lo que «debe valer», así como en los múltiples sentidos que posibilita el verbo «valer». Me remito, para su comprobación, al Diccionario de la Real Academia.

El origen de todos estos vocablos es latino. *Validus, –a, –um,* significa fuerte, robusto, sano, que goza de buena salud; *validitas,* robustez, fuerza, vigor; *valeo, –ui,* valer, ser fuerte o robusto, tener salud; *valens, –entis* (de donde viene «valiente»), fuerte, robusto, bien de salud. ¿Cuál es el punto común de todos ellos? La referencia al gozar de salud o vigor, el tener fuerza, vida sana.

Válido es lo que está sano y tiene fuerza y vigor; inválido, lo que no está sano sino «viciado», carente de vigor. El sentido genuinamente naturalista de las expresiones se amplía al ámbito de las convenciones humanas (por ejemplo, el precio o valor de las cosas), pero en todos los casos responde a la comparación con un *modelo* a partir del cual se valora. Decimos que algo está sano porque partimos de un modelo de salud o vigor; por el contrario, algo es insano cuando contradice dicho modelo. El modelo de la salud, que es, antropológicamente, el más cercano a la experiencia de todo ser humano, es aplicable a otros modelos y realidades menos vivenciadas de manera cotidiana. La salud es el valor vital que sirve de pauta para idear nuevos modelos, nuevos valores.

La referencia a un valor, entendiendo esta palabra en un sentido amplio, y, por tanto, a las reglas que expresan el valor, es el punto común de todos los vocablos mencionados.

Cuando digo «este traje no me vale», estoy diciendo que no es adecuado a mi cuerpo, no se ajusta a las reglas que señalan cómo ha de ser un buen traje. Al afirmar que «el billete de lotería conserva aún su validez» quiero decir que dicho billete conserva aún su buena salud, su vigor, no ha «muerto» (caducado), y eso porque se adapta a la regla que señala su vida temporal. Si digo que «esta persona es válida», estoy emitiendo un juicio que presupone un determinado modelo de persona, unas reglas de comportarse en determinado ámbito de la vida, por ejemplo, porque es trabajadora, leal y sincera. Cuando decimos de una cosa que vale tantos euros, nos estamos remitiendo a las reglas que determinan el precio de las cosas. Etcétera.

Con estas indicaciones, que estoy seguro han ocasionado cierta dosis de perplejidad en el lector, estamos algo preparados para enfrentarnos a nuestro tema: la validez jurídica. Se aplica el concepto, sobre todo, a los actos y normas jurídicos, y al ordenamiento o sistema que éstas componen; aunque también podría aplicarse, si bien es menos usual, a otras entidades, como las situaciones y relaciones jurídicas, las instituciones, etc. Si se considera al Derecho como un organismo, cualquiera de sus componentes será susceptible de ser declarado válido o inválido, a tenor de la buena o mala «salud» de que goce. Nosotros nos vamos a centrar aquí en la validez de los actos y de las normas por razones de simplicidad expositiva, y porque lo que se diga será aplicable analógicamente a otros conceptos. Si bien es cierta la aplicabilidad general del concepto de validez respecto de todos los elementos del sistema jurídico, no lo es menos que la Teoría del Derecho se centra de ordinario sobre todo en la validez de las normas, y se descuida algo (aunque no siempre) la validez de los actos, sin la cual aquélla no puede entenderse. Es más, como vamos a tener ocasión de ver, la validez de los actos jurídicos es previa a la validez de las normas, pues éstas proceden de decisiones, las cuales a su vez constituyen acciones de diverso tipo.

Es imprescindible abordar, en este resbaladizo terreno las diversas concepciones de la validez en el Derecho que, como queda notado, responden a diversas concepciones filosóficas. Sólo así, después del examen de los argumentos de cada una de ellas, se estará en disposición de tomar postura. Como queda dicho, es este tema de la validez un verdadero cruce de caminos, en el cual se encuentran las diversas concepciones. Si bien cada una de ellas sigue su propia senda, no está de más saber en qué consisten sus respectivos argumentos.

Es ya casi una tradición distinguir tres maneras de concebir la validez, que suelen llamarse filosófica, sociológica y jurídica.

La primera, la filosófica, es la propia de las teorías *iusnaturalistas*, que se caracterizan por concebir el Derecho como existente en dos momentos distintos, pero íntimamente conectados y que reciben el nombre de Derecho natural y Derecho positivo. Tomando como punto de partida una concepción metafísica del Derecho (esto es, que va más allá de la «física» o de los hechos), la doctrina del Derecho natural concibe el Derecho positivo como un derivado de normas o principios jurídicos naturales que expresan la idea de *justicia*. El Derecho natural es el verdadero Derecho, constituye el auténtico «ser» de éste, identificándose con la expresión *Derecho justo o Derecho correcto* (éticamente). El Derecho positivo es el creado por los hombres haciendo uso de su libertad y poder. Para ser verdadero Derecho, sus leyes tienen que adecuarse a las exigencias del Derecho natural, pues en caso contrario no serán auténticas leyes, sino «leyes corrompidas» o, como dice Tomás de Aquino con expresión certera, «corrupción de ley».

En este esquema de pensamiento, es fácil adivinar cuál será el concepto de validez jurídica. Para el iusnaturalismo, el Derecho válido por antonomasia es el Derecho natural. Es válido *porque es valioso*, porque encarna justicia. Lo válido es lo justo; y lo inválido, lo injusto. *Validez es sinónimo de justicia.* Una norma de Derecho positivo será válida si reúne las características exigidas de justicia, que es lo mismo que afirmar que dicha norma será válida cuando se acompasa con los principios normativos del Derecho natural.

El iusnaturalismo maneja, por tanto, un concepto *material* de validez, pues exige determinados contenidos, los de la justicia. Una sentencia no será válida porque haya sido dictada por el juez competente, siguiendo el procedimiento establecido; sólo será válida si no es manifiestamente injusta. Lo que hace válida la sentencia es su valía o valiosidad desde el punto de vista de la justicia. Lo importante es el valor; por eso, se dice también que este concepto filosófico, o iusnaturalista, de la validez es un concepto *axiológico.*

Es evidente que esta postura enlaza con una de las acepciones de la palabra «validez», aquella que apunta a lo que *debe ser* válido.

Con el positivismo jurídico, que es la corriente antimetafísica y factualista en el campo de los estudios jurídicos, se abre paso otra versión distinta, la cual critica la concepción axiológica (o material, o filosófica), propia del iusnaturalismo. Esta crítica se centra en destacar que no es posible saber con objetividad en qué consiste la justicia, al ser ésta una idea cuyos contenidos concretos dependen de la *ideología.* Si se albergan creencias religiosas, se tendrá una idea de la justicia diferente de si se es ateo; si se es comunista se sostendrá que es injusta la propiedad privada, mientras que si se es liberal se mantendrá lo contrario. Llevando al extremo el argumento, cada cual tendrá una idea de justicia dependiendo del hombre que es. El ateo distinto del creyente, el comunista diferente del liberal. La justicia, en definitiva, sería un problema sin solución objetiva y susceptible únicamente de respuesta individual y subjetiva. Por ello, para el positivismo su investigación pertenece al campo de la filosofía y no de la ciencia, habida cuenta de que mientras ésta es una «toma de posesión», la primera es una «toma de posición» (como dice BOBBIO). Téngase presente, sin embargo, que si toda toma de posición es un acto subjetivo e individual, no menos sucede con toda toma de posesión; como demuestra el hecho de que en la propia «ciencia» las posturas están también muy encontradas.

El positivismo sólo acepta la existencia del Derecho positivo; o como también suele decirse, del Derecho creado por la voluntad humana. Pero en tanto que unos positivistas acentúan el aspecto meramente fáctico, los hechos, otros prefieren poner el énfasis en la norma. Los primeros son los llamados «sociologistas», porque entienden que el Derecho es, antes que nada, un *hecho social* y que la verdadera ciencia del Derecho es la Sociología jurídica. Los segundos son los «normativistas», en atención a que el dato básico del fenómeno jurídico es la *norma*. Pues bien, sociologistas y normativistas mantienen posiciones encontradas en el problema de la validez, si bien es cierto que hay un buen número de posiciones entre ellos que tienden a disolver sus diferencias tratando de hallar respuestas intermedias que hagan compatibles, o al menos no incompatibles radicalmente, ambas tendencias.

Para el sociologismo, el Derecho es un *hecho social*. Esta tesis la defienden las llamadas escuelas «realistas». Este último calificativo no quiere decir otra cosa sino que la teoría del conocimiento que aceptan les obliga a mantener que el único objeto de tratamiento científico son los «hechos reales», que en el terreno de las «ciencias humanas» no pueden ser otros que los hechos sociales.

De ahí deriva que defiendan una concepción *empirista o sociológica* de la validez. Puesto que el Derecho es un hecho social, o un conjunto de hechos sociales, los conceptos jurídicos, como el de norma, no tienen otra realidad que la de ser hechos sociales. Así, la validez de una norma es su existencia social real, y no tal como viene escrita en la ley.

Frente al «Derecho de los libros» *(law in the books)*, está el «Derecho en la acción» *(law in action) o* el «Derecho vivo» *(living law)*. Estas expresiones son utilizadas por realistas americanos como POUND y LLEWELLYN, y en parecidos términos se expresan los sociologistas alemanes, como EHRLICH, que hace del «Derecho vivo» *(lebendes Recht)* el centro de la investigación jurídica; o los «realistas» escandinavos, como ROSS y OLIVECRONA, quien titula su obra principal *El Derecho como hecho (Law as fact)*.

Por último, el normativismo intenta un concepto meramente *jurídico* de la validez, que prescinda tanto de la carga axiológica exigida por la doctrina iusnaturalista, como de la «contaminación» del sociologismo. Si el Derecho es norma, y los conceptos jurídicos son conceptos puramente normativos, entonces la validez no puede ser ni un valor ni un hecho, sino que será el modo de ser característico de las normas, que no es otro que su *obligatoriedad* (meramente jurídica, no moral).

Sin embargo, las posturas normativistas han hecho concesiones al sociologismo difícilmente compatibles con sus postulados. Ya la teoría de BIERLING auguraba esa característica, al poner como condición fundamental de la validez de las normas el *reconocimiento* de los sometidos al Derecho, que es un concepto sociológico. En similar posición se expresará KELSEN al destacar la eficacia (externa) como condición de validez; y esa «mixtificación» entre lo normativo y lo fáctico es más perceptible aún en HART, quien no distingue entre Teoría general del Derecho y Sociología jurídica.

NOTAS Y COMENTARIOS

- Dice Alf Ross en su conocido escrito «El concepto de validez y el conflicto entre el positivismo jurídico y el Derecho natural» (trad.

de Carrió y Paschero): «(...) si la palabra inglesa *"valid"* (válido) es usada para indicar que una regla o un sistema de reglas es una realidad (y no sólo un proyecto o algo imaginado) la palabra, de acuerdo con principios empíricos, debe ser considerada como que se refiere a hechos sociales observables y no a otra cosa. Puede ser difícil definir exactamente qué hechos y qué observaciones son adecuados para verificar la aserción de que una regla existe, pero en términos generales la existencia (validez) de una norma es lo mismo que su eficacia. Afirmar que una regla o un sistema de reglas existe es lo mismo que afirmar la ocurrencia de un complejo de hechos sociales, entendiendo "hechos sociales" en un sentido amplio que incluye también condiciones psicológicas. Así, el término validez, en esta conexión, nada tiene que ver con ningún enunciado normativo de un deber de obediencia al Derecho, en el sentido moral de la palabra. Esta idea, característica del pensamiento iusnaturalista y cuasipositivista, no tiene cabida en una teoría del Derecho basada en principios empiristas» (ROSS, *El concepto de validez y otros ensayos*, Buenos Aires, 1969, pg. 27). Para este autor son «cuasipositivistas» todos aquellos que, no defendiendo el Derecho natural, tampoco conciben plenamente la Teoría general del Derecho como una ciencia empírica. Los verdaderos positivistas serían, para él, tan sólo los que defienden esta concepción, de corte sustancialmente sociológico.

- Algunos estudios sobre la validez: BELLOSO, «La validez del Derecho: del normativismo y el realismo jurídico a una concepción filosófica», *Nomos*, vol. XV 1996; DELGADO, «La validez del Derecho como problema de la filosofía jurídica», en *Estudios en honor del doctor L. Recasens Siches*, México, 1980; FALCÓN, *Concepto y fundamento de la validez del Derecho*, Madrid, 1994, FARIÑAS, *El problema de la validez jurídica*, Madrid, 1991; FARRELL, *Hacia un criterio empírico de validez*, Buenos Aires, 1972; NINO, *La validez del Derecho*, Buenos Aires, 1985.
- Una exposición clásica de las tres concepciones de la validez del Derecho se encuentra en Gustav RADBRUCH, *Filosofía del Derecho*, trad. por MEDINA, 4ª ed., Madrid, 1959, pgs. 102 y ss. Véase también el libro de MARTÍNEZ BRETONES, *La Filosofía del Derecho de Gustav Radbruch*, Madrid, 1994, pgs. 220 y ss.

EJERCICIOS

1. ¿Cuáles son los cuatro caracteres del Derecho que van a ser objeto de análisis en los siguientes capítulos? Enuméralos y trata de anticipar cuál puede ser el contenido de dicho análisis.

2. Pon ejemplos de frases en las que se emplee la palabra «validez» y sus derivados.

3. Relaciona el valor de una cosa y su precio.

4. ¿Qué diferencia hay, si realmente la hay, entre «válido» y «valioso»?

5. Explica el significado de las tres acepciones del término «valor».

6. Consulta en el DRAE, o en cualquier otro diccionario, los significados de los siguientes vocablos: «válido», «validez» y «valor».

7. Haz un análisis etimológico de «válido» y «validez».

8. Relaciona la idea de lo válido con la idea de modelo.

9. Relaciona: validez, modelo y reglas (o normas).

10. ¿A qué conceptos jurídicos se aplica la palabra «validez»?

11. Enumera las tres concepciones básicas de la validez.

12. ¿Qué relación tiene, en la doctrina del Derecho natural, el concepto de validez con el de justicia? Razona la respuesta en el marco de un modo de pensar típicamente iusnaturalista.

13. Explica la tesis de la *corruptio legis*.

14. Razona por qué no es aceptable, para el positivismo jurídico, la concepción axiológica de la validez.

15. ¿Por qué se encierra un sofisma en la distinción subrayada por BOBBIO entre la «toma de posesión», característica de la ciencia, y la «toma de posición», característica de la filosofía?

16. Explica la tesis central del positivismo jurídico.

17. ¿Cuáles son las dos formas básicas del positivismo jurídico? ¿En qué se diferencian?

18. Define el concepto de validez empírica.

19. Explica la contraposición «Derecho en los libros»/«Derecho vivo».

20. ¿En qué consiste la concepción normativista de la validez?

21. ¿Ha mantenido la corriente normativista (BIERLING, KELSEN, HART), en toda su pureza, la concepción meramente normativa de la validez?

XLIV. LA CONCEPCIÓN DE LA VALIDEZ EN EL DERECHO NATURAL CLÁSICO

Hemos podido comprobar en la lección anterior que el uso del concepto de validez es de los más polémicos en la historia del pensamiento jurídico; primero, porque está lastrado con la carga de una larga tradición histórica; y, además, porque suscita reacciones emotivas: «validez» implica referencia a «lo valioso» y a «valor», términos ambos que denotan lo que es necesario o debido apreciar positivamente.

Aunque las tres concepciones mencionadas (la filosófica, la sociológica y la normativista) den respuestas tan dispares, sin embargo se están refiriendo a lo mismo: al modo de existir del Derecho y a la nota de la obligatoriedad general de las normas jurídicas. «Derecho válido», para las tres concepciones, significa, al mismo tiempo, Derecho existente o vigente, y Derecho obligatorio. Las diferencias no radican, en último término, en el sentido de la pregunta acerca de la validez, que no es otro que el de la propia naturaleza del Derecho y su carácter obligatorio, sino en la distinción de matices que introducen en sus respectivas respuestas.

En el marco del pensamiento iusnaturalista, el Derecho valioso en sí mismo (esto es, el Derecho válido) es el Derecho natural, esto es, el Derecho que no tiene su origen en la voluntad o en el acuerdo humanos, sino que proviene de una instancia superior, llámesela naturaleza o Dios, y expresa la idea de justicia, que el hombre no puede cambiar, ya que no depende de su voluntad y libre arbitrio. El Derecho natural, en cuanto que es el Derecho justo, es el Derecho válido (y valioso) por antonomasia. De ahí que una norma del Derecho positivo que entre en grave contradicción con lo exigido por el Derecho natural, no será ya una norma valiosa, sino «disvaliosa», y, por tanto, indigna de ser obedecida.

En AQUINO, el representante más egregio del iusnaturalismo clásico, la idea de validez va vinculada estrechamente con la de jerarquía de las leyes. No es, pues, acertada la creencia de que la jerarquía normativa es un «invento» reciente.

La idea de jerarquía de las leyes la expresa el AQUINATENSE de manera muy gráfica, y supone la comparación entre el mundo físico y el mundo humano:

> «En toda serie de principios motores subordinados entre sí, es necesario que la fuerza del segundo motor se derive de la fuerza del primero, porque el motor segundo no mueve sino en cuanto que es movido por el primero. Lo mismo observamos en todos los gobernantes: el poder de gobernar deriva del primer gobernante al segundo, así como el plan de lo que debe hacerse en una ciudad lo comunica el rey a sus administradores inferiores por medio de un precepto; y en la obra arquitectónica, el plan a realizar es comunicado por el arquitecto a los obreros inferiores que trabajan con sus manos».

La jerarquía se da, por consiguiente, en el mundo físico, en el político y en el técnico o artístico. Obsérvese el acierto de SANTO TOMÁS al tener en cuenta, para explicar el concepto, la jerarquía de las autoridades o sujetos creadores (si bien se mira, la *Summa Theologiae*, que es su obra cumbre, no es sino una grandiosa exposición de los caracteres del Creador, el legislador supremo, y de sus actos, es decir, de sus leyes, bajo cuyo concepto se comprenden tanto las leyes que rigen el cosmos como las que regulan el mundo humano).

Así como hay una jerarquía de gobernantes y de sus respectivos actos, de manera similar sucede con las leyes, que son el resultado de dichos actos:

> «Siendo la ley eterna la razón de gobierno existente en el supremo gobernante *(ratio gubernationis in supremo gubernante)*, es necesario que todas las razones de gobierno que existen en los gobernantes inferiores deriven de la ley eterna *(a lege aeterna deriventur)*. Por consiguiente, toda ley se deriva de la ley eterna en la medida en que participa de la recta razón *(unde omnes leges inquantum participant de ratione recta, intantum derivantur a lege aeterna)*» (1-2, q. 93, art. 3).

La *recta razón* es, pues, la esencia de la ley eterna, y, por ello, en la medida en que cualquier ley participe de dicha razón, deriva asimismo de la ley eterna. Ésta es la ley suprema, la *norma fundamental o básica*, de la que derivan su validez o vigor *(virtus)* todas las demás. AQUINO emplea la palabra «virtud» para referirse a la validez. «Virtud de ley» es lo mismo que «vigor de ley» o «fuerza de ley». La ley eterna es la norma de la que derivan su virtud de ley todas las demás leyes. La ley eterna, entendida como «recta razón» o «razón justa», es la norma básica del sistema de las leyes. De ella derivan todas las demás su validez.

En concreto, la ley natural deriva de la ley eterna en cuanto que es una aplicación concreta de esta última a la criatura racional, al ser humano.

Por lo que atañe a la ley humana, sólo tiene naturaleza de verdadera ley en cuanto se ajusta a la recta razón, esto es, a la ley natural, la cual, a su vez, no es sino un aspecto de concreta aplicación de la ley eterna al hombre. Si la ley humana se aparta de la ley natural (y, por consiguiente, de la ley eterna), será una ley inicua *(lex inicua)*, y no tendrá entonces naturaleza de ley, sino de violencia *(Ibid, ad sec)*. Una ley irracional, o contra la razón, será aquella que no respete las exigencias de la racionalidad práctica o *razonabilidad*. La recta razón es la *razón práctica*, que tiene por objeto la producción de normas de comportamiento. La ley inicua es aquella que atenta contra esa razón práctica o razonabilidad. Lo que no es razonable no puede ser ley; es más, no es ley, aunque lleve ese nombre «formal». La ley que atenta contra la razón y que se impone a los sometidos al poder, no es ley, sino violencia. Lo que caracteriza a una ley no es, simplemente, el haber sido promulgada siguiendo los requisitos formales establecidos a ese efecto. Aquino piensa que también hay que cumplir los requisitos formales; pero con eso no es suficiente. El contenido de la ley es tan importante como su forma. Dicho contenido no puede ser otro que el que proviene de la recta razón o razón práctica.

Así se expresa el insigne autor:

> «La ley humana es una aplicación de la razón práctica a las materias contingentes y variables no contempladas por la ley natural. Ésta precisa de concreción, pues en su generalidad no siempre es suficiente para regular la variopinta complejidad de la vida social de los hombres» (1-2, q. 91, art. 3).

En las *questiones 95, 96 y 97* encontramos el desarrollo conceptual de todo lo referente a la ley humana, destacando en esta materia la influencia ejercida por la doctrina de SAN ISIDORO DE SEVILLA sobre el Doctor Angélico, si bien en algunos puntos importantes se separa de él.

Lo primero que subraya AQUINO es que la ley humana es útil y necesaria. El hombre, dice, tiene una cierta inclinación natural a la virtud, pero es preciso reforzar esa inclinación mediante algún tipo de disciplina, que le aparte de los «deleites ilegítimos». En las naturalezas bien orientadas la disciplina paterna, que actúa mediante consejos *(per monitiones)*, es suficiente, pero no sucede así con «los protervos y dados a los vicios», que no se conmueven fácilmente con las palabras. A estos es necesario apartarles del mal mediante la fuerza y el miedo *(per vim et metum)*. Esta disciplina que obliga por el temor al castigo es la disciplina de las leyes *(disciplina legum)*. Mediante la imposición de esta disciplina se consiguen dos objetivos: por una parte, un objetivo general, para todos, que es la paz, al impedir a los «protervos» que la perturben. Y, además, se puede conseguir también la domeñación de esos caracteres díscolos y poco propicios a cumplir con sus deberes, pues, mediante la imposición por la fuerza, puede lograrse que adquieran costumbres virtuosas. La coacción, por tanto, viene en apoyo del consejo para enderezar a los hombres mal dispuestos en el camino de la virtud. De todo ello se desprende que la primera razón de utilidad de la ley humana coactiva es que, mediante el temor a la sanción, se consigue la paz social, además de ayudar a los hombres a ser virtuosos.

Al ser toda ley expresión de la razón práctica, es lógico sostener que la ley humana sólo tendrá valor de ley *(virtus legis)* en la medida en que no contradiga los dictados de dicha razón práctica. Y puesto que la razón práctica se concreta en la criatura racional en la llamada *lex naturalis*, también es lógico concluir que para que la ley humana tenga valor de ley es preciso que esté en consonancia con la ley natural. Así se expresa AQUINO:

> «Toda ley puesta por el hombre tiene naturaleza o razón de ley *(ratio legis)* en la medida en que se deriva de la ley de la naturaleza *(a lege naturae derivatur)*. *Si* realmente se separa en algo *(in aliquo)* de la ley natural, ya no será ley sino corrupción de ley *(non erit lex, sed legis corruptio)*» (1-2, q. 95, art. 2).

La ley humana, para ser verdadera ley, ha de ser también expresión de la razón práctica; lo cual es lo mismo que decir que ha de ser expresión de la ley natural, o, cuando menos, no entrar en contradicción con ella. Si la ley humana se opone a la ley natural o, lo que es lo mismo, a la razón, aunque tenga apariencia de ley, al haber sido promulgada cumpliendo los requisitos formales, no tiene «razón de ley» *(ratio legis)*, lo que significa que no tiene el carácter o la naturaleza propia de la ley. Ésta ha de cumplir no sólo los requisitos formales o procedimentales para su aprobación y promulgación, sino también el requisito material de «derivar» de la ley natural. Si no cumple el requisito material de «derivación» de la ley natural, o sea, de la razón, aunque aparezca al exterior como ley, no es una verdadera ley, sino, como dice AQUINO con expresión insuperable, una corrupción de ley, *legis corruptio.*

Para AQUINO, en definitiva, *el Derecho es razón práctica. El mandato del legislador humano en contra de la razón no es Derecho, sino corrupción del Derecho.*

Veamos ahora cómo entiende el AQUINATE el concepto de «derivación» *(derivatio)* de la ley humana a partir de la ley natural, esto es, de la razón.

Dice AQUINO que algo puede derivarse de la ley natural de dos modos: primero, como las conclusiones se derivan de los principios; y segundo, como las determinaciones se derivan de nociones comunes. El primer modo, que es el de las conclusiones, es similar al que usan las ciencias y tiene carácter demostrativo. El modo segundo, o de las determinaciones, es similar a lo que sucede en las «artes», en las cuales las formas comunes se determinan o concretan en algo especial o particular, como sucede cuando el arquitecto concreta la forma común de la casa en esta o aquella figura concreta de casa.

Las conclusiones se extraen de los principios porque ya están en ellos contenidas. Las determinaciones suponen la concreción individualizada de lo que está tan sólo presentado en proyecto o modelo genérico.

De esta manera, por ejemplo, el principio «no se debe matar» se deriva, como conclusión, del principio más general «no se debe hacer mal a otro». Dentro de este principio generalísimo se encuentra aquel otro, que se deriva por modo de conclusión. Pero, por ejemplo, la sanción concreta que ha de imponerse a quien transgrede la ley natural sólo puede concretarse por vía de determinación o especificación.

Dice AQUINO que los dos modos señalados (derivación de la ley natural por vía de conclusión y por vía de determinación o especificación) se dan en la ley humana positiva, de manera que en ésta se encuentran contenidos que provienen por vía de conclusión y contenidos que provienen por vía de determinación. Los primeros tienen vigor, o validez, no sólo porque se encuentran en la ley humana, sino que también reciben su vigor de la ley natural; mientras que los contenidos obtenidos por vía de determinación tienen sólo el vigor que les da la ley humana positiva *(ex sola lege humana vigorem habent)* (1-2, q. 95, art. 2).

En suma, el Derecho en su conjunto, para AQUINO, es resultado del ejercicio de la razón práctica, cuya función es orientar las acciones humanas hacia el bien y la virtud. No desde luego hacia el bien y la virtud en su sentido máximo, que sólo se alcanza en la relación directa del hombre con el Ser Creador, sino en el sentido relativo a la convivencia de los hombres en la *civitas.* La expresión más genuina del Derecho es la ley natural, que es la ley de la razón, cognoscible por todos los hombres por medios naturales, sin intervención de la revelación, al estar todos ellos dotados de razón o «luz natural» *(lumen naturalis).* La ley, ante todo, es un acto de razón, y no de mera voluntad; de manera que sólo puede aspirar a ser legal aquello que sea racional, y no la sola voluntad del imperante. Cuando éste legisla atentando contra la razón, se convierte en tirano. La ley humana o positiva completa a la ley natural que, debido a su carácter de generalidad, precisa de especificación y adaptación a las circunstancias históricas. Los dos modos de derivación de la ley humana a partir de la ley natural responden a la necesidad de distinguir lo que es necesario moralmente de una sola manera, de lo que puede serlo de distintas maneras.

A la razón práctica también se la puede denominar *razón ética o moral.* De ahí que pueda afirmarse que la concepción del Aquinate de la validez jurídica es una concepción ética. La norma válida es la norma valiosa, por ser moral, por respetar los principios de la ley natural, o sea, de la razón. Ahora bien, la justicia, para AQUINO, representa no todos los valores morales, sino sólo los necesarios para la convivencia. Por eso dice que la ley positiva ha de tener en cuenta la diversidad de la condición humana y ha de saber imponerse a los hombres en la medida razonable, lo que supone adaptarse a dicha diversidad. La mayor parte de los hombres no son totalmente virtuosos, por lo que la ley humana ha de contentarse, no con prohibir todos los vicios, sino únicamente los más graves *(graviora)*, y principalmente aquellos que van en perjuicio de los demás y sin cuya prohibición no puede conservarse la sociedad humana, como, por ejemplo, el homicidio, el robo y otros males semejantes.

La conclusión práctica, que se extrae de esta concepción iusnaturalista o ética de la validez de las normas jurídicas, es que las leyes, si son justas, obligan en conciencia; pero no en caso contrario, esto es, cuando son injustas, cuando atentan contra la razón. El deber de obedecer al Derecho es un deber moral.

Para AQUINO, las leyes justas tienen fuerza moral obligatoria, obligan en el foro de la conciencia *(vim obligandi in foro conscientiae)*, y ello, en razón de que dichas leyes son justas porque derivan de la ley natural y, por tanto, de la ley eterna, al constituir ésta la norma fundamental de todo el sistema de leyes. Las leyes justas, dice AQUINO, son «leyes legales» *(leges legales)*, lo que quiere decir que son leyes humanas que se ajustan a una legalidad superior.

Por el contrario, las leyes injustas no son propiamente leyes, sino «violencias» *(violentiae)*. No obligan en el foro de la conciencia, a no ser para evitar el escándalo y el desorden, siempre que el mal causado no sea grave.

En resumidas cuentas, puede verse, por la exposición precedente, que para Tomás de AQUINO (y parecida tesis podría adscribirse al conjunto del iusnaturalismo clásico, aunque con matices y diferencias) la validez de las normas jurídicas se conecta con la jerarquía de las mismas, las inferiores derivan su validez de las superiores. Además, prácticamente se identifica validez o vigor de una norma con su obligatoriedad, pues decir que una ley es auténtica o que tiene vigor de ley es equivalente a afirmar su carácter obligatorio. Por último, las normas que lo son, esto es, las justas, obligan en conciencia, pero no así las injustas: el deber de obedecer al Derecho es un deber moral, siempre que se cumpla la condición de la justicia requerida.

(Para la exposición de otros modelos iusnaturalistas me remito a mi *Introducción a la Teoría del Derecho,* Madrid, 1988, 6ª ed., Barcelona, 2003).

EJERCICIOS

1. Recuerda lo esencial de las tres concepciones básicas en torno a la validez del Derecho.

2. Relaciona los siguientes conceptos: validez, existencia de las normas y obligatoriedad, como puntos centrales de las tres concepciones.

3. ¿Cuál es la idea clave del pensamiento iusnaturalista en la cuestión de la validez?

4. Consulta la *Suma de Teología*, de TOMÁS DE AQUINO, y fíjate en la organización general de la obra. ¿En qué partes trata de la justicia y el Derecho?

5. La idea de jerarquía es esencial en la Escolástica. Explica cómo la ve AQUINO en referencia al mundo físico, político y técnico.

6. ¿Cómo relaciona AQUINO la idea de jerarquía de los poderes con la jerarquía normativa?

7. ¿Qué quiere decirse cuando se afirma en el texto que la ley eterna es la norma fundamental del sistema?

8. Explica el concepto de «recta razón».

9. ¿Qué es la razón práctica?

10. Distingue razón práctica y razón especulativa.

11. ¿Qué relación hay entre la ley natural y la ley eterna? ¿Y de ambas con la razón?

12. ¿En qué sentido la ley humana es también expresión de la razón práctica?

13. ¿Qué requisitos tiene que cumplir la ley humana positiva para poder ser ley?

14. Relaciona la razón práctica con la idea de lo razonable.

15. ¿Por qué, para TOMÁS DE AQUINO, la ley humana es útil y necesaria?

16. Relaciona los siguientes conceptos: naturaleza humana, virtud, coacción y miedo.

17. ¿En qué se diferencia el «consejo» de la «disciplina de las leyes»?

18. Explica los requisitos necesarios para que tenga lugar la *corruptio legis*.

19. Explica el significado de esta afirmación: «el Derecho es razón práctica».

20. Caracteriza los dos modos de derivar la ley humana de la ley natural.

21. La obligación de que los automovilistas circulen por la derecha, ¿deriva de la ley natural por el modo de conclusión o por el de determinación? Razona la respuesta.

22. Pon otros ejemplos de ambos modos de derivación.

23. Relaciona los siguientes conceptos: ley, razón, luz natural, tiranía.

24. ¿Cómo ve AQUINO la relación entre moral y justicia?

25. Conecta la idea de la validez de las normas con la de obligatoriedad moral, según la concepción aquinatense.

26. Resume todo el capítulo en un breve párrafo.

XLV. LA VALIDEZ DEL DERECHO EN EL NORMATIVISMO

Los siglos que siguen a la época del apogeo de la escolástica, que no va más allá del siglo XVII, se caracterizan por que el pensamiento en general, y la filosofía jurídica en particular, experimentan, primero, un proceso de «desteologización», y algo después, de «deseticización».

En una primera etapa, que comienza con GROCIO, se acepta la idea de que el Derecho natural tendría validez aun cuando se supusiera que Dios no existe; lo cual, dice este autor, no puede admitirse sin grave pecado. La doctrina «racionalista» del Derecho natural se apoya justamente en esta simple idea: los contenidos éticos del Derecho tienen carácter objetivo, ya que constituyen la ley natural, independientemente de todo planteamiento religioso. Mientras que en la escolástica la construcción intelectual viene presidida en todo momento por la referencia a un Ser Creador, la Edad Moderna va a abrir una brecha insalvable entre Teología y Filosofía moral y jurídica. Se entiende que esta última tiene propia autonomía, aun cuando se pueda mantener una cierta relación formal con el esquema teológico.

El siguiente paso viene determinado por la refutación de la metafísica, que abre la puerta al positivismo, corriente para la cual el Derecho es simplemente la manifestación del poder, independientemente de los contenidos morales que encarne o defienda. Es la etapa de la «deseticización», esto es, de la desconexión entre Derecho y ética. Con la crítica de todo Derecho natural, incluido el «racionalista», que todavía vincula el Derecho con la ética de manera muy estrecha, se abre camino el tratamiento exclusivamente «jurídico» de las categorías conceptuales, lo que implica, sobre todo, la exclusión en ese tratamiento de todo juicio valorativo. Derecho y moral quedan desconectados, y las construcciones teóricas en el campo del Derecho han de respetar ese axioma de la desconexión si pretenden pasar por «científicas». Véase, con mayores matices, el capítulo 20 de esta obra.

Dentro de este esquema global es donde hay que situar la aportación del normativismo al tema que nos ocupa. Como manifestación del positivismo jurídico, el normativismo prescinde, en el estudio del Derecho, de toda conexión con la teología y con la ética, relegando ambas al marco de la subjetividad y, en último término, de la ideología.

La concepción normativista también sostiene, *expressis verbis*, la necesidad de separar tajantemente entre la Teoría general del Derecho y la Sociología; pero, como vamos a ver pronto, incumple esta pretensión, ya que conecta muchos de sus conceptos «meramente jurídicos», y además lo hace de manera contundente y no meramente formal, con categorías descriptivas de la realidad social.

Desde el punto de vista metodológico, sin embargo, la teoría normativista se caracteriza por trasladar los esquemas propios del análisis iusnaturalista o, al menos, muchos de ellos, al estudio exclusivo del Derecho puesto por los hombres, esto es, del Derecho positivo. El origen de las categorías y de los modelos teóricos que maneja, no hay que buscarlo en las obras de su propia cosecha, sino en el seno de la doctrina del Derecho natural, que, si por algo se caracteriza, además de por la conexión con la ética, es por presentar un armazón de conceptos formales muy perfilado. Dicho armazón conceptual es el que se transmite a la Teoría general del Derecho del normativismo.

Las «sustituciones» saltan a la vista. El concepto de Dios es sustituido por el de Estado, que se transforma, en palabras, quizás irónicas, de HOBBES, en «el dios mortal bajo el Dios inmortal», y que en el positivismo contemporáneo es el único que interesa de tejas para abajo.

La ley eterna, fundamento último del sistema de las leyes y expresión de la razón de Dios, es sustituida por una llamada, como sabemos, «norma fundamental» carente absolutamente de contenido concreto y cuyo único y triste significado es que es «obligatorio» obedecer al poder constituyente, que no es otra cosa, en definitiva, que el poder establecido. Otra interpretación, posiblemente más acertada, es que la norma fundamental, para la doctrina del Derecho natural, es la que expresa que es obligatorio obedecer el mandato del Creador, que se concreta en la ley eterna; ésta sería la «constitución» de todo el orden universal, de la que deriva su validez la ley natural, de la cual deriva la suya la ley humana positiva.

La ley natural, como compendio de los valores que han de presidir la convivencia, es desplazada al ámbito de la reflexión de la «filosofía», con la carga de subjetivización y desprestigio que ello implica: para la mentalidad positivista, la filosofía no es ciencia, sino una forma de elucubración muy personal.

Por último, se eleva a categoría exclusiva al Derecho positivo, al que se analiza en su estructura jerárquica, aplicando en ello el mismo esquema de la jerarquía de las leyes que es propio de la escolástica, pero ahora en referencia única al Derecho creado por el arbitrio humano. Como se ve, el normativismo lleva a efecto toda una faena de «remodelación» del edificio teórico, en el que resalta, sin embargo, la vaciedad de sus fundamentos.

Dentro de este planteamiento teórico, desconectado absolutamente de toda teología y de toda ética, es como hay que entender la concepción normativista de la validez del Derecho.

Para los representantes de la Escuela de Viena, especialmente KELSEN, «validez» es término sinónimo de «existencia» y de «obligatoriedad». Decir que una norma es válida, es lo mismo que afirmar que existe; y «norma inválida» es equivalente a norma que no existe como tal norma. A su vez la norma válida, esto es, existente, es obligatoria; pues la naturaleza de la norma es el obligar, y carece de sentido afirmar la validez de una norma que no sea obligatoria. Además, si decimos que una norma no obliga, en realidad estaremos reconociendo que no existe tal norma. Pues ¿qué sentido puede tener una norma que no obliga, sino que no es de verdad una norma?

KELSEN dice que la validez es el modo de ser de la norma, que no es otro que el «deber» *(sollen)*; y, en consecuencia, no es otro que la obligatoriedad. Concibe la realidad dividida en dos partes separadas por «un abismo infranqueable» (según sus propias palabras): el mundo del ser y el mundo del deber ser. Y, simultáneamente, entiende este último mundo del deber ser en su aspecto meramente formal, sin conexión alguna con los valores, que también pertenecen a la esfera del deber ser.

La validez normativista es, pues, una validez meramente formal, que expresa una obligatoriedad también puramente formal. Al ser toda norma jurídica completa un imperativo que conecta supuesto de hecho y sanción por medio de un nexo de deber, toda norma es expresión, también, de un *deber jurídico* que, por ser meramente formal, hay que separar tajantemente del deber moral. Obsérvese que el planteamiento es paralelo al de la escolástica, en el sentido de que también en la filosofía de ésta todas las leyes imponen deberes. La diferencia radica en que mientras en el esquema escolástico, los deberes no tienen sentido sino en conexión, más o menos profunda, con la moral, en el planteamiento normativista propio del positivismo se exige su formalización absoluta, desligándolos radicalmente de esta última. Además, mientras que para KELSEN, toda norma es un imperativo (*kein sollen ohne wollen*: no hay deber ni norma que no sean la expresión de un querer, esto es, de un acto de la voluntad), para el Aquinate, como hemos estudiado, la ley es un acto de la razón práctica.

Ahora bien, como vamos a ver, no está nada claro qué pueda entenderse por obligatoridad puramente formal, desligada de la ética.

Distinto del problema de qué sea la validez, es la cuestión de *cuándo* una norma es válida; que es lo mismo que preguntarse acerca del *fundamento* de la validez, o sea, del porqué de la existencia y de la obligatoriedad de las normas.

Según el pensamiento de la Escuela de Viena, el ordenamiento jurídico tiene una estructura normativa piramidal, en cuya cúspide se encuentra la llamada norma fundamental *(Grundnorm)*, después la constitución, las leyes, etcétera, hasta llegar a las normas individualizadas y a los actos de ejecución de estas últimas, los cuales constituyen la base de todo el edificio normativo.

Pues bien, cada norma del ordenamiento encuentra su fundamento de validez en otra norma jerárquicamente superior. La norma superior prevé el modo de producción de la inferior y, casi siempre, también prevé el contenido material de la inferior. «Contenido material» es *lo que* la norma prescribe u ordena. La norma inferior ha de acompasarse con la superior en cuanto a la materia regulada, de modo que no la contradiga materialmente.

Si tomamos, por ejemplo, una determinada sentencia, se dirá entonces que esa norma individual es válida *porque* deriva su validez de otra norma jerárquicamente superior, supongamos un reglamento; el cual, a su vez, será válido *si* deriva su validez de una ley, que ha previsto su modo de producción y ha establecido contenidos materiales que han de ser concretados; a su vez, la ley será válida porque se apoya en la constitución, que es la norma jerárquica superior; y por último, la constitución es válida porque deriva su validez de la llamada «norma fundamental», que es la norma que fundamenta todo el sistema.

Las cadenas de validez son expresión de las conexiones de unas normas con otras, de acuerdo con una estructura de jerarquía. Se trata, en definitiva, de una fundamentación meramente formal, en cuya cúspide se encuentra una norma vacía de contenido, como es la norma fundamental.

Esta norma fundamental viene expresada, como sabemos, en los siguientes términos: «se debe obedecer la constitución»; o bien, lo que viene a ser lo mismo: «se debe obedecer al poder constituyente». Es irrelevante cuál sea dicho poder constituyente, así como también cuál sea el contenido concreto de la constitución por él establecida. La norma fundamental carece de contenido concreto; se remite a los contenidos normativos recogidos en la constitución, limitándose a dotar de fundamento a esta última. No es una norma jurídica positiva, sino una norma «supuesta», y en verdad, según palabras del último KELSEN, el de *Teoría general de las normas* (1979), una «ficción» en el sentido acuñado por VAIHINGER; esto es, una construcción del pensamiento que permite abordar con mayor coherencia una realidad dada. La norma fundamental no existe de la manera en que existe, por ejemplo, el Código Civil. Es un mero presupuesto del pensamiento jurídico, en virtud del cual sólo si se supone que existe esa norma, es posible pensar que el ordenamiento en su conjunto es obligatorio. Si no se presupone su existencia, entonces ¿por qué habría que obedecer la constitución?

La norma fundamental es, en mi opinión, un artilugio sofístico carente de todo fundamento teórico.

En primer lugar, porque expresa una tautología o *circulus vitiosus*. Pues a la pregunta: ¿por qué razón hay que obedecer a la constitución?, se contesta: porque se debe obedecerla. ¿Por qué se la debe obedecer? Porque hay una norma fundamental que así lo exige. Se vuelve así al punto de partida sin haber salido del círculo vicioso.

En segundo lugar, no hay, como suele decir KELSEN, una norma fundamental para cada ordenamiento. La norma fundamental es siempre una y la misma («se debe obedecer al poder constituyente»). Es una norma vacía absolutamente de contenido; no exige ninguna condición a la constitución. Es una cáscara vacía, aplicable a cualquier ordenamiento. No es aceptable afirmar que cada sistema jurídico tiene su propia norma fundamental.

En consecuencia, lo mismo da validez a un ordenamiento que a otro, tanto al que respeta las reglas elementales de la convivencia humana como al que representa el desprecio más brutal contra la humanidad. El normativismo pretende salvar el escollo y alega que se trata de una validez formal que impone deberes meramente jurídicos. Pero no se desprende de vocablos que conllevan una gran carga valorativa de signo positivo, como sucede con «validez» y «deber». Resulta duro, y posiblemente impertinente, tener que aceptar que un sistema que oprime inmisericordemente a los seres humanos sea calificado de «orden jurídico válido», al que hay que prestar obediencia «jurídica» en atención a que existe el deber «jurídico» de obedecerlo.

El precipitado último de toda la concepción normativista puede resumirse en estas palabras: la ideología kelseniana representa la divinización del Estado, pues dota con el sello de lo sagrado al poder establecido al dotar de «validez» a todo ordenamiento estatal y al pensar la norma fundamental como una norma vacía que exige prestar acatamiento a todo sistema.

EJERCICIOS

1. ¿En qué consiste la desteologización del pensamiento jurídico?

2. Explica el significado de la famosa frase de GROCIO.

3. ¿Qué es el Derecho natural «racionalista», propio de la Edad Moderna?

4. Aclara por qué el positivismo jurídico supone la «deseticización» del pensamiento jurídico.

5. ¿Cuál es la razón de que para el positivismo jurídico la teología y la ética no sean ciencias?

6. ¿Cuál es la posición del normativismo de la Escuela de Viena respecto de la relación entre Teoría general del Derecho y Sociología jurídica?

7. Explica por qué las categorías jurídicas del normativismo están tomadas, en gran parte al menos, de la construcción teórica propia del iusnaturalismo.

8. Enumera las «sustituciones» que verifica el normativismo respecto a categorías y modos de pensar propios de la doctrina del Derecho natural.

9. Interpreta la frase de HOBBES de que el Estado es «el dios mortal bajo el Dios inmortal».

10. ¿Cuál es la norma fundamental en la construcción de la escolástica?

11. Explica cómo se produce el traslado de la idea de jerarquía normativa desde la concepción iusnaturalista a la positivista.

12. Razona la equivalencia de los siguientes términos: validez, existencia y obligatoriedad de las normas jurídicas, según la concepción normativista.

13. ¿Qué significado tiene el concepto de «validez puramente formal»?

14. ¿Y el de «obligatoriedad puramente formal»?

15. Diferencia entre la cuestión de *qué es* la validez, y el problema de *cuándo* una norma es válida.

16. Relaciona «fundamento de validez» y «jerarquía normativa».

17. ¿Cuál es la norma que dota de validez a todo el sistema jurídico, según la Escuela de Viena? Explicita sus caracteres.

18. Explica lo que es una «cadena de validez».

19. Aclara por qué la norma fundamental constituye una «ficción»; para ello, indaga lo que significa este concepto en la obra de Hans VAIHINGER.

20. Explica los argumentos de la crítica contra la norma fundamental.

21. ¿Por qué la ideología kelseniana representa la divinización del Estado?

XLVI. EFICACIA

El análisis de la Escuela de Viena del concepto de validez, que hemos estudiado en la lección anterior, no quedaría completo sin conectar aquel concepto con el de eficacia. Esta conexión constituye, para el normativismo kelseniano, un rasgo fundamental para completar su cuadro acerca de la validez de las normas jurídicas. Sin llegar a identificar validez y eficacia, hace de esta última una *condición* indispensable de la primera, por lo que es irrepresentable la idea de que una norma o un ordenamiento jurídico sean válidos si no son medianamente eficaces.

Postura más extrema la representan los llamados «realismos jurídicos», esto es, las escuelas americana y escandinava, las cuales, con algunas divergencias de matiz e intensidad, tienen la tendencia a identificar validez y eficacia, haciendo entonces de ésta, no una condición de aquélla, sino su verdadera esencia.

Conviene, pues, separar nítidamente ambas posiciones, la normativista y la realista, y examinar sus respectivos argumentos, para pasar, a continuación, a exponer nuestro propio punto de vista. Para ello, comenzaré analizando el concepto de eficacia, tal como yo lo veo, pero que creo sería aceptable en términos generales, tanto por normativistas como por realistas. A continuación, me referiré a la tesis identificatoria de la eficacia con la validez, característica, como digo, del realismo americano y escandinavo. Después pasaré a contemplar la relación validez/eficacia en el marco del normativismo, y que se resume en la tesis de que la eficacia es una condición de la validez. Por último, me centraré en exponer los argumentos críticos que ambas posiciones me sugieren y que, de alguna manera, preludian mi modo de ver la validez y también su relación con la eficacia.

El concepto de eficacia es sociológico; o, mejor, sociológico-jurídico, en atención a que conecta hechos o acontecimientos que se producen en la realidad social con entidades jurídicas (*vide* mi libro *Sociología del Derecho*, 2ª ed., Madrid, 1997, pgs. 84 y ss., y 103 y ss.).

Decimos que una norma es eficaz cuando se cumple, e ineficaz cuando no se cumple. Por tanto, el concepto al que nos remite el de eficacia es el de cumplimiento de las normas; esto es, nos remite al *hecho* de que los sometidos a ellas se conduzcan de acuerdo con lo exigido. En coherencia con esto, la ineficacia supone el incumplimiento, es decir, el hecho de la existencia de actos de comportamiento que son contradictorios con los exigidos por las normas.

Sólo puede afirmarse que una norma ha sido cumplida o incumplida si se verifican determinados hechos que se producen en la realidad social. Estos hechos están constituidos por las acciones de los destinatarios de la norma. Si estos destinatarios actúan de acuerdo con la norma, diremos que hay cumplimiento. Por el contrario, si su actuación contradice a la norma, diremos que hay incumplimiento.

Por ejemplo, la norma estatuye el deber de que el deudor pague la deuda dentro del plazo convenido en el contrato. Si Ticio paga tempestivamente lo que le corresponde, decimos que Ticio ha cumplido la norma; en ese caso, la norma ha sido eficaz, puesto que el comportamiento real se acompasa con lo exigido. Por contra, si Cayo no paga, diremos que ha incumplido la norma que le obliga, y, por tanto, que dicha norma ha sido, en ese caso concreto, ineficaz.

Si se amplía el campo de observación, y no sólo se tiene en cuenta la actuación en un caso de una persona concreta, sino el conjunto de los sometidos al ordenamiento, entonces habrá que averiguar el número global de los deudores que han pagado sus respectivas deudas, y, correlativamente, el número de los que han dejado de cumplir su obligación. Con una información completa, podremos establecer los casos en que ha sucedido una u otra cosa, y llegar así a porcentajes de cumplimiento.

La misma operación puede efectuarse en relación con las normas prohibitivas, que no imponen, como en el ejemplo anterior, el deber de hacer algo, sino el deber de abstenerse de algo. Por ejemplo, la norma que prohíbe el homicidio. El cumplimiento de esta norma consiste en el comportamiento de «no matar»; y su incumplimiento en su contrario, «matar». Si Sempronio no ha matado nunca a nadie, puede decirse que *hasta ahora* la norma ha sido eficaz respecto de ese destinatario. Pero si Mevio ha cometido un homicidio, con su incumplimiento ha hecho ineficaz la norma para él y en esa ocasión concreta. Una prohibición completamente eficaz sería aquella en que los hechos muestran que hasta ahora «no ha pasado nada», lo que es equivalente a que no se ha producido la acción (u omisión) prohibida.

También, como es lógico, respecto de las prohibiciones, se hace necesario ampliar el campo de observación a todos los destinatarios de la norma que se investiga. Así, se llegará a establecer porcentajes de cumplimiento y de incumplimiento, o, lo que viene a ser equivalente, de eficacia e ineficacia de la norma en cuestión.

El cumplimiento o incumplimiento de las normas es una dimensión que puede verificarse respecto de cualquier tipo de ellas, tanto indirectas como directas de la acción. Un análisis pormenorizado del concepto de eficacia debería hacerse cargo de esta pluridimensionalidad del concepto. Aquí, por razones de espacio y de consiguiente economía de esfuerzo pedagógico, me estoy refiriendo tan sólo, y lo seguiré haciendo en lo sucesivo, a las normas deónticas, esto es, las que establecen deberes.

Como hemos estudiado, las normas deónticas suelen ir conectadas entre sí: la norma de conducta se enlaza con la norma de decisión, y ésta con la norma de ejecución. Pues bien, la investigación de la eficacia se puede llevar a cabo de dos maneras: considerando cada norma deóntica aisladamente, o teniéndolas en cuenta como un bloque normativo íntimamente vinculado. Así, si se hace lo primero, se investigará, por ejemplo, el número de homicidios que ha habido en un país durante un período de tiempo, lo cual servirá para calcular porcentajes que sean comparados con otros períodos similares. Sin embargo, este dato por sí solo no proporciona una imagen precisa del funcionamiento real del orden jurídico en una sociedad. Para tener el cuadro completo, será necesario que se sepa no sólo el número de homicidios, o, en general, de delitos cometidos en un plazo determinado, sino también si los jueces les aplicaron las sanciones y si éstas fueron efectivamente ejecutadas.

El concepto de *cumplimiento* se aplica a cualquier norma. Pero, dependiendo de que sea norma de conducta, de decisión o de ejecución, el cumplimiento recibe otra denominación, que es buena muestra de la diferencia de matiz que existe entre cumplir un tipo de norma u otro.

Al cumplimiento de la norma de conducta (en sentido estricto), esto es, de la norma dirigida al destinatario habitual, que es el ciudadano o la persona, se le llama *acatamiento*. Cuando el deudor paga su deuda, decimos que ha acatado la norma que le impone el deber de pagar. En caso contrario, habrá desacatamiento. Éste implica el incumplimiento, infracción o trasgresión de la norma.

Pero, ¿qué ocurre si el destinatario de la norma de conducta no la cumple, sino que la trasgrede? Se produce entonces un incumplimiento de la norma de conducta, una infracción de la misma. Si el ordenamiento ha establecido una norma de decisión que, dirigida al órgano de decisión (p. ej., el juez), impone a éste el deber de aplicar una sanción, pueden suceder dos cosas: que imponga la sanción, en cuyo caso se produce el cumplimiento de la norma de decisión, y, por tanto, su eficacia; o que no imponga la sanción, y en tal supuesto tiene lugar el incumplimiento de la norma decisoria, y su consiguiente ineficacia.

El cumplimiento de una norma de decisión recibe el nombre de *aplicación* de dicha norma. Que el juez aplica la norma quiere decir que ordena al órgano de ejecución que realice una acción, o conjunto de acciones, a los que se denomina sanción. Pero puede suceder también que el órgano de decisión haga caso omiso y no aplique la norma, no decidiendo que se imponga la sanción al infractor de la norma de conducta. Las razones de la «inaplicación» son irrelevantes para el fenómeno fáctico en sí mismo, que es el único que interesa para determinar la aplicación o inaplicación de las normas jurídicas.

El último escalón del cumplimiento del bloque normativo deóntico lo constituye el cumplimiento de la norma de ejecución. El cumplimiento de dicha norma recibe el nombre de *ejecución*, habida cuenta de que consiste en que el órgano encargado de llevar a efecto la sanción impuesta por el órgano de decisión, lo haga efectivamente. El fenómeno contrario a la ejecución es la «inejecución», que puede ser total o parcial.

En suma, acatamiento, aplicación y ejecución son los tres momentos del proceso de cumplimiento o de obediencia a las normas; y sus contrarios, inacatamiento, inaplicación e inejecución son, correlativamente, los tres exponentes de incumplimiento o desobediencia.

Los tres pares de conceptos (acatamiento/desacatamiento; aplicación/inaplicación; ejecución/inejecución) son medibles en términos de porcentajes, que expresarán, respectivamente la cuota de acatamiento, y la correspondiente de desacatamiento, la cuota de aplicación, y la correspondiente de inaplicación, y la cuota de ejecución, y la correspondiente de inejecución.

Por ejemplo, supongamos que la norma N es acatada por los destinatarios en 60 casos de cada 100. Tendremos entonces que la cuota de acatamiento será del 60 por 100, y la correlativa de desacatamiento (o desobediencia) del resto, el 40 por 100.

De los cuarenta casos en los que no ha sido obedecida la norma por el destinatario habitual, en treinta casos los jueces han aplicado las sanciones establecidas; la cuota de aplicación será entonces la correspondiente a la fracción 30/40 ó 3/4, que en porcentajes de tanto por ciento es equivalente al 75 por 100. De cada cien casos de desacatamiento, los jueces han aplicado la norma sancionatoria en setenta y cinco ocasiones, dejándola inaplicada en veinticinco.

Si de los cuarenta casos de desacatamiento sólo treinta veces han aplicado los jueces la norma, es evidente que quedan diez casos en los que la norma queda inaplicada. Diez casos de cada cuarenta es lo mismo que decir 1/4, esto es, el 25 por 100.

Por último, de las treinta ocasiones en que los jueces han aplicado la norma, hay dos en que la sanción no ha sido efectivamente ejecutada (por fuga del preso, indulto, o por cualquier otro motivo). La cuota de inejecución será entonces de 2/30, o sea, 1/15, lo que equivale aproximadamente al 6,66 por 100. Este porcentaje expresa el hecho de que, de cada cien casos en que los jueces aplican sanciones, esto es, ordenan a los órganos de ejecución que las ejecuten, hay algo más de seis ocasiones en que estos últimos no lo hacen, por la razón que sea.

La *cuota de eficacia* se expresa en porcentajes de tanto por ciento en una fracción cuyo denominador es 100 y cuyo numerador se calcula sumando el número de acatamientos y el número de aplicaciones y se le resta el número de inejecuciones.

Así, en el ejemplo propuesto el numerador será 60 + 30 – 2 = 88.

La cuota de eficacia es, pues, del 88 por 100. Indica que de cada cien casos, en ochenta y ocho la norma o ha sido acatada, o si no ha sido acatada, ha sido aplicada y ejecutada.

La cuota de ineficacia será, lógicamente, del 12 por 100; lo que indica que en doce casos de cada cien, la norma no fue acatada ni aplicada (o aplicada, pero no ejecutada).

Una vez que hemos estudiado lo que significa la eficacia de las normas jurídicas mediante este análisis pormenorizado, que falta tanto en las obras de la Escuela de Viena como en las de los realistas (ROSS, OLIVECRONA; GEIGER constituye la excepción), estamos en excelente disposición para entender la relación que guarda validez y eficacia. Aunque el concepto de eficacia está poco desarrollado en las obras de los autores criticados, especialmente en los vieneses, me ha parecido oportuno introducir en este momento este análisis que, aunque se adapta sólo a mi tipología de las normas jurídicas, es trasladable, *mutatis mutandis*, a cualquier otra manera de entender las normas.

Como el lector habrá podido comprobar, el concepto de eficacia es un concepto complejo que se despliega en momentos diferentes, en atención a la diversidad normativa. La diferenciación de los tipos de normas permite comprender mejor el fenómeno que cuando se maneja un concepto homogéneo. Pues, en tal caso, la dispar incidencia de los comportamientos fácticos y de las actuaciones reales de los órganos del ordenamiento jurídico quedan difuminadas, ya que van siempre referidas a un concepto jurídico, el de norma, que al haber sido enunciado simplistamente elude la complejidad no sólo de la norma en sí misma, sino también de aquellos fenómenos fácticos concomitantes.

La eficacia es un concepto *sociológico-jurídico* que, como casi todos los de su especie, se justifica porque pone en contacto el estudio empírico de la realidad social con las categorías elaboradas en el seno de la Teoría del Derecho. De ahí que el minucioso y preciso análisis de estas últimas sea requisito necesario para una Sociología del Derecho que no se pierda en vaguedades o que no desemboque en el piélago de las doctrinas generalistas, tan del gusto o, mejor, del uso de algunos «sociólogos».

EJERCICIOS

1. Especifica la diferencia entre el normativismo y el realismo jurídico en cuanto al tema de la relación entre validez y eficacia.

2. Explica el alcance que tiene la afirmación de que la eficacia es un concepto sociológico-jurídico.

3. Relaciona los siguientes conceptos: eficacia, ineficacia, cumplimiento e incumplimiento.

4. Pon algunos ejemplos (diferentes a los del texto).

5. Diferencia la eficacia según se refiera a una norma imperativa o prohibitiva.

6. Distingue entre eficacia en el caso concreto y eficacia global.

7. Explica lo que quiere decir que la eficacia es una dimensión expresable en porcentajes.

8. Trata de imaginar cómo se puede construir el concepto de eficacia en relación con las normas indirectas de la acción. Pon ejemplos.

9. Repasa la materia concerniente a las normas jurídicas deónticas (epígrafe XXX).

10. Diferencia entre la investigación de la eficacia de cada tipo de norma jurídica deóntica, y del bloque deóntico constituido por la norma de conducta, la de decisión y la de ejecución.

11. ¿Qué es el acatamiento de la norma?

12. Define el concepto de aplicación de la norma.

13. Explica la noción de ejecución de la norma.

14. Relaciona los siguientes conceptos: cumplimiento, obediencia, acatamiento, aplicación y ejecución.

15. Haz lo mismo con estos otros: incumplimiento, desobediencia, desacatamiento, inaplicación, inejecución.

16. Define la cuota de eficacia de una norma jurídica.

17. Explica cómo se calcula la cuota de eficacia.

18. Pon un ejemplo en el que se calcule: la cuota de acatamiento, la de aplicación, la de ejecución y la de eficacia.

19. Define la cuota de ineficacia, y haz tu cálculo en el ejemplo que hayas puesto en el ejercicio anterior.

20. Busca en las obras de VERDROSS, MERKL y KELSEN (Escuela de Viena) su análisis de la eficacia.

21. Haz lo mismo en las de ROSS, OLIVECRONA y GEI.GER.

XLVII. EFICACIA COMO CONDICIÓN DE VALIDEZ

Desbrozado el concepto de eficacia, estamos en la mejor disposición para comprender las dimensiones que tiene el problema de su relación con el de validez; cuestión ésta de la máxima relevancia, pues su perfecto trazado permite diferenciar el campo de la Teoría del Derecho y el de la Sociología jurídica. Como vamos a comprobar en esta lección, ni el positivismo normativista ni el realismo jurídico han acertado en esta operación delimitadora de ambas disciplinas. Las dos corrientes positivistas entremezclan, con mayor o menor intensidad, los dos conceptos de validez y eficacia, y de esta manera se incapacitan para conseguir lo que parece deseable, a saber: que los conceptos jurídicos no se mezclen con los sociológicos. La teoría formal del Derecho (o teoría «pura»), como parte de la Teoría comunicacional, ha de saber presentar sus análisis meramente formales, sin mezcla alguna de Sociología o de cualquier otra investigación empírica. En la medida en que introduzca ésta en aquellos, dejará de ser fiel a sus propios planteamientos epistemológicos.

Para dar una panorámica breve, pero suficiente, de las teorías más destacadas en este punto de la relación entre validez y eficacia, me voy a referir, en primer lugar, a la postura de BIERLING, quien desarrolla a fines del XIX la llamada teoría del reconocimiento. Después me referiré a KELSEN, y distinguiré sus dos exposiciones básicas, que corresponden a las dos ediciones de la *Teoría pura del Derecho*; a continuación mencionaremos la posición de OLIVECRONA, ROSS y GEIGER, como representantes principales del realismo jurídico escandinavo. Llegados a este punto, expondré mi opinión propia, que ya ha sido adelantada en otros escritos míos [me refiero especialmente a mi estudio «En torno al problema de la validez de las reglas jurídicas», publicado en el volumen colectivo *Perspectivas actuales del Derecho*, México, 1991, y después recogido en mi *El Derecho como texto (Cuatro estudios de Teoría comunicacional del Derecho)*, Madrid, 2ª ed., 2006; véase también *Sociología del Derecho*, 1ª ed., 1993; 2ª ed., 1997].

BIERLING es el creador de la llamada «teoría del reconocimiento» *(Anerkennungstheorie)*, que ya expuso en el año 1877, y que desarrollaría en sus escritos posteriores. En síntesis, BIERLING viene a decir que, para que se produzca la validez de un orden jurídico, es preciso que éste sea reconocido como vinculante por los sometidos a las normas. Este concepto de «reconocimiento» *(Anerkennung)* es muy laxo, ya que incluye lo mismo el reconocimiento explícito que el implícito, el individual y el social.

Explícito es el reconocimiento que se manifiesta de una manera clara, al obedecerse las normas; implícito, el que se hace patente en los comportamientos: si, de hecho, sucede que en general se obedecen las normas de un ordenamiento, hay que suponer un consentimiento o reconocimiento en quienes así se conducen.

Individual es el reconocimiento en cada ciudadano concreto, el cual experimenta en su interior un sentimiento de acatamiento de conjunto al orden establecido. Social, cuando ese sentimiento es generalizado en la sociedad, y de ser individual se transforma en colectivo. Claro es que para que un sentimiento sea colectivo necesariamente ha de ser *también* individual, pues la sociedad no «siente», sino sólo los individuos que la componen.

Con todos los matices y añadidos que se quiera, el fenómeno *psico-social* del reconocimiento del ordenamiento jurídico subyace a la existencia de éste. BIERLING sostiene que, sin ese apoyo, es impensable el Derecho positivo. Para él, la validez del Derecho consiste precisamente en ese reconocimiento de los a él sometidos.

A BIERLING se le ha tachado de «psicologista», especialmente por Karl LARENZ, y en España por GONZÁLEZ VICÉN; y se ha extraído de ello la consecuencia de que disuelve la obligatoriedad de las normas en el concepto solipsista del sentimiento individual. Esta interpretación, a mi modo de ver, no es acertada; pues, aunque el reconocimiento sea en último término un fenómeno psíquico individual, sólo será relevante, en relación con el Derecho, cuando de individual se transforma en colectivo; o sea, cuando pasa a ser un fenómeno social. Esto mismo sucede con múltiples fenómenos sociales que poseen una raíz individualizada. Por ejemplo, la opinión pública, la cual no es sino la resultante de las opiniones individuales. No cabe duda de que las opiniones individuales existen con independencia de la opinión pública, pero ésta no es una mera «suma» de aquéllas, sino algo más complejo. Muchas personas no tienen una opinión formada acerca de algo, pero se adhieren a una postura que representa algo para ellas por la razón que sea. Algo parecido pasa con el concepto de reconocimiento, que no es la mera suma de los reconocimientos individuales, sino el *hecho social* de que el conjunto de la sociedad se conduce de acuerdo con las normas jurídicas. Es otra manera de designar el fenómeno de la obediencia generalizada.

Según esto, creo más ajustado decir que la posición de BIERLING representa una concepción sociologista del concepto de validez. Aunque él no emplea los mismos términos, si se traduce su posición al marco del problema que tratamos ahora, puede afirmarse que, para este autor, la eficacia es condición sustancial de la validez.

Esta misma postura es la que defenderá KELSEN en su famosa obra, *Teoría pura del Derecho,* pero, como vamos a ver a continuación, lo hace de dos maneras distintas en cada una de las versiones.

En la primera edición, del año 1934, sostiene el principal representante de la Escuela de Viena que la eficacia es condición de validez del orden jurídico, considerado en su conjunto; pero no de la norma jurídica individual.

Distingue, pues, dos supuestos, el de la norma individualmente considerada, y el del ordenamiento jurídico en conjunto.

Respecto de la norma individual, no se precisa su eficacia para que sea válida. La norma es válida simplemente porque forma parte de un ordenamiento válido. Aunque la norma no se acate ni se aplique, no pierde por eso su obligatoriedad, ya que al pertenecer a un ordenamiento válido sigue manteniendo su propia validez.

Las cosas son muy distintas respecto al ordenamiento jurídico. Este sólo será válido en la medida en que cumpla unos mínimos de eficacia; lo que es equivalente a afirmar que la implantación social del orden jurídico en su conjunto es una condición de la validez. KELSEN subraya que la eficacia no es *razón* de la validez, sino sólo *condición* de la misma. El ordenamiento jurídico no es válido *porque* sea eficaz, sino *si* es eficaz.

Para explicar esta sutileza, permítaseme un ejemplo que no tiene nada que ver con el Derecho. La experiencia nos enseña que, para vivir, es preciso alimentarse. El alimento es una condición de la vida; pero no la razón de la misma, pues la vida es otra cosa que tomar alimento. Uno puede alimentarse muy bien, y morirse en un accidente o a causa de una enfermedad. Que algo es condición de otra cosa quiere decir que, para que esta cosa exista, es imprescindible que se produzca la condición. Para que el ordenamiento sea válido es condición imprescindible, *sine qua non,* que sea eficaz en su conjunto.

Una vez que el ordenamiento es válido, al ser eficaz en su conjunto, todas las normas que lo componen también son válidas, aunque en casos concretos carezcan de eficacia. Las normas individuales son válidas siempre que formen parte de un ordenamiento que, en su conjunto, sea eficaz.

Esta postura de la primera edición de la famosa obra kelseniana era fácilmente criticable. Si el Derecho no es sino un conjunto de normas, dotadas todas ellas de la misma estructura (supuesto de hecho y sanción), no parece lícito exigir la eficacia como condición de la validez del orden jurídico en su conjunto, pero no la de las normas concretas. Al fin y al cabo, la eficacia de aquél no es sino el resultado de la eficacia de éstas. Si no se tiene en cuenta la eficacia de las normas individuales, mal se puede considerar la del ordenamiento.

Probablemente, en atención a esta razón o similares, y a una cierta transformación que KELSEN experimenta en Estados Unidos, en el sentido de acercar sus posiciones al realismo jurídico, dominante en aquel país, lo cierto es que, para la segunda edición del año 1960, matiza notablemente su postura.

En la segunda edición la eficacia es presentada como *condición* de validez, tanto del ordenamiento jurídico en su conjunto, como de la norma considerada individualmente. El argumento manejado en la primera exclusivamente en relación al ordenamiento, se aplica ahora también a la norma individual. Para que una norma sea válida ya no es suficiente que forme parte de un ordenamiento jurídico que es válido, por ser en su conjunto eficaz; sino que es preciso que la norma en cuestión sea eficaz. Una norma que no es acatada ni aplicada en la generalidad de los casos, lo que quiere decir que es ineficaz, se trasforma por eso mismo en una norma inválida, esto es, inexistente y, por tanto, no obligatoria. La eficacia es siempre condición de la validez.

Con esta corrección, KELSEN salva la crítica que apunta a la incoherencia de mantener una cosa para la norma individual y otra distinta para el ordenamiento, que he señalado. Pero no por ello escapa a críticas más agudas aún.

Si se acepta la tesis de la eficacia como condición de validez, desarrollada en la segunda edición, entonces no se podrá saber si una norma es válida hasta que sea eficaz. Supongamos que hoy entre en vigor una ley. Como no sabemos si la ley será eficaz, no podremos pronunciarnos sobre su validez. Habrá que esperar a ver qué pasa. Supongamos que al cabo de un año nos encontramos con que la ley no se ha aplicado nunca, pues no existe ninguna sentencia judicial que la aplique. Como no tenemos medio alguno de saber cómo se ha comportado la gente en relación con la ley en cuestión, lo único que podemos decir es que aún no se ha aplicado y que no se sabe a ciencia cierta si se acata. El resultado de todo ello es que se puede considerar que aún no sabemos si la ley es válida, habida cuenta de que seguimos en un estado de perplejidad respecto de su eficacia.

A esta dificultad pragmática se une otra, no menos pronunciada, de carácter lógico. Si se afirma que la existencia de A es condición de la existencia de B, parece fuera de duda que A tiene que existir *antes* para que B pueda existir. Si la eficacia es condición de validez, es lógico pensar que aquélla tiene que preexistir a ésta. Lo cual es un contrasentido con el propio ser de las normas, que el mismo KELSEN admite. En efecto, la norma es válida si ha sido creada de acuerdo con la norma superior. Es válida desde el momento de su creación, antes de que pueda ser eficaz. La eficacia constituye una característica que sólo puede producirse *posteriormente* a la existencia de la norma válida. Ahora bien, si ha de existir posteriormente, ¿cómo puede ser su condición?

En los términos en que KELSEN ha planteado la relación entre validez y eficacia, que son unos términos absolutos, creo que puede sostenerse sin ambages que su concepción es errónea. Sólo cabría interpretar su tesis en un sentido distinto al que él mismo le da, y que consiste en admitir la validez con independencia de la eficacia *hasta* que se demuestre fehacientemente su radical ineficacia. En tal caso, la eficacia actuaría como condición «resolutoria» o «extintiva». Una norma sería válida en tanto no se demostrara su ineficacia; para que esto sucediera habría de transcurrir un tiempo durante el cual la norma gozaría de una «presunción» de validez.

Interpretada así la tesis kelseniana, no se me escapa que supone un giro radical que la desvirtúa; pues con tal interpretación se afirma no que la eficacia sea condición de validez, sino, lo que es muy diferente, que la ineficacia es condición de la invalidez. La ineficacia de la norma produciría una invalidez sobrevenida. La norma habría sido válida hasta ese momento en el que se aceptara la ineficacia, y como consecuencia de esa aceptación le sobrevendría a la norma su pérdida de validez, o, lo que es lo mismo, su pérdida de obligatoriedad.

Un caso concreto de la ineficacia que produce la invalidez sobrevenida sería la *desuetudo*, o desuso, que es una costumbre («consuetudo») de signo contrario a la ley. El uso actúa *contra legem* y, como consecuencia, la ley pierde su vigor y es sustituida por el uso.

La *desuetudo* constituye un caso de ineficacia, pero ésta no se agota en aquélla. La ineficacia, como ya hemos visto, es un concepto amplio que engloba diversos fenómenos (desacatamiento, inaplicación, inejecución), que pueden producirse por causas muy dispares, no sólo porque haya un uso social en contra de la norma.

Mi opinión en este punto es que la solución al conflicto entre validez de una norma e ineficacia de la misma, por la razón que sea, la da cada ordenamiento jurídico. Al establecer su sistema de «fuentes del Derecho», cada ordenamiento articula su respectiva jerarquía y resuelve los posibles conflictos que puedan surgir entre las distintas fuentes. Puede admitir la *desuetudo*, y también le es posible no admitirla. Puede, incluso, aceptar que la ineficacia sobrevenida por causa distinta de la *desuetudo* produzca el mismo efecto de ésta, la pérdida de validez de la norma, y puede decidir lo contrario.

Nuestro Código Civil, después de enumerar (en el párrafo primero de su artículo primero) las fuentes del ordenamiento jurídico español, a saber, la ley, la costumbre y los principios generales del Derecho, establece tajantemente en los párrafos segundo y tercero del mismo artículo:

«Carecerán de validez las disposiciones que contradigan otra de rango superior».

«La costumbre sólo regirá en defecto de ley aplicable (...)».

Con lo cual se establece el sistema de jerarquía de las normas y se excluye la costumbre *contra legem* y la *desuetudo*.

Además de las señaladas, hay otras críticas que pueden formularse contra la tesis kelseniana. No aparece en su obra un análisis algo detenido de lo que ha de entenderse por eficacia, ni tampoco lo relativo al cálculo de las cuotas como hemos estudiado aquí. KELSEN, simplemente, maneja un concepto de eficacia muy genérico, casi «filosófico», sin preocuparse de perfilar sus contornos.

Tampoco le preocupa contestar a las siguientes preguntas: ¿cuáles son las normas más relevantes a la hora de determinar la eficacia de un ordenamiento jurídico?; ¿o acaso es que todas las normas son igualmente relevantes a tal efecto? No parece razonable que la eficacia de las normas constitucionales haya de tener el mismo relieve que, por ejemplo, la de las normas que rigen el deporte. Si se ha de determinar la eficacia de un ordenamiento, habrá que contestar a esas cuestiones, pues de modo contrario no se podrá saber en qué consiste la eficacia de conjunto de dicho ordenamiento.

KELSEN, por último, tampoco parece caer en la cuenta de que la eficacia es una dimensión cuantificable; las normas son eficaces en un porcentaje determinado, e ineficaces en el porcentaje correspondiente. Según esto, habría que establecer un porcentaje determinado de ineficacia, a partir del cual la norma dejaría de ser válida. Y un cálculo similar sería necesario para el ordenamiento jurídico en su conjunto, aunque respecto de éste se plantearía, de nuevo, si el porcentaje de ineficacia habría de ser el mismo para todas las normas que lo componen.

Cuestiones todas ellas incontestadas, lo que es una prueba de la inoperatividad de la concepción propia del positivismo normativista y, en el fondo, también de su falsedad.

EJERCICIOS

1. Explica por qué motivo la delimitación entre validez y eficacia ayuda a trazar la diferencia de los campos respectivos de la Teoría del Derecho y la Sociología jurídica.

2. ¿Qué es la teoría formal del Derecho? Para mayor amplitud que lo expuesto, consulta los libros *Introducción a la Teoría del Derecho*, Madrid, 1988, 6ª ed., Barcelona, 2003; y *El Derecho como texto (cuatro estudios de teoría comunicacional del Derecho)*, Madrid, 1998, 2ª ed., 2006.

3. Lee mi trabajo «En torno al problema de la validez de las reglas jurídicas», recogido ahora en *El Derecho como texto*, citado antes.

4. Resume las tesis de BIERLING.

5. Define el concepto de reconocimiento.

6. ¿Tienen razón los que sostienen que se trata de un concepto meramente psicológico? Razona la respuesta.

7. ¿Cuál es la postura de Kelsen en la primera edición de su *Teoría pura del Derecho* en el tema validez/eficacia?

8. Explica la diferencia entre «razón» y «condición».

9. ¿En qué consiste el cambio de posición de la segunda edición respecto de la primera? ¿Es importante el cambio? ¿Cómo se explica?

10. Comprueba que lo que se expone en el texto respecto a la existencia de ese cambio es radicalmente verdad. Para ello, deberás consultar las dos ediciones de *Teoría pura del Derecho* y compararlas entre sí.

11. Explica la dificultad «pragmática» que plantea la tesis de que la eficacia es siempre condición de validez.

12. Haz lo mismo con la dificultad de carácter «lógico».

13. ¿Qué interpretación, más ajustada a la realidad del Derecho, se podría dar a la tesis de que la eficacia es condición de validez?

14. La interpretación mencionada, ¿es sustentada por el propio Kelsen?

15. Define la *desuetudo.*

16. Diferencia el concepto de *desuetudo* del de incumplimiento de una ley.

17. El concepto de *desuetudo,* ¿agota el de ineficacia? Razona la respuesta.

18. ¿Hay una solución teórica *general* al conflicto entre ley y *desuetudo*? Razona la contestación.

19. Comenta los tres primeros párrafos del artículo primero del Código Civil.

20. Resume las otras críticas que se formulan en el texto contra la concepción kelseniana de la eficacia.

21. ¿Crees que Kelsen se mantiene fiel a su postulado de «pureza metódica»?

22. ¿Qué normas, según tu opinión, habría que tener en cuenta para determinar si un ordenamiento jurídico es, en conjunto, eficaz?

XLVIII. EQUIVALENCIA ENTRE EFICACIA Y VALIDEZ

Hemos visto en la lección anterior que el concepto kelseniano de validez nunca ha estado desligado del de eficacia. En el fondo, la tesis de Kelsen es la misma que la de Bierling. Si este autor exige el reconocimiento de los sometidos a las normas para que éstas sean válidas, lo mismo hace aquél con la eficacia. Las dos nociones de eficacia y reconocimiento son categorías pertenecientes a la Sociología del Derecho, que es la disciplina encargada de investigar las realidades empíricas en cuanto que se relacionan con categorías jurídicas. El paso de la primera a la segunda edición de *Teoría pura* implica, además, una aproximación aún mayor a las posiciones sociologistas, ya que hace de la eficacia un componente omnipresente, al exigirla para todas y cada una de las normas.

Lo que parece indudable es que KELSEN no es fiel al principio de pureza metódica, que él mismo proclama como el dogma fundamental de la Teoría pura del Derecho. Uno de los rasgos de esa «pureza» *(Reinheit)* es la separación nítida y tajante entre lo meramente jurídico o normativo y lo empírico o sociológico. Aunque no use estos términos, KELSEN eleva la vigencia social del Derecho a una categoría propia de la Teoría del Derecho, y con ello introduce un decisivo elemento sociologista en un planteamiento que pretende ser meramente normativista. La Teoría pura se «sociologiza» y se aproxima, de esta manera, a las posiciones características del realismo jurídico.

Es el realismo jurídico, en sus dos manifestaciones principales, escandinava y americana, la corriente de pensamiento que más propende a identificar o hacer equivalentes los conceptos de validez y eficacia. Es lógico que así sea, pues el realismo se caracteriza por su tendencia a sustituir el análisis meramente jurídico, al que califica de iusnaturalista y metafísico, por su reformulación en términos de ciencia empírica, ya sea la psicología, ya la sociología.

El realismo sustituye, con más o menos intensidad, dependiendo de los autores, el método tradicional de los juristas por el método de las ciencias empíricas; abre así paso al psicologismo y al sociologismo, en detrimento de la «ciencia jurídica», que es denostada por basarse en el estudio de las categorías jurídicas, en la interpretación de las normas y en la clasificación de los conceptos en el sistema. Su tesis básica es que el Derecho es un *hecho*, un fenómeno psico-social que se produce dentro de unas coordenadas espacio-temporales como cualquier otro fenómeno empírico. No sólo critica el iusnaturalismo en cualquiera de sus versiones, sino también lo que los realistas llaman el «positivismo jurídico», identificando con esta expresión, sobre todo, al positivismo legalista y al normativista. Legalismo y normativismo estarían lastrados de «metafísica», palabra con la que se designa el conjunto de creencias o ideas más próximas a la superstición que a la verdadera ciencia, la cual sólo puede ejercer sus funciones sobre realidades empíricamente contrastables.

El resultado epistemológico de la crítica al modo de proceder tradicional de los juristas es, en sus posiciones más extremas, la proclamación del «carácter acientífico de la ciencia jurídica», como proclama la voluminosa obra de LUNDSTEDT *(Die Unwissenschaftlichkeit der Rechtswissenschaft)*, y cuyo principal mérito, si alguno tiene, cosa que dudo, es su paradójico y altisonante título. Obviamente, con el nombre de «ciencia jurídica» se refiere a la dogmática jurídica, a la tradicional ciencia de los juristas.

Con más carácter filosófico, la obra de Alf Ross, titulada «Crítica del llamado conocimiento práctico» *(Kritik der sogennanten praktischen Erkenntnis)*, apunta en similar dirección de crítica de la ciencia del Derecho. Su idea central es que los conceptos jurídicos, tal como han sido elaborados tradicionalmente, están cargados de metafísica, especialmente del llamado «conocimiento práctico», esto es, de ética y de Derecho natural. La tarea que se impone una ciencia jurídica que merezca tal nombre, según ROSS, es desentrañar el «auténtico significado» de aquellos conceptos, que no puede ser otro que su significado empírico. Para el autor danés, hay todo un mundo de ideas práctico-metafísicas, de carácter místico, y ajenas a la realidad, que forman parte implícita de los presupuestos del concepto de Derecho, y de los demás conceptos jurídicos que de él se derivan. Lo decisivo, para Ross, es llegar a saber qué *función* desempeñan los distintos conceptos, para lo cual hay que desentrañar las ideas metafísicas que se esconden tras ellos.

«Pues para los conceptos –dice Ross– vale lo mismo que para los hombres: lo que son realmente, y aquello para lo que valen, es algo que se desprende no tanto de sus propias declaraciones al respecto, sino del modo y manera en que actúan y funcionan en la realidad» (*Kritik*, pg. 16).

Olivecrona, por su parte, en un importante trabajo titulado «Realismo e idealismo en la filosofía del Derecho» *(Realism and idealism in the philosophy of law)*, subraya que, frente al idealismo, característico de la filosofía, que tiene por objeto el «Derecho ideal», el realismo es lo que define a la ciencia. En virtud de ese realismo, todos los fenómenos jurídicos son contemplados como partes del orden social existente, como fenómenos *sociales*, en el sentido de «puramente *fácticos*». La auténtica ciencia del Derecho forma parte de la ciencia social; la naturaleza del objeto estudiado no es diferente de la del objeto de las ciencias sociales en general. Y añade:

> «Sólo la necesaria división del trabajo hace que la ciencia del Derecho dirija su atención primariamente a ciertos aspectos del contexto social mientras que la sociología, la ciencia política, y otras ramas de la ciencia social se centran en otros aspectos».

Se justifica, de esta forma, la tendencia a convertir la Ciencia jurídica en Sociología del Derecho, o, para ser más exactos, en Psicología y Sociología jurídicas.

Este modo de entender el cometido de la ciencia jurídica lo lleva a su posición más extrema y consecuente el gran sociólogo del Derecho Theodor Geiger. De origen alemán, sería profesor en la Universidad de Aarus (Dinamarca) y, a pesar de no ser admitido en la llamada Escuela de Uppsala por disensiones internas, representa, quizá mejor que los miembros «oficiales» de dicha escuela, el pensamiento realista.

En su importante obra «Estudios Preliminares de Sociología del Derecho» *(Vorstudien zu einer Soziologie des Rechts)* disuelve la Teoría general del Derecho en Sociología jurídica, pretendiendo acabar con el dualismo disciplinar y dando un tratamiento empirista a todos los conceptos jurídicos (véase el capítulo dedicado a este autor en mi *Sociología del Derecho*, 2ª ed., Madrid, 1997, pgs. 46 y ss.).

Sobre este panorama de fondo, es predecible cuál será el tratamiento que los realistas dan al problema de la validez.

Para Ross, el concepto de validez, si ha de tener algún significado digno de que la ciencia se encargue de él, no puede ser sino un significado empírico, es decir, ha de ser un fenómeno traducible en términos de hechos sociales observables. Y aunque sea difícil determinar exactamente cuáles han de ser esos hechos que determinen la validez, sostiene que, en general, y sin entrar en mayores matizaciones, la validez de una norma es lo mismo que su eficacia:

> «Puede ser difícil definir exactamente qué hechos y qué observaciones son adecuados para verificar la aserción de que una regla existe, pero en términos generales la existencia (validez) de una norma es lo mismo que su eficacia. Afirmar que una regla o un sistema de reglas existe, es lo mismo que afirmar la ocurrencia de un complejo de hechos sociales, entendiendo "hechos sociales" en un sentido amplio que incluye también condiciones psicológicas» (Ross, «El concepto de validez y el conflicto entre el positivismo jurídico y el Derecho natural», en Ross, *El concepto de validez y otros ensayos*, trad. Carrió y Paschero, Buenos Aires, 1969).

Estos hechos, según Ross, son de dos tipos: los meramente externos o «conductistas», y los internos o psicológicos. Los primeros vienen constituidos, sobre todo, por las acciones concretas de los tribunales que tienen que resolver los litigios. Los segundos, por el sentimiento de aceptación por parte de la «conciencia jurídica popular».

Ross subraya la diferencia entre los dos tipos de realismo: el conductista y el psicologista. Aunque ambos se fijan en los hechos, y formulan el concepto de validez en términos de realidad empírica observable, cada uno de ellos pone el acento en la observación de un determinado tipo de hechos.

Para el realismo psicologista, la clave de la validez de las normas está en el sentimiento jurídico popular, en la actitud psicológica de acatamiento de las normas; podríamos decir: en el reconocimiento social de las mismas, empleando así el término acuñado por Bierling. Las normas, entonces, serían válidas porque los sometidos *se sienten* obligados a comportarse de acuerdo con ellas.

En contraste con el realismo psicologista, al conductista no le interesa la actitud psíquica interna de los sometidos a las normas, sino su comportamiento real, su conducta externa, más fácilmente observable que sus «sentimientos» o que su «conciencia». Y, especialmente, se fijará en los comportamientos efectivos de ciertos operadores jurídicos de especial relevancia, sobre todo de los jueces, que son quienes, en última instancia, con sus decisiones, determinan cuáles son las normas que efectivamente poseen validez.

Aunque el punto de vista conductista y el psicológico parezcan oponerse, en realidad no tiene por qué ser así. Es más: sólo puede saberse de la actitud psicológica de acatamiento de las normas por parte de una población observando sus comportamientos reales.

Ésta puede ser la razón última por la que Ross es partidario de la «síntesis» de ambos planteamientos, del realismo psicologista y del realismo conductista. Según esto, la validez de las normas jurídicas consistiría en un conjunto de hechos, tanto de conducta externa como de actitud interna, que demuestran la existencia real de dichas normas. Se dirá que una norma es «válida» cuando dichos hechos demuestren que se cumple en la realidad social, bien sea porque los ciudadanos acomoden sus conductas a lo exigido (lo que comporta una determinada actitud de acatamiento psicológico), bien sea porque los jueces actúan, por medio de sus decisiones, con la represión de las conductas transgresoras (lo que, a su vez, presupone la actitud psicológica de estar dispuestos a reprimir las infracciones).

El análisis de Geiger va en similar dirección (hay que decir que es anterior al de Ross, pero por razones expositivas lo trato al final: representa el análisis más depurado del realismo, al menos en este punto de la validez).

Para Geiger la validez u obligatoriedad de una norma es una dimensión medible en términos empiristas. Su «contenido de realidad» viene determinado por expresar una «alternativa de efectos: o bien el destinatario de la norma actúa de acuerdo con lo prescrito por ella, o bien actuando en contra, recibe el castigo previsto». La validez consiste precisamente en esa alternativa «o...o»: o hay cumplimiento o hay sanción.

La validez deja de ser una noción metafísica, como es la propia del normativismo, para transformarse en una realidad susceptible de medición a través del cálculo de su efectividad y de su inefectividad. Geiger analiza las cuotas de efectividad y de inefectividad como exponentes medicionales de la validez, ya que ésta no es otra cosa que la efectividad de la norma. La validez se transforma de esta guisa en una cualidad medible; una norma puede ser más o menos válida y, consecuentemente, más o menos inválida. De ahí que también exprese la validez la *expectativa* de cumplimiento que una norma conlleva, a tenor de la observación verificada y del cálculo de efectividad realizado.

En conclusión: el concepto de validez tiende a confundirse con el de eficacia. Para los partidarios del realismo jurídico, en sus diferentes versiones, validez y eficacia son términos equivalentes. Esta eliminación de la dualidad conceptual es una consecuencia de su pretendida sustitución de la Teoría del Derecho por la Sociología jurídica.

NOTAS Y COMENTARIOS

– *La Escuela de Uppsala.* Recibe este nombre el conjunto de autores que, teniendo como maestro a Axel Hägerström (1868-1939), desarrollan el programa del llamado realismo jurídico escandinavo. Sus principales representantes son: Vilhelm LUNDSTEDT (1882-1955), que fue profesor en Uppsala (Suecia); Karl OLIVECRONA (1897-1980), profesor en Lund (Suecia); y Alf ROSS (1899-1979), que profesó en Copenhague (Dinamarca). Aunque Theodor GEIGER (1891-1952), alemán y profesor de Sociología en Aarus (Dinamarca), participó de las mismas ideas, no fue nunca aceptado en la Escuela, al parecer por haber criticado a HÄGERSTRÖM acusándole de no ser enteramente coherente con el empirismo radical. Todos estos autores parten del rechazo más absoluto del idealismo y de la metafísica, y pretenden que toda realidad es espacio-temporal y, por tanto, describible en términos meramente factualistas. Su concepción general está muy próxima a la del positivismo lógico. En el ámbito de la filosofía jurídica estas ideas se manifiestan en su radical crítica a todo género de iusnaturalismo y también al normativismo, al que no consideran una concepción positivista, sino «cuasipositivista» o, simplemente, iusnaturalista, al estar plagada, según dicen, de «nociones metafísicas». Para estos autores, la ciencia del Derecho ha de transformarse en «teoría social» o, para ser más exactos, en Sociología y Psicología jurídicas. Las categorías tradicionales de los juristas (norma, validez, deber jurídico, derecho subjetivo, etc.) son sometidas a una crítica acerba; sin embargo, no alcanzan a sustituirlas por otras que se muestren operativas para los juristas. El más crítico de todos es LUNDSTEDT, mientras que ROSS tiende puentes al normativismo. Una visión de conjunto nos la ofrece el libro de HIERRO, *El realismo jurídico escandinavo*, Valencia, 1981. Pueden verse también el libro de CASTIGNONE, *La macchina del Diritto*, Milán, 1974, y el de Bjarup, *Skandinavischer Realismus*, Friburgo/Munich, 1978.

EJERCICIOS

1. Explica la razón por la que se afirma en el texto que la tesis de BIERLING es precursora de la de KELSEN en lo que se refiere al tema de la relación entre validez y eficacia.

2. Aclara por qué la posición kelseniana, en este punto, traiciona el principio de la pureza metódica.

3. Resume en un folio los nombres de los principales representantes del realismo jurídico americano, y expresa los puntos más importantes de su teoría. Para ello, te puedes servir de la obra de Luis RECASÉNS SICHES, *Panorama del pensamiento jurídico del siglo XX*, segundo tomo, México, 1963, caps. 29 y ss.

4. Haz lo mismo con los representantes del realismo escandinavo. RECASÉNS, *op. cit.*, primer tomo, México, 1963, cap. 15.

5. ¿Cómo ve el realismo jurídico la relación entre Teoría del Derecho y Sociología del Derecho?

6. ¿Por qué critican los realistas los conceptos jurídicos acuñados por los juristas?

7. ¿Cómo entiende el realismo jurídico el cometido de la ciencia del Derecho?

8. Explica por qué razón critica Ross el «conocimiento práctico».

9. Resume las ideas básicas de GEIGER. Para ello, puedes ayudarte de mi libro *Sociología del Derecho,* 2ª ed., Madrid, 1997, pgs. 46 y ss.

10. Explica lo que entiende Ross por «realismo conductista» y por «realismo psicológico».

11. Analiza la postura de Ross sobre la validez, y aclara si se adscribe al realismo conductista o al psicológico.

12. ¿Cómo es posible averiguar los contenidos concretos de la «conciencia jurídica popular» de una sociedad dada en un momento dado?

13. ¿Tiene algo que ver la idea de SAVIGNY de que el Derecho es la expresión del «espíritu del pueblo» *(Volksgeist)* con el concepto de Ross de la «conciencia jurídica popular»?

14. Lee el capítulo 2 de la obra de Ross, *On law and justice,* Londres, 1958 (hay trad. esp. de CARRIÓ, Buenos Aires, 1963).

15. ¿Cuáles son, según Ross, los operadores jurídicos en cuyo comportamiento hay que fijarse para determinar la validez de una norma?

16. Explica cómo entiende GEI.GER la validez.

17. ¿Qué quiere decir GEI.GER cuando sostiene que la validez de una norma puede ser más o menos alta?

18. Resume la idea central del capítulo.

19. Compara el sociologismo radical de los realistas con el moderado propio de la postura kelseniana.

XLIX. CRÍTICA A LA SOCIOLOGIZACIÓN

Dentro de un planteamiento estrictamente formalista, que es el que corresponde a esta parte de la Teoría del Derecho, que he llamado teoría *formal,* no tienen cabida los conceptos empiristas, los cuales pertenecen a otras ciencias y en ellas es donde deben tener su tratamiento.

Si la postura característica de la Escuela de Viena, al proponer la eficacia como condición *sine qua non* de la validez de las normas, es ya inaceptable por lo que tiene de penetración ilegítima de un elemento empirista en un edificio teórico que pretende ser exclusivamente formalista, la equiparación entre ambos conceptos, defendida por las escuelas realistas, ahoga toda posibilidad de un desarrollo autónomo de la Teoría del Derecho respecto de la Sociología jurídica. Este inconveniente, sin embargo, sería menor si no existieran otros argumentos en contra de la tesis realista, pues bien es verdad que las disciplinas científicas están al servicio de una mejor comprensión de la realidad, que es la meta que siempre debe presidir el trabajo, dejando así de lado una mera cuestión epistemológica.

Sin embargo, creo que las llamadas a veces «simples cuestiones epistemológicas» traen con ellas muchos más problemas de los que aparentan. Si se aceptara la tesis de la equivalencia entre eficacia y validez, habría que asumir también la indiferenciación entre Teoría del Derecho y Sociología jurídica, lo que, a su vez, conllevaría el echar por tierra los conceptos jurídicos, tal como han sido acuñados por la larga historia del pensamiento jurídico, para sustituirlos por categorías empiristas, ya sociológicas, ya psicológicas, ya una mezcla de ambas.

El error de los realistas, y, en general, de los que proclaman el empirismo como panacea, proviene de una especie de reductivismo consistente en limitar la realidad toda a la realidad fáctica o empírica. Vuelven la espalda a otros tipos de realidad, en concreto desconocen la realidad *convencional*.

No se me entienda mal y se piense que mantengo que en el Derecho todo es convencional, en el sentido que tiene esta palabra cuando con ella se alude a todo aquello que puede ser de cualquier forma, y que sólo por una decisión humana es como es. Esto sucede más en la creación de juegos, respecto de los cuales la decisión creadora no viene limitada más que por la naturaleza física que el juego presupone, o, también, por el estado en que se encuentre la técnica. El Derecho, al ser, como decía LEGAZ, *forma de vida social*, es, por eso mismo y en un sentido muy radical, vida humana y, por tanto, viene condicionado por las exigencias de ésta, muchas de las cuales están cargadas de contenidos éticos.

Estos aspectos los abordaré cuando estudiemos el lado material de la teoría de la decisión jurídica. Ahora sólo interesa dejar apuntado que, cuando afirmamos el carácter convencional del Derecho, esta afirmación no tiene un significado absoluto, sino relativo. El Derecho, en el ámbito de la teoría formal, hay que pensarlo como si fuera una realidad meramente convencional. Puesto que en dicho ámbito lo que investigamos es *tan sólo su* anatomía formal.

Pues bien, lo que sostengo es que, en su aspecto meramente formalista, el Derecho no puede entenderse sino como una realidad convencional; por lo que, entre otras cosas, no pertenece al mundo de la realidad empírica. Tiene efectos sobre ésta. Es también posible un concepto sociológico del Derecho, que lo contemple como fenómeno social (véase a este respecto mi *Sociología del Derecho*, ya cit., pgs. 138 y ss., donde se aborda el «problema» del concepto sociológico del Derecho). Mas sólo es posible la comprensión de estas dos tesis si se las limita convenientemente, al dejar espacio autónomo para la investigación del Derecho *posible*. Dicho con otras palabras: la Teoría del Derecho y la Sociología jurídica representan dos investigaciones *paralelas*; lo que se traduce en que manejan, cada una de ellas, categorías propias, que son legítimas en su propio terreno, pero que dejan de serlo en cuanto invaden el campo vecino.

Una invasión de este género es la que se produce cuando el concepto de eficacia traspasa su campo y penetra en el coto de la Teoría del Derecho. Como consecuencia de esta ilegítima invasión, la tesis de la equivalencia, ya analizada, se muestra insostenible por inoperante. Varios son los argumentos que pueden esgrimirse contundentemente contra ella.

El primero, y quizá el más débil, es que dicha tesis simplifica en exceso el tratamiento científico de los problemas. El progreso en el conocimiento consiste, en este aspecto, en la capacidad, cada vez más desarrollada, para diferenciar campos y aplicar a la realidad diversos tipos de análisis que, sin mezclarlos, nos proporcionen un cuadro más ajustado de la complejidad que se presenta ante nuestros ojos. No se conoce progreso científico que no vaya acompañado de la nueva generación de saberes que, al añadirse a los existentes, amplía el campo de la comprensión. En este sentido, el realismo jurídico actúa como un *terrible simplificateur*, tanto de la realidad como de los saberes.

Las diatribas de HÄGERSTRÖM y LUNDSTEDT contra la «metafísica» de los conceptos jurídicos llegan en ocasiones al ridículo. Obsesionados por el empirismo más ramplón, no se recatan en despreciar de tal modo el pensamiento jurídico tradicional, que es el que ha producido la ciencia de los juristas, que resultaría alarmante si no fuera porque el eco que tales críticas han alcanzado en la práctica es nulo. Los juristas siguen pensando con categorías «jurídicas» y no «sociológicas», y nada impulsa a opinar que en el futuro hayan de variar las cosas.

La defensa de la ciencia tradicional de los juristas y del uso de las categorías jurídicas que éstos hacen no empece, en absoluto, para admitir que es necesario *también* el tratamiento empirista del Derecho, puesto que éste, además de ser una realidad convencional, en un segundo momento se manifiesta como un fenómeno dotado de *vigencia social*. La eficacia es, precisamente, una dimensión de la vigencia social (véase mi *Sociología del Derecho*, cit. pgs. 84 y ss.)

La tesis de la equivalencia es, además, insostenible por las contradicciones que plantea.

Ya el uso de los parámetros que maneja, como el de «conciencia jurídica popular», «sentimiento de los jueces», «reconocimiento», etc., presentan la no pequeña dificultad de su falta de concreción y, sobre todo, de la dificultad de su investigación. ¿Cómo puede saberse, por ejemplo, cuál sea la conciencia jurídica popular respecto de una determinada norma? ¿Acaso habrá que estar haciendo todos los días encuestas sobre todas y cada una de las normas del ordenamiento para averiguar el grado de «reconocimiento» de dichas normas? Parece algo ingenuo pensar en semejante posibilidad. Y, sin embargo, si se toma al pie de la letra la tesis realista, es lo que habría que hacer para saber si esta o aquella norma tiene validez. Resulta paradójico que una corriente que se autocalifica de «realista» mantenga posiciones no sólo ingenuas, sino irrealizables.

No menos problemas de averiguación plantea la medición de la obediencia real a las normas. El número de infracciones no es equivalente al de denuncias, sino, presumiblemente, mucho mayor. ¿Cómo puede saberse qué porcentajes de acatamiento y de aplicación posee tal o cual artículo del Código Civil o del de Comercio? ¿Cómo calcular con sentido realista los incumplimientos de normas, si no dejan huella alguna ni testimonio que así lo garantice?

La noción de eficacia, desde el punto de vista teórico, es impecable. Mas sus dificultades empiezan cuando se pretende hacer gravitar sobre ella nada menos que la validez de las normas.

En efecto, no es admisible la tesis de que la validez u obligatoriedad de una norma constituye una dimensión medible, de tal manera que una norma podría ser más o menos válida u obligatoria. Carece de sentido la adscripción de un porcentaje de validez u obligatoriedad. Ni siquiera en el lenguaje cotidiano puede decirse, por ejemplo, que la norma N es válida en un 60 por 100. La norma N será válida o inválida, obligatoria o no obligatoria, vinculante o no vinculante; pero no tiene sentido alguno decir que es todo esto tan sólo en una determinada proporción.

Una norma jurídica determinada, o es válida o es inválida; o es obligatoria, o no lo es. No tiene sentido la afirmación de que es «medio válida». Si así fuera, el infractor siempre pediría que se le aplicara «la mitad que no es válida», y escaparía de esta forma de la sanción. A no ser, claro, que el juez le aplicara la «mitad válida» de la norma; en cuyo caso la persona sancionada podría argüir que se discrimina gravemente a los destinatarios, puesto que a unos se les aplica una «mitad» de la validez y a otros la otra «mitad». Todo esto, como el lector habrá comprendido ya, no es sino un cúmulo de disparates que sólo pueden aceptarse, con buen sentido del humor, como un juego de palabras sin significación real. Lo grave del realismo es que se toma demasiado en serio ese juego, aunque, para bien de todos, los jueces hacen caso omiso de semejantes «elucubraciones» de la teoría.

Piénsese, además, en la dificultad, o más bien en la imposibilidad, de saber el porcentaje de validez que en cada momento habría que adscribir a cada norma del ordenamiento. Consecuentemente con la tesis de la equivalencia, el órgano aplicador de las normas tendría que averiguar antes el grado de eficacia de cada una de ellas, que además, por definición, es variable a lo largo del tiempo, como pasa con todas las realidades sociales.

Por último, una norma que acabara de ser promulgada y publicada, pero que no hubiese tenido aún tiempo de ser cumplida ni aplicada, no podría ser calificada de eficaz o ineficaz, y, por tanto, tampoco de válida o inválida. Al no poder saber si es válida o no, el órgano aplicador no tendría por qué aplicarla, y podría aducir, para justificar su abstención, el hecho de que no se ha aplicado nunca. ¿Si todavía la norma no se ha asentado como eficaz, por qué razón habría de aplicarla el órgano, cuando puede dejar subsistente el estado de inaplicación?

Como puede colegirse de lo expuesto, a las dificultades epistemológicas que plantea la indiferenciación entre validez y eficacia, se unen las propias de los procesos de aplicación del Derecho. La tesis de la equivalencia no sólo es falsa, por romper la necesaria delimitación de campos disciplinares, sino también porque se muestra contradictoria con la práctica aplicativa de las normas. No sólo es teóricamente incorrecta, sino también prácticamente inconsistente.

¿Cuál es la razón última de que tanto el positivismo normativista como el sociológico (o realista) introduzcan el elemento fáctico en la Teoría general del Derecho? La respuesta a esta pregunta me parece obvia, después de lo visto hasta este momento. Ambas corrientes coinciden en un punto esencial; a saber: en la necesidad de destacar el carácter positivo del Derecho y, en consecuencia, su inserción social. El argumento de fondo viene a ser más o menos el siguiente: si el Derecho es un fenómeno social, entonces la Teoría del Derecho no puede dejar de lado su aspecto de implantación en la realidad social.

El normativismo es más moderado que el realismo, en el sentido de que introduce el factor social, pero únicamente como condición de la validez. Con ello, comete, sin embargo, una flagrante «traición» a su pretendido formalismo antisociologista.

El realismo jurídico lleva la tesis de la implantación social del Derecho más allá, y en sus posturas más extremas, y en algún sentido más coherentes con sus propios postulados, la lleva hasta el extremo de equiparar validez y eficacia.

Frente a estas tesis mixtificadoras es necesario reclamar la autonomía del planteamiento lógico-lingüístico, propio de la teoría formal del Derecho, la cual, como sabemos, constituye una parte de la Teoría comunicacional del Derecho. Frente al Derecho positivo, como objeto de estudio, se alza la categoría del Derecho posible; dentro de la cual entra también, como es natural, el Derecho positivo. La teoría formal del Derecho posible se centra en el análisis de las categorías inmanentes al sistema jurídico, prescindiendo de sus relaciones extrínsecas con la vida humana, sean éstas de carácter social, psíquico o de cualquier otra naturaleza.

La Teoría del Derecho tiene así su campo nítidamente diferenciado de la Sociología jurídica.

La validez es un concepto central que pertenece a la Teoría del Derecho; mientras que la eficacia constituye un componente del concepto más amplio de *vigencia social* del Derecho, categoría central de la Sociología jurídica.

Como estudiaremos a continuación, con las matizaciones que sean pertinentes, la validez es una cualidad intrínseca de las normas, es una categoría inmanente al sistema jurídico. La eficacia, por el contrario, es un concepto relacional, en el sentido de que presupone la puesta en relación de las normas con la vida real. Una norma es válida o inválida; *tertium non datur.* Pero puede ser más o menos eficaz, para lo cual depende de un cálculo fáctico que puede expresarse en porcentajes (esto es, en las «cuotas» que hemos estudiado).

La eficacia no es condición de la validez, ya no sólo en relación al Derecho posible, sino tampoco en relación al Derecho positivo. Pues un sistema jurídico sigue siendo válido y obligatorio (jurídicamente) en un determinado espacio sobre unas determinadas personas, aunque sea ineficaz, siempre que no sea sustituido por otro sistema.

Después de todas estas explicaciones, creo que estamos en la mejor disposición para dar una respuesta al problema de la validez, independizado ya de todo elemento empirista que lo confunde y distorsiona.

NOTAS Y COMENTARIOS

- La idea del Derecho como *forma de vida social* la desarrolla Legaz en su *Filosofía del Derecho* (véase 5ª ed., Barcelona, 1979, pgs. 267 y ss.). Sigue básicamente a Ortega, que diferenciaba entre la vida personal e intransferible (esto es, la vida de cada cual) y la vida social, caracterizada por la «impersonalidad», la «irracionalidad» y por que en ella domina la «presión social» de los otros, de «la gente». Legaz despoja al concepto de «vida social» de esos tintes negativos de corte existencialista que aparecen en la obra orteguiana, aunque acepta el esquema de fondo del gran maestro, y lo combina con el rasgo neokantiano que subraya que el Derecho es la «forma» de la sociedad. Recaséns mantiene en este punto una concepción similar, al defender que el Derecho es «una forma objetivada de vida humana» (*Tratado general de Filosofía del Derecho,* 3ª ed., México, 1965, pg. 108).
- Como compendio de los sinsentidos del movimiento realista escandinavo, basta con la obra de Lundstedt titulada «El carácter científico de la Ciencia del Derecho» (*Die Unwissenschaftlichkeit der Rechtswissenschaft,* dos volúmenes, Berlin-Grünewald, 1932-1936). En este monumento al disparate, el autor subraya, con más énfasis que capacidad de convicción, que las ideas jurídicas dominantes son absolutamente falsas, al estar construidas sobre «representaciones animistas de fuerzas ocultas», producto de la irracionalidad y del «fetichismo», y se propone una especie de cruzada, la de «desterrar la superstición de la Jurisprudencia» (véase pgs. 21 y ss.). Con contundencia digna de mejor empresa, sostiene que las nociones jurídicas sencillamente «no existen»; así dice: «no existen los derechos subjetivos, ni los deberes jurídicos, y consecuentemente tampoco las obligaciones ni los derechos de propiedad; además, tampoco existe

el Derecho objetivo, entendido en el sentido acostumbrado del término, y en consecuencia no existen las normas jurídicas, ni los mandatos, ni las reglas (...)» (pg. 29). Es evidente que LUNDSTEDT maneja un concepto de «existencia» naturalista poco apropiado para comprender nada de lo jurídico. No hay duda de que las normas o los derechos no existen de la misma manera que existen las peras en los perales o las piedras en los pedregales. Pero de la negación de la existencia natural no se deriva otra cosa sino que su modo de ser es otro bien distinto. La prueba más palpable de que la crítica de LUNDSTEDT ha dejado incólume a la ciencia jurídica es que, después de todo, reconoce que es «difícil» sustituir las viejas categorías del Derecho por otras, por lo que recomienda su uso «entre comillas». Puede resumirse pues, esta acerba crítica al pensamiento jurídico diciendo que a los conceptos tradicionales hay que ponerles las comillas.

EJERCICIOS

1. Recuerda lo que el autor de este libro entiende por teoría formal del Derecho, y razona por qué dentro de ella no tienen cabida los conceptos «empiristas».

2. ¿Qué son los conceptos «empiristas»? Pon ejemplos.

3. ¿Por qué no es aceptable la confusión entre Teoría del Derecho y Sociología jurídica?

4. Explica la importancia de lo que en el texto se llama, algo irónicamente, «simples cuestiones epistemológicas».

5. ¿Qué son los conceptos jurídicos acuñados por la labor tradicional de los juristas? Pon algunos ejemplos.

6. Explica qué quiere decir que el empirismo es «reductivista».

7. ¿Qué alcance hay que dar a la afirmación de que el Derecho es una realidad convencional?

8. Lee el epígrafe de mi libro *Sociología del Derecho*, ya cit., sobre «el problema del "concepto sociológico" del Derecho» (pgs. 138 y ss.).

9. Explica la tesis defendida en el texto respecto a la relación entre teoría del Derecho y Sociología jurídica.

10. Comenta en qué consisten las «invasiones» de la Sociología del Derecho en el campo propio de la Teoría del Derecho.

11. ¿Por qué motivo se califica en el texto al realismo jurídico de *terrible simplificateur*?

12. ¿Han tenido algún impacto real en la ciencia del Derecho (dogmática jurídica) las críticas del realismo jurídico más extremo, como el de LUNDSTEDT?

13. Analiza críticamente la expresión «conciencia jurídica popular».

14. Haz lo mismo con esta otra: «sentimiento de los jueces».

15. Explica las dificultades prácticas que plantea la tesis de la equivalencia.

16. Razona por qué la validez de una norma no es cuantificable, y sí lo es la eficacia.

17. ¿Por qué la tesis de la equivalencia es teóricamente incorrecta y prácticamente inconsistente?

18. Compara las posturas del normativismo y del realismo jurídico en cuanto a la relación validez/eficacia.

19. Critica la mixtificación de métodos.

20. Relaciona el concepto de eficacia con el de vigencia social.

L. APORÍAS DEL CONCEPTO DE VALIDEZ

A tenor de lo expuesto, no parece sostenible un concepto de validez que incorpore elementos sociológicos o psicológicos. Lejos de explicar más, lo que provoca la mezcla del elemento fáctico con el meramente formal es un sinfín de desajustes y contradicciones, todas las cuales tienen su origen último en el ansia positivista de explicar el Derecho a partir de los hechos.

El camino correcto es, pues, el de desarrollar un concepto meramente formal de validez que prescinda de los citados elementos. Creo que, para ello, lo mejor es seguir la senda marcada por la Teoría pura del Derecho, pero suficientemente depurada de sus agregados empiristas. En el marco de una teoría formal, no tiene sentido alguno hacer de la eficacia una condición de la validez.

Además de esta «depuración» con respecto a la Teoría «pura» (lo que sugiere que no sería tan «pura» como la presenta su creador), a la que hemos dedicado las páginas anteriores, ahora hay que desvelar la «trampa» que esconde la palabra validez, y que se resume en lo que podemos llamar su «connotación axiológica» o valorativa. Por último, se impone dar al concepto de validez el marco de aplicación que realmente le corresponde y que no se restringe al de las normas, ya que alcanza también a los actos o acciones y, consiguientemente, también a las decisiones.

La palabra «validez» es poco idónea para expresar un concepto meramente formal o axiológicamente neutro. Lo válido tiene relación con lo valioso. Ya sea porque exprese lo que es valioso *en sí*, o lo que vale *para* algo, o lo que vale *como* algo.

Por ejemplo, es valiosa en sí una acción justa, como dar las gracias por un favor recibido, y entonces puede decirse que esa acción es válida. También es valiosa una acción o un instrumento *útil* para algo; en tal caso decimos que la acción o el instrumento son válidos para algo, dando a entender que constituyen un *medio* adecuado o correcto para conseguir una finalidad. Así, el martillo es válido para clavar y la acción de martillear es también válida para conseguir incrustar los clavos en la madera. Además, algo puede valer como una cosa determinada, por ejemplo, unas piezas de cobre valen como dinero, la introducción del balón en la portería vale como gol; en cuyo caso lo que se hace es calificar como válidos y como valiosos unos objetos materiales y un tanto en el fútbol.

Pero también son posibles otros usos de la palabra, como cuando se dice «este traje ya no me vale», indicando con ello que el traje válido, y por tanto valioso para mí, sería el que se adapte a mi hechura...

La palabra «validez» es *analógica*, ya que se emplea en contextos diferentes y con significados de matiz distintos, que se mueven todos ellos alrededor de un significado básico o principal, que es el de «valiosidad». Lo válido es, ante todo, lo valioso; o sea, lo bueno.

En el pensamiento de la escolástica, al emplear la palabra *validitas*, no se elude esa significación sustancial del analogado principal, y por eso lo válido es, simplemente lo valioso, lo justo, lo bueno.

Así, el Doctor Eximio, Francisco SUÁREZ, en su monumental obra *Tratado de las leyes y de Dios legislador*, cuando se refiere a la «prueba de la necesidad de la justicia para el valor de ley *(ad valorem legis)*», sostiene:

> «(...) esta justicia es hasta tal punto necesaria que sin ella la ley es inválida *(invalida)* y no obliga» (Lib. I, 12).

Para SUÁREZ, el valor de ley está en la justicia; ésta es necesaria para la validez de aquélla; sin justicia la ley es inválida, no tiene valor de ley. Es la misma tesis de AQUINO, con el empleo expreso de la palabra *validitas*. Lo válido es lo valioso, lo axiológicamente encomiable. Si la ley no es valiosa, por injusta, tampoco es válida; y en consecuencia, no obliga. Puede apreciarse claramente que SUÁREZ identifica validez, valor de ley y obligatoriedad. Exactamente igual que el positivismo normativista, con la diferencia de que en el Doctor Eximio todos esos conceptos están marcados por la connotación axiológica.

Como sucede con gran parte de las categorías jurídicas, la de validez tiene su origen en el seno de la Teología moral de la escolástica, lo que conlleva una carga *moral* evidente. El positivismo separa Derecho y moral, pero al hacerlo no se desprende de los términos acuñados por la escolástica, sino que, en la generalidad de los casos, se limita a «secularizarlos», desconectándolos de la Teología, y a «deseticizarlos», separándolos de la moral. Queda el término, desprendido de su sustancia. La palabra, cargada de resonancias éticas, pasa a formar parte de un discurso «amoral». El problema es que la carga semántica no desaparece de su uso habitual o cotidiano, porque «válido» es lo que posee valor, y no bastan las operaciones quirúrgicas analíticas para presentar el concepto químicamente puro, desligado de su resonancia ancestral.

Este contraste entre la carga emocional de la palabra validez y el uso que ha impuesto el positivismo jurídico puede observarse de manera patente en la teoría de los actos válidos, a los que me referiré después más en detalle. Si se es plenamente coherente con el concepto de validez meramente formal, se tendrá que aceptar que el delito es un acto formalmente *válido*. Si una persona comete un asesinato, diremos que ha cometido un asesinato *válido*, en el sentido de que su acción *vale* como un asesinato, y no, por ejemplo, como un acto de legítima defensa.

Hay que convenir que la expresión «asesinato válido» rechina en nuestros oídos. Y lo mismo sucederá con cualquier otra acción ilícita. «Robo válido» será aquella acción que para el Derecho vale como un robo; «prevaricación válida», aquella otra que vale para el Derecho como una prevaricación; etcétera.

¿Por qué sucede esto, por qué choca a nuestras entendederas? Pues sencillamente porque estamos acostumbrados a que la palabra «válido» como calificativo de un acto posea una connotación *positiva* desde el punto de vista del «valor» del acto. Rechina en nuestros oídos porque nos parece intuitivamente una contradicción que un asesinato pueda ser algo válido. Y, sin embargo, no nos sorprende la afirmación de que una ley sea válida a pesar de ser injusta. Si no aceptamos fácilmente que un acto injusto, como el asesinato, sea calificado de válido, tampoco tendría que aceptarse que una ley injusta fuera válida.

El positivismo normativista ha impuesto, en el uso habitual del lenguaje jurídico, su concepto «neutral» o «formal» de validez para las normas, pero no para los actos; lo cual, obviamente, constituye una contradicción que encubre la ambigüedad que introduce en la palabra.

La palabra «validez» se debería reservar para actos y normas «valiosos», o, por lo menos, no «antivaliosos». El positivismo normativista no ha tenido imaginación suficiente para crear o adoptar una palabra que carezca de las resonancias de valor. O quizá no ha querido encontrarla, por considerar que la ley que impone el poder es, por eso mismo y sin más, válida en sí misma; esto es, valiosa. ¿Qué otra cosa puede significar la norma fundamental, sino la sacralización como norma obligatoria de todo lo que proviene del poder establecido?

En el Código Civil español, hay alguna referencia a la validez. Particularmente significativa es la del artículo 1° en su párrafo segundo:

> «Carecerán de validez las disposiciones que contradigan otra de rango superior».

Es bastante claro que, en este precepto, la palabra «validez» se emplea como sinónimo de obligatoriedad y por tanto de existencia de la norma. Si una disposición está en contradicción con otra de rango superior, de acuerdo con el principio de jerarquía de las normas, es esta última la que prevalece, dejando sin obligatoriedad a aquélla.

Pero, aunque este artículo maneja la palabra «validez», constituye esto más bien una excepción en el Código Civil, que prefiere emplear el término *eficacia* e incluso *efectos*. Téngase en cuenta, sin embargo, que con estos términos el legislador español no se está refiriendo a la eficacia «externa» o social de las normas, ni a los efectos del mismo género, sino que maneja un concepto que podemos llamar de *eficacia interna* y de *efectos internos*.

Creo que puede afirmarse, incluso, que el término más consagrado en el Derecho y la doctrina españoles, para referirse a lo que se entiende por validez, es justamente el de eficacia, en ese sentido interno al sistema jurídico. Eficaz es la norma que despliega efectos en el interior del sistema; se trata de una eficacia y de unos efectos meramente jurídicos, que no tienen por qué coincidir con la eficacia y efectos de carácter social y psíquico que las normas produzcan en el mundo circundante.

Ya el Título Preliminar del Código se denomina: «de las normas jurídicas, su aplicación y *eficacia*». Y antes de la reforma de 1974, el mencionado Título se denominaba: «de las leyes, de sus *efectos* y de las reglas generales para su aplicación». El Capítulo III del Título preliminar, en su versión actual, se denomina «*eficacia* general de las normas jurídicas», que bien podría sustituirse por el de «validez general de las normas jurídicas», pues, por lo que trata en su contenido (ignorancia de la ley, error de derecho, nulidad de los actos contrarios a la ley, etc.), se desprende que afecta a todo lo relativo a la obligatoriedad de la misma.

Con el mismo sentido identificatorio entre el término «eficacia» y el de «obligatoriedad», se refiere el Código a la «*eficacia* de los contratos» (arts. 1278 y ss.). El artículo 1278 dice:

> «Los contratos serán obligatorios, cualquiera que sea la forma en que se hayan celebrado, siempre que en ellos concurran las condiciones esenciales para su validez».

Según esto, validez, eficacia (interna) y obligatoriedad son tres términos que vienen a decir lo mismo. Si el contrato es válido, entonces será eficaz y desplegará sus efectos obligatorios. Si un contrato es ineficaz, esto no quiere decir otra cosa sino que es inválido, o sea, que no obliga a los contratantes.

Las raíces del uso «eficacia», en este sentido de eficacia interna al propio sistema jurídico, se remontan a los textos del Derecho romano en los que se emplea la palabra *utilis*; uso este que se continúa en los escritos de los juristas medievales y los escritores de la escolástica.

En mi opinión, este uso del término «eficacia» no plantea el problema de una connotación axiológica fuerte, como es el caso de la palabra «validez». Pero aún así, difícilmente se puede aplicar al acto ilícito. Así, suena a contrasentido la expresión «asesinato eficaz»; más que nada porque no estamos acostumbrados a esa manera de hablar.

De todo lo expuesto se desprende que para designar la mera existencia jurídica de un acto o de una norma, la ciencia jurídica no dispone de una palabra que pueda ser aceptada sin objeción alguna. Por consiguiente, es preciso aceptar los usos ordinarios del lenguaje de los juristas no para quedarnos en ellos, pues la Teoría del Derecho es el análisis de esos lenguajes, sino para examinarlos críticamente y llegar, de esta manera, a la conciencia de los límites de su significado.

Así las cosas, puede aceptarse, por estar muy extendida en la Teoría jurídica, el uso de validez en su sentido meramente formal, esto es, en referencia exclusivamente a un sistema jurídico. En tal caso, la norma de la que se predica validez no puede aspirar a una validez plena que exija obediencia, sino a una mera validez *convencional*, que no impide la desobediencia cuando el contenido de la norma atente contra lo «valioso».

Validez convencional o meramente formal la tendrán todas las acciones o actos contemplados por el sistema jurídico, independientemente de su valiosidad intrínseca o moral. Se trata, sin duda, de una validez «depauperada» y «relativa». Lo primero, porque nadie pretende que designe necesariamente un ideal que debe cumplirse. Lo segundo, porque es relativa o referente a un sistema determinado.

Junto a ese concepto de validez convencional, la Teoría del Derecho puede manejar otro concepto de validez, concatenado con el primero, pero no identificado con él.

Me refiero al concepto de validez *plena*, que engloba tanto la formal como la material.

Cuando los constituyentes discuten los contenidos normativos de la constitución futura, no sólo se limitan a establecer los poderes, las competencias y los procedimientos (aunque si esto hicieren, ya por ello tendrían una constitución), sino que también introducen en el texto lo que se ha denominado la «constitución material», esto es, un conjunto de preceptos que regulan los principios básicos, de carácter ético-político, del nuevo ordenamiento.

De ese modo, la validez de las normas jerárquicamente inferiores a la constitución no sólo viene condicionada por los requisitos meramente formales (órgano, competencia y procedimiento), sino también por esos contenidos ético-materiales que establece como jurídicos la constitución.

Esto se traduce, en definitiva, en que la validez de una norma inferior no sólo ha de pasar el examen de los aspectos procedimentales, sino también el de los aspectos materiales. Una ley, por ejemplo, puede ser perfectamente constitucional desde el punto de vista formal, por cumplir los requisitos de órgano, competencia y procedimiento, pero no serlo porque atenta contra determinados derechos fundamentales. En tal caso, ¿no podemos decir que la ley es inconstitucional y, por consiguiente, inválida, puesto que atenta a los *valores* constitucionales? Sin duda, diremos que así es.

Y la cuestión será entonces la siguiente: ¿puede mantenerse un concepto meramente formal de validez, atenido sólo al aspecto procedimental, sin tener en cuenta el aspecto material, esto es, lo valioso de lo válido?

EJERCICIOS

1. ¿Cuál parece ser el camino correcto para alcanzar el concepto formal de validez?

2. ¿Por qué las tendencias sociologistas dificultan la normal prosecución de ese camino?

3. ¿Cuál es la razón por la que hay que depurar la llamada «Teoría pura del Derecho»?

4. Explica las razones por las que la palabra «validez» no parece la más adecuada para expresar un concepto cuyo significado es meramente formal.

5. Razona la conexión entre «válido» y «valioso».

6. ¿Qué quiere decir que la palabra «validez» es analógica? ¿Cuál es el *analogatum* principal?

7. Relaciona el concepto de *validitas* que maneja Francisco SUÁREZ con su expresión «valor de ley».

8. Establece las semejanzas y diferencias entre la noción suareciana y la kelseniana de validez.

9. Explica la relación histórica de las categorías éticas con las jurídicas y relaciona esto con la idea de validez.

10. Razona por qué suena contradictoria la expresión «asesinato válido».

11. ¿Por qué, sin embargo, no nos sorprende hablar de ley «válida» cuando nos referimos a una ley «injusta»?

12. ¿Cuáles pueden ser los motivos por los que el positivismo normativista no ha acuñado otra palabra distinta a «validez» para referirse a la «existencia» de las normas?

13. Comenta el significado de la palabra «validez» en el artículo 1º del Código Civil.

14. Relaciona validez, eficacia y obligatoriedad, tal y como parece usarlas el Código Civil.

15. Consulta lo relativo a la eficacia de las normas jurídicas en el libro de Federico DE CASTRO, *Derecho Civil de España,* Madrid, 1955 (reed. en Ed. Civitas).

16. ¿En qué se diferencia la eficacia interna de la eficacia externa de las normas jurídicas?

17. Distingue los efectos externos y los efectos internos de las normas.

18. Comenta el artículo 1278 del Código Civil, relacionando la eficacia de los contratos con su obligatoriedad y con su validez.

19. Distingue validez convencional y validez plena.

20. Relaciona validez plena con: cumplimiento de los requisitos formales y cumplimiento de los requisitos materiales.

21. ¿Qué es la constitución «material»?

22. ¿Qué relación tienen los valores constitucionales con la validez plena de las normas?

LI. VALIDEZ DE LOS ACTOS Y VALIDEZ DE LAS NORMAS

La validez formal, como se desprende de las lecciones anteriores, no puede ser considerada como una cualidad exclusiva de las normas jurídicas, sino también de las acciones o actos y, por consiguiente, de las decisiones jurídicas, ya que éstas constituyen un tipo de acción.

En efecto, el uso habitual y generalizado del lenguaje de los juristas, en lo que concierne al término «validez», se extiende lo mismo a las normas que a los actos y a las decisiones; igualmente se habla de norma válida, que de acto válido, o de decisión válida. Por tanto, una teoría general de la validez requiere la acuñación de un concepto que sea aplicable a todas esas realidades. Como las decisiones no son sino formas concretas de actos, el asunto se reduce a precisar el concepto respecto de normas y actos.

El concepto de validez de la Escuela de Viena prácticamente se restringe a las normas, en consonancia con el dogma fundamental de la Escuela, de que el Derecho es un conjunto de normas y todos los fenómenos jurídicos se reducen exclusivamente a fenómenos normativos. No se puede dudar de la importancia de las normas en el sistema jurídico. Pero de ello no se puede derivar que se hayan de oscurecer otros aspectos no menos importantes de la compleja realidad del Derecho.

La cuestión radica en averiguar si es posible un concepto de validez que se aplique lo mismo a las normas que a los actos; y, una vez obtenido ese concepto genérico, poder diferenciar adecuadamente los matices distintivos entre la validez propia de las normas y la que corresponde a los actos. Pues no parece razonable el contemplar la validez de un acto exactamente de la misma forma que la de una norma, por la sencilla razón de que acto y norma no pueden identificarse conceptualmente.

La primera pregunta que hay que contestar es, pues, la siguiente: ¿qué puede significar el término «validez» aplicado tanto a las normas jurídicas como a los actos y a las decisiones?

La palabra «validez», en ese sentido genérico de aplicación de amplio espectro, no puede significar «obligatoriedad», ya que un acto puede ser válido, sin que por eso sea obligatorio.

Así, el acto consistente en suscribir unas acciones de una sociedad anónima, no es un acto obligatorio, pero sí es válido. Nadie me obliga a esa operación de adquisición de títulos; la llevo a cabo porque quiero; no existe norma alguna que me imponga el deber de hacerlo, sino que es un acto que realizo libremente. Por tanto, no es un acto obligatorio, aunque sí es válido. También es válida la acción consistente en matricularme en la Facultad de Derecho, cumpliendo todos los requisitos que se me exigen; pero de ninguna manera puede decirse que se trate de una acción «obligatoria», ya que me matriculo sencillamente porque quiero.

En consecuencia, hay acciones *libres*, sobre las que no pesa ninguna obligatoriedad de tipo jurídico, que en cuanto se realizan son válidas.

Pero, además, esta validez puramente formal no sólo se aplica a las acciones «permitidas», sino también se puede aplicar a los actos prohibidos por el Derecho. Así, quien asesina ha cometido un asesinato, que es una acción prohibida por la norma penal. Su acción es válida, en cuanto que *vale* como un asesinato. Recuérdese que estamos manejando ahora un concepto exclusivamente formal de validez, por lo que, aunque nos repugne, el acto delictivo también ha de considerarse «válido».

Por supuesto, también es aplicable la calificación de validez a los actos obligatorios. Quien cumple un deber jurídico realiza, efectivamente, un acto válido; sobre ello no se cierne ninguna duda.

Tenemos, entonces, que los tres tipos de actos mencionados son actos «válidos», si bien es evidente que el calificativo de «válido» encaja más con unos actos que con otros. La cuestión que se plantea de forma natural es ésta: ¿Qué tienen en común estos tres tipos de actos para que a todos ellos se les pueda aplicar el concepto de validez? La respuesta me parece evidente: lo que tienen en común es que son actos que el Derecho tiene en cuenta; son actos que existen para el Derecho; en definitiva, son actos *jurídicos*.

El acto consistente en suscribir acciones libremente, el acto de causar la muerte de otro con alevosía, y el acto de pagar la deuda, tienen sólo un punto en común: que todos ellos son actos «contemplados» por el Derecho, «definidos» por las normas; o para ser más precisos: son actos «establecidos» o «constituidos» («creados») por sus respectivas *normas procedimentales*.

En efecto, se trate de un acto permitido, prohibido u obligatorio, como sucede con los ejemplos señalados, en los tres casos estamos ante actos jurídicos, porque las normas de procedimiento respectivas han introducido esos tipos de actos dentro del sistema. La norma procedimental se limita a establecer la acción, que, como vimos, no es sino un procedimiento. Pues bien, las distintas especies de actos sólo tienen *relevancia jurídica*, o, lo que es lo mismo, sólo son válidos ante el Derecho o existen para éste, en la medida en que las normas de procedimiento han establecido su *juridicidad*, esto es, su *pertenencia* formal al sistema o, como diremos más adelante con mayor exactitud, al ámbito jurídico.

Lo que tienen en común las diversas especies de actos relevantes para el Derecho no es el ser «valiosos» o «disvaliosos», «obligatorios» o «no obligatorios». Lo que tienen en común es la juridicidad, la pertenencia a un sistema jurídico. Actos válidos, en el sentido meramente formal, son los actos jurídicos, ya sean lícitos o ilícitos.

¿Y cuál será, entonces, la característica común entre los actos y las normas de un sistema jurídico que permita aplicarles la cualidad de la validez formal? ¿Qué pueden tener en común actos y normas que haga posible hablar lo mismo de validez de los actos y de validez de las normas? Creo que la respuesta no puede ser sino ésta: que también las normas pertenecen a un sistema jurídico, o sea, que también las normas son jurídicas.

En suma: *validez* (entendida en su sentido puramente formal) *es sinónimo de juridicidad*.

Decir que una norma, una acción o una decisión son «válidas» equivale a afirmar que pertenecen a un ordenamiento (o sistema) jurídico; y decir que pertenecen al sistema jurídico es equivalente a afirmar su juridicidad. Ahora bien, la forma de pertenencia a un sistema jurídico es distinta cuando se trata de los actos, que cuando se trata de las normas. Pues mientras éstas constituyen proposiciones lingüísticas, los actos son sentidos o significados de determinados movimientos. Las normas, como sabemos, constituyen el texto elaborado o sistema proposicional generado por los juristas en base al texto bruto del ordenamiento; mientras que los actos (y las decisiones) concretos son «movimientos» cuya significación sólo es posible hallar si se leen esos movimientos desde la perspectiva de las proposiciones normativas, y en concreto de las procedimentales.

De cualquier modo, el término «juridicidad» es mucho más neutro que el de validez, y expresa mejor el sentido de lo que quiere decirse con «validez puramente formal». Al estar cargada la palabra «validez» de connotaciones axiológicas más o menos fuertes, no parece la más adecuada para denominar el mero enlace de un acto o una norma con el sistema; es más adecuada la palabra «juridicidad», ya que con ésta sólo se expresa que el acto o la norma en cuestión pertenecen al sistema jurídico, sin que se diga nada acerca de su intrínseca validez.

Así, el acto prohibido, al igual que el permitido o el obligatorio, son actos jurídicos, sin necesidad de que se les tenga que calificar de actos válidos. El asesinato es un acto jurídico, puesto que está contemplado por las normas del Derecho penal. Se trata de un acto jurídico ilícito y, por ello, prohibido. Esta forma de hablar no resulta tan extraña como si se acepta el concepto de validez puramente formal y universalizable a todo género de actos, y se dice entonces que el asesinato es un acto «válido». La palabra validez tiene un sentido positivo que no puede ser desechado por un prurito de coherencia terminológica difícilmente justificable. Es mejor abandonarla como característica general de los actos, y emplearla sólo en relación con los actos jurídicos de contenido axiológico positivo, esto es, con los actos que el propio sistema jurídico considera «valiosos», o, por lo menos, «no disvaliosos».

Actos jurídicos son aquellos previstos por las normas del sistema jurídico. Bien sea para autorizarlos, bien para ordenarlos, bien para prohibirlos. Decir que dichos actos son jurídicos no quiere decir otra cosa sino que pertenecen al sistema jurídico que los ha previsto. Juridicidad y pertenencia al sistema jurídico (o, como explicaré, al ámbito jurídico) son conceptos que se equiparan.

Los actos jurídicos pueden ser lícitos o ilícitos. Son lícitos aquellos actos que el Derecho ordena o permite; por ejemplo, que el deudor pague su deuda, y que el estudiante se matricule donde desee. Son ilícitos aquellos otros que el Derecho prohíbe; por ejemplo, no pagar la deuda, o cometer asesinato.

Todos los actos lícitos son válidos, mientras que todos los actos ilícitos son inválidos. Así, es válido el acto de pagar la deuda, e inválido el acto de asesinar.

Sin embargo, hay un tipo de actos que, siendo jurídicos, pueden ser declarados inválidos, en atención a estar «viciados»; en tal caso, la invalidez no proviene de que el acto sea ilícito, sino del incumplimiento de un requisito formal. El acto jurídico viciado tiene *apariencia* de acto jurídico válido, y sólo deja de ser esto último cuando se declara su invalidez.

Para que un acto sea jurídico tiene que cumplir los requisitos formales exigidos por la norma procedimental que lo estatuye. Estos requisitos formales son: que el sujeto sea capaz (o competente, si se trata de un órgano), que actúe dentro de su capacidad (o competencia), y que lo haga de acuerdo con el procedimiento establecido para conseguir la realización del acto. Sujeto, capacidad o competencia, y procedimiento, son los tres requisitos ineludibles para la existencia del acto jurídico. Esto ha de cumplirse respecto de todo acto jurídico, sea lícito o no.

Así, el profesor (sujeto), actuando dentro de su competencia (enseñar, examinar, calificar, etc.) exige en el acto del examen los contenidos enseñados y califica las pruebas, todo ello de acuerdo con un procedimiento (que, en el caso del examen, será reunir a los estudiantes en una sala y ponerles examen escrito, o convocarles personalmente para examen oral, etc.). Pero también semejantes condiciones formales son exigibles respeto del asesinato. El sujeto ha de ser capaz (si es un alienado, no es imputable) y la acción ha de realizarse de acuerdo con el procedimiento previsto en la norma que «define» en el Código Penal dicho tipo delictivo.

Quiero decir con todo esto que un acto será *jurídico*, sea lícito o no, siempre y cuando tenga la *apariencia* de haberse realizado cumpliendo los requisitos exigidos por las respectivas normas procedimentales.

Pero un acto jurídico sólo será *válido* cuando, además de ser jurídico, el ordenamiento lo contemple como lícito, bien sea porque es objeto de una norma de deber, bien sea porque representa una acción permitida.

Por el contrario, será inválido un acto jurídico cuando sea ilícito, o cuando, siendo lícito, no cumpla plenamente los requisitos formales exigidos como necesarios.

El asesinato es un acto jurídico inválido. El examen por el profesor, que es lícito en sí mismo, será también un acto inválido si no ha convocado públicamente a sus alumnos. La invalidez del acto se puede producir por ilicitud del mismo, o por incumplimiento de sus requisitos esenciales.

El acto es ilícito cuando atenta contra una norma deóntica; es simplemente inválido cuando, no atentando necesariamente contra norma deóntica alguna, incumple la norma procedimental. A veces, el acto será inválido porque reúne las dos condiciones de incumplir la norma procedimental y, al hacerlo, infringe también una norma deóntica. Tal es el caso del profesor que no convoca: su acto de examen es inválido, porque ha incumplido el procedimiento; y además, porque ha infringido la norma que le obliga a cumplir el procedimiento. Pero hay casos en los que no hay deber de cumplimiento de un procedimiento específico, como sucede en el tanta veces mencionado del alumno que se matricula. Si no ha presentado un documento imprescindible, su matrícula será inválida, pero no porque haya infringido una norma deóntica, sino simplemente porque no ha cumplido el procedimiento.

Respecto de las normas, el razonamiento es similar. Que una norma es jurídica quiere decir que pertenece al sistema jurídico; lo cual, a su vez, entraña el ser una construcción hermenéutica (realizada por los juristas, doctrina dominante) en base a disposiciones de un ordenamiento concreto. Para simplificar, supondremos que estas disposiciones nos proporcionan directamente las normas. La juridicidad de la norma es su pertenencia al sistema. ¿Cuándo una norma es jurídica, o sea, cuando pertenece al sistema? Cuando el *acto de decisión* que le da origen cumple los requisitos exigidos por las normas ónticas y procedimentales (sujeto competente, competencia y procedimiento). Ahora bien, ¿cuándo esa misma norma será válida? Obviamente, cuando habiendo cumplido los requisitos formales (esto es, siendo jurídica) no atente contra lo preceptuado en otra norma superior. La norma generada, además de cumplir las condiciones de sujeto, competencia y procedimiento, ha de estar en consonancia con el ordenamiento jurídico, lo que equivale a afirmar que no ha de contradecir una norma superior.

Por ejemplo, una ley emitida de acuerdo con los requisitos formales exigidos es, por ello, norma jurídica. Se la presupone validez. Ahora bien, si es objeto de un recurso de constitucionalidad ante el Tribunal Constitucional, y éste la declara inconstitucional, dejará de ser válida.

El esquema de la dualidad conceptual juridicidad/validez de una norma es, como puede apreciarse, paralelo o similar al aplicable a los actos; no tiene nada de extraño, pues las normas son el resultado de actos de habla de quienes tienen competencia para emitirlos.

EJERCICIOS

1. Razona por qué la validez no puede restringirse sólo a las normas. ¿A qué otro tipo de conceptos ha de extenderse?

2. Pon ejemplos de actos válidos, pero no obligatorios.

3. Critica la identificación entre validez puramente formal y obligatoriedad.

4. Razona por qué, aplicando el concepto de validez meramente formal, puede decirse que el asesinato es un acto «válido».

5. Relaciona el concepto meramente formal de validez con los siguientes tipos de actos: actos permitidos, prohibidos y obligatorios.

6. ¿Qué tienen en común estos tres tipos de actos?

7. Relaciona los siguientes conceptos: norma procedimental, acto jurídico y acto prohibido.

8. Razona por qué motivo la validez en su sentido puramente formal es, simplemente, la juridicidad.

9. Define la noción de juridicidad.

10. Aplica el concepto de juridicidad a los actos, las normas y las decisiones.

11. Relaciona el concepto de juridicidad con el de sistema jurídico.

12. Razona por qué es más ajustado reservar el concepto de validez para los actos lícitos.

13. ¿Qué quiere decir que es inválida la acción de cometer asesinato?

14. Define lo que es un «vicio» de un acto jurídico.

15. ¿Cuáles son las condiciones de un acto requeridas para poder calificarlo de acto *jurídico*?

16. Relaciona los siguientes conceptos: juridicidad del acto, invalidez del acto, prohibición del acto.

17. ¿Todos los actos inválidos son ilícitos?

18. ¿De qué modos es posible que se produzca la invalidez de un acto?

19. Relaciona los siguientes conceptos: acto jurídico, acto válido, acto inválido, acto ilícito, regla procedimental, y regla deóntica.

20. Analiza la dualidad conceptual juridicidad/validez, en relación con las normas jurídicas. Razona el paralelo con los actos.

LII. VALIDEZ DE LAS NORMAS, CONSTITUCIÓN Y VALORES

La validez de una norma depende de varios factores. Primero, depende de la validez del acto que la genera, es decir, de la decisión que le da origen. Además, depende de su consonancia o compatibilidad con las normas que le sean jerárquicamente superiores. Hay que distinguir, por consiguiente, entre el aspecto formal y el aspecto material de la validez.

Para que una norma exista como *jurídica* ha de formar parte de un determinado sistema jurídico. Juridicidad es sinónimo de pertenencia a un determinado ordenamiento. Ahora bien, que haya una norma jurídica no quiere decir que sea sin más válida. Precisa otros requisitos.

La juridicidad o validez puramente formal de una norma se produce cuando se cumplen los requisitos formales, que son tres: *órgano* competente que actúa dentro de su *competencia* y por medio del *procedimiento* establecido.

El órgano constituye el «sujeto» de la decisión normativa. Los diferentes órganos creadores de Derecho tienen la función de decidir normas jurídicas concretas, que pasarán a formar parte del ordenamiento. Los órganos de cualquier entidad jurídica autónoma están ordenados normalmente de manera jerárquica, de modo que representan *autoridades* que dictan normas de distinto nivel. La jerarquía de las normas es el reflejo de la jerarquía de esas autoridades.

En el Estado moderno los órganos se distribuyen atendiendo a los tres poderes básicos: legislativo, ejecutivo y judicial. Cada uno de ellos está «especializado» en la producción de distintos tipos de normas. El legislativo dicta leyes. La potestad normativa de la administración se manifiesta a través del reglamento y de otros tipos de normas (decretos, órdenes ministeriales, etc.), si bien puede recibir, por razones de urgencia, una potestad delegada para emitir normas con carácter de ley (decretos-leyes, decretos legislativos). El judicial manifiesta su poder normativo a través de sus sentencias, cuyo conjunto conforma la llamada *jurisprudencia*; nombre este último que se reserva para la doctrina incorporada a las sentencias de los más altos tribunales (Tribunal Supremo, Tribunal Constitucional).

Muchos autores identifican la norma jurídica con la norma de carácter general, y no consideran que la jurisprudencia tenga carácter normativo. En esta obra, por las razones que veremos al estudiar las fuentes del Derecho (en la parte correspondiente a la teoría de las decisiones jurídicas), se considera que la jurisprudencia es fuente y, por tanto, productora de normas.

La competencia, como ya vimos, es el marco de actuación de los órganos. Cada órgano emisor de normas ha de generarlas dentro de su competencia. El legislativo (Parlamento) tiene una competencia general: puede legislar sobre cualquier materia social; por eso, puede afirmarse que ostenta una competencia normativa de carácter general. El ejecutivo se despliega en un conjunto de órganos, que constituyen el entramado orgánico de la Administración, cuya cúspide jerárquica es el Gobierno, que tiene capacidad competencial para controlar a los órganos de la Administración central. El cuadro se complica si se tiene en cuenta la existencia de la descentralización administrativa. Por último, los jueces están organizados por ramas (civil, penal, contencioso-administrativa, etc.) en una organización jerárquica que culmina en el Tribunal Supremo. El Tribunal Constitucional tiene unas competencias específicas.

El procedimiento es el camino o método que el órgano competente tiene que seguir para que su acto normativo sea formalmente válido. Se concreta en una serie de requisitos, de los cuales unos serán *esenciales*, esto es, imprescindibles para que el acto decisor tenga validez formal. Cada ordenamiento jurídico determina, a través de sus normas tanto legales como jurisprudenciales, cuáles son dichos elementos necesarios.

Pues bien, si una norma cualquiera ha sido emitida por el órgano competente, dentro de su competencia y cumpliendo los requisitos esenciales del procedimiento, se produce la validez *formal* de dicha norma, o sea, su *juridicidad*. La norma generada tiene apariencia de norma, ya que cumple todos los requisitos formales. Puede afirmarse que dicha norma tiene «forma» de norma.

A favor de ella hay una especie de *presunción de validez*, en el sentido de que, mientras no se demuestre lo contrario, y dada la apariencia externa, dicha norma pertenece al ordenamiento, es válida, con lo cual desplegará los efectos internos que corresponda (eficacia interna), como, por ejemplo, obligar a una conducta, conceder un derecho, exigir una carga, etcétera.

Esa presunción de validez puede ser, sin embargo, deshecha si se demuestra o bien que no se han cumplido suficientemente los requisitos formales de órgano, competencia y procedimiento, o bien, que, habiéndose cumplido éstos fehacientemente, la norma generada se contradice con lo exigido por otras normas de jerarquía superior. En el primer caso estamos ante una norma «inválida» por vicio del acto normativo generador. En el segundo, estaremos ante una norma inválida por no cumplir lo requerido por la validez *material*.

La validez material de una norma consiste en que lo exigido por dicha norma no se contradice por lo exigido por normas de jerarquía superior, en cuanto a los contenidos concretos de estas últimas. Suponiendo que la norma es válida desde el punto de vista formal, y por tanto que el órgano emisor es el correcto, e igualmente es correcto el uso que dicho órgano ha hecho de su competencia y procedimiento, la norma no será válida si su contenido trasgrede el contenido normativo superior.

Toda norma jurídica, por tanto, tiene que pasar por dos «controles»: el formal y el material. Si pasa el formal, se la supone válida y, por tanto, desplegará sus efectos (internos) normalmente. Y esto sucederá hasta tanto no se cuestione su aspecto material y se demuestre ante el órgano que corresponda que el contenido de dicha norma atenta contra el de otra norma superior. En tal caso será declarada «inválida».

El ejemplo típico, como sabemos, es el de la declaración de inconstitucionalidad de una ley por parte del Tribunal Constitucional. Supongamos que una determinada ley ha sido promulgada de acuerdo con todos los requisitos formales exigidos. Dicha ley, a partir de su entrada en vigor, como se presume su validez, despliega sus efectos normales. Pero llega un día en que se plantea un recurso de inconstitucionalidad, y decide el Tribunal mencionado que la ley, en efecto, atenta a determinados principios constitucionales. La ley, formalmente válida, deja de ser válida. ¿Por qué razón? Porque no cumple el requisito esencial de carácter material, o de contenido, de no contradecir la constitución.

La validez *plena* de una norma jurídica se despliega, por tanto, en dos momentos distintos y conectados como forma y materia: el momento de la validez formal del acto (decisión) generativo de la norma, y el momento de la validez material de la disposición normativa generada. Producida la validez formal, la norma goza de una presunción de validez, que puede ser rota, bien porque se demuestre que la validez formal no se cumplió, bien porque se demuestre que el elemento material atenta contra el ordenamiento jurídico, o sea, contra las normas superiores. En ambos casos se precisa de la actuación del órgano competente que mediante su *decisión* resuelva sobre la validez.

Una norma será entonces válida cuando, teniendo la apariencia de validez, no se destruya por medio de una decisión posterior del órgano competente; y también será válida cuando, planteado el control de validez de dicha norma, lo supere con éxito.

La validez material de las normas nos lleva directamente a la necesidad de considerar la función de los *valores jurídicos* incorporados en la constitución.

Si bien es cierto que la constitución mínima, o constitución en su sentido puramente formal, no requiere, como ya hemos estudiado, llevar incorporados determinados valores materiales; eso no debe hacer perder de vista que las constituciones existentes sí incorporan un entramado de elementos axiológicos que conforman lo que suele llamarse la *constitución material*.

De hecho, un ordenamiento jurídico no podrá funcionar normalmente, al menos en la situación actual de la civilización, si las normas constitucionales no expresan un conjunto de valores que encarnan los contenidos esenciales de justicia que el ordenamiento está dispuesto a servir. No es infrecuente que dichos valores vengan expresados en un nivel inferior al constitucional, normalmente en las leyes; pero ello no empece en absoluto para considerarlos como de la más alta jerarquía, habida cuenta de su carácter fundamental. La construcción del sistema jurídico, llevada a cabo por los juristas por medio de su tarea doctrinal (tanto científica como jurisprudencial) es, en este aspecto, decisiva para ubicar adecuadamente las ideas de valor fundamentales del ordenamiento.

No me cabe duda de que, por ejemplo, el principio de jerarquía normativa formulado por el artículo 1º del Código Civil, en su párrafo segundo, o la exigencia de la buena fe en el ejercicio de los derechos, recogida en el artículo 7 del mismo cuerpo legal, forman parte de ese acervo valorativo de la más alta jerarquía normativa.

Los valores fundamentales del sistema jurídico los define la doctrina de los juristas, que normalmente los formulará en forma de *principios normativos básicos*. De entre éstos, habrá un núcleo esencial que sean elevados a la categoría de *principios constitucionales*, aunque la constitución no los mencione ni de pasada.

Toda constitución real está compuesta, según lo dicho, por dos elementos, que pueden llamarse «constitución formal» y «constitución material». La primera determina los poderes máximos del sistema y sus respectivas competencias, así como normalmente, los procedimientos para adoptar sus decisiones. La segunda es el conjunto de normas que establecen los principios materiales de justicia a los que han de ser fieles las decisiones de todos los órganos del ordenamiento, y, por tanto, el resto de las normas jurídicas inferiores a la constitución.

La constitución formal está compuesta por un entramado de normas ónticas, potestativas y procedimentales. La constitución material, como conjunto de principios materiales, vendrá formulada bajo la forma de normas deónticas de carácter general.

Con la constitución formal se ligan las cadenas de validez meramente formal de las normas jurídicas del sistema; con la constitución material se conectan las cadenas de la validez material de dichas normas. La constitución se transforma en el fundamento de validez, tanto formal como material, del resto de las normas que componen el sistema jurídico.

¿Cuál será entonces el fundamento último de la constitución? Esta pregunta puede formularse de esta otra manera: ¿por qué se debe obedecer la constitución?

La constitución formal puede admitir la respuesta típica de la tesis de la norma fundamental. Diremos entonces: se debe obedecer la constitución porque se la debe obedecer. A una constitución meramente formal, le corresponde una respuesta también puramente formal, una especie de cáscara vacía. Pero no puede suceder lo mismo con la constitución material. A la pregunta ¿por qué es obligatorio obedecer los valores constitucionales?, o sea, ¿por qué se debe obedecer los principios constitucionales que expresan la idea de justicia intrasistémica?, no se le puede dar una simple respuesta formal. Los valores materiales exigen una razón también material.

La respuesta positivista fracasa rotundamente ante esta pregunta, aunque para ello utilice el truco típico del avestruz: hundir la cabeza en tierra para no ver el problema. Los positivistas pasan de largo en la cuestión de la justificación racional del sistema jurídico. Su abstención es resultado de su impotencia. Hacen de la necesidad de ser coherentes con su estrecho concepto de racionalidad, la virtud del silencio, que a nadie puede satisfacer, puesto que la pregunta continúa en pie.

Por su parte, los iusnaturalistas ven con más acierto el problema de la fundamentación de la validez material, pero se empeñan en ver la justicia como un componente ontológico del derecho, oscureciendo su vinculación con la teoría de la decisión constituyente.

EJERCICIOS

1. ¿De qué depende la validez de una norma jurídica?

2. Define la validez puramente formal de las normas jurídicas.

3. ¿Cuáles son los requisitos necesarios de la validez puramente formal de las normas jurídicas?

4. Relaciona los siguientes conceptos: órgano, autoridad y validez.

5. Conecta el concepto de órgano y la pluralidad orgánica con la existencia de los tres poderes del Estado.

6. ¿Qué quiere decir que el poder legislativo tiene una competencia «general»?

7. ¿Cuáles son las competencias específicas del Tribunal Constitucional? Para contestar esta pregunta tendrás que consultar la Constitución Española y la Ley Orgánica del Tribunal Constitucional.

8. Define el concepto «presunción de validez».

9. Define la validez material de la norma jurídica.

10. ¿Cómo puede deshacerse la presunción de validez de una norma?

11. ¿Cuáles son los dos filtros o controles de validez?

12. Aplica la idea de estos dos controles a la función del Tribunal Constitucional en materia de recurso de inconstitucionalidad.

13. Define el concepto de «validez plena» de la norma jurídica.

14. Relaciona validez material de las normas y valores del sistema jurídico.

15. ¿A qué llamamos constitución material?

16. Define los principios normativos básicos.

17. Pon ejemplos de principios constitucionales del actual ordenamiento jurídico español.

18. Vincula el problema de la validez plena con la constitución en sentido formal y la constitución en sentido material.

19. ¿Por qué la fundamentación de la validez plena exige una teoría de la justicia extrasistémica?

LIII. INVALIDEZ DE LOS ACTOS JURÍDICOS

Una vez analizados los conceptos de juridicidad y validez, aplicables tanto a los actos como a las normas jurídicas, estamos en la mejor disposición para abordar el tema de la invalidez de los mismos, que es asunto de gran importancia tanto en el Derecho público como en el privado. En las disciplinas dogmáticas, la teoría de la invalidez de los actos surge históricamente en el campo iusprivatista, en conexión con la teoría del negocio jurídico (teoría de los vicios del negocio), pasando después al patrimonio del Derecho administrativo (teoría de la invalidez de los actos administrativos). El alcance general del problema de la invalidez ha hecho que el legislador español lo haya introducido en un precepto del Título Preliminar del Código Civil, concretamente el artículo 6 en su párrafo tercero (similar al primer párrafo del art. 4 del antiguo Título Preliminar). El concepto, pues, desborda los límites de una disciplina dogmática particular, y se instala en el campo de la Teoría del Derecho.

Ya hemos subrayado que todo acto que el Derecho tenga en cuenta se transforma, por ello mismo, en un acto jurídico. Sea lícito o ilícito, lo que caracteriza la juridicidad del acto es su relevancia para el Derecho.

Hay actos que son irrelevantes para el Derecho. Por ejemplo, el acto de sonarme los mocos para aliviarme la molestia del constipado es un acto jurídicamente *indiferente*. El Derecho no lo considera relevante, y por ello no lo contempla. Algunos autores prefieren calificar también a esos actos indiferentes como actos lícitos, en el sentido de que no están prohibidos; pero hay que convenir que esta manera de ver las cosas implica una concepción excesivamente amplia de la licitud. Tiene un sentido profundamente distinto el acto de sonarme los mocos y el de aparcar el coche en un lugar permitido, o el acto de matricularme en un curso de doctorado. Estos dos últimos actos no son indiferentes para el Derecho, y por esa razón son actos «eficaces» que producen un resultado jurídico, mientras que el acto de sonarme los mocos me aliviará la nariz, pero no tiene efecto jurídico alguno.

Los autores que sostienen que los actos jurídicamente indiferentes son también actos lícitos, sostienen que *todos* los actos son jurídicamente relevantes. En consecuencia, aquellos actos que no están contemplados expresamente en las normas son siempre lícitos, y estarían «previstos» por una norma permisiva general que actúa como «norma de clausura» de todo el sistema. Por el contrario, quienes sostienen que los actos no contemplados por las normas carecen de significación jurídica y son actos irrelevantes para el Derecho, prefieren hablar de «espacio jurídico vacío», o, sencillamente, de la existencia de actos jurídicamente irrelevantes.

En mi opinión, esta última postura refleja mejor la realidad del Derecho y la de su conexión con los actos, por lo que creo más apropiado admitir la existencia de actos jurídicamente indiferentes. Cuáles sean esos actos es una cuestión que no puede ser contestada en abstracto, sino que habrá que responderse a la luz de cada ordenamiento jurídico particular.

Si al conjunto de todos los actos posibles le restamos el conjunto de los actos indiferentes o irrelevantes para el Derecho, obtenemos el conjunto de los actos jurídicos, bien sean lícitos o ilícitos, permitidos o prohibidos. Tan acto jurídico es celebrar un contrato como asesinar a un semejante, matricularme en la Facultad, como aparcar en sitio prohibido. La licitud o ilicitud del acto no empece a su juridicidad. Acto jurídico es todo acto que tiene relevancia para el Derecho; dicho de otra forma: acto jurídico es todo aquel que existe para el Derecho como tal acto.

Habrá que distinguir entonces entre acto jurídico existente y acto jurídico inexistente. En rigor, esta última expresión constituye una *contradictio in terminis*; pues si el acto es inexistente, entonces no hay tal acto.

El problema es que la inexistencia puede producirse de dos maneras: *a)* de una manera patente, que no da lugar a la duda acerca de la existencia, porque por ejemplo es imposible que el acto se haya producido; y *b)* de una manera confusa y problemática, al haberse producido una cierta apariencia de acto.

Un ejemplo de inexistencia patente o absoluta de un acto sería el del contrato celebrado entre un niño de cuatro meses y un adulto. El niño no tiene ninguna de las capacidades psíquicas ni jurídicas requeridas para celebrar un contrato, éste es sencillamente imposible. Otro ejemplo es el del matrimonio de homosexuales en un Estado donde no se admite esa posibilidad. Al ser el matrimonio en ese país la unión entre hombre y mujer, la unión entre dos personas del mismo sexo será necesariamente otro tipo de unión, pero no un matrimonio.

El segundo tipo de inexistencia del acto tiene lugar cuando el acto tiene *apariencia* de existir, pero un examen de su formación revela que no ha cumplido un requisito esencial. Por ejemplo, el acto de dictar sentencia por una persona que no es juez. Éste ha sido raptado y un impostor que se parece físicamente al juez penetra en la sala y pronuncia la sentencia. Externamente, todo aparenta que se está presenciando la finalización del juicio con el correspondiente fallo. Hay apariencia de sentencia; pero descubierto el engaño, la apariencia se desvanece, y ni siquiera es necesario proceder a anular la «sentencia» dictada.

Los supuestos de apariencia de existencia del acto jurídico pueden ser muy próximos a los supuestos de *nulidad*, especialmente de la llamada nulidad radical o de pleno derecho.

Hay que distinguir dos tipos de nulidad: la nulidad radical, absoluta o de pleno derecho, y la nulidad relativa, a la que también se la suele llamar *anulabilidad.*

Se produce la nulidad radical o de pleno derecho cuando, ostentando el acto una fuerte apariencia de validez, adolece de un vicio esencial.

Como sabemos, todo acto se expresa en un procedimiento, el cual, a su vez se manifiesta lingüísticamente mediante una norma procedimental que establece los requisitos *necesarios* para la validez del acto. Hay que separar con nitidez los requisitos esenciales, o absolutamente necesarios, de los que no lo son. La nulidad se produce cuando dichos requisitos esenciales no son cumplidos.

El acto nulo se transforma en un acto carente de validez y, consiguientemente, ineficaz. La declaración de nulidad se retrotrae en el tiempo al momento de la producción del acto y anula los efectos que hubiese podido producir. Es anulable de oficio (esto es, sin que sea preciso la instancia de parte) y no hay límite para el tiempo de dicha anulación. Por lo mismo, la acción de nulidad no prescribe. El tiempo no «cura» la nulidad, que se manifiesta así como una «enfermedad mortal» del acto. El acto nulo de pleno derecho no es convalidable ni subsanable. Su nulidad afecta a la raíz; por ello, es una nulidad *radical.*

La ineficacia total del acto nulo de pleno derecho es el principio general; sin embargo, la realidad muchas veces impone que se le reconozcan determinados efectos.

Supongamos un matrimonio que es declarado nulo de pleno derecho seis años después de celebrarse, pero que en ese ínterin han tenido tres hijos. Por muy nulo que sea el matrimonio y muy ineficaz que se pretenda que sea, lo cierto es que la existencia de los tres hijos rebaja necesariamente el alcance del principio de la ineficacia. El juez no puede decir que, dado que el matrimonio es nulo, carece de efectos y, por tanto, tampoco existen (para el Derecho) los hijos. Semejante dislate carece de toda justificación. Por eso, el principio de la ineficacia del acto nulo hay que entenderlo en su recto sentido: los actos nulos de pleno derecho carecen de efectos jurídicos, en la medida en que ello sea posible o razonable.

Éste es el sentido que hay que dar a la declaración del artículo 6 del Código Civil (párrafo tercero), que sugiere que la nulidad radical o de pleno derecho produce la ineficacia total del acto, y añade expresamente a continuación:

> «(...) salvo que en ellas [las normas] se establezca un efecto distinto [al de la nulidad de pleno derecho y, por tanto, la ineficacia total] para el caso de su contravención».

La antigua formulación del precepto decía así (art. 4):

> «Son nulos los actos ejecutados contra los dispuesto en la ley, salvo los casos en que la misma Ley ordene su validez».

Esta fórmula contrapone simplemente nulidad y validez. El acto contra ley es, por lo general, nulo; a no ser que la ley diga otra cosa, en cuyo caso será válido. O lo uno o lo otro.

La regulación actual es más matizada y, creo, más correcta; pues, admitiendo la posibilidad de efectos del acto nulo, no acepta que el acto nulo pueda transformarse en acto válido. Siendo nulo el acto y, por principio, careciendo de efectos, se admite que tenga aquellos que la ley, en aras de la justicia, establezca.

¿Cuándo un acto es nulo de pleno derecho?

Un acto es nulo de pleno derecho cuando no cumple alguno de los requisitos esenciales del acto, de carácter formal, o cuando, cumpliéndolos, atenta contra normas imperativas o prohibitivas del ordenamiento jurídico.

Basta con que no se cumpla un requisito esencial. Así, por ejemplo, un contrato de compraventa en el que no se mencione un objeto cierto que sea materia del contrato, ni tampoco se den ciertas directrices para determinarlo, será una compraventa nula; pues siempre que se vende y se compra, se vende y se compra «algo», y al no acordarse ese «algo» de manera concreta, no puede decirse que se haya celebrado un contrato de compraventa. Si se han perfilado los demás elementos del contrato, podrá decirse que hay una «apariencia» de contrato, pero sumamente débil, ya que al no especificarse el objeto, difícilmente se podrá hablar de la existencia de verdadero consentimiento, ni tampoco de la de causa de la obligación (véase el art. 1261 del Código Civil). En este caso no se han cumplido los requisitos procedimentales, que exigen que la acción en que consiste la celebración de un contrato manifieste el consentimiento de los contratantes, sobre un objeto cierto que sea materia del contrato y con una causa de la obligación que se establezca.

Además, el contrato también puede ser nulo cuando no se cumple con la forma externa exigida. Tal sucede en el caso de los llamados actos *solemnes.* Exigen éstos una forma especial.

El Derecho romano ofrece numerosos ejemplos de actos solemnes. Uno de los más destacados es la *mancipatio*, modo derivativo de adquirir la propiedad, que exige la presencia de un número de personas, que sean ciudadanos romanos y púberes, además del *libripens*, que sostiene una balanza, y ante todos los cuales, con presencia también de la cosa si es mueble, o de un objeto que la simbolice, si es inmueble, el *accipiens* ha de pronunciar una concreta fórmula estereotipada.

El Derecho moderno es menos formalista que el antiguo; pero aún así, para determinados negocios jurídicos sigue exigiéndose la forma solemne. Por ejemplo, la constitución de la sociedad anónima exige escritura pública; si los socios se reúnen y acuerdan la constitución de la sociedad, pero no proceden a formalizarla en la escritura pública ante notario, no puede decirse que la sociedad anónima proyectada haya nacido a los ojos del Derecho (véase el art. 7 de la Ley de Sociedades Anónimas, de 22 de diciembre de 1989).

Para poder determinar hasta qué punto es la forma solemne requisito esencial de un negocio, es preciso considerar la jurisprudencia, pues en ocasiones ésta suaviza la exigencia legal. Como ya sabemos, la norma jurídica no coincide necesariamente con la disposición legal, sino que es un «constructo hermenéutico» que se inserta en el sistema por la labor de la doctrina de los autores y, especialmente, de la doctrina jurisprudencial.

Por último, la nulidad de pleno derecho se produce también cuando el acto atenta al ordenamiento jurídico, lo que podemos traducirlo en el sentido de que infrinja las normas jurídicas deónticas, sean de signo positivo (normas imperativas), sean de signo negativo (prohibiciones). Si un acto jurídico cumple los requisitos formales exigidos, pero supone la infracción de una norma de deber, ese acto no puede producir los efectos normales que hubiera producido en el caso de que no la hubiera infringido. Así, la sentencia formalmente válida, pero prevaricadora, es, *como sentencia*, nula, lo que quiere decir que no produce el efecto normal de toda sentencia. Ahora bien, también es un delito, y, en ese sentido, no es un acto «nulo», sino un acto jurídico delictivo, al que el ordenamiento adscribe determinadas consecuencias.

Este es el significado, en mi opinión, que hay que dar a la formulación del Código Civil en su artículo 6, párrafo tercero, cuando dice:

> «Los actos contrarios a las normas imperativas y a las prohibitivas son nulos de pleno derecho».

Se refiere el precepto a los actos contrarios a las normas deónticas, esto es, aquellas que establecen deberes. *El efecto general de toda infracción jurídica es la invalidez del acto, o su nulidad de pleno derecho.* Bien entendido que el acto infractor no deja por eso de existir jurídicamente y que, por tanto, puede tener otros efectos distintos a los normales, o sea, los que hubiera tenido en caso de no haber infracción.

Por ejemplo, un contrato por el cual una persona se obliga a entregar una cantidad de dinero a cambio de que otra mate a un tercero, es nulo de pleno derecho por atentar contra el ordenamiento jurídico. Como contrato es inválido. Pero como acto tiene un significado jurídico muy preciso, contemplado en las normas del Derecho penal. El acto es nulo y carece de los efectos normales del contrato. Pero no es jurídicamente inexistente o irrelevante, al constituir un acto delictivo sancionado en el Código Penal.

Me parece bastante claro que la cláusula general del Código Civil está contemplando, sobre todo, los actos jurídicos propios del Derecho civil y secundariamente los actos administrativos; pero no así el aspecto «sancionable» de los mismos en normas de carácter sancionatorio o penal.

En suma, pues, la nulidad de pleno derecho es, o bien el resultado de no haber cumplido los requisitos esenciales del acto, en cuyo caso se aproxima a la mera inexistencia del acto; o bien, una sanción por atentar el acto realizado contra normas deónticas, sean imperativas o prohibitivas. En el primer caso, no es una sanción; en el segundo, sí. Por ejemplo, si presento una solicitud fuera de plazo, tal solicitud será nula, aunque no se puede decir que haya infringido ningún deber. En cambio, si Cayo mata a su padre, del que es el único heredero por testamento, se entiende que el acto delictivo produce también la nulidad del testamento.

El último nivel de invalidez corresponde a lo que suele denominarse *anulabilidad* o nulidad relativa. Se produce cuando la norma permite la subsanación posterior del acto anulable. Este no puede ser anulado de oficio, sino a instancias del afectado. Es convalidable por un acto posterior. La acción de anulación está sometida a un plazo determinado, transcurrido el cual el acto deja de ser anulable y se consolida como acto válido.

El Código Civil regula la anulabilidad de los contratos en los artículos 1300 y siguientes, que conforman el capítulo VI del título II del libro IV (rotulado, sin embargo, «de la nulidad de los contratos», lo que es buena muestra de la indecisión terminológica). En esencia, son anulables los contratos en los que haya algún vicio referente a la capacidad de los contratantes o al consentimiento prestado (por error, violencia, intimidación o dolo). La acción de nulidad prescribe a los cuatro años. El contrato puede ser convalidado, siempre y cuando se sane el vicio que lo hace anulable.

NOTAS Y COMENTARIOS

- Inolvidables son las palabras de aprecio de las formas en el Derecho formuladas por Rudolf Von Ihering en su impresionante obra *El Espíritu del Derecho Romano* (1852-1865): «De todos los caracteres del Derecho antiguo, ninguno llama más vivamente la atención (...) que el formalismo que le es propio. (...) las formas romanas han sobrevivido a la libertad romana. Entre estas dos ideas fundamentales, la forma y la libertad, existe una relación característica. A pesar de su contradicción aparente –pues la una garantiza la libertad más ilimitada de la voluntad *material*, mientras que la otra restringe estrictamente dicha libertad desde el punto de vista *formal*–, desvelan, sin embargo, por el paralelismo de sus respectivas líneas de evolución, su dependencia mutua, así como una relación recíproca y secreta que las encadena estrechamente. El período de floración de la libertad coincide con el reino del rigor más tiránico en la forma. Con el declinar gradual de la primera, sucede la relajación en la severidad de la segunda, y cuando la libertad fue destrozada por entero y, bajo la opresión incesante del régimen de los Césares, perdió el último aliento de su antiguo vigor, las formas y las fórmulas del Derecho antiguo siguieron el mismo camino y desaparecieron. (...) Enemiga jurada de la arbitrariedad, la forma es la hermana gemela de la libertad» (cit. por la versión francesa de MEULENAERE, ed. anastática de la edición de París de 1886-88, Bolonia, 1969, pgs. 162 y ss.).

EJERCICIOS

1. ¿En qué marco de la ciencia del Derecho surge la teoría de la invalidez de los actos jurídicos?

2. Resume la doctrina de la invalidez del negocio jurídico en el Derecho romano. Para ello, sírvete de cualquier manual de esta disciplina (especialmente recomendables son los de ARIAS RAMOS, GARCÍA GARRIDO, FUENTESECA, TORRENT, JÖRS-KUNKEL, BONFANTE).

3. ¿Por qué el concepto de invalidez de los actos jurídicos sobrepasa los límites de las disciplinas particulares? Justifica que su tratamiento pertenece a la Teoría del Derecho.

4. Define el concepto de acto jurídicamente irrelevante.

5. Relaciona licitud de los actos e irrelevancia jurídica de los mismos.

6. Pon ejemplos de actos jurídicos indiferentes, y discute en cada caso si pueden ser calificados de lícitos.

7. Explica la tesis de la llamada «norma de clausura».

8. Haz lo mismo con la teoría del «espacio jurídico vacío».

9. ¿Cuál de las dos posiciones anteriores te convence más? Razona la respuesta.

10. ¿Cuál es la posición defendida en este libro?

11. Define las dos clases de «inexistencia» del acto.

12. Pon ejemplos de inexistencia absoluta del acto jurídico.

13. Pon ejemplos también de inexistencia «relativa» del acto.

14. Define el concepto de «apariencia de existencia» del acto jurídico.

15. Define la nulidad de pleno derecho.

16. ¿Tiene efectos la nulidad de pleno derecho?

17. ¿Cuál es la solución, en este aspecto, del Código Civil español? Compara las dos formulaciones del antiguo artículo 4 y del actual artículo 6.

18. Comenta por qué es nulo de pleno derecho un contrato de compraventa que no mencione directa ni indirectamente el objeto que se compra y se vende.

19. Define el concepto de negocio jurídico solemne, y di cuándo y por qué se produce su nulidad radical.

20. Busca en el Derecho romano ejemplos de actos jurídicos solemnes y analiza los efectos de no cumplir la forma.

21. Pon ejemplos, del Derecho español actual, de actos jurídicos solemnes.

22. Define la nulidad de pleno derecho motivada por infracción de una norma legal de carácter imperativo o prohibitivo.

23. Comenta el artículo 6, párrafo 3, del Código Civil.

24. Define el concepto de anulabilidad.

25. ¿Cuáles son los efectos de la anulabilidad, y en qué se distinguen de la nulidad radical?

26. Lee los artículos 1300 y siguientes del Código Civil, y coméntalos.

27. Haz un cuadro general de la teoría de la invalidez de los actos jurídicos que resuma todo el capítulo.

LIV. INVALIDEZ DE LAS NORMAS JURÍDICAS

Nos enfrentamos ahora a un tema paralelo al de la invalidez de los actos jurídicos, pero hay que decir, de entrada, que se trata de un paralelismo relativo, y distinta es también la terminología empleada.

Atendiendo a los dos momentos de la validez, ya estudiados, que son el de la validez meramente formal y el de la validez material, puede abordarse el problema de la invalidez de las normas jurídicas en referencia a ellos.

La primera causa de la invalidez de una norma es la invalidez del acto de decisión que le dio origen. Toda norma jurídica es el resultado de un «acto de habla» de un órgano o de una institución, que ha de actuar dentro de su competencia y de acuerdo con un procedimiento establecido. Si no se cumplen los requisitos esenciales requeridos para la formación válida del acto de habla o acto de decisión, el resultado de éste, que es la norma, carecerá de validez. La norma jurídica será inválida cuando el acto decisional que le da origen es un acto viciado, y el ordenamiento considera el vicio como suficientemente grave para motivar la invalidez.

Puede calificarse de «inexistente» una norma cuando ha sido dictada sin cubrir los requisitos mínimos de carácter formal y procedimental, de manera que ni siquiera se dé pie para que pueda percibirse una cierta apariencia de existencia de la norma. Tal es el caso si un grupo de amigos o conocidos se reúnen en un local y deciden promulgar una ley, o dictar una sentencia. Ni son legisladores ni son jueces; lo que acuerden no tiene ningún valor jurídico, al menos desde la perspectiva del ordenamiento vigente, que es el prisma desde el cual se puede decidir acerca de la validez o invalidez de las normas. Las normas jurídicas las emiten las autoridades, y nadie que no sea autoridad establecida por el Derecho tiene poder para ejercer esa función. Del mismo modo se puede argumentar respecto de la competencia y del procedimiento. Si se omiten absolutamente, sin que haya posibilidad de que se produzca la apariencia de existencia de la norma, no será preciso ningún procedimiento de anulación. Así, si un juez competente en materia civil dicta una sentencia en materia penal; o si pretende emitir su fallo en una cafetería, o saltándose a la torera todos los requisitos del procedimiento.

Como se comprenderá fácilmente, este tipo de casos no abundan en la vida real. Además, no plantean auténtico problema, pues se impone la evidencia de la invalidez, sin necesidad de delicadas justificaciones.

Más frecuente es que se produzca una apariencia de existencia de norma, pero que los requisitos formales no hayan sido cumplidos estrictamente. La señalización de las competencias no siempre viene claramente delimitada en el ordenamiento, y lo mismo suele suceder con los requisitos del procedimiento. Las disposiciones de carácter general no suelen ser suficientes para aclarar todas las dudas, por lo que es preciso esperar a la reconstrucción hermenéutica de los tribunales superiores, ayudados en esta tarea por la doctrina de los autores. La transgresión, considerada grave, de los requisitos formales (órgano, competencia y procedimiento) genera, al igual que en la generalidad de los actos, la invalidez formal del acto decisional y, consiguientemente, del resultado de dicho acto, que es la pretendida norma jurídica.

El Derecho articula diversos mecanismos de control de la validez formal de las normas jurídicas, que van desde el recurso de inconstitucionalidad, o la cuestión de inconstitucionalidad promovida por los jueces, hasta el recurso de casación por «quebrantamiento de forma». En el primer caso, se cuestiona la constitucionalidad de una ley y, por tanto, su validez; si la ley cuestionada es declarada inconstitucional, ello conlleva la invalidez de la misma. En el segundo, se plantea la legalidad de una sentencia judicial ante el Tribunal Supremo, que, en el supuesto que la estime infractora de la ley por quebrantamiento de forma, declarará su invalidez. Esto es, su exclusión del sistema jurídico.

Las personas inexpertas en Derecho pueden tener la impresión de que estas cuestiones «meramente formales» no son las importantes en los litigios y que lo realmente relevante es el fondo de los problemas. Pero la realidad de la vida jurídica cotidiana enseña la enorme trascendencia de los presupuestos competenciales y procedimentales.

Junto a la invalidez motivada por infracción de los aspectos formales de la decisión normativa, tenemos la invalidez fundamentada en razones de índole material. La invalidez material supone que una norma contradice otra en el contenido, siendo imposible aplicar las dos simultáneamente, pues si se aplica una, se infringe la otra. La apreciación de la incompatibilidad material entre dos normas y la determinación de la norma aplicable da lugar, como es natural, a difíciles problemas interpretativos, que alcanzan su solución a golpe de sentencia de los altos tribunales.

Los ordenamientos jurídicos articulan distintos mecanismos para verificar el control de la validez material de las normas, algunos de los cuales ya los he citado. Dichos mecanismos son múltiples, y varían en sus modalidades en cada ordenamiento. Como conviene el contacto con el Derecho que nos es familiar, mencionaré a continuación algunos de estos controles.

En primer lugar, destaca el control denominado *declaración de inconstitucionalidad*, mediante la cual

> «el Tribunal Constitucional garantiza la primacía de la Constitución y enjuicia la conformidad o disconformidad con ella de las Leyes, disposiciones y actos impugnados» (art. 27.1 de la Ley Orgánica del Tribunal Constitucional, de 3 de octubre de 1979).

Dichos actos son básicamente, además de las leyes orgánicas (entre ellas los Estatutos de Autonomía de las Comunidades Autónomas), las demás leyes y actos y disposiciones con fuerza de ley (como los decretos-leyes), tanto estatales como autonómicos, y los tratados internacionales (véase el art. 27.2).

La declaración de inconstitucionalidad se puede promover de dos maneras: mediante el recurso de inconstitucionalidad, que corresponde a determinados órganos; y mediante la llamada cuestión de inconstitucionalidad, que compete a los jueces y tribunales. Este último supuesto se produce cuando el juez o tribunal considere que una norma con rango de ley, que ha de aplicar al caso que se le ha planteado, pueda ser contraria a la Constitución.

La sentencia del Tribunal Constitucional se pronunciará sobre la constitucionalidad o inconstitucionalidad de la ley impugnada, y en caso de declarar esta última, declarará asimismo la *nulidad* de los preceptos impugnados, o, en su caso, de la ley entera (art. 39 de la Ley mencionada).

Otro mecanismo constitucional para controlar la constitucionalidad de las leyes es el *recurso de amparo*, que también se plantea ante el Tribunal Constitucional, y cuya finalidad es proteger los derechos fundamentales de las personas. En el caso en que sea la ley la que dé origen a la vulneración de dichos derechos, el Tribunal podrá proceder a la declaración de inconstitucionalidad de la misma (art. 55.2). Pero mediante el recurso de amparo también es posible conseguir la nulidad de las decisiones, actos o resoluciones que hayan impedido el pleno ejercicio de los derechos o libertades protegidos por la Constitución como fundamentales [art. 51.1.a)].

Contra los *reglamentos ilegales* el ordenamiento español prevé la inaplicabilidad de los mismos, pudiendo ser declarada la nulidad de pleno derecho de los mismos. Esto quiere decir, obviamente, que las normas dictadas por las Administraciones públicas han de estar en consonancia con la Constitución y las leyes, y cuando ello no sucede, el ordenamiento se muestra muy exigente en su invalidación.

Vemos, por consiguiente, que las leyes han de acompasarse con la Constitución, y las normas de la Administración tanto con ésta como con aquéllas. Consecuencias ambas del principio de jerarquía de las normas jurídicas, en virtud del cual la norma de rango jerárquico superior prevalece sobre la de rango inferior. Tal es el principio que establece el artículo 1º, párrafo segundo, del Código Civil:

> «Carecerán de validez las disposiciones que contradigan otra de rango superior».

Principio que en expresión clásica se ha formulado así: *lex superior derogat inferiori*, entendiendo aquí por «ley» toda norma de Derecho. La norma superior deroga y deja sin efectos a la norma inferior. Se produce entonces la invalidez de la norma inferior por incompatibilidad con la superior, al atentar aquélla al principio de jerarquía.

Problema especial plantea la llamada costumbre *contra legem*, esto es, la norma de origen consuetudinario que contrasta con la ley. Si se aplica el principio de jerarquía, la cuestión tiene fácil solución: la ley prevalece siempre sobre la costumbre, y eso es lo que dice el Código Civil:

> «La costumbre sólo regirá en defecto de ley aplicable (...)».

Es el mandato del legislador que quiere imponer su voluntad por encima de los usos tradicionales y las maneras habituales de comportarse en la vida social. Puede suceder, sin embargo, que en la práctica de los tribunales la costumbre mantenga su poderío y se oponga con eficacia al mandato del legislador. Es este un fenómeno en cierto modo patológico, pues indica o bien que el legislador no tiene suficiente potencia en su mandato, o bien que la ley no es del todo razonable, o bien, por último, que la sociedad está anclada en prácticas irracionales a las que se aferra. Cuando la costumbre vence de hecho al mandato de la ley se produce el fenómeno de la *desuetudo*, o «desuso», que desgasta el poder de la ley y acaba convirtiéndola en norma inválida. Todo este proceso sólo es posible con la aquiescencia de los jueces, pues son estos últimos quienes, en definitiva, determinan cuál es el Derecho válido.

El principio de jerarquía soluciona los conflictos de normas de distinto nivel. La superior es válida, y la inferior, inválida. Cuando las normas en conflicto pertenecen al mismo rango jerárquico, es evidente que no puede aplicarse dicho principio. Entonces el ordenamiento recurre a otros dos principios: el principio de posterioridad en el tiempo, y el principio de especialidad.

En virtud del principio de posterioridad temporal, la norma posterior deroga la anterior (del mismo nivel jerárquico o de un nivel inferior). *Lex posterior derogat priori.* Así se establece en el artículo 2, párrafo segundo, del Código Civil:

> «Las leyes sólo se derogan por otras posteriores».

Esa derogación puede ser expresa o implícita, total o parcial; pero su efecto es siempre el mismo: produce la invalidez de las normas derogadas. La invalidez se produce en este caso como consecuencia de que una norma posterior sustituye a la anterior.

El principio de especialidad impone que la norma especial prevalece sobre la general, siempre y cuando se respeten los dos anteriores. La razón de la prevalencia de la norma especial sobre la general radica en la especialidad de la materia regulada, que exige un tratamiento algo diferente al general. Por ejemplo, la Ley de arrendamientos urbanos supone una «especialidad» con respecto a la regulación general de los arrendamientos en el Código Civil. Igual sucede con la Ley de las sociedades limitadas respecto a la regulación general de las sociedades en el Código de Comercio. En principio, no tienen por qué producirse incompatibilidades entre los preceptos de la ley especial y los de la general; pero si se produjeran, siendo del mismo nivel jerárquico (como sucede en los dos ejemplos mencionados), la norma especial invalidaría la norma general para los supuestos contemplados por la primera. En este caso, más que de invalidez de la norma general, lo que se produce es un recorte en su aplicabilidad, pero también puede decirse que se modifica su ámbito material de validez y, en ese sentido, se produciría la invalidez de la norma general tal como era entendida antes de la promulgación de la norma especial.

El Código Civil prescribe la aplicación de este principio de especialidad en el artículo 4, párrafo tercero:

> «Las disposiciones de este Código se aplicarán como supletorias en las materias regidas por otras leyes».

Esas otras leyes son leyes especiales en relación con el Código que representa la regulación general o común. La aplicación supletoria del Derecho común implica que prevalece la ley especial en la materia para la que ha sido promulgada.

Para concluir este epígrafe hay que destacar que también las normas individuales o concretas son susceptibles de control de validez. En el epígrafe anterior nos hemos referido a las normas negociales, producto de la autonomía privada. Ahora diré algo sobre un tipo de normas individuales muy importantes: las sentencias de los jueces.

El poder judicial está organizado jerárquicamente. Eso permite que los tribunales jerárquicamente superiores actúen como instancias de control de las sentencias de los inferiores. El monopolio del control de validez de las sentencias judiciales lo tiene el Tribunal Supremo, que puede «casar», esto es, declarar la invalidez de las mismas, bien sea por razones formales («quebrantamiento de forma»), bien por razones materiales («infracción de ley o de doctrina legal»).

En suma, puede decirse que una norma jurídica será válida siempre que tenga apariencia de tal y que no se destruya dicha apariencia de validez mediante un acto del órgano competente que declare su invalidez. Salvo en los casos de inexistencia, la invalidez de una norma requiere un acto declarativo de la misma.

EJERCICIOS

1. Define el concepto «invalidez de una norma jurídica».

2. Relaciona invalidez de una norma jurídica e invalidez del acto decisional que le dio origen.

3. Caracteriza la noción de «inexistencia» de la norma jurídica.

4. ¿En qué consiste la apariencia de existencia de una norma?

5. ¿Cuáles son los elementos que hay que examinar si se pretende declarar la invalidez formal de una norma jurídica?

6. Si una norma es declarada inválida por el órgano competente, ¿cuál es el efecto de esa declaración?

7. Distingue invalidez formal e invalidez material de una norma jurídica.

8. Analiza el mecanismo del recurso de inconstitucionalidad.

9. Haz lo mismo con la llamada cuestión de inconstitucionalidad.

10. ¿Qué institución tiene competencia, en el Derecho español, para declarar la inconstitucionalidad de una ley? ¿Y en el Derecho de los Estados Unidos de América?

11. ¿Cuál es el efecto de la declaración de inconstitucionalidad?

12. ¿Quiénes están capacitados para plantear la cuestión de inconstitucionalidad?

13. Explica cómo, a través del recurso de amparo, se puede declarar la invalidez de normas jurídicas.

14. ¿Qué es un reglamento ilegal?

15. ¿Cómo se controla, en el ordenamiento jurídico español, la invalidez de los reglamentos ilegales? Para contestar esta pregunta, consulta algún tratado de Derecho administrativo, como por ejemplo el de García de Enterría/Fernández, Garrido Falla, o Parada.

16. Relaciona invalidez de las normas jurídicas y principio de jerarquía de las mismas.

17. Explica en qué consiste el fenómeno de la *desuetudo.*

18. Explica el significado del principio *lex posterior derogat priori,* y relaciónalo con la invalidez de las normas.

19. Haz lo mismo con el principio de especialidad.

20. Relaciona el principio de especialidad con el carácter supletorio del Código Civil respecto de las leyes.

21. ¿En qué consiste el recurso de casación, y qué tiene que ver con la invalidez de las sentencias judiciales?

22. En síntesis, ¿cuándo una norma es válida?, ¿y cuándo es inválida?

CAPÍTULO 11

COACTIVIDAD

LV. COACTIVIDAD

El Derecho es un orden coactivo de la conducta humana. Es ésta una afirmación de la que apenas puede dudarse, a pesar de que, como se verá después, hay teorías que niegan la coactividad como rasgo esencial del fenómeno jurídico.

En este capítulo trataremos, en primer lugar, del significado del término «coactividad», y a continuación conectaremos este concepto con los que hemos venido estudiando hasta ahora, especialmente las normas y los actos jurídicos. Distinguiremos después las diversas modalidades en que la coactividad aparece en el Derecho, resaltando sus distintas funciones en el marco del sistema jurídico. Por último, diremos algo acerca de las teorías negadoras y afirmativas, con la intención de situar este rasgo característico del Derecho en sus justos términos.

Ya sabemos que una de las funciones inmanentes del Derecho es dirigir la conducta humana y, con ello, lograr la paz social. Para alcanzar este objetivo, las normas jurídicas no se limitan a establecer un conjunto de deberes, sino que acompañan la expresión de sus exigencias con el respaldo de la posibilidad de emplear la fuerza, incluso física si fuera necesario. Que el Derecho es coactivo significa, simplemente, que sus normas prevén el uso de la coacción para lograr el mantenimiento de la paz social y, en caso de haberse visto ésta alterada, para restaurarla.

Algunos autores prefieren hablar de «coercibilidad», en lugar de «coactividad», y así dan a entender que la coacción o fuerza no se aplica en un primer momento, sino que se permite la espontaneidad de las conductas de los destinatarios de las normas, y tan sólo en el supuesto de que no se respete el orden establecido es cuando entra en funcionamiento el aparato coactivo previsto. A tenor de esta idea, las normas jurídicas no serían «coactivas», sino «coercibles», de tal modo que dichas normas expresarían, primeramente, sus exigencias de conducta sin más, y sólo para el caso de contravención de dichas exigencias sería cuando aparece el elemento coactivo.

En mi opinión, es indiferente emplear un término u otro, ya que el matiz introducido por la palabra «coercible» se incluye en el término «coactivo», si se piensa que la coacción está prevista únicamente para el supuesto de que la espontaneidad de las conductas no se adecue a lo exigido por las normas que imponen deberes. Decir que el Derecho es «coactivo» no significa obviamente que en todo momento esté presente la coacción *in actu*, sino simplemente que está prevista *in potentia*.

La imposición coactiva de los deberes jurídicos constituye, en efecto, el último medio para lograr el respeto del ordenamiento jurídico y, por tanto, de la paz social. Está programada para cuando no sea suficiente la motivación de cumplir las normas de manera espontánea. Los seres humanos cumplimos de ordinario las normas del Derecho por motivaciones muy dispares, que van desde el sentimiento del deber, hasta la simple comodidad, pasando por las razones de conveniencia y buena imagen que todos deseamos. Pero cuando esos motivos psíquicos, que nos empujan a acatar las normas, no son suficientes, entonces aparece el peligro de la transgresión, o la transgresión misma. Para eliminar ese peligro y para castigar la transgresión, se prevé el uso de la fuerza. El mensaje que se lanza al destinatario de las normas es claro. Se le viene a decir: «si usted no cumple de buen grado, por su propia voluntad, las exigencias que le impone el orden jurídico, aténgase a las consecuencias». Esas «consecuencias» son, o bien que el renuente a cumplir su deber será forzado a ello (es el caso del llamado *cumplimiento forzoso*), o bien, una vez consumada la infracción, el infractor tendrá que soportar un castigo.

En ambos casos (cumplimiento forzoso, castigo), la finalidad perseguida es hacer respetar el orden establecido, la paz social. La posibilidad de imponer el orden jurídico por la fuerza actúa en la conciencia psíquica de los hombres como una motivación más para cumplir las normas, de modo que no les compense su transgresión. En el complejo juego de fuerzas que tienen efecto sobre la psique humana, el temor a la sanción puede ser decisivo y contrarrestar los impulsos negativos que dificultan la convivencia, como el odio, la envidia, el afán de dominio o la ambición. Imaginémonos lo que sería nuestra sociedad si no hubiera policía, cárceles ni castigos. Hasta el más honrado de los ciudadanos podría caer en la tentación de eludir la ley, si no fuera por el temor que le inspira verse entre rejas.

Pero estas consideraciones son de carácter psico-social, y pertenecen, por tanto, más a la Sociología del Derecho que a la Teoría jurídica. Desde el punto de vista de esta última, la característica de la coactividad se concreta en que las normas jurídicas prevén el uso de la fuerza. Para ser más exactos, hay que decir que la afirmación de que el Derecho es coactivo implica que *algunas* de las normas deónticas (o sea, las que establecen deberes) imponen a determinados órganos y en determinadas circunstancias el deber de actuación por medio de *actos coactivos*.

Acto coactivo es aquel en que el agente del acto amenaza a otra persona con el uso de la fuerza física o la usa realmente. Tanto la mera amenaza como el uso de la fuerza, por parte de los particulares, están prohibidos por el Derecho, a excepción de determinadas situaciones, como la legítima defensa (que es el rechazo de una coacción ilícita empleando medios coactivos suficientes y no desproporcionados).

Además, el Derecho habilita a determinados órganos para que, dentro de las competencias que les adscribe, puedan usar de la coacción en determinadas circunstancias. En tales casos, dichos órganos están *autorizados* para emplear la fuerza. Y no sólo están autorizados, sino que, además, tienen el deber de utilizarla cuando efectivamente se den las circunstancias requeridas.

Autorización más deber, es lo característico de las potestades, concepto que estudiaremos más adelante.

Cuando un agente de policía detiene a un delincuente a punta de pistola, está ejerciendo sobre él una coacción para la que le autoriza el ordenamiento. Tiene, además, el deber de hacerlo, pues tal es su cometido, dentro de su función general de hacer respetar el orden y reprimir el delito. Si no lo hiciera así, estaría incumpliendo un deber jurídico y, por tanto, podría ser sancionado por ello.

El Derecho contempla la fuerza bien para prohibirla, bien para permitirla o autorizarla.

La prohíbe, como principio general, a los particulares. A éstos les está vedado todo acto de agresión física, así como tomarse la justicia por su mano e imponer sus criterios por medio de la violencia. En el marco del Estado, los particulares carecen de derecho para imponerse por la fuerza. Sólo se les permite el uso de la violencia como respuesta a una agresión ilícita. La fuerza, en el Estado, es monopolizada por éste como un instrumento necesario para imponer la paz social.

La misma idea es característica de otros ordenamientos jurídicos distintos al estatal. En el Derecho internacional, los Estados –que actúan como «individuos internacionales»– no están autorizados para agredir (prohibición de la guerra o del ataque ofensivo), aunque sí se permite el rechazo violento como respuesta a una agresión (guerra o ataque defensivo). Sin embargo, a diferencia de lo que sucede en el Derecho estatal, en el Derecho internacional no se dispone de un aparato sancionatorio organizado que goce de la perfección y estabilidad suficiente como para imponerse a los Estados infractores. De ahí que los internacionalistas acostumbren a decir que el orden jurídico internacional delega en los Estados particulares la ejecución de actos sancionatorios y, en general, de actos de fuerza contra otros Estados, a los que previamente se les ha declarado infractores de las normas internacionales. El orden jurídico internacional actuaría, de ese modo, de manera parecida a como proceden los llamados ordenamientos jurídicos primitivos, caracterizados porque en ellos apenas existe una organización centralizada capaz de imponer el acatamiento de las normas. Al no existir esa organización, se ven en la necesidad de «delegar» en las familias o grupos que componen la comunidad para que éstos restablezcan el orden jurídico por medio de actos de fuerza. Es usual que ante un delito cometido por un miembro de un clan, los familiares de la víctima estén autorizados por el orden jurídico para ejercer la sanción sobre el agresor e incluso sobre un familiar de éste. Tal es el mecanismo de la venganza, la cual, en el Derecho primitivo, constituye una sanción jurídica, ya que está prevista por el ordenamiento. En el Derecho internacional más genuino el mecanismo sancionatorio se manifiesta de manera similar. Frente a una agresión de un Estado, el ordenamiento internacional permite al Estado agredido la respuesta violenta sobre el agresor; y establece, al igual que lo hace en las relaciones entre particulares, la necesidad de que la respuesta sea equivalente. En el Derecho internacional, dicha respuesta va desde la queja diplomática, pasando por la ruptura de relaciones y el bloqueo económico, hasta la agresión bajo forma de represalias o, en el caso más grave de declaración de guerra.

Lo característico del Derecho estatal es que tiene previsto un aparato burocrático al servicio de la imposición coactiva del Derecho. El ejercicio de la fuerza no se deja al libre albur de los particulares, sino que está exclusivamente (salvo en los casos excepcionales a los que me he referido) en manos de los órganos especializados en esa función. El ejercicio de la coactividad está previsto por normas jurídicas que establecen los órganos autorizados, sus competencias respectivas, los procedimientos que han de emplear, así como también el deber de los titulares de los órganos mencionados de ejercer la fuerza en determinadas circunstancias.

Desde el punto de vista de la Teoría del Derecho, los actos coactivos del Estado son actos jurídicos autorizados, siempre y cuando se cumplan las condiciones requeridas; a saber: que el acto coactivo sea ejercido por el órgano competente, dentro de su competencia y de acuerdo con el procedimiento establecido para ejercerlo. Todos estos elementos vienen especificados en el actual Estado por normas jurídicas de los tipos que hemos estudiado ya y que no es necesario repetir ahora (me remito a los epígrafes XXVII y ss.).

La coactividad del Derecho consiste, por consiguiente, en el hecho de que el ordenamiento jurídico prevé, mediante sus normas, mecanismos orgánicos y procedimientos programados para el ejercicio de la fuerza.

Eso no significa, sin embargo, que todas y cada una de las normas jurídicas sean normas coactivas, esto es, normas que prevén el ejercicio de la fuerza. *La coactividad no es una característica de cada norma jurídica individual, sino tan sólo del ordenamiento jurídico considerado en su conjunto.*

Pensar que la norma jurídica es, por definición, coactiva constituye un craso error, típico de las concepciones que defienden la homogeneidad de las normas jurídicas. El argumento de fondo que subyace a la tesis de que la norma jurídica se caracteriza, a diferencia de la norma moral, por que la primera es coactiva, atribuye a la norma individual lo que no es sino característica del todo, esto es, del ordenamiento jurídico en su conjunto.

Un error semejante cometería quien defendiese que todas las reglas del fútbol son coactivas, en atención a que el árbitro está autorizado para mostrar la tarjeta roja a un jugador, provocando su expulsión del terreno de juego. Nadie duda de que el árbitro puede actuar así cuando estima que un jugador ha cometido una falta. Pero tampoco diría nadie que, por esta circunstancia, las reglas del juego son todas coactivas.

No hace falta que hagamos ahora un detenido repaso de los tipos de normas jurídicas para comprobar su ausencia de coactividad en muchos de ellos. Bastará con poner un par de ejemplos. La norma que establece la mayoría de edad excluye toda coacción. Imagine el lector lo que sería una norma que dijera: «la mayoría de edad se adquiere al cumplir los 18 años, y en caso de infracción se impondrá una multa de 60 euros». Algo parecido sucederá con la norma procedimental que señala los requisitos para matricularse en un curso de la Facultad. Como nadie está obligado (jurídicamente) a hacerlo, carecería de sentido una norma que dijera: «si quieres matricularte en la Facultad tienes que presentar estos y aquellos documentos, y si no lo haces, se te aplicará la sanción de arresto de diez a quince fines de semana». Obviamente, si soy libre para matricularme o no, carece de sentido una formulación semejante.

Que el Derecho es coactivo no significa otra cosa sino que en todo ordenamiento jurídico hay normas que establecen que determinados órganos tienen el deber de ejercer la fuerza o violencia en determinadas circunstancias. Ahí radica el núcleo esencial de la coactividad, en la existencia del deber de realizar actos de fuerza o coactivos. El Derecho es coactivo, pues, porque contiene un conjunto de normas deónticas que regulan el ejercicio de la fuerza. Esas normas van dirigidas a determinados órganos o funcionarios, que deben actuar de acuerdo con procedimientos establecidos. Si el Derecho no contuviera ese tipo de normas, no podría ser calificado de orden coactivo.

La coactividad es una característica esencial del Derecho, porque no es concebible un orden jurídico *real* sin la existencia de ese género de normas deónticas que tienen por objeto los actos coactivos. De hecho, no se conoce ordenamiento jurídico alguno, por muy primitivo que sea, que no prevea un mecanismo de respuesta a la infracción del orden, si bien, como ya hemos notado, dicho mecanismo puede ser tan rudimentario como lo es en el sistema de los Derechos primitivos. Afirmar el carácter coactivo del Derecho no significa sostener que todas y cada una de sus normas prevean sanciones. Significa sólo que todo ordenamiento jurídico integra en su seno un complejo de normas deónticas o de deber dirigidas a determinados sujetos (en el Estado, a los funcionarios) para ejercer la fuerza sobre otras personas que, o bien están en situación de violar el orden establecido, o bien lo han violado ya. En ambos casos se trata de conseguir que la violencia privada sea anulada mediante su sustitución por una violencia institucionalizada y prevista por normas.

NOTAS Y COMENTARIOS

- El filósofo del Derecho italiano Giorgio Del Vecchio se expresa muy bien sobre la distinción entre coacción y coercibilidad: «A menudo se habla indiferentemente de *coercibilidad* y de *coacción.* El primer término es, sin embargo, mucho más propio, porque con él entendemos la *posibilidad jurídica de la coacción,* la coacción *virtual,* en potencia, no en acto. Si afirmáramos que la coacción en *acto* es esencial al Derecho, la mera observación de un solo caso en el cual no se verificara la coacción contra la ofensa bastaría para destruir la teoría. Pero lo que afirmamos es una *posibilidad de derecho, y no de hecho,* esto es, la *posibilidad jurídica* de impedir el entuerto cuando éste se presentare. (...) Así como el hecho de la violación no anula la existencia del Derecho, así tampoco el hecho de que a la violación no siga la coacción, nada prueba en contra de la *posibilidad jurídica* de la coacción misma». (*Filosofía del Derecho,* 9ª ed. española, revisada por Legaz, Barcelona, 1974).

EJERCICIOS

1. Explica en líneas generales en qué consiste la coactividad como carácter esencial del Derecho.

2. Diferencia coactividad y coercibilidad.

3. ¿Qué finalidad se persigue al hacer del Derecho un instrumento coactivo?

4. Define lo que se entiende por «motivaciones» de la conducta humana.

5. Aclara el papel que desempeña la coactividad jurídica en relación con el conjunto de las motivaciones de la conducta humana.

6. ¿Cuáles son las motivaciones que hacen que los hombres cumplan de ordinario las exigencias del Derecho?

7. ¿Por qué razón epistemológica el tema de las motivaciones no pertenece al campo de la Teoría del Derecho? Razona a qué campo disciplinar pertenece.

8. Explica de qué manera influye en el ciudadano medio la representación psicológica o mental del castigo.

9. Define la coactividad en los términos propios de la Teoría del Derecho.

10. ¿Qué es un acto coactivo, en general?

11. Relaciona el concepto del órgano competente y ejercicio legítimo de la coactividad.

12. Define el concepto de potestad, y relaciónalo con la autorización de un funcionario para ejercer la fuerza.

13. Comenta la relación existente entre el Derecho y la fuerza.

14. ¿En qué se diferencia el mecanismo sancionatorio del Derecho estatal del característico del Derecho internacional?

15. ¿En qué sentido el Derecho internacional recuerda el funcionamiento de los Derechos primitivos?

16. Menciona algunos tipos de sanciones internacionales y comenta su significado.

17. ¿Cómo define la Teoría comunicacional del Derecho la característica de la coactividad?

18. Razona por qué no es sostenible la tesis de que *la* norma jurídica es coactiva.

19. Haz un cuadro de los diversos tipos de normas jurídicas (ya estudiados en los epígrafes XXVII y ss.) y especifica en cuáles de esos tipos se conecta la coactividad.

20. Razona por qué es necesario que la coactividad sea definida en relación con determinadas normas deónticas.

21. ¿Se conoce algún ordenamiento jurídico que carezca de coactividad?

22. ¿Es *pensable* un ordenamiento jurídico no coactivo?

LVI. MANIFESTACIONES DE LA COACTIVIDAD

De acuerdo con lo expuesto en el epígrafe anterior, puede afirmarse que la coactividad del Derecho se caracteriza por estas tres notas: por estar prevista en las normas, porque su ejercicio está confiado a un aparato institucionalizado, y porque, por principio, suele ser proporcional al mal o daño que trata de evitar.

A diferencia de otras normas sociales que no han alcanzado la categoría de jurídicas, normas a las que se acostumbra a designar con la expresión de «usos sociales» (como, por ejemplo, el saludo, o la moda), el ordenamiento jurídico se caracteriza por integrar en su seno un cuerpo de normas previsoras de la coacción. Mientras que la infracción de los usos puede ser respondida con sanciones sociales de muy distinto género e intensidad, pues el grupo social no suele haber previsto la reacción concreta frente a la infracción, lo característico del ordenamiento jurídico es la *previsión* anticipada del uso de la fuerza. Esto conlleva una garantía, incluso para los infractores, acerca del tipo de reacción que suscitará su conducta y, por tanto, un reforzamiento de su seguridad y del saber a qué atenerse.

Lo característico de la reacción social frente a la infracción de un uso es que no es seguro que la sanción social se produzca, así como, en caso de producirse, tampoco es seguro el tipo de reacción que tendrá lugar y la intensidad de la misma. Así, por ejemplo, quien va vestido de forma extravagante puede ser sancionado socialmente o no serlo; y en caso de reacción sancionatoria del grupo, dicha reacción puede ser muy diversa, desde la mera sonrisa irónica individual hasta el rechazo más absoluto, pasando por la chanza colectiva. Además, en las sociedades de composición heterogénea, como es la nuestra, al estar formada por múltiples grupos y ambientes, las reacciones sociales de respuesta a las infracciones pueden ser de muy diversa naturaleza de un grupo a otro. Por tanto, puede afirmarse que la reacción social a la infracción de los usos se caracteriza por la imprevisión y la espontaneidad.

Estas dos características están excluidas en el caso del Derecho. Los ordenamientos jurídicos, a través de las normas programadas para cumplir la función represora, no dejan el ejercicio de la fuerza al albur de la espontaneidad social. La coactividad jurídica ni es imprevista ni es espontánea. Al contrario. Las normas jurídicas prevén el uso de la fuerza y, para ello, determinan los supuestos en que habrá de ejercitarse, así como los encargados de esa tarea y los procedimientos exigidos para ello. Y también eliminan la nota de espontaneidad, pues hacen del ejercicio de la coactividad en determinadas circunstancias un deber jurídico de determinadas personas. Ante la inminente comisión de un delito, los ciudadanos tienen el deber de denunciar, y la policía de intervenir.

La institucionalización también está ausente en los procesos de reacción característicos de las normas sociales no jurídicas. Si alguien se comporta en nuestra comunidad de vecinos como una persona huraña y despectiva hacia los demás, no puede ser llevado ante un «tribunal social» que le obligue a conducirse en el trato como un ser humano civilizado. Sucederá que, a la larga, el vecindario en pleno le habrá retirado el saludo; pero esta reacción no será el resultado de una decisión colectiva adoptada mediante un procedimiento establecido de antemano, sino simplemente la suma de las reacciones particulares de los componentes de la comunidad.

En contraste con las normas sociales no jurídicas, los ordenamientos jurídicos prevén el ejercicio de las reacciones por un aparato *institucional* preparado al efecto, esto es, profesionalizado. En el Estado moderno ese aparato profesional lo forman los funcionarios cuya misión consiste precisamente en el ejercicio de la fuerza: son los componentes de los cuerpos de seguridad, así como los que forman los cuerpos de ejecución de las sanciones (agentes ejecutivos, funcionarios de prisiones).

Tanto la previsión normativa como la institucionalización y profesionalización del ejercicio de la fuerza, dotan a éste de un sentido frío y calculado, alejado completamente de las reacciones emotivas e irracionales, que son las que suelen producirse muchas veces en el marco de las actitudes sociales no juridizadas. Frente al apasionamiento que puede acompañar a estas últimas (piénsese en las actitudes racistas), la reacción del Derecho se caracteriza por su desapasionamiento, como consecuencia de estar en manos de una categoría de personas profesional y burocratizada. El agente de prisiones custodia a los reclusos, no porque tenga nada personal contra ellos, sino porque es su deber profesional.

Las dos características anteriores (previsión normativa e institucionalidad) hacen fácil la tercera: la proporcionalidad entre la situación que se trata de contrarrestar y la reacción coactiva ejercida. Cierto que no siempre sucede así en el Derecho, sobre todo en situaciones conflictivas o de zozobra social. Pero la tendencia natural de todo ordenamiento jurídico que se ha asentado sólidamente en una sociedad es, sin duda, la de hacer *proporcional* la reacción coactiva a la situación que se trata de resolver. La tendencia natural del Derecho es de «no matar moscas a cañonazos», sino la de ajustar sus medios coactivos al mal social (daño) que intenta impedir o paliar. Incluso puede decirse que la evolución general, al menos en el Derecho de los Estados occidentales, marca una tendencia a la proporcionalidad benevolente, pues se trata cada vez más al castigo como un elemento secundario y subordinado a la recuperación social de los infractores.

Teniendo en cuenta estas características generales, estamos en la mejor disposición para enfrentarnos ahora ante los diferentes tipos de coactividad jurídica: la preventiva, la restitutiva, la reparadora y la aflictiva. Cada uno de estos tipos se relaciona con la idea de daño, aunque el matiz de la relación es diferente.

Coactividad *preventiva* es aquella que está prevista por las normas del Derecho para prevenir un mal o un daño. Antes de que éste se produzca, o bien antes de que, ya producido, dé lugar a un daño mayor, el Derecho suele habilitar a sus agentes, e incluso en determinadas ocasiones a los simples ciudadanos, para que adopten medidas de fuerza.

Tal sucede, por ejemplo, cuando se produce una catástrofe (inundación, terremoto, incendio, naufragio, etc.). Ante estas situaciones, las normas jurídicas obligan a determinados funcionarios a prestar socorro a las víctimas y a actuar coactivamente, si fuera necesario, para evitar males mayores. El desalojo coactivo de un inmueble que arde en llamas, o el rescate por la fuerza de personas en peligro, no sólo están permitidos por el ordenamiento jurídico, sino que constituyen verdaderos deberes de las fuerzas del Estado y, en determinadas circunstancias, también de los ciudadanos. Éstos, a su vez, pueden ser movilizados coactivamente con el objeto de que presten la ayuda necesaria en situaciones como las descritas. La fuerza ejercida en estos casos no tiene, en modo alguno, un sentido sancionatorio; no se trata de castigar a nadie, sino, justo al revés, de evitar a las personas en peligro un mal mayor.

Coactividad preventiva es también la que se ejerce en situaciones de aparente o posible comisión de un acto ilícito, sin que éste haya llegado a consumarse. Así, el policía que sorprende a un individuo trepando una tapia de una finca y le obliga a bajar y a identificarse, está ejerciendo un acto coactivo en prevención de la comisión de un acto ilícito, aunque éste no se haya cometido aún. Puede suceder incluso que quien trepa de esa forma sea un miembro de la familia que ha olvidado la llave, o el propio dueño, y que, por tanto, no haya posibilidad alguna de acto ilícito; pero la mera apariencia de éste habilita al agente a ejercer su autoridad de manera coactiva.

En la misma idea de prevención del daño ante situaciones de peligro se basan las llamadas medidas de seguridad, que tradicionalmente se han estudiado en el marco del Derecho penal. La finalidad de dichas medidas es la prevención del delito en relación con sectores marginales de la población que, por su situación y modo de vida, tienen una propensión especial a entrar en el mundo de la delincuencia, si no están ya inmersos en él. Se suelen distinguir las medidas predelictuales de las posdelictuales. Las primeras tienen por objeto prevenir el delito de aquellas personas que, no habiendo aún caído en la comisión de un delito, viven en un ambiente de delincuencia, sea por el medio social en que se desenvuelven, sea por sus propios hábitos (drogodependencia, alcoholismo, etc.), aunque ambas situaciones suelen presentarse unidas. Las posdelictuales se ejercen sobre quienes, habiendo cometido un delito, presentan un serio peligro de reincidencia.

Las medidas de seguridad no son sanciones penales propiamente dichas, aunque quien las padece puede sentirlas como equivalentes, pues ¿qué importa que el concepto sea diferente si el efecto de retención en un establecimiento es semejante al de la reclusión en una cárcel?

Todos los supuestos a los que afecta la coacción preventiva se caracterizan por el *peligro*. Lo que se intenta en todos los casos es disolver una situación de peligro, que puede venir provocada por una catástrofe, una manifestación multitudinaria, la apariencia de la comisión inminente de un delito, o la situación de cercanía al mundo de la delincuencia.

Salvo las medidas de seguridad, que pertenecen al campo del Derecho penal, en general la coactividad preventiva suele venir regulada por las normas del Derecho administrativo.

En segundo lugar, tenemos la coactividad *restitutiva*. Ésta supone la existencia de una obligación previa que ha sido incumplida por una persona, a la que se obliga a restituir o devolver lo que debe. Así, quien roba una joya es obligado a que la devuelva, aparte de la responsabilidad penal en que incurre por haber cometido un delito (y que corresponde a la coacción aflictiva, de la que nos ocuparemos después). Quien tiene una deuda que no ha pagado tempestivamente, será obligado por el juez a pagarla. Y lo será de tal modo que si sigue resistiéndose, el juez decretará el embargo de sus bienes para obtener de su venta la cantidad debida y entregársela al acreedor. Es lo que suele denominarse *cumplimiento forzoso* (sobre todo, en el caso de las obligaciones contractuales).

La coacción restitutiva tiene por objeto conseguir que quien haya sido afectado por el incumplimiento de un deber jurídico, se le reponga en su derecho con la misma cosa o cantidad debida. Es el respaldo característico de las obligaciones del Derecho privado, especialmente de las que derivan de los contratos. Cuando no es posible la devolución de la cosa (en las obligaciones de dar), o la realización de la prestación debida (en las obligaciones de hacer; piénsese en un pintor que se niega a pintar el cuadro comprometido), entonces al deudor recalcitrante se le impone coactivamente la prestación del *equivalente*, que de ordinario se concreta en una cantidad de dinero *(id quod interest)*.

Próxima a la restitutiva, pues se presenta muchas veces junto a ella, está la llamada coactividad *reparadora*. Su función es reparar el *daño* causado por un acto ilícito, esto es, por un acto infractor de un deber jurídico. Quien causa daño a otro, sea por un ilícito civil, penal o administrativo, estará obligado bajo coacción a reparar dicho daño mediante una *indemnización de daños y perjuicios*.

Obsérvese que la expresión dual «daños y perjuicios» (términos prácticamente sinónimos) se refiere al daño material o moral efectivamente causado y al perjuicio derivado de dicho daño. Quien, por ejemplo, provoca el incendio de la oficina de una empresa no sólo produce daños valorables económicamente calculando lo que cuesta lo que ha sido pasto de las llamas, sino que imposibilita o dificulta una serie de operaciones comerciales que se hubiesen realizado con los documentos que estaban allí archivados.

Una forma de concretar conceptualmente esa distinción es la de diferenciar entre el *daño emergente*, o efectivamente producido, y el *lucro cesante*, o ganancia dejada de obtener, como consecuencia del incumplimiento del deber.

El Código Civil distingue la responsabilidad contractual y la extracontractual, siendo la primera la que deriva del incumplimiento de las obligaciones adquiridas por medio de contrato, y la segunda la que proviene de cualquier otro tipo de incumplimiento.

A la primera se refiere el artículo 1101:

> «Quedan sujetos a la indemnización de los daños y perjuicios causados los que en el cumplimiento de sus obligaciones incurrieren en dolo, negligencia o morosidad, y los que de cualquier modo contravinieren al tenor de aquéllas».

A la extracontractual, el artículo 1902:

> «El que por acción u omisión causa daño a otro, interviniendo culpa o negligencia, está obligado a reparar el daño causado».

Aunque la coactividad reparadora también puede ser interpretada en determinados supuestos como impositiva de un castigo, lo que predomina en ella es la idea de «reparación» del daño causado. No sucede así con la coactividad *aflictiva*, cuya función básica es infligir un mal, con el sentido de castigo, a quien ha realizado un ilícito. Es lo característico de la coacción penal frente al sujeto que ha cometido un delito. La coacción penal se concreta en la imposición de penas por orden del juez después de un proceso en el que se ha demostrado la autoría y culpabilidad del delincuente.

En la mentalidad jurídica moderna se ha impuesto la defensa de la función resocializadora de las penas, que son orientadas como medidas para reeducar al delincuente y hacer de él un miembro útil para la colectividad. Mas aunque esto haya suavizado notablemente el rigor de las penas (mitigación del Derecho penal moderno), no cabe duda de que éstas tienen predominantemente un carácter aflictivo o de castigo, lo que las hace diferentes a las simples «medidas». Tras la coacción aflictiva se encuentra siempre presente la idea de satisfacción de la víctima que ha sido objeto de un atropello por parte de la persona penada.

Esto explica también que los delitos, además de la responsabilidad penal (el castigo), generen también por lo general responsabilidad civil: siempre que se haya producido un daño, el autor del ilícito habrá de indemnizar a la víctima del delito. La responsabilidad penal y la responsabilidad civil de los ilícitos penales se sustancian en el Derecho español conjuntamente en el mismo proceso. No sucede lo mismo en otros ordenamientos (como, p. ej., en Estados Unidos), en los cuales se precisan dos procesos diferentes que depuren los dos tipos de responsabilidad (recuérdese el caso *Simpson*, famoso jugador de fútbol americano que, acusado de matar a su mujer, fue exculpado en el proceso penal por falta de pruebas, pero sancionado en el proceso civil).

EJERCICIOS

1. Enumera los tres caracteres básicos de la coactividad jurídica.

2. ¿Cómo es la sanción de las normas que llamamos «usos sociales»?

3. Define el concepto de previsión en referencia con la coactividad jurídica.

4. Relaciona el concepto de burocracia con la coactividad del Derecho.

5. ¿Por qué la reacción del Derecho frente a la infracción es «fría y calculada», a diferencia de la reacción social contra la infracción de un uso?

6. ¿Qué quiere decir que el Derecho tiende a hacer «proporcionada» la reacción coactiva con la situación que trata de resolver o reprimir?

7. Enumera los distintos tipos de coactividad jurídica.

8. Caracteriza la coacción preventiva.

9. Pon ejemplos de coactividad preventiva.

10. Consulta en un libro de Derecho penal (parte general) lo relativo a las medidas de seguridad, y haz un resumen de lo consultado.

11. Relaciona la coactividad preventiva con el concepto de «peligro».

12. ¿Por qué razón crees que la coactividad preventiva es, por lo general, materia propia del Derecho administrativo, excepto las medidas de seguridad, que pertenecen al Derecho penal?

13. Define la coacción restitutiva y relaciónala con el concepto de cumplimiento forzoso.

14. ¿Qué es el equivalente en el cumplimiento forzoso de una obligación contractual?

15. Define la coacción reparadora, y diferénciala de la restitutiva.

16. ¿Qué es la indemnización de daños y perjuicios?

17. Aclara la distinción entre daño emergente y lucro cesante.

18. Lee los artículos 1101 y ss. del Código Civil, y trata de relacionar esa regulación con lo estudiado en el texto.

19. Haz lo mismo con los artículos 1902 y ss. del Código Civil.

20. Define la coactividad aflictiva.

21. Explica por qué el delito puede conllevar, junto a la responsabilidad penal, una responsabilidad civil.

22. ¿Qué pasó en el caso *Simpson*?

LVII. LAS SANCIONES EN EL DERECHO

La palabra *sanción* originariamente significa el acto de hacer algo sagrado o santo y, por tanto, inviolable. Lo que es objeto de *sanctio* se transforma en *sanctus*, santo, sagrado, irreprochable, algo que es preciso atender y acatar.

De ahí que «sanción» signifique, en primer lugar, estatuto o ley que hay que obedecer (p. ej., la «Pragmática Sanción»), así como el acto por el cual el jefe del Estado confirma definitivamente el carácter vinculante de una ley (la sanción del Rey, como requisito para que una ley adquiera su plena validez y pueda entrar en vigor). Como acepción derivada de ese carácter inviolable que la sanción otorga al mandato legislativo, surge la tercera acepción de la palabra: la consecuencia jurídica que refuerza el cumplimiento de la norma, consecuencia que suele identificarse con la imposición de un mal al infractor, aunque también es posible hablar de sanciones para el otorgamiento de premios o ventajas. Si se quiere encontrar un significado común a estas tres acepciones, creo que será posible identificar el término sanción con el acto de decidir con carácter vinculante.

Es en la tercera acepción en la que nos vamos a centrar en este epígrafe, pues las otras dos corresponden a la teoría de la legislación, que será objeto de estudio en otro lugar de esta obra, cuando se aborde la teoría de la decisión jurídica. Limitándonos a ella, puede decirse entonces que la sanción es la consecuencia prevista por las normas jurídicas para premiar o castigar los comportamientos que dichas normas contemplan (concepto amplio de sanción). Por tanto, las sanciones en el Derecho pueden ser *positivas o negativas*, es decir, premios o castigos. No obstante, en una acepción más estricta, que además es la más usual tanto en el lenguaje corriente como en el de los juristas, se reserva la denominación exclusivamente para los castigos.

La sanción positiva es el premio o ventaja previsto por la norma para quien realice una conducta beneficiosa para la sociedad. Constituye una manifestación del carácter incentivador o promotor del Derecho, una de cuyas funciones es fomentar los comportamientos e iniciativas que redunden en provecho de los valores humanos o de la estabilidad o progreso de la comunidad. Como sanciones positivas hay que considerar entonces las condecoraciones que se conceden a quienes, por su arrojo en el campo de batalla, han demostrado especial amor a la patria, o las concedidas a quienes han demostrado una dedicación ejemplar al servicio público, a la ciencia o a la cultura. Igualmente, pueden considerarse como sanciones de este género las subvenciones o ventajas fiscales que se otorguen a las asociaciones o fundaciones con fines altruistas, o a las empresas que dediquen su actividad a la producción de productos o servicios que soportan graves riesgos para ellas, o que contribuyan a solucionar el problema del paro laboral incorporando a su plantilla más trabajadores.

En todos estos casos, las normas transmiten el mensaje incentivador al determinar los requisitos para la obtención de la ventaja o premio, así como el deber de un órgano concreto del ordenamiento para proceder a otorgarlo.

Bien miradas las cosas, además de las sanciones meramente positivas, como las señaladas, puede afirmarse que la sanción positiva también tiene lugar casi siempre que se impone una sanción negativa o castigo. Si al deudor se le impone el resarcimiento, por no haber cumplido la obligación, el acreedor obviamente se ve beneficiado por ello. Si al asesino se le mete en la cárcel, los familiares de la víctima experimentarán el sentimiento agradable de que «se ha hecho justicia». Quiero decir que, además de que haya sanciones positivas *per se*, independientemente de cualquier otra consideración, los castigos previstos por las normas pueden conllevar igualmente una sanción positiva (ventaja o premio), al menos como «reflejo» derivado de la sanción negativa.

Es esta última la que tiene mayor relevancia en el Derecho. Los hombres, por lo general, se motivan más intensamente por temor al castigo que por la búsqueda del premio; de ahí que las sanciones negativas o desincentivadoras se vivan con mayor intensidad y carga emocional, hasta el punto que, como ya he dicho, el lenguaje habitual reserva la palabra «sanción» exclusivamente para ellas.

La sanción negativa consiste siempre en la *privación de un bien jurídico*. Es la respuesta del Derecho a la transgresión de las normas deónticas o normas impositivas de deberes. Con objeto de reforzar el cumplimiento de estos últimos, el legislador prevé que el infractor sea privado de un bien.

El mensaje es emitido mediante normas que imponen a determinados órganos el deber de actuar ante una infracción. Ésta ha de ser previa a la sanción, la cual se constituye así en respuesta del orden jurídico ante su conculcación. En el Derecho moderno la sanción sólo se produce si media un juicio también previo *(nulla poena sine iudicio)*, con las debidas garantías procesales y materiales, que permitan establecer de manera probada el incumplimiento de la norma de conducta y el grado de culpabilidad del infractor. Todo el mecanismo se concreta mediante la entrada en funcionamiento de las normas de decisión y las normas de ejecución, cuya tipología y alcance ya hemos estudiado.

Asimismo, es característica del Derecho moderno la tendencia a la determinación precisa de las sanciones y a la tipificación de las conductas sancionables; tendencia que alcanza diverso grado en las diversas ramas del ordenamiento, pero que logra un nivel ejemplar en el Derecho penal: *nullum crimen, nulla poena sine lege* (principio de legalidad: no hay delito ni pena si no están establecidos por la ley). Este principio de legalidad ha de presidir no sólo el Derecho penal, sino todo el Derecho sancionatorio, en atención a la seguridad jurídica que, como valor fundante del Derecho, exige la mayor determinación posible de las conductas infractoras y de las sanciones que les corresponden.

En los regímenes totalitarios es notoria la intromisión del Derecho administrativo en el terreno sancionatorio, sin las garantías propias del Derecho penal; lo que ha conducido a prácticas abusivas de las medidas policiales, con la consiguiente restricción de los derechos y libertades de los individuos. En muchos casos la discrecionalidad administrativa podía conseguir un efecto sancionatorio imposible desde la perspectiva de la imposición penal; me refiero, sobre todo, a la actividad policial en materia de detenciones, o a la imposición de multas sin las debidas garantías. No se pueden olvidar tampoco prácticas susceptibles de abuso por parte de la Administración como la de *solve et repete* («paga y después reclama») o la famosa *reformatio in pejus* (posibilidad de agravar una sanción o carga con motivo de su revisión por interposición de reclamación o recurso del afectado).

Toda sanción negativa supone la privación de un bien jurídico. Esto quiere decir que la norma impone al infractor un castigo que es tenido por tal por el ordenamiento; o, para ser más exactos, por quienes han emitido las decisiones que generan las normas impositivas del castigo. Es el legislador el que determina cuáles son los bienes jurídicos cuya privación constituye la sanción. La valoración, por el legislador, de lo que es un bien y, por consiguiente, de lo que sea privación del mismo, no tiene por qué coincidir necesariamente con la estimación particular de un individuo concreto. Así, quien es sancionado con pena de privación de libertad puede sentir la sanción como un bien, al ser su deseo el que se le interne en una prisión (por carecer de familia, por haber pasado en reclusión muchos años y haberse adaptado a las condiciones de vida de la cárcel, etc.). De vez en cuando los medios de comunicación nos sorprenden con noticias de este género, que demuestran que la percepción psicológica individual no siempre coincide con la percepción del legislador. Esta última es lógico que tienda a coincidir con lo que habitualmente la gente en general siente ante la sanción. La percepción del legislador coincide, o al menos se aproxima a la percepción social. Sólo así funcionará el mecanismo disuasorio que la sanción debe cumplir. Por tanto, la sanción ha de ser definida no sólo como la mera privación de un bien, sino, para ser más exactos, de algo que *socialmente* se considera un bien. Lo que es considerado por la generalidad como un bien es elevado a la categoría de bien jurídico por el legislador; y, correlativamente, la privación de cualquiera de esos bienes jurídicos, definida por la norma de Derecho, es lo que constituye la sanción.

Cada ordenamiento jurídico define sus propias sanciones en atención a lo que considera bienes jurídicos. La privación de cualquiera de dichos bienes como consecuencia de la comisión de la infracción de una norma jurídica deóntica, es lo que constituye la sanción.

Téngase en cuenta que a una persona se le puede privar de un bien sin que, por eso, dicha privación tenga carácter sancionatorio. Por ejemplo, al expropiado de una finca se le priva de la propiedad de la finca sobre la cual ejerce su profesión de agricultor; aunque se le pague el «justiprecio», es muy probable que el propietario viva la expropiación como un mal que no acepta de buen grado. Similar posición experimentará el profesor que obtuvo una plaza en la Universidad antes de la tristemente célebre LRU (Ley de Reforma Universitaria, una verdadera *reformatio in pejus*): cuando obtuvo su plaza tenía unos derechos de traslado, etc., que la mencionada ley echó por tierra y sustituyó, en la práctica, por la endogamia más descarada. Ni el expropiado, ni el profesor «expoliado» de sus derechos, pueden decir que son objeto de «sanción», aunque sientan como la privación de un derecho que tenían el uno el acto de expropiación y el otro el acto de «expoliación académica».

Para que la privación de un bien sea realmente una sanción jurídica es preciso que el ordenamiento le dé precisamente ese sentido de sanción, lo cual sólo es posible si se conecta ésta con la infracción de un deber. Tenemos entonces el siguiente concepto estricto de sanción jurídica: privación de un bien jurídico por infracción de un deber jurídico (el cual, como sabemos, viene impuesto por una norma deóntica).

En atención al bien jurídico afectado, las sanciones del Derecho pueden ser: *a)* la pena de muerte, que priva del bien más importante, que es la vida; *b)* los daños físicos y psíquicos causados por torturas o mutilaciones, que afectan a la salud o bienestar material; *c)* las multas pecuniarias, que afectan al patrimonio; *d)* las penas privativas de libertad, que afectan a esta última; *e)* las que afectan al ejercicio de derechos subjetivos, suspendiéndolos o extinguiéndolos; *f)* la censura o reconvención, que afectan a la imagen moral de la persona que es objeto de censura.

La pena de muerte es el castigo máximo, aunque es menos degradante que determinadas penas de tortura. Muchos países la conservan en sus ordenamientos jurídicos, pero los más civilizados la han abolido (con la excepción de algunos Estados de Estados Unidos). En España fue abolida por la Constitución de 1978.

Las torturas y lesiones son penas que han sido suprimidas también en los países civilizados, pero que en el pasado fueron objeto de amplia aplicación.

Mientras los dos tipos anteriores de sanciones son propias del Derecho penal en una etapa poco avanzada de civilización, las multas de dinero son sanciones que se aplican lo mismo en el campo penal que en el administrativo y en el civil. Lo único que diferencia a las primeras respecto de estas últimas es su carácter infamante, pues el infractor penal es objeto de un reproche social más fuerte (reproche que se traduce jurídicamente en su diverso sentido y que se concreta en que la jurisdicción que se encarga de su imposición y cumplimiento es la jurisdicción penal).

La pena privativa de libertad es también característica del Derecho penal. Aunque en el Derecho del pasado se hizo uso de esta sanción para el incumplimiento de obligaciones civiles (la llamada «prisión por deudas»), en el Derecho moderno tiende a desaparecer, con la excepción del delito fiscal, que privilegia las deudas al Fisco respecto de las demás. Además de su carácter retributivo y preventivo, la pena privativa de libertad cumple (o debe cumplir) hoy una función eminentemente reeducativa.

Con respecto a los derechos, facultades o expectativas, el ordenamiento jurídico puede disponer por medio de sus normas diversos modos de suspensión o de extinción, atribuyéndoles o no carácter sancionatorio. Normalmente le atribuirá ese carácter siempre que exista una previa infracción de norma deóntica. Por ejemplo, el funcionario que incumple sus deberes puede verse afectado por una sanción de suspensión de empleo y sueldo. El propietario que construye en su finca un horno con la única finalidad de llenar de humo la casa del vecino puede ser condenado, por abuso del derecho subjetivo de propiedad, a derruir el mencionado horno, lo que implica además la privación de una facultad que corresponde a todo propietario de una finca (poder construir algo dentro de ella).

La nulidad y la caducidad también pueden ser interpretadas por un ordenamiento en términos de sanciones impuestas a quienes no cumplan determinados requisitos, pero no tiene por qué ser necesariamente así. La declaración de nulidad de un negocio jurídico tendrá carácter de sanción cuando el sujeto salga perjudicado por ella; pero la declaración de nulidad de un matrimonio puede ser para algunos una medida de «liberación» poco equiparable a un castigo. Mi opinión en este asunto es que la nulidad constituye la negación del resultado jurídico que se pretendía, y que dicha negación sólo tiene carácter sancionatorio cuando el ordenamiento jurídico la impone como consecuencia de la comisión de una infracción de un deber. Si no se ha producido una infracción semejante, difícilmente se puede hablar de sanción en el sentido estricto de la palabra.

Algo similar sucede con la caducidad. La norma somete al titular de un derecho subjetivo a la *carga* de su ejercicio, o a cumplir determinadas condiciones, y como consecuencia de la no realización de la carga o del no cumplimiento de las condiciones, durante un lapso de tiempo determinado (plazo de caducidad), decreta la extinción del derecho subjetivo. ¿Estamos siempre y en todo caso ante una sanción propiamente dicha? Creo que la respuesta debe ser parecida a la dada respecto de la nulidad: depende del sentido que las normas concretas den, en cada caso particular, a la caducidad. Si las normas que regulan el derecho subjetivo de que se trate establecen un deber jurídico y prescriben, como sanción para su incumplimiento, la caducidad del derecho, bien puede decirse que constituye ésta una sanción. Pero si no la establecen con ese carácter, estaremos ante un supuesto en el que la caducidad tendrá un significado diferente. La caducidad en sí misma no es una sanción jurídica en sentido estricto (castigo), sino un resultado previsto que, en determinados supuestos, puede adscribírsele con carácter sancionatorio.

EJERCICIOS

1. Especifica los significados de la palabra «sanción». Para ello, puedes ayudarte consultando un diccionario.

2. ¿Cuál es el sustrato común a las diversas acepciones de la palabra «sanción»?

3. Define la sanción jurídica en su sentido amplio.

4. ¿Qué son las sanciones positivas?

5. ¿Cuál es el alcance de las sanciones positivas?

6. Explica la idea de que la sanción positiva puede contemplarse en parte también como «reflejo» de la sanción negativa.

7. ¿Por qué motivo las sanciones negativas son vividas más intensamente que las positivas?

8. Define el concepto de sanción negativa.

9. Explica la máxima del Derecho moderno, *nulla poena sine iudicio.*

10. Conecta la idea de sanción negativa con el principio de legalidad.

11. Diferencia Derecho penal y Derecho sancionatorio.

12. ¿Por qué los principios de seguridad y de legalidad que rigen el Derecho penal moderno deben extenderse al Derecho sancionatorio?

13. Comenta el fenómeno de la intromisión del Derecho administrativo en el ámbito penal.

14. Define el concepto de «bien jurídico».

15. Distingue la percepción social y la percepción individual respecto del fenómeno de la privación de un bien.

16. Define el concepto de sanción jurídica en sentido estricto.

17. ¿Por qué motivo las sanciones tienen que venir conectadas en el ordenamiento con normas jurídicas deónticas?

18. Haz un cuadro de los tipos de sanciones atendiendo a las diversas especies de bienes, en cuya privación consisten.

19. Explica las razones por las que la nulidad y la caducidad pueden ser sanciones en unos casos y no serlo en otros.

LVIII. TEORÍAS SOBRE LA COACTIVIDAD

De todo lo expuesto se puede deducir muy fácilmente que la coactividad del Derecho no se identifica, sin más, con el ejercicio de la fuerza bruta. Éste es el último recurso que el Derecho emplea para conseguir conductas conformes con las normas. Es obvio que, cuanto más avanzado es el estado de civilización, más sutiles son los incentivos que la ley propone para eludir la infracción. Desde la simple censura hasta la pena de cadena perpetua se extiende toda una amplia gama de posibilidades sancionatorias que tienen en común la finalidad perseguida: hacer que el Derecho se cumpla en la realidad por sus destinatarios.

A pesar de que la coactividad puede ser considerada como una cualidad presente en todos los ordenamientos conocidos, hay teorías que han negado ese carácter como *esencial* al Derecho. Otras, por contra, lo han afirmado, pero entre éstas, muchas se han ido al extremo de sostener que todas y cada una de las normas jurídicas son coactivas, en atención a que cada norma individual prevé siempre una sanción.

Sin otra pretensión que dar noticia somera de estas teorías, me voy a detener un poco en explicar su significado; y concluiré este epígrafe con las tesis que ya he defendido, a saber: que la coactividad es una cualidad del ordenamiento jurídico, y no de las normas aisladamente consideradas, y que cada ordenamiento tiene sus propias sanciones; junto a las sanciones estatales o del ordenamiento estatal, que son las que han sido objeto de nuestro estudio preferentemente, hay que contemplar las sanciones del Derecho internacional, las del Derecho comunitario, las del Derecho canónico, etcétera.

Entre las teorías *negadoras* de la coactividad destacan algunas formuladas desde el campo iusnaturalista, y otras desde el sociologista. Es sorprendente que con planteamientos epistemológicos tan dispares, como son los que corresponden a la teoría del Derecho natural y al sociologismo jurídico, se pueda llegar a posiciones similares. Esto es así, sin duda con gran frecuencia; pero no debe olvidarse que, aunque el resultado último pueda coincidir, la *razón* de cada posición es diferente.

Desde algunas posiciones iusnaturalistas se ha sostenido lo siguiente: el Derecho natural es el verdadero Derecho; el Derecho natural prescinde de la coactividad, que deja en manos de la ley positiva; es aquél, pues, un Derecho sin coacción. Conclusión: la coactividad no constituye una característica esencial y necesaria del Derecho. Todo lo más será un añadido puesto posteriormente por la ley positiva para reforzar el mandato del Derecho natural.

Esta idea de reservar la coacción para la ley positiva y de no precisarla para el Derecho auténtico, que es el Derecho natural, avalaría en todo caso la tesis de la «coercibilidad»: la coerción aparece en un segundo momento, para reforzar el mandato del Derecho (natural) que, en sí mismo, ya está completo, pero que, debido a la debilidad humana, es preciso apoyar con el incentivo sancionatorio.

Como veremos a continuación, desde posiciones iusnaturalistas menos extremadas, se acepta sin ambages que la coactividad constituye un carácter esencial del Derecho.

Desde el sociologismo también se ha negado la coactividad. Los argumentos, aunque ciertamente dispares, ostentan una similitud en algunos aspectos que resulta llamativa. La actitud sociologista se caracteriza, en general, por ver el Derecho como un fenómeno social. Si se contempla con ojos de observador imparcial, que es lo que tiene que ser un sociólogo, se verá que el Derecho es, antes que nada, un orden espontáneo de la vida social de los hombres. El Derecho no es sino el acontecer normal de la comunidad, que ordinariamente discurre sin sobresaltos. Es un fenómeno naturalmente social. Sólo con el advenimiento del Estado, que es una forma de organización militar y que hace del uso de la fuerza su principal instrumento, la coactividad se superpone al Derecho para reforzarlo. Obsérvese el paralelismo entre estas tesis y las del iusnaturalismo radical que comentamos antes.

Un autor característico que mantiene esa postura sociologista es Eugenio EHRLICH. En sus obras (especialmente la titulada *Fundamentación de la Sociología del Derecho,* 1913) contrapone Derecho vivo y Derecho estatal. El Derecho vivo es el que surge de la entraña misma de la sociedad, es el mismo orden social espontáneo traducido en normas jurídicas. Éstas expresan comportamientos habituales que, precisamente por serlo, han llegado a obtener el carácter de obligatorios. La coacción aparece cuando entra en escena el Estado, que es un verdadero «aparato ortopédico» que actúa coactivamente sobre la sociedad.

Sigue EHRLICH argumentando contra el carácter coactivo del Derecho al preguntarse por qué los hombres adecúan su comportamiento a lo establecido por las normas. Y responde: no por temor a la sanción, sino por motivaciones que provienen de su propio medio social. Los seres humanos cumplen las normas porque han sido educados desde su niñez en el respeto de las mismas, por ideas religiosas, por sentido de la conveniencia, por no perder el crédito ante los demás, por comodidad, y por otras mil razones que no tienen nada que ver con el temor a la sanción. Lo que empuja a los hombres a cumplir el Derecho no es ese temor, sino todo un conjunto de causas que tienen su origen y explicación en el ser «social» del hombre. Creer que todo el Derecho es Derecho estatal coactivo es no saber nada de la historia y supone también no entender adecuadamente la entraña de lo jurídico. El Derecho vivo está formado por «normas del obrar» o de la acción que se han originado socialmente, mientras que el Derecho estatal está configurado por «normas de decisión» que emiten las autoridades estatales. Es en estas últimas normas donde aparece la coacción represora; pero no en el Derecho vivo, que es el genuino Derecho.

Como puede observarse fácilmente, el autor mencionado lo que ha hecho, con respecto al esquema del Derecho natural, es sustituir éste por el Derecho vivo, adscribiéndole buena parte de sus características.

Los argumentos de EHRLICH no son convincentes. Primero, porque aunque se admita que el Derecho tiene un origen social y no estatal, eso no es obstáculo para admitir también la coactividad, que se manifestará en la *reacción social* ante los infractores. Lo que añade la organización estatal o política es un grado más avanzado de institucionalización de aquella reacción. En segundo lugar, respecto al argumento de las motivaciones psicológicas que impelen a los hombres a cumplir las normas, tiene razón EHRLICH al sostener que no se conducen de acuerdo con lo exigido por el Derecho por un mero temor a la sanción. Ciertamente, las motivaciones del conformismo y del cumplimiento de las normas jurídicas son múltiples y dependerán de cada individuo y situación. Pero ello no obsta para que pueda afirmarse que el ordenamiento jurídico prevé sanciones para los infractores. EHRLICH confunde el problema de las motivaciones psíquicas del cumplimiento habitual de las normas de Derecho, con el problema de cómo son éstas en el conjunto del ordenamiento. Que el acatamiento de éste responda a motivaciones educacionales y de conveniencia no empece para nada que el ordenamiento mismo sea coactivo.

En contraposición a estas teorías negadoras de la coactividad como carácter esencial del Derecho, son mayoría las posturas afirmativas. Con diversas razones y con distinto alcance, se argumenta desde las perspectivas más dispares del pensamiento jurídico que el Derecho es coactivo; si bien, en dependencia del punto de vista, al mantener esa tesis fundamental se introducen matices no menores que hay que tener en cuenta. Se ha defendido la tesis afirmativa desde el iusnaturalismo y desde el positivismo jurídico, y dentro de éste tanto desde las posiciones sociologistas como desde las normativistas. Me detendré un poco en esta última y en la primera. Respecto del sociologismo, baste decir que reconduce el tema de las sanciones jurídicas al capítulo de las sanciones o reacciones sociales (véase mi *Sociología del Derecho*, 2ª ed., 1997, pgs. 105 y ss.).

El iusnaturalismo clásico no separa los dos «momentos» del Derecho natural y el Derecho positivo. Ambos aspectos configuran una unidad; de tal modo que sólo como conjunto ensamblado existen los dos. El Derecho positivo no es un añadido innecesario o superfluo, sino parte integrante del fenómeno jurídico, que se despliega en la dualidad mencionada. Que la coactividad pertenezca al «momento» del Derecho positivo, no empaña la idea de que constituye un carácter básico del Derecho en general.

Así, según AQUINO, entre las funciones de la ley (en general) destaca la de «castigar», pues, según dice, los «actos de la ley» son clasificables en «preceptivos, prohibitivos, permisivos y punitivos». Al comentar estos últimos, señala:

> «La ley induce a sumisión mediante el temor del castigo; por eso el castigar es un efecto propio de la ley» (*Summa Theologiae*, 1-2, q. 92, art. 2).

Podemos sustituir «ley» por «Derecho» (entendiendo esta palabra en el sentido actual de Derecho objetivo u ordenamiento jurídico), y tendremos que para AQUINO una de las funciones del Derecho es «castigar». Más específicamente se refiere a esta función cuando trata de la «ley humana»:

> «(...) esta disciplina que constriñe con el miedo al castigo es la disciplina de las leyes» (*Ibid*, 1-2, q. 95, art. 1).

Por tanto, una de las funciones del Derecho es sancionar las conductas desviadas; pero en el marco del esquema aquinatense (ley eterna, ley natural, ley humana) corresponde a esta última tal tarea. La coactividad es esencial al Derecho, y aparece en el momento que cierra todo el proceso creativo de las normas, que es el que corresponde al Derecho positivo.

Por su parte, el normativismo contemporáneo ha subrayado, se puede decir que unánimemente, la nota de la coactividad, unas veces para adscribirla al conjunto del ordenamiento, lo que parece correcto, y otras, para afirmar que toda norma jurídica es, por definición, coactiva.

Tal es la postura característica de la que he denominado concepción homogénea de las normas jurídicas (véase el epígrafe XXIII). Consecuente con su posición básica, a saber: que el Derecho es un conjunto de normas de estructura idéntica (esto es, supuesto de hecho y sanción, conectados por medio de un nexo de *deber*), ya que el Derecho es coactivo, es preciso que aparezca esta característica en todas y cada una de sus normas. El Derecho es coactivo porque todas sus normas son coactivas.

Como hemos estudiado ya, la concepción homogénea de las normas jurídicas no se tiene de pie, y por las mismas razones a las expuestas en su momento no es tampoco de recibo la tesis de la coactividad de toda norma jurídica. Las normas son jurídicas por su pertenencia a un sistema determinado, no porque sean coactivas. Tan sólo una parte de las normas que configuran un sistema jurídico prevén el uso de la fuerza o tienen carácter sancionatorio. El Derecho es coactivo porque tales normas existen en los ordenamientos.

Ahora bien, este último juicio afecta a la existencia de los ordenamientos jurídicos, y no a la «esencia» de los mismos. Un ordenamiento que esté en período de formación puede encontrarse en un momento en que aún no haya previsto medidas coactivas; habrá ordenamiento *in fieri*, y, sin embargo, no habrá todavía previsión sancionatoria. Hemos dicho en capítulos precedentes que un ordenamiento existe desde el momento en que se ha convenido una constitución. Ésta no precisa, en un primer momento, de refuerzo coactivo, o aunque lo precise puede haber prescindido de hecho de él. La coactividad es, por tanto, una característica de los ordenamientos jurídicos desarrollados, en pleno funcionamiento.

Cada ordenamiento jurídico prevé sus propias medidas coactivas, y dentro de éstas, sus propias sanciones. Al igual que no hay normas jurídicas aisladas, sin conexión con un sistema concreto, las sanciones lo son también de un determinado sistema. No podía ser de otra forma, ya que las sanciones, como sabemos, vienen determinadas por las normas de decisión y de ejecución.

Las sanciones del ordenamiento estatal pueden ser civiles, administrativas y penales; éstas son las más graves, pues están previstas para prevenir y castigar los delitos, y reciben el nombre de penas.

El ordenamiento internacional tradicionalmente delega en los miembros de la comunidad internacional (principalmente los Estados) la tarea de imponer sanciones a los infractores de las normas internacionales. Dichas sanciones van desde la simple queja diplomática hasta la declaración de guerra, pasando por la ruptura de relaciones, el bloqueo, y las represalias. Es la represalia el concepto genérico que mejor cuadra al proceder sancionatorio internacional, como forma de la primitiva *autoayuda o autodefensa*, ya que no se dispone de un mecanismo sancionador centralizado e institucionalizado. En el siglo XX, sobre todo después de la Segunda Guerra Mundial, se ha venido desarrollando, con balbuceos, un Derecho penal internacional, cuyo objeto principal es castigar los crímenes de guerra y los crímenes contra la humanidad (p. ej., el genocidio).

El sistema jurídico comunitario también prevé sanciones, si bien los aparatos ejecutivos de las mismas corresponden a los Estados miembros, al no disponer la Unión Europea de un mecanismo sancionador. Las sanciones previstas por el Derecho comunitario son de carácter administrativo (multas); sin perjuicio de que los Estados refuercen con sus propias medidas, incluso penales, el deber de cumplimiento de las obligaciones comunitarias.

A pesar de su íntima conexión con la religión y con la moral, también el ordenamiento jurídico canónico establece sus propias sanciones. A ellas dedica el Código de Derecho Canónico su libro VI («De las sanciones en la Iglesia»). El primero de sus preceptos establece que:

> «La Iglesia tiene derecho originario y propio a castigar con sanciones penales a los fieles que cometen delitos» (canon 1311).

Las penas canónicas pueden ser medicinales (censuras) y expiatorias. Entre las primeras sobresalen la excomunión y la suspensión (esta última sólo puede afectar a los clérigos). Entre las expiatorias son de mencionar los mandatos o prohibiciones de residencia en un lugar, la privación de derechos u honores, o de su ejercicio, y la expulsión del estado clerical. Por estar presidido el ordenamiento canónico por un sentido religioso profundo y una confianza especial en la autoridad, el principio de legalidad no tiene los contornos tan definidos como en el Derecho del Estado.

NOTAS Y COMENTARIOS

- Desde la perspectiva *iusnaturalista*, Víctor CATHREIN ha negado, aunque con matices, la coactividad como característica esencial del Derecho. Razona de la siguiente manera: «No entra la coacción en la definición del Derecho, no es algo esencial a él, no es un elemento constitutivo, sino, a lo más, una propiedad concomitante en conexión con la naturaleza y misión del Derecho» (*Filosofía del Derecho-El Derecho natural y el Derecho positivo*, trad. de JARDÓN y BARJA, Madrid, 1958, pg. 82). «Antes de toda coacción ya tienen sus (de la ley) súbditos el deber; pero como su realización es una exigencia necesaria del bienestar social, debe poder la autoridad exigir su cumplimiento, cuando voluntariamente no se hace por parte de los súbditos. (...) si la coacción viene tras el Derecho, teniéndolo como fin y como objeto, no será nunca un elemento esencial del mismo, sino algo que desde fuera se le asocia y viene en su ayuda» (pg. 85).
- La concepción de que *la* norma jurídica es coactiva ha gozado y goza de gran predicamento. Aparte de la posición kelseniana, sobre todo en la primera edición de su obra *Teoría pura del Derecho*, muchos son los testimonios que podrían citarse en ese sentido. Como muestra podemos mencionar a NAWIASKY, quien sostiene: «La norma es jurídica sólo en cuanto que la actuación en contrario, la antinormatividad, pone en movimiento la coacción, y precisamente una coacción externa organizada. La norma jurídica es una norma coactivamente equipada. La coacción externa organizada consiste en el doblegamiento de la voluntad del transgresor por medios externos, aplicados por personas autorizadas para ello. Por tanto, la norma jurídica se caracteriza por la específica naturaleza de las consecuencias del comportamiento antinormativo, por la clase de efectos que produce su infracción» (*Teoría general del Derecho*, Madrid, 1962, pg. 31).

EJERCICIOS

1. Comenta las diversas modalidades de la coactividad del Derecho y relaciónalas con el ejercicio potencial de la fuerza.

2. ¿Cómo es posible que, desde posturas iusnaturalistas y sociologistas, se llegue al mismo resultado de negar la coactividad como característica esencial del Derecho?

3. Razona, desde el ángulo iusnaturalista, la argumentación que subyace a la tesis negativista de la coactividad.

4. ¿Qué es el sociologismo jurídico?

5. Relaciona sociologismo jurídico y Sociología del Derecho.

6. Distingue entre «Derecho social» y «Derecho estatal», tal como lo hace el sociologista EHRLICH.

7. ¿Qué es el «Derecho vivo» para EHRLICH?

8. ¿Por qué, según EHRLICH, el Derecho vivo no es coactivo?

9. Relaciona la coactividad con la distinción entre «normas del obrar» y «normas de decisión».

10. Razona por qué no es aceptable la tesis de EHRLICH.

11. Enumera las posiciones afirmativas en punto a la coactividad del Derecho.

12. Resume en un folio la posición del sociologismo. Para ello consulta la obra de ROBLES, *Sociología del Derecho*, 1997, pgs. 105 y ss.

13. ¿Cómo entiende Tomás DE AQUINO el carácter sancionador de la ley en el marco de su global concepción iusnaturalista?

14. Describe la postura de la concepción homogénea de las normas jurídicas en relación con la coactividad.

15. Recuerda quiénes son los que defienden esa postura.

16. ¿Qué posición se mantiene en el texto?

17. ¿Cuál es tu propia opinión?

18. Relaciona las sanciones con el ordenamiento jurídico.

19. Enumera algunas sanciones internacionales, y coméntalas.

20. Haz lo mismo con la sanciones del Derecho canónico.

21. ¿Qué es el Derecho penal internacional?

22. ¿Sabes lo que pasó en el proceso de Nuremberg?

CAPÍTULO 12

POSITIVIDAD

LIX. POSITIVIDAD

Los comienzos del mundo europeo contemporáneo, que se datan convencionalmente a partir de la Revolución francesa y de las guerras napoleónicas, van a vivir también un cambio en la mentalidad jurídica. La reflexión sobre el Derecho abandona el marco especulativo de la doctrina del Derecho natural y se adentra en la tarea de teorizar lo jurídico desde la perspectiva de entenderlo como un *fenómeno* realmente existente en la vida de los pueblos. Si hasta entonces el pensamiento jurídico había sido fiel a la metafísica constructiva de la razón, ahora todo el esfuerzo se va a centrar en descubrir los orígenes y caracteres del Derecho existente. De la teorización sobre la esencia se pasa a la teorización sobre la *existencia* del Derecho. Por eso, si el *iusnaturalismo* se había centrado sobre el primero de los términos de la dualidad Derecho natural-Derecho positivo, a partir de esa época el núcleo de interés lo constituye el segundo, el Derecho positivo. Éste es el Derecho existente en la vida real de los pueblos. Es, además, un objeto «empíricamente» observable. La primera percepción es característica de la Escuela histórica del Derecho, fundada por SAVIGNY. La segunda se configura como una consecuencia casi ineludible de la visión «cientificista» (o «positivista») del mundo.

Ambas corrientes (positivismo jurídico e historicismo) transcurren por distintas sendas, pero con un objetivo común: mostrar en qué consiste la realidad existencial del Derecho, a la cual se califica con un nombre: *positividad*. Si para el positivismo lo positivo es, sobre todo, «lo puesto» mediante actos de voluntad, principalmente del legislador, pero también en una visión más ampliada, de otras autoridades creadoras de normas, para la Escuela Histórica el Derecho positivo es un resultado natural de la evolución social del pueblo, un segregado del «espíritu del pueblo» *(Volksgeist)*, según la expresión preferida por los románticos de la época.

En una etapa posterior, el impacto del pensamiento sociológico sobre el mundo jurídico desarrollará un concepto de positividad que entronca bien con la contemplación «popular» del Derecho, pero despojándola de toda la carga romántica que ésta conlleva. En abierto contraste con el llamado positivismo legalista y normativista, se abren paso en el siglo XX las llamadas concepciones sociologistas, que integran desde el movimiento del Derecho libre, con Ehrlich y Kantorowicz la cabeza, hasta los realismos jurídicos, especialmente el escandinavo, cuyos más destacados representantes son Ross y Olivecrona y que ostentan la característica de proclamarse a sí mismos como los verdaderos «positivistas»; y en cierto modo no les falta razón. Para todos estos autores, el Derecho no es norma, sino *hecho social*, y la positividad consiste precisamente en facticidad.

El positivismo jurídico (en sus distintas manifestaciones) ha subrayado la característica de la positividad como esencial al Derecho. Con ello, ha pretendido, sin duda, elevarla a rasgo básico de la *juridicidad*, con el efecto consiguiente de negar carácter jurídico al denominado Derecho natural. Si la juridicidad exige la positividad, y el Derecho natural no es «positivo», la conclusión es obvia: el Derecho natural no es Derecho. Sólo es Derecho el Derecho positivo. Ahora bien, vamos a ver a continuación cómo este concepto no es uniforme y de qué manera viene lastrado por elementos extraños a una consideración meramente formal del Derecho; lo que lo hace cuando menos discutible y dudoso en el contexto teórico en que suele ser tratado.

Primero nos encontramos con la versión del positivismo *legalista*. Llámase así a la concepción que surge pegada al fenómeno de la codificación en el Derecho privado y penal, y al fenómeno paralelo de las constituciones en el Derecho público. La ley es elevada a la categoría de fuente del Derecho por excelencia, hasta el punto que se identifica el Derecho con ella. Ésta es la mentalidad característica de la llamada Escuela francesa de la Exégesis, que dominará la mentalidad de muchos juristas durante el siglo XIX y buena parte del XX. El fundamento de esta «divinización» de la ley se encuentra en los dogmas ideológicos de la Revolución francesa. Si el legislador representa al pueblo soberano y canaliza la voluntad de éste (que Rousseau bautizó con la expresión *volonté générale*, «voluntad general»), entonces el resultado de su labor, que es la ley, ha de tener los caracteres de dicha voluntad, el ser infalible y perfecta. La sacralización de la ley es consecuencia de la sacralización de la voluntad general que la ley expresa por medio de la *voluntad del legislador*.

En el marco de esa mentalidad, se entiende que el Derecho «puesto» por el legislador no es sino la transcripción a letra impresa de los ideales normativos del Derecho natural de la Ilustración. Una vez alcanzado el poder por la burguesía liberal iusnaturalista, no cabía esperar sino que el Derecho natural, acuñado a espaldas del sistema jurídico del Antiguo Régimen, se tornara ley positiva, transformando la especulación de los tratados de Derecho natural en los artículos concretos de los códigos. El Derecho «positivo», exponente de la voluntad del pueblo, constituido en Estado, adquirió la cualidad de Derecho *justo*.

Nace así el mito de la identificación del Derecho con el Derecho *estatal*, que une las dos características de ser un Derecho justo (por provenir del Derecho natural a través de la voluntad general del pueblo) y de ser Derecho positivo («puesto» o escrito en la ley por un legislador omnisciente). El Estado se manifiesta a través del Derecho positivo (o sea, del Derecho legal), hasta el punto de que «positividad» viene a identificarse con «estatalidad». El Derecho positivo (legal) es el resultado de la actividad del legislador, que actúa como la figura central del Estado. Fuera de éste, no existe el Derecho.

Esta concepción ataca directamente a la línea de flotación del Derecho canónico, pero también a la del Derecho internacional, los cuales dejan de tener carácter jurídico *per se*, a no ser que sean reconocidos por el Derecho estatal, en cuyo caso serán Derecho en la medida y con los efectos que ese reconocimiento determine. En definitiva, el estatalismo propio de la concepción legalista niega carácter jurídico a todo ordenamiento que no sea estatal ya que consuma la ecuación *Derecho positivo igual a Derecho del Estado* puesto por el legislador omnisciente y todopoderoso.

Se trata, creo, de una concepción política del Derecho, que utiliza la noción de positividad para desplazar del campo de lo jurídico no sólo al Derecho natural, con lo que consigue «sacralizar» el Derecho legal establecido, sino que también desplaza a cualquier otro ordenamiento jurídico que no sea el estatal. Ahora bien, adscribir el Derecho exclusivamente al legislador estatal y al Estado, es una postura tan injustificable como adscribirlo a cualquier otra organización humana. Es, sencillamente, *el punto de vista de los juristas del Estado* el que pretende prevalecer sobre cualquier otra perspectiva. Más objetiva, por adecuada a la variada realidad, me parece la tesis pluralista, a la que se ha hecho referencia al comienzo de esta obra.

Por otra parte, el llamado «positivismo legalista» no supone una negación del Derecho natural, sino más bien su consumación o perfección, ya que, al hacerse «positivo», hace superfluo a aquél. En este aspecto, la positividad no se contrapone a la idea de Derecho natural, sino que se limita a hacerla realidad. El Derecho viene a convertirse en «Derecho natural positivizado», y la positivización, en el último momento de perfección del ideal iusnaturalista, que proporciona a éste un valor añadido: el valor de la *seguridad* de la letra impresa en los códigos. El legislador, al «poner» o «imponer» la ley, establece indubitablemente lo que *es* Derecho. La positividad es entendida como el acto del legislador de imponer la ley.

Desde posturas más estrictamente «cientificistas» se ha criticado este carácter iusnaturalista y «metafísico» del legalismo. Se ha dicho, no sin razón, que representa los ideales de la burguesía liberal que, una vez dueña del poder político, además del económico y social, impone sus propias concepciones jurídicas, acuñadas bajo el sello sagrado del Derecho natural, por medio de la codificación, hecha a su medida. En esta crítica se han conjuntado las posiciones propias del normativismo contemporáneo y las del llamado realismo (especialmente, el escandinavo).

El normativismo de la Escuela de Viena (no así el de BIERLING, quien sostiene inteligentemente la tesis pluralista) no abandona la concepción estatalista del Derecho, siendo uno de sus dogmas más conspicuos el de la *identidad de Derecho y Estado*; pero amplía el concepto de lo jurídico, al integrar en él no sólo a la ley, sino también al resto de las normas que configuran el ordenamiento. A la hora de contestar a la cuestión de qué es la positividad del Derecho cae, sin embargo, en concepción parecida a la del legalismo, ya que sostiene que las normas son siempre resultados de *actos de voluntad*. La positividad adquiere así una clara coloración *psicologista*, que contrasta gravemente con la pretensión de presentar una teoría «pura», meramente formal, del Derecho.

Es más, como hemos estudiado en lecciones precedentes, la «existencia» de las normas es condicionada por su eficacia, esto es, por una cualidad que no radica en ellas mismas, sino que supone una observación de los comportamientos reales y, en definitiva, de la realidad social circundante. Con lo cual, la existencia real del Derecho (que no otra cosa es la positividad) se vincula fuertemente no sólo a un conjunto de actos de voluntad (en el momento del nacimiento de la norma), sino también a un conjunto de actos que atestigüen sin dejar lugar a duda la eficacia social. Si el primer requisito introduce el psicologismo en el esquema de una teoría que se presenta como «formal», el segundo exige la comprobación *sociológica*.

Todo ello nos hace pensar que el concepto de «positividad» está más ligado al campo de las ciencias factualistas (Psicología, Sociología) que al propio de la teoría formal del Derecho.

Esta impresión se acentúa si se consultan las obras de los realistas escandinavos, para quienes el planteamiento «normativista» no es suficientemente «positivista», puesto que, según dicha Escuela, éstos siguen anclados en la metafísica de los conceptos jurídicos, sin dar el paso definitivo de sustituirlos por conceptos psicológicos y sociológicos.

Esta sustitución es lo que se propone Ross al cambiar el concepto de «Derecho válido» por el de «Derecho vigente». Según sus propias palabras:

> «El concepto de vigencia involucra dos puntos: parcialmente, el acatamiento regular y externamente observable de una pauta de acción, y, parcialmente, la experiencia de esta pauta de acción como una norma socialmente obligatoria» (*On Law and Justice*, Londres, 1958, trad. de CARRIÓ, 2ª ed., Buenos Aires, 1970, pg. 37).

Como puede apreciarse, en esta cita aparecen los dos elementos destacados antes: el sociológico (la efectividad real de la norma, objeto de observación externa) y el psicológico (la manera en que la norma es «sentida» como socialmente obligatoria). El Derecho positivo se transforma, de esta manera, en el Derecho «vigente», esto es, efectivo y sentido como obligatorio socialmente. La positividad, para los realistas, se traduce en un conjunto de hechos de distinto carácter. Transforman el concepto jurídico en una noción psicosociológica.

Mi opinión (ya expuesta en *Sociología del Derecho*, cit., pgs. 84 y ss.) es que parece más apropiado reservar ese concepto de vigencia social para esta disciplina: la Sociología jurídica. La vigencia constituye el modo de «estar social» del Derecho, su implantación real en una determinada sociedad. Pues bien, la positividad también encaja mejor si la consideramos en el marco de la disciplina sociológico-jurídica, ya que dicho concepto se refiere al conjunto de condiciones sociales o psicosociales que permiten la existencia social del Derecho. Sea «puesto» el Derecho por «imposición» de una autoridad como el legislador, o por un conjunto de autoridades, o sea «puesto» por vía consuetudinaria, lo cierto es que todo el fenómeno de la positividad se resuelve en un conjunto de hechos generadores de normas, entiéndase esos hechos como meras conductas o comportamientos externos o como hechos psíquicos de acatamiento interno. La positividad es así un concepto sociológico y, por consiguiente, escapa a la consideración meramente formalista de la Teoría del Derecho. Cierto es que ésta, en su proceder, tiene como objeto de referencia a los distintos ordenamientos jurídicos que están o han estado vigentes (en este último caso, p. ej., el Derecho romano), y por ello son ordenamientos positivos. Pero su tarea no es describir las condiciones sociales de su existencia, sino meramente su configuración interna de carácter formal o lógico-lingüística.

Desde la dimensión de la pragmática del lenguaje jurídico, resulta algo obsoleto decir que las normas son el resultado de actos de voluntad. Como ya se ha notado en este volumen, y volveremos sobre ello en la parte correspondiente a la teoría de la decisión jurídica, desde la perspectiva de la Teoría comunicacional las normas son resultado de actos de habla, y es desde esa perspectiva desde la que es preciso analizarlas; se deja así a la Psicología y a la Sociología jurídicas el cometido de ver su relación con la voluntad real de los hombres, si tal cosa es enteramente posible. Expresiones tales como «voluntad del legislador», o «voluntad del juez», no dejan de ser sino metáforas para entender en términos naturalistas el fenómeno del surgimiento de las normas. No digamos nada de las más comunes aún de «voluntad del Estado» o «voluntad del pueblo», de colorido y significado claramente ideológico. La Teoría comunicacional del Derecho ha de tener como referencia permanente el lenguaje de los juristas y analizarlo en sus diversas facetas, desvinculándolo del estudio de los conceptos que tratan de describir la implantación social del Derecho, entre los que destaca el de positividad.

EJERCICIOS

1. ¿Qué significa que, a comienzos de la Edad Contemporánea, se cambia la perspectiva de la reflexión sobre el Derecho, centrándola en el problema de su «existencia»?

2. ¿Por qué en esta época se empieza a considerar al Derecho positivo como el «Derecho empíricamente observable»?

3. Averigua en qué consiste el romanticismo jurídico propio de la llamada Escuela Histórica del Derecho.

4. Explica el significado del término «positividad» en el contexto del positivismo y del historicismo.

5. Especifica los términos generales en que el positivismo enfoca el problema de la positividad.

6. Caracteriza el positivismo legalista.

7. Averigua qué es la Escuela francesa de la Exégesis, y cuáles son sus postulados.

8. ¿Cómo entiende la positividad esta Escuela?

9. Demuestra el carácter político del positivismo legalista.

10. En mi *Introducción a la Teoría del Derecho*, 6ª ed., Barcelona, 2003, mantengo la tesis de que el positivismo legalista es una forma de iusnaturalismo; ¿sabrías razonar por qué?

11. ¿Cuáles son las consecuencias, para el Derecho internacional y el Derecho canónico, que se derivan del concepto de positividad propio del legalismo?

12. ¿Qué quiere decir la expresión «punto de vista del jurista del Estado»?

13. ¿En qué consiste la positividad del Derecho para el normativismo vienés?

14. Describe la postura del realismo jurídico escandinavo sobre el concepto de positividad.

15. Razona por qué se afirma en el texto que el normativismo vienés se aparta de sus propios postulados.

16. Explica los motivos de la crítica a Ross en el tema de su concepción de la positividad.

17. Caracteriza la vigencia social del Derecho en el marco disciplinar al que corresponde dicha noción.

18. Razona por qué la positividad del Derecho es un concepto que pertenece a la Sociología del Derecho y no a la Teoría del Derecho.

19. ¿Cómo se compagina la tesis de que la Teoría del Derecho se elabora teniendo a la vista los ordenamientos vigentes o que han tenido vigencia, con la tesis de que el concepto de vigencia y el de positividad no pertenecen a la Teoría del Derecho, sino a la Sociología jurídica?

20. Resume en un folio lo que has estudiado en este libro, reduciéndolo a las ideas básicas.

CAPÍTULO 13

PODERES Y DEBERES EN EL DERECHO

LX. LOS PODERES JURÍDICOS

A lo largo de las páginas anteriores hemos tratado varias veces de los poderes que el Derecho concede a los sujetos como una de sus manifestaciones normativas. Recordar estos pasajes te vendrá ahora muy bien para enlazar con esta lección y la siguiente, en las que me propongo proporcionar un cuadro general de lo que son los poderes en el Derecho. Nos encontramos aquí con uno de los verbos más problemáticos, en el sentido de que sus acepciones y correspondientes usos lingüísticos son múltiples, por lo que será necesario afinar un poco en nuestro análisis.

«Poder» tiene, en primer lugar, un significado referido a la realidad natural o física. En frases tales como las siguientes empleamos dicho verbo como equivalente a capacidad o posibilidad física: «este caballo sí puede llevar esa carga», «este automóvil no puede ir a cien por hora, es muy viejo y si aprietas el acelerador un buen rato seguro que se estropea», «no puedo correr más, estoy extenuado», «dentro de media hora puedo estar ahí, espérame». En estos ejemplos el sujeto es capaz o no lo es, desde un punto de vista físico, de realizar una acción determinada. De quien es capaz físicamente de realizar una acción determinada decimos que le es posible realizarla; a quien no es capaz le negamos esa posibilidad. Se trata obviamente de una capacidad o posibilidad física. No implica que el sujeto realice efectivamente la acción, sino tan sólo que es capaz de realizarla. Que la realice o no, dependerá de varios factores, como son su propia voluntad, la ocasión propicia o no para ello, que no se le oponga una fuerza superior, y quizás otras. Si yo puedo levantar una piedra de 40 kilogramos, pero no quiero hacerlo porque no me gusta mancharme el traje o porque no me agrada hacerme el forzudo ante los demás, por mucho que pueda, no realizaré la acción. «Poder» significa pues que *en potencia* soy sujeto de la acción de que se trate, aunque en acto no la realice. Por este motivo, muchas veces se emplea la palabra «potencia» como sinónimo de «poder». Así decimos «tiene una gran potencia física», o «sexualmente es impotente debido al accidente de coche que tuvo», o cuando hablamos de las «grandes potencias» en referencia a los Estados que tienen un gran poder económico y militar.

También utilizamos el verbo «poder» y sus derivados en referencia a situaciones de carácter psíquico. Si oímos a una persona que con gesto preocupado exclama: «¡esto ya no lo puedo aguantar!», y nos explica a continuación que está siendo objeto de acoso laboral *(mobbing)* en su oficina, extraemos de inmediato la conclusión de que su poder o capacidad psíquica está en el límite y que, si las cosas no cambian, abandonará su trabajo por no poder soportar los desprecios de que es objeto diariamente. Una persona que demuestra fortaleza psíquica ante una desgracia es aquella que es capaz de sobrellevarla y de adaptarse a la realidad. Para realizar determinadas acciones o llevar un régimen de vida de tensión es preciso estar dotado de un poder psíquico suficiente. Al igual que decimos que una persona es «fuerte» o «débil» en el aspecto físico, así podemos aplicar esos adjetivos a sus caracteres psíquicos.

Junto a ese «poder» o «potencia» en sentido activo, también se utilizan estas palabras en su sentido pasivo, como cuando decimos: «los hombres somos mortales, lo que quiere decir que, además de ser seguro que moriremos, podemos morirnos en cualquier momento», o «si vas tan deprisa puedes chocar con alguien», o «si continúas así puedes caer en una depresión grave». En este tipo de frases el uso del verbo «poder» también implica posibilidad o capacidad de un sujeto en el terreno físico-psíquico; pero a diferencia de los casos anteriores, en ellas el sujeto no realiza una acción sino que es o puede ser objeto de la misma. «Ser mortal» no es un poder en el sentido activo de la palabra, sino que es una «potencia» en el sentido de que es una característica de los hombres, que significa que tenemos esa capacidad de tipo pasivo.

Los usos descritos del «poder» o «potencia» implican, todos ellos, la idea de *posibilidad*, dentro de ésta a veces también la de probabilidad. Si alguien puede levantar una carga es porque le es posible hacerlo. Si una persona puede morir es porque en una situación dada es posible que muera (e incluso probable). Esa idea de posibilidad (que incluye a veces probabilidad) la expresamos con frecuencia mediante el verbo «poder», como cuando decimos «mañana puede que llueva», «puede que Juan haya llegado ya», o «puede que el hombre llegue pronto a Marte».

En resumidas cuentas, el poder en su sentido naturalista (físico y psíquico) es equivalente a la capacidad para hacer o soportar algo físico o psíquico. Tiene un sentido activo o pasivo, que se deduce del conjunto del texto en que aparece la palabra. Indica asimismo en todos sus significados una idea de posibilidad. Ahora bien, ese poder físico o psíquico, en sí mismo considerado, no tiene significado jurídico alguno. Sólo en los casos en que sea contemplado por textos jurídicos adquirirá dicho significado y se transformará en algo jurídicamente relevante. Pero el poder o la potencia física y psíquica en sí mismas, aisladas de toda otra consideración, no pertenecen a ningún ámbito jurídico, sino al ámbito de la naturaleza físico-psíquica.

Junto a ese poder de naturaleza físico-psíquica tenemos los poderes que conceden los órdenes normativos, como el Derecho, la moral, los usos sociales, las normas religiosas y los juegos. Ahora nos centraremos exclusivamente en los poderes en el ámbito jurídico, en el Derecho.

También en el Derecho el poder tiene los dos significados que hemos destacado antes, el activo y el pasivo. El significado activo se refiere básicamente a las acciones que un sujeto es capaz de realizar. El pasivo, a las acciones de las que un sujeto puede ser objeto.

Ejemplos del poder en sentido activo: «Sempronio, al ser mayor de edad, puede vender la casa de la que es propietario», «el Parlamento puede legislar», «el Gobierno puede subir los impuestos porque tiene mayoría en el Congreso de los Diputados». Ejemplos del poder en sentido pasivo: «Cayo puede ser sancionado por aparcar en lugar prohibido», «al deudor se le puede exigir la deuda», «a los ciudadanos les pueden subir los impuestos». Me centraré ahora tan sólo en los poderes jurídicos en su sentido activo.

El primer poder con el que nos encontramos en los ordenamientos jurídicos estatales es el que se denomina *soberanía.* Aunque es una expresión que ha caído algo en desuso en el lenguaje ordinario, al Estado se le suele denominar también el Estado soberano. Como cualidad estatal quiere decir que el poder del Estado es supremo en un determinado territorio y sobre unas determinadas personas (sus ciudadanos), de tal modo que no reconoce otro poder superior.

El concepto de soberanía se acuña en el siglo XVI, al despertar de los Estados nacionales europeos (España, Francia, Inglaterra), y se atribuye su teorización al francés Jean Bodin (1530-1596) en su libro *Les Six Livres de la République (Los Seis Libros de la República),* publicado el año 1576.

En la versión latina de este libro se define así la soberanía *(maiestas): «Summa in cives ac subditos legibusque solutas potestas»,* esto es: «Poder (potestad) supremo, no sometido a leyes, sobre ciudadanos y súbditos». Y en la versión francesa a la *souveraineté* se la define así: *«puissance absolue et perpétuelle d'une république»,* o sea: «Poder (potencia) absoluto y perpetuo de una república». Teniendo en cuenta que «república» significa «Estado», y conjuntando ambas definiciones nos encontramos con la siguiente definición: La soberanía es el poder (potestad) supremo, absoluto (esto es, no sometido a leyes) y perpetuo de un Estado sobre ciudadanos y súbditos.

Bien es cierto que Bodin, como buen católico, no puede aceptar que el Estado no esté sometido a las leyes que Dios ha dictado a los hombres así como a las tradiciones francesas más profundas y el respeto esencial a los ciudadanos. Por lo cual ese poder supremo que es la soberanía conoce algunos límites infranqueables. Primero, la ley de Dios y de la naturaleza. Segundo, el derecho constitucional de Francia, en especial, las leyes de sucesión al trono y la integridad territorial. Tercero, la propiedad privada de los ciudadanos.

No vamos a hacer ahora la historia del concepto de soberanía, una de las nociones de la Teoría del Estado de mayor enjundia y que ha experimentado una evolución paralela a la del Estado mismo. Baste decir ahora que el concepto de soberanía resume muy bien el poder total del Estado, que engloba a todos los poderes que se den dentro de él. En el mundo actual decir que el Estado es soberano equivale a afirmar que, desde el punto de vista jurídico, no está sometido a ningún otro poder como no sea al Derecho internacional. De estas cuestiones he tratado en mi libro *Pluralismo jurídico y relaciones intersistémicas*, Thomson-Civitas, Cizur Menor (Navarra), 2007.

Ahora bien, el término «Estado» lo podemos utilizar, y de hecho se ha utilizado, en muy diversos sentidos, de los cuales sobresalen dos: a) como sinónimo de comunidad humana constituida política y jurídicamente con carácter autónomo, en cuyo caso el poder estatal integraría no sólo los poderes institucionales sino todos los demás, incluidos los de los ciudadanos; y así, tú y yo, y las personas que nos rodean seríamos Estado y, como tales, nuestros poderes jurídicos concretos serían poderes estatales, y nosotros en definitiva una especie de funcionarios; y b) como aparato institucional integrado por los tres poderes: el legislativo, el ejecutivo y el judicial.

Esta segunda acepción es la que vamos a seguir aquí a la hora de analizar tanto los poderes del Estado como los de los individuos. Mientras que en la primera de las acepciones se ve a los individuos como metidos dentro del Estado en todo momento, son Estado, y sus actos se interpretan como actos de órganos del Estado o funcionarios, en la segunda acepción se maneja un concepto más reducido al aspecto institucional, lo cual hace que se contemple la relación entre Estado e individuos como una relación que transparenta cierta tensión.

A los poderes de los órganos supremos del Estado (en el caso de España: Corona, Cortes Generales, Gobierno y Poderes judiciales supremos, básicamente Tribunal Supremo y Tribunal Constitucional) los llamaremos *poderes supremos* del Estado o *prerrogativas supremas*, en atención a que en sus respectivas competencias no conocen poderes superiores dentro del propio Estado. Así, el Rey es el jefe supremo de las fuerzas armadas y, por tanto, en ese ámbito no tiene por encima de él un poder superior. Las Cortes, y sólo ellas, pueden legislar por lo que en esa competencia de promulgar leyes no tienen por encima un poder que las limite, como no sea la Constitución. Y lo mismo puede decirse del Gobierno y de los Tribunales superiores, cada uno de ellos en sus respectivos marcos competenciales. El conjunto de estos poderes supremos es expresión de la soberanía estatal. Están regulados por la Constitución y, en su caso, por las leyes y reglamentos que completan los preceptos constitucionales.

En el llamado Estado absoluto esos poderes o prerrogativas supremas estaban en manos del monarca, quien era la encarnación viva de la soberanía. En el Estado democrático la soberanía reside en el pueblo, como última instancia decisora de la constitución, pero una vez establecida ésta con su consentimiento formal, si bien sigue siendo el titular de la soberanía puede decirse que apenas la ejerce ya que ha transmitido (precisamente a través de la constitución) su ejercicio real a los poderes supremos del Estado. Éstos se organizan en tres: el poder legislativo, que reside en el Parlamento; el ejecutivo, que reside en el Gobierno y en el resto de la Administración (recuerda que aquél forma la cúspide de ésta); y el poder judicial, que reside en los jueces, los cuales al estar organizados jerárquicamente concretan su poder supremo en las máximas instancias judiciales.

Cada uno de estos poderes supremos tiene un ámbito competencial que, en nuestro caso, viene determinado por las normas constitucionales y algunas leyes (normalmente, leyes orgánicas) que completan el contenido de dichos preceptos constitucionales.

A los poderes públicos en general, tanto supremos como los subordinados a éstos, se les suele llamar *potestades*.

Así el máximo poder legislativo, que reside en el Parlamento tiene la potestad legislativa (habría que añadir: «suprema»). Cuando el poder legislativo se ha descentralizado, como sucede en España, entonces dicha potestad suprema reside en los diversos Parlamentos: el Parlamento nacional y los Parlamentos de las Comunidades Autónomas. A todos estos Parlamentos se les reconoce una potestad suprema en sus respectivas competencias legislativas.

Los poderes de las Administraciones públicas se despliegan en un conjunto de potestades administrativas. Según que el Estado esté descentralizado o no, así será el cuadro de potestades.

De los jueces se dice que tienen la potestad jurisdiccional.

¿Qué implica este concepto de potestad? Implica varios aspectos que hay que tener en cuenta. Primero, la potestad sugiere la idea de función. Un órgano del Estado que tiene la potestad de promulgar leyes es que tiene esa función de tal modo que el Estado sólo puede funcionar si la cumple. En segundo lugar, y como consecuencia de la idea de función, la potestad supone también la idea de deber. Los funcionarios cumplen, o deben cumplir funciones, de ahí –se podría pensar– el nombre de «funcionarios», y las potestades que tienen no son sino otros tantos poderes para poder cumplir los deberes correspondientes a las funciones. Bien es cierto que todo órgano del Estado suele tener un marco competencial abierto que le permite distintas posibilidades de actuación. Pero no lo es menos, y éste sería el tercer aspecto, que sus actuaciones han de estar presididas por el objetivo de servir al interés general. El deber jurídico del funcionario no es perseguir en su función pública sus propios intereses sino atender al bien común o interés general.

A pesar de que las potestades se suelen reservar para los poderes de las instituciones y órganos del Estado, también se emplea el término para determinados poderes que el ordenamiento prevé en el marco de relaciones de Derecho privado. Tal es el caso de la *patria potestad*. Ésta es en efecto una potestad (y no un derecho subjetivo) porque en ella se dan, aunque no en el ámbito público, sino en el familiar, las notas que hemos destacado antes. La patria potestad es una función (un «oficio» en el sentido antiguo) que tiene su razón de ser en la necesidad de que los hijos menores de edad sean cuidados y educados por sus padres y, en su defecto, por un tutor. Por tanto, la patria potestad es un poder que está, por decirlo así, al servicio de los deberes jurídicos que los padres o el tutor tienen con respecto al hijo o a la persona objeto de tutela. Por último, la patria potestad se ejerce en interés del menor, y no en interés de los padres o del tutor. La pertenencia de esta institución al Derecho privado tiene su explicación en que el hecho básico de la familia, que es el matrimonio, es una relación jurídica privada, basada en el consentimiento personal de los cónyuges.

En definitiva, las potestades son poderes que el ordenamiento jurídico concede a determinados individuos (órganos de personas jurídicas de carácter público, padres y tutores) para que éstos cumplan sus funciones, esto es, sus deberes jurídicos. En la potestad el individuo tiene poder porque tiene deberes. Incluso los poderes supremos del Estado (la Corona, el Parlamento, el Gobierno, el Tribunal Supremo y el Tribunal Constitucional) tienen deberes jurídicos, que son los establecidos por la Constitución.

Comprendo muy bien que te gustaría que me extendiera más en el punto de la organización interna del Estado, pero eso nos alejaría demasiado de nuestro propósito actual. El estudio de la organización del Estado como forma política soberana corresponde, más que a nuestra disciplina, a la Teoría del Estado y a la Filosofía Política. Al fin y al cabo, el Estado, desde un punto de vista jurídico, viene a ser un ordenamiento (o como diremos después, un ámbito) jurídico junto a otros ordenamientos que no son estatales. El hecho de que de vez en cuando nos detengamos algo en aspectos que afectan a los Estados se debe a que en nuestro mundo actual éstos representan la forma más acabada de los ordenamientos jurídicos.

Toda potestad conlleva una *competencia*, que es el conjunto de posibilidades de acción atribuidas al titular de dicha potestad. La competencia marca el círculo de acciones posibles que corresponde al poder público. Ahora bien, las acciones posibles pueden ser lícitas e ilícitas.

En lecciones precedentes, al hablar de las normas potestativas, ya tratamos de esta cuestión (te recomiendo que releas la lección XXX). Por tanto, aquí no voy a hacer otra cosa que recordar lo que entonces dije, aunque en un contexto diferente. Entonces tratamos este asunto en el marco de la teoría de las normas, y ahora lo estamos tratando en el de los conceptos jurídicos universales (formales). El engarce entre ambos prismas es muy patente: las potestades son establecidas en cada ordenamiento jurídico por normas potestativas, cuyo verbo característico es el verbo *poder*. Ahora bien, este verbo, como estamos viendo tiene múltiples acepciones, por lo que hay que tener cuidado con él.

Toda potestad consiste en que, a quien la tiene, el ordenamiento jurídico le señala un marco de acciones posibles. Ese marco recibe el nombre de competencia. Así, el Parlamento tiene la competencia de legislar, esto es, de realizar actos de decisión legislativa. Decimos entonces que el Parlamento puede legislar. Pero ¿puede legislar sin límite alguno? Planteada esta pregunta de otra manera: cuando el Parlamento legisla ¿todos sus actos de decisión legislativa pueden ser calificados de lícitos? La respuesta es clara: no todos los actos posibles del Parlamento pueden ser calificados como lícitos. Aquellas leyes que atenten contra la Constitución no serán lícitas, esto es, no estarán «justificadas» desde el punto de vista del Derecho positivo. Por eso, el Tribunal Constitucional las declarará inválidas. ¿Le es posible al Parlamento dictar una ley inválida? Naturalmente que le es posible. La prueba es que las ha dictado en el pasado. ¿Puede el Parlamento promulgar leyes anticonstitucionales? Esta pregunta tiene una respuesta que, en principio, es ambigua: depende de cómo se entienda el verbo «poder». Si lo entendemos como sinónimo de «ser posible», entonces hay que contestar afirmativamente, el Parlamento «puede» promulgar leyes anticonstitucionales (esto es, ilícitas, porque todo lo que es anticonstitucional es ilícito) en el sentido de que le «es posible», y la prueba, como digo, es que las ha promulgado. Sin embargo, si entendemos el verbo «poder» con otro significado más restringido, esto es, como sinónimo de *estar autorizado*, entonces diremos que el Parlamento no está autorizado a promulgar una ley anticonstitucional justamente por atentar contra la Constitución. O sea, que el Parlamento «puede» (en el sentido de que le es posible jurídicamente hablando) dictar una ley inconstitucional, pero no puede (en el sentido jurídico de que no está autorizado) para dictar una ley semejante.

Tenemos entonces que el verbo *poder* tiene dos significados jurídicos netamente diferentes aunque conectados. El primero, como sinónimo de «conjunto de posibilidades de acción», engloba tanto las acciones lícitas como las ilícitas. El segundo, como conjunto de posibilidades de acción lícitas, recorta al primer conjunto descartando las ilícitas, y corresponde a las acciones autorizadas.

NOTAS Y COMENTARIOS

– Aristóteles, en *Categorías* (capítulo 8) se refiere a las *potencias* como determinados sentidos de las cualidades. Dice que la cualidad es «aquello que nos obliga a decir de los seres, que son en cierto modo». Señala que la palabra «cualidad» tiene muchos sentidos. Así, la capacidad y la disposición. La primera es mucho más durable que la segunda. «Una segunda especie de cualidad es la que hace que digamos, por ejemplo, que los hombres son susceptibles de ser luchadores o corredores, de estar sanos o enfermos; en una palabra, todo lo que es denominado en vista de la potencia o impotencia *física*». En la metafísica aristotélica es muy relevante la distinción entre *potencia* y *acto*. Aunque el planteamiento de Aristóteles se enmarca dentro de la ontología, tiene también cierta aplicación a los conceptos normativos. Todo ente, viene a decir Aristóteles, puede ser en acto o en potencia. Así, una semilla de roble es en acto una semilla de roble, y en potencia, un roble. La potencia implica una forma de ser que está conectada con la idea de posibilidad. Quizás la semilla concreta nunca llegue a ser árbol porque las condiciones externas no lo permitan, pero en dicha semilla está la posibilidad de ser árbol, de tal modo que si tuviera las condiciones externas adecuadas, llegaría a serlo. Esta concepción, como digo, es de carácter ontológico, aplicable a los seres en general. Y también puede aplicarse a los «entes jurídicos». Todo poder jurídico implica, en efecto, una potencia, es decir, una posibilidad de ser en acto. La potencia supone que se concretará en actos. Quizás ocurra que una potencia concreta no se manifieste en actos, pero su cualidad es que tiene en sí misma esa posibilidad. Te recomiendo la lectura del Libro noveno de la *Metafísica* de ARISTÓTELES.

– Sobre Jean BODIN y su idea de la soberanía puedes leer: George H. SABINE, *Historia de la Teoría Política,* traducción de Vicente HERRERO, Fondo de Cultura Económica, México/Buenos Aires, 3ª ed., 1965, hay ediciones posteriores, pgs. 297-307. También Antonio TRUYOL Y SERRA, *Historia de la Filosofía del Derecho y del Estado. 2. Del Renacimiento a Kant,* Alianza Universidad Textos, 3ª edición, Madrid 1995 pgs. 145 y ss., y bibliografía citada en pg. 162.

– Sobre la ambigüedad del verbo *poder,* hay que subrayar que otros idiomas poseen dos verbos diferentes para las dos acepciones que hemos señalado en el texto: poder como «ser posible», y poder como «estar autorizado». Así en alemán: *ko nnen* y *dürfen,* en inglés *can* y *may.* Con el verbo *ko nnen* se expresa no sólo lo que físicamente le es posible realizar a un determinado sujeto (en el sentido que tiene la palabra en la frase «Juan puede levantar una piedra de 40 kg»), sino asimismo lo que es *jurídicamente* posible. Para demostrar que en el idioma germano existe un «*ko nnen* jurídico» podría remitirme a varios textos de ilustres juristas. Por razón de espacio me permitiré traducir tan sólo un pasaje de Georg JELLINEK. Dice así: «Este *poder jurídico (rechtliches Ko nnen)* está en aguda oposición al estar permitido *(Dürfen).* No sería correcto decir que al incapaz no le está permitido *(dürfe)* celebrar un contrato, más bien no puede celebrarlo (*kann* es vielmehr nicht), haga lo que haga no celebrará un contrato. El supuesto negocio jurídico, que ha celebrado, no existe, en sentido jurídico ha realizado una acción nula» (*System der subjektiven öffentlichen Rechte,* 2ª reimpresión de la 2ª edición Tübingen 1919, Scientia Verlag Aalen 1979, pg. 47).

EJERCICIOS

1. ¿Cuál es la finalidad de esta lección?

2. Pon ejemplos de frases en las que se aplique el verbo «poder» a la capacidad física para hacer algo.

3. Relaciona «poder» y «potencia».

4. Pon ejemplos de frases en las que se aplique el verbo «poder» a la capacidad psíquica.

5. Distingue poder (o potencia) en sentido activo y en sentido pasivo.

6. Explica la conexión entre poder (potencia), posibilidad y probabilidad. Pon ejemplos aclaratorios.

7. ¿Por qué razón el poder físico o psíquico, considerado única y exclusivamente en sí mismo, es irrelevante para el Derecho? ¿Cuándo se transforma en relevante?

8. Pon ejemplos de poder –en su sentido activo y en su sentido pasivo– en el ámbito del Derecho.

9. Recuerda y comenta el concepto de soberanía de Jean BODIN.

10. ¿Por qué razón crees que BODIN, en su definición de soberanía, hace alusión a «ciudadanos y súbditos»? ¿Cuál puede ser el sentido de esta distinción?

11. Distingue las dos acepciones fundamentales del concepto «Estado».

12. ¿Qué son los poderes supremos del Estado? ¿Cuáles son en España dichos poderes?

13. ¿Qué relación hay entre el pueblo, los poderes supremos del Estado y el concepto de soberanía? Contesta esta pregunta distinguiendo los dos supuestos: Estado absoluto y Estado democrático.

14. ¿Qué son las potestades? Pon ejemplos.

15. Define las potestades administrativas. Pon ejemplos.

16. Haz lo mismo con las potestades jurisdiccionales.

17. Explica en qué consiste la patria potestad.

18. ¿Por qué razón la patria potestad es una institución que pertenece al Derecho privado y no al Derecho público?

19. Relaciona: potestad, función, deber jurídico e interés general.

20. Define el concepto de competencia.

21. Analiza la dualidad semántica del verbo «poder» en su sentido jurídico.

LXI. MÁS SOBRE PODERES JURÍDICOS

Concluíamos la lección anterior subrayando el doble significado que tiene el verbo «poder» en el Derecho. Toda potestad, decíamos, es un poder con una competencia, es decir, un poder de realizar un conjunto de acciones posibles. Esas acciones no todas son lícitas. Las ilícitas también forman parte de las posibilidades de acción del individuo o individuos que tienen la potestad. En ese sentido, dicho individuo o dichos individuos pueden realizar acciones que también son ilícitas. Ese poder es equivalente a que, jurídicamente, les es posible la realización de esas acciones. Del conjunto de las acciones posibles, que forman todo el conjunto de acciones propias de la competencia de una *autoridad*, hay un subconjunto de acciones ilícitas y otro subconjunto de acciones lícitas. Este último subconjunto, el de las acciones lícitas, es el que es objeto del segundo significado del verbo poder, como sinónimo de «estar autorizado». La autoridad que goza de una potestad está autorizada para realizar las acciones lícitas, pero no las ilícitas.

Podemos preguntar: ¿Le es posible a un juez dictar sentencia prevaricadora? La respuesta no puede ser otra que ésta: naturalmente que le es posible. Es más, sólo los jueces pueden dictar sentencias prevaricadoras, por la sencilla razón de que sólo ellos pueden dictar sentencias. Segunda pregunta: ¿Está autorizado un juez a dictar sentencia prevaricadora? Sabemos también la respuesta: de ninguna manera, un juez no está autorizado a dictar una sentencia prevaricadora. O sea, puede (en el sentido de serle posible) pero no puede (en el sentido de no estar autorizado) dictar sentencia cometiendo prevaricación.

La prevaricación consiste en dictar sentencia injusta (en el caso del juez) o emitir una resolución injusta (en el supuesto del funcionario de la Administración) a sabiendas de que es injusta. Es un delito, tipificado por tanto en el Código Penal, que exige dolo, pero cuya dificultad probatoria es evidente. Ésta puede ser una de las causas por la que el Derecho administrativo ha creado una figura más flexible para regular actos resolutivos de funcionarios que, sin ser estrictamente prevaricadores, infringen de alguna manera el ordenamiento jurídico. Me refiero a la figura de la *desviación de poder*. Este concepto, de origen francés *(«detournement de pouvoir»)*, es aplicable a las actuaciones de los órganos de la administración pública que no están justificados desde el punto de vista del interés general, sino que se orientan a dar ventaja a intereses particulares en detrimento de aquél.

Los actos que constituyan desviación de poder también forman parte del conjunto de actos posibles del órgano administrativo, pero no de los actos lícitos. Por ello, el ordenamiento prevé el recurso de anulación del acto o actos que incidan en ese defecto. Este recurso de anulación, como su nombre indica, se dirige, dentro de la jurisdicción contencioso-administrativa, a lograr la nulidad del acto que se estima defectuoso (junto a la desviación de poder como causa justificativa de la anulación del acto, este recurso está previsto contra aquellos actos que adolezcan de incompetencia por parte del órgano emisor, defecto de forma o procedimiento y, en general, infracción de ley).

Hasta ahora nos hemos referido a los poderes propios de los órganos del Estado. Estas mismas consideraciones que hemos hecho, o similares, son aplicables a los órganos de cualquier otro ordenamiento jurídico (Derecho de la Unión Europea, Derecho de la Iglesia, Derecho internacional, etc.). Pero aquí, por motivos de concisión expositiva, no vamos a entrar en este asunto. Sí nos proponemos a continuación perfilar en unas cuantas pinceladas lo relativo a lo que puede ser considerado el concepto paralelo al de potestad, referido en este caso a los individuos. Me refiero al concepto de *derecho subjetivo*. En esta lección no vamos a estudiar a fondo dicho concepto, que será abordado en próximas exposiciones. Mi propósito es aludir a los derechos subjetivos en este contexto general de estudio de los poderes jurídicos de que estamos tratando ahora. Pues el objeto de esta lección es contemplar en vista panorámica cómo el Derecho organiza los diversos tipos de poder.

Sí es necesario, sin embargo, dar una noción previa del derecho subjetivo que nos permita deambular con soltura por el camino que nos hemos propuesto.

Derecho subjetivo es el derecho del sujeto (persona). Es un poder concreto y organizado por el ordenamiento jurídico que éste concede y garantiza a un sujeto dejando su ejercicio a su libre voluntad.

El sujeto del derecho subjetivo es la persona, tanto física como jurídica. Así, Juan, como persona física es titular de derechos subjetivos. Y lo mismo puede decirse de una sociedad mercantil. Por eso se llama subjetivo, porque es el Derecho, la norma, pero en cuanto se pone a disposición de un sujeto para otorgarle un poder.

Ese poder que las normas jurídicas otorgan al sujeto no es un poder cualquiera sino que se trata de un poder concreto y organizado por las normas mismas. Lo que quiere decir que las normas del Derecho prevén cómo se adquiere el derecho subjetivo de que se trate, cuál es su contenido típico, cómo se transforma, cómo se transmite, y en qué condiciones se extingue o desaparece. No es, por tanto, un poder que el sujeto se invente como un producto de su imaginación o de su conveniencia, sino un poder previsto por el ordenamiento y que éste pone a disposición del sujeto.

La ley regula, como digo, el contenido concreto de cada tipo de derecho subjetivo. Ese contenido es el marco de actuación del titular del derecho y comprende todo el conjunto de acciones posibles. Pero, al igual que en el caso de las potestades, también sucede con los derechos subjetivos que el marco de acciones posibles integra tanto las lícitas como las ilícitas. Hay que realizar, por tanto, una operación similar.

El conjunto de las acciones que constituyen el marco propio, o contenido, del derecho subjetivo (equivalente a la competencia en el caso de las potestades) integra dos subconjuntos: el subconjunto de las acciones lícitas y el subconjunto de las acciones ilícitas.

Pensemos, por ejemplo, en la propiedad. El derecho subjetivo de propiedad es un poder concreto organizado por el Derecho positivo. El sujeto tiene ese poder, lo que se traduce en que puede realizar un conjunto de acciones, de las cuales las lícitas son las *facultades*, y las ilícitas se compendian bajo el nombre de *abuso de derecho.*

Entre las lícitas sobresalen la facultad de usar la cosa, si se trata de una vivienda la de habitarla, si se trata de una finca rústica la de cultivarla, la facultad de edificar, la facultad de donar la cosa, de gravarla (con hipoteca si es inmueble, con prenda si es mueble), de venderla, de alquilarla, etc. Todas estas facultades y otras que no he mencionado conforman en principio el contenido del derecho subjetivo como acciones que se presumen lícitas. Pero puede ocurrir que al ejercer alguna de ellas se esté atentando contra un principio jurídico, esto es, contra una idea de justicia que el ordenamiento encarna.

Así, por ejemplo, Sempronio tiene derecho a edificar en su finca (dentro de los límites que imponen las leyes, entre otras cosas la de respetar la altura exigida y otras condiciones). Sempronio es dueño de una finca rústica bastante amplia, pero, mire usted por dónde, resulta que construye una barbacoa justo en el lugar que es el más adecuado para que los humos puedan invadir la casa de su vecino, Cayo, con el cual tiene una relación manifiestamente mejorable. Cayo, al ver las obras, protesta, pero Sempronio le dice que él construye en su finca lo que le viene en gana, y añade que su abogado le ha dicho que «quien usa de su derecho no causa daño a nadie». Cayo, no satisfecho con la situación, acude a los tribunales, y éstos fallan a su favor argumentando que hay un ejercicio legítimo y un ejercicio ilegítimo de los propios derechos, y que habida cuenta de que Sempronio pudo haber construido su barbacoa en lugar alejado de la casa de Cayo, y siendo así que no adquiere ningún beneficio especial para sí mismo por edificarla cerca de dicha casa y que causa un daño evidente a este último, se está en presencia de un abuso del derecho subjetivo de propiedad.

Al igual que en la potestad, también en referencia al derecho subjetivo puede verse el doble uso del verbo «poder».

En el sentido más amplio, como conjunto de posibilidades de acción, el poder del derecho subjetivo de Sempronio integra tanto las acciones lícitas como las ilícitas (abuso de derecho). Es evidente que sólo Sempronio puede abusar de su derecho, y no el resto de las personas que, al no tener el derecho subjetivo, es imposible que abusen de él. Pero, por otro lado, el tribunal viene a decirle que esa acción de construir la barbacoa en lugar que fastidie al vecino, pudiéndola construir en lugar apartado de la casa de éste, no es una acción lícita sino ilícita, por ser abuso de derecho, y que por consiguiente no está autorizado por el ordenamiento jurídico para construir en ese sitio la barbacoa y que, en el supuesto de haberla construido ya, deberá derribarla.

Lo que para las potestades se denominaba «desviación de poder», para el derecho subjetivo se llama «abuso de derecho». En ambos casos nos encontramos ante un ejercicio del poder que se desvía claramente de la finalidad que el ordenamiento persigue al otorgar potestades o derechos.

Tanto en las potestades como en los derechos subjetivos nos encontramos ante manifestaciones del poder jurídico perfiladas por las normas de Derecho de un modo concreto, pues establecen el marco de la acción y determinan igualmente aquellas acciones que, perteneciendo a dicho marco, están prohibidas por ser ilícitas. Cuando tratemos de los derechos subjetivos más específicamente volveremos a abordar este asunto del abuso del derecho. Pero con lo dicho hasta aquí en esta lección basta para nuestro propósito. Veamos ahora otras modalidades del poder jurídico que no son ni potestades ni derechos subjetivos.

El verbo «poder» con sentido jurídico lo empleamos, además de para las potestades y los derechos, para los *permisos.*

Los permisos pueden ser concretos o determinados y generales o indeterminados. Un ejemplo de la primera especie es el permiso que tienen las personas que se encuentran en un aeropuerto de fumar en el espacio acotado para ello. Un ejemplo de la segunda especie es el permiso que tiene cualquier persona para pasear libremente por la calle. En el primer caso el permiso se encuentra especificado al máximo, ya que los fumadores sólo disponen de un espacio reducido para fumar. Fuera de ese espacio, fumar está prohibido. En el segundo caso el permiso es indeterminado ya que no se nos dice a qué calles afecta nuestra libertad de movernos, sino que se formula de un modo general (en el caso de que se formule, lo cual en las leyes no suele ser lo habitual).

Los verdaderos permisos son los del primer tipo. Los del segundo tipo pueden interpretarse como permisos, pero también existe la posibilidad de concebirlos como «silencios del Derecho».

El verdadero permiso, el concreto, consiste en exceptuar a una o varias personas de un deber jurídico general. Si a esa persona o a esas personas no se las excluyera del deber, tendrían que cumplir éste como todos los demás. Así, el permiso adquiere su pleno sentido tan sólo por su conexión con un deber del cual se libra la persona a la que se le concede. En el ejemplo de antes, todas las personas que se encuentran en un momento dado en el aeropuerto tienen el deber jurídico (si no lo cumplen pueden ser multados) de abstenerse de fumar, *excepto* aquellas que se sitúen en el espacio habilitado para fumadores. La prohibición pesa sobre todos aquellos que se encuentren en las dependencias del aeropuerto, *menos* sobre los que se encuentren en un espacio, normalmente pequeño, señalado expresamente para fumadores. Si no se hubiera impuesto el deber general de no fumar para el conjunto del aeropuerto, carecería de sentido decir que en un espacio concreto sí se podía fumar. El permiso adquiere su sentido en conexión con un deber jurídico, del cual aquél excepciona. Por lo general, los permisos suelen tener carácter transitorio. El pasajero abandona pronto la zona de fumadores y pasa a las dependencias del aeropuerto para coger su vuelo; desde el momento que abandona aquella zona deja de tener el permiso.

En el ejemplo de los fumadores la determinación del permiso se concreta merced a una delimitación de un espacio. No son éstas o aquellas personas, en virtud de sus cualidades personales o de su conducta, las que son objeto del permiso, sino cualquiera que se introduzca en el espacio habilitado para fumar. Otras veces, la determinación del permiso se hace por otros medios. Una enfermedad hace que el médico conceda la baja laboral, la cual es un permiso que dura mientras transcurre la enfermedad y que habilita al trabajador a no acudir justificadamente a su trabajo. Un soldado que tiene un examen de Teoría del Derecho (además de soldado es estudiante) pide un permiso a sus superiores y éstos le conceden una mañana libre para que pueda desplazarse a la Facultad y realizar la prueba. Sea cual sea el medio por el que se delimitan las personas a las que se concede el permiso, el efecto jurídico es siempre el mismo: la exclusión de un deber.

Por lo general, los permisos concretos se solicitan por quien quiere disfrutar de ellos. Es uno de los casos en que los ruegos o solicitudes tienen relevancia jurídica. Muchos permisos sólo son posibles previa petición, por el sencillo motivo de que quien tiene poder para concederlos no puede hacerlo si no conoce la situación. Difícilmente el capitán de la compañía concederá permiso al soldado para que vaya a examinarse si ignora esa circunstancia.

Los que hemos llamados permisos generales o indeterminados, como puede ser el «permiso» que tengo yo ahora mismo de dejar de escribir esta lección y de irme a la calle a callejear, a comprar el periódico o a tomarme una cerveza con un amigo. Muchos autores tienen la tendencia a considerar que esas libertades generales son también permisos, mientras que otros –no menos numerosos– estiman que es exagerado hablar de tales permisos y que lo que hay en tales casos es sencillamente que el Derecho calla.

Los que afirman la primera tesis arguyen un principio de alcance general: «lo que no está prohibido está permitido». Dicho de otro modo: todo aquello que el Derecho no me prohíbe mediante sus normas, me lo permite, puedo hacerlo. Esta postura suele llamarse la tesis de la *norma jurídica de clausura*. A su tenor, el ordenamiento jurídico contemplaría absolutamente todas las conductas posibles, unas prohibiéndolas y otras permitiéndolas. Aquellas conductas que no fueran objeto de una regulación por las normas del Derecho positivo vendrían reguladas de cualquier forma por esa norma jurídica implícita, llamada de clausura porque cierra el ordenamiento allí donde éste calla en lo explícito. La norma de clausura sería una norma jurídica de carácter general que el ordenamiento no precisa formular por presuponerla; sería una norma implícita.

Aplicando al pie de la letra esta tesis de la norma jurídica de clausura, yo tendría que decir refiriéndome a hoy: ¡Qué generoso es el ordenamiento jurídico español que me ha permitido que me haya levantado a la hora que he querido (no muy temprano, porque ayer, que era sábado, tuve una cena con amigos y lo pasé francamente bien, cosa que agradezco de nuevo a mi ordenamiento jurídico, que me permitió cenar en compañía de personas a las que aprecio, y además también me permitió disfrutar del jamón de Jabugo y del vino Rioja que nos obsequiaron los anfitriones), y además debo decir que estoy muy contento con mi ordenamiento porque me permite que siga escribiendo esta lección, hoy domingo por la mañana, y también me permite que dentro de unos minutos deje de escribir y salga de casa a correr un poco (poco realmente porque uno no está para muchos trotes, y aún así mi ordenamiento me lo permite), incluso me permite que a la vuelta me tome un aperitivo en la taberna de la esquina, ¡oye, qué ordenamiento tengo que me permite tantas cosas y además sin decir una palabra, qué maravilla!

Podrás comprender que muchos autores han estimado que sostener la tesis de la norma jurídica de clausura era una prueba contundente de excesivo amor al ordenamiento jurídico. Esos autores, algo más escépticos que los optimistas que defienden la citada norma, son de la opinión de que todo exceso es patológico y que incluso en el amor hay que ser moderados, máxime cuando el objeto erótico sea una cosa tan fría (¿o no?) como un ordenamiento jurídico.

Por eso, los autores críticos con la norma de clausura han propuesto otra tesis, menos entusiasta pero quizás más realista: la tesis del *espacio jurídico vacío*. Según esta concepción, cuando el Derecho calla, porque no dice nada ni explícita ni implícitamente, entonces sencillamente calla. El silencio del ordenamiento lo podemos interpretar subjetivamente como libertad, incluso como permiso, pero eso no nos da pie para considerarlo como un verdadero permiso desde un punto de vista objetivo. La tesis del espacio jurídico vacío defiende, en definitiva, la idea de que hay actos jurídicamente indiferentes. Desde la perspectiva del Derecho no es que esos actos estén permitidos sino que, sencillamente, no son actos con relevancia jurídica, que es lo mismo que decir que no son actos jurídicos. Aunque un sujeto los pueda vivir como una manifestación de libertad que le otorga el ordenamiento, su sentido objetivo es otro.

NOTAS Y COMENTARIOS

- Sobre la desviación de poder véase el libro de Carmen CHINCHILLA, *La desviación de poder*, con Prólogo de Jesús LEGUINA VILLA, Ed. Civitas, Madrid 1989. Esta autora sostiene, con razón, que la desviación de poder no sólo puede tener lugar por un acto o actividad de la administración, sino asimismo por una inactividad.

EJERCICIOS

1. Haz un esquema de la lección, relacionando su contenido con el de la lección anterior.

2. Pon en relación los siguientes conceptos: poder, potestad, autoridad y derecho subjetivo.

3. Explica en qué consiste la *desviación de poder*.

4. Busca en un tratado de Derecho administrativo una exposición de la desviación de poder y resúmelo en medio folio.

5. Define el *derecho subjetivo,* y explica los diversos componentes de la definición.

6. ¿Puede una sociedad de responsabilidad limitada ser sujeto titular de un derecho subjetivo? Razona la respuesta.

7. Relaciona potestades y derechos subjetivos, resaltando sus semejanzas y sus diferencias.

8. ¿Qué son las facultades, en relación con un derecho subjetivo? Ayúdate de un ejemplo para explicarte.

9. Comenta en qué consiste el *abuso de derecho.*

10. Pon ejemplos de abuso de derecho y razona por qué constituyen abuso.

11. Aplica a los derechos subjetivos el doble significado del verbo «poder».

12. Relaciona «desviación de poder» y «abuso de derecho».

13. Diferencia entre los *permisos* concretos o determinados y los generales o indeterminados.

14. Pon ejemplos de permisos concretos.

15. ¿Qué relación hay entre los permisos concretos y los deberes jurídicos? Razona la respuesta apoyándote en los ejemplos que has puesto en el ejercicio anterior.

16. Argumenta como si tú defendieras la tesis de la *norma jurídica de clausura.*

17. Argumenta como si tú defendieras la tesis del *espacio jurídico vacío.*

18. ¿Cuál de las dos tesis te parece más convincente? Da razones que apoyen tu respuesta.

LXII. LOS DEBERES EN EL DERECHO

Si el verbo «poder» nos ha proporcionado algunos quebraderos de cabeza, y también, ¿por qué no decirlo?, cierta satisfacción intelectual, no menos quebraderos ni, espero, menos satisfacción intelectual te va a proporcionar el análisis del más tradicional de los verbos normativos, el verbo «deber». Para su análisis partiremos, como ya estás acostumbrado, del uso ordinario del lenguaje, para después hacer nuestra incursión en los significados de este verbo en algunos órdenes normativos y especialmente en el Derecho.

Al igual que sucede con la palabra «poder», que es verbo y sustantivo, también la palabra «deber» es verbo y sustantivo. Las normas potestativas mediante el verbo «poder» conceden poderes, esto es, básicamente, potestades y derechos subjetivos. Las normas deónticas, por su parte, mediante el verbo «deber» imponen deberes.

En el uso del lenguaje ordinario, el verbo «deber» lo utilizamos para formular frases que implican una suposición. En estos casos normalmente lo empleamos añadiéndole la partícula «de». Por ejemplo si digo: «Cayo no me habla, debe de estar enfadado conmigo por lo que le dije el otro día». En esta frase recojo un hecho, que Cayo no me habla, y emito una suposición o hipótesis de por qué razón no me habla. Si digo: «Darío no vino a la reunión, deben de haberle presionado», estoy emitiendo una suposición, que en este caso es una sospecha.

La segunda acepción característica del verbo «deber» se refiere al señalamiento de una causa o motivo en afirmaciones más contundentes que las que son meras hipótesis, suposiciones o sospechas. Así, decimos: «La dilatación del mercurio en el termómetro se debe a la acción del calor corporal». El «se debe a» lo empleamos como vínculo entre una causa y un efecto. La causa, en el ejemplo, es la acción del calor y el efecto, la dilatación del mercurio.

En tercer lugar, la forma condicional del verbo, «debería», la empleamos para expresar nuestros deseos de algo, ya sea ese algo un fenómeno de la naturaleza, un comportamiento propio o ajeno, o un ideal. Ejemplos: «mañana vamos de excursión, debería hacer bueno» (anhelo de que se produzca un fenómeno natural, el buen tiempo), «yo debería ser más abierto con la gente» (reconozco que soy algo tímido y expreso mi deseo, más o menos firme, de dejar de serlo), «deberías dedicar más tiempo a hacer ejercicio» (deseo bajo forma de recomendación a otra persona), «esta sociedad nuestra es una sociedad de cotillas, deberían prohibirse los *reality shows*» (el hablante critica un aspecto de la sociedad y expresa su deseo de que ese aspecto cambie para que la sociedad sea mejor de lo que es).

Cuarto significado. Una forma característica del verbo «deber» en su forma reflexiva («me debo a», «te debes a», etc.) es la que expresa un compromiso serio con una actividad, una vocación o unas personas. Así, cuando decimos: «el médico se debe a su profesión», «el profesor se debe a sus alumnos». Esta acepción implica la idea de dedicación abnegada a algo o alguien, y tiene un carácter marcadamente moral. A pesar de este carácter moral, las normas morales no se expresan bajo esta forma reflexiva. El «deberse a» es muchas veces una reformulación de normas morales relativas a un ámbito de la vida bajo el prisma del sujeto que las acepta como un aspecto importante de su compromiso personal con lo que le rodea.

Por último, el verbo «deber», como ya has estudiado, es el verbo que mejor expresa el significado profundo de las normas deónticas. Éstas se llaman precisamente así porque su función consiste en imponer deberes.

Los conjuntos u órdenes normativos son varios: junto al Derecho, la moral, los usos sociales, las normas religiosas y las reglas de los juegos. Todos estos conjuntos prevén deberes, pero éstos tienen una significación diferente en cada uno de ellos. Lo peculiar de estos órdenes es que, como sabemos, forman conjuntos articulados de normas, algunas de las cuales, o todas, son normas deónticas, esto es, expresivas de deberes. Cuando la preferencia lingüística que expresa un deber aparece aislada no estamos en presencia de una norma sino de una recomendación o quizás de un consejo (te remito a la lección sobre las directivas).

Desde el punto de vista de la antropología cultural creo que se puede sostener que el origen del concepto y del sentimiento del deber se encuentra en la religión. DURKHEIM diría que se encuentra en la sociedad, lo cual ciertamente es indiscutible, pues todo lo humano tiene su raíz social, también la religión. Hay que tener en cuenta que en las sociedades primitivas se desconoce la separación entre los diversos órdenes normativos. No sucede como en la nuestra. Nosotros concebimos como separados –aunque relacionados– dichos órdenes normativos. Sabemos que la moral no se confunde con la religión, ni ambas con el Derecho. Pero esto no es así en las sociedades primitivas e incluso en aquellas que no han experimentado el nivel de especialización funcional que caracteriza nuestra sociedad occidental del último siglo. Numerosos son los estudios que han demostrado la naturaleza religiosa o sagrada de las instituciones básicas, no sólo en sociedades primitivas, sino asimismo en la occidental (recuérdense las investigaciones de FUSTEL DE COULANGES o de HÄGERSTRÖM sobre el origen religioso de las instituciones jurídicas griegas y romanas).

El deber nace como un sentimiento religioso, como una vinculación subordinada a la divinidad. Por eso, cuando una sociedad ve debilitados los vínculos religiosos el sentimiento del deber empalidece y se resquebrajan también los vínculos entre los individuos. En la concepción religiosa, la infracción del deber es el pecado y el sentimiento por haberlo cometido, la culpa. No puede extrañar, por tanto, que una sociedad como la nuestra, caracterizada por la pérdida del sentimiento religioso, haya perdido asimismo el sentimiento de la culpa. Te invito a observar la cantidad de veces que personajes públicos (políticos, artistas y famosos varios) declaran sin tapujos que no se arrepienten de nada de lo que han hecho en su vida. Dicen esto con un sentimiento de autocomplacencia verdaderamente sorprendente, pero que es una prueba paladina de la laxa manera de entender sus deberes.

En la historia de la filosofía jurídica el concepto de deber ha ocupado un papel prominente. Aquí no podemos hacernos cargo de ella, ya que éste no es un libro de historia, pero sí es necesario tener en cuenta la gran línea argumental que la ha presidido y de la cual ya hemos hecho referencia en otras lecciones. Me refiero al hecho de que, teniendo la filosofía jurídica sus raíces intelectuales en la teodicea y en la teología, ha sufrido una evolución en dos fases: la fase de «desteologización» y la fase de «deseticización».

En la filosofía de la Edad Media, dominada por la Escolástica, la filosofía es entendida como *ancilla theologiae*. Los conceptos morales y jurídicos tienen su acuñación y fundamento en los conceptos teológicos. El de deber se desarrolla en el seno de la llamada Teología moral. Ésta disciplina, en cuanto tiene como finalidad explicar la verdad revelada, pero como «moral» penetra en el terreno de los deberes no sólo religiosos sino de todo tipo. El deber jurídico, en este marco de pensamiento, es una consecuencia del deber moral, cuando no se identifica pura y simplemente con él; por su parte el deber moral es pensado como una prolongación del deber religioso. En último término los deberes jurídicos son también deberes morales y religiosos, por lo que obligan en conciencia. Esto supone que dichos deberes jurídicos, impuestos por el poder de la sociedad constituida políticamente en Estado, tienen que estar en consonancia con la ley natural. Pues, en caso contrario, si los sedicentes deberes jurídicos que impone el ordenamiento jurídico positivo se muestran en grave contradicción con la ley natural y los deberes naturales que ésta impone, entonces es evidente que no habrá que obedecerlos, sino más bien desobedecerlos. Aunque se acepta la distinción entre Derecho y moral, se defiende su íntima conexión, y se hace de esta última el fundamento de aquél. Por este motivo, el deber general de obediencia al Derecho, que en general propugna la Escolástica, es un deber moral y tiene su fundamento en el carácter moral del Derecho. Cuando éste demuestra en alguna de sus facetas esenciales que no es así, sino que, por el contrario, el poder político ha impuesto una ley injusta y, por consiguiente, deberes inmorales, lo cual es una *contradictio in terminis*, entonces lo que se propugna es la desobediencia, esto es, lo que hoy llamamos objeción de conciencia y resistencia civil. Algunos escolásticos llegan a defender incluso la rebelión contra el poder tiránico que impone un Derecho inmoral, especialmente los partidarios del tiranicidio.

Como consecuencia de la Reforma protestante y del triunfo de la mentalidad individualista propia del Renacimiento, la filosofía moderna comienza un camino desligado de la teología. Si la filosofía anterior del Medioevo había logrado un difícil equilibrio entre la *auctoritas*, propia de la revelación, y la *ratio*, propia del pensamiento libre, con el triunfo de la postura de DESCARTES en la filosofía general y de GROCIO en la filosofía jurídica comienza el período del idealismo racionalista.

DESCARTES se plantea con radicalidad el problema del ser partiendo de la duda. Viene a decir: dudo de todo y por sistema (es lo que él denomina la duda metódica), pero de lo que no puedo dudar es de que dudo. Así encuentra DESCARTES su punto de partida cierto para filosofar: no puedo dudar de que dudo y, por tanto, no puedo dudar de que pienso. *Cogito ergo sum*: pienso luego existo. El punto de partida de la filosofía no es el cosmos, ni la divinidad, ni el ente, sino mi conciencia pensante. DESCARTES representa el adanismo intelectual, muy propio de la Edad Moderna: La filosofía no debe partir de una tradición cultural ni de verdades que se dan por aceptadas sin un examen crítico. La filosofía debe partir del propio «yo», de la propia razón. Aunque DESCARTES era católico, su filosofía, expresión de la mentalidad de la época, rompe con la teología para emprender su propio camino.

La figura del protestante Hugo GROCIO representa, en el terreno del pensamiento propiamente jurídico, ese desapego de la teología. Para este autor, el Derecho natural es un conjunto de principios racionales que tienen validez por sí mismos incluso aun cuando se supusiera que Dios no existe, hipótesis que GROCIO rechaza con toda contundencia. Su argumento es muy claro en la línea del llamado Derecho natural racionalista. La razón humana es el instrumento imprescindible para conocer las verdades éticas, cuya bondad no depende sino de sí mismas. El bien es bien, y el mal es mal, independientemente de cualquier otra circunstancia, como puede ser que Dios exista o no. No se trata de negar la religión, pues GROCIO es un creyente convencido sino de hacerla independiente de la moral. El contenido del Derecho natural es ético y, como tal, no está supeditado a ninguna forma de creencia religiosa. Dicho de otro modo: se sea protestante o católico, el acceso a la *iuris naturalis scientia* es el mismo: la razón.

Para entender plenamente este fenómeno de «desteologización» o secularización del pensamiento hay que tener en cuenta no sólo los hechos que pueden considerarse científicos (descubrimientos en la física y en la astronomía, por ejemplo) propios de la época, sino asimismo la situación que vivía Europa de continuas guerras de religión. Si durante la Edad Media, la religión cristiana había sido el eficaz cemento de unión de toda la civilización occidental, tras la aparición del protestantismo, al romperse la unidad religiosa, se cuarteó también aquel cemento. Se abrieron en él fisuras tremendas que durarían demasiado tiempo. No es entonces nada extraño que los autores buscaran apoyar sus ideas en un fundamento distinto a la religión. Encontraron dicho fundamento en la razón, que estimaron común a todos los hombres con independencia de su credo religioso.

Aunque una buena parte de la literatura jurídica siguió manteniendo su conexión con los presupuestos teológicos, otra parte no menor se desligó definitivamente de ella. Puede afirmarse que ésta es la que representa el paradigma de la Modernidad. El fenómeno de la «desteologización» o secularización afectó a todas las ramas del conocimiento, pero muy especialmente a aquellas que tenían como finalidad la reflexión sobre los problemas de la moral y el Derecho.

Lo que no se rompió fue la conexión íntima entre ética y Derecho. Los problemas jurídicos, desligados ya del enfoque teológico, mantuvieron una conexión estrecha con la ética; hasta tal punto que para el iusnaturalismo propio de la época –el iusnaturalismo racionalista– la ciencia del Derecho era la ética en cuanto aplicada a los problemas de la convivencia. El deber se transforma en un concepto moral, desprendido por principio del carácter religioso de antaño. Y el deber jurídico no es en el fondo otra cosa que el deber moral en cuanto que tiene aplicación a las relaciones sociales. Los deberes jurídicos son considerados como una especie de deberes morales. El mandato divino, que estaba en la base del deber en la mentalidad religiosa, se sustituye por el imperativo de la conciencia.

Con el positivismo, propio del siglo XIX comienza la segunda fase a que me he referido, la fase de «deseticización» del pensamiento jurídico. El positivismo jurídico es, como sabemos, un nombre genérico para designar un conjunto de tendencias cuyo lugar común es que la ciencia jurídica tiene por objeto conocer el Derecho realmente vigente en las sociedades, y no la especulación sobre cómo debería ser el Derecho, que es lo que hacen los pensadores iusnaturalistas. El punto en común de todas las corrientes que se consideran a sí mismas positivistas es su crítica al iusnaturalismo. Esta crítica pone en entredicho tanto al iusnaturalismo de corte teológico como al de corte eticista, esto es, al moderno o racionalista.

El positivismo se propone separar el Derecho de la moral, acuñar los conceptos jurídicos con independencia de los conceptos morales. Para el positivista una ley injusta es Derecho aunque sea inmoral, y es tan Derecho como lo es una ley justa.

Se suele afirmar que para el positivismo el Derecho no tiene contenido moral, lo cual supone una mala interpretación de sus postulados. El positivista no defiende que la ley no tenga contenidos morales (esto es, contenidos que no puedan ser enjuiciados moralmente): lo que defiende es que el contenido –moral o inmoral– es independiente de su carácter jurídico. Desde el positivismo se puede afirmar, sin faltar a sus axiomas, que el Derecho constituye «el mínimo ético» (tal es la conocida tesis de Georg JELLINEK), en atención a que normalmente un ordenamiento jurídico garantiza los valores imprescindibles para la convivencia.

Ese doble proceso de «desteologización» y «deseticización» del pensamiento jurídico conduce en definitiva a la defensa de una ciencia jurídica independiente de la teología y de la ética. Ambas son consideradas manifestaciones de las ideologías (esto es, del pensamiento «interesado» y, por tanto, «sospechoso»), y por eso se promueve su exclusión del seno de una ciencia verdaderamente objetiva (esto es, «no interesada» y por tanto «no sospechosa») del Derecho.

Lo que no han tenido tan claro los positivistas es si en esta labor de construir una ciencia jurídica independiente deberían asimismo desprenderse de los métodos de otras ciencias, como la Sociología y la Psicología. De ahí que, dentro del positivismo, haya habido un enriquecedor debate entre, por un lado, quienes defendían que la ciencia del Derecho debía manejar los instrumentos de otras ciencias «empíricas» como las citadas y los que, por otro, sostenían la tesis contraria: la tesis de la necesaria depuración también respecto de esas ciencias. Estas posturas se han traducido en la discusión, permanente desde hace dos siglos, entre sociologistas y psicologistas, por una parte, y normativistas, por la otra. Para los primeros la realidad empírica de los conceptos jurídicos es o bien una realidad social o bien una realidad psíquica. Los normativistas, por el contrario, tienden a tratar los conceptos jurídicos como tales, con independencia de la realidad social o psíquica. En ello son más coherentes estos últimos ya que hacen posible una verdadera autonomía de la ciencia del Derecho respecto de las demás. Éste es justamente el objetivo de la teoría pura del Derecho, la cual entiende los conceptos jurídicos como conceptos universales de carácter formal, que son presupuestos por todos los ordenamientos jurídicos.

En el marco de la Teoría comunicacional del Derecho distinguimos tres planos en el análisis de los conceptos: el plano de la teoría formal, el plano de la dogmática jurídica y el plano de la teoría de la decisión. El primero se refiere a los conceptos universales que, por tener esta cualidad, son asimismo conceptos formales aplicables a cualquier sistema jurídico. El plano de la dogmática es diferente, pues en ella todo va referido a un ordenamiento jurídico, con lo cual los conceptos jurídicos en este nivel sólo pueden relacionarse con el ordenamiento del que se trate. Por último, en el campo de las decisiones jurídicas, habrá que hacer diferenciaciones varias: junto a conceptos formales de carácter universal –como el de decisión constituyente–, hay otros que se refieren a un ordenamiento concreto o varios, pero que no tienen aquel carácter general, como puede ser el de decisión legislativa o el de resolución administrativa. Es cierto que todos los sistemas jurídicos modernos manejan ambos conceptos pero no ocurre así en otros que pertenecen al pasado. Por último, en la teoría «material» de la decisión lo que se maneja no es tanto un concepto sino una noción valorativa, como cuando se trata de decidir la cuestión de a qué realidades humanas se le debe aplicar la palabra «persona», con todo lo que ello implica, o cuáles son los deberes jurídicos que un ordenamiento debe imponer. Como puede apreciarse, la cuestión de los conceptos jurídicos es todo menos una cuestión sencilla, pues conceptos los utilizamos siempre que teorizamos, pero depende en qué nivel se mueva nuestro acto de teorización para que los conceptos tengan una u otra naturaleza.

Nosotros nos movemos ahora, como sabes, en el terreno de la teoría formal del Derecho, que constituye una de las partes de la Teoría comunicacional, y cuyo objeto es la investigación de los conceptos jurídicos formales o universales. En este sentido, la teoría formal tiene el mismo propósito que la teoría pura del Derecho, aunque se diferencia de ésta en dos aspectos muy relevantes. Primero, se diferencian en que la teoría pura pretende agotar todo el programa de una Teoría del Derecho, mientras que para la Teoría comunicacional la teoría formal es una de sus partes. Segundo, mientras que la teoría pura es fundamentalmente positivista y ontologista (recuérdese la diferencia que establece entre «el mundo» del ser y «el mundo» del deber ser), la teoría formal, como parte de la Teoría comunicacional, es una concepción hermenéutico-analítica, que sostiene que el sistema es una construcción textual del ordenamiento y que analiza los componentes de aquél en términos lingüísticos, tanto funcional como morfológicamente.

NOTAS Y COMENTARIOS

- Émile DURKHEIM (1858-1917) es considerado uno de los fundadores de la Sociología. Influido en muchas de sus ideas por las «ciencias morales» (antiguo nombre de lo que hoy llamaríamos «ciencias sociales») alemanas, sostuvo que todos los fenómenos, incluidos los religiosos, tenían una explicación social. Famoso es, desde esa perspectiva, su aserto de que Dios no es otra cosa que la representación personificada de la sociedad misma, y que los individuos, al adorar y rendir culto a la divinidad, sea ésta cual sea, adoran y rinden culto a la sociedad en la que viven y de la que forman parte (esta idea ya fue adelantada por G. SIMMEL). También le influyó Numa Denis FUSTEL DE COULANGES (1830-1889), de quien fue alumno en la *École Normale Superieure* (París). Este autor se dedicó al estudio de las instituciones de la Antigüedad griega y romana y escribió un libro, con el que alcanzó renombre, *La cité antique* (1864). De esta obra hay versión en español: *La ciudad antigua. Estudio sobre el culto y las instituciones de Grecia y Roma*, traducción de José Manuel VILLALAZ, y estudio preliminar de David MORENO, Editorial Porrúa, México, 1971. Entre las obras de DURKHEIM destacan *La división del trabajo social* (1893), *Las reglas del método sociológico* (1895), *El suicidio* (1897) y *Las formas elementales de la vida religiosa* (1912).

- A lo largo de su obra FUSTEL DE COULANGES subraya la enorme influencia de las ideas y de las creencias en el nacimiento y desarrollo de las instituciones jurídicas. La introducción de *La ciudad antigua* lleva por título «Sobre la necesidad de estudiar las más antiguas creencias de los antiguos para conocer sus instituciones». En esta introducción podemos leer: «La historia de Grecia y Roma es testimonio y ejemplo de la estrecha relación que existe siempre entre las ideas de la inteligencia humana y el estado social de un pueblo. Reparad en las instituciones de los antiguos sin pensar en sus creencias, y las encontraréis oscuras, extrañas, inexplicables (...). Pero frente a esas instituciones y a esas leyes, colocad las creencias: los hechos adquirirán en seguida más claridad, y la explicación se ofrecerá espontáneamente. Si, remontando a las primeras edades de esa raza, es decir, al tiempo en que se fundó sus instituciones, se observa la idea que tenía del ser humano, de la vida, de la muerte, de la segunda existencia, del principio divino, adviértese una relación íntima entre estas opiniones y las reglas antiguas del Derecho privado, entre los ritos que emanaron de esas creencias y las instituciones políticas. La comparación de las creencias y de las leyes muestra que una religión primitiva ha constituido la familia griega y romana, ha establecido el matrimonio y la autoridad paterna, ha determinado los rangos del parentesco, ha consagrado el derecho de propiedad y el derecho de herencia. Esta misma religión, luego de ampliar y extender la familia, ha formado una asociación mayor, la ciudad, y ha reinado en ella como en la familia.» (pg. 2).

– DESCARTES (1596-1650) es conocido, sobre todo, por su obra *Discours de la méthode (Discurso del método)*, del año 1637. A la par que obra filosófica, tiene un cierto carácter autobiográfico. Su autor va describiendo en ella el camino intelectual que ha seguido hasta encontrar la clave de su filosofía. El propósito fundamental de DESCARTES es encontrar un punto de apoyo seguro para el pensamiento. Ese punto de apoyo no puede encontrarse fuera del hombre, ni en las opiniones de los demás, por muy autorizadas que sean, ni en la realidad sensible; pues las primeras pueden estar equivocadas y las segundas pueden ser efecto del engaño de los sentidos. La duda metódica consiste en la actitud de poner todo en tela de juicio, en no dar nada por cierto si no hay una demostración segura de ello. Por eso, después de dar unas cuantas vueltas sobre las posibles realidades de cuya certeza pudiese dudar, llega DESCARTES a la conclusión de que no existe ninguna y de que por consiguiente su duda permanece constante. Ahora bien, añade, de lo que no puedo dudar es de lo que dudo. Dudar es una manera de pensar. *Je pense, donc je suis: pienso luego existo.* No puedo dudar de esa realidad incuestionable que, como tal, tiene que servirme de punto de partida del filosofar. La conciencia pensante individual desplaza a la actitud «objetivista» anterior, que no iba del yo a las cosas, sino de las cosas al yo. Desplaza igualmente el conocimiento «no racional», esto es, el no demostrable de la misma o similar manera a como se demuestran las matemáticas. En definitiva, el racionalismo individualista inaugura en el terreno filosófico lo que venía estando en el ambiente de la época: el triunfo de la razón individual, esto es, del individualismo.

– Hugo GROCIO (1583-1645), gran intelectual de vida azarosa, escribió muchas obras entre las que destaca su *De iure belli ac pacis (Del Derecho de la guerra y de la paz)*, publicado en 1625. En los *Prolegomena* a esta obra escribe su famosa sentencia: «Todo lo que hemos dicho hasta ahora [se refiere al contenido del Derecho natural] subsistiría de cualquier modo igualmente incluso si admitiéramos –cosa que no puede hacerse sin cometer una impiedad gravísima– que Dios no existe o que no se ocupa de los asuntos humanos» *(etiamsi daremos, quod sine summo scelere dari nequit, non esse Deum, aut non curari ab eo negocia humana)*. GROCIO pertenecía a un grupo calvinista (los arminianos) y era un fiel creyente, pero su concepción del Derecho natural se independiza de la teología al no hacer depender los contenidos ético-jurídicos propios de dicho Derecho de la existencia de Dios ni de que Éste se ocupe de las cosas humanas. GROCIO cree que Dios existe y que además se ocupa de los asuntos de los hombres, pero eso no tiene que ver con el carácter objetivo y racional que hay que atribuir al Derecho natural.

EJERCICIOS

1. Pon ejemplos de frases con el verbo «deber» que expresen una hipótesis.

2. Haz lo mismo con frases cuyo significado sea una sospecha.

3. Explica la utilización del verbo «deber» en las relaciones causales; pon ejemplos.

4. Pon ejemplos con el condicional de «deber» («debería») y explica su significado.

5. Recuerda el concepto de norma deóntica. Para ello será conveniente que vuelvas a estudiar las lecciones dedicadas a dicho tipo de norma.

6. Hay expresiones de lenguaje que emplean el verbo «deber» y que se presentan aisladas: ¿son normas? ¿qué son? Razona la respuesta poniendo ejemplos.

7. ¿Crees certera la tesis de que el origen del sentimiento del deber está en el sentimiento religioso? Razona la contestación.

8. Explica la relación existente entre teología y filosofía del Derecho en la Edad Media. ¿Qué es la teología moral?

9. Aclara el concepto de «deberes naturales» en el marco del pensamiento escolástico.

10. ¿En qué consiste el fenómeno de la «desteologización» del pensamiento jurídico?

11. Explica en qué consiste el «giro cartesiano» en la filosofía general. ¿Cuáles son las consecuencias de su famoso aserto «pienso luego soy» en el terreno del pensamiento?

12. ¿Por qué se dice que Grocio inaugura el Derecho natural racionalista? ¿Qué relación hay entre teología y Derecho natural en Grocio?

13. ¿La aparición del racionalismo en la filosofía política y jurídica tiene algo que ver con la reforma protestante y las guerras de religión? Razona la respuesta.

14. En qué consiste «el paradigma de la Modernidad»?

15. ¿Qué relación hay entre Derecho natural y ética en la Edad Moderna?

16. ¿Qué tienen en común las posturas positivistas en el campo del Derecho?

17. Explica la relación que hay entre moral y Derecho para el positivismo.

18. ¿Qué es una ciencia jurídica «independiente»?

19. ¿Qué diferencias vas encontrando entre la Teoría pura del Derecho y la Teoría comunicacional del Derecho?

20. Haz el resumen de esta lección.

LXIII. LOS DEBERES JURÍDICOS

Sí, ya me imagino lo que has pensado al final de la lección anterior. Ya sé que ha sido un poco más densa que de costumbre y es probable que se te haya atragantado toda la carga que llevan los últimos párrafos. En el fondo, lo que he pretendido transmitirte es algo muy sencillo, y es esto: el pensamiento jurídico, a lo largo de la historia de Occidente (o sea, de nuestra historia) ha recorrido fases diversas que, desde la perspectiva que me interesa ahora para tratar el problema de los deberes, ha pasado de una larga y fecunda fase de elaboración en el seno de la teología moral, a una segunda en que se ha desprendido de los planteamientos teológicos, y por fin, a una tercera en que se ha separado o ha pretendido separarse de la ética. Ese proceso, que ha durado muchos siglos, lo hemos denominado «desteologización» para referirnos a la primera etapa, y «deseticización» en referencia a la segunda. Otra manera de ver el mismo problema o, si quieres decirlo así, otro modo de contemplar esa evolución, consiste en destacar el hecho de que la misma significa una progresiva depuración de los conceptos jurídicos de aquellos significados que no fuesen estrictamente jurídicos. Primero se descargó a dichos conceptos de su connotación religiosa, y más tarde de su connotación ética. Así, al final de este largo proceso, nos encontraríamos ante un tipo de filosofía jurídica que defiende la idea de la posibilidad de los conceptos jurídicos puros, desligados de toda carga que no sea jurídica. Decíamos que, en este proceso, hay una línea de pensamiento formalista que, en el siglo XX, desemboca en la Teoría pura del Derecho. Señalábamos asimismo tanto el acierto como las limitaciones de esta última concepción, y nos proponíamos a entrar en el tema de la mano de la Teoría comunicacional.

Para ello resumíamos algunas diferencias entre ambas concepciones. La Teoría comunicacional comprende tres tipos de análisis, uno de los cuales (el de la teoría formal) constituye una continuación de la Teoría pura del Derecho. Por eso, a esa parte de la Teoría comunicacional que llamamos «teoría formal» la podemos denominar también «teoría pura». Sin embargo, incluso en el formalismo, hay una diferencia fundamental entre ellas. Mientras que la teoría kelseniana sostiene un formalismo ontologista, el formalismo propio de la teoría comunicacional es un formalismo lingüístico. Si se quiere, lo podemos expresar de otro modo: mientras que la teoría kelseniana mantiene un formalismo positivista, la Teoría comunicacional mantiene un formalismo hermenéutico. Aquella es descriptivista, ésta es constructivista.

El ontologismo de la teoría kelseniana se apoya, por una parte, en la tradición del positivismo jurídico y, por otra, en el pensamiento neokantiano. Del primero ya sabemos algo, por las veces que en uno u otro contexto hemos tenido que tratar de él en este libro. Pero del neokantismo estamos más bien verdes. Detengámonos un momento en explicar algunas cosas de este movimiento en relación con el asunto que nos ocupa (te dirás que me he apartado mucho del tema del deber jurídico, pero no te preocupes, volveré pronto a él; todas estas disquisiciones que estoy haciendo están dirigidas a una mejor comprensión de dicho concepto y de su compleja historia; doy vueltas, pero es para volver al objetivo marcado, ¡acuérdate de nuestro método de estudio, dar vueltas y vueltas hasta que caigan las torres de Jericó!).

El neokantismo es una corriente filosófica que tuvo un gran influjo en el pensamiento europeo de finales del siglo XIX y buena parte del XX. Se manifiesta en dos grandes ramas (la escuela de Baden y la escuela de Marburgo), pero aquí prescindiremos de esta circunstancia, para quedarnos con lo que afecta más a nuestro propósito. El nombre de «neokantismo» proviene de su lema básico: «¡Vuelta a KANT!». En suma, la filosofía neokantiana, en cualquiera de sus manifestaciones, representa la reformulación de las ideas de KANT.

Uno de los dogmas típicos del neokantismo es la diferenciación radical, de carácter ontológico, entre el mundo del *ser* y el mundo del *deber* (o del *deber ser*). Dos mundos separados «por un abismo infranqueable», como dice KELSEN, que es un positivista muy influido por el movimiento neokantiano.

El mundo del *ser* es el mundo de lo que sucede en la realidad empírica. Son los *hechos*, lo fáctico, la facticidad. Los hechos son de diversa especie: hay hechos físicos, vitales (relativos a la vida, o «biológicos»), metereológicos, etc., esto es, todos los que acontecen en lo que usualmente llamamos «naturaleza»; además, hay hechos psíquicos y también hechos sociales, que forman parte de la «naturaleza» de los hombres y de las sociedades. Todas las ciencias que investigan esta especie de hechos son ciencias empíricas o *ciencias naturales*. La física, la química, la biología, la medicina, la geología, la astronomía, y también la psicología, la sociología, la economía y la historia. Todas estas ciencias investigan hechos, cada una los de su especie, y lo hacen aplicando el mismo instrumento, el método *causalista*, que consiste en buscar las cadenas de causas y efectos que describen los fenómenos investigados.

El mundo del *deber* (o del *deber ser*) no es el mundo de lo que acontece, de lo que pasa, sino de lo que debe acontecer, de lo que debe pasar. Es el mundo de las *normas*, de lo normativo, de la normatividad. Hay normas de diversos tipos, que corresponden a lo que aquí hemos denominado «ordenes normativos»: hay normas morales, religiosas, sociales, jurídicas, gramaticales, lógicas, estéticas, etc. A las ciencias que estudian esos órdenes normativos, los neokantianos las llaman *ciencias normativas*. La ética, la teología, la ciencia jurídica, la gramática, la lógica, la estética, se caracterizan porque no investigan los hechos, lo que sucede en la realidad que vemos y tocamos, en la realidad empírica, sino que su objeto son las normas, las cuales se caracterizan por expresar, todas ellas, lo que debe suceder. Todas estas ciencias estudian la normatividad, cada una su orden de normas respectivo, y lo hacen con el mismo instrumento, el método *normativo*, que consiste en investigar todos los conceptos que esas ciencias desarrollan a partir del concepto de norma.

Estos dos mundos, el del *ser* y el del *deber ser*, están separados radicalmente, de tal modo que no es posible el «salto» de uno al otro. Esta idea ya la expuso un gran filósofo inglés del siglo XVIII, David HUME, quien sostiene que de una afirmación de que algo *es* de una determinada manera no puede derivarse una proposición que exprese que algo *debe ser*. Las frases que expresan hechos sirven para justificar, desde el punto de vista lógico, otras frases que expresan también hechos, pero de ellas no se puede extraer ningún deber. Así, si decimos que todos los hombres son mortales, puedo concluir que Sócrates es mortal (ya que es un hombre), pero no que deba ser mortal. Y si decimos que las personas deben decir la verdad, podremos derivar lógicamente que Cayo debe decir la verdad, pero no que dice la verdad. En suma, de lo que es o sucede se puede derivar que algo es o sucede, y de lo que debe ser o suceder es posible derivar que algo debe ser o debe suceder. Pero de lo que es o sucede no se puede derivar que algo debe ser o debe suceder, de la misma manera que de lo que debe ser o suceder no es posible derivar que algo sea o suceda.

A un razonamiento que dé el «salto ilógico» del ser al deber, o del deber al ser, se dice que está afectado por la *falacia naturalista*. Pues, se dice, comete el error o falacia lógica de derivar un deber de un ser, o viceversa, lo cual supone considerar que lo que sucede o es en la naturaleza (física, humana, o de cualquier otro género) no sólo es sino que también debe ser. Dicho de otro modo: la naturaleza es lo que es o sucede y, por tanto, de ella no pueden derivarse normas, ya que éstas pertenecen al deber o deber ser. En el fondo, se trata de un argumento bastante fuerte contra el modo de razonar de los iusnaturalistas, los cuales en buena medida hacen de la naturaleza un concepto axiológico, esto es, un concepto normativo. Ya el propio nombre de «Derecho natural» conllevaría en sí mismo la carga ilógica propia de la falacia naturalista.

El Derecho, en su conjunto, al igual que la moral y que los demás órdenes normativos, forma parte del mundo del *deber* o *deber ser*, no del mundo del *ser*, no del mundo de la naturaleza. Ésta es objeto de estudio por parte de las ciencias naturales, y los órdenes normativos son la materia de las ciencias normativas, entre las cuales se encuentran, como ya hemos dicho, la ciencia jurídica y la ética. Para todas las ciencias de este tipo, el concepto central es, sin ningún género de dudas, el concepto de *norma*. Este concepto es común a todas las ciencias normativas, ya que todas ellas tienen por objeto el estudio de esos complejos de normas que hemos llamado órdenes normativos.

Por este motivo, el estudio particular de cada una de las ciencias normativas debería venir precedido por una *teoría general de las normas*, cuyo objeto de investigación fuera precisamente el concepto de norma y las relaciones que pueden darse entre ellas.

Tal cometido es el que intentó KELSEN con su obra póstuma e inacabada, titulada *Allgemeine Theorie der Normen (Teoría general de las normas)*, publicada en el año 1979. Aquí no vamos a entrar al estudio de esta obra. Sólo quiero destacar que, aunque su autor la dejó para el final de su larga vida, desde un punto de vista sistemático el lugar de dicha disciplina, dentro de los esquemas característicos del normativismo, es el propio de una introducción o de unos prolegómenos a cualquiera de las ciencias normativas.

Lo que caracteriza a toda norma es que es la expresión de un *deber* o *deber ser*. Así lo ha expresado siempre el principal representante del normativismo desde el principio de sus escritos hasta el final, desde *Hauptprobleme* (1911) hasta *Allgemeine Theorie der Normen* (1979), en cuyo comienzo sentencia: «En la medida en que la palabra "norma" designa un precepto, un mandato, "norma" significa: que algo debe ser o suceder» *(«dass etwas sein oder geschehen soll»)* (pg. 2). Justamente la misma frase que aparece en la segunda edición de la *Teoría pura del Derecho*, que ya hemos estudiado (te remito a la lección correspondiente).

Esa posición, por lo demás, no es en esa época patrimonio exclusivo de la Escuela de Viena. La idea de que la norma en general expresa un deber o deber ser es común y, por decirlo así, una verdad que se da por supuesta. La misma posición puede encontrase en autores que no se inspiran en las ideas kantianas y también en juristas que no se plantean estrictamente problemas filosóficos.

Ahora bien, si lo que caracteriza a una norma es que es la expresión de un deber, nada más lógico que sostener que éste, el deber, es el concepto prioritario de toda ciencia normativa.

Esta idea casa perfectamente con la ética, pues ¿cuál puede ser el contenido de ésta sino un conjunto de deberes morales? Se suelen manejar en la ética otros conceptos como las virtudes, las actitudes, el modo de vida, etc. Pero todos ellos son reducibles a la postre o, al menos, reconducibles a un conjunto de deberes. ¿Qué otra cosa puede ser la virtud sino cumplir con los deberes morales? Y lo mismo puede decirse de las actitudes, los modos de vida, el talante moral, etc. El deber es, pues, el concepto central de la ética y casi puede decirse que el único que todo lo explica, por mucho que se manejen otras palabras. ¿Puede decirse lo mismo del Derecho? Yo creo que no, pero el positivismo normativista y con él la inmensa mayoría de los teóricos del Derecho en los siglos XIX y XX han creído que sí. Los neokantianos (fueran a la vez positivistas o no) son en ello el paradigma, y por eso los he elegido para mi exposición aquí.

El razonamiento de fondo que esgrimen estos autores neokantianos, es el siguiente. El Derecho no forma parte del mundo natural, esto es, del mundo del ser, sino del mundo de lo normativo, del mundo del deber ser. El Derecho está formado, al igual que el resto de los órdenes normativos, por normas, las cuales expresan siempre un deber. De donde se extraen tres consecuencias. Primera, que la norma jurídica siempre expresa un deber. Segunda, que el concepto jurídico fundamental, inmediatamente después del de norma jurídica, es el de deber jurídico. Tercera, que para diferenciar el Derecho de la moral y del resto de los órdenes normativos, la tarea básica es analizar la diferencia existente entre norma jurídica y norma moral, así como la diferencia con el resto de las demás clases de normas (usos sociales, normas religiosas etc.); e inmediatamente después la diferencia existente entre el deber jurídico y los demás tipos de deber.

La primera de las ideas, según la cual la norma jurídica, como cualquier otra norma, siempre expresa un deber, conduce a la tesis de la concepción homogénea de las normas en el Derecho, que ya hemos estudiado. Todas y cada una de las normas jurídicas expresan un deber, lo cual quiere decir que todas y cada una de las normas en el Derecho tienen una misma estructura básica: con uno u otro contenido, la norma jurídica siempre es concreción de un deber, de un *sollen.* No hay en el Derecho, ni en ningún otro orden normativo, normas que se expresen de otra manera, o cuyo significado profundo sea distinto al de imponer deberes. Toda norma, por definición, es impositiva de deberes, y por lo tanto la norma jurídica también lo es.

En este esquema la coherencia exige que al concepto de deber se le eleve a la categoría del concepto más relevante de todos. En definitiva, en esta concepción, norma y deber vienen a ser lo mismo, aunque cada uno de estos conceptos acentúe un aspecto diferente. La norma es la expresión lingüística del deber, y el deber es lo que dicha expresión lingüística expresa, es decir, impone. Decir norma es decir deber, y decir deber es decir norma. Y si nos referimos a las normas jurídicas, habrá que convenir que éstas se limitan siempre a imponer deberes jurídicos, y éstos son sencillamente los deberes que las normas de Derecho imponen. Todos los demás conceptos que se manejan en la ciencia jurídica tienen que ser formulados de tal manera que en ellos se transparente su relación con las normas y, por tanto, con los deberes jurídicos. Cada uno de dichos conceptos ha de formularse de tal manera que en su definición se destaque como rasgo distintivo esencial su referencia a los deberes.

La tercera de las consecuencias es que la tarea básica para diferenciar los distintos órdenes normativos consiste en distinguir la norma jurídica de la norma moral, del uso social, de la norma religiosa, etc., y con ello se distinguirá asimismo los diferentes tipos de deber. Junto a los deberes jurídicos, tenemos los deberes morales, los deberes sociales, los deberes religiosos, etc. Si se llega al conocimiento claro de lo que diferencia unas normas de otras, se llegará asimismo a la distinción de los distintos tipos de deber.

Probablemente, el mayor problema con que nos encontramos a la hora de llevar a cabo esta diferenciación de deberes está en la prioridad conceptual y terminológica del deber moral. La idea del deber moral tiene una poderosa presencia en el lenguaje ordinario. Cuando hablamos de nuestros deberes, sin especificar un calificativo, damos a esa palabra, consciente o inconscientemente, un matiz moral. Si alguien nos dice: «¡Es preciso que cumplas tus deberes!», rara vez pensamos que esa persona se está refiriendo a los deberes jurídicos. El deber, sin otro calificativo añadido, el deber si más, es el deber moral. Al menos lo es en el uso del lenguaje ordinario. La causa de esta tendencia lingüística hay que buscarla, sobre todo, en que largos siglos han contemplado los deberes, el conjunto de todos ellos, bajo el prisma de los deberes morales. Por decirlo así, esa identificación se encuentra asentada en nuestra cultura colectiva. Es un fenómeno de psicología social que supone una cierta representación colectiva de la idea de los deberes.

La fuerza de esa idea es tan grande que no han faltado autores que han negado validez a la noción de deber jurídico, como consecuencia de su tesis de que deberes propiamente dichos sólo existen en la moral. El deber sería moral por su propia naturaleza, y el Derecho no impondría deberes jurídicos, noción ésta superflua para la Teoría del Derecho y para la dogmática jurídica.

Tal es la posición de Julius BINDER, que defiende en su opúsculo *Rechtsnorm und Rechtspflicht (Norma jurídica y deber jurídico)*, una ampliación del discurso que, con motivo de su toma de posesión como vicerrector de la Universidad de Erlangen, pronunció en 1911. Su postura es muy conocida: «El Derecho no obliga *jurídicamente* a nada. Con esto no se dice en absoluto que los imperativos del ordenamiento jurídico carezcan de carácter normativo (...); sólo se dice que este carácter normativo reside en un campo totalmente distinto al del Derecho, en concreto en el campo de la moral». Esto es así porque «la conciencia moral del hombre le exige el sometimiento al orden jurídico» (pg. 47). BINDER fundamenta su postura en la idea de que «la consecuencia del orden jurídico no consiste en estar obligado sino en estar sometido», ya que el Derecho es ante todo poder, con independencia del régimen político (pg. 38); y, en definitiva, en el rechazo al propio concepto de deber jurídico y su sustitución por el concepto de responsabilidad *(Haftung)*. Se expresa así: «Hay que rechazar el concepto de deber jurídico, elaborado por la *communis opinio* como punto de partida de casi toda dogmática jurídica. El deber no es un concepto jurídico; allí donde acostumbramos a hablar de deberes fundados en el orden jurídico, se trata en verdad de algo totalmente diferente. Es preciso rechazar la categoría general de los deberes de los súbditos; del deber, propio del Derecho penal, de no cometer delitos; del deber, propio del Derecho civil, de cumplir las obligaciones. En todos esos casos se trata en verdad de responsabilidades; de responsabilidades quizás con la vida y con el cuerpo, con el patrimonio, con la libertad, con el honor; de responsabilidades que inciden tan hondamente en la existencia de quien ha de responder que con frecuencia las siente como una coacción para que realice determinado comportamiento (...)» (pg. 45).

Según BINDER cada uno de nosotros responde de nuestros actos ante el Derecho, pero esa responsabilidad no nace de la existencia de deberes jurídicos, sino simplemente de que el ordenamiento jurídico nos compele a ello. ¿Cómo? Mediante las sanciones. Por ejemplo, a Cayo le fastidia sobremanera tener que pagar todos los años los impuestos, y no siente ningún deber que le impulse a ello. Lo único que le motiva es saber que, si no paga, hay cierta probabilidad de que le multen, con lo cual, aparte de tener que soportar el «trago» (siempre es desagradable que un inspector de hacienda te investigue), acabará por perder más dinero. Es como si el Derecho le dijera: «Tú, Cayo, verás lo que haces, si tienes o no un deber moral de pagar el impuesto, es cuestión tuya, en eso no me meto; pero que sepas que, si no lo pagas, te hago responsable de las consecuencias».

El razonamiento de BINDER se reduce, en último término a esto: Sólo hay deberes morales. El deber es un concepto de la ética, no del Derecho. Por tanto, no hay deberes jurídicos. El deber jurídico es una noción que es necesario desterrar del lenguaje jurídico.

La pregunta es entonces: los juristas ¿han desterrado efectivamente de su lenguaje el concepto de deber jurídico? La respuesta es clara: No.

Muy al contrario, los juristas, tanto teóricos como prácticos, emplean la palabra «deber», como verbo y como sustantivo, a todas horas. Algunos dan al deber jurídico un matiz moral, incluso los hay que conciben el uno como prolongación del otro. Los más, sin embargo, conciben los deberes jurídicos como los que provienen de la imposición de las normas de Derecho. Pero, de una forma u otra, lo que constituye un hecho innegable es que el concepto de deber jurídico es de uso generalizado.

Desde nuestra perspectiva, por tanto, lo que se impone no es negar el concepto sino determinar su sentido, o sus sentidos. Si tienes en cuenta la peculiaridad de las normas deónticas, ya estudiadas, ya te puedes imaginar cuál es mi noción del deber jurídico. Te recomiendo por ello que des un vistazo a las lecciones en que se tratan esas normas (como puedes comprobar, en la Teoría del Derecho hay que volver atrás una y otra vez, para así no perder nunca de vista el camino andado: todos los conceptos se encuentran unidos por una red, a veces imperceptible, pero no por ello inexistente).

NOTAS Y COMENTARIOS

- Sobre el deber jurídico en general te recomiendo las siguientes lecturas: Luis LEGAZ LACAMBRA, *Filosofía del Derecho,* 5ª ed., Bosch, Barcelona, 1979, pgs. 410-430. Del mismo autor, «La obligatoriedad jurídica», en *Anuario de Filosofía del Derecho,* Instituto Nacional de Estudios Jurídicos, Tomo I, Madrid 1953, pgs. 5-89. También José María RODRÍGUEZ PANIAGUA, *Ley y Derecho,* Tecnos, Madrid, 1976, cap. II («El deber jurídico y la obligación de obediencia al Derecho»), pgs. 35-51; Genaro R. CARRIÓ, *Sobre el concepto de deber jurídico,* Ed. Abeledo-Perrot, Buenos Aires, 1966. Alberto MONTORO BALLESTEROS, *El deber jurídico,* Universidad de Murcia, 1993.

- Sobre la historia del deber jurídico es fundamental el libro de Hans Ludwig SCHREIBER, *Der Begriff des Rechtspflicht-Quellenstudien zu seiner Geschichte (El concepto de deber juíridico-Estudios sobre las fuentes de su historia)*, con prólogo de Hans WELZEL, Walter de Gruyter, Berlin 1966. SCHREIBER en este libro hace una selección de fuentes filosófico-jurídicas referidas al concepto de deber jurídico. El primer capítulo lo dedica al estoicismo, a AQUINO y a PUFENDORF, quien define el deber como «necesidad moral». El segundo estudia la evolución posterior: TOMASIUS, WOLF, KANT, HEGEL, y las teorías del positivismo y neokantismo jurídicos. En el tercer capítulo se resumen las conclusiones.
- Uno de los autores de mayor influjo en las obras iniciales de la Teoría pura del Derecho es el neokantiano Wilhelm WINDELBAND, al que KELSEN cita en *Hauptprobleme*.
- BINDER, *Rechtsnorm und Rechtspflicht*, Erlangen, 1911.

EJERCICIOS

1. Explica lo que quiere decir que la Teoría pura del Derecho mantiene un «formalismo ontologista» mientras que el propio de la Teoría comunicacional es un «formalismo hermenéutico». ¿No son contradictorios estos dos términos: «formalismo» y «hermenéutico»?

2. Contrasta descriptivismo y constructivismo, explicando las diferencias con ejemplos.

3. ¿Qué es el neokantismo? Amplía los escasos datos que te he suministrado en el libro recurriendo a tratados de historia de la filosofía.

4. Define la facticidad. Propón sinónimos de este vocablo.

5. Enumera algunas ciencias de la naturaleza y aclara en qué consiste su método.

6. ¿Cuál es el significado de la contradicción entre *sein* y *sollen* en el neokantismo?

7. Cita algunas ciencias normativas y explica los caracteres de su método.

8. ¿A qué se denomina «falacia naturalista»?

9. Pon ejemplos de frases en las cuales se incurra en dicha falacia naturalista.

10. ¿Por qué se critica al Derecho natural alegando que sus razonamientos incurren en la falacia naturalista?

11. ¿Cuál es el cometido de una teoría general de las normas?

12. Explica la conexión entre norma y deber en la teoría jurídica contemporánea, sobre todo en la influida por el neokantismo.

13. Explica qué es la ética, y aclara la diferencia entre ética y moral.

14. ¿Qué relación hay entre la ética y los deberes? ¿Y entre la ética, los deberes, las virtudes y las actitudes?

15. Resume el razonamiento, propio de los neokantianos, de que el Derecho pertenece al mundo del *deber* o del *deber ser.*

16. ¿Por qué este razonamiento –al que se refiere la pregunta anterior– conduce a la concepción homogénea de las normas jurídicas?

17. Define los caracteres del normativismo positivista en el marco de la ciencia del Derecho.

18. Explica lo que significa «prioridad conceptual y terminológica del deber moral».

19. ¿Por qué motivo niega BINDER la existencia de deberes jurídicos? Resume su razonamiento.

20. ¿Qué opinión te merece la postura de BINDER? Razona la respuesta.

21. Resume el contenido de esta lección conectándola con la anterior.

LXIV. DEBERES MORALES Y JURÍDICOS: LOS DIVERSOS TIPOS DE DEBERES JURÍDICOS

Mi postura respecto al deber jurídico ya te la imaginarás por lo que llevas estudiado en este libro. Considero que se trata de un concepto jurídico fundamental, cuya presencia es ineludible en todos los ordenamientos. No es, sin embargo, una noción que acapare toda la normatividad ni que, por tanto, desplace a otros conceptos no menos importantes. El positivismo normativista ha tenido cierta tendencia a simplificar los problemas y a reducir a un mínimo de categorías el elenco de los conceptos que son necesarios en la ciencia del Derecho. Ha sufrido de una cierta obsesión simplificatoria. De ahí esa tendencia a la homogenización, que en el terreno de la teoría de las normas se manifiesta en la concepción que sostiene que todas las normas son expresión del deber. Esta idea tiene su raíz en la teoría moral, en la ética. Pero ni el Derecho es la moral, ni la Teoría del Derecho es la ética.

Aunque abordaremos el problema de las relaciones entre Derecho y moral en lecciones posteriores, no es inoportuno que en ésta insistamos en la necesidad de separar conceptualmente con toda nitidez entre ambos órdenes normativos y, consiguientemente, entre el deber jurídico y el deber moral.

Ya el comparar *el* Derecho con *la* moral conlleva de entrada una cierta trampa semántica. Pues ni el Derecho es uno, ni la moral es una en la realidad fenoménica. El Derecho es, más que una realidad uniforme, una palabra que nos sirve para designar el conjunto de ordenamientos jurídicos que ha habido, hay y presumiblemente habrá en el mundo humano. Con la palabra «moral» sucede algo parecido. Si bien, a diferencia del Derecho, tiene una vocación universal en el sentido de que toda moral aspira a tener validez para todos los hombres, la realidad es que en la vida social la moral se nos presenta como algo plural, heterogéneo. No hay en la realidad social una sola moral, sino múltiples morales. Esta afirmación no significa necesariamente aceptar el relativismo moral, sino simplemente levantar acta de un hecho social relevante.

Me explico. Observa que, cuando se discute de asuntos morales, los argumentos esgrimidos suelen mezclar lo que en realidad la gente o, para ser más exactos en la expresión, lo que los diversos grupos humanos sostienen que es moral, y lo que, desde el punto de vista meramente racional, debería ser considerado como moral. En dichos argumentos es frecuente la mezcla entre la «moral positiva» y la «moral especulativa». Esta mezcla, tan frecuente en los razonamientos morales, es similar a la que tiene lugar en asuntos jurídicos cuando se introducen argumentos sobre «el Derecho que debería ser» en un discurso en el que se ventila todo desde la perspectiva del Derecho vigente en un país.

Llamamos «moral positiva» o «moral social» al conjunto de normas morales que un grupo social, más o menos extenso, considera vigentes; de tal modo que quien transgrede la norma moral es merecedor de la censura del grupo. Si nos referimos a la sociedad civil propia de un Estado (p. ej., la sociedad española, la sociedad marroquí, o la sociedad china), la «moral positiva» es una manera de expresar el conjunto de valores y normas morales dominantes en esas sociedades. Por mucho que dentro de ellas se dé una cierta pluralidad, siempre habrá un conjunto dominante de valores morales que, a grandes rasgos, será el que tienen en cuenta las instancias jurídicas cuando el Derecho positivo vigente les remita a «la moral» para interpretar las normas de éste.

En contraste con la «moral positiva» o «moral social», llamamos «moral especulativa» no a la que es realmente vivida en el seno de los grupos humanos, sino al conjunto de preceptos morales que son presentados por la razón con el carácter de universales, prescindiendo de toda condicionalidad histórica. En este terreno ya no se trata de averiguar cómo tal o cual grupo humano vive sus concepciones morales peculiares, sino de construir intelectualmente un conjunto de preceptos morales cuyo seguimiento conlleva la perfección humana.

Mientras que la investigación de la moral positiva es objeto de la Sociología, ya que dicha moral es un fenómeno social, la investigación de la moral especulativa es objeto de la Ética.

El relativismo en la Sociología es una necesidad; en la Ética, la destrucción de ésta. En aquélla, el relativismo no significa otra cosa que la constatación de un hecho: la pluralidad de concepciones morales que existe en las sociedades. En ésta, el relativismo implica la renuncia a la idea de que, desde un punto de vista racional, hay formas de conducta valiosas en sí mismas. Ahora bien, si se renuncia a esta idea parece evidente que se está renunciando a la ética. Pues ¿para qué puede servir la ética si no nos proporciona criterios objetivos de valoración, pautas de conducta de cuya bondad no pueda dudarse?

Aquí, sin embargo, no estamos tratando de ética, ni de Derecho natural. Estamos analizando un concepto formal, el de deber jurídico. Y, dentro de este análisis, es exigible que lo separemos de la noción de deber moral. Un deber es jurídico cuando viene expresado por una norma de Derecho, y es moral cuando viene expresado por una norma moral. Ambas emplean el mismo verbo, el verbo *deber*, pero su significado es muy diferente porque pertenecen a órdenes normativos distintos. A pesar de eso, hay una tendencia a confundirlos, y a creer que un deber jurídico es también deber moral o cuando menos tiene algo de deber moral. Que esto sea así, dependerá en concreto de lo que exija un Derecho positivo y de lo que exija una moral positiva concreta. Ocurre en efecto que a veces el contenido de un precepto jurídico coincide con lo que exige una norma moral. Por ejemplo, la norma moral que impone respetar la vida ajena es, en principio, igual o similar al precepto jurídico que exige lo mismo. Mas, aunque incluso literalmente las dos normas sean de igual tenor, su significado será diferente, y eso por la sencilla razón de que pertenecen a órdenes normativos distintos.

La pertenencia a órdenes normativos diferentes es reflejo a su vez de un modo distinto de entender el vínculo que todo deber significa. El deber, sea moral o jurídico, implica un ligamen o vínculo del sujeto al que se dirige el deber. Pero el carácter de ese vínculo es diferente, pues mientras que en la moral vincula la conciencia del sujeto con el grupo social de que se trate pero siempre con una exigencia de universalidad, en el Derecho el deber establece tan sólo un vínculo, por decirlo así, exterior con la organización jurídica de la sociedad, sin que en esa vinculación se transparente una exigencia de universalidad. Quiero decir que toda moral, por mucho que se presente como propia de un grupo determinado, lleva en sí misma como autojustificación su vocación de idoneidad para todos los hombres. Por ejemplo, si se estima que el matrimonio monogámico es éticamente superior a cualquier otra forma de familia, esta idea no sólo se presenta como buena para el grupo donde impera, sino igualmente para el resto de la humanidad. En el Derecho, por el contrario, no existe esa tendencia a la universalización (salvo cuando se teoriza el Derecho natural, pero entonces justamente volvemos al terreno de la ética), pues se acepta espontáneamente el carácter particular, espacial y personalmente limitado, de los ordenamientos jurídicos.

Desde la perspectiva comunicacional, la diferencia entre deber jurídico y deber moral se traduce sencillamente en la diferencia de pertenencia a textos distintos, lo cual implica necesariamente que los contextos de ambos son también distintos y, por ende, su significación respectiva.

El deber jurídico es aquel deber que viene expresado como tal, esto es, en una norma deóntica perteneciente a un sistema jurídico. Lo que hace que sea jurídico no es el hecho de venir expresado en una norma deóntica, sino el hecho de que la norma deóntica de que se trate forma parte de un sistema jurídico. Como ya hemos estudiado, el sentido profundo de toda norma deóntica se manifiesta con el verbo *deber* que, como sabemos, no hay que confundir con el *tener que*, característico de las normas procedimentales (si bien sucede que en el lenguaje ordinario se suele emplear ambos verbos como prácticamente sinónimos).

El deber jurídico implica el vínculo o sujeción de un sujeto, que se concreta en la *exigencia* de realizar u omitir una acción. Esa exigencia es formulada por una norma deóntica emitida por una *autoridad* jurídica. Sin autoridad no hay exigencia, y sin exigencia, no hay deber jurídico. Las autoridades son, a su vez, establecidas por normas del mismo sistema, las cuales señalan asimismo las competencias de dichas autoridades y los procedimientos que tienen que usar para formular las exigencias. El deber jurídico es el lado pasivo de la exigencia jurídica. Detrás de todo deber jurídico hay una exigencia, y detrás de toda exigencia hay una autoridad jurídica. La autoridad jurídica máxima es la autoridad soberana o, dicho de otra forma, la comunidad organizada por el Derecho. Si nos referimos a un ámbito jurídico estatal, la autoridad jurídica máxima es obviamente el Estado.

Hemos estudiado que hay tres tipos de normas deónticas, que van muchas veces enlazados entre sí, pero que analíticamente pueden ser considerados aisladamente. Las norma deóntica puede ser, en efecto, norma de conducta, norma de decisión o norma de ejecución; dependiendo de que su exigencia vaya dirigida a una conducta, a una decisión o a una ejecución. Como estos conceptos ya los deberías de tener claros, no insisto en ellos, y si no los tienes como deberías tenerlos, te recomiendo que vuelvas atrás y les des un repasito.

Recordarás que el término «conducta» lo podemos emplear en un sentido amplio y en un sentido estricto. En el primero, conducta es la acción u omisión contemplada por un deber. En este sentido amplio, los tres tipos de normas señalados son normas de conducta, ya que también la decisión y la ejecución son actos contemplados desde la perspectiva del deber. A efectos de hacer las oportunas distinciones conviene, sin embargo, separar lo que es la conducta en sentido estricto y lo que es actuación de órganos, bien sea en la modalidad del decidir, bien en la modalidad del ejecutar.

Los deberes jurídicos se pueden clasificar precisamente así, siguiendo la diferenciación de los tipos de normas deónticas. De este modo tendremos deberes jurídicos de conducta, deberes jurídicos de decisión y deberes jurídicos de ejecución.

Deber jurídico de conducta es la exigencia dirigida a una persona para que acomode sus actos a dicha exigencia. Esa conducta puede ser una acción o una omisión. Ejemplo de deber de acción: «el inquilino debe pagar puntualmente al arrendador las mensualidades del alquiler». Ejemplo de deber de omisión: «está prohibido aparcar en zona reservada a discapacitados», lo que formulado en términos de deber diría así: «el automovilista tiene el deber de no aparcar en la zona de discapacitados». Todos los individuos estamos sometidos cotidianamente a estas exigencias que nos dirigen las normas jurídicas deónticas.

Deber jurídico de decisión es la exigencia dirigida a un órgano (individual o colegiado) para que decida algo, fundamentalmente para que emita una norma o una orden. Así, el Parlamento tiene el deber jurídico de legislar, y legislar supone decidir el contenido de las leyes. Los órganos de las administraciones tienen el deber jurídico, la exigencia, de decidir las cuestiones que caigan en su competencia. Los jueces tienen el deber jurídico de dictar sentencia resolviendo, de acuerdo a Derecho, los litigios de los que conozcan a tenor de su competencia.

Por último, un deber jurídico de ejecución es la exigencia dirigida a órganos de ejecución cuya tarea consiste en llevar a cabo lo exigido por los órganos decisores. Por ejemplo, la policía que detiene a un individuo por haberlo ordenado así el juez; o los agentes de la autoridad que desahucian a un inquilino por orden judicial (debido al impago del alquiler); o un concesionario que ejecuta las obras objeto de la concesión: una autopista de tantos kilómetros. En este último caso, el concesionario puede ser una empresa privada, y no un órgano del Estado, pero actúa, puede decirse, por delegación de la administración estatal.

El ordenamiento jurídico, por lo general, formula las normas deónticas de los tres tipos señalados enlazándolas entre sí. De tal modo que quien incumple una norma de conducta es objeto de una norma de decisión impositiva de una sanción dirigida a un órgano de ejecución, el cual tiene el deber de llevar a efecto la sanción si el sancionado no cumple la sentencia por su propia iniciativa. Quiero decir con esto que una de las maneras más típicas de entrelazamiento entre los diferentes tipos de normas deónticas es la prevista para aquellos casos en los que el individuo no cumple la exigencia de conducta. Si el inquilino no paga el alquiler, el propietario puede acudir al juez y éste, ante la prueba del incumplimiento del primero, debe decidir que el inquilino tiene el deber de pagar los alquileres atrasados, con sus intereses, y ante el impago, el juez deberá decidir que se ejecute el desahucio, lo cual significa que los agentes, cumpliendo con su deber, entrarán en la vivienda y sacarán, por la fuerza si fuere preciso, al inquilino y sus enseres. Como se puede apreciar, se produce así una cadena de deberes jurídicos enlazados unos con otros, entrelazamiento que es el reflejo del que existe en las normas deónticas.

La concepción tradicional del deber jurídico destaca el carácter coactivo de éste, y lo pretende diferenciar así del deber moral, que carecería de dicho carácter. Esta tesis tiene profundas raíces en la historia del pensamiento jurídico, en la cual ahora no vamos a entrar, y es consecuencia de la concepción de la norma jurídica como norma que impone consecuencias coactivas, a diferencia de la norma moral, que no tiene previstas dichas consecuencias. Si se parte de que toda norma en el Derecho es un juicio bimembre que conecta supuesto de hecho y sanción por medio de un nexo de deber, es forzoso concluir que el deber impuesto por la norma jurídica está íntimamente conexionado con la sanción. Si se admite que la norma moral no tiene esa estructura bimembre, sino que se limita a expresar un deber incondicionado y que, además, no va conectado a una sanción para el supuesto de que dicho deber sea infringido, entonces es lógico derivar que el deber moral no tiene conexión con ningún tipo de sanción. De todos estos razonamientos la concepción tradicional concluye que el deber jurídico es el deber de cumplir la norma de Derecho bajo la amenaza de una sanción; por lo cual en el Derecho no podrían existir deberes para cuya infracción no se prevean sanciones.

Sin embargo, una atenta mirada a los ordenamientos jurídicos demuestra que éstos, en ocasiones, establecen deberes sin que a la vez prevean sanciones para el caso de infracción. Estos deberes previstos por el ordenamiento ¿dejarán de tener carácter jurídico por el hecho de que no se han previsto las sanciones oportunas para el caso de que sean incumplidos?

Desde la perspectiva de lo que he llamado aquí concepción tradicional (denominación que engloba a muchos autores y tendencias, que en este punto coinciden, aunque por razones diferentes), tales deberes no serían en verdad deberes jurídicos propiamente dichos, sino meras expresiones desiderativas del legislador (en el caso de que el legislador sea quien los haya formulado) o quizás incluso «papel mojado», esto es, expresiones vacuas, carentes de todo significado jurídico.

Supongamos que en un ordenamiento jurídico nos encontramos con una norma que establece que los funcionarios de tales o cuales departamentos deberán actuar con «la máxima diligencia» en el cumplimiento de sus cometidos; y otra norma establece que para aquellos que no actúen con «la diligencia mínima» se prevé una sanción determinada. Ante los casos que deban resolver los jueces en los que se ventilen las responsabilidades de los funcionarios, parece fuera de discusión que lo primero que tendrán que determinar será qué es lo que se entiende por «diligencia mínima», y qué por «diligencia máxima». Se trata, en efecto, de dos conceptos jurídicos indeterminados en cuanto a su contenido que precisan para su correcta aplicación ser concretados y delimitados. Además, se supone que entre ambos hay un tercer concepto, que la ley no menciona (se trata de un supuesto imaginado, por tanto sin referencia específica a una ley concreta), que es el concepto de «diligencia media o normal». Probablemente los jueces, a través de un esfuerzo continuado en sus sentencias, irán perfilando esos conceptos. A aquellos funcionarios que incurran en la infracción de la norma que impone la «diligencia mínima», al prever la ley la sanción, les aplicarán los jueces ésta. Pero no aplicarán sanciones a quienes incurran en infracción de «la diligencia máxima», ni de la «diligencia media», ya que la ley no ha previsto para esos casos la sanción correspondiente. Según la concepción tradicional en tales casos no estaríamos ante deberes jurídicos propiamente dichos, ya que la esencia de éstos exige que estén vinculados a sanciones.

Mi opinión es que esta concepción es una manera muy alicorta de ver este asunto. Una cosa es que el deber jurídico exista en un ordenamiento determinado, y otra que se prevea una sanción para el infractor. No cabe duda de que cuando el legislador prevé una sanción para el caso de infracción de un deber, lo que pretende es reforzar la motivación psicológica de los destinatarios de la norma. Dicho de otro modo: el legislador, al sancionar la infracción del deber con una multa, con una pena de privación de libertad, o de cualquier otra manera, está transmitiendo el mensaje de que se trata de un deber fuerte, enérgico; mientras que si no hace esa previsión, estaremos en presencia de un deber más débil, lo cual no quiere decir en absoluto que, llegado el caso, la infracción de ese deber débil no pueda tener alguna consecuencia jurídica.

Pensemos, por ejemplo, en el funcionario escrupuloso, que cumple sus obligaciones con la máxima diligencia, y que además es constante en su comportamiento idóneo. A su lado hay compañeros que se toman las cosas de la profesión de modo más relajado; no es que incumplan sus deberes elementales, pero se encuentran lejos de ser funcionarios modélicos. Nadie resulta sancionado, puesto que ninguno de ellos comete el incumplimiento previsto como falta. Pero llega un día en que hay que valorar con criterios objetivos el trabajo de cada cual, pues la administración ha dictado una norma que concede determinados beneficios económicos a aquellos funcionarios que hayan alcanzado un nivel determinado de rendimiento. ¿Qué ocurrirá entonces? Seguramente sucederá que al funcionario «modelo» se le premiará con dichos beneficios. O supongamos que hay que promocionar a uno de ellos a una categoría superior, para lo cual la norma exigirá que se tengan en cuenta determinados baremos, indicadores de la eficacia en el trabajo y la consiguiente dedicación. ¿A quién se deberá promocionar a esa categoría superior? Creo que la respuesta es evidente. Alguien objetará que a veces sucede que se premia o se eleva de categoría a quien no se lo merece. Cierto. También suele suceder que el juez castigue a un inocente y no al culpable. Pero aquí no estamos en el terreno de lo que sucede en la realidad, sino en lo que, de acuerdo con las normas jurídicas deónticas, debe suceder. Al igual que el juez debe castigar al culpable y no al inocente, la administración debe promocionar al trabajador, y no al vago.

Con todo lo expuesto queda claro que, además de deberes de conducta, de decisión y de ejecución, hay en los ordenamientos jurídicos deberes jurídicos fuertes y deberes jurídicos débiles. Los primeros son aquellos que prevén sanciones, y serán más o menos fuertes dependiendo de la intensidad de la sanción, que debe ser proporcional a la gravedad del acto ilícito. Los deberes jurídicos débiles, por su parte, son aquellos que, impuestos por normas jurídicas de carácter deóntico, no han previsto sanciones para el caso de su infracción; lo cual, como acabamos de ver, no quiere decir que no puedan tener otro género de efectos, e incluso pudieran actuar retroactivamente. El conjunto de normas jurídicas que en un ordenamiento imponen deberes jurídicos débiles puede ser llamado «derecho suave» *(soft law)*.

Otra clasificación de los deberes jurídicos, no menos importante que las anteriores, es la que sigue el criterio de las diversas ramas de la dogmática jurídica. Así, hay deberes jurídicos públicos y deberes jurídicos privados. Oposición ésta que es relativa, como lo es la contraposición entre Derecho público y privado, que suele servir de pauta para ordenar la materia jurídica en ramas. Pues si nos referimos al Derecho estatal parece obvio que la presencia de éste es constante, aunque no siempre actual, no sólo en lo público sino también en lo privado. Si la persona con la que he celebrado un contrato no cumple con lo pactado, acudiré en apoyo de mi derecho al juez, esto es, al Estado; lo cual quiere decir que una relación jurídica en principio privada, como es la que existe entre los dos contratantes, se transmuta en pública desde que pisamos el juzgado, en cuanto que aparece como relación jurídica procesal.

Pero, dejando a salvo ahora la cuestión de la diferenciación entre lo público y lo privado en el Derecho, la mencionada clasificación sirve como criterio aproximativo para muchas cosas. Entre ellas, para distinguir entre deberes jurídicos y, consiguientemente, para diferenciar los regímenes jurídicos aplicables. Así, entre los públicos, sobresalen los deberes jurídicos constitucionales, los administrativos, los tributarios, los penales. Entre los privados, los civiles y los mercantiles. En determinadas materias, como en el Derecho del trabajo, pueden encontrarse una mezcla de ambos, pues siendo el contrato de trabajo en sus orígenes un contrato típico de derecho privado se ha visto, con el paso del tiempo, ampliamente mediatizado por una legislación estatal que se propone ser protectora del trabajador.

Por último, para terminar esta parte me voy a referir muy brevemente a un problema relacionado con los deberes jurídicos y que volveremos a abordar cuando estudiemos las relaciones entre órdenes normativos. Me refiero a la cuestión de si existe un deber general de obedecer al Derecho.

Planteada así la pregunta no tiene mucho sentido. Primero, porque los deberes no existen por sí mismos sino como derivados de normas que pertenecen a algún orden normativo. Y en segundo lugar, porque al Derecho en abstracto no es posible obedecerlo, sino que en todo caso la pregunta adquiere un sentido inteligible si con ella se plantea si hay deber de obedecer a un ordenamiento jurídico determinado.

El problema de la obediencia al Derecho, formulado abstractamente, lo planteó el pensamiento iusnaturalista, para darle en general la respuesta que conocemos: sólo hay que obedecer la ley si es justa, esto es, si se conforma con las exigencias del Derecho natural.

Hoy la cuestión hay que plantearla atendiendo al doble rasero del deber jurídico y del deber moral. Se trata, en efecto, de dos interrogantes profundamente diferentes y que, en consecuencia, apuntan a una problemática harto distinta. Si nos preguntamos si hay un deber moral de obedecer al ordenamiento jurídico al que en principio estamos sometidos, estaremos ante una cuestión muy diferente que si nos preguntamos si tenemos el deber jurídico de obedecer al ordenamiento.

La primera interrogante apunta a un problema típico de la ética. ¿Tenemos los humanos el deber general de carácter moral de obedecer a las autoridades jurídicas y a sus mandatos, o por el contrario no tenemos ese deber en absoluto, o acaso –por último– ese deber es un deber moral condicionado a que lo que las autoridades manden sea moralmente aceptable? Esta cuestión pertenece al campo de la ética, y la respuesta no es sencilla, pues, para empezar, ya sabemos que en nuestra sociedad no existe un solo parámetro moral. Pero ¿acaso la ética no ha de pronunciarse como una forma de conocimiento objetivo de los valores y consiguientemente de los deberes morales? Creo que sí, que tiene que pronunciarse. Pero esto ha de suceder dentro de la ética, porque se trata de una cuestión eminentemente ética, y no jurídico-formal, que es el nivel de análisis en el que nosotros nos estamos moviendo.

La segunda interrogante es de carácter jurídico, ya que se plantea si es posible hablar de un deber jurídico general de obedecer al Derecho, esto es, al ordenamiento jurídico de que se trate.

Mi respuesta a esta cuestión es sumamente sencilla y escueta: basta con que cada persona obedezca los deberes jurídicos que le atañen; no se precisa de un deber jurídico general que duplique la obligatoriedad de aquéllos.

Supongamos que una persona determinada es mayor de edad, plenamente capaz, es médico, padre de familia, vive en un piso alquilado y pasa sus vacaciones en una casa en la costa que alquila el mes de julio; además, de vez en cuando compra cosas para su casa y para el consumo de toda la familia. De todas esas situaciones que conciernen a esa persona derivan deberes jurídicos concretos, unos bajo la forma de prohibiciones y otros como mandatos positivos. Las normas del ordenamiento jurídico especifican precisamente dichos deberes. ¿Qué necesidad hay entonces de que haya una norma que imponga el deber jurídico general de cumplir aquellas normas? Francamente, no hay ninguna necesidad. Suponer que hay una norma que nos obliga a cada uno de nosotros a cumplir nuestros deberes jurídicos es lo mismo que establecer un «meta-deber» jurídico cuyo mandato es que cumplamos los deberes jurídicos. Lo cual supone duplicar innecesariamente los deberes. No es preciso, por tanto, que se tenga que aceptar un deber *jurídico* general de obediencia al Derecho.

EJERCICIOS

1. Explica las razones por las que se afirma en el texto que «comparar *el* Derecho con *la* moral conlleva de entrada una cierta trampa semántica».

2. Diferencia estas dos nociones: moral positiva y moral especulativa.

3. Pon un ejemplo de un razonamiento en el que se mezclen argumentos propios de la moral positiva con argumentos de la moral especulativa.

4. Relaciona estas dos disciplinas: la Sociología y la Ética, con la investigación del fenómeno moral.

5. ¿Por qué el relativismo es una necesidad en la Sociología? ¿Y por qué el relativismo supone la destrucción de la Ética?

6. ¿Cuál es la diferencia básica entre el deber jurídico y el deber moral?

7. Relaciona deber jurídico, norma deóntica y sistema jurídico.

8. Relaciona deber jurídico, exigencia y autoridad jurídica.

9. Recuerda cuáles son los tres tipos de normas jurídicas deónticas, señalando sus caracteres respectivos.

10. Define el deber jurídico de conducta, y pon ejemplos.

11. Define el deber jurídico de decisión, y explica la definición con ejemplos.

12. Haz lo mismo con el deber jurídico de ejecución.

13. En la generalidad de los casos los ordenamientos jurídicos entrelazan los tres tipos de deberes jurídicos (de conducta, de decisión y de ejecución). Explica en qué consiste dicho entrelazamiento.

14. Explica la concepción tradicional del deber jurídico, para lo cual relaciónala con la idea de la estructura bimembre de la norma de Derecho.

15. Los deberes que impone un ordenamiento jurídico sin que haya previsto sanciones para el caso de su eventual infracción ¿son deberes jurídicos? Razona la respuesta.

16. Los deberes jurídicos débiles ¿no tienen nunca consecuencias jurídicas? Pon ejemplos para razonar tu contestación.

17. ¿Qué es el *soft law*?

18. Explica la diferencia entre deberes jurídicos públicos y deberes jurídicos privados.

19. ¿Hay un deber moral de obedecer al Derecho? Razona la respuesta.

20. ¿Hay un deber jurídico de obedecer al Derecho? Razona tu contestación.

LXV. LA RESPONSABILIDAD JURÍDICA

Una vez que hemos visto qué es el deber jurídico y cuáles son los tipos básicos de deberes que encontramos en el Derecho, conviene que nos detengamos, aunque sea brevemente, en un concepto que es muy próximo al de deber jurídico, precisamente porque implica otro deber jurídico, bien que esta vez con carácter de «suplente». Me refiero al concepto de responsabilidad. Esta materia la estudiarás con detenimiento en las diversas disciplinas jurídicas, ya que a todas ellas afecta, pero sobre todo en el Derecho civil (responsabilidad contractual y extracontractual o aquiliana), en el Derecho penal (responsabilidad penal por los delitos o faltas cometidos) y en el Derecho administrativo (responsabilidad civil de las Administraciones públicas).

En el lenguaje ordinario usamos con frecuencia esta palabra, «responsabilidad», y sus derivados; si bien ese uso demuestra que, como sucede con las grandes palabras, estamos ante significados o acepciones múltiples.

Cuando decimos que una persona «es responsable» queremos expresar, en primer lugar, que se hace cargo de sus obligaciones, que es seria y que, por tanto, se puede confiar en ella. Si, por el contrario, decimos de alguien que es «un irresponsable» (obsérvese que la expresión emplea el artículo indeterminado «un») se está significando que esa persona no cumple sus deberes, no es seria sino informal, y por tanto no merece nuestra confianza. En esta acepción, «responsable» es quien cumple ordinariamente sus deberes, quien responde de dichos deberes, e «irresponsable» quien no los cumple, quien no responde de los mismos. Vemos, pues, cómo en esta primera acepción existe un indudable nexo semántico entre el término «responsable» y los deberes. No es preciso especificar qué tipo de deberes, pues se entiende que son todos los deberes en general de la persona de que se trate; esto es, deberes morales y sociales, y también jurídicos. En esta primera acepción la responsabilidad es indicativa del carácter general de un sujeto, de su actitud en el cumplimiento de los deberes del más diverso género.

Una segunda acepción sitúa la palabra responsabilidad en contextos más concretos. Así, cuando entramos en un taller de coches y preguntamos: «¿quién es el responsable?», estamos preguntando por la persona que es la autoridad, el jefe del establecimiento. En este caso no nos referimos al carácter o actitud general de una persona sino a alguien a cuyo cargo está el taller. Queremos hablar con él porque, al ser el responsable del mismo, tendremos mayor garantía sobre cuándo estará reparado nuestro automóvil, que si hablamos con un auxiliar. Lo mismo sucede cuando acudimos al lugar de la construcción de una casa y queremos saber algo sobre la obra, o cuando estamos en una fiesta popular y se ha caído un estrado: buscamos en ambos casos a los organizadores, capataces, o maestros para que nos informen, en el primer caso; para que lo levanten de nuevo, en el segundo. En marcos vitales concretos la responsabilidad se presenta como algo acotado. Los deberes no tienen un carácter general, como en la acepción anterior, sino que se circunscriben al círculo de personas y actividades afectadas. Vemos, pues, cómo en este segundo uso del término, también hay una relación estrecha con el concepto de deber, si bien éste sigue siendo indeterminado en cuanto a la materia, integrante lo mismo de deberes jurídicos, que de deberes morales o sociales.

Simplificando un poco las cosas, podemos distinguir la responsabilidad moral, la responsabilidad política y la responsabilidad jurídica. Las dos primeras tienen un carácter general aun cuando se den en relación con sus respectivos órdenes normativos: la moral y la política. Suponen aceptar las consecuencias de un modo de proceder irregular o poco apropiado. En el caso de la moral (positiva o social) el infractor debe soportar la censura social de la que es objeto y aceptar con humildad dicha censura. La responsabilidad política es la consecuencia de haber realizado conductas que un cargo o dirigente político no debe realizar. Puede consistir esa conducta en un delito (por ejemplo, financiación ilegal del partido político; apropiación indebida; corrupción), en una gestión deficiente (por ej., ministro de fomento al que se le caen los puentes construidos recientemente) o en un acto inapropiado desde el punto de vista moral o de la imagen (por ejemplo, actividad cinegética de un ministro de justicia en compañía del juez que lleva un caso en que se juzga a adversarios políticos del primero).

En esta escala de menor a mayor concreción, la responsabilidad en sentido jurídico o responsabilidad jurídica supone la concreción máxima. En el Derecho, cada cual es responsable de sus propios deberes jurídicos. Esto quiere decir que cada cual responde del cumplimiento y del incumplimiento de sus deberes. Si una persona cumple su deber jurídico, ha respondido a ese deber y ha satisfecho la exigencia impuesta por el ordenamiento; ahí se queda la cosa. Pero si lo incumple, no habrá respondido al deber, y deberá entonces responder de las consecuencias.

Este deber jurídico de hacerse cargo de las consecuencias del incumplimiento de un deber jurídico previo es lo que llamamos, en sentido estricto, responsabilidad jurídica.

Ticio tiene una deuda con Sempronio. Trascurrido el plazo para pagarla, éste se la exige. Primero dirigiéndose a él pero, ante su pasividad, acude al juez para hacer valer su derecho. El juez dicta sentencia de embargo de los bienes de Ticio y de ese modo se paga la deuda. El deber jurídico que tiene Ticio de soportar el embargo de sus bines y el pago de la deuda con los intereses moratorios es manifestación de su responsabilidad. Que Ticio es responsable de la deuda contraída con Sempronio es sinónimo, en este caso, de que responde con sus bienes del pago de la misma, de tal modo que si no la paga en una primera fase de modo voluntario, la pagará en una segunda fase, aunque sea forzado por las instituciones estatales. Tiene así que apechugar con las consecuencias jurídicas de no haber cumplido su deber de pagar la deuda tempestivamente.

Al deber jurídico de un sujeto de hacerse cargo de las consecuencias de un acto ilícito, previstas por el ordenamiento, se le llama responsabilidad jurídica. Que el ordenamiento jurídico imputa a un sujeto la responsabilidad de una acción u omisión quiere decir que establece para ese sujeto el deber jurídico de soportar las consecuencias de dicho acto u omisión. El sujeto jurídicamente responsable puede ser el mismo sujeto del acto o de la omisión, u otro distinto.

Se puede realizar un ilícito por comisión o por omisión. En ambos casos la responsabilidad actúa para compensar el daño producido por el ilícito. Así, en el ejemplo anterior se ha realizado un acto ilícito por omisión, ya que Ticio no ha hecho lo que debía. El ilícito puede también realizarse por comisión. Así, por ejemplo, si alguien escribe en un periódico un artículo difamatorio contra otra persona, causándole un perjuicio moral.

En los ordenamientos modernos el concepto de daño es entendido en un sentido muy amplio. Engloba varios aspectos: a) el daño material, como el producido por un choque de vehículos; b) el daño corporal, como el que puede resultar del mencionado choque en las personas de quienes ocupaban los vehículos; c) el daño moral, que es el que afecta al honor o buen nombre de una persona, física o jurídica; d) el riesgo, como sucede en el caso de una conducción temeraria. En cualquiera de estas modalidades, lo relevante para que haya responsabilidad jurídica es, por regla general, que el acto u omisión que da lugar al daño sea ilícito. Esta regla tiene sus excepciones, en el sentido de que el ordenamiento jurídico en ocasiones atribuye el daño a un sujeto que no tiene relación directa con el acto u omisión que lo ha causado.

Si alguien causa a otro un daño lícito, no se genera una situación de responsabilidad jurídica. Los empresarios que compiten en el mercado pueden causarse daño atrayendo a la clientela ajena, pero mientras eso suceda gracias a prácticas permitidas por el Derecho no se estará ante un acto ilícito y, por tanto, por mucho que una empresa resulte dañada al perder clientes, no por eso podrá reclamar una indemnización de daños y perjuicios. Y si lo pretende, el juez deberá declarar que las prácticas permitidas en el terreno de la competencia empresarial no dan lugar a responsabilidad alguna. Caso distinto es que un empresario le quite a otro su clientela mediante argucias o prácticas prohibidas por el Derecho (como las prácticas colusorias o las prácticas desleales). En este supuesto nos encontramos ante un ilícito jurídico y, por tanto, ante una responsabilidad jurídica por parte de quien ha realizado dichas prácticas prohibidas.

A veces entre la persona responsable y el daño producido no existe apariencia de acto ilícito. Por ejemplo, el dueño de una empresa no es consciente de que una determinada máquina se ha estropeado en uno de sus mecanismos y como consecuencia resulta peligrosa para el operario que la maneja. Éste tampoco se da cuenta del defecto de la máquina hasta que se lesiona. Aunque pudiera pensarse que no existe relación alguna entre el dueño de la empresa y el daño producido al operario, sí la hay: el empresario tiene el deber de diligencia de cuidar por el buen estado de la maquinaria que se usa en su empresa, para lo cual, si no tiene otro medio idóneo de comprobación, deberá contratar a especialistas que periódicamente verifiquen el estado de las máquinas. Es probable que el juez aprecie una responsabilidad del empresario en el supuesto de que éste no hubiese puesto los medios para la conservación de la maquinaria, y como consecuencia tenga que indemnizar al trabajador por la lesión sufrida. El deber jurídico del empresario está aquí en su deber de diligencia, que en el caso no ha sido cumplido convenientemente. Pero ¿qué ocurrirá si se demuestra que el dueño ha puesto la diligencia exigible y ha hecho verificar el estado de las máquinas? Dependerá de lo que haya establecido el ordenamiento. Es posible que la ley ordene al juez que no aprecie ilícito alguno; el empresario no será entonces responsable del daño. Estaremos en presencia de un caso fortuito o de fuerza mayor. Puede ocurrir, por el contrario, que el ordenamiento prevea para determinados casos (como por ejemplo los accidentes que ocurren en el trabajo) que, con independencia de la culpa del empresario, éste responda en todo caso. Estaremos en presencia entonces de un supuesto de lo que se denomina responsabilidad objetiva.

La responsabilidad jurídica es objetiva cuando el sistema jurídico atribuye dicha responsabilidad a un sujeto, con independencia de que dicho sujeto tenga algo que ver, o no tenga nada que ver en absoluto, con el daño causado.

En la generalidad de los casos la responsabilidad es subjetiva, lo que quiere decir que el Derecho obliga a aceptar las consecuencias del acto ilícito o del accidente a quien lo ha causado o, por lo menos, a quien tiene algún tipo de incidencia en la realización de ese ilícito o en la producción del daño. La responsabilidad subjetiva es la regla general en el derecho penal moderno, que no conoce en este sentido excepciones, ya que para ser responsable penalmente es preciso ser culpable del acto cuyas consecuencias forman el contenido de la responsabilidad penal. En las otras ramas del Derecho la regla de la responsabilidad subjetiva, si bien es general en el sentido de que se tiende a personalizar la responsabilidad en los culpables (por dolo o negligencia), se ve atemperada por la técnica de la responsabilidad objetiva o por el resultado, que supone que el ordenamiento imputa a un sujeto o a varios la responsabilidad de un acto con independencia de que ese sujeto o sujetos hayan intervenido en dicho acto de manera directa o indirecta.

A diferencia de lo que rige en el Derecho moderno, en el antiguo la regla general era la exigencia de responsabilidad objetiva. Ésta adoptaba en ocasiones la forma de responsabilidad objetiva individual, y otras veces la forma de responsabilidad objetiva colectiva.

Ejemplos paradigmáticos de responsabilidad objetiva individual nos los suministra el Derecho romano. El padre de familia es responsable por los delitos que cometan las personas que están sometidas a la patria potestad (hijos, esclavos). En la época más antigua, hasta llegar a las Doce Tablas, la responsabilidad era del *paterfamilias*, independientemente de que éste conociera la comisión del delito. Más tarde se atempera esta exigencia al hacer responsable al padre que, con conocimiento de que iba a producirse el hecho ilícito, no hubiera hecho nada por impedir la comisión del delito;

con lo cual, se produjo una aproximación a la responsabilidad subjetiva, esto es, culpable.

En el Derecho moderno nos encontramos ante numerosos supuestos de responsabilidad objetiva individual. Así, es frecuente que los ordenamientos jurídicos determinen la responsabilidad civil (por daños) de los padres o tutores de los menores a su cargo. También, de los docentes de determinado nivel (normalmente de los niveles no superiores) respecto de los daños causados por los niños a su cargo mientras éstos permanezcan en el establecimiento docente. Asimismo es característico ejemplo de la responsabilidad individual objetiva la que se imputa a los dueños de animales por los destrozos que éstos causen. En ninguno de estos casos hay una relación directa entre la persona responsable y el daño producido.

La responsabilidad objetiva colectiva es frecuente en el Derecho primitivo. Al ser las sociedades primitivas (es decir, aquellas que conocen un nivel mínimo de civilización y de división del trabajo) muy endebles en cuanto a las formas de organización institucional, el Derecho no dispone de mecanismos que sean mínimamente efectivos para imponer sus normas. De ahí que la ejecución de las sanciones las deje en manos de los clanes o familias que, de este modo, se transforman en verdaderos «órganos» de la comunidad humana organizada bajo el signo de una necesaria descentralización. Así se explica que, cuando un individuo comete un acto ilícito (por ejemplo, un homicidio), el ordenamiento jurídico primitivo otorgue al clan o familia de la víctima el poder de reaccionar con la imposición de la sanción prevista por dicho ordenamiento. En tal caso, el principio de proporcionalidad, bajo la forma de la llamada ley del talión («ojo por ojo, diente por diente»), característicos ambos de cierto grado de civilización, se concreta en que el acto sancionador puede recaer sobre cualquiera de los miembros de la familia o clan del agresor. De lo que ha hecho éste se le hace responsable al grupo (familia o clan) al que pertenece. La responsabilidad es, pues, objetiva y colectiva. O si se quiere expresarlo de otro modo: la responsabilidad es colectiva, ya que corresponde al grupo del infractor, y por ser colectiva, es asimismo objetiva, ya que al recaer en todos los miembros del grupo del infractor no requiere que la sanción se imponga sobre el culpable sino que recae sobre éste y, además, sobre todos los demás miembros del grupo, que no son culpables del delito.

Este tipo de responsabilidad es característico del Derecho internacional que, al ser un ordenamiento jurídico sin aparato institucional para imponer sanciones, delega dicha potestad en los Estados y en las organizaciones internacionales. Frente a un ataque sufrido sobre el territorio y la población de un Estado por parte de un submarino lanzamisiles, el ordenamiento jurídico internacional delega en el Estado atacado el poder de sancionar con otro ataque similar al Estado al que se le atribuye la responsabilidad del primer ataque.

Hemos dicho que la responsabilidad jurídica va vinculada al concepto de «daño». Se es responsable jurídicamente porque se ha infringido un deber, lo cual implica que se ha ocasionado, directa o indirectamente, algún daño en el bien que dicho deber jurídico protege. El daño se relaciona así con el concepto de bien; pero no de cualquier bien, sino tan sólo del bien jurídico. Son bienes jurídicos aquellos bienes que un sistema jurídico estima como tales y protege con sus normas.

Todo daño implica un menoscabo en un bien jurídico. Si se trata de un daño material el menoscabo será de esa misma índole; se estará ante un menoscabo en el patrimonio de la persona o personas afectadas por el acto ilícito. La cuantía del daño se medirá a tenor del valor económico de las cosas afectadas. Dentro de este concepto de daño material o económico se engloba no sólo el que afecta a cosas corpóreas sino asimismo a los llamados bienes inmateriales, tales como los derechos de autor, el derecho de patente o el de marca. Se entiende que dichos bienes son de naturaleza inmaterial (es decir, no cosificados) pero con un valor económico que puede determinarse por las leyes del mercado, al igual que los bienes materiales propiamente dichos.

En el supuesto de daño corporal el bien jurídico que se afecta es el de la integridad física de la persona afectada, esto es, en su propio cuerpo. Daño moral es el menoscabo en la integridad psíquica de la persona física, o en la imagen social de ésta; este último aspecto es aplicable asimismo a las personas jurídicas (por ejemplo, una empresa, una fundación, una universidad).

Por último, existe daño por riesgo cuando se genera un peligro, sin que dicho peligro llegue a concretarse en un daño material, corporal o moral. Quien conduce a 120 km/h en zona poblada donde debe conducir a 50 km/h está generando claramente un peligro (sobre las personas, sobre los animales y sobre las cosas). Una infracción de peligro es aquella que no ha generado un daño en personas, animales o cosas, sino en la seguridad. Ésta es un valor básico que el Derecho debe salvaguardar. Una de las técnicas de dicha salvaguardia consiste en la responsabilidad por riesgo. Se trata con ello de evitar situaciones en las cuales sea relevante el riesgo o probabilidad de que se generen daños para las personas o las cosas.

Si atendemos a la conceptualización del Derecho actual podemos establecer tres tipos de responsabilidad jurídica: la constitucional, la penal y la civil.

La responsabilidad constitucional afecta a los órganos máximos del Estado. Así, cuando se afirma que el Gobierno es responsable ante el Parlamento, quiere decirse que está en la potestad de este último la facultad de destituir al primero, para lo cual la constitución prevé el procedimiento de la moción de censura. El triunfo de dicha moción hay que interpretarlo como un acto jurídico-constitucional que sanciona negativamente la política del Gobierno y, como consecuencia, provoca su dimisión. Las normas constitucionales suelen prever esa posibilidad sancionadora respecto a los órganos del Estado de la máxima jerarquía, pero no siempre sucede así.

Habrá que atenerse, en este aspecto, a lo que disponga el Derecho vigente. También es usual que, en las monarquías parlamentarias, se declare constitucionalmente al rey como «no responsable». Esta exclusión de responsabilidad significa que el rey no tiene el deber jurídico de soportar las consecuencias de sus actos ilícitos, en el supuesto de que los cometa. La responsabilidad de ministros y parlamentarios sí es impuesta por los ordenamientos jurídicos modernos, pero por cauces procedimentales y procesales diferentes a los de los ciudadanos comunes.

La responsabilidad penal consiste en el deber jurídico que pesa sobre el autor de un delito de soportar la pena que se le impone.

La responsabilidad civil tiene carácter general y se aplica por ello a todo género de actos ilícitos o de actos que, siendo en principio lícitos, generen un daño para el que el ordenamiento jurídico haya previsto la exigencia de responsabilidad. Tanto la responsabilidad constitucional como la penal pueden ir acompañadas de responsabilidad civil. Pero cuando la infracción o el daño no afecten ni al Derecho constitucional ni al Derecho penal, se estará ante un supuesto de mera responsabilidad civil.

Un ministro que cometa el delito de apropiación indebida será, en primer lugar, sujeto de la responsabilidad penal; como consecuencia de ésta estará sometido asimismo a la responsabilidad constitucional y a la responsabilidad civil. Por la primera deberá asumir la pena que el Tribunal Supremo le imponga; por la segunda, deberá presentar su dimisión; y por la tercera, deberá devolver el dinero apropiado indebidamente con los intereses que correspondan.

Quien comete un homicidio imprudente con vehículo de motor es sujeto, primero, de la responsabilidad penal por la comisión del homicidio, y en segundo lugar, de la responsabilidad civil que le imponga el juez a la vista del daño personal y material que ha producido su imprudencia.

La responsabilidad civil puede ser contractual y extracontractual.

La contractual es aquella que tiene su fundamento en un contrato preexistente. El incumplimiento de un contrato conlleva la infracción de un deber jurídico (de cumplir lo pactado) y, como consecuencia, la responsabilidad por dicha infracción del deber.

La responsabilidad civil extracontractual o responsabilidad por daños es la que surge como consecuencia de un acto u omisión que genera un daño.

Sujeto de la responsabilidad civil pueden serlo tanto las personas físicas como las jurídicas. En el primer caso se dice, por ejemplo, que Ticio es responsable civilmente por producir tal daño o por cometer tal delito (la responsabilidad civil sería en este último supuesto una consecuencia añadida a la responsabilidad penal). En el segundo caso, estaríamos por ejemplo ante la responsabilidad civil de una empresa que, al generar residuos tóxicos, ha ocasionado daños a particulares. La persona jurídica titular de la empresa (por ejemplo, una sociedad de responsabilidad limitada con su concreto nombre comercial) deberá hacerse cargo de esos daños.

Como personas jurídicas que son, también las Administraciones públicas son sujetos potenciales de responsabilidad civil por los contratos incumplidos o por los daños ocasionados por sus órganos o agentes en el ejercicio de sus actividades oficiales.

Más problemas ha planteado la cuestión de si las personas jurídicas son sujetos capaces de responsabilidad penal. Esta cuestión presupone contestar a otra, de carácter previo, y que es la siguiente: ¿puede una persona jurídica cometer delitos? La dificultad que plantea esta cuestión es, sobre todo, que la doctrina del delito exige aspectos que sólo pueden aplicarse a las personas físicas. Tal, por ejemplo, la cuestión de la intencionalidad, del dolo, o la imprudencia. Pero, por otro lado, hay tipos de delincuencia que sólo pueden llevarse a efecto por medio de organizaciones o grupos humanos. Este tipo de delitos exige no sólo que se sancione penalmente a individuos que dentro de ellos hayan cometido las acciones delictivas, sino asimismo a las organizaciones como tales, provocando su disolución y exigiendo el cumplimiento de la responsabilidad civil en los bienes que posean. (Véase el epígrafe CXXI)

NOTAS Y COMENTARIOS

- Sobre responsabilidad civil puedes leer con gran provecho estos libros: Jaime SANTOS BRIZ, *La responsabilidad civil (Derecho sustantivo y Derecho procesal)*, dos volúmenes, séptima edición, Ed. Montecorvo, Madrid, 1993; Ricardo DE ÁNGEL: *Tratado de responsabilidad civil*, Editorial Civitas, 3ª ed., Madrid, 1993.

- SANTOS BRIZ, al comienzo de la obra citada, llama la atención sobre las modificaciones que en tiempos recientes está sufriendo el Derecho regulador de la responsabilidad civil. Dice así: «Se reconoce unánimemente que es necesaria una modificación más o menos amplia del Derecho clásico, generalmente de ascendencia romana. El alcance de esas modificaciones es tema muy controvertido, no sólo por la diversidad de relaciones en que ha de disciplinarse la responsabilidad civil, sino porque dentro del ámbito de algunas, principalmente las surgidas de accidentes de la más varia clase, las implicaciones individuales y sociales son tan complejas en nuestros días que, mientras por un lado se muestra una tendencia conservadora del Derecho vigente, por otro se da en todos los países una tendencia avanzada, muy pujante, que pretende abolir ideas tan arraigadas como la culpa en sentido clásico y, en definitiva, desplazar, desde su posición más extrema, la disciplina de la responsabilidad civil del Derecho privado, en que ahora se encuentra, al Derecho público, lo que implicaría al mismo tiempo abolir la imputabilidad y la responsabilidad individual o, al menos, dar a estos conceptos un sentido diferente al que han tenido hasta la fecha.» (pgs. 9-10).

– A la responsabilidad extracontractual se la denomina también responsabilidad por daños o responsabilidad aquiliana. Lo primero en razón de que el ordenamiento jurídico, al establecerla, busca compensar a quien ha sufrido un daño o menoscabo con una indemnización de daños y perjuicios. Se llama «aquiliana» por el hecho de que la *Lex Aquilia*, del siglo III antes de Cristo, regula la responsabilidad por daños. Dice Juan IGLESIAS: «La ley Aquilia tiene tres capítulos, de los cuales el primero y el tercero se refieren a los daños causados en las cosas. En el primer capítulo se dispone que si alguien mata injustamente –*iniuria*– a un esclavo ajeno, o a un cuadrúpedo gregario –*quadrupes pecus*– debe pagar al dueño el valor máximo que haya tenido la cosa en el año anterior a la muerte. Las disposiciones del tercer capítulo se refieren a los daños de todo género causados por incendio, fractura o cualquier clase de deterioro –*quod usserit, fregerit, ruperit*– a las cosas animadas –esclavos y animales– o inanimadas –*ceterae res propter hominem et pecudem occisos*–. La indemnización del culpable alcanza aquí al valor máximo que tuviera la cosa en los últimos días. El daño contemplado por la ley Aquilia presupone un comportamiento antijurídico: *"damnum* iniuria *datum"*. La *iniuria* implica culpabilidad en el agente. La culpabilidad se da tanto en el hecho doloso –*dolus malus*– como en la culpa o negligencia.» (*Derecho Romano. Instituciones de Derecho Privado*, sexta edición, Ariel, Barcelona, 1972, pgs. 482-483).

EJERCICIOS

1. Busca en tratados generales de Derecho civil, de Derecho penal y de Derecho administrativo el tratamiento que dan al estudio de la responsabilidad jurídica, y destaca en cada caso el lugar sistemático que dicha materia ocupa.

2. Comenta el uso que tiene los términos «responsable» e «irresponsable» en el uso ordinario del lenguaje común.

3. Explica en qué consiste la responsabilidad política.

4. ¿Qué relación hay entre responsabilidad y deber, en el sentido genérico de ambos términos?

5. Comenta la relación existente entre responsabilidad jurídica y deberes jurídicos.

6. Relaciona: acto ilícito, acción, omisión, deber jurídico y responsabilidad jurídica.

7. Define el concepto de daño.

8. Especifica los diversos tipos de daños.

9. Comenta el concepto de «daño lícito», y pon ejemplos.

10. Distingue responsabilidad jurídica subjetiva y responsabilidad jurídica objetiva.

11. ¿Cuál es la regla general en el Derecho moderno, la responsabilidad jurídica subjetiva o la responsabilidad jurídica objetiva?

12. Explica de qué modo funcionaba la responsabilidad jurídica en el Derecho antiguo.

13. Distingue entre estos dos conceptos: responsabilidad objetiva individual y responsabilidad objetiva colectiva.

14. Explica cómo funciona la responsabilidad jurídica internacional.

15. Relaciona daño y bien jurídico.

16. Define el daño por riesgo.

17. ¿Qué son los delitos de peligro? Busca cómo están regulados en el Derecho español.

18. Explica en qué consiste la responsabilidad jurídico-constitucional. Pon ejemplos.

19. ¿Qué significa que el rey, en las monarquías parlamentarias, es «jurídicamente irresponsable»?

20. Define el concepto de responsabilidad civil.

21. ¿Qué relación hay entre delito, responsabilidad constitucional, responsabilidad penal y responsabilidad civil? Explícalo de la mano de un par de ejemplos.

22. Diferencia entre responsabilidad civil contractual y responsabilidad civil extracontractual.

23. ¿Cómo se llama también a la responsabilidad civil extracontractual? Explica por qué se la llama así.

24. En el Derecho español ¿son penalmente responsables las personas jurídicas? Para contestar a esta pregunta debes consultar un tratado actualizado de Derecho penal. (Ver lecc. 121)

CAPÍTULO 14

EL ÁMBITO JURÍDICO

LXVI. ECHANDO LA VISTA ATRÁS Y DE PASO INTRODUCIR UN NUEVO CONCEPTO BÁSICO: EL ÁMBITO JURÍDICO

Hasta aquí hemos andado un largo camino, pero no creas: nos queda mucho trecho aún, más que el que hemos recorrido. La Teoría del Derecho precisa de mucha paciencia y de tiempo suficiente para ir madurándola. Recuerda lo que te decía al principio acerca de nuestro método de ir dando vueltas y vueltas a las cosas hasta entenderlas. Has podido comprobar cómo, viendo las cosas desde distintos ángulos, se las comprende mejor que si te enfrentas de una vez y para siempre, así como de golpe, desde una perspectiva concreta. En esta lección vamos a echar un momento la vista atrás para ver un poquito por encima lo que hemos andado y poder así vislumbrar mejor el horizonte de problemas que todavía nos quedan por abordar. De paso, nos veremos las caras con un nuevo concepto que hasta ahora ha estado como soterrado. Se trata del concepto de *ámbito jurídico*, una noción que los juristas no utilizan conscientemente pero que, sin embargo, presuponen en todos sus razonamientos.

Recordarás que comenzamos esta obra con una pregunta: ¿Por qué no hay acuerdo en la definición del concepto de Derecho?, para contestar algo así como que el Derecho es una palabra, un *nomen*, que nos sirve para designar los diversos ámbitos jurídicos que han existido en la historia, que existen hoy en día o que existirán en el futuro. Entonces no empleé la expresión «ámbito jurídico» porque no quise complicarte demasiado la vida desde el principio. En lugar de referirme al «ámbito jurídico» me referí al «ordenamiento jurídico», que es, por decirlo así el núcleo central de todo ámbito jurídico. Dije entonces algo similar a esto: no es posible una definición del Derecho que a todos satisfaga porque «Derecho» es sólo una palabra para designar a la pluralidad de los ordenamientos jurídicos posibles. También hablé de Derecho posible, pero con ello quise expresar exactamente la misma idea. Ahora añado: con la palabra «Derecho» designamos el conjunto de ámbitos jurídicos, tanto de los que han existido, como de los que existen en la actualidad y de los que existirán en el futuro.

Ahora, al ir dando vueltas a las torres de Jericó (¡acuérdate del consejo de Ortega y Gasset remitiéndose al famoso pasaje bíblico!) introduzco un nuevo concepto, para que recapacites sobre lo que has estudiado hasta ahora y comiences a ponerlo en tela de juicio o, dicho de una forma más suave y exacta, empieces a repensarlo.

Recordarás que un aspecto central de la Teoría comunicacional del Derecho era el eje ordenamiento jurídico/sistema jurídico (de manera resumida los expresábamos así: ORD/SIS). Recordarás también que, en términos de la teoría de textos (que es una gran inspiradora de la Teoría comunicacional del Derecho) tanto el ordenamiento como el sistema constituyen sendos textos globales.

Un ordenamiento, en efecto, es un texto global (o, lo que es lo mismo, una «totalidad textual») correspondiente a un Derecho vigente, compuesto por textos concretos: la constitución, las leyes, las normas del Derecho comunitario europeo, los tratados internacionales, los reglamentos de las administraciones, los convenios colectivos, la jurisprudencia de los tribunales superiores, etc.

Por su parte, el sistema también es un texto global, pero a diferencia del ordenamiento, no es resultado de la labor del «legislador», sino de los juristas teóricos que se dedican a comentar los textos del ordenamiento para presentarlos de una manera armónica, interpretándolos convenientemente, llenando las lagunas, resolviendo las dudas y contradicciones, desvelando las normas implícitas..., hasta elaborar un texto global mucho más amplio, de carácter hermenéutico o explicativo. Ese texto es el sistema jurídico. Se le denomina también doctrina de los autores, y es el resultado del trabajo de la ciencia del Derecho o dogmática jurídica (Te aconsejo que repases un poco las lecciones I a XX).

Pues bien, el eje o dualidad ordenamiento/sistema (en ambos casos: jurídicos, no se olvide este detalle, estamos en el mundo del Derecho y no en el de la moral o en cualquier otro) constituye el centro de todo *ámbito jurídico.*

Detengámonos un momento a reflexionar sobre el significado de este nuevo concepto que introduzco ahora, y que no he manejado desde el comienzo de mi exposición, por razones –digámoslo así– pedagógicas (hay que ir penetrando en la complejidad de los problemas sin prisas y con las dosis adecuadas).

¿Qué significa que la dualidad ORD/SIS representa el centro nuclear, el eje central, del ámbito jurídico? Y en definitiva ¿a qué llamo ámbito jurídico? Para empezar te diré que el ámbito jurídico es algo más amplio que el ordenamiento y que el sistema juntos, y a la vez los integra. Además, añadiré que, sin embargo, todo lo que está en él contenido tiene que ver, está relacionado, se refiere (disculpa el uso múltiple que hago de estos verbos casi sinónimos, pero mi intención es resaltar una idea) a la dualidad mencionada, y de modo especial al ordenamiento.

Pero vayamos poco a poco, y para ello permíteme un pequeño experimento (hasta el momento ficticio, pero no por ello inverosímil).

Salgamos a la calle y hagamos a la gente que encontremos la siguiente pregunta: ¿Nos podría decir usted qué cosas tienen que ver con el Derecho, qué imágenes le suscita a usted esa palabra? Esta pregunta se la haríamos a unas cuantas personas, y prescindiríamos de las que hubiesen pasado por la Facultad de Derecho para recoger las respuestas más «ingenuas» (los que han pasado por nuestra Facultad están ya, por decirlo así, algo resabiados). Además sugeriríamos que las respuestas estuvieran orientadas sobre todo a actividades, a las cosas que hacemos cuando nos movemos en el mundo del Derecho. Después de preguntar a unas cuantas personas, nos reuniríamos y compondríamos con todas las respuestas un mosaico de conjunto.

Creo que estaremos de acuerdo tú y yo en que probablemente obtendríamos un cuadro de respuestas bastante semejante a lo siguiente. *La palabra «Derecho» me suscita las siguientes imágenes*: la policía deteniendo a unos ladrones, los jueces con sus togas dictando sentencias, las cárceles en que son metidos los ladrones, el parlamento promulgando leyes, los procesos electorales en que elegimos a nuestros representantes en los diversos parlamentos (nacional, autonómicos, europeo), los abogados con sus clientes preparando una defensa en un juicio penal, o defendiendo los intereses de parte en un proceso civil o contencioso-administrativo, o asesorando a una persona sobre cómo conducir su negocio para pagar menos impuestos, un notario redactando en escritura pública un contrato de compraventa de un inmueble y luego la lectura del mismo ante las partes interesadas que concluirían firmando el documento junto a la firma del propio notario, un registrador inscribiendo la escritura de propiedad del inmueble en el registro, una persona alquilando una vivienda para lo cual se pone en contacto con el propietario y acuerdan las condiciones del contrato de alquiler, un individuo que entra en una tienda y compra un par de trajes, paga al dependiente y se va, un empresario que contrata a un muchacho que ha acabado la carrera dos meses antes y hace con él un contrato laboral, dos personas que se casan ante el juez, o ante el sacerdote, varias personas que se reúnen y constituyen entre sí una sociedad de responsabilidad limitada, esto es, una sociedad mercantil que como tal está dotada de personalidad jurídica independiente de la personalidad de sus miembros, los órganos de esa sociedad que actúan en el mundo de los negocios y por ejemplo celebran contratos con otras personas (físicas y jurídicas), el Rey en un acto de exaltación de las Fuerzas Armadas, la designación por el Presidente del Gobierno de sus Ministros para formar el Consejo de Ministros o Gobierno de la Nación, este mismo Gobierno tomando decisiones en las reuniones que periódicamente mantienen, o negociando y firmando tratados internacionales, unas oposiciones que alguien firma para luego presentarse y hacer los EJERCICIOS correspondientes, el acto de matricularse en un Facultad universitaria y así poder seguir las clases de las diversas asignaturas y hacer los exámenes correspondientes, la solicitud que alguien hace a las autoridades de tráfico para que le concedan el permiso de conducir, o se lo renueven, la declaración correspondiente al impuesto sobre la renta de las personas físicas, etcétera, etcétera.

Estoy seguro de que convendrás conmigo en que la lista de actos que obtendríamos en esta experiencia ocuparía varios folios, y que podría ocupar otros muchos más si persistiéramos en preguntar a más gente obteniendo así más respuestas. Pero con lo dicho basta. ¿Qué tienen en común todas esas actividades y situaciones? Porque algo tienen en común, de eso no cabe la menor duda. Si no fuese así, la gente no las relacionaría. La respuesta es sencillamente ésta: tienen en común que pertenecen a un mismo ámbito jurídico. Todos esos actos constituyen procesos interactivos de comunicación entre agentes diversos. Unas veces son personas particulares, otras veces órganos del Estado, los que actúan. Pero en todos los casos su acción, su actividad, adquiere sentido porque forma parte de un conjunto variopinto de actos o actividades cuya clave está en su relación con un mismo ordenamiento jurídico. O, si queremos ser más exactos, con un mismo eje dual formado por el ordenamiento y el sistema (ORD/SIS) que lo refleja.

Todos los actos reseñados son ejemplos de lo que podemos llamar la *práctica jurídica*. Ésta se encuentra formada por un conjunto sumamente amplio (en principio indeterminado e indefinido) de actos y actividades que adquieren su sentido jurídico al estar conectados con los textos globales que conforman el eje ORD/SIS.

Algunas de estas actividades comunicacionales crean texto ordinamental, por ejemplo, el acto de legislar. Otras actividades, las propias de los juristas teóricos que escriben libros sobre el derecho vigente en un país, crean texto sistémico. Hay además otras actividades o actos que no generan ni texto ordinamental ni texto sistémico, pero que sólo adquieren su sentido jurídico en relación con dichos textos globales.

Por ejemplo, el texto que redacta un abogado, y lo presenta como demanda en un proceso, no forma parte ni del ordenamiento ni del sistema, pero tiene un sentido jurídico si se le relaciona con ambos. No forma parte del ordenamiento ni del sistema, pero sí del ámbito jurídico. Otro ejemplo: el dictamen que elabora un profesor de derecho mercantil a petición de una empresa, con la finalidad de estudiar un asunto que afecta a dicha empresa y de preparar una estrategia adecuada para enfrentar la situación, es un texto que no forma parte ni del ordenamiento ni del sistema pero sí del ámbito jurídico, ya que todos los razonamientos que en dicho dictamen se vierten están apoyados o conectados con el Derecho vigente del país en el cual los problemas han de ser enfrentados. Tercer ejemplo: un particular que tiene alquilada una vivienda y quiere saber qué derechos le asisten frente al propietario, acude a una agencia inmobiliaria y allí le informan. El acto de comunicación que se produce entonces ni crea texto ordinamental ni crea texto sistémico, pero es un acto cuyo sentido se comprende en relación con la dualidad ORD/SIS. Se trata de un acto que pertenece al ámbito.

Además, junto a los textos (unos de carácter ordinamental, otros de naturaleza sistémica y, por fin, otros que no son encasillables ni en el ordenamiento ni en el sistema, pero que a ellos están referidos y desde ellos adquieren su sentido jurídico) tenemos actos que no tienen carácter textual de una manera directa, ya que no producen texto sino que son simplemente acciones. Su pertenencia a un ámbito jurídico determinado dependerá de que cumplan las condiciones establecidas en el eje textual ORD/SIS para efectivamente pertenecer a él.

Un ámbito jurídico comprende, pues, al ordenamiento jurídico y al sistema jurídico. Además comprende también un conjunto de actos comunicativos (traducibles por tanto en textos concretos) que se producen o puedan producirse en relación con aquéllos. Por último, también comprende aquellos actos que en sí no son generadores de texto en sentido estricto pero que adquieren su sentido desde la «lectura» que se hace de ellos a partir del ordenamiento/sistema.

La Teoría comunicacional del Derecho ha de hacerse cargo de todos estos procesos de comunicación. Su pluralidad y complejidad no son un obstáculo si se les conecta adecuadamente con el eje comunicacional básico, que es el eje ORD/SIS. En estos textos se encuentran las claves para determinar el significado de cualquiera de los elementos propios de un ámbito jurídico.

Así, un ámbito jurídico no es otra cosa que un espacio virtual (comunicacional) que tiene como eje central la dualidad ORD/SIS, alrededor de la cual se generan múltiples procesos de comunicación (como los señalados en los ejemplos de nuestra experiencia ficticia).

Pensemos en un ámbito jurídico determinado: el ámbito jurídico español. ¿Qué implica este concepto?

En primer lugar, el ámbito jurídico implica necesariamente la existencia de un ordenamiento jurídico, en nuestro caso del ordenamiento jurídico español hoy vigente, que se concreta en un gran texto global compuesto por los textos concretos que hemos dicho antes. Además, la doctrina española ha generado el sistema jurídico español, que refleja y perfecciona el ordenamiento jurídico mediante la creación de una totalidad textual muy amplia que explica y sistematiza el Derecho español vigente. Como sabemos, todos los demás conceptos que se manejan en un ámbito jurídico aunque pertenezcan a éste alcanzan su sentido por su conexión con el eje central ORD/SIS.

Las acciones, por ejemplo, y las sanciones, que ya hemos estudiado, son realidades cuyo sentido deriva de su conexión con ese eje, pero decimos de ellas que pertenecen al ámbito jurídico español. Así, una acción lícita como la celebración de un contrato, sabemos que es tal o cual cosa (un contrato de arrendamiento de vivienda, o un contrato de depósito) porque constituyen una concreción del procedimiento establecido por las normas procedimentales propias del ORD/SIS. Pero no diremos que ese acto concreto de celebrar el contrato en cuestión «pertenece» al ordenamiento, ni al sistema. Diremos que pertenece al ámbito jurídico español. Lo mismo en el supuesto de un acto ilícito como puede ser la comisión de un delito. Sabemos que se ha cometido este o aquel delito porque somos capaces de «leer» el conjunto de movimientos psíquico-físicos a la luz de los textos del Derecho penal (esto es, de la parte del ORD/SIS que tipifica los delitos), pero no diremos que el delito cometido pertenece al ORD/SIS, sino al ámbito jurídico. Y este mismo esquema de interpretación de la realidad puede aplicarse igualmente a los actos sancionadores.

Las normas pertenecen al sistema jurídico, el cual las construye sobre la base del texto bruto del ordenamiento. Esto es así porque, como ya hemos estudiado, las normas constituyen las unidades lingüísticas elementales del sistema y son el resultado de la construcción hermenéutica.

No puede decirse lo mismo de las acciones entendidas como realidades concretas, esto es, como actos que realiza un sujeto determinado en un momento determinado. Es correcto afirmar que las acciones genéricas son asimismo texto, en la medida en que, como recordarás, una acción genérica es lo mismo que un procedimiento genérico, y éste viene establecido por una norma procedimental. Pero las acciones que realiza Sempronio tal día y a tal hora, y que son «legibles» a partir de los procedimientos genéricos que establecen las normas procedimentales, no son en sí mismas textos del ordenamiento ni del sistema, y por consiguiente no pertenecen a uno ni a otro. Pero sí pertenecen al ámbito jurídico de que se trate.

Lo mismo tiene que suceder con las decisiones ya que éstas constituyen tipos de acciones. Y asimismo sucede, como vamos a ver, con múltiples conceptos que manejan los juristas y que suponen esta comprensión de la tríada ordenamiento/sistema/ámbito. Así, las personas no son «texto» pero sí pertenecen a un ámbito jurídico, y lo mismo las diversas situaciones en que las personas se encuentran como titulares de deberes y cargas y de derechos subjetivos, potestades y facultades, y como partes en las relaciones jurídicas con otras personas.

Vamos a estudiar a continuación algunos de estos conceptos que manejan los juristas y cuya función es relacionar los diversos elementos de la vida social (personas, cosas, acciones y procesos comunicacionales) con esos espacios virtuales (comunicacionales) que hemos denominado ámbitos jurídicos. Bien entendido que, para relacionarlos con éstos será siempre necesario considerarlos a la luz de su eje intermediario, el ordenamiento/sistema propio de cada uno de ellos.

Vamos a abordar así, en primer lugar, las situaciones jurídicas, y después, las relaciones jurídicas.

A las situaciones jurídicas dedicaremos un espacio breve aunque suficiente para dar al concepto la amplitud que se merece y resaltar su potencialidad analítica.

Mayor trabajo nos darán las relaciones jurídicas. Pues bajo este rótulo estudiaremos tres tipos de relaciones diversas, cuya importancia para la vida jurídica no puede desconocerse.

Las relaciones jurídicas se distribuyen en tres tipos: las relaciones interpersonales, las relaciones interordinamentales (o intersistémicas) y las relaciones interordinales (o entre órdenes normativos).

Las primeras, las relaciones jurídicas interpersonales o entre personas, han sido objeto de estudios múltiples y han ocupado también a muchos teóricos del derecho, hasta el punto de que para algunos constituyen el concepto central de la Teoría del Derecho. Recordarás que en la búsqueda por el concepto central del Derecho, junto a normativistas, institucionalistas, decisionistas, y algunos más, estaban los relacionistas, llamados así precisamente por poner la relación jurídica entre personas como la piedra angular de toda Teoría del Derecho.

A diferencia de las relaciones interpersonales, las relaciones entre ordenamientos jurídicos, o relaciones intersistémicas, han sido descuidadas por la Teoría del Derecho. La floración bibliográfica, rica en páginas y en enfoques, propia de las primeras, se convierte en llamativa escasez cuando pasamos a un asunto tan decisivo en el mundo globalizado que nos ha tocado vivir como es el de las relaciones entre los distintos ámbitos jurídicos que existen en el mundo. Me cabe la satisfacción de haber contribuido a llenar esta sorprendente laguna. Desde la obra de Santi ROMANO, *L'ordinamento giuridico*, publicada en 1918, no existía una monografía que, con cierta extensión, hubiera abordado el tema. En 2007 vio la luz mi libro *Pluralismo jurídico y relaciones intersistémicas*, en el cual, desde la perspectiva de la Teoría comunicacional del Derecho, se estudia esta problemática, tan apasionante y tan rica en sugerencias para el pensamiento jurídico. Como es lógico, en la exposición de un libro de texto como éste no se tratará con la misma profundidad que en la monografía las cuestiones teóricas que suscitan las relaciones entre ordenamientos jurídicos, pero sí haremos un esfuerzo para resumir las ideas básicas. Quien quiera saber más sobre el asunto puede zambullirse en la obra mencionada.

En ella se hace un planteamiento de carácter general (sobre todo en los capítulos primero y quinto) y se aplican esos planteamientos al estudio desde la Teoría del Derecho de tres relaciones intersistémicas típicas: la relación entre el derecho internacional y el derecho de los Estados, la relación entre el ordenamiento jurídico de la Europa comunitaria y los Estados miembros; y, por último, penetramos en la cuestión de las relaciones de los ordenamientos jurídicos estatales entre sí para solucionar los problemas típicos del derecho internacional privado (o sea, cómo actúan los ordenamientos estatales cuando se encuentran ante una relación jurídica privada en la cual hay algún elemento de extranjería; por ejemplo: supongamos que un mallorquín se casa con una francesa en Italia, se van a vivir a Canadá, donde nacen sus dos hijos, y posteriormente a Australia, donde muere el padre; se plantea allí el problema de qué ordenamiento se aplicará a la herencia: ¿se aplicará el español, ya que el muerto es español?, ¿el francés porque la viuda es francesa?, ¿o quizás el italiano, ya que se casaron el Italia?, ¿o puede ser que se aplique el canadiense, donde nacieron los dos hijos del matrimonio, o quizás el australiano, ya que el causante murió en Canberra?). Interesante, ¿verdad? Pues prepárate para dedicar tiempo a estudiar todo esto.

Por último, dentro de una teoría de las relaciones jurídicas cabe el estudio de las relaciones entre los diversos órdenes normativos, a los cuales ya dediqué un poquito (muy poquito) de atención en aquella lección titulada «Los órdenes normativos: una cuestión aplazada» (¡Vuelve a leerla ahora, por favor!).

En esta tercera parte de las relaciones jurídicas abordaremos cuestiones trascendentes. El Derecho no es el único orden normativo que existe en el mundo humano. Junto a él tenemos la moral, los usos sociales, las normas religiosas y los juegos. Una cosa es el Derecho, y otra la moral. Una cosa es el Derecho, y otra las costumbres y usos sociales sin valor jurídico. Una cosa es el Derecho, y otra la religión. Y asimismo el Derecho es diferente a los juegos, aunque a veces tiene algo de ellos. Lo primero que habrá que averiguar será en qué consisten esas diferencias entre los diversos órdenes normativos, para a continuación preguntarse por sus relaciones recíprocas. Pues, por ejemplo, aunque el Derecho no es la moral, hay ocasiones en que conectan, otras en que divergen, y otras en que las normas jurídicas se remiten a las morales. Y algo similar sucede con los demás órdenes normativos.

Vemos, pues, que es necesario distinguir ordenamiento y orden. La palabra «ordenamiento» la reservamos exclusivamente para uno de los órdenes normativos, el Derecho, y así hablamos de ordenamiento jurídico. Los «órdenes» son normativos, esto es, están compuestos por normas. El orden normativo jurídico es el ordenamiento jurídico, compuesto por normas jurídicas o normas de Derecho.

EJERCICIOS

1. ¿Por qué motivo crees que los juristas no han utilizado conscientemente la noción de ámbito jurídico? ¿Aporta algo nuevo este concepto?

2. Repasa los argumentos utilizados para fundamentar la tesis de que no es posible dar una auténtica definición del Derecho (te remito a las lecciones I a VI, ambas inclusive).

3. ¿Qué quiere decirse con la afirmación de que el Derecho es un *nomen*? ¿Qué realidades designa ese *nomen*?

4. Consulta en un Diccionario de Filosofía el término *nominalismo.* Toma notas y resume brevemente sus caracteres. ¿Tiene el nominalismo algo que ver con lo que se expone en esta lección?

5. Repasa los conceptos *ordenamiento jurídico* y *sistema jurídico.*

6. Recuerda las relaciones existentes entre ORD y SIS. ¿Por qué consideramos esta dualidad el eje central de un ámbito jurídico?

7. Relaciona ordenamiento jurídico, sistema jurídico y ámbito jurídico. Intenta analizar algunas de sus principales conexiones.

8. Haz la siguiente práctica: Realiza una encuesta a personas que conoces (de tu familia, amigos, etc.) planteándoles la siguiente pregunta: ¿Me puedes decir qué cosas (especialmente actividades y actos) tienen que ver con el Derecho, qué imágenes fílmicas te suscita esta palabra, Derecho? (La referencia a «imágenes fílmicas» no tiene otro objeto que poner en conexión el término Derecho con lo que vemos en la vida pero que también podemos verlo en las películas).

9. Hecha la práctica anterior, recoge en uno o dos folios, y de manera ordenada, las respuestas.

10. Comenta algunas de las respuestas desde el punto de vista de la Teoría comunicacional del Derecho (lo cual quiere decir que tienes que interpretarlas en términos de actos comunicacionales).

11. ¿Qué tienen en común todos los actos y actividades descritos?

12. Explica qué se entiende por *práctica jurídica.*

13. ¿Qué es un acto o actividad comunicacional?

14. Distingue: actividades o actos que crean texto ordinamental, actividades o actos que crean texto sistémico, actividades o actos que no crean texto ordinamental ni sistémico pero sí otros tipos de textos con aquellos relacionados.

15. Pon ejemplos de cada uno de los tres tipos de actos o actividades reseñados en el ejercicio anterior.

16. Diferencia los actos o actividades que generan texto (en cualquiera de sus tres modalidades) de aquellos actos o actividades que, siendo jurídicos, no lo generan. Pon ejemplos.

17. Enumera los diversos elementos que comprende un ámbito jurídico.

18. Recuerda la diferenciación entre acciones concretas y acciones genéricas. Asimismo, repasa su conexión con la distinción entre procedimientos genéricos y procedimientos concretos.

19. Relaciona los conceptos anteriores con el ámbito jurídico.

20. ¿Qué significa que un ámbito jurídico es un espacio virtual?

21. ¿Por qué las normas jurídicas pertenecen al sistema? ¿Forman parte también del ámbito jurídico? Razona la contestación.

22. ¿Cuál es la función que cumple en la Teoría del Derecho el concepto de ámbito jurídico?

23. Al final de esta lección se avanzan los principales temas que van a ser objeto de la exposición de las páginas que siguen. Haz un esquema de dichos temas, distinguiendo situaciones y relaciones jurídicas, y dentro de éstas los tres tipos de relaciones mencionados en el texto.

24. Relee el epígrafe XXII («Los órdenes normativos: una cuestión aplazada») y resume sus ideas.

25. Distingue y relaciona «ordenamiento» y «orden normativo».

CAPÍTULO 15

LAS SITUACIONES JURÍDICAS

LXVII. EL TRATAMIENTO TEÓRICO DE LOS CONCEPTOS JURÍDICOS Y LOS AVATARES DEL CONCEPTO DE SITUACIÓN JURÍDICA

Como has ido comprobando a lo largo de tu estudio de la Teoría del Derecho hay en ella conceptos que han recibido un tratamiento privilegiado, otros que no han sido tan afortunados y, por último, aquellos que simplemente han sido olvidados, o casi olvidados. Es una realidad que en el seno de la Teoría del Derecho el tratamiento que los autores han dado a los diversos conceptos jurídicos ha sido muy dispar. A mí siempre me ha llamado poderosamente la atención este hecho; porque se trata, en efecto, de un hecho, por tanto, de algo comprobable.

Siempre que nos extraña algo, hay que preguntarse por los motivos o razones de ese hecho que nos causa sorpresa y quizás incluso desazón. ¿Por qué unos conceptos jurídicos han recibido un tratamiento amplio, incluso excesivo, mientras que otros han quedado en la sombra y apenas se les presta atención? Creo que podemos encontrar algunas explicaciones a este sorprendente hecho, aunque también hay que reconocer que muy probablemente esas explicaciones no justifiquen en absoluto la disparidad del tratamiento a que me refiero. Una cosa es explicar por qué algo ha sucedido o sucede, y otra muy distinta es justificar que tal cosa esté bien hecha.

En mi opinión, la causa principal –aunque no la única– del distinto tratamiento de los conceptos jurídicos (una veces muy florido y abundante, otras escaso e incluso paupérrimo) radica en la dependencia de los conceptos respecto del tipo de pensamiento jurídico. Dependiendo de la filosofía jurídica que se tenga o se defienda, así será el aporte más o menos rico respecto a determinados conceptos jurídicos.

Los autores que mantienen posturas iusnaturalistas (o sea, que defienden la idea de que la nota esencial del Derecho es la justicia, hasta el punto de que un Derecho o una regulación jurídica que sea manifiestamente injusta no es Derecho) tienen la tendencia a centrar su reflexión, como es lógico, en la idea de justicia y, como es natural también, en aquellos actos que tienen la justicia como cometido esencial, o sea, en las decisiones jurídicas generadoras de normas, ya sean éstas generales o particulares. Dado que los problemas sobre la justicia nos los planteamos los humanos cuando tenemos que decidir acerca de nuestros asuntos más o menos difíciles y conflictivos, es absolutamente normal que un tipo de pensamiento que haga de la justicia el centro definitivo de sus reflexiones dé un tratamiento especial a los actos de decisión normativa y a los contenidos de justicia de dichos actos.

Entre estos actos destacan sobremanera los siguientes: el acto constituyente, creador de la constitución; el acto legislativo, generador de las leyes (a lo que hay que asimilar los actos del poder ejecutivo con valor de norma general, como los reglamentos); y el acto judicial, creador de las sentencias, esto es, de la jurisprudencia de los tribunales.

Las doctrinas iusnaturalistas han desarrollado sobre todo una teoría de la justicia, como contenido exigible de los actos de decisión. Y eso se ha traducido en un desarrollo extraordinario de las decisiones más importantes. Por eso muchos clásicos del iusnaturalismo escribieron tratados titulados «De las Leyes y de la Justicia», o con rótulos similares, dando así a entender que su centro de interés estaba en los actos del poder de legislar y en la justicia que las leyes deben encarnar (o, lo que es lo mismo, su centro de interés eran las decisiones legislativas y sus contenidos).

El normativismo, por su parte, ha centrado sus concepciones sobre el concepto de norma jurídica, y ha desarrollado una bibliografía exuberante de teoría de las normas. El realismo jurídico (en sus versiones americana y escandinava) ha generado mucha literatura sobre los factores fácticos que intervienen en la vida real del derecho y ha aproximado los conceptos jurídicos a la psicología y a la sociología, con lo cual ha sido pródigo en la teorización de aspectos tales como las expectativas de los individuos en un sistema jurídico, la vigencia social de las normas y la probabilidad de que los tribunales actuarán de una forma o de otra.

En fin, para no alargarnos en esta cuestión, basta con lo dicho, que es extensible a otras modalidades del pensamiento jurídico. Cada modalidad tiene la tendencia a profundizar en unos conceptos dejando en la sombra otros. De las tres partes en que hemos dividido la Teoría comunicacional del Derecho (teoría formal o pura, teoría de las decisiones jurídicas y teoría de la dogmática y de las instituciones jurídicas), suele ser ordinario cargar el peso expositivo en una u otra, descuidando las demás. Hoy día, por ejemplo, se ha impuesto la moda de cargar el acento en los procesos de decisión jurídica y en la consiguiente teoría de la argumentación; lo cual puede ser considerado, en su conjunto y a grandes trazos, como una consecuencia de la revitalización del pensamiento iusnaturalista y eticista. Pero esa moda tiene la tendencia, por lo general, a dejar desatendida la teoría formal. Como ejemplo claro en este aspecto baste citar a Ronald DWORKIN.

Lo cierto es que, si lanzamos una mirada al panorama de la Teoría del Derecho contemporánea, nos encontramos con que podemos dividir los conceptos en tres especies, dependiendo del tratamiento que se les haya dado hasta ahora. En primer lugar, tenemos los conceptos que pueden ser calificados de «privilegiados», ya que sobre ellos se han escrito ríos de tinta, a pesar de lo cual la mayor parte siguen en el candelero. Conceptos como el de norma y el de norma jurídica, el de validez, el de sanción o el de derecho subjetivo, han conocido monografías innumerables y aún hoy en día se sigue escribiendo sobre ellos con gran profusión. Otros conceptos han recibido un trato menos generoso que los anteriores pero aún así no puede decirse que hayan sido desatendidos por la Teoría del Derecho. En esta clase podemos incluir el concepto de deber jurídico, el de relación jurídica y el de ordenamiento jurídico. Y, por último, tenemos aquellos conceptos que podemos calificar de «conceptos-cenicienta», debido al hecho de que la Teoría del Derecho los tiene desatendidos. Entre ellos destacan el concepto de acción, el de carga, el de procedimiento, y el de situación jurídica.

Recordarás que en el cuento de Cenicienta se describe a una pobre chica que vive con su madrastra y dos hermanastras. Las tres la tratan sin ningún miramiento, con verdadera crueldad, y la tienen de sirvienta para todo.

Lo mismo sucede con estos que he llamado metafóricamente «conceptos-cenicienta». La Teoría del Derecho los ha tenido marginados tradicionalmente, o cuando menos no han sido objeto de la debida consideración; y al mismo tiempo, por paradójico que parezca, el derecho positivo y la doctrina se sirven continuamente de ellos en el sentido de que los utilizan en sus textos característicos. Así, el concepto de acto o acción es empleado continuamente en las normas jurídicas y la doctrina ha sido exuberante en su tratamiento: en el Derecho civil y en el penal, en el administrativo y en el procesal, y en general en todas las ramas de la dogmática hay un interés grande por dicho concepto. Esta situación contrasta gravemente con el tratamiento que le han dado por lo general los teóricos del Derecho (te remito a la lección XXXIV, en la cual se expone este asunto). El concepto de carga no ha merecido sino escasa atención, y eso a pesar de que podemos predicar su carácter omnipresente en la vida jurídica. Algo más favorecido se muestra el concepto de procedimiento en las disciplinas jurídicas particulares, pero de nuevo eso contrasta con su tratamiento en la Teoría del Derecho. Y, por fin, tenemos el concepto de situación jurídica, del que vamos a ocuparnos ahora.

Respecto del concepto de situación jurídica quiero que retengas este dato que me llama mucho la atención y que me sigue sorprendiendo: el contraste entre, por una parte, su escasísimo tratamiento tanto en la doctrina jurídica como en la Teoría del Derecho, y por otra, el abundante uso que los juristas hacen en sus obras del término «situación» o «situación jurídica». Este contraste es verdaderamente extraño, pues parecería que lo más natural hubiese sido que una palabra que se usa con reiteración en los textos jurídicos, sobre todo en los doctrinales, tendría que haber sido objeto de múltiples reflexiones. Por una parte tenemos un escaso tratamiento doctrinal o teórico, y por otra, estamos ante un concepto que los juristas emplean con constancia y al parecer inconscientemente.

En la doctrina la poca atención que se ha prestado al concepto de situación jurídica ha tenido lugar básicamente en la parte general del Derecho civil. Pero en ella se ha centrado la atención, podemos decir, sobre aquellas situaciones que son peculiares o extraordinarias, en las llamadas situaciones jurídicas interinas o de pendencia. Ya nos ocuparemos más delante de este concepto. Ahora basta con que retengas esta idea: en la doctrina civilista el concepto de situación jurídica se ha elaborado sobre todo para entender determinadas situaciones jurídicas más bien peculiares. Esto no quiere decir que no se aborde el concepto general de situación jurídica, sino tan sólo que se hace muy sumariamente y además como antesala para abordar el estudio de las situaciones jurídicas más peculiares.

Por su parte la Teoría del Derecho ha prestado escasa atención al concepto de situación jurídica. Llama la atención por ejemplo que en la obra de BIERLING, que tiene nada menos que cinco volúmenes, no aparezca el concepto en el índice analítico (el cual ocupa 68 páginas). La misma llamativa ausencia la podemos encontrar en la obra principal de KELSEN en su segunda edición, así como en el conocido libro de HART. Bastan estas breves referencias como prueba de lo que mantengo. También es cierto que ha habido autores que lo han tratado, pero por lo general lo han hecho con un sesgo muy concreto que no ha favorecido al concepto, como vamos a ver a continuación.

Te he dicho antes que siempre que te encuentres ante un hecho que te sorprenda o admire en algún aspecto, es necesario que te preguntes por las causas, y aunque no llegues a una conclusión definitiva, por lo menos intentes averiguar el porqué de las cosas. Este espíritu sanamente inquisitivo te llevará a comprender mejor la realidad de que se trate así como a relacionarla con otros aspectos. Eso es lo que vamos a hacer ahora para dilucidar esta extraña situación del concepto de situación (no me disculpes la redundancia, la he cometido a propósito).

Después de darle algunas vueltas a este problema he llegado a una conclusión que planteo como provisional. Es ésta: el escaso tratamiento de la situación jurídica en el marco de la Teoría del Derecho se debe por una parte a que dicho concepto está afectado por una doble «intoxicación». La primera «intoxicación» es de carácter terminológico y doctrinal. La segunda, de naturaleza filosófica.

La confusión terminológica y doctrinal proviene precisamente del hecho de que los autores no se han tomado muy en serio el concepto de situación jurídica, y unos lo emplean en un sentido mientras otros lo hacen en otro. Podemos decir que el campo semántico del término «situación jurídica» (o de otros empleados en su lugar, como el de «posición jurídica») no está definido con claridad suficiente como para afirmar que los juristas disponen de un cierto consenso sobre dicha noción.

Además, como digo, hay obstáculos de naturaleza más profunda, filosófica o ideológica. El concepto de situación jurídica se teoriza a comienzos del siglo XX en el marco de una crítica radical al derecho subjetivo y con la pretensión de sustituir a éste. Aunque te pueda sorprender, el hecho es que los conceptos de todas las ciencias (y en eso la jurídica no es una excepción) no suelen tener una vida pacífica, sino más bien polémica y en ocasiones tortuosa. Éste es precisamente el caso del concepto de situación jurídica.

Los comienzos del siglo XX conocen, en el campo de la Teoría del Derecho, un fenómeno que hoy nos parece llamativo e incluso absurdo, pero que en esa época tuvo una gran repercusión en el terreno teórico. Me refiero a la crítica que sufrió el derecho subjetivo. Crítica que se realizó desde dos frentes muy distintos en su naturaleza, pero que a pesar de ello tenían en común la pretensión de llegar al mismo resultado: la crítica al derecho subjetivo y, a la postre, su eliminación del panorama de los conceptos jurídicos formales (o al menos, si no su directa eliminación, sí su «relectura» en términos tales que prácticamente se transformaba en algo inoperante para el análisis jurídico). Los dos prismas desde los que se llevó a efecto esa crítica demoledora fueron el positivismo, por una parte, y la filosofía política y jurídica del nazismo, por otra.

Desde el positivismo fue Léon DUGUIT quien lanzaría sus dardos más afilados, si bien Hans KELSEN tampoco se quedó atrás. Desde el nacionalsocialismo destaca sobre todo la postura de Karl LARENZ. No fueron éstos los únicos autores que criticaron acerbamente al derecho subjetivo. Se trató de una moda bastante extendida. Pero aquí, por no extendernos demasiado, nos referiremos en el lugar oportuno a estos tres autores. Lo primero que debe quedar muy claro es que la índole de la crítica al derecho subjetivo en los autores mencionados fue muy distinta, pues mientras que las de los dos primeros se basó en consideraciones de naturaleza científica, la del tercero tuvo una significación política, concretamente antiliberal. Después nos ocuparemos de estudiar con un poco de detenimiento las tres posturas. Baste ahora con avanzar esta idea general, con un matiz más. Si los tres critican al derecho subjetivo, incluso para negarlo como concepto jurídico, sólo DUGUIT y LARENZ llegan a teorizar, como concepto sustitutivo del derecho subjetivo, el de situación jurídica. DUGUIT lo hace con ese mismo término, «situación jurídica», mientras que LARENZ emplea la expresión «posición jurídica» *(Rechtsstellung)*, pero prácticamente con el mismo significado. Por su parte, KELSEN no teoriza la situación jurídica, y realiza su crítica al derecho subjetivo en una dirección diferente: lo analiza como una mera consecuencia o reflejo del deber jurídico, de tal modo que para él sería el de derecho subjetivo un concepto prescindible.

Lo que me interesa destacar es el hecho de que el período de apogeo en el tratamiento de la situación jurídica se caracterizó por una forma muy peculiar de tratarlo: en lucha contra el derecho subjetivo y como instrumento para su derrocamiento, ya fuera motivado por razones metodológicas y epistemológicas (Duguit), ya por razones ideológicas de lucha contra el liberalismo y la democracia liberal (Larenz). El resultado de esta lucha contra el derecho subjetivo fue el más rotundo de los fracasos. En efecto, el derecho subjetivo no sólo se había convertido ya para esa época en el concepto central del derecho privado, sino que también se había consolidado fuertemente en el derecho público (a través sobre todo de dos monografías, la de Gerber y la de Jellinek). Y aún le quedaba el recorrido espectacular de una de las modalidades típicas de los derechos públicos subjetivos. Me refiero a los derechos fundamentales. Creo que se puede afirmar, sin error a equivocarnos, que si hay una noción que ha tenido un trato privilegiado en la Teoría del Derecho, en la dogmática y en la práctica jurídica, es precisamente la noción de «derechos fundamentales». Nada comparable a lo que le ha sucedido a la de situación jurídica que, tras el intento de Duguit y de Larenz, quedó reducida a una noción, por decirlo así, secundaria. El triunfo aplastante del derecho subjetivo ha oscurecido una noción que fue presentada como sustitutiva de aquél. Probablemente esta circunstancia explica bastante bien por qué el concepto de situación jurídica no ha gozado del favor de los autores.

La Teoría comunicacional del Derecho se propone, como no podía ser de otra manera, situar adecuadamente todos los conceptos jurídicos formales en el lugar que les corresponda dentro de la primera de sus partes que, como sabemos, es la teoría formal o pura del Derecho.

El método que utiliza, y del cual ya te habrás dado cuenta a estas alturas de lectura y estudio de esta obra, se descompone en los siguientes pasos:

a) Análisis de la palabra «situación» en el lenguaje ordinario y en los usos lingüísticos de otras ciencias y en la filosofía general; de este análisis se desprende, como vamos a ver, que la noción de situación es y ha sido empleada profusamente en la filosofía y en algunas ciencias, pero sobre todo en el lenguaje normal de la cotidianeidad.

b) Análisis del uso de la expresión en el lenguaje de los juristas, y comprobación de si la teorización del concepto se corresponde a dicho uso, o no; en este aspecto nos vamos a encontrar (ya te lo adelanto) con que los juristas hacen un uso abundante de la «situación» y de la «situación jurídica», y que además aplican estos términos a elementos jurídicos muy dispares, cosa que contrasta fuertemente con la acuñación teórica del concepto, ya que por lo general los autores la vinculan a las relaciones y a las personas.

c) Determinación teórica de las aplicaciones del concepto, desvelando de esta manera su gran potencialidad analítica; esto se traduce en que haremos el esfuerzo de dar al concepto de «situación jurídica» el campo semántico que se merece a la luz del uso efectivo que hacen de él los juristas.

El objetivo de estas operaciones no será otro que el de desvelar la función comunicacional del concepto de situación jurídica.

EJERCICIOS

1. ¿Qué diferencia hay entre explicar algo y justificarlo? Pon algunos ejemplos.

2. Es un hecho que los conceptos jurídicos fundamentales han recibido distinto tratamiento en la Teoría del Derecho. ¿Cuál parece ser la causa principal de este hecho?

3. Recuerda lo que es el iusnaturalismo: ¿cuáles son sus caracteres esenciales?

4. ¿En qué aspectos y conceptos suelen centrar su interés cognoscitivo las doctrinas iusnaturalistas? Razona la respuesta.

5. Enumera algunas obras de clásicos del pensamiento iusnaturalista que se titulen «De las Leyes y de la Justicia», o que tengan títulos similares.

6. Recuerda qué es el normativismo jurídico: ¿cuáles son sus caracteres básicos?

7. Cita autores normativistas con la mención de su obra principal.

8. ¿Qué es el realismo jurídico? Cita autores y obras.

9. De las tres partes en que hemos dividido la Teoría del Derecho (teoría formal o pura del Derecho, teoría de la dogmática y de las instituciones jurídicas y teoría de las decisiones jurídicas), ¿en cuál de ellas situamos la investigación de los conceptos jurídicos universales?

10. Los conceptos jurídicos universales son conceptos formales. ¿Qué se quiere decir con esta afirmación?

11. Consulta en la Biblioteca de la Facultad las obras de Ronald DWORKIN. Hojéalas y contesta después a esta pregunta: ¿A qué parte de la Teoría del Derecho (de las tres en que ésta se divide) se ha dedicado el autor de *Los derechos en serio*? ¿Cuál ha sido la aportación de DWORKIN a los conceptos jurídicos formales?

12. Comprueba en la Biblioteca que, en efecto, hay conceptos jurídicos cuyo tratamiento teórico ha sido privilegiado. Pon ejemplos citando autores y obras.

13. Haz lo mismo con los que he denominado «conceptos-cenicienta».

14. Consulta libros de Parte General del Derecho civil y resume en un folio el tratamiento que hacen del concepto de situación jurídica.

15. Consulta libros de Teoría del Derecho (y de Introducción al Derecho) y resume lo que dicen de la situación jurídica. En el caso de que no digan nada, reséñalo igualmente.

16. ¿En qué consiste la confusión terminológica y doctrinal que rodea al concepto de situación jurídica?

17. Explica la tesis del texto de que el concepto de situación jurídica se ha visto «intoxicado» por la lucha de ciertos autores contra el derecho subjetivo.

18. En la pugna entre situación jurídica y derecho subjetivo ¿cuál de los dos conceptos ha sido el vencedor? Razona la contestación.

19. Comenta el método de la Teoría comunicacional del Derecho para abordar la investigación del concepto de situación jurídica. ¿Crees que este método se puede aplicar a todos los conceptos jurídicos formales? Razona la respuesta.

LXVIII. EL USO COMUNICACIONAL DEL TÉRMINO «SITUACIÓN»

El primer paso en la elucidación del concepto de situación jurídica debe consistir en pasar revista, como es usual que hagamos siempre, al uso comunicacional de la palabra situación.

En el lenguaje ordinario con la palabra «situación», que es de uso muy frecuente, nos solemos referir al estado, condición o lugar en que se encuentra una cosa o una persona.

Cuando un buque en alta mar da su situación para que acudan en su ayuda, es evidente que usa del concepto en su sentido espacial. Lo mismo sucede cuando alguien nos pregunta dónde está situada la Universidad de las Islas Baleares y nosotros le respondemos que está situada en Mallorca, en el kilómetro 7.5 de la carretera de Palma a Valldemossa. Y asimismo cuando hallamos la situación de un punto en un eje de coordenadas. Pero la palabra «situación» no sólo la utilizamos con ese sentido o connotación espacial. La llevamos a campos muy alejados de lo meramente espacial. Así, para designar el estado de salud de una persona. Por ejemplo, cuando preguntamos por un enfermo y decimos «¿cuál es su situación actual?» También la aplicamos a la economía, y así hablamos de la situación deficitaria o saneada de una empresa, o de la situación bursátil de determinados valores (o quizás de todos ellos), o de la situación de la economía nacional. También la aplicamos a la psicología («Fulano se encuentra en una situación depresiva»), en la profesional («estoy en situación de excedencia», «la situación de Juan es excelente desde que ganó las oposiciones, ahora ya no tiene pretextos para posponer la boda con Juana»), en la deportiva («en la tabla clasificatoria el Real Madrid tiene una buena situación: lleva siete puntos de distancia al segundo»)... En fin, podemos decir sin temor a equivocarnos que el uso del término «situación» en el lenguaje cotidiano es múltiple y variado, y que apenas existe realidad alguna a la que no pueda aplicarse.

Al parecer, el término «situación» debe su origen al latín medieval, en el cual se usa la palabra *situatio*. Este término tiene la misma raíz que *situs*, cuyo significado es sitio o lugar, y asimismo, como adjetivo, significa puesto, colocado, situado; destacándose su originario significado espacial.

Tomás de AQUINO sostiene que él emplea el término *situs* en un sentido metafórico al tratar del problema de si Dios tiene cuerpo. Al responder a la objeción de que «únicamente los cuerpos ocupan sitio» y de que en la Biblia Isaías Le describe unas veces como sentado, y otras de pie, y que por tanto Dios tendría cuerpo al ocupar un sitio, AQUINO dice: «lo referente al sitio se atribuye a Dios en sentido metafórico *(secundum quandam similitudinem)*, y por ello estar sentado significa su autoridad e inmutabilidad, y estar en pie, su poderío para repeler cuanto se le oponga» (*Suma Teológica*, 1 q.3 a.1 ad 4). Con lo cual queda claro que en el latín medieval no era infrecuente el empleo del término «sitio» o «situación» en sentido diferente al espacial, que sería el originario pero que se habría extendido a otros ámbitos de la realidad a modo de analogía o de metáfora.

Aparte de ese significado general del término «situación», aplicable a cosas y a personas, también se usa *situatio* más específicamente en relación con estas últimas para indicar el *status* personal, enlazando así con el Derecho romano.

Con este término, *status*, el Derecho romano expresa un conjunto de situaciones jurídicas especialmente relevantes propias de los individuos. Sin que yo pretenda ahora darte una lección de Derecho romano, sí conviene recordar que distingue tres tipos de status: el *status libertatis*, el *status familiae* y el *status civitatis*. Cada uno de ellos designa la situación jurídica de un individuo en un contexto determinado. Simplificando bastante para no entrar en mayores dibujos que exigirían una exposición larga, impropia de este lugar, podemos decir: el primero divide a los individuos en libres y esclavos; el segundo, en padres de familia e hijos de familia; el tercero, en ciudadanos y extranjeros. Cada *status* resume, por así decirlo, la situación jurídica más relevante de un individuo. Ten en cuenta este dato para cuando tratemos de la situación jurídica de las personas, pues hoy el concepto de «estado» o, para ser más exactos, el de «estado civil» es moneda habitual en los ordenamientos jurídicos.

Bien. Por lo que vamos viendo el uso del término «situación» es generalizado y, además, tiene una larga tradición tanto en el lenguaje cotidiano como en el lenguaje que podemos calificar de culto. En cualquiera de sus múltiples aplicaciones la palabra «situación» siempre implica un marco u orden dentro del cual se sitúa algo determinado, sea de la índole que sea ese «algo». «Situación» es un término que connota posicionamiento de algo dentro de una totalidad, de un todo ordenado, es decir, de un sistema o de un ámbito. Todo aquello que es situado lo es respecto de un marco general, respecto de un sistema de elementos más o menos complejo, uno de los cuales es precisamente el elemento situado. Ese todo, sistema o ámbito puede ser de la más diversa índole: puede ser el mapa terráqueo, la economía, un sistema matemático, un sistema informático, un ámbito social y asimismo un ámbito jurídico. Al pertenecer a una totalidad determinada, la situación ha de ser adjetivada convenientemente: no hay, por decirlo así, situaciones a secas, sino situaciones geográficas, espaciales, económicas, psicológicas, sociales, jurídicas, etc. Con ello ya te apunto una idea que desarrollaré después: la situación jurídica de un componente o elemento jurídicamente relevante es su posición dentro del ámbito jurídico, el cual, como ya sabemos tiene estrechas conexiones comunicacionales con dos totalidades textuales: el ordenamiento jurídico y el sistema jurídico.

Pero no nos adelantemos demasiado y volvamos a nuestro asunto, que ahora no es otro que tomar conciencia del uso amplísimo de la palabra «situación».

El término se utiliza en todos los idiomas de nuestro contexto cultural. En italiano, *situazione*; en francés, *situation*; en inglés (con la misma grafía que en francés pero fonéticamente distinto), *situation*; en alemán tenemos dos palabras, como suele ser usual en este tipo de términos: una de procedencia germánica, *Lage*, y otra de origen latino, *Situation* (los sustantivos se escriben en alemán con mayúscula). Pero, a diferencia de la mayor parte de estas lenguas, en español usamos para las situaciones el verbo *estar*. Se está en esta o aquella situación. A veces las situaciones son permanentes («Mallorca está en el Mediterráneo»; «el general Franco está muerto»). Otras son transitorias. En tal caso, cuando se está en una situación es posible que se deje de estar en ella y que al cabo de un tiempo se esté en otra situación diferente. Así, hoy mi empresa está en una situación de auge, pero el año que viene puede estar en situación de bancarrota. Hoy estoy en una situación jurídica de soltero pero dentro de poco estaré en situación de casado (¿y más tarde quizá de divorciado?). Algunas situaciones jurídicas de los individuos las acota el derecho como dotadas de cierta vocación de permanencia, y por eso, más que de situación, se prefiere emplear la palabra «estado» o «estado civil».

En el lenguaje de la filosofía el concepto de situación alcanza su mayor esplendor en el existencialismo que, como su propio nombre indica, hace de la reflexión sobre la existencia humana el centro de su interés. Puesto que la vida humana es un sucederse indefinido de situaciones no puede sorprender que el existencialismo se centre en ellas, especialmente en lo que Karl JASPERS llamará «situaciones-límite» *(Grenzsituationen)*. Para este autor, psiquiatra y catedrático de filosofía en la Universidad de Heidelberg, el ser humano es un «ser en situación», y las situaciones pueden ser simples o situaciones-límite, que son las decisivas por corresponder a los momentos más cruciales de la vida. Otro existencialista famoso, Martin HEIDEGGER, que llegó a ser rector de la Universidad de Friburgo, usa también la noción si bien prefiere el término *Dasein*, cuyo significado es «estar ahí». El *da* significa «ahí», implica la idea de situación, una localización existencial; y el sentido del «estar ahí» es equivalente a estar arrojado a la existencia.

Aunque nuestro ORTEGA Y GASSET no es existencialista, sino fundador de lo que él mismo denominó «raciovitalismo», defiende que la realidad radical, en la que están enraizadas todas las demás, es la vida de cada cual, siendo éstas un conjunto de situaciones que se suceden ininterrumpidamente y en las cuales el hombre se ve forzado a elegir lo que va a hacer en el momento siguiente. Por eso dice ORTEGA que el hombre está obligado a ser libre, en el sentido de que en todo momento no le queda más remedio que decidir por sí mismo, personal e intransferiblemente, qué va a hacer a continuación. La vida humana es un conjunto de situaciones que se encadenan, y por eso una biografía consiste en la narración de dichas situaciones.

Obsérvese que tanto en el existencialismo como en el raciovitalismo las situaciones se adscriben a las personas, y no a otras realidades. La explicación de esto hay que encontrarla en que para ambas corrientes filosóficas la ontología se orienta necesariamente desde el ser humano mismo, y dentro del ser humano desde lo que le es más propio y específico: la vida en el sentido de la biografía, no la vida animal o fisiológica.

Es conocida la afirmación de ORTEGA «yo soy yo y mi circunstancia», dando a entender así que aunque mi vida tiene un protagonista que no puede ser otro que «yo», este protagonista está irremediablemente situado en todo momento, por lo que a ese «yo» hay que unirle su situación o circunstancia. Y entre ambos, el «yo» del individuo y su circunstancia, se forma ese otro «yo» más amplio, que es el verdadero, el que de verdad vive en la vida real.

De la filosofía general el concepto de situación se extendería a la ética que, como sabes, es la parte de la filosofía que investiga las acciones humanas desde el punto de vista de su bondad. Dicho de otro modo: la ética es la disciplina filosófica que tiene por misión la presentación sistemática de la moral y de su justificación. Hay que distinguir la moral sin adjetivos, esto es, la moral que se presenta a sí misma como objetiva (que antes hemos llamados «moral especulativa»), y la llamada moral social o positiva, que es el nombre que suele darse al conjunto de las concepciones dominantes en una sociedad (aunque, a su vez, esta idea de concepciones morales dominantes sea discutible, pues ¿quién decide las que son dominantes y las que no lo son?). Pues bien, la ética no investiga la moral social, lo cual corresponde a la sociología (más en concreto, a la llamada sociología de la moral o de las costumbres), sino la moral a secas, la que tiene vocación de objetividad.

En la ética, al igual que en cualquier otra disciplina, se plantea el problema del método, esto es, del camino elegido para su desarrollo (*métodos* es una palabra griega que significa «camino»). Entre los métodos posibles, uno de ellos es el deductivo o deductivista, que consiste en partir de principios éticos generales y cuya evidencia es patente para ir descendiendo escalonadamente en el razonamiento hasta llegar al caso o situación concreta. Este método es el que dicen haber utilizado los autores que de una u otra manera se consideran racionalistas. La razón proporcionaría «verdades morales» generales y, a partir de ellas, al igual que se procede en las matemáticas, se iría descendiendo paso a paso, concretando cada vez más los contenidos morales, hasta por último conectarlos con la situación concreta.

Pues bien, un método que puede ser considerado como el inverso al señalado, esto es, al deductivo, es el que se ha aplicado por parte de la llamada *ética de la situación.* Su idea básica es que sirven de poco las categorías abstractas y los principios morales excesivamente generales. Lejos del legalismo deductivista, la ética de la situación proclama la necesidad de centrar el discurso ético en las decisiones prudenciales que hay que tomar en situaciones concretas. Pero para evitar el subjetivismo (esto es, que cada cual haga de la ética lo que le convenga) precisa de justificación objetiva, que no puede ser otra que la que dicte la prudencia para la situación que enfrente. Esto supone no excluir los principios, sino verlos *desde la situación.*

También se ha hecho uso del concepto de situación en el campo de la Sociología. Los tratados de Sociología general suelen utilizar el concepto, sobre todo a partir de la obra de VON WIESE, que hace de la «situación social» uno de los conceptos sociológicos fundamentales. Helmut SCHOECK la define de la siguiente manera: «circunstancia de carácter espacio-temporal que es decisiva para comprender tanto las acciones sociales de los individuos interactuantes como el origen de dichas acciones». El rasgo característico de la acción social es que los individuos actúan en sociedad teniéndose en cuenta unos a otros, o sea, recíprocamente; eso es lo que quiere decir que son interactuantes. Y para comprender esas acciones –tarea propia de la Sociología– un elemento muy relevante es la situación social que esos individuos tienen en el conjunto del grupo o sistema social de que se trate. Puesto que la sociedad no existe sino en la historia, el concepto de situación social es fácilmente trasladable a ésta, y entonces nos encontraremos ante las situaciones históricas y ante lo que POPPER, en su concepción de la historia, ha llamado la «lógica de las situaciones».

Hemos hecho hasta aquí un breve repaso de algunos de los usos más característicos del concepto de situación en el lenguaje ordinario o cotidiano y en el de ciertas disciplinas filosóficas y sociales. En ello hemos seguido el primer paso metódico que la Teoría comunicacional del Derecho aconseja como introducción a lo que es su objetivo en la parte correspondiente a la teoría formal o pura del Derecho, cuya misión es dilucidar los conceptos jurídicos formales o universales. He hecho algunas breves referencias al uso jurídico de la expresión, pero a continuación vamos a detenernos un poco en el tratamiento que ha recibido en el marco del pensamiento jurídico contemporáneo.

NOTAS Y COMENTARIOS

- *El existencialismo y el raciovitalismo.* Te recomiendo que, si te interesan algo los temas de la filosofía, consultes alguna obra de Historia de la Filosofía en la que se sinteticen sus principales ideas. Bien es verdad que el existencialismo como tal ha aportado poco al pensamiento jurídico, como no sea su concepción negativa o infravalorada del Derecho. Es corriente que la filosofía de la existencia adscriba un valor inferior a la vida social de los individuos en comparación con la vida personal o íntima. La existencia se conecta con ambas realidades pero lo hace de distinta manera. Mientras que la vida más personal e íntima es existencia en un sentido profundo y auténtico, en la vida social el individuo se muestra representando papeles o roles que no corresponden a su personalidad, sino que de un modo u otro le vienen impuestos desde fuera por los demás, por la sociedad. La diferencia entre vida auténtica y vida inauténtica es una característica común a las filosofías de la existencia. Obviamente, el derecho forma parte de la vida social y, por consiguiente, viene aquejado de esa nota de inautenticidad que es la característica esencial de esta última. Aún así, el interés del existencialismo radica en que pone el acento de la reflexión filosófica en aspectos que afectan a todos los humanos; y desde la perspectiva de la filosofía jurídica, no cabe duda de que abre un conjunto de interrogantes sobre la función e incidencia del derecho en la vida personal, en la vida «auténtica».

Aunque ORTEGA está en algún sentido próximo al existencialismo, no se le puede adscribir a esta corriente, desde el momento en que acentúa los aspectos racionales de su construcción, de modo que más que una reflexión sobre la existencia, la filosofía de ORTEGA es una meditación sobre la razón vital.

Te recomiendo la lectura de los dos últimos capítulos del libro de Julián MARÍAS, *Historia de la Filosofía*, con prólogo de Xavier ZUBIRI, cuya edición primera data de 1941 y después vio la luz como volumen primero de Julián MARÍAS, *Obras Completas*, en la Editorial «Revista de Occidente», Madrid 1958, con sucesivas ediciones. Los dos últimos epígrafes van dedicados a Martin HEIDEGGER («La filosofía existencial del Heidegger») y a ORTEGA Y GASSET («Ortega y la filosofía de la razón vital»). Asimismo te recomiendo la lectura de Johannes HIRSCHBERGER, *Historia de la Filosofía*, Editorial Herder, Barcelona 1967, tomo II, pgs. 424-445 (el epígrafe titulado «Filosofía de la existencia»). También I. M. BOCHENSKI, *La filosofía actual*, traducción de Eugenio ÍMAZ, Ed. Fondo de Cultura Económica, México, 1949, con numerosas reediciones, capítulo VI: «Filosofía de la existencia».

BOCHENSKI apunta muy bien a la relación entre existencialismo y situación cuando afirma lo siguiente: «el hombre tiene siempre una situación determinada, más todavía, *es* su situación» (*obra citada*, pg. 179). Para la filosofía de la existencia el hombre no tiene esencia sino que es existencia. Cada uno de nosotros es su propia vida, y puesto que la vida es tiempo, cada uno de nosotros es tiempo. Lo que caracteriza la vida es un continuo sucederse de situaciones. Por eso, en cada momento cada uno de nosotros estamos en situación. El hombre existe en situaciones o, para ser más exactos, en una cadena de situaciones que se caracterizan porque en ellas estamos obligados a ser libres, esto es, a elegir.

En general el existencialismo es una filosofía que, como dice HIRSCHBERGER, «acusa cierta tonalidad patética» (ob. cit. pg. 425). No así el raciovitalismo orteguiano, que se caracteriza por un moderado optimismo asentado en la confianza en la razón vital.

– *La situación como concepto de la Sociología.* La cita del sociólogo Helmut SCHOECK está extraída de su *Soziologisches Wörterbuch* («Diccionario sociológico»), Herder, Freiburg im Breisgau, 8ª ed., 1974. Se ha ocupado de este concepto sociológico Leopold VON WIESE, *System der allgemeinen Soziologie* («Sistema de Sociología general»), 1955. Asimismo Enrique TIERNO GALVÁN, *Sociología y situación,* Murcia 1955.

Luis RECASÉNS SICHES ha dedicado una monografía al estudio de formalismo sociológico de SIMMEL y de WIESE, especialmente de este último. Resume así la idea de situación en el pensamiento de WIESE: «Los deseos sociales disponen al hombre a un determinado obrar, positivo o negativo, a un determinado hacer o a un determinado omitir. Pero la realidad objetiva de ese obrar, es decir, la conducta real que se produce, no depende solamente de esos deseos que la movieron, sino que además depende también de una serie de elementos exteriores. Efectivamente depende asimismo de los factores del contorno humano, del contorno material e incluso de los mismos instrumentos del obrar. Es decir, el comportamiento social del hombre, impulsado por los deseos de que se ha hecho mención, representa la combinación de éstos con otros factores, a saber: con los ingredientes de la situación externa, incluyendo dentro de ésta sus elementos naturales y sus elementos humanos. La conducta social representa el resultado de la conjugación de la actitud subjetiva con las condiciones y factores de la situación. Por ejemplo, quien va a hablar con otros, en una conversación o en un discurso, va movido por determinados deseos, posee unas experiencias, conforme a todo lo cual proyecta lo que va a decir; pero rara vez ocurre que en el acto de hablar lo haga exactamente como lo había previsto; sus palabras se modifican, en virtud del influjo que sobre el orador ejercen determinadas realidades de la circunstancia, verbigracia, la actitud de sus oyentes, la manera de reaccionar de éstos ante su discurso (bien de modo tardío y tibio, bien en forma rápida y encendida)» (Luis RECASÉNS SICHES, *Wiese,* Fondo de Cultura Económica, México 1943, pgs. 109-110).

EJERCICIOS

1. Resume en unas líneas el contenido de esta lección.

2. Pon ejemplos del uso del término «situación» en el lenguaje ordinario (normal o cotidiano). ¿A qué realidades aplicamos dicho término?

3. ¿Qué quiere decir que AQUINO, en la cita recogida en el texto, utiliza el término «sitio» metafóricamente?

4. Relaciona «situación» y «status» (estado, estado civil).

5. Explica la relación existente entre el concepto de situación y el concepto de ámbito (totalidad, sistema).

6. Aplica al Derecho tus conclusiones del ejercicio anterior.

7. Busca en libros de filosofía el significado del término «situación»; recoge en un folio citas literales y coméntalas.

8. ¿Cómo describirías lo que JASPERS llama «situación-límite»? Para explicar lo que quieres decir, pon ejemplos.

9. Resume en medio folio la biografía de Karl JASPERS y cita sus dos obras principales.

10. Haz lo mismo con Martin HEIDEGGER.

11. Lo mismo con José ORTEGA Y GASSET.

12. ¿Qué diferencia encuentras entre el raciovitalismo orteguiano y las llamadas «filosofías de la existencia»?

13. Distingue ética y moral.

14. Explica qué es la ética de la situación.

15. Pon ejemplos de situaciones en las que podrían pensar los partidarios de la ética de la situación para fundamentar sus tesis.

16. Razona el papel que cumple en la sociología el concepto de situación social.

LXIX. LAS SITUACIONES EN EL PENSAMIENTO FILOSÓFICO-JURÍDICO

Una vez hecho un breve recorrido sobre el uso del término «situación» en el lenguaje ordinario, y asimismo en ciertos campos de las filosofía y de las ciencias sociales, vamos a introducirnos ahora en uno de los aspectos que más nos interesan como juristas; me refiero al tratamiento que se ha dado al concepto de situación jurídica en la Teoría del Derecho, entendiendo esta disciplina en su sentido más amplio, prácticamente como sinónimo de pensamiento jurídico.

El otro aspecto que también nos interesa, y que dejamos para más adelante, es el de cómo usan de hecho los juristas la expresión que estamos estudiando; o sea, a qué realidades la aplican y cómo. Porque, como podremos comprobar, se da aquí un hecho sorprendente y paradójico, que es el contraste entre, por una parte, el angostamiento del concepto en el terreno teórico, y por otra, la amplia utilización del mismo por parte de los juristas, tanto dogmáticos como prácticos. Da la impresión de que la Teoría del Derecho no ha querido incorporar a sus estudios un concepto que en el lenguaje de los juristas es de uso frecuente y que además se emplea respecto a realidades múltiples.

Donde más se ha tratado teóricamente el concepto de situación jurídica ha sido en la doctrina francesa, probablemente debido al poderoso influjo que en el siglo XIX tuvo Auguste COMTE sobre ella. Según este autor, considerado el padre del positivismo filosófico, es preciso que la ciencia, cualquier ciencia, se desembarace definitivamente de toda metafísica, y, en consecuencia, que se libere de los conceptos acuñados por la filosofía individualista de la Ilustración, la cual, en el terreno jurídico, es la responsable de la teoría de los derechos naturales o derechos subjetivos de los individuos.

Según COMTE, la concepción de los derechos naturales parte de un supuesto metafísico (esto es, una suposición no asentada en la observación de los hechos): contrapone el individuo a la sociedad, haciendo de ésta una realidad derivada del acuerdo entre los individuos. El individuo para esa concepción es lo previo, la sociedad lo derivado. Esta concepción se basa en la diferenciación entre estado de naturaleza y estado de sociedad civil: los individuos habrían pasado del primero al segundo a través de un contrato social.

Para el fundador del positivismo francés, esta concepción contractualista es mera fantasía, pura metafísica, lo cual quiere decir que carece de toda base científica por no asentarse en los hechos. En el estadio del conocimiento en que la humanidad se encuentra, dice COMTE, que es el de la ciencia positiva, no puede mantenerse en absoluto la mencionada filosofía, y debe ser sustituida por una visión verdaderamente científica. La idea del derecho subjetivo, esto es, de los derechos del individuo, como algo previo a la sociedad, ha de ser arrumbada definitivamente, por metafísica y engañosa. COMTE llega a decir que en una sociedad ordenada al modo positivista no habrá otro derecho subjetivo sino el que cada cual cumpla con su deber.

Recordarás que antes hemos dicho que la atención al concepto de situación jurídica alcanza su punto álgido cuando se realiza la crítica más aguda contra el derecho subjetivo, y se le presenta como sustitutivo de este último. Pues bien, aquí tienes el comienzo de esa crítica en la obra del fundador del positivismo filosófico, Auguste COMTE. Aunque no fue jurista, sino filósofo social, su pensamiento alcanzó un influjo extraordinario en la Francia del XIX, y como consecuencia en toda Europa y América. Su crítica a los derechos subjetivos del individuo acabaría tomando cuerpo en la obra de los juristas.

Conviene advertir que el pensamiento de COMTE tiene una clara deriva hacia la Sociología, hasta el punto de que muchos le consideran el fundador de esta ciencia. Esto quiere decir, en relación al tema que nos ocupa ahora, que COMTE tiene la tendencia a ver los problemas desde el ángulo de la sociedad, es decir, partiendo de la idea de que la sociedad es lo prioritario y que, por tanto, las demás cuestiones hay que enfocarlas a partir de esa idea. Para él carece de sentido científico la filosofía racionalista de la Ilustración que, en lugar de partir en sus análisis de la sociedad, parte del individuo. COMTE invierte este planteamiento en atención a que el individuo desligado de la sociedad es una mera abstracción, esto es, algo que no ha existido nunca. Los individuos siempre han vivido formando sociedades; por tanto el punto de partida ha de ser la sociedad. La filosofía de la Ilustración, al ver las cosas al revés, prescinde de los hechos y por eso no hace ciencia sino metafísica. Para COMTE, y para el positivismo en general, decir que algo es metafísico equivale a predicar su carácter acientífico.

Será el iuspublicista y decano de la facultad de Derecho de Burdeos, Léon DUGUIT (1859-1928), quien, siguiendo la línea del pensamiento comteano e influido asimismo por el sociólogo y profesor de la misma universidad Émile DURKHEIM (1858-1917), sostendrá la necesidad de profundizar en el concepto de situación jurídica. Y lo hará sobre todo en su obra *Traité de Droit Constitutionnel*.

DUGUIT teoriza la situación jurídica como consecuencia de, y en relación con, su crítica al derecho subjetivo. En ello enlaza perfectamente con el planteamiento de COMTE, y en este aspecto se le debe de considerar un discípulo del padre del positivismo francés.

Para DUGUIT la realidad primaria, no sólo en la sociología sino también en la ciencia jurídica, es la sociedad. Contemplada con mirada positivista o científica, sólo puede ser explicada como un conjunto de hechos dominados por una ley: la *ley de la solidaridad social*.

Es preciso que nos detengamos un momento a explicar el significado especial de esta ley de la solidaridad social. Fíjate bien, porque se trata de algo que puede interpretarse de un modo absolutamente erróneo.

En primer lugar, hay que subrayar que esta ley no es una ley moral, ni jurídica. No es una ley que dicte la conciencia ni promulgue un legislador. Se trata de una ley científica, como puede ser la ley de dilatación de los metales o la ley de gravitación universal. Con la diferencia de que estas dos últimas son leyes de la naturaleza física, mientras que la ley de la solidaridad es una ley social. Es una verdadera ley científica que se extrae de la contemplación de la realidad social.

En segundo lugar, hay que tener en cuenta que la solidaridad social no significa que los hombres *deban* ser solidarios unos con otros, sino que lo *son*. De otro modo, la sociedad no sería posible. Dicho en otras palabras: la sociedad existe porque hay una especie de cemento que une, unos con otros, sus diversos elementos; esos elementos son los individuos, y el cemento es la solidaridad, a la que podemos llamar también cohesión. La solidaridad social es lo mismo que la *cohesión social*.

Esta idea fue acuñación personal de DURKHEIM, para quien la solidaridad (en el sentido expuesto de cohesión) social constituye el hecho social básico, puesto que no es posible sociedad alguna, tampoco un grupo social por pequeño que sea, si entre sus miembros no se produce la solidaridad, o sea, la cohesión en sus actitudes y sus acciones. Para DURKHEIM la solidaridad o cohesión social en las sociedades con cierto grado de desarrollo civilizatorio se genera gracias a la división del trabajo. Aunque los individuos no quieran, en una sociedad de estructura compleja los individuos se necesitan unos a otros ya que, al estar muy dividido el trabajo, nadie es capaz de cumplir las funciones precisas para satisfacer todas sus necesidades, por lo cual los otros se hacen imprescindibles.

Ésta es justamente la perspectiva de DUGUIT que, como jurista, relaciona las ideas anteriores con el Derecho. DUGUIT parte del concepto de sociedad y, vinculado estrechamente con él, del concepto de Derecho objetivo o, como a él le gusta decir, de la regla o norma de Derecho (Entre paréntesis y para que comprendas bien lo que quiere decir este aserto del decano de Burdeos conviene aclarar que la palabra «Derecho» se emplea en varios sentidos, entre los que destacan: en su sentido objetivo, como conjunto de reglas o de normas, y en su sentido relacional, como un sujeto al que las normas otorgan un poder, en cuyo caso se habla de «derecho subjetivo»).

DUGUIT, por consiguiente, parte en su análisis de la realidad objetiva, esto es, de la existencia de la sociedad y por tanto también del Derecho, ya que no puede haber sociedad sin un ordenamiento jurídico que regule las relaciones entre los individuos y de los individuos con la sociedad.

El hombre, para DUGUIT, es miembro de la sociedad y, por tanto, está sometido al orden de la misma, representado sobre todo por el Derecho (objetivo). La existencia de la sociedad implica necesariamente la existencia de normas que se imponen a sus miembros. Reconoce que, en este marco conceptual, hay que plantearse el problema de la situación del individuo respecto de la sociedad y respecto del Derecho objetivo, el cual es la expresión jurídica de la sociedad. Así es como se plantea la cuestión de la *situación jurídica del individuo* y hace de este concepto un instrumento básico de su concepción. DUGUIT dice que los individuos tienen una *situación social* dentro del cuerpo social al que pertenecen, por lo que el punto de partida debe de ser el del sociólogo. Éste no ve sino «el hecho social que impone a los individuos cierta actividad, cierta actitud, conforme a una regla cuya violación arrastra una reacción social. Lo que llamamos obligación del individuo es simplemente esta situación, de modo que si hace lo que le está prohibido por la ley, o si no hace lo que la ley le manda, se produce una reacción social contra él.» Como consecuencia de la existencia de un orden social los individuos tienen una situación de sometimiento a los deberes que dicho orden les impone.

Sigue DUGUIT su razonamiento: «La regla de Derecho tiene así incontestablemente un cierto carácter subjetivo: impone obligaciones a individuos humanos, sujetos de esas obligaciones. Ahora bien, esas obligaciones no constituyen un carácter propio del sujeto, una modalidad de su voluntad», lo que quiere decir que no tienen su origen en la voluntad del individuo, como pretendía el iusnaturalismo contractualista, sino en la objetividad del orden social. Así, prosigue DUGUIT, «su situación (del individuo) queda siempre la que es, la de un individuo perteneciente a un grupo social, sometido a la norma jurídica de ese grupo. Esa norma evoluciona, (pero) el individuo miembro del grupo queda siempre en la misma situación». Y concluye que esto «es lo que he querido expresar en mis obras anteriores al decir que es (...) una *situación* puramente *objetiva*» (cursivas mías).

De modo similar razona en relación con el derecho subjetivo, del que afirma categóricamente que «es una quimera». Para él el derecho subjetivo es una aplicación del derecho objetivo al individuo, y por tanto sólo adquiere sentido en cuanto se le relaciona con el orden de la sociedad. Es, por tanto, «una situación puramente objetiva», al igual que lo es también el deber jurídico del individuo.

La idea de fondo de DUGUIT es que el orden social se refleja en el ordenamiento jurídico y éste adscribe a los individuos situaciones jurídicas que poseen carácter de objetividad en la medida en que derivan del Derecho objetivo, esto es, de las normas jurídicas. Dice: «La ley del grupo se aplica a todos desde el punto de vista pasivo y desde el punto de vista activo: la situación de los individuos deriva directamente de la aplicación de la norma jurídica. Situación general y permanente como el Derecho objetivo del grupo, aquélla varía con éste; es una situación objetiva porque es la norma misma considerada en su aplicación a los individuos.»

Una crítica al derecho subjetivo similar a la que hace DUGUIT la encontramos en la obra de juventud de Karl LARENZ (1903-1993). Si bien llegan a un mismo resultado crítico de ese concepto y a la conclusión de que es necesario sustituirlo por otro, los enfoques de ambos son profundamente diferentes. El de DUGUIT es de carácter científico, el de LARENZ es de naturaleza política. La perspectiva de DUGUIT es la del positivismo filosófico comtiano, la de LARENZ es la de un jurista defensor de las tesis políticas del nacional-socialismo alemán. El punto central de coincidencia de ambos está en la crítica al iusnaturalismo individualista, si bien DUGUIT pone el acento en su posición antimetafísica mientras que LARENZ sobresale por su posición antiliberal.

LARENZ parte de la idea de «comunidad» *(Gemeinschaft)*, dentro de la cual cada miembro encuentra su «posición jurídica» *(Rechtsstellung)* desde la cual debe contribuir al bien comunitario. Los individuos no tienen derechos previos a la comunidad, sino que ésta les adscribe posiciones jurídicas con el contenido concreto que sea. Obsérvese el paralelismo de esta argumentación con la de Léon DUGUIT. Ambos acuñan el concepto de situación o el equivalente de posición para destruir o, al menos, poner en segundo plano el concepto de derecho subjetivo. Hacen sus propuestas en un sentido claramente polémico contra este último, lo cual, en mi opinión, ha lastrado el desarrollo normal del concepto de situación jurídica.

Duguit expuso su doctrina en los años veinte del siglo XX. Larenz, en los años treinta. Habría que esperar hasta los años sesenta para encontrar una obra que afrontase el concepto de situación jurídica con un sentido más técnico y objetivo. Me refiero al libro de Paul Roubier titulado *Droits subjectifs et situations juridiques* (1963). Se trata de una amplia monografía escrita en un estilo abigarrado y algo confuso, no obstante lo cual tiene el acierto de recuperar el concepto de situación jurídica como un concepto genérico dentro del cual cabe el de derecho subjetivo. En cierto modo Roubier es un continuador de Duguit en cuanto que hace ese uso amplio del concepto de situación jurídica. Pero, por una parte, el análisis que hace del concepto es mucho más matizado, y, por otra, no posee la dimensión sociologista propia del decano de Burdeos. Otra diferencia relevante es que no propone la supresión o arrinconamiento del concepto de derecho subjetivo, sino que, muy al contrario, lo mantiene como una especie principal de las que denomina *situaciones jurídicas subjetivas.*

Subraya Roubier que la noción de derecho subjetivo ha sido muy criticada sobre todo en el campo del Derecho público (alusión a Duguit), pero no así en el Derecho privado, del cual viene a ser la piedra angular de las construcciones jurídicas. Hay que darle la razón a Roubier: los tratados de Derecho privado se han construido por lo general mediante una clasificación de los derechos: reales, de crédito y sobre bienes inmateriales (No me voy a detener ahora en explicarte estos conceptos, ya que serán objeto de una lección posterior; lo que te pido es que te quedes con la idea). No obstante critica, a mi modo de ver también con toda la razón, el hecho de la inflación desmesurada del uso de los derechos, lo que él llama *«enflure phraséologique»*: «La tendencia a crear falsos derechos –dice– se encuentra en todos los compartimentos de la ciencia jurídica».

Propone sustituir la dualidad «Derecho objetivo/derecho subjetivo» por la, según él, más real «reglas jurídicas/situaciones jurídicas».

Las reglas (o normas), para Roubier, son generales y abstractas. No admite la existencia de normas individuales o concretas (como puedan ser una sentencia judicial o las cláusulas de un contrato). Las reglas son anteriores a las situaciones jurídicas y se realizan por medio de éstas de diversos modos. Para Roubier la situación jurídica es «un conjunto de derechos y deberes, de prerrogativas y de cargas, que se crea en torno a un hecho, un estado o un acto, y que engendra efectos jurídicos».

Con una terminología que estimo arbitraria distingue Roubier dos tipos básicos de situaciones jurídicas: las subjetivas y las objetivas. Las primeras son «las que tienden a crear principalmente derechos más que deberes». Y las segundas son «las que tienden a reconocer preferentemente deberes más que derechos». Ejemplos de situaciones jurídicas objetivas son, para este autor: la incapacidad, la responsabilidad, el matrimonio, la filiación. Afirma que son numerosas en el Derecho público. El ejemplo paradigmático de las situaciones jurídicas subjetivas es el derecho de propiedad, del cual todos los demás derechos subjetivos vienen a ser una derivación o aplicación. Esto se manifiesta especialmente evidente en los derechos reales, pero también es aplicable a los derechos personales o de crédito. En cuanto a la propiedad intelectual e industrial, se les ha dado ese nombre de «propiedad» con objeto de subrayar su naturaleza de derechos subjetivos, no porque sean equiparables a la propiedad en sentido estricto (la cual es el dominio sobre las cosas corporales).

No me parece apropiada la distinción que hace este autor entre situaciones jurídicas objetivas y subjetivas. Él mismo reconoce que en cada situación jurídica se da un entramado de derechos y deberes. Además, las situaciones jurídicas que analiza siempre son situaciones de los sujetos, de las personas, y en ese aspecto deberían denominarse todas ellas «subjetivas» ya que pertenecen al sujeto. Por otro lado, si lo que pretende es acentuar la idea de que las situaciones jurídicas provienen del Derecho objetivo, esto es, de las normas del ordenamiento jurídico, hay que decir que esto es predicable igualmente de ambos tipos.

Por lo demás, la obra de ROUBIER es apreciable si se tiene en cuenta que presenta un cuadro muy amplio de situaciones jurídicas. Por sus páginas pasan junto a los deberes jurídicos, las deudas y las cargas; y junto a los distintos tipos de derechos subjetivos, otros tipos de «prerrogativas», como las libertades, las facultades, las funciones y los poderes. El planteamiento es ambicioso pero la delimitación conceptual adolece muchas veces de borrosidad, de falta de concisión. Por poner un ejemplo: el concepto de «prerrogativa», del cual el derecho subjetivo es tan sólo una especie, no viene definido en la obra con una mínima claridad.

Para concluir esta lección, que reconozco un poco compleja (pero necesaria: hay que saber de dónde venimos para andar nuestro camino adecuadamente), me voy a referir a continuación, con brevedad, a algunos autores relevantes que en España han tratado de las situaciones jurídicas: Federico DE CASTRO en su *Derecho Civil de España, Parte General*, volumen I (1952); José CASTÁN TOBEÑAS en su opúsculo *Situaciones jurídicas subjetivas* (1963); Jaime GUASP, procesalista, en su *Derecho* (1971), y en la Filosofía del Derecho, Luis LEGAZ LACAMBRA en su tratado de 1979 (última edición).

Federico DE CASTRO sostiene que el concepto de situación jurídica va vinculado estrechamente a las personas en cuanto que se encuentran en relaciones jurídicas (este concepto de relación jurídica lo trataremos en el próximo capítulo). Subraya que, de dichas situaciones jurídicas, ha alcanzado especial relieve el derecho subjetivo, pero existe una situación anterior a la del derecho subjetivo, que es la titularidad. Para CASTÁN los conceptos de facultad jurídica, derecho subjetivo y deber jurídico pueden ser incluidos dentro del marco de las situaciones jurídicas subjetivas. LEGAZ sostiene que las situaciones jurídicas son las distintas circunstancias de la existencia personal que expresan potencialmente las posibilidades de un sujeto de derecho.

Como puede apreciarse, estos tres autores tienen algo en común: refieren el concepto de situación jurídica a las personas o sujetos jurídicos. Las situaciones jurídicas son, para ellos, situaciones de las personas en las diversas relaciones de Derecho.

GUASP, por el contrario, refiere el concepto de situación al de relación jurídica. Para él, una relación jurídica pasa por distintos momentos que reflejan diversas situaciones. Por eso dice que una situación jurídica es «un emplazamiento típico de la relación de derecho en cierto grado determinado de su vida».

Podemos extraer, de lo expuesto hasta aquí, algunas conclusiones. La primera es que el concepto de situación jurídica, además de escasamente tratado en la Teoría del Derecho, ha sido objeto de polémica al contraponérsele al de derecho subjetivo. La segunda es que este concepto presenta una gran zona de vaguedad en cuanto a su significado. La tercera es que casi siempre se le aplica a las personas o sujetos, rara vez a otros conceptos como puede ser el de relación jurídica, y nunca a conceptos como el de acto jurídico, cosa, prestación, recurso procesal, etc. Quiero decir con ello que el uso que se hace de la expresión «situación jurídica», a la hora de teorizarlo, se restringe demasiado. La cuarta y última, resulta de las anteriores: es tarea de la Teoría comunicacional del Derecho repensar el concepto de situación jurídica, para rescatarlo en el marco de la Teoría formal del Derecho (que como ya sabemos es una de las partes de aquélla), esto es, en el marco de los conceptos jurídicos formales o universales. Nos proponemos por tanto descubrir la potencialidad analítica de este concepto para todo derecho posible. Por tanto, una de nuestras tareas principales será desvincular al concepto de toda ganga política o sociológica para referirlo exclusivamente a la dimensión inmanente o interna propia de los sistemas jurídicos.

NOTAS Y COMENTARIOS

- Sobre Auguste COMTE (1798-1857) véase la biografía de Andrés OLLERO en Rafael DOMINGO (ed.), *Juristas Universales*, volumen 3 (Juristas del siglo XIX), Marcial Pons, Madrid/Barcelona, 2004, pgs. 144-149. Asimismo el estudio de OLLERO, «Comte en los orígenes del sociologismo jurídico», en Revista de las Cortes Generales 52 (2001) 7 y ss.; y el libro de Dalmacio NEGRO PAVÓN, *Comte: positivismo y revolución*, 2ª ed., Madrid 1992.

- Sobre Émile DURKHEIM (1858-1917) puede verse la biografía de Gregorio ROBLES en Rafael DOMINGO, *op. cit.*, volumen 3, pgs. 690-692. Asimismo: G. ROBLES, *Crimen y castigo. Ensayo sobre Durkheim*, Ed. Civitas, Madrid 2001; *La influencia del pensamiento alemán en la sociología de Émile Durkheim*, Ed. Thomson-Aranzadi, 2005.

- De especial interés para conocer el pensamiento sociológico positivista es el famoso libro de DURKHEIM, *Las reglas del método sociológico*, edición de G. ROBLES, traducción de Virginia Martínez Bretones, con un amplio estudio introductorio («El método sociológico en Durkheim») del primero.

- Sobre Léon DUGUIT (1859-1928) véase la biografía de Juan Luis REQUEJO, en Rafael DOMINGO (ed.), *op. cit.*, volumen 3, pgs. 719-722.
- Las citas de DUGUIT están tomadas de su obra *Traité de droit constitutionnel*, 3ª ed., en cinco volúmenes, tomo primero: *La règle de droit – Le problème de l'État*, Paris 1927 pgs. 201 y ss.
- Sobre Karl LARENZ (1903-1993) véase la biografía de Marcelino RODRÍGUEZ MOLINERO en el volumen 4 de *Juristas Universales*, ya citado, pgs. 443-446. Para el tema tratado en esta lección es de especial interés el libro de Máximo LA TORRE, *La «lotta contro il diritto soggettivo». Karl Larenz e la dottrina nacionalsocialista*, Ed. Giuffrè, Milán 1988.
- Paul ROUBIER, *Droits subjectifs et situations juridiques*, Dalloz, Paris 1963; segunda edición con prefacio de David DEROUSSIN, Dalloz, Paris 2005. ROUBIER es autor asimismo de *Théorie générale du droit*, 1947; 2ª ed., Sirey, Paris 1951.
- Federico DE CASTRO Y BRAVO (1903-1983), sevillano, doctor en Historia y en Derecho, Catedrático de Derecho civil y de Derecho internacional privado, fue profesor la mayor parte de su vida de la parte general del Derecho civil. Entre su producción científica destacan *Derecho civil de España. Parte General* (Valladolid, 1942; 3ª ed., Madrid 1952-1955; reimpr. 1991) y *El negocio jurídico*, Madrid 1971. Sobre este autor véase la biografía de Luis DÍEZ PICAZO en *Juristas Universales*, ya citado, volumen 4, pgs. 430-439.
- José CASTÁN TOBEÑAS (1889-1969), zaragozano, Catedrático de Derecho civil y Presidente del Tribunal Supremo. Su obra principal es *Derecho civil español, común y foral*, en varios tomos, múltiples ediciones. La obra citada en el texto es: *Situaciones jurídicas subjetivas*, Editorial Reus, Madrid 1963. Véase la biografía de Gabriel GARCÍA CANTERO en *Juristas universales*, ya citado, volumen 4, pgs. 197-201.
- Jaime GUASP (1913-1986), nacido en Vigo, Catedrático de Derecho procesal, además de sus obras sobre esta materia, es del máximo interés su Teoría general del derecho expuesta en su obra *Derecho*, Madrid 1971. Sobre la situación jurídica véase en esta obra pgs. 174 y ss. Véase sobre GUASP la biografía elaborada por Pedro ARAGONESES ALONSO en *Juristas Universales*, volumen 4, ya citado, pgs. 627-629.
- Luis LEGAZ LACAMBRA (1906-1980), nacido en Zaragoza, fue durante muchos años Rector de la Universidad de Santiago de Compostela. Catedrático de Filosofía del Derecho, su obra principal es *Filosofía del Derecho*, Editorial Bosch, Barcelona 1953, 5ª ed., 1979. Véase la biografía elaborada por Juan José GIL CREMADES en *Juristas Universales*, volumen 4, ya citado, pgs. 469-473.

EJERCICIOS

1. Esta lección que acabas de estudiar se titula, como sabes, «Las situaciones en el pensamiento filosófico-jurídico». ¿Podrías explicar que es esto que llamamos pensamiento filosófico-jurídico? ¿Puede decirse que la Teoría del Derecho, y más en concreto, la Teoría comunicacional del Derecho forma parte de dicho pensamiento filosófico-jurídico? Razona las respuestas.

2. Sintetiza las ideas de COMTE respecto del iusnaturalismo contractualista (para lo cual es conveniente que aclares primero en qué consiste el contractualismo).

3. Una de las tesis más famosas de COMTE es la llamada «ley de los tres estadios». Se trata de una «ley histórica». Investiga en qué consiste (para ello puede ayudarte la bibliografía citada en las Notas y Comentarios) y explícala poniendo ejemplos.

4. ¿Por qué razón COMTE no simpatiza con la idea de los derechos subjetivos?

5. En el texto se dice que DURKHEIM influyó en DUGUIT. Explica en qué consistió esa influencia. Para ello te será útil acudir a la bibliografía citada en Notas y Comentarios.

6. ¿Cuál es el significado del concepto «solidaridad social» en la obra de DURKHEIM y de DUGUIT? Sustitúyela por otra expresión equivalente.

7. Resume las ideas de Léon DUGUIT sobre el concepto de situación jurídica.

8. ¿Por qué razón DUGUIT puede ser considerado como un continuador de las tesis de COMTE?

9. Explica la idea de LARENZ sobre la «posición jurídica».

10. ¿Qué diferencia de enfoque hay entre DUGUIT y LARENZ? ¿Tiene alguna importancia la diferencia de enfoque si, prácticamente, llegan al mismo resultado?

11. Sintetiza las ideas de ROUBIER respecto al concepto de situación jurídica.

12. Compara las posturas de DUGUIT y de ROUBIER sobre las situaciones jurídicas.

13. Explica la diferenciación que hace ROUBIER entre situaciones jurídicas objetivas y subjetivas. Formula tus explicaciones comentando los ejemplos que pone el propio ROUBIER.

14. ¿Por qué en el texto se critica la distinción entre situaciones jurídicas objetivas y subjetivas, tal como la propone ROUBIER?

15. Resume la lección haciendo un cuadro sencillo de las distintas posiciones de los autores.

16. ¿Qué conclusión puede extraerse de esta lección respecto del tratamiento que los juristas han dado al concepto de situación jurídica?

17. Busca otros autores que traten de las situaciones jurídicas y resume sus tesis en un folio, indicando las fuentes (el título de las obras que has manejado).

LXX. LAS SITUACIONES JURÍDICAS: SU APLICABILIDAD A LOS DIVERSOS ELEMENTOS DE UN ÁMBITO JURÍDICO

Frente al estrecho tratamiento que ha recibido el concepto de situación jurídica, nosotros, en el marco de la Teoría comunicacional del Derecho, vamos a defender una posición amplia. Como hemos visto en la lección anterior, los autores han aplicado mayoritariamente el concepto a las personas, y algunos pocos a las personas y a las relaciones. Esta aplicación es, en mi opinión, demasiado estrecha, además de estar en contradicción con el uso lingüístico del concepto por parte de los juristas. Pero vayamos por partes analizando a qué realidades se aplica, de hecho, el concepto de que tratamos.

Me parece evidente que toda *persona* tiene una situación jurídica determinada en cada momento de su existencia. Así, de Fulano puede decirse que es mayor de edad, plenamente capaz, propietario de la vivienda de la calle tal piso cual, de profesión empleado de banca, titular de unas acciones de una empresa que cotiza en bolsa, casado, padre de familia, con dos hijos, etc. Todo ese conjunto de cualidades que adscribimos a esa persona es lo que constituye su situación jurídica en un momento dado, ahora por ejemplo. Mañana esa situación puede verse alterada, por haber hipotecado la casa en la que mora. Y pasado mañana puede sufrir de nuevo una alteración, por haber dejado la profesión de empleado de banca por la de funcionario. La situación jurídica global de una persona viene dada por el conjunto de situaciones concretas en las que esa persona se encuentra en un momento dado. Se trata además de una situación jurídica dentro de un ámbito jurídico determinado, que es el propio del Derecho español vigente. No tendría sentido predicar la situación de esa persona en el ordenamiento jurídico español, puesto que el ordenamiento es un conjunto de textos, y en ellos la persona en cuestión no aparece para nada, aunque sí se regulan las situaciones jurídicas personales de carácter genérico. Por idéntica razón, tampoco tiene sentido enmarcar la situación de una persona en el sistema jurídico que es reflejo y perfección del ordenamiento. Las situaciones jurídicas de las personas tienen lugar dentro de un ámbito jurídico determinado y se establecen o concretan desde la perspectiva textual del ordenamiento (sistema). El texto ordinamental/sistémico nos sirve para calificar la situación jurídica concreta de la persona que sea: a la luz de las normas llegamos a especificar en el caso concreto cuál sea la situación que ocupa en el ámbito jurídico.

Algunos autores, como digo, también han aplicado el concepto de situación jurídica para las *relaciones jurídicas.* Aunque a este último concepto le vamos a dedicar enseguida una atención amplia, simplificaremos ahora un poco las cosas para referirnos tan sólo a las relaciones entre personas, que es el tipo de relación jurídica en que los autores suelen pensar para aplicarles el concepto de situación. Se dice, en efecto, que una relación jurídica, por ejemplo, la relación jurídica matrimonial, puede atravesar por diversas situaciones que el Derecho contempla. Tal es el caso cuando a la existencia del vínculo matrimonial sigue una separación, y a ésta una nulidad o un divorcio. Nos encontramos aquí con cuatro situaciones diferentes de dicha relación interpersonal, y cada una de esas situaciones viene regulada genéricamente por las normas del Derecho.

Como cada ordenamiento jurídico determina la validez o invalidez de las relaciones de acuerdo con sus propios criterios, no es infrecuente que una misma relación sea válida para un ordenamiento e inválida, e incluso nula, para otro. Así, por ejemplo, una relación matrimonial que en el Derecho del Estado se ha roto mediante el divorcio, puede continuar existiendo para el Derecho canónico, que no conoce el divorcio. La situación jurídica en cada ámbito concreto será, pues, diferente e incluso contradictoria.

Además, es frecuente que los autores apliquen asimismo el concepto de situación jurídica para determinar el grado de «firmeza» de una relación jurídica interpersonal. Toda la teoría de las situaciones jurídicas interinas o de pendencia cabe dentro de este capítulo. Una relación jurídica está en situación interina o de pendencia cuando depende de algo para hacerse firme o sólida en cuanto a su estructura interna. El ejemplo típico es el de la herencia yacente, de la que se dice que está en situación de pendencia mientras no es aceptada. En tanto no se produce la aceptación de la herencia no están determinados los herederos de la misma y, por consiguiente, la relación jurídica hereditaria aún no se ha consolidado, no se ha hecho firme.

Estos dos son los usos que en la teorización del concepto de situación se dan habitualmente: se le aplica a las personas y a las relaciones jurídicas. Sin embargo, este uso en la Teoría y Filosofía del Derecho contrasta con el uso que los juristas, dogmáticos y prácticos, hacen del término «situación jurídica». En efecto, una observación minuciosa del uso de dicha palabra nos lleva a la conclusión de que en el lenguaje normal de los juristas es un uso generalizado, aplicado a prácticamente todas las realidades o elementos que aparecen en un ámbito jurídico.

Atendiendo a esta realidad, la tesis que hay que mantener en el marco de la Teoría comunicacional del Derecho es la de la aplicabilidad universal del concepto de situación jurídica. Lo cual quiere decir que este concepto es aplicable a todos los demás conceptos que la dogmática y la práctica del Derecho usan de continuo, y no sólo a las personas y a las relaciones.

La situación jurídica se convierte de esta manera en un concepto auténticamente general, aplicable a todos los componentes de un ámbito jurídico. Respecto de cualquier realidad es posible decir que posee una situación en un ámbito jurídico determinado: de toda realidad se puede predicar su situación jurídica. Cada ordenamiento/sistema jurídico viene a ser como un «faro» que sirve para iluminar cualquier realidad y situarla desde esa perspectiva en el lugar que le corresponde dentro del ámbito jurídico. La palabra «situación» presupone un todo, una totalidad a la cual pertenece el elemento situado. Ese todo, esta totalidad es lo que hemos llamado ámbito jurídico, que es el «espacio» que engloba todos los procesos comunicativos cuya lectura es posible desde la textualidad de un ordenamiento/sistema determinado. La situación jurídica determina el «lugar» que el elemento del cual se predica ocupa en la totalidad que representa el ámbito.

El concepto de situación jurídica es aplicable a los seres humanos (observa que no digo las personas), a las cosas, a los actos y actividades; realidades todas ellas de carácter «natural», que el Derecho hace ingresar en un ámbito jurídico gracias a la intermediación de la lectura que de esas realidades se hace a partir del texto ordinamental/sistémico. Y además de ser aplicable a realidades naturales, como las citadas, lo es también a los conceptos jurídicos: a las normas de Derecho, a los actos jurídicos, a las cosas jurídicamente definidas, etc. Hay, por tanto, como dos escalones en cuanto a las situaciones se refiere. El primero determina la juridicidad, por decirlo así, permite que una realidad en sí misma natural se transforme en jurídica. El segundo concreta la situación de la realidad, ya jurídica, en el conjunto del sistema. Así, por ponerte un ejemplo que te sea próximo y que te aclare un poco esta distinción: Tú mismo, hombre o mujer, eres una realidad físico-psíquica, que ingresa en el Derecho, o más en concreto, es un ámbito jurídico porque el ordenamiento te atribuye la cualidad o situación de «persona», que sería tu situación jurídica básica o fundamental. Pero además tú, como «persona» (en el sentido jurídico que tiene esta palabra, y no en el sentido moral o filosófico) tienes una situación jurídica concreta en este momento: eres mayor de edad, plenamente capaz, alumno de la Facultad, soltero, hijo de tus padres, propietario de un automóvil que te han regalado y de otras cosas, etc. Todos estos elementos, que constituyen tu situación jurídica concreta a día de hoy, presuponen la situación jurídica básica de ser persona para el Derecho. Por eso digo que hay como dos escalones diferentes de situaciones jurídicas. ¿Te ha quedado suficientemente claro? Soy consciente de que todo esto no es muy sencillo que digamos, pero así es el Derecho, un damero maldito (para mí, más bien bendito, dado lo que me gusta) lleno de recovecos. Tienes toda la vida para descubrirlos, esperemos que ésta sea larga y benéfica. Profundicemos, no obstante, un poco más en estas ideas.

Tomemos la realidad natural que nos es más próxima: el ser humano. Se trata de esa compleja realidad física y psíquica que solemos resumir con la palabra «hombre».

Como entidad *meramente natural*, el hombre no posee una situación jurídica. Tan sólo ingresa en esa situación cuando un ordenamiento jurídico se la adscribe. Ahora bien, como nos demuestra la historia, un ordenamiento puede adscribir a los seres humanos diversas situaciones jurídicas.

Simplificando bastante las cosas –que matizaré en los capítulos 22 y 23– puede decirse que en el Derecho romano se distinguía entre hombres a los cuales se les otorgaba la situación jurídica de *sujetos* de Derecho, y otros hombres a los cuales se negaba dicha situación, los esclavos. Hoy, a los sujetos jurídicos los llamamos personas (en el sentido jurídico de la expresión), y el Derecho moderno adscribe esa condición de persona a todos los seres humanos y, además, a determinadas organizaciones (por ejemplo, los Estados, o las sociedades mercantiles). En el Derecho romano el individuo, para ser sujeto jurídico, tenía que ser libre (esto es, no esclavo), ciudadano (es decir, no extranjero) y *sui iuris* (o sea, no *alieni iuris*, como el hijo de familia). En el Derecho actual todos los individuos son sujetos jurídicos y por esa razón se dice que todos los individuos son personas para el Derecho.

Desde el punto de vista de la Teoría del Derecho sujeto jurídico (persona en el sentido jurídico actual) es todo individuo (y toda organización) al que un ordenamiento jurídico reconoce como tal. Es la situación jurídica básica en la que se encuentran determinados individuos (quizás todos los individuos) desde la perspectiva de un ordenamiento. Ser sujeto jurídico es equivalente a tener capacidad jurídica, concepto que hay que distinguir del de capacidad de obrar. La capacidad jurídica consiste en la capacidad de todo individuo para ser sujeto jurídico, esto es, para ser titular de derechos y deberes. La capacidad de obrar, por el contrario, no se refiere a la titularidad sino al ejercicio de dichos derechos y deberes. La capacidad de obrar plena implica que el sujeto está capacitado para ejercer sus derechos y deberes por sí mismo, de modo tal que a dicho ejercicio el ordenamiento vincula los efectos pertinentes.

La determinación del sujeto jurídico depende de cada ordenamiento. Puede suceder que un mismo hombre o mujer sea persona para un ordenamiento pero no lo sea para otro. Ejemplo: el «bárbaro» (palabra que significaba «extranjero») que en la Antigüedad caía prisionero en la guerra era persona (sujeto jurídico) para el país al que pertenecía, pero no así para el que le hacía prisionero y lo convertía en esclavo.

En conexión con esta situación jurídica básica o fundamental que es la llamada persona física, la Teoría del Derecho se plantea otros problemas en los que no vamos a entrar ahora: la situación de las llamadas «personas jurídicas» (esto es, de las organizaciones humanas a las que el ordenamiento les concede la condición de «personas»), la de los sujetos que no son personas en el sentido del derecho positivo, pero que podrían serlo y en todo caso tienen una protección jurídica más o menos enérgica (caso del *nasciturus*), y la de los órganos de las personas jurídicas, los cuales también pueden ser considerados sujetos jurídicos, aunque no exactamente de la misma manera que las personas.

El concepto de situación jurídica es también aplicable a las *cosas*. Hay que distinguir cosa en sentido natural (la entidad física) y cosa en sentido jurídico (el bien jurídico), aunque en el lenguaje de los juristas se tiende a equipararlos. Al igual que los seres humanos, también las cosas ostentan una determinada condición jurídica que puede cambiar y trasformarse si el ordenamiento lo prevé. Una parcela de terreno de la que no se conoce propietario está en situación jurídica de *res nullius*. Esta situación permite su posesión inmediata y, tras un período de tiempo, pasa a formar parte del patrimonio del poseedor mediante la usucapión o prescripción adquisitiva. Cuando alguien va a comprar un piso, una persona prudente y bien informada se toma la molestia de enterarse de cuál sea la situación jurídica del mismo: si está inscrito en el Registro de la Propiedad, si está libre de cargas, etc. Ese piso no sólo tiene una situación espacial (calle tal, número cual, etc.), también tiene una situación jurídica.

Las clasificaciones de las cosas en muebles e inmuebles, fungibles y no fungibles, consumibles y no consumibles, etc., son otros tantos modos que tiene el Derecho de atribuir a las cosas una determinada situación o condición jurídica. En general puede afirmarse que la atribución de una situación jurídica a algo implica ya clasificar ese algo, lo cual tiene consecuencias prácticas, como veremos enseguida.

También de los *actos* y *actividades* podemos predicar sus diferentes situaciones jurídicas. La situación jurídica básica es la que hace de un acto un acto jurídico, y de una actividad una actividad jurídica. Un acto o una actividad pueden ser meramente individuales o meramente sociales, sin relevancia jurídica alguna. Las situaciones jurídicas restantes presuponen la situación previa de juridicidad. Una vez que el acto tiene la condición de jurídico, ostentará otras situaciones: de firmeza, de impugnabilidad, de impugnación, de validez, de invalidez, de revocabilidad, de revocación, de rescindibilidad, de rescisión, de legalidad, de ilegalidad, etc. Lo mismo puede decirse de cualquier actividad jurídicamente relevante. Un ejemplo: el caso de intrusismo (estudiante de Derecho que ejerce la abogacía sin tener el título de licenciado; persona que se dedica a la actividad propia de los dentistas sin serlo, etc.) implica una situación jurídica de ilegalidad (ilicitud) de una actividad.

Este mismo tipo de análisis lo podríamos aplicar a cualquier otro concepto o realidad jurídica. Todos ellos, conceptos o realidades, poseen una situación jurídica básica, que es su significado jurídico más elemental, y además, otras situaciones jurídicas concretas, como en los ejemplos que hemos visto.

Tras este breve e incompleto análisis de las posibles aplicaciones del concepto de situación jurídica, es necesario que nos preguntemos sobre la función general que dicho concepto cumple desde el punto de vista de la Teoría comunicacional del Derecho. Me propongo destacar los aspectos que me parecen más importantes.

Primero, en el lenguaje de los juristas la expresión «situación jurídica» es aplicable a los diversos elementos que componen o contemplan los textos que forman parte del ordenamiento/sistema, y no sólo a las personas y a las relaciones. El concepto tiene, pues, una aplicación general.

Segundo, se trata de un concepto relacional, en el sentido de que determina la conexión existente entre el elemento «situado» y el ámbito jurídico; éste constituye un ámbito de realidad convencional del que forma parte el elemento del que se predica la situación.

Tercero, la situación jurídica es una situación textual, lo que quiere decir que su sentido concreto se deriva del conjunto textual ordenamiento/sistema. Dicho de otra manera: la situación jurídica de un elemento del ámbito jurídico determina su ser o significado jurídico dentro de éste.

Cuarto, la función práctica esencial del concepto de «situación jurídica» es la de determinar el régimen jurídico aplicable al elemento situado.

Esta última conclusión es la más importante a efectos prácticos. La situación jurídica de una persona determina qué régimen jurídico se le aplica, esto es, cuáles son las normas del Derecho que regulan sus derechos, sus deberes, sus actos, etc. La situación jurídica de una cosa concreta las normas que se aplican a esa cosa; si es inmueble se le aplican las normas que el ordenamiento prevé para las cosas inmuebles. Y lo mismo puede decirse de cualquier elemento situado en un ámbito jurídico concreto.

EJERCICIOS

1. ¿Cuál es la tesis que se defiende en este libro sobre la aplicabilidad del concepto de situación jurídica? Explica las razones en las que se aplica dicha tesis.

2. Define lo que es la situación jurídica global de una persona. Explícalo de la mano de un ejemplo.

3. Relaciona las siguientes nociones: situación jurídica de una persona, ordenamiento/sistema y ámbito jurídico. Pon ejemplos.

4. ¿Qué idea tienes de lo que es una relación jurídica? Este concepto lo veremos en una lección próxima, pero esfuérzate ahora en adelantar una noción.

5. Aplica el concepto de situación jurídica a las relaciones jurídicas, sirviéndote de tres ejemplos.

6. ¿Qué es una herencia yacente? ¿Por qué se dice que se trata de una relación jurídica en situación jurídica de pendencia?

7. Distingue la situación jurídica básica del resto de situaciones jurídicas que pueden afectar a un elemento de un ámbito jurídico. Pon ejemplos que aclaren lo que mantienes.

8. ¿Qué diferencia hay entre un ser humano como realidad físico-psíquica y un ser humano como sujeto jurídico?

9. El Derecho moderno reconoce como sujetos jurídicos a realidades dispares. Enuncia alguna de esas realidades.

10. ¿Puede un ordenamiento jurídico otorgar la situación jurídica de persona al *nasciturus*? Razona la respuesta.

11. ¿Qué significa que la persona es una situación jurídica?

12. Explica de qué manera se aplica el concepto de situación jurídica a las cosas. Pon ejemplos.

13. Haz lo mismo con los actos y las actividades, para lo cual tendrás que recordar la diferencia entre ambos conceptos (te remito al capítulo sobre «la acción en el Derecho»).

14. Explica la siguiente afirmación: «el concepto de situación jurídica es relacional».

15. ¿Cuál es la función práctica del concepto de situación jurídica? Razona la respuesta con ejemplos.

LXXI. ALGUNOS TIPOS DE SITUACIONES JURÍDICAS

Después del estudio que hemos hecho de los aspectos generales más destacados de las situaciones jurídicas vamos a dedicar esta lección a fijarnos en algunas clasificaciones de las mismas. De esa manera nos adentraremos un poco más en el complejo entramado conceptual que acompaña a esta «noción-cenicienta».

Comenzaré señalando la conexión entre *las situaciones jurídicas y la función de los Registros.*

El Estado –y asimismo la Iglesia– tiene organizados diferentes «archivos» para dejar constancia de las situaciones jurídicas que se estiman más relevantes. Esos «archivos» son los Registros. Hay múltiples Registros, y aquí no podemos ni siquiera citar los más importantes. Entre ellos tenemos el Registro civil, el Registro de la Propiedad, el Registro Mercantil, el Registro de Patentes y Marcas... En fin, a lo largo de tus estudios de Derecho irás conociendo Registros diversos y algunos los tendrás que estudiar bastante más en profundidad de lo que ahora tratamos.

La función principal de todo Registro es dar noticia pública y segura de la situación jurídica en que se encuentra un ente jurídico. Se trata de una función comunicacional: gracias a los Registros podemos conocer la situación jurídica de los elementos que nos interesan. Se suele decir que el Registro tiene como función primordial la publicidad. Lo cual no deja de ser cierto, pero no lo es menos la afirmación de que el acto de publicar entraña ya un acto comunicativo. La publicidad no constituye una entidad extraña (obsérvese que su tratamiento en la Teoría del Derecho es prácticamente inexistente), sino un mecanismo de transmisión pública de mensajes de la máxima trascendencia y utilidad.

Los Registros no sólo comunican sino que, al hacerlo, también clasifican. Tienen una función clasificatoria de la situación de los diversos entes jurídicos (personas, actos, cosas, actividades, etc.). Esta clasificación equivale a situar, esto es, a dotar de situación a dichos entes, a darles un lugar jurídico determinado (empleamos la palabra «lugar» en su sentido metafórico para referirnos a la situación que el ente de que se trate ocupa en el espacio virtual que es un ámbito jurídico).

También tienen otras funciones derivadas pero no menos importantes, como son: servir las inscripciones que en los Registros se efectúan como título de legitimidad y como medio de prueba. Lo primero porque, a falta de otro título mejor, la inscripción sirve de legitimación de la situación que expresa, esto es, de estar fundada en Derecho. Y lo segundo, como consecuencia de lo anterior: si no hay prueba más convincente, la inscripción registral cumple su función probatoria respecto de la situación del elemento registrado.

Tenemos, por tanto, que los Registros cumplen estas cuatro funciones básicas: comunicación, publicidad, legitimación y prueba. Todas ellas referidas a las situaciones jurídicas de los elementos o entes registrados. Como consecuencia de todas ellas, es evidente que los Registros constituyen un mecanismo esencial para reforzar la seguridad jurídica.

Las situaciones cambian con el tiempo. Una persona primero está soltera, después casada y más tarde viuda, o separada, o divorciada. Son situaciones jurídicas diferentes de la misma persona que se suceden en el transcurso del tiempo. Un inmueble suele pasar también por situaciones jurídicas dispares en su vida temporal: primero está en construcción, luego en venta (o al revés: en venta antes de construirse), después pasa a ser propiedad de alguien que, acto seguido, lo hipoteca, más tarde puede formar parte del patrimonio de un quebrado, etc. Las calificaciones jurídicas de la persona y las del inmueble irán cambiando para reflejar las diversas situaciones por las que atraviesan. Los Registros recogen en sus libros esta «vida jurídica» de los elementos o entes registrados, vida jurídica que se compone en definitiva de un conjunto de situaciones jurídicas que se suceden unas a otras.

Los Registros no inscriben todos los entes jurídicos ni tampoco todas las situaciones de los entes registrados, sino tan sólo las que consideran relevantes. Realizan, pues, una selección tanto de los entes o elementos registrables como de las situaciones jurídicas que han de ser registradas.

Desde este punto de vista podemos dividir las situaciones jurídicas en *registrables* y *no registrables*.

Las situaciones jurídicas, desde otro punto de vista, pueden ser *firmes* o *transitorias*. El criterio de distinción es el grado de permanencia en el tiempo. Las primeras son las que nacen con vocación de permanencia; las segundas son aquellas que en su origen ya se sabe que cumplen una función esporádica.

Una situación jurídica es firme o definitiva cuando no puede ser cambiada o sustituida por otra situación dentro de un mismo ámbito jurídico. Ejemplo: la sentencia firme. Una vez que el juez ha dictado sentencia y no ha sido recurrida en el plazo establecido por la ley, aquélla se vuelve firme, adquiere fuerza de *cosa juzgada*, situación jurídica definitiva. Otro ejemplo: el matrimonio en el Derecho canónico. Una vez celebrado válidamente, no admite disolución vincular (divorcio), es decir, no admite la ruptura del matrimonio, sino tan sólo separación. Eso quiere decir que el matrimonio canónico establece una situación jurídica (canónica) entre las personas (cónyuges) y asimismo que la relación jurídica entre ellas tiene el carácter de definitiva. Tercer ejemplo: la situación jurídica de persona que, como hemos visto, se atribuye a todos los individuos por el Derecho de los países civilizados. Se es persona, una vez cumplidos los requisitos establecidos por el Derecho objetivo respecto al nacimiento (viabilidad, véase el art. 29 de nuestro Código Civil), con carácter definitivo y permanente. Esto supone que ninguna circunstancia, por especial, excepcional o grave que sea, podrá privar a los individuos de esa condición o situación.

La mayor parte de las situaciones jurídicas son transitorias: tienen lugar durante un tiempo, a veces sumamente breve, y son sustituidas por otras situaciones jurídicas. Las hay que tienen carácter prácticamente instantáneo. Así, si entramos en una tienda a comprar unos zapatos, puede decirse que nuestra situación de compradores surge y se agota casi instantáneamente en el momento en que decidimos comprar y pagamos el precio. La situación de comprador se prolongaría en el caso de que dejáramos a deber al vendedor parte del precio o el precio entero, o si al llegar a casa nos damos cuenta de que uno de los zapatos tiene un defecto de fabricación. Hay contratos que establecen situaciones jurídicas más duraderas pero asimismo transitorias en principio. Por ejemplo, las situaciones generadas por el contrato de arrendamiento de vivienda, o por el contrato de préstamo. En ambos casos se trata de situaciones que se extienden en el tiempo pero que por su propia naturaleza no son definitivas sino transitorias.

De entre estas últimas destacan, por su tratamiento en la doctrina, las llamadas situaciones jurídicas de pendencia, a las que ya me he referido en otra lección. Se dice que una relación jurídica tiene una situación de pendencia cuando depende de un evento para su consolidación. Mientras ese evento no se produzca la relación jurídica no está completa, sino a la espera del evento. Está pendiente de que quede determinado el elemento incierto que falta. Un ejemplo típico, al que ya hemos aludido, de este tipo de situaciones es el de la *hereditas iacens.* La herencia yacente está constituida por el patrimonio de una persona difunta que no ha sido aún aceptado como herencia por quien está llamado a suceder. En general, son situaciones de pendencia aquellas que hacen que una relación jurídica dependa de una condición.

Una tercera clasificación de las situaciones jurídicas las divide en *subjetivas* y *objetivas,* esto es, en aquellas que se refieren a los sujetos, y las demás. Como ha quedado dicho, las situaciones pueden adscribirse a cualquier ente o elemento de un ámbito jurídico. Por su gran importancia destacan las que se refieren a los sujetos, que son las que han tenido mayor desarrollo doctrinal y teórico. Las que no se refieren a los sujetos, y que por eso llamamos «objetivas», se adscriben a cualquier otro ente que no sea sujeto jurídico; así, a las cosas, a los actos, a las normas, a las relaciones, etc.

Aunque dejamos su estudio más detenido para las próximas lecciones conviene que ya desde ahora trates de retener los principales tipos de situaciones jurídicas subjetivas, esto es, de los sujetos o personas que se pueden dar en una relación jurídica interpersonal.

Un grupo de situaciones jurídicas subjetivas componen el *status* de las personas. Son aquellas situaciones que nacen con cierto carácter de permanencia o que corresponden a un determinado período temporal de la existencia humana. El ser soltero o casado, mayor o menor de edad, nacional o extranjero, capaz o incapaz, son aspectos concretos del status jurídico personal. Lo característico de las estas situaciones que configuran el estado jurídico de las personas es que están sustraídas a la libertad configuradora por parte de los individuos: sus contenidos concretos vienen determinados por la ley.

Es usual entre los autores distinguir dentro de las situaciones jurídicas subjetivas las *activas* y las *pasivas,* atendiendo a que en el primer caso el sujeto está en situación de exigir algo, y en el segundo está sometido a alguna exigencia.

Las principales situaciones jurídicas activas, o sea, situaciones de los sujetos que les capacitan o permiten para exigir algo, tenemos los derechos subjetivos, las potestades y las expectativas. Entre las situaciones jurídicas subjetivas pasivas destacan los deberes jurídicos de diversa especie y las cargas. Daré aquí una noción provisional de cada uno de estos conceptos, con el ruego de que trates de retenerlos lo mejor que puedas. Como digo, pronto tendrás ocasión de estudiarlos con un poco más de profundidad.

Un derecho subjetivo es una situación de poder concreto organizado y concedido por el ordenamiento jurídico (o sea, por sus normas), poder que consiste en la atribución a su titular de un conjunto de facultades (posibilidades de actuar lícitamente) cuyo ejercicio queda a su voluntad, siendo una de ellas la acción procesal que garantiza el legítimo ejercicio de las mismas. Ejemplos típicos: el derecho subjetivo de propiedad, el derecho subjetivo de crédito.

Una potestad es también una situación de poder, pero a diferencia del derecho subjetivo, su ejercicio no se deja a la libre decisión y voluntad del sujeto, sino que el comportamiento de éste viene definido por un conjunto de deberes. La potestad es un poder para cumplir determinados deberes jurídicos. Ejemplos: la patria potestad, las potestades de la Administración.

La expectativa es aquella situación en que se encuentra un sujeto jurídico y que consiste en la probabilidad razonable de que dicho sujeto sea en un futuro titular de un derecho subjetivo.

Entre las situaciones pasivas el deber jurídico es sin duda la más importante. Consiste en la imposición del ordenamiento a un sujeto de hacer o no hacer algo. La doctrina suele distinguir distintas especies de deber. Ejemplos: el deber del no propietario de respetar la propiedad ajena, el deber del hijo de obedecer a sus padres, el deber del deudor de pagar su deuda.

La carga consiste en la necesidad de realizar alguna actuación por parte de quien ejercita su derecho o cualquier otro género de poder. No es un deber propiamente, aunque se le parece. En términos vulgares es algo similar a una molestia que tenemos que soportar si queremos conseguir algo. Ejemplo característico son las cargas procesales. Tú tienes derecho a interponer un recurso ante los tribunales para hacer valer tus derechos subjetivos, pero no te quepa duda de que tendrás que hacer papeleo, acudir al abogado, ir al juzgado cuando el juez te cite, etc. Todo ello es un conjunto de molestias que tendrás que soportar si quieres conseguir que tu propósito se haga real. Esas molestias son las cargas.

Una cuarta clasificación de las situaciones jurídicas las divide en *típicas* y *concretas*. Las situaciones típicas o genéricas son aquellas que vienen establecidas por las normas jurídicas como tipos o especies. Así, si nos referimos ahora sólo a las subjetivas, la situación jurídica de persona, de mayor o de menor de edad, de casado, de funcionario, de comprador, de vendedor, de arrendador, son todas ellas situaciones-tipo cuyos caracteres genéricos vienen perfilados por las normas del ordenamiento jurídico. Las segundas, las situaciones jurídicas concretas, son las propias de las personas concretas, con nombres y apellidos. Por ejemplo: Sempronio es *sui iuris, paterfamilias*, propietario de tal fundo, etc. La situación jurídica de Sempronio en un determinado momento nos la dará la «suma» de las situaciones concretas en que se encuentre en ese momento.

Lo que acabamos de exponer de las situaciones típicas (o genéricas) y concretas es aplicable también, como es lógico, a las situaciones no subjetivas, las que afectan a las cosas, a los actos, etc.

Como quinta clasificación me voy a referir a la división de las situaciones jurídicas entre *«situaciones de hecho»* y *situaciones jurídicas*. Observa el entrecomillado: «situaciones de hecho»; lo he puesto para distinguirlas de las auténticas situaciones de hecho. ¿Qué quiero decir con esta extraña forma de expresarme?

Hay situaciones de hecho a las que el ordenamiento jurídico no les atribuye significado jurídico alguno. Por ejemplo, el mero hecho de que tú estés conversando con un amigo en su casa no tiene, en principio, ninguna relevancia jurídica. Se trata de una situación meramente fáctica (sin entrecomillado). Pero hay otras situaciones que, aunque se presentan con aspecto de fácticas, sí son reguladas por el Derecho. El ejemplo típico es la posesión.

El poseedor se encuentra en una situación de hecho respecto de la cosa poseída y respecto de los no poseedores. Dicha situación, que tiene un origen meramente fáctico, sí es contemplada sin embargo por las normas jurídicas, haciendo así que el hecho tenga un significado jurídico. La situación de hecho, originaria en la posesión, se transforma de inmediato en algo jurídico. Se trata entonces de una «situación de hecho» (con entrecomillado) que sólo tiene de hecho el origen pero que el ordenamiento, al contemplarla, eleva a la categoría de institución jurídica.

Algo similar nos encontramos con las llamadas «parejas de hecho». En la medida en que el ordenamiento las organiza, dejan de ser situaciones de hecho auténticas para convertirse en «situaciones de hecho». En realidad, las «situaciones de hecho» son, a pesar del nombre, situaciones jurídicas.

Además, tenemos las situaciones *de Derecho público* y las *de Derecho privado.*

Es una clasificación tradicional de la ciencia dogmática dividir la materia en Derecho público y Privado. Aunque este dualismo ha sido puesto en tela de juicio, nosotros no vamos a entrar ahora en el problema de su justificación. Lo cierto es que sigue operativa y que se emplea con gran frecuencia. Pertenecen al Derecho público aquellas normas que regulan relaciones o situaciones en las que el Estado tiene presencia como ente dotado de *imperium.* Y del Derecho privado forman parte las normas que regulan las situaciones y relaciones en que los particulares tienen presencia como tales particulares y también cuando se presenta el Estado como particular.

Son de Derecho público: las situaciones jurídicas constitucionales, como la de ciudadano, o la de titular de un derecho fundamental de la persona, también la situación del Tribunal Constitucional, o la de la Corona; las situaciones jurídicas administrativas, como la de las Administraciones públicas o la del administrado; las situaciones jurídicas tributarias, como la del contribuyente; las situaciones jurídicas procesales, como la del imputado o la del acusado; las situaciones jurídicas penitenciales como la del recluso.

Son de Derecho privado: las situaciones jurídicas propias del estado civil, las situaciones jurídicas del titular de un derecho real, de un derecho de crédito, hereditario, y asimismo las situaciones jurídicas de las sociedades mercantiles. Estas enumeraciones que he hecho aquí, tanto de las situaciones de Derecho público como privado, no tienen carácter exhaustivo, como puedes imaginar, sino meramente enumerativo.

Por último, aunque no sea casi necesario decirlo, conviene resaltar que nuestro análisis y los ejemplos corresponden a situaciones jurídicas que se dan dentro de ámbitos jurídicos estatales (y dentro de éstas nos hemos fijado especialmente en las subjetivas) y que, sin embargo, las situaciones son predicables asimismo respecto de cualquier otro ámbito. En el Derecho de la Iglesia nos encontramos con las situaciones jurídicas canónicas. En el Derecho internacional la doctrina maneja el concepto de situaciones jurídicas internacionales, por ejemplo para aplicarlo a la situación de reconocimiento internacional de un nuevo Estado, o del nuevo gobierno de un Estado ya existente, asimismo la situación de paz o de guerra de un Estado con otro u otros, la situación internacional del individuo, etc. En el Derecho comunitario europeo también es aplicable el concepto, puesto que sus normas regulan las situaciones jurídico-comunitarias de los Estados miembros, de los individuos, de las sociedades mercantiles, de los jueces nacionales, etc.

NOTAS Y COMENTARIOS

– *Sobre los Registros.* El Registro Civil debe su origen a la Iglesia, que estableció hace siglos un sistema para llevar cuenta de la situación canónica de los fieles: bautismos, matrimonios, filiaciones, defunciones, etc. Se le define como la institución cuyo objeto es dar publicidad a los hechos y actos que afectan al estado civil de las personas, cooperar en ciertos casos a la constitución de tales actos y proporcionar títulos de legitimación del estado civil (E. SERRANO ALONSO, *Derecho de la Persona,* La Ley, Madrid 1992, pg. 63). Otros Registros, como el Registro de la Propiedad, deben su instauración a la evolución de la economía y de las concepciones sociales sobre el valor de los bienes económicos. Al considerarse en la Edad Moderna que los inmuebles era la principal fuente de la riqueza, no puede extrañar que se creara el Registro de la Propiedad con la función de dar publicidad y seguridad a las situaciones jurídicas exclusivamente de los bienes inmuebles. A medida que otros tipos de bienes fueron ganando terreno en la consideración social de su valor económico, el fenómeno registral se extendió asimismo a diversos tipos de bienes muebles.

  ROCA SASTRE define así el Registro de la Propiedad: «Institución jurídica que, destinada a robustecer la seguridad jurídica inmobiliaria, tiene por objeto la registración de las constituciones, transmisiones, modificaciones y extinciones de los derechos reales sobre bienes inmuebles, así como de las resoluciones judiciales relativas a la capacidad de las personas y de los contratos de arrendamiento» (*Instituciones de Derecho Hipotecario,* Bosch, Barcelona 1942, pg. 13). Obsérvese que, en esta definición, del ilustre hipotecarista se pasa por alto la función inmediata del Registro, que no es otra que la de servir de cauce o canal de comunicación entre las personas al objeto de que puedan tener conocimiento de las situaciones jurídicas de los inmuebles así como de otras situaciones con ellas relacionadas. La función de seguridad es, en mi opinión, una función derivada de la función de publicidad, esto es, de la función comunicativa, ya que las personas sólo pueden saber a qué atenerse si conocen la situación del terreno jurídico que pisan. Certeramente señalan esta función LACRUZ BERDEJO y SÁNCHEZ REBULLIDA, quienes se refieren al Registro de la Propiedad como «un organismo establecido por nuestro legislador a fin de *dar a conocer*, de publicar, las titularidades reales sobre los bienes inmuebles (...), publica *la situación jurídica* de los inmuebles» (*Derecho Inmobiliario Registral*, Bosch, Barcelona 1984, pg. 11, cursivas mías).

Dice Celestino A. CANO TELLO: «Podemos entender la publicidad en un sentido amplio y en un sentido estricto. En el primer sentido, es una actividad dirigida a difundir y hacer notorio un acontecimiento. En un sentido estricto, es la exteriorización o divulgación de una *situación jurídica* para producir su cognoscibilidad general (...). En sentido técnico-jurídico, la publicidad es un sistema de difusión dirigido a proporcionar a la sociedad el conocimiento de determinadas *situaciones jurídicas* para la protección de los derechos y la seguridad del tráfico.» (*Manual de Derecho Hipotecario*, 2ª ed., Civitas, Madrid 1992, pg. 38). El mismo autor afirma que el Registro es un conjunto de «libros donde se hace constar los bienes inmuebles de un país con expresión de su situación física y jurídica» (pg. 88). Sin embargo, creo que hay que matizar algo esta afirmación pues la situación «física» es también «jurídica», ya que se trata de una espacialidad acotada jurídicamente en el espacio global del Estado o, en general, del ámbito jurídico de que se trate.

Luis DÍEZ PICAZO subraya la conexión existente entre la función registral y las situaciones jurídicas. Para este autor, «cuando se habla de publicidad en el Derecho privado se alude a aquella actividad o conjunto de actividades que están dirigidas a hacer manifiestas *situaciones jurídicas* y a dar a conocer a la comunidad o a la generalidad de las personas los actos o negocios jurídicos que pueden modificar tales *situaciones jurídicas*» (*Fundamentos de Derecho Civil Patrimonial. III, Las relaciones jurídico-reales. El Registro de la Propiedad. La Posesión*, Civitas, Madrid 1995, pg. 292, cursivas mías). Los actos y negocios jurídicos de los que toma nota el Registro de la Propiedad son aquellos que afectan a la situación jurídica de las fincas inmatriculadas. Ésta es la razón de que no accedan al Registro las relaciones meramente obligacionales que no afecten a la situación jurídica de los inmuebles, y sí accedan, por el contrario, aquellos actos que generen un cambio en dicha situación. El Registro archiva documentalmente las situaciones jurídicas así como los actos que las modifiquen, transformándolas en nuevas situaciones jurídicas. Por esta razón define el Registro de la Propiedad como «una institución administrativa que tiene por objeto la publicidad oficial de las *situaciones jurídicas* de los bienes inmuebles.» (*op. cit.* pg. 304, cursivas mías).

En relación con el *Registro Mercantil* puede leerse en la Exposición de Motivos del Código de Comercio: «Estos libros se llevarán abriendo un registro especial por orden cronológico a cada comerciante, sociedad o buque que se inscriban y anotando, en las hojas de inscripción correspondientes, los documentos que respectivamente les conciernan con los datos necesarios para que puedan formar concepto claro y suficiente, de la *condición legal de las personas* y de la *naturaleza de los negocios*, los terceros a quienes convenga celebrar algún contrato con aquellas o tomar participación en éstos» (cursivas mías). Con todas las matizaciones que se quieran, y dejando ahora de lado las reformas introducidas en esta materia, se puede afirmar que la función principal del Registro Mercantil es la de dar publicidad de las *situaciones jurídicas* de los comerciantes tanto individuales como sociales (compañías mercantiles) y de todos aquellos actos o negocios que afecten a dichas situaciones transformándolas en otras nuevas. En definitiva, la función esencial del Registro Mercantil es comunicar a los interesados las situaciones jurídicas de los empresarios.

EJERCICIOS

1. Haz un esquema general de la lección, de tal modo que aparezcan en él todos los tipos de situaciones jurídicas de las que se hablan en el texto.

2. ¿Qué tipos de situaciones jurídicas se inscriben en los Registros? Pon ejemplos.

3. ¿Cómo definirías un Registro?

4. Explica en qué consiste la función comunicacional de los Registros.

5. ¿Para qué sirve el Registro Civil?

6. ¿Cuáles son las funciones del Registro de la Propiedad? ¿Hay algún Registro de la propiedad de bienes muebles?

7. Resume los caracteres de algún Registro no citado en este libro, para lo cual tendrás que ayudarte de libros de otras disciplinas.

8. ¿Qué es una situación jurídica firme? Razona la respuesta explicando en qué consiste la «cosa juzgada».

9. Define el concepto de «situaciones jurídicas subjetivas».

10. ¿Qué es el *status* de la persona?

11. ¿Cuáles son las principales situaciones jurídicas subjetivas de carácter activo?

12. ¿Y las de carácter pasivo?

13. Define el concepto de carga, vinculándolo con el de derecho subjetivo.

14. Explica en qué consiste la situación jurídica global de una persona.

15. ¿Qué es una situación jurídica típica? Pon ejemplos.

16. Analiza si tiene algún significado jurídico la expresión «parejas de hecho».

17. Distingue entre situación de hecho y «situación de hecho» (sin comillas y con comillas).

18. ¿Qué es una situación jurídica de Derecho público? Pon ejemplos.

19. Pon ejemplos de situaciones jurídicas de Derecho privado y explica en qué consiste cada una de ellas.

20. Explica el concepto de situación jurídica europea (comunitaria) de la mano de algunos ejemplos.

CAPÍTULO 16

LAS RELACIONES JURÍDICAS: ASPECTOS GENERALES

LXXII. LA PALABRA «RELACIÓN» EN EL USO DEL LENGUAJE

A diferencia del concepto de situación jurídica, el concepto de relación jurídica aparece mejor tratado tanto en el seno de la Teoría del Derecho como en el de casi todas las disciplinas particulares de la dogmática jurídica. En cuanto se refiere a estas últimas, ha sido abordado con frecuencia e intensidad sobre todo en la parte general del Derecho civil, pero también en el Derecho administrativo y tributario, así como en el Derecho laboral y en el Derecho procesal. Puede afirmarse que se trata de un concepto que, si no llega a ser tan privilegiado como el de norma o el de derecho subjetivo, se les aproxima bastante. Donde no ha tenido apenas desarrollo es en el seno del Derecho penal. La razón de esta ausencia hay que encontrarla, en mi opinión, en el hecho de que en el Derecho penal moderno se desconectan víctima y delincuente, los cuales en el Derecho antiguo venían conectados por una «deuda de venganza» para cuya satisfacción el orden jurídico primitivo realizaba una especie de delegación en la familia o clan de la víctima. En el Derecho moderno se sustituye la relación entre ambos, delincuente y víctima, por una relación en la que el punto de referencia es el Estado. Es éste el que a través de sus órganos habilitados al respecto investiga el delito, persigue al delincuente, lo detiene, lo juzga y lo encarcela. Por su parte, la víctima del delito se relaciona asimismo con el Estado, denunciando el delito y colaborando en su investigación y esclarecimiento.

En la exposición que sigue procederé de modo similar a como he hecho para las situaciones jurídicas y, en general, para los conceptos de que venimos tratando; un procedimiento al que, por lo demás, ya debes de estar acostumbrado. Me referiré muy brevemente, en primer lugar, al uso de la palabra «relación» en el lenguaje ordinario, para después hacer una pequeña incursión en el lenguaje de la filosofía y la sociología. Después estudiaremos críticamente algunos desarrollos del concepto de relación jurídica en el pensamiento jurídico, para concluir con la propuesta desde la perspectiva de la Teoría comunicacional del Derecho.

En el uso del lenguaje ordinario, propio de la vida cotidiana, se emplea con gran profusión el término «relación» haciéndole sinónimo de «vínculo» más o menos estrecho entre dos entes o realidades del género que sean. Continuamente utilizamos este término como tal, esto es, como sustantivo, así cuando decimos, para afirmar su existencia: «la relación que hay entre esto y aquello» y también para negarla: «entre este hecho y este otro no hay relación alguna». Asimismo la usamos en su forma de adjetivo, como cuando decimos que «algo está relacionado con otra cosa», o «algo es relativo» dando a entender que es así como decimos desde una perspectiva determinada, o con el adjetivo «relacional», de escaso uso pero no menos legítimo, como cuando afirmamos que los conceptos jurídicos son relacionales, queriendo decir con ello que hay que pensarlos, para su íntegra comprensión, en sus relaciones recíprocas, ya que constituyen como una red en la que todos sus elementos están enlazados (esto es, relacionados) entre sí. Asimismo usamos el término en sus formas verbales: «relacionar», «relacionarse» y «estar relacionado con».

Si hacemos una reflexión general sobre el uso que hacemos de la palabra relación vemos que con ella se suele hacer referencia: a) al vínculo que une un elemento de un conjunto con el conjunto al que pertenece, en cuyo caso se relaciona la parte con el todo, o viceversa, el todo con la parte; b) al vínculo entre dos o más elementos de un mismo conjunto, esto es, la relación que se da entre diversas partes de un mismo conjunto; c) al vínculo entre dos conjuntos; d) al vínculo entre dos o más elementos pertenecientes a conjuntos distintos; e) al vínculo entre un elemento de un conjunto y otro conjunto.

Estas formas relacionales las podemos contemplar en el Derecho (aunque nos adelantemos a nuestra exposición posterior, no está de más que desde el punto de vista pedagógico introduzcamos ya la conexión del término «relación» con las relaciones jurídicas).

Así, siguiendo el orden anterior tenemos: a') la relación de una persona con el ámbito jurídico al que pertenece (o con el ordenamiento o el sistema, o el Estado) es una relación de un elemento con el conjunto del que forma parte; y lo mismo si, a la inversa, hablamos de la relación entre por ejemplo el Estado y un ciudadano concreto: el Estado es una totalidad, un conjunto, formado por ciudadanos con los cuales se relaciona como el todo con las partes; b') la relación existente entre dos contratantes que pertenecen a un mismo ámbito jurídico en el supuesto de que el objeto de su contrato también esté relacionado con el mismo ámbito: en tal caso los contratantes son dos elementos, pertenecientes a un mismo conjunto, que se relacionan entre sí; c') al vínculo existente entre el Derecho español y el Derecho europeo (comunitario) es un buen ejemplo de vínculo entre dos conjuntos: el ordenamiento jurídico español conforma un conjunto de decisiones, instituciones y normas, mientras que el ordenamiento jurídico comunitario es un conjunto diferente, asimismo de decisiones, instituciones y normas; d') al vínculo existente entre un contratante perteneciente a un ámbito jurídico (p. ej., un contratante español) y otro contratante de otro ámbito (p. ej., británico): se trata, en ese supuesto, de dos elementos pertenecientes a conjuntos diversos; e') al vínculo entre un ciudadano marroquí y el ámbito jurídico español: estamos en este caso ante un elemento de un ámbito que se relaciona con otro ámbito en su conjunto.

Las relaciones que nos interesan son las relaciones jurídicas, y por eso hago hincapié en ejemplos del Derecho. Pero es evidente que hay muchos tipos de relaciones. Si nos referimos a las que se dan entre personas pueden ser económicas, sociales, íntimas, familiares, amistosas, de enemistad, etc.

En la *Filosofía* el concepto de relación lo trata ARISTÓTELES como una de sus *categorías*. Las categorías son los modos de ser de las cosas, de los entes. La principal de ellas es la «sustancia», que es la categoría básica, de donde viene «sustantivo», y precede a las demás categorías. Ejemplo: «hombre», del cual se puede predicar después otras modalidades de ser, como pueden ser entre otras: de cantidad (mide 1.80 metros; pesa 85 kg), de cualidad (es sabio), de posición (está sentado), de relación (es padre).

ARISTÓTELES define «lo relativo» como la referencia de una cosa a otra. «Se llaman relativas las cosas, cualesquiera que ellas sean, de que se dicen que son cosas de otras cosas, o que se refieren a otra cosa de esta o aquella manera». En esta frase el Estagirita alude, en su primera parte, a la relación de la parte con el todo («cosas de otras cosas»), y en la segunda, a las relaciones que son «referencias», lo cual es decir bien poco pues toda referencia implica relación, y toda relación supone referencia.

Ejemplifica de la siguiente manera: «Por ejemplo, más grande, cualquiera que sea el objeto en cuestión, se dice con relación a otra cosa (...). De igual modo, doble sólo puede decirse con relación a otra cosa (...) y lo mismo sucede con las demás de este género.» Vemos que se trata aquí de ejemplos de la categoría «relación», ya que «más grande» supone pensar dos entes relacionados en lo que sea (en tamaño, en fama, en ignominia, etc.) y en cuya relación uno de los entes es mayor en aquello que se compara. Lo mismo sucede con «doble», y así algo puede ser dicho como doble en tamaño de otra cosa, o de alguien se dice que es el doble de sabio o el doble de ágil. «Más grande» y «doble» implican una relación de tipo dimensional y comparativo.

Continúa el Estagirita: «Son también relativos los siguientes: posesión, disposición, sensación, ciencia, posición; todas estas cosas no son más que cosas de otras cosas, o tienen cierta relación con otra cosa, y su valor no se funda sino en esta relación. La posesión, por ejemplo, es posesión de algo, y el conocimiento es conocimiento de algo, la posición es la posición de algo, y lo mismo acontece con todos los demás. Así, pues, los relativos son todas las cosas, cualesquiera que ellas sean, que no se dicen sino de otras cosas, o que se refieren, de cualquier manera que sea, a otra cosa que ellas mismas» (Las citas de ARISTÓTELES están tomadas de *Categorías*, capítulo VII).

La historia del tratamiento de las categorías en el seno de la Filosofía es muy interesante y muy rica, pero aquí no podemos, ni debemos, extendernos más. Baste decir, a guisa de ejemplos, que en la Escolástica la teoría de las relaciones toma una dimensión extraordinaria; basta ver en este aspecto el amplio uso que Tomás de AQUINO hace del concepto en la *Summa Theologiae.* Asimismo es destacable la teorización que hace KANT.

Conceptos relacionales o relativos son aquellos que para su entendimiento precisan de otro. Así, «conocimiento», puesto que no se puede conocer sin conocer algo; «padre», ya que siempre se es padre de uno o varios hijos. Puede llegarse a decir incluso que todos los conceptos son relacionales ya que todos forman parte de un todo, o son el todo de lo que forman parte sus elementos. Hay autores que sostienen que hay conceptos no relacionales, como puede ser el de «universo», pero en mi opinión este concepto también es relacional ya que se refiere a todos los elementos que componen el universo haciendo de todos ellos una unidad.

Es característico de los conceptos jurídicos el ser todos relacionales o relativos, habida cuenta de que dichos conceptos adquieren su significado pleno dentro del sistema al que pertenecen y, por tanto, están relacionados con el sistema jurídico, y asimismo se encuentran en relación más o menos inmediata con el resto de los conceptos jurídicos, los cuales forman una red dentro del sistema. Así, si se trata del concepto «pena», enseguida podemos decir que se relaciona con alguien a quien se ha penado, el cual a su vez es penado porque un juez le ha impuesto la pena, y el juez ha actuado así porque el legislador primero le dio competencias y estableció en la ley penal los delitos y las penas, por lo que el penado lo es porque el juez considera que cometió un delito que, a su vez, le hace responsable no sólo penal sino civilmente, etc. Los conceptos jurídicos están enlazados entre sí como esas cerezas que al tirar de una de ellas salen engarzadas unas con otras de modo tal que dejamos el cesto casi vacío. Por su parte, el concepto de sistema jurídico no puede entenderse sin relacionarlo con los elementos conceptuales que lo componen, por lo cual también ha de ser considerado un concepto relacional. Además, los sistemas jurídicos se relacionan entre sí. Pero no nos adelantemos demasiado a nuestra exposición hablando de Derecho. Ya le llegará el turno a este tema. Volvamos ahora al uso del término «relación». Hemos hecho antes referencia a su uso en la Filosofía, detengámonos ahora un momento en la Sociología.

En la *Sociología* uno de los conceptos centrales es el concepto de *relación social,* que es aquella que se da entre individuos dentro de un grupo, entre el individuo y el grupo y entre los grupos sociales. Lo que hemos estudiado antes respecto al significado genérico de la relación es aquí aplicable, pero siempre teniendo en cuenta que todos los conceptos sociológicos adquieren su significado si se los conecta con el todo que es el grupo social. El concepto ha sido tratado, sobre todo, en el seno del formalismo sociológico (SIMMEL, VIERKANDT, VON WIESE), y también por parte de autores que no pueden ser enmarcados en esa corriente debido a que se trata de un concepto central de la teoría sociológica. VON WIESE es destacable en este aspecto por haber desarrollado una «Sociología relacional», tal y como la llama en el título de su principal obra. En ésta sostiene que las relaciones sociales, que son el resultado de procesos sociales, conforman la sociedad entendida no como algo sustantivo sino como una «compleja red de acontecimientos y fenómenos».

Por su parte, el gran sociólogo y pensador Max WEBER se ocupa del concepto de relación social en su obra capital, *Economía y Sociedad*, y en concreto en su primera parte, dedicada al estudio de los «Conceptos sociológicos fundamentales». Te llamo la atención sobre esta denominación, paralela a la de «conceptos jurídicos fundamentales». Mientras que la Teoría del Derecho debe desarrollar en su parte consagrada a la teoría formal todo lo relativo a los conceptos jurídicos formales (también llamados fundamentales o universales), la Sociología debe hacer lo propio comprometiéndose a elucidar los conceptos sociológicos formales (a los que también se les puede denominar fundamentales o universales).

Dice WEBER que por relación social *(soziale Beziehung)* hay que entender «el comportarse de varios sujetos que, a tenor de su sentido, va referido *(eingestelltes)* recíprocamente de unos a otros y está orientado por ello.» La relación social, por tanto, es para WEBER un conjunto de conductas, de dos o más sujetos, que tiene la peculiaridad de que dichas conductas tienen entre ellas un vínculo o conexión. Continúa WEBER: «La relación social consiste exclusivamente: en la probabilidad u oportunidad *(Chance)* de que se actúe socialmente de alguna manera (dotada de sentido): con independencia de en qué se base dicha expectativa u oportunidad.» Obsérvese que en esta descripción el acento recae unilateralmente en la expectativa de los partícipes en la relación, o al menos en la expectativa de uno de ellos, más que en el vínculo que los une que, en mi opinión, es lo que constituye el elemento característico de la relación social.

El concepto de relación social no implica, para la Sociología, que entre los sujetos exista el valor de la solidaridad, entendido como equivalente a generosidad o desinterés hacia los otros. Téngase en cuenta que cuando los sociólogos usan la palabra «solidaridad» (tal es el caso de DURKHEIM) con ella se refieren a la cohesión social que existe entre los individuos que forman una sociedad determinada. Esa cohesión, que es objetiva y no buscada intencionalmente por los sujetos, genera relaciones entre éstos, que se traducen en entramados de acciones recíprocas. Ahora bien, el contenido de tales relaciones sociales es muy diverso, y no siempre tienen un carácter positivo. Pueden ser relaciones de amistad, de piedad, de amor, de intercambio, de comunidad; y también de enemistad, de conflicto, de contacto meramente sexual, de competencia (económica, deportiva, erótica o de cualquier otro tipo), de lucha, de incumplimiento, de guerra.

Dentro de la Sociología se conecta el concepto de relación social con el de *interacción*. Los individuos y los grupos están conectados entre sí por medio de sus acciones recíprocas. Todo actuar social presupone que el agente tiene en cuenta la acción posible de los demás, de modo que hay un cálculo de interacción que proviene de la experiencia y de la confianza en las normas sociales, entre las cuales se encuentran, en lugar destacado, las normas jurídicas.

NOTAS Y COMENTARIOS

- Se atribuyen a ARISTÓTELES seis tratados de Lógica: *Categorías, Peri Hermeneias, Primeros Analíticos, Segundos Analíticos, Tópicos* y *Refutaciones Sofísticas*, todos ellos recogidos bajo el nombre de *Organon* (que significa «instrumento»: se entiende que la lógica es el instrumento o medio para pensar correctamente). *Categorías* se ocupa de los modos de ser, uno de los cuales es la relación. Dice Julián MARÍAS: «Las categorías son los diversos modos en que el ser puede predicarse. Y son, por ello, las flexiones o *caídas del ser* (...). ARISTÓTELES da varias listas de estos predicamentos, y la más completa comprende diez: sustancia (por ejemplo, hombre), cantidad (de dos codos de largo), cualidad (blanco), relación (doble), lugar (en el Liceo), tiempo (ayer), posición (sentado), estado (calzado), acción (corta), pasión (le cortan). No se trata de la diferencia entre estas cosas, sino de que el ser mismo se flexiona en cada uno de esos modos, y quiere decir cosa distinta en cada una de las categorías. Por eso, si a la pregunta "¿qué es esto?", se responde "siete", es, aparte de la verdad o falsedad, una *incongruencia*, porque el *es* de la pregunta se mueve en la categoría de sustancia, y la respuesta en la de cantidad. Estas categorías tienen una unidad que es justamente la sustancia, porque todas las demás se refieren a ella: es el caso más claro de la unidad analógica. La sustancia está presente en todas las restantes categorías, que no tienen sentido más que sobre el supuesto de ella, a la que en última instancia se refieren.» (*Historia de la Filosofía*, tercera edición, prólogo de Xavier ZUBIRI, Revista de Occidente, Madrid 1965, pg. 65).

- La obra de Leopold VON WIESE se titula *System der beziehenden Soziologie als Lehre von der sozialen Gebilden der Menschen*, tercera edición, 1955. Traducción del título: «Sistema de Sociología relacional como Teoría de los constructos sociales de los hombres», un título un poco extraño pero en el que queda claro que el concepto central es el de relación jurídica, ya que se trata de una «Sociología relacional».

- La obra de Max WEBER es *Wirtschaft und Gesellschaft. Grundriss der verstehenden Soziologie*, Siebeck (Mohr), Tübingen 1922. Traducción del título: «Economía y Sociedad. Compendio de Sociología comprensiva». De esta obra hay traducción al español por José MEDINA ECHAVARRÍA y otros, publicada en la Editorial Fondo de Cultura Económica. Es una obra clásica de la Sociología, de lectura imprescindible para quien quiera penetrar en ese terreno. Véase Joaquín ABELLÁN, *Poder y Política en Max Weber*, Editorial Biblioteca Nueva, Madrid, 2004, pgs. 18-28, especialmente el cuadro conceptual de la pg. 20, en el cual entra por los ojos el carácter central del concepto de relación social en la Sociología weberiana.

EJERCICIOS

1. Escribe en un folio un resumen de lo que encuentres sobre el concepto de relación jurídica en libros de diversas ramas de la dogmática (por ejemplo, de Derecho civil, de Derecho administrativo, de Derecho tributario y de Derecho procesal).

2. Ve a la biblioteca y consulta algunos tratados de Derecho penal, con la finalidad de comprobar el tratamiento que en ellos se da al concepto de relación jurídica.

3. Haz una lista de diez o doce frases en las que aparezca el sustantivo «relación» y sus derivados (adjetivos, adverbios, verbos). ¿Qué tienen en común todas estas frases?

4. En el texto se recoge una tipología general de las relaciones. Explícala tipo por tipo, y pon ejemplos de cada tipo de relación, que no sean jurídicos.

5. Aplica la tipología anterior a las relaciones jurídicas, poniendo además de cada tipo ejemplos distintos a los del libro.

6. ¿Qué es la Lógica? Trata de relacionar la Lógica con las categorías. Para contestar con algo de amplitud a esta pregunta es conveniente que acudas a tratados de Filosofía y de Lógica. Con lo que se dice en este libro puedes defenderte para dar una respuesta breve.

7. Explica el concepto de categoría en ARISTÓTELES. Para ampliar puedes servirte de libros de Historia de la Filosofía.

8. ¿Qué significa que la relación es una categoría en el sentido aristotélico?

9. Pon ejemplos (distintos a los del libro) de conceptos relativos o relacionales.

10. ¿Estás de acuerdo con la tesis de que los conceptos jurídicos son todos relativos o relacionales? Razona la contestación de la mano de ejemplos.

11. El concepto de Derecho ¿es relativo (o relacional) o no lo es?

12. Explica el concepto de relación social en Max WEBER.

LXXIII. LA DOCTRINA CLÁSICA DE LAS RELACIONES JURÍDICAS

El concepto de relación jurídica ha experimentado un tratamiento bastante rico sobre todo a partir de la obra de SAVIGNY (1779-1861), quien en su tratado *Sistema de Derecho romano actual* sentará las bases de las que puede ser considerada la doctrina clásica. En esta lección vamos a estudiar dicha doctrina de la mano de algunos de sus representantes, y dejamos para la próxima el repaso de concepciones que se apartan de la postura clásica aportando otros puntos de vista. Con ánimo de simplificar y para que desde el comienzo tengas una idea aproximada pero clara, diremos que lo que caracteriza a la doctrina clásica de la relación jurídica es que restringe este concepto a las relaciones entre sujetos jurídicos (personas). Para dicha doctrina la relación jurídica es relación interpersonal.

Ésta es la idea de SAVIGNY, aunque la expresa algo confusamente. En el tomo I de su monumental obra, la que acabamos de citar, dice lo siguiente: «El Derecho considerado en la vida real, abrazando y penetrando por todos lados nuestro ser, nos aparece como un poder del individuo», esto es, como «derecho en sentido subjetivo». Pero añade a continuación que existe una realidad más profunda del que este derecho forma parte, que es la relación jurídica (pg. 65). La primera idea que maneja SAVIGNY es, por tanto, que el Derecho, esto es, el ordenamiento jurídico, en cuanto que afecta a los individuos aparece bajo la forma de derecho subjetivo, o sea, como el poder que el ordenamiento concede al individuo. Pero esa realidad del derecho subjetivo esconde una realidad más profunda y compleja, que es la relación jurídica. SAVIGNY reduce este concepto a lo que podemos llamar concepto estricto de la relación jurídica, como una relación entre sujetos jurídicos o relación intersubjetiva. Dice: «Cada relación de Derecho se nos aparece como *relación de persona a persona*, determinada por una regla jurídica, la cual asigna a cada individuo un dominio en donde su voluntad reina independientemente de toda voluntad extraña.» Es evidente que esta definición que nos da SAVIGNY contempla la relación jurídica desde un ángulo: el ángulo del derecho subjetivo. Así se desprende sin dificultad de la segunda parte de su definición.

Añade SAVIGNY que toda relación jurídica se descompone en dos elementos: el «elemento material», o sea, la materia de la relación o «relación misma»; y el «elemento plástico» o formal, que es el que «impone la forma del Derecho», es decir, la regla jurídica (pg. 258).

SAVIGNY, como ya he señalado, acentúa uno de los aspectos de la relación jurídica, el del derecho subjetivo, dejando así en la sombra el otro aspecto sustancial, el del deber jurídico. Sin embargo, no debe perderse de vista que en su concepción el concepto central es el de relación jurídica, puesto que es el que le sirve para entender cualquier materia. Utilizando el símil organicista, muy propio de su época, concibe la relación como una «totalidad orgánica», que ha de entenderse en su conjunto, y por tanto el derecho subjetivo forma parte de ella. «Esta relación tiene una naturaleza orgánica que se manifiesta, ya sea por el conjunto de sus partes constitutivas que se equilibran y limitan mutuamente, ya sea por sus desenvolvimientos sucesivos, su origen y sus descensos.» (pg. 65).

Para SAVIGNY en cada caso concreto que haya que enjuiciar en la vida jurídica se nos presentan las relaciones jurídicas concretas cuyos elementos forman parte de las instituciones jurídicas. Así, si Cayo es usufructuario de un fundo propiedad de Sempronio, la relación jurídica entre ambos se analizará desde la comprensión de las instituciones que entran en juego: la propiedad y el usufructo; instituciones ambas que forman, junto con todas las demás, el sistema jurídico. De esta manera el conocimiento de éste (de carácter teórico) es consustancial a la comprensión cabal de la relación concreta y, por tanto, de los problemas que de ella puedan derivarse (práctica). Teoría y práctica, para SAVIGNY, van íntimamente unidas de modo tal que no puede hacerse la una sin la otra.

De todo este entramado de ideas, algo complejo y un poco desorganizado, debemos quedarnos con lo esencial. Para SAVIGNY el concepto central del Derecho es la relación jurídica. Ésta tiene naturaleza orgánica y ha de ser contemplada desde las instituciones jurídicas, las cuales a su vez reflejan y organizan relaciones típicas. Así, la institución de la propiedad organiza la relación entre propietario y no propietarios; la del usufructo, la relación existente entre el propietario de la cosa y el usufructuario. Cada relación jurídica típica es, por decirlo así, la espina dorsal de una institución jurídica, y por ese motivo el conjunto de las relaciones jurídicas típicas, que es equivalente al conjunto de las instituciones jurídicas, conforman el sistema jurídico, o sea, la materia jurídica organizada.

La obra de SAVIGNY, *Sistema de Derecho romano actual*, está organizada en efecto en base a los distintos tipos de relaciones jurídicas. Después de exponer las fuentes del Derecho, dedica una parte amplia (el Libro II) al estudio general de las relaciones de Derecho, sus especies, los sujetos de las relaciones, y el nacimiento y la extinción de las mismas. Por todo esto, SAVIGNY puede ser considerado como un conspicuo representante de la teoría relacionista del Derecho.

Como crítica de su concepción hay que destacar dos aspectos. El primero, sobre el que ya he llamado la atención, es que escora demasiado el concepto de relación hacia uno de sus aspectos, el del derecho subjetivo. Esto ha tenido como consecuencia el hecho de que muchos civilistas vengan a identificar en sus exposiciones de la materia ambos conceptos desdibujando así el verdadero contorno de las dos figuras. La segunda cuestión criticable es que SAVIGNY considera que la relación jurídica existe antes que la norma de Derecho, como realidad vital, a la cual el Derecho tan sólo añadiría la forma. Esta tesis está muy extendida entre los autores, pero, en mi opinión, es profundamente errónea. Según ella, la relación vital o relación social preexiste a la relación jurídica, la cual no es otra cosa que la configuración jurídica de aquélla. Esta tesis no puede aceptarse. La relación jurídica sólo aparece cuando el texto jurídico la contempla. La mejor prueba de ello es que hay relaciones jurídicas que no tienen un referente vital o social previo. Así, por ejemplo, la relación jurídica que existe entre un catedrático de la universidad y sus alumnos no presupone una relación anterior, ni tampoco la que existe entre el juez y el acusado. Por otro lado, incluso en aquellas relaciones jurídicas que tienen un antecedente de tipo social o vital, como pueda ser una relación sentimental antes de contraer matrimonio, no puede decirse que la relación jurídica ya existiera antes de éste.

Después de SAVIGNY son muchos los autores (sobre todo los llamados «pandectistas») que siguen su estela y muchas veces destacando uno de los elementos de la relación, sobre todo el del derecho subjetivo.

A finales del siglo XIX destaca la teoría relacionista de BIERLING, expuesta en su obra *Juristische Prinzipienlehre*, volumen I, 1894. La misma estructura de este volumen ya anuncia la enorme importancia que su autor otorga al concepto de relación jurídica. Tras una introducción, se expone el contenido del «primer libro» en varios capítulos: los dos primeros están dedicados a la teoría de las normas jurídicas, y del tercero al sexto, a la teoría de las relaciones jurídicas.

En el pensamiento de BIERLING la relación jurídica ocupa un lugar central. Razona del siguiente modo: Los humanos tendemos a pensar el Derecho como si fuera una realidad que tiene existencia propia, como un ente en sí y para sí, independiente, que se encuentra por encima de los individuos. Esta visión de las cosas, según BIERLING, distorsiona la verdadera realidad, pues nada que tenga una existencia espiritual, y el Derecho posee esa clase de existencia, puede existir realmente fuera de los espíritus (de las psiques) de las personas. Obsérvese que el planteamiento de este autor es preguntarse por la forma en que el Derecho puede existir en la realidad. Como buen positivista, a BIERLING le interesa averiguar a qué tipo de realidad empírica pertenece el Derecho. Su simpatía va en la dirección del positivismo psicologista, para el cual las realidades humanas, del género que sean, tienen un soporte, un referente clave: lo que ocurre en el interior de los individuos; esto es, la psicología. Aunque en gran parte BIERLING es normativista, muchos de sus conceptos los explica en clave psicológica. En el tema que nos ocupa se pregunta: ¿De qué manera viven los individuos el Derecho?

Los individuos viven el Derecho de dos maneras: las normas jurídicas son objeto de nuestra voluntad o reconocidas, por un lado como derechos o pretensiones, por otro como deberes jurídicos. Esto quiere decir que la existencia real del Derecho, que es su existencia en nosotros, adopta esos dos modos, que son las maneras como lo sentimos: o bien como derechos o bien como deberes. Por esa razón, dice BIERLING, todas las normas jurídicas se limitan a expresar el contenido de relaciones jurídicas, esto es, de relaciones entre personas autorizadas y personas obligadas. Y el camino inverso también será correcto: allí donde encontremos relaciones jurídicas será posible objetivizar el contenido de dichas relaciones (esto es, los derechos y deberes correlativos) en forma de normas abstractas y, por tanto, nos encontraremos así con el llamado Derecho objetivo.

BIERLING señala que con el Derecho se produce un fenómeno de «objetivización» o «hipóstasis» de realidades que en sí mismas son subjetivas o individuales. En el fondo late la idea de que lo mismo la sociedad que el Derecho constituyen entelequias o, mejor dicho, quimeras que son producto de la imaginación pues no responden a realidades empíricas. Estos procesos de «hipóstasis» son muy frecuentes y no sólo afectan al Derecho.

En el lenguaje jurídico aparecen ciertamente con gran frecuencia. Se objetivizan o hipostasian ideas, sentimientos y voluntades, así se habla de «el espíritu objetivo», «la conciencia colectiva», «la voluntad general», «la voluntad del Estado», etc. La doctrina que critica BIERLING es la que sostiene que el Derecho es una entidad independiente de los sujetos mismos, y que se les impone desde arriba con una fuerza incontrovertible; de ese Derecho (objetivo) superior derivarían los derechos subjetivos y los deberes jurídicos. BIERLING sostiene que esta manera de ver las cosas tiene su origen en la vinculación histórica que el Derecho ha tenido con la moral y la religión, y en último término en la concepción teocrática del Derecho. Según esta concepción, el poder o autoridad divinos están por encima de los individuos, y lo mismo sucedería con el Derecho que emana de dicho poder o autoridad. Sin embargo, añade BIERLING, esta concepción es errónea al menos en el caso del Derecho, ya que no existe una realidad superior a los individuos, sino tan sólo éstos, y por tanto, el Derecho no tiene existencia real fuera de ellos. El Derecho es el conjunto de representaciones mentales que los individuos tienen. Ahora bien, este enfoque supone dar carta de naturaleza a la concepción psicologista y, como consecuencia, aceptar la existencia primaria del «Derecho subjetivo», esto es, del Derecho en cuanto realidad psíquica en cada uno de nosotros, y en concreto en sus dos formas básicas: como pretensión (núcleo central del derecho subjetivo) y como deber; o, para ser más exactos, como derecho subjetivo y como deber jurídico. Pero como ambos conceptos en la realidad van unidos en la relación, será ésta, la relación jurídica, el contenido real de la existencia del Derecho. Por este motivo dice BIERLING que las relaciones jurídicas –preexistentes a las normas como correlaciones de derechos y deberes en su sentido psicológico– tienen como contenido normas jurídicas, que son las que configuran típicamente dicho contenido.

Hay que reconocer que las tesis de BIERLING son sugerentes. Pero ¿podemos aceptarlas como válidas? Probablemente si adoptásemos la perspectiva psicologista, les daríamos nuestro consentimiento. La cuestión radica obviamente en si dicha perspectiva es la adecuada para entender los problemas jurídicos. Una persona puede ser titular de un derecho subjetivo o estar sometida a un deber jurídico y, sin embargo, no sentirlos como tales.

En España la concepción de SAVIGNY ha tenido ilustres seguidores. Como muestra basta mencionar la concepción de Federico DE CASTRO. Para este autor es preciso ver la relación jurídica como una unidad entre la materia social y la forma jurídica. Subraya que conduce a resultados falsos toda concepción que separe o contraponga ambos aspectos. Dice el ilustre civilista español que «la relación jurídica es la manifestación de la eficacia de un conjunto normativo unitario (...) como realidad jurídica, como la norma en su actuación, en su función transformadora del suceder social en realidad jurídica concreta.» (*Derecho Civil de España*, I, pg. 621). Parece que con estas palabras DE CASTRO tiene en mente lo que podemos llamar la relación jurídica concreta que se da en la realidad de la vida del Derecho. Define el concepto en los siguientes términos: «Situación jurídica en que se encuentran respectivamente unas personas, organizada unitariamente dentro del orden jurídico total por un especial principio jurídico».

Esta definición de la relación jurídica merece algunas críticas: A) Equipara relación y situación, confunde ambos conceptos cuando es más lógico separarlos; puede afirmarse que una determinada relación se encuentra en tal o cual situación, por ejemplo en situación de pendencia o interinidad, pero son dos conceptos diferentes, el de relación no es una especie del género «situación», como parece deducirse de la definición transcrita. B) Desconoce la esencia de la relación, que es el ser vínculo entrelazante, si bien el adverbio «respectivamente» puede interpretarse en el sentido de que apunta a la idea de vínculo. C) La segunda parte de la definición («organizada unitariamente dentro del orden jurídico total por un especial principio jurídico») sugiere la idea de la institución, la cual puede ser entendida, en efecto, como un conglomerado normativo que está organizado unitariamente, dentro del ordenamiento jurídico, por un principio jurídico, el principio institucional (que viene a ser algo así como la esencia de la institución expresada en su norma inspiradora más relevante y que da sentido al conjunto normativo que toda institución es).

El procesalista Jaime GUASP en su libro *Derecho* (1971) desarrolla toda una Teoría general del Derecho sobre la base del concepto de relación jurídica, al cual lo erige en el concepto central de la ciencia jurídica. Por tanto, podemos decir que en GUASP nos encontramos ante una auténtica teoría relacionista del Derecho. Ya desde la primera frase del libro se nos indica el camino que va a transitar toda la obra: «¿Qué es Derecho? Derecho es el conjunto de relaciones entre hombres que una cierta sociedad establece como necesarias».

Para GUASP los elementos del Derecho son la materia y la forma. La materia viene dada por las relaciones entre hombres, lo cual expresa el carácter relacional del Derecho, lo que se ha dado en llamar bilateralidad o alteridad. La materia del Derecho es siempre una determinada relación: entre autoridad y súbdito, entre comprador y vendedor, entre marido y mujer, entre patrono y obrero. El Derecho tiene siempre un inevitable soporte relacional. Se trata de relaciones entre seres humanos, quedando excluidos los animales y las cosas (En contra de esta tesis concreta, hay que destacar que al ordenamiento jurídico le es posible determinar los sujetos de la relación jurídica, incluyendo o no a animales o cosas; así lo demuestra el Derecho antiguo en el que era frecuente personificar animales y cosas). La forma del Derecho consiste, según GUASP, en «la necesidad socialmente establecida». Es la sociedad la que establece esas relaciones otorgándolas el carácter de necesarias.

La sociedad, nos dice GUASP, consiste en una pluralidad de hombres entre los cuales existe un factor común que posee mayor fuerza que la suma de los diversos elementos componentes. El Derecho supone la existencia de una sociedad, y las relaciones entre hombres, que constituyen la materia del Derecho, sólo comienzan a asumir verdadera forma jurídica cuando se configuran como relaciones sociales. El Derecho es un fenómeno típicamente social; supone la preexistencia de la sociedad. Se trata de una preexistencia lógica y no cronológica, ya que históricamente toda sociedad lleva aparejado su Derecho.

Distingue este autor dos tipos básicos de relaciones jurídicas: naturales y artificiales. Las naturales son aquellas que no tienen necesidad de que se les dé una formulación determinada, como por ejemplo la imposibilidad jurídica de matar a otro o la de enriquecerse a costa ajena. Las segundas son aquellas que se originan cuando se las formula expresamente, pues podrían ser de otras maneras, tal por ejemplo la imposibilidad jurídica de reelegir a un presidente o la de aceptar bajo condición una letra de cambio. Enlazando con el concepto de «necesidad» que GUASP maneja en la definición de la relación, puede decirse que las relaciones naturales lo son por una especie de necesidad natural, y las artificiales son aquellas cuya necesidad se establece mediante una formulación específica.

Muy relevante es, creo, su concepto de *necesidad*. Veamos qué quiere decir con él el insigne procesalista. Para GUASP el Derecho es el conjunto de relaciones necesarias, establecidas como tales por una determinada sociedad. El Derecho es lo que los hombres tienen que hacer necesariamente por el hecho de vivir en sociedad. GUASP propone una comparación que me parece más que discutible: Igual que en la naturaleza se producen fenómenos que se encuentran vinculados entre sí por una relación necesaria de causa y efecto, así sucede con la norma de Derecho, que por tanto sería equivalente a la ley de las ciencias naturales. Según GUASP, también en el Derecho la consecuencia que se estima jurídica opera como inevitable, irremediable, ineluctable. En lo jurídico el efecto aparece de manera fatal, al igual que en la naturaleza. Y al igual que en ésta, deja de aparecer cuando otra fuerza superior lo impide. Así, por ejemplo, las diversas entregas del precio que el arrendamiento de un local conlleva tienen lugar con una necesidad o fatalidad que es igual a la que se produce cuando un efecto de la naturaleza sigue a su causa, como cuando al acercar el agua al fuego se evapora. Por eso GUASP dice: «Tanto da decir que el prestatario "no devuelve" el dinero recibido como que "falla" el motor de un automóvil». La necesidad jurídica consiste para GUASP en una verdadera necesidad real.

El estudio de la relación jurídica lo continúa GUASP destacando sus dos posiciones básicas: el poder y el deber; y asimismo con una tipología de las relaciones. Las divide en relaciones personales, reales y actuales.

Relaciones *personales* son aquellas en las que se establece un enlace inmediato de los sujetos, expresan una conexión intersubjetiva pura. Ejemplo: promesa de gestión en nombre de otro aceptada por éste. Se prescinde del objeto y de la actividad, y surgen una serie de deberes y poderes personales. Es el tipo más sencillo, y abundan tanto en el Derecho privado como en el público.

Relaciones *reales* son las que generan la coordinación en virtud del objeto. Los sujetos sólo se relacionan por y en tanto hay entre ellos un objeto; el objeto de la relación desempeña el papel vinculante. Hay un poder real y un deber real: el significado de ambos se descubre por su relación con la cosa. Ejemplo: la propiedad. Este tipo de relaciones se encuentran en todas las ramas del Derecho.

Relaciones *actuales* (de acto o actividad; no de actualidad) son aquellas relaciones jurídicas en las que el enlace viene dado por la actividad. Constituyen la clase de relaciones más compleja. Ejemplo: la relación entre legislador y legislado; las potestades administrativas; el derecho de opción y de retracto.

Observa que en cualquiera de los tres tipos que señala GUASP la relación jurídica es siempre el vínculo entre personas. Lo único que las diferencia es el modo en que dicho vínculo se establece. Cuando es un vínculo directo, puro, se tratará de una relación jurídica personal. Si el vínculo se genera por medio de una cosa, será real. Por último, si es la actividad el concepto intermediario, nos encontraremos ante una relación jurídica actual. GUASP, por tanto, se mueve dentro de lo que hemos llamado «doctrina clásica de la relación jurídica» al concebir a esta última como un vínculo entre personas o sujetos jurídicos.

Tras el análisis general del concepto de relación jurídica y de su significado en el conjunto del Derecho, pasa GUASP al estudio de la estructura de la relación en tres capítulos consecutivos y muy densos, dedicados a los requisitos de la relación jurídica, a su contenido y a sus efectos. Como teoría relacionista del Derecho que es, la concepción de GUASP desemboca en definitiva en una teoría de las relaciones jurídicas. Pero con lo expuesto nos basta para aproximarnos a otras formas de entender el concepto que estamos estudiando.

NOTAS Y COMENTARIOS

- Friedrich Carl von SAVIGNY nació en 1779 en Frankfurt am Main (Francoforte del Meno). Fue catedrático de Derecho romano, consejero de Estado y ministro para la reforma legislativa. Fundador de la Escuela histórica del Derecho, su idea metódica esencial es que la ciencia jurídica debe ser histórica y sistemática (o «filosófica», como se decía en esa época). La historia presentará el devenir vital de las instituciones jurídicas a lo largo del tiempo, mostrando su íntima conexión con el «espíritu del pueblo» del que emanan. Comprendida la historia del Derecho, el sistema presentará la materia jurídica actual de manera «filosófica», esto es, conceptualmente depurada y expuesta con lógica. Las dos obras más importantes de SAVIGNY son: *Geschichte des Ro mischen Rechts im Mittelalter (Historia del Derecho Romano en la Edad Media)*, en 6 volúmenes publicados entre 1815 y 1831; y *System des heutigen Ro mischen Rechts (Sistema de Derecho Romano actual)*, tratado que se publicó en 8 volúmenes entre 1840 a 1849.

Hay versión española de Jacinto MESÍA y Manuel POLEY, con prólogo de Manuel DURÁN Y BAS, Centro Editorial de Góngora, Madrid, s/a. Una biografía de SAVIGNY elaborada por Joachim RÜCKERT puede verse en *Juristas Universales 3*, ya citado, pgs. 59-64.

– Leamos el epígrafe entero que dedica SAVIGNY al comienzo de su obra (pgs. 65-66 de la versión española): «*Relación de derecho.* Para determinar las bases del derecho romano actual, se hace preciso reconocer sus fuentes, estudio que necesariamente exige una investigación sobre la naturaleza de las [palabra omitida] del derecho en general. El derecho, considerado en la vida real, abrazando y penetrando por todos lados nuestro ser, nos aparece como un poder del individuo. En los límites de este poder, reina la voluntad del individuo, y reina con el consentimiento de todos. A tal poder o facultad lo llamamos nosotros *derecho,* y algunos, derecho en sentido subjetivo. El derecho no se manifiesta nunca más claramente que cuando, negado o atacado, viene la autoridad judicial a reconocer su existencia y extensión; pero un examen más atento nos manifiesta que la forma lógica de un juicio satisface sólo una necesidad accidental, y que, lejos de agotar la esencia de la cosa, supone dicha forma una realidad más profunda, esto es, la *relación de derecho,* de la cual, cada derecho no es más que una faz diversa abstractamente considerada: así, un juicio sobre un derecho especial no es racional y verdadero, sino cuando se deriva del entero concepto de la relación de derecho. Esta relación tiene una naturaleza orgánica que se manifiesta, ya sea por el conjunto de sus partes constitutivas que se equilibran y limitan mutuamente, ya sea por sus desenvolvimientos sucesivos, su origen y sus descensos. Esta reconstitución viva del conjunto, dado un caso particular, forma el elemento intelectual de la práctica, y distingue su noble vocación del simple mecanismo, que la ignorancia le atribuye. Con el fin de que no aparezca este punto importantísimo como pura abstracción, creo necesario mostrar, por medio de un ejemplo, la extensión de las consecuencias que encierra. Tomemos el caso de una ley célebre, la ley *frater a fratre:* estando dos hermanos bajo el poder paterno, presta el uno al otro una suma de dinero, la cual se paga después de la muerte del padre: se pregunta si hay derecho a repetir esta suma como indebidamente pagada. ¿Procede o no la *condictio indebiti*? Tal es la única cuestión sometida a la apreciación del juez; pero para resolverla debe tener en cuenta el conjunto de la relación de derecho, que se descompone de la siguiente manera: poder paterno sobre los dos hermanos, préstamo del uno al otro, peculio recibido del padre por el deudor. La relación de derecho se ha desenvuelto por la muerte del padre, la apertura de la sucesión, y el pago de la deuda. Tales son los diversos elementos cuya combinación debe entrar en la decisión del juez».

– Sobre las relaciones jurídicas en general: FERRER ARELLANO, *Filosofía de las relaciones jurídicas,* Pamplona 1963. Norbert ACHTERBERG en su libro *Die Rechtsordnung als Rechtsverhältnisordnung. Grundlegung der Rechtsverhältnistheorie*, Duncker & Humblot, Berlin 1982, defiende la idea de que el ordenamiento jurídico ha de ser entendido como ordenamiento de relaciones jurídicas. Su concepto de relación jurídica se asemeja al de SAVIGNY si bien resalta el aspecto normativo, entendido éste con un carácter configurador: «relación entre dos o más sujetos configurada por normas jurídicas» (pg. 31).

EJERCICIOS

1. Especifica el rasgo común de los autores que defienden la «doctrina clásica» de la relación jurídica.

2. Comenta la definición de SAVIGNY de relación jurídica, haciendo hincapié en la conexión entre este concepto y el de derecho subjetivo.

3. ¿Qué significa que la relación jurídica, según SAVIGNY, tiene una naturaleza orgánica?

4. ¿Cómo conecta SAVIGNY relación jurídica e institución jurídica?

5. ¿Qué es el sistema jurídico para SAVIGNY?

6. Explica los puntos críticos que sugiere la teoría relacionista de SAVIGNY.

7. ¿Qué son los pandectistas? Para contestar a esta pregunta tendrás que acudir a diccionarios o a libros de Historia del Derecho.

8. BIERLING, en algunos aspectos de su Teoría general del Derecho, se muestra como un positivista psicologista. Explica en qué consiste ser «positivista y psicologista», y de qué manera lo es BIERLING.

9. Explica razonadamente en qué consiste el fenómeno de la «hipóstasis». Para ello será conveniente que te ayudes con la consulta de diccionarios.

10. ¿Se puede considerar a BIERLING como un seguidor de SAVIGNY en la teoría de la relación jurídica?

11. Comenta la definición que da Federico DE CASTRO de la relación jurídica.

12. ¿Qué críticas merece la definición de DE CASTRO?

13. GUASP es un autor relacionista. Explica por qué. Para contestar a esta pregunta es conveniente que hojees su libro *Derecho*, Madrid 1971.

14. Comenta la definición de Derecho de GUASP.

15. ¿Cómo aplica GUASP el concepto de «necesidad» al Derecho?

16. Explica lo que entiende GUASP por «relaciones actuales». Pon ejemplos distintos a los que vienen en el libro.

17. Comenta lo que quiere decir SAVIGNY al referirse a la ley *frater a fratre*.

18. Resume la lección en un cuadro sinóptico.

LXXIV. OTRAS TEORÍAS DE LA RELACIÓN JURÍDICA

Recordarás que, cuando estudiamos las normas jurídicas, me referí a una tendencia en la Teoría del Derecho consistente en que progresivamente se había pasado del predominio de una concepción homogénea de las normas a una concepción heterogénea. Algo similar ha pasado con el concepto de relación jurídica, si bien en este campo tiende a predominar la concepción clásica, que hemos visto en la lección anterior, según la cual relación jurídica es equivalente a la que existe entre personas o sujetos jurídicos. Aunque esta concepción sigue siendo la dominante, no está de más que echemos un vistazo sobre otras maneras de entender la relación jurídica, lo cual nos proporcionará una imagen más completa y ajustada a lo que es el debate teórico-jurídico en este punto que estamos tratando. A la vez, este conocimiento previo nos servirá como umbral para la postura que mantenemos desde las coordenadas de la Teoría comunicacional del Derecho, de la que trataremos en la próxima lección. Vamos a ver ahora, con la brevedad exigida, algunas de estas concepciones «no clásicas» o, por decirlo de otra manera, «minoritarias» o «heterodoxas».

Una de estas concepciones nos la encontramos en las obras de KELSEN. La teoría pura del Derecho, desde sus orígenes, se ha ocupado de investigar los conceptos jurídicos puros o universales, como no podía ser de otra manera dados sus planteamientos epistemológicos y metodológicos. Por tanto, no puede extrañar que en ella se encuentre una teoría de la relación jurídica adaptada a dichos planteamientos, que en esencia podemos resumir como los propios del positivismo normativista. Sin embargo, como se verá enseguida, las posiciones de KELSEN también han experimentado, en el tema que nos ocupa, alguna evolución digna de ser tenida en cuenta.

La primera obra en la que KELSEN trata de la relación jurídica, aunque sin profundizar y sólo de pasada, es *Hauptprobleme der Staatsrechtslehre entwickelt aus der Lehre vom Rechtssatze (Problemas capitales de la Teoría del Derecho estatal vistos desde la teoría de la norma jurídica)*, publicada en 1911. Como indica el mismo título los problemas de la Teoría del Derecho los aborda KELSEN desde la teoría de la *Rechtssatz*, esto es, la norma o disposición jurídica. Aunque al español este término se ha traducido por «proposición jurídica», lo cual no podemos decir que sea desacertado, resulta más ajustado al sentido que se le daba en la época traducirlo por disposición legal o norma jurídica, pues *Rechtssatz* era en el período de esplendor de la Escuela de Viena (los primeros decenios del siglo XX) el término más usual para referirse a lo que hoy llamaríamos una disposición legal. Hay que tener en cuenta que en el libro mencionado KELSEN tiene una concepción plana y legalista del Derecho (no jerarquizada, como defendería después) según la cual el Derecho es en definitiva un conjunto de leyes o disposiciones legales que los jueces y los órganos administrativos aplican a los casos concretos. KELSEN, en esta primera obra, identifica el Derecho con la ley. Ésta a su vez se descompone en una serie de disposiciones o normas. Siguiendo una idea muy generalizada en su época, la disposición legal o norma jurídica es un juicio *(Urteil)* o frase de dos miembros (supuesto de hecho y consecuencia jurídica o sanción) vinculados entre sí por un nexo de deber o deber ser.

El concepto central de la Teoría general del Derecho es, para KELSEN, el de norma jurídica, que en la obra que comento es lo mismo que decir disposición legal. Todos los demás conceptos jurídicos han de entenderse como derivados de aquel concepto central. Dicho en otras palabras: los conceptos jurídicos son conceptos normativos en el sentido de que sólo son definibles contemplándolos desde el prisma de la norma jurídica. Las normas jurídicas son, en esta obra de KELSEN, todas iguales, homogéneas en su estructura. El Derecho es un conjunto de *Rechtssa tze*, de disposiciones legales, lo que equivale a decir que es un conjunto de «juicios» de dos miembros (supuesto de hecho y consecuencia jurídica) conectados por un nexo de deber.

Desde esa perspectiva ¿cómo se puede entender el concepto de relación jurídica? Habrá que entenderlo obviamente de tal manera que su conexión con la norma jurídica sea lo más estrecha posible. Planteada en otros términos la pregunta: para la Teoría pura del Derecho ¿qué relación es la que existe prioritariamente a partir de la norma jurídica, qué relación se deriva directamente de la propia estructura de ésta? La primera respuesta que da el propio KELSEN es ésta: «la relación jurídica no es una relación entre dos sujetos, sino únicamente la relación con el orden jurídico, esto es, con las normas. La relación jurídica es o derecho subjetivo o deber subjetivo y, como tal, relación del sujeto con la disposición legal.» (*Hauptprobleme*, pg. 705).

Vemos, por consiguiente, que en esta su primera obra de Teoría general del Derecho KELSEN no sigue el camino emprendido por SAVIGNY de considerar la relación jurídica como el vínculo entre dos personas, sino que encuentra la relación jurídica en la relación del sujeto con el Derecho. Esto supone un primer paso para que después afianzara su posición.

Las normas jurídicas no conectan dos personas sino tan sólo dos o más conductas. La relación del sujeto con el ordenamiento jurídico es una relación consistente en que éste regula una acción o conducta de aquél. La clarificación del concepto en esta dirección la plasma KELSEN en su *Teoría general del Estado* (1925), donde sostiene que la relación jurídica «es una relación dentro del orden jurídico (...) una relación de hechos establecida por la norma de Derecho». Explica que la relación jurídica entre acreedor y deudor significa que una acción del acreedor y una acción del deudor están enlazadas por una norma jurídica; por este motivo «la relación jurídica no es una relación entre personas, sino entre hechos» o acciones (pgs. 109-110).

Es más que probable la influencia de SCHREIER en esta aclaración que hace KELSEN del concepto de relación jurídica como la relación, no entre personas, sino entre hechos previstos como vinculados por las normas jurídicas. Fritz SCHREIER era uno de los asiduos discípulos que KELSEN reunía en su seminario privado. En 1924 publicó un libro titulado *Grundbegriffe und Grundformen des Rechts* (traducido al español por el mexicano Eduardo García Maynez: *Conceptos y formas fundamentales del Derecho. Esbozo de una Teoría formal del Derecho y del Estado sobre base fenomenológica*), en el que sostiene que la relación jurídica no es lo enlazado sino el enlace mismo, añadiendo que la unidad de la relación jurídica es la unidad de la norma de Derecho, es decir, del precepto jurídico completo y total.

SCHREIER dice que hay que partir del estudio del precepto jurídico completo, y no de la consideración de algo que se encuentra más allá del mismo. Afirma que el error de la ciencia jurídica de la época estriba en ir contra ese principio metódico, consistente en partir de las normas del Derecho. El error está en ver al supuesto y a la consecuencia, característicos de toda norma jurídica, como nociones absolutas, y no como conceptos relativos, relacionados.

El análisis que hace este autor de la relación jurídica no se queda, sin embargo, en lo dicho, sino que va mucho más allá al penetrar en lo que llama la estructura de la norma jurídica completa. Dicha estructura es bastante compleja. Lo primero que hay que tener en cuenta es el conjunto que forman las diversas normas, las cuales forman cadenas. «Hay que tener presente que a la relación jurídica corresponden normas primarias y secundarias, porque el supuesto de la norma secundaria se halla fundido en el de la norma primaria. El hecho jurídico total de la norma secundaria es, al mismo tiempo, supuesto jurídico de la norma terciaria, y así sucesivamente. Toda esta cadena de normas constituye una relación jurídica.» (pg. 167 de la versión española).

Pondré un ejemplo para aclarar el concepto que SCHREIER tiene de relación jurídica. Norma primaria: el arrendatario debe pagar la deuda al arrendador. Norma secundaria: si el arrendatario no paga la deuda el juez, a instancia del arrendador, puede condenar al arrendatario al pago de la deuda con los intereses moratorios. Norma terciaria: si el arrendatario no paga, el juez puede imponer el desahucio. La relación jurídica vendría expresada así en una cadena normativa compleja compuesta por diversas normas, las cuales enlazarían comportamientos. Una relación jurídica puede ser muy compleja pero en definitiva se compone de actos o conductas enlazados entre sí por las sucesivas normas que forman la cadena normativa.

KELSEN retoma el tema de la relación jurídica en su obra principal, *Teoría pura del Derecho.*

En la primera edición, del año 1934, critica como ideológica la concepción que hace de la relación social (o vital) el núcleo central de la relación jurídica. La referencia implícita a Savigny parece evidente. Entender que hay una relación social (o vital) previa a la relación jurídica constituye un error similar a la idea que ve en el derecho subjetivo algo dotado de una existencia previa a la de las normas jurídicas. Si interpretamos un poco estas afirmaciones a la luz del método «depurativo» kelseniano, puede afirmarse que mientras que esta última crítica va dirigida contra el iusnaturalismo, aquélla lanza sus dardos contra el sociologismo y el psicologismo. Kelsen critica en ambos casos el dualismo. Pero ese dualismo es de diverso género en el caso del derecho subjetivo y en el de la relación jurídica. Veamos brevemente por qué.

La idea de que los derechos preexisten al Derecho objetivo que impone el legislador es propia del iusnaturalismo racionalista, como ya sabemos. Para Kelsen la dualidad derechos-ley (o sea, derechos subjetivos-Derecho objetivo) es una construcción ideológica que persigue hacer intangibles aquellos derechos, en especial, la propiedad, que es el modelo de todos ellos. Desde una concepción positivista, tal dualismo es inaceptable por no ser científico sino ideológico, político.

De modo similar, aunque con un matiz diferente, critica la tesis dualista de la relación jurídica que puso en boga Savigny. Recordarás que éste entiende que primero se da una relación social (o vital), y después viene la norma jurídica y da forma a aquella relación haciéndola jurídica. La relación previa a la jurídica es de carácter social o psíquico, y por tanto el dualismo que presenciamos aquí es el de sociedad y Derecho. Kelsen no niega que el Derecho sea un fenómeno social. Lo que niega es la legitimación de la sociología y de la psicología para construir los conceptos jurídicos.

No se conforma, sin embargo, con la crítica de este dualismo relación social/relación jurídica. Critica asimismo una dualidad muy elaborada y cuidada por la dogmática jurídica: la dualidad de relaciones jurídicas personales y relaciones jurídicas reales. Según Kelsen, cuando se definen estas últimas como relaciones del sujeto con las cosas, por ejemplo del propietario con el objeto de su propiedad, se está encubriendo la verdadera realidad jurídica, que no es otra sino que la propiedad es también una relación jurídica personal cuyo contenido es el deber de abstención de los no-propietarios con respecto a la cosa y, en consecuencia, la *exclusión* de la propiedad.

De lo dicho se desprende fácilmente esta conclusión: el Kelsen de la primera edición de *Teoría pura del Derecho* es más crítico que constructivo en cuanto se refiere a las relaciones jurídicas. Sin embargo, muchas de las críticas de Kelsen no hay que echarlas en saco roto.

Mayor amplitud constructiva alcanza el concepto de relación jurídica en la segunda edición (1960) de la obra principal de Kelsen. Éste subraya la estrechez del concepto tal como lo ha tratado la doctrina jurídica, que lo ha reducido a una relación entre sujetos, esto es, entre el sujeto del deber jurídico y el sujeto del derecho subjetivo correspondiente. Esta concepción le parece, con razón, demasiado angosta, por lo que se propone ampliarla. Recoge asimismo la crítica de la primera edición, a la que acabo de hacer referencia, de que la relación jurídica sea una relación social regulada por el Derecho. Sostiene, por el contrario, que es el Derecho mismo el que configura la relación jurídica: ésta «es una relación constituida por el orden jurídico» (pg. 174 de la versión española).

KELSEN subraya que el ordenamiento jurídico no sólo establece relaciones entre sujetos jurídicos, uno de los cuales está obligado a una conducta en referencia a otro, que sería el beneficiado por la conducta o titular del derecho subjetivo. El ordenamiento también contempla relaciones jurídicas entre alguien que esté habilitado para generar una norma y otro individuo que tiene la facultad de aplicarla. También hay relación jurídica entre un individuo que tiene la facultad de crear o aplicar una norma y las personas que, como consecuencia de esa norma, tienen un deber o adquieren un derecho. «Tales relaciones aparecen, por ejemplo, entre los individuos facultados para producir normas generales y los facultados para aplicarlas, como es el caso de la relación entre el órgano legislativo y los tribunales o los organismos de la administración; pero también se dan entre éstos y los sujetos obligados o los titulares de derechos, de acuerdo con las normas jurídicas que aquéllos generan y aplican; y también hay relaciones jurídicas entre los individuos facultados para ejecutar actos coactivos y aquellos otros individuos contra los que van dirigidos dichos actos». Con estas palabras, en suma, lo que viene a decir KELSEN es que las relaciones jurídicas no pueden contemplarse tan sólo en el marco de los vínculos de persona a persona de acuerdo con el esquema deber jurídico/derechos subjetivos. Esta concepción de la relación jurídica es excesivamente estrecha pues hay muchas otras que vinculan a individuos en tipos de relación que no son equiparables al que destaca la doctrina tradicional.

En realidad, la mayor parte de la doctrina tradicional de la relación jurídica ha construido su concepto teniendo a la vista la relación obligacional, que es característica de los contratos. Un contrato es un acuerdo de voluntades entre dos personas en virtud del cual se crea un vínculo entre ellas, el cual se compone de un haz de derechos subjetivos y deberes jurídicos. Pensemos en cualquier contrato (compraventa, depósito, préstamo, arrendamiento, transporte, etc.) y veremos que efectivamente el contrato más elemental establece un vínculo entre los contratantes. Sobre ese concepto básicamente, ampliándolo después a todo el campo del Derecho privado (esto es, al Derecho de cosas, al Derecho de familia y al Derecho hereditario) es como la doctrina clásica ha elaborado el concepto de relación. Sin embargo, a KELSEN y con él a los representantes más destacados del Derecho público les parece que el concepto tiene que ampliarse a este último, pues también es posible hablar de relaciones jurídico-públicas. Ahora bien, KELSEN no acepta la diferenciación entre Derecho público y privado, que considera ideológica, al igual que otros dualismos. Pero que no acepte esa diferenciación no es obstáculo para que defienda la tesis de la ampliación del concepto de relación al campo de lo que usualmente se designa con el nombre de Derecho público. Esto es precisamente lo que hace.

Una vez aclarado este punto que afecta a la aplicación del concepto de relación jurídica, KELSEN se cuida una vez más, y ahora de manera más clara aún que en ocasiones anteriores, en subrayar que para él la relación jurídica no establece vínculos entre individuos sino entre normas y entre hechos regulados por normas. Dice expresamente que sólo hay que considerar «relaciones entre normas jurídicas producidas o aplicadas por individuos, o relaciones entre hechos determinados por normas jurídicas, pero no relaciones entre individuos.» (pgs. 175-176). Relaciones entre normas y relaciones entre hechos regulados por normas: ése es el marco que en definitiva acota nuestro autor como el propio de las relaciones jurídicas. Sigue así el camino que inició en su obra inicial, ya comentada, pero con la diferencia de que en esta segunda edición de *Teoría pura del Derecho* llega a una coherencia mayor. En efecto, partiendo de su concepción normativista, según la cual todos los conceptos jurídicos han de derivarse lo más directamente posible de las normas, es lógico pensar que la relación jurídica es, en primer lugar, aquella que existe entre las mismas normas; y en segundo lugar, la que se da entre los hechos que las normas contemplan. No por eso, sin embargo, parece acertado prescindir de la relación entre sujetos, pues éstos en todo caso están también presentes cuando se tienen en cuenta las normas y los hechos regulados por éstas, incluso aun cuando dicha presencia tenga carácter mediato.

Para concluir esta lección voy a mencionar a un par de autores italianos que también se han ocupado de las relaciones jurídicas en un sentido diferente al tradicional. Me refiero a Francesco Bernardino CICALA y a Domenico BARBERO.

CICALA es autor de una monografía titulada *Rapporto giuridico, diritto soggettivo e pretesa-Profilo di una nuova costruzione teoretica (Relación jurídica, derecho subjetivo y pretensión-Perfil de una nueva construcción teorética)*, libro del año 1906, por tanto anterior a *Hauptprobleme*, y que en su cuarta edición apareció en 1959 con el título *Il rapporto giuridico (La relación jurídica).*

El centro de la obra de CICALA es el tratamiento del derecho subjetivo y de la pretensión jurídica, conceptos a los cuales dedicaremos nuestra atención en lecciones próximas. A la relación jurídica dedica la «Introducción» (poco más de cincuenta páginas de un total de más de seiscientas que tiene la obra). Para este autor la relación jurídica es la que existe entre el sujeto (sea persona física o jurídica) y las normas jurídicas. No se trata, pues, de la relación entre dos o más personas contemplada por el Derecho (concepción «clásica»); tampoco del vínculo entre normas o hechos regulados por normas; sino de la relación entre la persona y el Derecho. Profundicemos un poco más en la concepción de CICALA.

Distingue este autor entre relación jurídica *concreta* y *abstracta*. La primera es la que vincula al sujeto (única fuente de concreción de la relación) con la norma jurídica. La abstracta es equivalente al concepto de *instituto jurídico* (lo que viene a significar lo mismo que «institución jurídica») (pgs. 51-52).

Distingue dos elementos en la relación jurídica: el sujeto y el objeto. El sujeto es la persona, o lo que el ordenamiento jurídico considere como sujeto («ideal»), como sucede en el caso del *nasciturus* o de la *hereditas iacens.* El objeto son las normas de Derecho. La relación jurídica surge cuando se tiene lugar un supuesto *(fattispecie)* que determina la aplicabilidad de la norma, la cual constituye el objeto de la relación. El supuesto es la causa próxima de la relación, y la norma la causa remota de la misma (pg. 49).

CICALA conecta, sin embargo, con la «doctrina clásica» en una de sus conclusiones principales. Para él el contenido de la relación jurídica viene «dado por el resultado de la combinación, o de la síntesis, del derecho objetivo con la personalidad humana», esto es, por la combinación de los dos elementos de la relación. Lo cual conduce directamente a la «subjetivización de la norma jurídica», o sea, al derecho subjetivo, «cuyo momento genético coincide con el del nacimiento de la relación. El derecho subjetivo es, por tanto, el efecto jurídico necesario y además el contenido necesario de una relación jurídica» (pg. 57). Es incluso algo más: es «la síntesis viva y concreta» de la relación jurídica (pg. 59). Me llama la atención especialmente que la única forma de subjetivización del Derecho objetivo sea para CICALA únicamente el derecho subjetivo, olvidándose así del deber jurídico.

Por último, me voy a referir al tratadista de Derecho privado Domenico BARBERO. Concibe la relación jurídica como la existente entre el ordenamiento jurídico y un sujeto. Dice concretamente: «Llamamos relación jurídica a una relación entre un determinado sujeto y el ordenamiento jurídico, *por medio de una norma jurídica*» (pg. 149, cursivas mías para llamar la atención sobre la idea de que la relación lo es en este autor entre sujeto y ordenamiento, siendo la norma que contempla aquélla una especie de intermediario).

Explica este autor que en la relación jurídica tiene lugar una colaboración entre los sujetos, pero se trata de relaciones de hecho cuyo valor dependerá de que tengan relevancia a los efectos de aplicar una norma jurídica. Esos hechos pueden determinar algún tipo de relevancia respecto de cada uno de los sujetos en su relación con el ordenamiento jurídico; pero por comodidad de expresión, y para abarcar de una sola mirada la dualidad de fenómenos, se expresa la conexión funcional de las dos relaciones (esto es, del sujeto A con el ordenamiento y del sujeto B con el ordenamiento) en una sola. Lo que son en sí dos relaciones (entre cada sujeto y el ordenamiento jurídico) se expresa elípticamente en una sola, haciendo caso omiso del elemento común de referencia, sin el cual no es posible pensar ninguna relación jurídica: el ordenamiento jurídico (Atención: Busca en el Diccionario de la RAE la palabra «elipsis»).

Bien. Concluimos aquí esta exposición, algo enmarañada, de algunas doctrinas sobre la relación jurídica. El enmarañamiento, sin embargo, creo que no es culpa mía, o por lo menos no de modo pleno. Son los propios autores los que se expresan de la forma que hemos visto y los que provocan la sensación de que los juristas mantienen una cierta nebulosa en torno al concepto de relación jurídica. No he querido eludir la nebulosa, ni dejar de reflejar en este libro algunas posiciones básicas. Pero ya ha llegado la hora de que me comprometa explicando cuál es mi propia posición. Esto lo intentaré hacer en la lección siguiente.

NOTAS Y COMENTARIOS

- La concepción plana que tiene el KELSEN de *Hauptprobleme* no es el resultado de una interpretación más o menos rebuscada de su pensamiento, sino que él mismo lo dice paladinamente en *Hauptprobleme:* «Para el enfoque jurídico no existe un abajo y un arriba, la construcción jurídica formal tiene que renunciar, por decirlo así, a una tercera dimensión, es una construcción *plana (plane)* o, como antes se intentó expresar, se desenvuelve en un único nivel» (pg. 703; 613 de la versión española; cursiva mía). El KELSEN de los *Hauptprobleme* era ajeno a la construcción escalonada del ordenamiento jurídico.
- En KELSEN, *Teoría general del Estado* (1925) puede leerse (cito por la traducción de LEGAZ LACAMBRA): «La existencia de una relación jurídica entre el acreedor y el deudor significa que una determinada conducta del acreedor y una determinada conducta del deudor están enlazadas de modo específico en una norma de Derecho, de tal manera que la conducta de uno aparece en forma de facultad (una manifestación de voluntad dirigida al acto coactivo, cuya condición constituye), y la del otro en forma de obligación (la conducta contraria es otro supuesto del acto coactivo). Por eso la relación jurídica *no es una relación entre personas, sino entre hechos.*» (pg. 110; cursivas mías).
- Las citas de CICALA están tomadas de su obra *Il rapporto giuridico,* Milán, Giuffrè, 1959.
- La cita de Domenico BARBERO está tomada de su *Sistema de Derecho Privado,* volumen I, Ediciones Jurídicas Europa-América, Buenos Aires 1967.

EJERCICIOS

1. Resume el contenido de la lección.

2. ¿Qué es lo que tienen en común las concepciones «no clásicas» de la relación jurídica?

3. Especifica brevemente los rasgos básicos de la Teoría pura del Derecho, destacando los que tienen que ver más directamente con el concepto de relación jurídica. Para realizar este ejercicio no estaría de más que dieras un vistazo a algunas lecciones anteriores.

4. ¿Cómo entiende KELSEN la relación jurídica en *Hauptprobleme*?

5. Relaciona la postura de KELSEN con la de CICALA.

6. Explica el concepto de relación jurídica en SCHREIER.

7. ¿Qué es una «cadena normativa» en el sentido de SCHREIER? Pon un ejemplo.

8. Aplica el concepto de relación jurídica de SCHREIER a una relación concreta.

9. ¿Qué crítica hace KELSEN a la dualidad relación social/relación jurídica? ¿Tiene razón?

10. Comenta la crítica kelseniana a la distinción, típica de la doctrina jurídica tradicional, de relaciones jurídicas personales y relaciones jurídicas reales.

11. Explica la concepción que KELSEN sostiene de la relación jurídica en la segunda edición de *Teoría pura del Derecho*. ¿Tiene razón en lo que dice? Argumenta tu respuesta.

12. Pon ejemplos de relaciones jurídicas entre individuos que aplican una norma promulgada por el legislador, para lo cual ordenan algo, e individuos que ejecutan lo ordenado.

13. ¿Tiene sentido hoy día la diferenciación entre relaciones jurídicas de Derecho público y de Derecho privado?

14. Pon algunos ejemplos de relaciones jurídicas de Derecho público.

15. Explica el concepto que tiene CICALA de relación jurídica.

16. Aclara la diferenciación que CICALA establece entre relaciones jurídicas abstractas y concretas. Para ello ayúdate de un ejemplo.

17. ¿Es criticable la posición de CICALA? Razona la contestación.

18. ¿Qué quiere decir Domenico BARBERO al afirmar contundentemente que en toda relación jurídica actúa el ordenamiento como un intermediario necesario?

19. Busca en libros de dogmática jurídica (Derecho civil, administrativo, procesal etc.) media docena de definiciones que los autores dan de la relación jurídica, y clasifica después a esos autores en partidarios de la concepción «clásica» o «no clásica».

LXXV. LAS RELACIONES JURÍDICAS EN LA TEORÍA COMUNICACIONAL DEL DERECHO

Ya sabemos que, para la Teoría comunicacional del Derecho, todo ámbito jurídico comprende un conjunto más o menos complejo de procesos de comunicación cuyo núcleo central de referencia lo constituye la dualidad ordenamiento jurídico/sistema jurídico; dos textos jurídicos de carácter global que son ellos mismos el resultado de múltiples procesos comunicativos y que al mismo tiempo dan lugar a que se generen otros en torno a ellos. Dichos procesos están relacionados unos con otros y lo mismo sucede con los instrumentos conceptuales que en ellos se manejan. Si para simplificar un poco las cosas nos referimos sólo al texto global donde se depuran los conceptos que explícita o implícitamente se manejan en un ámbito jurídico, esto es, el sistema construido por la dogmática, se caerá en la cuenta enseguida de que todos esos conceptos están relacionados entre sí formando una red de amplias dimensiones.

Los conceptos que maneja la dogmática son todos relacionales pues están vinculados unos con otros de tal modo que el sentido o significado de cada uno de ellos depende del de los demás. Y esto mismo es aplicable, aunque sea en un plano de abstracción superior, al terreno de la Teoría del Derecho. En ésta no nos encontramos ante conceptos peculiares de un ámbito jurídico determinado sino ante conceptos que pretenden ser universales por su carácter formal, susceptibles de aplicación por tanto a cualquier ámbito jurídico. En el Derecho todo está relacionado con todo. Si hacemos uso de la metáfora del organismo, se puede entender esta idea sin dificultad. No cabe duda de que cada órgano, cada tejido es diferente y cumple una misión que le es propia; pero al mismo tiempo, al formar parte de un conjunto, están relacionados entre sí de manera más o menos estrecha. Algo similar pasa en el Derecho. No hay elementos aislados, pues el sentido de cada uno sólo se adquiere de su vinculación con los demás. Por tanto, por principio el concepto de relación –al igual que hemos visto al estudiar el de situación jurídica– es perfectamente aplicable a todos aquellos vínculos que existen o puedan existir entre los diversos componentes de un ámbito jurídico.

Se puede entender, pues, la relación jurídica en una acepción amplísima del concepto, como aplicable a los diversos elementos de un ámbito, sin límite alguno. Así, tenemos por ejemplo y en primer lugar, que es aplicable a las normas jurídicas entre sí. No se puede dudar que las normas que componen el sistema jurídico están relacionadas unas con otras: las relaciones normativas dentro de un sistema determinado son relaciones jurídicas. También es aplicable el concepto de relación jurídica al vínculo que existe entre un sujeto y la cosa de la que es propietario. Es una tradición de la doctrina excluir el vínculo que une al hombre con las cosas, se admite que puede existir un vínculo fáctico, incluso de carácter emotivo, pero no jurídico. Hay que preguntarse, sin embargo: ¿qué motivo hay para excluirse de la consideración propia del Derecho el vínculo que existe entre una persona y «sus» cosas? ¿Qué imposibilidad metafísica existe para traducir ese vínculo en términos jurídicos? Asimismo es aplicable el concepto de relación jurídica al vínculo existente entre el juez y el fiscal y el abogado defensor en un proceso penal, o entre Administración y administrado, o entre dos contratantes, o entre hechos o actos contemplados por las normas jurídicas, o entre el Estado y los ciudadanos, o entre los miembros de un consejo de administración y la sociedad mercantil. Igualmente no podemos pensar las relaciones entre ordenamientos sino como relaciones jurídicas, o las que existen entre un ordenamiento jurídico y un orden normativo no jurídico, como la moral social... Podríamos continuar así y llenar páginas y páginas de ejemplos diversos de relaciones jurídicas. Por otro lado, ya he dicho en varias ocasiones a lo largo de estas páginas que los conceptos jurídicos en la Teoría del Derecho conforman en su conjunto una especie de *puzzle* en el que todas las piezas encajan (o, al menos, deben encajar) al final unas con otras, lo cual quiere decir que todas ellas dependen recíprocamente unas de otras.

En la medida en que todos los elementos de un ámbito jurídico son textualizables, esto es, susceptibles de ponerse por escrito, de expresarse en textos, puede afirmarse que las relaciones jurídicas, del género que sean, son por su propia naturaleza relaciones textuales o intertextuales.

Veamos un ejemplo para aclarar esta tesis. Supongamos que Cayo ha comprado un apartamento, con el cual ha realizado después dos operaciones: lo ha alquilado y lo ha hipotecado. El conjunto de actos que ha realizado, siempre en relación con el apartamento (cosa inmueble sometida a la legislación de la propiedad horizontal) se resume en estos tres contratos: el de compraventa, el de arrendamiento y el de préstamo hipotecario. El contrato de compraventa se textualiza en la escritura pública y posteriormente algunos de los datos que se desprenden de la escritura, en la inscripción del Registro de la Propiedad. Cuando alquila el apartamento Cayo enseña al inquilino la escritura para demostrar que él es el legítimo propietario y que, por tanto, pueden celebrar el contrato de arrendamiento de vivienda, cosa que hacen por medio de un documento privado firmado por las dos partes. Por último, al solicitar el préstamo hipotecario suscribe, con el banco que le concede el préstamo, el documento público correspondiente, quedando así gravado el apartamento con la hipoteca y registrado en el documento las condiciones del préstamo. Todos los contratos mencionados se relacionan con una cosa inmueble que, al principio, no tenía cargas, pero que después ha sido hipotecada. El conjunto de actos descrito ha ido generando una serie de relaciones jurídicas que, si nos fijamos sólo en las personas y dejamos de lado la que pudiera interpretarse que existe entre éstas y la cosa, son las siguientes: la relación entre comprador y vendedor, entre arrendador y arrendatario, entre prestamista y prestatario hipotecarios. Cada una de estas relaciones ha sido textualizada en un documento, en un caso privado (el alquiler), y en los otros dos en documento público (compraventa y préstamo hipotecario). Cada texto refleja el contenido de cada relación jurídica, y asimismo es posible conectarlas entre sí (para arrendar hay que ser propietario, igual que para hipotecar), por lo que la relación entre los contratos respectivos (y las relaciones consiguientes) son relaciones intertextuales, puesto que en ellas se pone en contacto los textos correspondientes a cada relación concreta.

En el otro extremo de esta acepción amplísima de la relación jurídica tenemos la más estricta, la que reserva el término para las relaciones entre sujetos jurídicos, entre personas, exclusivamente. Es la concepción que hemos llamado «clásica» y es, entre los autores, la más generalizada de todas. Surgida inicialmente en el campo del Derecho civil, se extiende posteriormente al Derecho público, sobre todo al administrativo, y en definitiva a todas las ramas del Derecho.

Cada autor está en su derecho de acotar el campo de investigación como mejor le parezca, siempre que lo justifique. Mi posición en este asunto de las relaciones jurídicas es que es conveniente huir tanto de la concepción excesivamente amplia (que hasta el presente, que yo sepa, nadie ha sostenido) como de la estricta propia de la doctrina «clásica». Por motivos pragmáticos para conseguir un tratamiento adecuado de la materia, parece recomendable dar al concepto de relación jurídica un significado intermedio que abarque aquellas relaciones más importantes, si así puede hablarse, o aquellas que no tienen un tratamiento adecuado en otras partes de la Teoría del Derecho. Por poner un ejemplo, el lugar adecuado para estudiar la relación jurídica que vincula a las partes en un proceso, así como a sus abogados y al juez, parece que es la teoría de la decisión judicial, o sea, cuando se aborden los problemas teóricos que suscitan los diferentes tipos de decisiones jurídicas. En este asunto de la exposición de la materia hay que decir, no obstante, que no pueden aplicarse recetas definitivas, ya que en el fondo se trata más de resolver un problema de conveniencia expositiva que de descubrimiento de verdades. Sucede lo mismo que cuando contamos una historia: podemos empezarla por el principio, por el final o por el medio, lo importante es que, cuando acabemos, se haya contado toda la historia con la suficiente claridad y coherencia.

Nuestra propuesta supone acotar el significado amplísimo del concepto de relación jurídica (aceptando, sin embargo, el carácter correcto de ese significado en un planteamiento general) y ceñirnos a tres tipos de relaciones jurídicas básicas: las relaciones entre sujetos jurídicos o relaciones *interpersonales* o *intersubjetivas*, las relaciones entre ordenamientos o relaciones *intersistémicas* y las relaciones entre el Derecho y otros órdenes normativos como la moral, los usos sociales y la religión, o sea, las relaciones *interordinales*.

Las primeras, las relaciones interpersonales o, con mayor exactitud, intersubjetivas son aquellas que se dan entre sujetos jurídicos. Los sujetos jurídicos, en el sentido riguroso del término, son las personas, tanto físicas como jurídicas. Pero nosotros vamos a emplear un concepto de sujeto jurídico algo distinto, aplicable también a los órganos de las personas jurídicas. Esto nos permitirá entrar en el campo de las relaciones orgánicas, esto es, las que vinculan a órganos, sean del Estado y demás personas jurídicas públicas, sean de personas jurídicas privadas.

Las segundas son las relaciones interordinamentales o intersistémicas. Los ordenamientos jurídicos coexisten unos al lado de los otros, y esa coexistencia no se caracteriza por la indiferencia recíproca sino, muy al contrario, por el hecho de su constante comunicación. Desde hace siglos es así, pero esta comunicación intersistémica ha aumentado considerablemente en los últimos tiempos, que suelen recibir el nombre de «era de la globalización». Aunque la Teoría del Derecho ha prestado escaso interés por esta problemática, no cabe duda de que las relaciones entre sistemas jurídicos son también relaciones jurídicas, ya que están reguladas por el Derecho. En este capítulo habrá que abordar, primero, lo que puede denominarse teoría de las relaciones intersistémicas, que servirá de base para, después, investigar los tipos de relaciones intersistémicas más relevantes. Nos centraremos en tres: En primer lugar, las relaciones entre el ordenamiento jurídico internacional y los ordenamientos estatales (lo cual conlleva también prestar atención a las relaciones entre los Estados en el marco internacional). En segundo término, las relaciones entre el ordenamiento jurídico comunitario (europeo) y los ordenamientos de los Estados miembros. Y, por último, las relaciones entre los ordenamientos jurídicos nacionales (estatales) en punto a resolver cuestiones de «conflicto de leyes» cuando hay que enjuiciar relaciones privadas en las que aparece algún elemento extranjero (ésa es precisamente la tarea del llamado Derecho internacional privado).

Un tercer tipo de relaciones jurídicas son las que conectan al ordenamiento jurídico con órdenes normativos no jurídicos. Muchas veces los preceptos del Derecho se remiten a la moral, o a los usos o costumbres, también a las normas religiosas. Se trata de órdenes normativos que coexisten en las sociedades de manera muy diversa y que, a lo largo de la historia y dependiendo de tradiciones culturales distintas, han mantenido y mantienen relaciones entre sí. Como ya apunté en una lección anterior, reservamos la expresión «ordenamiento jurídico» para el Derecho, para el orden normativo jurídico; y la expresión «orden normativo» la aplicamos a todos los demás sistemas de normas que no son jurídicos. Cuando el Derecho se remite a la moral o a los usos sociales, lo que hace es incorporar la norma moral o la norma social al ordenamiento jurídico. Aunque la norma moral o el uso social no sean, en sí mismos, jurídicos, se transforman en jurídicos desde el momento en que entran a formar parte de un ordenamiento que se remite a dichos preceptos. Por eso, puede hablarse aquí también de relación jurídica.

Con este panorama por delante, conviene que nos detengamos un poco al objeto de hacer algunas precisiones de índole general que nos sirvan de introducción al estudio de los tres tipos básicos señalados.

Es preciso establecer una clara diferenciación entre las *relaciones jurídicas* y las *relaciones sociales* y *psíquicas*. A la Teoría del Derecho sólo pertenecen las primeras. Las relaciones sociales deben estudiarse en el seno de la Sociología, y las psíquicas en el terreno de la Psicología. Este principio básico de separación de campos de estudio y de métodos entre las disciplinas científicas, que parece algo evidente, no siempre se cumple, como hemos tenido ya –y tendremos en el futuro– ocasión de comprobar. La Sociología y la Psicología investigan «hechos», tal como éstos se dan en la realidad observable. Cuando estos hechos se relacionan con el Derecho (por ejemplo, si se investiga el «hecho» del nivel de cumplimiento de las normas de tráfico en una determinada provincia, o los efectos psíquicos que supone la «estigmatización» que implica imputar a una persona o acusarla de un delito) estamos ante la Sociología jurídica, si se trata de hechos sociales, y ante la Psicología jurídica, si se trata de hechos psíquicos. Las relaciones sociales pertenecen a la Sociología, y las relaciones socio-jurídicas, a la Sociología del Derecho, al igual que las relaciones psico-jurídicas forman parte del estudio de la Psicología del Derecho.

La Teoría del Derecho no es ni Sociología ni Psicología, por eso en el estudio de los conceptos jurídicos universales se muestra formalista, lo que quiere decir que contempla dichos conceptos como instrumentos lógico-lingüísticos aptos para entender la «sintaxis» de los textos jurídicos.

En el marco de la realidad fáctica, de los hechos, se pueden distinguir las relaciones interindividuales (o personales) y las relaciones propiamente sociales (o impersonales). Se trata, creo, de una distinción algo artificiosa, ya que la relación más interpersonal posible, como puede ser la relación de amor, tiene también su componente social; y asimismo puede decirse que muchas relaciones sociales conllevan algún elemento o matiz de conocimiento personal. Pero, dejando de lado esta relativización necesaria de la distinción, podemos mantener que las relaciones interindividuales se caracterizan porque en ellas los individuos tienen presencia y actúan en calidad de individuos concretos y determinados, como un «yo» y un «tú» perfectamente individualizables. Con las expresiones propias de ORTEGA, diremos que en las relaciones interindividuales los sujetos actúan como vidas personales e intransferibles, que se conocen y conectan entre sí en virtud de su personalísima condición. El prototipo de relación interindividual es la relación de amistad, y también la de odio. Se ama o se odia a una persona concreta, el amor y el odio establecen relaciones personalísimas entre un «yo» y un «tú». Por el contrario, la relación propiamente social es aquella en la que los individuos no se presentan y actúan como existencias personalísimas e intransferibles, sino como sujetos que desempeñan un determinado rol o papel social. Así, por ejemplo, la relación entre el guardia de la circulación y el conductor de un automóvil, o la que existe entre vecinos de una misma casa que no se conocen sino de vista, o la de los pacientes que esperan en la sala a que les atienda el médico.

Una relación jurídica, por el contrario, es aquella que es establecida o que es presupuesta por el Derecho. En los textos jurídicos, los propios del ordenamiento y del sistema, podemos encontrarnos ante relaciones explícitamente formuladas, por ejemplo si encontramos expresiones como «el vínculo contractual» para referirse a la relación entre dos contratantes, o la «relación de jerarquía» si el texto nos remite a la organización jerárquica de los jueces. Pero también sucede que muchas veces esa relación no se hace explícita en el texto ordinamental, sino que se la supone. Se trata entonces de una relación implícita que normalmente se hará explícita en el sistema.

Sea de una manera o de otra, explícita o implícitamente, la relación jurídica siempre viene *constituida*, creada por el texto ordinamental. Si se prescinde de éste la relación jurídica no aparecerá por ninguna parte.

Hay relaciones jurídicas que tienen como soporte previo, por decirlo así, una relación social o interindividual, o sea, una relación de hecho. Es más, algunas relaciones jurídicas presuponen necesariamente la existencia de la relación interindividual o social previa. El ejemplo característico en este aspecto es la relación jurídica matrimonial. Con un poco de humor podemos decir que normalmente la gente suele conocerse algo antes de casarse. Una pareja que se trata a lo largo de cierto tiempo es una pareja de amigos o de novios que hoy día no tiene significado jurídico alguno. Pueden decidir convertirse en «pareja de hecho», la cual en realidad no es una verdadera pareja de hecho, al estar regulada por el Derecho (para diferenciar la «pareja de hecho» jurídica de la pareja de hecho de verdad la ponemos entre comillas). Si deciden esto, dejarán de ser una pareja de hecho para convertirse en una «pareja de hecho», que aunque se llame así implica una relación jurídica. O pueden incluso contraer matrimonio, en cuyo caso también establecerán entre ellos una relación jurídica cuyo contenido no es exactamente igual a la de la «pareja de hecho». Otro ejemplo puede ser el de un grupo de personas, que se conocen de antes y que, con ánimo de impulsar sus negocios, deciden constituir entre ellos una sociedad de responsabilidad limitada. Existía ya entre esas personas una relación social más o menos intensa, pero la sociedad mercantil sólo nace cuando la constituyen legalmente. Por mucho que esas personas se conocieran de tiempo atrás no existía entre ellos los vínculos jurídicos que existen a partir de haber constituido la sociedad.

Vemos, por consiguiente, que aunque es normal que en muchos casos exista una relación social antes de la jurídica, eso no quiere decir que sean equivalentes. No tienen el mismo significado ni tampoco los mismos efectos. La relación social es por principio indiferente para el Derecho mientras aquélla no adopte la forma de jurídica, esto es, mientras no se transforme en jurídica. Desde el punto de vista de la formación genética de las relaciones puede tener interés averiguar el paso de lo social a lo jurídico, y eso es tarea precisamente de la Sociología del Derecho, pero desde la perspectiva jurídica formal lo único que interesa es la relación jurídica en sí misma y también, como es lógico, el procedimiento o requisitos que se han tenido que cumplir para que la relación jurídica sea efectivamente tal. Quiero decir que, por ejemplo, una pareja de hecho (sin comillas significa que es una pareja de amigos o novios, sin sentido jurídico) pasa a tener una relación jurídica matrimonial cuando cumplen los requisitos propios del procedimiento que el Derecho establece. Esos requisitos se refieren a aspectos diversos: esas personas tendrán que tener la edad adecuada, no podrán ser personas casadas, habrán de prestar libremente su consentimiento ante el juez (en el caso de matrimonio civil) o ante el sacerdote (en el caso de matrimonio canónico), etc. A partir del momento en que se haya cumplido el procedimiento requerido dichas personas estarán casadas, o sea, tendrán entre sí una relación jurídica matrimonial. El contenido de esta relación es un conjunto de deberes y derechos que se concretan en los distintos aspectos de la vida en común. Al Derecho le interesa tanto el procedimiento para llegar a la relación jurídica como el contenido de la misma.

Donde mejor se ve la independencia de la relación jurídica respecto de toda relación social o vital previa es en aquellas que, por su propia naturaleza, carecen de un referente previo de carácter extrajurídico. Ése puede ser el caso, por ejemplo, de la relación jurídica que se establece entre una sociedad mercantil ya constituida con la forma de sociedad anónima y un accionista que lo es por haber comprado recientemente en el mercado bursátil un determinado número de acciones de esa sociedad. Ese accionista se ha convertido en socio de la sociedad anónima sin que haya tenido contacto previo con la misma, ni tampoco con ninguno de sus ejecutivos, ni empleados, ni siquiera con otros accionistas. Ha comprado sus acciones por Internet, y con ello se ha situado en una relación jurídica regulada por las leyes. La relación social en este caso no existe en absoluto y, sin embargo, se ha generado una verdadera relación jurídica entre el nuevo socio y la sociedad mercantil. Otro ejemplo: la relación que tiene un acusado en un proceso penal con el juez y con el fiscal no tiene como soporte previo una relación social, sino que la relación jurídica surge directamente como consecuencia de la apertura del proceso. En general, las relaciones de Derecho público (como puede ser la de la Administración con el administrado, la del Fisco con el contribuyente, la del Parlamento con los electores) no se apoyan en relaciones sociales previas sino que existen tan sólo desde el mismo momento de su generación por las normas jurídicas, por los textos propios del ordenamiento y del sistema.

En cualquiera de las dos hipótesis descritas (existencia de una relación social previa y no existencia de la misma), la relación jurídica tiene vida independiente, la constituye el texto jurídico. Es el Derecho el que la crea y el que establece el procedimiento para que se pueda «entrar» en ella. Con otras palabras: son los textos normativos los que dibujan los diversos tipos de relaciones jurídicas y establecen al mismo tiempo los procedimientos (requisitos) para que los sujetos (o cualquier otra realidad) «ingresen» en la relación jurídica así configurada.

EJERCICIOS

1. En esta lección se afirma que el texto global en el que se depuran y se exponen los conceptos jurídicos propios de un ordenamiento es el sistema. Explica qué significa esta tesis.

2. ¿Todos los conceptos que maneja la dogmática jurídica son relacionales? Pon ejemplos que aclaren tu respuesta.

3. ¿Qué diferencia crees que hay entre los conceptos que maneja la dogmática y los que maneja la Teoría del Derecho?

4. Los conceptos que maneja la Teoría del Derecho ¿son todos relacionales? Razona la contestación y pon ejemplos que la aclaren.

5. Explica en qué consiste la concepción amplísima de la relación jurídica.

6. La estructura del Derecho –se dice– recuerda a la de un organismo o a la de un *puzzle*. Explica estos símiles.

7. ¿Qué significa que las relaciones jurídicas son relaciones textuales o intertextuales? Pon ejemplos que arrojen luz sobre ambos aspectos.

8. ¿Por qué se defiende en el libro una postura intermedia entre la concepción amplísima y la estricta de la relación jurídica?

9. Enumera los tres tipos de relaciones jurídicas que vamos a estudiar y que representan la concepción intermedia.

10. Define las relaciones jurídicas interpersonales o intersubjetivas. ¿Qué concepto de sujeto jurídico manejamos en ellas?

11. Define las relaciones interordinamentales o intersistémicas.

12. ¿Cuáles son los tipos de relaciones intersistémicas aludidos en esta lección? ¿Hay algunos otros tipos que no se han citado?

13. ¿A qué se refiere la expresión «conflicto de leyes»? ¿Qué tiene que ver esta noción con las relaciones intersistémicas?

14. Define las relaciones jurídicas interordinales.

15. ¿Puede ocuparse la Teoría del Derecho de las relaciones sociales o psíquicas? Define estas últimas y pon algunos ejemplos.

16. Distingue relaciones humanas interindividuales y relaciones propiamente sociales.

17. ¿Qué es lo que en definitiva caracteriza a la relación jurídica y la distingue netamente de la relación social?

18. Pon ejemplos de relaciones jurídicas que tienen como referencia previa una relación social.

19. Pon ejemplos de relaciones jurídicas que carecen de referencia social previa.

20. Distingue: pareja de hecho, «pareja de hecho» y matrimonio.

21. Haz un cuadro sinóptico de la lección.

LXXVI. LAS RELACIONES JURÍDICAS COMO RELACIONES DE COMUNICACIÓN TEXTUALIZABLES. ALGUNOS TIPOS

Decíamos en la lección anterior que son los textos jurídicos, primero del ordenamiento y después, de manera más completa y acabada, del sistema, los que configuran cada *tipo* de relación jurídica. Sucede lo mismo que hemos estudiado con las acciones y las situaciones. El Derecho, por sus propias características, no establece normalmente acciones ni situaciones concretas, ni tampoco relaciones concretas. Lo que contempla son tipos, especies, clases de acciones, de situaciones y de relaciones. Me refiero naturalmente a los textos que contemplan esos elementos de un modo general, y no a aquellos que determinan las acciones, situaciones y relaciones jurídicas concretas, como sucede con las sentencias de los jueces o con los actos administrativos dirigidos a un asunto particular.

Así, pues, una primera clasificación de las relaciones jurídicas las divide en *genéricas* y *concretas*.

La relación jurídica genérica la construye la ciencia del Derecho sobre la base del texto en bruto del ordenamiento, y surge de este modo la relación construida por el sistema. Normalmente el sistema construye la relación genérica, primero delimitando el camino o procedimiento para acceder a la relación, en segundo lugar, determinando el contenido de ésta: los deberes y derechos, las cargas, etc., y por último prevé también las transformaciones y extinción de la relación jurídica. La construcción completa de todos esos elementos de la relación, junto con otros relativos a aspectos personales o al objeto o a la prestación de la misma, proporciona un entramado más amplio que solemos llamar *institución jurídica*.

Aclaremos esto mediante un ejemplo. La relación entre comprador y vendedor es regulada en los artículos 1445 y siguientes del Código Civil, que se refieren sobre todo a las facultades y deberes de los sujetos de dicho contrato; pero si se quiere tener una visión completa de la «institución» de la compraventa habrá que completar los citados preceptos con otros relativos a todo lo que se refiere a las condiciones legales de los contratantes (capacidad jurídica y de obrar), al objeto del contrato, a la cosa que se haya de dar o al servicio que se haya de prestar. Si resulta que se trata de una cosa *extracomercium*, es evidente que, por mucho que se cumplan los demás requisitos para la validez de la relación, ésta no podrá nacer. Es cierto que dentro de la institución jurídica de la compraventa, a la que se llega mediante una construcción hermenéutica de la ciencia del Derecho sobre el material de disposiciones en bruto que proporciona el ordenamiento (Código Civil más leyes especiales si se trata de compraventas especiales, más jurisprudencia de los tribunales y doctrina dominante), la relación entre comprador y vendedor aparece como la espina dorsal, el núcleo duro de dicha institución. La relación entre comprador y vendedor es la relación genérica que constituye el eje de toda compraventa.

Las relaciones jurídicas *genéricas* son relaciones *típicas*. Hay tipos de relaciones al igual que hay tipos de delitos.

Son relaciones jurídicas *concretas* aquellas que tienen lugar no ya en los textos legales y otros similares, sino en la vida real. Una relación jurídica concreta es un caso de la relación genérica. Precisamente el Derecho perfila las genéricas para que después los operadores jurídicos que tienen contacto con los casos puedan encasillar cada relación concreta en la «casilla» correspondiente. Una compraventa concreta entre A y B es una relación concreta que se subsume en la relación genérica de la compraventa. La *subsunción* es una operación intelectual que consiste en insertar lo concreto en el concepto o, mejor dicho, en el tipo que le corresponde. Igual que se subsume una acción concreta en el tipo de acción genérica en el que encaje, así sucede con las relaciones.

Recordarás que en lecciones precedentes hemos dicho que el texto jurídico es un texto decisional (porque tiene su origen en una o varias decisiones), normativo (porque las normas son sus unidades lingüísticas) e institucional (porque esas normas forman conglomerados normativos unitarios que llamamos instituciones). Ahora es el momento de decir que las instituciones jurídicas o, al menos, muchas de ellas se construyen sobre relaciones jurídicas. De este modo la estructura de una institución suele llevar incorporado algún tipo de relación jurídica. Me he referido antes a la institución de la compraventa, que tiene como carácter básico el ser relacional, ya que su esencia consiste en la relación entre comprador y vendedor. Hay otras instituciones más complejas en las que las relaciones son múltiples. Por ejemplo, una sociedad anónima. En ella nos encontramos ante un amplio abanico de relaciones jurídicas que no pueden ser reducidas a una columna central. Tenemos en primer lugar las relaciones entre los socios y la sociedad como persona jurídica; después, las relaciones entre los socios mismos; además, las relaciones entre la junta general de accionistas y los socios; entre la junta general y el consejo de administración, entre éste y los accionistas, entre los consejeros y el consejo, y otras similares cuyo rasgo común es el ser relaciones que se dan dentro de la sociedad mercantil. A ellas hay que añadir las relaciones jurídicas que dicha sociedad tenga con acreedores, deudores, comisionistas, esto es, las relaciones externas a la sociedad misma. Cuando decimos «sociedad anónima» estamos empleando un término sencillo que resume e implica todas las relaciones que hemos mencionado. Desde un punto de vista analítico la sociedad anónima se descompone en un conjunto complejo de relaciones genéricas cuya unidad es la institución de la sociedad anónima.

En cualquiera de sus formas, con expresión más o menos compleja, toda relación jurídica es una relación comunicacional, lo que quiere decir que es susceptible de verbalización, de ser expresada por escrito en un texto. La relación genérica viene expresada en un texto genérico, recogido en el sistema. Cada sistema jurídico es descomponible en un conjunto de textos expresivos de las diversas relaciones genéricas. Más exacto sería afirmar que es descomponible en un conjunto de instituciones jurídicas, dentro de las cuales aparecen las diversas relaciones jurídicas características de esas instituciones. Pero para simplificar un poco las cosas prescindiremos ahora de ese encuadramiento de las relaciones en el seno de sus correspondientes instituciones, y nos fijaremos tan sólo en las primeras.

Ha sido y es corriente que la ciencia del Derecho ordene la materia de acuerdo con los tipos de relaciones jurídicas. El ordenamiento ofrece textos que regulan relaciones jurídicas genéricas o típicas, y el sistema ordena su exposición siguiendo en ello un criterio científico de clasificación de las relaciones, que a veces no coincide con el del ordenamiento. Un ejemplo de esta falta de concordancia entre ordenamiento y sistema nos lo ofrece el Código Civil en su Libro III, «De los diferentes modos de adquirir la propiedad». En él están reguladas, además de la ocupación, la donación y la herencia. Pues bien, la ciencia del Derecho civil suele entender la donación como un contrato, y la suele estudiar en la parte de contratos. Por su parte, la herencia la estudia en capítulo aparte, en el llamado Derecho de sucesiones. Si además se añade que hay maneras de adquirir la propiedad, como puede ser la compraventa y la permuta, que vienen en el Código reguladas en Libro IV («Obligaciones y contratos») se caerá en la cuenta de que los criterios clasificatorios de la legislación no siempre son acertados y no siempre coinciden con los de la ciencia jurídica, encargada de construir el sistema. Si un autor emplea el criterio clasificatorio de los tipos de relaciones jurídicas deberá justificar el cuadro que presenta con criterios científicos (interpretativos, hermenéuticos) y en ello es probable que se aparte con razón de los criterios legislativos.

No es infrecuente que la ciencia del Derecho (dogmática jurídica) ordene el conjunto de las relaciones jurídicas textualizadas en el ordenamiento, si bien en ocasiones en lugar de emplear la expresión «relaciones jurídicas» adopte la de «derechos» o «derechos subjetivos», u otra similar. Un ejemplo clásico de la división de la materia a tenor de los diversos tipos de relaciones, como ya hemos dicho, es el de SAVIGNY. Su gran tratado sobre Derecho romano actual está organizado siguiendo los diversos tipos de relaciones jurídicas. En la civilística es bastante corriente este criterio. Hay, sin embargo, disciplinas que parecen menos aptas para organizar su materia de esta forma. En especial, el Derecho penal, en el cual el concepto de relación jurídica no ha sido empleado de hecho por sus tratadistas. La sistemática del Derecho penal ofrece dos partes: la parte general y la parte especial. En la general se estudian los conceptos básicos del ordenamiento penal en torno a la teoría del delito y de la pena. En la parte especial se estudian los tipos delictivos. Cierto que sería posible una reformulación en base a las relaciones jurídicas entre el acusado y, en su caso, declarado delincuente, y el Estado; pero no cabe la menor duda que esa sistemática tendría el defecto de hacer más complejo y oscuro lo que la sistemática actual ha hecho transparente. Esta circunstancia nos lleva a pensar que hay disciplinas jurídicas que se adaptan mejor que otras a la sistemática relacionista, lo que no debe llevar a pensar que haya desaparecido la nota de alteridad o bilateralidad en las que son menos propicias.

La principal clasificación de las relaciones jurídicas es la que las divide en relaciones de Derecho público y de Derecho privado. El criterio es si el Estado interviene como tal, es decir, como dotado de *imperium* o soberanía, en cuyo caso estaremos en el terreno de las relaciones jurídico-públicas, o si, por el contrario, aparece en la relación carente de aquel carácter soberano y, por tanto, como particular. Lo que determina la calificación de público o privado es la presencia o ausencia del Estado como ente soberano.

Las diversas disciplinas que componen el Derecho público comprenden un haz frondoso de relaciones jurídicas. En el Derecho constitucional tenemos, a título de ejemplos, las relaciones del Estado con sus partes componentes (por ejemplo, Estado español y Comunidades Autónomas), las relaciones del Estado con sus propios órganos supremos, y las de éstos entre sí (Corona, Cortes, Gobierno, Poder ejecutivo), las relaciones entre el Estado y sus órganos supremos y los individuos, nacionales y extranjeros, y dentro de éstos, comunitarios y no comunitarios. Todas estas son relaciones jurídico-constitucionales. Las relaciones jurídico-administrativas (las del Derecho administrativo, otra rama del Derecho público) se dan entre las diversas Administraciones públicas (p. ej., la Administración central y las autonómicas) y también entre éstas y los administrados (entre p. ej. un residente en Mallorca y la Comunidad Autónoma de las Islas Baleares). El Derecho tributario está construido sobre el concepto de relación jurídica tributaria, que es el vínculo existente entre la hacienda pública y el contribuyente. En el Derecho procesal se ha interpretado que las partes que intervienen en el proceso se encuentran vinculadas con el Estado (el poder judicial) e indirectamente entre sí por la relación jurídica procesal.

Es en el marco del Derecho privado donde surgió el concepto, como hemos visto, y donde su aplicación ha sido más amplia. El Derecho civil suele dividir su materia, tras una parte general que estudia los conceptos básicos y otra dedicada al Derecho de la persona (física y jurídica) y al negocio jurídico (dentro del cual ya aparece la relación jurídica negocial), en los siguientes apartados: relaciones jurídicas personales (o derechos de crédito), donde se estudian las obligaciones y los contratos, y la responsabilidad extracontractual; relaciones jurídicas reales (o derechos sobre cosas), o sea, la posesión, la propiedad, el usufructo, la servidumbre, los derechos reales de garantía, etc.; relaciones jurídicas familiares: matrimonio y filiación; y relaciones jurídicas hereditarias: sucesión, herencia y testamento. Por su parte el Derecho mercantil constituye en este aspecto una prolongación del civil. Tras una parte consagrada al estudio de las fuentes y del sujeto (empresario individual y social) los negocios jurídicos mercantiles pueden entenderse bajo el mismo prisma que los civiles como relaciones jurídicas entre sujetos, con la particularidad de que éstos son los titulares de empresas. Además, el Derecho mercantil contempla las relaciones jurídicas propias de los títulos valores, y otras de carácter peculiar, como las que surgen en el marco de la llamada propiedad industrial y en el Derecho de la competencia.

Relaciones jurídicas personales son aquellas que establecen vínculos directos entre las personas, mientras que en las reales el vínculo viene mediatizado por una cosa. Ejemplos típicos de relaciones personales son la relación matrimonial y la relación paterno-filial. Asimismo pertenecen a las relaciones personales las que se dan entre acreedor y deudor, como es el caso de las contractuales.

El prototipo de relación real es la propiedad. En ésta tienen lugar las relaciones del propietario con los no propietarios, o sea, con todos los demás individuos que existen en el mundo. Por eso se dice que los derechos reales son derechos *erga omnes*, frente a todos. Algunos autores critican esta concepción de la relación jurídica real por considerarla desmesurada, pues es francamente difícil ver la relación efectiva que pueda tener un individuo, que es propietario de un apartamento en Córdoba, con todos los chinos que están viviendo ahora en China. Hay que reconocer que esa construcción es algo artificiosa, pero no por ello carece absolutamente de fundamento, ya que se trata de resaltar una relación jurídica «pensada», potencial, aunque no se dé en la realidad como una relación efectiva. El mensaje de esa construcción conceptual es que el propietario tiene derecho a que todos los demás individuos le respeten en la titularidad y el ejercicio de su derecho de propiedad, y desde esa perspectiva puede pensarse que existe una relación jurídica del propietario con el resto de la humanidad, aunque dicha relación no sea directa sino por intermediación de la cosa de la que es propietario.

Dentro de las relaciones jurídicas personales destacan las llamadas relaciones jurídicas obligacionales. La relación obligacional se caracteriza porque la parte activa (acreedor, titular del derecho de crédito) tiene el poder de exigir de la parte pasiva (deudor, sujeto del deber jurídico) el cumplimiento de dicho deber, consistente, como dice nuestro Código Civil, en dar, hacer o no hacer alguna cosa (artículo 1088). Ahora bien, como dar es una forma de hacer, se puede decir que el deber jurídico del deudor consiste en hacer o no hacer algo, o sea, en una acción o en una omisión (o abstención). La relación jurídica obligacional, como personal que es, se caracteriza porque en ella los sujetos se relacionan directamente; o, para ser más exactos, la acción de exigir el cumplimiento de la deuda se relaciona directamente con la acción del cumplimiento de la misma; y a través de dichas acciones quedan relacionados los sujetos de las mismas.

En las relaciones jurídicas reales siempre hay una cosa en medio de la parte activa y pasiva, de tal modo que sus respectivas acciones u omisiones (abstenciones) sólo adquieren su sentido pleno cuando se las refiere precisamente a la cosa de que se trate. La propiedad consiste en una relación jurídica cuyo titular activo es el titular del derecho de propiedad, o sea, el propietario, y cuyas partes pasivas son los que no son propietarios y el deber de éstos consiste en la abstención de inmiscuirse en la propiedad ajena. La relación jurídica real expresa la exclusión universal de los que no son titulares, de tal manera que no pueden gozar de la cosa sin permiso del propietario. Pero esta manera de ver la relación jurídica real no significa que el derecho subjetivo de propiedad tenga que verse tan sólo como algo que se reduce a ella, esto es, a la relación entre propietario y no propietarios. Pues, como tendremos ocasión de ver más adelante, el derecho subjetivo habilita a su titular no sólo a exigir que se le respete la propiedad sino también a ejercitar un conjunto de facultades que de ninguna manera son reducibles a la exigencia de abstención ajena.

Por último, debemos señalar que las relaciones jurídicas típicas son susceptibles de construcción hermenéutica en todos los ámbitos jurídicos. Si tan sólo nos hemos referido en las páginas anteriores a las relaciones jurídicas propias de los ordenamientos estatales, ha sido por motivos de simplificar algo la exposición de esta materia, ya de por sí bastante intrincada. Al ser la relación jurídica un concepto jurídico formal de carácter universal, es aplicable a cualquier ordenamiento, como el Derecho canónico, el Derecho internacional o el Derecho comunitario europeo.

Resalta el carácter relacional del Derecho internacional, que es un ordenamiento que tiene como objeto precisamente regular las relaciones entre los Estados y demás sujetos a los que reconoce personalidad jurídica internacional. Como tendremos ocasión de estudiar, las relaciones jurídicas entre los Estados y entre éstos y el ordenamiento internacional son relaciones intertextuales. Téngase en cuenta que cada Estado, además de actuar como sujeto en el Derecho internacional, es asimismo un ordenamiento, es decir, un texto.

En el Derecho internacional privado lo característico es que la norma de colisión se remita a un ordenamiento jurídico, que puede ser extranjero, incorporando el texto del ordenamiento extranjero en el propio para su aplicación al caso concreto. Nadie puede poner en duda que el relacionismo es una característica que viene presupuesta en todos los problemas de Derecho internacional privado.

EJERCICIOS

1. Resume la lección.

2. Explica los conceptos de relación jurídica genérica y relación jurídica concreta.

3. ¿Por qué los textos jurídicos legales se limitan normalmente a configurar relaciones jurídicas genéricas?

4. ¿Dónde aparecen las relaciones jurídicas completamente construidas, en el ordenamiento o en el sistema?

5. Relaciona relación jurídica genérica e institución jurídica.

6. ¿Qué quiere decir que las relaciones genéricas son típicas? Explica el concepto de tipo.

7. ¿Cómo se aplica la subsunción a las relaciones jurídicas? Compárala con la que se aplica a las acciones y a las situaciones jurídicas.

8. Enumera y analiza las distintas relaciones jurídicas que se dan en el interior de una sociedad anónima; y también las que pueden generarse entre una sociedad anónima y otras personas físicas o jurídicas.

9. Aclara la idea de que toda relación jurídica es una relación comunicacional.

10. La ciencia del Derecho emplea algunos criterios para organizar su materia. ¿Cómo ha utilizado para ello el concepto de relación jurídica?

11. ¿Puede ocurrir que a veces haya discordancia entre el modo en que la ciencia del Derecho organiza su materia y el modo en que la organiza el legislador? Observa que el primero se refiere al sistema, y el segundo al ordenamiento. ¿Cuál de los dos modos será el correcto en caso de discrepancia?

12. ¿Es apropiado el criterio relacionista para organizar la materia de todas las disciplinas jurídicas?

13. En el Derecho –se dice– todo está orientado desde la alteridad o bilateralidad, que constituye una de sus características esenciales. Explica qué se quiere decir con esta afirmación.

14. ¿Qué tiene que ver la alteridad o bilateralidad con las relaciones jurídicas?

15. ¿Es posible aplicar la alteridad o bilateralidad al Derecho penal? Explica cómo.

16. Distingue las relaciones de Derecho público y las de Derecho privado.

17. Haz un cuadro explicativo de las relaciones de Derecho público.

18. Toda universidad pública pertenece a la Administración (estatal, autonómica, etc.). Pon ejemplos de relaciones jurídico-administrativas que se refieran a la universidad.

19. Busca en libros de Derecho procesal el tratamiento que se da al concepto de relación jurídica procesal. Para ello, naturalmente, es aconsejable que acudas a la biblioteca.

20. Haz un cuadro explicativo de las relaciones de Derecho privado.

21. Pon ejemplos de relaciones jurídicas dentro de la llamada propiedad industrial. Para hacer este ejercicio será conveniente que te ayudes con libros de Derecho mercantil.

22. Haz lo mismo que en el ejercicio anterior pero esta vez con las relaciones jurídicas contempladas por el Derecho de la competencia. También te aconsejo que te ayudes con libros de Derecho mercantil.

23. Define la relación jurídica real.

24. Aclara el significado de la expresión «derecho *erga omnes*».

25. Pon ejemplos de relaciones jurídicas de Derecho europeo.

CAPÍTULO 17

LAS RELACIONES JURÍDICAS INTERPERSONALES: LOS DERECHOS SUBJETIVOS. ASPECTOS GENERALES Y TEORÍAS

LXXVII. RELACIONES JURÍDICAS INTERPERSONALES Y DERECHOS SUBJETIVOS

Como ya hemos convenido, el estudio de las relaciones jurídicas lo vamos a circunscribir a los tres tipos que consideramos básicos: las interpersonales, las intersistémicas y las interordinales. Las primeras son las relaciones jurídicas entre personas, entre sujetos de derecho; las segundas son aquellas que vinculan a los sistemas jurídicos; y las terceras son las que ponen en contacto al Derecho con otros órdenes normativos como la moral, los usos sociales o las normas religiosas. Ya hemos argumentado también por qué razón restringimos el concepto de relación jurídica a esos tres tipos, cuando dicho concepto es aplicable a otros vínculos. En el Derecho, ciertamente, todos los elementos están relacionados entre sí, unos de manera más directa que otros, pero en definitiva las conexiones son plurales y muy variadas. Nosotros, frente a lo que es tradicional, hemos ampliado bastante el concepto, sin llegar sin embargo a aplicarlo en todas sus dimensiones posibles. La concepción clásica de la relación jurídica la reduce prácticamente a la relación entre personas, y descuida los otros dos tipos señalados. Bien es verdad que lo más descuidado por esa concepción es la problemática de las relaciones intersistémicas, pues en cuanto a las interordinales la Filosofía jurídica ha hecho buen acopio de posiciones, siendo uno de sus temas tradicionales. Aún así, no se suele estudiar esta cuestión de las relaciones interordinales en el marco de la teoría de las relaciones jurídicas, lo cual, en mi parecer, es un error, pues no son otra cosa que un tipo de estas últimas. Lo más llamativo, y criticable, en la concepción tradicional es la carencia del estudio de las relaciones entre ordenamientos jurídicos o relaciones intersistémicas; sobre todo en un mundo tan globalizado como el nuestro.

A continuación vamos a introducirnos en el primer tipo de las relaciones jurídicas que son objeto de nuestro interés: las relaciones jurídicas entre personas. Como ya sabemos, una relación jurídica interpersonal es una relación de comunicación estructurada por el ordenamiento jurídico entre dos sujetos de Derecho. Puede ser denominada también relación jurídica intersubjetiva. Quiénes son personas o sujetos para un ordenamiento jurídico, es una cuestión que resuelve el propio ordenamiento. Como también sabemos, las personas pueden ser «físicas» o «jurídicas» (empleando la terminología tradicional; en realidad, la persona «física» también es jurídica, ya que en el Derecho todo es jurídico).

Junto al elemento personal o subjetivo, la relación jurídica tiene un contenido: un conjunto de deberes jurídicos y de derechos subjetivos que se adscriben a los sujetos. Depende de la complejidad de una relación concreta para que ese haz de derechos y deberes sea más o menos denso.

En un contrato de préstamo, una vez prestada la cantidad de dinero, el prestatario (la persona que ha recibido el dinero) tiene el deber jurídico de devolver dicha cantidad con los intereses pactados en el plazo convenido, y el prestamista tiene el derecho subjetivo de exigirle que cumpla ese deber. En un contrato de compraventa, se da un deber y un derecho por cada sujeto de la relación: por una parte, el vendedor tiene el deber de entregar la cosa vendida y el comprador el derecho subjetivo a que se le entregue; y por otra parte, el vendedor tiene el derecho a que el comprador le entregue el precio y el comprador tiene el deber jurídico de hacer la entrega de dicho precio. Además, la compraventa supone otros deberes y otros derechos, como por ejemplo sucede en caso de defectos ocultos de la cosa (evicción), que dan paso al deber jurídico de saneamiento y al derecho correspondiente. Mayor complejidad en cuanto a la existencia de plurales relaciones jurídicas se presenta en el seno de las sociedades mercantiles, o en algunas relaciones dentro de las Administraciones públicas, o entre las que existen entre el Estado y las Comunidades Autónomas. Quiero decir, con esta ejemplificación, que la densidad del contenido propio de las relaciones jurídicas varía de unas a otras, lo cual se manifiesta, como es lógico, en la pluralidad de deberes jurídicos y derechos subjetivos que aquel contenido conlleva.

En todos los casos, la espina dorsal, el núcleo duro de una relación jurídica lo constituye la relación entre deber jurídico y derecho subjetivo. Ya hemos señalado antes que las normas de Derecho lo que relacionan propiamente son acciones de los sujetos, y lo hacen sobre todo bajo las formas sustanciales de deberes jurídicos y derechos subjetivos. Los sujetos se relacionan entre sí en atención a que son los sujetos de las acciones respectivas de los deberes y de los derechos.

Al concepto de deber jurídico ya le hemos dedicado nuestra atención, por lo cual ahora no es preciso que reiteremos lo que ya sabemos. Sí conviene, sin embargo, que tengas en cuenta que el deber jurídico siempre está presente en la relación. En unos casos se llamará de ese modo, deber jurídico; en otros, tomará el nombre de *obligación*, término que tiene su origen en el Derecho romano para designar los deberes jurídicos que tienen un origen determinado, concretamente en los contratos, en los cuasicontratos, en los delitos y en los cuasidelitos. Para su estudio te remito al Derecho civil (en concreto al Derecho de obligaciones).

En esta lección y en las siguientes nos vamos a ocupar de los derechos subjetivos. Tienes que tener presente, desde el principio, varias cosas que dificultan y al mismo tiempo hacen sumamente interesante la comprensión cabal de este concepto. Primero, es un concepto que, como ya he expuesto, ha sido ampliamente debatido e incluso puesto en entredicho, dando así lugar a una amplia bibliografía polémica. Segundo, es un concepto técnico-jurídico, esto es, propio de la ciencia del Derecho, pero por otro lado tiene un aspecto popularizado o vulgar (todo el mundo habla de «derechos» a esto y a aquello), conectado con ideologías y con intereses de todo género; lo cual hace que sea más dificultoso un tratamiento puramente científico o teórico. Vivimos una época de inflación de los derechos y de olvido de los deberes (al menos en el terreno del lenguaje moral), y eso, se quiera o no, influye en los planteamientos teóricos. Y tercero, se trata de un concepto que tiene larga historia doctrinal, de raíces profundas en el pensamiento político y jurídico. Aquí no podemos, dadas las características de esta obra, llevar a cabo un estudio completo, sólo intentaremos, como hacemos siempre, penetrar en su significado comunicacional; pero para ello es preciso levantar acta de sus «momentos estelares».

La importancia del concepto de derecho subjetivo es algo incuestionable. De dicha importancia tenemos prueba constante, tanto en la filosofía del Derecho y en la dogmática jurídica, como en la práctica. Y por mucho que dicha noción haya sido objeto de severas críticas, e incluso de negaciones rotundas, no puede caber duda de que se ha demostrado su estricta necesidad para entender cómo son y cómo funcionan los ordenamientos jurídicos.

En la filosofía del Derecho no hay tratado que se precie, ni exposición general, que no haya abordado este concepto. Te invito a que vayas a la biblioteca y, buscando en libros que se titulen «Filosofía del Derecho», compruebes si este aserto es correcto.

En la dogmática del Derecho privado ha jugado y juega un papel primordial. Podemos afirmar incluso que el derecho subjetivo constituye su concepto central, ya que la materia del Derecho privado es tradicional que vaya ordenada en los tratados de acuerdo con los tipos de derechos subjetivos. Aunque en ocasiones la ordenación del Derecho privado se hace formalmente de acuerdo con las clases de relaciones jurídicas, el núcleo central de las mismas viene a ser sus respectivos derechos subjetivos.

Esto puede verse en el tratado de Bernhard Windscheid, quien organiza la exposición del Derecho civil de acuerdo a los diversos tipos de derechos subjetivos. El Código Civil alemán (BGB) sigue un esquema similar al de la obra de este autor, si bien pone a veces como título el de «relaciones jurídicas»; bien es verdad que la regulación hace del derecho subjetivo correspondiente el núcleo central de la exposición. En general puede afirmarse que se titule con el rótulo de «derechos subjetivos» o con el de «relaciones jurídicas», el núcleo duro de la exposición (en el caso del libro doctrinal) o de la regulación cuando (se trata de un Código) lo constituyen los derechos subjetivos. Con una fórmula breve, se puede afirmar que el Derecho privado es la parte del ordenamiento jurídico que regula los derechos subjetivos que se dan en las relaciones jurídicas entre particulares.

El concepto pasaría, dentro de la dogmática jurídica, del Derecho privado al Derecho público y al Derecho procesal. En el Derecho administrativo los derechos del administrado frente a las Administraciones públicas ocupan un lugar de gran relieve. Lo mismo sucede en el Derecho tributario con los derechos del contribuyente frente a la Administración tributaria (Fisco). En el Derecho constitucional sobresalen los derechos fundamentales, cuya teorización ha experimentado un auge extraordinario a lo largo del siglo XX y continúa con gran vigor en el presente. Georg JELLINEK –siguiendo en ello la estela de GERBER– puso en boga la teoría de los derechos públicos subjetivos.

Los derechos públicos subjetivos son aquellos cuyos titulares son particulares o entidades de Derecho público (el Estado) en cuanto que son sujetos de relaciones jurídico-públicas, esto es, de relaciones en las cuales aparece el Estado como ente dotado de *imperium* o soberanía.

Tanto en el Derecho privado como en el público los derechos subjetivos aparecen dentro del marco de relaciones jurídicas interpersonales como contenido esencial de dichas relaciones. Éstas giran en torno al derecho o derechos subjetivos que conforman el núcleo activo de la relación. El aspecto pasivo lo forman los deberes jurídicos correspondientes. Ahora bien, la dogmática tiene la tendencia a centrar su exposición en los derechos y a entender los deberes jurídicos en función de dichos derechos. De ahí que el tratamiento doctrinal de las relaciones jurídicas interpersonales se conecte de inmediato con el de los derechos subjetivos.

Como prueba de este tratamiento doctrinal tan típico puedes ver el tomo 1, volumen II del tratado de Derecho civil de José CASTÁN TOBEÑAS. El libro comienza con este título de la sección segunda: «Teoría de la relación jurídica y del derecho subjetivo» y, sin solución de continuidad, titula la subsección primera «Naturaleza, estructura y vida de los derechos subjetivos». A partir de ahí, el resto del libro es un tratamiento de los derechos subjetivos. Es ésta una tendencia generalizada en el estudio del Derecho privado que, como anotamos en su momento, tiene su origen ya en SAVIGNY.

Ahora bien, no sólo es lícito hablar de derechos subjetivos en el ámbito del Derecho propio del Estado. Todos los ordenamientos jurídicos manejan el concepto ya que todos ellos regulan relaciones jurídicas interpersonales. El tratamiento del concepto, debido a su generalidad, pertenece por tanto a la Teoría del Derecho.

En el Derecho canónico encontramos los derechos subjetivos canónicos. Así podemos leer en el libro de José MALDONADO: «Puede encontrarse en el ordenamiento canónico la afirmación de derechos subjetivos, situaciones de poder protegidas por ese ordenamiento, que serán objeto de tutela jurídica, el respeto que la propia ley observa para los derechos adquiridos y el reconocimiento de unos derechos fundamentales de la persona humana, que el Derecho canónico ampara.» (pg. 124). Previamente ha declarado este mismo autor: «Todos estos sujetos de las relaciones jurídicas canónicas son, precisamente en ellas, titulares de unos derechos que el ordenamiento canónico declara y tutela. Son también, por otra parte, vinculados por unas obligaciones, correlativas a derechos de otros.» (pg. 123). Vemos cómo este ilustre canonista, por un lado, comprende el concepto de derecho subjetivo dentro del marco de la relación jurídica interpersonal y, a la vez, hace de aquél un concepto central del ordenamiento jurídico canónico.

En el Derecho de la Unión Europea el Tribunal de Justicia ha declarado más de una vez que los derechos subjetivos protegidos por normas del ordenamiento jurídico comunitario son derechos subjetivos comunitarios, acentuando así la idea de que cada ordenamiento concede sus propios derechos que no tienen por qué coincidir, punto por punto, con los derechos concedidos por otros ordenamientos. Estos derechos subjetivos comunitarios tienen su sede y su sentido en el marco de las relaciones jurídicas comunitarias.

También en el Derecho internacional se maneja el concepto: los derechos subjetivos de los Estados y de los demás sujetos del Derecho internacional. VERDROSS, por ejemplo, en su conocido tratado, después de dedicar un capítulo a los sujetos del ordenamiento internacional, dedica otro a «los derechos y los deberes fundamentales de los Estados» (pgs. 272 y ss.), dando muestra con ello de la íntima relación que se da en el orden jurídico internacional entre derechos y deberes; y más adelante otro sobre «la protección jurídica internacional del ser humano», con especial referencia a los derechos fundamentales de la persona protegidos por el Derecho internacional (pgs. 797 y ss.).

NOTAS Y COMENTARIOS

- Bernhard WINSCHEID, *Lehrbuch des Pandektenrechts,* 1862, 9ª ed., 1906; reimpresión Scientia Verlag Aalen 1984.

- Del libro de GERBER no hay, de momento, traducción española, aunque me consta que se está haciendo por parte de José Luis MUÑOZ DE BAENA y Aurelio DE PRADA GARCÍA. Lleva por título *Über öffentliche Rechte,* Tübingen 1852. Hay traducción italiana (conjuntamente con otro estudio) en: C. F. v. GERBER, *Diritto pubblico,* a cura di Pier Luigi LUCCHINI, Giuffrè, Milano 1971.

- Es decisivo el libro de Georg JELLINEK, *System der subjektiven öffentlichen Rechte,* 1892, 2ª edición: Tübingen 1919; segunda reimpr. de la 2ª ed., Scientia Verlag Aalen, 1979.

- José MALDONADO, *Curso de Derecho canónico para juristas civiles. Parte general,* 2ª ed., Madrid, 1970.

– Alfred VERDROSS y Bruno SIMMA, *Universelles Völkerrecht. Theorie und Praxis*, 3ª ed., Duncker & Humblot, Berlin 1984.

EJERCICIOS

1. Recuerda la distinción entre relaciones jurídicas interpersonales, intersistémicas e interordinales.

2. ¿Cómo se llaman también las relaciones jurídicas interpersonales? Explica la razón de dicha denominación.

3. ¿Cuál es la carencia más llamativa en la Filosofía jurídica y en la Teoría del Derecho en lo que se refiere al tratamiento de las relaciones jurídicas? ¿Se justifica dicha carencia?

4. Define lo que es una relación jurídica intersubjetiva.

5. Recuerda cuáles son los elementos esenciales de toda relación jurídica interpersonal.

6. ¿En qué consiste el contenido de las relaciones jurídicas?

7. Pon ejemplos de relaciones jurídicas distintos a los del libro, y analiza el contenido de cada uno de ellos.

8. Aclara el concepto técnico-jurídico de obligación. Para ello te conviene consultar un manual de Derecho romano o de Derecho civil, en la parte que se titule «Derecho de obligaciones».

9. ¿Qué significa que el concepto de derecho subjetivo es un concepto técnico-jurídico?

10. Señala las tres razones que se aducen en el texto de esta lección en apoyo de la idea de que la noción del derecho subjetivo es sumamente interesante.

11. Busca en dos o tres tratados que se titulen «Filosofía del Derecho» el tratamiento dado al derecho subjetivo.

12. Consulta dos o tres tratados de Derecho civil, y explica cómo se trata en ellos el tema de los derechos subjetivos.

13. Explica la relevancia que tiene el concepto de derecho subjetivo en el Derecho privado.

14. Consulta un par de tratados de Derecho administrativo y explica cómo se estudia en ellos el tema de los derechos subjetivos.

15. Da una noción aproximada de lo que es un derecho privado subjetivo, y pon ejemplos.

16. Haz lo mismo con los derechos públicos subjetivos.

17. Pon ejemplos de derechos subjetivos comunitarios (del Derecho de la UE).

18. Pon ejemplos de derechos subjetivos característicos del Derecho internacional.

(Nota: Soy consciente de que algunos de los EJERCICIOS de esta lección son algo prematuros; cuando estudies las lecciones siguientes tendrás las ideas más claras. Te pongo estos EJERCICIOS para que vayas familiarizándote con este gran asunto que es el de los derechos subjetivos, sobre el cual se ha vertido tanta y tan interesante bibliografía).

LXXVIII. EL DERECHO SUBJETIVO EN EL PENSAMIENTO IUSNATURALISTA

La historia doctrinal del concepto de derecho subjetivo es larga, se remonta a la Edad Media.

Los romanos usaron del concepto, como no podía ser de otro modo en un ordenamiento jurídico de alto nivel técnico, pero no lo teorizaron, no hicieron sobre él un trabajo de elaboración científica o filosófica.

En la historia del pensamiento científico y filosófico es un fenómeno absolutamente normal que los conceptos surjan en un momento determinado; lo cual no quiere decir en absoluto que las realidades a las que dichos conceptos se referían no tuvieran existencia previa. Te pondré un ejemplo sencillo, y sumamente convincente, de una realidad que preexistía desde hacía millones de años pero que fue descubierta por la ciencia hace poco, concretamente en el siglo XVI: Copérnico descubrió que la Tierra giraba alrededor del Sol. Pues bien, este fenómeno sucede en todas las ciencias, también en aquellas que se suelen llamar ciencias sociales. La Sociología, por ejemplo, se erige como verdadera ciencia (esto es, con el uso de métodos como la estadística y las encuestas) a partir del siglo XIX, pero no puede caber duda alguna de que fenómenos sociales –que son precisamente el objeto de estudio de la Sociología– existen desde la aparición del hombre sobre la Tierra. Lo mismo puede decirse de la Lingüística, una ciencia bastante reciente que estudia los fenómenos del lenguaje: es evidente que su objeto de estudio tiene existencia mucho antes que ella misma. En la historia del pensamiento jurídico sucede otro tanto, y esto es aplicable plenamente a los conceptos jurídicos formales, que son los que estudiamos nosotros. Cada concepto jurídico tiene su propia historia en la Teoría del Derecho, surge en un momento determinado y se desarrolla después en medio de los debates de los teóricos. Así, las normas jurídicas existieron antes de que hubiese una teoría de las normas, y los derechos subjetivos formaban parte del instrumental conceptual de los ordenamientos jurídicos antes de que se hubiese producido una teoría de los derechos. Por eso puede afirmarse que todos los conceptos científicos o filosóficos, y por supuesto también los jurídicos, tienen su propia historia. Todos los conceptos son conceptos históricos.

Los romanos que, como digo, no teorizaron el concepto de derecho subjetivo, sí lo manejaron en la práctica y en su propio lenguaje. Buena prueba de ello son dos pasajes del Digesto. Uno, de ULIPIANO, en el que puede leerse: *«Nemo plus iuris ad alium transferre potest quam ipse haberet»* («Nadie puede transferir a otro más derecho que el que él mismo tiene») (Digesto 50, 17, 54). Y otro, de GAYO, que dice: *«Nullus videtur dolo facere, qui suo iure utitur»* («El que usa de su derecho no incurre en dolo») (Dig. 50, 17, 55). La palabra *ius* es utilizada en estas dos sentencias en el sentido, no de norma u ordenamiento jurídico, sino como facultad o poder, esto es, en el sentido de derecho subjetivo.

Por extraño que pueda parecer, la teorización del derecho subjetivo comienza en el seno de una orden religiosa, la de los franciscanos, fundada por San Francisco de Asís, el fraile que hablaba dulcemente a los animales, *il poverello.* Las cosas sucedieron, más o menos, de la siguiente manera. Al hacer del voto de pobreza un pilar básico de la espiritualidad de la orden, se planteó el problema de si dicho voto no resultaba incompatible con la propiedad de los conventos donde los frailes vivían y cuyos huertos laboraban para su propio sustento. Guillermo de OCKAM, fraile de la citada orden, contestó a esta difícil cuestión argumentando que en la propiedad era preciso distinguir dos aspectos: la titularidad y el uso. Es propietario aquel que tiene la titularidad de la cosa de la que es propietario, siendo tal titularidad incompatible con la pobreza. Quien quiere ser pobre no puede aceptar ser propietario. Pero no así el uso, ya que éste no implica dominio sobre la cosa. Es razonable que el fraile, al tener que sustentarse y cuidar de sus hermanos enfermos, pueda trabajar los campos, y pueda vivir bajo techo; en suma, pueda usar las instalaciones de los conventos sin por ello contravenir el voto de pobreza. Los bienes que utilizaba la orden franciscana pertenecían a la Santa Sede, como propietaria o titular de los mismos, mientras que la Orden las utilizaba sólo en calidad de usufructuaria.

La sutil distinción ockamista entre la titularidad y el ejercicio del derecho subjetivo fue el comienzo de una larga historia de reflexiones teóricas sobre dicho concepto, historia que llega hasta nuestros días.

En la Escolástica se teoriza el concepto en el marco de la trilogía de leyes: *lex aeterna, lex naturalis, lex positiva*; y más en concreto, como expresión directa de la ley natural, la cual impone prioritariamente deberes naturales, pero asimismo concede derechos naturales *(iura naturalia).* Al tener la ley natural una naturaleza ético-jurídica, los derechos que concede también pueden denominarse *iura moralia,* derechos morales. Esta designación ha tenido gran éxito en el lenguaje de los filósofos de la ética, sobre todo en el siglo XX y en lo que llevamos del presente.

De la Escolástica pasa el concepto al iusnaturalismo moderno, que en sus distintas manifestaciones va a hacer un uso generalizado del concepto, al que dota de un gran contenido antropológico y político. Como ya hemos subrayado varias veces, el Derecho natural racionalista se caracteriza porque desvincula la teoría jurídica y política de la teología. La trilogía escolástica (ley eterna, ley natural, ley positiva) se simplifica en una dualidad: ley natural y ley positiva. La primera corresponde a un hipotético o, mejor dicho, ficticio estado de naturaleza. La segunda caracteriza al Estado como forma de organización política.

Sin ninguna pretensión de exhaustividad me voy a detener un poco en explicar el significado de los derechos en las teorías de dos iusnaturalistas de la Edad Moderna, y más concretamente del siglo XVII: Me refiero a Thomas HOBBES y a John LOCKE.

Estos autores rompen con el planteamiento de la Escolástica en el sentido de que desvinculan de la teología al pensamiento ético-jurídico y también al político. A HOBBES esta desvinculación se le nota ostensiblemente en su obra, menos a LOCKE, que presenta sus ideas con una cierta conexión formal con la religión pero enseguida se desvincula de ésta en el desarrollo de sus argumentos. Puede afirmarse que HOBBES es, en este aspecto al menos, más sincero y coherente en la expresión de su pensamiento. En mi opinión (aunque aquí no es el lugar para justificar esa tesis), LOCKE es un discípulo de HOBBES que discurre con razones similares pero lo hace de una manera, por decirlo así, más «diplomática». Ambos autores reducen, como por otra parte es rasgo común del iusnaturalismo racionalista, la trilogía de las leyes al dualismo ley natural/ley positiva. Pero, además, el significado de esta dualidad y el contenido que se adscribe a la ley natural son muy diferentes a la interpretación que de los mismos términos hizo la Escolástica (Hay que subrayar, sin embargo, que el hecho de que el paradigma epistemológico dominante en la Edad Moderna sea el racionalista, ello no quiere decir que la Escolástica desapareciera del mapa. Lo cierto es que ésta gozó de un poderoso influjo en Europa y que ha llegado viva, y bien viva, hasta nuestros días, como representativa de una manera sumamente rica de entender los problemas filosóficos. En la Edad Moderna la Escolástica tiene su propia historia, además de ejercer un poderoso influjo en corrientes de pensamiento diversas, incluso dentro del propio racionalismo. Pero, como digo, tratar de esta cuestión con un poco de detalle nos llevaría a salir demasiado de nuestra exposición).

Otra de las características de los dos autores que hemos escogido como representativos de la concepción moderna de los derechos subjetivos es que ambos son contractualistas. Para comprender cabalmente su pensamiento político-jurídico general, y especialmente su enfoque respecto de los derechos, se precisa hacer una referencia a su teoría contractualista, que defiende la idea de un pacto social entre los individuos como generador de la sociedad. Veamos brevemente en qué consiste esta idea.

Estos autores distinguen la situación del llamado estado de naturaleza y la situación del llamado estado de sociedad civil o simplemente sociedad. En este último aparece el Estado como forma de organización política de la sociedad. El estado de naturaleza sería anterior en el tiempo, y se pasaría de él al estado de sociedad por medio de un contrato o pacto social entre los hombres. ¿Qué quiere decirse con esto? ¿Qué tipo de razonamiento es éste, que parece tan alejado de una descripción pura y simple de la realidad?

Me parece que la pregunta real que se hacen los contractualistas es la siguiente: ¿Cómo viviríamos los seres humanos si no existiera la sociedad, esto es, si no hubiese leyes, ni moral, ni cultura, ni escuelas, ni universidades, ni cárceles, ni policía, ni ejército, en suma, si no hubiera todo eso que la sociedad genera y que en síntesis llamamos instituciones sociales? A esta pregunta responden con un ejercicio de imaginación. Hay que imaginar cómo sería nuestra vida y nuestras relaciones con los demás si careciéramos de eso que damos por supuesto, si careciéramos de sociedad. La respuesta a esta pregunta es precisamente la descripción de un estado en el cual esas cosas no existieran, de un estado en el cual los hombres, al no vivir en sociedad, vivirían de acuerdo a su propia naturaleza. Ese estado de naturaleza no ha existido en la realidad de los hechos. No se tiene noticia fidedigna de que haya existido en la historia de la humanidad, aunque algunas situaciones concretas puedan parecérsele. Así, por ejemplo, la guerra civil, o la situación que se genera cuando los colonos ocupan por primera vez tierras en América, o la situación en que se encuentran los Estados entre sí. Estas comparaciones, sin embargo, no son sino otros tantos ejemplos aproximativos que no deben hacernos perder de vista el mensaje sustancial del contractualismo clásico, que no es otro que éste: el estado de naturaleza es una ficción del pensamiento, una elucubración imaginativa sin referente empírico, pero que, no obstante, sirve para reflexionar sobre el porqué de la existencia de la sociedad. Los contractualistas saben que no ha existido el estado de naturaleza, pero se preguntan cómo habría sido en el caso de que hubiese existido. Y se lo preguntan porque, de esa manera, pretenden explicar el origen, no histórico sino antropológico o si se quiere metafísico, de las sociedades.

Hobbes se imagina el estado de naturaleza como una situación en que los humanos, no sometidos a ninguna ley, se dejarían llevar por sus propias inclinaciones naturales. Eso le conduce a preguntarse sobre cómo es el ser humano en sí mismo, cuál es su naturaleza sin aditamentos sociales. Hobbes viene a decir que el ser humano no es ni bueno, ni malo, sino ambiguo, inconstante y, sobre todo, ambicioso. Siempre quiere más, es como un saco sin fondo. Nada le satisface plenamente, y cuando tiene algo quiere aumentar lo que tiene. Además, en su inconstancia, siempre tiene la tendencia a querer lo otro. Esa insatisfacción, producto de la insaciabilidad, es el rasgo humano por excelencia. Siendo así, es fácil imaginar lo que sería el estado de naturaleza, una situación en la que no hay nada que ponga límite a esas tendencias como no sea las mismas tendencias de los demás. Cada individuo llegaría a poseer hasta allí donde llegara su fuerza y su astucia (o inteligencia). Dicho de otro modo, en palabras más próximas a las de Hobbes: cada individuo llegaría hasta donde alcanzara su poder. Al no haber, en el estado de naturaleza, leyes jurídicas ni morales, no existiría límite alguno a las acciones y a las apetencias de los individuos. La libertad de cada uno sería total. Los derechos naturales *(natural rights),* propios de tal estado de naturaleza, serían ilimitados. Todos tendrían derecho a todo. HOBBES utiliza la expresión *natural rights,* derechos naturales, con el significado de «derechos subjetivos naturales», o sea, poderes de los que los individuos son titulares por derivar de su propia naturaleza. Los derechos naturales, en HOBBES, son los derechos (poderes) que derivan de la propia naturaleza humana, esto es, de la fuerza y de la inteligencia de los individuos, en definitiva, de su poder fáctico.

Ahora bien, ese estado de naturaleza, que es una situación de libertad total, de derechos subjetivos naturales y carentes de límites, tiene un grave inconveniente: que todos los hombres, al pretender los mismos bienes, entran en colisión entre sí de una manera permanente. En el estado de naturaleza nadie me garantiza que estos bienes que hoy poseo sigan estando mañana bajo mi poder. Por eso, es una situación de inseguridad, en la cual he de estar alerta con los ojos bien abiertos para prevenir ataques ajenos. Como dice HOBBES, se caracteriza porque es una situación constante de guerra de todos contra todos *(bellum omnium contra omnes).* Esta situación comprende tanto la guerra activa (o «caliente»), es decir, el ejercicio efectivo de la violencia cuando es necesaria para defenderme para el ataque o para invadir las posesiones de los demás, como la guerra pasiva (la «guerra fría»). Ésta consiste en una situación de acechanza y vigilancia continua, producto de la desconfianza. El estado de naturaleza llega a ser así una situación miserable, dominada por el miedo y en la que el hombre es un lobo para el hombre *(homo homini lupus).* En él toda precaución será siempre insuficiente pues, como dice HOBBES con argumento certero, incluso el más débil y tonto de los hombres puede matar, mientras duerme, al más fuerte e inteligente. La debilidad radical del hombre radica en que es mortal.

Leyendo a HOBBES se llega a la conclusión de que el estado de naturaleza es una situación de libertad generalizada, de libertad total, pero que, al no tener límites para nadie, viene a ser en definitiva una libertad ilusoria, ya que no es posible garantizar que la libertad que un individuo tiene hoy, y los bienes que están bajo su poder efectivo, continúen siendo suyos mañana. Lo que caracteriza a la postre al estado de naturaleza es, pues, una inseguridad radical. Al no existir el Estado, ni las leyes, ni la moral, la vida del hombre sobre la Tierra se transforma en algo miserable, angustioso, quebradizo.

El hombre, sin embargo, posee un instrumento, una cualidad que le es exclusiva entre todos los animales y que puede indicarle el camino para salir de ese estado inseguro y miserable. Dicho instrumento es la razón.

HOBBES la entiende como una razón de carácter calculador y utilitario. Es una razón que calcula ventajas e inconvenientes. Lleva una especie de contabilidad que, aplicada al estado de naturaleza, no puede arrojar un balance positivo. La razón viene a decir al ser humano: «No te conviene seguir viviendo en ese estado de libertad ilusoria. Te engañas a ti mismo creyendo que vives en libertad total, tal cosa no existe.» A partir de ese momento de cálculo, en el cual el hombre se hace plenamente consciente de su situación real, la razón dictará sus propias normas para salir del estado de naturaleza e instaurar el de sociedad civil. Esas normas dictadas por la razón con ese objetivo son las leyes naturales *(natural laws)*. Son preceptos de actuación propios de la razón calculadora.

La primera ley natural que la razón establece no puede ser otra que ésta: Busca la paz. Pues si no hay paz, no hay seguridad, y entonces los derechos naturales son puramente imaginarios. Ahora bien, la búsqueda de la paz no puede hacerse a cualquier precio, pues si es simplemente para dejarme vencer por los demás, entonces no es una paz verdadera. Por eso, la razón calculadora añade una segunda ley natural: «Busca la paz en condiciones de reciprocidad». Lo cual significa que los demás tienen que estar dispuestos, igual que lo estoy yo, a renunciar a su libertad total para pasar, todos juntos, a una situación pacífica. La reciprocidad supone igualdad de condiciones y, al mismo tiempo, la necesidad de ponerse de acuerdo. ¿Y cómo es posible que los hombres se pongan de acuerdo? A través de un pacto o contrato social.

El contrato social se lo representan los contractualistas como una idea de razón, como una ficción del pensamiento que permite contestar a la cuestión de por qué los hombres viven en sociedad. El pacto social, por consiguiente, no ha tenido existencia real, al igual que tampoco el estado de naturaleza ha existido en la realidad histórica. La idea del pacto social viene a expresar que los hombres vivimos en sociedad como si hubiésemos hecho un contrato entre nosotros aceptando las condiciones necesarias para formar una sociedad.

Por el pacto los hombres abandonan el estado de naturaleza y pasan al estado de sociedad (o sociedad civil). HOBBES no distingue entre sociedad (o sociedad civil) y Estado. Es ésta una distinción que aparece más tarde en la historia de las ideas.

El contrato social está compuesto por un conjunto de cláusulas (como todo contrato) en las que se especifican las condiciones del abandono del estado de naturaleza y las de la entrada en el estado de sociedad. Se resumen en las siguientes: Cada individuo renuncia a su libertad total, esto es, a sus derechos naturales ilimitados, a condición de que los demás hagan lo mismo, es decir, renuncien a su libertad total y a sus derechos naturales ilimitados propios del estado de naturaleza. Todos esos poderes renunciados son transferidos por los individuos a un nuevo ente, que aparece en escena para poner paz y orden. Este nuevo ente es el Estado. Hay, pues, dos aspectos o momentos básicos en el contrato social: renuncia y transferencia de poderes (esto es, de las libertades o derechos). Pero ahí no acaban las cláusulas del pacto. Esa renuncia y transferencia de poderes sólo tiene sentido si el Estado se compromete a garantizar la paz, o sea, la vida y la seguridad de los individuos, y además –añade HOBBES– lo que es necesario para vivir (con lo cual está apuntando a la propiedad).

Vida, seguridad y propiedad, son los bienes o derechos básicos que el Leviatán (nombre representativo del Estado y que da título a la obra más importante de HOBBES, publicada en 1651) tiene el deber de garantizar por todos los medios. El Estado es absoluto. Tiene todo el poder, pero a condición de que garantice esos derechos básicos de los individuos.

Hay que preguntarse entonces: ¿Qué ocurre si el Estado no los garantiza, si se muestra incapaz de imponer la paz y el orden, de garantizar la seguridad de las vidas y de las propiedades? Pues ocurrirá que el Estado no tendrá entonces de tal sino el nombre. Cuando el Estado no es capaz de cumplir su misión esencial, entonces es que los individuos no han instaurado un verdadero Estado y siguen en el estado de naturaleza. Puede ser que el Estado no haya llegado a existir pues no ha sido capaz de establecer la paz. O puede que haya existido durante un tiempo, pero después haya fracasado en su objetivo básico. En ambos casos los individuos tienen que defender sus propias personas y sus posesiones. No les queda otro remedio que acudir a la violencia privada, al uso de sus propias manos, ya que el Estado no es eficaz para hacerlo con la fuerza pública.

HOBBES exige, pues, al Estado, esto es, al Derecho positivo, que garantice los derechos naturales más elementales de los individuos. Por eso, se le puede considerar como un autor que defiende el Derecho natural, si bien habría que añadir *de contenido* mínimo (adelantándose así a HART, que escribe tres siglos más tarde). Además, para HOBBES el Derecho natural adopta como dos momentos imbricados estrechamente: el de los derechos de los individuos y el de las leyes de la razón (calculadora o utilitarista). Los derechos naturales *(natural rights)* son, por decirlo así, previos a las leyes naturales *(natural laws)*, las cuales además tienen un carácter instrumental, que no es otro que conseguir la paz.

Obsérvese que HOBBES no pretende que el Estado tenga necesariamente que garantizar la libertad política. Eso dependerá de la forma de gobierno concreta que acabe teniendo el Estado. No es un teórico del Estado liberal ni del Estado democrático. Es un teórico del Estado *tout court.* Lo cual significa que su idea es que, primero, haya Estado, y después podrán añadirse otros aspectos políticos –como la libertad– que serán deseables para una convivencia mejor, pero que en sí mismos no son esenciales para la existencia del Estado.

A tenor de la descripción que hace HOBBES, los derechos naturales son previos al estado de sociedad civil, por lo cual el Estado ha de reconocerlos y garantizarlos. Los derechos naturales provienen de la propia naturaleza de los hombres, de la naturaleza humana, y no de una fuente divina que habría impreso en los hombres unas determinadas características (como defienden los pensadores escolásticos). En cambio, todos los deberes, tanto morales como jurídicos, no existen en el estado de naturaleza sino que aparecen con la sociedad civil. A diferencia de los derechos individuales, que tienen un carácter natural, los deberes son de origen social y, por consiguiente, convencional. Los individuos tienen deberes en la sociedad porque así lo han convenido entre ellos para hacer posible la existencia misma de la sociedad. Los deberes son consustanciales a la sociedad, mientras que los derechos subjetivos lo son a la naturaleza. A la dualidad estado de naturaleza/estado de sociedad le corresponde otra dualidad: derechos del individuo/deberes del individuo. Estos deberes tan sólo aparecen con la sociedad, o sea, con la moral (social) y con el Derecho (en el sentido objetivo del término), o sea, con el ordenamiento jurídico positivo. De todo lo expuesto es fácil extraer la conclusión de que, para HOBBES (y lo mismo podría decirse de buena parte de los iusnaturalistas contractualistas), los derechos subjetivos son previos –al menos desde el punto de vista metafísico o justificativo– al Derecho objetivo, esto es, al ordenamiento jurídico.

Un paso adelante en esta dirección lo efectúa John LOCKE. En mi opinión, LOCKE es un discípulo aventajado de HOBBES ya que sigue, en gran parte al menos, las tesis y los modos argumentativos de éste. Sin embargo, si el fondo de su pensamiento es hobbesiano, su presentación externa es diferente, menos descarnada, acaso menos sincera. Esta presentación pule las aristas cortantes de los esquemas hobbesianos con un estilo más suave y con la invocación a términos de clara resonancia escolástica.

La diferencia esencial entre HOBBES y LOCKE, en el asunto que nos ocupa, es que este último amplía los derechos naturales que el Estado debe reconocer para estar legitimado. LOCKE sostiene que esos derechos naturales son la vida *(life)*, la libertad *(freedom)* y la propiedad *(possessions)*. Al conjunto de todos estos derechos le da el nombre de *property*. Exige que la libertad forme parte de esos derechos; pero esto ha de interpretarse en el marco de lo que se entendía por libertad en la Inglaterra del siglo XVII. No hay que olvidar que LOCKE admite sin ambages la esclavitud. Las libertades políticas no son un derecho para todo el mundo, sino para la aristocracia y la burguesía ilustrada; quedan excluidos los artesanos, los agricultores que trabajan directamente la tierra (no así los terratenientes) y, por supuesto, las mujeres. También es cierto, sin embargo, que con las matizaciones que se quiera –que no son pocas– el concepto de libertad queda introducido entre los derechos naturales que el Estado debe garantizar. Las ideas tienen su propia fuerza cuando se formulan y acaban por imponerse por encima de las contradicciones. En efecto, los tiempos posteriores a los que vivió LOCKE han demostrado que se ha ido ampliando constantemente la base social de dicho concepto de libertad.

Junto a la vida y a la libertad también exige LOCKE que la propiedad sea considerada como un derecho natural. Emplea el concepto típico del Derecho romano, aunque él usa a veces el término *possessions* y otras, *ownship*. A diferencia de HOBBES que –con mayor coherencia– considera que la propiedad, al ser una institución jurídica, no puede aparecer en el estado de naturaleza, sino en el de sociedad, LOCKE concibe la propiedad como una institución natural. Como consecuencia de ello, la propiedad queda sacralizada al mismo nivel que la vida y la libertad. Bien es verdad que nuevamente habría que introducir el matiz, nada nimio, de que LOCKE admite la esclavitud, por lo que queda mal parada tanto la libertad como la propiedad. Véase a este respecto su obra *Segundo Tratado sobre el Gobierno Civil*.

Teniendo en cuenta lo expuesto puede afirmarse que si HOBBES es el teórico del Estado, legitimado sobre las bases ideológicas del individualismo utilitarista, en LOCKE es posible encontrar las raíces teóricas de un incipiente Estado liberal también de corte individualista. El esquema de pensamiento es común a ambos, pero cada uno acentúa un aspecto diverso. HOBBES pone el acento en la paz y en la seguridad, mientras que LOCKE lo pone en la propiedad.

Esto último queda de manifiesto por el hecho de emplear LOCKE precisamente el término «propiedad» *(property)* para denominar al conjunto de los derechos naturales. La elección de este término no responde a una casualidad, ni tampoco a un capricho terminológico. Responde a que LOCKE interpreta los derechos naturales como manifestaciones de la propiedad, que de ese modo se eleva al grado de derecho natural genérico, comprensivo de todos ellos, los cuales no son sino sus manifestaciones concretas. No le falta razón a LOCKE en este sentido, si se miran los derechos desde la perspectiva que él los mira. Los derechos naturales son los derechos del individuo, expresan lo que es de cada uno por naturaleza. Desde una perspectiva meramente conceptual acaso no exista una palabra que se adapte mejor a la idea que la de «propiedad».

A partir de la Ilustración en el siglo XVIII expresiones tales como «derechos naturales», «derechos humanos» o similares se han extendido con la máxima rapidez tanto en el marco de la política, como en el de la legislación (sobre todo en las constituciones) y asimismo, como no podía ser de otra manera, en el seno del pensamiento jurídico. Los «derechos» han llegado a ser uno de los problemas más polémicos y cargados de ideología en la Edad contemporánea. Esto ha repercutido asimismo en el tratamiento científico del concepto de derecho subjetivo, que se ha visto lastrado por una gran carga de historia filosófico-política. De ahí que, en ciertas ocasiones, se haya criticado el concepto con una radicalidad excesiva y se haya propuesto incluso su exclusión del seno de la ciencia jurídica.

Para comprender cabalmente la polémica que ha rodeado y rodea al concepto de derecho subjetivo es necesario examinar los argumentos de sus impugnadores. Pero antes de pasar a ese aspecto de la cuestión, me voy a detener un poco en explicarte algunas de las teorías que se han dado en el positivismo jurídico. Bien es verdad que las críticas acerbas contra el concepto de derecho subjetivo han surgido sobre todo en el terreno del positivismo. No todas las tesis positivistas han sido, sin embargo, adversas a dicho concepto.

NOTAS Y COMENTARIOS

– Thomas HOBBES, *Leviatán o La materia, forma y poder de una República, eclesiástica y civil*, edición de C. MOYA y A. ESCOTADO, Editora Nacional, Madrid 1979.

– John LOCKE, *Ensayo sobre el Gobierno Civil*, traducción de A. Lázaro Ros, introducción de L. RODRÍGUEZ ARANDA, Aguilar, Madrid 1969.

EJERCICIOS

1. Aclara la diferencia entre estas dos nociones: uso de un concepto y teorización del mismo.

2. ¿Qué significa que los conceptos jurídicos son conceptos históricos? ¿Se diferencian en esto de los demás conceptos de otras ciencias? Razona la respuesta y pon ejemplos.

3. Comenta el pasaje de ULIPIANO y el de GAYO referentes al *ius* en su sentido subjetivo. Busca en un libro de Derecho romano qué otras acepciones tiene la palabra *ius*.

4. Explica la distinción que hace OCKAM entre titularidad y ejercicio de un derecho subjetivo. ¿Por qué esa distinción fue muy importante para resolver la cuestión del voto de pobreza de los franciscanos?

5. Señala los aspectos que tienen en común las teorías de HOBBES y de LOCKE.

6. ¿Qué es la Escolástica? ¿Cuál es su época de apogeo? ¿Hay hoy un pensamiento escolástico relevante? Te aconsejo que, para contestar a estas preguntas, acudas a libros de historia de la Filosofía general.

7. Explica en qué consiste el estado de naturaleza para los contractualistas.

8. ¿Por qué se afirma que el estado de naturaleza es una ficción del pensamiento? Razona tu respuesta aclarando qué se entiende por «ficción»: para ello distingue entre ficción en la ciencia y en la filosofía y ficción en la novela. (Ésta es una pregunta un poco difícil, pero ¡intenta contestarla!).

9. ¿Qué relación existe entre el estado de naturaleza y los derechos subjetivos?

10. Explica la relación que existe entre *natural rights* y *natural laws* en la obra de Thomas HOBBES.

11. ¿Crees que hay *una* naturaleza humana? Da tu opinión y razona tu respuesta.

12. Aclara en qué consiste el estado de sociedad para los contractualistas.

13. Relaciona estado de sociedad civil y Estado.

14. Explica estas dos frases de HOBBES y ponlas en relación: *bellum omnium contra omnes* y *homo homini lupus*.

15. ¿Por qué en el estado de naturaleza, tal como lo describe HOBBES, la libertad es ilusoria?

16. La razón en HOBBES es utilitaria. Explica lo que significa esta afirmación.

17. ¿Cuáles son en HOBBES las principales cláusulas del contrato social? Relaciona dichas cláusulas con los derechos subjetivos naturales.

18. En HOBBES los derechos son naturales y los deberes son convencionales. Explica esta idea y razona sobre sus consecuencias.

19. John LOCKE engloba al conjunto de los derechos subjetivos naturales bajo el rótulo de *property*. Razona sobre la importancia teórica que tiene esta concepción.

20. ¿Puede explicarse de algún modo que LOCKE entienda que la libertad es un derecho natural y, al mismo tiempo, que acepte la «servidumbre»?

LXXIX. LOS DERECHOS SUBJETIVOS EN EL PSICOLOGISMO JURÍDICO DEL SIGLO XIX

El modelo epistemológico dominante hasta el siglo XVIII fue el iusnaturalismo. Con el cambio de siglo al XIX comienza a declinar su estrella y entra con gran vigor en el escenario del conocimiento el llamado genéricamente positivismo.

El positivismo supone toda una concepción del mundo y, sobre todo, del conocimiento. Sus aplicaciones son múltiples. Las distintas ramas del saber humano se ven influidas poderosamente por su vigorosa presencia. Primero, en las ciencias de la naturaleza; y después, en las ciencias sociales y culturales, entre las que destaca la ciencia del Derecho.

El positivismo es una corriente genérica de pensamiento filosófico y científico que sostiene que el conocimiento en sentido estricto es el conocimiento científico, cuyo objeto son los hechos. Las ciencias, cualesquiera que éstas sean, son ciencias empíricas, es decir, ciencias de hechos.

En el ámbito jurídico esta postura se concreta en la necesidad de traducir los conceptos jurídicos a términos empíricos, es decir, en interpretar aquellos conceptos de tal manera que se muestre su significado «positivo», su relación con los hechos. Esto tiene lugar de diversas maneras, una de las cuales tendrá bastante éxito en el siglo XIX. Me refiero a la versión psicologista del positivismo jurídico.

En efecto, el psicologismo constituye una de las maneras más características en el siglo XIX de aproximación intelectual a los fenómenos jurídicos. Se propone interpretar los conceptos del Derecho en clave psicológica, lo cual implica formular dichos conceptos atendiendo a los hechos psíquicos a los que se refieren. El punto de partida, como bien subraya BIERLING, es que el Derecho no tiene una realidad externa, como la tiene la naturaleza que nos rodea (esto es, los campos, las montañas, los ríos, los mares, las ciudades, los hombres, los animales, en suma, todo lo que se puede ver y tocar). La realidad del Derecho se encuentra dentro de los seres humanos, en sus espíritus, en sus psiques. El Derecho o, mejor, los ordenamientos jurídicos existen y tienen vigencia porque los humanos reconocemos la obligatoriedad de sus normas y por eso las obedecemos. Por tanto, para traducir los conceptos jurídicos en conceptos positivos, es decir, empíricos o fácticos, es preciso entenderlos en términos propios de la psicología de los individuos. Esta postura psicologista puede comprobarse en las dos teorías que en el siglo XIX reelaboran el concepto del derecho subjetivo alejándose del pensamiento iusnaturalista y echando mano a aspectos o facultades psicológicas de las personas. Me refiero a la teoría de la voluntad y a la teoría del interés.

La teoría de la voluntad tiene como su principal representante a Bernhard WINDSCHEID, al que ya conocemos como autor de un importante tratado de Derecho civil. WINDSCHEID define el derecho subjetivo con estas palabras: «Un poder o señorío de la voluntad concedido por el ordenamienrto jurídico» (*«Recht ist eine von der Rechtsordnung verliehene Willensmacht oder Willensherrschaft»).*

Obviamente, la concepción de WINDSCHEID es denominada teoría de la voluntad en atención a que es ésta, la voluntad, el concepto decisivo para entender lo que sea el derecho subjetivo. Sería largo de exponer el uso que se ha hecho de la voluntad a lo largo de la historia del pensamiento jurídico. Baste recordar aquí que hay autores, como WELZEL o FASSO, que consideran dicha historia como un diálogo entre voluntaristas y racionalistas, entre partidarios de la voluntad y partidarios de la razón. Ambas constituyen facultades humanas sumamente relevantes, y gran parte del pensamiento filosófico ha girado en torno a lo que significan y asimismo en torno a su posible contraposición. Tanto el voluntarismo como el racionalismo han dejado profunda huella en el pensamiento jurídico. Ahora nos ocuparemos sólo de algunos rasgos del primero en relación con el asunto que nos ocupa del derecho subjetivo.

Las concepciones voluntaristas han gozado de gran extensión en el mundo del Derecho. Se ha dicho, y hoy en día es frecuente repetirlo, que el Derecho (en su sentido de ordenamiento jurídico) es la voluntad del Estado, y que la ley es la voluntad del legislador, y no falta quien afirme que la sentencia judicial es la voluntad del juez. Así las cosas ¿qué puede haber de extraño que el derecho subjetivo sea la voluntad de un sujeto a la cual el ordenamiento le reconoce efectos jurídicos? Si el Derecho en su sentido objetivo es entendido como voluntad del Estado, nada de extraño puede tener que al derecho en sentido subjetivo se le vea como la expresión de la voluntad de las personas. Habría así, en primer lugar, una voluntad del Estado, que se manifestaría en el ordenamiento jurídico mismo, y habría una voluntad del sujeto particular, cuya manifestación sería el derecho subjetivo. La sustancia (en términos empíricos, que son los propios del positivismo) en ambos casos sería la misma: la voluntad.

Pero ¿qué puede significar esta palabra, «voluntad»? Su significado primero y más propio, sin acudir a juegos metafóricos, se refiere a una de las dos facultades psíquicas del individuo humano. La otra sería la inteligencia o la razón. Mientras que este última es la sede psíquica de la intelección y de la comprensión, la voluntad sería aquella facultad del alma humana que moviliza nuestras fuerzas y nos impele a realizar las acciones. La razón tendría un carácter más contemplativo y, por tanto, estático. La voluntad representaría el motor de la actividad humana.

Mientras que a la razón le corresponde razonar y entender, a la voluntad le corresponde *querer*. El *querer* algo es la acción más típica de la voluntad, y ese algo puede ser un comportamiento ajeno y también un comportamiento propio. Yo puedo querer que alguien se comporte de determinada manera, y también puedo querer comportarme yo de un cierto modo. El objeto de mi querer puede recaer sobre acciones ajenas o sobre mis propias acciones.

Lo característico del derecho subjetivo, en la teoría voluntarista, es que el ordenamiento jurídico *autoriza* ese «querer». Si estudiamos la explicación de WINDSCHEID vemos que para él el derecho subjetivo comprende dos tipos, ambos identificables con la palabra *Berechtigung*, autorización. Obsérvese, por lo demás, la raíz del vocablo alemán: *–recht–*.

En primer lugar, «derecho subjetivo» significa, para WINDSCHEID, derecho a un cierto comportamiento (hacer u omitir) de una persona o varias personas con respecto al autorizado, esto es, al sujeto del derecho. Es el Derecho objetivo el que ordena ese comportamiento, y pone a la libre disposición del sujeto autorizado el exigirlo o no exigirlo; en especial, pone a su libre disposición los medios de garantía previstos por el ordenamiento, lo cual quiere decir que garantiza que la voluntad del sujeto del derecho subjetivo se cumpla. De este modo, enfatiza WINDSCHEID, «su voluntad es decisiva para el cumplimiento efectivo de la orden dada por el ordenamiento jurídico». Éste pone a disposición del sujeto del derecho subjetivo los medios de garantía, «hace que su mandato se convierta en mandato del sujeto». De esta manera, «el Derecho se convierte en *su* derecho».

El derecho subjetivo tiene un segundo significado, como cuando se dice «por ejemplo, que el propietario tiene el derecho de enajenar su cosa, el acreedor tiene el derecho de ceder su crédito, el contratante tiene el derecho de retracto o el derecho de rescisión.» Con estas formas expresivas se quiere decir –señala WINDSCHEID– que «la voluntad del interesado es decisiva para el surgimiento de derechos de la primera clase, o para la modificación o extinción de los ya existentes. Se le atribuye al sujeto autorizado una voluntad decisiva, no para la realización efectiva, sino para el ser de mandatos del ordenamiento jurídico.» Éste hace suya la voluntad del sujeto del derecho subjetivo, haciendo así posible que la voluntad del sujeto dé lugar a mandatos jurídicos que o bien generan nuevos derechos, o bien modifican o extinguen derechos ya existentes. Las citas están tomadas de WINDSCHEID, *Lehrbuch des Pandektenrechts*, tomo I, ya citado, pgs. 155-156.

En cualquiera de las dos modalidades del derecho subjetivo, éste es expresión de la voluntad del sujeto.

¿Qué podemos decir de esta concepción voluntarista de los derechos subjetivos? ¿Podemos aceptarla en el contexto de la teoría formal que, como sabemos, constituye una parte sustancial de la Teoría comunicacional del Derecho? Dicho de otro modo, ¿podemos admitir que las nociones de la psicología son las que han de dar cuerpo a la definición de los conceptos jurídicos universales o formales? Creo, estimado lector, que ya sabes la respuesta: la teoría formal no puede introducir elementos de naturaleza fáctica en la definición de sus conceptos. En esto no nos separamos de los planteamientos propios de la Teoría pura del Derecho.

La crítica a la teoría de la voluntad es consecuencia de la crítica general al psicologismo. Si la ciencia del Derecho ha de manejar conceptos propios, éstos han de ser necesariamente jurídicos, esto es, conceptos autónomos respecto de los conceptos que pertenecen a otras ciencias, entre ellas la psicología. Dicha crítica la sintetiza muy bien Hans KELSEN en una obra que ya conocemos, *Hauptprobleme* (1911), en la que expresa –siguiendo en ello los pasos de August THON y de otros normativistas– que el concepto central de la ciencia del Derecho es el concepto de norma jurídica. De él han de derivar el resto de los conceptos jurídicos y, por tanto, también el de derecho subjetivo. En la obra citada KELSEN se propone depurar los conceptos jurídicos de toda ganga o añadido extra-jurídico, en especial del psicologismo y del sociologismo.

En concreto, su crítica a la concepción de WINDSCHEID se puede resumir en los siguientes puntos: A) Hay casos en los cuales el titular de un derecho subjetivo no tiene la más mínima intención de ejercerlo; si el derecho subjetivo dependiera de la voluntad, al no existir ésta en quien no quiere ejercitarlo, también habría de desaparecer el derecho. Sin embargo, tal cosa no sucede, lo que demuestra que el derecho subjetivo persiste aun cuando su titular no tenga voluntad alguna de ejercerlo. B) Hay personas que, debido a su edad o a otras circunstancias, carecen de la capacidad psicológica para ejercer una voluntad, a pesar de lo cual pueden ser titulares de derechos subjetivos. Tal es el caso de los menores de corta edad (p. ej., un niño de dos meses), de los incapaces (como un enfermo psíquico con escasa conciencia de la realidad) y asimismo de las personas jurídicas; éstas, al ser construcciones del Derecho, carecen por sí mismas de los atributos naturales que tienen por lo general las personas físicas, como la voluntad. C) El titular de un derecho subjetivo puede que ignore que lo es y, sin embargo, sigue siendo titular. Así, una persona puede haber heredado de un familiar que emigró a América y no saber nada. Esa ignorancia conlleva ausencia de voluntad, pues lo que se ignora no puede ser objeto de un acto psíquico, a pesar de lo cual no constituye obstáculo alguno para que el heredero lo siga siendo. D) Hay derechos irrenunciables, lo que significa que no dependen de la voluntad del titular, sino que éste los tiene aunque no quiera; evidentemente, si dichos derechos dependieran de la voluntad de su titular serían renunciables.

La segunda teoría del derecho subjetivo que tuvo gran éxito en el siglo XIX y también posteriormente es la denominada teoría del interés. Fue formulada por Rudolf VON JHERING.

Según JHERING, todo derecho subjetivo implica dos elementos: uno sustancial, y otro formal. El sustancial o de contenido es el interés. El formal es la protección jurídica de dicho interés; protección que se concreta en la acción procesal. Por eso, define el derecho subjetivo como «el interés jurídicamente protegido».

Esta concepción la mantiene JHERING en la última parte de su obra *El Espíritu del Derecho Romano*, a la que ya nos hemos referido. En ella se manifiesta claramente el giro de pensamiento que JHERING experimentó desde la defensa de los conceptos jurídicos como entidades independientes hacia posiciones claramente psico-sociologistas. Puede decirse que esta obra, tan espléndida por otra parte, no está construida conforme a un mismo espíritu, sino que, como digo, revela dos actitudes: la primera, partidaria de la llamada «jurisprudencia de conceptos»; la segunda, que inicia la que posteriormente será denominada «jurisprudencia del intereses».

JHERING critica inteligentemente la teoría voluntarista. Dice: «los derechos no son el fin de la voluntad, sino que le sirven de medio. Si la voluntad únicamente fuera el objeto del derecho, ¿cómo podrían tener derechos las personas sin voluntad? Si personalidad y capacidad jurídica son equivalentes a capacidad de querer, no se explica por qué todas las legislaciones reconocen en los niños y los locos, no sólo la parte puramente humana de la personalidad, el cuerpo y la vida, sino que les conceden, salvo ligeras modificaciones, la misma capacidad patrimonial que a las personas dotadas de voluntad.» (pg. 443 de la edición de Fernando VELA, *Abreviatura de «El Espíritu del Derecho Romano»*, 2ª ed., Revista de Occidente, Madrid, 1962). Como puede apreciarse, la crítica de JHERING a la teoría de la voluntad se adelanta a la que formularía KELSEN muchos años después.

Rechazada la concepción voluntarista, JHERING expone la suya propia: «los derechos (...) existen (...) para garantizar los intereses de la vida, ayudar a sus necesidades y realizar sus fines. Los derechos no producen nada inútil; la *utilidad,* no la voluntad, es la sustancia del derecho (...). Dos elementos constituyen el principio del derecho: uno *sustancial,* que es el fin práctico del derecho, la utilidad, las ventajas y ganancias; otro *formal,* que es medio para este fin: la protección del derecho; la acción de la justicia. *Los derechos son, pues, intereses jurídicamente protegidos.*» (pg. 445).

Aunque la palabra «interés» sugiere de inmediato el de naturaleza económica, JHERING la entiende en su sentido más general, por tanto, aplicable lo mismo al interés económico que a cualesquiera otras especies de interés que los hombres tenemos: interés social, político, artístico, cultural e incluso afectivo. Relaciona los siguientes conceptos: utilidad, bien, valor, goce e interés. Subraya que los bienes que protegen los derechos subjetivos «no son sólo materiales; hay otros bienes de mayor valor: la personalidad, la libertad, el honor, los lazos de familia, etc. El derecho atiende a unos y otros (...).» (pg. 445). Y, correspondiendo a los bienes, hay también asimismo múltiples clases de interés. Los que tienen relevancia jurídica son los reconocidos por el legislador que, al protegerlos, los eleva a derechos subjetivos (pg. 446).

Aunque los bienes e intereses son de muchas especies, no deja de ser cierto que, cuando se participa en un pleito en el que se trata de defender intereses de tipo espiritual, los jueces los suelen convertir a su equivalente económico. Puede afirmarse, por consiguiente, que el núcleo duro del concepto de interés es el económico. Esta manera de ver las cosas enlaza además muy bien con la mentalidad propia del utilitarismo, corriente que en buena parte inspiró las posiciones del «segundo JHERING».

La crítica a la teoría del interés formulada desde posiciones normativistas (THON, KELSEN) es similar a la ejercida contra la teoría de la voluntad. Pues, se dice, también el concepto de interés pertenece a la psicología. Se argumenta que si el interés de las personas fuera el elemento definidor del derecho subjetivo, éste dejaría de existir si aquel faltara, lo cual no sucede en absoluto. Pues una persona puede ser perfectamente titular de un derecho subjetivo sin que en absoluto tenga interés en tenerlo ni en ejercerlo. Por eso THON, en su obra *Rechtsnorm und subjektives Recht* (1878), subraya que lo jurídico en el derecho subjetivo no es el interés, sino la protección; no el contenido, sino la forma; o sea, la acción procesal.

En crítica a JHERING, subraya THON que en el derecho subjetivo no hay que ver dos componentes, «la cáscara protectora, la protección jurídica, y el núcleo, el interés», sino que «sólo la cáscara forma el derecho», pues éste «es sólo medio, nunca un fin en sí mismo». Y por eso propone cambiar los términos de la definición de JHERING: el derecho subjetivo no es el interés jurídicamente protegido, sino «el medio protector del interés» *(das Schutzmittel eines Interesses)* (pg. 219). Ese medio protector es la pretensión procesal *(Anspruch)* (pg. 218).

Como posición ecléctica o combinatoria de las teorías de la voluntad y la del interés, se suele citar la sostenida por Georg JELLINEK, en su importante libro sobre los derechos públicos subjetivos. Define de esta forma el derecho subjetivo en general: «Poder de la voluntad humana, que el ordenamiento jurídico reconoce y protege, dirigido a un bien o interés» (*System der subjektiven öffentlichen Rechte,* 2ª ed., ya citado, pg. 44). Es evidente que las críticas contra las teorías voluntaristas y del interés son aplicables a esta definición en la que de nuevo aparecen esos conceptos (voluntad, interés) tan vinculados al psicologismo, precisamente por ser términos que se refieren a lo que los escolásticos llamaban facultades del alma humana.

Con esto damos por concluida esta breve exposición de algunas de las teorías más destacadas que florecieron en el siglo XIX y que tienen en común su inspiración en los postulados básicos del psicologismo. Las críticas que, desde posiciones formalistas –del estilo de la defendida aquí en la parte de la Teoría comunicacional que se encarga de los conceptos jurídicos universales–, tienen un rasgo muy claro en común: los conceptos jurídicos no son conceptos psicológicos, sino conceptos *formales*. Para la Teoría comunicacional eso significa dos cosas: el análisis formal del lenguaje jurídico y el análisis de las funciones formales que el concepto que se examina cumple dentro del sistema jurídico. Pero, antes de llegar a nuestro puerto de destino, es conveniente que naveguemos un poco más por el proceloso mar del derecho subjetivo, uno de los conceptos que más ha dado que hacer a la literatura jurídica.

NOTAS Y COMENTARIOS

- Hans WELZEL, *Introducción a la Filosofía del Derecho (Derecho natural y Justicia material)*, traducción de Felipe GONZÁLEZ VICÉN, Aguilar, Madrid 1971. Guido FASSO, *Storia della filosofia del diritto*, 3 volúmenes, Il Mulino, Bologna, varias ediciones; hay versión española de José LORCA NAVARRETE en la Editorial Pirámide. Véase Fernando H. LLANO ALONSO, *El pensamiento iusfilosófico de Guido Fasso*, Prólogo de Antonio Enrique PÉREZ LUÑO, Tecnos, Madrid 1997.
- Dice THON que «el derecho subjetivo no es idéntico a la pretensión; puede existir y existe la mayoría de las veces antes de que haya surgido la pretensión mas sólo la garantía de una eventual pretensión por parte del ordenamiento jurídico eleva la situación protegida por la norma a derecho sobre lo protegido. El derecho subjetivo se fundamenta en la promesa *(Verheissung)* de eventuales pretensiones; consiste en la probabilidad de éstas. O más exactamente, surge por determinación del Derecho objetivo para aquello que protegen las normas, en cuya virtud se garantiza un medio, una pretensión para el caso de infracción de éstas (...)» (*Rechtsnorm und subjektives Recht*, citado, pg. 218).

EJERCICIOS

1. Haz un resumen de la lección.

2. Relaciona positivismo y psicologismo.

3. Explica cuál es la idea metódica del psicologismo jurídico.

4. Explica el concepto de voluntad. ¿Puede tener algún otro significado en lugar del psicológico?

5. ¿En qué consiste el voluntarismo en la Teoría del Derecho?

6. ¿Qué dos significados tiene en WINDSCHEID el concepto de derecho subjetivo? ¿Tienen ambos significados algo en común?

7. ¿Qué es el derecho de retracto? ¿Y el de rescisión? Para contestar a estas cuestiones, consulta tratados de Derecho civil.

8. ¿Puede la teoría comunicacional del Derecho aceptar la tesis voluntarista? Razona la respuesta.

9. ¿Es acertado el enfoque de la Teoría pura del Derecho al criticar el psicologismo jurídico?

10. Comenta las críticas de KELSEN a la teoría voluntarista del derecho subjetivo. Para ello ayúdate de ejemplos.

11. ¿Qué son los derechos irrenunciables? Pon algún ejemplo. ¿Por qué la existencia de derechos subjetivos irrenunciables socava la tesis voluntarista?

12. ¿Quién fue Rudolf VON JHERING? Resume su biografía en breves líneas.

13. Comenta el hecho de que JHERING tuvo dos fases en el desarrollo de su pensamiento jurídico. Su teoría del derecho subjetivo como interés ¿a qué fase pertenece?

14. Comenta la definición de JHERING del derecho subjetivo.

15. Pon ejemplos de diversos tipos de interés.

16. ¿Qué significación tiene el aspecto económico de los intereses?

17. Intenta relacionar estos conceptos: bien, valor, interés.

18. El concepto de interés, ¿es psicológico, o no? Razona la respuesta.

19. ¿Cuál es la postura de THON respecto de la tesis de JHERING?

LXXX. ALGUNAS CRÍTICAS AL DERECHO SUBJETIVO

Como vamos viendo, el derecho subjetivo, lejos de ser un concepto pacífico, ha suscitado múltiples polémicas. En la lección anterior nos hemos centrado en el debate que, en torno a dicho concepto, tuvo lugar en el siglo XIX, y más que nada entre juristas que defendían posiciones psicologistas. Ya te advertí en su momento que los conceptos jurídicos tienen su propia historia y, como las de las personas, unas son tranquilas y reposadas, y otras son aventureras y rocambolescas. La del derecho subjetivo pertenece a estas últimas. Desde hace siglos es traído y llevado de aquí para allá, bajo mil formas diferentes. En gran parte, eso se debe a que, en el lenguaje ordinario, se usa la palabra «derechos» con significados e intenciones muy dispares y todas ellas pretenden la misma legitimidad. Ahora, en esta lección, vamos a introducirnos en algunas concepciones que, aunque de muy variado origen y signo, tienen en común que representan críticas del concepto de derecho subjetivo. Unas son más contundentes que otras (incluso las hay que propugnan su supresión, como pudimos comprobar al estudiar las situaciones jurídicas), y todas ellas han contribuido a enriquecer el debate, siendo de destacar que algunas han evolucionado hacia posiciones menos severas y han concluido por aceptar el concepto con nuevos enfoques. Para su estudio las dividiremos en dos grupos: las críticas de naturaleza política o ideológica, y las críticas más propiamente jurídicas, en especial en el marco de la Teoría del Derecho. Como es natural, a estas últimas les dedicaré mayor atención.

En el terreno de las ideologías políticas, la posición del marxismo, por una parte, y la del nazismo, por otra, han pretendido ser demoledoras.

Para los marxistas el concepto de derecho subjetivo representa la generalización de la idea de propiedad privada y, por consiguiente, es un concepto propio de la ideología burguesa. Sostienen que la burguesía, como clase social dominante, monopoliza en sus manos los medios de producción, o sea, el poder económico, y como consecuencia también el poder político. Ambos poderes, el económico y el político, toman forma en el poder jurídico y en las nociones ideadas por los juristas, al servicio del modo de producción dominante, el capitalismo. El derecho y sus conceptos son parte sustancial de la superestructura ideológica de la sociedad de clases. Entre dichas nociones la de derecho subjetivo ocupa un lugar privilegiado, ya que con ella se generaliza y al mismo tiempo se justifica su núcleo esencial, que es la propiedad privada. A la vez, permite manejar un concepto abstracto del individuo, desligado de su realidad económica y social. La propiedad privada, sobre todo de los medios de producción (la tierra, las empresas, las industrias, etc.), es la forma jurídica típica de la explotación capitalista, y el derecho subjetivo es el concepto general que, construido sobre la idea de propiedad, generaliza la relación del hombre con las cosas e, indirectamente, con los demás, con la sociedad. El derecho subjetivo, en suma, es un instrumento conceptual acuñado por la ideología jurídica burguesa al servicio de una clase social y en detrimento de la «clase universal», que es el proletariado (los marxistas la denominan «clase universal» porque, según ellos, en el proletariado se resumen todas las contradicciones de la sociedad capitalista, de modo que, cuando dicha clase social ascienda al poder, la humanidad entera quedará libre de todas las ataduras de clase).

La crítica marxista se detiene especialmente en aquellas aplicaciones del derecho subjetivo al campo de la actividad política. Por eso, critica muy duramente no sólo el concepto general del derecho subjetivo, sino asimismo sus manifestaciones en el Derecho público. En este terreno se usan los términos de «libertades públicas» y «derechos fundamentales». Las primeras son, por ejemplo, la libertad de asociación, de reunión, de manifestación, de expresión, etc., esto es, aquellos derechos que más tienen que ver con la libertad política. Los segundos son, por ejemplo, el derecho a la vida, a la intimidad, a libertad de movimientos, a la libre elección de profesión, al matrimonio, etc., esto es, derechos que afectan a todas las personas en general, sin que haya que pensar necesariamente en un vínculo de tipo político. Pues bien, la crítica marxista se centra en ambos, tanto en las libertades públicas como en los derechos fundamentales. Los califica de «formales», dando a entender con esta palabra que son encubridores de la injusticia radical que es consustancial a la sociedad de clases. La realidad que subyace a esos derechos formales es la verdadera realidad, que no es otra que la situación de explotación de una clase social por otra. Por eso proclaman la democracia real frente a la democracia formal. La historia, sin embargo, ha demostrado hasta la saciedad en qué acaban esas sedicentes democracias reales. Acaban en tiranías.

Para un marxista ortodoxo, en definitiva, todo el conjunto de los derechos subjetivos, tanto públicos como privados, no es otra cosa que una construcción formal de la ideología jurídica propia de la clase social dominante en el sistema capitalista. Los derechos subjetivos son los derechos del burgués. Tienen la función ideológica de legitimar el modo de producción capitalista, encubriendo con sus engañifas jurídicas la injusticia radical que supone la división en clases sociales.

Hay que decir que este desprecio que esgrimen los marxistas respecto a los derechos es una manifestación más de su menosprecio del Derecho en general. No se olvide que una de las tesis (o «profecías») de Karl MARX es que, al desaparecer el capitalismo e instaurarse el «paraíso comunista» se extinguiría el Derecho, que sería sustituido por la «administración de las cosas», y desaparecerían los juristas.

Desde el otro extremo del espectro político, el nazismo, también se ha llevado a efecto una intensa «lucha contra el derecho subjetivo», no en nombre de una clase social, sino en el de la raza aria y la nación que la representa. El concepto del derecho subjetivo es visto, curiosamente en coincidencia con los marxistas, como la piedra angular de la ideología jurídica del individualismo burgués y, consecuentemente, del liberalismo. Uno de los críticos más sobresalientes fue el civilista y filósofo del Derecho Karl LARENZ, quien en sus obras primeras propuso sustituir el concepto de derecho subjetivo por el de «posición jurídica» *(Rechtsstellung).* El individuo no tiene derechos de por sí, sino que viene definido en una posición que el ordenamiento jurídico de la nación le atribuye. La comunidad se organiza por medio del Derecho, y cada posición individual no es otra cosa que el «lugar» que aquélla adscribe a cada uno.

En el terreno de la filosofía jurídica no ideologizada hasta los extremos del marxismo y del nazismo, el concepto del derecho subjetivo también ha sufrido serios embates. Me voy a referir, para simplificar un poco, a los que han provenido del normativismo formalista y a los provenientes del realismo jurídico, tanto escandinavo como norteamericano. Una visión más completa de las críticas al derecho subjetivo nos llevaría a tratar asimismo a otros autores y tendencias, como Léon DUGUIT o Michel VILLEY. Del primero ya sabemos algo, por lo estudiado en el tema de la situación jurídica. Al segundo, partidario de lo que él denomina Derecho natural clásico, le reservo un breve apartado en «Notas y Comentarios». Entremos, pues, en la posición del normativismo formalista de la Escuela de Viena.

La postura de KELSEN con respecto al derecho subjetivo no ha sido uniforme a lo largo de su dilatada producción científica. En sus obras primeras, desde *Hauptprobleme* (1911) hasta la primera edición de *Reine Rechtslehre* (1934), mantuvo una posición que podemos llamar negadora o casi negadora. Sin embargo en la segunda edición de esta última obra (1960), probablemente debido a que en ella amplía el panorama de su concepción de las normas jurídicas (recordarás que ya hemos estudiado este cambio de la primera a la segunda edición de *Teoría pura del Derecho*; te aconsejo que releas las lecciones XXIII a XXV), se muestra mucho más comprensivo con el concepto, y se puede afirmar que en dicha edición encontramos una concepción «positiva» del concepto de derecho subjetivo.

Para el KELSEN de ese primer período la norma jurídica, como recordarás, es un juicio hipotético que conecta un supuesto de hecho y una consecuencia jurídica por medio de un nexo de *deber*. Toda norma jurídica es expresión del *deber (sollen)*, el cual es entendido como una categoría trascendente en contraposición al *ser (ser)* propio de la realidad fáctica. Este es el punto de partida ontológico, la distinción entre *ser* y *deber* (o *deber-ser*) como dos «mundos» separados por «un abismo infranqueable», según expresión del propio KELSEN.

Junto a esta tesis ontológica, el creador de la Teoría pura del Derecho sostiene asimismo una tesis metodológica: el conocimiento en sentido estricto es el científico, y la ciencia del Derecho conoce su objeto –el Derecho– mediante el método normativo, que consiste en traducir los distintos conceptos jurídicos en términos normativos. Esto supone el esfuerzo de entender dichos conceptos en su conexión más estrecha posible con el concepto de norma jurídica. De éste, ya que es el concepto central de la teoría jurídica, han de derivarse los demás conceptos.

Teniendo en cuenta esas ideas, no es difícil adivinar cuál será, para KELSEN, el concepto que deriva directamente de la norma de Derecho. Ya lo hemos estudiado en la lección dedicada al deber jurídico, pero ahora no es ocioso repetir la argumentación para comprender bien su posición respecto al derecho subjetivo; espero no ser demasiado pesado con esta reiteración. Si la norma jurídica es la expresión de un *deber*, de un *sollen*, es lógico pensar que el concepto que deriva directamente de la norma es el de deber jurídico. La norma jurídica expresa que, si sucede un hecho calificado por ella como supuesto de hecho ilícito, se debe imponer una sanción a la persona responsable del ilícito. Por tanto, formula un deber destinado a un órgano de aplicación del Derecho y cuya misión consiste precisamente en imponer la sanción prevista por la norma. A su vez, esa norma (que KELSEN llama primaria) presupone implícitamente otra norma, que denomina secundaria, cuyos destinatarios no son los órganos de aplicación, sino las personas en general o determinado tipo de personas (los profesores universitarios, los propietarios de inmuebles, los contribuyentes, etc.). Así, suponiendo que la norma primaria sea: «Si H es, debe ser C», la norma secundaria implícita en ella sería: «Debes no-H». H es el hecho ilícito; C es la consecuencia jurídica o sanción. La norma primaria impone un deber jurídico de aplicar la consecuencia al órgano encargado de aplicarla. La norma secundaria impone asimismo un deber jurídico, pero en este caso a destinatarios que no son órganos cuya función es aplicar normas, sino a las personas, a ti y a mí, por ejemplo. En cualquiera de ambos casos, ya miremos a la norma secundaria o a la primaria, resalta que la función normativa típica es la imposición de deberes. El deber jurídico es, por tanto, el concepto que deriva de un modo inmediato, directo, de la norma. Por eso dice KELSEN que la manifestación genuina del Derecho entendido en un sentido subjetivo, esto es, del Derecho (objetivo; o norma) en relación con un sujeto, es precisamente el deber jurídico. A esto hay que añadir que KELSEN, al menos en esta primera edición de *Teoría pura del Derecho*, mantiene una concepción homogénea de las normas jurídicas. De donde se deduce que de todas las normas jurídicas se derivan directamente deberes jurídicos y sólo deberes jurídicos.

Con este planteamiento de partida, ¿qué lugar puede ocupar el concepto de derecho subjetivo? No queda otra alternativa que contemplar ese poder de algún modo que se lo conecte con el de deber jurídico. Si de las normas de Derecho derivan directamente deberes jurídicos y nada más que deberes jurídicos, salta a la vista que el derecho subjetivo no tiene una sustantividad propia, ya que no deriva de modo inmediato de la norma. La solución que da KELSEN es que el derecho subjetivo es tan sólo una consecuencia contingente de los deberes jurídicos. «Contingente» quiere decir que no es necesaria dicha consecuencia; esto es, puede haber y hay deberes jurídicos que no tienen nada que ver con el derecho subjetivo, y hay algunos que sí tienen que ver. Dependerá en cada caso. El ser del derecho subjetivo es una consecuencia, y nada más que una consecuencia, de los deberes jurídicos preexistentes. Ahora bien, puede suceder y sucede que haya un deber jurídico que no tenga que ver con ningún derecho subjetivo. ¿Cómo entender este jeroglífico?

Lo diré con palabras sencillas: el derecho subjetivo (en esta primera edición de la principal obra kelseniana) sólo existe cuando el ordenamiento jurídico haya puesto a disposición de un sujeto la posibilidad de beneficiarse de deberes jurídicos impuestos a otros por las normas de Derecho. Esto quiere decir que el derecho subjetivo es, para KELSEN, el mismo Derecho (objetivo, la norma) en cuanto que se pone a disposición de un sujeto con la finalidad de que éste pueda exigir el deber o los deberes jurídicos correlativos.

KELSEN, al teorizar así el derecho subjetivo, se sitúa en una línea de continuidad con JHERING, quien propugnó la idea de los «derechos reflejos», según la cual los derechos subjetivos son simplemente los «reflejos» de los deberes jurídicos. Son éstos los que derivan de las normas directamente, de tal modo que si alguien tiene un derecho subjetivo, eso es posible sólo como el «reflejo» de que otra persona u otras personas tienen respecto de él algún deber jurídico. El ordenamiento concede al titular del derecho subjetivo la posibilidad de hacer valer dicho derecho, lo cual consiste simplemente en exigir el cumplimiento de los deberes jurídicos de los otros sujetos con él relacionados. También queda de manifiesto en la obra kelseniana la influencia de THON, quien sostiene que el derecho subjetivo es la misma norma jurídica en cuanto que es puesta a disposición de un sujeto, precisamente el titular del derecho subjetivo.

Esta propuesta teórica del primer KELSEN encaja, por lo demás, perfectamente con su crítica a la distinción entre Derecho en sentido objetivo (norma) y Derecho en sentido subjetivo (derecho subjetivo). Uno de los propósitos de la primera edición de su obra principal es justamente la superación de los dualismos clásicos, entre ellos el mencionado. En efecto, KELSEN sostiene que la ciencia jurídica decimonónica y de lo que hasta ese momento iba del siglo XX se caracteriza por que, a pesar de declararse positivista, maneja esquemas teóricos impropios del método positivista y que en realidad constituyen tesis iusnaturalistas que se han introducido inconscientemente por los autores. Entre esos esquemas teóricos «iusnaturalistas» se centra especialmente en los dualismos clásicos: Derecho privado y Derecho público, Estado y Derecho, Derecho natural y Derecho positivo, Derecho en sentido objetivo y Derecho en sentido subjetivo. La crítica de KELSEN apunta a la eliminación radical de estas distinciones. La Teoría pura del Derecho, al laminar los dualismos, desvela –tal es la opinión de KELSEN– su esencial igualdad. Así, no puede admitirse la distinción entre Derecho público y privado, ya que todo en el Derecho afecta a los individuos y a la colectividad, por lo cual es público y privado al mismo tiempo; lo lógico es prescindir del dualismo y hablar únicamente del Derecho, sin más. Lo mismo sucede con la dualidad Estado y Derecho: para KELSEN, desde el punto de vista jurídico, el Estado es sencillamente el Derecho, por lo que se desvanece dicha dualidad. Igualmente se diluye el dualismo Derecho natural/Derecho positivo, ya que el primero es una noción superflua (por ser imposible el conocimiento «racional», esto es, científico de sus contenidos concretos). En esta línea de razonamiento KELSEN critica también la dualidad Derecho objetivo/derecho subjetivo, pues éste –de acuerdo con la tesis de THON– no es otra cosa que la puesta a disposición de un sujeto de la norma jurídica. La dualidad derechos subjetivos/Derecho objetivo es propia del iusnaturalismo ilustrado, tesis que comparte KELSEN con DUGUIT, como ya hemos estudiado en una lección anterior. Ahora bien, como ya he apuntado, KELSEN cambiaría en la segunda edición de su obra esta posición radicalmente contraria al derecho subjetivo. Lo veremos en la lección siguiente.

Voy a concluir esta lección con una breve referencia a las críticas al derecho subjetivo provenientes del realismo jurídico.

Entre los escandinavos, es LUNDTEDT quien, en su posición extrema de reducir todos los conceptos jurídicos a meras nociones metafísicas carentes de referente empírico en la realidad, critica acerbamente el concepto de derecho subjetivo. Descubre su «irrealidad» y, por tanto, su irrelevancia para la ciencia. Al igual que el resto de los conceptos jurídicos, no es un verdadero concepto sino una quimera. Sería necesario cambiar el término que lo designa pues el actual (derecho subjetivo) da pie a la creencia de que existe tal cosa. Mas, al ser difícil cambiar el lenguaje de los juristas de la noche a la mañana, propone que al menos se tenga clara conciencia de su irrealidad y vacuidad, por lo que aconseja que se utilice la expresión poniéndola entre comillas. Así: «derecho subjetivo». Se trata, con las comillas, de recordar al lector que no es en verdad un concepto digno de la ciencia. Como recordarás, a esta propuesta la he denominado, irónicamente, la revolución metódica de las comillas.

Desde el realismo norteamericano también se han criticado las concepciones tradicionales (formalistas, normativistas) del derecho subjetivo. En contraste con ellas, presentan los autores que se adscriben a este movimiento un concepto sociológico (o, al menos, sociologista). Para ellos, el derecho subjetivo viene a ser algo así como la *probabilidad* que una persona tiene de ver cumplido un interés que el ordenamiento jurídico (las normas) dice proteger. Lo que prima no es lo que digan las leyes, el «derecho en los libros» *(law in the books)*, sino lo que suceda en la realidad de los hechos, en la vida *(law in the action)*. El derecho subjetivo es, por tanto, una expectativa fáctica, de carácter psíquico, asentada en la experiencia de los hechos: de lo que suele suceder el sujeto puede tener una idea bastante aproximada acerca de lo que ocurrirá de hecho con lo que pretende al invocar su «derecho subjetivo». No es suficiente con que las leyes protejan un determinado interés. A la persona lo que le interesa es lo que le ocurrirá en la realidad.

NOTAS Y COMENTARIOS

– Michel VILLEY (1914-1987), defensor del «Derecho natural clásico» (así denominado por él mismo, y cuya base son los juristas romanos y Tomás de AQUINO), representa un refrescante pensamiento jurídico antimoderno, lleno de sugerencias y provocaciones intelectuales. Aunque, en mi opinión, está equivocado en casi todo lo que mantiene, su modo de abordar los problemas incentiva la reflexión y el diálogo intelectual. Son fundamentales sus obras de historia, en especial *La formation de la pensée juridique moderne*, 4ª ed. Paris 1975. Su obra sistemática está recogida en dos pequeños volúmenes: *Philosophie du droit*. I, *Définitions et fins du droit*, 3ª ed. Paris 1982; y II, *Les moyens du droit*, 2ª ed. Paris 1984. En español disponemos de una excelente monografía sobre su pensamiento: Renato RABBI-BALDI, *La Filosofía jurídica de Michel Villey*, Pamplona, 1990.

EJERCICIOS

1. Resume la lección mediante un esquema sencillo.

2. ¿Cuál crees que es la causa de que el concepto de derecho subjetivo haya resultado tan sumamente polémico?

3. Explica la tesis crítica del marxismo sobre los derechos subjetivos.

4. ¿Qué es la democracia formal para el marxismo? ¿Por qué motivo la critica tan duramente? ¿Cuál es su propuesta sustitutoria?

5. Explica la postura que tenía Karl LARENZ en los años veinte y treinta del pasado siglo en relación al derecho subjetivo.

6. ¿Cuál es el punto de partida ontológico en la concepción del primer KELSEN?

7. ¿En qué consiste el método jurídico para KELSEN?

8. Recuerda el concepto de norma jurídica que maneja KELSEN en la primera edición de *Teoría pura del Derecho.*

9. En relación con la cuestión anterior, aclara la diferencia entre norma primaria y norma secundaria.

10. Explica el concepto de derecho subjetivo que defiende el primer KELSEN.

11. ¿Cuáles son los dualismos jurídicos criticados por KELSEN?

12. Explica los argumentos que utiliza KELSEN para criticar dichos dualismos.

13. ¿Por qué motivo sostiene KELSEN que la ciencia jurídica del siglo XIX, y asimismo la que le es contemporánea, está invadida de ideas propias de la mentalidad iusnaturalista?

14. ¿Qué es el derecho subjetivo para LUNDSTEDT? ¿Qué dirías tú acerca de su posición?

15. Explica la manera en que los realistas norteamericanos conciben, en general, el concepto de derecho subjetivo.

LXXXI. LA REVISIÓN DEL CONCEPTO DE DERECHO SUBJETIVO EN EL MARCO DEL POSITIVISMO JURÍDICO

Como habrás podido observar, todas las teorías que hemos estudiado en la lección anterior tienen un punto en común: simpatizan poco con el concepto de derecho subjetivo. Algunas de ellas simpatizan tan poco que lo que pretenden es eliminarlo del mapa de los conceptos jurídicos. Aún así, también debes de ser consciente de las diferencias que separan a unas de otras. Para empezar, las hay que son adversas al concepto de derecho subjetivo por razones básicamente políticas o ideológicas. Esto es propio de aquellas concepciones de la sociedad a las que les molesta profundamente el liberalismo. Otras, por el contrario, se obstinan en criticar el concepto de derecho subjetivo porque ven en él una especie de caballo de Troya del pensamiento iusnaturalista. A su vez, dentro de estas últimas, inspiradas en posturas propias del positivismo, unas son más sutiles que otras, pues evidentemente no es lo mismo decir que los derechos subjetivos son reflejos de los deberes, que negarles todo valor explicativo de los fenómenos jurídicos.

A la altura de nuestro tiempo, las críticas políticas casi no merecen especial atención. La historia del marxismo real y la del nazismo han dado suficiente respuesta. Si el derecho subjetivo es la noción típica del liberalismo, que es la filosofía política de la libertad, ¿qué podemos decir nosotros en contra de él? Nada en absoluto, más bien exclamaremos al modo castizo: ¡viva el derecho subjetivo y la madre que lo parió!

Más atención merecen, en mi opinión, las críticas que se han hecho desde la perspectiva científica. Bien es cierto que, por mucho que estas críticas hayan florecido durante unos decenios, el derecho subjetivo sigue en pie. Podemos aplicarle aquella famosa frase: «¡Los muertos que vos matáis gozan de excelente salud!». A pesar de las críticas vertidas, los derechos subjetivos se han afianzado en la legislación y en la jurisprudencia de los tribunales, en la doctrina de los autores y en la Teoría del Derecho. El lenguaje de los juristas es generoso en grado sumo con dicho concepto y con sus distintas modalidades. No sólo esto, sino que en las concepciones populares la idea del derecho subjetivo, sin matices científicos pero no por ello con menor eficacia, está presente en todo momento, probablemente de manera exagerada. ¿Alguien puede dudar del éxito del concepto y de su expresión? El inconveniente que veo a esa «inflación de derechos» en el lenguaje ordinario y en el lenguaje jurídico es precisamente su uso exagerado. A cualquier cosa se le llama hoy «derecho», con tal de que satisfaga los deseos o exigencias de alguien, sobre todo de grupos más o menos agresivos. Si un conjunto de personas se reúnen y acuerdan que quieren algo, aunque eso que quieren sea irracional, enseguida proclaman que tienen derecho a ello. Me parece que en el fondo de algunas críticas al concepto, consciente o inconscientemente, está la intención de poner coto a esa proliferación exagerada de proclamas demagógicas de derechos. Por eso, en una segunda fase de análisis, dentro del normativismo y del realismo, se ha pretendido encontrar una vía menos restrictiva y más equilibrada, modificando las posiciones contrarias y abriéndose a un uso científico del concepto que se ajuste a la realidad de la doctrina jurídica.

Esta tarea la han llevado a cabo el segundo KELSEN, en el marco del positivismo normativista, y OLIVECRONA y sobre todo ROSS, por parte del positivismo realista. Sus análisis del derecho subjetivo han enriquecido notablemente su comprensión, al haber abierto la puerta para el análisis lingüístico.

El KELSEN de la segunda edición de *Reine Rechtslehre* (1960), como ya recordarás (te remito a la lección XXIV), amplía considerablemente su concepción de las normas jurídicas presentando un modelo heterogéneo aunque siempre bajo el principio ontológico de «abismo infranqueable» que separa el mundo del *ser* y mundo del *deber* (o *deber-ser*). Una de las razones para ampliar el estudio de las normas a otros operadores que no fueran el propio de las normas impositivas de deberes, pudo haber sido la necesidad de dar cabida a conceptos que la Teoría pura había relegado en la primera edición. Entre ellos, y fundamentalmente, el concepto de derecho subjetivo. Si se hacía preciso incluir este concepto como sustantivo, y no meramente como derivado o «reflejo» del deber jurídico, no quedaba otro remedio que acomodarlo dentro de un contexto normativo más amplio. Pues la teoría de las normas y la de los conceptos son como las dos caras de la misma moneda. La una tiene que ir en consonancia con la otra, y si se quiere introducir cambios en cualquiera de ellas no queda más remedio que hacerlos también en la que la acompaña indisolublemente.

No se crea, sin embargo, que el KELSEN de esta segunda edición de su principal obra se apea de su tesis principal. Lo que hace, simplemente, es matizarla. Pero el matiz es tan importante, que en realidad cambia su concepción. KELSEN, en efecto, mantiene su idea básica, al afirmar que el concepto que deriva de modo inmediato de la norma jurídica es el deber jurídico, hasta el punto que viene a identificar ambos conceptos cuando afirma: «Pero el deber jurídico de realizar un determinado comportamiento no es algo distinto de la norma que ordena dicho comportamiento; es la norma jurídica misma» (*Reine Rechtslehre*, 2ª ed., pg. 121). En consonancia con esta afirmación, se queja de que la doctrina tenga el hábito de situar al derecho subjetivo en un lugar prioritario: «Al deber jurídico es costumbre contraponer la autorización como derecho subjetivo, así como poner a éste en primer lugar. En el ámbito jurídico se habla de derecho y deber, no de deber y derecho (en el sentido de autorización), *como es usual en la moral*, en la cual se subraya más el deber que el derecho» (pg. 130, cursiva mía). Observa lo que he puesto en letra cursiva: KELSEN se queja de que el derecho subjetivo figure, en la doctrina de los autores, en una posición prioritaria o de privilegio con respecto al deber jurídico, lo cual le parece desacertado; para argumentar por qué le parece desacertado pone a la moral como ejemplo, ya que en ella el deber ocupa el concepto central. Aquí tienes una prueba más de lo que te he dicho en repetidas ocasiones a lo largo de estas páginas: buena parte de la Teoría del Derecho elabora sus propios conceptos (jurídicos) sin desprenderlos de su origen en la ética. Por mucho que el formalismo kelseniano se desprenda de los contenidos de la moral, no por eso deja de pensar el Derecho en términos de la ética o teoría de la moral. KELSEN se queja de que esa prioridad del derecho subjetivo con respecto al deber jurídico sea tan manifiesta en las obras de dogmática jurídica, haciendo de ese modo que el deber jurídico quede relegado a un plano secundario. Incluso la propia terminología tradicional entre los juristas, de emplear el mismo término («Derecho») para el Derecho objetivo y el derecho subjetivo (en alemán también con letra mayúscula: *Recht*, pues todos los sustantivos se escriben con mayúscula), ya está indicando la misma idea, la relevancia del derecho subjetivo en detrimento del concepto que debería ser el central, el deber jurídico.

Hay que subrayar que esta identificación de la palabra («Derecho») para designar tanto al Derecho objetivo como al subjetivo se produce en muchas lenguas europeas, por lo cual muchas veces se distingue su significado porque se utiliza la mayúscula para la primera acepción y la minúscula para la segunda: Derecho y derecho (subjetivo), *Diritto* y *diritto (soggettivo), Droit* y *droit (subjectif), Dret* y *dret*, etc. En contraste, la lengua inglesa posee dos términos diferentes: *law* y *right*. *Law* es la palabra para designar el Derecho, el ordenamiento, y también la ley. *Right* es el término para el derecho que tiene un individuo o una persona jurídica, para el derecho subjetivo.

Ahora bien, hecha esta aclaración que tiene todo el acento de una queja profunda, KELSEN se explaya en desentrañar los varios significados que la expresión «derecho subjetivo» sugiere. Observa cómo KELSEN va a hacer caso de algo que no es muy frecuente en él: el análisis del uso de la expresión «derecho subjetivo».

En primer lugar, se utiliza «derecho subjetivo» para designar la situación en que a un individuo le está permitido conducirse de una determinada manera. En tal caso se está apuntando a un hecho meramente negativo, consistente en que al individuo no le está prohibido realizar esa conducta. Se trata de la idea de libertad genérica que todos tenemos en relación con los actos que el Derecho no contempla. Por ejemplo, si ahora me voy a la calle y voy fumando por la vía pública, es evidente que vivo esa situación como una manifestación de mi libertad personal, y por eso se suele decir que tengo derecho a ello. Creo que KELSEN no considera ese tipo de expresión como acertada para delimitar lo que los juristas entienden en general por derecho subjetivo; y yo estoy de acuerdo con él. Además, la noción de permiso es demasiado amplia y ambigua como para que se pueda configurar sobre ella un concepto preciso de derecho subjetivo. De todos modos, esta acepción del derecho subjetivo se subsume en la primera de las categorías que vamos a tratar a continuación, la de los derechos reflejos.

KELSEN, al final de su exposición sobre los derechos subjetivos resume su posición destacando las siguientes acepciones del concepto (*RR*, 2ª ed., pg. 149):

1) El mero *derecho reflejo*, lo que quiere decir, como ya había destacado en su primera edición y en *Hauptprobleme*, que el derecho subjetivo, en este sentido, no sería otra cosa que el reflejo de la existencia de un deber jurídico por parte de otra u otras personas. Esta tesis supone en el fondo defender el carácter superfluo de ese tipo de derechos subjetivos, pues al ser sólo el mero reflejo de los deberes jurídicos, basta con describir éstos, pues los derechos van implícitos en ellos. Por esa razón, KELSEN los considera como «un concepto auxiliar», pero «superfluo desde la perspectiva de la descripción científicamente exacta de la situación jurídica» (pg. 133). Esto, añade KELSEN, se demuestra porque no en todos los casos en que hay un deber jurídico existe asimismo el derecho subjetivo correspondiente. Para justificar esta tesis recurre al siguiente ejemplo: el caso de normas jurídicas que prescriben, bajo amenaza de sanción, una conducta determinada respecto de ciertos animales, plantas e incluso objetos inanimados. En tal caso tales animales, plantas u objetos no tienen derecho subjetivo

alguno, a pesar de ser el «objeto» del deber jurídico de respetarlos, que ha sido impuesto por las normas del Derecho de la misma manera que éstas imponen a un sujeto el deber de pagar la deuda a otro, que sería así el «objeto» de dicho deber (véase la argumentación completa en pgs. 133-134 de la edición alemana; pgs. 141-142 de la versión española). En mi opinión, en el ejemplo propuesto el sujeto del derecho subjetivo no serían los animales, las plantas o los objetos inanimados, sino una determinada persona jurídica (por ejemplo, el municipio), que tendría la posibilidad jurídica de exigir el cumplimiento del deber de respetarlos imponiendo, en caso contrario, la sanción prevista en las normas.

2) El *derecho privado subjetivo en el sentido técnico*, que es un poder concedido al individuo en virtud del cual puede hacer valer, mediante la interposición de una acción judicial, el cumplimiento de un deber jurídico, previamente incumplido; esto es, un poder jurídico de participar en la creación de una norma individual por medio de la cual se ordena una sanción prevista para el supuesto de incumplimiento del deber jurídico. Obsérvese que Kelsen tan sólo concede el rango de «derecho subjetivo en el sentido técnico» (y eso viene a significar casi que se trata del derecho subjetivo de verdad) a los derechos privados (y, añade, «a ciertas partes del Derecho administrativo»). Piensa, en efecto, que el concepto de derecho subjetivo es una técnica jurídica iusprivatista y que, en su sentido técnico, no tiene aplicación propiamente al Derecho público; tesis ésta que, por la práctica actual del Derecho y el carácter normativo de las constituciones, no puede aceptarse sin más. Kelsen, por otra parte, no se limita a subrayar la naturaleza iusprivatista del concepto de derecho subjetivo. Añade que se trata de «una técnica específica propia del orden jurídico capitalista» en la medida en que aquel concepto hace de la propiedad privada su modelo. Por esa razón, se trata en el fondo de una técnica jurídica adaptada a un régimen político-económico determinado, y por tanto no puede ostentar el carácter de concepto universal, necesario para el análisis de todos los ordenamientos jurídicos posibles. De ahí la postura, adversa en el fondo al derecho subjetivo en sentido técnico, que mantiene el principal representante de la Escuela de Viena: «El establecimiento de tales derechos subjetivos en sentido técnico *no constituye* –como sucede con el establecimiento de deberes jurídicos– *una función esencial* del Derecho objetivo. Representa tan sólo una posible configuración material del Derecho objetivo, en modo alguno necesaria, una técnica específica de la que el Derecho puede servirse, pero de la que en absoluto es necesario que se sirva.» (pg. 141 ed. alemana; cursivas mías).

3) El *derecho* subjetivo *político (politisches Recht)*, que puede consistir en: a) el poder jurídico otorgado a un individuo bien para participar directamente en la elaboración y promulgación de normas jurídicas generales (leyes), bien para participar mediatamente en esta tarea por medio de la elección de los representantes parlamentarios (derecho de sufragio); y b) el *derecho fundamental* o *de libertad*, reconocido en la constitución, para participar en la creación de la norma que permita derogar una ley inconstitucional, esto

es, una ley que viole la igualdad o la libertad garantizadas por la constitución. KELSEN sostiene que, si a esta categoría de derechos se les caracteriza por ser autorizaciones para participar en la formación de la voluntad estatal, o sea, en la creación de normas jurídicas, no menos debe predicarse de los derechos privados subjetivos, los cuales contribuyen a la creación de las normas jurídicas individuales, como son las sentencias de los jueces. Por este motivo, ambas categorías de derechos, los políticos y los privados pueden ser unificadas en un mismo concepto, al tener «la misma función: participar (...) en la creación del derecho.» (pg. 144). Tesis ésta que continuará, como veremos en la lección siguiente, el normativista suizo Eugen BUCHER.

4) Por último, señala KELSEN que la expresión «derecho subjetivo» se usa también en referencia al permiso positivo otorgado por una autoridad (administrativa), como puede ser el caso de una licencia o de una concesión administrativa.

En el marco del realismo escandinavo destacan los esfuerzos de OLIVECRONA y de ROSS por encontrar una solución equilibrada y razonable a los problemas que plantea la noción de derecho subjetivo. Sin que se desprendan de su componente psico-sociologista, típico de la corriente a la que pertenecen, intentan una aproximación que pueda resultar útil para el análisis conceptual del Derecho.

Karl OLIVECRONA (1897-1980) fue Catedrático de derecho procesal de la Universidad de Lund (Suecia), y además de dedicarse a su disciplina, centró sus mejores esfuerzos en desarrollar una teoría jurídica inspirada en las tesis del realismo escandinavo propias de sus dos maestros, HÄRGERSTRÖM y LUNDSTEDT. Su obra principal conoce dos versiones diferentes con el mismo título: *Law as Fact*. La primera versión se publicó en inglés en 1939. La segunda ve la luz en 1971. Para diferenciar esta versión de la primera introdujo en la traducción española (no así en la versión en inglés) un subtítulo que, me parece, suena «poco realista». Dicho subtítulo es: «La estructura del ordenamiento jurídico». De ambas ediciones hay traducción española (Véanse Notas y Comentarios).

Este autor se propone aplicar los postulados «desmitificadores», propios del realismo escandinavo, a las diversas categorías jurídicas. Partiendo de una crítica radical de la metafísica, lleva a cabo su labor de disolución de la idea de obligatoriedad del Derecho, y de ahí pasa a la crítica de los conceptos jurídicos, en especial de los deberes y de los derechos. Los derechos –al igual que los deberes– son meras ideas o representaciones de la mente humana, y no algo real. Aunque sí poseen efectos reales, de carácter psicológico.

OLIVECRONA, en la segunda edición de su libro *El Derecho como hecho*, critica la concepción sustancialista de los conceptos jurídicos: no hay que preguntarse qué son, sino cómo se usan. La expresión «derecho subjetivo» no tiene, para él, contenido semántico, puesto que no se la usa para designar un objeto determinado. Designa una relación, pero se trata de una «relación suprasensible». En último término, lo que hace OLIVECRONA es psicologizar el concepto, ya que subraya el sentido psicológico que tiene su uso. Afirma: «Nos hacemos la ilusión de que el término *derecho* significa "poder" sobre el objeto, aun cuando se trate de un poder que no podemos aprehender. Y esta ilusión surge de un trasfondo emocional. En ciertas circunstancias, sobre todo en situaciones conflictivas, la idea de poseer un derecho da una sensación de poder. Cuando estoy convencido de poseer un derecho, en cierta forma soy más poderoso que mi contrincante, aun cuando él de hecho sea más fuerte. Mi poder no es un poder de hecho, sino un poder en el ámbito del "deber ser". Ello significa que mi sentimiento de fuerza se ve objetivado y produce la idea de que tengo un poder independiente y por encima de la situación del poder fáctico. El término "derecho" viene a significar, pues, un poder inaprensible y se usa en este sentido, aun cuando de hecho no se dé una situación emocional.» (pgs. 173-174).

Algo más analítico se muestra Alf Ross en su obra *Sobre el Derecho y la Justicia.* Para el autor danés, el derecho subjetivo es «una herramienta de presentación» que es prescindible desde el momento en que es perfectamente dable presentar la materia jurídica (esto es, el conjunto de un ordenamiento jurídico vigente) sin acudir a dicho concepto. Esta posición se asemeja a la que hemos visto sostiene KELSEN, pues supone concebir el derecho subjetivo como el reflejo de otras situaciones. Pero, a pesar de ser prescindible, de hecho se usa, por lo que la ciencia jurídica debe plantearse simplemente «qué es lo que caracteriza aquellas situaciones jurídicas en cuya presencia es uso hablar de derechos subjetivos». Hay que esforzarse por determinar, de la manera más precisa posible, «su esfera de aplicación» (pg. 169). Ross, por ese camino, llega a la siguiente conclusión: «El concepto de derecho subjetivo se usa típicamente para indicar una situación en la que el orden jurídico desea asegurar a una persona libertad y potestad para comportarse como le plazca, a fin de que proteja sus propios intereses. El concepto de derecho subjetivo indica la auto-afirmación autónoma del individuo.» (pg. 171).

Para Ross, el derecho subjetivo es una herramienta que emplea la ciencia jurídica para simplificar un conjunto complejo de fenómenos. Es una palabra que usamos para designar una realidad compleja y plural. Esta tesis la explica en la obra citada y también en su conocido opúsculo *Tu-Tu.*

Me parece que el análisis de Ross es muy interesante y, en principio, aceptable, como vamos a ver. ¿Qué se quiere decir, por ejemplo, cuando hablamos del «derecho subjetivo de propiedad»? Ross dice que con esta expresión lo que se hace es resumir un conjunto de fenómenos conectados entre sí. Por una parte, tenemos los modos de adquirir la propiedad, que son múltiples: así, una persona puede adquirir la propiedad de una cosa por ocupación, mediante contrato, por herencia, por donación, etc. Una vez que ha adquirido la cosa, el ser propietario le capacita para realizar determinadas acciones que no podría (jurídicamente) realizar de modo lícito si no fuera propietario. Por ejemplo, puede usar la cosa, explotarla, recoger sus frutos, construir en ella, y también puede venderla, hipotecarla, alquilarla, regalarla, etc. Pues bien, con la expresión o concepto «derecho subjetivo de propiedad» se resume en una unidad funcional todos esos fenómenos, de modo tal que al mencionar dicho derecho estamos aludiendo al conjunto de todos ellos. Por eso dice Ross que el concepto de derecho subjetivo es una herramienta de presentación. En efecto es así. Pero debemos añadir que no sólo este concepto jurídico es una herramienta de presentación sino todos los conceptos jurídicos. Con éstos la ciencia del Derecho lo que consigue es presentar de manera sintética y abreviada un conjunto de aspectos y fenómenos que, en la realidad, se despliegan como un abanico de posibilidades, incluidas todas ellas en esas «herramientas de presentación». Esta característica, por lo demás, no es exclusiva de los conceptos jurídicos, sino de los conceptos que acuña la ciencia en general. Por ejemplo, si digo «triángulo», me refiero a un concepto de la geometría que abarca infinidad de triángulos concretos, que a su vez se dividen en especies de triángulos (equiláteros, isósceles, escalenos); pero todos los triángulos concretos –que son infinitos en posibilidades– y sus tres especies los resumo en una palabra: triángulo, la cual expresa un concepto. Si, en otro orden de cosas, decimos «gripe», estamos empleando esta palabra como una «herramienta de presentación» para designar un conjunto variado de fenómenos. Todos los conceptos, en definitiva, son herramientas que nos sirven, con mayor o menor precisión, para simplificar una realidad compleja.

En definitiva, Ross no niega el derecho subjetivo como concepto. Lo que sí niega es la pretensión de que dicho concepto tenga una realidad o existencia empírica. Ha resaltado el carácter pragmático del concepto y, por tanto, la multiplicidad de fenómenos –que tampoco son empíricos– que lleva escondidos en su interior.

NOTAS Y COMENTARIOS

- Karl OLIVECRONA, *Law as Fact,* Copenhagen/London, 1939. Versión española: *El Derecho como Hecho,* trad. de Gerónimo *(sic)* CORTS FUNES, con apéndice «El imperativo de la ley», traducido por José Julio Santa Pinter, Depalma Editor, Buenos Aires, 1959. Segunda edición de esta obra: *Law as Fact,* Stevens & Sons, London 1971 Versión española: *El Derecho como Hecho. La estructura del ordenamiento jurídico,* traducción de Luis López Guerra, Ed. Labor, Barcelona 1980.

- Alf ROSS, *On Law and Justice,* Stevens & Sons, London 1958. Versión en español: *Sobre el Derecho y la Justicia,* traducción de Genaro R. CARRIÓ, Eudeba, Buenos Aires 1963. Véase pgs. 164 y ss.

- Alf ROSS, en su análisis del derecho subjetivo, destaca que dicho concepto carece de referencia semántica, lo que quiere decir que no tiene un referente empírico (en la realidad de los hechos), pero que aun así cumple funciones diversas, dependiendo de los contextos. Distingue tres contextos: 1) el contexto de la exposición del derecho vigente; 2) el contexto de las argumentaciones de los abogados en los tribunales y en los fundamentos de las decisiones de los jueces; 3) el contexto de enunciados que parecen describir puros hechos. En los tres contextos la función del derecho subjetivo, aunque con un matiz diferente, es hacer posible «en forma más o menos precisa, representar el contenido de un conjunto de normas jurídicas, a saber, aquellas que conectan cierta pluralidad disyuntiva de hechos condicionantes con cierta pluralidad acumulativa de consecuencias jurídicas.» (pg. 168). La pluralidad disyuntiva de hechos condicionantes, de la que habla Ross, se refiere por ejemplo a que la propiedad de un coche la puedo adquirir bien por haberlo comprado, bien porque me lo han regalado, bien porque me ha tocado en un sorteo, bien porque lo he heredado, bien porque lo he permutado por otra cosa, etc. Todos estos hechos se presentan como disyuntivos (es decir, o bien un hecho o bien otro, adquiero el coche por sorteo, entonces no lo adquiero por compraventa ni por donación ni por permuta). Por cualquiera de ellos adquiero la propiedad. ¿Y qué significa eso? Pues simplemente varias consecuencias: que puedo usar el coche, o puedo aparcarlo en el garaje indefinidamente, que puedo llevarlo a un taller a que me lo reparen, que puedo dejarle a otro que lo conduzca, y también venderlo, regalarlo, cambiarlo por otra cosa, etc. Estas consecuencias no son excluyentes en algunos aspectos (por ejemplo, no es incompatible que hoy lo lleve a reparar y mañana lo conduzca o se lo deje a un amigo) pero sí en otros (si lo vendo, no puedo después regalarlo). Pues bien, el derecho subjetivo de propiedad del coche no es más que la expresión sintética, la herramienta conceptual que tenemos los juristas para expresar todo ese conjunto de aspectos parciales en una sola expresión.

EJERCICIOS

1. Haz un esquema de la lección.

2. ¿Qué es el liberalismo? ¿Por qué se afirma que la noción del derecho subjetivo es una noción clave de la ideología jurídica liberal?

3. A pesar de las críticas que ha sufrido, puede decirse que el derecho subjetivo ha triunfado. ¿A qué crees que se debe su éxito?

4. ¿En qué consiste el fenómeno llamado «inflación de derechos»? ¿A qué crees que responde ese fenómeno, típico de nuestro tiempo?

5. Recuerda la teoría de las normas jurídicas de la segunda edición de *Teoría pura del Derecho.*

6. ¿Cómo se conecta la teoría de las normas jurídicas de la obra mencionada en el ejercicio anterior con el concepto de derecho subjetivo?

7. ¿Cómo ve KELSEN la relación entre deber jurídico y derecho subjetivo en la segunda edición de su libro principal?

8. ¿Qué quiere decir la afirmación de que la Teoría pura del Derecho expone muchas veces los conceptos jurídicos influida por la ética? Aplica esta idea a la dicotomía deberes/derechos.

9. La mayoría de las lenguas europeas emplean la misma palabra para designar al ordenamiento jurídico y al derecho subjetivo; pero otras emplean términos distintos. Pon ejemplos de ambos tipos, de las lenguas que conozcas.

10. Enumera los significados que la segunda edición de *Reine Rechtslehre* atribuye a la expresión «derecho subjetivo».

11. Define el concepto de «derecho reflejo».

12. ¿Qué quiere decir KELSEN al afirmar que el derecho reflejo es un concepto superfluo?

13. ¿Qué ejemplo pone KELSEN para justificar que hay deberes jurídicos sin derechos subjetivos? ¿Es completamente correcto dicho ejemplo? Razona tu respuesta.

14. ¿Qué entiende KELSEN por derecho subjetivo en sentido técnico?

15. ¿Por qué razón reserva esa denominación para los derechos privados subjetivos?

16. ¿Por qué afirma KELSEN que el derecho subjetivo en sentido técnico es una técnica específica propia del orden jurídico capitalista?

17. Explica el concepto de «derecho político» tal como lo maneja KELSEN.

18. ¿Cómo se titula la obra básica de Karl OLIVECRONA? ¿Por qué crees que este autor titula de esa manera su obra?

19. Resume las ideas de OLIVECRONA sobre el derecho subjetivo.

20. Explica qué significa para ROSS que el derecho subjetivo es una «herramienta de presentación». Herramienta ¿para qué?. Presentación ¿de qué?

21. Estás de acuerdo con la tesis de que todos los conceptos son «herramientas de presentación»?

22. Enumera los tres contextos que señala ROSS para determinar la función del derecho subjetivo, y explica en qué consiste cada uno de ellos poniendo ejemplos.

LXXXII. LA TEORÍA DEL DERECHO SUBJETIVO COMO CAPACIDAD DE IMPONER NORMAS

El debate teórico sobre los derechos subjetivos ha continuado hasta nuestros días, y no me cabe duda de que continuará floreciendo en los próximos tiempos. En un libro como éste que estás estudiando es imposible dar cuenta, no digo de todas las posiciones teóricas, sino ni siquiera de las más importantes. No queda otro remedio que elegir algunas. Eso es lo que voy a hacer en las siguientes páginas. Comenzaré por una obra que el civilista suizo Eugen Bucher dedicó, hace ya más de cuarenta años, al derecho subjetivo. Me refiero a su libro *Das subjektive Recht als Normsetzungsbefugnis* (publicado en la editorial Mohr-Siebeck, Tübingen 1965).

El título expresa ya perfectamente la tesis principal del libro: «el derecho subjetivo como facultad (potestad, capacidad) de imponer normas».

Se trata de un estudio de naturaleza jurídico-formal, según la propia idea del autor, por lo que se le puede encuadrar dentro del formalismo. El concepto de derecho subjetivo «no es un concepto jurídico-positivo», esto es, vinculado sólo a uno o varios ordenamientos jurídicos o que haya de desprenderse de éstos. Pertenece, por tanto, a la Teoría del Derecho, y ninguna disciplina particular dogmática (por ejemplo, el Derecho civil, o el Derecho administrativo) puede monopolizarlo. Bucher subraya la enorme potencialidad analítica del concepto de derecho subjetivo y la necesidad de despojarlo de los enfoques políticos que se han ensañado en su crítica. Así también dice que hay que desembarazarlo de algunas ideas bastante peregrinas desde una perspectiva estrictamente científica, como puede ser la idea de Kelsen –que acabamos de ver– de vincularlo exclusivamente al orden jurídico capitalista. Una tercera crítica la dirige Bucher contra aquellas posturas normativistas que cometen el error de defender que el derecho subjetivo es la misma norma de Derecho, un mero «reflejo» del Derecho objetivo, y que, por consiguiente, carece de sustantividad y autonomía propia. Para Bucher, muy al contrario de lo que defiende esa concepción, los derechos subjetivos no son normas, sino «medios para crear normas» *(Normerzeugungsmedien)*.

Bucher destaca la función técnico-jurídica que cumple la figura del derecho subjetivo. Dicha función consiste básicamente en la remisión que hace el ordenamiento jurídico a la voluntad de un individuo a fin de que éste determine los deberes jurídicos de otras personas.

Completa esa función técnico-jurídica del derecho subjetivo destacando su carácter independiente y como cosificado. Estas características se manifiestan en que es posible contemplar «los efectos jurídicos y las consecuencias normativas separados de su origen y fundamento», así como también en que es posible sintetizar en un concepto singular los fenómenos señalados, y permite la subsunción de un evento de la vida en normas jurídicas de carácter general. Esta autonomización del derecho subjetivo conlleva muchas veces su cosificación, esto es, su tratamiento como si fuera una cosa.

La cosificación es la cualidad que permite explicar algunos fenómenos que atañen a los derechos subjetivos, como son: su transmisibilidad, su divisibilidad, la existencia de derechos sobre derechos, la existencia de derechos a pesar de su transmisión al obligado, y el reconocimiento por otros ordenamientos jurídicos (distintos o posteriores) de derechos subjetivos que han surgido previamente.

Ciñéndose al Derecho privado, que es la rama del Derecho de la que BUCHER se ocupa profesionalmente, afirma que hay dos formas de enfrentarse ante dicha materia: o bien se ve al Derecho privado como un conjunto de acciones procesales, o bien se lo contempla como un conjunto de derechos subjetivos. Son dos maneras diferentes de acercarse a la misma materia, y cada ordenamiento es proclive a una de ellas. Así, el Derecho romano clásico y el sistema del *common law* se orientan por el enfoque procesalista; mientras que el Derecho continental europeo lo hace por el enfoque de los derechos subjetivos. El resultado práctico de ambos enfoques es, sin embargo, equivalente. El concepto de derecho subjetivo tiene validez general, es *allgemeingültig;* pero eso significa sólo que «*puede* ser aplicado a cualquier ordenamiento jurídico», no que esa aplicación sea necesaria, ya que el tratamiento de la materia jurídica puede hacerse «según el otro polo», esto es, desde «la perspectiva de las posibilidades procesales.» (pg. 31, cursivas mías). Y sentencia BUCHER: «Pensar en términos de derechos subjetivos es pensar en normas, pensar en términos de acciones es un pensamiento sobre sanciones». Una idea harto discutible, pues me parece evidente que el pensamiento jurídico sobre normas no excluye en absoluto al pensamiento jurídico sobre sanciones.

BUCHER sintetiza sus ideas principales al final de su libro bajo el rótulo «tesis básicas» (pgs. 191 y ss.). Comentaré a continuación las principales, con las correspondientes alusiones explicativas a otras partes del libro.

Parte este autor de una concepción estrictamente normativista. Para él, el ordenamiento jurídico no es sino «una suma de normas jurídicas» *(eine Summe von Rechtsnormen).* Como consecuencia, «los fenómenos del Derecho positivo han de verse como hechos normativos» *(als normative Tatbestände).* Este enfoque atañe directamente a todos los conceptos jurídicos, y también al derecho subjetivo. Habrá que preguntarse cómo son las normas jurídicas para, a continuación, dilucidar qué sea el derecho subjetivo.

Las normas, sostiene BUCHER, tienen «la estructura de proposiciones de deber *(Sollensätze)* o, lo que es lo mismo, de juicios de deber o imperativos» *(Imperativen).* A su vez, también son «contenidos de voluntad *(Willensinhalte)* y, como tales, están unidas a un sujeto que las impone, cuya voluntad configura el contenido normativo». Se trata de un sujeto impositivo de normas, que impone normas: *normsetzendes Subjekt.* Este sujeto puede ser, para BUCHER, lo mismo un grupo de personas, por ejemplo, una comunidad estatal, o un individuo particular. Las normas forman parte del ordenamiento jurídico. «Una norma es imputada a un ordenamiento jurídico y, por tanto, es norma jurídica, si la voluntad del sujeto que impone la norma se basa en la delegación de una potestad (o facultad) para imponer normas *(Normsetzungsbefugnis)*».

De los razonamientos anteriores deriva este autor su noción del derecho subjetivo: «El derecho subjetivo es el poder *(Befugnis)*, concedido por el Derecho objetivo a un sujeto jurídico, de imponer normas jurídicas (según su libre arbitrio) dentro de un determinado perímetro». BUCHER usa la palabra *Befugnis*, que es un término bastante ambiguo y que puede traducirse al español con diversos vocablos, tales como: competencia, capacidad, autorización, potestad, facultad, poder, pero todos ellos tienen un significado que les es común: el poder. Para BUCHER, «el derecho subjetivo no es otra cosa que el escalón inferior en la jerarquía de delegaciones que es característica de la creación del Derecho.» (pg. 56) El ordenamiento jurídico se va creando paulatinamente merced a una cadena de delegaciones jerárquicamente organizadas. Los derechos subjetivos conforman el último eslabón de la cadena en cuya virtud las personas pueden crear normas.

BUCHER prefiere la expresión «capacidad de imponer normas» *(Normsetzungsbefugnis)* a la de «competencia de imponer normas» *(Normsetzungskompetenz)*, en atención a la «irresponsabilidad» en el ejercicio del derecho subjetivo, ya que con el término «competencia» *(Kompetenz)* se suele entender, usado en su sentido técnico, una situación de delegación en la que el titular de la competencia debe actuar siguiendo un criterio responsable, o sea, de acuerdo a determinados deberes *(nach pflichtgemässen Ermessen)*. Dice BUCHER: «El titular del derecho subjetivo es libre en el ejercicio de su derecho, esto es, el poder de imponer normas que le ha sido conferido puede ejercitarlo a su libre elección y personal arbitrio. En esto se diferencia la concesión de derechos subjetivos de otros supuestos de delegación dentro del ordenamiento jurídico en los que los órganos estatales llamados a imponer el Derecho no pueden en general ejercer sus poderes según su gusto personal, sino atendiendo a un criterio responsable, vinculado con el deber.» (pg. 70).

Continúa BUCHER diciendo que, por medio de la concesión de un derecho subjetivo, la voluntad del titular de dicho derecho se transforma en «jurídicamente vinculante» para todos los demás sujetos; dicho en otras palabras, la voluntad del sujeto del derecho subjetivo (o sujeto autorizado) se imputa al ordenamiento jurídico y se convierte así en norma de Derecho. Ahora bien, para hacer valer el derecho subjetivo es preciso que el titular manifieste esa voluntad; esa manifestación de voluntad que supone el ejercicio del derecho subjetivo es la «reclamación de la pretensión» *(Anspruchserhebung)*. Esta reclamación es la que en realidad genera la norma jurídica cuyo contenido es la pretensión *(Anspruch)*. Por eso afirma BUCHER: «Las pretensiones en el sentido aquí definido son normas jurídicas, la reclamación es el acto de imposición de la norma.» (pg. 67) A partir de la pretensión, esto es, de la declaración de voluntad del titular del derecho subjetivo se generan los deberes de conducta de los otros sujetos. Esto sucede así porque «a un derecho subjetivo no le corresponde un deber actual de conducta, sino un haz de potenciales deberes». Habrá que diferenciar, por consiguiente, entre deberes potenciales y deberes actuales. El deber potencial se transforma en deber actual desde el momento en que tiene lugar la pretensión del titular del derecho subjetivo (pg. 62).

El jurista suizo subraya que la manifestación de voluntad del titular del derecho subjetivo o, en su caso, del «autorizado» puede producirse de manera no formal (por hechos concluyentes) o de manera formal cuando así lo establece el Derecho positivo. Son muchos los casos, sin embargo, en los que funciona una «suposición» a favor de la existencia de dicha manifestación. Así, «quien posee una cosa en propiedad no tiene necesidad de comunicar a nadie que quiere que no se produzca un daño en la cosa.» (pg. 68) Esto sucede en los derechos reales, de carácter absoluto, e igualmente en los derechos de la personalidad. Según BUCHER, esta suposición se basa en «la experiencia general de la vida», un fundamento endeble –me permito añadir– en una concepción como la suya que se dice estrictamente formalista.

Distingue el ejercicio del derecho subjetivo del concepto de disposición sobre el mismo. Se ejerce el derecho cuando se formulan pretensiones que dan lugar a normas dirigidas a otros sujetos. Se dispone del derecho cuando se renuncia a él o cuando se le cede. La renuncia y la cesión son las dos formas de disposición del derecho.

BUCHER también se plantea el problema de lo que suele llamarse infracción o violación del derecho subjetivo. En realidad, señala, ésta es una manera figurativa de decir las cosas. Pues no puede haber infracción o violación sino de las normas. Por tanto, al hablar así lo que se pretende decir con la expresión «infracción del derecho subjetivo» no es otra cosa que infracción de la norma jurídica emitida por el titular del derecho subjetivo al elevar su pretensión. Es en realidad esta última, la pretensión (que es una verdadera norma jurídica) la que se ve infringida. Por ello concluye: «La infracción del derecho (subjetivo) es infracción de la pretensión.» (pg. 107; pg. 194).

El problema de la infracción de los derechos subjetivos conduce al de las sanciones. Para BUCHER éstas se explican también en términos de derechos subjetivos. Veámoslo.

Análogamente a la distinción entre normas primarias y normas secundarias, distingue BUCHER entre derechos subjetivos primarios y derechos subjetivos secundarios (y también, entre deberes primarios y secundarios). Los derechos secundarios son aquellos que van conectados con los derechos primarios: como sanciones para el caso de infracción de estos últimos. Los derechos secundarios pueden añadirse a los primarios, o bien sustituirlos.

En el primer caso estaremos ante los derechos secundarios acumulativos; en el segundo, ante los derechos secundarios vicarios o sustitutivos (pgs. 110-111). La distinción entre derechos primarios y secundarios es prácticamente desconocida en la doctrina general del Derecho privado propia del continente europeo, pero no en los países del *common law*, en los cuales se distingue entre *antecedent rights* (equivalentes a los derechos primarios) y *remedial rights* (equivalentes de los derechos secundarios). Como muestra cita la conocida obra de HOLLAND, *The Elements of Jurisprudence*. Añade que SALMOND utiliza los términos *primary rights* y *sanctioning rights*, en su obra *Jurisprudence*.

BUCHER rechaza la idea, que es común en algunos tratadistas, de identificar la violación del derecho subjetivo con la violación del objeto del derecho (pgs. 113 y ss.). Sostiene que si, en referencia a los derechos subjetivos, se quiere hablar de «objeto protegido», éste sólo puede ser la voluntad del sujeto autorizado, pero nunca un objeto jurídico o cualquier otra cosa independiente de la voluntad del titular (pg. 118). Añade que esta postura es adecuada al Derecho privado, pero no al Derecho penal, el cual es un Derecho de «protección de bienes jurídicos»; pues en el Derecho penal la voluntad del afectado tiene un papel secundario. «En el Derecho penal –sostiene– no tiene cabida el concepto de derecho subjetivo». Según BUCHER, la identificación entre violación del derecho y violación del objeto del derecho, que él rechaza, podría ser adscrita, al menos parcialmente, al Derecho penal, que en éste como en otros aspectos ha ejercido una influencia nefasta sobre las formas de pensar del Derecho privado (pg. 119).

Dedica un capítulo de su libro (el IV) a la clasificación de los derechos subjetivos, aplicando para ellos sus ideas generales. Respecto de la división básica entre derechos absolutos y derechos relativos, dice que no hay que esperar nada sustancialmente nuevo de lo que la doctrina ha mantenido como no sea la comprensión más ajustada de algunos puntos. Al partir de la idea de que el derecho subjetivo es un poder de imponer normas, la cuestión se traslada a averiguar qué tipo de normas pueden ser impuestas por los titulares de los derechos. Rechaza poner la atención en el contenido de la norma (hacer u omitir) para destacar el «círculo de los destinatarios» a los que las normas se dirigen. Ese círculo o bien es ilimitado o bien se limita a personas concretas. En el primer caso estamos ante derechos *absolutos*. En el segundo, ante derechos *relativos*. Esta división sólo es aplicable a los derechos subjetivos que conllevan deberes de conducta, lo que explica que no puedan incluirse en ella los llamados «derechos de configuración» *(Gestaltungsrechte)*, de los que diremos algo enseguida. Con esa salvedad, sostiene BUCHER que la división entre derechos absolutos y relativos es aplicable a todos los derechos subjetivos y que, además, es exhaustiva. «Todos los derechos subjetivos o son absolutos o son relativos, *tertium non datur*. No existe ningún derecho subjetivo que no sea absoluto o relativo, y no hay ningún derecho subjetivo que sea absoluto y relativo al mismo tiempo.» Sin embargo, sí son posibles las «formas mixtas» *(Mischformen)* de derechos subjetivos, es decir, que vayan «unidos en una misma posición (o situación) jurídica *(Rechtsstellung)* derechos absolutos y relativos».

Nuestro autor destaca que la división entre derechos subjetivos absolutos y derechos subjetivos relativos sigue un criterio formal, esto es, no derivado de la experiencia, y que por eso puede aplicarse a cualquier derecho subjetivo de cualquier ordenamiento jurídico. No depende de cómo la trate un Derecho positivo determinado, pues tiene un carácter previo. Cuestión diversa es, no obstante, determinar cuál sea la manera concreta en que un ordenamiento jurídico determinado aborda la distinción. La experiencia –añade– demuestra que la mencionada distinción juega una función relevante en los ordenamientos jurídicos, por mucho que no se le haya dado el tratamiento adecuado en la Teoría del Derecho.

Además, hace especial hincapié en la necesidad de no equiparar la distinción de derechos absolutos y relativos con la de derechos reales y personales, como suele ser corriente. Esta equiparación constituye un craso error. Es cierto que los derechos relativos son personales, y por consiguiente ambas categorías sí pueden equipararse. Pero no lo es que pueda hacerse lo mismo con los derechos absolutos y los derechos reales. Estos últimos se refieren siempre a una cosa corporal, mientras que los derechos absolutos pueden tener por objeto una cosa corporal o no. Los derechos absolutos comprenden a los derechos reales, a los derechos de la personalidad y a los derechos sobre bienes inmateriales. Los derechos absolutos son, simplemente, aquellos que no son relativos o personales (pgs. 135-136).

Para concluir esta lección me voy a referir muy brevemente a los llamados derechos de configuración o de formación jurídica. Es ésta una categoría muy discutible entre los autores en el sentido de que buena parte de ellos les niegan el carácter de derechos subjetivos. En la teoría del Derecho privado son objeto de atención sobre todo a partir de un trabajo de Emil SECKEL, publicado en 1903. En dicho estudio SECKEL sostiene que los derechos de formación jurídica *(Gestaltungsrechte)* constituyen un tipo de derechos subjetivos privados, siendo un concepto que es también aplicable al Derecho público. Al derecho privado de formación jurídica lo define así: «derecho privado subjetivo (concreto) cuyo contenido es el poder de formación de una relación jurídica concreta por medio de un negocio jurídico unilateral». Ejemplos de entre los muchos que pone este autor: derecho de revocación, derecho de impugnación de un negocio jurídico, derecho de rescisión, derecho de pedir la separación conyugal, derecho de separación de un socio en una sociedad, derecho del socio de impugnar una resolución de la junta de accionistas, derecho de elección en una obligación alternativa. Todos ellos se caracterizan, en primer lugar, porque se ejercitan mediante una declaración de voluntad de carácter negocial; y en segundo lugar, porque afectan a derechos ya constituidos y/o a relaciones jurídicas ya existentes. Por medio de su ejercicio se constituyen, se modifican o se extinguen relaciones jurídicas. Buena parte de los autores, creo que con razón, sostienen que no deben ser considerados como auténticos derechos subjetivos, puesto que no son poderes concretos, sino que hay que verlos como manifestaciones de la capacidad de obrar.

Pues bien, tampoco califica BUCHER estos llamados «derechos de formación jurídica» como auténticos derechos subjetivos; los concibe como negocios jurídicos unilaterales que permiten modificar derechos preexistentes. Implican una disposición negocial ejercida sobre derechos subjetivos; disposición que vincula igualmente a quien la emite y que tiene carácter definitivo.

NOTAS Y COMENTARIOS

- El texto de HOLLAND al que se refiere BUCHER es el siguiente: «The last of the great divisions of rights distinguishes those where the act is due for its own sake, from those where it is made due merely on default of another act. The former kind have been by various writers styled rights "primary", "sanctioned", "of enjoyment"; the latter kind have been described as rights "sanctioning", "secondary", "restitutory", "of redress". We prefer to distinguish them as rights "antecedent" and rights "remedial". The nature of the distinction is sufficiently simple. The rights of the owner of a garden not to have it trespassed upon, of a servant to have his wages paid, of a purchaser to have his goods delivered to him, are all of the former kind, viz. rights "antecedent", which exist before any wrongful act or omission. They are rights which are given for the own sake. The right of the owner of a garden to get damages from a party of men who have broken into his grounds, of a servant to sue his master for unpaid wages, of a purchaser to get damages from a vendor who refuses to deliver the goods sold, are, on the other hand, of the latter kind, or rights "remedial"; they are given merely in substitution or compensation for rights antecedent, the exercise of which has been impeded, or which have turned out not to be available. If all went smoothly, antecedent, or primary, rights would alone exist. Remedial, or sanctioning, rights are merely part of the machinery provided by the State for the redress of injury done to antecedent rights. This whole department of law is, in an especial sense, "added because of transgressions"» (*The Elements of Jurisprudence,* 13th ed., Oxford at the Clarendon Press, London 1924, pgs. 147-148).
- SALMOND, *Jurisprudence,* first ed., London 1902, 11th ed. Glanville Williams, 1957, pgs. 86 y ss.
- Emil SECKEL, «Die Gestaltungsrechte des bürgerlichen Rechts», en: *Festgabe der Juristischen Gesellschaft zu Berlin zum 50 jährigen Dienstjubiläum Dr. Richard Koch,* Verlag von Otto Liebmann, Berlin, 1903, pgs. 205-253.
- Federico DE CASTRO Y BRAVO se explica así respecto de los derechos de formación jurídica: «Los casos mencionados por los autores,

como derechos confirmativos, son de distinta naturaleza; los más no merecen siquiera el nombre de derechos. El poder ocupar cosas abandonadas, cazar y pescar, es una manifestación de la capacidad de obrar, y del correspondiente poder de adquirir, que no se puede diferenciar del de adquirir por compra o por herencia. El poder de aceptar una herencia, renunciar, abandonar y confirmar, son reflejos de la capacidad de obrar, en su aspecto negocial o autonomía de la voluntad, de igual naturaleza que los de celebrar un contrato o de hacer un testamento. La representación legal, la confirmación y autorización hecha por los representantes legales, el producir la separación matrimonial, son poderes derivados de las distintas relaciones jurídicas, como lo son también, y con igual sentido, la licencia marital, la emancipación, que no se citan como derechos de poder jurídico. La representación voluntaria, la facultad de elegir en las obligaciones alternativas y en la compra a elección, y la acción de rescisión son poderes que nacen del contenido de ciertas relaciones jurídicas obligatorias; pero no tienen distinto carácter que las acciones de impugnación, el poder de retractarse, de reclamar y de hacer incurrir en mora, de excepcionar la prescripción. La compensación, el pagar lo debido, el hacer un contrato a favor de tercero y el poder de disponer sin facultades y poderes nacidos de las relaciones jurídicas, como tantos otros derechos y acciones derivados de los distintos contratos. La posibilidad de obtener frutos en el usufructo y de poder conseguir la enajenación de la cosa hipotecada son facultades derivadas de esos derechos reales y de igual naturaleza que cualquiera otros de los que contienen los diferentes tipos de derechos reales. Si se procediera con seriedad y rigor lógico en la aplicación de la doctrina de los derechos del poder jurídico, se llegaría a la conclusión de que casi ninguna figura jurídica dejaba de tener tal carácter. En efecto, no habrá, seguramente, derecho subjetivo que no encierre dentro de sí la posibilidad de alterar una situación jurídica; todo negocio jurídico la cambia necesariamente y toda persona con capacidad de realizar un acto jurídico tiene la posibilidad de actuar sobre alguna situación jurídica.» (*Derecho Civil de España. Parte General, I,* Instituto de Estudios Políticos, Madrid 1955, pgs. 675-676).

- Los términos usados para los «derechos de formación jurídica» son varios: además de éste, derechos de poder jurídico, derechos negativos (en atención a que se limitan a extinguir o modificar otros derechos), derechos de configuración jurídica, poderes jurídicos.

EJERCICIOS

1. Haz el resumen de la lección.

2. ¿Qué significa que, para Bucher, el concepto de derecho subjetivo no es un «concepto jurídico-positivo»?

3. Señala la crítica que BUCHER hace a KELSEN. ¿Quién crees que tiene razón? Argumenta tu respuesta.

4. Compara la postura de BUCHER con la de THON en punto a la relación existente entre la norma jurídica y el derecho subjetivo.

5. ¿Cómo define BUCHER el derecho subjetivo? Comenta esta definición.

6. ¿Qué quiere decir BUCHER cuando afirma que el derecho subjetivo tiene un carácter independiente y como algo cosificado?

7. Comenta la tesis de BUCHER de que «pensar en términos de derechos subjetivos es pensar en normas, pensar en términos de acciones es un pensamiento sobre sanciones».

8. Relaciona la idea que tiene BUCHER del derecho subjetivo con la jerarquía de las normas en el sistema jurídico.

9. Relaciona los siguientes conceptos: capacidad de imponer normas, competencia y derecho subjetivo.

10. Conecta el concepto de derecho subjetivo con el concepto de pretensión.

11. ¿Por qué dice BUCHER que la pretensión es el acto de imposición de la norma?

12. Relaciona los siguientes conceptos: deberes jurídicos potenciales, pretensión y deberes jurídicos actuales.

13. Comenta qué entiende BUCHER por infracción o violación de un derecho subjetivo.

14. Comenta la distinción entre derechos subjetivos primarios y derechos subjetivos secundarios, y relaciónalos con las ideas y la terminología de HOLLAND.

15. ¿Por qué sostiene BUCHER que el derecho subjetivo no tiene aplicación al Derecho penal?

16. Busca en la biblioteca tres o cuatro tratados de Derecho penal y comprueba si es cierta la idea de BUCHER.

17. Explica cómo concibe BUCHER la distinción entre derechos absolutos y derechos relativos.

18. ¿Cómo se explica la existencia de «formas mixtas» de derechos absolutos y relativos? Pon un ejemplo.

19. ¿Es equiparable, según BUCHER, la distinción derechos absolutos/relativos con la distinción derechos reales/personales?

20. Explica el concepto de derechos de configuración o formación jurídica.

21. Traduce el texto de HOLLAND y coméntalo.

22. Comenta el texto de CASTRO, deteniéndose un poco en explicar algunos de los ejemplos a tu libre elección (para lo cual será conveniente que te ayudes de libros de Derecho privado, civil sobre todo).

LXXXIII. PERMISO PROPIO Y EXCLUSIÓN AJENA: LOS DOS ASPECTOS DEL DERECHO SUBJETIVO

Siguiendo la estela de KELSEN y BUCHER, desarrolla Josef AICHER la idea del derecho subjetivo en la monografía que lleva por título *Das Eigentum als subjektives Recht. Zugleich ein Beitrag zur Theorie des subjektiven Rechts* («La propiedad como derecho subjetivo. Contribución a la teoría del derecho subjetivo»), Editorial Duncker & Humblot, Berlin, 1975. El objeto central de su investigación es el concepto de propiedad pero, en la medida en que ésta constituye un derecho subjetivo que, por decirlo así, es paradigma o modelo de todos los demás, aquella indagación no puede quedar desligada de la de la noción general del derecho subjetivo. La investigación de AICHER está concebida como una continuación de la tesis de BUCHER y, al mismo tiempo, como una crítica inmanente a la misma (véase pg. 16, nota a pie de pg. núm. 9).

El problema central de su estudio lo plantea AICHER en los siguientes términos. Si se tienen en cuenta las legislaciones civiles (en referencia al Código Civil alemán –concretamente al parágrafo 903–, al austriaco –parágrafo 354– y al suizo –artículo 641–), salta a la vista que el derecho de propiedad es concebido legalmente como un concepto que implica dos elementos: a) el interno, de disposición sobre la cosa; y b) el externo, de exclusión de los que no son propietarios. Esta dualidad de elementos en la construcción del concepto legal de propiedad contrasta con el hecho de que no son pocos los autores que consideran relevante tan sólo uno de los aspectos, en concreto, el de la exclusión de los que no son propietarios. El dominio sobre la cosa sería así tan sólo una consecuencia fáctica del deber jurídico de omisión de los demás, esto es, de los que no son propietarios.

El parágrafo 903 del BGB (Código Civil alemán), en su primer párrafo, dice así: «Facultades del propietario. El propietario de una cosa puede, dentro del respeto a la ley y a los derechos de terceros, proceder a su arbitrio con la cosa y excluir a los demás de toda injerencia.»

Similar, con matices significativos, es el artículo 348 del Código Civil español: «La propiedad es el derecho de gozar y disponer de una cosa, sin más limitaciones que las establecidas en las leyes. El propietario tiene acción contra el tenedor y el poseedor de la cosa para reivindicarla.»

El contraste entre el concepto legal y el doctrinal es aún mayor –continúa AICHER– respecto de aquellas legislaciones civiles en las que sólo se contempla, como característico del derecho de propiedad, el elemento de dominio sobre la cosa. Así sucede con el Código Civil francés (art. 544) y el italiano (art. 832).

La cuestión se plantea entonces así: ¿Acaso este aspecto del dominio sobre la cosa, que las legislaciones civiles subrayan, bien como elemento distintivo, bien como uno de los elementos esenciales, del derecho de propiedad, puede ser excluido a la hora de teorizar el concepto? Y en relación con ésta, otra: ¿Qué repercusiones tiene la cuestión anterior en la más amplia del derecho subjetivo? Como no podía ser de otra forma, ambas reflexiones caminan de consuno, pues sólo es posible dar respuesta al problema del concepto de propiedad si se da asimismo respuesta al concepto, más amplio y comprensivo que aquél, del derecho subjetivo.

Para AICHER es esencial el método que ha de seguirse en la investigación. Enfatiza la necesidad de huir del sincretismo de los métodos, es decir, de la mezcla de métodos diferentes (pg. 15). Su posición al respecto es muy clara: «El objeto de la investigación son la propiedad y el derecho subjetivo como conceptos formales jurídicos *(Rechtsformbegriffe)*. Por tanto, eso quiere decir, entre otras cosas, que se renuncia a la determinación de un concepto material de propiedad, el cual sólo puede ser obtenido partiendo de las normas de un ordenamiento jurídico concreto, tarea ésta que pertenece a la dogmática jurídica pero no a la Teoría del Derecho. La investigación formalista, libre de valores, de los conceptos sólo puede llevarse a cabo con la ayuda del método *normativo* (lógico-normativo).» Por el contrario, la indagación de los contenidos de sentido concreto, teniendo en cuenta los valores, ha de realizarse desde una perspectiva *teleológica*. «La investigación normativa no se pregunta por la finalidad ni por la configuración material de lo jurídicamente protegido, sino por la forma, por el "cómo" de la protección.» (pg. 16).

AICHER analiza las posturas de otros autores, en especial la de KELSEN y la de BUCHER. La de KELSEN la compara con la defendida por THON, y subraya que les separa su distinta concepción de las normas jurídicas. Respecto de BUCHER sostiene que, aunque parte –como KELSEN– de una concepción normativista, se separa de éste en su manera de entender el derecho subjetivo: para BUCHER, el derecho subjetivo no es la misma norma vista desde el ángulo del sujeto –como es en KELSEN–, sino un medio de creación normativa (pg. 33). Pero añade que, para su investigación, desde ambas posiciones se llega a una conclusión: «Aunque ambos autores lleguen a un concepto divergente del derecho subjetivo, están de acuerdo en la concepción normativa del derecho de propiedad. Ya sea el derecho subjetivo un reflejo provisto del poder jurídico de plantear la acción procesal, ya sea poder o capacidad de imponer normas, el contenido normativo del derecho de propiedad se agota en un derecho absoluto de exclusión.» (pg. 34) En definitiva, lo que viene a mantener AICHER es que las posturas de KELSEN y BUCHER, aunque por distintos caminos, llegan a similar conclusión en cuanto a la manera de entender el derecho de propiedad.

Las tesis de BUCHER son sometidas por AICHER a un riguroso escrutinio. El punto débil de la posición de BUCHER lo ve en la idea de que la norma jurídica no crea directamente deberes de conducta, sino que precisa de un acto de voluntad posterior, el acto de plantear expresamente la pretensión, para que surja el deber de conducta. Esta concepción del derecho subjetivo plantea, según AICHER, múltiples dificultades. La primera es que se hace difícil explicar por qué razón hay que esperar a la declaración de voluntad (pretensión) del propietario para poder hablar de infracción del derecho de propiedad. Independientemente de que el propietario haya declarado su voluntad, o sea, su pretensión, lo cierto es que las normas del Derecho objetivo ya obligan directamente a los no propietarios a respetar la propiedad ajena. Una dificultad similar surge en relación con las normas negociales; por ejemplo, las provenientes de un contrato: tendrían que esperar a la declaración de voluntad del contratante para hacer existente el deber del deudor. Pero ¿acaso el prestatario no tiene el deber jurídico de devolver al prestamista el dinero que éste le ha prestado con los intereses acordados, dentro del plazo establecido en el contrato, incluso en el caso de que el prestamista no haya realizado ninguna declaración de voluntad adicional? La concepción de BUCHER supone, en el fondo, que la relación obligacional (por ejemplo, la surgida de un contrato) no es vinculante por sí misma, ya que precisa de la pretensión, esto es, del acto de voluntad posterior. Además, el concepto estrecho de derecho subjetivo que defiende BUCHER impide considerar a los derechos de formación jurídica como un tipo más de derechos subjetivos (ver pgs. 41-45).

Éstas son, en resumen, las principales objeciones que AICHER opone a la concepción que BUCHER sostiene del derecho subjetivo. Sin embargo, estas críticas no significan en modo alguno que el primero no suscriba la tesis principal del segundo, a saber: que el derecho subjetivo es un concepto jurídico formal.

Desde ese prisma AICHER analiza la tesis de la doble estructura del derecho subjetivo, a tenor de la cual, junto a la función de mandato y prohibición de terceros, está la función del «estar permitido» para el autorizado (pg. 45). AICHER sostiene que sólo es posible contemplar esta segunda función desde un prisma teleológico, pero no desde la perspectiva formal. En los derechos reales esa consideración teleológica –es decir, que mira a los fines– se ve claramente en el uso y disfrute de la cosa (pg. 46).

AICHER se pregunta si el contenido del derecho subjetivo puede ser expresado de alguna manera en términos normativos; o lo que viene a ser lo mismo, se pregunta si el «estar permitido» *(dürfen)* tiene algún significado lógico-normativo. Para examinar si ese «poder de disposición» *(Verfügendürfen)* constituye un elemento normativo en la estructura del derecho subjetivo recurre –para criticarla– a la teoría de un autor que mantiene esa tesis: Jürgen SCHMIDT, el cual a su vez conecta con las ideas desarrolladas por el norteamericano HOHFELD.

Según SCHMIDT –así lo recoge AICHER– la existencia de todo derecho subjetivo implica dos afirmaciones que tienen sentido jurídico formal: «que a alguien le está permitido realizar en una materia social determinados cambios socialmente relevantes, y que a todos los demás no les está permitido» esos mismos actos. En los términos usados por HOHFELD, la esfera de libertad corresponde a la posición de «privilegio» *(privilege)*, y la prohibición universal dirigida a los no autorizados corresponde al «derecho» *(right)*. AICHER concluye resumiendo: «la tesis de Schmidt es la siguiente: todos los derechos subjetivos se caracterizan por una estructura de *right-privilege*» (pg. 48).

De estos dos aspectos, AICHER sostiene que es aceptable el de la exclusión de los no autorizados –esto es, el aspecto de *right*–; pero no así el aspecto de la libertad propia del sujeto autorizado, es decir, el aspecto de *privilege*. AICHER fundamenta esta idea en su negación del permiso *(dürfen)* como categoría normativa autónoma, pues, en su opinión, el ámbito de libertad interna que tiene el titular del derecho subjetivo carece de significación jurídica (pg. 52). Concluye así su análisis crítico: «Desde el punto de vista jurídico-formal al derecho subjetivo no le corresponde una estructura de *right-privilege*, sino tan sólo una estructura de *right*.» (pg. 53). En definitiva, vemos que, tras muchas vueltas, viene a defender una postura parecida a la de los normativistas genuinos (THON, KELSEN), ya que pone el acento en la idea de exclusión de los que no son titulares del derecho subjetivo.

AICHER también toma postura respecto a los derechos de formación jurídica. Para él, desde el punto de vista normativo o técnico-jurídico, el derecho de formación o configuración jurídica es un «poder jurídico *(Rechtsmacht)* estructurado de manera completamente diferente» al derecho subjetivo. Es «una competencia delegada por el orden jurídico objetivo (*qua* norma autorizativa) para imponer normas de comportamiento»; mientras que el poder que caracteriza al derecho subjetivo es «una condición que, junto a la conducta infractora (hecho ilícito), se añade al momento condicionante de la voluntad estatal dirigida a la imposición de la sanción.» Por tanto, «los derechos de formación jurídica, desde el punto de vista normativo, no son derechos subjetivos.» (pg. 57).

Traduciendo su idea de los derechos subjetivos en términos de los deberes jurídicos correlativos, AICHER sostiene que los derechos subjetivos no son sino deberes de conducta subjetivizados por medio de la concesión de un poder de queja o acción procesal (opinión que recuerda la de KELSEN); mientras que los derechos de formación jurídica son, por el contrario, poderes de imposición de normas (pgs. 59-60). De manera contundente afirma: «El derecho de formación jurídica es un poder delegado y *autónomo* de imposición normativa.» (pg. 61).

Aproximándose algo más al tema de su investigación (el derecho de propiedad) AICHER sintetiza en las siguientes ideas su concepción de los derechos reales, siempre dentro de una perspectiva formal: «a) El rasgo normativamente relevante de los derechos reales es el carácter absoluto de la protección procesal *(Klageschutz)*. b) Este carácter normativo lo comparten con los derechos de la personalidad, con los derechos sobre bienes inmateriales y con el derecho a la herencia. c) Los derechos reales, por una parte, y los derechos de la personalidad, sobre bienes inmateriales y a la herencia, por otra, no pueden ser diferenciados desde la perspectiva jurídico-formal, ya que a todos ellos va unida la capacidad o poder, del titular del derecho, de excluir a las demás personas. d) La distinción entre estos grupos de derechos, todos ellos absolutos, sólo es posible adoptando una perspectiva teleológica. Mientras que los derechos sobre cosas tienen la finalidad de proteger un ámbito de objetos materiales, los derechos de la personalidad y los derechos sobre bienes inmateriales sirven a la protección inmediata de la persona humana y de sus prestaciones espirituales; y el derecho a la herencia sirve para asegurar a un determinado círculo de personas, ya sea por ley o por voluntad del causante, el conjunto patrimonial de éste, bien como totalidad bien en partes alícuotas. e) De acuerdo con lo expuesto, el derecho real representa una categoría teleológica, no normativa. Normativamente visto, el derecho real es un derecho absoluto» (pgs. 76-77).

Concretando lo expuesto respecto al derecho subjetivo de propiedad, AICHER resume los dos aspectos señalados y subraya las dos perspectivas: la formal y la teleológica. Desde la primera (la normativa o formal) «el derecho de propiedad es aquel derecho subjetivo absoluto que estatuye una protección procesal general respecto de cualquiera, al estar el titular autorizado a prohibir todo contacto con la cosa»; ésta es obviamente la perspectiva de *right*, consistente en la exclusión ajena, y el medio para lograr esa exclusión es la acción procesal. Desde la segunda perspectiva (la teleológica, o sea, la que tiene en cuenta las finalidades o propósitos), el derecho de propiedad es el «derecho subjetivo que garantiza un dominio inmediato y general sobre la cosa en la medida en que el titular puede proceder a su antojo con la cosa, siempre que el Derecho objetivo conceda el señorío inmediato respecto de la cosa de que se trate.» (pgs. 77-78). Éste es el aspecto del «estar permitido» del propietario respecto de la cosa, y que, para AICHER, carece de significación normativa, y la tiene sólo teleológica, en el sentido de que son los sujetos los que se proponen determinados fines para con la cosa, fines que el ordenamiento jurídico les permite realizar, pero que no son objeto de las normas.

La postura de AICHER me recuerda a la de JHERING. La protección normativa es el lado formal del derecho subjetivo, y el interés es la finalidad de los sujetos propietarios. Si JHERING consideraba ambos aspectos como consustanciales en todo derecho subjetivo, AICHER los disocia y plantea la necesidad de ver el derecho subjetivo en dos perspectivas diferentes: la normativa (formal) y la teleológica, desligada de todo significado normativo.

NOTAS Y COMENTARIOS

- Jürgen SCHMIDT, *Aktionsberechtigung und Vermögensberechtigung*, 1969.
- HOHFELD, *Fundamental legal conceptions as applied in judicial reasoning and other legal essays*, 1923.

EJERCICIOS

1. Explica el contraste que señala AICHER entre el concepto legal y el concepto doctrinal del derecho subjetivo.

2. Comenta el parágrafo 903 del BGB (Código Civil alemán).

3. Comenta el artículo 348 del Código Civil español (para lo cual te recomiendo que te ayudes de un tratado de Derecho civil).

4. Compara el parágrafo 903 BGB y el artículo 348 Cc.

5. ¿Cuáles son las cuestiones que se plantea AICHER en su libro? ¿Te parecen importantes? Razona la respuesta.

6. Explica en qué consiste el método propugnado por AICHER para el análisis del concepto de derecho subjetivo. ¿En qué se diferencia del de KELSEN? ¿Y del de BUCHER?

7. Comenta la crítica que hace AICHER a BUCHER.

8. ¿En qué consiste la tesis de la doble estructura del derecho subjetivo?

9. Aclara los conceptos de *right* y *privilege*, y su relación en referencia al derecho subjetivo.

10. Comenta la crítica que hace AICHER a los dos aspectos (*right* y *privilege*).

11. ¿Cuál es la idea de AICHER respecto de los derechos de formación jurídica?

12. Explica cómo concibe AICHER los derechos reales.

13. ¿A qué llama AICHER perspectiva teleológica?

14. AICHER sostiene que el derecho real representa una categoría teleológica, no normativa, mientras que normativamente es un derecho absoluto. Explica esta idea que parece un sutil y complicado juego de palabras.

15. ¿Cómo aplica AICHER las dos perspectivas metódicas –formal y teleológica– al concepto de propiedad?

16. ¿En qué se parece la postura de AICHER a la de JHERING, y en qué se diferencia?

17. Resume la lección, y da tu opinión razonada sobre los puntos que consideres más importantes.

LXXXIV. LA INTERNALIZACIÓN DEL SUJETO Y LA FUNCIÓN DEL DERECHO SUBJETIVO

Muy diferente al enfoque de BUCHER y de AICHER, que se mueven en la órbita de la perspectiva formalista, es el de Ulrich K. PREUSS en su libro *Die Internalisierung des Subjekts. Zur Kritik der Funktionsweise des subjektiven Rechts* («La internalización del sujeto. Crítica de la función del derecho subjetivo»), publicado por la Editorial Suhrkamp, Frankfurt am Main, 1979.

PREUSS reconoce desde el principio de su obra que su planteamiento no responde al que es propio del análisis jurídico o formal que han llevado a cabo otros autores. Lo que a él le interesa es «el concepto del contenido jurídico del derecho subjetivo», esto es, su naturaleza social y su función organizadora y legitimadora de las relaciones de poder; aspectos éstos que, en opinión de PREUSS, han sido poco atendidos en comparación con los múltiples ensayos de construcción jurídico-formal (pgs. 29-30).

De entrada, encontramos en la obra de PREUSS una visión muy negativa del derecho subjetivo. Dice así al comienzo de su investigación: «Una característica del derecho subjetivo radica en que no constituye una relación jurídica recíproca en la que se equilibren unos poderes con otros poderes y derechos opuestos y en la que los poderes estén limitados formal y materialmente de antemano; su esencia es ser poder de dominación *(Herrschaftsmacht),* fundado únicamente en el poder volitivo del individuo, sin relación alguna con fines concretos o con otros individuos (...) Es, como dice agudamente LUHMANN, "el derecho injusto que en sí mismo no lleva equilibrio alguno" (...)». (pgs. 36-37). El análisis de PREUSS transcurre por las vías del pensamiento sociológico con ciertos rasgos marxistas; su cometido no es otro que desvelar la injusticia de la sociedad capitalista, de lo cual sería buena expresión el concepto de derecho subjetivo, concepto éste que constituye la generalización de la idea de propiedad privada. Para PREUSS, «la sustancia de la libertad burguesa es la ausencia de responsabilidad por las consecuencias sociales de la acción individual» (37). «El efecto del derecho subjetivo consiste en circunscribir la capacidad subjetiva de dominio al interés individual, y la responsabilidad proveniente de las consecuencias sociales que de ello resulten se traspasan al mercado anónimo. Así se explica la ausencia de momentos ético-sociales en el derecho subjetivo, su (disimulada) injusticia (...).» (pg. 38).

PREUSS repite las tesis típicamente marxistas: el dominio sobre los bienes implica el dominio sobre los hombres (pg. 41); el derecho subjetivo no opera únicamente como un mecanismo de distribución de recursos adaptado al mercado, sino que es asimismo manifestación de la dominación social con carácter duradero (pg. 42). La dimensión que relaciona el derecho subjetivo con el mercado la denomina «aspecto externo», mientras que el «aspecto interno» del derecho subjetivo viene delimitado por lo que denomina «internalización», que define con palabras que (para mí, por lo menos) suenan algo misteriosas: «A este proceso de subsumir la "esfera" que fundamenta la subjetividad de un individuo en el ámbito subjetivo de otro la califico como internalización» (pg. 44). Lo explica así: «El aspecto interno del derecho subjetivo se relaciona con los procesos en los que la utilidad de un bien se concede a terceros por el titular del dominio *(Herrschaftsberechtigte)* tan sólo al precio de la inclusión de éstos en la esfera de dominio del mencionado titular. Por regla general, se trata, en lo que al bien se refiere, de un medio de producción, y en cuanto al precio por la utilidad y consiguientemente por la posibilidad de conseguir un salario, se trata de la disposición de una capacidad de trabajo, esto es, de una parte del potencial fundamentador de la subjetividad del individuo. El ejercicio de la capacidad de poder individual no significa aquí, como sucede en el aspecto externo de la relación de mercado, recíproca instrumentalización de quienes intervienen en el intercambio, sino extensión del "señorío de la voluntad" del propietario de los medios de producción a la persona de quien carece de dichos medios y, en consecuencia, absorción de su "esfera jurídica" en la esfera de la propiedad.» (pg. 43).

El derecho subjetivo por excelencia es, para PREUSS, el derecho de propiedad; atendiendo a los caracteres de éste es como mejor se entienden los de aquél. Todo derecho subjetivo implica un «tener excluyente» (pg. 51) que refleja «los ideales sociales» de la sociedad capitalista de mercado, cuyo concepto de la «buena vida» es el consumo ilimitado (pg. 53).

Destaca este autor la importancia de la función del derecho subjetivo en las organizaciones jurídicas, como las compañías mercantiles (pgs. 63 y ss.). Su visión más bien negativa del derecho subjetivo le lleva a sostener que una de sus características es la de su «indiferencia ética» (pg. 107), hasta el punto de desconectar dicho concepto del de responsabilidad: «el derecho subjetivo designa la irresponsabilidad social del sujeto por las consecuencias de su comportamiento jurídico» (pg. 110). Esta característica es adscrita, además, al concepto iusnaturalista-liberal de deber jurídico (pg. 111).

Probablemente acertada es la conexión que PREUSS establece entre el concepto de derecho subjetivo y el de derechos fundamentales, a los que califica de derechos subjetivos por excelencia en razón, según sus propias palabras, de que los derechos fundamentales van dirigidos «a fijar esferas individuales de interés frente a la intervención de la autoridad estatal y también a conceder al autorizado el poder de hacer valer por sí mismo dicha esfera de intereses y, en caso necesario, acudiendo a los jueces.» (pg. 115).

En relación con los derechos fundamentales trata de los derechos públicos subjetivos. Afirma: «En lo expuesto hasta ahora he intentado mostrar cómo el derecho privado subjetivo se ha transformado en su forma originaria como derecho real de dominio, bajo condiciones de creciente interdependencia de los procesos de la vida social, en un poder de la organización social (sin que ciertamente haya desaparecido por completo el "clásico" poder individualista de dominio). Es evidente que conceptualmente no puede darse de forma paralela al derecho privado subjetivo originario un similar derecho público subjetivo de carácter originario, pues aquél se basa en la delimitación de los vínculos con los demás mientras que éste tiene como presupuesto conceptual la participación en una vinculación –o asociación– el Estado.» (pgs. 116 y ss.) Mientras que el derecho privado subjetivo se conecta con organizaciones infraestatales y sometidas al Estado, el derecho público subjetivo es una «forma jurídica de limitación del poder» del Estado mismo. Y continúa PREUSS: «La meta política del movimiento constitucional burgués propio del siglo XIX era la conquista del poder legislativo, no su limitación; objeto de debate era quién debía ostentar el poder soberano en el Estado, el monarca o la burguesía; no era objeto de debate la cuestión de si el poder legislativo debía tener un límite en la santidad de las esferas privadas. La esfera del individuo garantizada por los derechos fundamentales no era un ámbito sustraído al poder público, sino una reserva protegida contra la coacción *ilegal*. Sólo en la Constitución de Weimar, al tomar parte en el poder legislativo estratos sociales extraños al orden burgués, e incluso enemigos de éste, los derechos fundamentales se fueron transformando, por medio de la doctrina científica y la jurisprudencia, y de ser bastiones contra la coacción ilegal se convirtieron en garantías de la esfera privada contra el poder legislativo (...).» (pgs. 125 y ss.).

Estas posturas críticas de PREUSS contrastan con la exposición, que podemos calificar de muy positiva en su valoración, relativa a lo que llama la «institucionalización de los derechos subjetivos». Se propone con ella entender el aspecto objetivista de los derechos. Para ello se basa en la concepción institucionalista del Derecho defendida por Maurice HAURIOU, para quien la institución es «una idea de obra o de empresa que se realiza y dura en un medio social determinado.» Según HAURIOU, para que esa idea germine y se transforme en algo fáctico es necesario que se forme un poder dotado de órganos. Bajo la dirección de esos órganos los miembros de la institución han de conducirse siguiendo determinadas reglas. Pues bien, PREUSS señala que durante la república de Weimar este planteamiento institucionalista se aplicó al Derecho constitucional, al entender que «el Derecho no es un sistema de relaciones entre sujetos abstractos, sino un orden de instituciones en las que toman cuerpo ideas sociales.» Las diversas instituciones, tales como la propiedad, la libertad contractual, el derecho hereditario, el matrimonio o la libertad de prensa «no son (sólo) derechos subjetivos en el sentido de acotamientos de esferas privadas individuales frente a la esfera del poder público, sino asimismo abreviaturas de amplios ámbitos sociales y de las ideas sociales que les son inmanentes y de las que proviene el contenido concreto de las autorizaciones atribuidas al individuo.» (pgs. 138 y ss.). Estas ideas institucionales tomaron cuerpo doctrinal en la obra de Carl SCHMITT, el cual en su *Verfassungslehre* («Teoría de la Constitución») (1928) teoriza la dualidad conceptual de «derechos de libertad» y «garantías institucionales». El trasfondo de la teoría institucionalista se propone revelar los aspectos sociales y objetivo-institucionales de los derechos, lo que conduce a comprender los derechos fundamentales no sólo en cuanto «derechos defensivos» sino también en cuanto «decisiones axiológicas» o valorativas *(Wertentscheidungen)* (pg. 148) que se integran dentro del sistema axiológico o de valores de la constitución.

En su análisis sociológico del problema, PREUSS subraya la idea de que «los bienes individuales se transforman en bienes públicos» (pg. 186). Si, por una parte, la libertad de conciencia y la igualdad son valladares contra la coacción estatal, por otra, conforman «valores organizativos del Estado.» (pg. 188). Para PREUSS, derecho subjetivo y libertad no son cosas idénticas; los derechos subjetivos «se les puede concebir como libertades sólo bajo determinadas condiciones sociales.» (pg. 192). La libertad de prensa, por ejemplo, no es un mero derecho subjetivo, sino «garantía de estructuras, dentro de las cuales pueden desarrollarse la libre circulación de informaciones, de opiniones, de ideas». (pg. 193 y ss.). La libertad de prensa constituye de este modo, un «principio organizativo». Tampoco, en opinión de este autor, se puede calificar como derechos subjetivos a libertades que, sin duda, tienen carácter personal, como la libertad de opinión o el libre ejercicio profesional. En apoyo de su tesis cita a RIDDER, quien habla de «derechos fundamentales impersonales» (pg. 194). PREUSS concluye así: «La diferencia entre la concepción de los derechos fundamentales como derechos subjetivos, y su concepción como libertades, consiste sobre todo en que sólo esta última es capaz de impedir que, fuera del proceso constitucionalizado de formación, legitimación y control del poder político, surjan poderes sociales privados que, apelando al carácter sagrado de los derechos fundamentales, no sólo fundamenten "especiales relaciones de poder" privadas, sino que asimismo amplios ámbitos de la vida social se sustraigan al proceso político y de regulación por el legislador.» (pg. 196) La libertad, en suma, no sería un atributo de la personalidad, sino un principio organizativo que afectaría a ámbitos sociales diferentes. Y recoge la opinión de RUPP de que los derechos fundamentales no son derechos subjetivos sino «status subjetivos» (pg. 197), algo que me recuerda la idea de sustituir los derechos por las situaciones o posiciones, que ya hemos visto como típica de mentalidades político-jurídicas antiliberales.

Singular relieve adquiere en la obra de PREUSS su tratamiento del abuso de derecho *(Rechtsmissbrauch)*, que lleva a efecto en conexión con (y dentro del capítulo dedicado a) «las formas jurídicas de internalización de la responsabilidad social.» (pg. 211 y ss.). «La distribución de la responsabilidad social constituye la otra cara de la moneda del problema de los poderes subjetivos» (pg. 211), y dentro de este gran problema surge el del abuso del derecho.

Señala PREUSS que el separar nítidamente el ejercicio abusivo de un derecho y la acción propiamente antijurídica siempre ha planteado graves dificultades. Para este autor la cuestión se resuelve del siguiente modo: En el caso de una acción ilegal estamos ante algo que choca contra el supuesto antijurídico contemplado en la norma (inciso: más bien, en este caso lo que sucede es que la acción ilícita concreta, el supuesto de hecho contemplado por la norma, puesto que PREUSS está pensando en la estructura defendida por la doctrina tradicional, supuesto de hecho y consecuencia jurídica); y, por tanto, añade, no hay abuso del derecho sino trasgresión del mismo. El abuso del derecho subjetivo se inscribe entre las acciones que en principio son legales por estar de acuerdo con las normas, por eso el abuso «sólo se refiere a actos no prohibidos en sí mismos». El abuso de derecho tiene lugar cuando, siendo el acto legal y, por tanto, permitido, puede generar «efectos sociales, en especial daños, que sobrepasan la medida tolerable y que, por consiguiente, no pueden aceptarse.» (pg. 221). De donde deriva (a mi modo de ver erróneamente) que «el abuso de derecho es una forma específica de responsabilidad.» (pg. 222). Digo erróneamente porque, como veremos, el abuso de derecho supone también la infracción de normas jurídicas, a consecuencia de la cual surge la responsabilidad.

También analiza PREUSS el problema del abuso de derecho en los derechos fundamentales. Para ello, comenta el artículo 18 de la *Grundgesetz*, que prescribe que todo aquel que, en su lucha contra el orden democrático y de libertades, abusa de alguna de éstas –que el citado precepto enumera– pierde esos derechos fundamentales. Las libertades que la norma enumera son: la libertad de expresión, especialmente la de prensa, la libertad de enseñanza, la de reunión, la de asociación, la de correspondencia, y el secreto de la misma, así como la propiedad y el derecho de asilo. El derecho fundamental termina allí donde empieza su abuso, exactamente igual a como sucede con los derechos subjetivos ordinarios. Incurrirá en esa pérdida del derecho aquella persona que lo utilice para conseguir una finalidad distinta a la que se le adscribió, por ir en contra del sistema protector de dichas libertades. Dicho en palabras más sencillas: no puede haber libertad para los enemigos de la libertad.

Los últimos capítulos del libro PREUSS los dedica a situar el conjunto de los derechos fundamentales en el marco del «orden de valores» *(Wertordnung)* constitucional y en la teoría de la justicia. mas este asunto desborda nuestra problemática, que es la de concretar los aspectos conceptuales de los derechos subjetivos.

NOTAS Y COMENTARIOS

- La obra que PREUSS cita de H. RIDDER es, *Die soziale Ordnung des Grundgesetzes. Leitfaden zu den Grundrechten einer demokratischen Verfassung*, Opladen 1975, pgs. 85 y ss.
- La obra que PREUSS cita de H. H. RUPP es, *Grundfragen der heutigen Verwaltungsrechtslehre. Verwaltungsnorm und Verwaltungsrechtsverhältnis*, Tübingen 1965, pgs. 153 y ss.

EJERCICIOS

1. Resume las idea de PREUSS expuestas en esta lección.

2. ¿En qué difieren los enfoques metódicos de PREUSS y los de BUCHER o los AICHER?

3. PREUSS investiga «la naturaleza social y la función organizadora y legitimadora de los derechos». ¿Qué significa esto?

4. ¿Por qué afirma PREUSS que el derecho subjetivo es «un poder de dominación»?

5. ¿Qué puede significar la afirmación de PREUSS de que el concepto de derecho subjetivo implica la «ausencia de momentos ético-sociales»? Relaciona esta idea con la de «irresponsabilidad» que dice estar detrás de los derechos subjetivos.

6. Explica la idea de «internalización del sujeto» por medio del derecho subjetivo. Aplícala a las relaciones laborales.

7. Aclara la diferencia que establece PREUSS entre el aspecto externo y el aspecto interno del derecho subjetivo. Compárala con la homónima distinción de JHERING. ¿Tienen ambas algo que ver?

8. ¿En qué se diferencian, según PREUSS, los derechos privados subjetivos y los derechos públicos subjetivos?

9. Explica la idea de «institucionalización» de los derechos subjetivos.

10. Relaciona las ideas de PREUSS con las de HAURIOU.

11. ¿Qué perspectiva añade la teoría institucionalista de los derechos subjetivos?

12. Explica la diferencia que establece PREUSS entre derechos subjetivos y libertades.

13. ¿Cómo separa PREUSS la noción «abuso del derecho subjetivo» de la noción «acto antijurídico»? ¿Hasta qué punto te parece totalmente aceptable esa separación?

14. Comenta la aplicación que hace PREUSS a los derechos fundamentales del concepto «abuso del derecho subjetivo».

15. ¿Qué ideología crees que subyace a los planteamientos teórico-jurídicos de PREUSS? Razona la respuesta.

CAPÍTULO 18

LOS DERECHOS SUBJETIVOS ANTE LA TEORÍA COMUNICACIONAL DEL DERECHO

LXXXV. LOS DERECHOS SUBJETIVOS Y LAS TRES PERSPECTIVAS DE LA TEORÍA COMUNICACIONAL DEL DERECHO

Estoy seguro que te ha parecido algo «dura» esta travesía que hemos hecho a lo largo de algunas teorías sobre el derecho subjetivo. Lo comprendo perfectamente, y te pido que tú también comprendas la finalidad que he perseguido al presentarte esa panoplia de posiciones. Tengo que advertirte, ya te lo he dicho, que se trata sólo de una selección que, por supuesto, bien podría haber sido otra distinta, ya que no hay libro de filosofía jurídica ni de dogmática que no trate, o por lo menos no maneje, el concepto de derecho subjetivo. Puede decirse, por tanto, que lo que hemos hecho ha sido asomarnos un poco al mundo de ideas, sumamente rico y controvertido, que rodea desde hace mucho tiempo a esta noción. Aún así, he de confesarte que he eludido entrar en las teorías iusnaturalistas, quizás porque con estas teorías nos encontraremos en algún lugar posterior de mi exposición «*cuasi* sistemática», en concreto cuando abordemos los aspectos materiales o de contenido axiológico de la teoría de las decisiones jurídicas, o teoría de la justicia.

Las teorías que hemos estudiado son, todas ellas, muy sugerentes, tanto las afirmadoras y explicativas de los derechos subjetivos, como aquellas que vienen orientadas más desde la crítica e incluso desde la negación. Todas ellas demuestran, sin ningún género de dudas, la enorme importancia del concepto así como su variada riqueza de matices internos. Se diga lo que se diga, el concepto de derecho subjetivo sigue usándose diariamente por los juristas, tanto en la teoría como en la práctica y en la vida cotidiana. En el Derecho privado sigue siendo la piedra angular sobre la que se construye el edificio. Así el Derecho civil, como el mercantil y el laboral, son difícilmente construibles sistemáticamente si se prescinde de los derechos. La tradición en el tratamiento de la materia iusprivatista por parte de los juristas dogmáticos ha impuesto de tal manera la utilización primorial de los derechos subjetivos, que es impensable que se pueda apartar este concepto reduciéndolo a una categoría secundaria, y todavía más impensable es hacerla desaparecer. En el Derecho público, al principio con connotaciones políticas evidentes, se ha ido abriendo camino en el campo propiamente jurídico con la teorización de los derechos públicos subjetivos. Ni el Derecho administrativo ni el Derecho constitucional pueden prescindir de ellos. Y aunque en el campo del Derecho penal se ha hecho escaso uso en su parte sustantiva, no cabe duda de que en su rama procesal y penitenciaria (esto es, en el desarrollo del proceso penal y en la ejecución de la pena) tienen un papel crecientemente relevante.

La Teoría comunicacional del Derecho, como es natural, se hace eco de esta realidad pluriforme, que se transparenta continuamente en el lenguaje de los juristas. Puede afirmarse sin temor a exagerar que apenas hay una obra científica de Derecho en la que no haya referencia a los derechos. Asimismo, la inmensa mayoría de las normas jurídicas de los ordenamientos modernos tiene que ver, directa o indirectamente, con los derechos de las personas. Los debates actuales de ética jurídica (como, por ejemplo, los relativos a la bioética, a los crímenes de guerra o contra la humanidad, al multiculturalismo, etc.) afectan sin excepción a los derechos de los individuos y de los grupos humanos.

Tanto prestigio social ha alcanzado la palabra «derechos», en sus diversas modalidades, que no sólo se usa en otros ámbitos diferentes al jurídico (así en el ámbito moral, donde no faltan autores que hablan de «derechos morales»), sino que con razón se afirma que estamos ante un fenómeno de «inflación». A nuestra época se la ha denominado la «edad de los derechos» y, con no menos razón, también se la puede llamar la época de la «inflación» de los derechos y de la «deflación» de los deberes. El sentimiento reivindicativo es una característica de los tiempos presentes que muestra a las claras el exagerado sentido individualista que domina y que, si sigue creciendo, puede socavar gravemente los cimientos de la sociedad. Pero este asunto no corresponde tratarlo ahora, sino –como digo– en el marco de una teoría de la justicia (y también, en otra perspectiva no menos interesante, en el terreno de la Sociología).

No hay que olvidar que la Teoría comunicacional del Derecho se plantea los problemas jurídicos con una triple perspectiva, cada una de las cuales conlleva sus propias exigencias metódicas. Ya sabemos que estas perspectivas son: el análisis formalista o lógico-lingüístico, el propio de la teoría de la dogmática –la cual va siempre referida a un ordenamiento jurídico concreto en relación con su configuración institucional–, y el que corresponde a la teoría de las decisiones jurídicas que, en su aspecto material, se plantea cuáles deben ser los criterios que han de inspirar las decisiones de un orden jurídico justo.

Está fuera de toda duda que resulta muy diferente que nos planteemos una cuestión cualquiera en uno u otro de esos niveles. Por ejemplo, si me pregunto cuáles son los derechos de los individuos, y hago esa pregunta en el plano de la dogmática, tendré que determinar primero al ordenamiento al que me refiero, y después comprobar qué derechos garantiza el ordenamiento de que se trate y hasta qué punto y con qué instrumentos los protege. La misma pregunta tendrá una respuesta muy diferente si con ella me refiero a los derechos que los individuos tienen por el mero hecho de ser humanos, en cuyo caso estoy en un nivel diferente al anterior.

Lo mismo puede afirmarse si lo que hacemos es contemplar una determinada cuestión o un determinado concepto desde, sucesivamente, cada uno de esos enfoques. Así, una misma expresión o palabra («derechos subjetivos», «persona», «deberes jurídicos») tendrá sucesivamente significados diferentes, lo cual nos permitirá comprender muy bien por qué las palabras en el Derecho casi siempre son polisémicas.

Este tridimensionalismo (que no hay que confundir con el tridimensionalismo clásico, que distingue en el Derecho las tres dimensiones de norma, valor y hecho) es perfectamente aplicable a los derechos subjetivos. Veamos cómo es posible estudiarlos desde cada una de las perspectivas señaladas, y cómo por cada una de ellas se llega a resultados diferentes porque se plantean cuestiones distintas.

En la primera de las perspectivas, la estrictamente formal, lo que se busca es la definición y los caracteres de un concepto universal propio del Derecho en general, esto es, de cualquier ordenamiento jurídico: el concepto de derecho subjetivo. Para ello el camino no puede ser otro, como sabemos, que hallar el punto de unión entre el uso de esa categoría jurídica y las normas del Derecho. Nosotros partimos de una concepción heterogénea de éstas, y por consiguiente lo que un concepto formal de derecho subjetivo exige es entenderlo desde el tipo o tipos de normas jurídicas que pueden explicar su uso lingüístico. Pero, como según el criterio que hemos expuesto ya, las normas, o son directas o son indirectas respecto de la acción, será necesario analizar el uso de la expresión «derecho subjetivo» en función de esa dualidad de especies normativas y, dentro de ellas, habrá que dilucidar de manera especial la relación entre el derecho subjetivo y la acción misma (y, en consecuencia, la omisión). En definitiva, en el análisis formalista se trata simplemente de aplicar lo que hemos expuesto hasta ahora, o al menos parte de lo que hemos expuesto (aquella parte que resulte pertinente) a la indagación del significado del derecho subjetivo.

Si la perspectiva formalista aspira a acuñar un concepto universal de derecho subjetivo, aplicable a cualquier sistema de Derecho, el prisma de la dogmática jurídica es algo diferente. En efecto, la dogmática no se propone la investigación de conceptos jurídicos universales. Su objeto es un ordenamiento jurídico determinado, y el resultado de su tarea es el sistema jurídico que refleja y perfecciona aquel ordenamiento. La primera cuestión que ha de plantearse la dogmática es si el ordenamiento jurídico, sobre el que vierte su labor hermenéutica, maneja el concepto de derecho subjetivo y cómo lo hace. Es cierto que los ordenamientos no pueden definir propiamente, y si lo hacen, sus definiciones no son sino otros tantos mandatos cuyo significado es que el intérprete entienda una determinada palabra o expresión en un determinado sentido. Lo normal, en lo que se refiere a los derechos subjetivos, es que los ordenamientos no definan lo que son, sino que se limiten a regularlos, esto es, a concretar su contenido en cada caso. La labor de la dogmática consiste simplemente en desvelar esos significados en su relación con el conjunto normativo concreto al que pertenecen. Y una buena dogmática cumplirá esa función de desvelamiento de significados concretos de los derechos subjetivos expresando no sólo cómo el ordenamiento parece entender su propio uso de los derechos, sino también cómo los relaciona con los deberes jurídicos correspondientes, y asimismo descubrirá los valores y bienes jurídicos que los mencionados derechos encarnan.

Un buen ejemplo para comprender ese juego de ocultamientos conceptuales que suele ser frecuente en los ámbitos jurídicos nos lo ofrece el Derecho romano. Como ya hemos apuntado páginas atrás, el Derecho romano clásico no es que desconozca absolutamente el concepto de derecho subjetivo (determinados pasajes del Digesto prueban lo contrario), pero el uso lingüístico de los textos normativos recae, más que sobre ellos, en lo que constituye su aspecto dinámico: en las *actiones*. Recordemos cómo empieza SCHULZ su afamada obra: «El Derecho privado clásico es, en gran parte, un Derecho de acciones y puede ser denominado así porque aparece en forma de remedios o recursos judiciales. Los juristas clásicos no se ocuparon tanto de los derechos y deberes que subyacían en estas acciones, como de las condiciones en que puede disponerse de una acción y de la reparación que con ella puede obtenerse.» Por otro lado, la doctrina jurídica romana, poco propensa a teorizaciones, no se ocupó del concepto de derecho subjetivo. Éste sólo empieza a tomar cuerpo mucho después, primero en el terreno filosófico, y más tarde (de modo decisivo en el siglo XIX) por obra de los romanistas, sobre todo alemanes. En la mentalidad típica de los juristas romanos los derechos subjetivos eran vistos, no como sustancias o entidades, sino en su relación con las decisiones judiciales. No se pensaba tanto en lo protegido como en la protección, y de ahí su fijación en los mecanismos procesales. ¿Quiere esto decir que el Derecho romano desconocía el concepto de derecho subjetivo? En absoluto. Lo único que ocurría es que le pasaba como aquel gentilhombre que hablaba en prosa sin saberlo. Uno de los caracteres de los conceptos formales o universales del Derecho es que están, por decirlo así, implícitos en los textos jurídicos que componen el ordenamiento de que se trate; pero sucede a menudo que no se tiene plena conciencia de ellos. Es necesario que aparezcan mentes preclaras (normalmente de juristas familiarizados con dichos textos) que, cual comadronas, los extraigan del seno textual desvelando explícitamente su significado y su función. Esta explicitación conceptual, este salir a la luz de un concepto, sucede en un momento histórico determinado, y no antes, y suele responder, como es natural, a unas condiciones intelectuales determinadas.

El tercer nivel de análisis del lenguaje de los juristas es el que corresponde a la pragmática y que hemos designado con el nombre de teoría de la decisión jurídica. O, mejor en plural, de las decisiones jurídicas. En este marco la perspectiva es completamente diferente, ya que de lo que se trata sobre todo es de elucidar cuestiones tales como las siguientes: ¿cuáles son los derechos que un ordenamiento debe incorporar a sus preceptos?, ¿debe conceder más relevancia a unos derechos que a otros?, ¿en qué orden jerárquico debe hacerlo?, ¿con qué tipo de texto jurídico –esto es, con qué especie normativa– es más adecuado que regule unos derechos u otros? En este terreno nos encontramos de lleno con los problemas teóricos que suscitan la teoría de la decisión constituyente, la teoría de la legislación y la teoría de las decisiones judiciales. Todas estas cuestiones conectan el problema de los derechos con, por una parte, la teoría de la justicia, y por otra, con las técnicas de protección.

En cuanto se refiere al primero de los aspectos (teoría de la justicia) habrá que debatir cuestiones tales como si el derecho de propiedad debe ser elevado a la categoría de derecho fundamental o no, o si el derecho a la vida, que se reconoce en la constitución, se ha de ver recortado de una u otra manera por las leyes, o si el derecho de huelga ha de permitirse en todos los casos sin limitación alguna. Cuestiones de este estilo no pueden ser resueltas con argumentos formales, ni dogmáticos, sino que precisan de un debate abierto sobre criterios valorativos o, lo que es lo mismo, sobre política jurídica.

El análisis que nosotros estamos haciendo se inscribe, como ya sabes, en el nivel primero de la Teoría comunicacional, esto es, en el que es característico de la teoría formal. Esto quiere decir que en él prescindiremos de los otros aspectos que corresponden a la teoría de la dogmática y a la teoría de las decisiones jurídicas. Esta delimitación hay que tenerla siempre presente ya que, de lo contrario, se puede caer en malentendidos que propician fáciles críticas que, al desconocer el enfoque, no están legitimadas.

Hemos visto que uno de los ataques que ha recibido el concepto de derecho subjetivo es el de su pretendido significado ideológico. Se le vincula, por una parte, al iusnaturalismo; y por otra, al liberalismo político y económico. Además, se afirma que cuando la ciencia jurídica, en su exposición doctrinal del Derecho vigente, utiliza el concepto de derecho subjetivo poco menos que está traicionando su propio método al introducir en un planteamiento pretendidamente descriptivo una noción que en sí misma, por iusnaturalista, es axiológica o valorativa.

Estos planteamientos tienen su punto de razón si se los limita a su verdadero alcance. No puede discutirse –en mi opinión– que el iusnaturalismo fue la primera corriente del pensamiento jurídico que teorizó el concepto de derecho subjetivo y que, además, lo hizo de manera muy generosa e incluso espléndida. Tampoco puede ponerse en tela de juicio que el liberalismo hizo de dicho concepto la piedra angular de sus concepciones político-jurídicas. Pero lo que parece fuera de lugar es considerar iusnaturalista a todo aquel que emplee el concepto de derecho subjetivo para explicar doctrinalmente (en el caso de la dogmática) o formalmente (en el terreno de la Teoría del Derecho) sus correspondientes objetos (el Derecho vigente y el Derecho posible, respectivamente). ¿Acaso la teoría del Derecho natural no ha elaborado asimismo otros conceptos, como el de norma jurídica y el deber jurídico? Por el mismo razonamiento empleado contra el derecho subjetivo, habría que anatematizar también a dichos conceptos que, sin embargo, los positivistas proclaman como propios de toda teoría jurídica, necesarios absolutamente para comprender la estructura y el funcionamiento de un sistema jurídico. En este aspecto, los realistas escandinavos son más coherentes, ya que en su crítica contra los conceptos jurídicos no dejan títere con cabeza: todos los conceptos jurídicos son, para ellos, expresión de la metafísica idealista y, en consecuencia, rechazables para el pensamiento científico.

Tampoco parece muy acertado concebir al derecho subjetivo como un «mero reflejo» del deber jurídico. Es cierto que el derecho subjetivo está vinculado al deber jurídico, pero esa vinculación adquiere matices muy diversos en cada tipo de derecho. No es siempre tan evidente y directa como en los derechos de crédito, en los que hay una o varias personas, los deudores, que aparecen concretados, de manera actual o potencial, como sujetos del deber jurídico. Además, aunque la vinculación entre derecho y deber fuera siempre directa y estrecha, no por eso dejaría el derecho subjetivo de poder ser un concepto con entidad propia. Admitamos que sea posible hacer una lectura de los derechos subjetivos desde el ángulo exclusivo de los deberes jurídicos; eso no significaría otra cosa que los conceptos jurídicos están perfectamente imbricados entre sí, lo que hace que unos puedan «leerse» o interpretarse en función de los otros. Y si al derecho subjetivo se le critica por ser el reflejo de los deberes jurídicos, a éstos se les podría excluir también en atención a que, como dicen algunos autores, el Derecho no obliga jurídicamente a nada, sino que se limita a dar a elegir a las personas entre cumplir la conducta determinada por la norma o sufrir las consecuencias previstas por esa misma norma. Estos autores sostienen que el Derecho funciona más o menos así, como si nos dijera: Mire usted, le doy a elegir entre respetar la vida y la propiedad ajena o ir a la cárcel, decida usted.

En las páginas que siguen vamos a tratar de aplicar algunas ideas básicas de la Teoría comunicacional –en su nivel del análisis formal– al concepto de derecho subjetivo. Para lo cual debes tener en cuenta lo estudiado hasta el momento, volviendo en caso necesario a repasar aquellas nociones que hemos estudiado y que aparecen de nuevo ahora (por ejemplo, el concepto de norma autorizativa, el concepto de acción o el concepto de carga).

NOTAS Y COMENTARIOS

- Fritz Schulz, *Derecho romano clásico,* traducción del inglés por José Santa Cruz Teigeiro, Bosch, Barcelona, 1960, pg. 11.
- El tridimensionalismo clásico tiene una larga tradición. Lo puso en boga en el mundo iberoamericano el brasileño Miguel Reale, pero conoce precedentes notables. Según esta concepción la ciencia jurídica ha de combinar tres dimensiones en una especie de

conocimiento integrador de todo el fenómeno jurídico. Estas tres dimensiones son: la norma jurídica, el valor y el hecho. Frente a la separación analítica de los planos, el tridimensionalismo clásico propugna su mezcla. En España esta teoría ha tenido múltiples seguidores. En Alemania recientemente se adscribe a ella Robert ALEXY, quien distingue lo que él denomina la dimensión analítica, la dimensión empírica y la dimensión normativa. Defiende la mezcla de métodos en la dogmática jurídica entendida como «una disciplina integrativamente pluridimensional», en la cual «la unión de las tres dimensiones es condición necesaria de la racionalidad de la ciencia jurídica como disciplina práctica.» (*Theorie der Grundrechte*, Suhrkamp, Frankfurt am Main, 1986, pgs. 23-27). Obsérvese que este autor se refiere a la dogmática jurídica y no a la Teoría del Derecho. No hay que olvidar que su libro no se inscribe en esta última, sino que se propone explícitamente ser «una teoría jurídica general de los derechos fundamentales *de la Ley fundamental*» (*«eine allgemeine juristische Theorie der Grundrechte des Grundgesetzes»*) (pg. 21, cursivas mías). La Ley fundamental, como recordarás, es la denominación de la Constitución alemana de 1949.

EJERCICIOS

1. ¿Por qué motivo crees que nos hemos detenido en estudiar algunas teorías sobre el derecho subjetivo?

2. Pon ejemplos de libros de Derecho (de dogmática jurídica) en los que encuentres un tratamiento amplio de los derechos subjetivos. Concreta las páginas respectivas y de qué tratan.

3. ¿Qué es el Derecho penitenciario? Relaciónalo con el Derecho penal.

4. ¿Cuál crees que es la función de los derechos subjetivos en el Derecho penitenciario?

5. Determina la función de los derechos subjetivos en el Derecho procesal penal.

6. ¿Cómo se puede relacionar la bioética con el Derecho y con los derechos subjetivos? Pon ejemplos que avalen tu respuesta.

7. Explica lo que quiere decir que vivimos una época de «inflación» de los derechos y «deflación» de los deberes.

8. Recuerda cuáles son los tres niveles de la Teoría comunicacional del Derecho.

9. ¿Qué es el tridimensionalismo clásico?

10. Explica el método de la Teoría comunicacional del Derecho –en su nivel de teoría formal– para abordar la investigación de los derechos subjetivos.

11. ¿Cómo opera la dogmática jurídica en relación con los derechos subjetivos?

12. Si el derecho subjetivo es un concepto jurídico universal (esto es, implícito en los textos jurídicos ordinamentales) ¿cómo es así que los juristas romanos prácticamente lo desconociesen?

13. ¿Qué significa que los romanos pensaban el Derecho en términos de acciones? ¿Tiene eso algo que ver con los derechos subjetivos?

14. Comenta cuál es el enfoque de la teoría de la justicia –que es el aspecto material de la teoría de las decisiones jurídicas– respecto de los derechos subjetivos. Pon algún ejemplo que te ayude en la explicación.

15. ¿Qué es la política jurídica? Acompaña de ejemplos tu respuesta.

16. ¿Es necesariamente iusnaturalista todo autor que maneje o teorice el concepto de derecho subjetivo?

17. Haz el resumen de la lección.

LXXXVI. LA FUNCIÓN DEL DERECHO SUBJETIVO EN EL SISTEMA JURÍDICO (I): EL TÍTULO

En el uso del lenguaje jurídico hay que distinguir dos expresiones que, a veces, se emplean como sinónimas, pero que por lo general implican un significado diferente. Estas expresiones son «derecho a» y «derecho de». Por ejemplo, no es lo mismo el derecho a la libertad de expresión que el derecho de libertad de expresión. No es lo mismo el derecho a la propiedad que el derecho de propiedad.

Cuando empleamos la primera de estas expresiones (esto es, «derecho a») nos referimos de ordinario a que todos los individuos, por el mero hecho de pertenecer al género humano, o todos los ciudadanos, por el hecho de serlo, tienen derecho a algo, es decir, tienen derecho a que se les reconozca alguna cualidad o se les atribuya algún bien. Si decimos que todo individuo tiene derecho a la propiedad estamos afirmando que a cualquier persona, por el mero hecho de pertenecer al género humano, ha de reconocérsele la posibilidad de ser propietario. Incluso, con un matiz más concreto, esa expresión significa que dicha posibilidad ha de concretarse aunque sea mínimamente, pues todo el mundo precisa de unos bienes para sobrevivir. Si nos referimos al derecho a la libertad de expresión, estaremos afirmando algo parecido; queremos decir que a todo individuo ha de reconocérsele esa capacidad para expresar lo que quiera. En numerosas ocasiones la fórmula «derecho a» se emplea como un *desideratum*, esto es, como algo que aún no existe como verdadero derecho subjetivo en el ordenamiento o, más ambiguamente, como algo que no está protegido jurídicamente, pero que debería protegerse. Así, en tiempos del régimen surgido tras la Guerra Civil era muy frecuente oír en la calle y en la universidad que los españoles teníamos derecho a la libertad política, esto es, a la existencia de partidos políticos, a las elecciones, etc.; al hablar de ese modo se daba a entender, obviamente, que carecíamos de la citada libertad pero que, como seres humanos, nos la merecíamos, al igual que el resto de la humanidad.

Con la expresión «derecho de» ordinariamente se apunta en otra dirección. Con ella nos solemos referir a un derecho subjetivo ya organizado y regulado por las normas del Derecho positivo. Y cuando pueda interpretarse que no hay un verdadero derecho subjetivo, por lo menos con la citada expresión aludimos a una situación en la cual el Derecho proporciona al bien de que se trate una protección jurídica concreta. La expresión en su sentido más típico apunta, como digo, a la idea de derecho subjetivo. Así, «derecho de propiedad» es el derecho subjetivo de propiedad; «derecho de libertad de expresión» es el derecho subjetivo del mismo nombre. Esta forma de hablar conlleva la conexión directa con un ordenamiento jurídico, o con varios en el supuesto de que estemos realizando un estudio de Derecho comparado.

«Derecho a» es, por tanto, la expresión característica de las manifestaciones políticas. Cuando vemos por la calle a un grupo de gente con pancartas es muy frecuente que en ellas vayan escritas sus reclamaciones: «derecho a la independencia», si son separatistas; «derecho al aborto» si son pro-abortistas; «derecho al trabajo», si están en paro; «derecho a la vida» si son grupos pro-vida; «derecho a la libre sindicación», si son grupos de trabajadores que no tienen aún una verdadera libertad sindical, etc. En esos contextos situacionales, la expresión «derecho a» implica un deseo, una aspiración que se considera legítima, algo que se quiere conseguir porque es justo pero que no se tiene. Por supuesto, no siempre esas aspiraciones son legítimas. Aún no estamos en el terreno del Derecho, sino en el de la política e incluso en el de la moral. Quienes así gritan sus reclamaciones quieren conseguir algo, y lo quieren de tal modo que aspiran a que quede plasmado en las normas del ordenamiento, en los textos jurídicos. Algunas de esas proclamas triunfarán y pasarán a formar parte de las instituciones jurídicas. Otras fracasarán y los grupos que las defiendan seguirán reclamándolas o quizás se cansen y dejen de hacerlo.

Por lo general (hay que tener en cuenta que el lenguaje en este terreno es sumamente dúctil, equívoco y ambiguo), el mismo pensamiento reivindicativo se expresa también cuando se habla de «derechos humanos», aunque esta designación suele connotar el matiz de tratarse de reclamaciones para cubrir las necesidades básicas.

Lo que he dicho en relación con el significado ordinario de la expresión «derecho a» choca, sin embargo con algunos textos jurídicos (de ordinario los de jerarquía máxima) en los que se la usa, no como una reclamación de una aspiración, sino como algo protegido jurídicamente. Veamos algunos ejemplos tomados de nuestra Constitución.

Tenemos, proclamados en la Constitución, el «derecho a la vida y a la integridad física y moral» (art. 15); «el derecho a la libertad y a la seguridad» (art. 17); «el derecho al honor, a la intimidad personal y familiar y a la propia imagen» (art. 18); «el derecho a elegir libremente su residencia y a circular por el territorio nacional»; «derecho a entrar y salir libremente de España» (art. 19); «los derechos a expresar y difundir libremente los pensamientos, ideas y opiniones; a la producción y creación literaria, artística, científica y técnica; a la libertad de cátedra; a comunicar o recibir libremente información veraz por cualquier medio de difusión» (art. 20); «el derecho a participar en los asuntos públicos», «el derecho a acceder en condiciones de igualdad a las funciones y cargos públicos» (art. 23); «el derecho a obtener la tutela efectiva de los jueces y tribunales», «el derecho al juez ordinario predeterminado por la ley» (art. 24); «el derecho a la educación» (art. 27); «el derecho a sindicarse libremente», «el derecho a la huelga» (art. 28); «el derecho a contraer matrimonio» (art. 32); «el derecho a la propiedad privada y a la herencia» (art. 33); «el derecho al trabajo» (art. 35); «el derecho a la negociación colectiva laboral» (art. 37); «el derecho a la protección de la salud» (art. 43); «derecho a disfrutar de un medio ambiente adecuado» (art. 45); «derecho a disfrutar de una vivienda digna y adecuada» (art. 47).

Vemos, por tanto, cómo en el texto jurídico más relevante de nuestro ordenamiento prolifera la expresión «derecho a». Esto obedece, en mi opinión, a varias razones. La primera es la versatilidad del lenguaje, que permite que digamos lo mismo con fórmulas lingüísticas diferentes. La segunda es el origen propio de la Constitución: tras la Guerra Civil y la Dictadura, el lenguaje constitucional recoge, como es natural, las maneras expresivas propias de la oposición (democristianos, liberales, socialistas, demócratas en general). Esto sucede, por lo demás, con prácticamente todas las constituciones, cuyo estilo retórico (a veces excesivo) suele ir en detrimento de la claridad de los conceptos jurídicos. No hay que olvidar que nuestra Constitución es el resultado de un pacto entre representantes de ideologías divergentes, por lo que sus esquemas de fondo ni son siempre los mismos ni se expresan con nitidez suficiente. Recoger, como hace el texto constitucional, el derecho a la vivienda o el derecho al trabajo, sin garantías jurídicas concretas, como es normal, es un verdadero «brindis al sol» para quedar bien ante la galería. La tercera razón, consecuencia de las dos anteriores, es que en la Constitución se proclaman solemnemente los derechos de los individuos con fórmulas ampulosas, generosas, precisamente por mantener el nivel propagandístico requerido por el cambio de régimen político, dejando la «letra pequeña» al legislador. Éste será el encargado de pasar del «derecho a» al «derecho de». Se ve muy claramente en algunos ejemplos. La Constitución proclama el derecho a la propiedad, que la ley concreta en el derecho de propiedad. Asimismo, el derecho a la herencia, que la ley concreta en el derecho de herencia. El derecho a la creación literaria lo proclama el constituyente, que concretará el legislador mediante la regulación del derecho de autor. Bien es verdad que esto sucede, sobre todo, con los derechos que se enmarcan tradicionalmente en el marco del Derecho privado. Pero no sólo: del derecho a la huelga, la ley debería regular el derecho de huelga; del derecho a reunirse y a asociarse la ley concreta el derecho de reunión y de asociación, etc. En fin, si hay una materia en el Derecho en la cual la proliferación terminológica es excesiva y la profusión de fórmulas expresivas es muestra de ambigüedad y falta de rigor, es precisamente ésta de los derechos. No en vano se trata de una materia atravesada de punta a punta por la política y, por tanto, por el disenso. Por mucho que los juristas nos empeñemos en poner orden siempre nos encontraremos con ese escollo.

La exposición de los conceptos dentro de la teoría formal o teoría pura tiene que desprenderse al máximo posible de toda ideología, pues su misión es suministrar a la ciencia del Derecho conceptos jurídicos universales que, precisamente por su carácter formal, admiten contenidos ideológicos dispares. Por tanto, en el contexto en que nos movemos lo que nos interesa es dar respuesta a la cuestión de qué sean los derechos subjetivos. Dicho de otra manera: debemos encontrar un concepto de derecho subjetivo que sirva lo mejor posible como herramienta lingüística en los razonamientos de los juristas. Un concepto que saque a la luz su potencialidad analítica desprendida de toda ideología. Para ello nos encontramos con las dificultades que hemos señalado, y que se resumen en el caos lingüístico que domina esta materia.

Hay que tener en cuenta, además, que cada ordenamiento jurídico maneja el concepto de derecho subjetivo, y sobre todo el de derechos fundamentales (próximo al primero pero no necesariamente coincidente con él), en contextos muy dispares. En el Derecho privado la proximidad es mucho mayor. Es tarea de la Teoría del Derecho encontrar el lugar común, si tal lugar existe. Me parece que el camino que hay que seguir debe comenzar en el Derecho privado. Quiero decir que la teorización de los derechos en este campo ha sido más precisa y que es en él donde hay que fijar la vista, para después, trasladar los esquemas adquiridos al campo del Derecho público, que es justamente donde la mencionada confusión terminológica y conceptual es más acusada.

Si hacemos caso al uso generalizado del lenguaje de los juristas, creo que estaremos de acuerdo si afirmamos que en el derecho subjetivo hay que distinguir dos aspectos: la titularidad y el poder. Ambos suelen ir unidos, pero no es necesario que sea así. Hay titulares que no tienen poderes concretos, como es el caso del niño de siete años propietario de un bien inmueble. Tiene la titularidad pero no puede venderlo, ni hipotecarlo. Estos poderes corresponden a sus padres o a su tutor que, con las debidas garantías previstas por el ordenamiento, pueden realizar ese tipo de actos de disposición. Y viceversa: por mucho que los padres o el tutor tengan esos poderes, condicionados por el ordenamiento jurídico, no por ello son titulares del bien. Bien es verdad que, cuando ese niño alcance la mayoría de edad al cumplir 18 años, podrá realizar esos actos por sí mismo, y entonces el poder de disponer del bien inmueble irá unido a su titularidad. Ésta, por decirlo así con una metáfora fisicalista, posee una fuerza de atracción sobre aquel poder. El lugar natural del poder es su inmediata derivación de la titularidad.

La función que primariamente cumple todo derecho subjetivo es la de atribuir títulos o titularidades. Dicha función consiste en determinar a qué sujeto jurídico pertenece o corresponde algo (un objeto, entendido en su sentido más amplio). La función primaria del derecho subjetivo es la de atribución de titularidades. Todo derecho subjetivo implica un título.

Las normas jurídicas que regulan los derechos subjetivos determinan los sujetos de cada uno de ellos. Así, el sujeto del derecho subjetivo de propiedad es el propietario; el del derecho subjetivo de usufructo, el usufructuario; el del derecho subjetivo de crédito, el acreedor; el del derecho subjetivo hereditario, el heredero. La ley, en su generalidad, no puede referirse a Cayo ni a Sempronio en concreto, sino que su referencia es siempre a sujetos genéricos, como es lógico. Esos sujetos, que la ley determina genéricamente, son los titulares de los derechos subjetivos de que se trate.

La determinación lingüística de los sujetos titulares es posible merced a normas del tipo de las ónticas, que establecen quiénes *son* propietarios, quiénes *son* usufructuarios, quiénes *son* acreedores, quiénes *son* herederos. Ahora bien, para ser sujeto de cualquiera de estos tipos de derechos subjetivos se precisa una condición previa: el ser sujeto jurídico. En nuestra actual terminología diremos que esa condición previa consiste en ser persona. El señalamiento de quiénes son personas también se lleva a cabo por medio de normas ónticas: Son personas aquellos individuos humanos que cumplan tales y tales condiciones, y además aquellos grupos de individuos o patrimonios adscritos a un fin que cumplan determinados requisitos (con esto último me estoy refiriendo, como ya habrás sospechado, a las llamadas personas jurídicas).

Respecto de una entidad cualquiera (individuo humano, asociación grupal, patrimonio, municipio, Estado) habrá que preguntarse, primero, si el ordenamiento jurídico en cuestión los considera personas, y en qué condiciones, para después comprobar de qué manera adscribe las titularidades de los derechos subjetivos.

El título define al titular, especifica quién es, y al mismo tiempo le legitima; pues el titular lo es en virtud del reconocimiento de su título por el ordenamiento jurídico, y en eso consiste su legitimidad: en que el ordenamiento considera su título como válido o, lo que es lo mismo, que el ordenamiento admite, como una situación creada y aceptada por él mismo, la adscripción de algo a un sujeto.

La titularidad del derecho subjetivo, por tanto, va unida a la capacidad jurídica de los sujetos. El sujeto de Derecho, la persona, es capaz o tiene capacidad jurídica. Esto equivale a decir que es sujeto de derechos y deberes jurídicos, cualesquiera que éstos sean. Un niño de dos meses es persona, lo que quiere decir que tiene capacidad jurídica, esto es, que es sujeto de derechos y deberes. Sujeto quiere decir simplemente que es titular de esos derechos y deberes. Por ejemplo, si ese niño ha heredado, es titular de los derechos y deberes (deudas) que se derivan de la herencia, aunque, por supuesto, no pueda ejercitar dichos derechos ni cumplir los deberes. Por eso hay que distinguir claramente entre la capacidad jurídica y la capacidad de obrar. Ese infante de tan corta edad tiene capacidad jurídica, pero no capacidad de obrar. Es titular de derechos y deberes, pero no puede hacer nada, ni para gozar de sus derechos ni para pagar sus deudas. Se trata, en este caso, de una incapacidad natural de obrar, ya que el neonato ni siquiera sabe hablar aún ni puede entender nada de derechos y deberes hereditarios. La capacidad de obrar se refiere al ejercicio del poder que el derecho subjetivo lleva consigo; pero de esto trataremos después. Sigamos de momento con el asunto del título y la titularidad.

La capacidad jurídica de las personas se despliega, como vemos, en una pluralidad de titularidades que se concretan, en cada caso, de manera más o menos amplia. Esa capacidad implica que la persona es sujeto de derechos y deberes, esto es, titular de los mismos. Desde un punto de vista estrictamente teórico el concepto de titular se puede aplicar tanto a los derechos subjetivos como a los deberes jurídicos. Pero el uso del lenguaje jurídico ha limitado el campo semántico del término, restringiéndolo a los derechos (y a situaciones similares, como cuando decimos «el titular del juzgado», en cuyo caso en lugar de relacionar el término «titular» con un derecho subjetivo lo relacionamos con una competencia).

Por medio de la atribución de derechos subjetivos a los diversos titulares (personas, físicas y jurídicas) el Derecho consigue la distribución de los bienes. No entraremos aquí en el problema de la justicia de la distribución. Ésta puede ser justa o injusta, o relativamente justa (lo cual implica necesariamente que también sería relativamente injusta). El cómo se distribuyan los bienes en una determinada sociedad (para lo cual el ordenamiento jurídico es el medio necesario) y de acuerdo a qué criterios, es una cuestión importantísima, sin duda alguna, pero que trasciende los límites de una teoría formal del Derecho, que –no me cansaré de repetirlo– es el plano en el que nos movemos hasta el momento en nuestra exposición de la Teoría comunicacional. La discusión sobre los mencionados criterios de distribución es una tarea que corresponde a la teoría de la justicia, la cual se expone –en el marco de la Teoría comunicacional– como aspecto material de la teoría de las decisiones jurídicas. En el nivel de la teoría formal tan sólo hay que dejar constancia de que por medio de la adscripción de titularidades, o sea, entre otros tipos, fundamentalmente de derechos subjetivos, se produce el reparto de los bienes en una sociedad.

Qué sea un bien, es una pregunta que no puede ser contestada de manera absoluta y con carácter universal. Depende del tipo de sociedad para que se considere como bienes unas cosas u otras. La vida, la salud, la integridad física y psíquica, la libertad, la estabilidad familiar, el trabajo, y en general los valores económicos son considerados como bienes, junto a otros, en nuestra sociedad. Dejando ahora de lado el Derecho público, podemos decir que en el campo del Derecho privado, a lo largo de los siglos, se ha ido determinando la protección de estos bienes bajo forma de derechos subjetivos. De ahí la articulación de ese campo en los diversos tipos de derechos: derechos de la personalidad, derechos reales, derechos de crédito, derechos familiares, derechos hereditarios.

La titularidad es, pues, una mera adscripción de un bien a una persona; lo cual puede tener consecuencias jurídicas respecto de las acciones futuras de dicha persona, aunque no necesariamente, ya que se puede ser titular de un derecho subjetivo sin ejercitarlo. Eso sucede, como ya he dicho, cuando, siendo persona (y, por tanto, teniendo capacidad jurídica) no se tiene capacidad de obrar en absoluto (caso del infante) o no se tiene capacidad de obrar plena (caso del incapacitado por sentencia judicial; véase los artículos 199 y siguientes del Código Civil; el artículo 200 preceptúa que «son causas de incapacitación las enfermedades o deficiencias de carácter físico o psíquico, que impidan a la persona gobernarse por sí misma».). Y también sucede cuando, teniendo plena capacidad de obrar, sin embargo, de hecho no se ejercita el derecho subjetivo.

La titularidad puede ser unipersonal o pluripersonal, en cuyo caso se habla de cotitularidad y de cotitulares o simplemente de titulares, en plural. Ejemplos de lo primero: Sempronio es dueño de la finca B; Cayo es acreedor de la deuda de 100 sextercios por parte de Tiburcio. Ejemplos de lo segundo: Petra y Antonia son dueñas de la casa C; Petra y Juan son cotitulares de 1.000 acciones de la compañía mercantil Z.

Decir que cada derecho subjetivo tiene su titular (o sus titulares) es lo mismo que afirmar que algo, que socialmente se considera un bien, se adscribe a alguien (un sujeto o persona; varios sujetos o personas) como *su pertenencia*. Mi derecho subjetivo significa que algo me pertenece, o sea, que el ordenamiento jurídico determina que el bien que dicho derecho implica forma parte de mi *patrimonio*.

Normalmente empleamos la palabra «patrimonio» en el uso ordinario y cotidiano del lenguaje para referirnos a la riqueza. Si decimos que «Fulano tiene un patrimonio» queremos significar que esa persona posee una fortuna. Como dice Woody Allen en una de sus películas, lo que hace la felicidad son las pequeñas cosas: una pequeña fortuna, un pequeño yate, una pequeña casa en Manhattan... Hay palabras que, sin decirlo, tienen un significado muy positivo. Entre ellas, la palabra «fortuna» y la palabra «patrimonio», que en nuestra vida diaria venimos a equiparar. Sin embargo, el sentido jurídico de esta palabra es algo diferente. Patrimonio, para el Derecho, es el conjunto de derechos y deberes de los que una persona es titular, o sea, el conjunto de derechos y deberes que pertenecen a una persona (sujeto jurídico). En ocasiones, el valor económico de los deberes (deudas) superará al de los derechos, por lo que el patrimonio será entonces «negativo». El patrimonio, por tanto, es un concepto que va vinculado siempre a la persona y que, en cada momento de su vida, refleja el conjunto de sus derechos y deberes de naturaleza económica.

EJERCICIOS

1. Explica el significado de la expresión «tener derecho a» en el uso ordinario del lenguaje.

2. Haz lo mismo con el significado de la expresión «tener derecho de», tal como suelen manejarla los juristas.

3. Diferencia entre el derecho a la propiedad y el derecho de propiedad.

4. ¿Te parecen legítimas todas las reclamaciones que hacen los más variados grupos y grupúsculos argumentado que tienen «derecho a» eso que reclaman? Razona la respuesta y pon ejemplos («legítimas» quiere decir que estén racionalmente, esto es, objetivamente justificadas).

5. ¿Qué relación ves –si hay alguna– entre los derechos humanos y los derechos subjetivos? ¿Y entre derechos humanos, derechos fundamentales y derechos subjetivos? (De esto trataremos más adelante, pero te hago ahora la pregunta para que vayas pensando).

6. Comprueba las expresiones «derecho a» y «derecho de» que emplea la Constitución española, y asimismo las usadas por el Código Civil, y comenta alguno de los preceptos en que aparecen.

7. ¿Qué quiere decirse al afirmar que las constituciones suelen tener un fuerte componente retórico? Pon ejemplos de preceptos de nuestra Constitución en los que se detecte ese componente.

8. ¿Crees que el derecho a la vivienda es un verdadero derecho subjetivo? Razona la respuesta.

9. ¿Por qué la terminología en materia de derechos es tan plural y confusa?

10. ¿Cuál es el propósito de la teoría formal –como parte de la Teoría comunicacional del Derecho– al abordar la investigación de los derechos subjetivos?

11. ¿Por qué es razonable comenzar el tratamiento teórico del derecho subjetivo fijándose en los usos lingüísticos dominantes en el Derecho privado?

12. Enumera los dos aspectos que, necesariamente, hay que distinguir en todo derecho subjetivo.

13. Comenta un ejemplo de titular de un derecho subjetivo, sin poder.

14. Comenta un ejemplo de poder, sin titularidad del derecho subjetivo.

15. ¿Qué quiere decir que la titularidad posee una «fuerza de atracción» sobre el poder propio de todo derecho subjetivo?

16. Define lo que es un título de un derecho subjetivo.

17. ¿Qué tipos de normas son las que establecen los titulares de los diversos tipos de derechos subjetivos?

18. El titular de un derecho subjetivo tiene que ser una persona. Explica esta idea.

19. ¿Qué significa que el título *legitima* al titular de un derecho subjetivo?

20. Relaciona los siguientes conceptos: sujeto de un derecho subjetivo, título y capacidad jurídica.

21. Relaciona: capacidad jurídica, capacidad de obrar, título y poder de ejercitar el derecho subjetivo.

22. Explica la relación entre los títulos de los derechos subjetivos y la distribución de los bienes.

23. Enumera cosas que el Derecho español considera «bienes».

24. ¿Qué es la incapacitación? Relaciona ese concepto con el de titular y con el de ejercicio de los derechos.

25. Relaciona el concepto de incapacitación con el de capacidad jurídica y con el de capacidad de obrar.

26. Relaciona los siguientes conceptos: títulos, pertenencias y patrimonio.

LXXXVII. LA FUNCIÓN DEL DERECHO SUBJETIVO EN EL SISTEMA JURÍDICO (II): EL PODER JURÍDICO CONCRETO

Si la primera función que cumplen los derechos subjetivos es la de determinar titulares y titularidades, esto es, los sujetos jurídicos y los bienes que les corresponden, la segunda función consiste en acotar el marco de poder que los sujetos poseen sobre dichos bienes. Todo derecho subjetivo, dice Federico De Castro, es una «situación de poder concreto». Obviamente, se trata de un poder de naturaleza jurídica. Lo que quiere decir que no puede equipararse con el poder de la fuerza, ni con cualquier otro tipo de poder fáctico, sea físico o espiritual (el poder de la inteligencia, el poder de la propaganda, el poder de la razón, el poder político, el poder de la moda, etc.). Cuando decimos que el derecho subjetivo es un poder jurídico concreto estamos afirmando que se trata de un poder organizado y regulado por los textos jurídicos. Si el título apunta al sujeto del derecho subjetivo, el poder especifica su contenido.

Hemos estudiado en lecciones anteriores (sobre las normas del Derecho) que el verbo *poder* es un verbo con significado directivo o regulativo, pues pertenece al lenguaje en que determinado tipo de normas expresan su sentido profundo. Por supuesto, también sabemos que dicho verbo es usado para designar capacidades de todo tipo, físicas, intelectuales o morales. Pero aquí no nos detendremos en separar esos significados de aquellos que son característicos de los ámbitos jurídicos. Por razones de brevedad nos centraremos exclusivamente en éstos.

En el Derecho el verbo *poder* tiene, en primer lugar, un significado sumamente amplio, como sinónimo de libertad general. Los individuos podemos hacer todo aquello que no nos está prohibido. Por ejemplo, ahora mismo puedo seguir escribiendo estas páginas sobre los derechos subjetivos, y también puedo dejar de escribir e irme a la calle a pasear, a la playa a disfrutar del sol y del mar, o llamar a alguien para tomar un aperitivo en el paseo marítimo; y, por supuesto, puedo decidir hacer muchas cosas más. Entre todas ellas puedo elegir. Ya he hecho referencia antes a esta especie de «permiso general», que se supone que todo ordenamiento jurídico conlleva como implícito y que puede expresarse mediante el verbo *poder*. En este contexto no significa otra cosa que aquello que puedo no me está prohibido jurídicamente. Si lo que no está prohibido lo identificamos con lo que es lícito, aquel permiso general sería también expresivo de un «lícito general». La frase «lo que no está prohibido está permitido», es traducible en esta otra: «lo que no es ilícito, es lícito».

Este significado amplísimo del verbo *poder*, como sinónimo de lo lícito general y de la libertad general, es, sin embargo, bastante engañoso. ¿Por qué motivo? Pues porque bajo su manto protector se esconden acciones y omisiones de muy diverso tipo, esto es, actos y abstenciones a los que el sistema jurídico les otorga un significado muy diferente. En efecto, tan lícito es que yo siga trabajando ahora (cumpliendo así mi deber de investigar y publicar), como que disfrute en un lugar público de cosas que no son de nadie (el aire, el sol, el mar) sino en todo caso del Estado (¿el sol también?), o celebre un contrato con el dueño de un bar para consumir con mis amigos unos vermús con unas aceitunas. Tan lícito es cumplir deberes como realizar actos que no son debidos, sino permitidos por el Derecho, y asimismo son lícitos los actos respecto de los cuales las normas jurídicas no dicen nada.

Además, lo lícito y la libertad general no coinciden. Que una persona cumpla su deber de pagar su deuda hipotecaria o su alquiler es, sin duda alguna, un acto lícito; pero no puede decirse que sea manifestación de esa «libertad general» que me permite elegir una cosa u otra. Los deberes restringen la libertad del individuo, y aunque somos libres (desde un punto de vista antropológico, esto es, como seres dotados de razón y voluntad) de cumplir los deberes –lo cual quiere decir que podemos cumplirlos o infringirlos–, desde el punto de vista del Derecho los deberes suponen un límite a la libertad. Si se atiende a la perspectiva jurídica la libertad consiste en la ausencia de deberes. Esto lo vio muy bien HOBBES, y por ello concibe su estado de naturaleza como una situación de total libertad, lo que significa con ausencia absoluta de todo tipo de deberes.

En segundo lugar, con el verbo *poder* expresamos los permisos más concretos, esto es, permisiones en relación a acciones determinadas. Por ejemplo, en un aeropuerto está prohibido fumar en todo el recinto, *excepto* en lugares concretos habilitados para ello. En el espacio global del aeropuerto pesa sobre nosotros un deber general, expresado bajo la fórmula de una prohibición: «prohibido fumar en este aeropuerto». Pero si nos situamos en la zona reservada a los fumadores, esa prohibición deja de ser válida y se nos permite realizar la acción característica de fumar. La norma jurídica completa sería entonces la siguiente: «Está prohibido fumar en este aeropuerto, *salvo* en las zonas de fumadores». El término «excepto» o el término «salvo» nos indican tanto la expresión lingüística que es propia de los permisos, como la verdadera naturaleza jurídica de éstos. El permiso, en este sentido más concreto, consiste en efecto en una excepción, en una salvedad, respecto de una prohibición de alcance más general. Estos permisos concretos se caracterizan porque en su expresión lingüística se hace alusión al tipo de acción permitida. Sólo se puede determinar su alcance si se los conecta con las prohibiciones de las que son excepciones o salvedades.

Por último, vamos a analizar el verbo *poder* en relación con los derechos subjetivos. Recuerdo algo que ya sabemos: que el concepto de derecho subjetivo es muy polémico y confuso; y por ese motivo me centraré ahora, sobre todo, en la manera usual de entenderlo en el campo del Derecho privado, que es donde realmente ha alcanzado carta de naturaleza como concepto técnico-jurídico.

(Entre paréntesis: cuando se habla –y se hace con frecuencia– de concepto técnico-jurídico, para referirse al derecho subjetivo o a cualquier otro concepto, se quiere dar a entender que no se trata de una noción vulgar, propia del uso ordinario del lenguaje, sino de una verdadera herramienta de la técnica jurídica para estudiar la materia del Derecho, los textos jurídicos, y poder así entenderlos mejor y explicarlos en un sistema. Como toda técnica, la jurídica responde a necesidades prácticas. Y como toda técnica, la jurídica implica construcciones artificiales, lo cual no es en modo alguno sinónimo de falsas. En el terreno que nos ocupa es muy frecuente esta expresión: «derecho subjetivo en el sentido técnico-jurídico». Quiere decir que estamos utilizando esa herramienta conceptual con el significado que los juristas en su trabajo, sobre todo doctrinal-sistemático, han ido decantando a lo largo del tiempo.).

Lo que caracteriza al derecho subjetivo, en sentido técnico-jurídico, es que las normas jurídicas lo establecen como «una situación de poder concreto» (De Castro), esto es, como un poder concreto cuyos perfiles vienen organizados y delimitados por las normas jurídicas. No es un poder cualquiera carente de especificidad. No es un poder genérico, como esa sedicente «libertad general» a que me refería antes. Se trata de un poder especificado y organizado, tanto interna como externamente por el sistema jurídico. Y digo muy conscientemente «por el sistema jurídico» porque en esta materia de los derechos subjetivos la labor de la doctrina es colosal.

Los preceptos legales suministran por lo común, en cuanto a los derechos se refiere, textos escuetos y equívocos, que precisan de una elaboración hermenéutica a fondo, la cual tiene lugar gracias a la jurisprudencia de los tribunales y a la doctrina científica. Sólo así las distintas figuras de derechos subjetivos alcanzan su estructura interna completa y su delimitación hacia el exterior.

Ahora bien, podemos preguntarnos: ¿en qué consiste la concreción de ese poder que es el derecho subjetivo?, ¿en qué se concreta la concreción? (perdón por la reiteración cacofónica). Aquí abordamos una cuestión de fondo filosófico que no es otra que la diferencia entre lo abstracto y lo concreto.

Si digo «el ser», me sitúo en un nivel muy alto de abstracción, quizás en el más alto. Si a continuación digo «el hombre», he bajado de nivel de abstracción pero aún sigo en ella porque hay muchos hombres. Lo mismo ocurre si digo «el estudiante», ya que hay muchos, aunque entonces estaremos en un nivel más bajo que el anterior. Si después digo «el hombre que ha sido atropellado en la Avenida de Portugal, de la ciudad de Palma, a las once y diez de la mañana de hoy, 12 de septiembre, al salir del Instituto, y que se llama Fulano», he descendido a lo concreto al haber individualizado al máximo al ser del que se trata. Abastracción y concreción son, por tanto, términos relativos excepto en los extremos de la cadena, que en el ejemplo son el ser y Fulano.

Las normas del Derecho (me refiero ahora a las leyes y otros tipos similares en su expresividad lingüística generalizante, como los reglamentos) ordinariamente regulan con cierto grado de abstracción aquellos supuestos a los que se refieren; pero ese grado de abstracción no suele llegar a lo más alto, sino que se sitúa en un nivel intermedio. Por eso, en esa clase de normas (legales y análogas) lo abstracto se convierte en lo típico. Las normas de Derecho no regulan puras abstracciones, sino *tipos*. El tipo está entre lo abstracto y lo concreto; o, para ser más precisos, entre los absolutamente abstracto y lo absolutamente concreto. El Derecho regula tipos de actos, tipos de delitos, tipos de contratos, tipos de derechos subjetivos... El tipo se caracteriza porque, a diferencia de lo abstracto, es una concreción generalizante, o un género que, como tal, supone una cierta concreción, sin llegar a la concreción total.

Cuando decimos que el derecho subjetivo implica un poder concreto estamos afirmando que los ordenamientos jurídicos establecen tipos de derechos subjetivos cuyo contenido es un poder delimitado; o lo que es lo mismo, las normas reguladoras de un derecho subjetivo determinan las acciones que los sujetos pueden realizar. La concreción viene dada, pues, por la delimitación de acciones genéricas como objeto del poder característico de cada tipo de derecho subjetivo. Es evidente que el tipo de derecho subjetivo no puede determinar acciones concretas en grado sumo (por ejemplo, si Fulano puede vender su piso situado en la calle tal número cual de Palma), sino lo que aquí hemos llamado acciones genéricas.

Tomemos, por ejemplo, el derecho subjetivo de propiedad. El propietario es el titular de dicho derecho subjetivo, y el poder concreto que las normas le atribuyen se concreta en varios tipos de acciones: gozar y disponer de la cosa, sin más limitaciones que las establecidas por la ley (así reza el artículo 348 del Código Civil). Gozar y disponer de la cosa, esa es la fórmula legal de carácter genérico que emplea el mencionado precepto para señalar los poderes de uso y disfrute, por un lado, y los de disposición, por otro. Dependiendo del tipo de bien sobre el que recaiga el derecho subjetivo, así será el uso y disfrute, y asimismo determinará los poderes concretos que implica el genérico poder de disposición.

Bajemos a lo concreto y supongamos que eres el dueño de una finca rústica (fundo). El poder que te otorga la legislación vigente se puede descomponer en un haz de poderes concretos. Así, puedes cultivar la finca y además puedes cultivar lo que quieras, puedes construir en ella una vivienda o más, y otros tipos de construcciones, puedes levantar muros y paredes medianeras, puedes hacer un jardín, una piscina, puedes recoger los frutos de tus árboles y de tus cultivos. Todas estas acciones forman parte del poder del uso y disfrute de tu propiedad, aunque siempre dentro de las exigencias impuestas por la ley, la cual establece límites que no puedes franquear. Así, por ejemplo, si construyes deberás hacerlo siguiendo las normas del municipio; si haces un pozo, tendrás que pedir permiso y quizás no te lo concedan; si hay alguna norma (incluso de la Unión Europea) que no te permite cultivar determinadas especies vegetales, deberás cultivar otras. No hay ningún derecho subjetivo que conceda un poder ilimitado, ésta es una verdad que hay que tener siempre presente, como vamos a ir comprobando a lo largo de la exposición. Pero junto a esas acciones con significado jurídico pero con soporte «natural» (construir, cultivar, recoger frutos, etc.), hay otro conjunto de poderes no menos importantes que no tiene referente natural. Como propietario, puedes vender la finca, puedes hipotecarla y así obtener un préstamo de un banco para construir en ella o para ir de viaje a los Mares del Sur o para cualquier otra cosa, puedes alquilarla (el conjunto de la finca o las construcciones dedicadas a vivienda), puedes regalarla (darla en donación o donarla, en la terminología jurídica tradicional), etc. Estos poderes concretos se resumen en lo que el Código denomina poder de disposición sobre la cosa; aunque para ser más exactos habría que distinguir entre los poderes de disposición (por ejemplo vender o hipotecar) y poderes de administración (alquilar, en general cuidar la finca en los diversos aspectos: reparar, mejorar, etc.).

Una pregunta muy pertinente, porque apunta a muchos problemas, es la siguiente: ¿todas las acciones que comprende un tipo de derecho subjetivo son acciones permitidas o hay, junto a ellas, acciones que, perteneciendo al objeto del derecho, sin embargo están prohibidas? Para contestar a esta pregunta, acerquemos la lupa al detalle de las acciones propias de un derecho subjetivo para analizar el sentido diferente de cada acción. Para ello, seguiremos con el supuesto de que eres el dueño de la mencionada finca rústica.

Resulta que la finca está siendo un buen negocio. Has cultivado unos años azafrán y otras cosas y has obtenido buenos beneficios. Además, te has cambiado a vivir en ella, porque la ciudad te agobia, y también agobia a tu familia. Por eso, has vendido tu piso de Palma, por lo que has ingresado una cantidad muy respetable de dinero. Te gustaría invertir dicha cantidad, junto a los beneficios que has obtenido con tus cultivos; y la mejor inversión que se te ocurre es ampliar tu propiedad de la tierra para así poder extender tus plantaciones. Pero (casi siempre hay un «pero») te encuentras con una dificultad no pequeña: estás rodeado por fincas cuyos dueños no quieren vender. Entonces cavilas y cavilas, y tras darle muchas vueltas al asunto y ver las diversas posibilidades de molestar a los tres vecinos que tienes, te decides por lo que parece más fácil. Uno de ellos tiene su casa, donde habita con su familia, muy próxima a la pared medianera que colinda con tu finca. Eso, piensas, permite que si haces con cierta frecuencia fiestas al caer la noche y, para la comida, construyes una barbacoa en un lugar apropiado, quizás haya suerte y entre el humo de los asados y el ruido de la alegría báquica, el vecino se acabe cansando y se vaya. Al principio protestará y le dirás que en tu propiedad haces lo que te viene en gana, que para eso es tu finca, es tu barbacoa y son tus invitados; y con el paso del tiempo, al ver que no consigue nada, tendrá que decidirse. Ése es tu plan. Dicho y hecho. Te pones a la obra y en un par de semanas comienzas tu «guerra privada» con el vecino que además, dicho sea de paso, nunca te ha caído bien del todo.

La pregunta entonces es ésta: ¿puedes hacer lo que ya has hecho, construir una barbacoa, invitar a fiestas nocturnas a amigos tuyos y conseguir así que haya humo y bulla en abundancia? Tú dirás: «Hombre, claro que puedo; la prueba la tiene usted en que ya lo he hecho». Buena respuesta. Como dueño que eres de la finca, tú, y sólo tú puedes construir la barbacoa e invitar a otras personas a tu propiedad. Yo, como no tengo ninguna finca rústica, no puedo hacer eso aunque quisiera. Para argumentar más a fondo me explicarás que tú, en tu finca, puedes hacer muchísimas cosas, y me irás haciendo una larga lista (y en ello te ayudaremos los demás) de todas las acciones posibles que conlleva tu situación de dueño de la finca.

El poder en este aspecto, como ya hemos estudiado, se refiere a todas las acciones *posibles* para el sujeto del derecho subjetivo.

Pero sigamos con nuestra historia. El vecino, harto de humos y de ruidos, primero ha protestado con bastante educación. Te ha dicho que, por favor, te abstengas de enviarle humos y de tener juergas a horas intempestivas. Tú también le has contestado con educación («veré qué puedo hacer», le has dicho), pero no has hecho nada para cambiar la situación. Por eso, el vecino ha subido el tono, y entonces tú le has replicado que en tu propiedad haces lo que te parece, y ante sus razonamientos de que la barbacoa podría cambiarse al otro lado de la finca, donde no molestaría a nadie, tú le has dicho, al principio, que ya verías, y después, cuando la cosa se ha ido enconando, que el rincón elegido era el más acogedor. Las cosas han ido a peor, y una noche aparece un coche de policía, se bajan dos agentes y uno de ellos te dice: «hemos recibido una queja del vecino de usted por la barbacoa y por las fiestas». Tú les dices a los policías. «Estoy en mi casa, señores». Ellos asienten: «también es verdad, además, así como en la ciudad hay normas contra el ruido, aquí en el campo no las hay, y respecto de la barbacoa, ¿qué podemos hacer si está usted en su propiedad?.» Pasan las semanas erre que erre, el verano está siendo duro para el vecino que, harto y enfadado definitivamente, decide acudir a los jueces.

Transcurre algo de tiempo y por fin tiene lugar el juicio. Y, ¡oh sorpresa!, en la sentencia le dan la razón al vecino. Tú, al principio, piensas en recurrir porque seguro que la sentencia es un chanchullo, pero luego al leerla te quedas helado. Dice la sentencia que el derecho de propiedad te habilita para construir, hacer parrilladas y asimismo para recibir invitados. Pero (siempre hay un «pero») que cuando con esos actos se persiga, o haya objetivamente, un manifiesto daño para terceros sin que el sujeto del derecho obtenga ventajas o ganancias concretas, ese ejercicio del derecho subjetivo no está autorizado por implicar un abuso del mismo. Con mayor razón, continúa la sentencia, cuando, dadas las características de la finca del demandado y de las colindantes es factible la construcción de la barbacoa en lugar apropiado para no causar molestias innecesarias. En cuanto a los ruidos sostiene la sentencia que, aunque no haya ley que prevea la cuestión, sin embargo el derecho fundamental a la integridad física y psíquica, protegido por la Constitución española, supone que no sean lícitas las acciones que reiteradamente impidan el descanso vecinal.

Regresas cabizbajo a tu casa, y en la tranquilidad del hogar sacas la conclusión de toda la aventura: El derecho de propiedad implica muchas acciones posibles, pero algunas de ellas me las prohíbe. O sea que puedo realizar las acciones posibles (en un sentido de la palabra «puedo»), pero no puedo realizarlas todas (en otro sentido de la palabra «puedo»). El verbo poder, en el primer significado, indica las acciones que jurídicamente le son posibles al sujeto del derecho subjetivo; y en segundo, señala las acciones para las que jurídicamente está autorizado o no está autorizado.

Así pues, el derecho subjetivo comprende –en relación con el uso del verbo «poder»– dos aspectos diferentes pero íntimamente enlazados: a) el poder en sentido amplio, referido al conjunto de actos posibles, lícitos e ilícitos; y b) el poder en sentido estricto, referido sólo a los actos lícitos. Hay que subrayar que, en ambos casos, se trata de significados *jurídicos.*

Pasemos ahora a considerar la manera en que el sistema jurídico regula ambas modalidades de poder, lo que nos lleva a preguntarnos en primer lugar por el tipo de normas jurídicas que regulan cada una de ellas.

El derecho subjetivo delimita un círculo de acciones posibles que corresponden, por decirlo así, a su ejercicio natural. Así, en el ejemplo anterior, es natural que el propietario construya una barbacoa. Ese poder genuino y propio de cada tipo de derecho subjetivo concreta la esfera de acciones que son atribuibles al sujeto en cuanto que a éste le son posibles. La norma jurídica que expresa ese conjunto de acciones posibles es susceptible, en principio, de ser expresada mediante el verbo poder. Así, diremos que el dueño de una finca rústica puede construir en ella una barbacoa. Pero si usamos el verbo poder para ese sentido amplio, nos veremos en la necesidad de emplear otro verbo diferente para las acciones autorizadas, esto es, para el poder en sentido estricto. Al efecto de evitar la confusión entre ambas modalidades de poder –ínsitas en todo derecho subjetivo–, la solución más razonable, por lo menos a mí así me lo parece, es clasificar a la norma que determina las acciones jurídicamente posibles de un sujeto entre las normas ónticas, o sea, entre el tipo de normas que expresan su significado profundo (hermenéuticamente construido) mediante el verbo directivo *ser*.

De este modo, si nos referimos al derecho subjetivo de propiedad, diremos que la norma jurídica que determina cuáles son las acciones posibles del sujeto titular es una norma óntica, expresiva por tanto del verbo directivo *ser*, y cuya función es precisamente la enumeración detallada, en términos genéricos, de los tipos de acciones posibles que aquel derecho subjetivo comprende. Diría algo así como: las acciones posibles del derecho subjetivo de propiedad *son*: usar, disfrutar, disponer y administrar; y más en concreto, en cuanto se refiere a estas últimas vender, hipotecar, dar en prenda, dar en usufructo, alquilar, etc. Dependiendo del tipo de cosa de que se trate (por ejemplo, mueble o inmueble, consumible o inconsumible, fungible o no fungibles, etc.) las acciones posibles serán unas u otras. El estudio del derecho de propiedad en cada ámbito jurídico nos dará el cuadro completo de las acciones posibles que constituyen la esfera de actuación del titular del derecho, tanto en su aspecto genérico como en relación con cada tipo de cosa, objeto de la propiedad.

Al ser una norma óntica la que determina la esfera de acción que corresponde a un tipo de derecho subjetivo, se trata de una norma indirecta de la acción. Establece las acciones posibles pero no las regula, esto es, no determina si son acciones debidas o permitidas, para lo cual es preciso una norma del tipo de las imperativas o de las autorizativas o potestativas, respectivamente. Aquella norma se limita a establecer las acciones que son posibles en el marco de un derecho subjetivo desde la perspectiva de un sistema jurídico determinado (el cual refleja, como sabemos, el ordenamiento jurídico de un modo completo ya acabado, o al menos eso es lo que intenta).

Ahora bien, como ha quedado claro por la exposición precedente, del conjunto de las acciones posibles que conforman el contenido potencial de un derecho subjetivo, unas acciones son lícitas y otras ilícitas. Las acciones ilícitas vendrán determinadas por una o varias normas prohibitivas y, por tanto, del tipo de las normas deónticas. Por su parte, las acciones lícitas las determinará una o varias normas del tipo de las potestativas.

Estas últimas, las normas potestativas, son aquellas que establecen poderes jurídicos en el sentido estricto del término, o sea, autorizaciones para obrar en un marco o esfera de potenciales acciones, no todas autorizadas.

El titular del derecho subjetivo se ve autorizado por la norma potestativa para realizar determinadas acciones. Puede realizarlas porque el ordenamiento jurídico, por medio de esas normas potestativas, le autoriza a ello. Hay aquí una especie de delegación del ordenamiento en el particular, que al autorizarle le eleva a «autoridad», bien que de una manera limitada a lo que es el derecho subjetivo del que es titular.

La norma potestativa contempla un grupo de las acciones que ya están contempladas por la norma óntica previa, que establece el conjunto completo de acciones posibles, y lo hace para concretar cuáles, de entre esas posibilidades de acción, son las autorizadas por el ordenamiento. En otras palabras: la norma potestativa establece las acciones lícitas que corresponden a un derecho subjetivo. Por eso, el verbo poder que las caracteriza significa «estar autorizado».

En este aspecto que estamos tratando ahora (no en otros), existe una gran similitud estructural entre el concepto de derecho subjetivo y el concepto de competencia. También la competencia supone la señalización de una esfera de actuaciones posibles por parte del órgano titular de la misma. Y asimismo, esas posibles acciones del órgano pueden ser lícitas o ilícitas. Entre éstas, destacan aquellas que suponen desviación de poder, noción análoga a la de abuso de derecho.

NOTAS Y COMENTARIOS

- Federico De Castro y Bravo define así el derecho subjetivo en referencia al Derecho español: «El derecho subjetivo, en nuestro Derecho, puede ser considerado como "una determinada situación de poder concreto concedida sobre cierta realidad social a una persona (como miembro activo de la comunidad jurídica) y a cuyo arbitrio se confía su ejercicio y defensa".» (*Derecho Civil de España. Parte General, I*, pg. 610).

EJERCICIOS

1. Haz el resumen de la lección.

2. Busca en el libro de Federico De Castro el concepto de derecho subjetivo y las explicaciones que da este autor para justificar dicho concepto, y resume sus ideas.

3. ¿Qué quiere decir que el poder en que consiste todo derecho subjetivo es un poder de naturaleza jurídica? ¿Qué otros tipos de poder existen? Cita ejemplos, y explica cómo se reconoce un poder jurídico de otro que no lo es.

4. ¿Cómo se puede definir la libertad? Razona tu respuesta.

5. Comenta el brocardo tan conocido, «lo que no está jurídicamente prohibido, está jurídicamente permitido».

6. ¿Qué problemas plantea esta especie de axioma jurídico?

7. ¿Coincide el concepto general de libertad con el conjunto de actos que jurídicamente son lícitos?

8. Define los permisos y pon ejemplos.

9. ¿A qué nos referimos cuando empleamos la expresión «derecho subjetivo en sentido técnico-jurídico»?

10. ¿Por qué razón los derechos subjetivos alcanzan su conformación como figuras jurídicas en el sistema jurídico? Razona la respuesta.

11. Explica la idea de que el derecho subjetivo es un poder concreto.

12. Diferencia lo abstracto y lo concreto.

13. ¿Qué son los tipos? Aplica el concepto de tipo a los derechos subjetivos.

14. ¿En qué consiste el derecho subjetivo de propiedad?

15. ¿Qué significa que las leyes ponen límites al ejercicio de los derechos subjetivos? Pon ejemplos.

16. Comenta el supuesto del propietario de la finca rústica que quiere que el vecino le venda la suya, para lo cual recurre a una estratagema.

17. Define el poder en sentido amplio, característico del derecho subjetivo.

18. ¿Qué tipo de norma corresponde al poder en sentido amplio que caracteriza al derecho subjetivo? Razona la respuesta.

19. ¿Por qué motivo no triunfa la estratagema del dueño de la finca rústica que quería que el vecino le vendiese la suya?

20. ¿Qué es el poder en sentido estricto, característico del derecho subjetivo? ¿Qué tipo de norma lo expresa?

21. Explica la idea de las acciones posibles como objeto del derecho subjetivo.

22. ¿En qué consiste el poder autorizado, característico de todo derecho subjetivo?

23. Comenta la similitud entre abuso de derecho y desviación de poder.

LXXXVIII. LOS LÍMITES DEL DERECHO SUBJETIVO: EL ABUSO DEL DERECHO

Como hemos visto en la lección anterior, los derechos otorgan poderes concretos a los sujetos jurídicos, a las personas, pero esos poderes no tienen carácter absoluto. Eso quiere decir que los derechos tienen unos límites que, traspasados, hacen ilícito su ejercicio. Hoy en día decimos que los límites de esos poderes, que el ordenamiento jurídico concede a las personas, vienen impuestos por el interés general y por los derechos de los demás. Estas dos ideas básicas constituyen los dos valladares de naturaleza general que cada Derecho positivo conforma de una u otra manera. Sin embargo, no siempre existió esa conciencia de limitación. En la Antigüedad se entendía que quien usaba de su derecho no hacía mal a nadie, y se concebía el poder propio del derecho subjetivo como prácticamente carente de límites. Así, la propiedad era definida como el derecho de usar y de abusar de la cosa de la que se era propietario, como un *ius utendi et abutendi.* La influencia del cristianismo en este aspecto, como en tantos otros, fue decisiva. Poco a poco se fueron teorizando las dos ideas básicas antes señaladas. Se acuñó el concepto de «bien común», como fin de la comunidad política organizada jurídicamente, e inspirador de toda legislación que pretendiese legitimidad. Y junto al concepto de bien común se fue abriendo camino el principio de respeto a la persona entendida como «sustancia individual de naturaleza racional» (Boecio), fin en sí misma y no medio para nada ni para nadie. La idea del «bien común» se transmutaría con el tiempo en la de «interés general», fórmula alejada del escolasticismo y próxima a la mentalidad utilitarista, pero no por eso tan dispar de aquella en el fondo. Por su parte, el principio de respeto a la persona humana fue desarrollándose en la dirección de lo que hoy se conoce como «derechos humanos».

El Derecho positivo se encargaría de ir dando forma jurídica a esas ideas, y para ello utilizaría sus instrumentos: las constituciones, las leyes y los principios generales del Derecho, sin olvidar la jurisprudencia de los tribunales y la doctrina de los autores. Esta doctrina, apoyada en los textos jurídicos positivos, ha elaborado un cuadro conceptual sumamente rico, del que nosotros aquí no podemos dar cuenta sino de sus rasgos generales.

Los límites de los derechos subjetivos afectan, sobre todo, al poder que les es característico, esto es, a las posibilidades de su ejercicio o, lo que es lo mismo, a las posibilidades de acción que tiene el titular (o quien lo sustituya: representante, tutor, administrador). Constituyen un recorte al poder originario del derecho subjetivo en aras de los valores propios de la convivencia.

Hay límites extrínsecos y límites intrínsecos al derecho subjetivo. Los primeros son aquellos que vienen impuestos por las leyes que los acotan, determinando explícitamente cuáles son las conductas prohibidas que el titular no puede realizar, normalmente bajo la amenaza de una sanción. Los intrínsecos, por el contrario, son límites que se imponen al ejercicio natural del derecho subjetivo en alguna de sus modalidades que, por una u otra razón, se estima que afectan al interés general o a los derechos de terceros. Mientras que los primeros son impuestos por las leyes, los segundos ha sido y son obra de la jurisprudencia, al ser expresión de principios generales del Derecho.

Un ejemplo de límite extrínseco es la prohibición de edificar en una determinada zona de la ciudad a más altura de la permitida. Pensemos en un área urbana de gran valor histórico y cultural en la que se conserven edificios de varios siglos. Esto sucede incluso en pueblos enteros, como es el caso de Santillana del Mar (Cantabria). En esos casos, las leyes o normas de carácter administrativo (autonómicas, municipales) prohíben levantar edificios superiores a cierta altura, e incluso llegan a prohibir toda edificación nueva, permitiendo tan sólo la reparación y rehabilitación de lo ya construido. Estas zonas de no edificabilidad o edificabilidad limitada constituyen un límite al derecho subjetivo de propiedad. Se trata de un límite extrínseco en razón de que le viene impuesto desde fuera por una norma que excluye taxativamente determinadas posibilidades de acción.

Otro ejemplo lo podemos encontrar en la actual legislación de arrendamientos urbanos. El arrendador puede alquilar su piso a quien quiera poniéndose de acuerdo con el arrendatario; pero, una vez alquilado, si el inquilino cumple sus obligaciones (pago del alquiler, etc.) aquél tiene el deber jurídico de prorrogar el contrato anualmente hasta cumplir los cinco años, limitando la ley la subida del precio del alquiler al índice de precios al consumo (IPC), cifra ésta que se concreta oficialmente. La ley en este caso, como podrás apreciar, impone al propietario arrendador determinados deberes jurídicos, deberes que no provienen de la naturaleza intrínseca del derecho de propiedad ni tampoco del contrato de arrendamiento, sino que son impuestos por el legislador en tanto que los considera medidas razonables a favor de la estabilidad de la residencia del arrendatario. Se trata, obviamente, de mandatos del legislador que expresan una determinada política en materia arrendaticia, y que en otros tiempos pueden ser diferentes, atendiendo a lo que socialmente se considere más justo o conveniente.

Estos límites extrínsecos, impuestos por la ley, son ajenos en principio al ejercicio normal del derecho subjetivo. El legislador los impone para lograr fines sociales, económicos, culturales o de cualquier otro género. En cambio, los límites internos son aquellos que afectan al ejercicio, en principio normal, de los derechos subjetivos. Tal sucede con la prohibición del abuso del derecho, al que me he referido en la lección anterior también. Recuerda el ejemplo del dueño de la finca rústica que quiere comprar la finca del vecino y que, con la intención de conseguirlo, recurre a la estratagema de construir una barbacoa de tal modo que los humos y el ruido le incomoden lo máximo posible. La construcción de una barbacoa en la finca de su propiedad es, en principio, un acto que el Derecho autoriza al propietario. Entra, por tanto, dentro del ejercicio normal del derecho. Sólo cuando el ejercicio normal en alguna de sus modalidades produce efectos antisociales se plantea el problema de si es lícito prohibir esas modalidades. Para lo cual obviamente habrá que dilucidar qué es lo que significa exactamente «efecto antisocial» (o, en su caso, expresiones similares).

El origen del concepto «abuso del derecho» hay que situarlo en los juristas medievales, quienes emplearon la expresión de «actos de emulación» (en un sentido hoy ya prácticamente perdido, pues la emulación en el lenguaje actual implica un sentido positivo de imitación de algo noble con propósito de igualarlo o incluso superarlo) y también de *«chicane»*, término francés posteriormente exportado a otras lenguas: así en español el sustantivo «chicana», y el verbo «chicanear»; y en alemán el sustantivo *«Schikane»* y el verbo *«schikanieren»*. Todas estas expresiones se refieren a aquellos actos que, suponiendo en principio el ejercicio de un derecho, por su intencionalidad o por el resultado objetivo de los mismos, consiguen producir un daño ajeno sin beneficio legítimo propio.

Se parte de la idea de que, en general, el ejercicio de un derecho subjetivo conlleva un beneficio para quien lo ejerce o para aquel en cuyo nombre se ejerce (o sea, para el titular del derecho). Este beneficio (el uso de una cosa, su disfrute, el cobro de una deuda pecuniaria, etc.) es la consecuencia natural del ejercicio del derecho, aunque también es posible que sea negativo, esto es, una pérdida, como sucede con una mala cosecha, o un piso que no se alquila. Como consecuencia del ejercicio normal de un derecho puede producirse un menoscabo en el patrimonio ajeno. Ese menoscabo es asimismo normal que tenga lugar, pues por ejemplo si cobro la deuda obtengo una ganancia pero mi deudor experimenta una pérdida en su patrimonio; claro que habría que añadir que la deuda ha sido motivada por un beneficio previo que yo le hice al deudor, por ejemplo, por haberle concedido un préstamo. Si, como consecuencia del ejercicio normal de un derecho, se produce un menoscabo en el patrimonio de un tercero, no podrá decirse que ello constituya una consecuencia «no querida» o no prevista por el ordenamiento jurídico, pues nos hallaremos evidentemente ante una consecuencia normal. El tercero no podrá decir que se le ha dañado en el patrimonio. No todo menoscabo o pérdida implica un daño. Si el acreedor, en el ejercicio de su derecho, exige al deudor el pago de la deuda con los intereses, y como consecuencia el deudor ve mermado su patrimonio, no se podrá decir que aquél ejerce abusivamente su derecho. Por lo general, el ejercicio normal de un derecho subjetivo suele conllevar un menoscabo para alguien, pero dicho menoscabo es normal, esto es, está de acuerdo con las normas, y es la otra cara de la moneda de quien ejerce legítimamente su derecho. En tales casos no se puede hablar de ejercicio ilegítimo o abuso del derecho subjetivo.

Una situación similar tiene lugar en el terreno de la competencia mercantil. Las empresas o, mejor dicho, los empresarios (sean personas físicas o jurídicas) compiten entre sí por la clientela, pues su objetivo es tener la mayor posible para aumentar los beneficios de la empresa. Ningún empresario podrá quejarse de que sus competidores bajen los precios, o de que hagan propaganda de los mismos, o de que mejoren su calidad. Precisamente la institución de la competencia mercantil tiene como objetivo hacer más dinámico el mercado y favorecer a los consumidores, y para ello las acciones mencionadas son acciones necesarias y lícitas. No cabe duda de que si un competidor logra bajar sus precios o mejorar la calidad de los productos los consumidores tenderán a hacerse clientes suyos y abandonarán la empresa que no ha sabido hacer lo mismo. Ésta verá disminuir sus beneficios y es muy probable que sus dueños afirmen que los competidores están haciendo mucho «daño» a la empresa. En este caso se trata de una manera poco jurídica de hablar, ya que en Derecho el concepto de daño tiene un matiz especial, que en el ejemplo no es aplicable. Lo que se quiere decir es que disminuyen las ganancias de la empresa, que hay un menoscabo en los beneficios. Pero esa disminución de las ganancias, ese menoscabo en el beneficio, es totalmente legítimo; es más, no sólo está permitido por el ordenamiento jurídico, sino fomentado, con la finalidad de que todos los empresarios se espabilen y busquen hacer lo mismo: bajar los precios y mejorar la calidad.

Cosa distinta será que el competidor realice prácticas prohibidas o desleales. Las primeras son aquellos actos que la ley prohíbe expresamente. Las segundas, las que suponen actos presididos por la mala fe. A las primeras las legislaciones suelen dedicar una ley específica, que prohíba explícitamente dichas prácticas (en España, la Ley de Defensa de la Competencia). A las prácticas desleales es usual que los Estados les dediquen una ley diferente, ya que se trata de una materia distinta, aunque conectada. Esta dicotomía nos recuerda la que estábamos tratando, la de límites externos e internos de los derechos subjetivos.

Es un principio general del Derecho que los derechos subjetivos han de ser ejercidos de buena fe. La prohibición del abuso del derecho es una manifestación de dicho principio general. Así lo ha recogido nuestro Código Civil en su Título Preliminar (aprobado, como ya sabes, en 1973), cuyo artículo 7º dice así:

> «1. Los derechos deberán ejercitarse conforme a las exigencias de la buena fe. 2. La ley no ampara el abuso del derecho o el ejercicio antisocial del mismo. Todo acto u omisión que por la intención de su autor, por su objeto o por las circunstancias en que se realice sobrepase manifiestamente los límites normales del ejercicio de un derecho, con daño para tercero, dará lugar a la correspondiente indemnización y a la adopción de las medidas judiciales o administrativas que impidan la persistencia en el abuso.»

Hay abuso del derecho subjetivo cuando, sin extraer del ejercicio normal del mismo beneficio alguno, se perjudica o daña de cierta consideración a terceros.

Todo derecho subjetivo debe ejercitarse razonablemente, y esto significa, entre otras cosas, en beneficio de su titular. Si una acción concreta del ejercicio del derecho no produce beneficio alguno al titular pero tampoco perjudica a nadie, se estará asimismo ante un ejercicio lícito del derecho. Los actos «indiferentes» (desde la perspectiva del beneficio) son actos normales del ejercicio del derecho, que los ordenamientos permiten sin más.

Pero si la acción de ejercicio del derecho subjetivo no produce beneficio a su titular y además genera un menoscabo a terceros, diremos que dicha acción no es razonable, y al menoscabo le llamaremos daño o perjuicio. Con la expresión «abuso del derecho» se hace referencia genérica a todos aquellos actos que implican un uso no razonable del derecho de que se trate.

La figura del abuso de derecho, como ya se dijo en la lección precedente, surge en la historia por vía jurisprudencial y supone un recorte significativo a la concepción absolutista de los derechos subjetivos, arraigando, cada vez con mayor fuerza, la tesis de la «relatividad de los derechos» (la expresión es de JOSSERAND). El título de la obra de este jurista francés *(El espíritu de los derechos y su relatividad)* sugiere una de sus ideas capitales: los derechos deben ejercerse de acuerdo con su espíritu, con su finalidad, y al afirmar esto se conecta cada derecho con los fines generales del ordenamiento jurídico. Dichos fines, de tener un carácter marcadamente individualista, se han ido matizando con el paso del tiempo en la dirección de acentuar los fines sociales, reflejo de la convivencia y en definitiva de la alteridad como nota esencial de la existencia humana.

Las legislaciones modernas introducirán esa limitación interna en el uso de los derechos. El Código Civil alemán (en vigor desde el 1 de enero de 1900), en su parágrafo 226, establece la prohibición de la *Schikane*: «Es ilícito el ejercicio de un derecho cuando dicho ejercicio tan sólo pueda tener por finalidad producir daño a otro.» Como puedes apreciar, esta norma subraya el aspecto interno, de intencionalidad, del sujeto que ejercita el derecho. Quien ejerce un derecho subjetivo en un momento determinado se propone un fin, normalmente consistente en usar la cosa, disfrutarla u obtener algún beneficio. Pero si sucede que no puede verse por ningún lado esa finalidad razonable, sino «tan sólo», como dice la norma, un propósito de generar daño a terceros, entonces estaremos ante una «chicana», ante un ejercicio abusivo del derecho. La jurisprudencia alemana, sin embargo, ha extendido la aplicación del concepto de *Schikane*.

Como puede comprobarse, la regulación española del abuso de derecho es más amplia que la del código germano. Creo que puede decirse que responde a una profundización en el sentido social del ejercicio de los derechos subjetivos. No hay que olvidar que entre la aprobación del BGB, en el año 1896, y la del título preliminar de nuestro Código Civil en 1973, trascurren casi ochenta años, en los cuales se ha acentuado notablemente la sensibilidad por el «aspecto social» de las instituciones jurídicas.

Los autores suelen subrayar que hay dos concepciones del abuso de derecho. Una, más estricta, que exige la intencionalidad del sujeto titular del derecho, o de quien lo ejerza en su nombre, de producir un daño a terceros. Y otra, más amplia, que concibe el abuso del derecho como un acto conectado a un resultado objetivo, con independencia de la intención del titular. Ese resultado objetivo sería el daño producido a terceros. La concepción de nuestro Derecho, como se desprende de la lectura del citado artículo 7º, se sitúa dentro de esta concepción amplia.

Se siga una concepción u otra, al tratarse de un concepto muy general o, como suele decirse, de un concepto jurídico indeterminado, sus perfiles concretos han sido definidos por la jurisprudencia de los tribunales. Habrá que estar entonces a cómo, en cada sistema jurídico, se han concretado dichos perfiles, y así se podrá llegar a establecer un criterio claro de los contenidos del abuso de derecho.

Desde una perspectiva meramente teórica (aquí, la propia de la teoría formal como parte de la Teoría comunicacional del Derecho) el concepto de abuso del derecho subjetivo marca una zona de acciones ilícitas y, por tanto prohibidas. Eso quiere decir que delimita el contenido autorizado de las acciones propias de un derecho subjetivo.

De acuerdo con lo expuesto hasta ahora, podemos concluir que los poderes lícitos (acciones lícitas o no prohibidas) de un derecho subjetivo determinado son aquellos que se obtienen como resultado de la siguiente operación: De las acciones posibles que el derecho subjetivo comprende hay que restar, en primer lugar, aquellas acciones que la ley prohíbe explícitamente (p. ej., actos de construcción de edificios más altos que lo establecido; subida del alquiler mayor que la que determina el índice de precios al consumo). Y en segundo lugar, hay que restar también aquellas acciones que están comprendidas en el concepto de abuso de derecho. Se trata, como ves, de una operación de resta o sustracción. Del minuendo que son los actos posibles, propios del derecho subjetivo del que se trate, hay que restar un sustraendo compuesto por dos tipos de actos: los prohibidos explícitamente por las leyes (y normas de carácter análogo como los reglamentos, y en general las normas de las administraciones) y los prohibidos por constituir abuso del derecho. La operación ha de realizarse en cada caso en relación con el sistema jurídico del que se trate. En cuanto al abuso, no habrá otro medio que examinar la jurisprudencia de los tribunales.

El resultado de esta operación suministra el conjunto de las acciones posibles y lícitas, propias del derecho subjetivo analizado en el sistema jurídico en cuestión. Dichas acciones posibles y lícitas vendrán expresadas en el sistema bajo la forma de una o varias normas potestativas, que –como ya sabemos– son aquellas cuyo significado profundo se manifiesta mediante el verbo *poder* en su sentido estricto.

NOTAS Y COMENTARIOS

– El libro de Louis JOSSERAND, *El espíritu de los derechos y su relatividad* (Teleología jurídica), traducción por Eligio SÁNCHEZ LARIOS y José M. CAJICA jr., Editorial Cajica, Puebla (México) 1946, es un libro clásico y sumamente sugerente sobre el abuso de los derechos subjetivos. Según señala su autor, «la teoría del abuso (...) se ha desenvuelto en un doble sentido, en una doble dirección: en efecto, por una parte se ha extendido a dominios inexplorados hasta hoy, llegando a originar y limitar derechos con los que hasta entonces no había tenido contacto; por otra parte, ha cambiado de significación y criterio: mientras que para los juristas romanos era principal, si no exclusivamente, el acto malicioso, ha llegado a ser en el estado actual del Derecho positivo francés, el acto antifuncional, el acto contrario al espíritu de un derecho determinado; de intencional que era en otro tiempo, su criterio se ha tornado en social, y la teoría ha ganado con ello mucho en poder y extensión» (pg. 13).

- Respecto al abuso del derecho de propiedad, JOSSERAND señala: «Nuestra jurisprudencia [se refiere, obviamente a la francesa] proclama, constantemente, que el derecho de propiedad es susceptible de abuso, y principalmente que su titular incurre en responsabilidad por el uso malicioso que haga de ella, en perjuicio de tercero. La jurisprudencia establece este principio, bajo una forma muy general, para la propiedad, vista en su conjunto, en su universalidad; pero debe observarse que sus decisiones se han dictado invariablemente con motivo de tal o cual atributo de este derecho; no es la propiedad total en su potente valor sintético la que ha sido desviada de su finalidad, sino solamente una de las innumerables prerrogativas que van unidas a ella, de modo que el abuso se presenta bajo una forma fragmentaria y especializada (...). Esta observación es importante, porque hay cierto número de prerrogativas que son precisamente refractarias a la prueba del abuso: concedidas al propietario en términos y con un espíritu absolutos, pueden ser ejercitadas en atención a un fin cualquiera, por cualquier motivo, aun malicioso, sin que su titular pueda jamás incurrir en responsabilidad con motivo de ellas, con tal de que su intervención permanezca dentro de los límites objetivos y precisos que han sido trazados por la ley.» (pgs. 22-23).

- JOSSERAND comenta algunos ejemplos interesantes del abuso del derecho de propiedad. Así, relata que la Corte de Colmar solucionó un caso en el que el propietario de una casa había construido una falsa chimenea, de gran altura, y sin ninguna utilidad, tan sólo para oscurecer la casa del vecino. La Corte razonó, en base a la doctrina del abuso de derecho del siguiente modo: «Si en principio el derecho de propiedad es un derecho en cierta forma absoluto, que autoriza al propietario a usar y abusar de la cosa, sin embargo, el ejercicio de este derecho, como el de cualquier otro, debe tener por límite, la satisfacción de un interés serio y legítimo.» (pg. 26). Otro de los ejemplos que narra se refiere al aprovechamiento del subsuelo. La Corte de Lyon resolvió en 1856 un caso relacionado con los manantiales.

- Un resumen de las tesis del libro citado la ofrece el propio autor en su opúsculo, Louis JOSSERAND, *Del abuso de los derechos y otros ensayos*, versión española de Carlos VALENCIA ESTRADA, Editorial Temis, Bogotá, 1982, pgs. 1-29.

- Karl LARENZ subraya el alcance restringido que el parágrafo 226 BGB otorga al concepto de abuso de derecho *(Schikane)* pues, de acuerdo con el precepto, hay que entender por tal aquella acción que, situándose dentro del marco regulativo de la autorización, por tanto con apariencia de ejercicio del derecho, es ilícita, al no poder tener otra finalidad que causar daño a terceros. Dice LARENZ que el supuesto de la chicana está formulado en la ley de manera tan estrecha que si se lo toma en su literalidad sólo se puede aplicar en muy raras ocasiones. El precepto exige, en efecto, que la acción «no pueda tener otra finalidad» que la de causar daño, siendo casi siempre alegables la existencia de otros propósitos. Narra LARENZ un caso que fue resuelto por el *Reichsgericht* invocando el abuso de derecho (chicana). El propietario de una heredad prohibió a su hijo, con el que se llevaba mal, visitar la tumba de su madre, sita en el jardín de la mansión. Fundamentó su prohibición en que, además de ser el propietario de la heredad, sufría de una grave afección cardiaca por lo cual la posibilidad de encontrarse con su hijo o simplemente verle generaba un peligro para su salud. Como puede apreciarse no sólo alegaba el ser titular del derecho subjetivo de propiedad, sino además otro motivo, referente a su salud. El tribunal consideró, sin embargo, que prohibir al hijo la visita a la tumba de su madre constituía «chicana», pues, en su razonamiento, dicha prohibición no podía tener otra finalidad que causar daño al hijo. LARENZ, sin embargo, cree que el razonamiento del tribunal fue incorrecto, ya que en ningún caso desmontó el argumento del padre de que la visita del hijo afectara a su salud quebradiza. Por ello, LARENZ afirma que la solución debería haber venido por otra vía diferente, la de ser la acción del padre un acto inmoral, ateniéndose al parágrafo 826 BGB. Este precepto dice lo siguiente: «Quien, en manera atentatoria a las buenas costumbres, inflige intencionadamente daño a otro, está obligado a repararle el daño causado». Para LARENZ, la acción del padre prohibiendo a su hijo visitar la tumba de su madre atenta a las buenas costumbres, es *sittenwidrig*, inmoral. Cfr. Karl LARENZ, *Allgemeiner Teil des deutschen Bürgerlichen Rechts*, 4ª edición, Beck, München 1977, pgs. 195 y ss.

EJERCICIOS

1. Haz el resumen de la lección.

2. ¿Existen derechos absolutos? Razona la respuesta.

3. ¿Qué influencias pudo tener el cristianismo en la evolución de los derechos subjetivos?

4. Distingue entre límites extrínsecos y límites intrínsecos al ejercicio de los derechos subjetivos.

5. Comenta el ejemplo de la prohibición de edificabilidad en una zona determinada, relacionándolo con el ejercicio de los derechos subjetivos y sus límites.

6. Comenta el ejemplo de la subida anual del alquiler, desde la misma perspectiva del ejercicio anterior.

7. Pon un ejemplo de límite extrínseco del ejercicio de un derecho subjetivo y coméntalo.

8. Pon un ejemplo de límite intrínseco al ejercicio de un derecho subjetivo y coméntalo.

9. ¿Qué significa la expresión «ejercicio normal del derecho subjetivo»?

10. ¿Qué es la chicana?

11. Relaciona los siguientes conceptos: ejercicio del derecho subjetivo, daño ajeno y beneficio propio.

12. Pon un ejemplo de competencia desleal y argumenta por qué razón está prohibido por el Derecho.

13. ¿Qué relación hay entre el principio de buena fe y el concepto de abuso del derecho subjetivo?

14. Comenta el artículo 7º de nuestro Código Civil.

15. Define el abuso del derecho subjetivo.

16. Relaciona la noción de razonabilidad de un acto y la del abuso de derecho.

17. ¿Qué significa la expresión «relatividad de los derechos»?

18. Relaciona el abuso de derecho con la noción de poder en su sentido amplio y en su sentido estricto.

LXXXIX. EL EJERCICIO DE LOS DERECHOS SUBJETIVOS: LAS CARGAS Y LAS ACCIONES PROCESALES

El contenido de un derecho subjetivo está formado, como hemos visto en las lecciones precedentes, por el conjunto de acciones (y omisiones) que la norma autoriza como propios de dicho derecho. Anteriormente nos hemos referido en exclusiva a las acciones, como usar, disfrutar de la cosa, venderla, exigir un crédito. Pero también es cierto que todo derecho subjetivo autoriza a que su titular no haga ninguna de esas cosas. Si soy propietario de un apartamento en el paseo marítimo de Palma podré vivir en él, o alquilarlo, o venderlo; pero el Derecho también me autoriza, en principio, a no hacer ninguna de estas cosas. De modo que puedo tener el apartamento cerrado, sin vivir en él, sin alquilarlo y sin la mínima intención de venderlo. Incluso puedo negárselo a los amigos que, alegando que lo tengo vacío e improductivo, me lo piden para pasar unos días. Simplemente les digo que no quiero, y que se vayan a cualquiera de los hoteles que hay por la misma zona, todos ellos excelentes. Algunos familiares me recriminan mi actitud y no sólo me dicen que soy un mal amigo, sino algo que considero mucho más grave: me reprochan que no tengo en absoluto mentalidad económica. Les respondo que, en primer lugar, hago con mis propiedades lo que me viene en gana y que yo no me meto en lo que hacen ellos con las suyas; y, en segundo lugar, que mi mente es bastante más economicista que lo que ellos piensan, porque mi apartamento vale más cada año, y detesto los alquileres ya que hay que estar siempre (o casi siempre) detrás de los inquilinos para que te paguen. Concluyo mi razonamiento con un argumento jurídico que a ellos les parece algo redicho: el derecho subjetivo, les digo, permite a su titular tanto ejercitar determinado tipo de acciones como no ejercitarlas; y, por consiguiente, entra dentro de mi esfera de posibilidades jurídicas el no hacer todas esas cosas que me aconsejan o me piden.

En España, en tiempos recientes, y ante los altos precios de la vivienda, se adoptaron medidas para incentivar el alquiler, con la intención, por una parte, de que aumente la oferta del mismo y, por otra, que se bajen los precios. No entraré aquí a detallar cuáles han sido esas medidas, que están en la mente de todos. Lo que me interesa es subrayar que esas medidas tienen un simple carácter incentivador, por tanto, no afectan ni a la titularidad del derecho de propiedad ni a las posibilidades de acción y de omisión que dicho derecho ofrece. En el supuesto de que se tomaran medidas que afectaran a cualquiera de estos aspectos, tendríamos que calificarlas de confiscatorias o cuasiconfiscatorias. Los regímenes dictatoriales y tiránicos se caracterizan por adoptar ese género de medidas que pasan por alto los derechos adquiridos de las personas.

Lo más cómodo es no hacer nada (recuérdese el famoso dicho italiano, *il dolce far niente*). Todo hacer implica una preparación, un trabajo, una molestia. Sucede que el ejercicio del derecho subjetivo (en su aspecto positivo de hacer los actos que dicho derecho autoriza), e incluso la propia titularidad del mismo, exige a su titular, o a la persona que lo represente, determinados actos. Por ejemplo, en relación a mi apartamento vacío, no he podido librarme de algunas molestias. Unas son pequeñas, lo reconozco, como pagar los gastos de comunidad. Pero otras me han fastidiado bastante, sobre todo el año que me cayó en (mala) suerte el ser presidente de la comunidad. Las reuniones de vecinos me aburren soberanamente, son una verdadera lata, y sobre todo se han convertido en un verdadero incordio desde que hace cuatro años tenemos a un nuevo vecino que se caracteriza por decir que no a todo. Precisamente fue el año en que este individuo apareció cuando me tocó a mí la china de presidir la comunidad. Creo que fue el año peor de mi vida, no había semana que este individuo no me molestara con sus idioteces. Cuando mis familiares me reprochan que no alquilo el apartamento, les digo: «imaginaos que lo alquilo a un sujeto parecido al incordión, ¡me amargaría la vida!».

Si la mera titularidad ya conlleva esos deberes, el ejercicio del derecho subjetivo implica además unas cargas, aquellas que la ley señale para las facultades concretas que ejercite. Si quiero alquilar, tendré que hacer esto y lo otro; si quiero hipotecar, tendré que hacer lo de más allá. Tendré que ir, venir, presentarme, conversar, consensuar, firmar y quizás incluso ir al banco y al notario.

El concepto de carga está muy próximo al de deber jurídico, hasta el punto de que buena parte de la doctrina tiene la tendencia a equipararlos o a hacer de las cargas una modalidad de los deberes. Desde un punto de vista psicológico es posible que los individuos sientan su vivencia de las cargas como sienten su experiencia de los deberes que el Derecho les impone. Pero desde la perspectiva jurídica son cosas diferentes, por lo que es necesario separarlos conceptualmente.

Pagar los gastos de comunidad y ser presidente de la misma cuando me toque, son deberes jurídicos que la ley me impone. El primero (pagar los gastos) es un deber jurídico fuerte, ya que, en caso de que me demore, es posible que los demás vecinos me demanden ante el juez. Normalmente no lo harán si dejo a deber uno o dos meses, pero si me paso de la raya, puede ocurrir que me demanden. El segundo de los deberes (presidir la comunidad de vecinos cuando sea mi turno) es, creo, un deber jurídico débil. Es un deber jurídico porque lo impone la Ley de propiedad horizontal, y es débil porque dicha Ley no tiene prevista una sanción para el vecino recalcitrante que no quiere asumir esa responsabilidad.

Los deberes jurídicos que inciden sobre el titular del derecho subjetivo, o sobre quien lo represente, obligan –como sucede con todos los deberes jurídicos– a hacer o no hacer. Son deberes de conducta que, como tales, suelen ir conectados por lo general con sanciones para el caso de su incumplimiento, aunque no siempre sucede así.

Las cargas son otra cosa. La carga no es un deber jurídico ni de cualquier otro género. Es una «molestia» que conlleva el ejercicio de un derecho subjetivo pero que, si no se cumple, no se infringe norma alguna ni el deber jurídico correspondiente y, por tanto, no acarrea sanción. La carga es un requisito o conjunto de requisitos que el legislador exige para el ejercicio de un derecho. Se parte de la hipótesis de que el titular del derecho en un momento determinado quiere ejercitar una de sus facultades, o sea, una de sus posibilidades de acción. Por ejemplo, decido pedir un préstamo hipotecario para, de ese modo, comprar un piso mayor que mi apartamento. Para ello pongo como garantía ese apartamento que tengo en el paseo marítimo. La ley no me obliga en absoluto a que yo pida un préstamo hipotecario. Pero si yo quiero pedirlo, tengo necesariamente que cumplir unos trámites. Primero tendré que ir a un banco y convencer a sus empleados que puedo garantizar con mis bienes y mi situación profesional el pago puntual de las mensualidades. Una vez hecha esa gestión y convenidos los términos del contrato, tendré que presentarme con un apoderado del banco que me concede el préstamo ante notario para suscribir la escritura pública. Y si no hago todas estas gestiones ¿qué pasará?, ¿habré infringido algún deber? En absoluto. Simplemente ocurrirá que, al no cumplir los requisitos exigidos, al no cumplir las cargas que conlleva la realización del contrato de préstamo hipotecario, me quedaré sin dicho préstamo. ¿Es esto una sanción? Me parece que no. Carecería de sentido que me quejase porque no me han concedido el préstamo si yo no he cumplido los requisitos exigidos para su concesión. E incluso caería en el ridículo si dijera que me han sancionado con la no concesión del préstamo por no haberlos cumplido.

El cumplimiento o incumplimiento de las cargas puede afectar no sólo a las facultades concretas del derecho subjetivo, sino también al derecho subjetivo mismo.

Las legislaciones suelen establecer unos plazos temporales, transcurridos los cuales sin que el derecho subjetivo correspondiente sea ejercido, se produce la caducidad de dicho derecho. La caducidad es así el resultado, previsto por las normas jurídicas, del incumplimiento de la carga de ejercer el derecho, lo que significa que el titular decae en su derecho. La caducidad no puede ser considerada como una sanción propiamente dicha, ya que es posible que el titular del derecho subjetivo carezca de todo interés por seguir siéndolo, y por este motivo, al serle indiferente el derecho, no ha cumplido con la carga que éste conlleva, que es precisamente ejercerlo.

Un ejemplo aclarará un poco todo esto. La Ley de Marcas permite que una persona inscriba en el Registro una marca sin haberla usado con anterioridad. Esa persona tiene el propósito de usar la marca para productos o servicios de una empresa que va a fundar en los próximos tiempos. Una vez inscrita, el titular tiene el derecho subjetivo de marca con todo lo que esto implica. Ahora bien, tiene la carga de usarla en los cinco años siguientes a su concesión, pues, en caso contrario, su derecho decaería, con lo cual el signo marcario quedaría libre y podría ser inscrito a solicitud de otra persona. Si, transcurridos los cinco años, el titular del derecho de marca, no la ha usado, decae en su derecho, pierde sus posibilidades jurídicas respecto al signo en cuestión.

Desde el punto de vista lingüístico la carga no es expresable de la misma manera que el deber jurídico, por la sencilla razón de que ambos conceptos son dispares. En mi opinión, la expresión lingüística de las cargas es la propia de una norma del tipo de las procedimentales, caracterizada por tanto por el verbo directivo *tener que.*

Así, en referencia a alguno de los ejemplos anteriores, las normas que establecen cargas dirían algo como lo siguiente: «Si quieres que te concedan un préstamo hipotecario tienes que cumplir estos requisitos y hacer esto y lo otro»; «si usted quiere que su derecho subjetivo de marca se consolide tiene que usar dicha marca para los productos o servicios de su empresa dentro del plazo de cinco años a contar desde la concesión.» En el primer caso, la carga es un requisito procedimental que hay que cumplir para conseguir el préstamo hipotecario. En el segundo caso, es un requisito procedimental para conseguir que el derecho subjetivo no caduque.

El concepto de carga ha tenido su sede de desarrollo doctrinal en el Derecho procesal. Sobre los individuos que actúan en los procesos pesan cargas determinadas por las leyes, cuyo cumplimiento es necesario si pretenden que se les dé la razón. Si, por ejemplo, alguien es demandado ante el juez, tiene que presentarse cuando se le requiere, tiene que declarar, tiene que aportar pruebas en su defensa si las tuviere, etc. Y lo mismo puede decirse del demandante. Del Derecho procesal, el concepto ha pasado al Derecho privado y también al Derecho público, convirtiéndose la carga en un concepto general del Derecho, aplicable a todos los derechos subjetivos.

El cumplimiento de la carga consiste justamente en ejercitar alguna de las facultades que otorga el derecho subjetivo y que se deja a la libre voluntad del titular. Así, yo puedo libremente decidir si hipoteco o no mi apartamento, pero si decido hipotecarlo para conseguir un préstamo tendré que hacer esto y lo otro, o sea, tendré que cumplir las cargas correspondientes. Lo mismo le sucede al titular del derecho de marca. Es libre de ejercerlo o no, pero si quiere mantenerlo tendrá que usarlo dentro del plazo de cinco años a partir de la concesión de la marca. En este caso, el uso de la marca en cualquiera de sus modalidades es requisito suficiente y necesario para salvar la titularidad de la marca. Dicho de otro modo: el ejercicio del derecho salva el derecho. Si no hay ejercicio, el derecho se pierde. El remedio para no perderlo es precisamente ejercerlo.

Pero, además de ese remedio del ejercicio del derecho en cualquiera de sus facultades materiales, los ordenamientos jurídicos ponen a disposición de los individuos remedios específicamente procesales, que les permiten acudir a los jueces en petición de auxilio cuando se presenta una situación de conflicto con otras personas. Tales remedios son las *acciones procesales*.

En efecto, una posibilidad jurídica conectada con el derecho subjetivo es que el titular del mismo acuda a los jueces en el caso de que considere que alguien vulnera su derecho o el ejercicio pacífico del mismo. Si al acreedor no le paga el deudor, le queda la opción de acudir al juez. Si el propietario ve mermadas sus facultades por la actuación de otras personas, se le abre la posibilidad de ir a los tribunales. Si el titular de la marca comprueba que otra empresa usa la misma marca o una marca que genera un riesgo de confusión con la suya, con las consecuencias consiguientes de pérdida de clientela, se le abre la puerta para que inicie un proceso judicial. Pero en ningún caso está obligado a hacerlo. El acreedor puede decidir no interponer acción procesal alguna por la razón que sea: porque su deudor es amigo suyo y no quiere ponerle en una situación desairada, porque no le compensa las molestias que conlleva un pleito, o sencillamente porque le trae sin cuidado el cobro de la deuda. Para el Derecho es indiferente su motivación. El ordenamiento le ofrece esa posibilidad pero no se la exige, es libre de llevarla a efecto o no. Esto mismo es aplicable a los otros dos casos. Si alguien entra en la finca de otro sin permiso y coge frutos de sus árboles, el propietario tiene la opción de iniciar contra él un proceso (en este caso, penal, por allanamiento de morada y robo), pero puede muy bien no hacer uso de ella. El titular de la marca está en situación similar, depende de su libre decisión el que reclame o no el respeto de su marca por parte de terceros.

El Derecho romano, más que sobre los derechos subjetivos, estaba estructurado sobre las *actiones*. Si en el lenguaje nuestro decimos que tal persona tiene un derecho, los romanos decían que esa persona disponía de una *actio*. En el Derecho moderno la acción procesal es una puerta que se abre al titular del derecho subjetivo para que defienda lo que cree que es suyo. Es, en ese sentido, una facultad más que forma parte de su derecho subjetivo. O, al menos, puede interpretarse como tal. Sin embargo, si es cierto que todo derecho subjetivo está respaldado por la posibilidad de interponer una acción procesal, dando lugar a un proceso y en definitiva a la sentencia de un juez, no lo es que la posibilidad de interponer una acción requiera necesariamente ser titular de un derecho subjetivo. En el Derecho moderno el derecho de acción es un derecho subjetivo general que está a disposición de las personas que buscan se les aplique el ordenamiento jurídico, sin que para ellos sea preciso que sean titulares de derechos subjetivos. La mejor prueba de esta desconexión entre la acción procesal y el derecho subjetivo es que un sujeto puede interponer la primera para que el juez decida si tiene o no un derecho subjetivo. La sentencia judicial será entonces meramente declarativa de si ese sujeto tiene ese derecho o no. Asimismo, puede plantear acción procesal un individuo que simplemente tenga un interés en algo (interés fundado o no), que no tiene por qué ser el interés que se supone está detrás de un derecho subjetivo.

El derecho subjetivo a la acción procesal, que los ordenamientos actuales reconocen con carácter universal, no es pues un mero reflejo de un derecho subjetivo material, que preexistiría a la interposición de la acción, sino una consecuencia de un derecho fundamental (así lo reconoce nuestra Constitución, en su artículo 24.1) a la tutela judicial efectiva. Si todos los individuos tienen el derecho a que se juzguen sus demandas de manera justa (según la justicia intrasistémica, la propia del sistema jurídico aplicable), es evidente que ha de tener derecho a interponer una acción con la que incoar un proceso judicial. El derecho a plantear acciones judiciales es, por consiguiente, un derecho subjetivo de las personas que está conectado o es derivación de ese otro derecho previo, cuya función es conseguir que se haga justicia dentro de las coordenadas marcadas a ese respecto por el ordenamiento jurídico de que se trate. El mencionado precepto de la Constitución española dice así: «Todas las personas tienen derecho a obtener la tutela efectiva de los jueces y tribunales en el ejercicio de sus derechos e intereses legítimos sin que, en ningún caso, pueda producirse indefensión».

El derecho de acción procesal va vinculado a los derechos subjetivos sustantivos o materiales, aunque, como ya he dicho, no presupone necesariamente la preexistencia de éstos. Quien cree tener un derecho subjetivo sustantivo puede acudir a los tribunales precisamente para que éstos reconozcan dicho derecho, sobre el cual había dudas o controversia, y para ello tiene esa posibilidad que le ofrece el ordenamiento jurídico de plantear la acción procesal. Por este motivo, la acción procesal es en principio independiente de la existencia del derecho subjetivo sustantivo y puede ser considerada en sí misma como un derecho subjetivo independiente. Pero, mirada la cuestión desde otro ángulo, esto es, desde la perspectiva del derecho subjetivo sustantivo ya consolidado, la posibilidad de plantear la acción procesal puede ser interpretada como una facultad, entre otras, que forma parte del contenido del derecho subjetivo. El que se considere la acción procesal como una facultad más del derecho subjetivo o como un derecho subjetivo independiente, dependerá de la situación de que se parta en cada caso concreto.

Plantear una acción procesal no significa otra cosa que poner en marcha los mecanismos jurisdiccionales del Estado para determinar lo que el Derecho impone en un supuesto concreto. La función de la acción procesal no es otra que hacer que las normas jurídicas se cumplan. Los ordenamientos, en algunos campos, ordenan a sus funcionarios (por ejemplo, al ministerio fiscal) que sean ellos mismos, sin esperar el impulso del particular, los que tomen la iniciativa justamente con la finalidad de hacer cumplir el Derecho. Esto es lo característico del Derecho penal y, en general, del Derecho público. Para otras áreas jurídicas, los ordenamientos hacen de los particulares los necesarios mediadores en esa tarea de imponer el Derecho, de conseguir que las normas jurídicas se cumplan. En esos casos depende de los particulares que el Derecho se cumpla o no. Si mi deudor no me paga, pero yo no hago nada por cobrar la deuda, el ordenamiento jurídico tampoco hace nada, pues se supone que no quiero hacer valer mis derechos, y en tal caso el Derecho no se mueve pues aplica los principios propios y más característicos del Derecho privado, uno de los cuales es el respeto a la voluntad de las partes en sus negocios jurídicos.

Por todo lo dicho hasta ahora puede definirse el *derecho subjetivo como un poder concreto, organizado interna y externamente por el sistema jurídico, que se compone de un conjunto de posibilidades de acción, de las cuales unas son ilícitas y por tanto prohibidas, y otras son lícitas (poder en sentido estricto) y cuyo ejercicio se deja a la libre determinación de su titular.*

Para concluir esta lección me referiré a algunos conceptos próximos al de derecho subjetivo y que a veces se confunden con él. Aludo a los siguientes conceptos: facultad, potestad y expectativa.

Tenemos, en primer lugar, el concepto de *facultad*. Como hemos subrayado, el derecho subjetivo se compone de un conjunto de posibilidades de acción, de las cuales unas están prohibidas, por tanto son ilícitas, y otras están autorizadas o permitidas, por tanto son lícitas. Pues bien, las diversas posibilidades de acción lícita constituyen las facultades propias del derecho subjetivo. Decir que el titular de un derecho subjetivo tiene una determinada facultad, es lo mismo que afirmar que dicho titular está habilitado por el sistema jurídico para realizar la acción correspondiente a la facultad de que se trate. El conjunto de las facultades propias de un derecho subjetivo conforma un haz de poderes en el sentido estricto de esta palabra, esto es, de poderes lícitos, de autorizaciones.

Desde un punto de vista lingüístico puede decirse que cada facultad es expresable mediante el verbo *poder*, acompañado de *otro verbo* que indica el tipo de acción lícita. Por ejemplo, el propietario de una cosa inmueble puede vender la cosa, puede donar la cosa, puede hipotecar la cosa; lo que equivale a decir, respectivamente, que el propietario tiene la facultad de venderla, la facultad de donarla, la facultad de hipotecarla. Cada una de estas facultades es expresable en el sistema jurídico mediante una norma jurídica del tipo de las *potestativas* o *autorizativas*, esto es, de las que determinan la licitud de la acción.

El contenido total de un derecho subjetivo está formado por la suma del conjunto de facultades que representan las posibilidades de acción lícitas, más las posibilidades de acción ilícitas. Estas últimas, al estar prohibidas, no son consideradas facultades.

Una de las facultades propias de un derecho subjetivo puede desprenderse de éste y convertirse en derecho subjetivo independiente. Tal es el caso, por ejemplo, del usufructo. La facultad, que en principio corresponde al propietario, de hacerse con los frutos de la cosa, pasa a ser del usufructuario, y al tener una titularidad distinta se transforma en otro derecho subjetivo. La facultad de recoger los frutos, que era del propietario, se transforma en el derecho subjetivo del usufructuario.

En segundo término, encontramos el concepto de *potestad*, del que ya nos hemos ocupado. Este concepto se usa tanto para el Derecho público como para el privado. En el primero hablamos de la potestad legislativa, de la potestad reglamentaria, de las potestades de la administración, de las potestades de los jueces para emitir sentencias y otros tipos de actos vinculantes. En el Derecho privado se emplea sobre todo en relación con las relaciones paterno-filiales: la patria potestad. La palabra «potestad» designa un poder, pero con un matiz especial: es un poder cargado de deberes. Implica un poder otorgado por el ordenamiento jurídico para posibilitar el cumplimiento de determinados deberes.

Por último, tenemos el concepto de *expectativa*. Decimos que un sujeto tiene una expectativa de derecho subjetivo cuando, no siendo aún titular del mismo, hay una probabilidad de que lo sea en un futuro más o menos cercano. Cuanto más inmediato sea dicho futuro más fácil será determinar si es razonable, o no emplear, ese concepto. Un ejemplo de expectativa de derecho es la del heredero forzoso al corresponderle la legítima a la muerte del causante. Los ordenamientos jurídicos suelen valorar este tipo de situaciones como dignas de protección, si bien no alcanzan nunca la protección que dispensan a los derechos subjetivos, como es lógico.

NOTAS Y COMENTARIOS

– Explica Ursicino Álvarez Suárez el significado de la acción procesal en el Derecho actual y en el Derecho romano: «En la actualidad, cualquier derecho subjetivo privado desconocido o lesionado, de la clase que sea, se halla protegido por *una y la misma* acción judicial para hacerlo efectivo (...). Cosa muy distinta sucede en el Derecho romano [en el cual] (...) la protección de los derechos subjetivos o de las situaciones de hecho amparadas por el pretor, determinó el nacimiento de tantas clases de acciones como derechos o situaciones protegibles existían, de tal modo que cada uno de ellos poseía su peculiar acción protectora. Derecho subjetivo y acción constituían, pues, una unidad inescindible, de tal modo, que en tanto existía derecho, en cuanto existía la acción específica que lo protegía.» (*Curso de Derecho Romano. Tomo I: Introducción. Cuestiones preliminares. Derecho Procesal Civil Romano,* Editorial revista de Derecho Privado, Madrid, 1955, pg. 177).

– Sobre el significado de las *actiones* y su origen terminológico en el Derecho romano son también muy esclarecedoras las explicaciones de Jörs-Kunkel: «En el Derecho actual se distingue entre negocios jurídicos y actos procesales, según que las declaraciones de voluntad emitidas por la parte tengan por objeto la constitución, extinción o modificación de derechos, o sea su fin el ejercicio (judicial) de los mismos. En cambio en el Derecho romano de la época antigua y de la clásica esta distinción no fue neta, y por ello el acto que fundaba el proceso (...) se consideró también como un negocio jurídico, un contrato entre las partes. Consecuencia de esto fue que tanto este "negocio procesal" como el negocio jurídico en sentido estricto o moderno se designaron con las mismas expresiones: *agere, actus, actio.* No obstante, en el léxico del Derecho clásico, los términos *agere* y *actio* fueron reducidos en su empleo, por regla general, al negocio procesal, aunque su carácter de negocio jurídico continúa manifestándose claramente en la expresión corriente *agere "cum" aliquo* (hoy se dice actuar en justicia *contra* alguien, demandar *a* alguno).» «Correlativa a la significación de la *actio* como negocio procesal es el concepto material de la palabra. El derecho subjetivo reconocido por el Derecho civil encerraba dentro de sí la facultad de demandar judicialmente al contrario en defensa de este derecho. Las fórmulas necesarias para el ataque y para la defensa procesal de los derechos y los actos rituales que habían de ejecutarse con estos fines fueron llamados por los romanos en tiempos antiguos *vindicationes* si se trataba del ejercicio judicial de derechos de señorío, y *actiones* si del ejercicio de derechos de obligación. Muy pronto, empero, la expresión *actio* se empleó en los dos sentidos, hasta el punto de que a Gayo, por ejemplo, le era perfectamente conocida la distinción entre *actio in rem* y *actio in personam* y la daba como cosa conocida de antiguo.» (Paul Jörs, *Derecho Privado Romano,* edición totalmente refundida por Wolfgang Kunkel, traducción de la segunda edición alemana por L. Prieto Castro, Editorial Labor, Barcelona-Madrid, 1937, reimpr. 1965, pgs. 115 y ss.).

– Leonardo Prieto-Castro define la acción procesal del siguiente modo: «Es el instrumento de ejercicio del derecho a la justicia o tutela jurisdiccional y que en el orden jurídico privado corresponde, como facultad, a toda persona (excepto en los casos expresamente excluidos) frente al Estado (por medio del Tribunal competente) y contra otro sujeto, para provocar la incoación y el desarrollo de un proceso y la correspondiente decisión sobre su objeto de derecho privado o procesal.» (*Derecho de Tribunales. Organización, funcionamiento, gobierno*, Editorial Aranzadi, Pamplona, 1986, pg. 73).

– Acerca de la relación entre la acción procesal y la protección de los derechos subjetivos es recomendable la lectura de Giuseppe CHIOVENDA, *La acción en el sistema de los derechos*, traducción de Santiago SENTÍS MELENDO, Editorial Temis, Bogotá, 1986. También Víctor FAIRÉN GUILLÉN, *Doctrina general del Derecho procesal*, Bosch, Barcelona, 1990, pgs. 77 y ss. (tema III: «acción y pretensión»).

EJERCICIOS

1. Haz el resumen de la lección.

2. Explica la idea de que el derecho subjetivo permite tanto hacer como no hacer. Pon un ejemplo que la aclare.

3. El ejercicio de los derechos subjetivos suele implicar el cumplimiento de algunos deberes. Pon un ejemplo y explícalo.

4. Define el concepto de carga.

5. Distingue los siguientes conceptos: deber jurídico fuerte, deber jurídico débil y carga. Pon un ejemplo de cada uno.

6. Relaciona el concepto de carga con el de caducidad del derecho subjetivo.

7. Explica el ejemplo que se pone en el libro relativo a la carga de uso que tiene el titular de un derecho de marca.

8. ¿Qué tipo de norma jurídica es la que expresa la carga? Razona la contestación.

9. Explica la noción de carga procesal. Para ampliar lo que se dice en el libro puedes acudir a tratados de Derecho procesal, como por ejemplo el de Andrés DE LA OLIVA y Miguel Ángel FERNÁNDEZ.

10. Relaciona el derecho subjetivo con la acción procesal, y pon ejemplos de dicha relación.

11. ¿Qué significa que el Derecho romano fue más un Derecho de *actiones* que un Derecho de derechos subjetivos?

12. ¿Qué diferencia hay entre el Derecho romano y el Derecho actual respecto de la posibilidad de plantear acciones procesales?

13. Relaciona la idea de interés con la acción procesal.

14. ¿Va siempre la acción procesal vinculada necesariamente al ejercicio de un derecho subjetivo? Razona la respuesta.

15. Relaciona la acción procesal con el derecho fundamental a la tutela judicial efectiva, reconocido por la Constitución española en su artículo 24.1.

16. ¿Qué significa que el particular, por medio de la acción procesal, participa en la aplicación de las leyes a los casos concretos?

17. Define la noción general de derecho subjetivo y explica cada elemento de la definición.

18. Define el concepto de facultad. ¿En qué se diferencia una facultad y un derecho subjetivo?

19. Explica por qué es una potestad el derecho de los padres a educar a sus hijos.

20. Distingue expectativa y derecho subjetivo. ¿Por qué razón el Derecho protege las expectativas?

XC. ALGUNAS CLASIFICACIONES BÁSICAS DE LOS DERECHOS SUBJETIVOS

Los tratadistas, en especial los del campo del Derecho civil, suelen presentar un amplio abanico de tipos de derechos subjetivos, para lo cual hacen uso de diversos criterios de clasificación. En lo que sigue no me propongo en modo alguno ofrecer un cuadro exhaustivo de esas posibles clasificaciones. Tan sólo me limitaré a tres criterios clasificatorios y, atendiendo a ellos, reflexionaremos un poco sobre los caracteres de los distintos tipos de derechos subjetivos. Estos tres criterios son: el del bien jurídico protegido, el del carácter renunciable o irrenunciable de los derechos y, por fin, el de la jerarquía normativa y consiguientemente de los derechos regulados. En esta lección nos ocuparemos de los dos primeros, dejando el tercero para la lección próxima.

El primer criterio es el del *bien jurídico protegido*, que atiende a *lo que* se protege. Las acciones posibles y lícitas de un derecho subjetivo siempre se relacionan con algo que, desde la perspectiva del sistema jurídico, es considerado un bien. Se trata de una consideración de tipo social, que el Derecho suele acoger como razonable, pero algo sólo se transforma en bien jurídico cuando los textos del Derecho así lo establecen. Estos bienes pueden ser cosas concretas y también valores de cualquier género (estrictamente materiales, espirituales, estéticos, religiosos, económicos, políticos, etc.). Desde ese punto de vista los civilistas suelen dividir los derechos subjetivos en derechos de la personalidad, derechos reales o de cosas, derechos personales o de crédito y derechos sobre bienes inmateriales.

Aunque todos los derechos lo son de las personas, se denominan derechos subjetivos de la personalidad a aquellos que protegen los bienes más directamente relacionados con la persona y su existencia. Teorizados originariamente en el seno de la filosofía moral y política («derechos naturales», «derechos humanos», «derechos del hombre»), pasan en una segunda fase a los preceptos de las constituciones modernas («constitucionalismo») y, posteriormente, son objeto de exposición por parte de la doctrina civilista. Al ser el Derecho civil aquella parte de un sistema jurídico que regula el estatuto de la persona, era lógico de todo punto que el estudio de estos derechos formara parte tanto de la regulación legal como de la doctrina civilista. Así, ésta se ocupa del derecho a la vida y a la integridad física y psíquica, el derecho al nombre, a la libertad de domicilio, el derecho al honor y el derecho a la intimidad personal. Claro que la protección de estos bienes tiene lugar, sobre todo, por vía constitucional y penal; pero no por eso deja de ser importante el aspecto de la responsabilidad civil que pueda derivarse del atentado contra ellos. En el Derecho constitucional han tenido un desarrollo extraordinario («inflación de derechos») y la teoría jurídica los ha acogido, como uno de sus capítulos, bajo la designación de teoría de los derechos fundamentales; bien es cierto que ampliando notablemente el concepto civilista, ya que no sólo se recoge bajo ese título los derechos de la personalidad en su sentido civil sino que comprende asimismo los derechos políticos y las libertades públicas, además de los derechos sociales y los llamados de la tercera generación (derecho al medio ambiente, etc.).

Los derechos reales protegen la relación del ser humano, de la persona, sobre las cosas. La posesión, la propiedad, el usufructo, las servidumbres, los derechos reales de garantía como la prenda y la hipoteca, etc., tienen por cometido garantizar a la persona el disfrute y la explotación de los bienes materiales necesarios para su vida.

Los derechos personales o de crédito se distinguen porque su objeto no recae sobre una cosa sino sobre una conducta ajena. El sujeto titular de un derecho de crédito (o «derecho obligacional», llamado así también por derivar de una obligación en el sentido técnico-jurídico de esta palabra) se relaciona con otra u otras personas, de las que puede exigir jurídicamente un determinado comportamiento. Este comportamiento recibe el nombre de prestación. La prestación del obligado, y que el sujeto del derecho subjetivo puede exigir, consiste en dar, hacer o no hacer alguna cosa, según expresa nuestro Código Civil (en su artículo 1088). Ahora bien, puesto que el «dar» es una modalidad del «hacer», puede simplificarse el concepto y afirmar que la prestación (objeto de la obligación y del derecho subjetivo correspondiente) consiste en hacer o no hacer, o sea, en una acción o en una abstención. En ambas modalidades, la prestación es lo que el deudor debe al acreedor, lo que quiere decir que el deudor debe una conducta. Recuérdese que la conducta es la acción u omisión cuando son objeto de un deber jurídico.

Por último, tenemos los derechos sobre bienes inmateriales, que en España, siguiendo la terminología francesa, suelen recogerse bajo el título de «propiedad intelectual e industrial». Esta última designación, por mucho que se encuentre extendida, expresa sólo aproximadamente lo que es característico de derechos como el derecho de autor (de una obra artística, literaria o científica), el *copyright*, el derecho de patente, el derecho de marca, el derecho al nombre comercial, y similares. No tienen estos derechos el mismo régimen jurídico que la propiedad, y por eso la doctrina civilista (y a veces los propios textos legales) se refieren a ellos con el título de «propiedades especiales». Lo que protegen no son cosas, en el sentido genuino de esta palabra como cosa corporal o material, sino entidades de naturaleza espiritual o ideal: una idea, una obra, un invento, un nombre, una designación de una clase de productos de una empresa, etc. Estas entidades tienen una naturaleza espiritual o intelectual. Unas son únicas y no son reproducibles en sí mismas sino sólo como imitaciones (por ejemplo, el Cristo de Velázquez). Otras, siendo también únicas, poseen la característica de ser reproducibles ilimitadamente (tal es el caso del Quijote de Cervantes).

El mercado del arte tiene sus propias leyes, a veces difíciles de entender. Las obras no reproducibles lo mismo pueden tener hoy en el mercado un precio casi igual a cero que dispararse mañana hasta alcanzar cifras astronómicas. Recuérdese que en vida Van Gogh apenas era capaz de satisfacer sus necesidades más elementales mientras que en la actualidad, si viviera, sería un acaudalado millonario.

Tampoco es predecible el mercado propio de las obras que pueden ser objeto de reproducción. Así, es difícil saber de antemano si una novela alcanzará un éxito notable o será pasto de las llamas debido a las necesidades de almacenamiento de otros libros editados posteriormente. No cabe duda de que una buena campaña de propaganda ayuda mucho a las ventas, pues la gente en general lee lo que le dicen los medios que debe leer. Tampoco sabemos, cuando se funda una empresa, si la marca de sus productos llegará a ser notoriamente conocida e incluso alcance el nivel de marca renombrada o si, por el contrario, se convertirá en una más dentro de un mercado saturado.

Hay autores que sostienen el carácter relativo de la clasificación anterior y que llegan a criticarla, sobre todo la distinción entre derechos reales y derechos de crédito. Su argumento principal es que los derechos reales serían también obligacionales, igual que los de crédito, sólo que mientras que éstos se dirigen a exigir los deberes jurídicos de personas concretas, aquéllos son derechos *erga omnes*, lo que quiere decir que los sujetos obligados son todos los demás, es decir, todos los que no son el sujeto del derecho subjetivo.

Estos autores vienen a sostener que lo que caracteriza verdaderamente a todo derecho subjetivo no es su propio contenido, que aquí hemos identificado con las posibilidades de acción que el ordenamiento ofrece al titular, sino los deberes jurídicos ajenos cuyo cumplimiento puede exigir dicho titular. La única diferencia entre derechos de crédito y derechos reales radicaría en la determinación de las personas obligadas.

En los derechos de crédito esas personas vendrían definidas por una o varias relaciones jurídicas determinadas. Así, si suponemos realizado un contrato de préstamo entre A (prestamista) y B (prestatario), se establece un vínculo obligacional entre ambos (una relación jurídica contractual, y en concreto de préstamo), y en virtud del cual B tiene el deber jurídico de devolver a A la cantidad de dinero prestada y los intereses pactados en el tiempo convenido en el contrato. El derecho subjetivo de A consiste en el poder que tiene de exigir a B la devolución del dinero y de los intereses. En estos derechos de crédito (u obligacionales) el deudor tiene el deber jurídico de realizar la prestación que, como sabemos, consiste en hacer algo, esto es, en una conducta determinada. La relación jurídica propia de las obligaciones o derechos de crédito determina con precisión la persona o personas obligadas. Por eso se dice que los derechos de crédito o personales son *relativos*, pues se relacionan con personas concretas, están en función de éstas.

Por el contrario, lo característico de los derechos reales sería, para esos autores, el hecho de que los «deudores» no serían ya personas concretas, determinables de antemano, sino nada menos que la humanidad entera. Así, al propietario de una cosa le deben todos los demás individuos el respeto a su propiedad. Si A es propietario de una finca rústica, quiere decir que todas las demás personas tienen el deber jurídico de abstenerse de inmiscuirse en dicha propiedad. Los sujetos del deber son aquí todos (por eso se dice que los derechos reales son derechos *erga omnes*), por tanto, su determinación es tan amplia que puede afirmarse que nadie en concreto es sujeto de ese deber jurídico sino todos en general.

A pesar de la diferencia aludida, derechos de crédito y derechos reales poseerían un rasgo esencial común: el ser reflejo de deberes jurídicos de otros, ya sean estos otros personas concretas, ya sean todos en general, o sea, personas indeterminadas. Este rasgo común pesaría tanto que –según la opinión que comentamos– haría realmente inútil la distinción entre derechos reales y derechos de crédito, puesto que ambos tipos se explicarían como el mero reverso de deberes jurídicos.

En último término, la mencionada crítica a la distinción no sólo pretende disolver la diferencia entre derechos de crédito y derechos reales, sino que desemboca en la necesidad de contemplar el derecho subjetivo, en todas sus manifestaciones, como el reverso del deber jurídico.

Esta simplificación, a mi modo de ver, no es pertinente.

Primero, porque es exagerada. Exageración parece, en efecto, concebir nada menos que a la humanidad entera como sujeto pasivo de mi derecho de propiedad. Según ella, no sólo estarían vinculadas a mi persona aquellas que pasan por cerca de mi casa, sino incluso las que no pasan ni pasarán jamás a su lado y viven a miles de kilómetros de distancia. La indeterminación de los millones de invasores potenciales de mi propiedad no puede conducirme a considerar a todos los humanos como sujeto de un deber jurídico respecto de mí.

En segundo lugar, el desenfoque viene también por otro lado, el de la crítica ideológica. KELSEN llega a decir que la diferenciación entre derechos reales y derechos de crédito tiene una eminente función ideológica, que consiste en que con ella se tiende a ocultar lo que realmente es la propiedad: la exclusión de todos los no propietarios respecto del uso y disfrute de la cosa objeto de propiedad. Ciertamente, hay que convenir que si algo es mío, es que no es de los demás. Pero a mí me sucede exactamente lo mismo: lo que es de los demás no es mío. Hay que subrayar que esto no sólo pasa con las cosas que nos rodean sino también con otras realidades que no son ni pueden ser objeto de propiedad: mi cuerpo, mi actividad, mi tiempo (o sea, mi vida), mi memoria, mi imaginación, etc., son míos con exclusión de todos los demás, y a su vez todos los demás tienen asimismo esos bienes y capacidades en exclusiva.

En tercer término, puede decirse que la mentada simplificación no es pertinente ya que desconoce el contenido característico de cada derecho subjetivo, que se concreta –como venimos subrayando– en un *conjunto de posibilidades de acción*. Dichas posibilidades de acción (o acciones posibles) son muy diferentes en los derechos de crédito y en los derechos reales. Me parece evidente que las posibilidades de acción de un acreedor consisten básicamente en la posibilidad de exigir al deudor el cumplimiento de la deuda y en la posibilidad, en el caso de que no sea cumplida, de incoar un proceso civil para reclamársela a través del juez. En cambio, en los derechos reales las posibilidades de actuar relacionan, en un primer plano, al titular del derecho con la cosa que es objeto del derecho subjetivo. Así, vivo en mi casa, construyo en mi finca, cultivo tomates y zanahorias en mi huerto, invito a mis amigos a un buen asado. Éstas y otras acciones similares son actos que realizo sobre o en relación con la cosa de la que soy propietario. Además de esos actos de disfrute, puedo realizar otro tipo de actos, los de administración y disposición. Todo el conjunto de acciones posibles (de uso y disfrute, administración y disposición) forman parte integrante de mi derecho de propiedad. Pregunto entonces: ¿Acaso no es una tergiversación algo exagerada y quizás absurda del derecho de propiedad el pretender reducirlo a una serie indefinida de deberes de personas que no conozco, al tiempo que se olvida radicalmente el conjunto de acciones posibles que el derecho subjetivo ofrece? Mi exigencia respecto a los demás de que cumplan su deber de no inmiscuirse en mi propiedad no puede definir a esta última, ya que en caso contrario tendríamos que llegar a la conclusión de que, si nadie me molesta nunca y por tanto no puedo hacer valer mi derecho respecto de nadie, parecería que mi propiedad no existiera como algo sustantivo, esto es, independientemente del comportamiento de los otros. Me parece evidente que esto no es así. Si ejerzo las facultades propias del derecho subjetivo de propiedad es porque soy el propietario y esas facultades conforman el contenido directo del derecho subjetivo, aunque sea también verdad que entre ellas se encuentra la de interponer una acción procesal para el supuesto de que alguien se inmiscuya sin mi permiso perturbándome cualquiera de las facultades de que dispongo.

La conclusión que puede extraerse de la exposición precedente es que, a pesar de las críticas, está más que justificada la diferenciación tradicional entre los derechos reales y los derechos de crédito. Si bien tienen rasgos comunes, no por eso dejan de ostentar diferencias notables.

Un segundo criterio para distinguir los tipos de derechos subjetivos es el de la *renunciabilidad* o *irrenunciabilidad* de los mismos. Desde ese punto de vista, los derechos pueden ser renunciables o irrenunciables.

Renuncia es sinónimo de abandono o abdicación. Los ordenamientos jurídicos establecen que hay derechos subjetivos que pueden ser abandonados por sus titulares, y otros que no. La renuncia a un derecho subjetivo no implica en modo alguno su transferencia a otra persona. En el caso de que el titular de un derecho lo transfiera a otro sujeto, ya no se estará en presencia de una renuncia, sino de una sucesión.

Por ejemplo, supongamos que una persona es propietaria de un bien mueble, por ejemplo de una joya. Esa persona la regala a otra. Desde el punto de vista jurídico tiene lugar una donación, que es un negocio jurídico en cuya virtud un sujeto transmite la propiedad a otro sujeto sin recibir contraprestación alguna por parte de éste. Se suele emplear normalmente la palabra «regalo». En el lenguaje vulgar de la vida cotidiana es probable que se diga que la persona que regala (el donante) renuncia a la cosa que regala. Pero esto constituye una forma inadecuada de expresión. No sucede así en el lenguaje de los juristas; en él la renuncia excluye la sucesión y, por tanto, la donación. Si se renuncia hay abandono, y por tanto no se transfiere a nadie el derecho.

No sólo es posible renunciar a todo un derecho subjetivo, sino que también se puede renunciar a una o varias facultades del mismo. Así, el propietario de un fundo puede renunciar a recoger los frutos, sin que por eso transfiera a nadie dicha facultad.

La renuncia, pues, es un acto unilateral, realizado de forma expresa o implícita *(facta concludentia)* por el titular de un derecho subjetivo o de una facultad. No transfiere el derecho y, en consecuencia, tampoco requiere la aceptación de nadie. Ahora bien, el hecho de que la renuncia no sea un negocio jurídico recepticio no implica necesariamente que no beneficie a alguien. La persona a quien beneficie puede no estar determinada previamente por el ordenamiento jurídico. Tal sucede con la cosa abandonada *(res derelicta)*, que es objeto de apropiación por quien la encuentra y la hace suya. Pero la persona beneficiada puede estar predeterminada en la ley, como es el caso de la renuncia a la herencia. Cuando un heredero renuncia a su derecho hereditario, la ley tiene previsto a quién pasa la titularidad del mismo.

Cada ordenamiento jurídico determina cuáles son los derechos renunciables y los derechos irrenunciables. El concretar esta cuestión es, por tanto, una tarea propia del Derecho positivo. Por lo común, los ordenamientos establecen el carácter general de renunciabilidad de los derechos: los derechos subjetivos, por regla general, son renunciables. Constituyen pues la excepción los derechos irrenunciables.

En el Derecho español este aspecto viene regulado por el artículo 6.2 del Código Civil, que dice así:

> «La exclusión voluntaria de la ley aplicable y la renuncia a los derechos en ella reconocidos sólo serán válidas cuando no contraríen el interés o el orden público ni perjudiquen a terceros.»

Sin entrar en matices puede decirse que son irrenunciables los derechos de la personalidad, los derechos derivados de la dignidad humana, los derechos familiares y todos aquellos que el Derecho español establezca con ese carácter, para lo cual, además de a la legislación vigente habrá que estar a lo que digan los tribunales de justicia.

Los límites impuestos a la renunciabilidad de los derechos subjetivos son dos conceptos jurídicos indeterminados: el interés o el orden público y el perjuicio a tercero.

EJERCICIOS

1. Resume el contenido de la lección en un esquema sencillo.

2. ¿Cuáles son los tres criterios elegidos en este libro para clasificar los derechos subjetivos?

3. Razona en qué consiste el criterio del bien jurídico protegido.

4. Explica qué son los derechos subjetivos de la personalidad y pon algunos ejemplos.

5. Aclara qué puede significar que los derechos subjetivos se puedan defender por la vía civil, por la vía penal y por la vía constitucional. ¿Es ello siempre posible? ¿Habría además otras vías?

6. Enumera algunos derechos reales. Aclara su concepto.

7. Define los derechos subjetivos de crédito. ¿Por qué se llaman también «personales»?

8. Comenta el artículo 1088 del Código Civil español y relaciónalo con la teoría de la acción.

9. ¿Qué son los derechos sobre bienes inmateriales? Pon algunos ejemplos.

10. ¿Qué argumento esgrimen los autores que critican la distinción entre derechos reales y derechos de crédito?

11. ¿Qué es una obligación en el sentido técnico-jurídico? ¿Y un derecho subjetivo obligacional?

12. ¿Qué significa que los derechos reales son derechos *erga omnes*?

13. ¿Qué significa que los derechos personales o de crédito son *relativos*?

14. ¿Es aceptable la crítica a la distinción entre derechos reales y derechos de crédito? Razona la respuesta.

15. Explica la función ideológica que KELSEN adscribe al derecho de propiedad.

16. Explica la idea de que el contenido de todo derecho subjetivo es un conjunto de posibilidades de acción (o de acciones posibles). Ayúdate de ejemplos en tu explicación.

17. Enumera algunas acciones posibles comprendidas en el concepto de administración de una finca urbana.

18. ¿En qué consisten las facultades de disposición? Pon ejemplos.

19. ¿Cuándo se dice que un derecho subjetivo es renunciable?

20. Define el concepto de renuncia.

21. ¿Por qué el regalo no implica renuncia por parte de quien regala?

22. Comenta el artículo 6.2 del Código Civil y completa su sentido consultando la jurisprudencia de los tribunales.

XCI. DERECHOS SUBJETIVOS CONSTITUCIONALES, FUNDAMENTALES Y ORDINARIOS

El tercer criterio de clasificación de los derechos subjetivos, al que nos vamos a referir ahora, es el de la *jerarquía*. Ya sabemos que los derechos, desde el punto de vista del Derecho positivo, se expresan a través de normas jurídicas del tipo de las potestativas (que, como recordarás, emplean el verbo *poder*). Las normas jurídicas potestativas, al igual que sucede con los demás tipos de normas jurídicas, se ordenan en cada ordenamiento jurídico siguiendo diversos criterios, de los cuales son los más relevantes el de jerarquía y el de distribución de competencias (cuestión ésta que ya hemos estudiado). Pues bien, es lógico que puesto que los derechos subjetivos se expresan en el sistema jurídico por medio de normas, también se les pueda aplicar los dos criterios mencionados. Me detendré ahora especialmente en el criterio de la jerarquía.

Siguiendo los grados jerárquicos propios de las normas, los derechos –de acuerdo con ese criterio de jerarquía– pueden dividirse en dos grandes categorías: los derechos previstos en la constitución (en el supuesto, claro es, de que la constitución efectivamente los prevea) y el resto de los derechos, que por lo general estarán regulados por las leyes, pero asimismo pueden estarlo por otros tipos de normas jurídicas (tratados internacionales, costumbres, convenios colectivos, reglamentos, etc.). Los primeros pueden ser denominados derechos *constitucionales*, por el mero hecho de estar contemplados en la constitución; y eso, aunque ordinariamente la regulación completa del derecho subjetivo suele hacerse mediante ley, sin poder descuidar además el tratamiento de los tribunales, sobre todo del tribunal constitucional en el caso de que lo hubiere, como sucede precisamente en España. A los segundos, esto es, a aquellos derechos que no vienen recogidos en la constitución les reservaremos la denominación de derechos subjetivos *ordinarios*.

Los derechos constitucionales nos plantean algunos problemas sobre los que vamos a reflexionar.

Los llamamos «constitucionales» en atención a que vienen proclamados en la constitución. Esto no implica, desde luego, que los derechos subjetivos ordinarios no sean «constitucionales» en otro sentido de esta palabra: lo son siempre que no contradigan la constitución. Así, por ejemplo, el derecho de crédito que proviene de un contrato válido no es un derecho contemplado por la Constitución española, como es normal que suceda con todas las constituciones. Es un derecho ordinario, regulado en las leyes (en el Código Civil, en el Código de Comercio y en las leyes especiales). Sin embargo dicho derecho también sería «constitucional» en el sentido de que, al no contradecir la constitución, está dentro de lo que dicha norma superior permite. Si la contradijera sería «inconstitucional» o «anticonstitucional»; pero no es el caso. Obviamente, cuando hablamos de los «derechos constitucionales» no nos estamos refiriendo a los derechos ordinarios que no contradicen la constitución, sino tan sólo a aquellos derechos que están proclamados en la norma suprema.

Hay que preguntarse además: ¿El mero hecho de que una determinada constitución emplee en su articulado la expresión «derecho a» o «derecho de» permite sin más hablar de auténticos derechos subjetivos? Ésta es una cuestión importante, sobre la que requiero tu atención, porque es un asunto en el que la retórica de las palabras conduce muchas veces a confusas conclusiones que, desde un punto de vista jurídico, son insostenibles.

Pondré un ejemplo para explicar mejor lo que quiero decir. La Constitución española de 1978 proclama en su texto el derecho a una vivienda digna y asimismo el derecho al trabajo; pero no les otorga una protección procesal similar a la que concede a otros derechos, como por ejemplo la libertad de expresión o el derecho a la educación. Estos últimos, junto a otros derechos, vienen protegidos constitucionalmente por el recurso de amparo. Los dos primeros, sin embargo, no. ¿Tiene esta distinción en cuanto a la protección procesal alguna relevancia especial? ¿Puede afirmarse que basta con la mera nominación constitucional de unos «derechos» para que éstos efectivamente sean derechos subjetivos?

Mi opinión ya te la imaginas. En los dos casos primeros, del «derecho al trabajo» y del «derecho a una vivienda digna», no estamos ante verdaderos derechos subjetivos. Y sí estaríamos ante derechos subjetivos en los dos supuestos del derecho a la educación y de la libertad de expresión. ¿Cuál es entonces la razón de esa diferencia? Es evidente que la diferencia está en que tanto el sedicente derecho a una vivienda digna como el sedicente derecho al trabajo no están respaldados por una protección o garantía procesal. No es posible, por tanto, acudir a los jueces en demanda de protección de dichos sedicentes derechos. Nadie puede presentar una demanda ante un tribunal para reclamar una vivienda digna o un empleo. Y si alguien lo hace, los jueces no admitirán la demanda o se declararán incompetentes. Esto lo sabe, creo, todo el mundo; y, sin embargo, nuestra Constitución proclama muy enfáticamente dichos sedicentes derechos. Pero, ¿por qué?, ¿qué finalidad tiene esa proclamación?; y en todo caso ¿tiene algún efecto jurídico?

La primera finalidad, creo yo, puede ser la de transmitir a los votantes españoles la idea de que los poderes públicos harán lo que esté en su mano para conseguir que todos ellos accedan a una vivienda digna y asimismo tengan un puesto de trabajo. Se trata de la expresión de buenas intenciones que el poder constituyente ha llevado al texto de la constitución quizás con ánimo sincero pero con escasas probabilidades de hacerlas realidad. Como sabemos por experiencia, esas buenas intenciones se suelen quedar, como se dice vulgarmente, en agua de borrajas. Hasta tal punto es esto cierto que no es infrecuente que suceda justamente lo contrario de lo que debería suceder. Los poderes públicos en ocasiones no sólo no llevan a cabo una política adecuada para conseguir aquellos objetivos, sino que muchas veces dicha política favorece las dificultades. Así vemos que ha pasado en España. El precio de las viviendas se disparó en los últimos decenios y ni los municipios han hecho nada para poner a disposición de las constructoras suelo asequible en el precio ni los sucesivos gobiernos han hecho algo relevante que cambiara esa situación. En cuanto al empleo, algunos gobiernos (los socialistas) se han caracterizado por una enorme voracidad para generar gasto público, en detrimento de la actividad económica de las empresas y, por tanto, de la capacidad de éstas para generar puestos de trabajo. Nos preguntamos ante esta situación: ¿Quién puede llevar a aquellos municipios o a estos gobiernos ante los jueces para exigirles responsabilidades? Pues realmente nadie está capacitado para ello. ¿Qué sentido puede tener entonces la proclama constitucional de esos «derechos» que en verdad no lo son?

Lo que el ciudadano medio, ese hombre o mujer con sentido común que encontramos por la calle, suele pensar en estos casos es que sencillamente le están «tomando el pelo». Esta expresión metafórica suele sustituirla el hombre letrado por otra que no lo es menos: la de «papel mojado». En efecto, los llamados derechos constitucionales no garantizados por la constitución ni por las leyes no merecen el nombre de derechos subjetivos, ya que carecen de un elemento esencial de éstos: la garantía.

¿Se debe entonces seguir empleando la expresión de «derecho subjetivo» para designar estos sedicentes derechos, estos pseudo-derechos? La respuesta parece clara. La ciencia jurídica no debe otorgarles esa cualidad. Lo que sí puede hacer es investigar, en el ordenamiento jurídico de que se trate, si poseen algún efecto jurídico concreto. Puede suceder, por ejemplo, que sin llegar a garantizar la vivienda, el ordenamiento prevea medidas que tengan por objeto facilitar el acceso a la misma, aunque sea de una manera parcial e imperfecta. Y si el Estado es incapaz de garantizar el pleno empleo (ningún Estado está en condiciones de hacerlo), puede organizar un sistema de ayudas y de protección sociales más o menos generoso. En ninguno de los dos casos se estará ante el cumplimiento efectivo de unos derechos subjetivos en el sentido pleno, sino ante medidas paliativas que, ellas sí, pueden ser objeto de derechos subjetivos (p. ej., el derecho a la prestación por desempleo). Se hace necesario, por tanto, una operación de construcción hermenéutica de la regulación completa, que tenga en cuenta no sólo la proclama constitucional sino el resto del ordenamiento jurídico. Si se hace esta operación hermenéutica y, en virtud de ella, se conecta el mencionado precepto con la interpretación que de él hacen las leyes, las normas de las administraciones públicas y la jurisprudencia de los tribunales, estaremos en situación de captar el alcance real de su significado. La proclama constitucional de esos sedicentes derechos no tendrá otro alcance que el que dicho análisis revele.

Hay, sin embargo, una explicación «política» para el hecho que estoy comentando. Que las constituciones tengan entre sus preceptos normas del tipo mencionado se explica, por un lado, por el fuerte impacto retórico y propagandístico que tienen esas formas expresivas situadas en el texto del documento constitucional, y por otro y en concurrencia con lo anterior, por el enorme prestigio social de que goza hoy día todo lo que se entiende relacionado o derivado de los derechos humanos.

Conviene aclarar que la expresión «derechos humanos» se emplea también profusamente y con significados varios, muchas veces contradictorios. El uso de esta expresión es frecuente en contextos pragmáticos propios del lenguaje moral y político. Mucho menos se utiliza esa noción en el marco estrictamente jurídico, en el cual son más frecuentes las expresiones «derechos constitucionales» y, sobre todo, «derechos fundamentales», noción ésta de la que diremos algo enseguida.

De indudable origen iusnaturalista *(humana iura, droits de l'homme)*, la expresión «derechos humanos» ha pasado al lenguaje de la calle cargada con un componente emotivo muy enérgico. Con ella se pretende manifestar la idea de que los seres humanos, por el mero hecho de serlo, son titulares de unos derechos previos a toda organización política autónoma y que ésta debe reconocer e incorporar a su propio ordenamiento jurídico. Si por «organización política autónoma» se entiende básicamente al Estado, la idea se traduce en que todo Estado que quiera verse legitimado debe reconocer dichos derechos que el hombre tiene por su propia naturaleza.

En el uso actual del lenguaje la expresión «derechos humanos» se emplea más bien poco en los documentos estrictamente jurídicos, salvo en los de naturaleza internacional, pero tiene gran éxito en el lenguaje moral y político. Con ella se suelen expresar aspiraciones o ideales de grupos humanos, aspiraciones e ideales que la mayor parte de las veces corresponden a intereses de dichos grupos y que por ello representan posturas enfrentadas. Así, mientras que unos proclaman el derecho a la vida, otros defienden el «derecho» al aborto; mientras se defiende el derecho al honor, también se invoca la libertad de expresión; mientras los empresarios reclaman la libertad de empresa, los obreros reivindican un salario justo; mientras la mayoría defiende el derecho a la propiedad privada, los comunistas quieren su destrucción y proclaman el derecho a la igualdad (aunque esa igualdad no sea otra cosa que el reparto de la pobreza). «Derechos humanos», en definitiva, es una noción que, por su uso efectivo en la lucha y en los debates políticos, puede ser calificada de ideológica. En un terreno más desapasionado pero no por ello menos comprometido, como es el de la filosofía, también encuentra su sentido. Se plantea en ese marco la cuestión de qué puede significar que los seres humanos sean titulares de derechos antes de la sociedad y del Estado. En la historia de la filosofía esta cuestión se ha debatido hasta la saciedad y ha cuajado institucionalmente en la exigencia característica de todo Estado de Derecho de respetar los valores que representan. Ello no obstante, no puede ocultarse que no hay unanimidad respecto al contenido concreto de algunos de dichos derechos tan importantes como el derecho a la vida.

«Derechos humanos» es, por consiguiente, una expresión ideológica e ideologizada cuyos contenidos concretos varían dependiendo de quien la use en cada caso. De ahí que en el plano de la ciencia jurídica no sea recomendable hacer uso de ella. En el terreno de la Teoría del Derecho puede tener su sede para el debate en la teoría de la decisión jurídica, y en concreto en los aspectos materiales de la teoría de la decisión constituyente y de la decisión legislativa, ya que pueden entenderse como criterios de justicia dignos de ser incluidos en los textos del ordenamiento jurídico. En el lenguaje cotidiano es perfectamente asumible el uso de la expresión ya que en él tiene un alto nivel de implantación, y aunque en determinados supuestos adolece de ambigüedad no cabe duda de que sirve para expresar muchas veces situaciones de clara injusticia. Así, cuando se dice que muchas zonas del tercer mundo están asoladas por el hambre, lo que va contra los derechos humanos más elementales, o cuando se afirma que en China no se respetan los derechos humanos ya que no hay libertades políticas.

Si «derechos constitucionales» son aquellos derechos mentados de una u otra forma en la constitución, *derechos fundamentales* son aquellos derechos constitucionales a los que la constitución o las leyes prestan una protección especial. No es posible dar una definición abstracta y apriorística de estos derechos fundamentales, por la sencilla razón de que su carácter de «fundamentales» viene determinado por una o varias decisiones de los poderes jurídicos, normalmente del poder constituyente. Lo único que puede decirse en este aspecto es que los derechos fundamentales de un ordenamiento jurídico son aquellos que dicho ordenamiento establece como tales; y en la medida en que es el poder constituyente el que suele determinarlos, son derechos fundamentales en un ámbito jurídico concreto aquellos derechos que el constituyente ha establecido con ese carácter. Se trata, por tanto, de una noción *relativa* a cada ordenamiento jurídico. Es una cuestión de Derecho positivo saber con precisión cuáles sean dichos derechos y cuál sea su contenido respectivo y los modos de protección y garantía.

Cada ordenamiento jurídico determina por tanto cuáles son sus derechos fundamentales en el supuesto de que efectivamente lo haga. A este respecto nos encontramos con situaciones muy variadas. La prototípica en Europa es que dichos derechos se recojan en las constituciones. Hay, sin embargo, algunos países europeos en los que esto no sucede. La Constitución francesa hoy en vigor (la de la V República) no enumera en un catálogo los derechos fundamentales, sino que en su Preámbulo se limita a remitirse a la Declaración de los Derechos del Hombre y del Ciudadano, aprobada en agosto de 1789, al comienzo de la Revolución que conmovió al mundo civilizado. ¿Acaso porque la Constitución francesa no recoja un catálogo de derechos fundamentales no tienen los ciudadanos franceses una protección adecuada de los derechos fundamentales? Nada de eso. Lo que ocurre es que la tienen por otra vía. Ha sido el *Conseil Constitutionnel* y el *Conseil d'État*, los dos tribunales de rango más alto, los que se han encargado de garantizar la protección de los derechos fundamentales en Francia, y lo han hecho con la fórmula de que dichos derechos forman parte de los principios constitucionales, normas no escritas pero del más alto rango jerárquico y que resumen la posición del individuo en un Estado de Derecho. Similar protección se ha encargado de ejercer el Tribunal de Justicia de la Unión Europea ante la falta de regulación explícita de los Tratados fundacionales de la Comunidad Europea. El Tribunal de Justicia ha acuñado jurisprudencialmente las normas constitucionales protectoras de los derechos fundamentales de la Unión Europea, y lo ha hecho a golpe de sentencia, declarando que, aunque no hay una regulación explícita en los Tratados, los derechos fundamentales forman parte de los principios generales del Derecho, cuyo respeto y protección es compromiso del Tribunal de Justicia garantizar. En ambos casos (Francia, UE) para saber cuáles son los derechos fundamentales no hay otro camino que el de acudir a la jurisprudencia de los citados tribunales, y a partir de ella hacer el elenco de derechos reconocidos como fundamentales, lo cual implicará que se les otorga una protección superior al resto de los derechos.

En España, al igual que en la mayoría de los países europeos, se ha optado por incluir en la Constitución un catálogo de derechos fundamentales. Junto a la parte orgánica, formada por los artículos que establecen la forma de gobierno y determinan los poderes supremos del Estado y sus relaciones recíprocas, la Constitución tiene otro conjunto de preceptos que los autores denominan «parte dogmática», «doctrinal» o «política», cuyo cometido es regular los principios básicos de actuación política y la relación entre el individuo y el Estado. Dentro de esta parte de la Constitución (formada por preceptos de diversas partes de la misma) nos encontramos con un catálogo de derechos fundamentales, cuyo rango distintivo es que, junto a ser proclamados por la Constitución, están dotados de una protección especial. Además de eso, como ha reconocido la jurisprudencia, dichos derechos no sólo son derechos subjetivos sino que, al mismo tiempo, representan valores constitucionales, esto es, de la máxima jerarquía normativa en el Derecho español.

La protección especial o relevante de los derechos fundamentales en el ordenamiento español consiste en que, además de conocer la protección de los tribunales ordinarios (la Constitución entera es norma de aplicación directa por encima de las demás normas del ordenamiento), tienen la protección extraordinaria del recurso de amparo, que puede plantearse tanto ante los tribunales ordinarios como ante el Tribunal constitucional.

En el ordenamiento jurídico español se ve muy claramente la diferencia entre los «derechos constitucionales» y los «derechos fundamentales». Todos los derechos fundamentales son constitucionales por venir regulados en la Constitución, pero no todos los derechos constitucionales son fundamentales, al no tener todos ellos la protección del recurso de amparo.

Retomemos algunos ejemplos ya aludidos. El derecho al trabajo o, para ser más exactos, el derecho a un puesto de trabajo, es un derecho constitucional, pero no un derecho fundamental. La razón es que está recogido y proclamado en la Constitución, pero no se encuentra protegido por el recurso de amparo. Si se me permite bromear con las cosas de comer, podemos decir que no hay amparo contra el paro. Exactamente igual sucede con el derecho a una vivienda digna. Está recogido este derecho en la Constitución, es por tanto un derecho constitucional, pero no es un derecho fundamental ya que carece de la protección del amparo. A ambos derechos les hemos llamado así para simplificar, pero ya sabemos, por la exposición precedente, que en el sentido jurídico no son verdaderos derechos subjetivos.

Por el contrario, la libertad de expresión o a la libertad de cátedra o el derecho a la educación no sólo vienen proclamados en la Constitución sino que asimismo están protegidos por el recurso de amparo. Hay un precepto en la Constitución española (el artículo 53.2) que determina cuáles son los derechos dotados de esa protección y, por tanto, cuáles son los derechos fundamentales.

Todos aquellos derechos que no son ni «constitucionales» ni «fundamentales» son derechos subjetivos ordinarios. Ejemplos: el derecho del acreedor a que el deudor le pague la deuda; el derecho del usufructuario a los frutos de la cosa; el derecho del heredero a la herencia.

EJERCICIOS

1. Haz el resumen de la lección.

2. ¿Cuál es la razón de que los derechos subjetivos puedan ser clasificados según su jerarquía?

3. Define lo que son los *«derechos constitucionales»*.

4. ¿Qué dos sentidos puede tener la expresión «derechos constitucionales»?

5. ¿Son todos los derechos constitucionales auténticos derechos subjetivos? Razona la respuesta.

6. Comenta en qué consiste la función retórica del lenguaje constitucional, y pon algún ejemplo aclaratorio en relación con los derechos constitucionales.

7. Comenta los diversos usos lingüísticos que se da a la expresión *«derechos humanos»*.

8. La noción de los derechos humanos tiene un claro ascendiente iusnaturalista. Explica por qué.

9. Relaciona derechos humanos, lucha política e ideología.

10. ¿Por qué razón en la Teoría comunicacional del Derecho el lugar adecuado para tratar de los derechos humanos es la parte de aquella denominada teoría de las decisiones jurídicas?

11. Aclara qué son los *derechos fundamentales*.

12. ¿Qué quiere decir que la noción de derechos fundamentales es una noción relativa a cada ordenamiento jurídico?

13. ¿Cuál es la fuente del Derecho que se invoca en Francia para proteger los derechos fundamentales.

14. La misma cuestión que la recogida en el ejercicio anterior, en relación con el ordenamiento jurídico de la UE.

15. ¿Cómo es la protección de los derechos fundamentales en España?

16. Consulta la Constitución Española y haz la lista de derechos fundamentales proclamados en la misma.

17. ¿Qué son los derechos subjetivos *ordinarios*? Pon algunos ejemplos.

CAPÍTULO 19

LAS RELACIONES INTERORDINALES: DERECHO, MORAL, USOS SOCIALES, RELIGIÓN

XCII. ¿A QUÉ LLAMAMOS "ORDENAMIENTO JURÍDICO"?

Una vez que hemos estudiado las relaciones jurídicas entre personas, tema éste en el que suele concentrarse la Teoría del Derecho cuando aborda las relaciones jurídicas, nos toca enfrentarnos ante un asunto para el cual nuestra disciplina no ha dado muchas muestras de abundancia expositiva. Como ya he señalado, el concepto de relación jurídica no hay por qué limitarlo a las relaciones interpersonales, como ha sido usual. En el Derecho todos los elementos se encuentran relacionados unos con otros de un modo directo o indirecto. Por tanto, un tratamiento exhaustivo de las relaciones jurídicas exigiría pasar revista a todas las modalidades de relación posibles. Cabe decir, además, que un ejercicio nada desdeñable para un teórico del Derecho sería proponerse desentrañar los nexos relacionales que se dan entre los diversos componentes de un ordenamiento jurídico. En el fondo la Teoría del Derecho no consiste sino en esto precisamente: en una paciente tarea de ir viendo las conexiones entre los distintos conceptos jurídicos, desvelando el sentido inmanente a dichas conexiones. Sin que pretenda ampliar el concepto de relación jurídica hasta esos extremos, al menos en su exposición explícita en este libro, ya he manifestado las razones por las que no parece conveniente reducirlo a la relación entre personas. Junto a las relaciones jurídicas interpersonales destacan, por su enorme importancia práctica en la vida jurídica actual, las relaciones jurídicas entre ordenamientos. En un mundo globalizado o mundializado, como es el nuestro, los ordenamientos conviven en relaciones cada vez más intensas y estrechas. Es éste un hecho que no puede dejar de lado una Teoría del Derecho que pretenda estar a la altura de nuestro tiempo.

A esta importantísima problemática he dedicado una monografía a la que te remito desde ahora mismo para que amplíes (si tal es tu gusto) los contenidos que serán expuestos a continuación. Me refiero al libro titulado *Pluralismo jurídico y relaciones intersistémicas (Ensayo de Teoría comunicacional del Derecho)*, Thomson-Civitas, Cizur Menor (Navarra), 2007.

Por extraño que pueda parecerte, desde la obra del jurista italiano Santi ROMANO, *L'ordinamento giuridico*, publicada en 1918, cuya segunda parte se dedica al estudio de las relaciones entre ordenamientos jurídicos, no había vuelto a publicarse un libro que, con un enfoque general, abordara este problema. Nos encontramos, pues, sin duda ante una de esas cuestiones «cenicientas» a las que la Teoría del Derecho ha dedicado escasa atención. Creo que ésta es una laguna que la Teoría del Derecho debe ir cubriendo con generosidad y con rigor, no sólo por estrictos motivos teóricos –lo cual ya sería razón suficiente– sino asimismo por su inmensa dimensión práctica. Los juristas deben tener hoy día una idea muy clara de las diversas cuestiones que se suscitan en el marco de las relaciones intersistémicas; es una exigencia ineludible de la «aldea global» en la que vivimos.

Esta situación de penuria teórica en este tema de las relaciones interordinamentales contrasta con el tratamiento que el problema ha recibido en diversas disciplinas dogmáticas, cada una de ellas desde su propio ángulo, como es natural. Sucede algo parecido a lo que veíamos en la teoría de la acción, como probablemente recuerdes (si no te acuerdas, deberías releer el epígrafe XXXIV). Y al igual que en la teoría de la acción, en la teoría de las relaciones intersistémicas los que nos dedicamos a la Teoría del Derecho debemos hacer el esfuerzo de asimilar las investigaciones realizadas en las disciplinas dogmáticas, no para quedarnos en su «parcialidad», sino justamente para trascenderla y ofrecer así una auténtica teoría general.

¿Cuáles son estas disciplinas que, por su objeto, se han enfrentado al problema de las relaciones entre ordenamientos? Son, como digo, varias. En primer lugar, el *Derecho canónico;* una de sus partes es la que se dedica a exponer las relaciones entre el Estado y la Iglesia, o sea, entre el ordenamiento jurídico estatal y el ordenamiento jurídico canónico («Relaciones Iglesia-Estado» y «Derecho eclesiástico del Estado» son las denominaciones habituales). Otra es el *Derecho internacional público* (que desde ahora llamaremos simplemente Derecho internacional, omitiendo el calificativo de «público»); en los tratados de esta disciplina se dedica siempre una atención relevante al problema de las relaciones entre el ordenamiento jurídico internacional y los ordenamientos estatales. En conexión con esta disciplina, aunque con diferencias en cuanto al enfoque, se ha desarrollado asimismo la cuestión de las relaciones entre el Derecho comunitario y el Derecho de los Estados miembros. Cómo penetran las normas de la Unión Europea en los ordenamientos jurídicos estatales constituye una de las cuestiones más importantes de una disciplina que aparece en los nuevos planes de estudio, el *Derecho de la UE.* En el marco del *Derecho constitucional* suelen plantearse estas mismas cuestiones: las relaciones del propio Estado con el Derecho de la Iglesia, con el Derecho internacional y con el Derecho de las organizaciones supranacionales, como es el caso de la UE. De ahí que esta disciplina también se ocupe de los problemas que suscitan las relaciones intersistémicas.

Todas las materias mencionadas relacionan los ordenamientos en cuanto que tienen que ver con entes públicos (los Estados, la UE, la Iglesia, la Comunidad internacional, etc.). Pero existe además otra materia cuyo objeto principal es el estudio de las normas que regulan situaciones y relaciones jurídicas que, afectando a personas particulares, presenten algún elemento de extranjería. Me refiero al *Derecho internacional privado.* Te pondré un ejemplo para que entiendas bien cuál es el objeto de esta materia. Supongamos que celebramos en España un contrato con una agencia de viajes inglesa, que nos permite recorrer las tierras del Oeste de Rusia. En San Petersburgo sufrimos un accidente debido a que el conductor (polaco) del autocar (asimismo polaco) que nos llevaba iba, digámoslo así, algo «alegre». Como consecuencia del accidente seis personas tuvieron que estar hospitalizadas durante una media de tres semanas y dos de ellas perdieron un miembro (una pierna y un brazo, respectivamente). Es obvio que, aparte de las responsabilidades penales pertinentes, se habrá generado también un conjunto de responsabilidades civiles, y para solventarlas será preciso pagar las correspondientes indemnizaciones de daños y perjuicios. ¿Qué ordenamiento jurídico será aplicable? ¿El español, puesto que contratamos en España, el británico ya que la empresa es inglesa, el polaco al ser de esta nacionalidad el conductor y el propio autocar, o el ruso ya que el accidente ha tenido lugar en San Petersburgo? En este supuesto estaremos ante una situación de cierta perplejidad, ya que cualquiera de los cuatro ordenamientos jurídicos (el español, el británico, el polaco o el ruso) pueden en principio ser aplicables al caso. Pues bien, las normas de Derecho internacional privado tienen como misión resolver este tipo de perplejidades; se enfrentan a aquellas situaciones que permiten aplicar al caso uno u otro ordenamiento jurídico, para determinar cuál de ellos en definitiva debe aplicarse, con exclusión de los demás. Es obvio que esas normas presuponen la existencia de una pluralidad de ordenamientos jurídicos; y también lo es que su cometido consiste en decidir, de acuerdo a criterios que se suponen razonables, cuál se aplicará al caso. Por tanto, el Derecho internacional privado es también una disciplina jurídica que nos enseñará mucho de las relaciones intersistémicas.

Si has tenido la oportunidad de estudiar alguna de las materias señaladas tendrás una cierta facilidad para abordar el problema de las relaciones entre ordenamientos jurídicos. En caso contrario, tampoco te preocupes demasiado: intentaré presentar esta cuestión con sencillez, sin entrar en demasiados dibujos. Si quieres profundizar más, te recomiendo los dos libros que figuran al comienzo de esta lección.

Hechas estas observaciones preliminares pasamos ahora a plantearnos un problema sobre el cual ya sabemos algo. Me refiero a la cuestión de qué sea un ordenamiento jurídico, o a esta otra, íntimamente conectada con la anterior o que incluso viene a ser la misma planteada en términos diferentes: ¿cuándo nos encontramos ante un ordenamiento jurídico?

Ni el uso del lenguaje es unívoco, ni los autores están unánimemente de acuerdo en la respuesta a estas cuestiones. Comenzaremos destacando la diversidad de significados que se suele otorgar a la expresión «ordenamiento jurídico», y después pasaremos revista a las tesis principales en el terreno teórico.

La expresión «ordenamiento jurídico» se emplea, en primer lugar, en referencia al Derecho del Estado, al Derecho de la Iglesia católica (y de otras confesiones religiosas), al Derecho internacional, al Derecho de la UE y de otras organizaciones internacionales. También se la emplea en alusión a las diversas ramas del Derecho; así, se dice a veces «el ordenamiento jurídico constitucional» (aludiendo con ello a las normas constitucionales de un Estado), «el ordenamiento jurídico administrativo» (o sea, las normas del Derecho administrativo), «el ordenamiento jurídico mercantil» (las normas de Derecho mercantil), etc. Incluso se la utiliza también para indicar el conjunto normativo que rige un contrato concreto entre dos personas determinadas: «el ordenamiento contractual». Mucho más frecuente aún es su uso en relación a unidades político-administrativas del Estado: «el ordenamiento jurídico autonómico» (como por ejemplo «el ordenamiento jurídico de la Comunidad Autónoma de las Islas Baleares»), «el ordenamiento jurídico municipal», etc.

Parece fuera de discusión que este uso, por su exageración, es poco conveniente, puesto que difumina en demasía el concepto. Es una muestra más de la polisemia de la palabra «Derecho», ya que en todos los casos se puede sustituir la expresión «ordenamiento jurídico» por la palabra «Derecho», y ésta a su vez por la de «normas jurídicas».

El panorama teórico no se presenta menos confuso, aunque no tanto como el terminológico, y por ese motivo debe ser más asequible encontrar el camino que nos permita salir de la selva de los múltiples significados a la claridad de la diferenciación conceptual. Veamos.

Nos encontramos con dos posturas extremas, y además, con la mayoría de los autores, que se mantienen alejados de ambas. Las dos posturas extremas son, por un lado, la que ve ordenamientos jurídicos por todas partes, siempre que se encuentre ante un grupo humano; y, por el lado opuesto, la que defiende la idea de que ordenamientos jurídicos sólo lo son los ordenamientos estatales y, por tanto, identifica «Derecho» con «Derecho del Estado». La mayor parte de los autores, sin embargo, se apartan de esos dos extremos y defienden posiciones mucho más moderadas que, por otra parte, coinciden con el uso habitual del lenguaje de los juristas, como es lógico. Me detendré un poco a considerar estas distintas posiciones.

Los autores que sostienen la primera de las teorías extremas se sitúan en la zona de influencia del sociologismo, cuando no son claramente sociologistas. Podemos citar, entre otros a GIERKE y a EHRLICH, entre los germanos, y a ROMANO, entre los latinos. Para EHRLICH, todo grupo humano conlleva una organización que adscribe a sus miembros en diversas posiciones, además de exigirles determinadas maneras de comportarse. Por eso sostiene que todo grupo humano tiene su propio ordenamiento jurídico. El Derecho es un fenómeno social que se muestra en múltiples facetas, en el seno de las diversas sociedades, por pequeñas que sean. El Estado es un grupo social más, aunque reconoce que en la historia ha acabado por imponerse a los demás grupos, integrando en su seno el Derecho generado en ellos. No obstante, señala EHRLICH, no puede reducirse el Derecho a los ordenamientos estatales, sino que la realidad básica es lo que él llama el Derecho vivo, aquel que surge espontáneamente de la vida de los grupos o sociedades humanas del más diverso género. Santi ROMANO, por su parte, sostiene una idea similar, si bien la amplía ostensiblemente al admitir que tienen su propio ordenamiento jurídico incluso aquellos grupos organizados para delinquir, como es el caso de la mafia. Téngase en cuenta que ROMANO era originario de Palermo (Sicilia), circunstancia ésta que le permitiría probablemente contemplar de cerca lo que podemos llamar «implantación social» de la mafia. Su razonamiento es el siguiente: las organizaciones que han hecho del crimen su modo de vida tienen un orden interno y por tanto unas normas que rigen su vida, de modo parecido a como sucede con aquellos Estados que viven del pillaje, de los que la historia nos suministra múltiples ejemplos (piénsese en los Estados-pirata del norte de África a comienzos de la Edad Moderna como Trípoli, Orán, etc.).

Estas tesis de EHRLICH y de ROMANO las podemos calificar de sociologistas y, asimismo, de pluralistas. No hay duda de que son representativas de la teoría de la pluralidad de ordenamientos jurídicos, y lo son hasta el extremo, ya que ven ordenamientos jurídicos por doquier. Un grupo de amigos, una familia, un club deportivo y realidades similares (en el caso de ROMANO, también las asociaciones para delinquir) serían portadores de sus respectivos ordenamientos jurídicos.

La postura contrapuesta a la que acabamos de ver es la tesis estatalista. Los autores que la defienden sostienen que ordenamiento jurídico propiamente dicho sólo lo es el estatal. «Derecho» es lo mismo que «Derecho estatal»; «ordenamiento jurídico» es equivalente a «ordenamiento del Estado». No hay normas jurídicas fuera del Estado. Dentro de esta concepción estatalista hay que diferenciar, a su vez, dos posturas, representadas respectivamente por el jurista inglés John AUSTIN y por el filósofo alemán HEGEL. La diferencia radica en que mientras que el primero admite que cada Estado tiene su propio ordenamiento jurídico (y en este aspecto podemos considerarle un pluralista, aunque su pluralismo se reduzca a la pluralidad de ordenamientos jurídicos estatales), el segundo sólo admite de verdad la existencia de un único ordenamiento jurídico, la del propio Estado.

AUSTIN niega especialmente carácter jurídico al Derecho internacional. Éste, para el autor británico, no es Derecho en absoluto, teniendo sus normas una naturaleza similar a las que ostentan las relaciones entre gentilhombres, esto es, entre personas educadas. El Derecho internacional, para AUSTIN, es un conjunto de normas de cortesía *(comity)* que los Estados suelen mantener entre sí en su trato, pero que no son exigibles ante los tribunales si el Estado no quiere.

HEGEL mantiene, con respecto al Derecho internacional, una posición diferente. Para él, el Derecho internacional sí es verdadero Derecho, pero no un ordenamiento jurídico distinto al del Estado. Es, sencillamente, una parte del ordenamiento estatal. Es Derecho estatal *externo*. Esta tesis es plenamente coherente con su punto de partida. Si no existe otro Derecho que el del propio Estado (se ha dicho que la filosofía jurídica hegeliana supone la divinización del Estado prusiano de su tiempo) entonces la situación jurídica de los demás territorios y de las demás poblaciones tendrá el *status* jurídico que el propio ordenamiento declare. Esa parte del ordenamiento estatal que relaciona al Estado con el mundo externo es lo que suele llamarse Derecho internacional, pero que, en la mentalidad de HEGEL, es simple Derecho estatal externo. El Derecho se identifica con el Derecho del propio Estado, el cual se manifiesta en dos aspectos: hacia adentro y hacia fuera. La parte del Derecho que regula la manifestación hacia dentro es el Derecho estatal interno, y la parte que regula la manifestación hacia fuera conforma el Derecho estatal externo.

¿Qué podemos decir de estas posiciones extremas? ¿Cuál es la postura que hemos de adoptar bajo la perspectiva del método y de los modos de enfocar los problemas propios de la Teoría comunicacional del Derecho?

Creo que a estas alturas estarás muy acostumbrado a la tendencia de la Teoría comunicacional a no adoptar posiciones esencialistas, que son las que están en el fondo de esas doctrinas extremas a que he hecho referencia. Su «esencialismo» salta a la vista. Los sociologistas defienden que la esencia del Derecho es el ser fenómeno social, vida del grupo social; de ahí derivan la idea de que todo grupo social, por su propia esencia o naturaleza, tiene su ordenamiento jurídico. Los estatalistas, por su lado, ofrecen un razonamiento similar, con el matiz nada desdeñable de que para ellos la esencia del Derecho es la estatalidad.

Uno de los aspectos metódicos de la Teoría comunicacional del Derecho es, como sabes, el análisis del lenguaje de los juristas. Ya sé que hay muchos a los que no parece este camino muy «filosófico», pero no se negará que es eminentemente práctico. Y me pregunto: ¿Acaso el pragmatismo no es en muchas ocasiones la manera más convincente de resolver un problema?

En efecto, no podemos aceptar las posturas extremas mencionadas porque chocan frontalmente con el uso del lenguaje jurídico por parte de los juristas. Éstos, en su inmensa mayoría, no llaman «ordenamiento jurídico» a las normas sociales que rigen las relaciones de un grupo de amigos o de un club social. Por mucho que haya normas, a éstas no se les adscribe carácter jurídico mientras no formen parte del ordenamiento estatal. Mucho menos aún consideran los autores como un ordenamiento jurídico a las instrucciones o directrices internas de una organización delictiva. Razonar en esta cuestión como lo hace Santi ROMANO, es, más que un ejercicio de teoría, una elucubración mental que no se toma en serio ni el propio ROMANO. En efecto, ROMANO, después de hacer esas declaraciones sobre el ordenamiento jurídico de la mafia y de otros grupos humanos, se olvida de ellas y todos sus análisis en el libro se concretan en las relaciones entre aquellos ordenamientos jurídicos que la mayoría de los autores consideran como tales: el estatal, el internacional, el canónico, etc. ¿Por qué le sucede esto? Creo que porque, consciente o inconscientemente, sólo adscribe *en serio* la condición de ordenamiento jurídico a aquellos conjuntos normativos a los que la mayoría de los juristas llaman de esa manera.

Ante la pregunta: ¿a qué llamamos ordenamiento jurídico? la Teoría comunicacional del Derecho, como análisis del lenguaje de los juristas, contesta: llamamos ordenamientos jurídicos a aquellas realidades a las que denomina así la inmensa mayoría de los juristas. ¿Llaman los juristas «Derecho» al orden interno de la mafia? No; pues entonces la Teoría comunicacional no lo considera un ordenamiento jurídico. ¿Llaman los juristas «ordenamiento jurídico» a las normas que rigen un contrato determinado o a las normas que componen el Derecho administrativo o el Derecho mercantil? Por lo general, no; y si así lo hacen en ocasiones es más con carácter analógico o metafórico, pero no con el significado de que nos encontremos ante un ordenamiento jurídico en el sentido estricto de la expresión. ¿Considera la inmensa mayoría de los juristas que el Derecho internacional es verdadero Derecho y no un conjunto de normas de cortesía en el trato entre Estados? Así es; pues entonces la Teoría comunicacional no duda de que el Derecho internacional conforma un ordenamiento jurídico. Y lo mismo hará con el Derecho de la Iglesia, y de las demás confesiones religiosas, con el Derecho de la UE, y en general con aquellos conjuntos decisionales-normativos-institucionales a los que la gran mayoría de los juristas atribuye ese nombre.

«Derecho» es un *nombre* cuya función pragmática es designar al conjunto de ordenamientos jurídicos que han existido, existen y existirán. Cuáles sean esos ordenamientos, es una cuestión que sólo puede resolverse acudiendo al uso del lenguaje jurídico, es decir, al uso del lenguaje por parte de los juristas. Nos movemos así en un estricto nominalismo, que resuelve la cuestión de la que tratamos en una especie de tautología o círculo hermenéutico que tiene, sin embargo, su razón de ser.

En efecto, el uso lingüístico puede ser caprichoso, muchas veces lo es. Pero cuando es el resultado de múltiples reflexiones llevadas a cabo por especialistas en una materia a lo largo de mucho tiempo debemos pensar que dicho carácter caprichoso o coyuntural tiende a reducirse al mínimo. Si la inmensa mayoría de los juristas están de acuerdo en llamar «ordenamiento jurídico» a determinadas realidades, y no a otras, será por algo. El consenso lingüístico es indicativo de que, tras las palabras, se encuentran realidades que tienen rasgos comunes.

En las primeras lecciones recordarás que nos planteamos la pregunta de cuándo nos encontramos ante un ordenamiento jurídico mínimo, y decíamos algo parecido a esto: estamos ante un ordenamiento cuando una comunidad humana independiente establece su constitución mínima, o sea, su forma de gobierno. Lo cual sólo es posible mediante una decisión constituyente que crea una norma constitucional y, en consecuencia, una institución constitucional (el gobierno). En ese entramado originario de decisión-norma-institución encontramos ya el germen del ordenamiento o, dicho de otra manera, el ordenamiento jurídico en su expresión mínima. Algo así como cuando el espermatozoide fecunda el óvulo y se genera un nuevo ser.

Un ordenamiento ya «crecido» no sólo tiene esa constitución mínima, sino que se ha transformado en un complejo decisional-normativo-institucional de tamaño considerable y forma un edificio amplio que presenta múltiples conexiones, cámaras y recovecos. Pero por muy grande que sea presenta un rasgo común con el ordenamiento jurídico mínimo, como ya señalé entonces: la autonomía institucional y la autonomía de fuentes. En el Estado ambas cualidades suelen resumirse en el concepto de soberanía. A otros ordenamientos jurídicos no les cuadra dicho concepto, aunque sí poseen aquellos caracteres de autonomía institucional y autonomía de fuentes, y eso es lo que hace probablemente que los juristas los consideren auténticos ordenamientos jurídicos. En las lecciones que siguen intentaré justificar estas tesis.

La idea de autonomía institucional nos remite a que para que un conjunto decisional-normativo-institucional pueda ser considerado un ordenamiento jurídico precisa de un sistema de poderes (que puede ser exclusivamente uno, como es el caso de una nomarquía absoluta o de una dictadura) que tenga competencia de organizar todo el conjunto con independencia de cualquier otro sistema de normas; dicho en términos extendidos en la doctrina constitucionalista, se precisa que esas instituciones o poderes superiores sean titulares de la competencia sobre las competencias restantes del ordenamiento. Este requisito de la autonomía institucional está íntimamente ligado al segundo requisito, que es una consecuencia de aquél. Desde el punto de vista de la producción de normas de Derecho la autonomía institucional se traduce en la autonomía de fuentes, lo que es equivalente a afirmar que las fuentes de un conjunto normativo no derivan su validez de las de otro. Son las instituciones propias las que generan sus propias normas. Cuando se dice que el derecho se autorregula y genera sus propios elementos se está afirmando prácticamente lo mismo.

EJERCICIOS

1. Comenta la idea de que la relación jurídica es un concepto de gran potencialidad analítica que puede no ser reducido a las relaciones entre personas. Pon ejemplos que demuestren lo acertado de esta idea.

2. ¿Sería posible una Teoría del Derecho que pretendiera una exposición exhaustiva de las relaciones jurídicas? Razona tu respuesta.

3. ¿Tiene algo que ver el concepto de relación jurídica con el fenómeno de la globalización o mundialización, característico de nuestro tiempo?

4. Consulta el libro de Santi ROMANO y el mío, citados al comienzo de la lección, y compara la estructura temática de uno y otro.

5. ¿Cuáles pueden haber sido los motivos que han hecho que la Teoría del Derecho haya tenido tan abandonado el campo de las relaciones interordinamentales o intersistémicas?

6. ¿Cuáles son las asignaturas de la carrera de Derecho que, por necesidad de su propio contenido, han tratado de algún tipo de relaciones intersistémicas? Razona la respuesta respecto a cada una de ellas.

7. ¿Qué es el Derecho internacional privado? ¿Qué inserción puede tener esta disciplina en el marco problemático de las relaciones intersistémicas?

8. Pon ejemplos del plural uso lingüístico que hacen los autores de la expresión «ordenamiento jurídico». Comprueba ese uso consultando libros de Derecho positivo y tomando nota de algunos pasajes de dichos libros.

9. Supongamos que eres propietario de un piso y celebras con otra persona un contrato de alquiler firmando para ello un documento escrito en el cual se recogen todas las cláusulas del contrato. ¿Te parecerá oportuno llamar a ese documento «ordenamiento jurídico contractual»? Razona la respuesta.

10. A la hora de determinar cuándo nos encontramos ante un ordenamiento jurídico existen dos posturas extremas y otra intermedia. ¿Sabrías especificar cuáles son estas tres posturas? Haz un cuadro sinóptico que las exprese.

11. ¿A qué tipo de realidades llama Santi ROMANO «ordenamientos jurídicos»? ¿Te parece adecuada su concepción? Razona la respuesta.

12. Comenta la tesis de AUSTIN y compárala con la de HEGEL.

13. Valora razonadamente las posturas de AUSTIN y de HEGEL. ¿Qué te parecen sus tesis en relación con el Derecho internacional?

14. ¿Cuál es el método adoptado por la Teoría comunicacional del Derecho para decidir si, ante una realidad determinada, se está o no en presencia de un ordenamiento jurídico?

15. La Teoría comunicacional del Derecho se muestra, ante el problema de la determinación de lo que sea un ordenamiento jurídico, como una concepción *nominalista*. Explica qué es lo que quiere decir esto (para lo cual no estará de más que consultes en un buen Diccionario de Filosofía lo que significa el vocablo «nominalismo»).

16. Recuerda la tesis del ordenamiento jurídico mínimo y relaciónala con la idea de autonomía –en su doble vertiente: institucional y de fuentes– que caracteriza a todo ordenamiento jurídico.

XCIII. MONISMO JURÍDICO VERSUS PLURALISMO JURÍDICO

La Teoría comunicacional concibe el Derecho como una realidad plural. Es partidaria de la tesis de la pluralidad de ordenamientos jurídicos. Éste es el sentido que hay que dar aquí a la expresión «pluralismo jurídico». Es cierto que con esta etiqueta algunos autores se suelen referir a otros aspectos como, por ejemplo, la disparidad de concepciones político-jurídicas que existen en una sociedad democrática (cada una de las cuales representada por un partido político), o a los diversos regímenes jurídicos para distintos tipos de personas (civiles, militares, clérigos), o al plural sistema de fuentes del Derecho, sobre todo si se estima que algunas tienen una naturaleza extraestatal (como suele decirse de la *lex mercatoria*). Desde una perspectiva sociológica el pluralismo es concebido como un abanico de realidades sociales múltiples que generan su propia estructura jurídica y dan al conjunto un aspecto multiforme. Nuestra postura es meramente jurídica, la propia de los juristas. Cuando hablamos de pluralismo jurídico nos estamos refiriendo, pura y simplemente, al hecho de que en el mundo ha existido y existe una *pluralidad* de ordenamientos jurídicos, y no a la diversidad social o política subyacente a cada ordenamiento, cuestión ésta que no es desdeñable en absoluto pero que pertenece a la sociología jurídica.

La tesis pluralista entronca perfectamente (al menos, eso creo) con la postura nominalista a la que nos referíamos en la lección anterior. El Derecho, en efecto, es un *nomen* que designa una realidad múltiple: los ordenamientos jurídicos. Detengámonos un momento a considerar el significado de esta tesis.

Ya debes de estar acostumbrado al análisis de las relaciones entre Derecho y lenguaje. Ahora, para explicar lo que llamo la tesis nominalista de la Teoría comunicacional, me vas a permitir que acuda a una comparación entre ambos, pues tanto el Derecho como el lenguaje son términos, palabras, nombres que se refieren a fenómenos plurales, es decir, que se manifiestan en modalidades múltiples.

Nadie habla el lenguaje, sino una o varias lenguas. El lenguaje es un nombre que sirve para designar a las lenguas. ¿A qué lenguas? A todas. Cuando decimos «el lenguaje» no nos estamos refiriendo a una lengua concreta, al español, al alemán, al portugués o a cualquier otra. Nos estamos refiriendo a todas en general y a ninguna en particular. Dentro de la palabra «lenguaje» caben asimismo modalidades no humanas (el lenguaje de los animales) y sistemas de signos que no son propiamente lenguas (como por ejemplo el morse, el braille o cualquiera otro similar). Con intención generalizadora podemos afirmar entonces que la palabra «lenguaje» tiene como referente semántico al conjunto de todos los sistemas de signos cuya función inmanente es la comunicación. «Lenguaje» es un nombre para designar los sistemas comunicacionales que han existido, existen o existirán. Ahora bien, como digo, nadie habla «el lenguaje», sino una o varias lenguas, o bien se expresa a través de otro determinado sistema sígnico o comunicacional. La realidad del lenguaje son las lenguas o, generalizando, los sistemas comunicacionales.

Podemos preguntarnos entonces: ¿cómo han surgido las distintas lenguas? Y también, ¿cómo se mantienen en la existencia tales lenguas? Creo que la respuesta es bastante sencilla: las lenguas han surgido y se mantienen vivas gracias a los actos de comunicación. Éstos son fundamentalmente actos de habla, pero también actos escritos. Los actos de habla son los actos originarios de toda lengua; puede decirse que la forma natural en que ha surgido cualquier lengua ha sido la del hablar de los miembros de la comunidad respectiva. La oralidad es la forma primera del lenguaje. La escritura pertenece a una etapa posterior y denota un nivel avanzado de civilización. Esto no quiere decir que la escritura no pueda ser el origen de una lengua determinada, como lo es el esperanto; pero la artificialidad que ello conlleva hace difícil que tal lengua tenga implantación social suficiente. Por otro lado, están los sistemas sígnicos que no pueden ser clasificados como lenguas, ya que pueden tener su origen en actos de comunicación originariamente escritos.

Tenemos así la trilogía a la que quería llegar: lenguaje, lengua y acto comunicacional. El lenguaje es un nombre que designa a las lenguas, y éstas surgen y se mantienen merced a los actos comunicacionales, cuyas dos formas básicas son los actos de habla y los actos de escritura.

Vayamos ahora al mundo mental de los juristas. Tenemos en él una trilogía paralela a la anterior, que es ésta: Derecho, ordenamiento jurídico y decisión. Estos tres términos cumplen una función similar a los tres anteriores, pertenecientes a la lingüística. Veámoslo.

«Derecho» –al igual que «lenguaje»– es un *nomen* que designa una realidad plural: los ordenamientos jurídicos que han existido, existen o existirán (dicho brevemente: los ordenamientos jurídicos *posibles*). La similitud funcional con «lenguaje» es evidente: también éste es un *nomen* que designa una realidad plural: las lenguas posibles.

Si el referente semántico (o realidad de referencia) del término «lenguaje» son las lenguas o –generalizando– los sistemas sígnicos, el referente semántico (o realidad de referencia) de la palabra «Derecho» son los ordenamientos jurídicos. De igual manera a como «*el* lenguaje», como tal, no existe, sino sólo las lenguas a las que se refiere, así sucede con «*el* Derecho». *El* Derecho como tal no existe, sólo es un nombre designativo de la realidad jurídica, la cual a su vez no es otra que los ordenamientos. Para ser más exactos tendríamos que decir que esa pluralidad no es sólo de los ordenamientos, sino también de los sistemas y, en definitiva, de los ámbitos jurídicos. Para simplificar aludimos sólo a los primeros, en el entendido que habría que añadir, en cada caso, la referencia a los sistemas y a los ámbitos. En la medida en que el ordenamiento constituye el núcleo central de referencia del sistema y del ámbito, creo que esta simplificación está justificada a efectos expositivos.

Decíamos que el tercer elemento básico de la lingüística es el acto comunicativo, en especial el acto de habla, susceptible de ponerse por escrito en un segundo momento. En el Derecho el concepto paralelo al de acto comunicativo o acto de habla es el concepto de decisión. De igual modo a como los actos de habla generan la lengua, así los actos comunicativos producen el ordenamiento jurídico. Hay que añadir que, sin embargo, los actos comunicativos generan no sólo el ordenamiento jurídico, sino asimismo generan el sistema jurídico y el ámbito jurídico. De todos ellos destacan por su relevancia aquellos que hemos estudiado como decisiones generadoras de textos normativos (fuentes del Derecho, recuerda los epígrafes XII-XIV).

Este análisis filosófico-lingüístico nos permite defender la tesis de la pluralidad de ordenamientos jurídicos la cual, por otro lado, es mayoritaria entre los autores. No se estima que en el mundo exista un único ordenamiento jurídico, un solo Derecho, sino que éste se manifiesta pluralmente. Lo que no comparten muchos autores es la tesis nominalista que defendemos, pues de ordinario parten de definiciones esencialistas u ontologistas del Derecho, lo que, como sabes muy bien, no es mi postura. En virtud de esta teoría pluralista afirmamos que el mundo jurídico es plural y que los diversos ámbitos jurídicos –comprensivos de sus respectivos ordenamientos y sistemas jurídicos– se relacionan en una convivencia no siempre totalmente pacífica. Entre dichas realidades jurídicas se producen fenómenos similares a los que tienen lugar entre los individuos. Las relaciones son unas veces fluidas y positivas, pero otras están marcadas por la tensión y el conflicto más o menos grave. La teoría pluralista se hace cargo de esa situación con la mayor naturalidad del mundo, sin buscar una imagen unitaria del mundo jurídico que, por coherente en su artificialidad, no refleja el estado real de las cosas.

Sin embargo, esta teoría pluralista, si bien es mayoritaria entre los autores, no es aceptada por todos. Frente a ella se alza la teoría monista, para la cual en el mundo humano existiría un solo ordenamiento jurídico que, aunque sea complejo en su conformación interna, no deja por eso de presentar los rasgos de un todo unitario.

Históricamente esta concepción unitaria del Derecho hay que vincularla a determinadas formas de iusnaturalismo, en especial al que se desarrolla en el seno de la Escolástica medieval (el llamado «Derecho natural clásico») y al que, como continuador secularizado de éste, es característico de la Edad Moderna. Estas concepciones iusnaturalistas conciben el Derecho como una gran construcción unitaria, diríamos que se lo representan –permíteme la imagen metafórica– como una impresionante catedral cuya bóveda se prolonga hasta el suelo en los pilares que la sostienen. La bóveda sería el Derecho natural, el conjunto de principios ético-jurídicos que forman el contenido del mismo; de esa bóveda del Derecho natural descenderían hasta apoyarse en el suelo de la realidad social los diversos ordenamientos estatales (en la Edad Media habría que hablar de ordenamientos «feudales» y otros géneros de formaciones político-jurídicas). Estos ordenamientos, si bien son unidades en sí mismos considerados, carecen de sentido desligados del todo, desconectados de la construcción total. Al igual que sucede con los pilares de la catedral que, aunque tienen su propia individualidad, sólo cumplen su función si se los considera formando parte del conjunto, así sucede con los ordenamientos jurídicos particulares. Son elementos de una construcción unitaria cuya gran bóveda es el Derecho natural y del cual son su derivación (procedimiento este de la derivación que muestra dos modalidades: bien por conclusión, o bien por determinación, como veíamos en la lección sobre el Derecho natural clásico).

Por paradójico que pueda parecer, esta concepción unitaria también ha sido defendida desde el positivismo jurídico. Tal es el caso de Hans KELSEN. Puede afirmarse que la posición de la Escuela de Viena en este punto es de defensa del monismo jurídico, si bien los argumentos para sostener esa tesis son diferentes. Aquí, por razones de brevedad expositiva me centraré en la posición defendida por KELSEN. Dentro de la Escuela merecería también especial mención Alfred VERDROSS, internacionalista, quien sostiene un monismo jurídico estrechamente vinculado a sus posiciones iusnaturalistas.

KELSEN sitúa la cuestión del debate entre monistas y pluralistas en un contexto muy concreto: el de la relación entre el Derecho estatal y el Derecho internacional. Se pregunta si forman dos ordenamientos jurídicos diferentes o si, por el contrario, forman una unidad jurídica, lo que viene a ser lo mismo que afirmar que forman un solo ordenamiento jurídico. Dedicó a este problema una importante monografía: *El problema de la soberanía y la teoría del Derecho internacional (Contribución a una teoría pura del Derecho)*, publicada en 1920. Ya en su Prólogo deja claro su propósito: «La investigación de la relación entre ambos sistemas normativos (se refiere al orden jurídico estatal y al orden jurídico internacional) constituye el objeto principal de este trabajo, y su resultado más relevante es la idea de la necesaria unidad de los dos». Para KELSEN, por tanto, Derecho internacional y Derecho nacional (o estatal) no constituyen unidades jurídicas independientes, ordenamientos jurídicos autónomos, sino que ambos forman una unidad, la unidad del Derecho. Aunque el mencionado libro no trata de las relaciones interordinamentales desde una perspectiva general, es decir, que afecte a cualquier ordenamiento jurídico, sino que se centra en el carácter de la relación entre Derecho internacional y Derecho estatal, sus conclusiones son perfectamente aplicables a cualquier otra dimensión de las relaciones entre ordenamientos.

En síntesis, el razonamiento de KELSEN para defender su postura monista se basa en el postulado positivista de la unidad de la ciencia, interpretado a su manera bajo el influjo neokantiano. Trataré de explicarme con la máxima sencillez.

Una de las ideas básicas del positivismo genuino (del positivismo «puro y duro», podríamos decir) es que el conocimiento que merece el nombre de «científico» es el que procede de la observación, comprobación y verificación de los hechos, y concluye con la formulación de leyes causales de carácter universal aplicables a los fenómenos descritos y formuladas en forma matemática. Para el positivismo «puro y duro» aquellas zonas de la realidad que no sean susceptibles de las operaciones mencionadas no pueden ser objeto de la ciencia, sino en todo caso de la ideología (llámese ésta así o llámese de otra manera: filosofía, concepción del mundo y de la vida, religión, arte, etc.). Este esquema de fondo implica la unidad de método y la unidad de objeto. El método científico es el descrito (observación, comprobación, verificación) y el objeto de la ciencia son los hechos, que a su vez pueden ser de distinta especie: hechos físicos, químicos, biológicos, psicológicos, sociales, etc. A cada especie de hechos corresponde una modalidad científica: la física, la química, la biología, la psicología, la sociología, etc. En su conjunto, la ciencia es una, aunque se despliegue en varias ramas, y el objeto es uno, los hechos, aunque para su estudio sean divididos de acuerdo con aquellas ramas científicas.

Esto es lo que defienden los positivistas. Mas KELSEN no es un positivista «puro y duro», si lo fuera se habría dedicado fundamentalmente a la Sociología del Derecho en lugar de haberlo hecho a la Teoría del Derecho. El componente neokantiano que tiene su pensamiento matiza notablemente lo expuesto. ¿En qué sentido?

Una de las tesis tradicionales del neokantismo, en cualquiera de sus ramas, es que el mundo del conocimiento es dual. Por un lado está el mundo de la naturaleza y por otro el mundo humano o de la cultura. *Natur* y *Kultur* son dos realidades tan diferentes entre sí que requieren tratamientos metódicos y científicos distintos. Por una parte tenemos el mundo de los hechos y por otra el mundo de los valores, el mundo del *ser (sein)* y el mundo del *deber ser (sollen)*. Pues bien, KELSEN enlaza con esta idea sustancialmente neokantiana y, enfatizando la distinción entre ser y deber ser, distingue dos tipos de ciencias: las ciencias de la naturaleza o ciencias causales y las ciencias normativas. Las primeras se rigen por el principio de causalidad, las segundas por el principio de imputación. Ambos grupos de ciencias tienen algo en común: su carácter descriptivo de la realidad. Pero se separan por el hecho de ser dual la realidad. La ciencia del Derecho pertenece al género de las ciencias normativas. Su objeto no es la investigación de hechos sino el estudio de normas. Su objeto son las normas, en concreto las normas jurídicas; y su método es el método normativo, consistente en contemplar toda realidad jurídica como una realidad normativa.

¿Cómo aparece entonces en Kelsen el postulado de la unidad de la ciencia? No aparece para la ciencia en su conjunto, sino para cada clase de los dos tipos de ciencia. Las ciencias naturales son causalistas y las ciencias normativas son normativistas. La ciencia jurídica tiene por objeto las normas del Derecho y como método el método normativista. Kelsen proclama así la unidad de la ciencia jurídica.

La ciencia jurídica se caracteriza, de acuerdo con lo expuesto, por ser unitaria en cuanto a su objeto. Este objeto es el Derecho. Por tanto, como el objeto de la ciencia jurídica tiene que ser uno, necesariamente el Derecho tiene que ser también uno. La ciencia jurídica lo ve como una realidad unitaria, de modo similar a como la ciencia natural ve la naturaleza como una realidad unitaria. Ahora bien, si el objeto es uno –el Derecho– quiere decirse asimismo que no hay plurales ordenamientos jurídicos sino un solo ordenamiento. Este orden jurídico será más o menos complejo, pero en todo caso será una realidad unitaria. Dentro de él podrá haber otros ordenamientos jurídicos, pero en su conjunto conforman una unidad, la propia del Derecho. Por eso, para Kelsen la única postura razonable en este punto es el monismo. El pluralismo jurídico es para él inaceptable pues no concibe el Derecho como una realidad unitaria.

Vemos, por consiguiente, que Kelsen es epistemológicamente dualista (ya que acepta la distinción neokantina entre ciencias naturales y ciencias normativas) pero jurídicamente monista.

Kelsen acepta, sin embargo, dos modalidades de monismo: el estatal y el internacional. El primero es aquel que sostiene que el único ordenamiento jurídico es el del propio Estado y que, en consecuencia, la situación jurídica de los demás territorios y poblaciones depende exclusivamente de lo que el propio ordenamiento estatal declare. La construcción monista impone entonces el criterio del propio Estado desde cuyo prisma se organiza unitariamente el todo que es el Derecho.

Frente a esta posición, que en sí misma es coherente, está la postura internacionalista. Ésta contempla el mundo jurídico como una realidad asimismo unitaria, pero no desde la perspectiva del Derecho estatal sino desde la perspectiva del ordenamiento jurídico internacional. El Derecho internacional sería como la bóveda de la catedral de que antes hablábamos, sustituyendo así al Derecho natural. En lugar de los principios básicos de un Derecho «no puesto», tenemos ahora una «bóveda» del edificio de Derecho positivo, que no se trata del Derecho de un Estado, sino del orden jurídico que regula las relaciones entre los Estados y demás sujetos internacionales. Para la posición monista internacionalista el Derecho internacional es un conjunto de normas superior a los Derechos nacionales, que ocuparía ahora en esa construcción «catedralicia» el mismo lugar que antes ocupaba el Derecho natural en el pensamiento iusnaturalista. Serían como las columnas concretas del edificio que, manteniendo entre sí una cierta independencia, forman parte del todo unitario.

Las dos posturas –estatalista e internacionalista– son coherentes, porque lo coherente, en todo caso, es el monismo. KELSEN sostiene que se puede ser monista estatalista o monista internacionalista, pero no dualista o pluralista. Como he dicho, no entra en el debate sobre el pluralismo, sus críticas se centran en el dualismo para no admitir que el Derecho internacional y el Derecho estatal son ordenamientos jurídicos independientes. Pero, lógicamente, si no acepta el dualismo menos aceptará el pluralismo. Para él la única postura admisible es el monismo, en cualquiera de sus dos formas. Cuál de ellas sea la elegida por un autor o una doctrina determinados depende de la ideología, de la concepción global de ese autor o esa doctrina. Sostiene KELSEN que, en términos generales, al monismo estatalista le corresponde una concepción imperialista y agresiva, mientras que al monismo internacionalista subyace una ideología pacifista. Ahora bien, con independencia de que se adopte una u otra posición, lo decisivo para declarar la coherencia de una teoría es que sea monista y, por tanto, no acepte la pluralidad de ordenamientos jurídicos. KELSEN se declara partidario del monismo internacionalista, es decir, de la tesis de la unidad de todo el Derecho bajo el amparo del Derecho internacional que se erigiría de ese modo en la bóveda del edificio jurídico como sustitución del antiguo Derecho natural.

Como ya hemos subrayado, el razonamiento que subyace a esta tesis de defensa a ultranza del monismo es de tipo epistemológico: al ser la ciencia jurídica una, su método es uno y asimismo su objeto es uno. Ese objeto es el Derecho, que no puede ser sino uno. La pluralidad queda descartada desde el momento que se acepta el postulado de la unidad de la ciencia, que KELSEN interpreta, para el asunto que nos ocupa, como unidad de la ciencia jurídica.

Este argumento me parece, sin embargo, inaceptable. Tiene su raíz, a mi modo de ver, en el fuerte componente ontologista de la Teoría pura del Derecho. Me atrevería incluso a decir que, en este posicionamiento, dicha teoría constituye la continuación del iusnaturalismo que, como hemos mostrado, también contempla el mundo jurídico en términos unitarios.

Como hemos dicho, *el* Derecho no tiene una existencia real sino como conjunto de ordenamientos. Es un *nomen* designativo de ese conjunto. El razonamiento que esgrime KELSEN es similar a otro que dijera esto: puesto que la zoología es una ciencia y toda ciencia tiene un objeto unitario, hay tan sólo una especie animal. O a este otro: ya que la astronomía es una ciencia y toda ciencia tiene por materia de estudio un objeto unitario, sólo existen una especie de astros. Me parece evidente que lo que la zoología investiga es el conjunto de las especies animales (mamíferos, aves, batracios, reptiles, insectos, etc.), y que éstas son muy diferentes unas de otras. También parece fuera de duda que la astronomía investiga los cuerpos celestes (así se decía antes) y que dichos cuerpos pertenecen a tipos muy diferentes entre sí (hay estrellas, planetas, satélites, cometas, asteroides, etc.). Por el hecho de que la zoología sea *una* ciencia ¿no hemos de aceptar que existe una pluralidad de especies? Por la circunstancia de que la astronomía sea una ciencia unitaria ¿no hay que aceptar que hay una pluralidad de tipos de astros y asimismo una pluralidad de cuerpos celestes muy diferentes entre sí, como sucede con los planetas del sistema solar al que pertenecemos?

La ciencia del Derecho es una no porque el Derecho sea un objeto real unitario, o sea, un ordenamiento jurídico, sino porque su método está determinado con precisión suficiente y su objeto también. Su objeto recibe el nombre de «Derecho», pero con este nombre no queremos sino designar una realidad plural: los ordenamientos jurídicos.

EJERCICIOS

1. Para la Teoría comunicacional del Derecho ¿qué sentido tiene la expresión «pluralismo jurídico»?

2. Explica otros significados de «pluralismo jurídico» y razona por qué motivo su análisis no incumbe a la Teoría del Derecho.

3. Relaciona la tesis nominalista de la Teoría comunicacional del Derecho con la tesis del pluralismo jurídico.

4. Relaciona la trilogía «lenguaje/lengua/acto comunitacional» con la trilogía «Derecho/ordenamiento jurídico/decisión jurídica».

5. ¿Qué es el braille? ¿Se trata de una lengua?

6. Define lo que entiendes por «sistema sígnico».

7. Explica en qué consisten los actos comunicacionales.

8. Explica la tesis nominalista en relación con las dos trilogías señaladas en el ejercicio número 4.

9. Explica la relación existente en el Derecho entre actos comunicacionales y decisiones jurídicas.

10. Relaciona el monismo jurídico con el iusnaturalismo. Para ello, haz uso de la imagen metafórica de la catedral.

11. Indaga cómo ve VERDROSS la relación entre Derecho internacional y Derecho estatal. Para ello, consulta el capítulo VII de su obra *Derecho internacional público,* traducción de Antonio TRUYOL y SERRA, Aguilar, Madrid 1963.

12. ¿En qué marco de problemas sitúa KELSEN la polémica entre monismo y pluralismo?

13. Explica el postulado positivista de la unidad de la ciencia.

14. ¿Cómo interpreta KELSEN el postulado positivista de la unidad de la ciencia? Explica en qué consiste la influencia neokantiana.

15. Explica el razonamiento de KELSEN para justificar su monismo jurídico.

16. En el libro concluyo que Kelsen es «epistemológicamente dualista, pero jurídicamente monista». ¿Podrías explicar esta –aparentemente– extraña afirmación?

17. Kelsen afirma que el monismo jurídico puede sostenerse coherentemente desde el «estatalismo» o desde el «internacionalismo». Explica lo que quiere decir esto.

18. ¿De qué depende, según Kelsen, que un autor acepte el monismo jurídico estatal o el monismo jurídico internacional?

19. Explica el razonamiento crítico con la tesis kelseniana.

20. ¿Eres monista o pluralista? Y si te declaras lo primero ¿eres estatalista o internacionalista? Da las razones de tu respuesta.

XCIV. LA PLURALIDAD DE ORDENAMIENTOS JURÍDICOS Y SUS TIPOS

Según lo que he expuesto en las lecciones anteriores, ya debes de tener clara cuál es mi postura en ese asunto: la tesis que me parece más razonable es que a lo largo de la historia que conocemos y también en el presente no existe un solo ordenamiento jurídico en el mundo, sino una pluralidad de ellos. El Derecho es un fenómeno complejo y variado, y su variedad se muestra no sólo en la heterogeneidad de los elementos que componen cada ordenamiento sino en la propia heterogeneidad de éstos. La tesis monista es comprensible para un mundo unitario, como podía ser la Europa medieval. Y también es comprensible para un mundo futuro en el cual haya desaparecido la situación que hoy existe entre los Estados.

En la Edad Media, la ideología dominante muestra una imagen unitaria de Europa. A forjar esa imagen contribuyeron sin duda, por una parte, el símbolo del Imperio Romano, herencia de expansión romana, y por otra, la unidad religiosa de todos los pueblos europeos bajo el manto de la Iglesia Católica. Los principados y reinos durante ese período eran pequeños, a veces incluso minúsculos, lo que hacía posible el sentimiento de que, por encima de ellos, había una realidad político-religiosa unitaria. Desde la filosofía de la Escolástica se contribuyó no poco a consolidar esa imagen de unidad, y a ella hay que añadir la labor, nada desdeñable de autores de la talla de Dante Alighieri, para quien la idea de la unidad de Europa bajo un solo emperador constituye un adelanto prematuro, muy prematuro, de lo que, con el paso de los siglos, llegará a ser la Unión Europea. Pero el mundo, desde Dante, creció y se diversificó: aparecieron los Estados nacionales y se ampliaron las tierras conocidas. El Derecho internacional surge precisamente para poner orden en la convivencia entre Estados con una gran inclinación a la agresión y a ocupar tierras ajenas.

Ignoro hasta qué punto la imagen de un mundo europeo unido bajo el Emperador, que Dante teorizó en su Monarquía universal, pudo influir en la visión unitaria del orbe jurídico, propia de los desarrollos kelsenianos. Conviene recordar aquí que el primer libro que KELSEN escribió, siendo estudiante de Derecho en la Universidad de Viena, fue una monografía titulada *La idea de Estado en Dante.* Esta obra se publicó en 1905; muchas veces he oído o leído que constituye la tesis doctoral de su autor, lo cual no es cierto, ya que en esa época en Austria no era preciso presentar una tesis para obtener el título de doctor. Como el propio KELSEN relata en su «Autobiografía», fue un trabajo que libremente hizo durante sus estudios de «licenciatura» en relación con la asignatura de Historia de la Filosofía del Derecho que impartía STRISOWER (aunque éste se lo desaconsejó, dada la enorme bibliografía que ya entonces había sobre el poeta florentino). Lo que me interesa resaltar ahora es el paralelismo existente entre un autor como Dante, que se mueve en el marco de una concepción monista del mundo entonces políticamente relevante (al menos para los europeos), inspirada a su vez en una filosofía jurídica que podemos calificar de iusnaturalista o iusmoralista, y otro como KELSEN que, desde un planteamiento positivista, presenta un monismo tan férreo como el del clásico, si bien en su caso matizado porque el mundo ha ensanchado ampliamente sus horizontes hasta ocupar toda la Tierra y porque sustituye la superestructura del Derecho natural por la del Derecho internacional.

Es posible que en el futuro la humanidad entera se organice bajo una República mundial o bajo un Imperio universal. Hay algunos autores que, como portavoces de la utopía (HABERMAS, por ejemplo) hoy día proponen una *Weltrepublik* que agrupe a todos los hombres como *Weltbürger*, como ciudadanos del mundo. No tengo nada en contra. Al revés, en determinadas condiciones ese Estado mundial puede ser la solución a muchos de nuestros problemas. En tal caso sí que habría que defender la tesis del monismo jurídico, ya que sólo existiría un ordenamiento en el mundo, si bien supongo que estaría ampliamente descentralizado y, por consiguiente, formado por múltiples «subordenamientos» (sobre todo por los «subordenamientos estatales»). Pero hoy por hoy esto es tan sólo una utopía o, si se quiere, un proyecto para el futuro, que puede ser ilusionante, pero que es sólo un proyecto. La realidad jurídica de nuestro actual mundo es que tal unidad no existe, y en la historia tampoco ha existido (la postura de Dante es más bien una propuesta, con un fuerte componente utópico también).

Puestos en plan Julio VERNE, es posible que cuando nuestro mundo se unifique se hayan descubierto otros mundos habitados por otros seres (¿por qué razón habríamos de estar solo nosotros en el inmenso universo?), y entonces el problema del pluralismo jurídico reaparecería, ya que tendríamos que resolver la cuestión de las relaciones entre nuestro ordenamiento jurídico global y los ordenamientos jurídicos de los nuevos mundos con los que nos hubiésemos topado.

Con todas estas explicaciones lo que quiero decir es que la Teoría del Derecho, como Teoría del Derecho *posible*, debería hacerse cargo de las dos hipótesis: la hipótesis de la existencia de la pluralidad, y la de la existencia de un solo ordenamiento. Pluralismo y monismo son dos tesis teóricas para explicar la realidad. Lo cierto es, sin embargo, que hasta el presente lo que tenemos ante nuestros ojos es una realidad plural, por lo que es más que razonable que centremos nuestros esfuerzos en comprenderla, o sea, en teorizar la pluralidad de ordenamientos y sus relaciones recíprocas.

Obviamente, si se acepta la tesis pluralista, además de aceptar la pluralidad de ordenamientos, habría que incorporar asimismo la pluralidad de sistemas y de ámbitos jurídicos; los tres conceptos, que reflejan tres realidades, son inescindibles. Allí donde hay un ordenamiento, hay asimismo un ámbito jurídico, puesto que en relación con el primero tienen lugar un amplio número de procesos de comunicación; y algo parecido puede afirmarse respecto al sistema, si bien, como sabemos, éste sólo aparece en estadios avanzados de civilización. Aquí, por razones expositivas, simplificaremos esta realidad trilateral, aunque sugiero al lector que la tenga en cuenta, que no la pierda nunca de vista.

Así las cosas, dando por supuesto que la Teoría del Derecho tiene como tarea prioritaria dar cuenta de las relaciones entre ordenamientos (y entre sistemas), que éstos son múltiples y distintos, tenemos que plantearnos las dos siguientes cuestiones: Primera, ¿es más acertado hablar de relaciones interordinamentales o intersistémicas? Segunda, dado que los ordenamientos jurídicos no responden todos al mismo patrón, ¿cuáles son los principales tipos de ordenamientos y consecuentemente también de sistemas?

Respecto de la primera cuestión (si es mejor hablar de relaciones interordinamentales o de relaciones intersistémicas) hay que distinguir dos situaciones muy diferentes. Primera, una situación en la que los ordenamientos jurídicos no se vieran reflejados por sus correspondientes sistemas, debido al escaso nivel de desarrollo cultural. Así sucede en aquellas comunidades que carecen de escritura y en aquellas otras que, si bien tienen ya escritura, no han desarrollado de hecho un sistema doctrinal que merezca tal nombre. Es evidente que en la actualidad esta situación prácticamente es inexistente. Para ella sería inapropiado hablar de relaciones intersistémicas, obviamente, ya que tales sistemas no existen, pero sí es adecuado emplear la expresión de relaciones interordinamentales.

La segunda situación es la que conocemos, se caracteriza por la existencia de pluralidad de ordenamientos, cada uno de los cuales viene acompañado de un sistema jurídico o doctrinal construido con mayor o menor perfección (piensa, por ejemplo, en la diferencia de nivel que existe entre la dogmática de un país culto con abundante bibliografía jurídica y otro en el que apenas se publiquen libros de Derecho). En esta situación es más apropiado que empleemos la expresión de «relaciones intersistémicas» pues, aunque el punto de partida para determinar en concreto la relación sean los ordenamientos no cabe duda de que la construcción doctrinal pule y redondea dicha concreción. A lo largo de las páginas que siguen, en las que vamos a examinar algunas relaciones intersistémicas típicas, tendremos ocasión de ver de qué manera el sistema ha solventado problemas relacionales de manera contundente, salvando así la imperfección o incluso el silencio (laguna) del texto ordinamental. Pero si hemos de emplear la expresión «relaciones intersistémicas» no debemos perder de vista nunca que el sistema adquiere su sentido en estrecha relación con el ordenamiento y que su función no es otra que la de ser expresión consumada de éste.

Nos detendremos ahora un momento a considerar los principales tipos de ordenamientos jurídicos (y, por tanto, a tenor de lo que acabamos de decir, de sistemas jurídicos). Como sucede con todas las clasificaciones, hay en ésta que voy a exponer bastante de convencional, por lo que es perfectamente admisible sustituirla por otra o emplear una terminología diferente. Lo único que me propongo es destacar algunos rasgos sobresalientes de los ordenamientos (sistemas) entendidos como los entendemos en esta obra, como textos decisionales-institucionales-regulativos. Para determinar esos rasgos diferenciadores de los diversos tipos de ordenamientos seguiré tres criterios que llamaré, respectivamente, el criterio de la génesis fáctica, el de respuesta a la vida social y el de la validez. Explicaré qué quiere decir cada uno de estos criterios y a continuación me referiré a la posible clasificación que alumbran, poniendo los ejemplos pertinentes.

El criterio de la génesis fáctica se refiere al hecho de que un ordenamiento precise de otro u otros anteriores para poder aparecer en escena. De acuerdo con este criterio, los ordenamientos pueden ser *originarios* y *derivados*. Un ordenamiento es originario cuando no necesita que haya otros ordenamientos previos a él. Su origen está de hecho en sí mismo. En caso contrario, esto es, cuando es necesaria la preexistencia de otro u otros ordenamientos, estaremos ante un ordenamiento derivado. «Derivación» no significa en este contexto que se deduzcan contenidos del ordenamiento preexistente; significa sólo que la existencia de un ordenamiento sólo es posible porque hay otro u otros previos, es una derivación meramente fáctica.

El Derecho estatal es originario ya que surge fácticamente desde sí mismo, no precisa de otros ordenamientos para su propia existencia. Bien es verdad que para que un Estado tenga personalidad jurídica internacional precisa del reconocimiento de otros Estados, pero ésta es una cuestión diferente. Aunque el nuevo Estado no sea reconocido en un principio, la situación de hecho creada conforma un ordenamiento jurídico originario, al menos para el propio Estado naciente, y además en el Derecho internacional la situación de hecho siempre acaba imponiéndose, al menos en este punto concreto de la existencia de nuevas entidades estatales. También es originario el Derecho de la Iglesia, ya que la existencia del ordenamiento jurídico canónico no depende en absoluto de que existan antes otros ordenamientos. Este ordenamiento surgió cuando se constituyó la Iglesia como comunidad de creyentes.

El Derecho internacional es un ordenamiento derivado por la sencilla razón de que debe su existencia a la preexistencia de los ordenamientos estatales. Sin éstos aquél no hubiera surgido, pues su razón de ser es regular las relaciones entre Estados. Es evidente, pues, que éstos han de preexistir al ordenamiento internacional. Así sucedió en efecto en la realidad, como demuestra la historia del Derecho internacional. Que éste «derive» de los Derechos estatales no significa que su validez dependa de estos últimos, tampoco significa que sus contenidos normativos provengan de los contenidos normativos de los ordenamientos estatales. La «derivación» tiene un sentido estrictamente fáctico o histórico, puede verificarse investigando cómo de hecho sucedieron las cosas. Los autores suelen decir, a este respecto, que el Derecho internacional surge como consecuencia de la aparición y consolidación de los Estados nacionales durante la Edad Moderna.

También es derivado el ordenamiento jurídico de la Unión Europea, pues su origen supone la existencia previa de los Estados que han acordado entre sí formar parte de esa organización supranacional. Lo cual no quiere decir que las normas comunitarias deriven su validez de las estatales ni que los contenidos textuales del Derecho europeo sean una trasposición de los contenidos textuales de los ordenamientos estatales. De nuevo se repiten aquí los mismos argumentos que en el caso anterior, del Derecho internacional.

El segundo criterio consiste en considerar a los ordenamientos desde el punto de vista de ser ellos respuesta a la vida social de los hombres. Unos son estrictamente *necesarios* y otros no. A los que no lo son los llamaremos *contingentes*. Los necesarios son aquellos ordenamientos de los cuales los humanos no podemos prescindir en nuestra convivencia. Los contingentes, por el contrario, no son necesarios para la convivencia, aunque puedan ser muy importantes desde otros puntos de vista.

El Derecho del Estado (o, con fórmula más generalizadora, de la organización política soberana o autónoma) representa el prototipo de ordenamiento jurídico necesario. Sin Estado (o su equivalente) no es posible la convivencia pacífica entre los humanos. Recordemos las sabias palabras de ARISTÓTELES, según el cual el hombre no puede vivir sino en la *polis*, en caso contrario sería un dios o una bestia. También es necesario el ordenamiento jurídico internacional, pero sólo en una situación de pluralidad de Estados convivientes. Al existir Estados contiguos unos con otros se plantea la necesidad de regular sus relaciones recíprocas, tanto en la paz como en la guerra o el conflicto. Por el contrario, el ordenamiento jurídico de la Iglesia es contingente, ya que no es necesario para la convivencia civil entre las personas ni para la convivencia entre Estados. Lo mismo sucede con el Derecho de la UE, pues es perfectamente pensable (aunque probablemente no deseable) una situación en la que los Estados dejaran de formar parte de esa organización supranacional.

El tercer criterio es el de la validez. Hay ordenamientos cuya validez y la de sus elementos componentes (normas, actos, etc.) no dependen de otros ordenamientos; y otros, por el contrario, en los que sí dependen. A los primeros los llamamos *independientes* (o *autónomos*); a los segundos los llamamos *dependientes*. Si los dos primeros criterios se refieren a aspectos fácticos, uno de naturaleza histórica y el segundo de carácter antropológico, este criterio de la validez representa el punto de vista jurídico. Afirmar que un ordenamiento es dependiente significa, en este aspecto, que dicho ordenamiento deriva su validez de otro, que es el que le da vida jurídica y sin el cual no se entiende la validez del primero ni de sus elementos componentes. Por el contrario, cuando decimos que un ordenamiento jurídico es independiente estamos afirmando que su validez no depende de ningún otro sino de sí mismo, y así sucede también respecto a sus elementos componentes, que son generados por decisiones cuya validez radica en ser actos previstos por el propio ordenamiento.

Que el Derecho estatal es un ordenamiento independiente es una verdad que sólo pueden poner en duda aquellos que se declaran partidarios del monismo internacionalista. Para éstos, cada ordenamiento estatal deriva su validez del Derecho internacional, diluyéndose así el concepto de soberanía. La tesis pluralista, por el contrario, supone la aceptación de que todo ordenamiento estatal tiene en sí mismo la fuente de su validez, la cual se concreta en un sistema institucional propio y en un sistema de fuentes propio, cada uno de los cuales es autónomo respecto a cualquier otro sistema institucional y a cualquier otro sistema de fuentes.

También es independiente el ordenamiento jurídico internacional, ya que dispone de un sistema de fuentes del Derecho autónomo y asimismo de un sistema institucional propio, si bien este último posee escaso nivel de concentración. El Derecho de la UE es asimismo independiente desde el punto de vista de su validez, la cual se origina a partir de los tratados fundacionales y de los posteriores, cuyo conjunto se denomina Derecho primario de la UE, que el Tribunal de Justicia identifica con la «constitución» de esa entidad supranacional. Un Reglamento o una Directiva comunitaria, como tipos de normas que son del Derecho europeo, no derivan su validez de ningún Derecho estatal, ni tampoco del conjunto de los ordenamientos jurídicos de los Estados miembros, sino de las propias normas comunitarias de carácter «constitucional», que son las normas del Derecho primario.

Por el contrario, son dependientes los ordenamientos jurídicos de los Estados federados, los cuales derivan su validez del Estado federal; e igualmente los ordenamientos jurídicos de las colonias, que derivan su validez de los Estados metropolitanos.

Con estas pinceladas creo que queda clarificada la tesis pluralista, que estimamos más adecuada desde la perspectiva de una Teoría comunicacional del Derecho, que hace de los ordenamientos algo similar, en el campo del Derecho, a lo que son las lenguas en el campo del lenguaje. Al igual que en el lenguaje lo que ha generado la realidad no es una única lengua, sino múltiples (lo que nos recuerda que vivimos siempre inmersos en una Torre de Babel), así ha sucedido en el mundo del Derecho, caracterizado por la pluralidad de ordenamientos jurídicos y, consiguientemente, de sistemas y de ámbitos jurídicos.

Pluralidad, por otra parte, no quiere decir absoluta disonancia; no significa que no haya aspectos comunes. Las lenguas se parecen unas a otras desde distintos puntos de vista: fonético, gramatical, alfabético, etc. Eso hace posible agruparlas en familias de acuerdo a determinados caracteres relevantes. El español se parece bastante más al italiano o al portugués que al alemán, y mucho más aún que al chino. En el Derecho sucede otro tanto: es posible la agrupación en familias de los ordenamientos jurídicos que ostentan caracteres comunes. El estudio de estas diversas familias corresponde a la disciplina llamada Derecho comparado (de la que ya he hablado).

De la pluralidad enorme de lenguas no se deriva tampoco la idea de que no haya entre todas ellas elementos comunes. Sólo si se piensa que existe algo así como una estructura profunda común a todas las lenguas podremos explicar el fenómeno que consiste en aprender una lengua extraña. El salto de una lengua a otra presupone de algún modo esa estructura lingüística común. De modo similar, en el Derecho nos encontramos que, aunque exista una pluralidad variopinta de ordenamientos, podemos entenderlos todos debido a que poseen una estructura común. Ésta es precisamente la tarea de la Teoría del Derecho.

Llegados a este punto, nos toca ahora abordar dos aspectos esenciales en la teoría de las relaciones intersistémicas tal como es concebida por la Teoría comunicacional del Derecho. El primero de ellos se centra en la idea de que todo ordenamiento jurídico constituye una perspectiva desde la cual se contempla el mundo (jurídico). El segundo gira en torno a un pensamiento básico, que es éste: las relaciones entre ordenamientos o sistemas son relaciones intertextuales. Pero, antes de pasar a ello, será conveniente que hagas algunos de los EJERCICIOS que siguen a continuación para estar seguro de que has comprendido bien los contenidos de esta lección.

EJERCICIOS

1. ¿Constituye el Derecho una realidad homogénea o heterogénea? Para contestar a esta pregunta distingue dos dimensiones: la interior y la exterior.

2. La tesis monista, aunque discutible, es comprensible aplicándola a ciertas situaciones. Explica cuáles pueden ser esas situaciones.

3. Comenta la relación existente entre la obra de Dante y la de Kelsen.

4. ¿En el futuro, la mayoría de los autores serán monistas o pluralistas? Razona tu respuesta.

5. ¿Qué es más acertado, hablar de «relaciones interordinamentales» o de «relaciones intersistémicas»? Distingue a este efecto las dos situaciones posibles.

6. ¿Cuáles son los tres criterios propuestos en este libro para clasificar los diversos tipos de ordenamientos jurídicos? Limítate ahora a enumerarlos simplemente.

7. El criterio de la génesis es fáctico e histórico. Explica lo que quiere decir esto.

8. ¿Por qué el Derecho internacional puede ser considerado como un ordenamiento jurídico históricamente derivado?

9. Desde el punto de vista de su génesis, el Derecho de la Unión Europea ¿es originario o derivado?

10. ¿Por qué el ordenamiento jurídico del Estado entra dentro de la categoría de los «necesarios», y no de los «contingentes»?

11. ¿Por qué el ordenamiento jurídico de la Iglesia es clasificable entre los «contingentes» y no entre los «necesarios»?

12. Razona lo que quiere decir que la división clasificatoria de los ordenamientos jurídicos en «necesarios» y «contingentes» supone un planteamiento antropológico.

13. El Derecho estatal ¿es «independiente» o «dependiente» en su validez? Razona la respuesta.

14. ¿Qué aspectos de un ordenamiento jurídico son relevantes para calificarle de «independiente» o «dependiente»?

15. El Derecho de la Unión Europea ¿es «dependiente» o «independiente»? Da razones que avalen tu contestación.

16. Compara el fenómeno de la pluralidad de ordenamientos jurídicos con el de la pluralidad de lenguas.

XCV. EL CARÁCTER PERSPECTIVISTA DE TODO ORDENAMIENTO JURÍDICO Y EL PRINCIPIO DE RELATIVIDAD SISTÉMICA

«Perspectivismo» es un término que en España puso en boga nuestro filósofo máximo: José ORTEGA Y GASSET. Con él subraya un concepto epistemológico (esto es, que afecta al conocimiento humano) de aplicaciones múltiples y del que tenemos experiencia en la vida cotidiana. Toda percepción de lo que nos rodea tiene lugar desde un determinado ángulo o perspectiva. Ésta, la perspectiva, es lo que vincula a quien ve con lo que ve, a quien entiende con lo que entiende, o sea, al sujeto cognoscente con el objeto que conoce. Nadie ve la realidad total, sólo Dios posee todas las perspectivas posibles. La percepción sensorial es, por su propia naturaleza, unilateral. Siempre que miramos lo hacemos desde un lugar, desde una situación, desde unas coordenadas. El conocimiento humano es perspectivista. Conocemos en escorzo, igual que el pintor pinta su cuadro en escorzo, respetando una cierta perspectiva.

ORTEGA, en una famosa conferencia, explicó esta idea del perspectivismo con gran plasticidad escénica. Con una manzana en la mano, exclamó ante el público asistente algo así como esto: «La manzana que ven ustedes no es la misma que veo yo, y sin embargo se trata de la misma manzana». El psiquiatra MARTÍN SANTOS, en su novela *Tiempo de silencio,* dedicó un pasaje a ridiculizar la puesta en escena de la manzana. Era una época en que, desde la izquierda política, estaba de moda poner en solfa –injustamente– las enseñanzas de nuestro gran filósofo. Probablemente ORTEGA escenificó demasiado teatralmente el perspectivismo al hacer uso de la manzana; pero no me cabe duda de que ninguno de los asistentes se olvidaría durante el resto de su vida de la verdad que transmitía dicha representación; la verdad de que el conocimiento nunca proporciona una percepción sensorial o intelectual de la realidad toda, sino que por su propia naturaleza es unilateral. Siempre accedemos a la realidad desde una perspectiva. También las ciencias. Éstas no son sino acendradas perspectivas, construidas con rigor, para conocer los distintos aspectos de la realidad.

El gesto de ORTEGA, sin embargo, iba un poco más allá. Enseñaba que, además de la manzana como la veía el público y de la «otra» que veía él mismo, en su diversa perspectiva, estaba la manzana en sí misma. Venía a decir: la manzana existe, es algo objetivo, pero ni ustedes ni yo podemos verla en su integridad, sino que tenemos que conformarnos con ver una de sus caras. Tengo entendido que con la Luna sucede lo mismo. Desde La Tierra vemos una sola de sus caras, la otra se mantiene oculta, a pesar de lo cual nadie duda de que exista.

Estas enseñanzas son muy importantes y no siempre se asimilan hasta el fondo. Suponen, por una parte, la aceptación de que existe una realidad objetiva. Por otra, implican que los humanos hemos de asumir que nuestro conocimiento siempre es limitado por ser perspectivista. Por eso, cada ciencia implica la adopción de una perspectiva sobre un objeto. La Teoría comunicacional del Derecho es asimismo perspectivista, ya que contempla el fenómeno jurídico desde una perspectiva determinada: como comunicación.

Hasta aquí me he referido únicamente a lo que podemos denominar perspectivismo epistemológico, que es el propio de nuestra mente y del conocimiento que tenemos de las cosas. Ahora me voy a referir a otro tipo de perspectivismo, el que es propio de determinadas construcciones culturales. Así, por ejemplo, una religión implica una manera de entender la realidad; en definitiva, supone una perspectiva desde la cual se va dando respuesta a asuntos múltiples, tales como el sentido de la vida, el puesto del hombre en el cosmos, e incluso el origen de este último. Lo mismo es predicable de las ideologías. Cada ideología es una manera de organizar el mundo que nos rodea, sobre todo el social y el político, para entenderlo. No ve de igual forma la misma realidad económica un ejecutivo de mentalidad liberal que un sindicalista de ideología socialdemócrata. Asimismo, las lenguas son construcciones perspectivistas que sirven, si no para dar sentido al mundo, sí para nombrar sus diversos componentes. No sólo sucede que cada lengua emplea unos términos diferentes para referirse a las cosas; esos términos están cargados de elementos simbólicos, casi siempre inconscientes, pero no por ello poco relevantes.

Pues bien, los textos también tienen su propia perspectiva. La llamaremos *perspectiva textual.*

Para explicar lo que es la perspectiva textual permíteme que me detenga en mi afición, en lo que la gente suele llamar *hobby:* la novela. Todo novelista, al escribir una obra, sabe que un componente esencial de la misma es el narrador. Es muy diferente escribir una novela con un narrador omnisciente, para el cual no existe secreto alguno, pues hasta penetra en los más recónditos pensamientos y deseos de sus personajes, que autolimitarse mediante un narrador que sólo sabe aspectos determinados, por ejemplo, acciones o conductas meramente externas. Si el narrador narra su historia en primera persona (por ejemplo, si encontramos al empezar la lectura de la novela que el comienzo dice así: «Aquella mañana lucía un sol deslumbrante. Toby, al verme, vino hacia mí, veloz y ladrando lleno de contento»), no cabe duda de que la novela nos dará una visión de las cosas diferente de la que nos daría un amigo suyo, y mucho más aún si quien narra es un enemigo del protagonista. El narrador contempla la realidad narrada en escorzo, igual que el pintor contempla la suya. Lo mismo sucede con otros tipos de textos, como por ejemplo los históricos. El historiador ha de ser consciente de que, persiguiendo la verdad de lo acaecido en tiempos pasados, no podrá desasirse de su pre-comprensión, la cual constituye como una especie de atalaya desde la cual contempla la evolución de la sociedad que investiga.

Los juristas no nos escapamos a esa regla general del conocimiento humano. Si actuamos como abogados defensores de nuestro cliente sabemos que nuestra perspectiva no puede ser la misma que la del fiscal. Si entramos a celebrar una negociación a cara de perro somos bien conscientes de que actuamos en representación de unos intereses determinados y que debemos enfocar las cosas desde ese ángulo. El juez tiene el deber de hacer justicia, esto implica que ha de saber colocarse en la perspectiva del ordenamiento jurídico al que sirve, para lo cual es una condición ineludible haber asimilado hasta el fondo los caracteres de dicha perspectiva.

Aquí es justamente donde me quiero detener un momento. *Todo ordenamiento jurídico constituye una perspectiva* desde la cual se contempla y se enjuicia el mundo jurídico.

Acabo de decir que los textos narrativos poseen una perspectiva que es la del narrador. Un ordenamiento jurídico, ya lo sabemos, no es un texto narrativo, sino regulativo. Su función inmanente es organizar una determinada sociedad y dirigir las acciones de los individuos. Es una totalidad textual, compuesta de textos parciales. Éstos sólo adquieren sentido en relación con la totalidad textual, y asimismo dicha totalidad textual no puede comprenderse sin referencia constante a los textos concretos que la forman. Lo característico de todo ordenamiento jurídico es que no sólo regula aspectos por decirlo así sociales (por ejemplo, y esencialmente las acciones humanas), sino que su función pragmática comprende asimismo otros aspectos: la regulación de sí mismo y la regulación de sus relaciones con otros ordenamientos. Analicemos un poco estas ideas.

Primera idea: Todo ordenamiento jurídico constituye una perspectiva desde la que es posible calificar y enjuiciar todo el mundo jurídico.

Cuando decimos «todo el mundo jurídico» queremos decir exactamente eso, no sólo el mundo jurídico «hacia dentro» del ordenamiento en cuestión. Con ello se da a entender que un ordenamiento jurídico es una perspectiva que nos sirve para «ver» («calificar») cualquier realidad potencialmente jurídica y asimismo para «valorarla» («enjuiciarla»). Qué sea realidad jurídica, y qué no, depende del ordenamiento concreto. Puede afirmarse que hacer esa separación entre lo jurídico y lo no jurídico es el primer acto de calificación, el sustancial y previo a cualquier otro, que un ordenamiento realiza.

Echemos mano de un ejemplo para aclarar este aparente juego de palabras. Supongamos que una persona mata a otra en territorio español. Ese acto ha tenido lugar en el ámbito interno (territorial) del ordenamiento español. Independientemente de la nacionalidad de ambas personas, nuestro ordenamiento considera dicho acto como calificable y enjuiciable por las autoridades españolas. Pero supongamos que un neozelandés mata a otro neozelandés en Nueva Zelanda. Entonces nuestro ordenamiento decide que tal acto no le compete. Lo califica asimismo, pero para establecer que dicho acto es, en principio, algo respecto del cual no debe pronunciarse. Vemos entonces cómo un mismo tipo de acción es, en un caso, objeto de calificación y enjuiciamiento positivos, mientras que en el segundo caso se produce una abstención que equivale a calificar el acto en cuestión como calificable y enjuiciable por otro ordenamiento, el neozelandés. ¿Por qué razón esto es así? La respuesta es sencilla: porque el propio ordenamiento lo tiene establecido así. Ha decidido que se hará cargo de unos actos pero no de otros, lo cual equivale a dejarlos a la competencia de otras autoridades. No es que el segundo asesinato le sea indiferente sino que, por razones de diverso tipo, ha decidido ceder su competencia a otro ordenamiento jurídico. Pero no la cederá si resulta que una de las personas involucradas en el crimen es un español. En este tercer caso, aunque el crimen se haya cometido en las antípodas, el ordenamiento jurídico puede declararse competente para calificar y enjuiciar dicho acto, y entonces habrá que ver cómo se resuelve el «conflicto» posible con las autoridades neozelandesas, las cuales probablemente se considerarán competentes para llevar a la cárcel al culpable.

Con este sencillo ejemplo quiero transmitirte una idea aparentemente compleja pero que en realidad es muy simple: todo ordenamiento jurídico organiza la realidad y la valora aplicando sus propias normas. Y esta tarea la lleva a cabo respecto de todos los elementos (autoridades, competencias, procedimientos, actos, etc.) que considere jurídicamente relevantes. Esto es lo que significa que cada ordenamiento jurídico constituye una perspectiva desde la cual es posible calificar y enjuiciar todos esos elementos jurídicamente relevantes. Ya la determinación de lo que, para un ordenamiento jurídico, es jurídicamente relevante implica una calificación, la cual a su vez es consecuencia de una decisión. Por ejemplo, el legislador ha decidido calificar de jurídicamente relevante tales y tales acciones, declarando jurídicamente irrelevantes las demás.

Segunda idea: Cada ordenamiento jurídico se autorregula generando sus propios elementos. En este aspecto puede afirmarse que es una perspectiva que se construye a sí misma. Es una *perspectiva autopoiética.*

Te recuerdo que el término «autopoiesis» lo ha puesto de moda en los últimos tiempos el sociólogo alemán Niklas LUHMANN, pero el concepto entre los juristas es viejo.

El carácter perspectivista del ordenamiento no sólo implica que se ve la realidad exterior en escorzo, a través del texto ordinamental. Significa también que el ordenamiento se ve a sí mismo y decide desarrollarse como perspectiva a golpe de decisión de una determinada manera y no de otra. Ya la decisión constituyente, al generar la constitución, establece las bases fundamentales de dicha perspectiva, que habrá de ir construyéndose paso a paso en los diversos escalones de la producción textual. Si se me permite emplear un lenguaje antropomórfico, diré que todo ordenamiento jurídico se ve a sí mismo de una determinada manera, lo cual implica un «perspectivismo interno».

Tercera idea. Junto a esa perspectiva *ad intra*, el ordenamiento conlleva también necesariamente, como ya ha quedado apuntado, una perspectiva *ad extra* («perspectivismo externo»).

El perspectivismo externo implica que todo ordenamiento jurídico regula sus propias relaciones con el resto de los ordenamientos jurídicos existentes en el mundo. Ésta es una verdad general aplicable a todos los ordenamientos. Dependiendo de cómo se contemple a sí mismo, es decir, de su perspectiva interna, el ordenamiento enfocará sus relaciones externas (las interordinamentales) de un modo u otro. Por ejemplo, si un Estado tiene la perspectiva interna de que su Derecho no es producto exclusivo de las decisiones de sus autoridades, sino que depende en buena medida del Derecho internacional, es obvio que la construcción de sus relaciones con otros ordenamientos será muy diferente a la que lleve a cabo otro Estado que tenga una concepción más autosuficiente de sí mismo. Puede afirmarse, por tanto, que la perspectiva interna y la perspectiva externa de un ordenamiento jurídico muestran necesariamente una gran coherencia. Desde el punto de vista de la Teoría del Derecho, la construcción de ambas perspectivas depende exclusivamente de cada ordenamiento jurídico. Al igual que el novelista decide la perspectiva del narrador, cada ordenamiento, a través de sus decisiones (tanto de la extrasistémica como de las intrasistémicas), decide el sentido de su perspectiva en el aspecto interno y en el externo. Esto explica, entre otras cosas, que la convivencia entre ordenamientos no es en absoluto sencilla, pues al depender del enfoque de cada uno, siendo los enfoques diferentes entre sí, viven casi siempre en tensión, cuando no en declarado conflicto.

Cuarta idea. Todo ordenamiento conlleva una perspectiva (interna y externa) pero muchas veces no la declara. El sistema hace explícito lo implícito. Por eso, puede afirmarse que *la perspectiva sistémica es la perspectiva explícita* (interna y externa).

¿Qué papel tiene la dogmática jurídica en este asunto del perspectivismo interno y externo de todo ordenamiento? Ya sabemos que la dogmática tiene como cometido construir el sistema jurídico que refleje lo mejor posible los contenidos de significado del texto ordinamental. El texto del sistema es el resultado de esa labor. Como texto que es, el sistema también ha de adoptar una perspectiva interna y externa que, como es lógico, no puede ser otra que la del ordenamiento que refleja. En este problema, que podemos llamar la *construcción sistémica* de la perspectiva ordinamental, la dogmática ha de proceder como lo hace siempre: siendo fiel a la idiosincrasia del ordenamiento construirá la perspectiva sistémica con los elementos que el ordenamiento le proporciona y con aquellos otros que no le suministra claramente pero que están implícitos en él.

Un ejemplo paladino de esta construcción lo vamos a ver pronto en referencia al modo en que se ha articulado la relación entre el Derecho de la UE y el Derecho de los Estados miembros. En este punto los Tratados fundacionales guardaban un absoluto silencio, y ha sido la labor conjunta de la doctrina comunitarista y de la jurisprudencia del Tribunal de Luxemburgo (o sea, la «doctrina común» o «doctrina dominante») la que ha permitido dar coherencia a la relación entre ordenamiento comunitario y ordenamiento estatal, haciendo explícito lo que estaba implícito. En este caso podemos decir que la perspectiva sistémica representa la perspectiva explícita, mientras que la ordinamental (de la UE) era una perspectiva implícita, ya que no venía expresada en los textos de los Tratados fundacionales.

Quinta idea. De acuerdo con lo expuesto el planteamiento de una cuestión jurídica, sea la que sea, sólo tiene sentido desde el ángulo de un ordenamiento (sistema) jurídico determinado.

Me refiero, claro es, a las cuestiones jurídicas propiamente dichas, no a las cuestiones teórico-jurídicas. Éstas tienen que ver con el Derecho posible, nombre éste que funge como referente nominal de los ordenamientos jurídicos que han existido, que existen y que existirán. Ahora bien, hay que distinguir con nitidez una cuestión teórico-jurídica (por ejemplo, ¿qué estructura tiene una norma procedimental?, o ¿qué relación existe entre ordenamiento y sistema) de una cuestión meramente jurídica (por ejemplo, ¿qué ocurre si Ticio no paga el alquiler?, o ¿qué derechos me corresponden como usufructuario de unas acciones de una sociedad anónima?).

Aquéllas son preguntas que afectan a todos los ordenamientos; éstas sólo se pueden contestar a la luz de un ordenamiento jurídico determinado. Las cuestiones meramente jurídicas no tienen una respuesta abstracta o general (válida para cualquier ordenamiento) sino que son relativas a un ordenamiento determinado. Diremos entonces: «para el ordenamiento español, si Ticio no paga el alquiler, la ley de arrendamientos urbanos prevé tal y tal cosa», o «según la Ley española reguladora de las sociedades anónimas los derechos del usufructuario de acciones son estos y aquellos».

En razón a lo dicho, la primera pregunta que hay que hacerse ante una cuestión meramente jurídica es ésta: ¿qué ordenamiento es el aplicable? Formulado de otra manera: ¿desde qué perspectiva ordinamental/sistémica hemos de enfocar la cuestión que se nos plantea. Ocurre en la vida diaria que a los operadores jurídicos se les olvida esa verdad, probablemente por ser tan evidente.

Con todo lo expuesto queda nítida la tesis de que cada ordenamiento jurídico constituye una perspectiva en el mundo del Derecho. Lo cual viene a ser lo mismo que afirmar el *principio de relatividad* de todo lo jurídico.

NOTAS Y COMENTARIOS

– El comentario más divertido de lo que es el perspectivismo científico lo leí hace años en un libro de Economía. Desde entonces, cuando surge un debate sobre los distintos métodos de las diversas ciencias, me acuerdo de aquel pasaje y no puedo menos que sonreír (con disimulo, claro, pues no me gustaría que la persona con quien polemizo pudiese pensar que me estaba tomando sus afirmaciones con cierta sorna). Me refiero al libro de Kenneth E. BOULDING, *Análisis Económico*, 8ª ed., trad. de Juan A. BRAMTOT, revisión y nota preliminar de Miguel PAREDES, Editorial Revista de Occidente, Madrid, 1963. Dice así el mencionado comentario: «Es un "hecho" que Oliverio CROMWELL, tenía una verruga en la nariz. Pero ¿qué es lo que constituye ese supuesto "hecho"? Para el químico, es un cierto conglomerado de átomos y moléculas. Para el físico, es una masa confusa de electrones excitables cuya reacción no se puede predecir. Para el biólogo, es cierta impropiedad en el comportamiento de las células. Para el psicólogo, puede ser la clave que sirva para interpretar el carácter de CROMWELL y un hecho de importancia excepcional. El historiador puede considerarla como un detalle insignificante o un importante factor causal, según siga la interpretación económica o la psicológica de la historia. Para el economista, la verruga puede tener una importancia despreciable, a menos que CROMWELL estuviese dispuesto a pagar una buena suma por su extirpación. ¿Qué es entonces el "hecho" respecto a la verruga? Puede ser cualquiera o todos los que hemos expuesto, según el tipo especial de interpretación en que se coloque» (pgs. 9-10). Dos apostillas: La primera, es que BOULDING, como todos los economistas de esa época se olvida del Derecho y de la ciencia jurídica. Si no la hubiera omitido, probablemente habría dicho algo así como que para el jurista, la verruga de CROMWELL forma una parte no sustancial de su cuerpo (por tanto de los bienes de la personalidad) y es susceptible de extirpación, para lo cual requeriría contratar los servicios de un cirujano. La segunda es que, aunque el citado economista se refiere a la diversa interpretación de un mismo «hecho», lo que afirma es perfectamente aplicable al perspectivismo científico, ya que éste implica precisamente el reconocimiento de que cada ciencia interpreta los «hechos» desde un ángulo diferente.

- El pasaje de ORTEGA sobre el perspectivismo está recogido en su obra *El hombre y la gente*, vol. 7 de *Obras Completas*, Alianza Editorial/ Revista de Occidente, Madrid 1983, pgs. 117 y ss.
- Luis MARTÍN SANTOS (1924-1964), director del Sanatorio Psiquiátrico de San Sebastián publicó *Tiempo de Silencio* en 1962. Dicen los entendidos que esta obra marcó un hito en la novelística española, aunque a mí, francamente, no me entusiasma. En algunas de sus páginas ridiculiza la presentación que hizo ORTEGA de su perspectivismo: «(...) solemne, hierático, consciente de sí mismo, dispuesto a bajarse hasta el nivel necesario, envuelto en la suma gracia, con ochenta años de idealismo europeo a sus espaldas, dotado de una metafísica original, dotado de simpatías en el gran mundo, dotado de una gran cabeza, amante de la vida, retórico, inventor de un nuevo estilo de metáfora, catador de la historia, reverenciado en las universidades alemanas de provincia, oráculo, periodista, ensayista, hablista, el-que-lo-había-dicho-ya-antes-que-HEIDEGGER, comenzó a hablar, haciéndolo poco más o menos de este modo: "Señoras (pausa), señores (pausa), esto (pausa), que yo tengo en mi mano (pausa) es una manzana (gran pausa). Ustedes (pausa) la están viendo (gran pausa). Pero (pausa) la ven (pausa) desde ahí, desde donde están ustedes (gran pausa). Yo (gran pausa) veo la misma manzana (pausa) pero desde aquí, desde donde estoy yo (pausa muy larga). La manzana que ven ustedes (pausa) es distinta (pausa), muy distinta (pausa) de la manzana que yo veo (pausa). Sin embargo (pausa), es la misma manzana (sensación)". Apenas repuesto su público del efecto de la revelación, condescendiente, siguió hablando con pausa para suministrar la clave del enigma: "Lo que ocurre (pausa), es que ustedes y yo (gran pausa), la vemos con distinta perspectiva (tableau)"».

EJERCICIOS

1. Explica qué se entiende por perspectivismo epistemológico.

2. El perspectivismo es una de las aportaciones de ORTEGA Y GASSET. ¿Quién fue este ilustre filósofo español? ¿Qué relevancia ha tenido y tiene en la cultura española?

3. ¿Qué significa que las ciencias también son perspectivistas?

4. Desarrolla la idea de que la Teoría comunicacional del Derecho es perspectivista.

5. Explica lo que quiere decir que las construcciones culturales (la literatura, el arte, la política, etc.) son perspectivistas.

6. ¿Qué es la perspectiva textual? Pon un par de ejemplos.

7. Aclara en qué consisten las diversas perspectivas que tienen lugar en un proceso penal: la del fiscal, la del abogado defensor y la del juez.

8. ¿Por qué todo ordenamiento jurídico implica la adopción de una perspectiva?

9. ¿A qué llamamos «mundo jurídico». Pon ejemplos para fundamentar tu respuesta.

10. Desde la perspectiva de un determinado ordenamiento jurídico es factible calificar y enjuiciar todo. Explica el significado de esta afirmación. ¿En qué consiste el acto de calificar? ¿Y el de enjuiciar?

11. ¿Qué es la perspectiva autopoiética? ¿En qué aspectos se manifiesta cuando va referida a un ordenamiento jurídico?

12. Además de la perspectiva interna todo ordenamiento jurídico es portador de una perspectiva externa. Explica en qué consiste esta última.

13. Relaciona el perspectivismo ordinamental con el perspectivismo sistémico y destaca el papel que cumple la dogmática.

14. Relaciona el perspectivismo sistémico con la pluralidad de ordenamientos jurídicos.

15. Razona en qué consiste el principio de relatividad de todo sistema jurídico.

16. Comenta la argumentación del economista BOULDING sobre la verruga de la nariz de CROMWELL.

17. ¿Qué te parece el pasaje en el que MARTÍN SANTOS narra la escena en el que ORTEGA explica el perspectivismo del conocimiento humano?

18. Resume el contenido de la lección.

XCVI. LAS RELACIONES INTERSISTÉMICAS COMO RELACIONES INTERTEXTUALES

Como sin duda recordarás, uno de los rasgos básicos de la Teoría comunicacional del Derecho es que concibe un ámbito jurídico como un conjunto de procesos de comunicación cuyo eje básico viene determinado por la dualidad ordenamiento/sistema. Tanto el ordenamiento como el sistema forman totalidades textuales compuestas a su vez por textos parciales.

Por otro lado, los diversos procesos de comunicación que se producen dentro del ámbito y en relación con el eje básico mencionado también se concretan en textos, bien porque nazcan bajo forma textual escrita (p. ej., una escritura pública) bien porque, no surgiendo de ese modo, sean susceptibles de ponerse por escrito (p. ej., las alegaciones orales de un abogado defensor ante el juez).

Estas ideas las he resumido con cierta dosis de inconcreción, pero de una manera suficientemente clara y breve, con la afirmación de que *el Derecho es texto.* Evidentemente, se trata de una forma de hablar, pues, como ya he dicho en repetidas ocasiones, no es ésta una tesis ontológica fuerte, sino sencillamente una tesis que levanta acta de algo bastante fácil de comprender: el hecho de que para los juristas el Derecho se nos hace presente en textos dotados de determinadas características. Creo que no constituye ningún disparate decir, por ejemplo, que el Código Civil es un texto, de igual modo que –aunque se trate, como sabemos de tipos diferentes– decimos que el Quijote es un texto.

De esta intuición primaria se desprenden consecuencias importantes para la Teoría del Derecho, algunas de las cuales ya han sido objeto de nuestra exposición. En el marco de la problemática que afrontamos ahora no me detendré a reflexionar sobre lo que es un texto ni sobre sus distintos tipos, estas cuestiones ya las hemos abordado (*vide* VII-IX). Ahora me centraré en el problema de las relaciones entre textos con el objetivo de entender en qué consisten las relaciones entre ordenamientos (y sistemas). Para ello me permitiré primero unas breves pinceladas sobre el concepto de las *relaciones textuales* y, dentro de éstas, como una de sus especies, sobre el concepto de *intertextualidad.*

A las relaciones entre textos, cualesquiera que éstos sean, las llamaremos genéricamente *relaciones textuales.* No importa de qué tipo sean esas relaciones ni tampoco si pertenecen a totalidades textuales diferentes o no. Con esa expresión hacemos referencia a cualquier modalidad de relación entre textos, repito, cualesquiera que éstos sean.

Dentro de las relaciones textuales, entendidas de esa manera genérica, podemos distinguir dos tipos básicos: 1) las relaciones que se dan dentro de un mismo texto (o mejor sería decir de una misma totalidad textual), por ejemplo dentro de una misma novela; y 2) las que tienen lugar entre totalidades textuales independientes, por ejemplo entre dos novelas. A las primeras las llamaremos relaciones *intratextuales,* y a las segundas las denominaremos relaciones *intertextuales.*

Un ejemplo de relación intratextual es la que se da, dentro de la novela de Cervantes, entre ésta, considerada como totalidad textual, y cualquiera de las narraciones concretas que la componen, o entre una narración y otra, de las que componen la novela. Como es bien conocido, entre dichas narraciones concretas las hay que corresponden a los episodios que cuentan las aventuras de Don Quijote y Sancho Panza, así como sus graciosos diálogos, y las hay que interrumpen la narración principal para contar alguna otra historia colateral. Los episodios que cuentan las aventuras del Caballero de la Triste Figura y de su escudero forman el entramado básico de la novela cervantina; y las historias narradas por diversos personajes que en ella aparecen son unidades textuales que entretienen al lector, deleitándole con sabrosas anécdotas o cuentos, pero que no forman propiamente parte de la narración principal. Tal es el caso del cuento de la pastora Marcela, de la historia de Cardenio y Luscinda, de la «novela del curioso impertinente» (así llamada por el Príncipe de los Ingenios en el título del capítulo XXXIII), del relato de la infanta Micomicona, etc. El análisis intratextual del *Quijote* implica poner en relación todos esos textos para, de ese modo, entender mejor el mensaje de su autor.

Un mismo texto, por tanto, puede portar dentro de sí textos parciales de muy diversa especie. Pero para nuestro propósito actual ese detalle carece de relevancia. Lo único que quiero resaltar es que toda totalidad textual conlleva un conjunto de relaciones entre los diversos textos que la componen; esas relaciones son intratextuales cuando ponen en contacto unos textos parciales con otros dentro de una misma totalidad textual a la cual se supone unidad de significado.

En el Derecho sucede algo parecido, cada ámbito jurídico es portador de textos muy diferentes en cuanto a su función pragmática; tienen, sin embargo, en común algo sumamente decisivo: que todos ellos se conectan con el eje básico ORD/SIS. Ambos, por su parte, constituyen sendas totalidades textuales.

Todo ordenamiento jurídico forma una totalidad textual compuesta por un conjunto de textos parciales: la constitución, las leyes, los reglamentos, los convenios colectivos, las sentencia de los jueces, etc. Esos textos concretos están en relación unos con otros, de tal modo que una ley se relaciona con otra, una sentencia se relaciona con una ley y un reglamento, y todos ellos con la constitución, etc. Ni que decir tiene que dentro de cada texto parcial, por ejemplo, dentro de una ley existen múltiples relaciones intratextuales entre sus preceptos. Podemos afirmar, por consiguiente, que todo ordenamiento jurídico conforma una totalidad textual cuyos textos parciales se encuentran vinculados entre sí de múltiples maneras. Cada uno de esos vínculos constituye una relación ordinamental intratextual. Pondré algún ejemplo sencillo.

Aunque todas las leyes vienen referidas a la constitución, lo digan o no, hay algunas que, para aspectos concretos hacen explícita dicha referencia o relación. Así, la Disposición adicional primera de la Ley 1/2000, de 7 de enero, de Enjuiciamiento Civil dice lo siguiente: «*Título competencial.*–La presente Ley se dicta al amparo de la competencia que corresponde al Estado conforme al artículo 149.1.6ª de la Constitución, sin perjuicio de las necesarias especialidades que en este orden se deriven de las particularidades del Derecho sustantivo de las Comunidades Autónomas». Dejando al lado el estilo manifiestamente mejorable del precepto (obsérvese la cacofonía producida por la proximidad de los vocablos «especialidades» y «particularidades»), su mención de la Constitución Española pone en una relación intratextual (esto es, dentro del mismo ordenamiento, el español) dos textos normativos: el de la Ley de Enjuiciamiento Civil y el de la Constitución. El precepto de la Ley no tiene otra finalidad que la de recordar la competencia que la Constitución atribuye al Estado en la materia regulada por aquélla (lee el artículo 149 CE).

Es necesario, sin embargo, ampliar esta visión, reducida al ordenamiento jurídico y entender las relaciones textuales como referidas al conjunto, mucho más complejo, del ámbito jurídico. Dentro de un mismo ámbito jurídico las relaciones textuales abundan y presentan una exuberancia que supera, como es lógico, a las que se dan en el ordenamiento, el cual es su centro constante de referencia. Tenemos, en primer lugar, como ya he señalado, las relaciones intratextuales dentro del ordenamiento ya generado. En segundo término, las relaciones textuales entre ordenamiento y sistema, que poseen unas características peculiares. En tercer lugar, las relaciones intratextuales dentro del sistema construido por la dogmática. Por último, están las relaciones textuales entre los diversos procesos comunicacionales que se dan dentro de un mismo ámbito, como por ejemplo las existentes entre una demanda y la contestación a la demanda, por una parte, y las que se dan entre ambas y la decisión judicial, con el ordenamiento y el sistema. Creo que con esta simple enumeración es suficiente para caer en la cuenta de que el panorama de las relaciones entre textos jurídicos es sumamente complejo. Aquí no me propongo hacer un análisis, ni siquiera somero, de las principales de ellas, sino que me conformo con dejar apuntado el enfoque.

Centrémonos ahora un momento en las relaciones *intertextuales*. Como ya hemos dicho, son aquellas que tienen lugar entre textos pertenecientes a totalidades textuales diferentes. Por ejemplo, entre una obra y otra obra, como puede ser entre una poesía y otra poesía, entre una novela y otra novela, entre un tratado de economía y otro tratado de economía, entre un ordenamiento jurídico y otro ordenamiento jurídico, etc. Existen algunos fenómenos de intertextualidad muy característicos.

Uno muy llamativo es la *recepción*. En la literatura el fenómeno de la recepción no suele ser literal (en tal caso estamos ante el plagio), lo usual es que afecte a aspectos formales tales como el estilo, la temática o las ideas. Se dice, por ejemplo, que tal autor se ha inspirado en tal otro y que le imita en su manera de escribir o en los enfoques de sus narraciones. En el Derecho la recepción es muy frecuente y consiste en la promulgación de leyes cuyos contenidos son iguales o muy semejantes a las leyes de otros ordenamientos. Hay fenómenos de recepción de gran envergadura, como la del Derecho romano en los países europeos o la del Código Civil alemán (BGB) en Japón. Otros son más concretos y se refieren a una ley o a una institución. Así, por ejemplo, el Derecho de marcas europeo está inspirado por la legislación alemana. Lo que caracteriza a la recepción es que un texto se recepciona en otro, en ocasiones de modo literal, otras veces, siguiendo su espíritu aunque la literalidad no coincida punto por punto.

Tenemos, en segundo lugar, la *cita*. En los libros es frecuente encontrar referencias a lo dicho por otros autores en otros libros. Unas veces esas referencias son copia de párrafos entrecomillados de los autores citados, otras se reducen a expresar lo dicho por otros autores, a los que se menciona de modo más o menos claro y explícito, recogiendo lo esencial de su pensamiento en el punto que se trata.

La cita cumple muy diversas funciones. Puede citarse una obra ajena para reforzar los propios argumentos. El autor del libro que estamos leyendo es como si nos estuviera diciendo: mirad, estos argumentos que esgrimo para demostrar la veracidad, la certeza o la probabilidad de mis afirmaciones, no sólo vienen avalados por la fuerza que tienen ellos mismos, sino que además encuentran firme apoyo en las afirmaciones de otros autores. Con este tipo de cita, cuya finalidad es reforzar el propio razonamiento del emisor, se recurre explícitamente a la autoridad de otros. Puede decirse entonces que estamos ante citas de autoridad (la autoridad puede ser una o varias, dependiendo del número de autores citados en apoyo de los propios razonamientos).

La cita puede hacerse también justo para lo contrario, para rebatir la tesis del autor citado. Se recogen sus palabras y se reacciona contra ellas con la intención de demostrar su incorrección. En tal caso nos encontramos ante una cita reactiva. El tono retórico de la cita reactiva comprende desde el respeto en la divergencia hasta el escarnio de la opinión ajena, pasando por la ironía y el desprecio.

La cita de autoridad tiene más o menos valor, sobre esto no hay una regla general. Depende del tipo de texto. En la física la cita de autoridad puede tener relevancia en aquellos terrenos donde no es posible todavía la experimentación, si bien hay que reconocer que su valor probatorio es escaso, por no decir nulo. En un libro de historia un documento, sobre cuya autenticidad no haya duda alguna, es una buena autoridad para defender una postura determinada; pero si el documento en cuestión no ofrece las garantías suficientes de autenticidad, entonces su fuerza de convicción será menor y la tesis que el historiador avance en base a su contenido habrá que ponerla entre paréntesis como algo cuya comprobación definitiva está por hacer. Si estoy leyendo un libro de teología creo que haré más caso a lo que me diga un teólogo dedicado a la teología con gran estudio y rigor, con muchos años de experiencia, que lo que se le pueda ocurrir a un novelista superficial que busque vender libros por encima de cualquier otra cosa o a un político que crea saber más que nadie y que, creyéndose siempre en posesión de la verdad, se atreva a corregir las doctrinas de obispos y cardenales juntos.

En los textos jurídicos las citas no son escasas, tanto dentro de un ordenamiento, como hemos visto antes en el caso de la referencia de la Ley de

Enjuiciamiento civil a la Constitución, como de un ordenamiento a otro. Así, cuando el Derecho de un Estado cita un tratado internacional o incluso al Derecho internacional en su integridad, o cuando el ordenamiento jurídico europeo se refiere expresamente a los ordenamientos de los Estados miembros. Frecuente es asimismo la referencia de un ordenamiento estatal a otro ordenamiento estatal.

Es evidente que la función pragmática de este tipo de citas es muy distinta de la propia de las citas que aparecen en textos narrativos o en textos de historia. Las referencias de un texto a otro dentro de un ordenamiento, o las de un ordenamiento a otro, son citas o referencias normativas, cuyo sentido sólo puede apreciarse en el marco de lo que regulan. No se trata de citas de autoridad sino de *remisiones normativas*.

En el ejemplo anterior, la Disposición de la Ley procesal no hace otra cosa que remitirse a la Constitución para recordar el precepto de ésta que establece que las leyes procesales son de la competencia del Estado. En rigor, no hubiese sido necesaria esa remisión, era suficiente con la mera existencia del precepto constitucional, pero el legislador ha preferido hacerlo así para despejar las posibles dudas en un terreno en el que no son infrecuentes las quejas de las Comunidades Autónomas. Muy distinta es, por ejemplo, la función que cumple la remisión que hace el Código de Comercio, en su artículo segundo párrafo primero, a las normas del Derecho común. Dice este precepto: «Los actos de comercio, sean o no comerciantes los que los ejecuten, y estén o no especificados en este Código, se regirán por las disposiciones contenidas en él; en su defecto, por los usos de comercio observados generalmente en cada plaza; y a falta de ambas reglas, por las del Derecho común.» Esta disposición establece cuáles son las fuentes del Derecho mercantil (aunque se olvida de las leyes especiales) y remite como supletorio al Derecho civil común, o sea, a un conjunto normativo que pertenece al Derecho español. Estamos, pues, ante una remisión normativa dentro de una norma de tipo óntico cuya función es determinar cuáles *son* las fuentes del Derecho español en materia comercial. Esa remisión vincula en una relación intratextual las normas propias del Derecho mercantil con las del Derecho civil. Los ejemplos los podríamos multiplicar, más con lo dicho me parece que es suficiente.

Las relaciones intratextuales también se aprecian, como no podía ser de otra manera, en el texto sistémico. En él nos encontramos con algunas peculiaridades dignas de mención. El sistema no es meramente un texto que refleja y completa el ordenamiento, por tanto, un texto *normativo*, sino que es también un texto *doctrinal*. Eso quiere decir que, junto a la construcción de las remisiones que se dan dentro del ordenamiento, toparemos constantemente con el enunciado de tesis, la postulación de dogmas, la cita de autores, la repulsa de otros; en fin, todo un bagaje de elementos que no tienen cabida en el ordenamiento pero que constituyen en el sistema su manifestación más típica. Como sabemos, el sistema se construye mediante la aceptación de las doctrinas dominantes en cada rama del Derecho, y dichas doctrinas son el resultado hermenéutico de la labor de autores y jueces, no de todos, sino de los más relevantes, de los dotados de *auctoritas*. Por eso, las citas en el sistema son convenientes y necesarias, pues no se trata sólo de fundamentar racionalmente la propia posición sino asimismo de hacer ver que autores estimables e incluso relevantes también la sostienen.

También las referencias *interordinamentales* tienen su reflejo, como es lógico, en la construcción sistémica, ya que los juristas se ven forzados a elaborar doctrinalmente el contenido de las mismas, traduciéndolas en relaciones *intersistémicas*.

Las relaciones interordinamentales y las relaciones intersistémicas son la expresión más genuina de las relaciones intertextuales en el Derecho, esto es, de aquellas que conectan dos o más totalidades textuales.

En el Derecho tanto las relaciones intratextuales como las relaciones intertextuales son relaciones *jurídicas*. Son relaciones reguladas por el Derecho. Como ya hemos estudiado, corresponde a cada ordenamiento/sistema la decisión sobre si establece relaciones con otras totalidades textuales así como sobre las modalidades concretas de las mismas. Esto constituye una manifestación directa del principio de relatividad. Hay que afirmar, por consiguiente, que las relaciones intersistémicas son relaciones jurídicas intertextuales. Son jurídicas porque están reguladas por el sistema, y son intertextuales porque conectan el sistema con otro u otros.

El mecanismo característico de la relación intertextual es la *incorporación* de un texto ajeno (perteneciente a otro sistema) al sistema propio. La incorporación del texto ajeno en el propio produce la *transformación* de dicho texto. Incorporación y transformación son los dos conceptos básicos que nos van a servir para entender las relaciones intersistémicas de cualquier género que sean y a cuyo estudio tipológico dedicaremos las próximas lecciones. Este estudio lo limitaremos a tres tipos de relaciones intersistémicas: las existentes entre el Derecho internacional y el Derecho de los Estados; las que se dan entre el Derecho de la UE y los ordenamientos de los Estados miembros; y las características entre Estados en el marco del Derecho internacional privado.

Para aclarar las nociones de incorporación y transformación echaré mano ahora, en conclusión de esta lección, de un ejemplo muy sencillo de Derecho internacional privado.

Dos alemanes celebran un contrato de arrendamiento de servicios en España. En una de sus cláusulas los contratantes especifican que se someten a las leyes alemanas. Planteado un desacuerdo entre ellos ante el juez español ¿qué Derecho debe aplicar éste? La solución nos la ofrece el artículo 10.5 del Código Civil español, que estipula lo siguiente: «Se aplicará a las obligaciones contractuales la ley a que las partes se hayan sometido expresamente, siempre que tenga alguna conexión con el negocio de que se trate; en su defecto, la ley nacional común a las partes; (...)». Parece obvio que el juez español deberá aplicar la ley alemana. Pero, hay que preguntarse, ¿por qué razón el juez español aplicará la ley alemana? La respuesta es muy simple: porque el Derecho español le remite a ella. El juez español, como órgano jurisdiccional del Estado español, sólo aplica normas del ordenamiento jurídico español. Ahora bien, éste, en virtud de que reconoce la existencia de otros ordenamientos, para determinados supuestos remite al juez a las normas de esos otros ordenamientos. Para ese supuesto el ordenamiento propio del juez (ordenamiento del foro) le ordena que considere la norma extranjera como propia. Dicho de otro modo: el sistema jurídico español ordena al juez que, para ese supuesto, incorpore la norma alemana al Derecho del foro y la considere española. Esa incorporación de la norma extranjera conlleva su trasformación, pues el juez, para incorporarla debe de examinar si cumple determinadas condiciones que encajen con el ordenamiento español (calificación del supuesto, orden público, fraude de ley, etc.). No incorpora sin más la norma extranjera sino que la introduce en el sistema jurídico propio, transformándola para ese supuesto concreto en norma española. Por eso, la incorporación viene acompañada de la transformación.

En las páginas que siguen tendremos ocasión de profundizar en este mecanismo (incorporación y transformación) con un poco más de detalle para cada tipo de relación intersistémica.

EJERCICIOS

1. Explica la idea de que un ámbito jurídico está formado por un conjunto de procesos de comunicación.

2. ¿Qué quiere decir que en todo ámbito jurídico los procesos de comunicación propios de dicho ámbito tienen como referente al eje dual ORD/SIS?

3. ¿Por qué razón se afirma en este libro que la tesis «el Derecho es texto» no es una tesis ontológica fuerte? Si fuera presentada como una tesis ontológica fuerte ¿qué significaría este cambio?

4. Recuerda lo relativo a la noción de texto (para eso vuelve a las lecciones primeras).

5. ¿Qué son las *relaciones textuales*?

6. Haz un cuadro con los dos tipos de relaciones textuales.

7. Define las *relaciones intratextuales*. Pon un ejemplo que tenga que ver con una novela que hayas leído.

8. En toda relación intratextual tenemos: una totalidad textual y un conjunto de textos parciales. Define ambos elementos y pon un ejemplo relativo al ordenamiento jurídico español.

9. ORD y SIS constituyen, cada uno por su parte, totalidades textuales con sus respectivos textos parciales. Aclara esta idea.

10. ¿Qué tipo de relación textual hay entre ORD y SIS?

11. Define el concepto de *relación intertextual;* ¿qué es lo que relaciona una relación intertextual?

12. Analiza el fenómeno de la recepción del Derecho romano en Europa o en alguno de sus países. Para realizar este ejercicio te será de suma utilidad consultar algún buen libro de Historia del Derecho.

13. En una obra de ciencia jurídica es usual citar a otros autores. Supongamos que se trata de una cita en un libro de Teoría del Derecho como éste que estás estudiando. ¿Qué significado tiene una cita de un autor? ¿y si se cita un precepto de una ley? ¿Y si en vez de una obra de Teoría del Derecho fuese un tratado de Derecho penal?

14. ¿Qué es una cita de autoridad? ¿Y una cita reactiva?

15. Define el concepto de remisión normativa y pon un ejemplo analizando su específica función textual.

16. Analiza el artículo 2º del Código de Comercio en términos de relaciones textuales.

17. ¿Qué diferencia hay entre relaciones interordinamentales y relaciones intersistémicas?

18. Pon en contacto las relaciones intra– e intersistémicas con el principio de relatividad.

19. Explica el mecanismo básico de las relaciones intertextuales, ligándolas con los conceptos de incorporación y transformación.

20. Haz un cuadro que resuma el contenido de esta lección.

XCVII. LA PERSPECTIVA DEL ORDENAMIENTO JURÍDICO INTERNACIONAL

Abordaremos a continuación el estudio de tres típicas relaciones intersistémicas: la que vincula el Derecho internacional con los ordenamientos estatales; la propia del Derecho de la UE en conexión con los Derechos nacionales; y, por último, las relaciones entre ordenamientos estatales a la hora de regular situaciones y relaciones privadas en las que aparece algún elemento extranjero, o sea, las propias que subyacen al Derecho internacional privado. A estos tres tipos de relaciones intersistémicas he dedicado especial atención en el libro ya citado: *Pluralismo jurídico y relaciones intersistémicas. Ensayo de Teoría comunicacional del Derecho,* Thomson-Civitas, Cizur Menor (Navarra), 2007. Te remito a él si quieres profundizar en esta temática un poco más de lo que haremos en este libro, donde me limito a resumir algunas de las ideas fundamentales de la monografía mencionada.

El método que he seguido en la investigación de los tres tipos de relaciones intersistémicas señalados es el que ya conoces por lo que llevas estudiado en esta obra que tienes ante ti. Me inspiro, más que en doctrinas filosóficas más o menos especulativas, en el análisis del material jurídico positivo; o sea, en el propio Derecho positivo. Naturalmente no para quedarme en él, pues entonces no entraría en el campo propio de la Teoría del Derecho, sino para, sobre la base de su conocimiento, aplicarle las directrices básicas de la Teoría comunicacional. El terreno en el que nos movemos –te lo recuerdo para que lo tengas presente a lo largo del análisis– es el de la teoría formal, que constituye tan sólo uno de los planos de la Teoría comunicacional del Derecho, como sabes. Es importante tener esto presente, pues nuestro problema a la hora de analizar las relaciones intersistémicas no va a ser cómo deberían ser éstas, eso puede corresponder a la teoría de las decisiones jurídicas, sino cómo se articulan formalmente, lo que es lo mismo que preguntarnos por la estructura básica que se trasluce en las relaciones intersistémicas estudiadas.

En especial, en las relaciones entre el Derecho internacional y los Derechos estatales tenemos el deber teórico de no confundir nuestros deseos con la realidad. Es éste un campo especialmente sensible a los planteamientos ideológicos y al encubrimiento de la realidad. Obsérvese, por ejemplo, cómo en los últimos tiempos lo que era la definición del Derecho internacional, a saber: el Derecho regulador de las relaciones interestatales en la paz y en la guerra, y por eso distinguíase entre Derecho internacional de la paz y Derecho internacional de la guerra, hoy se ha trasmutado en este binomio muy políticamente correcto: Derecho de la paz y Derecho de las intervenciones humanitarias. El actual Gobierno español hace un uso constante de este modo de hablar; por ejemplo cuando declara que nuestras tropas no están en Afganistán en una guerra sino en «misión humanitaria».

Aunque el debate teórico sobre las relaciones entre el Derecho internacional y el Derecho estatal es de larga data, remontándose a los comienzos del tratamiento teórico de los problemas de la convivencia entre las naciones a comienzos de la Edad Moderna, en tiempos contemporáneos se concreta y alcanza un gran desarrollo a partir de la obra del alemán Heinrich TRIEPEL, al que seguirá en Italia Dionisio ANZILOTTI. El primero publica en el último año del siglo XIX su obra *Völkerrecht und Landesrecht*, que podemos traducir por «Derecho internacional y Derecho estatal» (en una traducción algo libre, pues en su literalidad sería «Derecho de los pueblos y Derecho del país»; «Völkerrecht» es sin embargo la expresión alemana para el Derecho internacional, expresión que tiene su origen en la designación *ius gentium*, Derecho de gentes o de las gentes, que en el siglo XVII se la emplea para designar las cátedras de Derecho natural y de gentes: *ius naturae et gentium*). TRIEPEL teoriza en esta obra la tesis del dualismo jurídico, defiende que el Derecho internacional y el Derecho estatal constituyen esferas jurídicas distintas y separadas. La obra de ANZILOTTI, publicada pocos años después, partirá de esa misma concepción para abordar sus consecuencias en la función de los jueces nacionales; por eso su obra se titula *Il diritto internazionale nei giudici interni*. El dualismo de ambos autores (Derecho internacional y Derecho estatal) se ampliará años más tarde en la obra de Santi ROMANO (*El ordenamiento jurídico*, 1918, ya citada) a la tesis pluralista. No obstante hay que decir que, a pesar del rótulo de doctrina «dualista», puesto que se centraron en el binomio ordenamiento internacional-ordenamiento estatal, en realidad ya estaban inmersos dentro del pluralismo, dada la pluralidad de Estados existentes, o al menos preludiaron dicha concepción pluralista.

Desde nuestro punto de vista (Teoría comunicacional) el Derecho internacional constituye un ordenamiento jurídico que convive con una multitud de otros ordenamientos: los estatales, los de las organizaciones internacionales y supranacionales y otras entidades con personalidad jurídica internacional como los pueblos sin Estado, etc. Para simplificar me referiré sólo a los ordenamientos estatales.

El Derecho internacional, como ordenamiento jurídico que es, tiene su propio sistema e, igualmente, su propia perspectiva. El sistema del Derecho internacional por lo general desarrolla la perspectiva internacionalista. Digo «por lo general», porque ha habido y hay países en los cuales la doctrina internacionalista, aunque parezca paradójico, no ha llegado a adoptar la perspectiva que le es propia, sino que ha elaborado una concepción estatalista. Esto sucede, en efecto, en aquellas construcciones sistémicas en las que se concibe el Derecho internacional como parte del ordenamiento del propio Estado. Tal es el caso de los sistemas inspirados en la concepción hegeliana. Al no admitir esta concepción otro ordenamiento jurídico que el del Estado al que se sirve (en el caso del filósofo HEGEL, el Estado prusiano), el Derecho internacional no forma un ordenamiento independiente sino una parte del Derecho estatal que, como ya he señalado, el filósofo prusiano denomina Derecho estatal externo. La concepción hegeliana del Derecho internacional no mantiene para éste la perspectiva internacionalista sino la estatalista. Pero me parece incontrovertible que por esa vía se llega a la negación del Derecho internacional, sometiéndolo a la voluntad del propio Estado.

Si se afirma que el Derecho internacional es un ordenamiento jurídico independiente, entonces es ineludible adoptar la perspectiva internacionalista. Puede expresarse en los siguientes términos: desde el punto de vista del ordenamiento jurídico internacional, éste es un ordenamiento *superior* a los ordenamientos estatales, lo cual quiere decir, entre otras cosas, que sus normas tienen primacía sobre las normas de los Estados. La perspectiva internacionalista no coincide, sin embargo, con la de los Estados, puesto que éstos tienen la suya propia. De ahí la tensión permanente en que se desarrollan las relaciones entre el Derecho internacional y los Derechos nacionales.

Para entender cabalmente lo que hemos llamado perspectiva internacionalista debemos pararnos un poco a considerar los caracteres básicos del Derecho internacional. Esto nos lleva a echar una breve mirada a su origen histórico y a sus mecanismos básicos de funcionamiento.

El Derecho internacional propiamente dicho surge a comienzos de la Edad Moderna con la finalidad de regular las relaciones entre los Estados nacionales que van consolidándose precisamente durante ese período. Otra de las causas históricas que están en su origen es la necesidad de dar respuesta pacífica a la distribución de los territorios del Nuevo Mundo así como al trato que había que dispensar a las poblaciones indígenas. Éste es el contexto histórico que determina la aparición, primero, de una filosofía de las relaciones internacionales y, después, de un cuerpo de normas que, creciendo a lo largo del tiempo, llega a nuestros días con la fisonomía que hoy posee. En el mundo antiguo no se conoce algo semejante. Para los romanos el concepto de Derecho internacional, como lo conocemos nosotros, fue inexistente. Las relaciones con los demás pueblos siempre las enfocaron como relaciones de nudo poder: Roma llegaba en su dominio hasta allí donde era capaz de mantener el orden de su Derecho. Claro es que las legiones romanas no sólo tuvieron la función de conquista, también fueron factor decisivo de civilización. La larga Edad Media tampoco conoció un ordenamiento internacional. Sólo la consolidación de las monarquías absolutas y la necesidad de regular su convivencia darían lugar a ese nuevo fenómeno.

Otra forma de decir lo mismo es que *el Derecho internacional surge como un ordenamiento jurídico regulador de la coexistencia y de la cooperación entre Estados soberanos.* Nos encontramos así con tres conceptos que son clave para entender el fenómeno jurídico internacional: coexistencia, cooperación y soberanía.

«Coexistencia» es sinónimo de «existir con», «existir al lado de». El hecho básico de la convivencia entre las naciones es que existen una al lado de la otra, y además constituidas en Estados soberanos. La contigüidad geográfica y el hecho de la frontera delimitadora de los respectivos territorios de cada Estado y asimismo de sus respectivas poblaciones son los elementos constitutivos y primarios de todo orden internacional. En un mundo en el que las comunidades humanas no vivieran una al lado de la otra, en un mundo humano sumamente disperso, el Derecho internacional carecería de sentido. La evolución del Derecho internacional es paralela a la evolución de la humanidad y a la progresiva ocupación del globo terráqueo.

El descubrimiento y colonización de América dio paso a una nueva dimensión, la de la convivencia con pueblos desconocidos hasta entonces, a los que los europeos llevaron su civilización. El fenómeno de la coexistencia entre Estados se amplió también a otras tierras lejanas (junto a América, a África y a Asia).

Lo deseable es que la coexistencia o convivencia entre las naciones sea pacífica; pero, como sucede con todo tipo de relaciones vecinales, los roces y conflictos más o menos agudos son una realidad prácticamente inevitable. Por eso, el Derecho internacional se desarrolló, ya desde sus orígenes doctrinales, prestando atención a las dos situaciones típicas entre Estados:

la guerra y la paz. Así puede verse en las obras de los clásicos de la doctrina internacionalista, empezando por nuestro Francisco DE VITORIA.

Tanto la paz como la guerra son situaciones típicas de las relaciones interestatales que tienen como origen la convivencia o coexistencia. Junto a este tipo de relaciones las normas internacionales también regulan la cooperación entre Estados soberanos. Cooperar supone aunar esfuerzos en una dirección común, que puede ser de diversa naturaleza (económica, cultural, militar, etc.). Lo característico de la cooperación internacional es que en ella los Estados siguen siendo soberanos, lo que quiere decir que actúan como Estados independientes que toman sus propias decisiones sin estar sometidos a una organización común. Por ello, los mecanismos típicos de las relaciones cooperativas son los intergubernamentales.

La intergubernamentalidad exige que los Estados adopten posiciones comunes en pie de igualdad. Es expresión de la necesidad de consenso unánime cada vez que hay que llevar a cabo una acción colectiva. Aunque los Estados participen en una organización común creada al efecto, sus decisiones –al menos, las más importantes– son tomadas cada vez de mutuo acuerdo. Lo característico de los mecanismos de intergubernamentalidad es que los Estados se sientan en la mesa de negociación como entes dotados de soberanía y sin renunciar al ejercicio de ninguna de sus competencias soberanas. Como veremos, esta nota diferencia claramente la cooperación y la integración, en la cual los Estados renuncian al ejercicio de determinadas competencias propias de su soberanía y trasladan esas facultades a una organización supranacional dotada de instituciones propias competentes para ejercitarlas.

El concepto de soberanía, como rasgo esencial del Estado moderno, fue acuñado en el siglo XVI por Jean BODIN (Juan BODINO, en la versión española) (1530-1596). En plena escisión interna debido al enfrentamiento entre católicos y hugonotes (protestantes) en Francia, surge un grupo de escritores, denominados *les politiques* («los políticos»), que se proponen formular nuevas ideas para superar la profunda crisis. La directriz básica de este conjunto de escritores consiste en desarrollar aquellos aspectos políticos que puedan unir a los franceses eludiendo su concreta adscripción religiosa, que es lo que les separa de una manera radical y amenazante para la supervivencia del Estado. BODIN pertenece a este grupo y su aportación imperecedera es el concepto de soberanía. Elabora un concepto político-jurídico de soberanía que le va a servir para entender las relaciones del poder soberano con el súbdito en términos exclusivamente político-jurídicos, desligadas por tanto del componente religioso. Pero ¿qué es la soberanía para este autor?

La obra de BODINO en la que trata del concepto de soberanía se titula *Les six livres de la République* (1576) («Los seis libros de la República»). La palabra «República» es equivalente a Estado, no tiene en esa época el significado que ha adquirido en España como un régimen político contrapuesto a la Monarquía. «República» es sencillamente la traducción de *res publica*, la cosa pública, esto es, el Estado. Diez años después de ver la luz la obra publicaría BODINO una nueva versión ampliada de la misma en lengua latina (1586). Este dato hay que tenerlo en cuenta a la hora de estudiar su concepto de soberanía, ya que las definiciones que da en cada versión se complementan muy bien. En la edición francesa se afirma que la soberanía es «el poder absoluto y perpetuo de una República» *(Puissance absolue et perpétuelle d'une République)*. En la versión latina define la soberanía como «poder supremo sobre los ciudadanos y súbditos, no sometido a leyes» *(Summa in cives ac subditos legibusque soluta potestas)*. Como digo, estas dos nociones no son contradictorias, sino que más bien se complementan. Si las unimos obtenemos el siguiente concepto de soberanía: Poder supremo, absoluto y perpetuo, no sometido a leyes, de una República sobre los ciudadanos y súbditos.

BODINO con su obra trató de apuntalar el poder de la monarquía francesa, y en concreto el poder del rey, frente a los distintos grupos que entonces existían, ya fueran partidos políticos, ya facciones inspiradas por ideas religiosas. Su finalidad última era eminentemente práctica. Su concepto de soberanía se adscribe a la persona del monarca. En la filosofía política posterior (sobre todo a partir de HOBBES) es el Estado, como persona jurídica, el que es soberano.

Aunque BODINO presenta el concepto de soberanía como un poder ilimitado y no sometido a ningún otro, tal y como se desprende de las definiciones que hemos citado, sus comentarios en *Les Six Livres de la République* matizan notablemente esa idea. BODINO, en efecto, sostiene que ese poder supremo está sometido a las leyes de Dios y de la naturaleza así como a las que han regido desde siempre al reino de Francia, de tal modo que el monarca no puede faltar a aquellas leyes ni alterar éstas, por ejemplo, en este último caso, enajenando partes del territorio del Estado. Pero, salvo esas limitaciones que provienen de la religión y del carácter sacrosanto del *royaume*, el soberano no está limitado por ningún otro poder humano.

Esta noción de la soberanía se adaptaba perfectamente a los caracteres propios de las monarquías europeas de la época, que habían construido Estados que desde un punto de vista político y militar eran capaces de mantenerse independientes. En la Edad Contemporánea este panorama cambia, pues junto a Estados muy poderosos aparecen en la escena internacional una multitud de pequeños Estados que no pueden ser comparados con aquellos ni en su capacidad económica ni en su poderío militar. Por esa razón entre los autores se genera la tendencia a hacer del concepto de soberanía una noción jurídica, más que política. Desde un punto de vista político, esto es, de la valoración de las fuerza de diverso género, se hace muy difícil equiparar a los Estados Unidos de Norteamérica o a China con Mozambique o Haití. Afirmar que tanto los primeros como los segundos son Estados dotados de soberanía política, esto es, de capacidad real de independencia, suena más a metáfora o a ocultamiento de la realidad que a expresión de un análisis rigurosamente científico. Por el contrario, si es perfectamente asumible que se les atribuya la soberanía en su sentido jurídico.

El concepto jurídico de soberanía apunta a la independencia normativa e institucional del Estado, sea éste el que sea. No implica una capacidad de poder fáctico, sino el reconocimiento de su autonomía en el sentido estricto que tiene esta palabra. La soberanía, en este aspecto, se concreta en que cada Estado tiene un sistema de fuentes del Derecho y un sistema institucional propios, cuya validez no deriva de la validez de ningún otro ordenamiento jurídico. Dicho con otras palabras: afirmar que un Estado es soberano quiere decir que es titular de la competencia sobre las competencias, o sea, que es competente para decidir la estructura competencial que le es propia.

Vistas así las cosas, se entiende muy bien en qué consisten las relaciones de coexistencia y cooperación interestatales que regula el ordenamiento jurídico internacional. En ellas los Estados se presentan como soberanos, en el sentido jurídico expuesto, como entes dotados de plena autonomía normativa e institucional, capaces de adoptar sus propias decisiones con eficacia interna en sus respectivos ordenamientos jurídicos.

Ahora bien, el Derecho internacional, al regular las mencionadas relaciones interestatales, adopta una situación de superioridad sobre los ordenamientos jurídicos de los Estados. Ésta es la otra cara de la perspectiva internacionalista, y puede sostenerse que es la fundamental. El orden jurídico internacional regula las relaciones entre Estados soberanos, sí, ciertamente, pero lo hace desde el ángulo de considerarse a sí mismo (si así se puede hablar) como un ordenamiento jurídico *superior* a los Derechos nacionales.

Es absolutamente lógico que así sea. ¿Qué podría pensarse del ordenamiento jurídico internacional si no tuviera vocación de imponer sus normas a los Estados? La idea de que el Derecho internacional regula la convivencia entre los Estados pero no pretende imponerse a ellos es intrínsecamente contradictoria. Si su objetivo es regular dichas relaciones necesariamente su perspectiva es la de superioridad sobre los ordenamientos estatales.

A su vez, la tesis de la superioridad del Derecho internacional sobre los Derechos domésticos (así denominan los anglosajones a los Derechos nacionales) conlleva la necesidad teórica de reformular un concepto de soberanía. Ésta ya no podría ser definida como la autonomía institucional y normativa, sin más, sino que habría que añadir que dicha competencia de decisión autónoma depende y adquiere su validez de las normas internacionales. Lo cual supone lo mismo que afirmar que el concepto jurídico-internacionalista de la soberanía consiste en que el Estado tiene capacidad para generar su propio Derecho *dentro del respeto a las normas del Derecho internacional.*

Esta superioridad del Derecho internacional sobre los ordenamientos estatales (característica de la perspectiva internacionalista) es rasgo esencial de todas las normas de aquél, tanto del llamado Derecho internacional *general* como del denominado Derecho internacional *particular* o *convencional*.

El ordenamiento jurídico internacional constituye un conjunto de normas (también, como sabemos, de decisiones e instituciones; pero ahora no me voy a detener en ello) que se divide a su vez en dos subconjuntos: el general y el particular.

El primero está compuesto por las normas que regulan las relaciones de todos los Estados entre sí. Es de naturaleza consuetudinaria: esas normas se han ido creando desde comienzos de la Edad Moderna gracias a la práctica habitual de los Estados en sus diversos tipos de relaciones (diplomáticas, comerciales, militares, de guerra, etc.). Como es obvio, el ámbito territorial de validez se extiende a todo el planeta Tierra, tanto a los territorios como a los mares.

El segundo, el Derecho internacional particular, es resultado de los tratados. Un tratado internacional, como ya sabemos, es un acuerdo o convención entre Estados y vincula a los Estados que lo suscriben. Por eso, el Derecho internacional particular recibe también el nombre de convencional. Se caracteriza porque su ámbito de validez no se extiende a todos los Estados sino exclusivamente a los Estados firmantes del tratado o tratados.

Pues bien, la perspectiva internacionalista consiste en el postulado de que el Derecho internacional es un ordenamiento jurídico que se impone, por ser de superior jerarquía, a los ordenamientos estatales. El general, a todos los Estados. El particular, a los Estados firmantes del tratado de que se trate.

NOTAS Y COMENTARIOS

- Heinrich TRIEPEL, *Völkerrecht und Landesrecht*, Verlag von C.L. Hirschfeld, Leipzig, 1899; reimpresión Scientia Antiquariat, Aalen, 1958. Dionisio ANZILOTTI, *Il diritto internazionale nei giudici interni*, Zanichelli, Bolonia, 1905. De este último autor disponemos en español de su *Curso de Derecho internacional*, traducción de la tercera edición italiana por Julio LÓPEZ OLIVÁN, Reus, Madrid, 1935.
- Para la historia del Derecho internacional véase el libro de Adolfo MIAJA DE LA MUELA, *Introducción al Derecho internacional público*, 6ª ed., Atlas, Madrid 1974, pgs. 317 y ss. También Antonio TRUYOL, *Fundamentos de Derecho internacional público*, Ed. Tecnos, Madrid, 1977, pgs. 131 y ss.
- Sobre Francisco DE VITORIA véase el libro de Ángela APARISI MIRALLES, *Derecho a la paz y derecho a la guerra en Francisco de Vitoria*, Prólogo de Gregorio ROBLES MORCHÓN, Ed. Comares, Granada 2007.

- Sobre el concepto de soberanía recomiendo la lectura de los siguientes libros: Hans KELSEN, *Dass Problem der Souveränität und die Theorie des Völkerrechts. Beitrag zu einer reinen Rechtslehre*, 1ª ed., 1920, 2ª ed., 1928, reimpr. Scientia Verlag Aalen 1981. Hay traducción italiana: *Il problema della sovranità e la teoría del diritto internazionale. Contributo per una dottrina pura del diritto*, a cura di Agostino CARRINO, Giuffrè, Milano 1989. Bertrand DE JOUVENEL, *De la souveraineté*, Ed. Génin, París 1955. Hermann HELLER, *La soberanía. Contribución a la Teoría del Derecho Estatal y del Derecho Internacional*, traducción y estudio preliminar de Mario DE LA CUEVA, Universidad Nacional Autónoma de México, México 1965. F. H. HINSLEY, *El concepto de soberanía*, trad. de Fernando MORERA y Ángel ALANDI, Ed. Labor, Barcelona 1972.
- George H. SABINE, *Historia de la Teoría Política*, trad. de Vicente HERRERO, Fondo de Cultura Económica, México-Buenos Aires, 1965. Sobre BODINO, *vide* pgs. 297 y ss. Asimismo Simone GOYARD-FABRE, *Philosophie politique (XVIe-XXe siccle)*, Presses Universitaires de France, París 1987, pgs. 80 y ss. Señala esta autora que el concepto de soberanía ya estaba acuñado por los bartolistas (juristas seguidores de Bartolo DE SASSOFERRATO).

EJERCICIOS

1. Haz el esquema de la lección, destacando los puntos más importantes.

2. Consulta en la biblioteca mi libro *Pluralismo jurídico y relaciones intersistémicas. Ensayo de Teoría comunicacional del Derecho*, Thomson-Civitas, Cizur Menor (Navarra) 2007. Lee el prólogo y el capítulo primero, y después haz un resumen de lo leído.

3. ¿Cuáles son los tres tipos básicos de relaciones intersistémicas que son objeto de estudio en el libro citado en el ejercicio anterior?

4. ¿Cuál es el método que he seguido en la investigación de las relaciones intersistémicas? ¿Se diferencia en algo del método seguido hasta ahora en este libro de texto?

5. Razona la tesis de que el estudio teórico de las relaciones intersistémicas pertenece a la teoría formal del Derecho, la cual, como ya sabes, constituye una de las partes de la Teoría comunicacional del Derecho.

6. ¿Por qué motivo el Derecho internacional es un campo especialmente sensible a los planteamientos ideológicos?

7. ¿Cuál es la idea central de TRIEPEL y de ANZILOTTI? Relaciona el dualismo y el pluralismo jurídico.

8. ¿Cómo es posible que, en determinados autores, el sistema del Derecho internacional (es decir, la doctrina) –que es el reflejo del ordenamiento jurídico internacional– adopte la perspectiva estatalista?

9. ¿A qué llamamos *perspectiva internacionalista*?

10. ¿Cuál es el origen histórico del Derecho internacional, tal como lo conocemos hoy? ¿Cuáles fueron los factores que dieron lugar a su creación?

11. Define los fenómenos de la *coexistencia* y la *cooperación* entre los Estados.

12. Explica el concepto de «intergubernamentalidad». A este respecto pon un ejemplo aclaratorio.

13. Comenta las dos definiciones de soberanía que da BODINO. ¿Te parece bien la unión de ambas en una sola, o crees que son incompatibles?

14. ¿Quiénes fueron *les politiques*, y qué pretendían? ¿Cuál era la situación de la Francia contemporánea de BODINO? Para contestar a esta pregunta consulta un buen libro de Historia de las Ideas Políticas.

15. Diferencia entre el concepto político y el concepto jurídico de soberanía. En especial, concreta el sentido jurídico de la soberanía desde la perspectiva internacionalista.

16. ¿Es lógico que el Derecho internacional se considere a sí mismo como un ordenamiento jurídico superior a los ordenamientos estatales?

17. ¿Qué es el Derecho internacional *general*? ¿Y el Derecho internacional *particular*? ¿Por qué este último se denomina también *convencional*?

18. ¿Cómo se aplica la perspectiva internacionalista al Derecho internacional general y al Derecho internacional particular?

XCVIII. LAS RELACIONES JURÍDICAS ENTRE EL ORDENAMIENTO JURÍDICO INTERNACIONAL Y LOS ORDENAMIENTOS JURÍDICOS ESTATALES

Desde el punto de vista *genético*, esto es, de la generación en el tiempo, los ordenamientos estatales son originarios y el Derecho internacional es derivado. Recordarás que lo hemos estudiado antes. Esta «derivación» no se refiere a que las normas internacionales deriven su validez de las estatales, sino únicamente a que los Derechos de los Estados preceden, en su existencia temporal, al Derecho internacional. Éste, en efecto, surge para dar respuesta a una necesidad, la de regular las relaciones de esas entidades soberanas que se van formando en Europa a partir de la época del Renacimiento. Los Estados nacionales son los nuevos sujetos de la escena y por eso se hace imprescindible la creación de un conjunto normativo que regule su convivencia. Creo que todo esto no plantea problema alguno, ya que es muy normal que se admita que sólo porque existían los Estados apareció el Derecho internacional. Mientras aquéllos no vieron la existencia en la forma en que los conocemos, éste brilló por su ausencia. Desde el punto de vista de su génesis, por tanto, la cuestión no plantea dudas: el ordenamiento jurídico internacional debe su existencia al hecho de la existencia previa de los ordenamientos jurídicos estatales. Éstos tienen su origen en sí mismos, mientras que aquél surge como consecuencia de que los Estados se encuentran ya constituidos como entes que están en contacto.

Nos interesa más detenernos a considerar las relaciones entre el Derecho internacional y los Derechos estatales desde el punto de vista *jurídico*. La perspectiva jurídica se enfrenta a nuestro problema, que es el de las relaciones intersistémicas. Se pregunta: ¿cómo articula el Derecho las relaciones entre el sistema jurídico internacional y los sistemas jurídicos nacionales o domésticos? Nos encontramos aquí de nuevo con el debate entre monismo y pluralismo, o para ser más exactos, entre monismo y dualismo, ya que de lo que se trata es de dilucidar la relación sistémica entre dos conjuntos ordinamentales: el Derecho internacional y el Derecho del Estado.

La posición monista, como ya sabemos, considera el mundo jurídico como algo unitario. Tiene su origen doctrinal en el Derecho natural estoico y cristiano. Partiendo de la igualdad de todos los hombres por ser todos ellos criaturas de Dios, se acuña el concepto de *humanidad (humanitas)* como una comunidad global que abarca a todas las comunidades parciales, a los diversos pueblos que existen sobre la faz de la Tierra. Esta comunidad total tiene su propio Derecho. Se trata de un Derecho asimismo global que no refleja las peculiaridades de las comunidades concretas, sino que proviene de lo que de común tienen los hombres: su naturaleza humana, definida en el terreno ético por la razón, instrumento capaz de conocer el bien y el mal, esto es, capaz de actuar como razón práctica. El Derecho natural estoico-cristiano está formado por un conjunto de principios normativos de carácter ético cuya validez es universal y que ha de servir de fundamento a los Derechos de las comunidades concretas, en definitiva, a los Estados.

Esta idea básica de la comunidad universal de los seres humanos, unida a la de un Derecho natural que tiene su asiento en la razón práctica, será revitalizada por los filósofos y los juristas de la Modernidad. La elaboración doctrinal del Derecho internacional desde el siglo XVI maneja con soltura estos conceptos, como puede apreciarse en las obras de sus más insignes representantes: Francisco De Vitoria y Hugo Grocio. Los contenidos normativos del Derecho internacional son elaborados primero en el seno de las obras de los autores para pasar después a los textos positivos. En su trabajo los autores lo conciben como una plasmación o continuación de los principios del Derecho natural. De ahí que muchas de sus obras lleven en su título la referencia expresa de *«ius naturae et gentium»*, Derecho natural y de gentes, o sea, Derecho natural e internacional. En las obras de pensamiento, por tanto, el concepto y los principios del Derecho internacional surgen como una prolongación o aplicación de los principios iusnaturalistas. Y si el Derecho natural es el Derecho que rige para toda la *humanitas*, así debe suceder con el Derecho internacional, como consecuencia directa de aquél.

De ese *ius naturae et gentium* han de derivarse las normas básicas de los Estados, ya que éstos no pueden contradecir gravemente los principios de una ética universal. El Derecho propio de la naturaleza racional del hombre y regulador de la convivencia de todos los pueblos, por su propia índole, está llamado a ser la bóveda y, al mismo tiempo, fundamento de los Derechos de los pueblos concretos que forman la humanidad. Se desarrolla así una concepción unitaria y armoniosa del universo jurídico en cuyo escalón superior está el Derecho natural y de gentes, para concretarse en sucesivas manifestaciones estatales. Los ordenamientos de los Estados no son otra cosa que concreciones de aquel Derecho natural y de gentes, concreciones que permiten la adaptación de los principios universales de convivencia a las peculiaridades de cada país. El Derecho en su conjunto se manifiesta por tanto en dos momentos: el Derecho natural y de gentes, en la parte superior, y el Derecho de la *civitas*, en la inferior y como prolongación y adaptación del primero. Nos encontramos así ante una concepción unitaria del Derecho, si bien en su seno se manifiesta en dos momentos que van enlazados: el del Derecho superior y el del Derecho del Estado. Se trata de un monismo que permite en su interior una diferenciación dualista, pero con el rasgo fundamental de que el Derecho inferior está supeditado en su validez al superior, formando por ello una unidad básica de contenidos.

La Escuela de Viena recoge esta idea y la elabora a su manera. El internacionalista Alfred VERDROSS, al menos en su etapa de madurez intelectual, sigue la estela iusnaturalista al teorizar la construcción monista. Desde el positivismo jurídico defendido por KELSEN se abren dos perspectivas diferentes, como ya hemos estudiado: la estatalista y la internacionalista. KELSEN es partidario de esta última, no por razones científicas sino ideológicas. Si se es pacifista, viene a decir, es lógico que se acepte la primacía del Derecho internacional sobre los ordenamientos estatales. El monismo lo sostiene KELSEN para ser fiel al postulado de la unidad de la ciencia jurídica, tal como él lo entiende; y el internacionalismo lo defiende en base a sus argumentos anti-imperialistas.

Por las razones que ya expuse antes la posición más razonable, a día de hoy, es la de la pluralidad de ordenamientos jurídicos. El Derecho no es una realidad unitaria, sino que sólo representa un nombre designativo de una realidad compleja, la de múltiples ordenamientos jurídicos que conviven en el espacio de la Tierra. La perspectiva de la Teoría del Derecho es universal, en el sentido de que no adopta el punto de vista de un ordenamiento jurídico concreto, sino que se enfrenta ante el Derecho *posible* en sus diversas manifestaciones. Desde ese prisma el problema de las relaciones entre sistemas jurídicos lo ha de articular contemplando la realidad histórica y presente. Esto nos lleva a considerar de nuevo el perspectivismo característico de todos los sistemas jurídicos.

Lo diré de una forma contundente: el punto de vista de la dogmática jurídica es el propio de *un* ordenamiento jurídico. El sistema internacional adopta una perspectiva diferente a la de los Estados, y éstos a su vez tienen, cada uno, la propia. En otras palabras: cada sistema jurídico, resultado de la construcción hermenéutica que efectúa la dogmática sobre el material textual de un ordenamiento, implica una determinada solución al problema de las relaciones entre el Derecho internacional y los Derechos nacionales. No hay, pues, una solución general, sino soluciones ordinamentales concretas.

El Derecho internacional tiene su propio punto de vista, el de su supremacía sobre los ordenamientos jurídicos estatales. Esta perspectiva, sin embargo, no tiene por qué ser compartida por los Derechos nacionales, y de hecho la mayoría de las veces no la comparten.

Cada Estado, en efecto, determina sus propias relaciones con el Derecho internacional. La realidad presenta, a este respecto, posiciones muy distintas.

Estas posiciones, como digo, son harto diferentes, pues van desde las más internacionalistas, en el sentido de mostrar una gran apertura al Derecho internacional, hasta las más estatalistas, que son aquellas que exigen que, para que las normas internacionales sean de aplicación por los jueces del Derecho estatal, han de pasar por controles estrictos o por procedimientos de validación interna. Para el Estado la cuestión de cómo se relaciona su ordenamiento jurídico con el Derecho internacional es equivalente a la cuestión que plantea hasta qué punto y bajo qué condiciones las normas internacionales son aplicables por sus órganos internos. Se trata obviamente de un problema que afecta directamente a las fuentes del Derecho y, por consiguiente, a la aplicación de las normas por parte de los órganos del Estado. Si un Estado es muy aperturista, es decir, abierto al Derecho internacional, las normas de éste penetrarán en el tejido del Derecho interno del Estado sin filtros especiales. Si, por el contrario, se exige activar dichos filtros, y éstos son rigurosos, las normas internacionales no serán de aplicación interna en tanto en cuanto no hayan sido incorporadas al Derecho estatal, y ello significará que dichas normas han pasado por los procedimientos exigidos para su «estatalización». La cuestión de la que tratamos no es, como puede verse, «meramente teórica» (si tales cuestiones existen realmente, ya que no hay nada más práctico que una buena teoría), sino que afecta de modo decisivo a la vida diaria del Derecho.

Existen diversas técnicas de incorporación del Derecho internacional al Derecho interno de los Estados. Pero en todo caso, sea cual sea la técnica empleada, siempre serán incorporaciones textuales que generan una transformación del texto incorporado. Bien es verdad que cada una de esas técnicas supone la activación de uno u otro procedimiento. Antes de pasar a explicar las técnicas, conviene detenerse un momento en lo que supone la incorporación y la transformación aludidas en el tipo de relaciones intersistémicas que estamos estudiando ahora.

Las normas del Derecho internacional son, en primer lugar, las normas de los tratados internacionales; en segundo lugar, las costumbres internacionales; y, por fin, los principios generales del Derecho. La jurisprudencia de los tribunales internacionales y la doctrina de los autores más reconocidos sirven oficialmente como auxiliar de las fuentes citadas, aunque habría que preguntarse hasta qué punto jurisprudencia y doctrina no son de hecho verdaderas fuentes de normas internacionales.

Recordemos el artículo 38.1 del Estatuto del Tribunal Internacional de Justicia:

> «El Tribunal, cuya función es decidir conforme al Derecho internacional las controversias que le sean sometidas, deberá aplicar: a) Las convenciones internacionales, sean generales o particulares, que establecen reglas expresamente reconocidas por los Estados litigantes. b) La costumbre internacional como prueba de una práctica generalmente aceptada como Derecho. c) Los principios generales del Derecho reconocidos por las naciones civilizadas. d) Las decisiones judiciales y las doctrinas de los publicistas de mayor competencia de las distintas naciones, como medio auxiliar para la determinación de las reglas de Derecho (...).»

No vamos a entrar ahora a comentar este precepto ni a averiguar su alcance como norma enumerativa de las fuentes del ordenamiento jurídico internacional. Para nuestro propósito actual, basta con comprender que dicho ordenamiento, como cualquier otro, tiene su propio sistema decisional-institucional-normativo que se concreta en un conjunto de textos, algunos de los cuales nacen como escritos y otros como textualizables; textos todos ellos que componen el ordenamiento internacional sobre el cual ejerce la doctrina de los autores sus funciones para elaborar el sistema jurídico internacional. Desde el punto de vista de la Teoría comunicacional del Derecho tanto la jurisprudencia como la doctrina ejercen unas funciones decisivas, muy por encima del papel que le adscribe el precepto citado de ser mero medio auxiliar para determinar la norma aplicable al litigio en cuestión.

A la pregunta: ¿cómo se incorpora al Derecho del Estado la totalidad textual que es el sistema jurídico internacional?, no queda otra opción, al observar la realidad, que responder: cada sistema jurídico tiene su respuesta. La propia del Derecho internacional es ésta: sin dilaciones y en pleno, esto es, automáticamente todas sus normas pasarían a formar parte de los sistemas jurídicos nacionales. Ésta es la respuesta propia de la perspectiva internacionalista. ¿Y los Estados, qué dicen a este respecto? Cada uno adopta su propia postura que, por lo general, no coincide con la posición internacionalista. Todo Estado decide por sí mismo sus relaciones con el ordenamiento internacional. Pero, independientemente de cuál sea esta postura en concreto, una vez que el Estado de que se trate haya filtrado y controlado la entrada en su interior de normas internacionales, se produce un fenómeno de doble faz: el fenómeno de la *incorporación/transformación.*

Afirmar que las normas internacionales, o en su caso algunas de ellas, se incorporan al Derecho estatal o interno significa que la totalidad textual, o textos parciales de ella, que conforma el sistema jurídico internacional, o alguna de sus partes, se introduce, penetra, ingresa en el interior del ordenamiento estatal para formar parte de dicho ordenamiento. Sólo de esta manera los jueces y demás órganos estatales serán competentes para aplicar las normas internacionales en asuntos de Derecho interno. Sin tal incorporación dichos jueces y órganos no pueden aplicar Derecho internacional ni ningún otro Derecho, pues los órganos internos sólo pueden aplicar Derecho interno. Los jueces y los órganos administrativos, que son los que se enfrentan ante los casos concretos, están habilitados por su propio ordenamiento para aplicar sus normas, y se entiende que cuando aplican normas de otros ordenamientos se debe a que el propio las ha incorporado.

La incorporación de normas ajenas a un sistema jurídico implica necesariamente que aquellas normas se transforman ya que pasan a formar parte de dicho sistema jurídico, lo cual supone que serán interpretadas y aplicadas en los contextos propios del sistema. Si me permites una tosca comparación, te diré, lector, que si te comes un buen bocadillo de sardinas, éstas se incorporan a tu organismo y se transforman en tu carne, dejan de ser sardinas para formar parte de tu ser orgánico. Este símil biologista es esclarecedor si lo aplicamos al problema actual. Las normas del Derecho internacional, una vez que un sistema jurídico estatal les ha abierto la puerta para que entren en su interior, se incorporan al mismo y se transforman en normas internas. Y de igual manera a como un organismo biológico a veces asimila la materia que entra en él, y en ocasiones la repele por estar en malas condiciones, así sucede con el ordenamiento jurídico que remite a otro Derecho para que lo apliquen sus propios órganos. Las normas ajenas son sometidas a un proceso de control del que puede derivarse la asimilación o la repulsa.

Una comparación, menos burda que la anterior, con el fenómeno jurídico que estamos tratando nos la proporcionan los trasplantes corporales. Cuando a una persona se le trasplanta un órgano de otro individuo se efectúa una complicada operación de incorporación de un órgano propio de un organismo a otro organismo, y una vez incorporado hay que comprobar si el organismo receptor lo acepta o no; si lo acepta puede decirse que lo ha transformado en un órgano propio. Así sucede en el caso de las relaciones intersistémicas. En concreto, en las relaciones entre Derecho internacional y Derechos estatales, cada Estado establece sus cautelas y sus controles con respecto a la recepción del Derecho internacional o de algunas de sus normas.

Hay Estados muy abiertos al Derecho internacional. Son aquellos que consideran que las normas internacionales penetran en el ordenamiento interno del Estado automáticamente desde el momento en que surgen. Esos Estados, por decirlo de una manera sencillamente inteligible, han aceptado la perspectiva internacionalista de superioridad del ordenamiento internacional. Pero, no se olvide, son ellos mismos como Estados soberanos los que han decidido que, para su ordenamiento, tengan primacía las normas internacionales, lo cual quiere decir varias cosas. Ante todo, que las citadas normas penetran en el ordenamiento estatal y se incorporan a él como propias. Como consecuencia de ello, los órganos estatales están obligados a aplicarlas a los supuestos que contemplan por encima de cualesquiera otras normas estatales que pudieran existir en el Derecho nacional. Las normas internacionales tienen por eso un efecto derogatorio de las normas estatales incompatibles con ellas.

Se suele citar a Holanda como un ejemplo de Estado abierto al Derecho internacional.

Otros Estados, por el contrario, son muy celosos de su soberanía, por lo que no aceptan sin más la prioridad de las normas internacionales. Esta postura, no obstante, admite diversos matices o posiciones.

En el Reino Unido, por ejemplo, se diferencia entre el Derecho internacional general y el convencional. El primero, compuesto por costumbres que provienen de las prácticas habituales propias del trato recíproco de los Estados, es aceptado directamente como Derecho del Reino: *the international law is a part of the law of the land.* Pero con los tratados el Derecho británico exige un tratamiento muy riguroso que consiste en que, para ser Derecho interno, hayan de ser aprobados en el Parlamento como si fuesen leyes. De modo que en Gran Bretaña se da un tratamiento dual al Derecho internacional, diferenciando entre el Derecho consuetudinario y el Derecho de los tratados. Ahora bien, hay que tener en cuenta que en el mundo moderno es este último bloque de normas el que tiene mayor importancia; pues las costumbres internacionales se quedan en la regulación de aspectos muy genéricos y cuasimorales (la famosa comity o cortesía internacional). Hoy el Derecho internacional es, sobre todo, Derecho convencional, normas jurídicas internacionales acordadas en los tratados. Por eso puede afirmarse que la postura del Reino Unido es más bien estatalista, guardián de su soberanía y por tanto de su autonomía, lo cual a su vez es resultado del modo en que entiende la función del Parlamento en su relación con el Derecho en general y con el Derecho interno en particular.

En España la Constitución regula los aspectos básicos de la relación entre el ordenamiento internacional y el ordenamiento interno en los artículos 93 a 96 (hazme el favor de leerlos ahora mismo). Aquí no voy a hacer un análisis pormenorizado de esta cuestión, ya que no es éste un libro de Derecho internacional, ni de Derecho constitucional, sino de Teoría del Derecho. Me limitaré a llamar la atención sobre los rasgos básicos.

Por una parte la Constitución establece determinadas cautelas o controles previos para autorizar la celebración de determinadas clases de tratados. A este efecto hace algunos distingos.

Aquellos tratados que supongan la atribución a organizaciones o instituciones internacionales del ejercicio de competencias derivadas de la Constitución (es decir, de competencias soberanas) requieren la autorización expresa de las Cortes mediante ley orgánica. Obsérvese que el precepto no dice que se trasfieren a la organización internacional las competencias sino el *ejercicio* de las mismas. El Estado, por tanto no renuncia a las competencias mismas, sino a su ejercicio, cosa bien distinta. Esa atribución del ejercicio de competencias soberanas es, sin duda, un acto de gran trascendencia política y jurídica, y ésa es la razón por la que el constituyente ha exigido que las

Cortes autoricen por ley orgánica la celebración del correspondiente tratado. Como sabemos ya, el procedimiento de la ley orgánica exige la mayoría absoluta de los miembros del Congreso, a diferencia del procedimiento para la aprobación de leyes ordinarias, que sólo requiere la mayoría simple.

La Constitución de 1978 establece un segundo grupo de tratados respecto de los cuales exige la previa autorización de las Cortes Generales. Estos tratados se caracterizan por poseer especial relevancia: tratados de carácter político, de carácter militar, que afecten a la integridad territorial o a los derechos y deberes fundamentales, que impliquen obligaciones financieras para la Hacienda pública y aquellos que supongan modificación o derogación de alguna ley o exijan medidas legislativas para su ejecución.

Los demás tratados que no pertenezcan a las categorías anteriores deberán ser simplemente objeto de información al Congreso y al Senado.

Independientemente de la categoría a que pertenezcan, los tratados internacionales válidamente celebrados (se entiende que la celebración válida de los tratados consiste en el cumplimiento de las normas internacionales que regulan esa cuestión) *formarán parte del ordenamiento interno una vez publicados oficialmente en España.*

Así pues, cumplido el procedimiento en la celebración de un tratado (procedimiento que se extiende tanto a las cautelas de Derecho interno como a lo exigido por el Derecho internacional de los tratados), para ser Derecho español interno sólo se exige la *publicación* en el diario oficial, el BOE. Sin publicación el tratado no se incorpora al derecho interno. Por medio de la publicación el tratado pasa a formar parte del Derecho interno, transformándose sus normas en normas del Derecho español. El texto que es el tratado, además de ser un texto parcial perteneciente al Derecho internacional, pasa a ser asimismo un texto que forma parte de la totalidad textual que es el ordenamiento jurídico de España.

No obstante, se prevé un control que puede ejercerse con anterioridad o posterioridad a la publicación del tratado: el Tribunal Constitucional puede declarar si existe contradicción entre las normas del tratado suscrito y la Constitución. Pues, por mucho que el Estado acepte en su seno normas internacionales, no puede admitir aquellas que supongan una incompatibilidad con el Derecho interno de jerarquía superior: la Constitución.

NOTAS Y COMENTARIOS

– «La denominación más antigua del Derecho internacional, *ius gentium,* la encontramos en los romanos. Con ella no sólo designaban al Derecho interestatal, sino también al Derecho regulador del tráfico con los *peregrini* así como al Derecho común a todos los pueblos. En ISIDORO DE SEVILLA (560-636) el *ius gentium* abarca, junto a los asuntos de Derecho internacional (guerra, prisioneros de guerra, alianzas, tratados de paz, armisticios e inviolabilidad de los embajadores), asuntos de naturaleza intraestatal, tales como: construcción y amurallamiento de núcleos poblacionales, esclavitud, recuperación de derechos a la liberación del cautiverio y prohibición de contraer matrimonio con extranjeros. Esta lista de asuntos la recoge el *Decretum Gratiani* (hacia 1400). La designación originaria del Derecho internacional la encontramos hoy en las siguientes versiones: *Derecho de gentes, Law of nations, Droit des gens, Diritto delle genti, Völkerrecht.* A comienzos de la Edad Moderna surge la nueva denominación *ius inter gentes* que Francisco DE VITORIA (hacia 1480-1546) invoca en la siguiente definición: »*Quod naturalis ratio inter omnes gentes constituit, vocatur ius gentium*» (*Relectio de Indis,* III, 2). Francisco SUÁREZ (1548-1617) conjunta en el *ius gentium* tanto el *ius inter gentes* como el derecho con vigencia concordante en el interior de los Estados *(ius quod singulae civitates, vel regna intra se observant)* (*De legibus, ac Deo legislatore,* 1612), II cap. 19,8.» Alfred VERDROSS y Bruno SIMMA, *Universelles Völkerrecht. Theorie und Praxis,* 3ª edición, Duncker & Humblot, Berlin, 1984, pg. 1.

– Para ampliar el tema de las relaciones entre el Derecho internacional y el Derecho español te remito a las lecturas siguientes: Jorge RODRÍGUEZ-ZAPATA Y PÉREZ, «Derecho internacional y sistema de fuentes del Derecho: la Constitución Española» en: *La Constitución Española de 1978.* Estudio sistemático dirigido por los profesores Alberto PREDIERI y Eduardo GARCÍA DE ENTERRÍA, Editorial Civitas, 2ª ed., 1981 (hay reimpr. posterior) pgs. 575-611. Julio GONZÁLEZ CAMPOS/Luis I. SÁNCHEZ RODRÍGUEZ/Paz ANDRÉS SÁENZ DE SANTA MARÍA, *Curso de Derecho Internacional Público,* 3ª ed., Thomson-Civitas, Madrid 2003, capítulo VIII. Cesáreo GUTIÉRREZ ESPADA, *Derecho Internacional Público,* Editorial Trotta, pgs. 367 y ss.

EJERCICIOS

1. Resume el contenido de la lección mediante un esquema que resalte los puntos básicos.

2. Califica el Derecho internacional y el Derecho estatal desde la perspectiva de su génesis temporal y explica el significado de esta clasificación.

3. ¿A qué se llama Derecho doméstico? Sustituye esta expresión por otras que sean sinónimas.

4. Comenta el concepto de *humanitas.* ¿En qué tipo de pensamiento jurídico alcanza este concepto su pleno significado? ¿Qué tiene que ver con la idea del Derecho internacional?

5. ¿Qué es el Derecho de gentes?

6. Relaciona el Derecho natural con el Derecho internacional.

7. ¿Qué quiere decir que el monismo iusnaturalista es compatible con una dualidad interna?

8. ¿Cuál es la postura de VERDROSS sobre la relación entre Derecho natural, Derecho internacional y Derecho estatal? ¿Y la de KELSEN? ¿Hay diferencias entre ambas posiciones? ¿Cuáles?

9. ¿Cuál es la idea central del pluralismo jurídico y cuál es su justificación?

10. ¿Por qué razón no hay una solución general para el problema de las relaciones jurídicas entre el Derecho internacional y los ordenamientos jurídicos estatales?

11. ¿Qué significado práctico tiene la cuestión de la relación existente entre el Derecho internacional y el Derecho estatal?

12. En la problemática tratada ¿a qué llamamos Estado aperturista?

13. ¿Qué quiere decir que cada Estado, por medio de las normas de su ordenamiento jurídico, determina el género de relaciones que tiene con el Derecho internacional?

14. Comenta con cierto detenimiento el artículo 38.1 del Estatuto del Tribunal Internacional de Justicia.

15. El Derecho internacional ¿tiene sus propias fuentes?

16. Comenta el fenómeno de la incorporación/transformación de las normas de Derecho internacional en el seno de los ordenamientos jurídicos estatales.

17. ¿Por qué razón crees que un juez español sólo está autorizado para aplicar Derecho español?

18. Explica los símiles biologistas que aparecen en el texto con el fin de aclarar en qué consiste el fenómeno de incorporación/transformación de Derecho internacional en el Derecho interno de los Estados.

19. Comenta de qué modo el Derecho británico trata la incorporación/transformación de las normas internacionales en el Derecho del Reino Unido.

20. ¿Qué condiciones exige la Constitución Española para la celebración de tratados internacionales? ¿Y para su incorporación/transformación en Derecho interno español?

XCIX. EL SISTEMA JURÍDICO DE LA UNIÓN EUROPEA: SUS RASGOS BÁSICOS

Después de estudiar las relaciones entre el ordenamiento internacional y el Derecho de los Estados con la brevedad exigida por un libro como éste, cuyo propósito es exponer en una visión panorámica y sintética la Teoría comunicacional del Derecho, vamos a abordar ahora de modo similar un fenómeno específico de nuestros días. Me refiero a las relaciones características de un tipo de ordenamiento jurídico que surge mediante tratados internacionales pero que no pertenece al Derecho internacional ya que se constituye como un ordenamiento autónomo, con personalidad propia. Para ello nos centraremos en las relaciones jurídicas entre el Derecho comunitario europeo y el Derecho de los Estados miembros de la Unión Europea.

Para empezar haré una simplificación que me permita desembocar en el análisis del tipo de relaciones intersistémicas que intento en esta lección. Originariamente las tres Comunidades Europeas (CECA, CEEA y CEE) se generan por Tratados (de París en 1951 y de Roma en 1957) como organizaciones supranacionales cuyo sistema jurídico puede ser calificado de Derecho de *integración*. Enseguida veremos lo que significa esto, ahora voy a otra cosa. A partir del Acta Única Europea (1986) se introduce (aunque con otro nombre) la Política Exterior Común bajo el signo de la cooperación (esto es, como un mecanismo pensado en términos habituales en el Derecho internacional). El Tratado de Maastricht (1992) crea la Unión Europea, organización que agrupa en su seno los llamados tres pilares: en primer lugar, el pilar de la integración (las tres Comunidades Europeas), con la peculiaridad de que la CEE pierde la segunda E (económica) pasando a denominarse «Comunidad Europea»; en segundo lugar, el pilar de cooperación relativo a la política exterior (PESC); y por último, el pilar de cooperación relativo a la política interior (CAJAI). Después, los tratados posteriores, en especial el de Lisboa (que entró en vigor el 1 de diciembre de 2009), pasan la política interior al pilar «comunitarizado» o «integrado», quedando la política exterior en el pilar cooperativo.

Aquí no puedo presentar una historia, ni siquiera en sus rasgos más esenciales, de la formación de la Unión Europea desde sus comienzos en 1951 hasta el presente. Tampoco es posible resumir en unos breves párrafos esa evolución con un poco de rigor, dada la complejidad de dicha organización. Tan sólo pretendo en este momento dejarte claro lo siguiente: la UE es un ente jurídico que tiene su origen y experimenta sus transformaciones gracias a unos tratados internacionales y que, hoy por hoy, en su seno abarca dos tipos de Derecho: el Derecho de la integración y el Derecho de la cooperación (este último, como acabo de señalar, referido a la política exterior de la Unión). El núcleo duro está formado por la integración; el aspecto más laxo, por la cooperación. En los ámbitos de la integración las decisiones las toman las instituciones comunitarias; en el marco de la política exterior se funciona con mecanismos propios del Derecho internacional (básicamente intergubernamentales). Pues bien, aquí voy a analizar tan sólo en qué consiste el Derecho de *integración*, que es el más característico del Derecho europeo. En esto consiste la simplificación a la que me refería antes. No vamos a penetrar en la complejidad de las relaciones jurídicas entre la UE y los Estados miembros en todos sus aspectos, sino sólo en aquellos que conforman el Derecho de la integración europea.

Mientras que el Derecho internacional es un ordenamiento jurídico de coexistencia y cooperación, el Derecho europeo es básicamente (con los matices apuntados) un *ordenamiento jurídico de integración.* Primero me referiré a que el Derecho comunitario es *un* ordenamiento jurídico; y en segundo lugar, a que es un Derecho de *integración.*

El Derecho de la UE (tradicionalmente llamado también Derecho comunitario y Derecho europeo, aunque esta última denominación es menos apropiada) constituye un ordenamiento jurídico. Se origina y se transforma merced a instrumentos típicos del Derecho internacional, los tratados (tanto los fundacionales como los modificativos); pero el ordenamiento que originan dichos tratados no es Derecho internacional, no forma parte del ordenamiento internacional. Se trata, en efecto, de un ordenamiento jurídico autónomo, independiente, con un sistema institucional y de fuentes propio. Tampoco es el ordenamiento comunitario un Derecho estatal, ya que la UE no es un Estado. Es un ordenamiento jurídico peculiar, propio de una organización *supranacional* que ha surgido como consecuencia de un pacto entre los Estados miembros. Ese ordenamiento tiene la característica de que *se integra* en los ordenamientos de los Estados miembros, pasando a formar parte de las normas de estos últimos.

A diferencia del Derecho internacional, cuyos sujetos son fundamentalmente los Estados (los individuos sólo son sujetos en aspectos muy limitados, p. ej. para ser juzgados por haber cometido delitos que forman parte de los llamados crímenes contra la humanidad), los sujetos del Derecho comunitario europeo son las personas físicas y jurídicas, además de los Estados miembros. De otro modo sería imposible la construcción de un mercado común cuyos protagonistas son las empresas y los individuos. Las normas jurídicas de la UE no pueden ir dirigidas sólo a los Estados miembros de la Unión (actualmente 27, tras el ingreso de Rumanía y Bulgaria). Los agentes del mercado son los destinatarios más comunes puesto que las finalidades de la Unión no pueden conseguirse de otro modo que regulando las situaciones y relaciones jurídicas de los factores económicos. La creación de un espacio común con normas jurídicas comunes sólo es posible si los Estados miembros renuncian al ejercicio de sus competencias normativas y trasladan esas capacidades a las instituciones del ente que han constituido de mutuo acuerdo.

Ésta es la idea básica para entender la naturaleza del Derecho europeo y, asimismo, sus relaciones con los Derechos nacionales. La UE y el ordenamiento jurídico comunitario (que desde el punto de vista jurídico son la misma cosa) han surgido como consecuencia de un pacto entre Estados. Originariamente, de los seis Estados fundadores, a los que se han ido añadiendo en sucesivas ampliaciones otros Estados que han dado asimismo su asentimiento. Cada vez que un Estado nuevo ha ingresado en la UE ha tenido que hacerlo mediante un tratado de adhesión que le comprometía a aceptar todas las condiciones pactadas con los Estados miembros así como a aceptar el acervo comunitario (expresión utilizada para designar el conjunto de normas y principios que rigiesen en el momento del ingreso).

El *pacto* entre los Estados miembros tiene dos aspectos que van íntimamente unidos: la *renuncia* y la *transferencia*.

Los Estados miembros han renunciado al ejercicio de competencias que derivan de su soberanía; o, dicho con otras palabras, que derivan de su constitución. La soberanía estatal consiste en la competencia sobre las competencias y sobre el ejercicio de las mismas. Los Estados miembros de la Unión Europea, al pactar, han renunciado a ejercer determinadas competencias que hasta entonces habían ejercido. ¿De qué competencias se trata? De aquellas que afectan a las materias que determinan los Tratados fundacionales y los sucesivos Tratados que los han modificado. A este respecto hay que señalar que en el Tratado de Lisboa se ha hecho un esfuerzo de clarificación para determinar las competencias que corresponden a la UE, cuestión en la que no voy a entrar, lo que me interesa es que te quede claro que las competencias a cuyo ejercicio los Estados miembros han renunciado vienen establecidas, con mayor o menor precisión, por los Tratados constitutivos y por los que sucesivamente los han ido modificando a lo largo del tiempo. Bien es cierto, sin embargo, que, para tener un cuadro lo más nítido posible de las competencias, es necesario acudir a la jurisprudencia del Tribunal de Luxemburgo (debido, sobre todo, a que los límites entre las competencias de la UE y las de los Estados miembros no siempre están perfectamente trazados en los Tratados; aquí, en razón de la índole de nuestra exposición, no entramos a considerar este problema, damos por supuesto que las competencias están claramente definidas).

Obsérvese que los Estados miembros han renunciado al *ejercicio* de determinadas competencias, pero no a su titularidad. El Estado sigue siendo titular de dichas competencias a cuyo ejercicio ha renunciado. No puede ser de otra manera pues, en caso contrario, habría que decir que el Estado renuncia a la soberanía o a parcelas de la misma, lo cual equivale a sustraerle al Estado su cualidad de soberano y, en definitiva, su cualidad estatal. Desde la perspectiva jurídica, todo Estado es soberano, y en la medida en que deje de ser soberano dejará asimismo de ser Estado. La soberanía entendida como plena autonomía institucional y normativa es una cualidad consustancial al Estado. Por tanto, la renuncia recae exclusivamente sobre el ejercicio de las competencias y no sobre la titularidad de las mismas.

Con un ejemplo de Derecho privado comprenderás enseguida la distinción anterior. Supongamos que entre tus propiedades figura un apartamento en la playa, en una zona bastante aislada. Tú no sueles ir ni siquiera en vacaciones y además es bastante difícil de alquilar, debido sobre todo a que está alejado de núcleos de población. Un amigo tuyo, que se dedica a escribir novelas, está pasando por una época algo apurada de dinero; en vista de cual le invitas a que viva tranquilamente en tu apartamento durante el tiempo que quiera. Lo que has hecho es cederle el uso del apartamento, pero no la propiedad. Le has cedido el ejercicio pero no la titularidad.

De este modo, si al cabo del tiempo cambias de opinión (por ejemplo, porque has decidido pasar temporadas en esa playa), le dirás a tu amigo que ahueque el ala, como vulgarmente se dice.

Algo parecido sucede en el caso de los Estados miembros de la UE. Los Estados no renuncian en absoluto a la soberanía. La prueba es que pueden salirse de la UE cuando quieran. Si hubieran cedido la soberanía ya no serían libres para permanecer o no en el seno de dicha organización. Los Estados son los «dueños de los Tratados» y, como tales, está en sus manos continuar en la Unión o no continuar. Queda claro, pues, lo que significa que los Estados miembros de la UE han renunciado al ejercicio de determinadas competencias soberanas (o que derivan directamente de sus respectivas constituciones) pero no a la soberanía misma.

Ahora bien, el pacto que han hecho los Estados miembros no es de mera renuncia. Han renunciado al ejercicio de determinadas competencias y las han transferido al nuevo ente, constituido por ellos mismos. La transferencia de las facultades de ejercicio es el otro aspecto del pacto, tan importante como la renuncia. Es como si los Estados hubiesen dicho: en estas y aquellas materias (las recogidas en los Tratados) no vamos a ejercitar nuestras competencias soberanas sino que trasladamos esa posibilidad a la Unión Europea, lo que equivale a trasladarlas a las instituciones de ésta. Esto se concreta sobre todo en que, en las materias sobre las que se renuncia a ejercer competencias, las normas jurídicas serán creadas en lo sucesivo por dichas instituciones, y no por los Estados. Serán las instituciones comunitarias (sobre todo, el Consejo con el Parlamento europeo, pero también la Comisión) las que, dentro a su vez de las competencias tasadas por los preceptos de los Tratados para cada una de ellas, ejerzan la función de generar normas jurídicas reguladoras de aquellas materias. Cumplirán esa función para toda la Unión, o sea, para el conjunto de los Estados que la forman.

Obviamente, casi no hace falta apuntarlo, el pacto mencionado ha de hacerse, y se ha hecho, en condiciones de igualdad y de reciprocidad. Los Estados miembros han renunciado al ejercicio de sus competencias y han asumido el deber de hacer cumplir las normas de la UE de manera tal que, en ese aspecto, todos estén comprometidos con todos y en los mismos términos. Habría que aclarar que para la cooperación hay dos velocidades (la cooperación reforzada y la normal) y que en algunas materias (por ejemplo, respecto de la *zona euro*) sólo parte de los Estados participan en el pacto; pero en suma se trata de excepciones que, además, tienden a desaparecer con el transcurso del tiempo.

De lo expuesto precedentemente podemos concluir que el ordenamiento jurídico comunitario posee estas características: desde la perspectiva de su génesis fáctica, es un ordenamiento *derivado*, puesto que surge posteriormente a la existencia de los Estados miembros. Se trata, en segundo lugar, de un ordenamiento *contingente*, ya que es perfectamente pensable que deje de existir (aunque hoy por hoy no parece que sea deseable), en cuyo caso cada Estado volvería a ser lo que era sin los lazos y compromisos adquiridos con los otros Estados. Es asimismo un ordenamiento jurídico *independiente*, autónomo, desde el punto de vista de la validez de sus normas. Por último, *se integra* en los ordenamientos jurídicos de los Estados miembros. Para concluir esta lección me detendré un poco en explicar lo que quiere decir que el Derecho de la UE constituye un ordenamiento jurídico independiente o autónomo y dejaré para la próxima la exposición de los mecanismos que hacen posible su integración en los ordenamientos jurídicos estatales.

El principio de autonomía o independencia del ordenamiento jurídico comunitario es de acuñación doctrinal y jurisprudencial. Como sucede muchas veces en el Derecho de la UE, aspectos decisivos de éste no han sido determinados por disposiciones de los Tratados ni por ninguna otra norma jurídica explícitamente formulada por las autoridades comunitarias ni estatales. La autonomía del Derecho comunitario europeo constituye un principio estructural formulado por vía doctrinal y jurisprudencial.

En una de sus más importantes sentencias el Tribunal de Justicia de la UE (en aquel entonces, de las Comunidades Europeas) afirmó lo siguiente:

> «La Comunidad constituye un ordenamiento jurídico de Derecho internacional, en provecho del cual los Estados han limitado, bien que sea en ámbitos restringidos, sus derechos soberanos, y cuyos sujetos destinatarios no son sólo los Estados miembros, sino asimismo sus ciudadanos» (Sentencia del TJ de 5 de febrero de 1963, caso *Gend en Loos*).

La frase según la cual «la Comunidad constituye un ordenamiento jurídico de Derecho internacional» podía dar lugar a equívocos al ser interpretable en el sentido de que el ordenamiento comunitario pertenecía al Derecho internacional. Interpretación ésta que había que considerar desacertada, siendo correcta la que veía en ella una simple alusión a que el Derecho comunitario tiene su origen en instrumentos típicamente internacionales –al ser generado mediante tratados– y, sobre todo, estaba sometido a las normas internacionales. Poco después, el Tribunal de Luxemburgo tuvo ocasión de dejar mejor perfilada su idea cuando afirmó en el texto de una de sus sentencias más significativas: «A diferencia de los tratados internacionales ordinarios, el Tratado de la CEE ha instituido un ordenamiento jurídico propio». Para, a continuación, explicar los motivos que subyacen a la afirmación tajante de que se trata de un ordenamiento jurídico propio:

> «[El Tratado CEE] instituyendo una Comunidad de duración ilimitada, dotada de atribuciones propias, de personalidad, de capacidad jurídica, de capacidad de representación internacional y, más estrictamente, de poderes reales surgidos de una limitación de competencia o de una transformación de atribuciones de los Estados de la Comunidad, éstos han limitado, aunque sea en ámbitos restringidos, sus derechos soberanos y han creado de esta

manera un cuerpo de Derecho aplicable a sus ciudadanos y a ellos mismos» (Sentencia del TJ de 15 de julio de 1964, asunto *Costa*).

Se puede decir más alto pero no más claro. Para el Tribunal de Luxemburgo, el Derecho comunitario constituye un ordenamiento jurídico independiente, propio, autónomo.

La doctrina comunitarista se ha planteado el problema de cuál sea el elemento determinante que hace que el Derecho comunitario sea un ordenamiento jurídico independiente. Sin entrar ahora en el detalle creo que podemos afirmar que esa autonomía es la expresión sintética de tres caracteres que aparecen en el Derecho de la UE: autonomía de fuentes, autonomía de instituciones y unidad del ordenamiento.

La autonomía de fuentes del Derecho comunitario se concreta en los Tratados (constitutivos y modificativos), en el Derecho derivado generado por las instituciones y en los principios generales del Derecho de la UE. Todos estos elementos conforman una masa normativa cuya «constitución» son los Tratados y de la cual deriva el Derecho secundario: reglamentos, directivas, decisiones, recomendaciones y dictámenes. Desde el punto de vista jurídico, esa masa de normas tiene en sí misma, en concreto en los Tratados, el fundamento de su validez (de modo análogo a como las normas de un Estado derivan su validez de la constitución).

La autonomía institucional consiste en que la UE tiene su propia forma de gobierno, esto es, sus instituciones supremas autónomas desde el punto de vista jurídico, que son los principales agentes productores de decisiones y por tanto también de decisiones normativas. Además de otros órganos secundarios, desde el comienzo de la Comunidad Europea se instituyeron cuatro instituciones básicas: el Consejo, la Comisión, el Parlamento Europeo y el Tribunal de Justicia. Hoy, tras el Tratado de Lisboa, son siete las instituciones. El artículo 13.1 del Tratado de la UE dice lo siguiente: «La Unión dispone de un marco institucional que tiene como finalidad promover sus valores, perseguir sus objetivos, defender sus intereses, los de sus ciudadanos y los de los Estados miembros, así como garantizar la coherencia, eficacia y continuidad de sus políticas y acciones. Las instituciones de la Unión son: el Parlamento Europeo, el Consejo Europeo, el Consejo, la Comisión Europea (denominada en lo sucesivo "Comisión"), el Tribunal de Justicia de la Unión Europea, el Banco Central Europeo y el Tribunal de Cuentas.»

A pesar de haber nacido como tres Comunidades diferentes, cada una con personalidad jurídica propia, el Tribunal de Justicia, y con él la doctrina comunitarista, de un modo mayoritario, siempre han considerado que existía tan sólo un ordenamiento jurídico. La unidad del Derecho comunitario se manifiesta en tres aspectos básicos: la unidad formal, la unidad material y la unidad funcional.

La unidad formal deriva de considerar al Derecho comunitario como un sistema jurídico que tiene los caracteres de un conjunto normativo que es expresión de un mismo sistema de fuentes sometido al mismo tratamiento interpretativo y aplicativo.

La unidad material supone que los principios que presiden el ordenamiento comunitario son los mismos para todo el sistema. Esta unidad material es resultado de la labor de la doctrina comunitarista y, sobre todo, del Tribunal de Justicia que, por medio de los principios generales del Derecho y la interpretación armonizada de los preceptos de los distintos Tratados y, en general, de todas las normas comunitarias, han conseguido la unidad de ideas básicas que penetran por todo el sistema comunitario. El Tribunal de Luxemburgo es el intérprete máximo de las normas del Derecho de la UE. Tiene como función garantizar «el respeto del Derecho en la interpretación y aplicación de los Tratados» (art. 19 TUE) y asimismo del resto de las normas jurídicas comunitarias. En el cumplimiento de su misión, el Tribunal ha hecho y hace un uso muy rico de los principios generales del Derecho, dotando al conjunto de una gran armonía y coherencia internas. No debe olvidarse que el Derecho de la UE es un Derecho «motorizado», expresión famosa del administrativista alemán Ernst FORTHOFF, lo que quiere decir que sus preceptos salen del DOUE (Diario Oficial de la Unión Europea) todos los días en abundancia y con gran celeridad. Si no fuera por la labor interpretativa y cohesionadora del Tribunal mediante, sobre todo, del desarrollo y aplicación de los principios generales, probablemente los árboles no dejarían ver el bosque. El calificativo que ha empleado GARCÍA DE ENTERRÍA en referencia al Derecho administrativo, entendido como Derecho *principial*, es perfectamente aplicable también al Derecho de la UE.

La unidad funcional es posible merced a la existencia en la UE de un mismo «marco institucional» (*vide* art. 13.1 TUE). Las mismas instituciones y órganos de la UE actúan en diferentes contextos procedimentales y competenciales de acuerdo con el principio de atribuciones específicas. A tenor de este principio, las instituciones y órganos comunitarios actuarán dentro de las competencias que les atribuyan los Tratados, no teniendo así una competencia general. En efecto, a diferencia de las instituciones supremas del Estado, cuyas competencias tienen un alcance general (el Parlamento legisla sobre todas las materias, el Poder judicial juzga todas las causas, la Administración realiza todos los actos en cumplimiento de las normas), en la UE las competencias internas de las instituciones están tasadas, ya que los Estados miembros han renunciado al ejercicio de sus competencias en ámbitos específicos. Aún así, para aquellos supuestos en que sea preciso adoptar una decisión no prevista en los Tratados se ha dejado abierta la puerta con la denominada cláusula de poderes implícitos, bien es cierto que con un procedimiento sumamente exigente. El precepto que contempla dicha cláusula establece lo siguiente: «Cuando se considere necesaria una acción de la Unión en el ámbito de las políticas definidas en los Tratados para alcanzar uno de los objetivos fijados por éstos, sin que se hayan previsto en ellos los poderes de actuación necesarios a tal efecto, el Consejo adoptará las disposiciones adecuadas por unanimidad, a propuesta de la Comisión y previa aprobación del Parlamento Europeo» (artículo 352.1 TFUE).

NOTAS Y COMENTARIOS

- *Sobre las diversas denominaciones del Derecho de la Unión Europea.* Cuando se creó la CECA (Comunidad Europea del Carbón y del Acero), mediante el Tratado de París de 18 de abril de 1951, el nuevo ordenamiento se llamó «Derecho de la CECA». Al instaurarse las otras dos Comunidades (CEEA. Comunidad Europea de la Energía Atómica, llamada también *Euratom*; y la CEE, Comunidad Económica Europea) por los Tratados de Roma de 25 de marzo de 1957, el ordenamiento conjunto de las tres recibió las denominaciones de «Derecho de las Comunidades Europeas» y también «Derecho Comunitario». Posteriormente, con la fundación de la Unión Europea por el Tratado de Maastricht de 1992, adquiere la denominación actual de «Derecho de la Unión Europea». Sin embargo, la costumbre ha seguido manteniendo asimismo el rótulo de «Derecho Comunitario» y de «Derecho Comunitario Europeo». Ya desde sus orígenes se empleó igualmente el nombre de «Derecho europeo». Esta denominación no es apropiada debido a que en Europa existen y han existido otras organizaciones que no son las Comunidades ni la Unión Europeas ni tampoco pertenecen a ellas. En efecto, la noción de «Derecho europeo» debe de integrar todas aquellas organizaciones que agrupen o sean resultado de convenios celebrados por países europeos. Junto a la Unión Europea, este nombre debe integrar, entre otras, organizaciones como las siguientes: la OECE (Organización Europea de Cooperación Económica, creada en 1948, que después, en 1960, se transformaría en la OCDE, Organización para la Cooperación y el Desarrollo Económico); el Consejo de Europa (1949), en cuyo seno se instituye el Tribunal de Derechos Humanos de Estrasburgo (que mucha gente suele confundir todavía con el Tribunal de Luxemburgo o Tribunal de la Unión Europea); la EFTA (European Free Trade Association) fundada en 1960; la CSCE (Conferencia de Seguridad y Cooperación en Europa), ahora denominada OSCE (Organización de Seguridad y Cooperación en Europa).

- *El Tratado de Lisboa*, firmado en esta ciudad el 13 de diciembre de 2007 y que entró en vigor el 1 de diciembre de 2009, modifica el Tratado de la Unión Europea y el Tratado de la Comunidad Europea. A este último le cambia el nombre por el de Tratado de Funcionamiento de la Unión Europea (TFUE). Entre sus aportaciones más relevantes destacan los preceptos dedicados a determinar con algo de precisión los ámbitos competenciales de la Unión. Al efecto, distingue tres categorías de competencias: las competencias exclusivas de la UE, las compartidas con los Estados miembros y las competencias de apoyo, coordinación y complemento de la acción de los Estados miembros. *Vide* artículos 2 a 6 del TFUE. El TUE establece un principio general: «toda competencia no atribuida a la Unión en los Tratados corresponde a los Estados miembros» (art. 4). La posibilidad que tiene todo Estado miembro de retirarse de la Unión viene avalada por el artículo 50 TUE: «Todo Estado miembro podrá decidir, de conformidad con sus normas constitucionales, retirarse de la Unión». Prueba manifiesta de que el pacto interestatal no conlleva pérdida de soberanía.

– *Derecho primario y Derecho derivado en el ordenamiento jurídico comunitario.* Se llama Derecho primario al conjunto de normas de los Tratados fundacionales, tanto de las Comunidades como de la Unión, más los Tratados modificativos (entre los que se encuentran los de adhesión) y otros documentos, aprobados por consentimiento de todos los Estados miembros, que los completan y que introducen algún elemento o modifican algún aspecto. Derecho secundario o derivado es el conjunto normativo creado por los actos de las instituciones comunitarias. Sus normas están supeditadas jerárquicamente al Derecho primario. Los tipos de normas que conforman el Derecho secundario vienen regulados por el artículo 288 del Tratado de Funcionamiento de la Unión Europea (TFUE): «Para ejercer las competencias de la Unión, las instituciones adoptarán reglamentos, directivas, decisiones, recomendaciones y dictámenes. El reglamento tendrá un alcance general. Será obligatorio en todos sus elementos y directamente aplicable en cada Estado miembro. La directiva obligará al Estado miembro destinatario en cuanto al resultado que deba conseguirse, dejando, sin embargo, a las autoridades nacionales la elección de la forma y de los medios. La decisión será obligatoria en todos sus elementos. Cuando designe destinatarios, sólo será obligatoria para éstos. Las recomendaciones y los dictámenes no serán vinculantes.» Aunque no hay un precepto concreto que lo declare, parece fuera de duda que los principios generales del Derecho comunitario forman parte del Derecho primario, pues por su carácter informador del conjunto normativo y por ser expresión de las ideas de justicia y de organización interna el lugar que les corresponde es el de la máxima jerarquía. Desde el punto de vista jerárquico, el Derecho primario es superior al Derecho derivado, no siendo admisible que las normas de este último contradigan o sean incompatibles con las del primero.

– *Los Estados miembros de la Unión Europea.* Las Comunidades Europeas se fundaron (en 1951 y 1957) por seis Estados: Francia, Alemania, Italia y los tres del Benelux (Bélgica, Holanda y Luxemburgo). En 1973 ingresan el Reino Unido, Irlanda y Dinamarca. En 1981, Grecia. España y Portugal ingresan en 1986 (la Europa de los Doce). En 1995 lo hacen Austria, Suecia y Finlandia, constituyéndose así la Europa de los Quince. En 2004 tiene lugar la quinta ampliación e ingresan diez Estados: Polonia, Hungría, República Checa, Eslovaquia, Eslovenia, Estonia, Letonia, Lituania, Malta y Chipre. Por fin, en 2007 ingresan Rumanía y Bulgaria. Próximamente ingresará Serbia.

EJERCICIOS

1. Haz el esquema de la lección teniendo en cuenta también las Notas y Comentarios.

2. ¿Qué es la PESC? ¿Pertenece al ámbito de la cooperación o de la integración?

3. Explica la composición de la Unión Europea tal y como fue creada por el Tratado de Maastricht de 1992.

4. ¿En qué consisten esencialmente los mecanismos de intergubernamentalidad? ¿Tiene la UE esos mecanismos? Actualmente, ¿en qué ámbitos?

5. ¿Por qué la expresión «Derecho europeo» no es muy apropiada para designar al Derecho de la Unión Europea?

6. Enumera algunas organizaciones europeas ajenas a la UE. Consulta un tratado de Derecho internacional que te sirva de ayuda para determinar la misión de dichas organizaciones.

7. ¿Qué significa que el Derecho comunitario europeo es un ordenamiento jurídico supranacional?

8. ¿Cuáles son los sujetos destinatarios de las normas jurídicas comunitarias? ¿En qué se diferencia el Derecho de la UE del Derecho internacional en cuanto a sus respectivos destinatarios?

9. Enumera los Estados miembros que en la actualidad componen la Unión Europea. Ponlos por orden alfabético de acuerdo con la denominación que ostentan en su respectivo idioma.

10. Analiza en qué consiste el pacto interestatal que se encuentra en la base de la construcción europea.

11. Distingue estos dos conceptos: titularidad y ejercicio.

12. Recuerda la relación conceptual entre competencia y derecho subjetivo, y aplica a ambas nociones la dualidad de titularidad y ejercicio.

13. Los Estados miembros de la UE, al pactar entre sí, ¿han renunciado a su soberanía? Razona la respuesta.

14. Enumera los caracteres fundamentales del Derecho comunitario europeo.

15. ¿En qué consiste el principio de autonomía del ordenamiento jurídico comunitario? ¿Cuál ha sido la institución comunitaria que lo ha formulado expresamente y cómo lo ha hecho?

16. Explica cómo está compuesto el sistema jurídico comunitario desde la perspectiva de sus fuentes.

17. ¿Qué relación existe entre el derecho comunitario primario y el Derecho comunitario derivado? Explícalo poniendo algún ejemplo.

18. Aclara en qué consiste la autonomía institucional y funcional de la UE.

19. ¿Qué papel cumplen los principios generales del Derecho comunitario en el conjunto del sistema jurídico de la UE?

20. ¿Qué cambios de nomenclatura ha introducido el Tratado de Lisboa?

C. LAS RELACIONES ENTRE EL SISTEMA JURÍDICO COMUNITARIO Y LOS SISTEMAS JURÍDICOS DE LOS ESTADOS MIEMBROS: EL DERECHO DE INTEGRACIÓN

El sistema jurídico comunitario *se integra* en los sistemas jurídicos de los Estados miembros. Por eso se dice que, a diferencia del Derecho internacional, que es un ordenamiento que regula la coexistencia y la cooperación entre Estados, el Derecho comunitario es un Derecho de integración.

En términos generales, la integración es un fenómeno que resulta del entrelazamiento de diversas unidades en una unidad comprensiva de todas ellas. Las Comunidades Europeas surgen bajo ese signo, en concreto como expresión de la integración económica. Un mercado común no es al fin y al cabo otra cosa que el mercado que resulta de integrar en una unidad otros mercados más reducidos. En el caso de Europa los mercados nacionales, que a comienzos de la Edad moderna constituyeron una ampliación de los propios del feudalismo, se habían quedado muy pequeños para una economía en continua expansión. Junto a otras aspiraciones (básicamente, la necesidad de conseguir la paz entre Estados enfrentados secularmente), el motor de la integración europea ha sido y es la economía. La integración económica fue, efectivamente, el objetivo prioritario en la fundación de las Comunidades, el objetivo además más inmediato que, a la larga, se pensaba que haría posible una unión cada vez más estrecha entre los Estados miembros y, en definitiva, una unión política. Según la frase célebre de Jean MONNET, Europa no se hará de un solo golpe, sino paso a paso, creando solidaridades de hecho, empezando por la economía. Ahora bien, el instrumento básico para hacer posible ese entrelazamiento de los mercados nacionales en un mercado común europeo no podía ser otro que el Derecho. Así surgió la idea de un Derecho integrador, capaz de romper las barreras aduaneras y de otro género, para conseguir el propósito unificador.

Se planteó entonces el problema de cuál sería la vía técnica más adecuada para conseguir la integración. La respuesta fue la creación de un ordenamiento jurídico independiente (con el sentido que ya hemos estudiado) que se integrase en los ordenamientos jurídicos de los Estados miembros. Eso significaba que las normas del nuevo ordenamiento habrían de pasar a formar parte de los Derechos nacionales, de tal modo que las autoridades nacionales las aplicaran como Derecho propio. En otras palabras: el Derecho de la nueva entidad (tanto el primario como el secundario o derivado) se aplicaría no sólo por los órganos de la Comunidad Europea sino asimismo por los órganos de los Estados miembros. Éstos, además, deberían hacerlo de una manera uniforme, pues de poco serviría para constituir una unidad de mercado que un Estado aplicara el Derecho europeo de una manera (por ejemplo, con una determinada interpretación) y otro Estado lo hiciera de otra. Para conseguir ese propósito la doctrina, avalada por la jurisprudencia del Tribunal de Justicia, ideó dos principios básicos cuya función es conseguir una articulación fluida y eficaz entre el Derecho comunitario y el Derecho de los Estados miembros. Dichos principios son: el principio de efecto directo y el principio de primacía. Junto con los mecanismos procesales oportunos, singularmente el llamado reenvío prejudicial, que posibilita la interpretación uniforme de las normas comunitarias, ambos principios conforman la solución técnica para la integración jurídica. Gracias a ellos se consigue que el Derecho comunitario, además de ser un ordenamiento jurídico en sí mismo, penetre en los ordenamientos de los Estados miembros y pasen sus normas a formar parte de éstos, con la importante consecuencia de que los órganos estatales tienen el deber de aplicarlas a los casos de que conozcan.

No debe perderse de vista que la jurisdicción ordinaria para aplicar el Derecho comunitario está formada por los jueces y tribunales de los Estados miembros. Ahora bien, gracias a la integración dichos jueces y tribunales no aplican normas de un ordenamiento ajeno sino del propio. Así, si nos referimos a España, diremos que los jueces y tribunales españoles aplican Derecho español, y ningún otro ordenamiento ajeno. Cuando, por ejemplo, aplican un reglamento comunitario no están aplicando un Derecho extraño, pues gracias a la integración el mencionado reglamento forma parte también del Derecho español. Y lo mismo sucede con los demás Estados miembros de la UE: los jueces de todos ellos aplicarán las normas del reglamento, pues, además de ser comunitarias, pertenecen asimismo a sus respectivos ordenamientos jurídicos. Y para controlar que esa aplicación en los diversos Estados responda a criterios uniformes de interpretación los Tratados han dispuesto del mecanismo procesal del reenvío prejudicial, gracias al cual se canaliza un verdadero diálogo interjudicial. Nos detendremos un poco a continuación a estudiar los tres mecanismos básicos que articulan la relación intersistémica de integración del ordenamiento jurídico comunitario en los ordenamientos de los Estados miembros: el efecto directo, la primacía y el reenvío prejudicial.

Antes conviene que aclaremos que, en términos de relaciones intertextuales, el fenómeno de la integración de un ordenamiento jurídico en otro se produce mediante la incorporación al segundo de las normas del primero, lo que conlleva asimismo la transformación de las normas integradas en normas del ordenamiento receptor. Se trata de un fenómeno similar al de la recepción del Derecho internacional por parte de los Derechos domésticos, pero con importantes diferencias. Las normas del ordenamiento jurídico comunitario se incorporan y se transforman en Derecho de los Estados miembros como consecuencia de la renuncia de éstos a ejercer determinadas competencias normativas; por tanto, con carácter permanente y automático, sin que sea preciso –como sucede con los tratados en el Derecho internacional– que el Estado otorgue su consentimiento en cada ocasión. Hay que hacer, sin embargo, dos matizaciones.

La primera es que no todas las normas comunitarias pasan a formar parte de los ordenamientos internos de los Estados miembros, sino tan sólo aquellas que han de ser aplicadas por los órganos de estos últimos. No tendría sentido, por ejemplo, que las normas que regulan la composición y funcionamiento de las instituciones comunitarias se consideraran como integradas en los ordenamientos estatales.

La segunda se refiere a las directivas. Éstas constituyen un tipo de normas cuya característica fundamental es que obligan a los Estados miembros destinatarios a conseguir un resultado, dejándoles en libertad respecto a la forma y los medios, esto es, respecto al procedimiento. Las directivas suelen emplearse para armonizar las legislaciones nacionales en aquellas materias que se consideran sensibles para el buen funcionamiento del mercado común. En ellas tiene lugar algo así como una producción normativa en dos fases: la fase propiamente comunitaria, que es cuando la Unión promulga la directiva dirigida a uno o varios Estados miembros, obligándoles a éstos a cumplir un cometido y dándoles un plazo para ello; y la fase estatal, consistente en que los Estados miembros, de acuerdo a su Derecho interno, toman las medidas oportunas para cumplir el mandato de la directiva comunitaria. Es evidente que la integración que se produce por medio de las directivas es de un grado menor que la que por ejemplo tiene lugar mediante los reglamentos, que se caracterizan por ser de aplicación inmediata.

Pasemos ahora a explicar (con la brevedad requerida) los tres mecanismos básicos que posibilitan la integración del Derecho comunitario en los ordenamientos jurídicos de los Estados miembros. Los dos primeros constituyen sendos principios estructurales (pues dan forma a la relación entre Derecho comunitario y Derecho interno estatal). El tercero es un incidente procesal que permite el control de que la integración normativa se produzca en efecto y que, además, sea uniforme en todo el territorio de la Unión.

El *principio de efecto directo* es de acuñación jurisprudencial. En vano se buscará en los Tratados fundacionales y en los Tratados posteriores (de la UE, y modificativos) un precepto que establezca dicho principio. Ha tenido que ser el Tribunal de Justicia el que, mediante una labor concienzuda a lo largo del tiempo, ha perfilado los contornos de esta importante norma principial. Porque, en efecto, se trata de una norma que, por su carácter general y por afectar a las relaciones permanentes entre el Derecho comunitario y el Derecho de los Estados miembros, se la considera un principio estructural. Este principio del efecto directo tiene además la naturaleza de un principio implícito, lo que significa que, aunque no haya sido formulado *expressis verbis* en los preceptos comunitarios, sin él no es pensable de manera coherente la relación entre el Derecho de la UE y los Derechos domésticos. En suma, se trata de un principio estructural e implícito.

¿En qué consiste el principio de efecto directo? En una primera aproximación podemos formularlo así: Las normas jurídicas comunitarias que reúnan determinadas características penetran en los ordenamientos jurídicos de los Estados miembros concediendo derechos a los particulares que éstos pueden hacer valer ante las jurisdicciones nacionales.

Esta formulación exige algunas aclaraciones. Primera, el efecto directo es una cualidad que se atribuye a las normas comunitarias. ¿A todas? No, sólo a aquellas que cumplan determinados requisitos, que estudiaremos enseguida. Segunda aclaración, las normas comunitarias dotadas de efecto directo pasan a formar parte del Derecho interno de los Estados miembros para su aplicación a los casos concretos, y en ello no se diferencian de otras normas comunitarias destinadas a regular aspectos materiales. Tercera aclaración, la peculiaridad de estas normas a las que se atribuye efecto directo es que conceden derechos subjetivos a los particulares. Obviamente, también hay normas comunitarias que imponen deberes y cargas a los particulares, por lo que un concepto amplio del efecto directo debería integrar ambos aspectos (los derechos, pero asimismo los deberes y las cargas). Sin embargo, el Tribunal de Justicia y la doctrina han reservado la denominación de efecto directo no para el concepto amplio sino para el restringido, esto es, para el que lo limita a la concesión directa de derechos subjetivos. Por último, los particulares beneficiarios de la concesión de derechos están capacitados para hacerlos valer ante los jueces nacionales y éstos tienen la obligación de protegerlos.

La determinación de si una norma comunitaria tiene efecto directo, o no, corresponde exclusivamente a la competencia del Tribunal de Justicia. Dicho Tribunal ha establecido un conjunto de requisitos a cuya comprobación somete a las normas comunitarias cuando se le plantea la cuestión por parte de una jurisdicción nacional o simplemente cuando tiene que aplicar él mismo dichas normas. El que sea el Tribunal de Justicia de Luxemburgo el único órgano autorizado para determinar si una norma comunitaria tiene efecto directo o no, responde a que esa determinación supone una interpretación de la norma de que se trate, siendo el Tribunal el que posee la última palabra en materia interpretativa de las normas del ordenamiento jurídico comunitario. Se suele decir, exagerada e impropiamente, que el Tribunal de Justicia tiene el «monopolio de la interpretación», lo cual no es cierto, pues todos los órganos que han de aplicar normas de la UE también las interpretan (de otro modo sería imposible la aplicación). Lo que sí tiene el Tribunal es la competencia para decir la última palabra en materia interpretativa. Aplicado esto al asunto que nos ocupa, es evidente entonces que es ese Tribunal el que tiene la competencia definitiva para declarar si un precepto del Derecho comunitario tiene o no efecto directo.

Para hacer esa declaración el Tribunal procede a comprobar si la norma en cuestión cumple los requisitos que él mismo ha ido estableciendo sentencia a sentencia. ¿Cuáles son los requisitos que ha de tener una norma del ordenamiento comunitario para que posea efecto directo? Estos requisitos son los siguientes:

Primero, la norma comunitaria en cuestión ha de tener doble validez (comunitaria y estatal) para ser susceptible de integración en el ordenamiento del Estado miembro. Ejemplo: un reglamento comunitario se promulga hoy y entra en vigor dentro de veinte días; su entrada en vigor es simultánea en todos los Estados miembros. Eso significa que el reglamento comunitario se integra en el Derecho interno de los Estados, por lo que, además de ser norma comunitaria, es también norma estatal y por tanto aplicable por los órganos de los Estados miembros (entre ellos, los jueces). En términos de textualidad puede afirmarse que el reglamento es un texto que pertenece a la totalidad textual que es el Derecho comunitario europeo, y asimismo a las distintas totalidades textuales de los ordenamientos jurídicos de los Estados miembros.

Segundo requisito: de la norma comunitaria han de derivarse derechos subjetivos de modo expreso o implícito, pero suficientemente claro. La derivación de derechos subjetivos es explícita cuando se expresa en la letra del precepto. Es implícita cuando la disposición impone deberes jurídicos al Estado o a otras personas y señala el destinatario que se beneficia de dichos deberes y que, por tanto, aunque la norma no lo diga, puede exigirlos. Ejemplo: si el precepto de un Tratado exige que los Estados miembros no impongan al tráfico de mercancías derechos de aduana ni exacciones de efecto equivalente, es evidente que de modo expreso está imponiendo un deber jurídico dirigido a los Estados, y de modo implícito está otorgando un derecho subjetivo a las personas que trafican con mercancías, que podrán hacer valer ante los tribunales nacionales en el caso de que el Estado haga caso omiso de sus deberes.

Tercero, la disposición comunitaria ha de ser precisa, o sea, inequívoca en su sentido en cuanto a la concesión de derechos, y no genérica o programática. Una disposición que, por ejemplo, establezca objetivos o programas de actuación, aunque puedan beneficiar a personas, no es considerada como precisa. Por otro lado, la precisión no excluye, como a veces se ha creído, la necesidad de interpretación. Como ya he dicho, la determinación de si una norma comunitaria tiene efecto directo es una cuestión interpretativa que corresponde dilucidar al Tribunal de Justicia. Carece de sentido, entonces, equiparar la exigencia de precisión con la no necesidad de interpretación.

Por último, la disposición comunitaria ha de ser incondicional, esto es, que no requiera de la actuación posterior de autoridades comunitarias o estatales que tengan el carácter de discrecionales. La discrecionalidad, en efecto, introduce un factor de incertidumbre que deja abierta la conformación definitiva de la norma de que se trate. El Tribunal de Luxemburgo exige que ese margen de discrecionalidad no exista; lo que quiere decir que o bien la norma no requiere de actuaciones posteriores, o bien dichas actuaciones no son discrecionales. La discrecionalidad implica, por parte del órgano que ha de emitir una decisión o realizar una actuación, un margen de libertad, que genera incertidumbre en cuanto a los contornos últimos de la norma que ha de ser objeto de complemento discrecional.

Puede resumirse entonces el concepto de efecto directo de esta manera: para el Tribunal de Justicia de la UE una norma comunitaria tiene efecto directo si se trata de una norma válida que concede, explícita o implícitamente, derechos subjetivos, y lo hace de modo preciso y no sometido a la actuación posterior de un poder discrecional.

Al declarar el Tribunal de Justicia el efecto directo de una disposición comunitaria está transmitiendo el mensaje a los posibles destinatarios de la norma que ésta les concede derechos que pueden invocar ante los jueces nacionales, los cuales la aplicarán porque pertenece asimismo al Derecho interno del Estado. No hace falta ser muy agudo para captar la enorme dimensión práctica del principio de efecto directo.

Problemas específicos plantea un tipo de normas comunitarias: las directivas, ya que estas normas, como ya he notado, operan en dos fases: la comunitaria y la estatal. Pero, dado el carácter de este libro, no voy a introducirme en esta cuestión. Para quien desee ampliar la noción de efecto directo y, más específicamente, lo relativo al efecto directo de las directivas, le remito a los tratados generales de Derecho de la UE. Mi posición la he expuesto en *Elementos de Derecho Comunitario.*

El *principio de primacía* es asimismo una norma de carácter estructural acuñada por la jurisprudencia del Tribunal de Justicia. Va dirigido a resolver la posible incompatibilidad entre normas comunitarias y normas estatales.

Dentro de un mismo sistema jurídico se encuentran siempre normas destinadas a resolver este tipo de problemas, las incompatibilidades o contradicciones entre preceptos, lo que suele llamarse antinomias. ¿Qué ocurre si una ley contradice lo que prescribe otra? ¿O si un precepto de un reglamento parece inconstitucional? Este tipo de cuestiones, y otras parecidas, son frecuentes en la vida jurídica. Por eso, los ordenamientos estatales adoptan soluciones para resolverlas de una manera razonable. Se dice que dos normas son incompatibles cuando al cumplir la primera se incumple la segunda, o viceversa. Se supone que el derecho ha de ser coherente, pero eso rara vez se consigue en un primer momento. Los criterios normativos que establece el Derecho estatal son bien conocidos. Reglas tales como las siguientes: la norma jerárquicamente superior prevalece sobre la inferior, la norma posterior deroga la anterior, la norma especial se impone sobre la general, y otras similares, constituyen criterios de Derecho estatal interno que los tribunales y la doctrina aplican todos los días.

Pues bien, el principio de primacía del Derecho comunitario sobre el Derecho de los Estados miembros pertenece a este género de normas. Es un criterio para resolver antinomias; en concreto, para solucionar las posibles incompatibilidades entre normas comunitarias y normas estatales. Responde a la siguiente cuestión: cuando una norma comunitaria y otra estatal son contradictorias o incompatibles ¿cuál de las dos prevalece?

La respuesta es sencilla para aquellas materias que son de competencia *exclusiva* de la Unión Europea. En caso de antinomia, prevalece el Derecho comunitario; tiene primacía la norma comunitaria sobre la norma estatal incompatible con aquélla. La razón de fondo de esta primacía no reside en que la norma comunitaria sea jerárquicamente superior a la estatal, sino en que la competencia corresponde a la Unión. Menos sencilla es la contestación en el supuesto de que la norma comunitaria incida en una materia que sea de competencia compartida.

El Tribunal de Justicia ha formulado en términos muy claros el principio de primacía para aquellas materias de competencia exclusiva de la UE: el bloque de normas comunitarias, sea del género o jerarquía que sean, prima sobre el ordenamiento estatal, incluida la constitución. En el caso de que se vea afectada una constitución, es obvio que el Estado deberá proceder a cambiar el precepto incompatible con la regulación comunitaria antes de la entrada en vigor de ésta. Un ejemplo cercano de este supuesto lo vivimos en España con motivo de la modificación del apartado 2 del artículo 13 de la Constitución Española, cambio motivado por la necesidad de poner el precepto en consonancia con las normas del Tratado de la Unión Europea (Tratado de Maastricht).

El fundamento del principio de primacía no es otro que la propia naturaleza de las Comunidades Europeas y del Derecho comunitario así como las relaciones que este ordenamiento jurídico mantiene con los ordenamientos de los Estados miembros. La única manera de que la UE consiga la integración es a través de normas cuya eficacia interna se imponga a posibles normas adversas de los Estados miembros. Gracias al pacto entre dichos Estados la competencia normativa en las materias exclusivas de la UE corresponde a esta última y, por consiguiente, su Derecho prevalece sobre el Derecho estatal.

Junto a los principios estructurales de efecto directo y primacía del ordenamiento jurídico comunitario sobre los ordenamientos de los Estados miembros, los Tratados fundacionales establecieron un mecanismo procesal específico para hacer posible la interpretación uniforme del Derecho comunitario. Se trata del llamado *reenvío prejudicial*, que no es propiamente un recurso sino un incidente procesal en virtud del cual el juez nacional, antes de emitir su fallo, puede plantear una o varias preguntas al Tribunal de Justicia. Estas preguntas las ha de plantear el juez nacional de manera abstracta en su formulación, lo cual no obsta para que suministre al Tribunal de Luxemburgo toda la información referente al caso. La pregunta o preguntas serán planteadas cuando el juez nacional se encuentre que, en el supuesto concreto de que conoce, inciden normas comunitarias respecto de las cuales haya dudas razonables acerca de su interpretación o incluso de su validez (en este último caso, sólo si se trata de Derecho derivado, pues el Derecho primario, esto es, los Tratados se dan como válidos al adscribírseles una función constitucional). Una vez que el Tribunal de la UE conteste las preguntas, se disiparán normalmente las dudas que el juez nacional tenía sobre los extremos que había planteado y podrá así continuar el proceso y emitir la sentencia.

El mecanismo procesal del reenvío prejudicial ha institucionalizado el diálogo entre jueces; en concreto, el diálogo entre los jueces nacionales y el Tribunal de la UE. Mediante ese diálogo ha sido posible, y sigue siéndolo, determinar si una norma comunitaria está dotada de efecto directo o si carece de él. Asimismo, ha sido y es muy relevante para resolver las antinomias. No es infrecuente que los tribunales estatales planteen cuestiones relativas a la compatibilidad o incompatibilidad de normas comunitarias con normas internas estatales. Todas estas funciones las posibilita el reenvío prejudicial como aspectos concretos de una de sus funciones básicas, que es la de proporcionar una interpretación uniforme del Derecho comunitario en el interior de todos los Estados miembros. En esta tarea el Tribunal maneja los textos propios de las normas comunitarias y los de las normas estatales poniéndolos en contacto, comparándolos, y todo ello con la finalidad de hacer posible que el Derecho europeo se integre en el Derecho de los Estados miembros; o sea, que los textos jurídicos comunitarios pasen a formar parte de las totalidades textuales que conforman los ordenamientos estatales, permitiendo de este modo la aplicación uniforme en todo el territorio de la UE.

NOTAS Y COMENTARIOS

- Gregorio ROBLES MORCHÓN, *Elementos de Derecho Comunitario*, Editorial Mapfre, Madrid, 1996, capítulo XVI (El efecto directo del Derecho Comunitario); sobre las directivas y su efecto directo véase pgs. 156 y ss. Sobre primacía del Derecho comunitario sobre el Derecho de los Estados miembros, cap. XVII. Sobre el reenvío prejudicial, véase cap. XXI.
- El apartado 2 del artículo 13 de la Constitución Española decía así en su versión original: «Solamente los españoles serán titulares de los derechos reconocidos en el artículo 23, salvo que, atendiendo a criterios de reciprocidad, pueda establecerse por tratado o ley para el derecho de sufragio activo en las elecciones municipales». El artículo 23 regula el derecho a la participación en los asuntos públicos directamente o por medio de representantes, y a acceder a las

funciones y cargos públicos. Por el Tratado de Maastricht se introdujo en el Tratado de la Comunidad Europea (TCE) la ciudadanía europea (arts. 17-22 TCE) y con ella el derecho de todo ciudadano europeo a ser elector y elegible en las elecciones municipales (art. 19.1 TCE). Al estar previsto en la Constitución Española tan sólo el sufragio activo, hubo que añadir las palabras «y pasivo» por reforma aprobada por las Cortes Generales en sesiones plenarias del Congreso de los Diputados, de 22 de julio de 1992, y del Senado, de 30 de julio de 1992, y sancionada por el Rey el 27 de agosto de 1992 (BOE de 28 de agosto de 1992). Así, la actual redacción del artículo 13.2 es ésta:

> «Solamente los españoles serán titulares de los derechos reconocidos en el artículo 23, salvo lo que, atendiendo a criterios de reciprocidad, pueda establecerse por tratado o ley para el derecho de sufragio activo y pasivo en las elecciones municipales.»

EJERCICIOS

1. Haz el esquema de la lección.

2. Define el concepto de integración. Aplícalo al mercado común.

3. Explica por qué el Derecho de la Unión Europea es, en su núcleo básico, un Derecho de integración.

4. Los jueces españoles ¿están obligados a aplicar las normas jurídicas comunitarias sin esperar a que se publiquen en el BOE? Razona la respuesta.

5. Explica el fenómeno de la integración jurídica en términos intertextuales.

6. Menciona los tres mecanismos básicos que posibilitan la integración del ordenamiento jurídico comunitario en los ordenamientos jurídicos de los Estados miembros.

7. En la integración jurídica europea ¿todas las normas comunitarias poseen doble validez: la europea y la estatal interna? Razona la respuesta.

8. ¿Cuál de esos dos tipos de normas comunitarias: reglamentos y directivas, es el más radical o eficiente para la integración jurídica? Argumenta tu contestación.

9. ¿Qué significa que el principio de efecto directo y el principio de primacía son principios estructurales?

10. Aclara en qué consiste el efecto directo en sentido amplio y en sentido estricto. ¿Cuál de los dos sentidos maneja la jurisprudencia del Tribunal de Justicia de la UE?

11. ¿Qué tienen que ver los jueces españoles con el principio de efecto directo?

12. ¿Puede un juez español decidir si una norma comunitaria tiene efecto directo?

13. Relaciona el efecto directo y el llamado «monopolio interpretativo» propio del Tribunal de Justicia de la UE.

14. Enumera los requisitos que ha de cumplir una disposición comunitaria para tener efecto directo.

15. Explica en qué consiste la doble validez de una norma jurídica comunitaria. ¿Todas las normas del Derecho comunitario poseen la doble validez?

16. Diferencia entre atribución explícita y atribución implícita de derechos subjetivos. Pon algún ejemplo que clarifique la distinción.

17. ¿Cómo afecta la discrecionalidad a la determinación de si una norma comunitaria tiene efecto directo o no?

18. ¿Cuál es la dimensión práctica del principio de efecto directo en la vida jurídica de cada día?

19. ¿A qué tipo de problemas se enfrenta el principio de primacía?

20. Define el principio de primacía. ¿Se trata de un principio explícito o implícito del Derecho comunitario?

21. El principio de primacía ¿es un principio relativo a la jerarquía de normas? Razona la respuesta.

22. ¿En qué consiste el mecanismo básico del reenvío prejudicial? ¿Cuál es su función en el marco de la integración jurídica?

CI. LA PLURALIDAD DE ORDENAMIENTOS JURÍDICOS ESTATALES Y LA REGULACIÓN DE LAS RELACIONES JURÍDICAS PRIVADAS (INTERPERSONALES)

En las lecciones anteriores hemos estudiado la relación entre el ordenamiento internacional y los ordenamientos estatales e igualmente la relación entre el ordenamiento comunitario y los ordenamientos de los Estados miembros. Nos incumbe ahora penetrar en un terreno no menos intrincado pero en el que nos tendremos que conformar con un panorama somero. Para el lector interesado le remito a mi monografía, *Pluralismo jurídico y relaciones intersistémicas*, ya citada, en cuyo capítulo IV se aborda más extensamente que aquí el problema del que me voy a ocupar a continuación. Me refiero a la cuestión de cómo se relacionan los diversos Estados a la hora de regular las relaciones jurídicas privadas. Para mi exposición comenzaré con un ejemplo que te sitúe un poco en el marco que vamos a abordar.

Supongamos que una española (mallorquina, para más señas) viaja a Londres para estudiar inglés. Allí conoce a un afgano con quien contrae matrimonio por el rito musulmán propio de la comunidad a la que él pertenece. Ante las dificultades económicas por las que atraviesa la pareja, y motivados por la noticia de que el padre del afgano está gravemente enfermo, deciden viajar a Kabul, donde se instalan en la casa familiar. Entretanto, han tenido una niña, que ha nacido en Londres, y al llegar a la capital de Afganistán están esperando el segundo hijo, que nace unos meses después en Kabul. La familia afgana obliga a la joven española a llevar el «burka» y a seguir estrictamente el género de vida que es propio de las mujeres allí. Al cabo de dos años, la española no soporta la situación y, sin consentimiento de su marido, logra huir y regresar a España con sus dos hijos. El cómo lo logra nos daría materia para una novela, pero aquí lo pasaremos por alto. Al llegar a España presenta demanda de divorcio ante un juez de Palma de Mallorca. Entretanto el marido reclama a sus dos hijos e invoca abandono de familia ¿Qué derecho deberá aplicar el juez al divorcio y a la custodia de los hijos? Bueno, no espere el lector que yo le dé la solución. Para eso tendría que conocer el derecho afgano, que desconozco absolutamente. Ahora nos importa sólo el encuadre de los problemas.

Los problemas que suscita el caso narrado (e inventado) son los característicos del llamado Derecho internacional privado. Fíjate bien. Nos encontramos ante cuestiones jurídicas que afectan a personas privadas (la mallorquina y el afgano). Expresado esto en términos de Derecho, quiere decir que afectan a cuestiones que tienen que ver con una *relación jurídica privada.* De ahí, de que sea privada la relación, le viene el nombre de Derecho internacional *privado.* Además, sucede que a la mencionada relación se le podrían aplicar, hipotéticamente, normas de distintos ordenamientos estatales: del español, del afgano y del británico; y es muy probable que el resultado de aplicar unas u otras será muy diferente, por lo que no es una cuestión baladí. De que exista en principio esa posibilidad de aplicación de diferentes ordenamientos estatales le viene la denominación de *internacional.* El Derecho internacional privado es, por consiguiente, el conjunto de normas (y habría que decir también de decisiones e instituciones) que regula una materia que afecta a situaciones o relaciones de personas privadas en la que potencialmente son aplicables varios ordenamientos estatales.

Insisto en la importancia de saber qué Derecho se aplica. Imagínate la diferencia que puede haber entre que a la mallorquina, a su divorcio y a sus hijos se le aplique el Derecho español, o el británico, o el de un país de mentalidad y tradiciones tan distintas a las nuestras como es Afganistán. El juez español que conozca del caso se denomina *juez del foro.* Nuestro juez tiene el juzgado en Palma de Mallorca y está sometido a la Constitución Española y al resto del ordenamiento jurídico español (artículo 9.1 de nuestra Constitución vigente). Eso quiere decir que tendrá que aplicar en primer lugar las normas españolas que le señalan el Derecho material aplicable al caso.

Al tratarse de un divorcio, se encuentra con el siguiente precepto del artículo 9º.2, último inciso, del Código Civil español: «La separación y el divorcio se regirán por la ley que determina el artículo 107». Este precepto, como vemos, efectúa una *remisión interna* a otro artículo, concretamente el 107 del mismo Código Civil. El artículo 107.1 dice lo siguiente: «La separación y el divorcio se regirán por la ley nacional común de los cónyuges en el momento de la presentación de la demanda; a falta de nacionalidad común, por la ley de la residencia habitual del matrimonio y, si los esposos tuvieran residencia habitual en diferentes Estados, por la ley española, siempre que los Tribunales españoles resulten competentes.» Si la mallorquina hubiese renunciado a su nacionalidad española adquiriendo la afgana, el juez tendría que aplicar en principio (ya veremos por qué hago esta salvedad de «en principio») el Derecho afgano. Supongamos, sin embargo, que sigue manteniendo su nacionalidad española. En tal caso, los esposos no tendrían nacionalidad común, por lo cual el juez pasaría a considerar el siguiente criterio: la residencia habitual del matrimonio. ¿Cuál es la residencia habitual: Londres, donde la pareja vivió dos años; Kabul, donde ha vivido otros dos? ¿O acaso hay que tomar en consideración el hecho de que desde hace unos meses la española vive en Palma y el afgano en Kabul? Creo que si yo fuese juez me inclinaría por esta última solución, aunque no estoy muy seguro ahora mismo de que fuera la correcta legalmente hablando. ¿Y por qué tomaría esta postura? Pues, sinceramente, para evitar la aplicación del Derecho afgano. Porque así podría aplicar el último criterio que establece el precepto: ante el hecho de que la residencia de los esposos está situada en Estados diferentes, la ley aplicable sería la española. Con lo cual nuestra mallorquina tendría todas las garantías que le ofrece el Derecho español, no sólo para aplicar las normas relativas al divorcio, sino asimismo las que tienen que ver con la custodia de los hijos y la protección de sus derechos fundamentales.

Pero ¿qué ocurriría si el juez llegara a la convicción, motivado por la jurisprudencia del Tribunal Supremo, de que la ley aplicable era la de la última residencia habitual del matrimonio, o sea, la ley afgana? Tendría que enterarse muy bien cómo contempla el Derecho afgano el divorcio y la custodia de los hijos, para lo cual recabaría información de los servicios jurídicos de embajadas o de expertos en el Derecho de Afganistán. Supongamos que en dicho Derecho el marido puede repudiar a la mujer, o a una, varias o todas sus mujeres, pero éstas no tienen derecho al divorcio sin consentimiento de aquél. Es un «suponer» (ya digo que de Derecho afgano no tengo ahora mismo ni idea). Ocurriría entonces que el juez no podría proceder a conceder el divorcio ni tampoco la custodia de los hijos. Supongamos, yendo un poco más allá, que en el Derecho afgano la huida de la mujer del hogar sin consentimiento del marido esté castigada por el Derecho penal. Nos encontraríamos entonces ante una situación bastante complicada, pues en principio España tendría que extraditar a nuestra mallorquina a Kabul, con los consiguientes efectos que cabe imaginar.

¿No tendría el juez otro remedio? Creo que sí, y ahora viene la aclaración de lo que significa el inciso «en principio» que he introducido antes llamando la atención sobre él. «En principio» habría que aplicar la ley afgana. Pero a la hora de la verdad, como jueces sagaces que somos, no la aplicaríamos por considerar que tal ley atenta contra los derechos fundamentales, esto es, contra el orden público. Nos agarraríamos, como a un clavo ardiendo, al artículo 12.3 del Código Civil, que dice: «En ningún caso tendrá aplicación la ley extranjera cuando resulte contraria al orden público». En esta norma encontramos un concepto clave, el de orden público, que actúa como límite o control en la aplicación de la ley extranjera. ¿Qué es el orden público? Aquí no significa el orden de la calle, sino que es un concepto mucho más general y proteico. Orden público es el orden de la *res publica*, de la cosa pública, esto es, del Estado. Designa el conjunto de valores esenciales de un ordenamiento jurídico estatal. Uno de esos valores en el Derecho español está constituido por el respeto a la persona humana y a sus derechos fundamentales. Como jueces, interpretaríamos que el forzar a una mujer a llevar el burka y a llevar un género de vida carente de independencia atenta a la dignidad de la persona humana, al libre desarrollo de la personalidad, al derecho a la igualdad, al derecho a la libertad ideológica y religiosa, al derecho a la libertad personal, al derecho a la intimidad personal. Principios y derechos, todos ellos, reconocidos en la Constitución y con valor normativo directamente aplicable. En consecuencia, haciendo uso de la cláusula del orden público, no aplicaríamos la ley afgana, sino la española.

Con este ejemplo imaginado ya estás en disposición de entender la problemática que se suscita en el marco del Derecho internacional privado.

Ya hemos visto las razones que, al parecer, subyacen a esta extraña denominación. Pero has de tener presente que el Derecho internacional privado, a pesar de llamarse así, no es un Derecho que regule las relaciones entre Estados (para eso está el Derecho internacional público o Derecho internacional *tout court*). Se trata, en efecto, de *una parte del Derecho estatal*. No debes olvidarte de esto: el llamado Derecho internacional privado es Derecho estatal, forma parte del ordenamiento jurídico del Estado. Está compuesto por aquellas normas del ordenamiento jurídico estatal que tienen la función de determinar qué normas se deben aplicar a las situaciones y relaciones jurídicas privadas en las que se dé algún elemento de extranjería. Esto se ha expresado tradicionalmente diciendo que esta rama del Derecho regula el *tráfico jurídico externo*, y más recientemente se usa la fórmula de que regula las *relaciones jurídicas internacionales*, en el entendido de que dichas relaciones son *privadas*.

Así pues, el Derecho internacional privado no es, en verdad, Derecho internacional propiamente, pues no regula las relaciones entre las naciones (Estados). El derecho internacional privado no es una parte del Derecho internacional, sino un subconjunto de normas jurídicas que pertenece al conjunto formado por las normas del ordenamiento jurídico estatal. Por otro lado, aunque las situaciones y relaciones jurídicas privadas constituyan el objeto esencial de su regulación, ello no es obstáculo para que las normas de Derecho internacional privado regulen también aspectos pertenecientes al Derecho público, bien que dichos aspectos tengan que ver con las situaciones y relaciones privadas. Piénsese por ejemplo en las cuestiones relativas al Derecho internacional procesal, o sea, en los llamados conflictos de jurisdicciones.

Si hacemos caso a la manera tradicional de expresarse en este terreno, hay que distinguir entre estos tres conceptos: tráfico interno, tráfico externo y tráfico ajeno.

El primero de ellos, el tráfico interno, abarca todas las situaciones y relaciones jurídicas en las cuales inciden tan sólo aspectos propios de un mismo ámbito jurídico. Así, por ejemplo, si el juez del foro es español, y españoles son los litigantes y el objeto sobre el que se litiga (un divorcio entre españoles en España; un pleito sobre la herencia de un español entre sus hijos españoles). No cabe duda de que en estos supuestos el juez del foro aplicará Derecho español. Al no haber elemento alguno de extranjería, no será preciso que acuda a las normas de Derecho internacional privado, pues todo ordenamiento es portador de *una norma* o *principio estructural implícito* en virtud del cual el juez del foro aplicará el ordenamiento propio cuando no incida en la situación o relación ningún elemento de extranjería. Este principio, aunque no venga escrito en un precepto concreto, se supone existente en todo ordenamiento jurídico. Las normas de Derecho internacional privado no están pensadas para esos casos.

El tráfico externo es un concepto que abarca todas aquellas situaciones y relaciones jurídicas en las que incide algún aspecto o elemento de extranjería. Aunque reciba la calificación de externo, no es tal en términos absolutos, ya que algo tendrá que ver con el juez del foro (aunque sólo sea que se ha planteado el pleito ante dicho juez) y, por tanto, con el ordenamiento jurídico de que se trate. El calificativo de externo se refiere a que la situación o relación jurídica está afectada por algún elemento externo al propio ordenamiento.

Cuando en la situación o relación jurídica no hay ningún aspecto o elemento que la relacione con el ordenamiento del foro, no estaremos ante tráfico externo sino ante lo que se ha denominado tráfico ajeno. Tal sería el caso de un matrimonio brasileño, residente en Brasil, que ha contraído matrimonio en ese Estado y luego plantea demanda de divorcio. Para un juez español, ese caso entra dentro del tráfico ajeno, ya que a él no le afecta en absoluto. Es ajeno en relación a cualquier ordenamiento que no se vea potencialmente afectado.

Por tanto, el tráfico jurídico externo, o sea el conjunto de situaciones y relaciones jurídicas en las que incide algún elemento extranjero, supone la presencia inmediata o mediata del fenómeno de la frontera. Ésta constituye la línea divisoria entre dos o más Estados limítrofes o vecinos. Y en un sentido más amplio, que es el que es aplicable a nuestro asunto, la frontera es la línea que separa el territorio del Estado del de los demás Estados, aunque éstos no sean vecinos. En una relación jurídica internacional de carácter privado siempre aparece el fenómeno de la frontera, bien de un modo inmediato (ejemplo: contrato entre dos personas de distinta nacionalidad), bien mediato (ejemplo: español hijo de extranjero, por lo que en determinados casos ostenta la doble nacionalidad, aunque él personalmente no haya salido nunca de España).

Este concepto amplio de frontera está conectado con el territorio del Estado. Cada Estado moderno se define, además de por otros elementos, por ocupar un espacio terrestre acotado por fronteras. Por esa razón, los problemas teóricos relativos al Derecho internacional privado suelen estudiarse bajo el rótulo de «el Derecho en el espacio». Sin embargo, esto supone una concepción demasiado estrecha de dicho Derecho, pues dentro de un mismo territorio puede haber, y de hecho la hay, una pluralidad de ordenamientos jurídicos, o de subordenamientos, que se remiten unos a otros para solucionar los conflictos que surjan en punto a situaciones o relaciones jurídicas en las que incidan potencialmente normas de diversos subordenamientos. En el pasado era frecuente que en un mismo territorio, bajo una misma organización política, conviviesen comunidades humanas con regímenes jurídicos diferentes para algunas cuestiones. En estos casos se tenía en cuenta no sólo el principio de territorialidad (para distinguir los de dentro de los de fuera) sino asimismo el principio de personalidad (que permite separar los miembros de una comunidad de los de otra, por mucho que convivan en las mismas calles de las mismas ciudades y aldeas). Es cierto, sin embargo, que con el paso del tiempo se ha impuesto el principio de territorialidad y que, en consecuencia, a efectos de simplificar, en una teoría de las relaciones intersistémicas en su incidencia sobre las relaciones jurídicas privadas es razonable prescindir del principio de personalidad.

Dejando aparte estas cuestiones, podemos afirmar que cada ordenamiento jurídico regula el tráfico interno mediante sus propias normas jurídicas materiales. Asimismo regula el tráfico externo, esto es, las situaciones y relaciones jurídicas en las que incide algún elemento extranjero. La regulación del tráfico externo lo puede hacer el Estado bien mediante normas materiales de aplicación directa, bien mediante normas formales de remisión (o de aplicación indirecta), bien mediante un combinado de ambos tipos de normas, que hoy día es lo más frecuente.

Las normas materiales de aplicación directa son aquellas que no envían a otros ordenamientos jurídicos sino que regulan por ellas mismas la situación o relación jurídica internacional (o sea, en la que incide algún elemento de extranjería) de que se trate. Esas normas pueden ser las que ya existen en el ordenamiento estatal para el tráfico interno. Pueden ser también objeto de creación específica para las relaciones internacionales de carácter privado. Tal fue el caso del *ius gentium* en Roma.

El Derecho romano no conoció la técnica de la regulación indirecta, propia de las normas que se llamarían siglos después leyes de conflicto, cuya característica es que envían al órgano aplicador a las normas de los ordenamientos de otros Estados. Para las relaciones de los ciudadanos romanos *(cives)* con los extranjeros *(peregrini)* y para las relaciones de éstos entre sí el Derecho de Roma generó una masa de normas jurídicas a las que se denominó *ius gentium*, Derecho de las gentes. El *ius gentium* es también Derecho romano, no forma parte de un ordenamiento jurídico distinto. Con su sentido práctico, los romanos enseguida se dieron cuenta de que los extranjeros que acudían a Roma a realizar transacciones comerciales no debían estar sujetos al viejo *ius civile*, demasiado ceremonial y lento para esas actividades. En su lugar, produjeron un cuerpo de normas que insertaron en su propio ordenamiento. Estas nuevas normas se caracterizaban por la flexibilidad, la rapidez y la escritura, cualidades todas ellas aptas para proporcionar la agilidad y la certeza requeridas en el comercio. El *ius gentium* tuvo tanto éxito, debido a estos caracteres, que llegó a extenderse también entre los ciudadanos romanos. Desde la perspectiva que tratamos aquí, el conjunto de normas que lo formaban era parte del Derecho romano que, de ese modo, aplicaba sus propias normas a las relaciones jurídicas privadas que hoy llamaríamos «internacionales», y no las normas de otros ordenamientos. Lo que quiere decir que no hacía uso de la remisión externa.

Junto al método directo de regular las relaciones jurídicas internacionales de carácter privado, del que el *ius gentium* es un buen modelo, tenemos el método indirecto. Éste consiste en que el ordenamiento no regula por sí mismo la situación o relación jurídica de que se trate, sino que efectúa un envío a otro ordenamiento (que, a veces resulta ser el mismo ordenamiento remitente). Pues la remisión suele tener el carácter de abstracta, lo que quiere decir que se envía a un ordenamiento en virtud de un criterio general, por lo que no viene determinado de antemano, sino que depende de las características de la relación internacional de derecho privado.

Esta técnica de regulación indirecta de las relaciones jurídicas internacionales de naturaleza privada fue ideada a finales de la Edad Media por los juristas del norte de Italia. El escenario italiano de comienzos del Renacimiento era el de un territorio dividido en estadículos, cada uno de los cuales se regía por leyes distintas, a las que se les denominaba estatutos. De ahí que a los autores que se hicieron cargo de resolver la cuestión de la que tratamos se les denomine la escuela estatutaria, o simplemente la estatutaria. Imaginémonos lo que pasaba en esa época que también era el comienzo del capitalismo comercial. Un boloñés que había celebrado un contrato con un naviero de Venecia planteaba ante un juez de Bolonia una demanda por considerar que el naviero había incumplido el contrato. ¿Cuál sería el estatuto aplicable? ¿El de Bolonia o el de Venecia? La necesidad, o al menos la conveniencia, de uniformar los criterios para regular este tipo de cuestiones fue el impulso que recibieron los glosadores para elaborar una doctrina (la estatutaria) que les diese salida razonable (esto es, justa). Fueron estos autores los que idearon la expresión de *conflicto de leyes (conflictus legum)*. Expresión no muy afortunada, pues en rigor no hay conflicto legal alguno, ya que cada Estado posee sus propias leyes que sus jueces deben aplicar. Lo que transmitían los estatutarios es que este tipo de situaciones se podían contemplar desde diversas legislaciones y que no era conveniente para las relaciones entre particulares, ni justo en los resultados que se obtenían, que cada Estado actuara por su cuenta. Por ello buscaron criterios uniformes que pudiesen ser aceptados por su razonabilidad. Así, por ejemplo, se pensó que cuando el pleito era sobre cosa inmueble, el juez debía aplicar la ley del Estado en que dicha cosa estaba sita *(lex rei sitae)*. Cuando se celebraba un contrato era razonable que se estuviera a lo que ordenaba el Derecho del Estado en que se había celebrado el contrato, etc. No voy ahora a desarrollar las soluciones que los juristas fueron dando a los problemas que podían suscitar las relaciones entre particulares con elementos de extranjería. Lo importante es subrayar que se fue creando un conjunto de normas que, perteneciendo a los ordenamientos estatales, tenían por objeto indicar qué ley se aplicaba. Así surgieron las llamadas *normas de conflicto* como normas características del Derecho internacional privado.

Las normas de conflicto son la solución a los conflictos de leyes. Esta frase que acabas de leer parece un juego de palabras, pero en cuanto la pienses un poco caerás en la cuenta, teniendo presentes las explicaciones anteriores, que son muy certeras.

Hay que preguntarse entonces: ¿Cómo son las normas de conflicto? ¿Cuál es su estructura lingüística? Hasta ahora hemos estudiado su función, que no es otra sino la de disolver los llamados conflictos de leyes mediante la remisión al ordenamiento aplicable. Queda pues que nos detengamos en esas otras cuestiones, cuya exposición dejo para la lección siguiente.

EJERCICIOS

1. Haz un esquema de la lección.

2. Resume el caso descrito en el texto como ejemplo, y explica cómo se relaciona con el Derecho internacional privado.

3. ¿Qué es una relación jurídica internacional de naturaleza privada? Pon un ejemplo de este tipo de relaciones y explica sus elementos componentes.

4. Explica las razones por las cuales a la regulación normativa de las relaciones jurídicas internacionales de naturaleza privada se la denomina «Derecho internacional privado».

5. ¿Qué importancia puede tener que a una relación jurídica se le aplique un Derecho u otro?

6. ¿A qué se llama el juez del foro?

7. ¿Qué es una remisión interna? ¿Y una remisión externa?

8. El Derecho internacional privado ¿es Derecho internacional? Razona la respuesta.

9. El Derecho internacional privado ¿es parte del Derecho internacional o parte del Derecho estatal?

10. Define lo que tradicionalmente se ha entendido por tráfico externo.

11. Diferencia entre tráfico interno, tráfico externo y tráfico ajeno.

12. Relaciona los conceptos anteriores con el fenómeno «frontera».

13. En la Teoría general del Derecho es una tradición estudiar los problemas relativos al Derecho internacional privado bajo el rótulo de «El Derecho en el espacio». Explica por qué.

14. Aclara la dualidad principio de territorialidad/principio de personalidad en su relación con el Derecho internacional privado.

15. ¿En qué consiste el método directo de regulación del Derecho internacional privado?

16. ¿Y el método indirecto?

17. Explica a qué tipo de método –directo o indirecto– pertenece el *ius gentium* de los romanos.

18. ¿Qué es la estatutaria? ¿Qué importancia tuvo para el Derecho internacional privado?

19. ¿A qué llamaron los glosadores conflicto de leyes?

CII. LAS NORMAS DE CONFLICTO: LA CONCEPCIÓN TRADICIONAL

Como hemos estudiado en la lección anterior, el origen histórico del Derecho internacional privado vincula esta rama del Derecho estatal con la pluralidad de ordenamientos jurídicos. Ante un litigio en el que potencialmente son aplicables varios ordenamientos, debido a que en la relación jurídica de que se trate hay algún elemento de extranjería, el juez que decide (el juez del foro) se encuentra que, en principio, tiene que aplicar las normas de su propio ordenamiento si éste no le dice otra cosa. Razones de conveniencia y de justicia hicieron que, primero los autores y después los legisladores, se plantearan la necesidad de dar una respuesta a este tipo de situaciones. Esa respuesta consistió en encontrar criterios razonables para regular las relaciones jurídicas internacionales de naturaleza privada. En los términos de los juristas de la Baja Edad Media se trataba de solucionar los conflictos de leyes. Esta expresión tuvo éxito y todavía hoy se emplea para titular los libros de Derecho internacional privado, sobre todo en el ámbito anglosajón *(conflicts of laws)*.

En realidad esa expresión es exagerada, pues propiamente no se da tal conflicto de leyes. Si al juez del foro (esto es, al juez al que se le plantea la demanda) su ordenamiento jurídico le obliga a aplicar las normas propias sin excepción alguna, no puede decirse que se le plantee ningún conflicto. El juez aplicará las normas de su ordenamiento, y asunto concluido. El problema no es que exista un conflicto de leyes, sino que se percibe que esa solución no es razonable pues puede dar lugar a resultados absurdos o inconvenientes. Supongamos, por ejemplo, que en un Estado la mayoría de edad se adquiere a los 18 años y en otro a los 23. Si un individuo de 18 años, mayor de edad en el primer Estado, del que es nacional, hace un negocio en el Estado en el que la mayoría de edad se adquiere a los 23 años, parece un tanto extraño que pueda declararse nulo dicho negocio en atención a que esa persona ha pasado a ser menor por el mero hecho de atravesar la frontera. Quien en su país puede hacer y deshacer en los negocios respecto de sus bienes y goza de plena autonomía se convierte de pronto en una persona que, para celebrar contratos que antes celebraba con normalidad, ahora debe tener el permiso de su padre o tutor. Es mucho más razonable dejar que esa persona siga siendo mayor de edad en todo momento, independientemente de que haga el negocio en su país o en otro. Teniendo en cuenta este género de razonamientos se comprende muy bien lo que la expresión conflicto de leyes quiere expresar.

Pues bien, las normas típicas del Derecho internacional privado se han denominado y se denominan, siguiendo una tradición terminológica asentada, *normas de conflicto.*

A la norma de conflicto se la ha calificado como una norma de remisión, de atribución o de localización. Creo que son tres maneras de decir prácticamente lo mismo. Veámoslo.

Es una norma de *remisión* porque, en vez de regular de modo directo la situación o relación jurídica en la que incide algún aspecto de extranjería, remite o envía abstractamente a un ordenamiento, que puede ser cualquiera e incluso el propio. Por ejemplo, supongamos que la norma dice, como lo hace el artículo 9.1 de nuestro Código Civil: «La ley personal correspondiente a las personas físicas es la determinada por su nacionalidad. Dicha ley regirá la capacidad y el estado civil, los derechos y deberes de familia y la sucesión por causa de muerte. El cambio de ley personal no afectará a la mayoría de edad adquirida de conformidad con la ley personal anterior». Con esta norma el individuo al que nos referíamos antes, mayor de edad con 18 años que hace un negocio en un Estado en el que la mayoría de edad se adquiere a los 23, no tendrá problema alguno. Su ley personal será la de su nacionalidad. Esa ley determina su capacidad y su estado civil. Consecuencia: el ordenamiento del foro lo considerará mayor de edad, aun cuando en ese Estado la mayoría se adquiera a los 23 años. El ordenamiento del foro se remite al de la nacionalidad de la persona para aplicarle los criterios que establezca este último. Ahora bien, la norma también se aplica a las personas sometidas al ordenamiento del foro, esto es, a los nacionales del Estado donde se realiza el negocio y que en el ejemplo (imaginario) exige 23 años para la mayoría de edad. La ley propia de la nacionalidad se aplica, para determinar la capacidad y el estado civil, tanto a los propios nacionales como a los extranjeros. Lo que ha hecho el ordenamiento del foro es una remisión abstracta y externa. Es abstracta porque para remitir a otro ordenamiento se guía por un criterio general. Es externa porque lo típico es que envíe a *otro* ordenamiento.

Recuérdese que en la lección anterior hemos hablado de las remisiones internas, que son aquellas que el ordenamiento hace respecto a sus propios preceptos. Si una disposición legal envía a otra perteneciente al mismo ordenamiento jurídico, estamos en presencia de una remisión interna. Lo característico de las normas de conflicto es que remitan a las normas de otros ordenamientos jurídicos, aunque no siempre sea así (tal sucede cuando, aplicando el criterio abstracto, resulta que el ordenamiento aplicable es el del foro).

Se sostiene también que la norma de conflicto es una norma de atribución debido a que por lo general atribuye la competencia reguladora a otro ordenamiento jurídico. Es una manera diferente de decir lo mismo que cuando se afirma que la norma de conflicto es una norma de remisión. Asimismo se sostiene que la norma de conflicto es una norma de localización. Pues, en efecto, permite localizar o concretar el ordenamiento aplicable a una relación jurídica con elementos de extranjería.

Se diga como se diga, la sustancia es la misma. La norma de conflicto constituye un mecanismo de intertextualidad. Dos textos se relacionan entre sí de tal modo que uno envía a otro. Ese envío sólo se concreta tras una operación que permite determinar el ordenamiento aplicable. La norma de conflicto no dice, por ejemplo, que en materia de capacidad de las personas se aplicará el Derecho francés, o el colombiano o el brasileño, sino que se aplicará el Derecho que corresponde a la ley personal que es la de la nacionalidad del sujeto de que se trate. Si éste es francés se le aplicarán las normas francesas, pero si es brasileño se le aplicará el Derecho brasileño, y si es colombiano el colombiano. A diferencia de las citas de los autores (fenómeno típicamente intertextual), que suelen ser concretas al ir referidas a textos escritos por personas determinadas, el envío de la norma de conflicto a una totalidad textual (un ordenamiento jurídico) es abstracto, si bien se concreta tras un proceso de determinación de la ley aplicable.

Detengámonos ahora en el problema de cómo es la norma de conflicto desde el punto de vista de su configuración interna. Me referiré primero a la *concepción tradicional*, que es la que mayoritariamente se sigue sosteniendo entre los autores; después, en la próxima lección, explicaré mi punto de vista aplicando los conceptos de la Teoría comunicacional del Derecho que ya hemos estudiado.

La concepción tradicional de las normas de conflicto parte de la idea de la homogeneidad de las normas jurídicas. Conviene que recuerdes lo esencial de esta manera de ver la teoría de las normas del Derecho. Para la tesis de la homogeneidad todas las normas jurídicas tienen la misma estructura básica: supuesto de hecho y consecuencia jurídica, elementos conectados mediante un deber o deber ser. Para dicha tesis todas las normas jurídicas tienen esa estructura bimembre, en la que aparece en primer lugar un hecho y en segundo lugar la consecuencia jurídica que se imputa o atribuye a ese hecho, estableciéndose la forma de imputación por medio del verbo *deber*. Por tanto, todas las normas serían normas deónticas.

En el campo del Derecho internacional privado los autores parten, por lo general, de esta idea de norma genérica, para señalar a continuación que la norma de conflicto no se ve reflejada fielmente por ella sino que precisa introducir un tercer elemento. Este tercer elemento es lo que denominan el punto de conexión. Enseguida veremos en qué consiste este punto de conexión.

La concepción tradicional, y mayoritaria también en la actualidad, sostiene en consecuencia que la norma de conflicto, a diferencia de las demás normas jurídicas, tiene una estructura trimembre, ya que está compuesta por el supuesto de hecho, el punto de conexión y la consecuencia jurídica.

Tomemos un par de ejemplos que nos permitan concretar un poco estas afirmaciones.

El primero, uno que ya conocemos, el artículo 9.1 del Código Civil. No hace falta trascribirlo en su literalidad de nuevo puesto que ya sabes en qué consiste. Este precepto determina que la ley personal de las personas físicas (aplicable a su capacidad y estado civil, entre otros aspectos) viene determinada por la nacionalidad. El hecho sería la capacidad y estado civil de la persona física; el punto de conexión sería la nacionalidad de dicha persona; la consecuencia jurídica sería la aplicación de la ley personal, o sea, el ordenamiento jurídico que corresponde a la nacionalidad de la persona. Así, si el juez del foro se encuentra ante una cuestión relativa a la capacidad y estado civil de una mujer libia deberá aplicar en principio el ordenamiento libio. El hecho es que la señora es libia, el punto de conexión es la nacionalidad libia, y la consecuencia jurídica es la aplicación del ordenamiento libio.

Veamos otro ejemplo sencillo. El artículo 10.1 del Código Civil, en su párrafo primero, dice lo siguiente:

> «La posesión, la propiedad y los demás derechos sobre bienes inmuebles, así como su publicidad, se regirán por la ley del lugar donde se hallen».

El hecho sería la existencia de un derecho real sobre bien inmueble. El punto de conexión, el lugar donde se encuentre el inmueble. La consecuencia jurídica, la aplicación del ordenamiento jurídico propio de dicho lugar, lo que los juristas llamaron tempranamente *lex rei sitae*. Este ordenamiento jurídico será el aplicable tanto a los derechos reales sobre bienes inmuebles como a su régimen de publicidad (registro). Así, si tú, lector, eres propietario de un apartamento en Berlín, pongamos en la *Friedrichstrasse*, que es una calle emblemática, tienes que saber que para cualquier litigio que tengas relativo a tu derecho de propiedad los tribunales alemanes aplicarán la ley alemana. No podrás invocar la ley española, ya que para este supuesto (propiedad de bien inmueble) el punto de conexión no es la nacionalidad, sino el lugar en que se encuentra tu apartamento. Muy diferente sería que tuvieras un pleito sobre una cuestión relativa a tu estado civil, pues en ese caso el punto de conexión sí sería la nacionalidad y el tribunal alemán aplicaría la ley española, y no la alemana.

El supuesto de la norma de conflicto es considerado como un supuesto fáctico, es decir, como un hecho. Pero si nos fijamos un poco, nos daremos cuenta de que el hecho sólo aparece cuando tenemos ante nosotros un caso: la mujer libia, tu apartamento en Berlín, o cualquier otro similar en cuanto a su concreción. La norma de conflicto en realidad no hace uso de hechos, sino de conceptos. Lo que la doctrina llama habitualmente supuesto de hecho es en realidad un concepto, y además no un concepto cualquiera, sino un concepto jurídico. Así, la capacidad y el estado civil son conceptos jurídicos, no hechos; e igualmente los derechos reales sobre bienes inmuebles. Este sedicente supuesto de hecho que en realidad es un concepto jurídico puede expresar la situación jurídica de una persona o de una cosa, una relación jurídica, un acto jurídico, una institución jurídica o cualquier otra realidad jurídica que elija el legislador. Por este motivo puede sostenerse la tesis de la heterogeneidad del llamado supuesto de hecho, que en realidad es un concepto jurídico.

El punto de conexión tiene la función de indicar el enlace del concepto jurídico, contemplado en el llamado supuesto de hecho, con un ordenamiento jurídico. Es un elemento del supuesto de hecho que sirve de criterio de vinculación con un ordenamiento jurídico. En los ejemplos anteriores, la capacidad y el estado civil son conceptos jurídicos relativos a la persona física; toda persona tiene nacionalidad; ésta es el punto de conexión para determinar el Derecho aplicable (la ley personal), que es la ley propia de su nacionalidad. Los derechos reales sobre inmuebles son conceptos jurídicos relativos a cosas que se hallan en un sitio; este sitio es el punto de conexión para determinar el ordenamiento aplicable, que es la *lex rei sitae*.

La consecuencia jurídica consiste en la determinación del ordenamiento jurídico aplicable al supuesto de hecho, al caso. Dicho en otras palabras: es la determinación del ordenamiento jurídico relevante.

En resumen, en la concepción tradicional y mayoritaria entre los autores, las normas de conflicto son normas de remisión de carácter formal que determinan en cada caso el ordenamiento jurídico que el juez del foro debe aplicar a las situaciones y relaciones jurídicas internacionales de naturaleza privada. Es, por consiguiente, una norma jurídica de deber, una norma jurídica deóntica, al igual que el resto de las normas del Derecho; pero se distingue de ellas en que en lugar de ser bimembre, es trimembre, ya que junto al supuesto de hecho y a la consecuencia jurídica contiene el punto de conexión.

NOTAS Y COMENTARIOS

– *La Estatutaria*. «Entendemos por doctrinas estatutarias, con Armand LAINÉ, autor de una obra clásica sobre ellas, el conjunto de reglas doctrinales elaboradas en los siglos XIII al XVIII por juristas de distintos países para la resolución de conflictos de leyes. En tan amplia concepción, el fenómeno estatutario supone un largo proceso en el que difícilmente pueden señalarse unos caracteres unitarios. Tan sólo uno: los conflictos que los estatutarios hubieron de resolver muy pocas veces fueron auténticamente internacionales, relaciones de la vida conectadas con países sujetos a otra soberanía. Por el contrario, a través de las diferentes etapas de la ciencia estatutaria, lo frecuente es el estudio de las cuestiones conflictuales que surgen del contacto de disposiciones legales vigentes en ciudades o comarcas cercanas entre sí y pertenecientes a una misma unidad política, tal como el Imperio germánico medieval o la monarquía francesa del siglo XVI. Alguna vez, aunque de manera excepcional, los estatutarios estudian casos en los que intervienen leyes de países sujetos a otra soberanía, a los que aplican las mismas soluciones. Por lo demás, apenas existe rasgo alguno común entre las diferentes etapas de la Estatutaria. Por razón de tiempo y países, se distinguen claramente cuatro momentos en su evolución. El primero tiene por escenario el norte de Italia en los siglos XIII al XV; se desenvuelve allí la actividad de la primera escuela estatutaria, la de los posglosadores, cuyo centro es Bolonia, aunque su influjo llegue a Universidades situadas al otro lado de los Alpes. Nota distintiva de los estatutarios italianos es el espíritu analítico propio de quienes a la vez cultivan, o cuando menos conocen, la Filosofía escolástica. Viven además los estatutarios italianos en un ambiente comercial que influye en sus obras haciéndoles proclamar soluciones contrarias a la territorialidad de las leyes dentro del casuismo impuesto por su método de trabajo. La segunda fase se desarrolla en Francia en el siglo XVI (...). A la escuela francesa del siglo XVI sucede la flamenco-holandesa de los dos siguientes. A ella se debe una fundamental aportación: atenuar el riguroso territorialismo, preconizado como principio, por la consideración de una *comitas gentium* que, al menos en la práctica, abre paso a la aplicación de leyes extranjeras. Finalmente, los problemas conflictuales vuelven a ser discutidos en Francia durante el siglo XVII. Las soluciones de esta cuarta y última de las escuelas estatutarias son poco originales, pero suponen la cristalización de seis siglos de doctrina precisamente en el momento en que va a ser recogida esta doctrina por las grandes codificaciones». (Adolfo MIAJA DE LA MUELA, *Derecho Internacional Privado, I. Introducción y Parte General*, 5ª edición, Atlas; Madrid, 1969, pgs. 86-87). Sobre la Estatutaria española, especialmente en la obra del jesuita Francisco Suárez, véase en esta misma obra de MIAJA DE MUELA, pgs. 115 y ss.

– *Sobre los conflictos de leyes y las normas de conflicto* dice Juan Antonio CARRILLO SALCEDO en su obra *Derecho Internacional Privado (Introducción a sus problemas fundamentales)*, 2ª ed., Editorial Tecnos, Madrid, 1976: «Una vieja tradición nos ha legado la expresión conflicto de leyes para describir este procedimiento de reglamentación del tráfico externo, proporcionando una imagen que no corresponde a la realidad ya que de hecho no existe tal conflicto de ordenamientos sino pluralidad de sistemas jurídicos con los que el supuesto de tráfico externo de que se trate se halla conectado, con lo que el problema a resolver es el de la elección del Derecho aplicable y no un pretendido conflicto de leyes, inexistente en la realidad.» (pg. 145) «Como toda norma jurídica, la norma de conflicto tiene dos elementos, supuesto de hecho y consecuencia jurídica, más un tercero que sirve de enlace entre aquéllos: la conexión o punto de conexión» (pgs. 146-147). Por su parte Alfonso Luis CALVO CARAVACA y Javier CARRASCOSA GONZÁLEZ en su libro *Derecho Internacional Privado*, volumen I (6ª ed., Comares, Granada, 2005) sostienen lo siguiente: «La norma de conflicto es aquella norma de DIPr que, para la regulación de la situación privada internacional, determina, de entre los distintos ordenamientos que los diferentes países vinculados con el supuesto, cuál de tales ordenamientos debe regir dicha situación. La norma de conflicto "localiza" una relación jurídica en un país determinado, cuyo Derecho resolverá la pretensión planteada, proporcionando la "solución material" concreta a la pretensión.» (pg. 161) «La norma de conflicto contiene tres elementos: 1º) Supuesto de hecho; 2º) Punto de conexión; 3º) Consecuencia jurídica. Esta estructura permite a la norma de conflicto realizar una "remisión" a favor de un Derecho estatal, sin resolver materialmente la cuestión suscitada». (pg. 164) Luis GARAU JUANEDA en su estudio titulado «Algunas reflexiones en torno a la estructura de la norma de conflicto» (en: *Pensamiento Jurídico y Sociedad Internacional.* Estudios en honor del profesor D. Antonio Truyol Serra, I, Centro de Estudios Constitucionales/Universidad Complutense, Madrid 1986, pgs. 429-448) afirma: «La norma de conflicto propiamente dicha (...) constituye una norma jurídica completa en el sentido de que, como corresponde a cualquier norma jurídica completa, atribuye a un supuesto una determinada consecuencia jurídica. Su particularidad radica en que esta consecuencia jurídica no tiene (...) carácter material inmediato, sino mediato, en la medida en que la norma de conflicto se limita a indicar el ordenamiento jurídico en el que habrá de obtenerse esa regulación material. Esta característica es la que ha llevado a un sector de la doctrina a hablar de la existencia de tres o incluso cuatro elementos en la norma de conflicto: supuesto, punto de conexión y consecuencia jurídica, a los que para algunos se añadiría el "objeto" de la norma. Esta terminología resulta sin embargo equívoca ya que hace pensar que junto a la norma jurídica de dos elementos (supuesto y consecuencia jurídica) aparecería una norma jurídica con tres elementos (supuesto, punto de conexión y consecuencia jurídica). No creo (...) que haga falta crear una nueva categoría de norma jurídica (la de tres o más elementos, frente a la norma jurídica de dos elementos) para explicar un tipo de norma que encaja perfectamente en la estructura generalmente aceptada como válida para cualquier norma jurídica (supuesto y consecuencia jurídica). Cuando una norma de conflicto establece que el estado y la capacidad se rigen por la ley nacional, lo que está diciendo es que el estado y la capacidad de un español, de un francés, de un inglés (supuesto), se rigen por la ley española, francesa, inglesa... (consecuencia jurídica). El punto de conexión, por tanto, aun cuando sea ciertamente en sentido amplio un elemento de la norma de conflicto, no es un elemento de la norma junto al supuesto y a la consecuencia jurídica. El punto de conexión no supone un elemento distinto del supuesto y de la consecuencia jurídica, sino que forma parte tanto del uno como del otro» (pgs. 429-430).

EJERCICIOS

1. Haz un breve esquema de la lección.

2. Explica lo que quiere decir que razones de conveniencia y/o de justicia hicieron que surgiera el Derecho internacional privado.

3. En relación con el ejercicio anterior: Razona por qué se dice en el texto que primero fueron los autores y después los legisladores quienes dieron respuesta a los problemas suscitados por los llamados conflictos de leyes.

4. En el denominado «conflicto de leyes» ¿hay realmente un conflicto? Razona la contestación.

5. ¿Qué relación existe entre el surgimiento del Derecho internacional privado y las ideas de soberanía y de justicia?

6. Explica el concepto de remisión normativa.

7. ¿Qué quiere decir que la remisión característica de la norma de conflicto es abstracta y externa? Explícalo de la mano de un ejemplo.

8. Razona el significado de la frase: «la norma de conflicto es una norma de atribución». ¿De atribución de qué?

9. Haz lo mismo con la frase: «la norma de conflicto es una norma de localización». ¿Qué es lo que localiza la norma de conflicto?

10. Explica la norma de conflicto como un fenómeno de intertextualidad y relaciónalo con el de la cita de un autor por otro.

11. Resume lo esencial de la concepción homogénea de las normas jurídicas (para ello tendrás que releer la lección XXIII).

12. ¿Cuál es la postura mayoritaria en la doctrina del Derecho internacional privado, aceptan o rechazan la concepción homogénea de las normas jurídicas?

13. Explica y compara las opiniones de los profesores españoles CARRILLO SALCEDO, CALVO CARAVACA/CARRASCOSA y GARAU JUANEDA, en punto a la norma de conflicto en su relación con la concepción homogénea de las normas jurídicas.

14. ¿Cuáles son los tres elementos que la doctrina internacional-privatista destaca como integrantes de la norma de conflicto?

15. Analiza los tres elementos de la norma de conflicto en el artículo 9º.1 del Código Civil español.

16. Haz lo mismo que se pide en el ejercicio anterior respecto del artículo 10.1 del Código Civil.

17. Elige otro artículo del Capítulo IV (Normas de Derecho internacional privado) del Título Preliminar del Código Civil, y analízalo determinando los tres elementos que destaca la doctrina.

18. ¿En qué consiste el supuesto de hecho que señala la doctrina, en un hecho o en un concepto? Razona la respuesta con un ejemplo.

19. Explica qué función cumple el punto de conexión dentro de la norma de conflicto y cómo se relaciona con el supuesto de hecho y con la consecuencia jurídica.

20. Razona la idea de que, para la concepción doctrinal mayoritaria, la norma de conflicto es una norma deóntica trimembre.

CIII. LA NORMA DE CONFLICTO EN EL MARCO DE LA TEORÍA COMUNICACIONAL DEL DERECHO (I)

La concepción tradicional, y mayoritaria aún hoy en día, de la norma de conflicto es, sin duda, una manera de ver las cosas que resulta coherente con la idea de que todas las normas jurídicas tienen la misma estructura. Buena parte de los autores introducen un tercer elemento que, como hemos estudiado en la lección anterior, es el punto de conexión. Otros ni siquiera lo consideran como un elemento más, sino que lo conciben como un aspecto del supuesto de hecho. Sea como fuere, lo cierto es que a esta idea mayoritaria le basta con el esquema de la concepción homogénea de las normas de Derecho. Pero, como recordarás, nuestra perspectiva es diferente. Creo muy justificada la necesidad de sustituir esa concepción homogénea por otra heterogénea, que permita establecer tipos de normas atendiendo a un doble criterio: el de su función dentro del sistema jurídico y el de su estructura lingüística. Así he abordado en lecciones anteriores las cuestiones relativas a la teoría de las normas jurídicas. Recordarás que la división máxima que he propuesto es la de normas indirectas y normas directas de la acción. Las primeras son las que regulan aspectos previos a la acción, tales como los elementos espacio-temporales, los sujetos, las capacidades y competencias y la determinación de las fuentes del Derecho. Estas normas indirectas de la acción se expresan mediante el verbo *ser* (no descriptivo o atributivo, sino prescriptivo o normativo), y por eso las llamamos normas *ónticas*. El segundo tipo de normas son aquellas que, atendiendo al texto que las expresa, contemplan directamente la acción, bien para establecer en qué consiste ésta (en cuyo caso estamos ante las normas *procedimentales*, que se expresan mediante el verbo *tener que*), bien para autorizar la acción (normas expresivas de *poder*, llamadas *potestativas* o *autorizativas*), o bien para imponer el *deber* de realizar la acción (normas llamadas *deónticas*). No voy a repetir ahora lo que ya he expuesto detenidamente en esta obra; simplemente deseo que recuerdes esta clasificación y su sentido.

Desde la perspectiva de la Teoría comunicacional del Derecho lo primero que hay que preguntarse, respecto al asunto que ahora nos ocupa, es qué función cumple la llamada norma de conflicto o de colisión. Me parece que la primera función que cumple es la de señalar o determinar el ordenamiento jurídico *relevante* para una determinada materia potencialmente afectada por elementos de extranjería. Cuando la doctrina destaca que la norma de conflicto localiza o remite al ordenamiento jurídico aplicable está apuntando a esta misma idea.

El rasgo esencial de la norma de conflicto es que indica, mediante una remisión abstracta, el sistema de Derecho aplicable a una materia, esto es, a un supuesto abstractamente definido. Esto, y no más, es la función de este tipo de normas de Derecho internacional privado. Lo que hace la concepción mayoritaria es vincular esta idea con la de la aplicación judicial, de tal modo que formula la norma de conflicto como una norma dirigida al juez obligándole a aplicar la ley señalada por ella. Ahora bien, hay que caer en la cuenta que ésta es una de las posibles derivaciones de la existencia de la norma de remisión. Nosotros, que no somos jueces, podemos hacer una lectura diferente de la norma de conflicto. En sí misma considerada, esta norma lo único que hace es remitir, localizar, señalar, determinar, concretar el conjunto normativo que regula una determinada materia. Dicho de otra manera: las normas de conflicto señalan las fuentes del Derecho aplicables en materias en las que pueden incidir aspectos de extranjería. Dicen cuáles *son* las normas jurídicas para esos supuestos abstractamente definidos (tales como la capacidad de las personas, el estado civil, los derechos y deberes de familia, la separación y el divorcio, la sucesión por causa de muerte, la filiación, la adopción, los derechos reales sobre inmuebles y sobre muebles, los derechos de propiedad intelectual e industrial, las obligaciones contractuales y no contractuales, etc.). Creo que no es mera casualidad el hecho de que, en nuestro Código Civil, el capítulo regulador de las normas de Derecho internacional privado sea el IV del Título Preliminar, dedicado a establecer las fuentes del Derecho español, su aplicación y su eficacia.

Me pregunto: ¿Acaso no adquieren su sentido todas las normas que componen el Título Preliminar si se las vincula con el que, sin duda, es el artículo más importante de dicho Título? Este artículo es el 1º del Código Civil, que se limita a establecer cuáles *son* las fuentes del Derecho español y que comienza, como recordarás, con este precepto: «Las fuentes del ordenamiento jurídico español *son* la ley, la costumbre y los principios generales del derecho» (subrayado mío, para enfatizar el verbo que utiliza el precepto). Como sabemos, esta disposición debe de «sumarse» con otras, en una operación bastante compleja, para obtener la norma jurídica completa que establece cuáles son las fuentes del Derecho en España o, dicho en nuestra terminología, *cuáles son las modalidades de decisiones normativas* en nuestro país. Esta norma jurídica, que forma parte del sistema jurídico español, es una norma óntica. Se expresa mediante el verbo *ser* en su función prescriptiva. Su cometido intrasistémico es establecer la estructura normativa jerarquizada del sistema jurídico español. No es, por consiguiente, una norma que vaya dirigida a regular una acción determinada, se limita a señalar cómo es nuestro sistema jurídico en cuanto a las normas y a su jerarquía. Se trata de una norma indirecta de la acción, ya que no contempla acciones concretas. Bien es verdad que, una vez que sabemos cuáles son las fuentes del sistema jurídico español, las posibilidades de acción son múltiples. Una de ellas, quizás la más importante, es la que consiste en la aplicación judicial de las normas legales.

Deseo llamar la atención de modo muy especial sobre esta cuestión. La aplicación judicial de las leyes y, en general, de un sistema jurídico es una aplicación más, aunque muy importante, de las aplicaciones posibles. No sólo son los jueces los que aplican las normas a los casos concretos. Los funcionarios lo hacen todos los días, en cada acto que realizan. Y exactamente igual el resto de los operadores jurídicos. Cuando un abogado asesora a su cliente sobre un asunto entre sus argumentos está sin duda el dato del sistema de fuentes, es decir, de las normas que, llegado el caso, se aplicarán al problema concreto. Un particular puede tener interés en conocer las decisiones normativas que le afectan para saber dar con prudencia los pasos necesarios en un asunto que le preocupa. E incluso existe también el mero interés teórico por conocer las fuentes del Derecho positivo. Quiero decir con esto que las aplicaciones posibles de la norma que establece las fuentes del Derecho de un sistema jurídico determinado son múltiples y no pueden limitarse, por tanto, a una de ellas, como es el caso de la aplicación judicial.

Ahora bien, el lenguaje natural permite que formulemos nuestros pensamientos de modos muy diferentes. Lo mismo sucede con las normas. La actual redacción del artículo 1 del Código Civil emplea el verbo *ser*, dando así en la diana del significado profundo de una norma cuya función es señalar el sistema de fuentes. Pero no ocurría así en la versión anterior a la reforma del Título Preliminar (que se llevó a efecto en 1974). Me refiero, claro es, a la versión original. En ésta el precepto que establece las fuentes lo hace en un contexto lingüístico propio de una norma directa de la acción; en concreto de una norma jurídica dirigida al juez imponiéndole, primero, el deber de emitir sentencia a todo caso que se le plantee y, en segundo lugar, imponiéndole una jerarquía de normas aplicables.

Me estoy refiriendo al artículo 6 de la versión original de nuestro Código Civil, que establece lo siguiente:

> «El Tribunal que rehúse fallar a pretexto de silencio, oscuridad o insuficiencia de las Leyes, incurrirá en responsabilidad. Cuando no haya Ley exactamente aplicable al punto controvertido, se aplicará la costumbre del lugar y, en su defecto, los principios generales del Derecho».

El primer párrafo establece la llamada prohibición del *non liquet,* o sea, la prohibición de abstenerse de decidir en el caso que se le ha planteado al juez (obviamente, dentro de esa decisión obligada, cabe que el juez se declare incompetente; la declaración de incompetencia en un determinado asunto es una manera de fallar). Este párrafo establece el deber del juez de fallar en todo caso.

El segundo párrafo, supuesto ya el deber jurídico del juez de fallar, le obliga a hacerlo siguiendo el criterio de aplicar primero la ley, después la costumbre y, subsidiariamente, los principios generales del Derecho.

Tenemos, por consiguiente, que en la versión original del Código Civil la determinación del sistema de fuentes se hace, desde un punto de vista lingüístico, en el marco de una norma deóntica. El precepto introduce la señalización de las decisiones normativas y su jerarquía en una norma de deber. Pero ello de ningún modo pone en entredicho lo que estoy defendiendo. El legislador, al redactar el precepto, ha preferido introducir la determinación de las fuentes en un contexto aplicativo concreto, el de los jueces. Lo cual no quiere decir que el sistema de fuentes que contiene el precepto no sea susceptible se ser introducido en otros contextos aplicativos. En realidad, la versión antigua contiene varias normas, por lo menos estas tres: la que establece las fuentes (indirecta, óntica); la que establece el deber del juez de fallar en todo caso (directa, deóntica) y la que impone el deber al juez de hacerlo siguiendo el sistema de fuentes establecido (directa, deóntica).

Te preguntarás: ¿A qué vienen todas estas explicaciones? Pues vienen a cuento en dos aspectos. Primero, un aspecto general: el lenguaje permite formulaciones diversas de pensamientos iguales o parecidos, y eso mismo sucede con el lenguaje de las normas; por eso, una teoría de las normas jurídicas nos sirve para poner orden en la maraña lingüística. Segundo, en el tema que nos ocupa, creo que es oportuno afirmar que la formulación de la versión actual del Código Civil es técnicamente más correcta que la antigua. Y no porque enumere, como sería de desear, de un modo claro y completo, el sistema de fuentes, sino porque no las vincula exclusivamente a un marco aplicativo, el judicial; con un modo de expresión más acertado, hace posible otras conexiones aplicativas y no aplicativas (como la que es de mero conocimiento).

Con el bagaje anterior volvamos a la función que cumplen las normas de conflicto.

Los diversos supuestos que se nos puedan presentar en la vida jurídica pueden dividirse en tres tipos: los de tráfico interno, los de tráfico externo y los de tráfico ajeno. Ya tenemos claros estos conceptos y, por tanto, evitaré ahora repeticiones. El último, el tráfico ajeno, no nos interesa. Me centraré en los dos primeros.

Ante un asunto que caiga de lleno en el tráfico interno (por ejemplo, divorcio entre españoles en España) existe un criterio muy sencillo de determinación de las normas aplicables (por el juez o por quien sea): *es* el ordenamiento jurídico español el relevante. Este criterio, aunque no venga escrito en el ordenamiento jurídico, conviene hacerlo explícito mediante una norma jurídica que, como tal, pertenece al sistema. Puede decirse que, en el caso en que el ordenamiento no la haga explícita, existe sin embargo en él como norma implícita, que el sistema se encarga de explicitar.

Otra cosa sucede con los asuntos que caen dentro del tráfico externo (por ejemplo, divorcio de finlandés y tailandesa residentes en Alemania que presentan demanda en España). En tales casos ya no nos servirá la norma (implícita probablemente en el ordenamiento y explícita en el sistema) de la que acabamos de hablar para resolver los casos de tráfico interno. ¿Qué haremos entonces? Acudiremos a las disposiciones de Derecho internacional privado, que para eso están. Vamos a nuestro Código Civil y encontramos un precepto (el art. 9º.2 último párrafo) que nos remite para la separación y el divorcio al artículo 107 (se trata de una remisión interna). Este último precepto nos proporciona el criterio para determinar o localizar el ordenamiento aplicable. Primero nos dice que regirá la ley nacional común, pero como los sujetos del caso tienen nacionalidad distinta, ese criterio no es aplicable. En su defecto, la disposición mencionada establece un segundo criterio: la residencia habitual del matrimonio. Ahora sí. Como los dos viven en Alemania, el punto de conexión es el de la residencia habitual común. Ya hemos localizado el ordenamiento relevante. Formulado en términos de concreción de la norma para el caso concreto, diremos entonces: el sistema jurídico relevante *es* el sistema jurídico de la República Federal de Alemania. Tendremos que ir a continuación al Derecho alemán y estudiar su sistema de fuentes para aplicarlas al caso concreto del finlandés y la tailandesa que quieren divorciarse.

Si para las situaciones y relaciones jurídicas de tráfico interno hay una norma implícita en el ordenamiento jurídico que localiza el sistema jurídico relevante, que no es otro que el propio del tráfico interno, para las situaciones y relaciones jurídicas de tráfico externo prevén los ordenamientos normas explícitas que determinan, haciendo uso de diversos criterios (llamados puntos de conexión) cuál es el sistema jurídico relevante y, por ende, el sistema de fuentes o de decisiones normativas aplicable.

Vistas así las cosas, las normas de conflicto no son sino normas jurídicas destinadas a determinar *cuál es el sistema jurídico relevante* y, por tanto, cuál *es* el elenco jerarquizado de fuentes o decisiones normativas de dicho sistema aplicables a los diversos supuestos que contemplan situaciones y relaciones jurídicas en las que inciden elementos de extranjería.

Las normas de conflicto o de colisión son, pues, normas estructurales del sistema jurídico y, como tales, son normas jurídicas indirectas de la acción cuyo significado profundo es expresable mediante el verbo *ser* prescriptivo.

Veamos ahora cómo funciona el mecanismo de la norma de conflicto en términos intertextuales. En lecciones anteriores hemos analizado las relaciones intersistémicas como relaciones entre textos; tanto para referirnos a las existentes entre el Derecho internacional y los sistemas jurídicos estatales, como para las que se dan entre el Derecho europeo y el Derecho de los Estados miembros. Este esquema, con las peculiaridades que vamos a ver, es aplicable de modo semejante a las relaciones entre los ordenamientos jurídicos estatales que se generan por medio de las normas de conflicto.

Tres son los conceptos que hemos de manejar a continuación para entender este tipo de normas como mecanismos de intertextualidad. Estos tres conceptos son: remisión, incorporación y transformación.

De la *remisión* ya hemos hablado. Conviene recordar que hay remisiones internas y externas o, dicho de otra manera, intrasistémicas y extrasistémicas.

Las remisiones *intrasistémicas* son las que se dan dentro de un mismo sistema jurídico. Las hay a su vez de distintos tipos. Unas son aquellas que remiten a disposiciones del mismo texto legal; por ejemplo, un artículo del Código Civil que envía a otro artículo del mismo Código. En segundo lugar, tenemos las remisiones que envían a una disposición de otro texto legal; ejemplo: un artículo de Código de Comercio que remite a otro del Código Civil. En tercer término, cuando una disposición de un texto legal remite, no a una disposición concreta de otro texto legal, sino a éste en su conjunto e incluso a un conjunto de textos legales (por ejemplo, los artículos 2 y 50 del Código de Comercio que envían al «Derecho común», es decir, al Derecho civil). En cualquiera de estas modalidades, las remisiones son de unas disposiciones a otras dentro del mismo sistema jurídico.

Las remisiones *extrasistémicas* son aquellas que tienen lugar de un ordenamiento jurídico a otro. Como todo sistema jurídico constituye una totalidad textual, las remisiones extrasistémicas ponen en conexión dos totalidades textuales. La norma de conflicto es precisamente una norma que cumple esta función de remisión extrasistémica. Sin embargo, es más apropiado decir que cumple una función de remisión *abstracta*, ya que determina de un modo genérico el ordenamiento relevante, que puede ser el ordenamiento remitente. La abstracción es lo característico de la norma de conflicto. Explicaré un poco esto que parece un galimatías.

Fíjate bien. La norma de conflicto no indica en realidad el ordenamiento concreto aplicable al caso. Lo que indica es el criterio para determinarlo. Así, en materia de capacidad y estado civil, la ley relevante es la ley personal, que viene determinada por la nacionalidad. En materia de derechos reales sobre inmuebles el ordenamiento relevante es el del lugar donde la cosa esté sita. En materia de divorcio, el criterio para determinar el Derecho relevante es vario y escalonado: en primer lugar, la ley nacional común; a falta de nacionalidad común, la ley de la residencia habitual del matrimonio; por último, a falta de residencia común, la ley española.

No hace falta que nos detengamos a hacer el análisis de estos tres supuestos para comprender que, excepto en la tercera hipótesis del tercero, que remite al propio ordenamiento jurídico español, todas las demás remisiones son abstractas. Determinan el ordenamiento aplicable por medio de un criterio general que se expresa en un concepto jurídico: la nacionalidad del sujeto en el primer caso; la situación del inmueble en el segundo; la nacionalidad común y, en su defecto, la residencia habitual común, en el tercero. En buena parte de los casos habrá una remisión a sistemas jurídicos extranjeros; pero en otros la remisión será al ordenamiento español (por ejemplo, si se trata de un pleito sobre una cosa inmueble sita en España).

Supongamos ahora que la norma nos remite a un sistema jurídico extranjero. Por ejemplo, al Derecho alemán. La remisión consiste en que la totalidad textual que es el sistema jurídico español en principio (recuerda la reserva que implica este «en principio») renuncia a regular la situación o relación de que se trate y envía al órgano aplicador (o a cualquier sujeto en general) al texto jurídico alemán. ¿Nos remite tan sólo a la norma jurídica alemana aplicable al caso, o al ordenamiento jurídico alemán en su conjunto? Una respuesta precipitada sería ésta: nos remite a la ley concreta del derecho alemán que es relevante en el caso. Digo que esta respuesta sería precipitada porque las normas jurídicas no pertenecen al ordenamiento sino al sistema jurídico, y éste es el resultado de la construcción hermenéutica que llevan a cabo la doctrina y la jurisprudencia de los tribunales. Además, tanto la doctrina como la jurisprudencia no contemplan las leyes aisladamente sino como textos que forman parte de unidades textuales más amplias. Con esto se apunta a la idea de que la remisión no es a una norma aislada sino al ordenamiento en su conjunto. O para ser más exactos: la norma de conflicto, en el supuesto de que remita a una ley extranjera, en realidad está enviando al sistema jurídico extranjero al que pertenece dicha ley.

Ahora bien, todo sistema jurídico tiene su propia constitución, su propio sistema de fuentes, sus propios principios jurídicos, su propio sistema de instituciones y órganos, sus propios conceptos jurídicos, sus propios métodos de interpretación, etc. O sea, la norma de conflicto envía a un sistema jurídico extraño, lo que exige que se entiendan las normas que en definitiva serán aplicables al caso de acuerdo con sus propios esquemas institucionales, conceptuales e interpretativos.

Hay sistemas jurídicos más «extraños» que otros. Por ejemplo, respecto al Derecho español, el ordenamiento francés, aunque no sea el nuestro, es muy próximo y por tanto poco extraño. Mucho menos que el Derecho afgano o el de cualquier otro país con tradiciones sociales y jurídicas muy diferentes a las nuestras. El Derecho comparado, al estudiar las diversas familias jurídicas que existen en el mundo, subraya precisamente esta idea y reúne los diversos ordenamientos en grupos que revelan un gran parecido de familia. Crea de ese modo un mapa de sistemas jurídicos que se diferencian entre sí con diversos grados de profundidad. En el mecanismo propio de la norma de conflicto la remisión a un ordenamiento jurídico extranjero siempre implica el envío a un cuerpo de normas extraño. Esta circunstancia, consustancial al mencionado mecanismo, hay que tenerla presente para entender todo el proceso de incorporación del texto jurídico extranjero en el ordenamiento del foro. En efecto, éste recibe Derecho extranjero, incorpora a su propio texto un texto extraño y lo somete, como vamos a ver en la próxima lección, a unas operaciones de control para convencerse de que el nuevo cuerpo normativo introducido en el propio es compatible con éste.

EJERCICIOS

1. Resume las ideas básicas de la lección en un cuadro sinóptico.

2. ¿Cuáles son los motivos teóricos que pueden justificar la sustitución de una concepción homogénea de las normas jurídicas por otra heterogénea? (Para contestar a esta pregunta es conveniente que des un repaso a lo expuesto en los epígrafes XXI a XXX).

3. Explica cuál es el funcionamiento básico de la norma de conflicto. A la norma de conflicto se la denomina también de otras maneras. Señala alguna de estas maneras y razona el porqué de dicha denominación.

4. ¿Qué quiere decir que la remisión hecha por la norma de conflicto tiene carácter abstracto?

5. La doctrina mayoritaria vincula la norma de conflicto con un determinado aspecto aplicativo: ¿con cuál?

6. ¿Hay alguna relación entre el capítulo primero y el capítulo quinto del Título Preliminar del Código Civil? Razona la respuesta.

7. ¿Qué tipo de norma jurídica (teniendo en cuenta los tipos propuestos por la Teoría comunicacional del Derecho) corresponde a la que establece el elenco de las fuentes y su jerarquía en cualquier sistema jurídico?

8. La aplicación judicial del Derecho es una de las modalidades aplicativas de las decisiones normativas (fuentes). Enuncia alguna otra modalidad

aplicativa que no sea la judicial y explica cómo dicha modalidad maneja el elenco y jerarquía de las fuentes.

9. Compara, desde el punto de vista lingüístico y funcional, la formulación del actual artículo 1º del Código Civil con la del antiguo artículo 6º del mismo Código.

10. ¿En qué consiste la prohibición del *non liquet*?

11. Analiza las diversas normas (de acuerdo con la tipología propia de la Teoría comunicacional del Derecho) que contiene el antiguo artículo 6º del Código Civil.

12. ¿Cuál es la razón de que en el texto se afirme que la formulación verbal del actual artículo 1º del Código Civil es más acertada que la del antiguo artículo 6º?

13. Recuerda los conceptos de tráfico interno, tráfico externo y tráfico ajeno.

14. Explica la tesis de que todo sistema jurídico incluye una norma que determina el Derecho aplicable al tráfico interno. ¿Qué establece dicha norma?

15. Explica la tesis de que las normas de conflicto son normas cuya función es determinar cuál es el sistema jurídico relevante en el supuesto planteado.

16. Razona por qué la norma de conflicto es una norma jurídica indirecta y, por tanto, del tipo de las ónticas.

17. Distingue los diversos tipos de remisiones intrasistémicas.

18. Relaciona la norma de conflicto con las remisiones extrasistémicas y con la remisión abstracta.

19. ¿Qué diferencia hay entre una remisión abstracta y una remisión extrasistémica?

20. La norma de conflicto ¿remite a disposiciones legales concretas o más bien a un sistema jurídico considerado en su conjunto?

21. Explica la idea de que la norma de conflicto puede suponer la incorporación de un texto «extraño» al texto del ordenamiento del foro.

CIV. LA NORMA DE CONFLICTO EN LA TEORÍA COMUNICACIONAL DEL DERECHO (II): INCORPORACIÓN Y TRANSFORMACIÓN DEL TEXTO EXTRAÑO

Un texto extraño es, pues, un texto que no forma parte del ordenamiento jurídico del foro. Ciertamente existe la posibilidad de que la norma de conflicto remita a este último ordenamiento, que el juez aplicará sin dificultad especial puesto que es el Derecho al que está sometido por ser uno de sus órganos. Pero también se da la posibilidad de que la norma de conflicto envíe a un Derecho extraño, lo cual supone que el juez del foro deberá enfrentarse a una totalidad textual que por lo general le será desconocida. Dentro de lo que podemos llamar lógica normal de la función judicial, no cabe en absoluto la idea de que se aplique al caso un sistema de normas extranjero. El juez y, en general, cualquier órgano del Estado, se debe a su propio ordenamiento. La aplicación del Derecho a los hechos es una labor de muchos órganos, estatales y no estatales, y todos esos órganos están obligados a aplicar el ordenamiento jurídico al que están sometidos. Un juez español aplicará Derecho español, y un juez afgano tiene el deber de aplicar el ordenamiento afgano. Dicho en términos generales: todo órgano jurídico tiene el deber de obedecer y aplicar el sistema jurídico del que forma parte.

No entra dentro de la lógica del Derecho que un juez aplique Derecho extranjero. Cuando, como consecuencia de una norma de conflicto que remite a un texto jurídico extranjero suceda que deba aplicar normas foráneas, es debido a que su propio ordenamiento (el del foro) le obliga a hacerlo así. El Derecho al que está sometido le viene a decir al juez, por ejemplo, algo semejante a esto: «para este tipo de supuestos, te ordeno que apliques al caso el ordenamiento jurídico de la nacionalidad del sujeto; dado que esta persona es marroquí, te ordeno que apliques el Derecho marroquí». El juez entonces no aplicará el Derecho marroquí porque esté sometido a dicho Derecho, sino justamente porque está sometido al ordenamiento jurídico español. En rigor, no aplica las normas extranjeras, sino las normas de su propio ordenamiento, las cuales pueden remitirle a las extranjeras para que las «introduzca» en el texto del ordenamiento del foro y las «españolice». A continuación te daré algunas razones que avalan este modo de ver las cosas.

La norma de conflicto, al remitir al juez a un sistema jurídico extraño, le está ordenando que, *para la situación contemplada*, incorpore las normas de origen extranjero al ordenamiento del foro. El sistema jurídico remitente se convierte así en el sistema jurídico receptor. El objeto de la recepción es un texto, más o menos complejo, que constituye una parte acotada (un texto parcial) de la totalidad textual que forma el sistema jurídico extranjero. Ese texto parcial, delimitado tras una operación del juez no siempre fácil, se recepciona en el seno de la totalidad textual que es el sistema jurídico del foro y se transforma, aunque sólo para la situación contemplada, en parte de este último. Se da, por consiguiente, recepción del Derecho extranjero, incorporación al Derecho del foro y transformación de los textos correspondientes en textos del sistema del foro, aunque sólo para la situación que se contempla en el caso concreto.

Así se explica que el sistema jurídico del foro se encargue de determinar las condiciones exigidas para la penetración del material normativo foráneo. Aquél tiene previstos unos mecanismos de control que permitan asegurarse de que el texto extraño no es incompatible con el texto del sistema jurídico del foro. Si utilizamos un símil biologista algo tosco podemos decir que los mecanismos de filtro o control que tienen previstos los sistemas jurídicos a la hora de recepcionar Derecho extranjero recuerdan a los que posee cualquier ser vivo frente a toda sustancia (alimentos, medicinas, bebidas, aire, etc.) que por diversos medios (deglución natural, alimentación en vena, inyección, respiración, etc.) se inocule en su interior. Cuando la sustancia inoculada no se adapta, por su composición química o por cualquier otra circunstancia, al organismo concreto, éste reacciona frente a ella. Las alergias son fenómenos de rechazo del organismo contra un elemento extraño que no es bien recibido. Y cuando la sustancia extraña es nociva y muy potente puede acabar con la vida del organismo. De modo similar a como tiene organizada su autodefensa el organismo biológico, los ordenamientos jurídicos prevén mecanismos de autoprotección frente a normas jurídicas que, provenientes del exterior, son incorporadas por las normas de conflicto.

En suma, todo lo que hemos visto hasta ahora podemos resumirlo en algunas frases. La norma de conflicto tiene un carácter formal, es una cláusula vacía que se rellena con el contenido material de otra norma (del propio ordenamiento del órgano aplicador o de un ordenamiento extranjero). El órgano realiza necesariamente un trabajo de construcción hermenéutica de la norma completa aplicable. Los textos extranjeros forman el material jurídico bruto que, junto con el de la norma de conflicto, proporcionan el texto bruto con el cual el intérprete tiene que configurar definitivamente la norma jurídica aplicable al caso. Al realizar esta tarea, deberá respetar los controles prescritos por el sistema jurídico del foro y, por tanto, interpretar los contenidos semánticos de los textos en función de dichos controles.

Pasemos ahora, para concluir esta parte de nuestro programa de Teoría del Derecho, a exponer muy brevemente en qué consisten estos controles o filtros que los ordenamientos jurídicos establecen para impedir que penetren normas extranjeras incompatibles con el sistema jurídico del foro. Estos filtros son fundamentalmente los siguientes: la calificación, el orden público, el fraude de ley, el control de constitucionalidad, el control de legalidad (recurso de casación) y la vinculación más estrecha.

La *calificación.* «Calificar» significa, en cuanto concepto general, poner nombre a algo; lo que suele implicar la clasificación de ese algo que se califica en el marco de un conjunto conceptual. La calificación es una operación intelectual que ejecutamos continuamente en el lenguaje normal de la vida cotidiana; y también es propia de la actividad científica. La calificación jurídica consiste en poner nombres jurídicos a situaciones, relaciones, actos, instituciones, etc.; a cualquiera de los elementos que encontramos en el Derecho. Al poner nombres jurídicos, clasificamos dichos elementos. Así, si decimos que el usufructo es un derecho real, y todo derecho real es un derecho subjetivo, estamos calificando y al mismo tiempo clasificando el usufructo. Lo mismo pasa si nos enfrentamos a un hecho concreto, y decimos que es un contrato de alquiler. Al calificar el hecho lo introducimos en una «casilla» del casillero conceptual que implica todo sistema jurídico. En esto consiste lo que los juristas denominan «subsunción»: el hecho se introduce o subsume en el concepto que la norma maneja en su literalidad textual.

No se puede desconocer la gran importancia práctica de la calificación. Pues, dependiendo de que un hecho sea calificado de una manera u otra, así será también una u otra la normativa aplicable. La calificación condiciona e incluso determina la aplicación de un régimen jurídico u otro al supuesto concreto de que se trate.

Para los supuestos concretos de tráfico interno la calificación se hace teniendo en cuenta exclusivamente los textos normativos del único sistema jurídico aplicable. Se dirá que un acto o una transacción tienen este o aquel significado jurídico atendiendo a la conceptualización propia del sistema jurídico correspondiente. Como sabemos, el acto o transacción se concreta en un ámbito jurídico determinado y éste viene organizado en torno al dualismo ORD/SIS; en consecuencia, a la calificación se aplicarán las categorías propias del sistema. En estos casos la calificación no responde a un mecanismo de autodefensa del ordenamiento del órgano aplicador, sino que es una operación normal de subsunción.

En los supuestos de tráfico externo es donde actúa como mecanismo de autodefensa. La doctrina suele manejar tres soluciones posibles: a) la de la *lex fori;* b) la de la *lex causae;* c) la calificación autónoma. Esta última se hace por vía convencional mediante el establecimiento de criterios uniformes que permitan a un conjunto de países calificar los supuestos de igual manera. La segunda solución, la de la *lex causae* (ley material aplicable) incurre en un círculo vicioso puesto que ya da por sentado el Derecho aplicable al caso. La solución más frecuente, por ser la más coherente desde el punto de vista de la autodefensa, es la de la *lex fori,* o sea, del ordenamiento del foro. De este modo, la calificación actuará como filtro o control, como verdadera puerta de entrada de la ley extranjera.

El Código Civil español adopta esta última solución en su artículo 12.1:

> «La calificación para determinar la norma de conflicto aplicable se hará siempre con arreglo a la ley española.»

Problema especial plantean las llamadas instituciones jurídicas foráneas que no son conocidas en el ordenamiento del foro. La doctrina del Derecho internacional privado suele plantear este asunto como la cuestión de la *institución desconocida.* Se ponen como ejemplos el *trust* y el repudio. El *trust* es un instituto de Derecho inglés que no tiene equivalente en el Derecho español, por lo que los tribunales españoles lo han equiparado al fideicomiso. El repudio es una institución de Derecho de familia propia de algunos países de impronta musulmana, que nuestra jurisprudencia ha asimilado al divorcio. Evidentemente, ni el *trust* es idéntico al fideicomiso, ni el repudio es lo mismo que el divorcio; pero a efectos prácticos y con las debidas cautelas, la jurisprudencia se ha decantado por esta solución basada en la analogía funcional.

En segundo lugar tenemos el *orden público.* Con esta expresión se hace referencia al conjunto de valores y principios esenciales de un sistema jurídico. Es el orden de la *res publica,* el orden de la cosa pública, en definitiva, del Estado. Todo ordenamiento jurídico encarna un conjunto de ideas axiológicas o de valor que considera consustanciales y, por tanto, irrenunciables. Sin embargo, este concepto no es tan sólido como a veces se ha dicho, sino más bien proteico y variable. En los últimos tiempos, para demostrar su variabilidad, se pone como ejemplo el llamado «matrimonio homosexual». Siempre se ha considerado que la institución del matrimonio monogámico y heterosexual constituía un principio básico, de orden público, del Derecho español, de tal modo que no se aceptaba como matrimonio las uniones poligámicas o poliándricas, ni tampoco las uniones entre personas del mismo sexo. De la noche a la mañana, por un prurito de posmodernismo, un gobierno socialista ha cambiado el contenido del orden público.

La función del orden público es actuar como mecanismo de expulsión, rechazo o excepción respecto de materiales normativos incompatibles con el Derecho del foro. Permite una «reacción alérgica» contra textos extraños incompatibles con los valores esenciales del ordenamiento receptor. Nuestro Código Civil lo prevé con ese sentido: «En ningún caso tendrá aplicación la ley extranjera cuando resulte contraria al orden público.»

En tercer término, entre estos mecanismos de control tenemos el *fraude de ley.* Ésta es una figura general del Derecho que, en el campo del tráfico externo tiene especial importancia. Hay que diferenciar, por tanto, el fraude de ley como concepto general y el fraude de ley en el marco de las normas de Derecho internacional privado.

Como concepto general, el fraude de ley consiste en la realización de una conducta ilícita bajo el amparo aparente de una ley. Cuando se comete fraude de ley se infringe una norma de Derecho (que puede ser un principio general), pero se hace de tal manera que se tiene la coartada de haber actuado de acuerdo con otra norma. A esta última se la denomina norma de cobertura (porque cubre o disimula la infracción).

A este concepto general se refiere el artículo 6.4 del Código Civil español:

> «Los actos realizados al amparo del texto de una norma que persigan un resultado prohibido por el ordenamiento jurídico, o contrario a él, se considerarán ejecutados en fraude de ley y no impedirán la debida aplicación de la norma que se hubiese tratado de eludir».

¿Qué importancia tiene el fraude de ley en la aplicación de las normas de Derecho internacional privado y, más en concreto, en la aplicación de las normas de colisión? Pues tiene mucha importancia debido a que ese tipo de normas se presta a maniobras que permitan eludir el ordenamiento del foro. Se ha llegado a hablar incluso del fenómeno del *law shopping*. De igual modo a como uno/a va de compras para encontrar el producto adecuado a las necesidades que tiene, así sucedería con las leyes aplicables: se transitaría por el mercado mundial del Derecho para elegir el ordenamiento más ajustado a nuestros deseos.

A este tipo de fraude se refiere el artículo 12.4: «Se considerará como fraude de ley la utilización de una norma de conflicto con el fin de eludir una ley imperativa española».

En cuarto lugar, hay otro mecanismo de control que en parte se relaciona con los anteriores, sobre todo con el de orden público. Me refiero a la doble *cuestión de la constitucionalidad* y *de la legalidad* del Derecho extranjero aplicable al caso.

Como he señalado antes, cuando la norma de conflicto remite al órgano aplicador a un ordenamiento extranjero dicho órgano tiene ante sí la tarea de averiguar cuáles con los textos normativos aplicables, lo que conlleva no sólo conocer cabalmente las concretas leyes pertinentes al caso, sino asimismo su interpretación por la jurisprudencia y la doctrina del país del que se trate. En definitiva, el envío se hace al sistema jurídico extranjero. Esto supone una tarea más o menos ardua, para la cual el órgano aplicador normalmente puede recabar la ayuda de otras instituciones estatales. Supongamos, por ejemplo, que el juez del foro debe aplicar el Derecho afgano. ¿Tiene el deber jurídico de conocer de antemano dicho Derecho? En absoluto. Si ya es prácticamente imposible conocer en detalle todas las normas del sistema jurídico propio, uno se puede imaginar lo que sería la pretensión de conocer todos los que en el mundo están vigentes. Una ley que exigiera ese conocimiento a los tribunales entraría en la categoría de un brindis al sol o de una misión imposible; y, como se dice, *ad impossibilia nemo tenetur*, es decir, nadie está obligado a las cosas imposibles.

Éstas son razones suficientes para que los ordenamientos jurídicos prevean medios adecuados para conocer el Derecho extranjero. El nuestro lo prevé actualmente en la Ley de Enjuiciamiento Civil en las disposiciones relativas a la prueba.

Preceptúa a este respecto que

> «el Derecho extranjero deberá ser probado en lo que respecta a su contenido y vigencia, pudiendo valerse el tribunal de cuantos medios de averiguación estime necesarios para su aplicación» (artículo 281.2, último inciso).

Corresponde, por tanto, a las partes, la prueba de los contenidos textuales de Derecho extranjero aplicables al caso, así como también de su vigencia actual. Pero en todo caso el juez tiene a su disposición la posibilidad de recurrir a otros medios, como pueden ser la consulta a juristas especializados o a embajadas y consulados radicados en el país extranjero cuyo Derecho se trate de aplicar al caso. En dicho conocimiento, como he señalado, se incluye la interpretación que de las normas aplicables hayan hecho los jueces del país extranjero y en su caso la doctrina, ya que aplicar Derecho extraño no sólo supone fijarse en la literalidad de los preceptos, sino que incluye entender éstos tal como se entienden en el Estado extranjero.

Pues bien, es en ese momento de concreción de los contenidos textuales de las normas extranjeras y de su construcción hermenéutica por la jurisprudencia y la doctrina dominantes cuando el órgano aplicador del foro podrá tener el perfil definitivo de aquellos contenidos. Y será entonces cuando pueda emitir un juicio sobre su constitucionalidad a la luz, claro es, de la constitución del ordenamiento del foro.

El órgano aplicador de las leyes está sometido, en efecto, como principio básico y sin excepciones, a la constitución del sistema jurídico del foro. De la misma manera que no debe aplicar sin más una ley o cualquier otra norma que presuma inconstitucional, también está obligado a dejar inaplicada la normativa extranjera que, aunque al aplicar la norma de colisión sea la relevante para el caso, no sea compatible con algún precepto de la constitución. En suma, el órgano aplicador tiene el deber jurídico de verificar un control de constitucionalidad –desde la perspectiva de la constitución del ordenamiento del foro– de las normas extranjeras que en principio serían aplicables al caso. Incluso es perfectamente factible la interposición de un recurso de inconstitucionalidad cuando, habiendo hecho caso omiso el órgano aplicador de su obligación de control constitucional, hubiera aplicado normas jurídicas extranjeras contradictorias con la constitución.

De igual modo a como el órgano aplicador debe controlar la constitucionalidad de las normas extranjeras que en principio habría que aplicar al caso, así también tiene el deber jurídico de verificar si la solución que se derivaría de la aplicación del texto extranjero relevante (o sea, de la norma jurídica extranjera perfilada de acuerdo con la doctrina jurisprudencial dominante en el Estado de que se trate) podría en su caso ser objeto de casación por el tribunal supremo del foro. Puede ocurrir que en un determinado sistema jurídico el legislador haya excluido el recurso de casación respecto de aquellas sentencias judiciales que han aplicado normas extranjeras como consecuencia de la remisión de las normas de conflicto. Pero también es posible que admita dicho recurso de casación. En este último caso lo pertinente para el juez y, en general, para cualquier órgano aplicador de las leyes, es que se proceda previamente a un examen de esa posibilidad. Como consecuencia de dicho examen el órgano habrá de decidir si excluye la aplicación del texto extranjero o, si por el contrario, no plantea éste problema alguno o quizás, planteándolo, una determinada interpretación lo hace compatible con el Derecho del foro.

Por último, algunos sistemas jurídicos contienen la llamada *cláusula de vinculación más estrecha*, por medio de la cual se intenta que la solución que recaiga en el supuesto controvertido sea lo más cercana posible a la que recaería aplicando la normativa del foro. Mediante este expediente los legisladores persiguen poner coto a soluciones absurdas o manifiestamente injustas que, como consecuencia de la aplicación ciega de la norma de conflicto, se pueden producir en un mundo globalizado. Teniendo en cuenta que los marcos culturales son muy dispares no parece razonable dejar a la suerte del mecanismo abstracto de la norma de conflicto la solución de todos los casos que se planteen. Por eso, algunas legislaciones contemplan en su repertorio de normas de conflicto puntos de conexión alternativos, unidos a la posibilidad que da al órgano aplicador de elegir entre ellos aquel que conduzca a una solución que muestre una vinculación más estrecha con los criterios normativos propios del ordenamiento del foro.

En resumidas cuentas, podemos concluir este breve examen afirmando que los sistemas jurídicos prevén cautelas y controles para la aplicación de las normas de conflicto, de tal modo que no sea automática, independientemente del resultado. Estos controles son prueba manifiesta de la tesis que sostenemos. Los textos jurídicos extranjeros son sometidos a un control previo. Se incorporan así al Derecho del foro mediante un mecanismo de intertextualidad, que permite afirmar que el Derecho que aplica el juez no es simple y llanamente Derecho extranjero sino el ordenamiento propio que, para determinados supuestos, remite a normas foráneas, previa incorporación y transformación en Derecho estatal interno. Hay, por tanto, *incorporación* de texto ajeno al propio y también *transformación* del texto ajeno en el texto propio. Con una peculiaridad, no obstante, y es que este proceso tiene lugar para cada supuesto concreto, una vez que se conoce el contenido textual de las normas extranjeras aplicables al caso.

Este rasgo diferencia muy claramente el fenómeno de intertextualidad que se produce en la llamada integración de las normas del Derecho europeo comunitario en el seno de los ordenamientos de los Estados miembros y el que tiene lugar mediante el mecanismo de las normas de conflicto. Pues en aquél, las normas comunitarias, sin dejar de pertenecer al Derecho europeo, se integran en el ordenamiento estatal y pasan a formar parte de él de modo permanente (obviamente, mientras no sean derogadas por los procedimientos previstos), lo cual significa que la recepción/transformación de los textos comunitarios es estable y va acompañada de la doble validez. Por ejemplo, si pensamos en los reglamentos comunitarios, sabemos que el texto reglamentario, manteniendo su validez como norma del Derecho comunitario, pasa a formar parte directamente del Derecho de los Estados miembros. Con las normas de conflicto estamos ante una realidad muy distinta. El Derecho extranjero se incorpora y se transforma –después de pasar los filtros señalados, que no existen en el caso del Derecho europeo comunitario– y lo hace con carácter especial para el supuesto concreto que se le ha planteado al órgano aplicador.

NOTAS Y COMENTARIOS

- La idea de que la cláusula de orden público recuerda el fenómeno biológico de la alergia la he tomado de Patrick COURBE, *Droit international privé*, 2ª edición, Armand Colin, París, 2003, pg. 95: «Se trata de un fenómeno de alergia, que se presenta bajo la forma de una excepción a la aplicación de la ley extranjera».

- Para profundizar en los temas tratados en estas últimas lecciones sobre las normas de conflicto y, en general, sobre teoría del Derecho internacional privado se recomienda la lectura de los tratados de dicha disciplina, en su parte general, tales como los siguientes: Adolfo MIAJA DE LA MUELA, *Derecho internacional privado. I. Introducción y Parte general*, Ediciones Atlas, Madrid, 1969; YANGUAS MESSÍA, José (de), *Derecho internacional privado. Parte general*, 3ª edición, Reus SA, Madrid, 1971; CALVO CARAVACA, Alfonso-Luis & CARRASCOSA GONZÁLEZ, Javier, *Derecho internacional privado*, volumen I, 6ª ed., Editorial Comares, Granada, 2005; CARRILLO SALCEDO, Juan Antonio, *Derecho internacional privado. Introducción a sus problemas fundamentales*, 2ª ed., Tecnos, Madrid, 1976; ESPINAR VICENTE, José María, *Teoría general del Derecho internacional privado*, Universidad de Alcalá-Servicio de Publicaciones, Alcalá, 2000; WOLFF, Martin, *Derecho internacional privado*, traducción española de la segunda edición inglesa por Antonio Marín López, Editorial Bosch, Barcelona, 1958; RIGAUX, François, *Derecho internacional privado. Parte general*, traducción y adaptación al español por Alegría BORRÁS RODRÍGUEZ, Civitas, Madrid, 1985. CARRASCOSA GONZÁLEZ, Javier, *Derecho judicial y Derecho internacional privado*, Ed. Comares, Granada, 2004. Sobre problemas filosóficos concernientes a esta rama de la ciencia jurídica, véase Henri BATTIFOL, *Aspects philosophiques du droit international privé*, 1ª ed., Dalloz, París, 1956; réédition présentée par Yves Lequette, Dalloz, Paris, 2002.
- Sobre la regulación española de las normas de Derecho internacional privado véase FERNÁNDEZ ROZAS, José Carlos, «Normas de Derecho internacional privado» en: Manuel ALBALADEJO y Silvia DÍAZ ALABART (dir.), *Comentarios al Código Civil y Compilaciones Forales*, tomo I, vol. 2º, Artículos 8º a 16 del Código Civil, 2ª ed., Edersa, Madrid 1995, pgs. 1-95. También GARAU SOBRINO, Federico F., «La prueba del Derecho extranjero en la nueva Ley de enjuiciamiento civil», *Revista General de Derecho*, Año LVII, núms. 678-679 (marzo-abril 2001), pgs. 2343-2366.

EJERCICIOS

1. Resume en un cuadro esquemático los contenidos básicos de esta lección.

2. Explica por qué la norma de conflicto a veces envía al ordenamiento del foro y a veces remite a un ordenamiento extranjero.

3. ¿Aplican los jueces realmente Derecho extranjero tal y como éste viene expresado en sus textos oficiales? Razona la contestación.

4. ¿Qué quiere decir que el juez español «españoliza» las normas jurídicas extranjeras cuando se ve remitido a ellas por la norma de conflicto prevista en el ordenamiento español?

5. En la remisión extrasistémica ¿cuál es el ordenamiento jurídico receptor?

6. Explica cómo funciona la recepción y transformación de textos jurídicos extranjeros por causa de una norma de conflicto.

7. ¿Cuál es la función de los mecanismos de control previstos por las normas de Derecho internacional privado?

8. Compara dichos mecanismos de control con algunos fenómenos biológicos que afectan a los organismos animales.

9. Explica lo que significa que el órgano aplicador (por ejemplo, el juez), cuando es enviado al Derecho extranjero, precisa elaborar una construcción hermenéutica de la norma jurídica aplicable al caso. Analiza los componentes que intervienen en dicha construcción.

10. Enumera los controles o filtros que suelen prever los ordenamientos jurídicos en sus normas de Derecho internacional privado.

11. ¿En qué consiste la operación de calificar jurídicamente algo?

12. Relaciona el concepto genérico de calificación jurídica con el concepto de subsunción.

13. ¿Qué importancia práctica tiene la calificación jurídica?

14. Para los supuestos de tráfico externo ¿qué tres soluciones dan la legislación y la doctrina al problema de qué ley es la relevante para realizar la calificación?

15. ¿A qué se denomina *lex causae*? ¿Qué problema plantea la calificación por medio de la *lex causae*?

16. ¿Cuál es la solución más frecuente, en materia de calificación, en las legislaciones nacionales?

17. Explica en qué consiste la cuestión de la institución desconocida.

18. Define el concepto de orden público y explica qué función cumple en relación con las normas de Derecho internacional privado.

19. Haz lo mismo con el concepto de fraude de ley, relacionándolo con el fenómeno del *law shopping*.

20. Explica cómo puede funcionar el control de constitucionalidad y el de legalidad en relación con la remisión de la norma de conflicto al Derecho extranjero.

21. Explica en qué consiste y cómo funciona la llamada cláusula de vinculación más estrecha.

CAPÍTULO 20
LAS RELACIONES JURÍDICAS INTERSISTÉMICAS

CV. LOS DIVERSOS ÓRDENES NORMATIVOS

Además de las relaciones entre ordenamientos jurídicos, o relaciones intersistémicas, la Teoría del Derecho también debe ocuparse de las relaciones entre los diversos órdenes normativos, y en concreto de las relaciones entre el Derecho, la moral, los usos sociales y la religión (entendida ésta no como un sistema de creencias, sino como un conjunto de normas). Si para las manifestaciones concretas –históricas y actuales– del Derecho podemos utilizar el término «ordenamientos», en este marco de problemas que vamos a tratar en las siguientes páginas, emplearemos las palabras «orden» y «orden normativo». Tanto un ordenamiento jurídico como un conjunto de normas morales, sociales o religiosas, conforman órdenes normativos. Cada orden normativo tiene caracteres peculiares que permiten su diferenciación. Pero, al mismo tiempo, tienen similitudes y, además, se relacionan entre sí. En qué se diferencian los distintos órdenes normativos y en qué se parecen, y qué tipo de vínculos se dan entre ellos, son las cuestiones con las que ahora nos tenemos que enfrentar. Ya en epígrafes anteriores (véase el epígrafe XXII, titulado «Los órdenes normativos: una cuestión aplazada») hacíamos una referencia muy genérica a estas cuestiones, en el marco de la teoría de las directivas y de las normas.

Vaya por delante la dificultad enorme que tiene toda esta problemática. Rudolf VON JHERING acuñó la famosa frase de que el problema de las relaciones entre el Derecho y la moral viene a ser el Cabo de Hornos de la filosofía jurídica. Daba a entender así que en ese problema encallan las embarcaciones mejor pertrechadas. Tanto más cuanto que el autor de este libro, al que tú, lector, has tenido la paciencia y la bondad de seguir hasta aquí, tan sólo dispone de una humilde barquichuela para superar las inclemencias y zozobras de un mar encrespado, barquichuela que no es otra que el análisis del lenguaje –aunque, eso sí, en sus dimensiones múltiples–.

El problema de las relaciones entre los ordenamientos jurídicos y los órdenes normativos no jurídicos es demasiado complejo para ser abordado con suficiente hondura en un tratado de Teoría del Derecho destinado tan sólo al estudio de los fundamentos de la Teoría comunicacional, como es éste que tienes ante ti. Para llevar a cabo la empresa con verdadero rigor sería preciso sumergirse en los debates sin fin de la Ética (para la cuestión de la relación Derecho-moral), de la Sociología (para el problema de la relación Derecho-usos sociales) y de la filosofía de la religión (para el estudio de la relación entre el fenómenos religioso, la moral y el Derecho). Ya aviso que esto no lo voy a hacer, pues llevaría la exposición de la Teoría comunicacional del Derecho, tal como me la he propuesto en esta obra, a alcanzar un volumen excesivo, desproporcionado. Me limitaré, por tanto, a subrayar algunos de los aspectos que considero esenciales.

Como punto de partida hay que destacar la idea de que el Derecho –los ordenamientos jurídicos– no constituye el único orden normativo que existe en la sociedad. Dejemos ahora de lado las sociedades primitivas, en las cuales lo que domina es la indistinción de órdenes normativos, de tal modo que en ellas es prácticamente imposible diferenciar la religión, la moral y el Derecho. En las sociedades dotadas de cierto nivel de civilización se distinguen esos tipos normativos, y a medida que se hace mayor la complejidad social, la diferenciación se hace más patente y se llega incluso a la posibilidad de que los diferentes órdenes normativos entren en contradicción. Es una tradición en los tratados de filosofía del Derecho señalar como órdenes normativos los siguientes: el Derecho –los ordenamientos jurídicos–, la moral, los usos sociales y las normas religiosas. Como ya sabemos, los juegos también son sistemas normativos; pero como de este aspecto ya hemos tratado algo, prescindiré de abordarlo ahora con cierta profundidad; en un capítulo aparte se sintetizarán algunas consideraciones que hasta ahora no han sido mencionadas.

Hay que preguntarse: ¿Qué quiere decir que existen en la sociedad órdenes normativos distintos? ¿Qué relevancia puede tener esa afirmación? Lo que se quiere decir con ella es algo, en efecto, muy significativo: que las acciones humanas –y más en concreto las conductas– son susceptibles de enjuiciamiento desde distintas perspectivas, cada una de las cuales corresponde a un orden normativo diferente. Esas perspectivas a veces coinciden, como cuando el Derecho y la moral –y los demás órdenes normativos– imponen la misma conducta. Pero no siempre sucede así y, sobre todo, no tiene por qué suceder necesariamente, ya que cada orden normativo contempla las acciones humanas desde un prisma diferente. En este aspecto, también se puede hablar del perspectivismo de los órdenes normativos (véase el epígrafe XCV).

Es frecuente que haya coincidencia entre los diversos órdenes normativos en cuanto a la exigencia de una conducta determinada. Pensemos simplemente en la norma que impone respetar la vida ajena: «no debes matar». Esta norma puede ser considerada –sin entrar ahora en matices respecto, por ejemplo, a la legítima defensa– tanto una norma jurídica, como una norma moral, religiosa e incluso una regla del trato social. Jurídica lo es, en efecto, desde el momento en que se encuentra recogida en los códigos penales: éstos prevén penas para quienes comentan homicidio o asesinato. También es una norma moral, ya que a la conciencia normal le repugna causar mal al prójimo, y no puede caber duda de que matar al prójimo es causarle un mal grave. Por su parte, el quinto mandamiento del Decálogo es tajante a este respecto, pues ordena sin ambages: «¡no matarás!», y semejantes preceptos contienen las religiones que podamos considerar «civilizadas». Además, no creo que nadie cuestione que matar a otra persona constituye un acto de «muy mala educación» que atenta gravemente contra los «buenos modales».

Vemos, por consiguiente que, en el citado ejemplo de «no debes matar» (o, afirmativamente, «debes respetar la vida ajena»), los diversos órdenes normativos coinciden en su exigencia y, por tanto, enjuician de similar modo el acto de matar. Respetar la vida de los demás es enjuiciado por todos ellos como positivo, como «bueno», mientras que la conducta contraria, el acto atentar de contra la vida, es considerado como un acto negativo, «malo».

«Bueno» y «malo» son términos que empleamos en distintos contextos, pero se puede afirmar que es en el moral donde dichas palabras alcanzan su significación más genuina. De una persona bien educada, que se comporta en sociedad de acuerdo con los usos y costumbres, y que sabe adaptarse a la moda de manera elegante, diremos que es distinguida o que tiene estilo, pero no por ello se podrá emitir el juicio de que es «buena». Si aplicamos ese calificativo no querremos decir otra cosa sino que es «socialmente buena» o «socialmente agradable». En el Derecho tampoco se suelen emplear los calificativos de «bueno» y «malo», aunque por principio no debería haber un obstáculo para hacerlo de esa forma y decir, por ejemplo, que el delito es un acto «jurídicamente malo». Sin embargo, sí es usual en el uso del lenguaje ordinario la aplicación de «bueno» y «malo» en el sentido técnico, como cuando se dice: «este es un buen papel» o «es un buen ladrón». En el primer caso, estaremos afirmando que es un papel de buena calidad. En el segundo, «buen ladrón» es una expresión ambigua, pues lo mismo se puede significar con ella que el ladrón al que nos referimos es buena persona como que es un ladrón técnicamente experimentado y hábil, esto es, que cuando roba lo hace muy bien, aunque eso que hace esté mal.

Si el análisis del lenguaje jurídico tiene sus intríngulis, como ya sabemos, qué podemos decir del lenguaje propio de la moral, de los usos sociales o de la religión. La ventaja del ámbito jurídico es que en él se usa un lenguaje altamente –aunque no totalmente– formalizado, propio del ámbito en cuestión y que ha pasado por el tamiz de la doctrina sistematizadora del ordenamiento de que se trate. No sucede algo parecido en el lenguaje de la moral, los usos o la religión, ámbitos en los cuales, por su propia naturaleza, el lenguaje ordinario domina sobre el técnico, además de que el lenguaje especializado suele ser profundamente discrepante entre unos y otros autores.

Hemos visto que una misma conducta puede ser enjuiciada de manera uniforme por los distintos órdenes normativos, coincidiendo en su valoración. Ahora bien, aunque coincidan en la valoración («matar es malo», «respetar la vida ajena es bueno»), cada orden normativo lo hace por razones diferentes, de distinta manera, atendiendo a motivaciones diversas. Puede afirmarse que cada orden normativo representa una perspectiva sobre las acciones y las conductas humanas.

En términos muy generales podemos destacar algunos rasgos de esas diversas perspectivas. Con los ordenamientos jurídicos lo que se persigue de ordinario es la paz social; su principal finalidad –junto a otras sin duda, que hay que examinar en cada caso– es el mantenimiento de la convivencia pacífica y del orden social. Por esta razón sanciona las conductas prohibidas y restaura el orden que socialmente ha sido alterado o perjudicado. Para la moral autónoma (ya veremos después qué significa este concepto y las diferentes acepciones de la palabra «moral»), el punto decisivo es la intención del sujeto, porque es dicha intención la que determina la condición moral del acto realizado, y no su manifestación externa o sus consecuencias. Quien comete un homicidio doloso se degrada moralmente por su intención; quien lo comete por imprudencia también se ve degradado porque, si bien su intencionalidad no fue la de matar, sí lo fue realizar la acción peligrosa que tuvo como resultado la muerte de otra persona. Quien actúa imprudentemente no tiene presente a las otras personas, sino que se deja llevar por el impulso del momento. Para la religión, el prisma para juzgar las acciones humanas no es ni el mantenimiento o ruptura de la paz social, ni tampoco la intención del sujeto, aunque ambas realidades puedan tener también trascendencia religiosa; el aspecto decisivo es la desobediencia a Dios, que ha expresado su voluntad a través de los profetas y, sobre todo, por medio de su Hijo, Jesús de Nazaret. Por último, la perspectiva propia de los usos sociales es la propia de las formas externas como expresión del respeto hacia los demás, al menos en las manifestaciones superficiales de la convivencia.

Si bien es cierto que con frecuencia esas distintas perspectivas, correspondientes a los diversos órdenes normativos, coinciden en lo exigido –aunque lo hagan cada una desde su ángulo y, por tanto, atendiendo a motivos de fondo diferentes–, no lo es menos que en ocasiones entran en conflicto entre sí. Podemos citar a este respecto numerosos ejemplos. El Derecho puede exigirle a una persona la realización del servicio militar, mientras que su religión o su conciencia moral se lo prohíben. Los usos sociales, en épocas pasadas muy rigurosos en el campo del honor, entraban en colisión con las normas de Derecho que prohibían terminantemente la práctica del duelo bajo la amenaza de severas sanciones. El precepto religioso puede imponer a las mujeres cubrirse el rostro, mientras que el Derecho puede exigir que todas las personas que transiten por lugares públicos lo hagan a rostro descubierto.

En todos estos casos estaremos en presencia de conflictos normativos. No se trata de conflictos entre normas pertenecientes a un mismo orden normativo, sino de conflictos entre normas pertenecientes a distintos órdenes. En el primer supuesto, una norma jurídica colisiona con una norma moral o religiosa. En el segundo, la norma social que exige al ofendido por una afrenta batirse en duelo con el ofensor se contradice con la norma jurídica que lo prohíbe. En el tercero, el precepto religioso es incompatible con el mandato del legislador. Estamos, pues, en presencia de conflictos entre normas pertenecientes a órdenes normativos dispares. Estos conflictos se presentan a menudo en la sociedad actual. Cuanto más plural sea una sociedad más probabilidades habrá de que se produzcan. En la sociedad actual, caracterizada por la diferenciación social, étnica, ideológica y religiosa, están a la orden del día. Por el contrario, en una sociedad homogénea la presencia de conflictos interordinales es muy escasa, pudiendo incluso ser prácticamente inexistente. Desde un punto de vista sociológico las sociedades homogéneas son sociedades poco avanzadas.

Cuando tiene lugar un conflicto normativo del tipo descrito no se dispone de una instancia neutra que se encuentre por encima y que pueda solucionarlo objetivamente. No existe algo así como un tribunal al que acudir para que decida. La solución, si así puede llamarse, queda a disposición del individuo que se ve sometido a dos mandatos contradictorios, pues si obedece a uno, infringirá el otro, no pudiendo compatibilizarlos ni tampoco adoptar una vía intermedia, pues ésta sencillamente no existe.

En el supuesto del servicio militar, o bien se decidirá por hacerlo –obedeciendo así la norma jurídica y desobedeciendo la moral o, en su caso, la religiosa– o por desertar –en cuyo caso estará acatando la norma moral e incumpliendo la norma jurídica–. Si adopta la primera opción se librará de la sanción jurídica, pero cometerá un pecado (desde la perspectiva religiosa) o una falta moral (desde el prisma ético). Si se decide por la segunda opción, no cometerá pecado ni falta moral, sino una infracción jurídica, por lo cual tendrá una responsabilidad penal.

De modo similar sucederá en el caso del duelo. En épocas pasadas los llamados trances de honor entre caballeros (se supone que la clase artesanal o proletaria tenía otro sentido de las cosas) se solventaban nombrando padrinos y eligiendo armas, lugar, día y hora, por lo general al despuntar el alba. Estos desafíos a muerte solían acabar muy mal. Uno de los contendientes moría y el otro tenía que darse a la fuga para no ser puesto en prisión. Eran tiempos –pensamos hoy– en que la gente no se caracterizaba por su sentido práctico. Pues bien, a lo que vamos ahora es a caer en la cuenta de que, en tal situación, de producía un conflicto entre normas de órdenes normativos distintos que sólo cada individuo podía resolver. Quien era retado podía hacer caso omiso y no aceptar el reto, en cuyo caso cumplía con la norma jurídica prohibitiva del duelo, pero infringía la norma social del honor y pasaba a ser considerado por la sociedad –o, mejor dicho, por el grupo social al que pertenecía– como un «cobarde». Si, por el contrario, aceptaba el duelo y se batía consiguiendo sobrevivir, quedaba como un «valiente», como un señor con redaños, pero al mismo tiempo como reo de la justicia pues había infringido el precepto del Derecho que prohibía tal práctica.

En todos los casos en que se dé una colisión entre órdenes normativos no hay, como digo, una instancia neutra que solucione el problema. Corresponde al individuo la decisión que le lleve a adoptar una postura u otra. En cualquier caso cumplirá una norma e infringirá la que se opone a ésta. Esta decisión es manifestación genuina de la libertad última de todo ser humano. Haga lo que haga, tendrá que arrostrar las consecuencias de su decisión.

No obstante, en el Derecho moderno se tiende a resolver los potenciales conflictos entre órdenes normativos dando, en algunos casos, cierta prioridad a la conciencia personal. Tal es, por ejemplo, la función de la cláusula de objeción de conciencia. Bien es verdad que esta última no tiene alcance general, sino que cada ordenamiento determina los tipos de situaciones para los que la prevé.

La distinción nítida entre los órdenes normativos constituye una realidad cultural de nuestra época, cuyos caracteres a este respecto han propiciado aquella diferenciación. Tales caracteres son: primero, la secularización de la vida social, hasta el punto de que la religión, si bien tiene presencia pública, su sede natural se ha trasladado en sus rasgos más profundos a lo que podemos llamar el subsistema de la vida privada; segundo, la relativización social de la moral, resultado a su vez de la pluralidad de confesiones religiosas, de la extensión del agnosticismo y, en definitiva, de la creciente subjetivización de los ideales de vida; y tercero, la estructuración de la sociedad no tanto en torno a las costumbres y los sentimientos colectivos cuanto a normas de carácter fundamentalmente externo fijadas de antemano por escrito, esto es, a normas de Derecho. En otros tiempos los órdenes normativos se confundían unos con otros formando en su conjunto el orden social. Esto era posible porque la sociedad se veía articulada en su organización y sus miembros dirigidos en sus comportamientos por un conjunto de creencias, valores y principios comunes.

En la Teoría del Derecho se han barajado múltiples criterios para distinguir adecuadamente los diversos órdenes normativos. En nuestra exposición me limitaré a exponer algunos de dichos criterios. Estudiaremos primero la distinción entre Derecho y moral para pasar a continuación a diferenciar estos dos órdenes normativos de las normas o usos sociales. Por último, se apuntará los aspectos más relevantes de las normas religiosas. Los puntos de referencia o criterios más destacados para llevar a efecto esta operación de distinguir unos órdenes normativos de otros son los siguientes: el sujeto o sujetos creadores de las normas, la materia u objeto de la regulación, la finalidad de los distintos órdenes normativos y las sanciones que respectivamente los caracterizan. Como podrá comprobarse, algunos de estos criterios son más acertados o claros que otros. En todo caso, esta difícil materia debe comenzar por el esclarecimiento de qué se entiende por cada uno de los órdenes normativos. Empezaremos por preguntarnos que se entiende por «moral».

NOTAS Y COMENTARIOS

- Es recomendable la lectura de los epígrafes 15 a 17 del libro de Heinrich HENKEL, *Introducción a la Filosofía del Derecho,* traducción de Enrique GIMBERNAT ORDEIG, Taurus, Madrid, 1968, pgs. 195-266 («Apartado tercero: La relación del Derecho con los otros órdenes sociales de normas»). También Luis RECASÉNS SICHES, *Tratado General de Filosofía del Derecho,* tercera edición, Editorial Porrúa, México, 1965, pgs. 167-212. Luis LEGAZ Y LACAMBRA, *Filosofía del Derecho,* quinta edición, Ed. Bosch, Barcelona, 1979, capítulo III («El derecho y otros órdenes normativos de la conducta humana»), pgs. 431-478 (LEGAZ trata también de la cuestión de la política como «sector normativo autónomo»). Andrés OLLERO, *El derecho en teoría. Perplejidades jurídicas para crédulos,* Thomson-Aranzadi, Cizur Menor (Navarra), 2007, capítulo III (pgs. 59-76).
- Dice HENKEL en la obra citada: «Las distintas esferas de la moral. Con este planteamiento del tema ponemos rumbo –utilizando una frase de Rudolf VON JHERING– hacia "el Cabo de Hornos de la filosofía del Derecho", hacia un litoral sembrado de escollos que encierra un gran peligro de fracaso. En efecto, una considerable parte de la discusión que se mantiene sobre este tema consiste en que un autor intenta demostrarle al otro el fracaso de sus esfuerzos. El motivo más frecuente por el que la controversia sobre este importante tema no ha llegado aún a un fin reside en que "la" moral se contrapone, como un sector unitario, sin estructurar e indiferenciado del ser de los hombres, al Derecho. Con ello pasa desapercibido o, por lo menos, no se pone de relieve que hay distintas esferas de la moral, las cuales, por ello, figuran en una relación con el Derecho totalmente distinta.» (pgs. 217-218).
- Sobre las modalidades de «lo bueno», véase la obra de Georg Henrik VON WRIGHT, *The Varieties of Gooodness,* London (Routledge & Kegan Paul, New York: The Humanities Press), 1963.

EJERCICIOS

1. ¿Qué diferencia encuentras entre las relaciones intersistémicas o interordinamentales y las relaciones interordinales?
2. ¿A qué llamamos «orden normativo»?
3. Un ordenamiento jurídico ¿es un orden normativo? Razona la respuesta.
4. Recuerda la famosa frase de Rudolf VON JHERING sobre la relación entre Derecho y moral. ¿Tiene razón este autor o exagera?

5. El análisis del lenguaje ¿puede ser suficiente para determinar las diferencias entre los diversos órdenes normativos?
6. ¿Qué se entiende por «filosofía de la religión»?, ¿puede tener algo que ver con la Teoría del Derecho?
7. ¿Cómo se presentan los órdenes normativos en las sociedades de civilización primitiva?
8. Comenta la idea de que cada orden normativo representa una perspectiva de enjuiciamiento de la conducta humana.
9. Por un ejemplo, distinto al del libro, en que los diversos órdenes normativos coincidan en la valoración de una misma conducta. Comenta las razones de esta coincidencia.
10. Analiza la palabra «bueno» distinguiendo sus posibles significados.
11. ¿Hay diferencias entre el lenguaje jurídico y el lenguaje moral?
12. Explica por qué razón el rasgo distintivo de la moral puede ser la intención del sujeto de la acción.
13. Comenta el supuesto del duelo como un caso de conflicto entre órdenes normativos.
14. Pon un ejemplo de conflicto entre órdenes normativos que sea característico de una sociedad multiétnica y/o pluriconfesional. Coméntalo.
15. Diferencia entre sociedades homogéneas y sociedades de composición heterogénea, y relaciona ambos tipos de sociedad con la cuestión de la pluralidad de los órdenes normativos.
16. Cuando se produce una situación de conflicto entre órdenes normativos ¿cómo se resuelve la contradicción?
17. Nuestra época se caracteriza, entre otros rasgos, por la subjetivización de los ideales de vida. ¿Cómo repercute este rasgo en las relaciones entre los diversos órdenes normativos?
18. Resume el contenido de la lección y, a la vez, anota los problemas e interrogantes que te suscita (con la intención de comprobar si se resuelven en las próximas lecciones o no sucede tal cosa).

CVI. ¿QUÉ SE ENTIENDE POR «MORAL»?

La palabra «moral» viene del latín, *mos/moris*, que significa costumbre. Lo moral, por consiguiente, en un sentido amplio, es aquello que pertenece a las costumbres, y en un significado más estricto, lo que está de acuerdo con ellas; o, para ser más precisos, los comportamientos que son acordes con las buenas costumbres. La palabra tiene un acento positivo.

Como sinónimo se suele emplear el término «ético», que viene del griego, *ethos*, cuyo significado es el mismo: lo que está bien porque se adecua a las costumbres que se estiman buenas. En el uso contemporáneo del lenguaje filosófico la palabra «ética» se reserva, sin embargo, para aquella parte de la filosofía que se ocupa de lo que está bien y de lo que está mal en las acciones humanas. La Ética se ha convertido en una disciplina filosófica con su objeto de investigación: la bondad y maldad de las acciones, de los caracteres, de las intenciones, de las actitudes. Es la teoría del bien y del mal, y también de las virtudes. En este sentido, la Ética es la disciplina que, dentro de la filosofía, investiga la moral. El objeto de la Ética es la moral.

La moral, objeto de reflexión de la Ética, se compone de un conjunto de normas impositivas de deberes. El deber moral es el concepto central y prácticamente único de la moral como orden normativo. La ética se plantea precisamente cuáles han de ser esos deberes morales y también se cuestiona sobre otros aspectos, tales como el de la fundamentación de los preceptos morales y el del análisis del lenguaje moral (en cuyo caso estamos ante lo que suele designarse como «metaética»). La Ética es una rama de la filosofía, por eso se la llama también «filosofía moral», de gran tradición en el pensamiento occidental. Desde el primer momento en que se puede hablar de filosofía, con los presocráticos, comienza la especulación sobre los problemas morales. La Ética constituye un núcleo central y permanente de la actividad filosófica, y posee una brillantísima tradición. Por supuesto, nuestra tarea no puede consistir en penetrar en tan frondoso bosque, sino tan sólo presentar un esbozo de algunas líneas que nos permitan comprender su complejidad y sus diferencias con el Derecho, así como sus relaciones con éste.

Entre las muchas dificultades con que nos encontramos para abordar esta problemática, no es la menor la de delimitar las posibles acepciones de la palabra «moral»; o, si se quiere emplear otra expresión, los diversos tipos de moral. Porque es algo evidente que lo que unos llaman moral, no lo consideran otros así. De entre la pluralidad de acepciones del término «moral», entendido como conjunto normativo, nos referiremos aquí a cinco. No persigo hacer algo así como una clasificación, sino simplemente levantar acta de los usos más importantes de la palabra «moral».

En primer lugar tenemos la llamada *moral individual* o *privada*. En ella la conciencia de cada individuo sería la fuente de las normas morales. Por principio, es una moral de estricta convicción, pues no admite otro fundamento de la obligatoriedad de las normas morales que el asentimiento personal. Esta idea de la moral parte del supuesto –por otra parte, difícil de demostrar– de que cada uno de los individuos posee sus propias ideas morales, resultado de su exclusiva elaboración, ideas de acuerdo con las cuales el individuo en cuestión debe conducirse en la vida. Llevada a su extremo, esta manera de concebir la moral supone admitir que cada individuo tiene su propia moral y que, por tanto, el pluralismo de las concepciones éticas es equiparable al de los individuos existentes.

En la época que nos ha tocado vivir, caracterizada por el éxito del individualismo narcisista, hay que reconocer que esta concepción tiene un gran predicamento social. Constituye la base menos sutil del relativismo ético que tiene invadida a la sociedad occidental. Su punto de partida epistemológico puede ser calificado de excesivamente optimista y desenfocado, ya que supone que todo individuo posee la capacidad innata para distinguir el bien y el mal, no de un modo genérico y a grandes rasgos, sino hasta en los detalles más precisos. En la práctica esta concepción, muy extendida socialmente, supone la aceptación de una moral «a la carta». En las sociedades aquejadas por el síndrome psico-social de la «hiperdemocracia», como es el caso de la actual sociedad española de los últimos años, esta concepción de la moral no sólo goza de gran prestigio sino que se encuentra en pleno apogeo. Parafraseando el dicho de que «aquí el más tonto hace relojes», podemos decir que «aquí el más lerdo se inventa morales». En rigor, esta manera de entender la moral conduce a la postre a su negación, pues no es creíble que los individuos sean capaces de elaborar sistemas normativos morales con suficiente fundamento. Bajo la capa de la autonomía moral se esconde muchas veces el más descarado egoísmo, que encuentra su fácil justificación en esta concepción individualista.

Como polo opuesto a esta concepción «hiperdemocrática» (o, mejor dicho, «demagógica» de la moral) nos encontramos, en segundo término, con los *sistemas de filosofía moral* o *sistemas éticos* elaborados y construidos por los grandes pensadores, tales como Platón, Aristóteles, los estoicos, los epicúreos, Aquino, Espinosa o Kant. Como ya he señalado antes, a la parte de la filosofía que tiene por objeto la elaboración y justificación de los principios morales y, en general, de las normas morales, se la suele llamar Ética o filosofía moral. Esos grandes pensadores aludidos han construido sus sistemas éticos o de filosofía moral, no para describir morales existentes en la vida social o individual de los hombres, sino para proponer un determinado sistema de normas morales. A partir de la reflexión sobre cómo es el ser humano y cuál sea su naturaleza, han extraído las normas que han de conducir su vida para que ésta sea plena desde la perspectiva del bien. En la tradición filosófica la Ética constituye la parte sustancial de la denominada filosofía práctica, la cual se contrapone, dentro de un mismo sistema filosófico, a la filosofía teórica o teorética: mientras está se ocupa de filosofar sobre los problemas que afectan a las ciencias exactas y naturales, aquella vierte sus esfuerzos sobre las cuestiones relativas a las acciones humanas.

De acuerdo a este esquema, la filosofía se divide en teórica y práctica. Y la práctica, a su vez, integra la filosofía moral, la filosofía política y la filosofía jurídica. Dentro de este planteamiento se entiende que la política y el Derecho son derivaciones o aplicaciones de la moral; y, en consecuencia, la Ética viene a ser la disciplina base para enfrentar las cuestiones propias de la política y del Derecho. En el marco de este esquema de ideas se puede entender muy bien que la doctrina del Derecho natural es una prolongación de la Ética o una parte de ella, la que es aplicable a las relaciones en sociedad.

No es preciso insistir en que la moral construida en base a las reflexiones de sistemas filosóficos, como sucede en los casos de los autores mencionados, no tiene nada que ver, en profundidad, en matices, en coherencia, con las «elaboradas» –si así puede decirse– por muchas cabezas huecas (dicho esto con el mayor de los respetos) de lo que hemos llamado moral individual o particular.

A la moral filosófica se la puede denominar también *moral especulativa*, pues es el resultado de la reflexión de uno o varios pensadores acerca de cómo debemos conducirnos las personas en las distintas situaciones de nuestra vida. Asimismo, se la denomina *moral crítica* y *moral racional*. Ambos términos –«crítica» y «racional»– apuntan a las misma idea de fondo: se trata de construir un sistema normativo que, por sus características y contenidos, sea susceptible de aceptarse racionalmente, lo que quiere decir por todos –se entiende: por todos, en la medida en que todos los seres humanos poseemos, al menos en potencia, la capacidad de discurrir racionalmente, lo cual significa la posibilidad de argumentar con medios estrictamente racionales y hacerlo de tal manera que lleguemos a conclusiones idénticas o similares–.

Tenemos, en tercer lugar, la moral que deriva o que va asociada a la religión. Pueden citarse, como ejemplos, la moral católica, la moral protestante (o evangélica, si bien la católica también está formulada en base al Evangelio), la moral calvinista (basada asimismo en el citado texto), la moral mahometana, la moral budista. En todos estos casos, los preceptos morales se formulan y se justifican sobre la base de determinadas creencias religiosas. Estas creencias no sólo determinan la relación de los seres humanos con Dios, sino asimismo las relaciones con las demás personas e incluso las del propio sujeto consigo mismo; en suma, todas las dimensiones de la conducta y de la existencia humana. La elaboración ética se produce aquí tomando en consideración determinados textos a los que se considera «sagrados» o, cuando menos, dotados de una gran *auctoritas*. Así, por ejemplo, en la moral católica el texto básico está formado por los Evangelios –y en este punto coincide con la moral propia de las confesiones protestantes–, pero no sólo: junto al mencionado texto básico hay que tener en cuenta también, aunque tengan un carácter distinto, las diversas manifestaciones de las instituciones de la Iglesia, como pueden ser los escritos de la patrística y de los teólogos en general en cuanto aborden problemas morales (esto es, en cuanto sean escritos de teología moral), así como los escritos de los papas: bulas, encíclicas, etc. A este tipo de moral la llamaremos *moral religiosa*. Tiene cierta semejanza con la moral elaborada por los sistemas filosóficos pues trata, al igual que éstos, de dar una respuesta a todos los problemas morales de la vida humana. Se diferencia, obviamente, en su fundamento, pues la Ética filosófica es –o pretende ser– exclusivamente racional, mientras que la Ética religiosa tiene su fundamento en la trascendencia, rasgo éste que permite, e incluso obliga, a ir más allá de lo que la mera razón pueda exigir. Debido a este fundamento trascendente de la moral religiosa, las normas que la componen tienen un sentido diferente al de la moral especulativa, un sentido enraizado en la fe, que colorea las conductas con un tinte distinto al propio de la mera moralidad racional: sólo de esa manera se puede entender cabalmente lo que significa el concepto de pecado.

Como cuarta especie hay que destacar la denominada *moral social*. Está formada por las ideas (principios) y normas morales que predominan en un determinado grupo social. En una familia, por ejemplo, se exigen determinados comportamientos como correctos, otros como posibles –en el sentido de que no son censurados, ya que hay flexibilidad en relación con ellos–, y por último se censuran, e incluso se castigan los comportamientos considerados transgresores. Algo similar se puede encontrar en el funcionamiento interno de una corporación profesional o de un club deportivo. Dependerá de las peculiaridades del grupo social del que se trate para que las conductas exigidas y permitidas sean unas u otras. La Sociología no ha llegado a precisar con exactitud el concepto de grupo social, debido a que esta designación es aplicable a grupos tan disímiles como pueden ser una pandilla de amigos, el conjunto de los espectadores en un estadio de fútbol, los miembros de una asociación cultural o la sociedad internacional, compuesta nada menos que por todos los Estados del mundo. Ahora bien, lo que está fuera de duda es que, sea cual sea el grupo, uno de sus caracteres básicos es la vigencia en su seno de determinadas pautas de conducta, además de cierta organización interna. Esas pautas de conducta son exigibles a sus miembros y vienen expresadas en normas. Muchas de estas normas no tienen carácter jurídico y plantean exigencias que de ordinario se ven respaldadas por la presión constante del grupo en su conjunto a fin de que sean cumplidas. La expresión más clara de dicha presión la constituyen las reacciones que se producen en el seno del grupo ante las infracciones de las exigencias mencionadas. Dichas reacciones hay que considerarlas como sanciones sociales contra los infractores de las normas que imperan en el grupo –además, naturalmente de las sanciones jurídicas, en el caso de que las hubiere.

Por último, me referiré a la *moral del Derecho* o, para decirlo con mayor precisión, la moral del ordenamiento jurídico, del sistema jurídico y del ámbito jurídico. Como ya hemos estudiado, las normas jurídicas vigentes en un país establecen, entre otras cosas, pautas de conducta que los destinatarios –individuos y órganos de las personas jurídicas– deben cumplir. Estas exigencias jurídicas (formuladas en las normas jurídicas, y en concreto en las normas deónticas de conducta) vienen respaldadas, como sabemos, por sanciones previstas en las normas deónticas de decisión y en las normas deónticas de ejecución. Las normas deónticas de conducta –impositivas de deberes– presuponen una valoración positiva de la conducta exigida y, correlativamente, una valoración negativa del comportamiento prohibido. Si una norma de este tipo impone al deudor la obligación de pagar al acreedor, es porque el legislador valora como algo positivo el acto consistente en que el deudor pague su deuda, y como algo negativo el que omita dicho acto. Si la norma prohíbe el homicidio, se debe obviamente a que a dicha prohibición subyace una valoración previa de carácter positivo sobre el respeto a la vida humana, y por esa razón castiga que se atente contra ella. Estas valoraciones están siempre presentes en aquellas normas de Derecho cuya función sea imponer deberes jurídicos, en las llamadas normas deónticas. Y, si formulamos esta idea con generalidad, puede afirmarse que todo en el Derecho presupone determinadas valoraciones respecto de lo que es justo e injusto, conveniente o inconveniente, oportuno o inoportuno, caro o barato, necesario o prescindible, proporcionado o desproporcionado, discriminatorio o no discriminatorio, etc. Las valoraciones previas a la creación de las normas de Derecho podrán ser acertadas o desacertadas; se podrán invocar razones en un sentido y en otro, quizás contrapuestas entre sí, para regular la vida social en una u otra dirección; pero lo que no es discutible es que a la decisión creadora de la norma precede una valoración.

En todo sistema moral, cualquiera que sea el que se adopte como válido, hay que distinguir dos actividades: la de enunciar juicios de valor y la de justificar dichos juicios. Enunciar juicios de valor puede ser una tarea fácil; justificarlos es siempre dificultoso.

Un juicio de valor consiste en una expresión de lenguaje, esto es, en un mensaje, que el emisor emplea para aprobar o desaprobar algo, en definitiva para valorar. Así, si digo: «ser desleal con los amigos es moralmente reprobable», estoy emitiendo un mensaje cuyo significado es que desapruebo la deslealtad. Hay autores que reducen el significado de la expresión a algo meramente subjetivo, de tal modo que la mencionada frase significaría algo así como: «no me gusta, me desagrada la deslealtad, siento repugnancia ante la deslealtad a los amigos». No cabe duda de que el sujeto emisor puede sentir esa sensación. Ahora bien, cuando decimos que la deslealtad es moralmente reprobable no sólo pretendemos expresar un sentimiento, aunque es posible que pretendamos también eso. Nuestro propósito, ante todo, es emitir un juicio de validez general. No sólo expresamos nuestro sentimiento personal, sino también algo mucho más importante. Queremos decir que *objetivamente* la deslealtad es un mal. No sólo afecta a mis sentimientos, sino que afecta a una realidad superior, a una realidad objetiva, a un valor. En este caso, el valor es la lealtad. La excelencia del valor lealtad no proviene sólo del sentimiento o de la opinión de un individuo, de muchos individuos o de todos los individuos; proviene de que en sí misma considerada, la lealtad es valiosa y la deslealtad, disvaliosa. El problema que se plantea la Ética es precisamente el de justificar o fundamentar por qué razón o razones esto es así.

Ricken sostiene, con un criterio que me parece acertado, que esta difícil tarea de fundamentar o justificar un juicio de valor implica, en su conjunto, tres métodos o niveles diferentes. El primer nivel está formado por el juicio de valor mismo; ejemplo: «mentir a un amigo es algo que moralmente no es admisible». El segundo nivel define la razón que da el emisor del mensaje para justificarlo; por ejemplo, «al mentir, eres desleal;

si eres desleal, las personas dejarán de confiar en ti»; o bien, «si eres leal, no tendrás contradicciones internas»; o bien, «la lealtad es bella, la deslealtad es fea». Este segundo nivel permite que se den razones distintas para un mismo juicio de valor. A dicho nivel corresponde asimismo el análisis de los significados de las palabras; así, en el ejemplo, qué se entiende por ser «leal», qué por «amigo», qué por «confianza», qué por «contradicción interna», qué por «belleza» y «fealdad». Las cosas, sin embargo, no pueden quedar en ese punto, hay que dar un paso adelante, es preciso justificar o fundamentar las mencionadas razones. Es necesario encontrar una razón posterior o superior a la razón inmediata.

Así, por ejemplo, si hemos afirmado que, desde el punto de vista moral, la lealtad con los amigos es buena y la deslealtad es mala, en razón de que si eres desleal dejarán de confiar en ti, estamos invocando un criterio consecuencialista y, en el fondo, egoísta. En efecto, si la razón de la lealtad es que pueden dejar de confiar en mí, no cabe duda de que mi argumento se refiere a las consecuencias que tendrá, o previsiblemente puede tener para mí, el hecho de que yo actúe deslealmente. La deslealtad deteriora mi relación con los otros, y en la medida en que no me conviene en absoluto dicho deterioro, considero que la lealtad es buena y la deslealtad, mala. Similar argumento se utiliza al razonar que la deslealtad me producirá contradicciones internas, con la diferencia de que en este caso las consecuencias a las que se alude no afectan a las relaciones con los demás sino a la vida psíquica del propio individuo. La razón en este caso también es consecuencialista, pero no se fija en las consecuencias sociales sino en las psíquicas. En ambos supuestos el tercer nivel o método del razonamiento moral me exige que justifique o fundamente por qué es idóneo el criterio consecuencialista y, más en concreto, cuál es el fundamento de dicho criterio, ya sea en el terreno social (justificación del criterio de confianza), ya sea en el estrictamente individual (justificación del criterio del equilibrio psíquico). Y de modo parecido habrá que proceder con otras razones o criterios, como el ya señalado de que la lealtad es bella y la deslealtad es fea. Esta razón es obviamente de tipo estético, de modo que el tercer nivel tratará de contestar a la cuestión de si lo bello es –por el mero hecho de serlo– también moral.

Este modo de argumentar es el propio de la Ética especulativa o filosófica, también denominada Ética crítica o Ética racional, como ya se ha señalado. Pero, si la Ética ha de tener un carácter general, es preciso emplearlo en cualquier caso, sea cual sea el marco ético en que nos movamos. La justificación racional es exigible, por tanto, en todos los tipos de Ética, si bien su lugar natural es de la Ética filosófica.

Esto quiere decir que, en el supuesto de la que hemos llamado moral individual o particular, no nos podemos contentar con la expresión, por parte de un individuo, de sus juicios e ideales valorativos. Podemos exigir que su juicio de valor venga avalado por el razonamiento consiguiente en los tres niveles. No basta, por ejemplo, que una determinada persona nos diga que, para ella, lo más importante en su vida es el éxito profesional (segundo nivel) y que todo lo demás lo supedita a ese ideal, que considera el aspecto decisivo de su conducta, aspecto por el cual enjuicia todos sus comportamientos. La Ética exige que nos dé cuenta esa persona del criterio que justifique o fundamente semejante afirmación. Claro es que serán muy pocos los individuos que se planteen las cosas de esa manera y muchos menos aún los que sean capaces de reflexionar de modo convincente.

La Ética individual o particular no suele ser sino la fórmula que está de moda hoy para precisamente prescindir de toda Ética, pues allí donde no se hace el esfuerzo justificador con la intención de encontrar una norma general, en realidad no estamos en el terreno de la Ética, sino en el de las conveniencias o caprichos que se presentan bajo la capa de una objetividad que en realidad no lo es. Y algo semejante es aplicable a los demás tipos de moral. La justificación en el tercer nivel es exigible en todos los casos.

La moral religiosa, la moral social y la moral propia de un ordenamiento jurídico tampoco pueden escapar al examen de su racionalidad ética. Pues, aunque los preceptos morales tenga su origen, respectivamente, en creencias religiosas, en pautas sociales de conducta y en los mandatos del legislador, desde una perspectiva estrictamente moral precisan desligarse de su vinculación con cada uno de esos aspectos y plantearse de qué manera pueden justificarse sus mandatos como estrictamente morales, lo cual en la terminología filosófica es lo mismo que decir «racionales» o «razonables». En definitiva, parece acertado sostener que la Ética en sentido estricto ha de ser la Ética llamada especulativa, crítica y racional; y que es en su seno donde ha de plantearse la reflexión sobre los problemas morales.

Como puede apreciarse, las cuestiones morales son de una complejidad enorme. En este libro sólo podemos apuntar algunas ideas, sin entrar en demasiados matices. Basta con lo dicho para caer en la cuenta de la disparidad de tratamientos de lo que llamamos simplemente con una palabra: «moral».

NOTAS Y COMENTARIOS

- Recientemente se ha publicado una extensa historia de la ética que muestra la impresionante evolución de esta disciplina filosófica. Me refiero al libro de Terence IRWIN, titulado *The development of Ethics*, Oxford University Press, Oxford 2007-2009, en tres tomos. El primero estudia la evolución de la Ética desde Sócrates hasta la Reforma protestante; el segundo, desde SUÁREZ a ROUSSEAU; y el tercero, desde KANT a RAWLS. Un amplio comentario sobre el significado y característica de la obra de T. IRWIN puede leerse en Rafael RAMIS BARCELÓ: «La historia de la ética (y del derecho natural) según Terence IRWIN», en *Pensamiento*, vol. 67 (2011), núm. 252, pgs. 347-365. Puede consultarse también Victoria CAMPS (coord.), *Historia de la Ética*, tres volúmenes, Crítica, Barcelona, 1987.
- Friedo RICKEN, en su libro *Allgemeine Ethik* (Verlag W. KOHLHAMMER, STUTTGART*et alt.*, 1983), sostiene que en la Ética hay que diferenciar dos partes o aspectos: la Ética general y la Ética especial. La primera,

como su propio nombre indica, es una disciplina fundamental, introductoria a otras dos: la Ética individual y la Ética social. La segunda estudia problemas concretos, tales como los relativos a la paz, al medio ambiente, al orden social y económico justo, a la ética científica, a la genética, etc. La Ética general tiene por finalidad investigar los fundamentos de la moral, los conceptos morales básicos, los principios morales, así como la posibilidad del conocimiento ético y de los juicios morales (pg. 9). Sostiene este autor que la Ética se pregunta por la decisión y la acción *correcta (richtige)*. Una decisión es correcta cuando puede ser fundamentada o justificada. El término «correcto» está conectado con el concepto de «fundamentación» *(Begründung)*, el cual a su vez depende del concepto «razón» *(Vernunft)* y, más en concreto, de la «razón práctica» *(praktische Vernunft)*. Añade este autor que los planos de la fundamentación suponen diversos métodos concatenados. En un primer nivel, se puede fundamentar de diversas maneras. Lo explica con el siguiente ejemplo: «Peter, que desde hace diez años está casado y es padre de cuatro hijos, quiere separarse de su familia para irse a vivir con su joven secretaria. Su amigo HANS pretende disuadirle de su actitud invocando motivos morales. Así, emite el siguiente juicio moral: "No te está permitido separarte de tu familia", y lo fundamenta del siguiente modo: "Tu mujer y tus hijos dependen de ti; nadie puede dejar en la estacada a una persona que dependa de uno." HANS invoca el deber, que para él es evidente de modo directo e inmediato, de que no está permitido abandonar a las personas que dependen de uno. El método que HANS aplica es, sin embargo, un método entre otros posibles con los que se puede intentar la fundamentación de la exigencia moral por él impuesta. Otra posible argumentación sería, por ejemplo, ésta: "A la larga no serías feliz con tu secretaria, y toda persona aspira a la felicidad". (...) No basta con fundamentar un juicio moral. Tan pronto como lo fundamentamos, la exigencia de fundamentación se traslada a un segundo nivel: hemos de ser capaces de fundamentar por qué hemos fundamentado el juicio moral con éste y no con otro método. El procedimiento de fundamentación que hemos aplicado en el primer nivel se muestra como necesitado a su vez de fundamentación y por eso se plantea la cuestión de un método de segundo orden que nos permita justificar el método aplicado en el primer nivel. (...) Parte esencial del método de segundo orden es el análisis del lenguaje moral. (...) Pero si el análisis de los significados [de las palabras] constituye parte esencial del método de segundo orden, la exigencia de fundamentación lleva a un tercer nivel.» (pgs. 11-14).

– RICKEN aclara muy bien algunos términos. «Lo moral» *(moralisch, sittlich)* es un ámbito de la vida humana diferenciado de otros (arte, ciencia, Derecho o religión). Es el conjunto de juicios de valor morales, de ideas morales, de virtudes e instituciones morales. Significa lo perteneciente a la moral. Lo contrario de «lo moral», en este sentido, es «lo amoral», lo que no pertenece a la moral *(aussermoralisch, aussersittlich)*. La Ética es una disciplina filosófica que se pregunta por la fundamentación de la moral. Se pregunta, no cómo se comportan los hombres, sino cómo deben comportarse *(«Die Ethik fragt nicht, wie die Menschen sich verhalten, sondern wie sie sich verhalten sollen»)* (pg. 15). La Ética normativa *(normative Ethik)* fundamenta los juicios morales. Emite enunciados fundamentados sobre cómo debemos actuar. La metaética, en su concepto amplio, es una reflexión sobre los métodos con los que se fundamentan las exigencias de contenido moral. En su concepto estricto, implica la investigación del significado del lenguaje moral. La cuestión que la metaética tiene que contestar es ésta: ¿es posible la Ética normativa como disciplina filosófica? (pg. 15).

– Sobre la *moral del Derecho* o *moral jurídica*. Es frecuente encontrar en muchos autores la opinión de que el positivismo jurídico separa el derecho de la moral. Esta afirmación es verdadera en un sentido epistemológico, pero no en otros sentidos. En el sentido epistemológico, el positivismo sostiene que la Teoría del Derecho no es identificable con la Ética (o sea, no es filosofía moral) y, por consiguiente, no puede cumplir el papel que corresponde a esta última, que es enunciar y fundamentar las normas que hacen buenos a los hombres. En la medida en que la justicia es un aspecto de la bondad de las acciones, y el positivismo defiende un concepto avalorativo de ciencia, la misión de la ciencia jurídica consiste en describir el Derecho vigente –y sus estructuras formales–, pero no entrar a valorar los mandatos del legislador ni los contenidos de las sentencias de los jueces. Mucho menos podrá plantearse la elaboración de una teoría de la justicia. Esta tarea, para el positivismo, corresponde a la filosofía del Derecho, no a la Teoría general del Derecho. Todo esto no es óbice para aceptar la idea de que los contenidos normativos presuponen valoraciones. El creador del Código penal –al promulgar este cuerpo de normas– ha tenido que ir debatiendo antes sobre los valores que trata de proteger: la vida, la propiedad, la libertad, etc. Su tarea de decidir el contenido de las normas viene precedida por consideraciones axiológicas. Consecuencia de esto es que el contenido de las normas jurídicas –o, al menos, de gran parte de ellas– puede tener que ver con un sistema moral determinado y, en todo caso, puede ser enjuiciado moralmente.

EJERCICIOS

1. Examina la etimología de las palabras «moral» y «Ética».
2. Define la Ética entendida como disciplina filosófica.
3. ¿A qué se llama metaética?
4. Enumera las diferentes acepciones del término «moral».

5. ¿Cómo se puede caracterizar a la llamada «moral individual» o «privada»?
6. Relaciona la moral individual con el relativismo moral.
7. Consulta un tratado de historia de la filosofía y resume las ideas éticas de cualquiera de las grandes construcciones filosóficas citadas en el texto: PLATÓN, ARISTÓTELES, los estoicos, los epicúreos, AQUINO, SPINOZA, KANT.
8. Define la filosofía práctica y comenta en qué partes está dividida.
9. Razona por qué a la moral filosófica también se la denomina «moral especulativa», «moral crítica» y «moral racional».
10. ¿En qué consiste la moral religiosa? Pon algunos ejemplos.
11. Comenta en qué consiste la denominada «moral social» y pon algunos ejemplos.
12. ¿Qué es la «moral del Derecho»? ¿Se podría distinguir entre la moral del ordenamiento jurídico, la moral del sistema jurídico y la moral del ámbito jurídico? Razona la respuesta.
13. En el Derecho, a toda decisión creadora de una norma precede una valoración de quien la emite. Explica esta idea y pon algunos ejemplos.
14. RICKEN hace referencia en su obra sobre Ética a los diferentes niveles o métodos en el razonamiento moral. ¿Cuáles son dichos niveles?
15. Formula un juicio de valor sobre una conducta determinada, examina el criterio que has utilizado en el juicio de valor y pregúntate a continuación cuál sería, desde el punto de vista de la Ética racional, el principio que lo fundamenta o justifica.
16. La moral individual o privada ¿puede tener una verdadera existencia como moral racional? Argumenta la respuesta.
17. Pon un ejemplo de norma religiosa que pueda ser considerada desde el punto de vista estrictamente moral. ¿Cómo se justificaría desde la perspectiva de la creencia religiosa? ¿Y cómo se fundamentaría desde la perspectiva de la Ética racional y crítica?
18. ¿Por qué razón el lugar natural de la reflexión ética es el de la llamada moral especulativa (también crítica y racional)?

CVII. LA RELACIÓN DEL DERECHO CON LOS DIVERSOS TIPOS DE MORAL

De lo expuesto en la lección anterior podemos extraer dos conclusiones básicas. La primera es que la moral en su sentido más estricto es la moral racional o crítica, la cual es objeto de investigación de una disciplina filosófica, la Ética. ¿Por qué razón? Porque sólo razonando racionalmente (permítaseme la reiteración) es posible llegar a conclusiones morales universalmente aceptables (por mucho que la aceptación fáctica sea difícil o incluso imposible de conseguir). Ahora bien, a pesar de que se tenga que aceptar que la moral en su sentido estricto es la moral filosófica, no hay que olvidar la pluralidad del *fenómeno* moral. Como todos los demás fenómenos, las concepciones morales se dan en la historia, en contextos sociales determinados. Esto explica que junto a la moral genuina, que es la de la Ética como disciplina filosófica, haya que atender también a los fenómenos socio-históricos que llamamos asimismo morales.

Un aspecto de dichos fenómenos socio-históricos es la vinculación estrecha entre las religiones y las concepciones morales. Aquí no puedo extenderme sobre este punto. Baste citar algún ejemplo. No cabe duda alguna de que las creencias religiosas han tenido una influencia poderosa en la Ética desarrollada por Aquino, representante máximo de la Teología moral católica. Pero tampoco es discutible la enorme influencia que la religión y la teología han tenido y tienen en autores que no son teólogos. La Ética kantiana, sin ir más lejos, sólo es inteligible como resultado secularizado de las ideas morales básicas del cristianismo.

Hay que distinguir, por consiguiente, entre el fenómeno moral y la reflexión moral. Ésta, en su expresión más acendrada, es filosófica, y se concreta en la moral racional. El fenómeno moral es más amplio y comprende todas sus manifestaciones: junto a la moral objeto de reflexión de la Ética como actividad racional, los diversos tipos de moralidad que encontramos en la sociedad: la moral individual, la moral social, la moral religiosa y la moral incorporada en los ordenamientos jurídicos. La cuestión a la que ahora vamos a atender, es la siguiente: ¿qué relación existe entre el Derecho y los diferentes tipos de moral? Dicho de otro modo: ¿qué relación se da entre los distintos aspectos del fenómeno moral y los ordenamientos, sistemas y ámbitos jurídicos?

¿Hay alguna relación entre lo que hemos denominado moral particular o individual y un ordenamiento jurídico? Recuérdese que la moral individual es aquella que un individuo, suponiéndole una actitud de sinceridad, acepta para sí mismo como obligatoria. No tiene por qué coincidir con la moral de otros individuos, aunque lo cierto es que, desde una perspectiva realista –o sea, que tenga en cuenta lo que sucede en la realidad–, los individuos suelen incorporar a su acervo moral lo que está vigente en el medio social en el que viven. Los usos sociales, especialmente la moda y lo «políticamente correcto», ejercen en la mayoría de la gente una influencia decisiva, tanto, que hasta las actitudes que se consideran «originales» o «rompedoras» no suelen ser otra cosa que las que impone como tales la moda del momento. No obstante, a efectos meramente analíticos, aceptaremos la idea de que cada individuo tiene su propia moral, que no es otra que aquella que le convence en su fuero interno. Pasamos por alto la influencia social y, sobre todo, las «trampas» que la propia conciencia nos tiende a todos: el autoengaño, consciente o inconsciente, la influencia de factores psíquicos como el miedo, la envidia, el egoísmo y la maldad; y, en general, el influjo, más o menos perverso, de las que los clásicos llaman las pasiones humanas.

La relación del Derecho con las morales individuales es doble. Por una parte, no se remiten a dichas morales para incorporarlas a su propio sistema de normas jurídicas, En efecto, el Derecho no envía a la concepción moral de tal o cual individuo (salvo en casos excepcionales, como cuando permite al juez que emita su sentencia de acuerdo a su convicción íntima, convicción que tiene que estar avalada por las pruebas a la luz de la regulación jurídica). Pero, por otro lado, los ordenamientos sí tienen en cuenta las morales individuales para regular la libertad. Un par de ejemplos bastará para aclarar lo que quiero decir.

Nuestro Código civil, en su artículo 1255, declara que los contratantes pueden establecer los pactos, cláusulas y condiciones que tengan por conveniente, siempre que no sean contrarios a las leyes, a la moral ni al orden público. Es obvio que con el término «moral» en el mencionado precepto no se está haciendo referencia a la moral individual, sino a la moral aceptada por el propio ordenamiento jurídico (de la que trataremos después). Pero, al mismo tiempo, al declarar la autonomía de la voluntad en materia de contratos está teniendo en cuenta las concepciones individuales, integradoras de las posibles ideas morales de los individuos. Bien es verdad que lo hace para enfatizar de inmediato que la citada autonomía tiene sus límites: además de la ley y el orden público (concepto al que ya hemos hecho referencia en esta obra), la moral, es decir, lo que el propio Código considera como tal y cuyo contenido no podrá ser averiguado sino desgranando la jurisprudencia de los tribunales y profundizando en la doctrina que la sistematice y la comente. Es muy claro que el término «moral» que emplea el citado artículo se refiere a la moral propia del ordenamiento jurídico, esto es, a lo que el conjunto normativo del Estado considera como moral (moral jurídica o moral del sistema jurídico). Pues bien, dentro de los límites que impone esa moral sistémica todo individuo tiene derecho a contratar de acuerdo con sus conveniencias y convicciones. Es posible, e incluso probable, que se planteen contradicciones entre la moral sistémica del derecho y ciertas morales individuales. En tales casos, los jueces deberán declarar la prevalencia o primacía de la moral del sistema jurídico y, en consecuencia, la nulidad del contrato.

Segundo ejemplo: el artículo 10 de la Constitución Española de 1978, en su apartado primero, se refiere al «libre desarrollo de la personalidad» –juntamente con la dignidad de la persona, los derechos inviolables que le son inherentes, y el respeto a la ley y a los derechos de los demás– como «fundamento del orden político y de la paz social». El «libre desarrollo de la personalidad» supone que cada cual puede desarrollar su personalidad de acuerdo a sus propias convicciones. Esta idea se concreta en otros aspectos, tales como el reconocimiento por la Constitución de derechos fundamentales: la libertad de conciencia y de religión, la libertad ideológica, las libertades políticas, etc. En definitiva, los ordenamientos jurídicos democráticos acceden a reconocer las morales individuales, sin perjuicio de que su ejercicio se vea sometido a ciertos límites impuestos por la ley en aras del respeto a los derechos y libertades de los demás y de las normas elementales de la convivencia. Una de las funciones básicas del Derecho en un Estado democrático es la de establecer marcos de acción en los cuales los individuos puedan desenvolver sus propias convicciones.

La moral individual o personal es, pues, tenida en cuenta y respetada por los ordenamientos jurídicos de aquellos países en los que han triunfado las ideas liberales. No sucede así en aquellos otros que se encuentran sometidos a poderes dictatoriales o tiránicos, o simplemente intervencionistas (como es el caso del que se llamó «despotismo ilustrado»). Tanto en el marco del Derecho público como en el del Derecho privado los ordenamientos en los que han triunfado los ideales liberales reconocen la dignidad de la persona y, sobre la base de ese dogma filosófico-jurídico fundamental, la libertad para pensar y conducirse de acuerdo a las propias convicciones individuales. Pero incluso en aquellos países en los que la libertad política brilla por su ausencia, se hace prácticamente imposible sofocar toda manifestación de autonomía personal, al menos en el Derecho privado.

Otra perspectiva muy diferente es necesaria para comprender las relaciones entre el Derecho y los sistemas éticos elaborados y construidos en el seno del pensamiento filosófico. Estos sistemas éticos, propios de la que hemos llamado moral racional o crítica, se caracterizan por ser sistemas ideales que proponen normas y principios reguladores de la conducta humana. Son producto de la mente y de la obra –sobre todo escrita– de pensadores y, por lo general, se insertan y adquieren su sentido en el marco de una concepción global, filosófica, del mundo y de la vida. Las relaciones entre el Derecho y estos ideales éticos normativos podemos contemplarlas en dos direcciones: por una parte dichos ideales inspiran la creación de normas de Derecho; por otro lado, sirven también para criticar el Derecho vigente.

Aunque los textos jurídicos no suelen referirse a los sistemas éticos elaborados en el seno de la filosofía, no es menos cierto que responden a –o encuentran inspiración en– determinadas concepciones generales del ser humano y de la convivencia. La filosofía moral (y, como derivación de ella, la filosofía política) ejerce una función inspiradora de los textos jurídicos. Recuérdese, como ejemplo paradigmático, la enorme influencia que han ejercido las construcciones filosóficas del Derecho natural –propias de la Edad Moderna– sobre las codificaciones del Derecho privado así como sobre la creación de las constituciones y las declaraciones de derechos. Se suele afirmar, con razón, que el Derecho natural moderno, de impronta racionalista, tuvo una profunda vocación trasformadora –e incluso revolucionaria– y que acabó imponiendo los criterios ético-jurídicos que proclamaba mediante la positivización de los mismos en normas jurídicas. De ser criterios o principios morales, se transformaron en Derecho positivo. En general, es lícito sostener que las regulaciones jurídicas, tanto las que los parlamentarios aprueban en las leyes, como las propias de la administración y de la jurisprudencia de los tribunales, suelen ser el precipitado en letra impresa de principios ideados en el seno de la filosofía del Derecho.

Si se considera la evolución histórica en su conjunto, no es un dislate afirmar que la idea precede a la acción, es decir, que la filosofía va por delante de la realidad. Disciplinas enteras del Derecho han sido objeto de tratamiento filosófico o doctrinal antes de plasmarse en textos jurídicos con eficacia normativa. La filosofía democrático-liberal, con sus principios básicos de separación de poderes y de respeto a los derechos individuales, va por delante del fenómeno constitucionalista. El Derecho internacional, antes de surgir como un cuerpo de normas positivas, es objeto de tratamiento teórico en el seno de la Teología moral de los representantes españoles de la llamada «segunda Escolástica», en especial –aunque, desde luego, no sólo– por Francisco de VITORIA. Llamativo es también, en este sentido, la aparición del Derecho internacional privado. Como ya se ha dicho, nace antes como producto reflexivo que como normas de Derecho positivo. Es en las escuelas de Derecho del norte de Italia donde se van a elaborar los criterios para dar solución a los que ya entonces se denominaron «conflictos de leyes». Después de dicha elaboración teórica, pasarían sus contenidos a transformarse en normas expresamente formuladas en textos jurídicos normativos.

Junto a esa función inspiradora o conformadora de los textos jurídicos positivos, la Ética racional cumple otra, no menos importante: la función crítica. Bien es cierto que desde cualquier tipo de moral se puede ejercitar la crítica del Derecho vigente. Pero siempre será preciso justificar con argumentos racionales tal crítica. Por eso, puede decirse que la moral filosófica cumple este papel (o, al menos, puede cumplirlo) de una manera natural. Por decirlo así, está en la propia naturaleza de la Ética racional el que critique las estructuras sociales vigentes, entre las que sobresale el Derecho positivo. Los sistemas de Ética filosófica son, en este aspecto, una instancia de apelación para enjuiciar la realidad del Derecho. Suponen en último término la idea de que la moral –a la que se accede por caminos de racionalidad– está por encima, o al menos debe estarlo, del Derecho vigente. Suponen asimismo la idea de que la fundamentación o justificación de un ordenamiento jurídico no puede hacerse prescindiendo del discurso de la Ética.

Desde esa perspectiva crítica –propia de la moral racional–, aunque no sólo desde ella, se pueden hacer y se hacen propuestas para crear las constituciones y las leyes, y modificar las existentes (propuestas *constitutione ferenda* y *lege ferenda*). Puede sostenerse que, en general, los autores de las normas se guían a menudo por ese tipo de consideraciones éticas, aunque casi nunca en estado puro, sino combinadas con otros aspectos que contemplan la conveniencia política, las consecuencias de tipo económico y social e incluso los intereses de partido.

Históricamente –como queda señalado– la religión se encuentra en la base y desarrollo de las convicciones morales propias de la Ética racional. Pero en el mundo moderno se produce –en Europa a partir de la Reforma protestante– una separación formal progresiva entre una y otra. La moral religiosa tiene, no obstante, su propio lugar con independencia de su influjo, más o menos poderoso, sobre las concepciones morales de la Ética racional y sobre la llamada moral social.

Me referiré brevemente a la moral católica, que es la que conozco algo mejor. Dicha moral tiene su origen, como toda moral cristiana, en los preceptos evangélicos. La Iglesia, como institución histórica, ha ido interpretando a lo largo del tiempo dichos preceptos, adaptándolos (o al menos con ese propósito) a la realidad vital de cada época. Es ésta una labor que han llevado a cabo y realizan hoy día también los que antes se denominaban «doctores de la Iglesia», esto es, teólogos especializados en los estudios propios de la Teología moral. Es lo cierto, sin embargo, que muchas cuestiones que afectan a las costumbres y a las concepciones morales no son consideradas de igual manera, monolíticamente, por todos. En el seno de la Iglesia hay, podemos decirlo así, una cierta pluralidad de concepciones, si bien dentro de un espíritu que pretende ser común. Esta cuestión, relativa a los matices existentes dentro de la moral católica actual, no la abordaré aquí, pues si lo hiciera saldría del marco propio de este libro. La *auctoritas* de la Iglesia está representada por el Papa y los Obispos –que son los pastores de la grey de los creyentes–, de modo similar a como en el Derecho tienen autoridad el legislador y los jueces, además de los juristas que elaboran el sistema.

Otro aspecto, que no hay que dejar de lado, de la moral católica es el ser objeto de remisión por parte de determinados ordenamientos jurídicos. El ordenamiento jurídico canónico está, todo él, inspirado y presidido por la moral católica, como es natural. Los ordenamientos de los Estados confesionales –que son aquellos que hacen suya, como oficial, determinada religión– incorporan a la legislación estatal muchos de los criterios propios de la moral religiosa, bien es verdad que no en su máximo rigor. En los sistemas democráticos se ha impuesto el principio de separación entre la Iglesia y el Estado.

La vinculación entre los preceptos y consejos bíblicos, por una parte, y la moral cristiana, por otra, es evidente. Los diez mandamientos representan el núcleo básico de las normas morales y jurídicas del Antiguo Testamento. En el Nuevo Testamento aquellos preceptos y consejos se afinan y alcanzan un perfil definitivo. En ambos casos, el motivo o fundamento lo forman las creencias religiosas. La fuente de la moral religiosa no es, por tanto, la conciencia personal sino la revelación.

Al ser la religión un conjunto de dogmas (verdades), ritos y normas que desemboca en actitudes ante la vida y ante la trascendencia, la moral religiosa va más allá de la *medocritas* de la naturaleza humana. Se propone elevar al ser humano por encima de dicha naturaleza, que es frágil y desfalleciente. Por ese motivo, la moral religiosa tiende a alcanzar cotas de exigencia muy superiores a la moral racional secularizada. Así lo demuestran preceptos tales como los siguientes: «si alguien te pide la capa, dale también la túnica», «no sólo hay que perdonar siete veces, sino setenta veces siete», «si te golpean en una mejilla, ofrece la otra», «que tu mano izquierda no sepa lo que hace tu mano derecha», «amad a vuestros enemigos, bendecid a quienes os maldigan», etc. El amor cristiano –la caridad– supera a la justicia, está en otra dimensión; incluso es posible que entre caridad y justicia haya cierta contradicción.

La moral religiosa, de acuerdo con lo expuesto, es una moral heroica, difícil de cumplir plenamente por la inmensa mayoría de las personas. Es una moral muy exigente. Sólo una minoría es capaz de cumplirla estrictamente: los santos. Representa un ideal de perfección, una vida de conducta sin mácula. Por el contrario, la moral social y asimismo la exigida por el Derecho son, por lo general, morales «mediocres», ya que tanto una como otra no suelen exigir sino lo que desde la perspectiva de la moral religiosa o incluso filosófica constituyen conductas que representan el mínimo ético.

NOTAS Y COMENTARIOS

- Sobre la dignidad de la persona humana y el libre desarrollo de la personalidad la bibliografía es inabarcable. Recomiendo la lectura del libro de Jesús GONZÁLEZ PÉREZ, *La dignidad de la persona*, segunda edición, Civitas, Cizur Menor (Navarra), 2011.
- Georg JELLINEK desarrolló la tesis de que el Derecho representa el *mínimo ético* en toda sociedad. Obviamente, esta afirmación va referida a la moral que el ordenamiento jurídico incorpora en sus textos normativos como exigible. Recomiendo la lectura de la semblanza biográfica elaborada por José Luis MEILÁN: «Georg Jellinek (1851-1911)», en Rafael DOMINGO (ed.), *Juristas Universales. 3. Juristas del s. XIX*, Marcial Pons, Madrid, 2004, pgs. 600-605.

EJERCICIOS

1. Haz el resumen de la lección.
2. Distingue entre la moral crítica –propia de la Ética filosófica– y el fenómeno moral.
3. Explica la conexión existente entre religión y moral.
4. ¿Qué es un Estado confesional?
5. ¿Hay hoy en Europa Estados confesionales? ¿Y en el mundo?

6. Relaciona la moral kantiana con el cristianismo. Para hacer este ejercicio debes consultar un buen libro de Historia de la Ética.
7. ¿Qué significa que los ordenamientos jurídicos no se remiten a las morales individuales?
8. Pon ejemplos en los que se demuestre que el Derecho español tiene en cuenta las concepciones morales individuales.
9. Aclara lo que significa que la ley, la moral y el orden público son límites de la moral individual en materia de contratación y, en general, de negocios jurídicos.
10. Explica la idea del «libre desarrollo de la personalidad» y su vínculo con las morales individuales.
11. Relaciona las siguientes nociones: liberalismo, moral individual, Derecho privado y Derecho público.
12. ¿Cómo actúan los ideales éticos en relación con la creación de textos jurídicos normativos?
13. Reflexiona sobre el influjo de la filosofía del Derecho en la elaboración y creación del Derecho positivo.
14. Explica en qué consisten las propuestas *constitutione ferenda* y *lege ferenda,* y qué tienen que ver con la moral crítica o filosófica.
15. Explica la idea de que la moral religiosa es «heroica» mientras que la moral exigida por el Derecho (moral jurídica) es «mediocre». Pon ejemplos al respecto.

CVIII. LA MORAL AUTÓNOMA Y EL DERECHO

La moral individual y la moral religiosa (y como sublimación filosófica de éstas, la moral racional o crítica) son morales de *convicción.* Quiero decir que tanto en una como en otra no se concibe el precepto moral sino como un mandato que la conciencia acepta, como un deber que el individuo, en su foro interno, reconoce como tal. Dejemos ahora de lado la cuestión de que, de hecho, la moral de los individuos –o moral particular– está infectada por lo general de prejuicios y autoengaños, y supongamos que el individuo no sólo sea capaz de pensar racionalmente sobre los asuntos morales, sino que además sea capaz de aceptar con sinceridad los deberes que su propia conciencia le dicta. En la realidad de los hechos, ningún individuo «crea» su propia moral. Lo que considera como tal no es sino el resultado del ambiente en el que vive, de su contexto familiar, educativo, profesional, etc. Dejando aparte la cuestión de la génesis, hay que aceptar que la moral individual genuina es una moral de convicción. Es la conciencia del individuo la que ha de aceptar la obligatoriedad de los preceptos morales. Lo mismo sucede en el caso de la moral religiosa. La fe no se entiende sino por el acatamiento libre del individuo. Una fe forzada es una contradicción en los términos. Sólo por la libertad es posible llegar a una fe que merezca ese nombre. La moral que deriva de los preceptos religiosos, o que va unida a éstos, es también una moral de convicción.

Por esta característica, tanto la moral individual como la moral religiosa son *autónomas*. Este término hay que entenderlo en su significado preciso. «Autonomía» etimológicamente significa «darse la norma a uno mismo»; pero esto puede entenderse de diversas maneras. La moral individual y la moral religiosa son autónomas en el sentido de que el individuo presta acatamiento libre a los preceptos morales en razón de que está convencido de su bondad intrínseca, pero no en el sentido de que el individuo sea la fuente primera de producción de normas morales. Cuando se afirma esto último, en realidad se está simplificando la cuestión al extremo y, en definitiva, se la está falseando. Lo que se quiere decir con la expresión «moral autónoma» o con la expresión «autonomía de la moral», es que la validez de las normas morales deriva de la convicción de la conciencia personal. La moral autónoma viene de dentro, de la conciencia, del fuero interno; mientras que la moral social y el Derecho –y dentro de éste, la llamada moral jurídica– le vienen al individuo de fuera.

Puede afirmarse, por tanto, que mientras que la moral individual y la religiosa son autónomas, la moral social y el Derecho son heterónomos. Aquellas dependen de la aprobación interna de la conciencia, éstas vienen impuestas a las personas desde el exterior, desde la gente –como le gustaba decir a ORTEGA–, o, en el caso de la moral del Derecho, desde el Estado.

Con cierta simplificación podemos decir que el sujeto creador del Derecho –y de la moral jurídica que éste incorpora– es la sociedad políticamente organizada, básicamente el Estado (aunque no sólo éste, hay que tener en cuenta también a este respecto a la comunidad internacional, a la Iglesia católica y otras organizaciones religiosas, como ya hemos estudiado). Sin duda, las normas que impone el Estado muchas veces no han sido generadas directamente desde sus instancias (el Derecho privado por lo general tiene un origen social previo al Estado propiamente dicho); pero en la época contemporánea es el ordenamiento jurídico estatal el que acaba por asumir todo el Derecho vigente en el territorio y sobre la población que le son propios. En la moral autónoma (individual y religiosa) el sujeto «creador» (entendido –repito– como sujeto que reconoce en su fuero interno la obligatoriedad de los preceptos morales) es la conciencia moral individual. Es la propia persona la que reconoce la bondad moral de la norma. Ese reconocimiento, cuando merece ese nombre, ha de ser sincero y reflexivo; no es un mero reconocimiento fáctico, sino resultado de una convicción profunda. Reconocer la norma moral es sinónimo de prestarle acatamiento de manera incondicionada, por la propia evidencia de la bondad de la norma.

Si hago mía la norma moral «no se debe mentir», no puedo pretender haber creado yo esta norma; me he encontrado con ella ya creada. Lo único que hago, es prestarle mi acatamiento, reconocerla como una norma que me obliga personalmente. Así, pues, cuando se afirma que es la propia conciencia individual la que «crea» la norma moral, esto hay que entenderlo en el sentido –ya mencionado– de que la conciencia se limita a reconocer la validez de una norma ya existente. Pues el contenido de las normas morales no puede derivar del capricho o imaginación personal, sino de su validez intrínseca. Y si reconozco la norma moral, no puede ser tan sólo en atención a que me convence por la razón que sea –incluida la propia conveniencia–, sino porque considero dicha norma como *universalizable*, esto es, como susceptible de obligar a todo el mundo y, por consiguiente, también a mí.

De este modo es como, en mi opinión, debe entenderse el denominado «imperativo categórico» formulado por KANT. Dicho imperativo es un precepto formal que dirigido a la conciencia individual le plantea la exigencia de la universalizabilidad de la máxima o principio que preside la acción. Es categórico porque no está sometido a condición alguna. Su formulación es, con terminología actual, la siguiente: actúa de tal modo que el criterio moral que preside tu acción pueda ser elevado a norma moral universal o general.

Ante una cuestión concreta me pregunto: ¿debo decir la verdad, o no?, lo que quiere decir que me planteo si, en la situación en que me encuentro, estoy obligado moralmente a decir la verdad o si, por el contrario, me está permitido moralmente no decir la verdad, esto es, mentir. Tengo que decidir lo que hago. Pues en la moral, en efecto, se trata siempre de decidir lo correcto y, consecuentemente, de hacer lo correcto. La moral va dirigida a la acción, y toda acción supone una decisión. La acción es consecuencia de la decisión. En rigor, pues, en la moral se trata siempre de decidir lo correcto. La decisión moralmente correcta es el punto decisivo de la moral autónoma. También lo es de la moral social y de la moral jurídica, pero en otro sentido profundamente diferente, como tendremos ocasión de comprobar en las lecciones siguientes.

Ahora bien, preguntarse si debo decir la verdad es lo mismo que cuestionarse si decir la verdad es bueno. La moral se refiere siempre al bien y al mal. Por tanto, la cuestión ¿debo decir la verdad, o no? se traduce en esta otra: ¿hago el bien al decir la verdad o hago el mal? Porque, en efecto, diciendo la verdad se puede estar haciendo el bien, pero también el mal. Así por ejemplo, si alguien dice la verdad para ofender, para insultar, para difamar, para meter cizaña, para vengarse, por mucha verdad que diga, no por eso estará haciendo algo bueno moralmente.

A mi juicio, por tanto, el imperativo categórico ha de interpretarse precisamente en su conexión íntima y directa con la idea de bien. De ese modo, el criterio que preside mi obrar ha de poder elevarse a máxima o norma general en razón de que esa máxima o norma expresa el bien. Ésta sería una condición ineludible para que el criterio que preside mi acción sea elevado a máxima universal. Pues intrínsecamente la norma moral carece de sentido desvinculada de la idea del bien. En cada supuesto que se plantee a la conciencia, la norma moral que el sujeto debe reconocer como obligatoria será aquella que deriva de la posibilidad de universalizar el criterio de la acción («todos deben decir la verdad») con la condición de que con dicho criterio se persiga el bien («siempre que se intente el bien de las personas»). Este bien ha de entenderse obviamente en el sentido del bien moral, esto es, el bien que hace virtuosos, buenos, a los seres humanos como personas morales.

Es ya tradicional afirmar que mientras que el Derecho regula la conducta externa (o, mejor dicho, los aspectos externos de la conducta), la moral regula los aspectos internos de la conducta o la conducta interna. Aunque esta afirmación tiene mucho de verdad, supone una simplificación excesiva. Lo que más llama la atención respecto de la materia u objeto regulado por los diversos órdenes normativos es que en el Derecho es mucho más variado y complejo que en el resto. En efecto, las normas jurídicas, como ya sabemos, no se limitan a regular las acciones y las conductas humanas, sino asimismo las formas de organización e institucionalización, los procedimientos de diverso género, los elementos espacio-temporales, el sistema de las fuentes, etc. Aspectos todos ellos que están ausentes en la regulación moral, ya que en ésta no existen ministerios ni tribunales, ni tampoco policía ni establecimientos penitenciarios. Esto se refleja obviamente en la tipología de normas, ya estudiada.

Mientras que en un ordenamiento jurídico encontramos normas indirectas de la acción y normas directas y cada una de estas clases, a su vez, integra especies distintas, la moral se reduce prácticamente a un solo tipo: las normas deónticas, cuya función es establecer los deberes morales. Esta variedad de normas no aparece en ningún orden normativo sino en el Derecho –con la salvedad del juego, como ya sabemos–. El orden normativo que más se asemeja al Derecho, en cuanto a su estructura formal (elementos necesarios y tipos de normas) es efectivamente el juego.

Teniendo en cuenta estas aclaraciones, es correcto afirmar que la moral autónoma o moral de convicción regula la conducta humana atendiendo, sobre todo, a la intención del sujeto actuante. En rigor, no es que la moral autónoma regule la conducta interna, como a veces se dice; lo que tiene en cuenta es la intención, ya se manifieste en un proceso psíquico interno (pensamiento, deseo, plan sin ejecutar aún) sin manifestación exterior, ya se manifieste en una acción exterior que, como tal, es perceptible por los sentidos. Lo que a la norma moral le interesa es la motivación última del sujeto, su intención profunda, y no la mera apariencia externa. La norma moral regula la conducta moral, que comprende tanto las acciones como las omisiones; e igualmente regula la mera intencionalidad.

La apariencia externa puede que coincida con la intención real del sujeto, pero no siempre sucede así. No es infrecuente que, en una determinada conducta, se vean combinadas la corrección, e incluso la simpatía, en las formas externas con la mala intención. Para la moral no son las acciones las que son en sí mismas buenas o malas, sino que tal calificación va dirigida esencialmente a la intención, y dependiendo de cómo sea ésta así serán las acciones desde el punto de vista moral. Una acción es correcta moralmente si la intención del sujeto es buena, y es incorrecta si la intención es mala. Ahora bien, conocer la intención ajena es muy difícil, por no decir imposible. Sólo somos conscientes de nuestra propia intención, ya que tenemos de ella una vivencia inmediata (si bien es cierto que existen situaciones psíquicas en las que el propio sujeto no es plenamente consciente de cuál sea, de un modo definido, su intención).

Las normas jurídicas de conducta (deónticas) se fijan básicamente en el aspecto externo de esta última. Si el deudor ha pagado la deuda, ha cumplido con el Derecho, aunque lo haya hecho a regañadientes y pensando que si hubiese tenido ocasión no habría pagado. Pero, como ya se ha subrayado, también pueden exigir una actitud o intención internas como elemento de la conducta; por ejemplo, cuando exige la buena fe. Introduce muchas veces el elemento intencional para distinguir unos delitos de otros, en especial los dolosos y los imprudentes (o culposos, como se decía antaño en la dogmática y en la legislación penales para referirse a estos últimos). En cualquiera de estos supuestos en los que el Derecho tiene en cuenta el aspecto interno de la conducta para valorarla en su conjunto, no le queda otro remedio que basarse en los elementos o aspectos externos que constituyan prueba, o al menos indicio, suficiente de la existencia del elemento intencional o subjetivo.

El juez valorará la existencia de buena o de mala fe a partir de los datos que se le suministren, que habrán de ser necesariamente datos referidos a aspectos externos de la conducta. Por ejemplo, para valorar si hay imprudencia o dolo, y en consecuencia si debe castigar al reo como sujeto activo de un homicidio imprudente o de un homicidio doloso, o de un asesinato, no le queda otra que recurrir a los indicios externos que manifiesten la conducta del acusado, y de ellos podrá deducir el carácter imprudente o doloso del delito.

Otro aspecto que hay que tener en cuenta en orden a distinguir la moral autónoma y el Derecho es el de las relaciones reguladas. Como ya hemos estudiado, la materia jurídica está constituida siempre por relaciones, ya sean interpersonales, intersistémicas o interordinales. A efectos de simplificar un poco las cosas, ahora me limitaré sólo a las primeras, las interpersonales. Son numerosos los autores que han destacado el concepto de relación jurídica como el central de la ciencia del derecho. Recuérdese que dichos autores son los llamados «relacionistas». Entre ellos destacábamos al comienzo de esta obra a SAVIGNY, a LEVI y a GUASP (ruego: repasa la lección VI). Las relaciones contempladas o estructuradas por los sistemas jurídicos son siempre relaciones de bilateralidad o de alteridad. En muchas de sus normas, sobre todo las directas de la acción, esto es, las procedimentales, las potestativas y las deónticas, este carácter está presente de un modo inmediato. Así en materia de procesos ante los tribunales, de contratos o de derechos reales, en las relaciones del administrado con la administración, en las familiares, en las societarias, etc. En otras, la presencia de la bilateralidad no es tan palpable, sino más sutil. Así sucede con las normas indirectas de la acción.

Un sistema jurídico no es, en definitiva, sino un conjunto de normas que regula la convivencia. Nada tiene de extraño que la bilateralidad constituya un elemento presente, sea directa o indirectamente. Incluso sucede que cuando parece no existir en absoluto la relación bilateral, un examen más detenido la desvela. Es el caso de los llamados derechos reales, a los que ya me he referido en lecciones anteriores (ver epígrafe XC). En la propiedad tenemos presentes de manera inmediata al propietario y a la cosa que es objeto de la propiedad. Parecería que la relación jurídica se pudiese agotar en el conjunto de facultades que el propietario tiene sobre la cosa (usarla, venderla, darla en usufructo, hipotecarla, etc.) sin que exista relación alguna con otras personas. Pero este modo de concebir la propiedad resulta claramente insuficiente, ya que si el propietario tiene todas esas facultades, derivadas directamente de su derecho subjetivo, es porque los demás –los no propietarios– tienen el deber jurídico de respetar la propiedad ajena. El derecho de propiedad dejaría de existir como tal si no existiera el deber, por parte de los que no son propietarios, de no inmiscuirse en la propiedad ajena. Se puede ver así claramente cómo en la propiedad –e igualmente se aplica esta idea a los demás derechos reales– aparecen relaciones de bilateralidad o de multilateralidad; en suma, de alteridad.

En otros casos la relación jurídica aparece mucho más difuminada, pero no por eso deja de existir. Por ejemplo, tenemos el deber jurídico de abstención de cazar patos en un parque. No es que tengamos una relación jurídica con los patos, ni tampoco con el parque, pero sí con la comunidad humana organizada en municipio. La relación que tenemos con éste no aparece de manera inmediatamente evidente, pero para la construcción jurídica es tan indudable que hay una relación de Derecho como la que pueda existir entre el acreedor y el deudor. Lo único que las diferencia es que en la primera se da una relación entre una persona física y otra jurídica, mientras que en la segunda la relación está establecida entre dos personas físicas.

Los animales y las cosas pueden ser también «parte» en una relación jurídica. Depende de cómo sean considerados por el ordenamiento jurídico de que se trate. En la India, por ejemplo, la vaca es un animal sagrado, por lo que goza de más derechos que la mayoría de la población.

A diferencia del Derecho, en el orden normativo moral lo decisivo no es la relación, sino la intención del sujeto de la decisión o de la acción (u omisión). El sujeto es enjuiciado moralmente por su intención, lo que implica que se le valora por lo que es más profundo en él. La moral de convicción contempla también las conductas y las relaciones con los demás, pero lo hace desde el prisma del componente subjetivo. Las conductas y las relaciones vienen a ser, para la moral de convicción, el marco u ocasión del ejercicio de la acción moral. Pero lo moral no está en ellas sino en lo profundo de la intencionalidad, en el centro mismo de la persona. Por eso, la moral no contempla directamente relaciones de alteridad, sino que es un orden normativo unilateral o, mejor dicho, «unidireccional»: va al centro mismo de la persona, y tan sólo considera las relaciones con los demás, e incluso con los animales y las cosas, en cuanto que constituyen momentos u ocasiones en los que la conciencia moral se manifiesta en una dimensión externa, la cual no es contemplada sino como reflejo de la interna, que es la dimensión moral en sentido estricto.

Otra interpretación posible del fenómeno moral que estamos estudiando –de la moral autónoma– seria la de considerar al sujeto como portador de dos aspectos diferentes: como sujeto de la conducta y como sujeto que la enjuicia. Por un lado el yo actuante y, por otro, el yo como conciencia enjuiciadora. El yo-conciencia sería el que exige el cumplimiento de las normas morales, mientras que el yo actuante sería el que cumple o incumple la conducta exigida. Esta manera de entender la moral es, sin embargo, más propia de un tratado de Psicología que de Teoría del Derecho.

La moral de convicción también se diferencia de un ordenamiento jurídico en que aquella no prevé sanciones para los sujetos infractores de las normas mientras que éstos sí las prevén. En lecciones anteriores (véase el capítulo 11) se ha expuesto con algo de detenimiento lo relativo a la coactividad jurídica y a sus diversas manifestaciones, entre las cuales la más significativa es la previsión de sanciones negativas institucionalizadas. No es necesario, por tanto, volver ahora sobre este asunto. Baste recordar que, para la Teoría comunicacional del Derecho, la coactividad de éste consiste en que todos los ordenamientos jurídicos tienen, entre sus normas, un tipo específico: las normas de ejecución, que normalmente van conectadas con normas de decisión, y éstas a su vez están vinculadas con frecuencia –aunque no siempre– a normas de conducta. Estos tres tipos normativos pertenecen a la clase denominada normas deónticas.

Las cosas, como digo, son muy diferentes en la moral de convicción. En ella no se prevén sanciones en absoluto, si entendemos que la sanción es un castigo o mal que le viene «desde fuera» al infractor de la norma. Sólo podría interpretarse que la moral autónoma está dotada de sanciones si se entendiera que en ella hay dos sujetos, como acabo de exponer: el yo-conciencia y el yo-sujeto actuante. En tal caso podría pensarse que el primero impone al segundo la sanción del malestar psíquico que es el arrepentimiento. Pero esta visión parece un tanto especiosa. El arrepentimiento no es propiamente una sanción, sino un sentimiento de pesar que surge espontáneamente en la psique de quien ha realizado el acto infractor de la norma. Equivale a sentirse mal consigo mismo por la acción realizada. Quien se arrepiente reconoce que ha actuado mal y siente vergüenza, rabia, desprecio hacia sí mismo o cualquier otro sentimiento negativo respecto a su propia persona y a su conducta. Pero no se presenta siempre que hay infracción de la norma moral. Es una reacción que caracteriza a los caracteres nobles, pues supone que, a pesar de la falta cometida, el sujeto no sólo reconoce la validez de la norma moral que ha infringido sino que, además, tiene el propósito de no reincidir en su conducta. Para que se dé un genuino arrepentimiento moral es preciso que se genere no por motivos de conveniencia o de vergüenza ante los ojos de los demás, sino por estimar que se ha infringido una norma moralmente valiosa y que, al hacerlo, el sujeto se ha visto rebajado como persona.

Por último, el Derecho y la moral autónoma también se distinguen por el valor que inspira o, mejor dicho, debe inspirar el contenido de sus normas. Al Derecho se le suele adscribir la finalidad de organizar la vida social de tal modo que se logre la convivencia armoniosa, esto es, la paz. Respecto de los individuos, sus normas tienden a hacerlos buenos ciudadanos. Las personas que cumplen las normas jurídicas merecen, evidentemente, esa calificación. El valor fundamental del Derecho, que compendia todos los que un ordenamiento trata de encarnar, es la justicia. Ahora bien, como tendremos ocasión de estudiar, cada ordenamiento representa un punto de vista sobre la justicia, de tal manera que no puede hablarse –ni histórica ni sociológicamente– de un contenido unívoco de la misma. Esto no significa la negación de una teoría de la justicia, sino, más simplemente, la aceptación de que los contenidos materiales de los sistemas jurídicos no coinciden debido a las ideologías dominantes en la época en que son creados y en razón a otros factores históricos y sociales. Por su parte, el valor de la moral autónoma es la bondad, esto es, la limpieza de corazón y de las intenciones que de él derivan; consecuentemente, también de las acciones que el sujeto realice. Respecto de los individuos se entiende que el propósito de las normas morales es conseguir que aquellos sean buenas personas. Se puede ser buen ciudadano –por cumplir con el Derecho–, y no ser buena persona –por no cumplir con la moral; y viceversa–. Ejemplos: un padre de familia que cumpla escrupulosamente sus deberes jurídicos pero que no cuide afectuosamente a sus hijos, será un buen ciudadano pero no un buen padre. Quien por motivos humanitarios se niegue a acatar determinadas normas jurídicas por considerarlas injustas, puede ser mal ciudadano pero buena persona; es el caso del llamado «delincuente por convicción».

NOTAS Y COMENTARIOS

- *El imperativo categórico.* Dice KANT en su obra *Grundlegung der Metaphysik der Sitten* (primera edición: Riga, 1785; segunda edición: Riga, 1786) («Fundamentación de la Metafísica de las Costumbres»): «Der kategorische Imperativ ist also nur ein einziger, und zwar dieser: handle nur nach derjenigen Maxime, durch die du zugleich wollen kannst, dass sie ein allgemeines Gesetz verde.» (*Werkausgabe Band VII*, hrsg von Wilhelm Weischedel, Suhrkamp Taschenbuch Wissenschaft, Frankfurt am Main, zweite Auflage, 1977, pg. 51). Trad.: «El imperativo categórico es, por tanto, único, y es éste: actúa sólo de acuerdo con aquella máxima que al mismo tiempo puedas querer que se convierta en ley general». También en KANT, *Kritik der praktischen Vernunft* (primera edición: Riga, 1788) («Crítica de la razón práctica»): «Handle so, dass die Maxime deines Willens jederzeit zugleich als Prinzip einer allgemeinen Gesetzgebung gelten könne» (*Werkausgabe Band VII, op. cit.*, pg. 140). Trad.: «Actúa de tal modo que la máxima de tu voluntad pueda, al mismo tiempo, valer siempre como principio de legislación general.»

– *Comentario de Julián MARÍAS sobre el imperativo categórico.* «KANT plantea el problema de la ética en la *Fundamentación de la metafísica de las costumbres*, como la cuestión del *bien supremo*. Los bienes pueden ser buenos para otra cosa o buenos en sí mismos. Y KANT dice que la única cosa que es buena en sí misma, sin restricción, es una *buena voluntad*. El problema moral queda trasladado, pues, no a las acciones, sino a la voluntad que las mueve. KANT quiere hacer una ética del *deber ser*. Y una ética imperativa, que obligue. Se busca, pues, un *imperativo*. Pero la mayoría de los imperativos no sirven para fundamentar la ética, porque son *hipotéticos*, es decir, dependen de una condición. Si yo digo: *aliméntate*, supone una condición: *si quieres vivir*; pero para un hombre que quiera morir, el imperativo no tiene validez. KANT necesita un imperativo *categórico*, que mande sin ninguna condición, absolutamente. La obligatoriedad del imperativo categórico ha de encontrarse en él mismo. Como el bien supremo es la buena voluntad, la calificación moral de una acción recae sobre la voluntad con que ha sido hecha, no sobre la acción misma. Y la buena voluntad es la que quiere lo que quiere *por puro respeto al deber*. Si yo hago una acción buena porque me gusta o por un sentimiento, o por temor, etcétera, *no tiene valor moral*. (Aquí se plantea KANT la espinosa cuestión de si el respeto al deber no es un sentimiento.) El imperativo categórico se expresa de diversas formas; su sentido fundamental es el siguiente: *Obra de modo que puedas querer que lo que haces sea ley universal de la naturaleza*. En efecto: el que hace algo mal, lo hace como una *falta*, como una *excepción*, y está afirmando la ley moral universal a la vez que la infringe. Si yo miento, no puedo querer que el mentir sea una ley universal, puesto que esto destruiría el sentido del decir, y haría imposible incluso el efecto de la propia mentira; el mentir supone, justamente, que la ley universal es decir la verdad. Y así en los demás casos.» (*Historia de la Filosofía*, tercera edición, Prólogo de Xavier ZUBIRI, Revista de Occidente, Madrid, 1965, pg. 288).

– *Comentario de GARCÍA MORENTE y de ZARAGÜETA sobre la distinción entre legalidad y moralidad.* «¿A cuál de estos dos imperativos [hipotéticos o categóricos] corresponde lo que llamamos la moralidad? Evidentemente, la moralidad no es lo mismo que la legalidad. La legalidad de un acto voluntario consiste en que la acción efectuada en él sea conforme y esté ajustada a la ley. Pero no basta que una acción sea conforme y esté ajustada a la ley para que sea moral; no basta que una acción sea legal para que sea moral. Para que una acción sea moral es menester que algo acontezca no en la acción misma y su concordancia con la ley, sino en el instante que antecede a la acción, en el ánimo o voluntad del que la ejecuta. Si una persona ajusta perfectamente sus actos a la ley, pero los ajusta a la ley porque teme el castigo consiguiente o apetece la recompensa consiguiente, entonces decimos que la conducta íntima, la voluntad íntima de esa persona no es moral. Para nosotros, para la conciencia moral, una voluntad que se resuelve a hacer lo que hace por esperanza de recompensa o por temor a castigo, pierde todo valor moral. La esperanza de recompensa y el temor al castigo menoscaban la pureza del mérito moral. En cambio, decimos que un acto moral tiene pleno mérito moral cuando la persona que lo verifica ha sido determinada a verificarlo únicamente porque ése es el acto moral debido.» (Manuel GARCÍA MORENTE y Juan ZARAGÜETA BENGOECHEA, *Fundamentos de Filosofía e Historia de los Sistemas Filosóficos*, quinta edición, Espasa-Calpe, Madrid, 1960, pg. 278).

– *El «delincuente por convicción».* Esta expresión *(Überzeugungstäter)* la puso en boga Gustav RADBRUCH en referencia a quien, movido por sus convicciones morales, infringe las normas jurídicas, y más en concreto las normas del Derecho penal.

EJERCICIOS

1. Haz un cuadro sinóptico del conjunto de la lección.
2. Explica los criterios o aspectos que se han tenido en cuenta para distinguir los caracteres que diferencian la moral autónoma y el Derecho.
3. ¿Por qué la moral individual y la moral religiosa pueden ser denominadas conjuntamente «moral de convicción»?
4. Relaciona la moral individual, la moral religiosa y la moral racional con la moral autónoma. ¿Qué quiere decir que la moral racional o crítica constituye una «sublimación filosófica» de las primeras?
5. ¿Qué es el foro interno?
6. Razona por qué en la realidad de los hechos ningún individuo crea su propia moral.
7. Distingue entre autonomía y heteronomía, y aplica estos conceptos al Derecho y a los diversos tipos de moral.
8. ¿Qué significado tiene la expresión «sujeto creador» de las normas en el Derecho y en la moral autónoma?
9. Explica lo que significa el criterio de «universalizabilidad» de las normas morales en relación con el imperativo categórico kantiano.

10. ¿Es categórica la moral autónoma? Razona la respuesta de la mano de un ejemplo.
11. ¿Cuál es la materia u objeto regulado por los ordenamientos jurídicos? Explica de qué manera se relaciona la materia regulada por el Derecho con los diversos tipos de normas jurídicas.
12. ¿Por qué el Derecho, desde el punto de vista formal o estructural, se parece más a los juegos que a la moral autónoma y al resto de los órdenes normativos?
13. ¿Cuál es el criterio para determinar si una acción es buena o mala desde la perspectiva moral?
14. Examina el aspecto interno de la conducta jurídica y de la conducta moral, poniendo ejemplos al respecto.
15. Explica con ejemplos el carácter de alteridad del Derecho.
16. ¿Pueden los animales y las cosas ser parte en una relación jurídica?
17. ¿Hay «relaciones morales» propiamente dichas? Razona la respuesta.
18. Analiza un poco a fondo el asunto de las sanciones en el Derecho y en la moral de convicción.
19. Explica la contraposición justicia/bondad, y pon ejemplos que la aclaren. ¿Se trata realmente de una contraposición?

CIX. LOS USOS SOCIALES: LA MORAL SOCIAL

Llamaremos «moral social» al conjunto de concepciones morales dominantes en una determinada sociedad en un momento dado. Ese conjunto de concepciones morales se concretan en normas que, en principio, no son jurídicas y no tienen por qué serlo, pero que pueden transformarse en jurídicas si el sistema del Derecho positivo las incorpora, haciéndolas suyas.

Las sociedades escasamente evolucionadas –como son, paradigmáticamente, las comunidades humanas primitivas– se caracterizan por la inexistencia o parquedad de diferenciación social. La especialización de funciones entre sus miembros es muy rudimentaria y tiende, en definitiva, a ser irrelevante en muchos aspectos de la vida colectiva. En este tipo de sociedades homogéneas la moral social es uniforme; prácticamente todos los miembros piensan de modo similar, por no decir idéntico. Desde la perspectiva de los órdenes normativos este tipo de sociedades se caracteriza por la indiferenciación: las normas sociales (usos) forman, junto con las normas morales, las religiosas y las jurídicas un conjunto normativo indistinto. En ellas apenas asoma la idea de la moral autónoma o moral de convicción como realidad independiente. El individuo está sometido al todo social de una manera tan absoluta que ni siquiera percibe que su individualidad es una repetición del paradigma social aceptado.

La evolución de las sociedades corre paralela al desarrollo de la diferenciación social. Cuanto más civilización, mayor complejidad en las estructuras sociales y, en consecuencia, mayor especialización de funciones. Las sociedades modernas se caracterizan por su creciente complejidad y por su incesante cambio (carácter éste que es una muestra más de su complejidad, en definitiva). En ellas se produce una progresiva diferenciación, no sólo entre los individuos sino asimismo entre los órdenes normativos. Por ello, como ya sabemos, la filosofía jurídica se ha hecho cargo de establecer las diferencias conceptuales entre el Derecho, la moral, la religión y los usos sociales. Sin embargo, el afán de distinguir nítidamente entre estos órdenes normativos ha llevado casi siempre a oscurecer la complejidad del fenómeno moral. Ha sido habitual reducirlo a la moral autónoma o de convicción. Si bien constituye ésta el aspecto del fenómeno moral más relevante para la reflexión filosófica, no se puede perder de vista que, desde el punto de vista de las ciencias sociales, el centro de interés lo forma la moral social. El problema que encontramos respecto a ella es que en las sociedades avanzadas se presenta como un fenómeno heterogéneo escasamente susceptible de simplificación. Ésta puede ser la causa principal de que, en nuestras sociedades, la moral social tienda a desaparecer como tal y a ser sustituida por el Derecho. Otro aspecto de la cuestión, que abordaremos enseguida, es el de la distinción entre usos sociales y moral social. ¿Son los usos una parte de la moral social, o sucede al revés, que sea esta última una derivación de los usos? Comenzaré por explicar qué hay que entender por usos sociales.

Para este propósito nos serviremos de dos ejemplos de usos sociales, ya tradicionales a la hora de enfrentar este asunto. Me refiero al saludo y a la moda. Ni el uno ni la otra tienen en principio connotación jurídica, aunque pueden tenerla moral, si entendemos este concepto en su sentido más amplio. La bibliografía sobre estos usos sociales es inmensa tanto en el marco de la filosofía jurídica y social como en el de la Sociología y la Psicología.

Hay muchas formas de saludar. En la sociedad occidental el uso actual entre varones es el apretón de manos; se saluda de modo diferente a las mujeres, por lo general con un leve beso o roce en la mejilla. En España el saludo habitual a las mujeres consiste en dos besos, uno para cada mejilla; en Francia, en tres; y en otros lugares, en uno. En otros países se les da la mano, como a los varones, práctica ésta que es, sin duda, la más apropiada para una sociedad igualitaria y que no distingue de sexos en las relaciones sociales y jurídicas. En tiempos pretéritos se usaban otras modalidades de saludo: quitarse el sombrero o simplemente llevarse la mano al ala del mismo, hacer una reverencia más o menos pronunciada, besar la mano o hacer un ademán de hacerlo sin llegar al beso. En la Edad Media, los vasallos se arrodillaban ante el señor y éste les tendía la mano para ayudarles a ponerse en pie. Algunos historiadores sitúan el origen del actual saludo del choque de manos en esa práctica medieval: el apretón de manos, con la correspondiente pequeña sacudida, sería el residuo que ha quedado de aquella práctica original. En otras sociedades se han conocido y se conocen en el presente formas de saludos muy diferentes a las nuestras. El saludo de los tuaregs en el desierto del Sahara consiste en un ritual que dura tres cuartos de hora o más, que tiene su comienzo cuando se divisa en el horizonte la presencia de un congénere. Las formas de saludo evolucionan y se extinguen, siendo un signo de su decadencia la progresiva reducción del gesto hasta quedar en un rudimento que apenas recuerda su forma originaria.

El saludo es un uso social que afecta a un aspecto muy concreto de la vida en sociedad, al encuentro de las personas y también –aunque menos– a la despedida, aunque en este caso no se le denomine «saludo».

La moda tiene un alcance más general: afecta a todas las maneras sociales, incluido naturalmente el saludo. La moda es el uso social por excelencia. Hay modas en todo lo relativo al trato social: en el vestir, en el saludar, en el comer, en el hablar, en el pensar, en el sentir. Las modas –es más apropiado usar el plural– imponen pautas de comportamiento en nuestras acciones, en nuestros pensamientos, en nuestros sentimientos. Lo invaden todo, incluso la manera de aparentar ser original.

¿Cuáles son los caracteres de estos usos sociales, como son el saludo y las modas? Para analizarlos, seguiremos un esquema similar al que hemos seguido anteriormente al estudiar la moral autónoma o de convicción.

El sujeto creador de los usos sociales es «la gente» –expresión que le gustaba especialmente a ORTEGA–, esto es, todos en conjunto y nadie determinado, la sociedad, entendida en su sentido más genérico, como algo que aún no ha tomado forma organizada. El campo de los usos sociales es el del «se» impersonal (el famoso *man* de HEIDEGGER), como cuando decimos «se comenta tal o cual cosa», «en estas ocasiones es lo que se hace», «se dice tal o cual expresión», «se saluda de esta manera», «se come de esta otra», etc. Estas expresiones en las que se usa el «se» impersonal es posible sustituirlas por otras en las que el sujeto sea la gente. Así, «la gente comenta tal o cual cosa», «en estas ocasiones lo que hace la gente es...», etc. Los usos sociales son normas que tienen un origen difuso, surgen de la sociedad sin que nadie sepa exactamente cómo, y desaparecen de manera similar para ser sustituidos por otros usos. Toda sociedad conoce los usos ya que, por medio de ellos, se canalizan las formas ordinarias del trato social entre las personas; de ahí que se los denominen también normas o usos del trato social. Su carácter difuso y cambiante hace que no pueda delimitarse con claridad el individuo o individuos que los dieron comienzo –si bien, en los tiempos actuales la moda en el vestir es, en gran parte, un negocio dirigido por empresas comerciales. En los diversos grupos sociales pueden tener vigencia usos muy concretos que no la tienen en otros grupos, por muy próximos que estén; así, por ejemplo, las maneras de hablar de ciertos grupos juveniles que no son compartidas por otros sectores de la población que conviven con ellos. Pero no cabe duda de que, en determinados aspectos de la vida social, hay usos sociales compartidos por todas las personas o casi todas. Así, por ejemplo, saludar diciendo «¡hola!», «¡hasta luego!» o «¡qué hay!», o comer los alimentos utilizando cuchara, tenedor y cuchillo. A diferencia de las normas jurídicas, cuyos centros de producción creadora están localizados con nitidez (poder constituyente, legislador, jueces, administraciones públicas, etc.) y a diferencia de la moral que, a partir de la conciencia moral reconoce o acepta la obligatoriedad de las normas morales, los usos son creados por un sujeto indeterminado: todos, nadie en concreto, la gente.

Los usos sociales –las normas sociales del trato, como las modas y las buenas maneras– se fijan tan sólo en el aspecto externo de la conducta humana, siempre que ésta tenga lugar en presencia de los demás.

Dos son, por tanto, los elementos que caracterizan la conducta que es objeto de regulación de los usos sociales: que sea externa (el aspecto interior, psíquico, interesa poco o nada) y que se realice delante de otras personas. Por una parte, exterioridad de la acción, puesto que al uso en principio le es indiferente la intención subjetiva del sujeto agente. Si bien puede considerarse que su función más profunda es la manifestación de respeto hacia los demás –por ejemplo, el saludo como expresión de deferencia–, y ahí radicaría su conexión con la moral social e incluso con la moral de convicción, lo cierto es que el uso, en sí mismo considerado, es cumplido si se realiza exteriormente, por mucho que la intención del sujeto, que queda en su foro interno, no sea precisamente la del respeto. Mantener la buena educación es una norma que está por encima de las aversiones e incompatibilidades personales. Por ello suele afirmarse que en las relaciones del trato social se da a veces un cierto grado de hipocresía. En este aspecto, a la hipocresía habría que adscribirle un cierto valor. A pesar de sentir aversión hacia una persona no se le expresa desprecio, sino que se la saluda con corrección formal. El sentimiento de aversión se rinde de esta manera ante la dignidad de toda persona por el mero hecho de serlo, dignidad que no sólo se ha de proteger jurídicamente sino también socialmente. Pero, además de ser externa, la acción que contemplan los usos sociales como objeto de su regulación ha de tener lugar ante los demás. La buena educación se demuestra con los otros, no cuando uno se encuentra a solas. Carece de sentido decir que alguien no es bien educado o, lo que viene a ser lo mismo, es un grosero porque pone los pies encima de la mesa mientras lee el periódico encontrándose solo en su habitación. Evidentemente, este mismo acto realizado ante una visita con la que no tenemos confianza podría ser interpretado como una afrenta o, como mínimo, como un acto impropio. Sin embargo, realizado en la soledad, no es susceptible de valoración desde la perspectiva de los usos; desde ésta se trata de una acción indiferente.

Al igual que en el Derecho, los usos sociales contemplan relaciones de bilateralidad o alteridad. Este carácter de los usos deriva del que acabamos de analizar. Al regular la conducta externa que tiene lugar en presencia de los demás, se manifiesta ya la bilateralidad. Ahora bien, en las relaciones de trato social no se establecen vínculos entre personas que estén tan perfilados como en el Derecho. Mientras que la relación bilateral, propia de la regulación de las normas jurídicas, es una relación institucionalizada, la propia de los usos es una relación normalmente más difusa aunque, sin duda, existente: los demás son el grupo en su conjunto, pero en principio nadie en concreto. No obstante, los usos también tienen vigencia en las llamadas relaciones interpersonales, llamadas así para distinguirlas de las sociales propiamente dichas. Las primeras son las relaciones que se establecen entre un «yo» y un «tú», mientras que las segundas son las que existen entre un «yo» y un «él» o «ella». Las relaciones entre los padres y los hijos, entre amigos, y similares, son interindividuales en las cuales también rigen los usos. Es más, la buena educación hay que demostrarla siempre, pero sobre todo con las personas con las que uno convive o se relaciona más a menudo.

¿Prevén sanciones los usos sociales? Es imposible dar a esta pregunta una contestación general y al mismo tiempo certera. Lo que salta de inmediato a la vista en esta cuestión es que los usos no tienen previstas sanciones en el mismo sentido que las tienen previstas los ordenamientos jurídicos. Los usos representan normas de contornos difusos que, además, se vinculan con grupos concretos muy diferentes. Esto hace muy difícil su determinación precisa. ¿Podemos, por ejemplo, afirmar que en la sociedad española actual predominan sin lugar a dudas estos y aquellos usos sociales? Hay, por ejemplo, la costumbre de celebrar la Navidad, pero es evidente que esa celebración ni tiene el mismo significado para unos que para otros, ni tampoco se celebra de la misma manera. Además, a quien no la celebre tampoco se le impone ninguna sanción. El reino natural de los usos sociales está constituido por las sociedades homogéneas. Cuanto más heterogénea sea una sociedad mayores dificultades tendremos para hallar verdaderos usos comunes. Tendremos que fijar la atención en las normas sociales imperantes en grupos más concretos, en grupos sociales más reducidos que el conjunto de una sociedad.

Precisamente debido a su carácter sumamente heterogéneo es de utilidad distinguir entre usos débiles y usos fuertes. Débiles son aquellos que no conllevan sanción o implican una sanción leve. Fuertes, por el contrario, son los usos en los cuales la sanción se deja sentir sobre el individuo infractor con una fuerza que, en ocasiones, puede ser incluso superior a una sanción jurídica.

Con estas aclaraciones puede afirmarse que, a diferencia de los ordenamientos jurídicos, los usos sociales por lo general conllevan sanciones que se caracterizan por ser espontáneas y difusas.

Son espontáneas en cuanto que, por lo general, no se sabe a ciencia cierta si el grupo reaccionará contra el infractor del uso o, por el contrario, permanecerá indiferente o, incluso, puede que suceda que acepte al infractor como trasgresor «original» y «creativo». Si bien los usos sociales ejercen una presión social que puede ser muy fuerte, presión que se expresa en las reacciones de los demás componentes del grupo contra el miembro infractor, lo cierto es que la sanción no está institucionalizada –como sucede en el Derecho–; antes bien, será el grupo el que reaccione espontáneamente contra el infractor, siendo posible también que no haya reacción y deje sin sanción al infractor. La sanción de los usos sociales es espontánea en cuanto que no está programada ni determinada. Depende de circunstancias más o menos accidentales. Por ejemplo, depende del estado de ánimo de los miembros del grupo, de la personalidad del trasgresor, de las relaciones de éste con los demás miembros del grupo, de factores de envidia y de rivalidad, y de otras similares.

Imaginémonos que un individuo entra en un local en el que se celebra una fiesta de etiqueta y, sin embargo, luce unos pantalones tejanos raídos, con agujeros y medio caídos –como es la moda actual antiestética y de mal gusto donde las haya–. Puede ocurrir que los porteros le permitan la entrada y que, ya dentro del local, los allí congregados le reciban con agrado, le den la bienvenida e incluso rompan a aplaudirle. De que esto suceda así dependerá de algunos factores como, por ejemplo, que la gente allí reunida sea abierta y campechana, indulgente con los rasgos de extravagancia, o que el recién llegado sea persona famosa a la que acompaña el éxito como actor de cine o cantante de relumbrón. Pero también puede suceder que, al no darse esas venturosas circunstancias o cualesquiera otras de naturaleza similar, los porteros no le permitan la entrada o que, habiendo entrado a la fiesta, los concurrentes le reciban con frialdad e incluso con desprecio y aversión, y soliciten de los empleados del local que echen de la fiesta al intruso.

Las posibilidades son múltiples y dispares. Infringir un uso social implica someterse al veredicto, más o menos caprichoso y por ello más o menos impredecible, de los miembros que en ese momento compongan el grupo. Ese veredicto puede ser clemente y puede ser cruel; puede haber sanción, pero también puede haber «indulto». La sanción de los usos sociales, por consiguiente, no es una sanción organizada sino espontánea: puede que suceda, puede que no. Es, además, difusa, ya que, si tiene lugar, el grado o potencia que alcance tampoco está determinado previamente; sus contornos no están definidos. Si bien, en términos generales, se sabe que es probable que la infracción de un uso fuerte provoque una reacción enérgica, y la de uno débil sea leve o ni siquiera haya sanción.

También es problemática la cuestión de si los usos sociales representan un valor distinto de la moral y del Derecho (un *tertium genus* axiológico) o, si por el contrario, su valor acaba siendo, bien expresión de valores morales, bien de valores jurídicos, bien –por último– de ambas especies dependiendo del tipo de uso de que se trate. De buena parte de ellos puede decirse que el valor que los preside es el de la cortesía, la cual es la manifestación externa de la deferencia o respeto que debemos a los demás. Como expresión meramente externa posee un valor propio, incluso aun cuando no refleje el sentimiento interior. Quiero decir que, por ejemplo, quien saluda a otra persona a pesar de no serle simpática, cumple con la norma social; y cumple con ella a pesar de que ese saludo no sea expresión de sincero aprecio personal. Antiguamente muchos usos expresaban el honor de los individuos y las familias. Así se explican los duelos entre caballeros. Ante la ofensa humillante, lo único que cabía era batirse en duelo hasta la muerte de uno de los contendientes. El honor tenía más que ver con las apariencias externas y las opiniones ajenas que con la realidad verdadera e íntima. A las gentes de esas épocas pertenecientes a determinados estratos sociales les importaba mucho la reputación social, quizás mucho más que su auténtico ser.

En el marco de la filosofía jurídica se ha debatido bastante el problema de si los usos están presididos por un valor distinto al de la moral o al del Derecho. Autores relevantes han negado esa posibilidad. Así, Gustav Radbruch señala que el uso, o bien es derecho *in statu nascendi*, que acabará consolidándose en normas jurídicas, o bien es norma moral que se ha consolidado socialmente y que se expresa en la exterioridad del trato social. Parece, sin embargo, que esta argumentación va dirigida a entender el paso de un tipo de normas a otro, pero no explica su carácter distintivo. Aunque sea correcto que se producen esas formas evolutivas o de transición entre los usos sociales, las normas de derecho y las normas morales, ello no es óbice para afirmar, por otra parte, el carácter independiente de los usos sociales como manifestación normativa. Su valor genuino no sería entonces ni propiamente moral ni tampoco jurídico, sino algo propio: la cortesía como muestra externa del respeto. Por mucho que la cortesía sea muestra de exterioridad en el comportamiento, no por eso deja de tener un valor sustantivo en la vida social de las personas.

Pero, por otra parte, no cabe duda de que los usos sociales pueden ser también, en un sentido más o menos contundente, expresión de valores morales y, en este aspecto, manifestación de la moral social. El saludo, por ejemplo, aparte de su apariencia externa –que es lo esencial–, suele ser manifestación de respeto entre las personas. Lo mismo puede decirse en general de los llamados usos y costumbres, o como se suele decir también, de las buenas costumbres. «Guardar las formas» es ya un valor en sí. Cuando no domina la buena educación en el trato social, sino que el mal gusto y la chabacanería se instalan en una sociedad o en determinados círculos de ella, no sólo se rebaja la sensibilidad estética sino que también sufre el nivel moral.

Sucede, sin embargo, que muchas veces lo que es uso o costumbre constituye manifestación paladina de quiebra de la moral. Mucho de lo que hoy circula como socialmente aceptado o como práctica habitual es expresión de disvalor e incluso de degradación social.

NOTAS Y COMENTARIOS

– *Usos fuertes y usos débiles.* Esta distinción aparece en la obra –que ha conocido múltiples ediciones– de José ORTEGA Y GASSET, titulada *El hombre y la gente.* En esta obra se resume el pensamiento sociológico –y también sociológico-jurídico– orteguiano.

– Gustav RADBRUCH, en su obra *Filosofía del Derecho* (trad. por José MEDINA ECHAVARRÍA, Editorial Revista de Derecho Privado, cuarta edición, Madrid 1959) sostiene lo siguiente: «Los intentos de limitar conceptualmente uno de otro, el Derecho del decoro social han fracasado siempre. (...) La vanidad de todos los intentos hasta aquí realizados, obliga a sospechar en la imposibilidad de una delimitación entre Derecho y convencionalismo, y en efecto, puede demostrarse tal imposibilidad. Los conceptos culturales referidos a un valor, pueden definirse con la ayuda de la idea a que se orientan. De esta manera, hemos determinado a la moral como la realidad cuyo sentido estriba en desarrollar la idea de lo bueno, y al Derecho como la realidad que tiene el sentido de servir a la justicia. Una idea, empero, a la que el decoro social pudiera orientarse, no se encuentra, y por ello fracasa la comensurabilidad de la moral y el Derecho, por un lado, con el decoro social, por otro. El decoro social no puede coordinarse a los otros conceptos culturales, carece de sitio en el sistema de los conceptos de la cultura. El decoro social está respecto al Derecho y la moral en una conexión histórica, mejor que sistemática.» (pgs. 65-66).

EJERCICIOS

1. Define la moral social y diferénciala de la moral de convicción.
2. ¿Cómo es la moral social en las sociedades homogéneas? ¿En este tipo de sociedades, qué relación tiene la moral social con los demás órdenes normativos?
3. ¿Qué es una sociedad moderna? Explica sus caracteres básicos y relaciónalos con los diversos órdenes normativos.
4. En la sociedad española actual, ¿tiene relevancia la moral social o ha sido sustituida por el Derecho? Razona la respuesta.
5. Comenta las distintas formas de saludo que tienen vigencia social en la actual sociedad española. Diferencia entre las diversas generaciones y céntrate sobre todo en las formas de saludo dominantes entre los jóvenes.
6. ¿Por qué crees que muchos autores consideran que el saludo consistente en el apretón de manos es un «rudimento» que ha quedado de lo que fue el saludo medieval entre el señor y el vasallo?

7. Pon ejemplos de modas actuales en el modo de pensar y de sentir. Enfoca este asunto reflexionando en la dirección de lo que suele llamarse «lo políticamente correcto».
8. ¿Qué significado tiene el «se» impersonal? Pon ejemplos, y sustitúyelos por otros ejemplos en que emplees frases cuyo sujeto sea «la gente».
9. Define los usos sociales. Además de la denominación de «usos sociales», ¿se suelen emplear otras expresiones para decir lo mismo o algo parecido?
10. ¿Te parece que mantener las formas en el trato con los demás implica hipocresía? Razona la respuesta de la mano de algunos ejemplos.
11. ¿Tienen los usos sociales vigencia cuando nos encontramos en soledad? Relaciona los siguientes conceptos: intención, exterioridad de la acción, usos social, moral social, moral de convicción.
12. Relaciona y diferencia el Derecho, la moral de convicción y los usos sociales, en cuanto a la característica de la alteridad.
13. Comenta la distinción entre usos fuertes y usos débiles, y pon ejemplos de cada una de estas dos especies de usos.
14. En general, ¿cómo son las sanciones de los usos sociales? Diferencia sus caracteres de los propios de las sanciones jurídicas.
15. ¿De qué puede depender que se imponga efectivamente una sanción por la trasgresión de un uso social? Pon un par de ejemplos y coméntalos.
16. ¿Encarnan los usos sociales un valor que no puede equipararse ni reconducirse a un valor moral ni tampoco a un valor jurídico? ¿Cuál es la opinión de Radbruch a este respecto?
17. ¿Existen o pueden existir usos o prácticas sociales que encarnen, más que un valor, un disvalor? ¿Qué opinión te merece la actual práctica juvenil del «botellón»? ¿Engrandece o rebaja humanamente a quienes lo practican?
18. Haz un esquema que resuma la lección.

CX. USOS SOCIALES Y USOS (COSTUMBRES) JURÍDICOS

No es infrecuente que los legisladores, al establecer el sistema de fuentes del ordenamiento jurídico, se refieran a las costumbres. Así sucede, como ya sabemos, en nuestro Derecho. En el apartado primero del artículo 1º de nuestro Código civil se enumeran –si bien, como ya hemos estudiado, esta enumeración no tiene carácter exhaustivo– las fuentes del ordenamiento jurídico español: la ley, la costumbre y los principios generales del

Derecho. Otras veces emplean la expresión «buenas costumbres», dando así al término «costumbres» un matiz especial de carácter moral. Tal es el caso del artículo 1116 del mismo cuerpo legal que en su párrafo primero, al regular las obligaciones condicionales, establece que «las condiciones imposibles, las contrarias a las buenas costumbres y las prohibidas por la ley anularán la obligación que de ellas dependa». También emplea el Código civil la expresión «costumbre local» o «costumbre del lugar», indicando de esta manera que la norma jurídica aplicable para determinadas cuestiones no es una costumbre general (nacional) sino la que tiene vigencia en la localidad de que se trate. Tal sucede en el supuesto regulado en el artículo 587 respecto de la llamada servidumbre voluntaria de vertiente de los tejados. Dice este precepto: «El dueño del predio que sufra la servidumbre de vertiente de los tejados, podrá edificar recibiendo las aguas sobre su propio tejado o dándoles otra salida conforme a las ordenanzas o costumbres locales, y de modo que no resulte gravamen ni perjuicio alguno para el predio dominante.»

Además, el Código civil emplea también el vocablo «usos» con diversas modalidades. En el artículo 1°.3, en su párrafo segundo, podemos leer: «Los usos jurídicos que no sean meramente interpretativos de una declaración de voluntad tendrán la consideración de costumbre»; de lo que se deduce que el Código da por supuesta la existencia de usos jurídicos que son meramente interpretativos de una declaración de voluntad. Los primeros son costumbres, los segundos no; lo que quiere decir que los primeros son normas jurídicas, y los segundos no poseen ese carácter. También se refiere el Código a los usos locales. Por ejemplo, el artículo 1287 emplea la expresión «uso o costumbre del país». Dice así: «El uso o la costumbre del país se tendrán en cuenta para interpretar las ambigüedades de los contratos, supliendo en éstos la omisión de cláusulas que de ordinario suelen establecerse.»

Por su parte, el Código de Comercio hace referencia a los usos, en concreto a los denominados usos de comercio o usos mercantiles. En el artículo 2°, al enumerar el sistema de las fuentes del Derecho mercantil, los sitúa jerárquicamente después de la ley: «Los actos de comercio, sean o no comerciantes los que los ejecuten, y estén o no especificados en este Código, se regirán por las disposiciones contenidas en él; en su defecto, por los usos del comercio observados generalmente en cada plaza; y a falta de ambas reglas, por las del Derecho común» (esto es, por las del Derecho civil).

En el Derecho público estatal la costumbre, entendida como norma jurídica, tiene escaso papel, por no decir ninguno. En el Derecho penal moderno se ha impuesto drásticamente el principio de legalidad, por lo que la costumbre o el uso jurídico carece de significado: no hay delito ni pena que se establezcan por medio de una norma consuetudinaria o usual. Lo mismo acontece en el Derecho tributario: los impuestos se imponen por ley. Algo similar sucede en el seno del Derecho procesal. En el Derecho administrativo se admite una cierta relevancia de las costumbres pero a una escala que podemos considerar menor. Así, el Real Decreto Legislativo 781/1986 (Texto refundido de las disposiciones legales vigentes en materia de régimen local), en su artículo 37 establece que determinadas entidades locales –que el precepto enumera sin carácter exhaustivo– «continuarán rigiéndose por sus normas consuetudinarias o tradicionales». Y el artículo 75, al regular el aprovechamiento y disfrute de bienes comunales, cuando tal aprovechamiento y disfrute general simultáneo fuera impracticable, «regirá la costumbre u ordenanza local». En algunos países, el Derecho constitucional es en gran parte consuetudinario; ejemplo: el Reino Unido.

En todos los supuestos referidos, los usos y costumbres tienen por lo general el valor de normas de Derecho, lo cual los hace significativamente diferentes de aquellos usos y de aquellas costumbres que no tienen fuerza jurídica, sino meramente social. Para ver con claridad en medio de esta maraña terminológica y conceptual, comenzaremos por analizar las diversas modalidades del lenguaje, tanto ordinario como sociológico y jurídico.

En el lenguaje cotidiano la palabra «costumbre» se emplea con frecuencia en referencia a realidades múltiples. No sucede así, como veremos enseguida, con el término «uso».

Una primera acepción de costumbre es la que la equipara con el hábito individual. Si decimos que una persona tiene la costumbre de levantarse todos los días a las 6 de la mañana, lo que queremos decir es que ella realiza el acto de levantarse a esa hora con gran regularidad. Pero también podemos ampliar el significado para referirnos a un grupo social determinado. Así, cuando afirmamos que el seminario de filosofía del derecho suele reunirse los viernes a las 8 de la tarde, nos referimos obviamente a que sus miembros integrantes –aunque no siempre acudan todos– tienen ese hábito o costumbre. Y si decimos que el *dijous bo* («jueves bueno») se celebra todos los años, en un jueves del mes de noviembre, el mercado de Inca (localidad del centro de la isla de Mallorca) estamos aludiendo a una práctica colectiva ancestral que se remonta probablemente a la Edad Media y que reúne a agricultores, ganaderos y artesanos para vender sus productos en la mencionada feria. Vemos que, en todos estos casos, lo que hay es una regularidad en el comportamiento de ciertas personas, las cuales pueden ser fácilmente individualizadas (cuando se trata de un único individuo), o bien son determinables dentro de ciertos límites (en el caso de las reuniones del seminario) o bien, por último, sólo pueden determinarse de un modo muy difuso y general (en el supuesto de la feria de Inca).

Todas estas costumbres no tienen el carácter de normas jurídicas, ya que el Derecho no obliga a nadie a levantarse a las 6 de la mañana, ni a asistir a un seminario absolutamente voluntario, ni a instalarse con su puesto en la feria de Inca (bien es cierto que, si alguien se instala en dicha feria, estará obligado por normas jurídicas, como puede ser las ordenanzas municipales, a cumplir determinados requisitos y pautas de conducta).

La conclusión que extraemos de lo anterior es que hay costumbres que no forman parte del Derecho, no en el sentido de que éste no las contemple en absoluto, sino en el de que tales costumbres no implican por sí mismas una regulación jurídica. De los tres ejemplos mencionados sólo en el tercero se puede sustituir el término «costumbre» por el de «uso». Así, diremos que hay un uso social en la localidad de Inca, según el cual en el *dijous bo* se celebra una feria que tiene caracteres especiales.

Los usos sociales que hemos estudiado en las lecciones precedentes (el saludo, la moda, las buenas maneras –podemos llamarlos usos sociales en sentido estricto)– tampoco tienen, en principio, naturaleza jurídica. Puede haber excepciones, como, por ejemplo, el saludo militar, que no sólo es un uso sino también una norma jurídica –ya que en caso de que un inferior no salude al modo militar a un superior, puede ser objeto de un castigo previsto por las normas jurídicas del ejército–; o determinadas normas de etiqueta que, en circunstancias muy determinadas, pueden imponerse por normas de Derecho –aunque puedan ser consideradas como normas de Derecho débil–. Pero en términos generales carecen de validez jurídica, no son normas del Derecho. Son normas sociales, pero no jurídicas. Así, al vecino que no saluda a nadie de la comunidad vecinal le podremos calificar de «intratable», «antipático» o «grosero», pero a nadie en sus cabales se le ocurrirá llevarle ante los tribunales acusándole de no saludar. Por mucho que nos parezca grosero e impresentable un individuo que dé rienda suelta a sus gases internos, no puede exigírsele jurídicamente una conducta contenida, aunque sí esté justificado que huyamos de su presencia –al menos que nos garantice que por un rato dejará el aire libre de sus flatulencias–. De quien ponemos a nuestra mesa esperamos que, si pertenece a nuestro ámbito de civilización, sepa usar convenientemente los cubiertos; pero si no lo hace así, no pensaremos en querellarnos contra él.

Los usos sociales o normas del trato social constituyen, por tanto, un tercer género de normas –junto a las jurídicas y a las de la moral de convicción– con el que conecta, como ya hemos visto, la llamada moral social. Normalmente no se contradicen con el Derecho vigente, pero puede haber situaciones en que sí entren en contradicción con las normas jurídicas. Es el caso del duelo. Los duelistas, al cumplir el uso social de batirse para resolver un trance de honor, infringen la norma de Derecho que prohíbe tal práctica. El juego peligroso llamado «ruleta rusa» –consistente en poner una bala en el tambor de la pistola, hacerlo girar y después apretar el gatillo dejando al azar que se dispare o no la bala, una manera peligrosa de jugar con la propia vida– estaba prohibido por el Derecho. Las «novatadas» –prácticas habituales en los cuarteles, en los colegios mayores, en los campamentos– pueden constituir, en determinados casos, infracciones de normas jurídicas (por ejemplo, si atentan a la dignidad de la persona o ponen en peligro la salud o la vida).

Es importante distinguir claramente entre estos usos sociales –que no son normas jurídicas– de aquellos otros que sí lo son, a los que se refieren los textos del Derecho, como los que he citado antes. Las costumbres o los usos con carácter jurídico no son usos sociales simplemente sino que, además de que así se los pueda considerar, se incorporan al ordenamiento jurídico como un género de fuentes o decisiones generadoras de normas de Derecho. Lo que distingue a este tipo de normas jurídicas, es que son resultado de «decisiones sociales con efectos jurídicos», si se me permite utilizar esta expresión, a diferencia de las leyes, de los reglamentos o de las sentencias judiciales, que son decisiones normativas cuya naturaleza jurídica surge en el momento mismo de su generación –bien sea ésta la promulgación de una ley, la resolución administrativa o el acto de emitir la sentencia–.

¿Cómo podemos saber si una costumbre o un uso social tienen vigor de Derecho, esto es, si son normas jurídicas? La respuesta a esta pregunta depende de cada ordenamiento jurídico. En efecto, cada ordenamiento especifica explícitamente –y, en el supuesto de que no lo haga, de ello se encargará el sistema– si acepta como normas a él pertenecientes, y por tanto como jurídicas, pautas de comportamiento que se han generado al margen de las decisiones formuladas por las autoridades jurídicas establecidas. Además de determinar si acepta esta incorporación de normas, que en principio son sociales, a su seno, determinará asimismo el lugar que les corresponde en la jerarquía normativa, o sea, el alcance que hay que dar a ese género de normas. Todo esto repercutirá, como es natural, en la aplicación e interpretación del Derecho en el ámbito jurídico de que se trate. Muchas veces –como en los ejemplos citados– será la ley la que se remita a la costumbre o uso social para rellenar sus «lagunas». Otras veces se dejará la decisión a los jueces o, en general, a los órganos que toman decisiones concretas. En todo caso, siempre habrá una incorporación de normas generadas externamente al ordenamiento, pero que éste recibe y las hace suyas. Se trata de un fenómeno similar al que tiene lugar cuando la norma de colisión (propia del Derecho internacional privado) remite a otro ordenamiento jurídico para que el juez del foro decida según el derecho extranjero. En los supuestos de que tratamos ahora no hay remisión a un Derecho extraño, sino a normas que se han generado fuera del ordenamiento jurídico, pero que éste, por la razón que sea, incorpora a su texto. En los términos propios de la Teoría comunicacional del Derecho se produce un fenómeno de incorporación textual al sistema del foro que es similar al que tiene lugar entre este sistema y el derecho extranjero.

En el Derecho español, como hemos visto, la referencia a las costumbres y a los usos viene recogida en los Códigos civil y de comercio, siguiendo una tradición consolidada en el Derecho continental europeo desde la codificación. No se puede perder de vista que la generación de normas del Derecho –sobre todo en el marco del Derecho privado– tiene su origen precisamente en costumbres, al menos en gran parte. En el Derecho mercantil esto se percibe con una evidencia histórica incuestionable. Surgen primero las prácticas habituales de los comerciantes (la llamada *lex mercatoria*), prácticas que son elevadas a normas de Derecho invocables ante los tribunales, y posteriormente pasan a formar parte del articulado de códigos y leyes.

La doctrina jurídica tradicional estableció dos requisitos para que una costumbre o uso se convirtiera en norma jurídica o pudiera ser considerada como tal. Estos dos requisitos eran: el elemento externo de la repetición del mismo género de actos o actuaciones; y el elemento interno, consistente en que la colectividad humana en que había surgido esa práctica tuviera conciencia de ser ésta obligatoria. A este requisito se le denominó la *opinio iuris seu necessitatis*, y significa la opinión colectiva –del grupo en su conjunto– de que la pauta o máxima de conducta que inspira la práctica social, y se concreta en ella, es jurídicamente obligatoria. En cualquier caso, un tercer requisito se imponía con toda necesidad: que la autoridad de la comunidad política soberana (el Estado, o la entidad equivalente que fuere) refrendase el carácter jurídico de la costumbre o del uso por medio de su incorporación explícita, bien a través de sus normas generales bien por medio de sus normas particulares –como las sentencias de los jueces.

EJERCICIOS

1. Resume el contenido de esta lección en un párrafo de diez o doce líneas.
2. ¿Hay diferencias esenciales entre costumbre y uso social?
3. ¿Qué puede significar la expresión «buenas costumbres»? Pon ejemplos de artículos de la legislación española –no sólo los que vienen recogidos en el texto– en los que se haga referencia a las «buenas costumbres», y coméntalos.
4. Analiza el concepto «usos meramente interpretativos de una declaración de voluntad». ¿No se contradice el artículo 1º.3 del Código civil con el artículo 1287 del mismo cuerpo legal? Estudia estas cuestiones ayudándote de un tratado de Derecho civil.
5. Consulta en un tratado de Derecho mercantil el tema de los usos de comercio y haz un breve resumen del significado que actualmente tienen como fuente del Derecho comercial.
6. Comenta el significado o importancia que en la actualidad poseen la costumbre o el uso en el Derecho público.
7. ¿Qué papel cumple la costumbre constitucional en el Reino Unido? Para contestar a esta pregunta es conveniente que consultes un libro de Derecho constitucional británico.
8. Enumera las acepciones de la palabra «costumbre», y pon un ejemplo de cada una de dichas acepciones.
9. ¿Tienen naturaleza jurídica los usos sociales en sentido estricto? ¿Y naturaleza moral? Razona la respuesta.

10. Pon ejemplos de supuestos en los que los usos sociales pueden entrar en conflicto con las normas jurídicas.
11. ¿Cuándo se considera que una costumbre o un uso son normas jurídicas?
12. ¿Qué significa que las costumbres y los usos pueden ser concebidos como el resultado de «decisiones sociales»?
13. ¿Cuál es la prueba básica para reconocer si una costumbre o un uso son, en efecto, normas del Derecho?
14. ¿Por qué el fenómeno de la recepción de una costumbre o de un uso social en el seno del ordenamiento jurídico puede equipararse al fenómeno de recepción que se produce por medio de normas de Derecho internacional privado?
15. Comenta los requisitos que la doctrina tradicional exige para determinar que una costumbre es fuente de Derecho.

CXI. LA MORAL DEL DERECHO

Uno de los errores más difundidos en la filosofía y teoría jurídicas contemporáneas es la idea de que el positivismo jurídico propugna la separación absoluta entre el Derecho y la moral. A este error han contribuido especialmente ciertos representantes de la corriente analítica. Se invoca como dogma inamovible del positivismo la separación entre el ser y el deber ser y, en consecuencia, la separación entre el Derecho que es, el Derecho vigente, y el que debería ser, la idea del Derecho, el Derecho justo. Este enfoque dificulta enormemente la comprensión correcta de lo que el positivismo jurídico –en sus versiones más acendradas– ha defendido.

La separación entre Derecho y moral defendida por el positivismo no es una tesis ontológica, sino epistemológica. Esto es lo que los autores mencionados –y multitud de tratadistas que les siguen– han confundido, al no distinguir los planos.

Vayamos por partes. Primero hay que aclarar qué significa que el positivismo defiende una tesis epistemológica. En segundo lugar, trataremos de por qué razón en el plano ontológico el positivismo no prescinde de la moral en sus análisis del derecho positivo. Por último, tendremos que definir en qué consiste la moral a la que se refieren los ordenamientos jurídicos, esto es, qué es eso que se suele denominar «moral jurídica» o «moral del Derecho».

El positivismo jurídico –al igual que su contrario, el iusnaturalismo– es, antes que nada, una concepción filosófica global sobre el Derecho; es una teoría, una manera de entender el fenómeno jurídico. Esta manera de entender el derecho implica varios aspectos: el epistemológico, el ontológico y el axiológico. También el «existencial» (o sea, la relación del Derecho con la vida de las personas), pero este aspecto lo dejaremos aquí de lado.

En el plano epistemológico la cuestión decisiva es si es posible el conocimiento jurídico, así como, en el caso de que se conteste afirmativamente a esa pregunta, de qué modo o modos se produce dicho conocimiento. El plano ontológico se refiere a la cuestión de qué es el Derecho. Y el axiológico, a la cuestión de los valores que inspiran o deben inspirar a los ordenamientos jurídicos. Ahora bien, de los tres planos o niveles, el decisivo es el primero, el epistemológico, puesto que es el que concreta el punto de vista, la perspectiva, desde la cual se aborda el conocimiento del objeto –en nuestro caso, el Derecho.

Uno de los rasgos epistemológicos fundamentales del positivismo jurídico es la separación entre el conocimiento jurídico y el conocimiento ético, esto es, entre la Teoría del Derecho y la Teoría ética entendida como Ética normativa o racional. Éste es un rasgo común a todas las versiones del positivismo. En algunas, como es el caso de la Teoría pura del Derecho, el propósito no es sólo separar la Teoría del Derecho y la Teoría ética, sino igualmente distinguir la primera de cualquier otra ciencia o rama filosófica, tales como la Sociología, la Psicología, la Economía, la Historia, etc. En ello consiste, como ya hemos estudiado, el requisito de la «pureza» de la teoría, en separarla de otras disciplinas cuya perspectiva es diferente y que, en consecuencia, no debe mezclarse con la propia de los juristas. Ahora me voy a fijar exclusivamente en lo que significa que, para el positivismo jurídico, es un imperativo epistemológico la distinción y consiguiente separación entre Teoría general del Derecho y Teoría ética, entre la Ciencia del Derecho y la Ética, entendida esta última como Ética racional (o, como venimos denominándola también, Ética crítica o normativa).

Esta tesis es justo la contraria de la defendida por el iusnaturalismo. Para la teoría del Derecho natural, el fundamento del conocimiento jurídico está en considerarlo como una derivación o capítulo del conocimiento ético. Ya hemos hecho alusión en epígrafes precedentes a esta idea. El pensamiento jurídico se ha forjado históricamente primero como una aplicación de la Teología moral, y después, tras la reforma protestante y las guerras de religión, como un aspecto de la Ética racional. Conviene que el lector recuerde aquí lo que hemos denominado en los epígrafes aludidos proceso de «desteologización» y proceso de «deseticización» del pensamiento jurídico. La Ciencia del Derecho se desprende, en un primer momento, de la Teología, y en un segundo momento, de la Ética. Primero, del Derecho natural clásico –inspirado en los fundamentos de la Teología cristina–, después, del Derecho natural racionalista, propio de la Edad Moderna. Llega así a una situación en la cual el pensamiento jurídico se libera, o al menos se propone liberarse, de toda la carga propia de la doctrina del Derecho natural. El positivismo jurídico se erige como una teoría adversaria y contrapuesta al iusnaturalismo.

El resultado –en relación al asunto que nos ocupa– de la ruptura positivista respecto del pasado iusnaturalista del pensamiento jurídico consiste en la radical separación entre Ciencia jurídica y Ética. Es correcto, pues, el aserto de que el positivismo separa Derecho y moral, pero sólo en el sentido de que separa la Ciencia del Derecho y la Ciencia de la moral. De esta separación epistemológica –y, por ende, también metodológica– no se desprende que los contenidos concretos del Derecho, de los textos jurídicos, no tengan nada que ver con la moral. Afirmar esto último es algo realmente absurdo, pues las regulaciones propias del Derecho, al tener como objeto aspectos importantes de la vida de las personas, no pueden ser algo absolutamente indiferente a planteamientos morales. Que el positivismo propugne la separación epistemológica y metodológica entre la Ciencia del Derecho y la Ética no implica en modo alguno que los contenidos de las normas jurídicas no tengan nada que ver con los contendidos de las normas morales. No implica, entre otras cosas, que no puedan emitirse juicios de valor ético sobre normas jurídicas concretas o incluso sobre un ordenamiento en su conjunto, ni supone que en los razonamientos que conllevan los procesos de decisión no se empleen argumentos de naturaleza ética.

Lo mismo sucede con otras perspectivas. Aduciré ahora como ejemplo la propia de la Ciencia económica. No creo que nadie ponga en entredicho la separación entre la Ciencia jurídica y la Teoría económica. De hecho, los juristas no suelen saber una palabra de Economía; y los economistas se suelen caracterizar por tener del Derecho nociones muy rudimentarias, casi siempre sorprendentemente toscas. Cada uno –el jurista y el economista– se dedica a su ciencia sin inmiscuirse en la del otro, y así debe ser. Esto no quiere decir que no sea posible hacer el análisis jurídico de la economía o el análisis económico del Derecho. No sólo es posible sino también altamente deseable y conveniente, pues de esa forma se amplían las perspectivas del conocimiento humano. Pero lo que constituye una simplificación abusiva es no caer en la cuenta de que esas diversas perspectivas no deben confundirse unas con otras, sino que han de construir sus respectivos objetos de conocimiento siendo fieles a sí mismas.

Así, no puede dudarse de que la disciplina que llamamos Derecho mercantil constituye un análisis jurídico de determinados aspectos de la economía, al igual que el Derecho financiero y tributario o que el Derecho laboral. Pero el mercantilista, al elaborar su ciencia, no cultiva la Teoría económica ni nada que se le parezca; se limita a aplicar las categorías jurídicas a la materia económica y a explicar –interpretando– las normas de Derecho que regulan esa materia. Y lo mismo puede afirmarse del tributarista y del laboralista. Desde la perspectiva del análisis económico del Derecho, lo que se hace es investigar las distintas instituciones jurídicas –y, por ende, las normas que las componen y los procedimientos que conllevan– con la pretensión de conocer la eficiencia o ineficiencia económica de las mismas, lo que implica llegar a saber los beneficios y pérdidas que generan. Una concepción amplia del análisis económico del Derecho no se limitaría a conocer esos extremos en términos de euros contantes y sonantes, sino que ampliaría los conceptos de beneficio y pérdida en su sentido utilitario general. Creo difícil de rebatir la idea de que el fenómeno jurídico es un fenómeno poliédrico que admite plurales investigaciones, cada una de las cuales adoptará necesariamente una perspectiva o ángulo desde el que contemplar la realidad.

Si bien no suelen utilizarse estos términos, también es posible y deseable un análisis ético del Derecho. Dicho análisis supone que nos acercaremos a las instituciones de un sistema jurídico determinado para examinar, no lo que dicen los textos jurídicos, sino para enjuiciarlos a la luz de los ideales morales. Y no sólo realizaremos esta operación, sino que muy probablemente ampliaremos la indagación al examen ético de los comportamientos de los agentes jurídicos, tanto de los operadores (políticos, legisladores, jueces, fiscales, abogados, etc.) como de las personas en general. Un asunto como el de la corrupción en política tiene, sin duda, un relevante aspecto jurídico, que afecta sobre todo al Derecho penal; pero también lo tiene en su aspecto ético, afectando así a la responsabilidad, no ya jurídica, sino meramente política de los actos que la suponen.

Incluso en el terreno de la Ciencia dogmática del Derecho no es desacertado que el tratadista (el jurista teórico) introduzca sus razonamientos éticos en sus análisis. Es deseable, no obstante, que separe claramente los pasajes de su obra en los cuales se limita a interpretar los textos legales y jurisprudenciales, de aquellos otros en que, a partir de perspectivas distintas –que pueden ser económicas, sociales, éticas o de cualquier otro signo– se proponga hacer una crítica del Derecho vigente, o de determinadas interpretaciones del mismo, así como plantear propuestas *lege ferenda.*

Aclaro en este momento que la diferencia entre un análisis *lege lata* y una propuesta *lege ferenda* consiste en que mientras que el primero se fija en la letra de la ley ya promulgada, y por tanto vigente, para interpretarla, la segunda supone una actitud crítica que desemboca precisamente en ofrecer una idea de renovación más o menos profunda de las leyes en vigor. *Lata* es el participio pasivo del verbo latino *fero, tuli, latum*, cuyo significado es el acto de presentar al pueblo una ley para su aprobación. *Lata* es la ley ya presentada y aprobada. *Ferenda* significa que se presentará el proyecto o propuesta para su aprobación.

La Ética tiene su principal punto de contacto con el Derecho en los procesos de decisión. Al comienzo de esta obra ya hemos hecho referencia a algunos de los aspectos más importantes de las decisiones jurídicas. Recordarás que un tipo especialmente relevante de decisiones jurídicas son las decisiones normativas, esto es, las que generan texto ordinamental. La decisión constituyente, las decisiones legislativas, las decisiones judiciales, las decisiones de los órganos de la Administración, las decisiones de la jurisprudencia cautelar y las de los particulares generan texto jurídico ordinamental, texto perteneciente al ordenamiento. Recuerda que éste se genera, se crea, a golpe de decisión. Pues bien, muchas de estas decisiones generadoras de texto jurídico normativo van precedidas de un debate más o menos amplio en el que se barajan argumentaciones de diverso género, entre las cuales destacan las que tienen carácter ético. La Ética –aunque no sólo ella– penetra en los contenidos del derecho, o al menos puede penetrar, al decidir los contenidos de las normas jurídicas. Y de la misma manera que pueden penetrar en éstas principios y normas morales, también pueden infiltrarse aspectos inmorales.

En el proceso constituyente las diversas facciones políticas y sociales discuten los contenidos que se consideran idóneos para la constitución que habrá de aprobarse. En esos debates, además de aspectos estrictamente políticos, como la forma de gobierno, saldrán a relucir otros no menos relevantes como los principios de actuación política y la articulación de las relaciones del individuo con el poder, aspecto éste que en las constituciones modernas se vincula directamente con la cuestión de los derechos fundamentales. Cuáles hayan de ser aquellos principios y estos derechos, son asuntos de la máxima relevancia también en el terreno de la Ética. Nadie pondrá en duda, por consiguiente, que a ésta no le es indiferente la discusión que acompaña a los procesos constituyentes.

Algo similar sucede con las leyes. Los diputados reunidos en el parlamento debaten sobre los contenidos materiales de las leyes que aprueban. En esos debates emplean argumentos del más diverso género: jurídicos, económicos, estrictamente políticos, educacionales, y por supuesto éticos. Cuando los abogados o los fiscales presentan ante el juez sus alegaciones no les está prohibido en absoluto la invocación de argumentos morales, por mucho que algunos de estos argumentos puedan ser irrelevantes jurídicamente. El mismo juez, a la hora de fundamentar su decisión, no sólo se remite a argumentos, por decirlo así, legales, ordinamentales o sistémicos, sino que también emplea, o puede emplear al menos, razonamientos típicamente morales. En realidad, los razonamientos que sustentan los procesos de decisión jurídica pueden ser de muy variada especie, y de hecho lo son buena parte de las veces. Esto es especialmente cierto en los procesos de decisión constituyente y de las decisiones legislativas. Cuanta mayor capacidad para decidir sobre las grandes cuestiones del Estado y de la convivencia social tanto mayor es el círculo de argumentos que pueden utilizarse en los debates y en los razonamientos. Y entre esos argumentos no es menor el peso de los morales, o al menos no tiene por qué serlo. En los procesos de decisión judicial o en los que conducen a las decisiones administrativas concretas el marco que permiten las leyes se reduce en comparación con la libertad que tiene el legislador. Aún así no se puede dudar de la importancia y posible eficacia fundamentadora de las razones de índole moral. Ahora bien, que los legisladores y los jueces puedan razonar moralmente y que de hecho lo hagan así, no significa que la Teoría del Derecho sea un capítulo de la Ética, ni que ésta haya de introducirse en análisis que corresponden a la primera.

Todo esto lo saben los positivistas inteligentes (entre paréntesis: hay positivistas inteligentes y otros que lo son menos, al igual que ocurre con los iusnaturalistas). Los contenidos de un ordenamiento jurídico son Derecho porque están en los textos jurídicos, independientemente de la índole de dichos contenidos. Éstos pueden ser típicamente económicos, o típicamente educativos, o típicamente morales. En cuanto a la materia son eso: económicos, educativos o morales, o de cualquier otra especie. Pero, al estar en textos jurídicos pertenecientes a un ordenamiento jurídico, son asimismo jurídicos en el sentido de que forman parte del Derecho vigente.

Pondré algunos ejemplos muy sencillos. El Código penal impone el deber jurídico de respetar la vida ajena, y en el caso de que alguien no la respete prevé que un juez deba imponer una sanción al infractor, sanción que debe ejecutar un determinado órgano de ejecución. Como ya hemos estudiado, estas tres normas jurídicas de carácter deóntico se suelen presentar concatenadas entre sí, de forma que cada una de ellas impone un deber jurídico: el deber jurídico de conducta, el de decisión judicial y el de ejecución. Desde la perspectiva de la Ética –al menos de una Ética racional que defiende el valor de la vida– nos encontraremos asimismo ante tres deberes, esta vez de naturaleza moral: el deber moral que todos tenemos de respetar la vida de los demás, el deber moral del juez de decidir justamente y por tanto imponer una pena al homicida, y el deber moral de ejecutor de actuar en consecuencia con lo que el juez ordene. A las tres normas jurídicas deónticas se le suman, por decirlo así, tres normas morales –también de carácter deóntico, como son prácticamente todas las normas morales. ¿Qué quiere decir esta coincidencia de deberes, jurídicos y morales? De momento lo que se extrae de ella es que, en ese punto, el ordenamiento jurídico coincide con el orden moral. Además, hay que preguntarse: ¿ha influido en el legislador, a la hora de regular los delitos contra la vida, las valoraciones morales? Dicho de otra manera: ¿la valoración negativa que desde el punto de vista moral suscita el homicidio y, en general, todo acto que atenta contra la vida humana, ha sido relevante al promulgar las leyes? Me parece que es fácil aceptar una respuesta afirmativa a esta pregunta. El legislador, considerando que atentar contra la vida ajena constituye una falta moral muy grave, decide prohibir el homicidio y otros atentados contra la vida y sancionar a quien perpetre tales actos. De ello se deduce asimismo que los preceptos del Código penal presuponen un rotundo juicio de valor acerca de la vida humana y de su respeto. Quiero decir que, en general, siempre que nos encontramos ante una norma jurídica deóntica, estaremos también ante una valoración –positiva o negativa– de la acción u omisión contemplada. Por tanto, que en el marco del positivismo se defienda que la Ética no debe introducirse en la Ciencia del Derecho no quiere decir que el objeto investigado –las normas jurídicas– no presupongan valoraciones morales. Es más, en muchos casos la valoración jurídica no es sino la consecuencia de la valoración moral.

Sin embargo, esto no significa que el Derecho sea siempre consecuente con las valoraciones morales que propugna. Tal cosa sucede, por ejemplo, cuando, proclamando enfáticamente el valor de la vida humana y castigando los actos que atentan contra ella, permite el aborto. No cabe duda de que la práctica intencional del aborto constituye en sí misma un acto inmoral grave, ya que supone la eliminación de una vida humana. Si el legislador fuera consecuente con su idea moral de que la vida de los seres humanos es un valor incuestionable que debe defender contra todas las agresiones, sacaría la consecuencia lógica de que el aborto intencional forma parte de estas últimas. Ahora bien, cuando no saca esta consecuencia hay que deducir que se debe, no a razones morales, que no existen, sino a motivos de conveniencia, utilidad o similares. Una legislación que permita el aborto como práctica intencional y que, al mismo tiempo, proclame la dignidad del individuo humano y la necesidad estricta de respetar su vida, es una legislación que está en contradicción consigo misma. En tal caso, la «moral del Derecho» tendría una veta de inmoralidad difícilmente ocultable. Generalizando la idea podemos afirmar que el Derecho muchas veces posee contenidos morales, pero también inmorales. La Ética –como disciplina independiente de la Ciencia del Derecho– puede contribuir a la crítica de las deficiencias morales y, en ese aspecto, puede constituir una disciplina auxiliar de la dogmática, al menos cuando ésta cumple el papel de criticar el derecho vigente para hacer propuestas *lege ferenda*.

EJERCICIOS

1. ¿Qué es la epistemología? Relaciona los siguientes conceptos: epistemología, teoría del conocimiento y teoría de la ciencia. Para desarrollar estas distinciones conviene que te ayudes de un buen tratado general de filosofía y también de un diccionario filosófico.

2. Recuerda cuáles son las ideas básicas del positivismo jurídico, y también las de la teoría del Derecho natural.

3. ¿Qué significa que el iusnaturalismo y el positivismo jurídico implican ante todo tesis epistemológicas?

4. ¿Qué es la ontología? ¿Qué relación existe entre epistemología y ontología? ¿Y entre ontología y axiología?

5. Comenta la tesis de la separación entre Teoría del Derecho y Ética. ¿Se trata de una tesis *iusnaturalista* o positivista? Razona la contestación.

6. Recuerda en qué consisten los procesos de «desteologización» y «deseticización» del pensamiento jurídico.

7. ¿Cuál es el sentido de la tesis que sostiene que el positivismo jurídico separa Derecho y moral?

8. ¿Qué tiene que ver la separación entre la Ciencia del Derecho y la Teoría económica con la diferenciación entre Ciencia jurídica y Ética?

9. ¿Se puede hacer buena Ciencia jurídica sin saber Economía?, ¿y sin saber Ética? Razona la respuesta.
10. Ejemplifica el modo de operar del análisis jurídico de la economía, y asimismo del análisis económico del Derecho.
11. ¿A qué tipo de trabajo intelectual se puede llamar análisis ético del Derecho?
12. ¿Qué es una propuesta *lege ferenda*? Distínguela de una propuesta *lege lata*.
13. Relaciona la ética normativa o racional con los diversos procesos de decisión que tienen lugar en el Derecho.
14. ¿De qué modo pueden influir los razonamientos morales en la producción legislativa de textos jurídicos? ¿Y en las sentencias de los jueces?
15. Distingue entre forma y contenido de las normas de Derecho. ¿Qué significa que los contenidos de las normas jurídicas tienen o pueden tener carácter económico, utilitario, educativo o moral, entre otros posibles? Pon algunos ejemplos y coméntalos.
16. Relaciona deberes jurídicos y deberes morales en relación con el respeto a la vida humana.
17. ¿Por qué razón el aborto intencional constituye una falta moral muy grave?
18. ¿Cuáles pueden ser los motivos que hacen que algunos legisladores eximan de pena al sujeto activo de un aborto intencional?
19. Explica qué significa que una norma jurídica presupone una valoración o juicio de valor. Pon ejemplos aclaratorios.
20. ¿Es siempre consecuente el Derecho con los ideales morales que proclama como propios? Razona la respuesta.

CXII. LAS NORMAS RELIGIOSAS

Junto al Derecho, la moral y los usos sociales hay un cuarto orden normativo formado por las normas religiosas. En las sociedades homogéneas el orden normativo religioso penetra a los demás, que son tan sólo –podemos decir– una emanación de aquél. Como han demostrado sociólogos y antropólogos, en las sociedades primitivas los modos de pensar vinculados a la religión están omnipresentes, y así el Derecho y las costumbres sociales no se distinguen netamente del fenómeno religioso, sino que se presentan íntimamente vinculados a él. En el primitivo Derecho romano también es de notar esa indiferenciación. No hay que olvidar que los juristas romanos comienzan por ser los *pontifices* y los *feciales*, miembros de colegios sacerdotales. En Roma, sin embargo, muy pronto se distinguiría el *ius* y el *fas*, el Derecho y la religión, aunque también es preciso recordar que el Derecho romano está cargado de significados religiosos. Respecto de la separación entre Derecho y moral ya se encuentra en el Digesto un texto de Paulo en el que se distingue entre lo que es lícito –en su sentido jurídico– y lo que es honesto –en su sentido moral: *non omne quod licet honestum est*–, cuyo significado es que no todo lo que es jurídicamente lícito es asimismo honesto desde la perspectiva moral. El influjo civilizador y moralizador del cristianismo se hace sentir durante largos siglos, que coinciden con el desarrollo de la cultura occidental. A partir de la Reforma protestante, como ya sabemos, tiene lugar en el seno del pensamiento jurídico ese doble proceso de secularización, primero, y de desvinculación de la ética, después, del que hemos tratado en diferentes ocasiones a lo largo de esta obra. En lo que sigue me referiré exclusivamente al mundo actual, en el cual la separación conceptual entre Derecho, moral, usos sociales y religión constituye un hecho socialmente asimilado.

La religión presupone la adhesión personal de los individuos a un credo, esto es, a un conjunto de creencias cuyo centro de atención es la existencia de Dios y el acatamiento de sus mensajes. En la religión cristiana estos mensajes están contenidos en las Sagradas Escrituras, que son interpretadas por la Teología y por los representantes de Dios en la Tierra. Dicha adhesión personal es libre, y en esto la religión se parece a la moral autónoma. Se diferencia de ella en que el fenómeno religioso tiene un aspecto social o colectivo muy relevante. Dicho aspecto se concreta en la existencia de la Iglesia como organización también humana que, como tal, adquiere una presencia social y jurídica. De ahí que la Iglesia esté estructurada jurídicamente por su propio ordenamiento: el Derecho canónico. Este Derecho, como cualquier otro ordenamiento, está formado por normas jurídicas, de naturaleza similar a las normas que conforman los ordenamientos jurídicos estatales, y por tanto a él le son aplicables –con las debidas particularidades– los análisis que en esta obra hemos realizado –y los restantes que quedan por realizar–. Pero ahora no vamos a tratar de las normas jurídico-canónicas que, como digo, son normas de Derecho, sino que nuestro objeto es el estudio de las normas religiosas.

Al igual que ocurre con cualquier orden normativo, las normas religiosas pueden ser consideradas desde una perspectiva interna y desde otra externa. La interna es la del creyente y la externa, la del no creyente. Aquí trataremos ante todo de las normas religiosas desde la primera de las perspectivas, aunque haremos algún apunte relativo a la perspectiva del no creyente. Para este último las normas religiosas no son sino un fenómeno socio-normativo más, de caracteres peculiares, pero que en principio no le afectan directamente sino, todo lo más, indirectamente (por ejemplo, debido a que en su familia haya miembros que pertenezcan a una confesión religiosa).

¿Quién es el sujeto creador de las normas religiosas? Para el creyente (me refiero al cristiano, en especial al católico), estas normas son creación de Dios. Para el no creyente, obviamente, son creadas por los líderes religiosos. Desde el punto de vista del creyente, esto es, de quien acata las normas religiosas, es siempre Dios quien en primera o última instancia –dependiendo de los casos– crea dichas normas, para lo cual se sirve muchas veces de los hombres. Las normas religiosas se caracterizan por que regulan la relación del ser humano (creyente) con el Ser Supremo y con la comunidad divina y humana creada por Él a través de su Hijo, la Iglesia, así como con el resto de la humanidad. Son normas religiosas típicas: «Ama a Dios sobre todas las cosas y al prójimo como a ti mismo», «amad a vuestros enemigos», «bendecid a quienes os maldigan y calumnien». Son normas de conducta que ponen en relación al hombre con Dios y también con las demás personas, y asimismo con los animales y las cosas del mundo en derredor; pero en estos últimos casos no en razón de los demás hombres, de los animales o las cosas, sino en razón de que los animales y las cosas son también criaturas –directas o indirectas– de Dios. Pues si, por ejemplo, el hombre hace el pan, ello es posible porque previamente existe el trigo. Al ser humano le corresponde llevar una buena administración de todo lo existente.

Junto a este tipo de normas religiosas, que podemos considerar moralmente sublimes (pues tal calificativo merece la norma que nos exige amar a nuestros enemigos), hay también otro tipo de normas religiosas que van dirigidas a la práctica habitual de la religión y cuya finalidad es mantener el contacto con Dios y con la comunidad cristiana. Se estima que las actitudes, sentimientos y conductas de las personas precisan de una esmerada y constante preparación, resultado a su vez del trato con la Divinidad a través de los sacramentos. La práctica de éstos está orientada a la vivencia religiosa en la vida cotidiana. Una práctica sacramental que no se refleje en la vida constituye un ejercicio de hipocresía (fariseísmo) más o menos pronunciado. Los sacramentos que resumen la práctica religiosa dentro de la Iglesia católica son siete: bautismo, eucaristía, confirmación, penitencia, matrimonio, orden sacerdotal y extremaunción. Por el bautismo se entra a formar parte de la comunidad religiosa. La eucaristía implica la unión con el Señor mediante la asistencia a la misa y la recepción de la comunión; este sacramento vincula al creyente con Dios en la habitualidad de cada semana. La confirmación, como su nombre indica, confirma en la fe al bautizado mediante un acto de renovación. La penitencia reconcilia al hombre pecador con su Creador y le lava generosamente de sus culpas. El matrimonio y el orden sacerdotal son voluntarios y mutuamente excluyentes, y, una vez aceptados, imprimen carácter, son indelebles. Por último, la extremaunción (o unción de los enfermos) es la preparación del creyente para el momento de su muerte y de su encuentro definitivo con Dios.

Mientras que el primer grupo de normas religiosas están cerca de las morales, aunque sublimándolas –ya que suponen una moralidad suprema o heroica–, las del segundo grupo tienen, además de carácter religioso, una proyección jurídica (para el Derecho canónico). Las primeras se fijan sobre todo –de la misma manera que las normas morales de la moral de convicción– en la intención del sujeto, en su interioridad. Por eso, Jesucristo dice que, cuando demos limosna, la mano derecha no sepa lo que hace la izquierda, dando así a entender que si alguien regala parte de sus bienes para que los demás se enteren y le admiren o piensen que es una excelente persona, esa acción, por buena que sea, no es lo suficientemente buena como para agradar a Dios. Lo que le agrada es el corazón puro, la intención última, pues –como suele decirse– Dios ve en el fondo de nuestra alma.

Tanto la moral autónoma como la religión contemplan al ser humano en su totalidad y no en aspectos parciales, como es el caso en los usos sociales y en el Derecho. Y en esa consideración global de la persona el rasgo que sobresale es el aspecto interior de la conducta, las actitudes en definitiva. La moral religiosa es una moral de actitudes vinculadas o motivadas por la creencia en Dios y el deseo de venerarle y agradarle. Se diferencia de la pura moral autónoma en que ésta viene motivada exclusivamente por el respeto a la naturaleza humana de todos los individuos. A diferencia de la moral, las normas religiosas tienen siempre ante sí la presencia del Ser Supremo, presencia que es la que dota de significación religiosa las relaciones con las demás personas, con la naturaleza y con las cosas en general. En la religión se da una relación básica que es una relación trascendente, en cuanto que al fondo de todo está el vínculo del hombre con Dios. La relación religiosa, por tanto, es bilateral y trascendente.

La finalidad que se persigue por medio del cumplimiento de las normas religiosas es la santidad. Lo santo supera lo cortés, lo justo y lo bueno. La cortesía es el valor de los usos sociales, la justicia el valor del derecho, la bondad el valor de la moral. La santidad asume estos valores en su seno pero, al mismo tiempo, los trasciende. En efecto, lo santo implica la cortesía, la justicia y la bondad; pero va más allá porque, al estar presidido por la fe en una realidad que trasciende todo lo humano, adquiere un sentido diferente, más profundo. A la luz de la religión todo tiene sentido, incluida la desgracia, y también el mal.

La infracción de la norma moral es lo que llamamos falta. La infracción de la norma religiosa recibe el nombre de pecado. La diferencia entre la falta moral y el pecado es que aquella atenta contra la idea de humanidad o cualquiera de las cualidades de ésta: dignidad de la persona, racionalidad, lealtad, etc., mientras que en el pecado se atenta además contra el mandato divino, el cual, a su vez ordena respetar la humanidad en las mismas dimensiones citadas. Por eso, para el creyente la falta moral tiene también el carácter de pecado. La religión, en este aspecto, constituye un refuerzo de los preceptos morales. Ésta no es una cuestión baladí, pues, como demuestra la historia de los pueblos, la debilitación del sentimiento religioso conlleva el debilitamiento de las actitudes morales.

Si en la moral nos referíamos al arrepentimiento como un fenómeno psíquico que puede suceder en el tiempo a la acción u omisión inmoral, no menor relevancia tiene en la religión. Como sentimiento religioso, el arrepentimiento no viene motivado simplemente por ser consciente de haber realizado una mala acción, es decir, un pecado, sino por haber ofendido a Dios al desobedecer sus mandamientos. La motivación íntima en la religión no es moral, aunque se le asemeje, sino religiosa.

Se discute si las normas religiosas propiamente dichas –esto es, no las normas jurídicas propias del derecho canónico– prevén o no sanciones. Los autores, por regla general, admiten la idea del carácter sancionador de las normas religiosas. Ahora bien, las sanciones puramente religiosas, y que no constituyen una mezcla con las jurídicas como sería el caso de la excomunión, tienen carácter trascendente: es el premio o castigo eterno. El cumplimiento de dicha sanción será definitivo en la otra vida, concluida la terrena. La excomunión (exclusión de la comunidad religiosa decidida por la autoridad religiosa competente) aunque en parte tiene naturaleza religiosa, ya que priva de vínculo con la comunidad eclesial y con los sacramentos, parece más oportuno concebirla como una sanción jurídica, propia del Derecho canónico, similar al destierro, a la deportación o al aislamiento forzoso, las cuales son características de algunas sanciones que ha impuesto o impone el Estado.

¿Qué relación existe entre las normas religiosas y los ordenamientos jurídicos? En el Estado laico de nuestros días no hay prácticamente remisiones del Derecho estatal a las normas religiosas, aunque sí las hay, o puede haberlas, al Derecho canónico y al Derecho de las distintas confesiones religiosas. Pero ésta es otra cuestión, ya que dicha remisión se produce de un ordenamiento jurídico a otro, y no de un ordenamiento a un sistema de normas religiosas. Ahora bien, existen ordenamientos jurídicos (en el marco de los países musulmanes, etc.), y en la sociedad occidental han existido en épocas pasadas, en los que las normas de Derecho introducen como contenidos propios normas religiosas, obligando así bajo el peso de la ley a determinadas conductas de carácter religioso y sancionando incluso la expresión de ideas que se interpretan como atentatorias contra la ortodoxia de las creencias que inspiran aquellas normas jurídicas.

NOTAS Y COMENTARIOS

– *Religión, Derecho, buenas costumbres.* «Si es verdad que no hay en las fuentes romanas una nítida fijación de los caracteres que distinguen la zona del Derecho objetivo de la de aquellos otros grupos de normas, que rigen también la conducta humana, ello no quiere decir que respecto de aquellas reglas –las de la religión y las de la moral– cuya línea de contacto con las jurídicas es más imprecisa y cambiante, los romanos no llegaran a adquirir perfecta idea de la diversificación entre las mismas. *Ius,* norma jurídica; *fas,* norma religiosa, y *boni mores,* normas morales, fueron concebidas como esferas distintas y separadas, con intuición rara vez oscilante, en presencia de los casos singulares de práctica aplicación. Naturalmente, la diferenciación entre religión y derecho no se daría en épocas remotas. De una tal primitiva indistinción quedan en el Derecho romano de períodos ya históricos, trazas indicadoras. Los más antiguos juristas son los miembros del colegio sacerdotal de los *pontifices*; otros sacerdotes, los *feciales*, tienen a su cargo las relaciones con los demás pueblos; origen religioso parece tener la forma más típicamente romana del contrato verbal *(sponsio)*, y actos de naturaleza religiosa como el juramento y la *confarreatio*, producen efectos jurídicos en épocas avanzadas de la evolución histórica del Derecho romano. Mas, en general, el pueblo romano es uno de los que más precozmente distinguen, doctrinal y prácticamente, la esfera de la regulación de las relaciones humanas de tipo jurídico de aquella otra que se refiere a las relaciones del hombre con la divinidad *(fas)*.» (José ARIAS RAMOS, *Derecho Romano*, volumen I, Editorial Revista de Derecho Privado, novena edición, Madrid 1963, pgs. 31-32).

– *Religión y Derecho.* Es recomendable la lectura del Capítulo 12 de Gustav RADBRUCH, Filosofía del Derecho, Editorial Revista de Derecho Privado, cuarta edición, Madrid, 1959, pgs. 123 y ss., titulado «La filosofía religiosa del derecho».

– *El Derecho musulmán.* René DAVID dedica la cuarta parte de su libro *Los grandes sistemas jurídicos contemporáneos (Derecho comparado)*, traducción de la 2ª edición francesa por Pedro BRAVO GALA, Ed. Aguilar, Madrid, 1973, a «los Derechos religiosos y tradicionales», entre ellos el Derecho musulmán. Dice así en las pgs. 355-356: «El Derecho musulmán, a diferencia de los Derechos estudiados precedentemente [se refiere al Derecho romano-germánico, al Derecho socialista, y al *common law*], no constituye una rama autónoma del conocimiento, sino que es una de las facetas de la religión del Islam. Ésta se compone, por un lado, de una teología que establece los dogmas y fija las creencias del musulmán; se compone, además, del *char'*, que prescribe a los creyentes lo que deben o no deben hacer. El *char'* o *char'ia*, es decir, "el camino a seguir", constituye lo que se llama el Derecho musulmán. (...) La concepción islámica es la de una sociedad esencialmente teocrática, en la que el Estado sólo se justifica como servidor de la religión revelada. En vez de limitarse a proclamar los principios morales o dogmáticos al que habrían de conformar sus Derechos las comunidades musulmanas, los juristas y teólogos musulmanes han elaborado, sobre la base de la revelación divina, un Derecho detallado, completo, el adecuado a una sociedad ideal que se establecerá algún día, cuando todo el mundo esté sometido a la religión del Islam. (...) Como el judaísmo, el Islam es en esencia una religión de la ley» pg. 357: «Las fuentes del Derecho musulmán son cuatro. Ante todo, el Corán, libro sagrado del Islam, y la Sunna, o tradición relativa al Enviado de Dios. En tercer lugar, el Idjma, o consentimiento universal de la comunidad musulmana; y en cuarto lugar, el Quiyás, o razonamiento por analogía.»

EJERCICIOS

1. Define el significado de los términos *ius* y *fas* en el Derecho romano. Para ayudarte, es conveniente que consultes un manual de derecho romano: Arias Ramos, Iglesias, García Garrido, Jörs-Kunkel, etc.
2. Comenta el texto de Paulo que aparece en el Digesto: *«non omne quod licet honestum est»*.
3. ¿Qué es una religión? Comenta algunos de los caracteres esenciales de la religión cristiana. Distingue cristianismo y catolicismo.
4. ¿Es verdadero Derecho el Derecho canónico? Razona la respuesta sirviéndote de ejemplos. ¿Qué tipos de análisis permite el Derecho canónico?
5. Distingue entre la perspectiva interna y la perspectiva externa respecto del fenómeno religioso.
6. ¿Quién es el sujeto creador de las normas religiosas? Razona la contestación distinguiendo entre la perspectiva interna y la perspectiva externa.
7. ¿Qué clases de preceptos se contienen en las normas religiosas del catolicismo?
8. Define el fenómeno del fariseísmo y pon algún ejemplo que aclare tu definición.
9. ¿Qué es un precepto religioso calificable de «moralmente sublime»?
10. Enumera los siete sacramentos de la Iglesia Católica.
11. Comenta el significado que tiene cada uno de los sacramentos.
12. ¿Por qué razón se afirma que la religión –y con ella, las normas religiosas– contempla al ser humano en su totalidad? Distingue, en este aspecto, entre religión y Derecho.
13. Explica lo que se quiere decir cuando se sostiene que la relación religiosa es una relación bilateral y trascendente.
14. Relaciona el valor de la santidad con los valores que deben encarnar los usos sociales, el Derecho y la moral.
15. ¿Qué es el pecado? ¿Qué relación guarda el pecado con la falta moral?
16. Define los caracteres del arrepentimiento en la moral y en la religión?

17. Analiza las relaciones de los ordenamientos jurídicos con la religión, haciendo referencia a cómo se enfocan esas relaciones en el mundo occidental, de tradición cristiana, y en los países de religión musulmana.

CAPÍTULO 21

LAS REGLAS DE LOS JUEGOS

CXIII. EL JUEGO COMO ORDEN NORMATIVO: LA ANALOGÍA CON EL DERECHO

A lo largo de las páginas de esta obra me he referido en múltiples ocasiones a la analogía entre el Derecho y el juego. Se trata, en efecto, de una comparación heurística que se muestra muy fecunda para comprender algunos aspectos básicos de la Teoría comunicacional del Derecho. El más relevante de estos aspectos –aunque, como tendremos ocasión de ver en el segundo volumen, no el único– es el de la similitud entre los conjuntos de reglas propios de los juegos y los ordenamientos (sistemas) jurídicos desde la perspectiva de la teoría formal del derecho. La analogía, en efecto, resulta especialmente fructífera a la hora de investigar la estructura formal de los juegos y de los ordenamientos, lo cual supone descubrir sus diversos componentes y los tipos de normas que los regulan, adoptando para ello una perspectiva de análisis del lenguaje. Pero también hay otras facetas –que quedan para más adelante– relativas a la idea de justicia.

Aparte de algunos artículos publicados en revistas o en libros colectivos, he dedicado dos obras al estudio del binomio juego/Derecho. El primero, ya citado en esta obra varias veces, se publicó en Palma de Mallorca en 1984, con el título *Las reglas del derecho y las reglas de los juegos. Ensayo de teoría analítica del derecho.* Fue editado también por la Universidad Nacional Autónoma de México (UNAM) en 1988. Un año antes, en 1987, vio la luz una versión en alemán con el título *Rechtsregeln und Spielregeln. Eine Abhandlung der analytischen Rechtstheorie,* traducción de Ulrike STEINHÄUSL y Hedwig CIUPKA, editorial Springer, Wien/New York. En 2011 se ha publicado por la editora NOESES (São Paulo, Brasil) una versión en portugués con el título *As Regras do Direito e as Regras dos Jogos. Ensaio sobre a Teoria Analítica do Dureito,* traducido por Pollyana MAYER. Al segundo de los aspectos –la idea de justicia– he dedicado un breve ensayo recogido en el opúsculo titulado *La justicia en los juegos. Dos ensayos de Teoría comunicacional del Derecho,* publicado por la Editorial Trotta en 2009.

Me parece conveniente decir aquí, a modo de breve inciso, que hoy habría cambiado el subtítulo de la primera de las obras mencionadas: en vez de «Ensayo de Teoría analítica del Derecho», habría subtitulado «Ensayo de Teoría comunicacional del Derecho». Bien es verdad que la investigación se centra exclusivamente en los aspectos formales, y por esta razón encaja en una de las partes de la Teoría comunicacional, en la que he denominado «teoría formal del Derecho» y también «teoría pura del Derecho».

La primera vez que empleo la expresión «Teoría comunicacional del Derecho» en un texto publicado tiene lugar en 1988, en el libro titulado *Introducción a la Teoría del Derecho*, publicado por la Editorial Debate. Es reseñable que dicha expresión no aparece en las páginas del libro sino en la contraportada. La concepción propia de la Teoría comunicacional del Derecho, como el lector sabe muy bien, no integra sólo el método propio de la filosofía analítica sino que, en una perspectiva más amplia e integradora, comprende asimismo las aportaciones de la filosofía hermenéutica.

En las páginas que siguen no me voy a explayar en profundidad en todos los aspectos que abordan las obras mencionadas. Quien esté interesado en esa temática puede acudir a ellas. Tan sólo me referiré a algunas cuestiones que estimo especialmente relevantes a la hora de investigar los diversos órdenes normativos. Primero, nos detendremos un poco en destacar los caracteres del juego entendido como un sistema de normas o reglas. En segundo lugar, compararemos juego y Derecho, con la intención de subrayar el alcance de esta comparación y, por tanto, también sus límites. En ambos casos lo haré con la máxima brevedad.

Un juego no es otra cosa que un conjunto de reglas. Podemos emplear los términos «regla» y «norma» como sinónimos; y por eso, puede afirmarse también que un juego es un sistema de normas. En la generalidad de los casos, las reglas de los juegos son fijas, o todo lo más sufren algunas variaciones menores, y eso rara vez. No obstante, para no complicar las cosas demasiado, supondremos que las reglas de los juegos permanecen fijas a lo largo del tiempo. No cabe duda de que es posible inventar un juego en el cual se vayan cambiando las reglas a medida que los jugadores van jugando, y de hecho algunos de estos juegos ya están inventados. Pero, como digo, prescindiremos de este tipo de juegos al objeto de simplificar convenientemente las cosas. Tampoco me introduciré aquí en las diversas clases de juegos, tales como los juegos de puro azar (como la lotería), de cartas, de fichas, deportivos, de competición, de cooperación, etc. Conviene observar, además, que nuestra perspectiva –esto es, el ángulo desde el cual contemplamos los juegos– es exclusivamente formal y, por consiguiente, quedan excluidas otras perspectivas no menos justificadas, como pueden ser la causalista (que atiende a la génesis fáctica de la creación del juego, como sucede con el enfoque propio de la antropología y de la sociología, y asimismo a los efectos que el juego produce o puede producir, tanto en el aspecto psíquico como en el social), la estratégica (que se propone organizar tácticas que lleven al éxito en el juego, es decir, a ganar; tal es el ángulo de la llamada «teoría de juegos»), o la axiológica (cuya finalidad es comprender cómo en los juegos empleamos muchas veces nociones éticas y de teoría de la justicia).

Desde la perspectiva formal nos preguntamos dos cosas: primera, ¿cómo es un juego en su estructura formal básica, o sea, ¿cuáles son sus elementos necesarios?; y segunda: ¿cómo se crean esos elementos por medio de las reglas del juego y qué tipos de reglas hay desde el punto de vista funcional y lingüístico?

En todo juego encontramos los siguientes elementos necesarios («necesarios» quiere decir aquí que no es posible el juego sin ellos): el reglamento del juego (llámese así o de cualquier otra manera), el espacio, el tiempo, los sujetos (jugadores), las competencias de éstos, los procedimientos para jugar, así como los poderes y los deberes de los jugadores al realizar las acciones de juego.

Como recordarás por las lecciones que has estudiado al comienzo de esta obra, estos mismos elementos aparecen en todo ordenamiento jurídico. Al «reglamento» de un sistema de Derecho lo llamamos «fuentes del derecho» o «decisiones creadoras de texto jurídico normativo». El resto de los componentes ya los hemos estudiado, por lo que aquí no vamos a repetir lo concerniente a ellos. Pero sí conviene enfatizar la idea de que, en el aspecto estructural, un ordenamiento se parece más a un juego que a un sistema de normas morales, ya sean éstas las que componen un sistema moral especulativo o las que son investigables empíricamente en un determinado grupo (moral social). Baste pensar a este respecto que en un orden normativo moral no existen normas competenciales ni procedimentales. En la moral no hay abogados ni fiscales, ni jueces ni notarios, ni multas ni cárceles. Algo similar puede afirmarse respecto de los usos sociales y de las normas religiosas.

Esta diferenciación la he expuesto en las obras citadas al principio de esta lección bajo la distinción entre ámbitos prácticos y ámbitos óntico-prácticos. Los primeros son aquellos cuyo texto de referencia central está constituido por un conjunto de normas o reglas dirigidas directamente a la acción.

Un ámbito práctico típico es un sistema de normas morales. Éstas regulan directamente la conducta humana y lo hacen, básicamente, imponiendo deberes. Para la moral, de cualquier tipo que ésta sea, el concepto central es el concepto de deber moral. No es descabellado sostener que el concepto genuino de la moral es el concepto de deber. Toda moral es descomponible en un conjunto, más o menos articulado y coherente, de normas deónticas. Como ejemplos de la moral cristiana pueden servir los siguientes: «debes venerar a Dios», «debes amar al prójimo, incluido a tu enemigo», «debes ser generoso con tus bienes», «debes guardar fidelidad a tus promesas», «debes ser veraz en tus manifestaciones», «debes respetar la dignidad de todas las personas». Algunos de estos preceptos los comparte la moral del cristianismo con otros tipos de moral no religiosa.

Lo que quiero destacar ahora es que la moral es analizable en términos de normas de deber, y que estas normas –las deónticas– forman el conjunto moral, sin que sea posible añadir otros tipos de normas. Se discute si en la moral es lícito hablar de «derechos». En el supuesto de que fuera así y se emplease la expresión «derechos morales», éstos no serían otra cosa que el reflejo de los deberes morales que, respecto de nosotros mismos, tienen las personas que nos rodean. Sería aplicable plenamente la teoría del derecho subjetivo como mero «reflejo» del deber, que hemos visto tuvo su influjo en un momento determinado de la historia de la Teoría general del Derecho. En otras palabras, si se admite la fórmula de los «derechos morales» –fórmula que, por lo demás, no está exenta de inconvenientes–, dichos derechos no tendrían la estructura interna ni la proyección externa que, como hemos estudiado, tienen los derechos subjetivos en todo ordenamiento jurídico. Por resaltar ahora sólo un aspecto en cuanto concierne a la proyección externa, es evidente que un supuesto «derecho moral» no viene protegido, por sí mismo, mediante una acción procesal ante los tribunales. No hay algo así como acciones procesales morales ni tampoco tribunales morales. Allí donde ha existido algo parecido –como es el caso de los llamados tribunales de honor–, han tenido, por su composición, constitución y efectos de sus actuaciones, más el carácter de tribunales de Derecho (de un Derecho «suave», si se quiere) que de naturaleza ética propiamente dicha.

A diferencia del ámbito práctico, cuyo paradigma es un orden normativo moral, el ámbito óntico-práctico se caracteriza porque, además de deberes, se establecen en él procedimientos y otros aspectos convencionalmente establecidos y que son previos a la acción. El calificativo «práctico» engloba tanto las normas deónticas como las procedimentales –en este aspecto sería más adecuado emplear la expresión «óntico-técnico-práctico»–. Los elementos ónticos se refieren al reglamento (fuentes), espacio, tiempo, sujetos y competencias. Puesto que ya hemos estudiado estos aspectos, no creo necesario volver a explicarlos ahora.

Tengo que señalar, sin embargo, que el uso que hago en esta obra del concepto de «ámbito» es algo diferente al que usé en *Las reglas del Derecho y las reglas de los juegos*. En este último libro con la palabra ámbito me estoy refiriendo simplemente al ordenamiento jurídico y al reglamento del juego. El significado que tiene la palabra «ámbito» en la obra que el lector tiene ahora en sus manos es más amplio, como se deriva fácilmente del capítulo 14. El ámbito es el marco comunicacional que engloba todos los procesos de comunicación que tienen como referente central la dualidad ordenamiento/sistema, y engloba asimismo a estos últimos, al ordenamiento y al sistema. Es un concepto que se refiere a esa realidad omnicomprensiva que nos permite decir, por ejemplo, que al ámbito jurídico español pertenece lo mismo un tratado de Derecho civil que expone el sistema jurídico-civil de España, una demanda presentada por una parte procesal ante el juzgado, o una sentencia del Tribunal Supremo. ¿Cómo dotar de unidad, en el sentido de hacer posible un tratamiento teórico que conecte unos procesos de comunicación con otros, todos ellos pertenecientes al mismo «mundo jurídico»?

Hecha esta aclaración, lo que en las obras sobre los juegos, y especialmente en la del año 1984, trato de decir es que mientras el Derecho y los juegos poseen una estructura compleja desde el punto de vista de sus elementos estructurales, complejidad que obviamente se ha de reflejar también en las modalidades normativas que crean aquellos elementos, la moral y sus derivados o análogos son órdenes normativos de estructura menos compleja. Obviamente, al afirmar esto me estoy refiriendo exclusivamente a la estructura formal, y de ningún modo a que un orden normativo moral sea algo simple de construir en cuanto a sus contenidos. En este segundo aspecto la moral presenta unas dificultades que el Derecho no posee. Mientras que un ordenamiento jurídico suministra al intérprete y a quien lo aplica a los casos un texto definido en sus contornos, no ocurre lo mismo con los textos en los que se encarnaría un determinado sistema moral.

La segunda cuestión que nos planteábamos es la siguiente: ¿cómo se crean los elementos necesarios de todo juego, esto es, aquellos componentes del juego que permiten a los jugadores jugar? Creo que la respuesta es bien sencilla y que no admite mucho debate. Los elementos de todo juego se crean mediante las reglas o normas del juego. Tanto las normas del Derecho como las de los juegos tienen carácter «performativo», como le gustaba decir al lingüista John AUSTIN. A través de expresiones lingüísticas performativas se crean o constituyen realidades que no existían antes de dichas expresiones.

En mi libro sobre las reglas de los juegos y del Derecho del año 1984 afirmo que las reglas o normas de los juegos tienen carácter «vectorial». El vector es un concepto que se emplea tanto en álgebra como en física. Representa una fuerza de cierta dimensión y con cierta dirección. A través de un acto lingüístico vectorial se crea una fuerza con sentido social y, como resultado de esa fuerza, un aspecto o elemento objetivo de la realidad. Considerar los actos lingüísticos como vectores supone reconocer su fuerza creadora. Las reglas de los juegos son el resultado de esos actos lingüísticos vectoriales cuya función intrínseca consiste en crear o constituir los diferentes elementos del juego.

Un juego, en definitiva, no es otra cosa que el conjunto de las reglas que lo conforman. Se objetará que el juego es también una praxis, una práctica. Ahora bien, esa práctica sólo es posible porque, previamente, disponemos de las reglas del juego. Sin reglas no hay juego en absoluto, pero sí lo puede haber sin que se produzca la práctica correspondiente.

Supongamos que un tirano todopoderoso y malvado prohibiera absolutamente a todos sus súbditos jugar al fútbol. Desaparecería la práctica de dicho juego, pero no el juego mismo. En efecto, al ser derrocado el tirano, la práctica de dicho juego podría volver a renacer sin que fuera necesario crear de nuevo el juego. Éste ya estaba creado, de una vez por todas. Por tanto, la «facticidad» del juego no es equivalente al juego mismo.

No tengo duda de que en el Derecho las cosas son algo más complicadas, e incluso bastante más complicadas. Para empezar, los ordenamientos jurídicos, al menos muchos de ellos en la historia, conocen su origen no en actos lingüísticos performativos o vectoriales, sino en prácticas sociales en el seno de una determinada sociedad, más o menos amplia. El Derecho consuetudinario, que en tiempos antiguos era la expresión genuina y única de todo ordenamiento jurídico, surge de la entraña de los grupos sociales de un modo espontáneo, como consecuencia de la misma vida interna de dichos grupos.

Este hecho puede oscurecer lo que hemos denominado en esta obra el carácter «decisional» del Derecho. Hemos sostenido que el Derecho o, mejor dicho, los textos ordinamentales se generan a golpe de decisión, y que las decisiones creadoras de normas son actos de lenguaje. También hemos afirmado que dichos actos generan texto y que el conjunto de los textos normativos generados por las decisiones de las autoridades jurídicas conforman el texto ordinamental; el cual, a su vez, es ordenado en el texto sistémico; y ambos –ORD y SIS– forman el eje hermenéutico idóneo para dotar de sentido jurídico al resto de los procesos comunicacionales que tienen lugar en un ámbito jurídico. Pues bien, el Derecho consuetudinario se crearía –dentro de este planteamiento– por medio de decisiones «implícitas» en la práctica social. Ésta, en efecto, no puede entenderse como una práctica «no decidida» por nadie. Alguien tuvo que comenzarla en un determinado momento, y alguna autoridad tuvo que darla por obligatoria jurídicamente, también en un momento determinado. Aunque no tengamos conocimiento histórico de la creación de determinadas instituciones con la precisión deseable, no por ello estamos capacitados para negar el carácter decisional de toda norma. Esto es aplicable plenamente a las costumbres y usos con fuerza jurídica ya que, con independencia del origen remoto de la práctica social que les dio origen, hay siempre una decisión de una autoridad jurídica de incorporarlos al texto ordinamental. Hay, pues, decisión, aunque se trate de un tipo de decisión sobrevenida al hecho del uso o costumbre ya existentes como hábitos sociales.

NOTAS Y COMENTARIOS

– *Ámbitos prácticos y ámbitos óntico-prácticos.* Conviene hacer hincapié de nuevo en esta distinción, cuyo sentido es diferente en la obra titulada *Las reglas del Derecho y las reglas de los juegos* al que le hemos dado en ésta (y asimismo en *Comunicación, Lenguaje y Derecho. Algunas ideas básicas de la Teoría comunicacional del Derecho,* Discurso de Recepción en la Real Academia de Ciencias Morales y Políticas, Madrid, 2009; también publicada por la Editorial Fontamara, México D.F. 2012). En *Las reglas* con la palabra ámbito me refiero al ordenamiento jurídico y también al orden moral. Coincide, pues, con el texto jurídico ordinamental y con el texto moral. En esta obra que el lector tiene ante sí el concepto experimenta un cambio notable, pues el ámbito significa el conjunto de procesos comunicacionales que tiene lugar en torno a un texto básico. Ese texto básico en el Derecho es un ordenamiento jurídico. En la moral, el texto que recoge las normas morales. Como ya hemos estudiado, el ámbito jurídico engloba, además de la relación comunicacional existente entre el ordenamiento y el sistema, toda una amplia gama de procesos de comunicación cuyo sentido sólo es posible entender si se los vincula a dicha dualidad ORD-SIS. En la moral, habría que especificar a qué tipo de moral nos referimos. Supongamos, como primer paso, que los referimos a la moral católica. Habría entonces que aceptar un texto básico de referencia en el que se recogiesen las normas morales. Ese texto no está enteramente formalizado. Lo que más se le asemeja es el Catecismo, pero es obvio que en él se recogen, además de las normas morales, otras que no pueden calificarse de morales sino que son normas religiosas. El concepto correlativo al sistema jurídico estaría formado por la doctrina moral de la Iglesia. En torno a esos textos tiene lugar asimismo un conjunto de procesos de comunicación, de contenido moral o que tiene que ver con ella, que es similar a los que se producen en un ámbito jurídico. Obsérvese, sin embargo, que al hacer referencia a la moral católica, se está introduciendo en el análisis un importante elemento institucional, la presencia de la Iglesia y de sus autoridades. En este aspecto, la moral católica sería un ámbito práctico con rasgos de ámbito óntico-práctico, pero sin llegar a ser esto último de un modo pleno, como lo es un ámbito jurídico. Si tomamos ahora la moral en sentido estricto, esto es, la filosófica o racional, puede observarse que en ella el orden moral tiende a confundirse con el sistema; o, dicho de otro modo, la doctrina genera el propio orden moral. En este caso, no estamos en presencia de un componente institucional, sino que el conjunto de las normas morales provienen del discurso de la razón. Si se compara la moral racional con el derecho se comprenderá muy bien la diferenciación entre un ámbito práctico y un ámbito óntico-práctico. El adjetivo «práctico» lo utilizo para referirme a normas dirigidas directamente a la acción. Así, la moral racional constituye un ámbito práctico porque en ella todas sus normas son normas deónticas de conducta. Un sistema de normas morales se reduce a especificar qué se debe hacer y que se debe omitir. Al afirmar que la moral racional constituye un ámbito práctico estamos diciendo simplemente que es equivalente a un conjunto de normas deónticas que, como tales, contemplan directamente las acciones humanas, y más en concreto, las acciones *debidas*. Vayamos ahora al Derecho. Nos encontramos entonces con los ámbitos óntico-prácticos. Como ya hemos estudiado al comienzo de esta obra, los componentes ónticos son aquellos que vienen establecidos por normas ónticas o indirectas de la acción, que son las que establecen o constituyen (crean) las fuentes del ordenamiento, el espacio, el tiempo, los sujetos y las competencias. Junto a estos elementos, previos a la acción, en el Derecho encontramos los elementos prácticos, con una peculiaridad respecto de la moral, peculiaridad que consiste en que dichos elementos abarcan lo técnico o procedimental y lo deóntico. Los componentes prácticos en el Derecho no sólo son los deberes sino asimismo los procedimientos. Por tanto lo «práctico jurídico» comprende lo procedimental o técnico, expresado mediante normas de *tener que*, y lo deóntico, constituido por normas de *deber*. Los procesos de comunicación que se generan en el Derecho tienen que ver, obviamente, con todos los elementos mencionados. Y esto sucede tanto a la hora de construir el sistema dogmático como a la hora de los procesos de decisión. Por ejemplo, una demanda redactada por un abogado no sólo se enfrenta al significado de normas deónticas, sino que también se relaciona necesariamente con normas ónticas y procedimentales.

EJERCICIOS

1. Resume el contenido de la lección.

2. Explica qué significa la comparación entre Derecho y juego desde la perspectiva formal.

3. ¿Cuáles son las dos obras del autor de este libro que se refieren a la comparación entre Derecho y juego? ¿Hay alguna diferencia sustancial entre ambas obras respecto a la temática que se trata en ellas?

4. ¿Qué es un juego?

5. Pon ejemplos de juegos y aplícales la caracterización que has hecho del juego en general en la pregunta anterior.

6. Para estudiar las reglas de los juegos, junto a la perspectiva formal, existen otras perspectivas no menos interesantes en otros aspectos. ¿Sabrías mencionar algunas de estas perspectivas y señalar cuál es la finalidad que persigue cada una de ellas?

7. Enumera los elementos necesarios de todo juego, y razona a continuación por qué son necesarios.

8. ¿Es correcta la aseveración de que un ordenamiento jurídico se parece más en su estructura formal a un juego que a un orden moral? Razona la contestación.

9. ¿Qué es un ámbito práctico? ¿Y un ámbito óntico-práctico?

10. El uso de las nociones «ámbito práctico» y «ámbito óntico-práctico» es diferente en el libro titulado *Las reglas del Derecho y las reglas de los juegos* (1984) y en el libro que el lector tiene ahora ante sí. ¿Sabrías especificar en qué cosiste la diferencia?

11. ¿Es la moral un orden normativo más simple o más complejo que un ordenamiento jurídico? Explica la respuesta.

12. Explica de idea de lo «performativo» o «vectorial».

13. Distingue la «práctica» o «facticidad» de un juego del juego en sí mismo considerado.

14. ¿Estás de acuerdo con la idea de que en todo ordenamiento jurídico los textos que lo componen se generan a golpe de decisión? Razona la respuesta.

15. ¿Es decisional el Derecho consuetudinario? Si lo es, ¿en qué se diferencia del Derecho legislativo o legal?

16. ¿Se puede hablar en los juegos de «derechos lúdicos»? ¿Y en la moral, de «derechos morales»? Relaciona ambas nociones con la noción de derecho subjetivo propia de los sistemas jurídicos.

CAPÍTULO 22

PERSONA: ANÁLISIS LINGÜÍSTICO Y ALGUNOS RASGOS DE LA HISTORIA DEL CONCEPTO

CXIV. EL USO LINGÜÍSTICO DEL TÉRMINO «PERSONA»

Entramos, con este capítulo, en la fase final de nuestro recorrido por los aspectos básicos de la teoría formal, como parte de la Teoría comunicacional del Derecho. En él vamos a abordar una de las cuestiones capitales de la filosofía general y de la filosofía jurídica en particular: el problema de los sujetos del Derecho y de las personas. Dijo HERMOGENIANO en frase célebre que «por causa de los hombres se ha instituido todo Derecho» *(hominum causa omne ius constitutum est).* En efecto, nadie puede dudar de que el Derecho, con todo lo que esta palabra significa y que en esta obra trato de ir desgranando pacientemente, dando vueltas y más vueltas alrededor de tan complejo edificio, como tantas otras realidades sólo alcanza su pleno sentido si son conectadas con el ser humano. Esto mismo sucede obviamente con el arte, con la religión, con la literatura, con la ciencia, con la técnica, o sea, con todas aquellas creaciones del hombre.

Para estudiar este asunto de los sujetos jurídicos y las personas, seguiremos nuestro método habitual. Después de exponer el uso del lenguaje actual, nos preguntaremos por la etimología del término «persona», y asimismo de la palabra «sujeto». A continuación trataremos a grandes trazos del concepto de persona en la historia del Derecho o, más bien, en la historia del pensamiento jurídico. En una tercera parte procederemos a relacionar sujeto jurídico, persona e imputación, para lo cual tendremos que detenernos un poco en este último concepto. A modo de síntesis, en la cuarta parte de la exposición, se deslindará el concepto jurídico de persona de su noción filosófica (moral) y asimismo de su noción teológica. Con esos precedentes estaremos en disposición de entrar en el enfoque de la Teoría comunicacional del Derecho, y entonces distinguiremos de nuevo los tres niveles de análisis necesarios para abordar la problemática conjunta del sujeto jurídico y de la persona; ya algo hemos avanzado en el epígrafe LXXXV, por lo que al lector no le resultarán extrañas las distinciones que se introduzcan ahora para abordar toda la problemática que conllevan los términos «sujeto de derecho» y «persona». Por último, nos centraremos en el estudio de la llamara persona «colectiva» (o «jurídica»), propia de las asociaciones, corporaciones y fundaciones.

El uso habitual del lenguaje nos ha acostumbrado en nuestra época a ver en todo ser humano una persona. Así, proferimos frases como, por ejemplo, éstas: «Fulano es buena persona», dando a entender que es un individuo que no se propone nunca dañar a los demás, sino todo lo contrario; o decimos: «Mengano no es persona de confianza», con lo que sugiere la idea de que se trata de un individuo al que no es prudente hacerle confidencias; también, «en el estadio de fútbol había como unas ochenta mil personas presenciando el partido», lo que significa que ese era el número de individuos o seres humanos que se encontraban allí presentes. En todas estas expresiones, absolutamente usuales en la vida cotidiana, identificamos «persona» e «individuo humano», sea hombre o mujer. En nuestros días este uso, como digo, está absolutamente generalizado: todo individuo es una persona y toda persona es un individuo. Se trata de la noción vulgar o cotidiana de «persona».

Esta universalización del concepto de persona, en virtud de la cual se aplica a todos los seres humanos sin excepción, es propia asimismo de la filosofía moral, que ha hecho de aquel concepto el centro de sus reflexiones. La persona –en el sentido de la Ética– es el individuo humano, sujeto moral por antonomasia, sobre el que pesan los deberes morales, del que se predican las virtudes y actitudes morales, y, en definitiva, a quien hace referencia permanente la idea del bien.

Sin embargo, que esto sea así en el uso ordinario del lenguaje actual y en la filosofía moral, no quiere decir que en el Derecho siempre se haya seguido ese mismo derrotero. Podemos afirmar que, para el Derecho, las cosas no han sido así a lo largo la historia. Es más, es preciso sostener que un ordenamiento jurídico no tiene necesariamente que reconocer el carácter de persona a todo individuo humano, por mucho que tal ausencia de reconocimiento nos parezca hoy un dislate moral y político. Un ordenamiento puede considerar personas a una especie determinada de individuos, y no a otra. Tal sucedió en los Derechos de la antigüedad, entre ellos el Derecho romano. Pero no es necesario que nos remontemos tan atrás en la historia: hasta prácticamente el siglo XIX la institución de la esclavitud estuvo en vigor en Estados que calificamos habitualmente de civilizados. Incluso en la actualidad hay países fuera de la órbita de la civilización occidental que, al parecer, siguen manteniendo esa inhumana institución bajo formas más o menos solapadas. Por tanto, ante la pregunta de si es posible que un ordenamiento jurídico no reconozca la cualidad de persona a todos los individuos, hay que contestar que sí es posible. La prueba de ello es evidente: en la historia han existido ordenamientos que así lo establecían. Si empleamos una fórmula general, puede afirmarse, por consiguiente, que el Derecho no siempre reconoce carácter de personas a todos los individuos y que, en este aspecto, no identifica la noción de persona con la de individuo humano. Para esos ordenamientos jurídicos no todos los individuos son personas.

Pero, además de que no existe esa identidad –que en el uso ordinario de los términos nos parece tan natural– entre individuo y persona, los ordenamientos jurídicos atribuyen el carácter de personas a entidades que no son individuos humanos. Por ejemplo, a las sociedades mercantiles, a las fundaciones o a las universidades. El Derecho considera muchas veces como personas a ciertas entidades compuestas por individuos –como una asociación o una corporación–, o por un conjunto de bienes patrimoniales –como es el caso de las fundaciones–.

En conclusión, considerando el panorama de la historia del Derecho vemos que no todos los individuos humanos son personas –o al menos, pueden no serlo– y que, además, hay personas para el Derecho que no son individuos humanos. Hoy día, sin embargo, en los países realmente civilizados los ordenamientos jurídicos consideran personas a todos los individuos, con independencia de sus cualidades peculiares de origen, raza, sexo, creencias, situación social o económica, etc.; y también reconocen personalidad jurídica a determinadas organizaciones.

A la persona que se identifica con el individuo se la denomina *persona física*, y también persona natural y persona individual. El término más extendido entre nosotros es el primero. Responde a la idea de que el sujeto jurídico posee una realidad física o, para ser más exactos, un soporte bio-psíquico: el del individuo humano. Al segundo tipo se le denomina *persona jurídica*, y asimismo persona moral, persona colectiva, persona ficticia. Con estos términos se quiere dar a entender que este tipo de personas se diferencian claramente de las anteriores en que su «soporte» no es el individuo humano, sino otras entidades que son creadas por el Derecho y por eso se denominan «jurídicas», o que tienen una naturaleza moral y no física, y por eso se las llama «morales», o que estarían compuestas por una colectividad de miembros, y de ahí el calificativo de «colectivas», o, por último, que serían objeto de un tratamiento análogo al de la persona física pero empleando para ello una ficción, y por eso se las apela «ficticias».

No obstante, hay que subrayar enérgicamente que *tan jurídica* es la persona denominada «física» como la denominada «jurídica».

Sabemos que, como hemos destacado en distintas ocasiones, en el Derecho todo es Derecho. En términos comunicacionales o de teoría de textos, en la novela todo es novela, y en el texto jurídico todo es jurídico. La terminología tradicional lleva a la confusión de presentar a la llamada persona física como una realidad no jurídica. Esto no puede admitirse: la persona en el sentido jurídico es siempre una creación del Derecho. Cada ordenamiento jurídico determina todos sus componentes, entre los que sobresalen, como no puede ser de otra manera, los sujetos de dichos ordenamientos, esto es, aquellos a quienes van dirigidos las normas jurídicas; que son, a su vez, los sujetos de las acciones que el ordenamiento contempla como jurídicamente posibles. Desde el punto de vista jurídico, por tanto, el concepto de sujeto de Derecho –y dentro de éste, el de persona– es convencional, lo que quiere decir que es el resultado de una decisión o de un conjunto de decisiones adoptadas por las autoridades competentes. En nuestros días, por el poder constituyente y por el legislador.

Hablamos de sujetos de Derecho (sujetos jurídicos) y de personas, muchas veces identificándolos, siguiendo en ello la posición de la doctrina tradicional. Pero ¿realmente son equiparables ambos conceptos? Ésta es una cuestión que habremos de contestar en las páginas que siguen. Antes, tendremos que hacer un breve análisis etimológico y otro, más breve aún, de la historia del concepto de persona en el seno de la filosofía jurídica.

La palabra «persona» es la traducción latina del término griego *«prósopon»*, que designaba la máscara o careta de los actores en el teatro. En el marco teatral *(dramatis personae)* es donde hay que situar el significado originario del vocablo, con todas las connotaciones que ello implica. Reflexionar un poco sobre este origen nos dará algunas claves interesantes para comprender su significado en la vida social y en el Derecho.

La máscara que porta el actor es, evidentemente, distinta a la propia cara de éste. Es la cara del personaje que el actor representa. El personaje, en el drama, tiene un papel o rol. La «persona» (máscara) no es exactamente el individuo humano que la porta, sino una construcción, un personaje, que alcanza su significado en el conjunto de la obra teatral. Hay un claro deslinde entre la persona y el individuo que lleva la máscara. Éste representa un papel, y el papel es lo que dota de significado a toda su actuación en el teatro. Algún autor ha destacado la idea de que «persona» tiene que ver con *«per-sonare»*, que significa «sonar a través de», y que la máscara tenía, entre otras, la función de modular la voz del actor.

Constituye una imagen de gran tradición en la literatura la del mundo (social) visto como un teatro (recuérdese el «gran teatro del mundo»). En la vida social, en efecto, cada uno de nosotros representa varios papeles o roles: hijo, padre, madre, estudiante, empresario, médico, juez, etc. Cada uno de ellos viene estereotipado por reglas de distinto género. Pues bien, determinados papeles o roles sociales alcanzan también una dimensión jurídica. Cuando actuamos como sujetos jurídicos (como administrados, como votantes, como compradores, como prestatarios, como jueces, etc.) representamos papeles o roles que han sido estructurados jurídicamente. Y de la misma manera que el actor no se identifica con el hombre, así el sujeto jurídico no es equivalente a la realidad físico-psíquica del ser humano. El origen etimológico de la palabra «persona» nos abre así la puerta para la comprensión cabal de lo que significa ser sujeto jurídico.

La palabra «persona», con todas esas connotaciones propias del teatro, se traslada posteriormente al lenguaje jurídico y al filosófico.

Es frecuente encontrar en los libros la idea de que en Roma persona era sólo el *pater familias*, esto es, el individuo que tenía plena capacidad jurídica y plena capacidad de obrar. Sin embargo, esta manera de ver las cosas es una reconstrucción doctrinal bastante tardía. En realidad los juristas romanos del periodo clásico emplearon el término «persona» como sinónimo de *homo*, hombre, individuo. Así lo subraya Fritz SCHULZ en su libro *Derecho romano clásico*. Dice este autor: «El término *persona* es usado por los juristas clásicos con la significación exclusiva de *homo*. (...) Todos los seres humanos, incluso los esclavos, son llamados *personae*». Añade que los juristas clásicos desconocieron el término y el concepto de persona jurídica. Sólo en la época post-clásica los esclavos serían excluidos de la consideración de personas, y las corporaciones serían denominadas *personae vice* (que significa «como personas»).

No han sido los juristas romanos los que han teorizado el concepto de persona, tal como lo entendemos nosotros hoy, sino los romanistas, esto es los comentaristas posteriores, y antes de ellos los teólogos. La neta idea de que todo individuo es una persona física con plena capacidad jurídica y que junto a las personas físicas están las personas jurídicas, como se suele afirmar en la doctrina, no es una concepción romana, sino una construcción de la ciencia jurídica occidental.

El otro término, al que hemos hecho referencia, es el de «sujeto jurídico» o «sujeto de Derecho». Creo que éste es un concepto bastante posterior al de persona. «Sujeto» puede entenderse en múltiples facetas, que ahora no vamos a analizar. Baste con decir que, en el Derecho, «sujeto» quiere decir dos cosas íntimamente conectadas. La primera, como sinónimo de «sujeto al ordenamiento», en el sentido de que determinadas personas son destinatarias de las normas de un sistema jurídico concreto. La segunda, como «sujeto de las acciones» que, para dicho sistema, son jurídicamente relevantes. El primer significado apunta a su acepción pasiva, mientras que el segundo expresa la dimensión activa.

Es posible identificar «sujeto jurídico» y «persona». Normalmente es lo que suelen hacer los autores al presentar esos términos como equivalente. Así, se dice «sujeto jurídico o persona». Pero quizá sea más conveniente separar ambas nociones, haciendo del sujeto jurídico un concepto más amplio que el de persona. Por ejemplo, un órgano de una persona jurídica puede ser considerado como un sujeto jurídico, aunque hay mayores dificultades para considerarlo una persona; el *nasciturus*, aunque el ordenamiento no lo tenga por persona, sí puede ser considerado un sujeto jurídico, ya que el propio ordenamiento le reconoce como titular potencial de derechos. Ésta es una de las cuestiones que deberemos aclarar y definir en las páginas que siguen.

En la filosofía estoica el concepto de persona adquiere un matiz general, antropológico. Esto puede apreciarse también en un jurista y político romano, inspirado en gran parte en las ideas estoicas: Marco Tulio CICERÓN (106-42 antes de Cristo), si bien también se atisba en su concepción el influjo de la idea de las *dramatis personae*. En su obra *De Oficiis* («De los deberes») distingue varios estratos o aspectos de la idea de persona, entre los cuales destacan dos: el ser racional y el ser peculiar de cada cual (lo que llamaríamos hoy, para referirnos a esta última, la personalidad propia de cada ser humano). Afirma CICERÓN que «la naturaleza nos ha dotado, por decirlo así, de una doble persona. Una es común a todos los hombres, como resultado de que todos somos partícipes de la razón y de la excelencia que nos sitúa por encima de los animales y de donde procede toda especie de honestidad y decoro, y se deduce el método que lleva a la investigación y al hallazgo del deber. La otra, en cambio, se atribuye como parte característica a cada uno. Pues, como en los cuerpos hay grandes desemejanzas (...), mayor es todavía la variedad en el espíritu». Pero, además de estos dos tipos de persona, afirma CICERÓN que «hay que añadir una tercera, que nos impone algún caso o las circunstancias. E incluso una cuarta, que nosotros nos elegimos por nuestra libre voluntad». Puede observarse en estas afirmaciones cómo el ilustre jurista romano (además de orador y político) percibe en la persona una realidad múltiple que afecta a todos, y de las cuales una es la que es común, al de ser el ser humano un ser racional.

Pero sería en la Teología cristiana donde el concepto de persona alcanzaría un verdadero nivel especulativo.

NOTAS Y COMENTARIOS

- *«Persona» en el Derecho romano.* La cita de SCHULZ, *Derecho romano clásico* (traducción directa de la edición inglesa por José SANTA CRUZ TEIGEIRO, Bosch, Barcelona 1960) está tomada de las pgs. 69-70. Es interesante leerla en su conjunto: «El término *persona* es usado por los juristas clásicos con la significación exclusiva de *homo.* 1. Todos los seres humanos, incluso los esclavos, son llamados *personae.* GAYO muy expresamente se ocupa, en su exposición concerniente al Derecho de esclavitud, del *ius quod ad personas pertinet,* y habla, sin reparo alguno, de *persona servilis* (1121) y de *persona servi* (2187; 3189). Ello no se opone a la concepción que considera a los esclavos como *res corporales,* pues un esclavo es, a la vez, *persona* y *res.* Los juristas romanos nunca equipararon el esclavo a un animal, ni esto era posible puesto que no cabía negar la aptitud del esclavo para realizar actos jurídicos. (...) 2. Por otra parte, solamente los seres humanos son llamados *personae,* y el concepto y el término de persona jurídica son desconocidos. Basta una referencia a GAYO. Éste, en su Derecho de personas, se ocupa de las personas naturales únicamente y en vano se pretenderá hallar en él una alusión a cualquiera de las personas jurídicas. Los juristas clásicos consideran acertadamente las corporaciones como una "mano común" *(Gesamthand)* y no como personas distintas de los individuos que las integran.» (pg. 69). «En la época post-clásica los esclavos fueron excluidos de la clase de *personae* y, por otra parte, las corporaciones fueron llamadas *personae vice.* Pero este nuevo concepto de persona se encuentra ya en la antigüedad, si bien relegado a un plano secundario. La idea de persona jurídica no fue usual y corriente en la ciencia legal antes del escolasticismo de la Edad Media.» (pg. 70).

Por su parte, José ARIAS RAMOS afirma: «El sujeto de derecho es designado, en la terminología de nuestra disciplina, con la palabra persona». Pero aclara en nota a pie de página: «La utilización de esta acepción técnica de la palabra persona, más que en la época genuinamente romana, se acentúa en el Derecho romano-bizantino. En las fuentes de mayor antigüedad, el término *caput*, que estrictamente equivale a "cabeza", es usado por sinécdoque para designar al sujeto con capacidad jurídica, aunque también se le emplea en otros sentidos». Y continúa en el texto: «Se llama persona a todo ser o entidad capaz de derechos y obligaciones, es decir, a todo el que reúne en sí los requisitos necesarios para que puedan atribuírsele las facultades o poderes que constituyen los derechos subjetivos, así como para poder ser constreñido a cumplir deberes jurídicos. Y como esta aptitud de alguien para ser titular de derechos y obligaciones se designa con la expresión "capacidad jurídica", podríamos definir concisamente: "persona es el ser con capacidad jurídica."» (*Derecho Romano I*, novena edición corregida con la colaboración de J. A. ARIAS BONET, Editorial Revista de Derecho Privado, Madrid, 1963, pg. 55).

Joan MIQUEL llama la atención sobre el diverso uso de los términos en el Derecho romano y en la moderna ciencia jurídica. Afirma que «aplicando estos conceptos (de la moderna ciencia del Derecho), abusivamente, al Derecho romano se suele decir: Persona es el sujeto de Derecho, pero en el Derecho romano ni todos los hombres son personas, puesto que existe la institución de la esclavitud, ni todas las personas son hombres, puesto que al lado de las personas físicas existen las personas jurídicas. Ahora bien, esta concepción tiene el inconveniente de partir de unos tecnicismos jurídicos que son ajenos a los romanos. Efectivamente, el Derecho romano carece de términos técnicos para designar lo que nosotros llamamos persona, capacidad jurídica y capacidad de obrar». (*Derecho Privado Romano*, Marcial Pons, Madrid, 1992, pgs. 51-52).

Riccardo ORESTANO afirma que en la compilación justinianea el término «persona» se continúa usando de modo genérico, y que, en la misma línea, la ciencia del Derecho medieval y renacentista continúa sin atribuir a dicho término –en referencia al hombre– una significación jurídica particular. Subraya que hasta el siglo XVI la noción de persona no habría sido objeto de una determinación especial. (*Azione. Diritti Soggettivi. Persone Giuridiche*, Il Mulino, Bologna, 1978, pgs. 193; 195-196).

– CICERÓN *y los diferentes estratos de la persona*. Las citas al final de la lección anterior están tomadas de Marco Tulio CICERÓN, *Sobre los deberes*, estudio preliminar, traducción y notas de José GUILLÉN CA-

BAÑERO, Tecnos, Madrid 1989, Libro I, 107 y 115, pgs. 55-56 y 60 respectivamente.

– *Persona y Prósopon en el Derecho y en el dogma cristiano.* Así se titula la obra de Siegmund SCHLOSSMANN, *Persona und Prósopon im Recht und im christlichen Dogma*, Lipsius & Tischer, Kiel und Leipzig, 1906. En ella su autor muestra el carácter vacilante y ambiguo del término latino *«persona»* y de su equivalente griego *«prósopon»*. Se centra en las fuentes romanas y griegas, incluidas las teológicas hasta TERTULIANO. Analiza las fuentes fijándose en los diversos modos de expresión en que se emplean esas palabras y desvelando sus respectivos significados: *persona; homo; servís; personam alicuius* (*Ballionis-regis-militis*, etc.) *agere, suscipere, sustinere; magistraus gerit personam civitatis; personam domini sustinet; serviles personae; liberae personae; personam habere; personam non habere; iustam habere personam; legitimam personam; vindicare personam*; etc. En la filosofía teológica (siglo II d.C.) los equivalentes griegos de estos términos latinos (que después serán tomados por la Escolástica): *essentia, natura, substantia, subsistencia, proprietas, persona.* También el concepto de persona en autores como: BOECIO (*«Persona est naturae rationalis individua substantia»*), CASIODORO (*«Persona vero hominis est substantia rationalis individua suis proprietatibus a consubstantialibus caeteris segregata»*). DIACONUS RUSTICUS (*«Subsistentia rationalis»*). Asimismo, critica la tesis de HARNACK, quien en su «Tratado de Historia de los Dogmas» sostiene que TERTULIANO, como jurista que era, habría introducido en la Teología conceptos y expresiones jurídicas, en especial *«persona»* y *«substantia»* (equivalente esta última a «patrimonio»).

– *Recomiendo* para estos temas la lectura del libro de José María RIBAS ALBA, *Persona (Desde el Derecho romano a la Teología cristiana)*, Ed. Comares, Granada, 2011.

EJERCICIOS

1. Resume el contenido de la lección en un esquema que contenga los diversos significados del término «persona».

2. ¿Pensaban los juristas romanos como pensamos hoy? Razona la respuesta poniendo ejemplos.

3. Comenta la frase de HERMOGENIANO.

4. ¿Es posible que un ordenamiento jurídico se abstenga de reconocer la cualidad de persona a determinados individuos? ¿Es deseable que sea así? Razona la respuesta en ambos casos.

5. ¿Atribuyen siempre los ordenamientos jurídicos carácter personal a realidades que no son individuos humanos? Razona la respuesta y pon ejemplos que la aclaren.

6. Distingue los conceptos de «persona física» y «persona jurídica».

7. Para la persona física, es usual emplear otras denominaciones, aunque la primera sea la más corriente. Enuncia algunas de dichas denominaciones y explica su diverso significado o razón de ser.

8. Asimismo, para las personas jurídicas también se emplean otras denominaciones. ¿Cuáles son éstas, y cuáles las razones que las avalan?

9. Adoptando el punto de vista de la Teoría comunicacional del Derecho, ¿qué se puede decir de la distinción tradicional entre persona física y persona jurídica?

10. ¿Cuál parece ser el origen de la palabra «persona»?

11. Relaciona los personajes de la escena teatral con los papeles, roles o funciones de los individuos en lo que suele llamarse «el gran teatro del mundo».

12. ¿Quiénes son los romanistas? Distingue entre los juristas romanos y los romanistas, y señala cuál ha sido la aportación de estos últimos al tema de las personas en el Derecho.

13. Analiza la noción de sujeto jurídico aludiendo, para ello, a sus diversas aplicaciones.

14. Muchos autores identifican «persona» y «sujeto de derecho». ¿Hay que aceptar esta identificación como si de un dogma inamovible se tratara?

15. ¿Cuántos tipos de personas descubre CICERÓN en todo individuo humano? ¿Cuál es, entre todos ellos, el básico, y por qué?

16. Traduce y explica el significado de la expresión *persona Ballionis.* Para traducirla probablemente necesites consultar un bien diccionario de latín; para explicarla, basta con el conocimiento de la lección.

CXV. EL CONCEPTO TEOLÓGICO Y FILOSÓFICO DE PERSONA EN LA HISTORIA DEL PENSAMIENTO: DE LA «SUSTANCIA INDIVIDUAL DE NATURALEZA RACIONAL» A LA PERSONA MORALIS

BOECIO (480-525), que fue llamado el último romano y el primer escolástico, define la persona como «sustancia individual de naturaleza racional». Proporciona así un concepto ontológico de persona. La persona es una sustancia, un ser, cuyas características esenciales son: que es individual, esto es, un individuo, y además, que es racional. Persona, en definitiva, viene a ser el hombre, considerado como individuo racional.

Por su parte, Tomás DE AQUINO, en su obra *Suma Teológica,* sobre la base de la definición boeciana, desarrolla la teología de las personas divinas (Padre, Hijo y Espíritu Santo), para lo cual previamente se pregunta por el concepto de persona. Como es natural, no es nuestro propósito entrar aquí en asuntos teológicos. Sólo quiero subrayar dos aspectos en los comentarios De Aquino. Primero, este autor sigue la senda trazada por Boecio, al entender que la persona es sinónimo de individuo racional, esto es, de hombre. Segundo, vincula el concepto de persona con el valor de la dignidad. Esto me parece especialmente relevante. A continuación recojo el pasaje en el cual aparece claramente este aspecto.

Dice así: «Debido a que en las comedias y tragedias se representaban algunos hombres famosos *(homines famosi)*, se impuso este nombre de "persona" para significar a los que tenían alguna dignidad *(ad significandum aliquos dignitatem habentes)*. (...) Junto a esto, algunos definen a la persona diciendo que es "hipóstasis que se distingue por la propiedad pertinente a la dignidad". Y ya que es de gran dignidad subsistir en la naturaleza racional, a todo individuo de naturaleza racional se le dice persona *(omne individuum rationalis naturae dicitur persona)*». (*Summa Th.* I, q.29, a.3, *ad secundum*).

Vemos, pues, cómo Aquino vincula estas nociones: persona, individuo racional y dignidad. La persona, como término general, indica al individuo racional, que es un ente dotado de dignidad. Aquino introduce este concepto de persona, como ya he dicho, en el contexto teológico de las tres personas de la Santísima Trinidad, y en concreto para estudiar las relaciones que se dan entre dichas tres personas. Para Aquino, en definitiva, las personas son los sujetos de dichas relaciones.

El siglo XIII, que es la época del Aquinatense, se caracteriza en el terreno del pensamiento jurídico por la aparición de los glosadores de la escuela de Bolonia. Como su nombre indica, estos juristas llevaron a cabo la tarea de poner glosas a los textos jurídicos romanos, al *Corpus Iuris Civilis*. Sobre el conocimiento de dichos textos se plantearon qué tratamiento jurídico debían dar a las organizaciones humanas. Por lo que nos ha llegado, no consideraron a la *universitas* (término que significaba el conjunto de los miembros de una asociación) como algo contrapuesto, con independencia propia, a las personas de sus miembros. Así, Acursio (1182-1263), catedrático de Bolonia y autor de la *Gran Glosa* (*Glossa Magna* o *Glossa Accursiana*), llegó a afirmar que *«universitas nihil est, nisi singuli homini qui ibi sunt»* (esto es, «la universidad –entendida como organización de varios miembros– no es otra cosa que los hombres individuales que allí, en ella, están»).

Son, ante todo, los canonistas de dicho siglo XIII los que abren la puerta a la consideración de las *universitates* como personas. Las consideran como entidades abstractas, unitarias, ficticias. Emplean términos tales como *persona universitatis*, con lo que personifican al conjunto de los miembros que la componen; *persona collegii*, que expresa lo mismo en relación con los colegios (*collegium*, conjunto de personas ligadas por un vínculo de solidaridad para llevar a cabo una tarea). Se utilizan expresiones muy significativas como, por ejemplo, *universitas est persona* («la universidad es persona»), *universitas est quoddam individuum* («toda universidad es un cierto individuo»). Y aparece con Sinibaldo Fieschi (1195-1254), quien más tarde llegaría a la mitra romana como el Papa Inocencio IV, la denominada teoría de las personas ficticias *(personae fictae)*. Las agrupaciones de personas organizadas unitariamente no serían auténticas personas, término que se reserva para los individuos, sino personas ficticias, imágenes sustitutivas de las personas auténticas.

Esta concepción la siguen igualmente los posglosadores Bartolo Di Sassoferrato (1313-1357), Baldo Degli Ubaldi (1327-1400) y Paolo Di Castro (1360-1441). Con diversas fórmulas subrayan los tres la naturaleza ficticia de la persona jurídica. Es gracias a una ficción del Derecho *(fictio iuris)* como se puede adscribir carácter de persona a las asociaciones humanas.

(Conviene subrayar, por si no ha quedado claro, que los términos *universitas* y *collegium* no significan lo que hoy se entiende en el lenguaje ordinario por universidad y colegio, como instituciones pedagógicas. Su significado es más amplio, ya que integran aquellas organizaciones humanas compuestas por varios individuos, a veces por muchos individuos. También incluye a las organizaciones de tipo patrimonial. Por eso se teoriza la diferenciación entre *universitas personarum* y *universitas rerum*).

En el siglo XVI la concepción de la persona jurídica como *persona ficta* está también muy extendida. Se emplean las expresiones mencionadas y otras, como *corpus mysticum* (cuerpo místico). Duarenus (1509-1559) se propone la elaboración de un concepto unitario de «personalidad jurídica», anticipándose así a posiciones muy posteriores. Dice que «la *universitas* es una sociedad de hombres, concertada de tal modo que se manifieste como una persona diferente de las personas singulares de las que consta».

Es a fines del siglo XVI y en el siglo XVII cuando tiene lugar la teorización del concepto de persona referido al individuo humano, a lo que hoy generalmente se denomina «persona física». Se comienza a diferenciar claramente lo que es realidad natural o física y lo que es jurídico, lo perteneciente al Derecho. Connanus (1509-1555) distingue entre la libertad como una cualidad natural y como una cualidad jurídica. Donellus (1517-1591) declara que el siervo es hombre pero no persona, y añade que «hombre» es un vocablo que se refiere a la naturaleza, mientras que «persona» pertenece al Derecho civil.

Dentro del pensamiento filosófico-jurídico destacan los análisis del concepto de persona que presenta Thomas Hobbes en sus obras. El capítulo XVI de su libro principal, *Leviatán* (1651), lleva por título *«Of persons, authors, and things personated»* («De las personas, autores y cosas personificadas»). Comienza con una definición del concepto de persona: *«A Person, is he, whose words or actions are considered, either as his own, or as representing the words or actions of an other man, or of any other thing to whom they are attributed, wether Truly or by Fiction»* («Persona es aquél cuyas palabras o acciones son consideradas, bien sea como suyas, bien como representando las palabras y acciones de otro hombre, o de cualquier otra cosa a la que se atribuyan, verdaderamente o por ficción»). Obsérvese que Hobbes abandona aquí la idea de sustancia, y define a la persona en virtud de que se le atribuyan determinadas acciones. También incluye las palabras, pero en la medida en que éstas constituyen asimismo acciones (actos de habla), puede simplificarse su definición. Así, puede afirmarse que, para HOBBES, persona es un sujeto al que se atribuyen determinadas acciones, ya sean como propias, ya como ajenas.

A continuación señala la diferencia, de acuerdo con esta definición, entre la persona física (que él denomina *naturall person* –«persona natural»–) y la ficticia (que denomina *feigned or artificiall person* –«persona artificial o simulada», también «persona ficticia»–). Dice así: «Cuando (las acciones) se consideran como suyas, se llama entonces persona natural, y cuando se consideran como en representación de las palabras y acciones de algún otro, entonces es una persona artificial o simulada».

HOBBES recuerda el origen teatral de la palabra «persona», y sostiene que «una *persona* es lo mismo que un *actor (actor)*, tanto en el estrado como en la conversación común, y *personificar (to personate)* es *actuar (to act)* o representarse a sí mismo *(represent himselfe)*, o a otro, y de aquel que actúa por otro se dice que es portador de su persona *(to bear his person)* o que actúa en su nombre *(act in his name)* (...), y es denominado de formas diferentes en diferentes ocasiones: como mandatario *(representer)*, o representante *(representative)*, teniente *(lieutenant)*, vicario *(vicar)*, abogado *(attorney)*, delegado *(deputy)*, procurador *(procurator)*, actor *(actor)* y semejantes».

Insiste en la diferencia entre *actor* y *autor*. El actor expresa palabras o realiza acciones. Pero ¿son esas palabras y esas acciones realmente suyas?, ¿pertenecen al actor? En absoluto. Para HOBBES, «las palabras y acciones de algunas personas artificiales son propiedad *(owned)* de aquellos a quienes representan. Y entonces la persona es el *actor (actor)*, y el propietario de sus palabras y acciones es el *autor (author)*, en cuyo caso el actor actúa por autoridad *(by authority)*». Esta última expresión («por autoridad») quiere decir que el actor actúa autorizado por el autor que, se ese modo, es el verdadero «dueño» de las palabras o acciones del primero. El actor sólo está autorizado para actuar dentro del mandato o autorización que le haya otorgado el autor. Éste queda vinculado por los pactos que aquel acuerde con otros, pero sólo en la medida que lo permita la autorización emitida. Si el actor actúa más allá de la autorización, será él quien quede obligado. «Y, por tanto, –dice HOBBES– aquel que celebra un pacto con el actor o mandatario no conociendo la autorización que tiene, lo hace bajo su propio riesgo». Por esta razón, «la autorización debe ser mostrada».

En los párrafos anteriores se recoge el pensamiento hobbesiano sobre la persona física y la que, en determinadas circunstancias, la representa. A continuación, en el mismo capítulo, se ocupa de la personificación. Afirma lo siguiente: «Hay pocas cosas que no puedan ser representadas por ficción *(represented by fiction)*. Las personas inanimadas, como una iglesia, un hospital, un puente, pueden ser personificadas por un rector, director, o supervisor *(may be personated by a rector, master or overseer)*».

También es posible que una multitud de hombres se convierta en una persona. «Una multitud de hombres se hace *una* persona *(one person)* cuando son representados por un hombre o una persona siempre que se haya hecho con el consentimiento de cada uno en particular de los de aquella multitud, pues es la *unidad* del mandatario (*the unity of the representer*-la unidad del representante), no la unidad de los representados, lo que hace de la persona *una* (...)».

Según lo expuesto, puede concluirse que HOBBES, en su obra *Leviatán*, presenta un interesante análisis del concepto de persona física y del representante, al que califica de persona artificial o fingida. Se aproxima al concepto de persona jurídica, lo apunta, pero sin llegar a él, ya que somete la existencia como unidad de una multitud de hombres a la existencia del representante. Sin embargo, en el capítulo XVII da unos pasos significativos en dirección de la persona jurídica. Este capítulo está dedicado a las causas, generación y definición de una República o Estado *(Common-Wealth)*.

Después de descartar otros modos posibles, HOBBES llega a la conclusión de que la única manera de generar un Estado es «erigir un poder común *(common power)* capaz de defenderlos (a los individuos) de la invasión extranjera y de las injurias de unos a otros, (...) es conferir todo su poder y fuerza a un hombre o a una asamblea de hombres, que pueda reducir todas sus voluntades *(their wills)*, por pluralidad de voces, a una voluntad *(one will)*. Lo cual equivale a elegir un hombre, o asamblea de hombres, que represente a su persona *(to beare their person)*; y cada uno poseer y reconocerse a sí mismo como autor *(author)* de aquello que pueda hacer o provocar quien así representa a su persona *(their person)*, en aquellas cosas que conciernen a la paz y la seguridad común, y someter así sus voluntades, una a una, a su voluntad, y sus juicios a su juicio. Esto es más que consentimiento o concordia; es una verdadera unidad de todos ellos en una e idéntica persona *(a reall unity of them all, in one and the same person)* hecha por pacto de cada hombre con cada hombre (...). La multitud, así unida en una persona *(so united in one person)* se llama República *(Common-Wealth)*, en latín *Civitas*. Ésta es la generación de ese gran Leviatán o más bien (por hablar con mayor reverencia), de ese Dios Mortal a quien debemos, bajo el Dios Inmortal, nuestra paz y defensa. (...) La República *(Common-Wealth)* (...) es una persona *(one person)* cuyos actos ha asumido como autora una gran multitud, por pactos mutuos de unos con otros, a los fines de que pueda usar la fuerza y los medios de todos ellos, según considere oportuno, para su paz y defensa común. Y el que carga con esta persona *(and he that carryeth this person)* se denomina soberano *(soveraigne)* y se dice que posee poder soberano; cualquier otro es su súbdito *(subject)*». Obsérvese que este último término –*subject*– se refiere al sujeto jurídico en su acepción pasiva.

Samuel PUFENDORF (1632-1694), siguiendo en esto a Thomas HOBBES, elaborará el concepto de *persona moralis*, no para referirse a lo que más tarde se denominará «persona jurídica», sino como una noción comprensiva de las personas simples o singulares *(personae simplices)* y de las personas compuestas *(personae compositae)*.

Ya en su primera obra, titulada *Elementorum jurispudentiae universalis libri II*, aborda PUFENDORF el concepto de «persona moral». Para este autor (cito por la edición en lengua inglesa cuyos datos bibliográficos se recogen en «Notas y Comentarios» de esta lección), «una persona moral es una persona considerada bajo el status que tiene en la vida comunitaria» *(«A moral person is a person considered under that status which he has in communal life»)*.

Esta definición la comenta de la siguiente manera: «Ésta es la definición más general de una persona moral. Por otro lado, sobre todo entre jurisconsultos, persona se dice a la que posee una condición civil *(caput)*, es decir, libertad personal; atendiendo a este significado, a los esclavos se los clasifica como cosas. Ahora bien, las personas morales pueden ser vistas *separada* o *colectivamente*. Consideradas separadamente, de acuerdo con la diferenciación de status, hay personas *públicas*, que son aquellas que están situadas en un status público, y personas *privadas*, que lo están en un status privado». A su vez, las personas públicas pueden ser *eclesiásticas* o *políticas*. Las personas privadas son clasificadas atendiendo a distintos criterios: el sexo, el tiempo (la edad), la posición moral en el Estado, en la familia, la alcurnia y la ocupación.

En el aspecto colectivo, señala PUFENDORF que una *sociedad* o asociación tiene lugar cuando «varias personas están tan unidas que tanto su acción como su voluntad son consideradas como la acción y la voluntad de un individuo, y no de varios». «(...) un cierto número de personas físicas» son vistas como «unidas en una sociedad, se les atribuye una voluntad, y cualquier acción que proceda de ellas es atribuida como la acción, no de muchos, sino de uno, incluso en el caso de que cierto número de personas individuales hayan participado en dicha acción. Por tanto, una sociedad adquiere asimismo sus especiales derechos y bienes, que no pueden ser reclamados en absoluto por los individuos como tales individuos. Aquí es preciso añadir la observación de que, de igual modo como la persona individual sigue siendo la misma aunque por el paso del tiempo sufra el cuerpo significativos cambios por la adición y pérdida de partículas, así una sociedad no cambia porque se sucedan los individuos que la componen, sino que sigue siendo la misma, a menos que en un momento determinado tenga lugar un cambio que destruya completamente el verdadero carácter del anterior cuerpo o sociedad. (...) Podemos dividir a las sociedades o personas morales, (...), al igual que a las personas individuales, en *públicas* y *privadas*. A su vez, las primeras son *sagradas* y *eclesiásticas* o *políticas*».

NOTAS Y COMENTARIOS

- Las citas relativas a los glosadores y posglosadores están tomadas del libro de Riccardo ORESTANO, ya citado.
- Es muy interesante el comentario de Antonio FERNÁNDEZ DE BUJÁN en la voz «Acursio», en *Juristas Universales*, ed. por Rafael Domin-

go, ya citado, volumen 1, pg. 425, al subrayar que la *Glossa Magna* «construye un sistema jurídico», y que, junto a su valor escolástico y exegético, «posee también naturaleza normativa, en atención a que de ella se extraen, en un primer momento, normas y principios aplicables por los tribunales, para pasar muy pronto a utilizarse como punto de partida e instrumento para la construcción de un Derecho vigente, *ius commune*, uniforme para muchas naciones europeas». Recuérdese la función de la idea de sistema en relación con la de ordenamiento jurídico. En la Glosa acursiana puede encontrase una plasmación concreta de dicha idea.

– Las citas de *Leviatán* las he tomado de Thomas HOBBES, *Leviatán*, Edición preparada por C. MOYA y A. ESCOTADO, con Estudio preliminar de C. MOYA titulado «Thomas Hobbes: Leviatán o la invención moderna de la razón», Editora Nacional, Madrid, 1979, pgs. 255 y ss. Las referencias en inglés están extraídas de Thomas HOBBES, *Leviathan*, J. M. Dent & Sons –London-and E. P. Dutton– New York, 1914, reimpr. 1940, pgs. 83 y ss. Hay otra versión en español, traducción y prefacio de Manuel SÁNCHEZ SARTO, FCE, México, 1940, segunda edición 1980, con abundantes reimpresiones. El título completo de la obra es: *Leviathan or the Matter, Form and Power of a Commonwealth Ecclesiastical and Civil* («Leviatán o la Materia, Forma y Poder de una República, Eclesiástica y Civil»). MOYA y ESCOTADO traducen *Common-Wealth* como *República*. SÁNCHEZ SARTO, como *Estado*.

– Samuel PUFENDORF, *Two Books of the Elements of Universal Jurisprudence*, Edited and with an Introduction by Thomas BEHME, translated by William ABBOTT OLDFATHER, 1931, Liberty Fund, Indianapolis, 2009, pgs. 39-42 (Definition IV).

EJERCICIOS

1. ¿Cómo define BOECIO el concepto de persona?

2. ¿Qué relación hay, en la obra de Tomás DE AQUINO, entre la Teología y el tratamiento que da este autor al tema de las personas?

3. ¿Qué te parece que es lo más relevante, desde una perspectiva filosófica o ética, en las afirmaciones DE AQUINO sobre las personas? Razona la contestación.

4. Descubre en un buen libro de Historia del Derecho quiénes fueron los glosadores y cuál era su método de trabajo.

5. ¿Fue ACURSIO un glosador importante? Razona la respuesta.

6. Extrae las consecuencias teóricas –desde el prisma de la Teoría comunicacional del Derecho– de que ACURSIO con su *Gran Glosa* construyó un sistema.

7. Determina la idea que tenía ACURSIO de la *universitas*.

8. ¿Qué son los canonistas? ¿Es relevante el Derecho canónico para comprender la historia del Derecho en el Occidente cristiano? ¿Y para entender el Derecho actual?

9. ¿Cuál fue la aportación de INOCENCIO IV a la teoría de las personas jurídicas? ¿Qué piensas de dicha aportación?

10. Distingue entre *universitates personarum* y *universitates rerum.*

11. Resume las ideas de HOBBES respecto al concepto de persona.

12. ¿Cómo denomina HOBBES al Estado?

13. Aplica la distinción hobbesiana entre autor y actor a su concepto del Estado.

14. ¿Qué es la *persona moralis* en PUFENDORF?

15. Explica los caracteres de los diversos tipos de personas a los que se refiere PUFENDORF.

CXVI. AUTONOMÍA DE LA VOLUNTAD Y DIGNIDAD DE LA PERSONA: LAS TESIS KANTIANAS

Durante el período de la Ilustración se teoriza, de un modo que podemos calificar como acabado, el concepto ético de la persona. Quien mejor representa esa tarea es el gran filósofo Immanuel KANT (1724-1804). Ya he hecho referencia a él en varios lugares de esta obra. Ahora me voy a limitar, con la brevedad exigida a una lección, a exponer sus ideas básicas sobre el concepto de persona.

KANT no fue un jurista, sino un filósofo, uno de los más importantes de la historia. Sin embargo, a pesar de no ser jurista, por sus escritos se deduce que poseía formación jurídica y, por eso, fue capaz de abordar con gran ingenio materias que hoy diríamos que corresponden a la Teoría del Derecho. Su pensamiento jurídico se inscribe dentro del marco del iusnaturalismo del siglo de las luces y como precursor, en algunos aspectos, del positivismo que se avecinaba. Su filosofía del Derecho es una prolongación o, mejor dicho, una parte de su filosofía moral. Esta circunstancia hay que tenerla en cuenta para comprender su idea de la persona. Aquí nos referiremos a algunos de los pasajes más destacados de su obra referentes a dicha idea.

Entre dichos pasajes sobresalen los que aparecen en su libro *Grundlegung der Metaphysik der Sitten* («Fundamentación de la Metafísica de las Costumbres»), publicado en 1785. Traducido al español por Manuel GARCÍA MORENTE en la Editorial Espasa-Calpe, Madrid 1946, con múltiples reimpresiones.

En la mencionada obra, KANT contrapone el concepto de *cosas* con el de *personas.* Las primeras son objetos que sirven como *medios,* mientras que las segundas nunca pueden ser consideradas de esa manera, sino como *fines*. Son personas todos los seres racionales y, por tanto, los seres humanos. Para KANT, por tanto, la cualidad de la racionalidad es lo que distingue a las personas de las cosas y hace de ellas fines valiosos en sí mismos, y no medios para conseguir fines. Consecuentemente, en nuestro trato con los demás, no se nos está permitido moralmente tratarlos como simples medios para conseguir nuestros propósitos, ya que ello equivaldría a tratar a las demás personas como cosas. Tampoco nos está permitido moralmente tratarnos a nosotros mismos como cosas, ya que, como personas que somos, tenemos un valor en nuestro ser, valor que es un fin en sí mismo.

Leamos a KANT directamente: «(...) el valor de todos los objetos que podemos *obtener* por medio de nuestras acciones es siempre condicionado. Los seres cuya existencia no descansa en nuestra voluntad, sino en la naturaleza, tienen, empero, si son seres irracionales (*vernunftlose*, carentes de razón), un valor meramente relativo (*nur einen relativen Wert*, tan sólo un valor relativo), como medios *(Mittel)*, y por eso se llaman cosas *(Sachen)*; en cambio (*dagegen*, por el contrario), los seres racionales *(vernünftige Wesen)* llámanse personas *(Personen)* porque su naturaleza los distingue ya como fines en sí mismos *(als Zwecke an sich selbst)*, esto es, como algo que no puede ser usado meramente como medio, y, por tanto, limita en este sentido todo capricho (y es un objeto de respeto)». (pg. 83 de la edición española).

Las cosas tienen valor, pero no valor en sí mismas, sino en cuanto que son medios para conseguir determinados fines. Tienen, por consiguiente, valor relativo –relativo a los fines que los seres racionales puedan perseguir. Los seres inanimados, como las piedras, y los animados pero carentes de razón, son cosas. En contraposición a las cosas están las personas, que son los seres racionales, esto es, los seres dotados de razón. Las personas son fines en sí mismos, lo que supone que no pueden ser usados nunca como medios, sino que merecen respeto.

Oigamos de nuevo a KANT: «(...) el hombre, y en general todo ser racional, *existe* como fin en sí mismo, *no sólo como medio* (*nicht bloss als Mittel*, en absoluto como medio) para usos cualesquiera de esta o aquella voluntad; debe en todas sus acciones, no sólo las dirigidas a sí mismo, ser considerado siempre *al mismo tiempo como fin (zugleich als Zweck)*» (pgs. 82-83).

Ahora bien, ¿cuál es el fundamento de que sólo los seres racionales puedan ser considerados como personas, o sea, como fines en sí mismos, y nunca como medios? Obviamente el fundamento de la idea de persona como fin en sí mismo está en que sólo un ser racional es capaz de autodeterminar su voluntad de acuerdo con una máxima que pueda ser expresión de una ley universal. Para entender esta idea es preciso que nos detengamos un poco en explicar qué se entiende por autodeterminación de la voluntad, qué por máxima y qué por ley.

Para KANT, la única realidad de la que se puede predicar la bondad o la maldad es la voluntad. «Ni en el mundo, ni, en general, tampoco fuera del mundo, es posible pensar nada que pueda considerarse como bueno sin restricción, a no ser tan sólo *una buena voluntad*». (pg. 27 de la versión de García Morente). Yo traduciría así este pasaje: «No hay nada en el mundo, ni tampoco algo que sea posible pensar fuera de él, que sin ambages pueda tenerse por bueno, salvo *una voluntad buena*». En otros términos: «Bueno» –en su sentido ético– sólo puede predicarse de la voluntad, y no de ninguna otra realidad o cualidad. Los talentos del espíritu –como el entendimiento, la gracia, la capacidad para enjuiciar–, las cualidades del temperamento –como el valor, la decisión, la tenacidad–, en suma, todos los aspectos que conforman el carácter, pueden ser cualidades admirables, pero también es posible que sean sumamente perniciosos y dañinos. En efecto, todos conocemos personas inteligentes y graciosas cuyo principal propósito en sus conversaciones es despellejar a otras personas con sus murmuraciones. Si su inteligencia y su gracia las pusieran al servicio del bien, serían excelentes, pero al tener voluntad de hacer mal, son miserables. Y de manera similar a lo que sucede con las cualidades del carácter, pasa con lo que la suerte depare a los humanos. Los poderes, las riquezas, los honores, en suma, lo que suele llamarse felicidad, pueden transformarse en arrogancia y soberbia, si no están templadas por una voluntad buena. De este modo explica Kant lo que entiende por el dato moral relevante, que no es otro que la voluntad buena.

Una voluntad es calificable de buena no por los resultados que se obtengan mediante la acción de quien la tiene, ni porque sea adecuada para un determinado fin; «es buena sólo por el querer *(allein durch das Wollen)*, es decir, es buena en sí misma». (pg. 28) Lejos quedan, pues, los enfoques propios del consecuencialismo o del utilitarismo, esto es, los que ponen el acento moral en las consecuencias morales de la acción o en la utilidad de la misma. Y asimismo, de toda «moral empírica» o «psicológica», que hace de los sentimientos morales el centro de su reflexión.

Hay que preguntarse a continuación: ¿Cómo es posible conseguir una voluntad buena? Kant responde: por medio de la razón, y en concreto por medio de la razón práctica *(praktische Vernunft)*. «El destino verdadero de la razón (práctica) tiene que ser el de producir una voluntad buena, no en tal o cual respecto, como medio, sino buena en sí misma, cosa para lo cual era la razón necesaria absolutamente (...)» (pg. 32).

Ocupémonos ahora de lo que significa «máxima». Kant viene a decir que una voluntad buena es aquella que se mueve exclusivamente «por deber»: «(...) en ello estriba el valor del carácter moral (...): en hacer el bien, no por inclinación, sino por deber *(nicht aus Neigung, sondern aus Pflicht)*». (pg. 36). No por sentimientos o porque así nos sale de dentro, no por motivos de conveniencia o utilidad, o por evitar la vergüenza, o por cualquier otra circunstancia, sino exclusivamente por deber. Ante una situación concreta –por ejemplo, ¿me está permitido hacer una promesa aun a sabiendas de que no la cumpliré?– la razón práctica se pregunta si es un deber hacer promesas veraces o si, por el contrario, está permitido la promesa falaz. Esa pregunta la contesta con una máxima, que es el principio que preside esa acción concreta: no me está permitido hacer una promesa insincera porque, si estuviera permitido tal cosa, entonces desaparecería el valor de la promesa al no tener nadie obligación de cumplirla. Por eso, dice KANT: «una acción hecha por deber tiene su valor moral (...) en la máxima *(Maxime)* por la cual ha sido resuelta (...), depende (...) del *principio del querer (Prinzip des Wollens)* según el cual ha sucedido la acción». (pg. 37). Es evidente que la máxima que preside el obrar presupone un ejercicio de la razón práctica. También lo es que la máxima supone necesariamente una ley de validez universal, que en el ejemplo no es otra que la obligatoriedad general de las promesas.

Vemos entonces cómo hay una íntima relación entre la voluntad buena, el deber, la máxima y la ley general. Por eso, afirma KANT que «el deber es la necesidad de una acción por respeto a la ley» (pg. 38). La representación mental de la ley «no se encuentra más que en el ser racional». (pg. 39) De ahí que «yo no debo obrar nunca más que de modo que pueda querer que mi máxima deba convertirse en ley universal». (pg. 41) El razonamiento moral tiene su sede en la razón. KANT destaca que ésta se encuentra en todos los hombres y que el uso común de la razón lleva a todos a descubrir las leyes morales: «Todos los conceptos morales tienen su asiento y origen, completamente *a priori*, en la razón, y ello en la razón humana más vulgar tanto como en la más altamente especulativa» (pg. 57).

Si todas las cosas en la naturaleza se rigen por leyes, sólo el hombre tiene la capacidad de actuar según la idea que se representa de las leyes, o sea, según principios. O, lo que es lo mismo, sólo el hombre tiene voluntad. «La voluntad no es otra cosa que razón práctica» (pg. 59). Así se cierra el círculo. Los hombres, como seres racionales que tienen la capacidad de guiarse por la razón práctica, son personas, a diferencia de los demás seres, que son cosas, al no poseer aquella facultad.

El imperativo categórico es expresable, por consiguiente, de esta manera: «Actúa de tal modo que, tanto en tu persona como en la persona de cualquier otro, apliques la humanidad *(Menschheit)* siempre como fin y nunca como medio» (traducción mía de la versión alemana, pg. 61).

Todo ser racional –en cuanto que racional– posee, por tanto, una voluntad moral que es «universalmente legisladora». Se legisla a sí misma por medio de máximas que reflejan leyes universales, las cuales son aplicaciones del imperativo categórico. Este principio básico lo denomina KANT «autonomía de la voluntad» *(«Autonomie des Willens»)*, lo que significa que el sujeto racional se juzga a sí mismo y a sus acciones atendiendo a las leyes generales racionalmente establecidas, leyes que generan un «enlace sistemático entre todos los seres racionales» dentro de un reino de fines *(ein Reich der Zwecke)* (pgs. 90-91).

Todo lo expresado en los párrafos anteriores desemboca en la idea de la *dignidad* del hombre como ser racional, como ser que no puede ser nunca tratado como un medio sino como un fin, en atención de que posee razón en cuya virtud es capaz de darse a sí mismo leyes morales generales de validez universal, esto es, aplicables a sí mismo y a todos los demás hombres. «La necesidad práctica de obrar según ese principio, es decir, el deber, no descansa en sentimientos, impulsos e inclinaciones, sino sólo en la relación de los seres racionales entre sí, en la cual la voluntad de un ser racional debe considerarse siempre al mismo tiempo como *legisladora*, pues si no, no podría pensarse como *fin en sí mismo*. La razón refiere, pues, toda máxima de la voluntad como universalmente legisladora a cualquier otra voluntad y también a cualquier acción para consigo misma, y esto no por virtud de ningún otro motivo práctico o en vista de algún provecho futuro, sino por la idea de la *dignidad (Würde)* de un ser racional que no obedece a ninguna otra ley que aquella que él se da a sí mismo» (pg. 92).

La persona, como ser racional que se legisla para sí, es fin en sí misma y por eso posee dignidad. Todas las cosas tienen su precio *(Preis)*. Las personas no tienen precio, sino dignidad. (Recuerda el dicho de Juan Mairena: «El necio confunde valor y precio»; una frase de Antonio MACHADO que, sin duda alguna, es muy kantiana).

En *Metaphysik der Sitten* («Metafísica de las costumbres», versión española de Adela CORTINA ORTS y Jesús CONILL SANCHO, con estudio preliminar de la primera, Tecnos, Madrid 1989), obra publicada en 1797, aborda también el concepto de persona, aunque de manera más breve. Resaltan dos aspectos en esta obra. El primero coincide básicamente con lo ya estudiado en los párrafos anteriores referentes a la *Fundamentación de la Metafísica de las Costumbres*, esto es, el hombre como ser racional, fin en sí mismo, como persona que posee dignidad y es merecedora de respeto (ver páginas 298-299 de la edición española citada). El segundo se refiere a un aspecto diferente, de carácter formal, sobre el cual vamos a volver en las lecciones próximas: la vinculación entre el concepto de persona y el de imputación.

Afirma KANT: «Persona es aquel sujeto cuyas acciones son susceptibles de *imputación (Zurechnung)*. La personalidad *moral* no es, pues, otra cosa que la libertad de un ser racional sometido a leyes morales (...), de lo cual se sigue entonces que una persona no está sometida a otras leyes que a aquellas que (bien por sí sola, bien en conjunción con otras) se da a sí misma». Como contrapunto a la persona está la cosa, como ya sabemos; pero ahora la define en relación con la imputación. «Cosa es algo *(ein Ding)* que no es capaz de imputación» (traducción mía de la versión alemana, pgs. 329-330). La clave para distinguir persona y cosa es que la primera es susceptible de imputación, mientras que la segunda no.

Esta conexión íntima entre persona e imputabilidad la sitúa KANT en un lugar de su obra *Metaphysik der Sitten* que titula «Conceptos preliminares de la metafísica de las costumbres (philosophia practica universalis)», lo que implica hacerlos aplicables tanto a la moral como al Derecho. Allí donde hay normas y hay libertad de los destinatarios, hay asimismo la posibilidad de imputación. Sostiene KANT: «*Imputación (imputatio)* en sentido moral es el *juicio* (Urteil) por el que alguien es considerado autor *(causa libera)* de una acción, a la que se llama entonces *hecho (factum)* y que está prevista en la ley; juicio que, si trae consigo las consecuencias jurídicas que derivan de dicho hecho, sería una imputación dotada de fuerza jurídica (rechtskräftige) *(imputatio judiciaria s. valida)*, mas, de otro modo, sería una imputación valorativa o *enjuiciadora (imputatio diiudicatoria)*.– Toda persona (física o moral) que tenga el poder de imputar con fuerza jurídica, se llama *juez* o tribunal *(iudex s. forum)*» (traducción mía, pg. 334).

EJERCICIOS

1. Busca en un libro de Historia de la Filosofía la biografía de KANT y resúmela en unas líneas, destacando el título, año y significado de sus obras más relevantes.

2. ¿Cuáles son las obras de KANT a que se hace referencia en esta lección, y qué relación existe entre ellas?

3. Relaciona los siguientes conceptos kantianos: fines, medios, personas y cosas.

4. ¿Qué es una cosa para KANT? ¿Y una persona? ¿Cuál es el criterio de distinción entre ambas?

5. Explica el significado de la expresión «fin en sí mismo».

6. Relaciona los siguientes conceptos kantianos: persona, cosa, valor.

7. Explica en qué consiste el fundamento de la idea de que sólo los seres racionales puedan ser considerados como personas.

8. Define la noción de «autodeterminación de la voluntad».

9. ¿Por qué motivo sostiene KANT que lo único que puede calificarse de «bueno» es una voluntad? ¿Por qué es la voluntad buena el único dato moral relevante?

10. Para KANT, ¿se puede medir moralmente un acto por sus consecuencias? Razona la respuesta, y comenta si estás de acuerdo con la posición kantiana.

11. Relaciona los siguientes conceptos kantianos: voluntad buena, razón práctica, deber.

12. Relaciona los siguientes conceptos de la moral kantiana: acción, máxima y ley general.

13. Relaciona los siguientes conceptos kantianos, siguiendo un ejemplo que tú mismo pongas: máxima, ley general e imperativo categórico.

14. KANT usa la palabra «dignidad». ¿A qué realidad va referida? ¿Cuál es su significado ético?

15. En su obra *Metafísica de las Costumbres* KANT se refiere a dos aspectos de la persona. ¿Cuáles son estos dos aspectos?

16. Relaciona estos conceptos: cosa, persona e imputación.

17. Distingue entre la imputación que tiene fuerza jurídica y la que no. ¿Cómo las denomina KANT?

CAPÍTULO 23

SUJETO JURÍDICO Y PERSONA EN LA TEORÍA COMUNICACIONAL DEL DERECHO

CXVII. LOS SUJETOS EN EL JUEGO: LOS JUGADORES, LOS EQUIPOS

Doy por sentado que no te extrañará si comienzo la exposición de los sujetos en el marco de la Teoría comunicacional del Derecho con el examen previo de los que son sujetos en los juegos. La comparación entre Derecho y juego es realmente mucho más fructífera de lo que pudiera pensarse, y de nuevo vamos a tener ocasión de comprobarlo en el tema que ahora nos ocupa. Recordarás que, entre los elementos necesarios en todo juego, hemos señalado, junto a la determinación del reglamento, el espacio, el tiempo y el procedimiento, los poderes y deberes, a los sujetos que han de realizar las acciones de juego. No es posible, en efecto, pensar un juego que no esté referido a la acción o acciones propias de ese juego y a los sujetos que han de realizarlas. Lo mismo sucede en el Derecho. El ordenamiento jurídico va dirigido a ciertos sujetos, que son quienes realizarán las acciones –o se abstendrán de realizarlas– previstas por dicho ordenamiento y a quien se les concederán las sanciones positivas y se les impondrán las sanciones negativas. Parece que esto es evidente y que no hace falta insistir en ello. Nuestro propósito ahora es desentrañar el significado de lo que implica ser sujeto de un juego o «jugador» para, después, aplicar las ideas que obtengamos a los sujetos jurídicos, comprobando hasta qué punto ambas nociones se asimilan y hasta qué punto pueden divergir.

Prescindiré –al objeto de simplificar la exposición– de aquellos juegos en que pueden intervenir animales como sujetos del juego. Aspecto éste que no discuto en absoluto, pues es evidente que hay juegos en los cuales los animales son protagonistas esenciales. Tal sucede, por ejemplo, cuando una persona juega con su perro tirando un objeto que el animal recoge a toda prisa para devolverlo a su dueño, o cuando los animales compiten entre sí, por ejemplo en una carrera. Sólo me referiré, por tanto, a los juegos en los que los jugadores son individuos humanos. En especial, me centraré en los juegos deportivos.

A la cuestión: ¿quiénes son los sujetos del juego?, puede responderse de inmediato: sujetos del juego son los jugadores. Ahora bien, dependiendo que el juego sea de un individuo contra otro, o que sea de varios individuos contra otros varios, los juegos pueden dividirse en dos grandes grupos. El primer grupo está constituido por los juegos en los que todas las partes que intervienen actúan meramente como individuos independientes. Así, en el tenis, es frecuente –aunque no necesario– que jueguen un individuo contra otro individuo. El segundo grupo lo forman aquellos juegos en los que se exige la formación de equipos, de tal modo que un equipo juega contra otro. Para hacer alusión a la analogía entre el Derecho y el juego, diré que en el primer caso nos encontramos sólo ante personas físicas, mientras que en el segundo estamos ante algo parecido a personas jurídicas. Un equipo de fútbol o de rugby actúa, a efectos de lo que tratamos ahora, como una persona moral o colectiva. Ciertamente, los equipos no pueden actuar sino por medio de los jugadores individuales. Quien mete un gol es un jugador, pero el tanto no sólo se le adscribe o imputa a dicho jugador sino asimismo, y sobre todo –quiero decir a efecto de los aspectos principales de clasificación del equipo, ganar la liga, obtener la copa, etc.–, se le imputa al equipo.

¿En qué consiste «ser jugador»? ¿En qué se diferencia un jugador de alguien que no lo es? «Ser jugador» es una expresión que tiene varios significados. Por lo pronto, estos dos: primero, equivale a ser jugador profesional, ya individualmente ya perteneciente a tal o cual equipo; segundo, es sinónimo de «partícipe en el juego». Aquí prescindiremos del primer significado refiriéndonos al juego sin más, y no al juego profesional, que en sí mismo es una categoría jurídica. Por tanto, me propongo reflexionar sobre lo que significa «ser jugador» sin más aditamentos ni adjetivos.

«Ser jugador» es sinónimo de estar en una determinada situación lúdica. Estar en una determinada situación lúdica equivale, por su parte, a participar en el juego de un modo activo, es decir, a actuar dentro del marco del juego de que se trate. Cuando se acabe el partido, el jugador dejará de serlo y pasará a otra condición, la de no-jugador. Jugar es participar en la acción de juego. Es jugador quien realiza acciones de juego y mientras las realiza. Es no-jugador quien no realiza dichas acciones. Al afirmar que es una situación, se pretende decir varias cosas. Primera, «ser jugador» es un aspecto transitorio de un sujeto, de un ser humano. Segunda, «ser jugador» no equivale a «ser humano», sino que implica sólo algunos aspectos del ser humano.

Hemos visto en lecciones anteriores que las situaciones pueden ser permanentes o transitorias, distinción ésta que hay que entender en sus justos términos, esto es, como una distinción relativa, pues la generalidad de las situaciones son transitorias, si bien algunas se prolongan en el tiempo y otras nacen con vocación de permanencia. «Ser jugador» es una situación transitoria (repito que dejamos de lado a los jugadores profesionales), ya que el juego para las personas supone normalmente un paréntesis breve en las actividades cotidianas. Cuando no supone un paréntesis sino que ocupa la vida, estamos ante el juego como «forma de vida», o sea, ante la ludopatía. [Sobre estos aspectos me he explicado con cierto detenimiento en mi opúsculo *La Justicia en los Juegos*, Ed. Trotta, Madrid 2010.]

Cuando un individuo está jugando al fútbol, se encuentra en el campo, en el terreno de juego, como sujeto potencial –y ocasionalmente activo– de las acciones de juego. Es su ser físico-psíquico el que se encuentra en la cancha. A pesar de esto, sin embargo, no puede afirmarse que su «ser jugador» coincida con su «ser hombre». El jugador de fútbol, al igual que el actor en el teatro, representa un «papel», un «rol», que no se identifica en absoluto con lo que es él como individuo humano. Dicho de otro modo: el «ser jugador» no ocupa todas las facetas de su vida. Más bien se trata de una faceta secundaria. No hay, pues, identificación entre «jugador» e «individuo humano». El jugador es una faceta del individuo; o, mejor dicho, es una situación en la que el individuo se encuentra en determinadas ocasiones.

¿En virtud de qué ese individuo se encuentra en ciertas ocasiones en una situación de jugador? ¿Cómo podemos saber que ese mismo individuo está en situación de jugador, o no? Sólo lo sabemos porque participa en la acción de juego, porque efectúa las acciones propias de ese juego concreto. Y sólo sabemos que ejecuta las acciones de ese juego, y no de otro, porque conocemos las reglas del juego y, por supuesto, el individuo en cuestión también las conoce, porque con su acción, al aplicarlas, demuestra su conocimiento.

En contraposición con quien participa en el juego como jugador, está quien es observador. Los individuos que contemplan un partido de fútbol no son jugadores, sino espectadores. Los jugadores están *in*, los espectadores están *out*. Los primeros son *insiders*, los segundos son *outsiders*. Los primeros representan la perspectiva interna; los segundos, la perspectiva externa. Esta distinción entre perspectiva interna y externa, en referencia al Derecho suele ser atribuida a Hart, pero en realidad es anterior a este autor. Se encuentra, por ejemplo, ya claramente formulada en la teoría sociológica de Vierkandt. Tiene un significado muy claro. En un grupo social, los miembros del grupo forman parte de él y eso significa, entre otras cosas, que se encuentran sometidos a las normas que rigen la vida de dicho grupo. Los individuos que no forman parte del grupo no están sometidos a sus normas, están situados fuera de él. Es evidente que la manera de considerar las normas de unos y otros es muy diferente, pues mientras que desde dentro el individuo se siente concernido por las normas de modo directo, desde fuera mantiene una situación distante que le permite observar sin estar concernido directamente. En un juego la participación del *insider* y la propia del *outsider* son disímiles, si bien ambos tienen al menos un punto en común, que es el conocimiento de las reglas del juego. Naturalmente, me refiero en este supuesto al espectador que es capaz de seguir las jugadas del juego, no al que ignora su significado, pues éste, aunque observe, no entenderá lo que sucede en la cancha.

Ser sujeto del juego significa, por consiguiente, ser un individuo que está en una posición determinada, la de ser jugador. El jugador es el destinatario de las reglas del juego –aunque no el único, puesto que también lo es el árbitro. Es asimismo el sujeto de la acción de juego. He aquí dos aspectos que conviene desarrollar un poco.

Los jugadores son los destinatarios directos –u ordinarios– de las reglas del juego. Quiero decir con esto que, aunque los árbitros también son destinatarios de dichas reglas, lo son de diferente manera. No es esencial que haya árbitro. La prueba de esto es que con gran frecuencia las personas juegan sin que un árbitro controle sus acciones. Sin embargo, cuando no hay árbitros, los propios jugadores actúan de mutuo acuerdo como tales, y realizan por tanto dos funciones diferentes. El espectador que conoce las reglas del juego puede seguir el partido entendiendo lo que sucede, pero él no es propiamente destinatario de dichas reglas.

Las tres figuras –jugador, árbitro y espectador– hacen un *uso* diferenciado de las reglas del juego. El jugador usa las reglas para jugar, es decir, para realizar acciones propias del juego de que se trate. El árbitro las usa para dirigir y controlar el juego en sus diversos aspectos. El espectador, por su parte, las usa para poder entender lo que sucede en el terreno de juego.

El jugador, por tanto, es el destinatario directo u ordinario de las reglas del juego, y las usa para jugar, es decir, para realizar las acciones lúdicas correspondientes. Otra manera de decir esto mismo es afirmar que el jugador es el sujeto de las acciones de juego. El jugador es el sujeto de la acción, es decir, quien realiza la acción, quien actúa. Está sujeto *a* las reglas del juego y *es* sujeto de las acciones de juego.

Al jugador se le imputa sus actos de juego y asimismo las consecuencias de dichos actos. Las acciones lúdicas son acciones de «alguien», y las consecuencias de esas acciones también lo son de ese «alguien». Algunas acciones son de imputación meramente individual, pero otras lo son de imputación colectiva también. Ejemplos: si un jugador comete una falta al poner la zancadilla a un adversario, el árbitro señala falta y le sanciona con la tarjeta amarilla, lo cual traerá alguna consecuencia al jugador mismo. Si el jugador marca un gol, éste se le imputa al equipo para algunos efectos –relativos, por ejemplo, al resultado del partido y a la clasificación del equipo en la tabla general–, pero para otros efectos se le imputa al jugador mismo –por ejemplo–, para el trofeo «Pichichi», que es el que se otorga al futbolista que a final de temporada haya marcado más goles.

Vemos, por consiguiente, cómo el mecanismo de la imputación de acciones afecta tanto a los individuos que son jugadores como a los equipos de los que forman parte. No sólo es sujeto de juego el jugador individual sino igualmente el jugador colectivo, el equipo. A quién o a quiénes se imputan las acciones y en qué sentido, son cuestiones que sólo encuentran respuesta en las reglas del juego de que se trate.

A la pregunta de si se imputan las acciones al jugador porque es jugador o bien es jugador porque se le imputan las acciones, hay que responder que en el juego se establecen primero quiénes son jugadores –y esto se hace por medio de una o varias reglas ónticas– y, como consecuencia de la determinación de quiénes son jugadores, se les adscribe o imputa posteriormente las acciones que realicen– y esto último, tanto cuando nos referimos a las acciones del jugador individual como a las acciones del jugador colectivo (equipo). Ello no es un obstáculo para que podamos crear un juego en el cual, junto a los jugadores, puedan intervenir representantes de los mismos, o sea, personas que les sustituyan en la acción de juego. Pero aquí no vamos a entrar en esas complicaciones, nos conformamos con señalar lo que es más elemental en los juegos deportivos. En el Derecho las cosas son más complejas, como tendremos ocasión de comprobar en las lecciones siguientes.

Para concluir esta lección voy a referirme a las diversas «posiciones» que ocupan los jugadores en el juego. No me refiero a las simples posiciones en el espacio, sino a sus «posiciones lúdicas». Por ejemplo, en un equipo de fútbol hay que distinguir dos tipos de posiciones: la del portero (en algunos países de Iberoamérica lo llaman «arquero») y la del librecampista. El equipo reglamentario de fútbol tiene un portero y diez librecampistas. La posición lúdica corresponde, por tanto, a una suerte de segunda situación dentro del juego. Tendríamos entonces que todo individuo que juegue al fútbol vendría caracterizado por dos situaciones: la básica, esto es, la de ser jugador, y la secundaria, es decir, la de ser o bien librecampista o bien portero. Ser jugador equivale a poder participar en el juego realizando las acciones propias del mismo. Ser librecampista o portero delimita o especifica más el tipo de acción. Pues el primero no puede –en el sentido de que no está autorizado a– utilizar los brazos para mover el balón, mientras que el segundo puede utilizar todo su cuerpo para detenerlo y para moverlo.

De una situación se puede pasar a otra. De la situación básica de ser jugador se pasa, cuando acaba el partido, a la situación de no-jugador (recuérdese que no estamos teniendo en cuenta a los jugadores profesionales, que constituyen, no una mera noción lúdica, sino una noción jurídica). Y de la situación secundaria (posición) de librecampista se puede pasar a la de portero, y viceversa, de la de portero a la de librecampista. A esta cualidad de poder transitar en el juego de unas situaciones a otras la llamamos *transitividad* de las situaciones lúdicas, en razón de que los individuos son susceptibles de transitar, de pasar, de una situación a otra.

NOTAS Y COMENTARIOS

– *Perspectiva interna y perspectiva externa.* Para el análisis de un juego podemos adoptar o bien la perspectiva interna o bien la perspectiva externa. Esto mismo es aplicable a cualquier orden normativo, incluido, por supuesto el Derecho. Esta diferenciación la puso en boga Herbert HART, aunque, como digo en el texto, es bastante anterior. La podemos encontrar, por ejemplo, en las obras de Alfred VIERKANDT. Así en su *Gesellschaftslehre* («Teoría de la sociedad»), 1ª ed., 1922, Verlag von Ferdinand Enke, Stuttgart, 2ª ed., 1928, pgs. 405 y ss.

EJERCICIOS

1. En cinco o seis líneas haz el resumen de esta lección.

2. ¿Cuál es tu opinión personal respecto de la comparación entre el Derecho y el juego? Reflexiona sobre cuáles pueden ser el alcance y los límites de dicha analogía.

3. Enumera los elementos estructurales que necesariamente se dan en todo juego. Compáralos con los propios del Derecho.

4. ¿Cuáles son los motivos por los cuales he centrado la comparación del Derecho con los juegos deportivos?

5. Un equipo en el juego es análogo a una persona jurídica en el Derecho. Explica por qué esto es así, y pon ejemplos al respecto.

6. ¿Cómo funciona la imputación de las acciones de juego en el fútbol? ¿Y en otro juego que tú mismo puedes poner como ejemplo?

7. Explica el motivo por el cual en la lección se ha descartado tratar del jugador profesional.

8. ¿A qué se denomina «situación lúdica básica»?

9. Diferencia entre ser (individuo) humano y jugador, y relaciona la noción de jugador con la de actor.

10. ¿Por qué la situación de jugador es transitoria? ¿Qué ocurre cuando en la vida de una persona la situación de jugador deja de ser transitoria y se transforma en prácticamente permanente?

11. Relaciona las reglas de un juego con el establecimiento de sus elementos, con el conocimiento del juego y con el uso de dichas reglas.

12. Explica la diferencia entre la perspectiva interna y la perspectiva externa y aplícala al análisis de un juego que no sea el fútbol.

13. El sujeto del juego es un concepto que se aplica a situaciones varias. ¿Se puede identificar al sujeto del juego con el jugador simplemente?

14. ¿En qué sentido los árbitros pueden ser considerados también como sujetos del juego?

15. Explica el significado del concepto de imputación en los juegos.

16. Aclara el concepto de transitividad de las situaciones lúdicas.

CXVIII. LOS SUJETOS JURÍDICOS; LAS PERSONAS (1)

A lo largo de esta obra he recordado en varias ocasiones que la Teoría comunicacional del Derecho permite tres tipos de análisis que, aunque son susceptibles de ser vinculados entre sí, se mantienen independientes. Estos tres tipos o niveles corresponden a lo que hemos denominado teoría formal del Derecho, teoría de la dogmática jurídica y teoría de las decisiones jurídicas.

En el primero de los niveles se analizan las estructuras formales del Derecho, entre ellas los conceptos jurídicos formales o universales. En el segundo se plantean las cuestiones propias de la dogmática que, por principio, afectan a uno o varios ordenamientos jurídicos determinados. En el tercero se abordan los diferentes aspectos de las decisiones en el Derecho, desde la decisión constituyente, pasando por la legislativa, la judicial, etc. hasta llegar a las decisiones generadoras de normas negociales.

En el marco de este último nivel es donde, a mi juicio, han de plantearse los problemas relativos a la justicia y, en general, a los valores que las decisiones normativas deben encarnar. Es capital tener en cuenta esta diferenciación de niveles de análisis, pues permite comprender los diversos aspectos de los problemas que el Derecho plantea. En este primer volumen de la obra me he limitado a tratar de los aspectos propios de la teoría formal (o pura) del Derecho, es decir, al primero de los niveles de la Teoría comunicacional, si bien en ciertos momentos ha sido preciso hacer alguna referencia o introducir alguna lección sobre otros aspectos, pertenecientes a otros niveles de análisis. Sobre todo, he hecho esto al comienzo del libro para situar adecuadamente los conceptos básicos implicados en un sistema jurídico así como para dar satisfacción a la pregunta de cómo surgen los textos jurídicos normativos. Ya sabemos la respuesta a esta cuestión; los textos jurídicos ordinamentales surgen mediante decisiones, y el texto jurídico sistémico por medio de la ciencia del Derecho o dogmática jurídica. Estos breves compases al comienzo de la obra serán desarrollados –al menos, tal es mi propósito– en el segundo volumen.

La distinción de los tres niveles de la Teoría comunicacional del Derecho es singularmente relevante en el asunto que nos ocupa, el de los sujetos jurídicos y las personas. Pues una cosa es tratar sobre qué sea un sujeto jurídico o una persona en general, como concepto formal o universal manejado explícita o implícitamente por todo ordenamiento jurídico, y otras bien distintas son las cuestiones que dichos conceptos plantean en los niveles de la teoría de la dogmática y de la teoría de las decisiones jurídicas. Es en este último nivel donde hay que cuestionarse a qué realidades es justo que el orden jurídico conceda la categoría de sujeto de derecho o de persona. Es en esta sede de la teoría de la decisión donde habrá que preguntarse –y responder adecuadamente– si es justo que a todos los seres humanos se le debe de reconocer la cualidad de persona, y si en esta noción de «seres humanos» entran también los *nascituri.* Estas cuestiones, y otras similares, forman parte de los problemas a los que debe dar respuesta una teoría de la justicia. Ahora bien, la teoría de la justicia forma parte de la teoría de las decisiones jurídicas por el simple hecho de que nos planteamos lo que es justo o injusto a la hora de decidir. Téngase en cuenta además que, cuando me refiero a las decisiones, no estoy pensando sólo en las decisiones que resuelven los casos concretos, sino también en las decisiones generales, como la decisión constituyente o la decisión legislativa.

Hay cierta propensión entre los autores a vincular el término «decisión» con los actos judiciales o administrativos, esto es, con las decisiones que se afectan a casos particulares o a concretos aspectos de ejecución de las leyes. El concepto de decisión jurídica que manejamos en la Teoría comunicacional del Derecho es, como ya ha quedado expuesto al comienzo de este volumen, mucho más amplio; integra tanto las decisiones que dan lugar a normas generales como, asimismo, las decisiones individualizadas. La teoría de la justicia conforma el aspecto material de la teoría de las decisiones jurídicas y su tratamiento ha de hacerse teniendo en cuenta los diversos tipos de decisiones: la constituyente, la legislativa, la judicial, la administrativa, la negocial, etc. Su lugar preferente, por decirlo así, es la teoría de la decisión constituyente, pues es el poder constituyente el que, en principio, tiene las manos más libres para plasmar en el texto constitucional los principios y valores fundamentales del ordenamiento jurídico. Cuando un autor escribe un tratado de teoría de la justicia –con ese u otro nombre– se pone mentalmente en el lugar del poder constituyente. Es como si se dijera a sí mismo: «Supón que eres el poder constituyente y que puedes hacer la constitución que sea más justa». Por supuesto, sabemos que en la realidad de los hechos el constituyente está sometido a los condicionamientos propios de la sociedad, y esa sería la diferencia esencial entre un poder constituyente real, actuando en un determinado momento histórico, y un «poder constituyente» meramente teórico.

Hechas estas aclaraciones, que considero necesarias para la correcta comprensión de este gran tema de los sujetos jurídico y de las personas en el Derecho, el lector ha de tener en cuenta que la exposición que sigue se limita a desentrañar el significado que dichos términos tienen en el marco de la teoría formal (o pura) y que, por consiguiente, aquí no trataremos, por ejemplo, de la persona como valor jurídico o de la dignidad de la misma, temas ambos que, junto con otros colindantes, pertenecen a la teoría de las decisiones jurídicas. Nuestro problema actual se reduce, por tanto, al concepto meramente formal de sujeto jurídico y de persona. Y como siempre, para contestar a esa cuestión, la Teoría del Derecho ha de tener presente la pluralidad de respuestas que se encuentran en el Derecho positivo.

¿Es lo mismo «sujeto jurídico» que «persona»? Esta pregunta no es posible contestarla abstractamente, pues, como hemos tenido ocasión de comprobar, el término «persona» no se ha usado a la largo de la historia con un sentido unívoco. Hemos visto cómo en el Derecho romano se aplica esta palabra también a los esclavos (*persona servi*), mientras que posteriormente se restringe a los sujetos jurídicos en sentido propio, esto es, a quienes pueden ser sujetos de derechos y deberes y pueden alcanzar plena capacidad jurídica. Por tanto, si hemos de responder a la pregunta planteada, parece conveniente que se entienda como «persona» al sujeto dotado de dicha capacidad jurídica plena. Esto significa que sería «persona» el sujeto titular de derechos y deberes en todos los ámbitos de la vida jurídica. Si nos referimos al Derecho romano, persona, en ese sentido, sería sólo el *sui iuris*, el *pater familias*. Todos los demás individuos estarían sometidos a un *pater familias*, tanto el resto de los componentes de la familia como los siervos. Salvo el *pater familias*, todos verían su capacidad jurídica recortada y, por supuesto, también su capacidad de obrar. En el Derecho romano nos encontramos, por tanto, ante una estratificación de las capacidades jurídicas. Los individuos son clasificables de acuerdo con su *status*, como ya hemos estudiado.

Ahora bien, que el *filius* no sea plenamente capaz ante el Derecho, no quiere decir en absoluto que sea incapaz. Es sujeto potencial de buen número de derechos subjetivos y de deberes jurídicos. El *servus*, por su parte, tiene la consideración jurídica de «cosa», por tanto de «no-persona», pero su condición humana impone la mitigación de esta consideración jurídica, como demuestra la institución del *peculium*, patrimonio adscrito al esclavo en un régimen especial y con el cual llegó a admitirse que podría pagar su propia liberación, transformándose así en *homo liber*. Pero, sobre todo, lo que al siervo no se le puede negar, es que sea sujeto de deberes jurídicos. Para el Derecho romano, por mucho que se afirme que el *servus* es una cosa, no puede obviarse que es un hombre vinculado al *dominus* y sometido a él y, en cuanto que tiene voluntad propia, tiene el deber jurídico de obediencia, circunstancia ésta que no puede predicarse de las simples cosas. Si el *servus* no es persona, sí es, sin embargo, sujeto jurídico, puesto que al menos sí es sujeto de deberes jurídicos. Me parece obvio que, cuando los romanos pensaban en el *servus* como «cosa», lo hacían desde el punto de vista de los derechos –negándoselos–, pero no desde el punto de vista de los deberes jurídicos. Los esclavos no tenían derechos ciertamente (aunque algunos aspectos matizan esa situación), pero sí eran titulares de deberes jurídicos. Por tanto, en este aspecto eran sujetos jurídicos, lo que quiere decir que, como seres humanos, estaban sujetos al Derecho para obedecer sus normas, si bien las normas jurídicas no les concedían derechos. No eran personas, pero sí sujetos jurídicos.

Nos dicen JÖRS y KUNKEL: «Los miembros libres de la casa se diferenciaban de los esclavos porque poseían los derechos inherentes a la ciudadanía romana, por su participación jurídica en el patrimonio familiar y por la expectativa de llegar a ser independientes. Eran señores natos, como aquéllos eran siervos natos. Sin embargo, mientras el *pater familias* vivía, su condición civil apenas se diferenciaba de la de los esclavos. En su persona, no eran otra cosa que objetos del poder soberano del padre, y en el aspecto patrimonial dependían enteramente de él, y según la concepción clásica hasta carecían, en principio, de capacidad para poseer patrimonio independientemente. Esta situación persistió hasta que en la última época del período imperial el antiguo poder familiar fue debilitándose por la influencia de las ideas griegas y cristianas.»

La concepción romana atraviesa períodos diversos, en los que es perceptible el cambio de las concepciones respecto del *status* jurídico de los individuos humanos. Ello nos hace ver claramente que el concepto de persona –entendido como sujeto capaz de derechos y deberes– sólo se aplicó a determinados individuos. Sin embargo, en el Derecho moderno se aplica a todos los individuos humanos. Puede decirse, en consecuencia, que aunque la noción de sujeto jurídico –desde una perspectiva teórica– no se identifica con la de persona, ya que ha habido épocas en las cuales determinados individuos humanos tenían deberes jurídicos –y por tanto eran sujetos jurídicos–, a pesar de lo cual no tenían la consideración de personas, en el Derecho actual prácticamente vienen a ser casi equivalentes, al menos en lo que se refiere a las personas físicas. Veremos después que, sin embargo, hay ciertas excepciones a esta idea.

En el Derecho actual todo individuo humano tiene la calificación jurídica de «persona». Eso significa simplemente que, para los ordenamientos jurídicos, los seres humanos están en una determinada *situación jurídica básica*: la de ser personas. «Ser persona» no es, pues, una cualidad natural, como pueden serlo que el hombre es un mamífero o que posee razón y voluntad. La personalidad es un otorgamiento de las normas de Derecho. No se es persona antes de que las normas jurídicas lo establezcan. La prueba que confirma esta tesis es que un ordenamiento jurídico puede negar carácter personal a determinados individuos, como sucedía en la Antigüedad. No se olvide que estamos tratando aquí del concepto jurídico de persona, y no de su noción filosófica, religiosa o humana. Los propios romanos reconocían que la esclavitud era una institución de Derecho positivo, concretamente perteneciente al *ius gentium*, pero no de Derecho natural, pues –argumentaban– por naturaleza todos los hombres son libres. De igual forma a como las normas jurídicas establecen el espacio y el tiempo de un determinado orden jurídico, así hace con los sujetos jurídicos y las personas. Por medio de normas ónticas determina quiénes *son* sujetos y quiénes personas para el Derecho.

Que el «ser persona» constituye una situación jurídica del individuo es una realidad tan clara que incluso en aquellos autores que parecen mantener una posición distinta sus propias palabras les traicionan. Esto lo podemos observar en las afirmaciones de Federico De Castro. Este autor sostiene que el Derecho de la persona es «el conjunto de normas que directamente regulan la *situación* de la persona como tal» (cursiva mía), lo que quiere decir, obviamente, que es el conjunto normativo que regula la situación del individuo como persona. A continuación añade que el ámbito propio de esta rama del Derecho es «el de la *situación* y poder de la persona como tal persona» (cursiva mía). Entiendo que el «poder» forma parte de la situación, y que en definitiva esta frase se traduce en esta otra: «la situación del individuo como persona».

El ser humano es, en un primer plano, una realidad natural de carácter físico-psíquico. En la terminología tradicional: es un cuerpo con alma o un alma con cuerpo. En definitiva, un animal de caracteres especiales, cuya diferencia radical con el resto de animales conocidos es la razón y sus productos más inmediatos: el pensamiento y el lenguaje. Individualmente considerado, eso es el hombre desde una perspectiva meramente naturalista. Ahora bien, el ser humano no vive solo, sino en sociedad. En ésta actúa y representa determinados papeles o roles. De entre ellos el Derecho selecciona unos cuantos, muchos, y los dota de una significación especial configurando sus perfiles jurídicos. Esos roles vienen definidos por las distintas situaciones jurídicas, de las cuales destaca una sobre las demás: la de ser persona. El derecho moderno ha generalizado esa situación jurídica de «ser persona» y la ha atribuido a todo ser humano, independientemente de cualquier condición o circunstancia en que los individuos concretos se encuentren. Ello se traduce a que en un ámbito jurídico se es persona porque el ordenamiento otorga al individuo, a cualquier individuo, esa situación genérica y básica. El individuo *es* persona porque *está* en la situación jurídica de persona que el Derecho le otorga. No es una cualidad intrínseca, natural del individuo, sino una cualidad que el Derecho le concede al colocarle respecto de él en la situación jurídica de persona. Se trata de una situación jurídica *básica*, presupuesto de todas las demás situaciones jurídicas posteriores.

«Ser persona» en su sentido jurídico es, pues, la situación jurídica básica en que se encuentra un individuo dentro de un ámbito jurídico en atención a que las normas del ordenamiento / sistema le otorgan esa situación.

Ahora bien, el Derecho no sólo otorga a los individuos dicha situación jurídica básica, en que consiste «ser persona». También se la concede a determinadas «organizaciones». Así, los Estados son personas para el Derecho internacional. Y, dentro de los ámbitos jurídicos estatales, los respectivos ordenamientos reconocen dicha situación a «entes sociales» de muy diverso género: asociaciones deportivas, compañías mercantiles, universidades, empresas públicas, administraciones públicas, fundaciones, etc.

La doctrina ha elaborado la distinción entre personas físicas y personas jurídicas. El primer nombre se lo dan a los individuos, el segundo a las organizaciones mencionadas. A la persona física se la denomina también persona natural y persona individual. A la jurídica también se la llama persona moral, persona colectiva e incluso persona ficticia. La terminología no es muy apropiada, pero se ha impuesto en cada país con una de esas denominaciones. En España usamos la distinción persona física/persona jurídica. Sin embargo, tanto la una como la otra son «jurídicas», ya que ambas implican la situación jurídica básica, llamada «persona», bien sea de los individuos, bien de las organizaciones.

NOTAS Y COMENTARIOS

– *Sobre el concepto de decisión.* He afirmado en el texto que es común que los autores hagan equivalente el concepto de decisión y el de decisión individual, aplicable al caso concreto. Esta manera de entender la decisión está muy extendida. La encontramos en forma paradigmática en la obra de Hermann Isay, *Rechtsnorm und Entscheidung* («Norma jurídica y decisión»), Verlag von Franz Vahlen, Berlin 1929, reimpresión en Scientia Verlag Aalen, 1970. Dice este autor al comienzo de la obra: «La regulación *de antemano* por el Derecho, esto es, la vinculación de la exigencia de un determinado comportamiento externo con un hecho hipotético *abstractamente* formulado, debe denominarse *norma jurídica (Rechtsnorm)*; la *posterior* regulación del caso individual por el Derecho, esto es, la vinculación de la exigencia de un determinado comportamiento externo con un hecho *concreto*, debe denominarse *decisión (Entscheidung).*» (pg. 4). El concepto que manejamos en la Teoría comunicacional es, como queda expuesto, mucho más amplio.

- Paul Jörs, *Derecho Privado Romano*, edición totalmente refundida por Wolfgang Kunkel, traducción de la segunda edición alemana por L. Prieto-Castro, Editorial Labor, Barcelona *et alt.* 1938, reimpr. 1965, pgs. 92-93.
- Federico De Castro y Bravo, *Derecho Civil de España. Tomo II. Derecho de la Persona. Parte primera: La persona y su estado civil*, Instituto de Estudios Políticos, Madrid, 1952. La cita del texto está tomada de la pg. 20. En análisis crítico de la posición de De Castro se ve confirmado en el epígrafe que dicho autor dedica a la definición de la persona (pgs. 30-31). Sostiene: «El camino aconsejable para definir la persona parece ser partir del concepto de persona humana y destacar su significado general en el Derecho, o sea, el reconocimiento de la *situación jurídica* que corresponde («dignitas») al hombre, a todo hombre, por su condición de ser racional, creado a imagen y semejanza del Creador. Si se quiere ampliar el concepto hasta comprender a las personas jurídicas, puede decirse que son personas: *el hombre y traslaticiamente, en su caso, ciertas organizaciones humanas, en cuanto alcanzan la* cualidad *de miembros de la comunidad jurídica.*» De Castro razona aquí por qué motivo el Derecho debe reconocer a los individuos humanos como personas, esto es, adscribirles dicha situación jurídica. No puede por menos que emplear la expresión «situación jurídica», si bien en la definición de persona sustituye este concepto con el de «cualidad de miembro de la comunidad jurídica», que, en mi opinión, es equivalente.

EJERCICIOS

1. Resume el contenido de la lección, situándolo adecuadamente en el contexto de este Manual.

2. Recuerda cuáles son los tres tipos de análisis exigidos por la Teoría comunicacional del Derecho. ¿En qué consiste cada uno? ¿Cómo se diferencian entre sí? ¿Cómo se relacionan?

3. ¿En qué marco se sitúa –dentro de la Teoría comunicacional del Derecho– la teoría de la justicia?

4. ¿Qué tiene que ver la teoría de la justicia con el tratamiento teórico de la persona?

5. Explica cómo entiende Isay el concepto de decisión jurídica y cómo se lo entiende en la Teoría comunicacional del Derecho.

6. ¿Hay alguna diferencia entre «sujeto jurídico» y «persona»?

7. Buckland, en su libro *A Text-Book of Roman Law*, 1936, pg. 62, citado por De Castro, *op. cit.* pg. 21) sostiene que los esclavos eran a la vez «cosas y personas». Explica esta aparente paradoja.

8. ¿En qué se diferencian el *filius* y el *servus* en el Derecho romano clásico?

9. ¿Es el esclavo sujeto de derechos subjetivos? ¿Es sujeto de deberes jurídicos? ¿Es persona? ¿Es sujeto jurídico? Razona convenientemente las respuestas.

10. ¿Qué diferencia hay entre el Derecho romano y los ordenamientos jurídicos actuales en cuanto al «reconocimiento» de la personalidad jurídica de los individuos?

11. Explica lo que quiere decir que «ser persona para el Derecho» es equivalente a «estar en una situación jurídica básica».

12. ¿Qué tipo de normas jurídicas –dentro de la tipología defendida por la Teoría comunicacional del Derecho– establece la situación jurídica de persona que los ordenamientos adscriben a los individuos?

13. Explica las tesis de Federico De Castro respecto del concepto de persona y razona la crítica que se le hace en el texto. ¿Te parece acertada dicha crítica?

14. Distingue «hombre» («ser humano», «individuo») y «persona».

15. Explica la distinción entre persona física y persona jurídica.

CXIX. LOS SUJETOS JURÍDICOS; LAS PERSONAS (2)

Profundicemos un poco en las nociones que algo esquemáticamente he expuesto en la lección anterior. Téngase siempre presente que nos vamos a mover exclusivamente en el terreno jurídico, y no en el teológico, ni en moral, ni el político. Estas perspectivas, aunque relacionadas entre sí, son muy distintas desde el punto de vista conceptual y a ello hay que atenerse.

Lo primero que hay que tener clara es la diferenciación entre «hombre» (*homo*) y sujeto jurídico. Y dentro de este último concepto, de sujeto jurídico, la distinción entre sujetos que son personas y sujetos que no son personas.

El ser humano, el hombre –sea varón o mujer– es una realidad biológica y psicológica. Como ya he dicho, un ser dotado de cuerpo y psique. Como realidad natural, forma parte de la naturaleza, de manera parecida a otros animales, aunque con la singularidad de que su aspecto psíquico y espiritual es indudablemente más rico y más complejo. Hay muchas ciencias que estudian al ser humano como individuo de una especie zoológica. Todas las ramas de la medicina, de la psiquiatría, de la psicología, tienen precisamente ese objeto: desvelar cómo es el ser humano, el individuo, en sus componentes somáticos y psíquicos. Esa investigación tiene múltiples facetas: desde la formación biológica y psicológica del ser humano, a partir del momento de la fecundación hasta su muerte, pasando por los efectos que sobre ese cuerpo animado tiene el medio en el que vive así como las causas de las enfermedades y demás fenómenos psíquicos y somáticos, y también sus relaciones causales con el exterior: las acciones humanas tienen sus efectos externos. Todo ese conglomerado de fenómenos pertenece a la investigación causalista, propia de las ciencias de la naturaleza.

Pondré algunos ejemplos. La anatomía estudia cómo está formado el organismo de los seres humanos, que es sustancialmente el mismo en todos ellos, salvo algunas diferencias entre las que sobresale la distinción de sexos. La fisiología investiga cómo funcionan los órganos al servicio del conjunto del organismo. La psicología y la psiquiatría tratan de hallar las causas de los comportamientos y los sentimientos anómalos, para, una vez halladas, poner coto a su efecto y llegar incluso a la curación. Los actos tienen efectos sobre el exterior, como cuando accionamos una máquina para que ésta funcione, o cuando alguien dispara sobre otro causándole la muerte. Todos estos fenómenos pertenecen, por decirlo así, al mundo de la naturaleza, al aspecto bio-psíquico del hombre. Tienen que ver con el «hombre» como ente natural.

Los autores clásicos señalan –lo hemos visto en KANT– que lo que distingue al hombre es el poseer inteligencia (razón) y voluntad, cualidades psíquicas que le hacen diferente a otros animales desde esa perspectiva naturalista y que permite afirmar que el hombre es «libre» –aunque con esta palabra se suele querer decir muchas cosas–, a veces incompatibles entre sí.

Por naturaleza, el hombre así entendido como mera realidad físico-psíquica ni es sujeto jurídico, ni persona, ni nada que se le parezca. Es simplemente hombre, ser humano.

Ser sujeto jurídico es una cualidad o situación que determina un orden normativo de carácter jurídico, esto es, un ordenamiento. Cada ordenamiento, mediatizado por el sistema en el sentido que ya sabemos, determina qué realidades son sujetos jurídicos. Suelen otorgar esa condición o situación a determinadas realidades previamente existentes. Así sucede con los individuos humanos. Para el Derecho moderno todos los individuos humanos son sujetos jurídicos, y para el Derecho romano también, por mucho que sean enormes las diferencias de contenido de lo que, en cada uno de los casos, significa «ser sujeto jurídico».

Independientemente del contenido concreto de cada ordenamiento –en lo que no voy a entrar, naturalmente– ser sujeto jurídico significa siempre al menos estas tres cosas: ocupar una situación en un ámbito jurídico, ser destinatario de la comunicación jurídica y, en consecuencia, ser sujeto potencial de deberes y/o derechos.

La situación jurídica, en que consiste ser sujeto de Derecho en un ámbito, la otorga el ordenamiento (sistema) mediante normas ónticas, que establecen quiénes o qué realidades *son* sujetos. Esa determinación supone la concreción de los destinatarios de las normas. ¿De qué normas? De las normas del sistema jurídico que conciernan a dichos sujetos de manera directa o indirecta. Como ya sabemos, las normas son mensajes, y por eso los sujetos jurídicos son sujetos destinatarios de dichos mensajes. Por último, ser sujeto jurídico se traduce en que se es sujeto de deberes jurídicos y/o de derechos subjetivos; lo cual en último término deriva en ser sujetos potenciales de actos. De ahí la conexión existente entre la capacidad jurídica y la capacidad de obrar o actuar.

Los sujetos jurídicos que corresponden a los individuos pueden ser *personas* y *no-personas*.

Los primeros son aquellos a los que el sistema jurídico les reconoce plena capacidad jurídica. Así, un niño recién nacido puede ser sujeto de derechos y deberes, y lo mismo un adulto incapacitado, porque la capacidad jurídica no es otra cosa que la posibilidad de ser titular de derechos y deberes. El niño y el incapacitado pueden ser propietarios y tener también deudas. Esto es así aunque les falte la capacidad de obrar, que tendrá que ejercer otra persona en su nombre.

Los sujetos jurídicos no-personas son aquellos a los que el ordenamiento jurídico no les reconoce la capacidad jurídica plena, esto es, no pueden ser titulares de derechos y deberes, sino que tienen sólo deberes jurídicos o, en el caso que tengan ciertos derechos no tiene la titularidad, sino sólo el uso o la administración. Tal es el caso de los *filii* y de los *servi*. El hijo en el Derecho romano es sujeto jurídico, pero no es persona. Y lo mismo sucede con el esclavo. Ambos tienen deberes jurídicos, pero no derechos subjetivos en el sentido pleno de estos últimos, o en caso de tenerlos los tienen limitadamente.

Ahora bien, como hemos visto, el Derecho no sólo subjetiviza –esto es, no sólo convierte en «sujetos jurídicos»– a los individuos, sino que también realiza esa operación personificadora con entidades compuestas por individuos e incluso con entes compuestos por bienes. Unos individuos se reúnen y deciden constituir una compañía mercantil para llevar adelante sus negocios. Se encuentran con que la legislación de su país otorga a dicha entidad la calificación de persona jurídica. Otro individuo muere y en su testamento deja un legado para constituir una fundación que otorgue becas a jóvenes investigadores; la figura prevista por el ordenamiento jurídico es la de la fundación, que es una forma de persona jurídica. Surge un nuevo Estado, al declararse independiente respecto de otro del que formaba parte, y a partir de ese momento el Derecho internacional lo considera como una persona jurídica sometida a sus normas. En todos estos casos, y en los similares a ellos, los ordenamientos conceden a esas entidades el carácter de personas jurídicas, lo que quiere decir que, en la medida en que sea posible, se aplican normas similares a las que se aplican a las personas físicas.

Las personas jurídicas son sujetos de Derecho ya que tienen capacidad jurídica, aunque ésta se diferencie sustancialmente de la capacidad propia de las personas físicas. Así, por ejemplo, no entra en su capacidad jurídica la de ser titular de relaciones matrimoniales o paterno-filiales, por mucho que algunos autores lleven la analogía al extremo de considerar que las compañías mercantiles «se casan» cuando se fusionan y que sus «hijos» son las filiales.

Junto a las organizaciones de individuos o de bienes que son personas jurídicas, tenemos otro tipo de sujetos jurídicos cuyo soporte son organizaciones humanos o de bienes que no son personas. Así, por ejemplo, se afirma que a efectos tributarios la comunidad de bienes y la herencia yacente son «contribuyentes», sin que se les pueda atribuir la cualidad de persona, ni física ni jurídica.

El artículo 35 de la actual Ley General Tributaria (Ley 58/2003 de 17 de diciembre) establece quiénes son los «obligados tributarios». En su primer apartado dice: «*Son* obligados tributarios las personas físicas o jurídicas y las entidades a las que la normativa tributaria impone el cumplimiento de obligaciones tributarias». La cursiva es mía, para enfatizar cómo, muy correctamente, el legislador formula una norma óntica en virtud de la cual se determina quiénes *son* contribuyentes.

Los apartados 2 y 3 del mencionado artículo enumera, sin carácter exhaustivo al decir quiénes *son*, «entre otros», los obligados tributarios. Y el apartado 4 añade: «Tendrán la consideración de obligados tributarios, en las leyes en que así se establezca, las herencias yacentes, comunidades de bienes y demás entidades que, *carentes de personalidad jurídica*, constituyan una unidad económica o un patrimonio separado susceptibles de imposición».

Esas entidades, carentes de personalidad jurídica, «tienen la consideración de obligados tributarios», son considerados por el Derecho «obligados tributarios», esto es, contribuyentes, o sea, sujetos jurídicos. Prueba palpable de que el Derecho positivo español no identifica los conceptos de sujeto jurídico y persona. Hay sujetos jurídicos que no son personas. Pues, en efecto, que el ordenamiento jurídico considere como sujetos pasivos del tributo a ciertos entes carentes de personalidad jurídica, no puede querer decir otra cosa que para el ordenamiento, y a los efectos que éste establezca, los mencionados entes *son* sujetos pasivos y, en consecuencia, sujetos jurídicos.

En este ejemplo, tomado de la Ley General Tributaria, vemos cómo se otorga la cualidad o situación jurídica de sujeto de Derecho a entes o realidades que no son personas. Se concede la situación de sujeto jurídico por la vía legal; quiero decir, a través de una ley. Ahora bien, también puede concederse por otras vías, como la propia de la jurisprudencia de los tribunales. Así, el Tribunal de Justicia de la Unión Europea asimila a una persona jurídica (sería mejor decir: a un sujeto de Derecho) a una asociación ocasional de personas jurídicas reagrupadas para responder juntas al llamamiento de determinadas ofertas de la Comunidad Europea, todo ello a los efectos de que puedan comparecer en juicio ante el propio Tribunal, incluso aun cuando dicha asociación ocasional no tenga capacidad procesal según el Derecho del Estado miembro (*vide* Sentencia del Tribunal de Justicia de la UE de 28 de octubre de 1982, asunto 135/81, *Groupement des Agences de voyages*).

¿Qué conclusiones extraemos de lo expuesto hasta aquí? Primera, el concepto de sujeto y de persona en el uso vulgar del lenguaje, en la Teología y en la Filosofía no se identifica con el uso que hacemos los juristas de dichos términos; en el lenguaje jurídico tienen un significado especial. Segunda, en el Derecho moderno no todos los sujetos jurídicos son personas, aunque todas las personas sí son sujetos jurídicos; el concepto de sujeto jurídico es más amplio que el de persona. Tercera, los ordenamientos atribuyen el carácter de sujeto jurídico o de persona con criterios heterogéneos, buscando casi siempre soluciones pragmáticas para resolver problemas prácticos; ambos conceptos –sujeto jurídico y persona– son relativos, en cuanto a su significado concreto, al ordenamiento de que se trate. Todo ello nos lleva al estudio de la técnica de la que se sirve el Derecho para «subjetivizar» o «personificar» las diversas realidades. Estás técnicas son la «personificación» y la «imputación».

NOTAS Y COMENTARIOS

– *Sujetos pasivos del tributo que no son personas.* Véanse los comentarios de Matías CORTÉS DOMÍNGUEZ en su obra *Ordenamiento Tributario Español*, con Prólogo de Fernando SAINZ DE BUJANDA, Editorial Tecnos, Madrid, 1968, pgs. 378 y ss. «Cuando el Derecho tributario considera a la comunidad [de bienes] como una situación jurídica distinta de las situaciones particulares de cada uno de los comuneros, no hace sino reconocer en el momento apropiado como sujeto de Derecho a un instituto al que también el Derecho privado –si bien no eleva a la categoría de persona jurídica– concede efectos jurídicos y lo hace punto de conexión de una serie de relaciones jurídicas no sólo internas, sino externas.» (pg. 380) «La comunidad de bienes, en Derecho español, carece de personalidad jurídica, pero no del carácter de sujeto del derecho» (pgs. 383-384). «Ninguna duda puede presentarse (...) sobre el carácter de verdadero sujeto de Derecho, de la herencia yacente. En efecto, nuestro Código Civil regula, si bien no de una manera sistemática, la situación de la herencia yacente; esto es, hace centro de referencia de normas al ente de que tratamos.» (pg. 384) Respecto de la sociedad irregular –por falta del requisito de la escritura pública o de la inscripción en el Registro– señala: «(...) si bien está desprovista de personalidad jurídica, sería muy discutible dudar de que posea subjetividad jurídica» (pg. 387).

- Por su parte, Fernando Sainz de Bujanda, en sus *Lecciones de Derecho Financiero,* novena edición, Facultad de Derecho, Universidad Complutense, Madrid, 1991, explica muy bien *las posiciones de la doctrina* en este punto. «La doctrina había venido considerando durante largos años que sólo las personas físicas y jurídicas podían ser titulares de relaciones jurídicas. Por ello, al atribuir los ordenamientos positivos la consideración de sujetos pasivos del tributo a entes colectivos desprovistos de personalidad, las opiniones de los autores se aglutinaron en torno a dos posiciones fundamentales. La primera mantuvo que los conceptos de persona y de capacidad jurídica son unitarios dentro del ordenamiento y no pueden, por tanto, tener un sentido y alcance diversos en cada parcela jurídica. La segunda, por el contrario, consideró ineludible inclinarse ante las formulaciones legales, que reconocieron una capacidad tributaria especial a ciertos entes colectivos, aunque no tuvieran reconocida la cualidad de persona para toda la restante vida jurídica. Cada una de estas posiciones tenía tras de sí razones importantes para ser mantenida. Así, los partidarios de la *tesis de la unicidad* de los conceptos de persona y capacidad trataban de defenderse de la inseguridad que podría traer consigo la presencia de entes que, sin estar dotados de personalidad de Derecho común, fueran, no obstante, titulares de cierto tipo de relaciones. En el fondo de esta actitud latía un afán de *defensa de la seguridad jurídica,* a la que deseaba servirse con una construcción doctrinal de perfiles claros y seguros. Los sostenedores de la *concepción plural* a lo que aspiraban era a que una construcción excesivamente rígida de la personalidad no impidiera que pudieran someterse a imposición ciertos tipos de organizaciones humanas que, sin reunir los requisitos exigidos por el Derecho civil para el reconocimiento de la personalidad, debían, sin embargo, tributar, como tales organizaciones, por ser titulares de una capacidad económica autónoma, esto es, diferenciada de la de cada uno de sus componentes. En el fondo de esta posición latía, por tanto, un propósito de *defensa de la justicia tributaria* y, paralelamente, de los intereses del Fisco. Posteriormente, la doctrina se ha esforzado por elaborar la construcción teórica en términos tales que no sea necesario optar por una de las disposiciones extremas antes referidas, poniendo de manifiesto la posibilidad de atribuir la consideración de sujetos pasivos del tributo a entes colectivos no dotados de personalidad jurídica, sin que ello traiga consigo la ruptura de los conceptos unitarios de personalidad y capacidad jurídica.» (pgs. 222-223).

EJERCICIOS

1. ¿Por qué razón hay que diferenciar entre la perspectiva jurídica y otras perspectivas –como la moral, la teológica o la política– a la hora de definir lo que significa ser persona?

2. ¿Es equivalente el concepto «hombre» («ser humano») y «persona»?

3. Explica cómo consideran al ser humano los médicos y los psiquiatras desde la respectiva perspectiva de sus ciencias.

4. Razona en que sentido se define el ser sujeto jurídico como una situación jurídica.

5. Relaciona las siguientes nociones: sujeto jurídico, destinatario de normas de Derecho y sujeto de acciones jurídicas.

6. ¿Qué tipo de normas es el que establece los diferentes sujetos jurídicos?

7. Los individuos que son sujetos jurídicos pueden ser personas o no-personas en el sentido moderno de estas expresiones. Razona por qué esto es así.

8. Relaciona el concepto de persona con el de capacidad jurídica y con el de capacidad de obrar.

9. En el Derecho internacional ¿se considera que los Estados gozan de personalidad jurídica? Razona la respuesta.

10. ¿Qué tipo de capacidad jurídica tiene una persona jurídica?

11. ¿Hay sujetos jurídicos que no son personas para el Derecho?

12. ¿Puede estar obligada tributariamente una entidad a la que el ordenamiento jurídico no le haya concedido personalidad jurídica? Razona la respuesta poniendo un ejemplo.

13. ¿Pueden plantear un recurso ante un tribunal un conjunto de personas que en sí no tenga personalidad jurídica como tal conjunto?

14. Explica la tesis de que tanto el concepto de sujeto jurídico como el de persona son conceptos «relativos».

CXX. IMPUTACIÓN Y PERSONIFICACIÓN

No es posible comprender cabalmente lo que significa el concepto de sujeto jurídico y el de persona si no se entienden las técnicas que emplea el Derecho para determinar quiénes son los destinatarios de las normas, los cuales, en último término, no son sino los sujetos de la acción jurídicamente relevante.

En el centro de este problema nos encontramos con una noción clave: la de imputación. Ya hemos hecho alusión a ella, en PUFENDORF y en KANT. Recordemos lo esencial de la concepción de este último en su obra *Metafísica de las Costumbres*: «*Imputación (Zurechnung, imputatio)* en sentido moral es el *juicio* por medio del cual alguien es contemplado como autor (*causa libera*) de una acción, que a partir de ese momento se denomina *hecho (Tat, factum)* y que está bajo las leyes». Obsérvese que KANT se refiere a la imputación «en sentido moral» y que, de acuerdo a su propia concepción, es aplicable lo mismo al orden normativo moral que al jurídico.

KELSEN ha dedicado muy interesantes páginas a desentrañar este concepto –si bien hay que censurarle que haya hecho caso omiso a la historia del mismo–. En su obra de juventud *Hauptprobleme* (1911) contrapone la relación causal (y teleológica) y la relación normativa. La primera, propia de las ciencias de la naturaleza, conecta causa y efecto; mientras que la segunda es la propia de la imputación, consistente en que un supuesto fáctico, un hecho, se imputa a un sujeto, en atención exclusivamente a que la norma así lo establece. La relación causal entre el sujeto y la acción –y el resultado de ésta– no tiene por qué identificarse con la relación de imputación que establece la norma. Muchas veces sucede que la causalidad y la imputación coinciden, pero tal coincidencia no es conceptualmente necesaria. Si en la realidad de los hechos Stico ha matado a Sempronio, y el juez imputa a Stico el homicidio, no cabe duda de que ambas relaciones (la de causalidad y la de imputación), en este caso, son concordes. Pero supongamos que quien, efectivamente, ha ocasionado la muerte de Sempronio ha sido Cayo, pero el juez se la ha imputado a Stico; en este caso, la relación de causalidad va por un lado y la de imputación por otro. Para KELSEN, allí donde hay norma aparece también la imputación. En la obra mencionada distingue tres tipos de imputación: la jurídica, la moral y la económica.

La imputación jurídica es la que se produce en base a la norma de Derecho. «La respuesta a la cuestión de a quién hay que castigar, dice asimismo a quién hay que imputar el hecho infractor de la norma» (*Hauptpr.*, pg. 73), destaca KELSEN en alusión a las normas jurídico-penales. Esto significa que se hace abstracción de la causalidad en la realización del acto ilícito y se atiende a lo establecido por la norma, que, si bien puede hacer coincidir el sujeto imputable con el sujeto «causante», no tiene por qué ser así necesariamente, pues «con la imputación no se cuestiona nunca lo que el sujeto ha hecho u omitido, sino únicamente lo que era *debido* y lo que ha *debido*». La imputación tiene carácter «acausal». Tiene lugar en relación, no con el hombre concreto, fenoménico, sino con el sujeto de la imputación o sujeto de la responsabilidad, esto es, con la *persona* entendida como «un punto de construcción normativa pensada como algo fuera del mundo del acontecer fáctico.» (pg. 74) En lugar de introducir aquí tan sólo el concepto de persona, parece más conveniente ampliarlo al de sujeto de Derecho o sujeto jurídico, como hemos visto en relación con el *filius* o el *servus* en el Derecho romano.

La imputación no se limita al orden normativo jurídico, sino que se extiende y se aplica a todos los campos de la normatividad, a todos los órdenes normativos. Aunque KELSEN declara esto, no se detiene a analizar la imputación en otros géneros de normas que nos sean las jurídicas y las morales. Digo esto porque en la misma obra a que me estoy refiriendo nuestro autor ha afirmado al comienzo de la misma que, junto a las normas jurídicas y las morales, están las «normas gramaticales» y las «normas lógicas». Lo adecuado habría sido que hubiese desarrollado asimismo el concepto de imputación respecto de dichos tipos normativos. En cuanto a las normas morales el esquema es en sustancia el mismo que en las jurídicas: el mérito (moral) o demérito (moral) no se produce mediante una relación causal o teleológica, sino mediante la imputación.

En una obra publicada más de veinte años antes de la que estamos comentando, *Der natürliche Wert* (1889) («El valor natural»), el economista Friedrich von WIESER (1851-1926) explica el concepto de imputación económica, comparándola con el de imputación jurídica. Sostiene lo siguiente: «Una ciencia próxima [a la economía] por su objeto, como es la jurisprudencia, nos puede adoctrinar muy adecuadamente en nuestro asunto. El asesinato precisa de un autor, de una víctima, de unos instrumentos, de una ocasión, además se ve influenciado por numerosas circunstancias que con frecuencia se remiten justificadamente a un pasado muy lejano, a la prehistoria del asesinato, a la historia de la sociedad donde ha surgido y se ha extendido. El sociólogo, el historiador, el altruista, el legislador tendrán que prestar atención a muchas cosas que tan sólo guardan una relación mediata con el asesinato cometido. (...) El juez, por el contrario, al preocuparse tan sólo en su estricta tarea de la "imputación jurídica", se limita a indagar quién es el autor jurídicamente responsable, quién es el que está amenazado por la pena que impone el Derecho. A éste es a quien, por las vías que el Derecho establece, se le achacará el resultado en su conjunto, aunque sea cierto que por sí solo, sin los instrumentos adecuados y las demás circunstancias, nunca habría producido el resultado» (*Der natürliche Wert*, pg. 74).

El jurista, por tanto, hace abstracción de los factores causales e ideales a la hora de imputar al sujeto la acción. Busca tan sólo al autor «jurídicamente responsable», que será evidentemente en que la norma establezca como tal.

Este esquema de atribución de resultados a determinados sujetos en virtud de ciertas normas, lo aplica WIESER a lo que denomina «imputación económica». Dice así: «A la hora de distribuir la utilidad producida estamos igualmente, no ante una completa explicación causal, sino ante una imputación oportunamente delimitadora, no sólo con intención jurídica, sino económica. La contemplación de los frutos de la tierra a un espíritu religioso le recordará al Creador de todas las cosas, al naturalista le conducirá a indagar las causas empíricas en virtud de las cuales se generan dichos frutos (...). El agricultor, en cuanto que agricultor [la persona con perspectiva económica], piensa de otra manera. De todas las causas actuantes, desechará las que pertenecen al pasado; de las actuales, las que no pueden producir rendimiento o no se las conoce como rentables; de las conocidas y rentables, todas las que no son económicamente dominables; y de las que son económicamente dominables, aquellas de las que no hay que preocuparse ya que existen en abundancia. Naturalmente, el agricultor no piensa en absoluto que el resto que queda sea lo único que genera el beneficio; pero, sin embargo, únicamente imputa –con razón– el beneficio obtenido a ese resto, manteniendo como algo invariable la intervención de todos los demás elementos.» (*Der natürliche Wert*, pgs. 74-75).

Bien es cierto que, en mi opinión, aunque WIESER no lo destaca, el resto al que se imputa el beneficio económico es también, junto a los demás elementos que permanecen inalterables en el cálculo económico, un elemento *causal*; lo que obviamente no ocurre con la imputación jurídica necesariamente, pues en este caso el sujeto al que se imputa la acción no tiene por qué ser un «elemento causal» de la misma.

Más acertadas me parecen las expresiones de WIESER, y que SCHAFER recoge y comenta, relativas a que la imputación económica se refiere al problema de la distribución del beneficio entre los diferentes factores de producción. Dice así: «Al cooperar tierra, capital y trabajo, se hace necesario poder especificar, del producto total, la cuota de la tierra, la del capital y la del trabajo», por lo que «necesita de una regla que le permita distribuir en concreto el producto total.» (*Der natürliche Wert*, pg. 70). Es evidente que esta regla no la puede proporcionar la observación de la naturaleza y, por consiguiente, no puede extraerse de una consideración causalista de la producción económica.

KELSEN acepta el concepto de imputación económica, si bien señala que su elaboración científica sólo se ha producido en tiempos recientes respecto a los que escribió *Hauptprobleme*, dando a entender con ello que el concepto de imputación jurídica tendría, por el contrario, una larga tradición en el seno de la elaboración de las categorías jurídicas. Sin embargo, no proporciona pista alguna que permita seguir las huellas de tal concepto. Sin pronunciarse sobre si la economía es una ciencia explicativa (causalista) o normativa, o más bien dejando la interrogante en el aire, sostiene –dentro de la lógica de la imputación– que la económica también ha de producirse merced a la existencia de normas. Que tales normas puedan ser calificadas de económicas o de otro género, es algo en lo que parece no atreverse a entrar. Se limita a señalar que, «en el ámbito de la economía se da una imputación que, de acuerdo a su esencia, es igual que la imputación jurídica y la imputación ética.» (*Hauptpr.*, pg. 78). Para KELSEN, es dentro de la teoría económica socialista donde ha tenido lugar la elaboración del concepto de imputación. Dicha teoría ha llegado a formular normas económicas, tales como: «el trabajador tiene derecho al producto íntegro del trabajo, o: el trabajador *debe* recibir el producto íntegro del trabajo», la cual sería sólo una transformación de la siguiente norma: «la sociedad *debe* entregar a trabajador el producto íntegro del trabajo». (*Hauptpr.*, pg. 82).

Mi opinión es que un sistema económico no puede funcionar socialmente si no se le articula por medio del Derecho. Eso supone, entre otros aspectos, que los resultados económicos (beneficios o pérdidas) también se regulan por normas jurídicas. El que éstas lo hagan de un modo adecuado o no –permitiendo que el mercado funcione sin estridencias o, por el contrario, ahogando el libre desenvolvimiento de la economía– es una cuestión importante, pero distinta. Se haga bien o se haga mal, la economía siempre está regulada por el Derecho, por lo que las imputaciones «económicas» se reducen a ser imputaciones jurídicas con contenido económico.

Creo que no será difícil convenir en que la imputación siempre aparece conectada con los órdenes normativos. Junto a la imputación jurídica, tenemos la ética o moral, la social –propia de los usos sociales–, la religiosa y la lúdica. Pero, antes que nada es preciso preguntarse: ¿qué significa realmente «imputación»?

En los medios de comunicación de la actualidad prolifera la expresión derivada del Derecho procesal penal. Cuando se dice que Fulano ha sido imputado por el juez, antes de que tenga lugar el proceso, se quiere decir simplemente que el juez ha estimado que es posible –e incluso probable– que esa persona tenga que ver con un delito, y por eso le ha posicionado en la situación jurídica de «imputado». A partir de entonces, la persona en cuestión podrá organizar su derecho de defensa, contratando los servicios de un abogado. No hay aún una acusación formal, pero, por decirlo así, el individuo imputado se encuentra en el umbral de la acusación. Este uso de la palabra «imputado», a mi juicio, no es correcto, pues induce a pensar que al individuo en cuestión se le imputa la acción delictiva directamente, lo que equivale a señalarle como autor del delito. Este último es el significado tradicional de la palabra. Por el contrario, en el uso actual, se sugiere que la persona en cuestión está conectada con un delito, es sospechosa, con más o menos fundamento, de haber cometido un delito o de haber participado directa o indirectamente en su comisión. Me parece que sería más adecuado usar el término «imputable» que el de «imputado», ya que éste sugiere que ya se ha imputado o atribuido el delito a la persona en cuestión, mientras que el primero implica tan sólo que está en el umbral de la imputación, pero que aún no es imputado.

Con las matizaciones que se quieran, es posible imputar algo a otro algo, y también imputar algo a alguien. Ejemplo de lo primero: se imputa una sanción de cárcel al delito de robo. De lo segundo: se imputa el robo y, por tanto, la consecuencia de la sanción a la persona que lo ha cometido. Aunque la palabra «imputación» y sus derivados («imputar», «imputado», «imputabilidad», etc.) son de uso más frecuente en el marco del Derecho penal y, en general, del Derecho sancionatorio, no veo obstáculo serio en aplicarla a otros aspectos conceptuales del Derecho. Así, podemos afirmar que la norma tributaria imputa al contribuyente una deuda determinada, que la norma de Derecho mercantil o la sentencia de un juez imputan a un empresario el derecho a usar una marca, que una ley imputa a una organización la situación de persona jurídica. «Imputación» significa «atribución», «asignación». Y si bien es cierto que se emplea como sinónimo de atribución de algo reprobable (se imputa a una persona una falta o un vicio moral, un delito, una descortesía, etc.), no lo es menos que en la economía no se da ese sentido negativo. De igual modo, puede extenderse con sentido amplio y positivo a otras realidades. El verbo *imputo, imputas, imputare,* significa –además de imputar– dar, asignar, atribuir. Es aplicable por tanto a todo género de actos, lícitos e ilícitos; asimismo a los deberes jurídicos, a las responsabilidades que derivan de ellos, y a los derechos subjetivos. Una teoría general de la imputación jurídica debería, a mi juicio, ampliar el campo de sus aplicaciones y no reducirse a las propias del Derecho sancionatorio.

Pues bien, al «alguien» al que se imputa algo, especialmente una acción y la responsabilidad de la misma, pero también un débito como una deuda tributaria o cualquier otro deber y asimismo un derecho subjetivo, lo podemos denominar sujeto de Derecho o sujeto jurídico, sea o no persona. La mayor parte de las veces, además de ser sujeto jurídico, ese «alguien» será también persona, pero –como sabemos– no tiene por que ser necesariamente así.

Lo que define a los sujetos jurídicos es que son imputables, esto es, que se les pude atribuir o asignar acciones, deberes, responsabilidades, derechos, etc. Sin imputabilidad no hay sujetos de Derecho. Alguien es sujeto jurídico en atención a que es imputable, es decir, porque el sistema jurídico prevé que se le pueda atribuir cualquiera de los elementos señalados.

El esclavo es también imputable porque si, por ejemplo, comete un delito, se le atribuye a su individualidad la acción y asimismo se le hace responsable de la misma y de sus resultados y, en consecuencia, de la sanción. El esclavo es sujeto de Derecho, pero no persona. Algo similar sucede con la herencia yacente a efectos contributivos. No es una persona, pero sí es contribuyente, o sea, sujeto jurídico pasivo para las normas tributarias. Por último, el feto humano, aunque el ordenamiento jurídico no le reconozca la personalidad, es sujeto jurídico, ya que se le atribuyen determinados derechos, como el derecho a la vida y también derechos patrimoniales, a la herencia, etc., si bien en estos últimos supuestos dichos derechos estén sometidos a la condición retroactiva de que nazca vivo.

Si los conceptos de imputación e imputabilidad son suficientes para determinar los sujetos jurídicos, no lo son para concretar cuáles, de entre dichos sujetos, son personas.

En el Derecho moderno son personas todos los individuos humanos (personas físicas) y determinadas organizaciones a las que el sistema jurídico reconozca –o mejor sería decir: atribuya– personalidad jurídica (personas jurídicas). Tanto las llamadas «personas físicas» como las denominadas «personas jurídicas», son jurídicas, por tanto, determinaciones del Derecho. ¿Cómo se lleva a cabo esa determinación? A través de la *personificación.*

La personificación es producto de una o varias decisiones. Los ordenamientos jurídicos prevén, en la generalidad de los casos, a qué entidades atribuyen personalidad jurídica. El que en el Derecho moderno lo hagan con todos los individuos humanos no responde a una necesidad causal, sino al reconocimiento universal de que el individuo humano es un ser dotado de dignidad y que, por tanto, ha de reconocérsele la situación jurídica de persona. Con respecto a los que podemos denominar «entes colectivos» u «organizaciones» de personas y/o bienes, la regulación positiva suele ser más confusa, pues los criterios de personificación varían de unos ordenamientos a otros. Pero de lo que no cabe duda es de que, tanto respecto de los individuos como respecto de los entes colectivos o de las organizaciones, la personificación, esto es, la atribución de la situación jurídica de persona es consecuencia de las decisiones bien del poder constituyente, bien del poder legislativo, bien de ambos.

Cuáles sean los criterios en cuya virtud se procede a la atribución de personalidad jurídica en el caso de los entes colectivos o de las organizaciones, es una cuestión que no puede resolverse en abstracto, sino que hay que contemplar las soluciones del Derecho positivo. En el marco de los países de nuestro entorno –la civilización occidental– el criterio básico, a mi entender, radica en la necesidad u oportunidad de proteger jurídicamente los fines de dichos entes. Se estima que determinados fines –de diversa naturaleza: política, comercial, cultural, benéfica, etc.– son dignos de protección a través del Derecho, y por ello se procede a la personificación. También juega un papel relevante el que sea adecuado, desde un punto de vista técnico-jurídico, dotar a un ente de personalidad jurídica.

Sean cuales sean las razones de fondo, lo cierto es que la personificación está siempre regulada por normas del Derecho positivo; y esto es así, tanto en la que afecta a los individuos como en la que concierne a los entes colectivos. Sin el acto o la decisión de personificación, no hay persona, ni física ni jurídica. El Derecho positivo, por tanto, a través de normas del tipo de las ónticas determina, primero, quiénes *son* sujetos jurídicos y después, o simultáneamente, quienes *son* personas. Como ya hemos subrayado, todas las personas son sujetos jurídicos, pero no todos los sujetos jurídicos son personas.

En el Derecho español no encontramos una determinación específica de quiénes son personas físicas, aunque se deriva de la regulación del Libro Primero del Código Civil, titulado precisamente «De las personas». Uno podría esperar que dicho Libro comenzara concretando qué se entiende jurídicamente por «persona». Sin embargo, el mencionado Libro comienza por un Título (el Primero), que se titula «De los españoles y extranjeros». Se da así implícitamente por supuesto, en una interpretación plausible, que tanto unos como otros –los españoles y los extranjeros, esto es, todos los individuos humanos– son personas para el Derecho español, aunque no lo diga expresamente el texto normativo. En esta misma línea de concepción implícita creo que hay que situar al artículo 10.1 de la Constitución Española, que se refiere a la «dignidad de la persona» como fundamento del orden político y de la paz social (junto a los derechos inviolables que a la persona le son inherentes, al libre desarrollo de la personalidad, al respeto a la ley y a los derechos de los demás).

El Código Civil, tras regular la nacionalidad en el mencionado Título, dedica el Título II al «nacimiento y extinción de la *personalidad civil*» (cursivas mías). ¿Hay que entender este concepto de «personalidad civil» como sinónimo de «persona»? ¿Significa lo mismo «personalidad» que «persona»? No me voy a detener ahora en desentrañar esta problemática. Me limito a subrayar que, desde el punto de vista del lenguaje técnico-jurídico, las cosas no aparecen muy claras en los textos del ordenamiento español. Pues «personalidad civil» ha de interpretarse, a mi juicio, como la situación jurídica de los individuos a efectos civiles, esto es, en todo lo que concierne al Derecho civil y, extensivamente, al Derecho mercantil, y en general al Derecho privado, pero quizás no necesariamente en otros campos del Derecho, como puede ser el penal. La doctrina civilista subraya que la regulación de la personalidad civil del Código responde, sobre todo, a una concepción que vincula al individuo con sus relaciones patrimoniales, en especial las de tipo hereditario. Esta sería la perspectiva que habría determinado la protección jurídico-civil del *nasciturus* en los artículos 29 y 30 del mismo cuerpo legal.

Estos artículos dicen lo siguiente:

Artículo 29. El nacimiento determina la personalidad, pero el concebido se tiene por nacido para todos los efectos que le sena favorables, siempre que nazca con las condiciones que expresa el artículo siguiente.

Artículo 30. La personalidad se adquiere en el momento del nacimiento con vida, una vez producido el entero desprendimiento del seno materno.

Obviamente, se trata en ambos preceptos de la «personalidad civil», como se deduce de la denominación del Título II en que están insertos, e igualmente, de la redacción anterior del artículo 30 –modificado en 2011–, que decía así: «*Para los efectos civiles*, sólo se reputará nacido el feto que tuviere figura humana y viviere veinticuatro horas enteramente desprendido del seno materno» (cursivas más).

Más explícito es nuestro Código Civil a la hora de determinar los entes colectivos que considera personas jurídicas. Lo establece en el artículo 35.

Artículo 35. *Son* personas jurídicas: 1°. Las corporaciones, asociaciones y fundaciones de interés público *reconocidas por la ley*. Su personalidad empieza desde el instante mismo en que, con arreglo a Derecho, hubiesen quedado válidamente constituidas. 2°. Las asociaciones de interés particular, sean civiles, mercantiles o industriales, a las que *la ley conceda personalidad propia*, independiente de la de cada uno de los asociados» (cursivas mías).

Los preceptos mencionados regulan la vía por la cual el ordenamiento jurídico español, al menos a efectos civiles, personifica tanto a los individuos como a las organizaciones. Para estas últimas el papel fundamental lo tienen las leyes, a las cuales se remite el precepto, ya sea bajo la fórmula del reconocimiento, ya bajo la fórmula de la concesión.

NOTAS Y COMENTARIOS

- *El concepto de imputación en PUFENDORF.* Véase Hans WELZEL, *Die Naturrechtslehre Samuel Pufendorfs*, Berlin 1958, en especial pgs. 84 y ss. También Joachim HRUSCHKA, «La imputación ordinaria y extraordinaria en Pufendorf. Sobre la historia y el significado de la diferencia entre *actio libera in se* y *actio libera in sua causa*», en: J. HRUSCHKA, *Imputación y Derecho penal. Estudios sobre la teoría de la imputación*, edición a cargo de Pablo SÁNCHEZ-OSTIZ, Thomson-Aranzadi, Cizur Menor (Navarra) 2005, pgs. 55-88. Hans WELZEL, en su libro *Introducción a la Filosofía del Derecho, Derecho natural y Justicia material*, traducción de Felipe GONZÁLEZ VICÉN, Aguilar, Madrid 1971, afirma lo siguiente, comentando las ideas de PUFENDORF: «Las diferencias entre el mundo físico y el mundo moral quedan así, pues, caracterizadas por tres pares de conceptos: causalidad-libertad, indiferencia axiológica-valoración ética, uniformidad-multiformidad. Con ello, en efecto, quedan elaboradas, con asombrosa seguridad y claridad las diferencias fundamentales entre el mundo espiritual y el mundo físico. Para la teoría del Derecho natural, especialmente, queda así asegurado, frente a la ciencia natural, un campo propio de investigación, con objetos propios y leyes propias.» (pg. 137) Y añade en nota a pie de página: «Aquí pertenecen, sobre todo, los principios para la imputación de la acción libre, en oposición a la inimputabilidad del acontecer causal; sus presuposiciones son elaboradas por Pufendorf siguiendo a Aristóteles –sobre todo en *De jure naturae*, I, cap. V–, estableciendo así el fundamento para las teorías jurídicas de la imputación de los siglos posteriores.»

- *La imputación en KANT.* La cita del texto es de *Metaphysik der Sitten*, Werkausgabe, vol. VIII, ed. por Wilhelm WEISCHEDEL, Suhrkamp Taschenbuch, Frankfurt am Main 1977, pg. 334.

- *La imputación en KELSEN.* KELSEN ha tratado de la imputación en muchas de sus obras, comenzando por *Hauptprobleme* (1911), ya citada, pgs. 66 y ss.

- *La imputación económica.* Cfr. Friedrich VON WIESER, *Der natürliche Wert*, Wien 1889. Véase el studio de Felix SCHAFER, «Rechtliche und wirtschaftliche Zurechnung», en: *Internationale Zeitschrift für Theorie des Rechts*, Nueva serie, vol. 1 (1939), pgs. 161-176; recogido en: *33*

Beiträge zur Reinen Rechtslehre, hrs. von RUDOLF ALADÁR MÉTALL, Europaverlag, Wien 1974, pgs. 387-404.

EJERCICIOS

1. Explica la importancia general que, para el Derecho, tienen los conceptos de imputación y personificación.

2. Comenta la idea que de la imputación tiene KANT, y pon ejemplos de imputación moral.

3. ¿Qué es una relación de causalidad? Contesta a esta pregunta ayudándote con un par de ejemplos.

4. ¿Por qué motivos destaca KELSEN que es preciso distinguir nítidamente entre la relación causal y la relación de imputación?

5. Relaciona la imputación con las normas y con los órdenes normativos.

6. Investiga la biografía de Freidrich von WIESER y también su concepto de imputación económica.

7. Comenta la idea de imputación económica referida a la distribución del beneficio económico y la necesidad de manejar «reglas» a ese respecto. ¿De qué tipo de reglas se trata?

8. ¿Qué opinión se defiende en el texto respecto de la relación entre imputación económica e imputación jurídica? ¿Estás de acuerdo con esa opinión? Razona la respuesta.

9. Pon algunos ejemplos de imputación lúdica, tanto individual como colectiva, y coméntalos.

10. ¿Cuál es el uso actual de la palabra «imputado» en los procesos penales?

11. ¿No sería mejor sustituir el término «imputado» por el de «imputable»?

12. En la tradición del pensamiento jurídico, ¿qué significa realmente la palabra «imputado»?

13. ¿Es posible ampliar el campo de aplicación del concepto de «imputación» más allá de los límites propios del Derecho sancionatorio?

14. Relaciona los siguientes conceptos: imputación, imputabilidad, sujeto jurídico, persona.

15. Explica las razones de fondo por las que es posible sostener que el feto humano es sujeto de Derecho, aunque el ordenamiento jurídico le niegue la condición de persona.

16. Define la operación técnico-jurídica denominada «personificación».

17. Relaciona decisión jurídica del constituyente o del legislativo con la personificación de algo o de alguien.

18. Distingue entre el concepto de persona y el de personalidad civil.

19. Transcribe los artículos 29 y 30 del Código Civil. Compara la versión actual de este último artículo y la antigua. Comenta el significado de estos artículos desde la perspectiva de la personificación.

20. Haz lo mismo con el artículo 35 del Código Civil.

CXXI. LA PERSONA MORAL O JURÍDICA

La teoría de la persona jurídica, como ya hemos tenido ocasión de estudiar, comienza su andadura en el seno de la canonística. La concepción del Papa Inocencio IV, según la cual determinadas organizaciones, la Iglesia misma, constituyen una *persona ficta*, fue el comienzo de una tesis que ha tenido gran éxito entre los autores, con unos u otros matices. Con ella se pretende entender que la llamada persona jurídica no es en realidad equiparable a la persona natural o física, sino que sólo traslaticiamente a modo de metáfora o, para ser más exactos, a manera de ficción, se usa dicha expresión a falta de otra más adecuada. En esa misma línea teorizó el concepto el propio SAVIGNY. En el mismo seno de la Escuela histórica del Derecho, y dentro de la rama germanista, surgió, sin embargo, la denominada concepción *realista*. La defendió, mejor que ningún otro representante de dicha rama, el gran jurista Otto von GIERKE. La idea básica de la concepción realista de la persona jurídica es que no se puede hablar de ficción en absoluto, ya que de la misma manera que la persona natural o física se caracteriza por poseer un soporte real –el individuo–, así las denominadas personas morales o jurídicas tienen el suyo, formado esta vez no por el individuo humano, sino por grupos de individuos y por masas patrimoniales adscritas por su propietario a un fin determinado.

No puede extrañar que la teoría de la ficción haya surgido en el seno de la Iglesia, pues ésta ya es concebida por los primeros cristianos como un *corpus mysticum*, como una realidad espiritual con una presencia muy real en el mundo. El origen del concepto es teológico, pero en manos de los juristas del Derecho canónico se transforma en otra cosa, en un concepto jurídico. De forma similar a como hay un concepto teológico del ser humano, de la persona humana, considerada como hijo de Dios, así hay un concepto teológico de la persona moral que es aplicable en primer lugar a la Iglesia. Pero ambos conceptos teológicos se juridifican al ser usados, primero, por la doctrina de los autores y, después, por las diversas legislaciones de los países europeos.

Por tanto, hay que tener presente que si bien los comienzos de la especulación sobre la persona, en sus dos variantes de lo que con el paso del tiempo se denominarían persona física y persona jurídica, se dan en el marco del pensamiento religioso, se transformarán en conceptos jurídicos que, sin duda, tienen un cierto aire en común, pero que no son identificables. Para la Teología, todos los hombres son personas en el sentido de que todos somos hijos de Dios. En ese concepto de personas estarían incluidos los seres humanos en formación, los embriones humanos. Para el Derecho, son personas tan sólo aquellos seres humanos a los que el ordenamiento jurídico les reconoce esa cualidad o situación jurídica. Que el Derecho moderno reconozca esa condición a los seres humanos vivos ya nacidos, es un avance notable y un triunfo del pensamiento teológico-moral sobre la concepción jurídica romana. Un paso más en esa dirección de respeto a la dignidad humana será el considerar que el embrión humano es también persona. ¿Por qué habría de serlo en el mes número diez de su formación, y no en el número ocho, o en el número dos?

El mismo proceso exitoso del Derecho canónico en materia de personas morales se ha cumplido en los ordenamientos estatales. La continuada expansión de la persona jurídica a todos los campos de la vida civil es el mejor síntoma de ello. Los Estados han incorporado a sus legislaciones a la persona jurídica y han hecho de ella un instrumento preciso y necesario para regular el fenómeno asociativo en cualquiera de sus manifestaciones, tanto en el terreno del Derecho público como en el del Derecho privado. El Estado mismo es considerado como una persona jurídica que puede intervenir como tal tanto *ad intra* como *ad extra*. Dentro del Estado nos encontramos con una pluralidad enorme de personas jurídico-públicas, algunas de las cuales articulan los diversos organismos territoriales y otras tienen otro carácter, como sucede con las empresas públicas. En el Derecho privado el fenómeno asociativo se ha extendido en todos los órdenes de la vida. Destacan ante todo las sociedades mercantiles, que son personas jurídicas que actúan en el tráfico como tales; y asimismo las fundaciones y todo género de asociaciones no lucrativas. ¿Qué tienen en común todas estas personas jurídicas, las cuales parecen responder a necesidades sociales muy distintas?

Preguntarse qué tienen todas ellas en común equivale a cuestionarse por qué razón son personas jurídicas. Hay una respuesta muy sencilla que surge a bote pronto y que es correcta, aunque insuficiente: todas esas realidades son personas jurídicas porque el sistema jurídico así lo ha establecido. La cualidad de persona –tanto en el caso de la persona natural como en el de la persona moral o colectiva– constituye una *situación jurídica* que el ordenamiento estatal otorga, por una parte, a los individuos, y por otra, a ciertos entes organizados. Esta respuesta, como digo, es correcta en el sentido de que da razón formal de la existencia de las personas en los ámbitos jurídicos. Pero es insuficiente, ya que no proporciona el motivo o motivos materiales que conducen a la personificación. En mi opinión, dichos motivos se reducen a la necesidad práctica de regular de la manera más sencilla posible tanto el entramado de relaciones internas que se dan dentro de la persona jurídica como asimismo el haz de relaciones exteriores que dicha persona mantiene con otros sujetos jurídicos. Se trata, en efecto, y ante todo –aunque no haya que obviar otros aspectos– de un expediente técnico-jurídico que tiene su fundamento en que los textos jurídicos normativos determinan quiénes son los sujetos potenciales de la acción propia del ámbito y en consecuencia los sujetos a los que se imputan dichas acciones y sus consecuencias.

Cada ordenamiento jurídico prevé las condiciones que ha de reunir un ente para ser persona jurídica y, además, el procedimiento para determinar efectivamente su personalidad. Los requisitos van desde el simple hecho de que haya unos individuos que quieren asociarse para llevar a cabo una actividad determinada, hasta aquellos que exigen la existencia de un determinado capital o patrimonio social. Ahora no voy a entrar en el pormenor de estas condiciones. Baste decir que los ordenamientos suelen establecer tipos de personas jurídicas y para cada uno de ellos exige el cumplimiento de ciertos requisitos específicos. Otras veces es la propia ley la que crea directamente el ente al que dota simultáneamente de personalidad jurídica. Pero surja de una forma u otra –o sea, haya una realidad previa o no la haya– la personalidad jurídica constituye un otorgamiento o concesión del ordenamiento en que la persona jurídica se integre.

La primera función de la persona jurídica es ser sujeto de Derecho. Por eso –se dice– tiene capacidad jurídica, esto es, es potencial sujeto de derechos y deberes, de igual modo a como lo es la persona natural. Claro que, a diferencia de ésta, no podrá ser nunca titular de derechos o deberes que son exclusivos de la persona natural por sus propios caracteres, como sucede con el derecho a contraer matrimonio o los derechos y obligaciones que derivan de las relaciones familiares. Si en el supuesto de la persona física o natural la capacidad jurídica significa el ser sujeto potencial de todo género de relaciones jurídicas y, por tanto, de toda suerte de derechos y deberes, en el de la persona jurídica, dicha capacidad viene restringida por la índole específica del tipo de persona jurídica que sea. Y lo mismo sucederá con la capacidad de obrar, esto es, con el conjunto de posibilidades de acción, tanto lícitas como ilícitas, que pueden ser imputadas a la persona jurídica de que se trate. Una peculiaridad sobresale en este aspecto de la capacidad de obrar: la persona jurídica precisa siempre, para actuar, de las personas físicas que conforman sus órganos.

El concepto de órgano está tomado, naturalmente, de la Biología. Un organismo biológico es un todo compuesto por elementos heterogéneos. Me refiero a los organismos complejos, no a los simples, como puede ser el de la ameba. En un organismo complejo, como es el humano, hay órganos, tejidos, etc. Los órganos, como el pulmón, el hígado, el corazón, etc. se caracterizan porque cumplen una función o varias funciones para hacer posible la vida del organismo al que pertenecen. Lo que hace el corazón no lo puede hacer el hígado, y viceversa. Forzando un poco el lenguaje, estaría permitido que dijéramos que cada órgano tiene en el organismo sus propias competencias. Algunos de esos órganos son meramente internos, pero otros están relacionados directamente con el exterior. Así, la tráquea y los pulmones introducen desde el aire el oxígeno que el organismo necesita.

Algo parecido sucede con las personas jurídicas. Éstas, si bien pueden ser titulares de derechos y deberes (capacidad jurídica), no pueden ejercitar de hecho su capacidad de obrar sin la asistencia de sus órganos. Los órganos de la persona jurídica actúan por ésta tanto hacia dentro de la persona como hacia fuera. Las facultades que componen la capacidad de obrar son básicamente las siguientes:

a) Facultades de administración o de gestión: habilitan a determinados órganos a realizar aquellas acciones que tienen por finalidad la conservación, cuidado y mejora del patrimonio de la persona jurídica, así como las que se refieren a la dirección del personal.

b) Facultades de disposición: capacitan a ciertos órganos de la persona jurídica para llevar a efecto aquellos negocios que posibiliten las normas del Derecho en relación con el patrimonio de la persona jurídica, tales como los actos que suponen enajenación o gravamen.

c) Facultades de representación: implican la posibilidad que un órgano o varios representen a la persona tanto en actos con eficacia jurídica como en actos meramente simbólicos o ceremoniales.

d) Como aspecto específico de esos poderes de representación sobresale la facultad de comparecer en juicio, esto es, la capacidad de obrar procesal, la cual, nuevamente, corresponde a determinados órganos de la persona jurídica.

Un asunto muy debatido en los últimos tiempos –aunque no sólo en éstos– es si la persona jurídica tiene capacidad penal. Como ya hemos estudiado, la capacidad penal es un aspecto de la capacidad de obrar, y consiste en la posibilidad que, para el Derecho, tienen las personas de cometer delitos. Corresponde a lo que hemos denominado el «poder» en su sentido más amplio, que integra no sólo los actos lícitos sino también los ilícitos. La capacidad penal de una persona implica que dicha persona es sujeto potencial de delitos y faltas sancionados por las leyes penales. Las personas naturales o físicas que reúnan ciertas condiciones tienen esa capacidad de obrar. Quedan excluidas las que no cumplen las condiciones que el ordenamiento exija. Por ejemplo, un niño de dos años carece en absoluto de capacidad penal. Lo mismo sucede con un loco, al que no se le podrá declarar culpable en atención a que el ordenamiento jurídico le excluye de las personas físicas con capacidad penal. Ten en cuenta, sin embargo, que para poder hablar aquí de «loco» no basta con que la gente tenga a una persona por tal –con razón o sin ella–, sino que será preciso una sentencia judicial del juez competente que declare la insania mental de esa persona y, en consecuencia, se le niegue la capacidad penal.

Respecto de las personas jurídicas la cuestión se plantea en los siguientes términos. Al estar la capacidad penal pensada en relación con la persona natural, por estar ésta dotada de intelecto y voluntad, es decir, por aquellas cualidades psíquicas requeridas para poder calificar una acción como delito y, además, para determinar si dicho delito es doloso o imprudente, y asimismo para poder apreciar el grado de malicia o de imprudencia que conlleva la acción delictiva, ¿cómo es posible trasladar ese esquema básico de requerimientos del Derecho penal a los caracteres de la persona jurídica, siendo así que ésta no posee ni intelecto ni voluntad?

La posición tradicional es que sólo las personas naturales o físicas pueden ser sujetos del Derecho penal. Sólo ellas pueden delinquir, pues poseen las capacidades físico-psíquicas precisas. Además, se argumenta que las penas, sobre todo las que consisten en privación de libertad, no pueden imponerse a la persona jurídica por los mismos motivos. ¿Qué sentido tendría condenar a una banda mafiosa –como tal banda– a tantos años de prisión? Según este modo de argumentar, los delitos que pudieran imputarse a una persona jurídica en realidad sólo serían imputables a las personas físicas que, en cada supuesto, fuesen responsables de la acción u omisión delictiva.

Esta manera de ver las cosas no carece ciertamente de fundamento. Ahora bien, en mi opinión, el problema no puede buscarse por la vía de la abstracción generalizadora, sino que habrá que estar a lo que establezca cada ordenamiento jurídico. Un ordenamiento puede limitar la capacidad penal exclusivamente a las personas físicas. Pero otro puede ampliar dicha capacidad y hacer punibles no sólo a las personas físicas que forman o representan a la persona jurídica, sino *también* a esta última. Ello no supone en absoluto que se considere a la persona jurídica como un sujeto equiparable a la persona física en los aspectos biológicos y psíquicos. Implica simplemente que, para el sistema jurídico, las personas jurídicas como tales también son sujetos potenciales de delitos y por tanto de sanciones que, obviamente, habrán de adaptarse a la naturaleza misma de la persona jurídica.

Pensemos, por ejemplo, en una sociedad mercantil o en una fundación que son diseñadas como «tapadera» para encubrir una actividad ilícita. No cabe duda alguna de que las personas físicas que lleven a cabo esa actividad estarán cometiendo actos ilícitos que, si caen dentro de la esfera del Derecho penal, podrán ser calificados como delitos. Por tanto, serán esas personas físicas las imputadas en primer lugar. Pero, además, la ley penal puede prever que, en ciertos casos, *también* sea imputable la propia persona jurídica, dando así lugar a la posibilidad de que se la sancione por medio, por ejemplo, de su disolución, la confiscación de sus bienes, la imposición de multas o la pérdida de derechos. De todos modos, sin embargo, no me cabe la menor duda de que el sujeto del delito es, en primer lugar, la persona física. Siempre que se descubra una actividad ilícita en el seno de una persona jurídica habrá que buscar a los individuos responsables de la misma. Esto me parece evidente. Lo cual no quiere decir que, *además*, no pueda sancionarse a la persona jurídica en cuyo marco aquellos han operado imponiendo a esta última una sanción que se añade a las impuestas a los individuos infractores. En muchos casos el fundamento de la responsabilidad penal de la persona jurídica puede radicar en su falta de vigilancia para que en su seno se cumplan estrictamente las normas del Derecho, en especial las normas penales.

Desde hace décadas algunos autores han puesto en entredicho a la persona jurídica por considerarla un mero expediente técnico y no una realidad sustantiva. Se ha dicho que la persona jurídica ha entrado en crisis porque muchas veces sirve a propósitos, si no ya delictivos, sí de ingeniería financiera difícilmente justificables. En concreto, se ha criticado acerbamente el llamado «hermetismo» de la sociedad anónima. Como respuesta a ese tipo de situaciones la jurisprudencia ha desarrollado la doctrina del «levantamiento del velo» *(disregard, Durchgriff)*, en virtud de la cual los poderes públicos deben tener la posibilidad de ver qué hay detrás de la fachada, que todo lo cubre, de la persona jurídica. Pero por mucho que se hable de crisis, la realidad se impone: no hace falta sino mirar un momento a nuestro alrededor para observar que las personas jurídicas, tanto públicas como privadas, proliferan con gran vigor y se crean con una rapidez sorprendente.

Para concluir esta lección, me propongo en las siguientes líneas destacar muy brevemente las conclusiones a las que llegamos en la Teoría comunicacional del Derecho tras el análisis anterior del gran tema de los sujetos jurídicos y de las personas. Dado el carácter polémico que impregna todo lo relativo a estos conceptos, formularé estas conclusiones bajo la forma de tesis susceptibles de enfrentarse a sus respectivas antítesis.

A) La tesis que distingue entre el concepto de *sujeto jurídico* y *persona*. Se justifica en atención a que los ordenamientos jurídicos han conocido realidades a las que han imputado derechos y/o deberes jurídicos sin reconocerles personalidad jurídica. Tal es el caso del *filius familias* y del *servus* en el Derecho romano, así como la herencia yacente o la comunidad de bienes en el moderno Derecho tributario. Por tanto, es posible ser sujeto jurídico sin ser persona.

B) La tesis de la *imputabilidad*. Sujetos jurídicos son aquellos individuos o entes a los que las normas de Derecho les hacen susceptibles de imputación, ya sea de acciones, ya de deberes y responsabilidades, ya de derechos, o de varios de estos aspectos.

C) Tesis de la *personificación*. Persona es el sujeto jurídico al que el ordenamiento le reconoce la cualidad de persona por medio de la personificación. Lo que hace que un individuo o un ente sea persona no es la imputación, sino la personificación. Ésta consiste en un acto comunicacional (una decisión) por medio del cual quien tiene potestad para ello atribuye el carácter de persona a determinada entidad. Antes de esa atribución, la entidad, por mucho que exista como realidad natural o social, carece de personalidad jurídica.

D) La tesis de que el *nasciturus* es sujeto jurídico. El *nasciturus*, aunque no sea persona en un ordenamiento jurídico determinado, es sujeto jurídico, puesto que se le reconoce un conjunto de derechos –si bien algunos de ellos están sometidos a condición resolutoria. No tiene sentido que el derecho a la vida esté sometido a dicha condición, pues en caso contrario se estaría afirmando que el *nasciturus* sólo tiene derecho a vivir si nace vivo.

E) La tesis de la *responsabilidad* de las personas jurídicas. La responsabilidad –civil o penal– no es cualidad exclusiva de las personas naturales o físicas, sino que el ordenamiento jurídico puede extenderla asimismo a las personas jurídicas. Desde el punto de vista teórico no hay obstáculo para declarar a la persona jurídica responsable penalmente.

F) La tesis del carácter *situacional* del sujeto jurídico y de la persona. Tanto el sujeto jurídico como la persona constituyen situaciones jurídicas básicas en que el Derecho coloca a los individuos y a los entes de otra especie. Para comprender el alcance de esta tesis hay que vincularla con lo que significa el concepto de situación jurídica.

NOTAS Y COMENTARIOS

– *Lecturas recomendadas.* Federico De Castro y Bravo, *La persona jurídica.* Nota introductoria de Manuel Amorós Guardiola, segunda edición, Ed. Civitas, Madrid, 1984. Francisco Ferrara, *Teoría de las personas jurídicas,* traducida de la segunda edición revisada italiana por Eduardo Ovejero y Maury, Editorial Reus, Madrid 1929. Rolf Serick, *Rechtsform und Realität juristischer Personen,* 1955, traducción española y comentarios de Derecho español de José Puig Brutau, Prólogo de Antonio Polo: *Apariencia y realidad en las sociedades mercantiles: el abuso de derecho por medio de la persona jurídica,* Ariel, Barcelona 1958.

– *El «nasciturus» en la jurisprudencia del Tribunal Constitucional.* Resulta cuando menos sorprendente cómo califica el TC español al feto humano. Lo ha designado con el poco amable y muy metafísico nombre de «bien jurídico» (STC 53/1985), y con el de «sujeto vital», que tiene resonancias zoológicas: también una vaca es un sujeto vital, y asimismo una hormiga, y cualquier otro animal o vegetal, independientemente del estadio de su formación biológica. Designación esta última que, sin embargo, tiene sobre la primera la ventaja de reconocer que no se trata de un bien jurídico cualquiera, sino que se trata de un sujeto. Ahora bien, para el Derecho no hay sujetos «vitales», sino sujetos «jurídicos». Cuando la Constitución Española proclama en su artículo 15 que «todos tienen derecho a la vida» –subrayo, «todos» y no «todas»– se está refiriendo, en mi opinión, a todos los sujetos jurídicos, tal como empleamos este concepto. Al eludir la expresión «todas las personas» me parece que lo que hace el precepto es decantarse por un derecho universal a la vida de todos los individuos humanos, cualquiera que sea el estadio de su formación biológica. No obstante, el Tribunal Constitucional ha modificado el sentido de esta norma a tenor de las presiones políticas para abrir la puerta al aborto intencional, denominado eufemísticamente «interrupción voluntaria del embarazo», cuando lo que en verdad se interrumpe –además del embarazo de la mujer– es la vida de un sujeto vital y, por tanto, jurídico. Sobre esta problemática recomiendo la lectura del libro de Andrés OLLERO, *Bioderecho. Entre la vida y la muerte*, Thomson-Aranzadi, Cizur Menor (Navarra), 2006.

– *Personalidad civil y protección penal del feto humano.* En el ordenamiento jurídico español no existe un texto constitucional o legal que determine con claridad el concepto jurídico de persona. Por eso, la doctrina y la jurisprudencia suelen invocar los artículos 29 y siguientes del Código Civil. Ahora bien, no debe perderse de vista que estos preceptos constituyen el contenido del Título II del Libro I, Título que se rotula «Del nacimiento y la extinción de la *personalidad civil*» (cursivas mías). No hay que olvidar que, cuando se promulgó el Código Civil, se hallaba vigente el Código Penal de 1870, en el cual se castigaba rigurosamente el aborto. Parece muy razonable pensar que a la hora de redactar los preceptos del Código Civil en 1889, el legislador tuviese en cuenta la protección penal del *nasciturus* y que, en consecuencia, su concepto de persona o, mejor dicho, de personalidad civil, lo vinculaba estrictamente a los «efectos civiles», como por otra parte expresaba el artículo 30, que su versión anterior a 2011 empezaba así: «Para los efectos civiles (...)». En base a estos datos, no es descabellado concluir que los artículos 29 y siguientes del Código Civil se limitan a regular las condiciones del individuo humano para ser titular de personalidad civil, y asimismo lo relativo al *nasciturus*, pero siempre «a efectos civiles», básicamente a los efectos del Derecho hereditario. Por tanto, cuando se invocan los mencionados preceptos para deducir de ellos un concepto general de persona, se está tomando la parte por el todo, pues de esas normas no deriva otra cosa que el concepto de personalidad civil, que no tiene por qué ser equivalente al concepto de persona. El aborto fue sancionado penalmente hasta 1985, cuando se le despenalizó en una serie de supuestos. Posteriormente, en una ley de 2010 se estableció un sistema de plazos. Fuera de estos términos está castigado en los artículos 144 y siguientes del actual Código Penal. En el preámbulo de la ley de 2010 se invocan los derechos de la mujer frente al «bien jurídico» que es el feto humano. Fórmula ésta que ya he comentado y que niega al feto el carácter de «sujeto», lo que implica necesariamente privarle de la dignidad humana.

– *El abuso de la persona jurídica y «el levantamiento del velo».* Afirma Federico DE CASTRO Y BRAVO: «Bajo el manto protector de la condición de persona jurídica, las organizaciones se hacen cotos cerrados, donde rige la ley de la mayoría del capital votante (pseudodemocracia), y se aíslan arbitrariamente masas patrimoniales del mismo verdadero dueño de todas las acciones ("empresario oculto", "dueño de la sociedad", "socio tirano"). Desgraciadamente, el poder ilimitado origina abusos. El escándalo producido por algunos romperá el mito de la persona jurídica. El hecho, por ejemplo, de que S constituya con su mujer e hijo una compañía, de que S, como administrador de dicha sociedad, constituya a favor de S (ahora como tercero) unas obligaciones privilegiadas; y de que llegada la liquidación de la sociedad, S, en su condición de acreedor privilegiado, se haga pago con todos los bienes de la sociedad. Los acreedores de la compañía, a los que no resta nada con que cobrarse, reclaman alegando que las obligaciones privilegiadas de S eran ineficaces, por ser S el verdadero y único dueño de la compañía. El 1897, el pleito se decidirá por el más alto Tribunal británico a favor de S, porque la compañía era una persona jurídica (*legal person, body corporate*). [Referencia al caso Salomón v. Salomón & Co] (...) Fue con la guerra de 1914 cuando los Gobiernos deciden inquirir en el interior de las personas jurídicas, y deciden no permitir que empresas vitales para la economía nacional siguiesen estando dirigidas, directa o indirectamente, por nacionales enemigos (socios dominantes). Desde entonces, se empezará a mirar con recelo las organizaciones de grupos de sociedades, cada una con propia personalidad, pero pertenecientes a una o a las mismas personas (...). La reacción de tribunales y tratadistas (...) se ha manifestado en el procedimiento al que se le dará el nombre de "levantar el velo" (*to lift the veil*) de la persona jurídica.» (*La persona jurídica*, cit., pgs. 270-271).

– *Sobre la responsabilidad penal de las personas jurídicas.* Este tema ha sido y es muy debatido en la doctrina. La mayor parte de los autores se han decantado por el rechazo a exigir la responsabilidad penal de la persona jurídica. Se ha argumentado que ésta carece de capacidad para actuar –por lo que implica ausencia de conducta humana– y también que no pueden ser sujetos culpables. En los últimos tiempos, sin embargo, y debido a razones de índole pragmática –fundamentalmente, para combatir la criminalidad económica organizada–, se ha abierto la puerta a la responsabilidad penal. En la Exposición de Motivos de la Ley Orgánica 5/2010, de 22 de junio, de Reforma del Código Penal, se alude al impulso en ese sentido tanto por parte de Naciones Unidas como de la Unión Europea, que «demandan una respuesta penal clara para las personas jurídicas, sobre todo en aquellos delitos en que su intervención se hace más evidente (...).» Esta respuesta ya ha sido incorporada a los ordenamientos jurídicos de numerosos países europeos.

EJERCICIOS

1. ¿Cómo puede explicarse que la teoría de las personas jurídicas tenga en la canonística su punto de partida?

2. Tanto la teoría de la ficción como la teoría realista o social se proponen dar una respuesta al problema de cómo hay que entender a la persona jurídica. Explica en qué consisten ambas teorías y por qué motivos son contrapuestas.

3. ¿Qué es una fundación? Lee el artículo 35 del Código Civil y coméntalo ayudándote de un tratado de Derecho civil, en la parte que trate de las personas jurídicas.

4. Explica qué diferencia hay entre el concepto teológico de persona y el concepto de persona para el Derecho.

5. El feto humano ¿es persona en el Derecho español? ¿Qué tiene declarado a este respecto el Tribunal Constitucional?

6. Explica el fenómeno contemporáneo de la expansión de las personas jurídicas, y pon ejemplos a este respecto, tanto de Derecho público como de Derecho privado.

7. ¿En qué consiste –desde el punto de vista jurídico-formal– la cualidad de ser persona, ya sea física, ya sea moral?

8. ¿Cuál es la razón de ser de la persona jurídica? Expresada la pregunta en otros términos: ¿Con qué finalidad establecen los ordenamientos jurídicos la existencia de personas jurídicas?

9. Explica los conceptos «capacidad jurídica» y «capacidad de obrar» en relación con la persona jurídica.

10. Relaciona los conceptos de persona jurídica y órgano. Pon ejemplos que se refieran al Estado y a la sociedad anónima, considerados ambos como personas jurídicas.

11. Pon ejemplos de facultades de administración, y coméntalos.

12. Pon ejemplos de facultades de disposición, y coméntalos.

13. Pon ejemplos de facultades de representación, y coméntalos.

14. ¿Te parece justo y adecuado a las exigencias de la actual vida social que las personas jurídicas sean responsables penalmente?

15. Explica en qué consiste la doctrina del «levantamiento del velo» de las personas jurídicas. Para ello te será útil consultar algún tratado de Derecho civil y/o de Derecho mercantil.

16. Explica la tesis que diferencia entre sujeto jurídico y persona.

17. Explica la tesis de la imputabilidad.

18. Explica la tesis de la personificación.

19. Explica la tesis que sostiene que el *nasciturus* es un sujeto jurídico.

20. Explica la tesis que afirma la responsabilidad de las personas.

21. Explica la tesis que atribuye carácter situacional al sujeto jurídico y a la persona.

Índice programático de materias

INTRODUCCIÓN.–EL DERECHO Y LA TEORÍA COMUNICACIONAL DEL DERECHO

1. EL PROBLEMA DEL CONCEPTO DE DERECHO

Lección 1ª.-¿Por qué no hay acuerdo en la definición del concepto de Derecho?

Lección 2ª.-¿Cómo ha surgido el Derecho?

2. EL ORDENAMIENTO JURÍDICO

Lección 3ª.–Decisiones, normas y autoridades.

Lección 4ª.–La solución del laberinto: el orden del ordenamiento.

Lección 5ª.–Ordenamiento jurídico: conceptos implicados. Imágenes metafóricas del ordenamiento jurídico. El lugar del ordenamiento jurídico en la Teoría del Derecho.

Lección 6ª.–El ordenamiento jurídico: decisiones, normas e instituciones. Teorías que han elegido un «concepto-llave» para explicar el ordenamiento jurídico: normativistas, institucionalistas, relacionistas, decisionistas, pragmatistas. La cuestión del contenido mínimo de todo ordenamiento: los tres elementos básicos (decisión, norma e institución).

3. EL DERECHO COMO TEXTO

Lección 7ª.–Derecho y lenguaje. El Derecho como sistema de comunicación. Sociedad, lenguaje y Derecho. La Teoría del Derecho como análisis del lenguaje de los juristas.

Lección 8ª.–El Derecho como texto. El ordenamiento jurídico como texto. Concepto y tipos de textos: constatativos, emotivos y regulativos. El lenguaje dirigido a la acción.

Lección 9ª. Caracteres del texto jurídico. El ordenamiento jurídico como texto regulativo, organizativo e institucional.

4. LAS DECISIONES EN EL DERECHO

Lección 10ª.–La decisión constituyente. Las decisiones jurídicas como «actos de habla». Decisiones jurídicas, normas e instituciones. Perspectiva dinámica y perspectiva estática del ordenamiento jurídico. Decisión constituyente y decisiones constituidas.

Lección 11ª.–El poder constituyente. El proceso constituyente.

Lección 12ª.–La constitución. Distintos significados de la constitución: a) como documento; b) concepto político de constitución; c) concepto jurídico-formal de constitución; d) concepto jurídico ordinario de constitución.

Lección 13ª.–Las decisiones jurídicas intrasistémicas. Decisiones jurídicas y «Fuentes del Derecho». Las fuentes del Derecho en el Derecho comparado. Las decisiones del poder legislativo: las leyes. Las decisiones del poder ejecutivo: las normas de la administración: las decisiones del poder judicial: las sentencias. ¿Crean los jueces Derecho? Las decisiones de los particulares: las normas negociales.

Lección 14ª.–Más sobre las decisiones intraordinamentales. Los tratados internacionales. Los tratados europeos: la Comunidad Europea y la Unión Europea. El derecho «no escrito»: la costumbre; los principios jurídicos.

5. ORDENAMIENTO Y SISTEMA

Lección 15ª.–Ordenamiento y sistema. El ordenamiento como «texto jurídico en bruto» o «material jurídico». La tarea de la ciencia jurídica: el sistema como «texto jurídico elaborado».

Lección 16ª.–La relación entre ordenamiento y sistema como relación hermenéutica «en espiral». Crítica de la equiparación entre ordenamiento y sistema. El sistema como resultado de la construcción hermenéutica del ordenamiento. Caracteres de la ciencia jurídica: hermenéutica. Construcción e interpretación. Tanto las normas como el sistema son resultado de la construcción. Crítica del descriptivismo positivista. La relación entre ordenamiento y sistema como una relación hermenéutica «en espiral».

Lección 17ª.–El sistema como «ficción» y la «doctrina dominante». ¿Sistema o sistemas? La interpretación de los juristas: la disparidad de opiniones. La Teoría del Derecho trabaja con «modelos teóricos». Parangón con la Teoría económica. La doctrina jurídica: la doctrina dominante; la opinión común; la jurisprudencia dominante; doctrina legal y doctrina jurisprudencial. Pluralidad de interpretaciones y seguridad jurídica: el sistema «dominante».

6. DOGMÁTICA JURÍDICA Y TEORÍA COMUNICACIONAL DEL DERECHO

Lección 18ª.–La dogmática jurídica como ciencia constructiva y práctica. Crítica de las tesis positivistas. El constructivismo. Ordenamiento y sistema: disposiciones y normas.

Lección 19ª.–Un ejemplo: Las *«fuentes del Derecho»* en el ordenamiento jurídico español. La construcción de la norma a partir de los preceptos del ordenamiento: artículo 1º del Código Civil, artículos 93 y siguientes de la Constitución Española.

Lección 20ª.–La Teoría comunicacional del Derecho. «Doctrina general del Derecho» y Teoría del Derecho. La propuesta de la Teoría comunicacional del Derecho. El Derecho como sistema de comunicación. La analogía Derecho-juegos. Derecho y lenguaje: pragmática, semántica y sintaxis. Las partes de la Teoría comunicacional del Derecho: teoría formal del Derecho, teoría de la dogmática jurídica y teoría de la decisión jurídica.

PRIMERA PARTE.–TEORÍA FORMAL DEL DERECHO

7. LAS NORMAS JURÍDICAS

Lección 21ª.–Directivas y normas. Concepto y tipos de directivas. Las órdenes. Los consejos. Los ruegos. Las promesas. Las normas.

Lección 22ª.–Los órdenes normativos: una cuestión aplazada. Los diversos órdenes normativos como conjuntos de normas. Orden normativo, ordenamiento jurídico sistema jurídico. El modo tradicional de diferenciar los diversos órdenes normativos. Crítica de este modo tradicional. La «eticización» de las categorías jurídicas. El derechos y los demás órdenes normativos: el «aparato institucional».

Lección 23ª.–La concepción homogénea de las normas jurídicas. Normas jurídicas y sistema: la clave de la juridicidad de las normas del derecho. De la concepción homogénea de las normas jurídicas a la concepción heterogénea: la evolución en el siglo XX. La concepción homogénea: estructura lógica de la norma jurídica. Norma primaria y norma secundaria.

Lección 24ª.–Hacia una concepción heterogénea de las normas jurídicas. Crítica a la concepción homogénea. La evolución de la teoría de las normas en la segunda edición de *Teoría pura del Derecho.* Los diversos tipos de normas. Normas dependientes e independientes. Crítica de la concepción kelseniana.

Lección 25ª.–Un nuevo paso adelante en la concepción heterogénea. Reglas primarias y reglas secundarias: la concepción hartiana del Derecho. Crítica de la concepción hartiana.

Lección 26ª.–Las normas jurídicas en la Teoría comunicacional del Derecho (I). El concepto comunicacional de norma jurídica. Análisis de la definición.

Lección 27ª.–Las normas jurídicas en la Teoría comunicacional del Derecho (II). Tipos de normas jurídicas: las normas indirectas de la acción. El Derecho como sistema proposicional. Diversidad de sus normas: diversidad funcional y lingüística. Las normas indirectas de la acción. Su función dentro del sistema. Su configuración lingüística: las normas ónticas. El *ser* como verbo normativo. Los diversos tipos: normas reguladoras de los elementos espaciales.

Lección 28ª.–Las normas jurídicas en la Teoría comunicacional del Derecho (III). Más sobre las normas jurídicas indirectas. Normas que regulan los elementos temporales. Especial referencia a las normas derogatorias. Normas que determinan los sujetos de la acción. Normas que señalan las capacidades y competencias.

Lección 29ª.–Las normas jurídicas en la Teoría comunicacional del Derecho (IV). Normas directas de la acción: las procedimentales. Las normas directas de la acción: sus tipos. Las normas procedimentales. Su función. Su configuración lingüística: el verbo normativo *tener que.* Las consecuencias de no cumplir la norma procedimental. La nulidad. El concepto de carga.

Lección 30ª.–Las normas jurídicas en la Teoría comunicacional del Derecho (V). Normas directas de la acción: potestativas y deónticas. Las normas potestativas o autorizativas. Su función y configuración lingüística. Acciones posibles y acciones lícitas. El verbo normativo *poder.* Las normas deónticas: su función y configuración lingüística. *Deber* como verbo normativo. Normas deónticas y conducta. Tipos de normas deónticas. Principios y normas en el Derecho.

8. JERARQUÍA DE COMPETENCIAS Y DE NORMAS

Lección 31ª.–La idea de la jerarquía de las normas en el sistema jurídico. La teoría de la estructura escalonada del ordenamiento jurídico. Sus precedentes en la Escolástica y KANT. Su desarrollo en las obras de BIERLING, MERKL y KELSEN. La moral como sistema estático, y el derecho como sistema dinámico. La tesis de la norma fundamental y la jerarquía de las normas: los diversos escalones. Las normas generales.

Lección 32ª.–Más sobre jerarquía de las normas. Las normas individuales o concretas. La sentencia judicial. El acto administrativo. El negocio jurídico. Ejemplos típicos de negocios jurídicos. Los actos de ejecución. Aplicación y creación del derecho, según los representantes de la Escuela de Viena. El concepto de «autopoiesis». Críticas a la teoría de la norma fundamental y a la tesis de la estructura escalonada del ordenamiento jurídico.

Lección 33ª.–La idea de distribución y jerarquía de las competencias. Jerarquía de autoridades y de competencias. Referencia a la función del Tribunal Constitucional en relación con las leyes. El problema de la distribución de competencias entre los Estados miembros de la UE y la propia Unión Europea y la primacía del Derecho comunitario sobre el Derecho «interno» de los Estados. Comentario del artículo 93 de la Constitución Española. ¿Cómo se averigua el rango jerárquico de una norma en un ordenamiento jurídico?

9. LA ACCIÓN EN EL DERECHO

Lección 34ª.–La acción en el Derecho. La acción como elemento omnipresente en el Derecho. El concepto de acción (o de acto) en las diversas disciplinas jurídicas. La acción ante la Teoría comunicacional del Derecho. Acción, acto y actividad. La acción como significado. Concepto genérico de acción.

Lección 35ª.–Acción y procedimiento. Concepto hermenéutico-analítico o comunicacional de acción. Acción genérica y acción concreta. La acción como procedimiento. Procedimiento genérico y procedimiento concreto. La acción en sentido estático y en sentido dinámico. Acción, procedimiento y norma procedimental.

Lección 36ª.–La acción como texto. Realización de la acción y procedimiento. Acción, libertad y elección. La acción como texto: acción e interpretación. La precomprensión y el significado de la acción. Acción humana y comunicación. La acción como «significado social». Los «actos de habla».

Lección 37ª.–Acción causal, acción lógica y acción convencional. Las distintas modalidades de acción. De nuevo, acción y procedimiento. Diferencia entre «deber» y «tener que». El concepto de «necesidad». La acción causal. La necesidad causal. La regla técnico-causal. Concepto de causa. Relación teleológica y relación causal. La acción lógica. La regla técnico-lógica.

Lección 38ª.–Acción convencional. La acción en los juegos. La «necesidad convencional». Ámbito convencional. Ámbito convencional y sistema de normas. Acción básica y acción convencional. Acción convencional y norma procedimental convencional. Las acciones jurídicas como acciones convencionales. Actos jurídicos y normas jurídicas.

Lección 39ª.–La acción jurídica como acción convencional. El concepto de acción jurídicamente relevante. Acción jurídica y norma jurídica procedimental. Acción «natural» y acción jurídica. El concepto de «efectos jurídicos». La eficacia «interna» y «convencional»: su diferencia con la eficacia «externa». Actos jurídicos lícitos e ilícitos. Ejemplos de actos o acciones jurídicas. Norma jurídica procedimental y delito.

Lección 40ª.–Acción y conducta. Conducta (o comportamiento) y deber jurídico. Acción, conducta, norma procedimental y norma deóntica: sus relaciones. Concepto de actividad profesional. Actividad profesional y conducta profesional. Conducta jurídica y conducta moral.

Lección 41ª.–La omisión. Hacer y no-hacer: la concepción tradicional de la omisión. La omisión en su relación con la acción: su carácter «relacional». Omisión y expectativa (o acción «esperada»). Normas jurídicas deónticas y omisión. Omisión, acción y conducta. Definición de la omisión jurídica.

Lección 42ª.–Elementos externos e internos del acto jurídico. Decisión y acción. Tipos de decisiones en el Derecho. Requisitos externos e internos del acto jurídico. La culpabilidad: sus formas. El dolo. La imprudencia. La buena fe. El abuso de derecho. La negligencia. La omisión dolosa y la omisión imprudente. La exención, la atenuación y el agravamiento de la culpa.

10. VALIDEZ DE LOS ACTOS Y DE LAS NORMAS JURÍDICAS

Lección 43ª.–Validez: tres concepciones. Los rasgos característicos del Derecho. La validez: el uso lingüístico de esta palabra. La validez jurídica: sus ámbitos de aplicación. Tres maneras de concebir la validez: la filosófica, la sociológica y la jurídica. Iusnaturalismo y positivismo jurídico. Sociologismo y normativismo.

Lección 44ª.–La concepción de la validez en el Derecho natural clásico. El *iusnaturalismo* de AQUINO. Validez y jerarquía de las leyes: ley eterna, ley natural y ley humana. Ley y razón práctica. La *virtus legis*. La doctrina de la *corruptio legis*. Derivación de la ley humana a partir de la ley natural: los dos modos. Justicia, Moral y Derecho: el deber de obediencia al Derecho.

Lección 45ª.–La validez del Derecho en el normativismo. El proceso de «desteologización» y «deseticización» de la filosofía jurídica. El positivismo jurídico y la relación entre Derecho y moral. La transformación de los conceptos iusnaturalistas por obra del normativismo. Validez como «existencia» y «obligatoriedad». Fundamento de la validez: las cadenas de validez y la norma fundamental. La norma fundamental como «ficción». Crítica.

Lección 46ª.–Eficacia. Validez y eficacia en el normativismo y en los realismos jurídicos: idea general del problema. El concepto de eficacia como concepto sociológico-jurídico. Cumplimiento de las normas: acatamiento, aplicación y ejecución. Eficacia e ineficacia: su cálculo. La cuota de eficacia.

Lección 47ª.–Eficacia como condición de validez. Teoría del Derecho y Sociología jurídica: validez y eficacia. Las distintas teorías sobre su relación. La teoría del reconocimiento. La teoría kelseniana en sus dos fases: la eficacia como condición de validez. Crítica de estas concepciones.

Lección 48ª.–Equivalencia entre eficacia y validez. El realismo jurídico: sus caracteres; sus representantes. El derecho como hecho. El contenido «empírico» de los conceptos jurídicos. La validez de la norma como su eficacia. Conductismo y psicologismo.

Lección 49ª.–Crítica a la sociologización. Teoría formal del Derecho (como parte de la Teoría comunicacional) y conceptos jurídicos «empiristas». Teoría del Derecho y Sociología jurídica: tesis del paralelismo. El Derecho como realidad convencional. Crítica del realismo jurídico. Crítica de la tesis de la equivalencia. La validez desde la perspectiva de la Teoría comunicacional del Derecho.

Lección 50ª.–Aporías del concepto de validez. La «carga axiológica» de la palabra «validez». Su carácter analógico. *Validitas* en el pensamiento escolástico. El uso del concepto «validez» impuesto por el positivismo jurídico. Validez meramente formal y validez plena: idea general.

Lección 51ª.–Validez de los actos y validez de las normas. La validez de los actos, de las decisiones y de las normas. Validez como juridicidad. La invalidez de los actos. Invalidez e ilicitud.

Lección 52ª.–Validez de las normas, constitución y valores. Validez puramente formal: sus requisitos. La presunción de validez. Validez material. Validez plena. La función de la constitución y de los valores jurídicos en relación con la validez.

Lección 53ª.–Invalidez de los actos jurídicos. La teoría de la invalidez de los actos jurídicos en la dogmática. Actos jurídicamente indiferentes. Acto jurídico existente y acto jurídico inexistente. Nulidad de los actos. Nulidad absoluta y nulidad relativa.

Lección 54ª.–Invalidez de las normas jurídicas. Las causas de invalidez de las normas jurídicas. Mecanismos para controlar la validez de las normas jurídicas.

11. COACTIVIDAD

Lección 55ª.–Coactividad. El Derecho como orden coactivo de la conducta humana. Coactividad y coercibilidad. La motivación de la obediencia a las normas. Actos coactivos y normas deónticas. La relación del Derecho con la fuerza. Coactividad del Derecho, normas jurídicas y sistema jurídico.

Lección 56ª.–Manifestaciones de la coactividad. Caracteres de la coactividad jurídica. Tipos de coactividad.

Lección 57ª.–Las sanciones en el Derecho. Concepto de sanción. Sanciones positivas y sanciones negativas. Caracteres del Derecho sancionatorio moderno. Tipos de sanciones negativas.

Lección 58ª.–Teorías sobre la coactividad. Teorías negadoras de la coactividad como nota esencial del Derecho. El sociologismo de EHRLICH. Posturas afirmativas. Las sanciones y los diversos ordenamientos jurídicos.

12. POSITIVIDAD

Lección 59ª.–Positividad. La realidad existencial del Derecho: su positividad. El positivismo jurídico y el Derecho positivo. Las diversas posturas positivistas. La positividad del Derecho como carácter sociológico: positividad y Sociología del Derecho.

13. PODERES Y DEBERES EN EL DERECHO

Lección 60ª.–Los poderes jurídicos. Análisis del verbo «poder»: sentido físico, psíquico y normativo. El Derecho como un conjunto de deberes y de poderes. El poder del Estado: la soberanía. Las potestades: el concepto de competencia.

Lección 61ª.–Más sobre poderes jurídicos. La desviación de poder. Los derechos subjetivos. El abuso del derecho. Los permisos. La norma jurídica de clausura y el espacio jurídico vacío.

Lección 62ª.–Los deberes en el Derecho. Análisis del término «deber» en el lenguaje ordinario. El origen del concepto y del sentimiento del deber: la religión. Los deberes en la Escolástica: la teología moral. La secularización del pensamiento filosófico: DESCARTES, GROCIO. Ética y Derecho: los deberes jurídicos como deberes morales. El positivismo y la «deseticización» del pensamiento jurídico. El enfoque de la Teoría comunicacional del Derecho para investigar los conceptos jurídicos: sus tres niveles de análisis.

Lección 63ª.–Los deberes jurídicos. La progresiva depuración de los conceptos jurídicos. El neokantismo: ser *(sein)* y deber ser *(sollen).* Ciencias causales y ciencias normativas. La falacia naturalista. El concepto de norma y su conexión con el concepto de deber. La norma jurídica y el deber jurídico: la concepción homogénea de las normas de Derecho. La poderosa presencia de la idea de «deber moral» en el lenguaje ordinario. La tesis de la negación del deber jurídico. Crítica de esta tesis.

Lección 64ª.–Deberes morales y deberes jurídicos: los diversos tipos de deberes jurídicos. La obsesión simplificatoria del positivismo. Derecho y moral. Moral positiva y moral especulativa. El relativismo en psicología y en ética. Deber moral y deber jurídico. El deber jurídico en la Teoría comunicacional del Derecho: deber jurídico y normas jurídicas deónticas. Autoridad, exigencia y deber jurídico. Tipos de deberes jurídicos: de conducta, de decisión y de ejecución.

Entrelazamiento de los tres tipos de deberes jurídicos. Deber jurídico y sanción: la concepción tradicional. Crítica de esta concepción. Deberes jurídicos fuertes y débiles. *Soft law.* Deberes jurídicos públicos y privados. La cuestión del deber general de obedecer al Derecho.

Lección 65ª.–La responsabilidad jurídica. Acepciones de la palabra «responsabilidad» y de sus derivadas en el uso del lenguaje ordinario. Relación entre responsabilidad y deberes. Tipos de responsabilidad: política, moral y jurídica. Concepto de responsabilidad jurídica. El sujeto jurídicamente responsable. Concepto de daño. Especies de daños: daños y bienes. La responsabilidad jurídica subjetiva y objetiva (individual y colectiva). Responsabilidad constitucional, penal y civil (contractual y extracontractual).

14. EL ÁMBITO JURÍDICO

Lección 66ª.–Echando la vista atrás y de paso introducir un nuevo concepto básico: el ámbito jurídico. La palabra «Derecho» es un *nomen* designativo de los ámbitos jurídicos posibles. La Teoría comunicacional del Derecho como teoría nominalista. Ordenamiento, sistema y ámbito jurídico: relación entre estos tres conceptos. La práctica jurídica. Los diversos componentes de todo ámbito jurídico. La referencia constante: el eje ORD/SIS. Plan de estudio en lo que queda de teoría formal del Derecho: las situaciones jurídicas y las relaciones jurídicas. Los tres tipos de relaciones jurídicas: interpersonales, interordinamentales (o intersistémicas) e interordinales.

15. LAS SITUACIONES JURÍDICAS

Lección 67ª.–El tratamiento teórico de los conceptos jurídicos y los avatares del concepto de situación jurídica. El dispar tratamiento de los diversos conceptos jurídicos en el seno de la Teoría del Derecho. Causa posibles de este fenómeno. En particular, el tipo de pensamiento jurídico. Los conceptos jurídicos «privilegiados» y los conceptos jurídicos «cenicienta». El concepto de situación jurídica en la doctrina y en la Teoría del Derecho. La doble «intoxicación» del concepto de situación jurídica. La situación jurídica y la crítica al derecho subjetivo: las dos vertientes de esta crítica. La Teoría comunicacional del Derecho ante el concepto de situación jurídica.

Lección 68ª.–El uso comunicacional del término «situación». La palabra «situación» en el uso del lenguaje ordinario. *Situatio* y *situs.* Situación como *status* personal. En el Derecho romano: *status libertatis, status familiae* y *status civitatis.* Situación y ámbito. El verbo «estar» y las situaciones (permanentes o transitorias). La idea de situación en la filosofía existencialista: las situaciones límites; *dasein.* En el raciovitalismo: vida humana y situaciones (circunstancia). Ética de la situación. El concepto de situación en Sociología: las situaciones sociales.

Lección 69ª.–Las situaciones en el pensamiento filosófico-jurídico. Las situaciones jurídicas en la doctrina francesa. Augusto Comte: su crítica de la metafísica contractualista y de los derechos subjetivos. Léon Duguit: su crítica del derecho subjetivo y su concepto de situación jurídica. La ley de solidaridad social. Orden social, ordenamiento jurídico, Derecho objetivo y situaciones jurídicas. Karl Larenz: comunidad y posición jurídica. Paul Roubier: su teoría de las situaciones jurídicas. Las situaciones jurídicas en los autores españoles: DE CASTRO, CASTÁN, LEGAZ y GUASP. Conclusiones.

Lección 70ª.–Las situaciones jurídicas: su aplicabilidad a los diversos elementos de un ámbito jurídico. Las situaciones jurídicas de la persona: la situación jurídica global. Las situaciones de las relaciones jurídicas. Situaciones jurídicas de pendencia. La situación jurídica básica de los seres humanos: la situación de persona; capacidad jurídica y capacidad de obrar. Las situaciones jurídicas de las cosas. Las situaciones jurídicas de los actos y de las actividades. La aplicabilidad general del concepto de situación jurídica. Situación jurídica y régimen jurídico aplicable.

Lección 71ª.–Algunos tipos de situaciones jurídicas. Las situaciones jurídicas y la función de los Registros: comunicación, publicidad, clasificación, legitimación y prueba. Las situaciones jurídicas en el tiempo: firmes y transitorias; situaciones de pendencia. Situaciones jurídicas objetivas y subjetivas (activas y pasivas); el estado civil. Situaciones jurídicas típicas y concretas. Situaciones de hecho y situaciones jurídicas. Situaciones de Derecho público y de Derecho privado. Las situaciones en los distintos ámbitos jurídicos.

16. LAS RELACIONES JURÍDICAS: ASPECTOS GENERALES

Lección 72ª.–La palabra «relación» en el uso del lenguaje. El tratamiento del concepto de relación jurídica en la Teoría del Derecho y en las disciplinas dogmáticas. El uso en el lenguaje ordinario del término «relación» y de sus derivados. Sus posibles aplicaciones. Las formas relacionales en el Derecho. El concepto de relación en el lenguaje filosófico: especial referencia a ARISTÓTELES (las categorías). El carácter relacional de todos los conceptos; también de los jurídicos. La relación en la Sociología: la relación social. Especial referencia a Max WEBER.

Lección 73ª.–La doctrina clásica de las relaciones jurídicas. La doctrina de SAVIGNY: relación jurídica y derecho subjetivo; elemento material y elemento formal de la relación jurídica; relación e institución jurídica. Crítica de la doctrina de SAVIGNY. La teoría de BIERLING: la existencia real del derecho y la relación jurídica. Crítica del psicologismo. La doctrina clásica de la relación jurídica en España. F. DE CASTRO. GUASP: una teoría relacionista del Derecho; relaciones naturales y artificiales; la «necesidad jurídica»; clasificación de las relaciones jurídicas: personales, reales y actuales. Crítica a GUASP.

Lección 74ª.–Otras teorías de la relación jurídica. La relación jurídica en la obra de KELSEN: evolución de su pensamiento. Las tesis de Fritz SCHREIER: cadenas normativas y relación jurídica. La posición de Francesco CICALA. La tesis de Domenico BARBERO.

Lección 75ª.–Las relaciones jurídicas en la Teoría comunicacional del Derecho. El carácter relacional de los conceptos jurídicos en la dogmática y en la Teoría del Derecho: su distinto significado. La concepción amplísima de la relación jurídica. Las relaciones jurídicas como relaciones textuales o intertextuales. El concepto estricto de relación jurídica, propio de la doctrina clásica. Una propuesta pragmática: los tres tipos de relaciones jurídicas (intersubjetivas, intersistémicas e interordinales). Diferenciación entre las relaciones jurídicas y las relaciones sociales y psíquicas. Relaciones inter-individuales y relaciones sociales. La relación jurídica como relación constituida por el texto ordinamental. Relación de hecho (social) y relación jurídica.

Lección 76ª.–Las relaciones jurídicas como relaciones de comunicación textualizables: algunos tipos. La relación jurídica como relación comunicacional. Las relaciones jurídicas genéricas como relaciones típicas y el texto sistémico. Las relaciones jurídicas concretas. La subsunción de la relación jurídica concreta en la relación jurídica típica. Relación e institución jurídica. La ordenación del sistema jurídico de acuerdo a los diversos tipos de relación jurídica. Relaciones de Derecho público y de Derecho privado. Relaciones jurídicas personales (y, dentro de ellas, las obligacionales) y relaciones jurídicas reales. Las relaciones jurídicas en los distintos ámbitos jurídicos.

17. LAS RELACIONES JURÍDICAS INTERPERSONALES: LOS DERECHOS SUBJETIVOS. ASPECTOS GENERALES Y TEORÍAS

Lección 77ª.–Relaciones jurídicas interpersonales y derechos subjetivos. Los tres tipos de relaciones jurídicas: interpersonales, intersistémicas e interordinales. La relación jurídica intersubjetiva como relación de comunicación. El contenido de la misma: deberes y derechos, y su conexión con acciones. El concepto de derecho subjetivo: algunas peculiaridades de este concepto. La importancia del derecho subjetivo en la construcción del sistema jurídico. Los derechos subjetivos en los distintos ámbitos jurídicos.

Lección 78ª.–El derecho subjetivo en el pensamiento iusnaturalista. El carácter histórico de los conceptos científicos y filosóficos, y por tanto también de los conceptos jurídicos. El derecho subjetivo en Roma. El derecho subjetivo y la Orden franciscana: la teoría de Guillermo De Ockam. El derecho subjetivo en la Escolástica. En el Derecho natural racionalista: Thomas Hobbes y John Locke. La teoría contractualista. El estado de naturaleza. Natural rights y natural laws. El pacto social. El estado de sociedad civil. El Estado y la garantía de los derechos. Derechos y deberes en el contractualismo.

Lección 79ª.–Los derechos subjetivos en el psicologismo jurídico del siglo XIX. El positivismo y su versión psicologista. La teoría de la voluntad y el derecho subjetivo. Crítica desde la perspectiva de la Teoría comunicacional del Derecho. La teoría del interés y el derecho subjetivo. Crítica. El derecho subjetivo como protección del interés. La posición ecléctica. Crítica: ¿por qué razón la Teoría comunicacional del Derecho no puede aceptar las tesis psicologistas?

Lección 80ª.–Algunas críticas al derecho subjetivo. Críticas de naturaleza política o ideológica: desde el marxismo; desde el nazismo. Críticas de naturaleza científica o filosófica: desde el positivismo normativista (los dualismos jurídicos); desde el realismo jurídico (escandinavo y americano).

Lección 81ª.–La revisión del concepto de derecho subjetivo en el marco del positivismo jurídico. La posición de Kelsen en el marco de la segunda edición de *Teoría pura del Derecho*: las diversas acepciones del derecho subjetivo. La tesis de Kart Olivecrona. La teoría de Alf Ross.

Lección 82ª.–La teoría del derecho subjetivo como capacidad de imponer normas. La concepción de Eugen BUCHER.

Lección 83ª.–Permiso propio y exclusión ajena: los dos aspectos del derecho subjetivo. La concepción de Josef AICHER.

Lección 84.–La internalización del sujeto y la función del derecho subjetivo. La concepción de Ulrich K. PREUSS.

18. LOS DERECHOS SUBJETIVOS ANTE LA TEORÍA COMUNICACIONAL DEL DERECHO

Lección 85ª.–Los derechos subjetivos y las tres perspectivas de la Teoría comunicacional del Derecho. Importancia de los derechos subjetivos en el mundo jurídico actual. El análisis de los derechos desde las tres perspectivas de la TCD. La perspectiva formalista: el derecho subjetivo en su relación con las normas directas e indirectas de la acción; el concepto universal de derecho subjetivo. La perspectiva dogmática: los derechos subjetivos en relación con los ordenamientos jurídicos concretos. La perspectiva de las decisiones jurídicas: los derechos y la teoría de la justicia; las técnicas de protección de los derechos subjetivos.

Lección 86ª.–La función del derecho subjetivo en el sistema jurídico (I): el título. Análisis de las expresiones «derecho a» y «derecho de». La expresión «derecho a» en los textos constitucionales. El concepto formal de derecho subjetivo y el método para obtenerlo. Los dos aspectos básicos de todo derecho subjetivo: el título y el poder. El título. La determinación genérica de los títulos por medio de normas jurídicas ónticas. Los sujetos de derechos subjetivos: la capacidad jurídica. Títulos y reparto de bienes jurídicos. Derecho subjetivo, pertenencia y patrimonio.

Lección 87ª.–La función del derecho subjetivo en el sistema jurídico (II): el poder jurídico concreto. Los poderes jurídicos y los demás poderes. El verbo «poder» en el Derecho: a) significado amplísimo (libertad general, licitud); b) permisos concretos; c) el poder del derecho subjetivo en su sentido técnico-jurídico: poder concreto especificado y organizado –interna y externamente– por el sistema jurídico. Lo abstracto y lo concreto en el Derecho. Los tipos de derechos subjetivos y la determinación del contenido en acciones genéricas. Poderes de uso y disfrute, administración y disposición. Derecho subjetivo y acciones posibles y autorizadas. El contenido del derecho subjetivo y la determinación de su contenido por diversos tipos de normas jurídicas.

Lección 88ª.–Los límites del derecho subjetivo: el abuso del derecho. La concepción absolutista de los derechos en la Antigüedad y la evolución posterior. Los límites extrínsecos o impuestos por la ley. El ejercicio normal del derecho subjetivo y sus límites internos: la prohibición del abuso del derecho. La noción de «chicana» y el principio general de la buena fe. La relatividad de los derechos. Acciones posibles, acciones ilícitas y acciones lícitas: el contenido del derecho subjetivo y la incidencia de diversos tipos de normas jurídicas.

Lección 89ª.–El ejercicio de los derechos subjetivos: las cargas y las acciones procesales. Carga y deber jurídico. Las cargas y la caducidad del derecho subjetivo. La expresión normativa de las cargas. El ejercicio de los derechos y las acciones procesales. El derecho general de acción y la tutela judicial efectiva. La acción procesal como derecho subjetivo y como facultad del derecho subjetivo. Definición del derecho subjetivo. Otros conceptos próximos al de derecho subjetivo: facultad, potestad, expectativa.

Lección 90ª.–Algunas clasificaciones básicas de los derechos subjetivos. Atendiendo al bien jurídico protegido: derechos de la personalidad, derechos reales, derechos de crédito y derechos sobre bienes inmateriales. La crítica a la distinción entre los derechos reales y los derechos de crédito. Crítica de la crítica: razones que avalan dicha distinción. Atendiendo a la renunciabilidad: derechos renunciables e irrenunciables. El concepto de renuncia. Renuncia del derecho subjetivo y sucesión.

Lección 91ª.–Derechos subjetivos constitucionales, fundamentales y ordinarios. El criterio de la jerarquía para establecer los diversos tipos de derechos subjetivos. Los derechos subjetivos ordinarios. Los derechos constitucionales: no siempre son derechos subjetivos. Alcance jurídico y significado político de los «pseudo-derechos» constitucionales. ¿Qué son los «derechos humanos»? Derechos humanos y teoría de la justicia. Los derechos fundamentales, una noción relativa a cada sistema jurídico. Los derechos fundamentales en España: el recurso de amparo.

19. LAS RELACIONES JURÍDICAS INTERSISTÉMICAS

Lección 92ª.–¿A qué llamamos «ordenamiento jurídico»? El estudio de las relaciones entre ordenamientos jurídicos en la Teoría del Derecho y en las diversas disciplinas de la dogmática jurídica. Diversidad de significados de la expresión «ordenamiento jurídico». Posturas estatalista y sociologista. Crítica de dichas posturas. El concepto de ordenamiento jurídico y el análisis del lenguaje de los juristas. La tesis de la Teoría comunicacional del Derecho: el «Derecho» como *nomen.* La idea del ordenamiento jurídico mínimo.

Lección 93ª.–Monismo jurídico versus *pluralismo jurídico.* Sentido de la expresión «pluralismo jurídico». La tesis de la pluralidad de ordenamientos jurídicos. Lenguaje, lenguas y acto comunicacional: el parangón de esta trilogía con la de Derecho, ordenamientos jurídicos y decisión jurídica. El monismo jurídico en el iusnaturalismo y en la escuela de Viena. El monismo estatal y el monismo internacional. Crítica del monismo.

Lección 94ª.–La pluralidad de ordenamientos jurídicos y sus tipos. El mundo medieval y la idea de Imperio. La humanidad y la idea de una república mundial. La pluralidad de ordenamientos, sistemas y ámbitos jurídicos. Tipos de ordenamientos jurídicos, de acuerdo a los siguientes criterios: a) por su génesis fáctica, b) como respuesta a la vida social de los hombres, c) por su validez.

Lección 95ª.–El carácter perspectivista de todo ordenamiento y el principio de relatividad sistémica. El perspectivismo como categoría epistemológica. Aplicación a los textos: la perspectiva textual. El ordenamiento jurídico como perspectiva. Perspectiva y autopoiesis. El perspectivismo externo. El principio de relatividad aplicado a lo jurídico. Perspectivismo ordinamental, perspectivismo sistémico y dogmática jurídica.

Lección 96ª.–Las relaciones intersistémicas como relaciones intertextuales. El Derecho como texto. El concepto de relaciones textuales. Relaciones intratextuales y relaciones intertextuales. La recepción. Las remisiones normativas. Las referencias intersistémicas. Relaciones *intra* e intersistémicas y principio de relatividad. Incorporación y transformación de los textos.

Lección 97ª.–La perspectiva del ordenamiento jurídico internacional. El método teórico-jurídico para abordar el problema de las relaciones entre el Derecho internacional y el Derecho de los Estados. La tesis dualista de TRIEPEL y ANZILOTTI. La tesis de la Teoría comunicacional. La perspectiva internacional. Coexistencia y cooperación. Intergubernamentalidad. El concepto de soberanía y el ordenamiento jurídico internacional. Derecho internacional general y convencional: su relación con el Derecho de los Estados.

Lección 98ª.–Las relaciones jurídicas entre el ordenamiento jurídico internacional y los ordenamientos jurídicos estatales. Desde el punto de vista genético. Desde el punto de vista jurídico. La posición monista en el *iusnaturalismo* y en la escuela de Viena. La perspectiva de la Teoría comunicacional. Las fuentes del Derecho internacional y su «incorporación» a los ordenamientos jurídicos estatales: las diversas posturas estatales.

Lección 99ª.–El sistema jurídico de la Unión Europea: sus rasgos básicos. Las Comunidades Europeas y la Unión Europea. El Derecho de integración: integración y cooperación. El ordenamiento jurídico comunitario: sus caracteres. El origen del Derecho comunitario: el pacto entre los Estados miembros. El contenido de dicho pacto: renuncia y transferencia.

Lección 100ª.–Las relaciones entre el sistema jurídico comunitario y los sistemas jurídicos de los Estados miembros: el Derecho de integración. El fenómeno general de la integración. Integración económica e integración jurídica: la explicación de esta última en términos intertextuales. La relación entre el ordenamiento jurídico de la UE y los ordenamientos jurídicos de los Estados miembros. El principio de efecto directo. El principio de primacía. La relación entre los jueces nacionales y el Tribunal de Justicia de la UE: la función del reenvío prejudicial.

Lección 101ª.–La pluralidad de ordenamientos jurídicos estatales y la regulación de las relaciones jurídicas privadas (interpersonales). El Derecho internacional privado: los problemas que resuelve. La denominación «DIPr». El tráfico jurídico externo. Tipos de normas del DIPr. El método directo y el método indirecto de regulación en el DIPr.

Lección 102ª.–Las normas de conflicto: la concepción tradicional. El origen de la expresión «leyes de conflicto»: la estatutaria. Caracteres atribuidos a la norma de conflicto. La norma de conflicto y la concepción homogénea de las normas jurídicas. Estructura de la norma de conflicto en la concepción tradicional. El punto de conexión.

Lección 103ª.–La norma de conflicto en el marco de la Teoría comunicacional del Derecho (I). La norma de conflicto y la concepción heterogénea de las normas jurídicas. La función básica de la norma de conflicto: la remisión abstracta. Las normas de conflicto en el marco de las normas que determinan las fuentes del derecho. Examen comparativo del antiguo artículo 6º y del actual artículo 1º del Código Civil español desde la perspectiva de la Teoría comunicacional. Las normas de conflicto como normas jurídicas indirectas del tipo de las ónticas.

Lección 104ª.–La norma de conflicto en la Teoría comunicacional del Derecho (II): incorporación y transformación del texto extraño. Noción de «texto extraño». La aplicación judicial del Derecho y el Derecho extranjero. Las normas de conflicto y la incorporación de texto extraño: su transformación en texto propio del sistema del foro. Los filtros: la calificación, el orden público, el fraude de ley, el control de constitucionalidad, el control de legalidad y la vinculación más estrecha.

20. LAS RELACIONES INTERORDINALES: DERECHO, MORAL, USOS SOCIALES, RELIGIÓN

Lección 105ª.–Los diversos órdenes normativos. Los diversos órdenes normativos: órdenes normativos y ordenamientos. El perspectivismo de los órdenes normativos. Coincidencia y divergencia de los distintos órdenes normativos: los conflictos interordinales y la decisión individual. Significado de los términos «bueno» y «malo». La diferenciación entre órdenes normativos y la realidad cultural de nuestro tiempo. Criterios para distinguir los diversos órdenes normativos.

Lección 106ª.–¿Qué se entiende por «moral»? Etimología de los términos «moral» y «ético». La Ética como disciplina filosófica. La Metaética. Los usos más característicos de la palabra «moral». La moral individual. Los sistemas de filosofía moral: la moral especulativa, crítica o racional. La moral religiosa. La moral social. La moral del Derecho. Sistema moral y juicios de valor. La justificación –o fundamentación– de los juicios morales: una operación compleja que integra tres niveles.

Lección 107ª.–La relación del Derecho con los diversos tipos de moral. El fenómeno moral. La relación entre la moral individual y el Derecho. La autonomía de la voluntad como principio jurídico. El libre desarrollo de la personalidad. La relación entre el Derecho y los sistemas éticos. La función inspiradora de los sistemas éticos respecto de los textos jurídicos. La función crítica de dichos sistemas respecto del Derecho vigente. La moral religiosa (es especial, la católica) y el Derecho.

Lección 108ª.–La moral autónoma y el Derecho. Las morales de convicción. La autonomía moral. El creador de las normas jurídicas y el «creador» de las normas de la moral autónoma. El reconocimiento en la moral autónoma. Universalizabilidad de la moral autónoma e imperativo categórico. La idea de bien. Conducta externa y conducta interna: la intención. Normas jurídicas y normas morales. Las relaciones reguladas por la moral autónoma y las relaciones reguladas por el Derecho. Alteridad. La moral autónoma como «unidireccional». ¿Hay sanciones en la moral de convicción? Justicia y bondad. El «delincuente por convicción».

Lección 109ª.–Los usos sociales: la moral social. Concepto de «moral social». Diferenciación social y moral social. Los usos sociales. El saludo. La moda. El sujeto creador de los usos sociales: la gente. La conducta regulada por los usos sociales. Alteridad. Usos sociales y relaciones interpersonales. Las sanciones de los usos sociales: usos fuertes y usos débiles. Presión social y usos. ¿Representan los usos sociales un valor distinto del que representan la moral, por una parte, y el Derecho, por otra?

Lección 110ª.–Usos sociales y usos (costumbres) jurídicos. Los usos y las costumbres en el Derecho privado. Las costumbres en el Derecho público. La utilización del término «costumbre» en el lenguaje ordinario. Usos sociales en sentido estricto y usos jurídicos. La recepción de la costumbre en el sistema jurídico como fenómeno comunicacional. Requisitos de la costumbre como fuente del Derecho.

Lección 111ª.–La moral del Derecho. Iusnaturalismo y positivismo jurídico y la diferenciación entre Derecho y moral: el positivismo como postura epistemológica y la separación disciplinar entre Teoría del Derecho (Ciencia del Derecho) y Ética. Los contenidos de los textos jurídicos y su relación con la moral. Similitud con otras perspectivas, por ejemplo con la distinción entre Ciencia jurídica y Teoría económica. El análisis ético del Derecho. Análisis *lege lata* y propuestas *lege ferenda.* Ética y procesos de decisión jurídica: los argumentos morales. Ética y Dogmática jurídica.

Lección 112ª.–Las normas religiosas. Religión, Moral y Derecho en las sociedades primitivas. En Roma: *ius* y *fas; non omne quod licet honestum est.* Religión y Derecho en las sociedades complejas. Las normas religiosas: la perspectiva interna y la perspectiva externa. El sujeto creador de las normas religiosas. Tipos de normas religiosas. La moral religiosa como moral de actitudes. El concepto de santidad. La falta moral y la falta religiosa: el pecado. El sentimiento religioso y el arrepentimiento. Las sanciones religiosas. La remisión del Derecho estatal a normas religiosas.

21. LAS REGLAS DE LOS JUEGOS

Lección 113ª.–El juego como orden normativo: la analogía con el Derecho. La comparación entre el Derecho y los juegos. Las diversas perspectivas de análisis de un juego. La perspectiva formal. Los elementos necesarios de todo juego: comparación con los elementos necesarios de todo ordenamiento jurídico. El concepto de ámbito y sus tipos: ámbito práctico y ámbito óntico-práctico. La cuestión de los denominados «derechos morales». El carácter «vectorial» o «preformativo» de las reglas. Las reglas del juego y la práctica del juego. Algunas diferencias entre juego y Derecho.

22. LOS SUJETOS DEL DERECHO. LAS PERSONAS

Lección 114ª.–El uso lingüístico del término «persona». El Derecho y el hombre. «Persona» en el uso habitual del lenguaje y en la filosofía moral. Derecho y persona. Persona física o natural y persona jurídica o moral. Sujeto jurídico y persona. Etimología la palabra «persona». «Persona» en Roma. El concepto de persona en la filosofía estoica.

Lección 115ª.–El concepto teológico y filosófico de persona en la historia del pensamiento: de la «sustancia individual de naturaleza racional» a la «persona moralis». El concepto de persona en Boecio. En Aquino. En los glosadores. En los canonistas: Fieschi *(persona ficta)* En los posglosadores. *Duarenus. Connanus. Do-*

nellus. El concepto de persona en la obra de Thomas HOBBES. El concepto de *persona moralis* en Samuel PUFENDORF.

Lección 116ª.–Autonomía de la voluntad y dignidad de la persona: las tesis kantianas. Cosas y personas. Medios y fines. La autodeterminación de la voluntad. El dato moral relevante: la voluntad buena. La razón práctica y la voluntad buena. El deber moral y la voluntad buena. El concepto de máxima. Máxima y ley de validez universal: el ejemplo de la promesa. El razonamiento moral. La dignidad del hombre como ser racional. Persona e imputación.

23. SUJETO JURÍDICO Y PERSONA EN LA TEORÍA COMUNICACIONAL DEL DERECHO

Lección 117ª.–Los sujetos en el juego: los jugadores, los equipos. La comparación entre el Derecho y el juego: su aplicación a los sujetos. Los sujetos del juego: los jugadores. Individuos y equipos: sus correspondientes en el Derecho. «Ser jugador» como situación. Jugador y espectador. Los árbitros. Los sujetos del juego y la acción. Imputación individual y colectiva. Las «posiciones lúdicas». Transitividad de las situaciones lúdicas.

Lección 118ª.–Los sujetos jurídicos; las personas (1). Los tres tipos de análisis en la Teoría comunicacional del Derecho: su relevancia en el problema de los sujetos jurídicos y de las personas. ¿Es identificable el concepto de sujeto jurídico con el concepto de persona? El *filius* y el *servus* en el Derecho romano. En el Derecho actual: la persona como situación jurídica básica.

Lección 119ª.–Los sujetos jurídicos; las personas (2). El ser humano como realidad biológica y psicológica. El ser humano como realidad jurídica: los sujetos jurídicos. Determinación de los sujetos jurídicos en el ámbito jurídico por medio de normas ónticas. Los sujetos jurídicos pueden ser personas o no-personas. Las organizaciones dotadas de personalidad jurídica. Los sujetos jurídicos no personificados: Ejemplos. Conclusiones.

Lección 120ª.–Imputación y personificación. La imputación en sentido moral. Imputación, relación causal y relación normativa: diversos tipos de imputación normativa. La imputación jurídica. La imputación económica. La imputación y los órdenes normativos. «Imputado» en el sentido actual del lenguaje procesal. Significado general del término «imputación». Imputabilidad y sujeto jurídico. La personificación. Personificación y decisión. Criterios para personificar. Breve referencia al Derecho positivo español.

Lección 121ª.–La persona moral o jurídica. La persona jurídica como ficción o como realidad. Teología y Derecho en materia de personas. La persona jurídica como expediente técnico-jurídico. El surgimiento de la persona jurídica en cada ámbito jurídico. La persona jurídica como sujeto de Derecho. La persona jurídica y sus órganos. Persona jurídica, capacidad jurídica y capacidad de obrar. La capacidad penal de las personas jurídicas. La «crisis» de la persona jurídica y la doctrina del «levantamiento del velo». Tesis generales de la Teoría comunicacional del Derecho sobre la cuestión de los sujetos jurídicos y de las personas.